“十三五”国家重点出版物出版规划项目
中国特色社会主义法学理论体系丛书

新中国刑法学研究70年

（上册）

高铭暄　赵秉志　袁　彬　编著

中国人民大学出版社
·北京·

编 委 会

总　序

《中共中央关于全面推进依法治国若干重大问题的决定》高度重视中国特色社会主义法治理论建设，明确提出："中国特色社会主义道路、理论体系、制度是全面推进依法治国的根本遵循。必须从我国基本国情出发，同改革开放不断深化相适应，总结和运用党领导人民实行法治的成功经验，围绕社会主义法治建设重大理论和实践问题，推进法治理论创新，发展符合中国实际、具有中国特色、体现社会发展规律的社会主义法治理论，为依法治国提供理论指导和学理支撑。"在这样的历史和现实背景下，中国法学会决定组织撰写"中国特色社会主义法学理论体系丛书"，全面总结、梳理中国特色社会主义法治建设的实践经验和理论研究成果，提炼出一套具有中国特色的社会主义法学理论并逐步形成相应体系。这对于促进中国特色社会主义法治理论创新，无疑具有重要的理论意义和实践意义。

首先，有助于发展和完善中国特色社会主义理论体系的研究。新中国成立以来，我们党领导人民在治国理政方面开始了艰辛的探索和实践，特别是在改革开放新时期，不断推进马克思主义中国化进程，逐步形成了内涵丰富、思想深刻的中国特色社会主义理论体系，成功地开辟了中国特色社会主义道路，取得了举世瞩目的成就。这些历史无一不证明，中国特色社会主义事业要不断进步和繁荣，就必须始终坚持和发展中国特色社会主义道路和中国特色社会主义理论体系。"中国特色社会主义理论体系"是指包括邓小平理论、"三个代表"重要思想、科学发展观以及党中央治国理政新理念新思想新战略在内的科学理论体系。这个理论体系是包容的、开放的、与时俱进的，不仅继承和发展了马克思主义、毛泽东思想，更凝结了几代中国共产党人带领人民不懈探索实践的智慧和心血，是马克思主义中国化的最新成果，是党最宝贵的政治财富、精神财富，是全国各族人民团结奋斗的共同思想基石。究其具体内容，中国特色社会主义理论体系应是涵盖了历史、经济、政治、文化、法律、社会、生态、军事、党建等各个领域的一系列重大思想理论。其中，中国特色社会主义法学理论体系毫无疑问是中国特色社会主义理论体系的重要组成部分，总结、归纳、提炼、升华新中国成立以来特别是改革开放后中国特色社会主义法治建设的实践成果以及在这个过程中形成的法律思想与法学理论成就，并将其体系化，诚然有助于发展和完善中国特色社会主义理论体系的研究。

其次，有助于推动中国特色社会主义法学理论体系的构建。回顾我国社会主义法治建设的历史进程，我们可以看到，党和国家提出了一系列具有鲜明中国特色和时代特征的法治思想与方针政策，人民群众进行了诸多实践创新，法学法律界开展了丰富深入的研究。正是这些党和国家本土化的依法治国方针政策、人民群众鲜活的法治实践、学者们深厚的理论积淀，构成了中国特色社会主义法学理论体系最为重要、最为基础和全面的内涵。然而现阶段这些资源和智慧还是零散的、片断化的，因而迫切需要我们将其系统地总结、梳理、整合、升华，从而构建出一套外在框架完整、内在逻辑结构严谨的法学理论体系。

再次，有助于推动中国特色社会主义法治建设实践进程。所有的理论都来源于实践，并反过来为实践服务。长期以来，法学界以繁荣法学研究、推动法治建设为己任，把握正确方向，立足中国实际，破解现实问题，开展了卓有成效的研究工作，取得了一大批优秀研究成果，为法治实践提供了可靠的指导。当前，全面建成小康社会已进入决定性阶段，改革已进入攻坚期和深水区。党和国家面对的改革发展稳定任务之重前所未有、矛盾风险挑战之多前所未有，必然需要更加切实有效的理论来引领实践。系统地总结、梳理我国在法治建设过程中积累的实践经验和形成的法学理论，同时合理借鉴国外法学理论成果，提炼出一套符合中国实际、具有中国特色、体现社会发展规律的社会主义法治理论，进而指引实践，必将有力推动其发展进程。

最后，有助于向世界展示中国法学研究的理论成就，提升中国法学在国际学术舞台上的话语权。习近平总书记在哲学社会科学座谈会上指出："我国是哲学社会科学大国，研究队伍、论文数量、政府投入等在世界上都是排在前面的，但是目前在学术命题、学术思想、学术观点、学术标准和学术话语上的能力和水平同我国综合国力和国际地位还不太相称。"作为哲学社会科学中具有支撑作用的法学学科，在发展过程中也面临着上述问题：民族特色彰显不够，在国际上的声音还比较小，还处在有理说不出、说了传不开的境地，对世界法学的贡献还极为有限。针对这个问题，中国法学法律界应该加强对传统法律文化资源的理论发掘，加强对社会主义法治建设实践经验的理论研究，致力于总结出一批真正富有中国特色、中国气派、中国风格的法学理论成果，为世界法治贡献中国法学智慧，提升其在国际学术舞台上的话语权。

新中国成立以来，中国特色社会主义法治建设取得了丰硕的成果。中国法学学者在阐释研究中国特色社会主义法律制度、法律体系、法治实践等方面也已经积累了相当丰富的经验。撰写“中国特色社会主义法学理论体系丛书”最为重要和最为根本的任务就是总结、归纳、概括和提炼出符合中国实际、具有中国特色、体现社会发展规律的社会主义法学理论。从其内涵来看，这套理论应该包括中国特色社会主义法治基本理论、各部门法理论以及阐释社会主义法治实践中重大问题的专门理论。正是基于这样的考虑，本套丛书收录了三个方面的选题：一是从宏观上阐释中国特色社会主义法治基本理论的著述，二是从不同部门法及其制度角度分别阐释相应部门法理论发展与创新的著述，三是从专题视角阐释社会主义法治建设中重大理论与实践问题的著述。这三个角度的著述，既有理论研究的深厚积淀，又有对实践问题的有力回应，从理论到实践，再从实践到理论，有机结合，互相补充，共同构成一套较为完整的“中国特色社会主义法学理论体系丛书”。

在中国特色社会主义法治建设的历史进程中，我国广大法学法律工作者天地广阔。中国法学会组织撰写“中国特色社会主义法学理论体系丛书”，是希望更多的法学法律工作者积极投身于中国特色社会主义法治理论研究，并能够立足中国、借鉴国外，挖掘历史、把握当代，关怀人类、面向未来，研究形成一套真正具有中国特色、中国风格、中国气派的法学理论体系，引领和指导全面推进依法治国的伟大事业，为统筹推进“五位一体”总体布局、协调推进“四个全面”战略布局、实现“两个一百年”奋斗目标、实现中华民族伟大复兴的中国梦作出应有贡献。

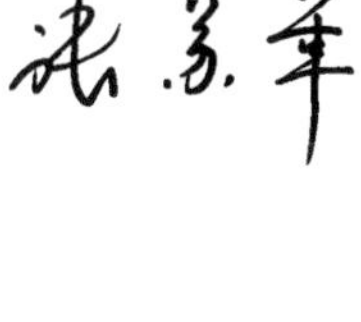

编著者简介

高铭暄，新中国培养的第一代法学家，新中国首位刑法学专业博士生导师（1984），著名刑法学者，获“人民教育家”荣誉称号。曾任中国人民大学法律系（法学院）主任、院务委员会主任、教授、博士生导师。现任北京师范大学京师首席专家、刑事法律科学研究院名誉院长、特聘教授、博士生导师，中国人民大学荣誉一级教授。兼任国际刑法学协会名誉副主席暨中国分会名誉主席，中国刑法学研究会名誉会长。代表性论著主要有《中华人民共和国刑法的孕育和诞生》(1981)、《刑法问题研究》(1994)、《刑法学原理》(3卷本，1993—1994)、《高铭暄自选集》(2007)、《中华人民共和国刑法的孕育诞生和发展完善》(2012) 等。

赵秉志，新中国培养的首届刑法学博士（1988），著名刑法学者。曾任中国人民大学法学院副院长、国家人文社会科学重点研究基地中国人民大学刑事法律科学研究中心主任、教授、博士生导师，北京师范大学刑事法律科学研究院院长暨法学院院长。现任北京师范大学刑事法律科学研究院暨法学院教授、博士生导师；兼任中国刑法学研究会会长，国际刑法学协会中国分会主席。代表性论著主要有《犯罪主体论》(1989)、《刑法改革问题研究》(1996)、《刑法基本理论专题研究》(2005)、《犯罪未遂形态研究（第2版）》(2008)、《大变革时代的中国刑法问题研究：赵秉志自选集》(2017) 等。

袁彬，法学博士，知名刑法学者。现任北京师范大学法学院暨刑事法律科学研究院教授、博士生导师；兼任中国刑法学研究会理事暨副秘书长。代表性论著主要有《刑法的心理学分析》(2009)、《情绪犯原理》(2012)、《死刑民意研究》(2012)、《准中止犯研究》(2015) 等。

前　言

时光荏苒，岁月如歌。转眼间，我们迎来了新中国成立70周年。新中国的70年是艰苦奋斗、励精图治、不断奋起的70年，也是内外兼修、砥砺前行、不断繁荣的70年。在新中国70年的发展历程中，刑事法治特别是刑法扮演着事关社会稳定与文明发展的重要角色，发挥着保障人权与保卫社会的重要功能。刑法学研究也因此一直较受重视。尤其是自1978年年底中国共产党十一届三中全会开辟中国社会主义法制建设新阶段以后，在新中国1979年颁布第一部刑法典和1997年颁布经系统修改的现行刑法典而奠定了较为完备的刑法立法基础的背景下，在中共十五大提出和确立依法治国、建设社会主义法治国家的治国方略之新形势下，刑法学研究在我国法学研究的全面繁荣中获得迅猛发展、长足进步，在法学教育、人才培养、学术研究、完善立法、促进司法和对外交流诸方面均可谓成绩斐然、贡献卓著，从而成为我国法学领域中公认的较为发达的主要学科之一。当然，我们应当清醒地看到，我国刑法学研究也面临着挑战与发展机遇并存的局面。当此之际，全面、客观地检阅、总览我国刑法学研究的发展历程和现状，科学地分析与展望刑法学的发展方向和趋势，对于我国刑法学研究的继续开拓和深入，对于我国刑事法治的改革与完善，乃至对于我国整个法治建设和社会的进步，都将具有重要的作用和意义。

有鉴于此，我们在多年来一直注意分析和总结我国刑法学研究发展情况并且积累了较为系统的资料与著述的基础上，曾于二十年前编著了《新中国刑法学研究历程》（中国方正出版社1999年版）一书。该书因脉络清晰、资料翔实、内容丰富、问题鲜明、重点突出，在问世后受到理论界和实务界的广泛欢迎与好评，成为学习、研究刑法者的重要参考书，并很快售罄。十年前，考虑到读者的需要，特别是考虑到《新中国刑法学研究历程》面世后十年间我国刑法学研究的进展情况需要增补，我们在《新中国刑法学研究历程》的基础上，又编著了《新中国刑法学研究60年》（中国人民大学出版社2009年版）一书。该书沿用了《新中国刑法学研究历程》的体系结构，内容上分为上、下两篇（各30章），对新中国成立60年间的刑法学研究进行了全面综述，客观、全面、系统并较为翔实地介绍和反映了新中国成立60年间，尤其是改革开放和第一部刑法典颁行约30年间我国刑法学研究逐步发展、完善的历程。

如今，距离《新中国刑法学研究60年》一书面世又过去了十年。在这十年间，我国社会又发生了许多新的重大变化，刑法因应社会的变化又作了许多新的重大调整，通过了多个具有广泛影响的重要的刑法修正案。刑法学研究也应时代之需得以进一步拓展和深化，输出了许多具有重要理论和实践价值的真知灼见。为了更好地展现我国刑法学研究晚近十年的发展状况，同时方便读者了解和把握我国刑法学研究70年的发展沿革全貌，我们在《新中国刑法学研究60年》的基础上编辑本书，并命名为《新中国刑法学研究70年》，同时吸收年轻有为的知名刑法学者袁彬教授作为编著者。本书在体例上延续了之前的做法，分为上、下两册。其中上册“全国刑法学理论研究之演进”共计30章，第一章比较概括地反映了新中国成立后40年即1949—1989年我国刑法学研究的情况，从第二章起主要是逐年反映自1990年以后刑法学研究的进展情况，其中也有几章阶段性或整体性地反映了中国刑法学研究的发展情况。简言之，上册是新中国成立70年以来我国刑法学研究产生、发展和逐步完善历程的全面而系统的反映。下册为“中国刑法学研究会学术研讨之进展”。中国刑法学研究会是中国法学会指导下的全国性刑法学研究学术团体，其前身是成立于1984年10月的中国法学会刑法学研究会。中国刑法学研究会成立35年来，除1985年外，坚持每年召开一次全国性的学术研讨会，并精选每年的学术研讨年会论文编辑成书出版，在组织和推动全国刑法学研究方面发挥了至关重要的作用。可以说，中国刑法学研究会历次全国刑法学术年会的研讨情况，从一个重要的方面较为集中地反映了当时我国刑法学研究的情况，尤其是刑法学研究的热点、难点和重点问题。下册的36篇综述文章，大多是针对当年全国刑法学术年会研讨情况的综述，少部分是综合几年间刑法学研究会研讨情况的综述或研究会理事会关于研讨情况的报告，可以说较为全面地涵盖和反映了中国刑法学研究会35年来学术研讨的历程及其热点、难点和重点问题。

应当说明的是，本书收录的综述文章，绝大多数原来已公开或者内部发表过，为客观、真实地反映我国刑法学研究的发展轨迹，将其编入本书时只作文字性、技术性的编辑加工，部分删除了非学术综述的内容，对学术综述不作观点和内容的实质改动。已经发表的均在篇末注明原载之出处；少数原来未发表而首次收入本书的也已注明。收入本书的一些综述文章系我们编著者与同事或我们指导的学生合写的；还有少数综述文章系其他同人的作品，经征得作者同意收入本书，我们均在篇末一一注明每篇的作者，在此，向这些作者或合作者深表谢意。

总而言之，本书是一本较为全面反映新中国成立70年来我国刑法学研究全貌的学术研究资料书、参考书。我们希望并相信，本书的出版会对我国刑法学研究的回顾总结、反思检讨及继续开拓与繁荣发展，对广大法学理论工作者、司法实务工作者以及青年学子研究刑法学的理论与实务问题，提供参考并有所裨益。

最后，我们要衷心感谢中国人民大学出版社的有关领导对本书编著出版的重视和大力支持，感谢责任编辑认真、高效的编辑工作。正是他们的支持与付出，保证了本书及时而精美地出版。

本书若有不当疏漏之处，敬祈读者批评指正。

编著者

2019年6月于北京

总　目

上册　全国刑法学理论研究之演进

下册 中国刑法学研究会学术研讨之进展

细　目

上册　全国刑法学理论研究之演进

上册
全国刑法学理论研究之演进

第一章

新中国刑法学研究四十年（1949—1989）

一、新中国刑法学的产生和发展

刑法是国家的基本法律之一，刑法学是研究刑法及其所规定的犯罪和刑罚的科学，是法学的一个十分重要的部门。

我国刑法学是在马克思列宁主义、毛泽东思想指导下，总结我国人民和司法机关长期同犯罪作斗争的丰富经验，并批判地借鉴其他国家刑法学中对我们有益的经验而逐步发展起来的。我国刑法学作为人民民主专政国家的法律科学，首先具有鲜明的阶级性，公开表明为维护人民民主专政和社会主义制度服务，阐明刑法规范和评定刑法制度的作用，始终从维护工人阶级和广大人民利益出发。其次，我国刑法学是马克思主义的刑法学，具有高度的科学性，它以辩证唯物主义和历史唯物主义的科学世界观与方法论为指导，深刻揭示刑法以及犯罪和刑罚的本质，坚持总结实践经验，并善于吸收前人创立的一切合理和有益的文化遗产，从而不断得到发展和完善。

新中国成立以来，我国刑法学的发展经历了一个曲折的过程，大体上可分为三个阶段。

（一）创建和初步发展时期（1949—1956）

从 1949 年到 1956 年，可以说是我国刑法学的创建和初步发展时期。新中国成立以后，在各政法院系第一批开设的课程中，刑法学即占有重要的位置。不过最初几年的刑法学课程，内容以学习苏联刑法学为主，结合讲授个别的中国刑法专题。在这个时期翻译出版的苏联1948年、1952年版本的刑法学教科书①，对于学习马克思主义刑法理论，借鉴苏联社会主义刑法学的研究成果，颇有裨益。这个时期开展的镇压反革命运动和“三反”“五反”运动，以及随之颁布的《中华人民共和国惩治反革命条例》、《中华人民共和国惩治贪污条例》和《妨害国家货币治罪暂行条例》等，使刑法学者对反革命罪和贪污、贿赂等犯罪的研究取得了一定的进展。特别需要指出的是，这个时期我国已开始刑法的起草准备工作。中央人民政府法制委员会组织一批刑法专家于1950年7月25日拟出了《中华人民共和国刑法大纲（草案）》[以下简称《刑法大纲（草案）》]。这个草案共157条，分“总则——罪刑指导原则”和“分则——具体犯罪与具体处罚”两部分。总则共33条，分“通则”“犯罪”“刑罚”3章：“通则”章规定刑事立法的目的、法律的效力、法律的类推适用诸问题，“犯罪”章规定犯罪的定义、故意和过失、不构成犯罪的行为、未成年人的刑事责任、精神病人的刑事责任、预备犯/未遂犯/中止犯、共同犯罪诸问题，“刑罚”章规定刑罚的目的、种类、量刑、缓刑、假释、时效诸问题。分则共124条，分9章规定了9类犯罪：反革命罪，妨害国家统治秩序罪，侵犯国有或公有财产罪，职务上的犯罪，经济上的犯罪，妨害公共秩序与公共卫生罪，侵害生命健康与自由人格罪，侵害私有财产罪，妨害婚姻与家庭罪。从这个草案可以看出，当时我国一部分刑法学家对刑法基本问题所持的观点中不乏真知灼见，例如，草案指出，“中华人民共和国刑事立法的目的为保卫人民民主的国家，人民的人身和其他权利及人民民主主义的法律秩序，防止犯罪的侵害”；认为“凡反对人民政权及其所建立的人民民主主义的法律秩序的一切危害社会行为，均为犯罪”，“故意的犯罪行为，系指犯罪人明知自己行为之危害社会的结果，而希望或放任其发生者”，“过失的犯罪行为，系指犯罪人并无故意，但应预见自己行为之结果，而竟未预见或轻信可避免结果之发生者”；认为“法院于法定刑范围内，处罚各种犯罪时，除应审查犯罪及犯罪人社会危险性的程度外，并应注意……重的犯罪情节与轻的犯罪情节”；认为“以推翻、破坏或削弱人民民

① 《苏联刑法总论》，上海，大东书局，1950；《苏维埃刑法总则》，北京，法律出版社，1955；《苏维埃刑法分则》，北京，法律出版社，1956。

主政权及其政治的、经济的、文化的革命成果为目的之一切严重的危害国家人民利益的行为，为反革命罪”；等等。这些观点无论在当时或今天（指二十世纪八九十年代）看来，基本上都是正确的。

1954 年 9 月 20 日，第一届全国人民代表大会第一次会议通过的《中华人民共和国宪法》公布实施。同月 30 日，中央人民政府法制委员会的刑法专家们，在上述《刑法大纲（草案）》的基础上，又拟出了一部《中华人民共和国刑法指导原则草案（初稿）》[以下简称《刑法指导原则草案（初稿）》]，共 3 章、76 条。同前者相比，《刑法指导原则草案（初稿）》在一些基本问题的规定上更加鲜明、准确，例如，在第一章“犯罪”中，先对什么是犯罪作了规定：“一切背叛祖国、危害人民民主制度、侵犯公民的人身和权利、破坏过渡时期的法律秩序，对于社会有危险性的在法律上应当受到刑事惩罚的行为（行为包括作为和不作为），都认为是犯罪。情节显然轻微并且缺乏危害结果，因而不能认为对社会有危险性的行为，不认为犯罪。”同时规定了共同犯罪的刑事责任原则：“二人以上共同故意犯罪，应当根据他们在共同犯罪中所起的作用和对社会的危害性，分别担负刑事责任。”在第二章“刑罚”中，指明“刑罚的目的，是惩罚和改造一切犯罪分子，使他们不再犯罪；同时通过对罪犯的惩罚和改造，教育公民，预防犯罪。禁止对于罪犯使用肉刑”，并对量刑作了原则的规定。第三章“几类犯罪量刑的规定”，分别就反革命罪、破坏公共财产的犯罪、破坏公共秩序的犯罪、侵犯人身权利的犯罪、经济上的犯罪、侵犯公民财产的犯罪、职务上的犯罪的各种具体罪及其量刑幅度作了规定。《刑法大纲（草案）》和《刑法指导原则草案（初稿）》所反映的一系列正确的刑法观点和主张，为后来的刑法起草工作奠定了基础。

1954 年 10 月，《中华人民共和国刑法草案》的起草工作正式开始。当时由全国人民代表大会常务委员会办公厅法律室负责此项工作。本着立足于本国实际、调查研究、实事求是的原则，并适当借鉴古今中外一些对我们有益的经验，起草工作进展顺利，到 1957 年 6 月 28 日，写出第二十二稿。这项工作有力地促进了我国刑法学的研究。如果说，在 1954 年宪法公布前，我国的刑法学教学和研究是以学习苏联为主的，那么在此以后，就开始了逐步摸索以我国社会主义革命和社会主义建设的实践经验为主的教学和研究。

这个时期刑法学的主要研究成果是一本教学大纲和四部教材。《中华人民共和国刑法教学大纲》是在司法部指导下，由中国人民大学法律系刑法教研室和北京政法学院刑法刑诉教研室于1956年合作撰写的。四部教材是：中国人民大学法律系刑法教研室1957年2月编印的《中华人民共和国刑法总则讲义（初稿）》（上、下册），东北人民大学（现吉林大学）1957年4月编印的《中华人民共和国刑法》，中央政法干部学校刑法教研室编著、法律出版社1957年出版的《中华人民共和国刑法总则讲义》，西南政法学院（现西南政法大学）刑法教研室1957年编印的《中华人民共和国刑法总则讲义（初稿）》。上述大纲和教材试图为中国刑法学，特别是刑法总论的体系和内容，勾画出一个大致的轮廓，并在某些问题上，特别是在刑法的任务、犯罪的概念、犯罪构成及其诸要件、共同犯罪、量刑等问题上，作了具有一定深度的论述。这个时期学界也发表了一些篇幅较大的学术论文，就刑法中的因果关系、未成年人犯罪、过失犯罪、犯罪动机、犯罪未遂、刑罚目的、刑罚种类、量刑、自首、数罪并罚、缓刑、减刑、假释、刑法分则的体系以及某些具体犯罪，展开了讨论和论述。

特别需要一提的是，最高人民法院研究室于1956年整理出《关于刑事案件的罪名、刑种和量刑幅度的参考资料》。这本资料从近两年刑事案卷中，选择出366个典型案例，反映了1956年3月以前全国法院在刑事案件的罪名、刑种和量刑幅度方面的基本情况，把当时的犯罪分为反革命罪、妨害公共安全的犯罪、妨害经济秩序的犯罪、侵犯人身的犯罪、侵犯公共财产的犯罪、妨害婚姻家庭的犯罪、妨害管理秩序的犯罪、职务上的犯罪等九类，对当时刑法起草工作具有很大参考价值，也为刑法学教学和科学研究工作提供了宝贵的资料。

（二）遭受挫折和基本上停滞的时期（1957—1976）

从1957年下半年到1976年，可以说是我国刑法学的研究遭到严重挫折和基本上处于停滞状态的时期。由于轻视法制的“左”的思想的影响和干扰，在这个时期，基本上没有什么研究成果。刑法上的一些重要理论，如刑法的基本原则等，渐成“禁区”，学者不敢问津。各校编写的教材，大都配合当时的需要，强调政治性，而大大压缩专业内容。甚至有的学校把刑法课程的名称改为“刑事政策法律”，突出政策，而不敢多讲法律。当然，这里说的只是基本停滞，还不是完全停止。刑法起草工作在一度中断之后，从1962年5月开始又恢复进行，所以某些问题在客观上也还需要研究，不过主要是在内部研究，很少公开发表。此外，值得一提的是，中国人民大学出版社于1958年7月翻译出版了苏联科学院通讯院士、著名刑法学家特拉伊宁的名著《犯罪构成的一般学说》一书。这本书对犯罪构成的基本理论进行了系统、深入的研究，提出了一些有价值的见解。例如，明确指出犯罪构成是主、客观要件的有机统一，犯罪构成不能脱离犯罪的实质概念，犯罪构成是负刑事责任的唯一根据，确定犯罪的因果关系和罪过必须以辩证唯物主义的哲学为指导，犯罪构成意义的增加是社会主义法制巩固过程的表现之一，等等。这些见解对于我们进一步深入探讨犯罪构成的理论和实践，具有一定的借鉴意义。这个时期学界也发表了为数不多的刑法论文，一般都是政治性较强的一些题目，如犯罪与两类矛盾、犯罪与阶级斗争、如何贯彻对敌斗争的政策等，仅有寥寥可数的几篇文章论述犯罪危害结果、因果关系、犯罪的动机和目的以及减刑、假释等问题。令人悲叹的是，就连这种不景气的状况，也没有维持多久。到了1966年“文化大革命”发动，在“文化大革命”时期，社会主义法制遭到全面破坏，刑法学的研究也就中断。

（三）复苏和全面发展时期（1977—1989）

从1976年10月至现在（指20世纪80年代末），可以说是刑法学研究的复苏和全面发展时期。粉碎“四人帮”后，社会主义法制逐渐恢复，刑法学的研究开始复苏。特别是1978年12月召开的中国共产党十一届三中全会，对社会主义法制建设有着历史性的重大意义。在中共十一届三中全会精神鼓舞下，1979年3月全国人大常委会成立了法制委员会（第六届全国人大以后改称法制工作委员会）。在彭真同志主持下，以刑法草案第三十三稿为基础，根据新经验、新情况，法制委员会抓紧进行刑法的起草工作。1979年7月1日第五届全国人大第二次会议庄严地通过了《中华人民共和国刑法》，并决定自1980年1月1日起施行。从此，我国刑法学的研究工作进入了崭新的历史时期。刑法学界围绕1979年刑法的公布实施，理论联系实际，开展了一系列的研究，取得了以下丰硕的成果。

第一，在教科书方面。1980年8月和9月，群众出版社先后出版了中央政法干部学校刑法刑事诉讼法教研室编著的《中华人民共和国刑法总则讲义》和《中华人民共和国刑法分则讲义》。这套讲义吸收20世纪50年代我国刑法学的研究成果，结合刑法实施后的具体情况进行论述，具有一定的学术水平。1981年以来，在陆续出版的众多的刑法教科书中，有三本较有代表性：一是1981年1月北京大学出版社出版的由杨春洗教授等编著的《刑法总论》，在刑法理论的研究上有一定深度；二是1982年3月中国人民大学出版社出版的由王作富教授等编著的《刑法各论》，结合刑法实施以后的司法实践，对刑法分则中的问题进行了比较深入的研究和阐述，该书1985年的修订本曾获国家教委颁发的优秀教材一等奖；三是1982年5月法律出版社出版的由高铭暄教授任主编、马克昌教授和高格教授任副主编的高等学校法学教材《刑法学》，注意坚持“三基”（基本理论、基本知识、基本资料）、“三性”（科学性、系统性、相对稳定性），并吸收了刑法学研究的新成果，在体例和内容上都有了新的突破，该书于1988年1月和6月分别获得全国高等学校优秀教材奖和司法部优秀教材奖。

第二，在专著方面，数量逐年增多。以公开出版的为例，1981年以来，学界先后出版了《中华人民共和国刑法的孕育和诞生》《论共犯》《反间谍斗争与国家安全》《中华人民共和国刑法论》《经济领域严重犯罪问题研究》《正当防卫与紧急避险》《罪与罚》《军人违反职责罪》《刑法中的理论问题》《新中国刑法学研究综述》《刑法因果关系论》《杀人罪》《论教唆犯》《刑法中的一罪与数罪问题》《犯罪构成论》《正当防卫论》《犯罪未遂的理论与实践》《论共同犯罪》《共同犯罪理论与司法实践》《刑罚目的论》《新中国刑法的理论与实践》《中国刑法研究》《刑罚学》《侵犯财产罪新论》《我国刑法中的流氓罪》等专著三十余部。这些专著在概括立法和司法实践经验的基础上，对各自所研究的问题都作了比较深入和系统的论述，并对一些素有争论的问题提出了有益的见解。在外国刑法、比较刑法和国际刑法方面，学界也出版了一些专著，如《外国刑法学》《外国刑法简论》《比较刑法》《美国刑法》《贝卡里亚及其刑法思想》《国际刑法与国际犯罪》等。刑法学专著的不断撰写、出版，标志着我国刑法学的研究正在向广度和深度发展，是十分令人鼓舞的。

第三，在发表的刑法学论文方面，数量之多、涉及面之广是空前的。据统计，1979 年刑法颁布以前，主要是“文化大革命”之前 17 年，发表的刑法论文仅有 176 篇，而刑法颁布以后至 1987 年年底，发表的刑法论文就有 4 300 余篇，约相当于过去的 24 倍。论文涉及的面很广，几乎包括刑法领域的各个问题，其中有不少论文是精心之作，既有观点、有材料，又有新意、富于启发性。特别可喜的是，随着我国学位制度的推行，已有相当一批刑法学硕士学位论文问世，截至 1988 年夏，这样的论文已有近 200 篇，第一批刑法学博士学位论文也诞生了。这些学位论文，或者对他人未涉及或涉及不多的问题，进行新的探索，得出新的结论；或者对已有的研究课题，从新的角度或运用新的材料进行研究，提出新的看法；或者对前人已经提出的问题和见解，从某些方面作进一步论证、补充、发挥，使之更加深化和更有说服力。总的来说，这些学位论文是比较高层次的刑法学专题研究成果。

第四，出版了相当数量的有关刑事案例分析的著作和案例汇集。以公开出版的为例，1983 年以来，学界先后出版了《刑法案例》《刑事案例分析》《疑案探究》《疑案辨析》《诈骗案例专集》《刑事审判一百例》《案例选编》《疑难案例剖析》《刑事答辩案例选评》《经济犯罪疑难案件定性解说》《析疑断狱——刑事疑案选编》《疑难刑事案件分析一百例》等二十余种。这些编著从各自的角度出发，收集、整理和分析了各种刑事案例，对于加强理论联系实际，提高运用刑法理论和刑法条文分析与解决实际问题的能力，起到了良好的作用。

此外，这个时期还出版了大量有关刑法知识的小册子、普及读物和资料汇编，对于促进干部和群众学习、研究刑法，遵守、执行刑法，推进刑法学的教学和研究工作，都有积极的作用。

在刑法学的研究中，国家最高审判机关和最高检察机关所作的司法解释，起着强有力的指导作用。1979 年刑法颁布以后，最高人民法院和最高人民检察院分别就审判工作和检察工作中具体应用刑事法律的问题作过不少解释。例如，最高人民法院《关于人民法院审判严重刑事犯罪案件中具体运用法律的若干问题的答复》、最高人民检察院《关于在严厉打击刑事犯罪斗争中具体运用法律的若干问题的答复》，都就刑法某些条款的实际应用作了解释。特别是最高人民法院和最高人民检察院还就当前某些犯罪案件如何具体应用法律问题多次联合作出解释。例如，关于拐卖人口案件，强奸案件，流氓案件，集团犯罪案件，盗窃案件，经济犯罪案件，盗伐和滥伐林木案件，道路交通肇事案件，盗窃、盗掘、非法经营和走私文物案件，非法出版活动，倒卖飞机票活动，以及如何适用《刑法》第 153 条等，“两高”都曾联合作过解释。这些解释不仅对于统一司法机关的认识，加强办案工作，提高检察和审判工作质量，起着直接的指导作用，而且本身就是司法实务部门的研究队伍，运用理论与实践相结合的方法，对司法实践中存在的问题进行深入研究所取得的成果，是对我国刑法学研究所作出的宝贵贡献。

刑法学的研究活动，主要依靠各政法院系、各法学科研机构和各政法实务工作部门的组织领导与规划实施。与此同时，中国法学会及其刑法学研究会和各地方法学会刑法学学术团体，也起到了一定的组织和推动作用。1984 年 10 月，中国法学会召开了全国性的社会治安综合治理理论讨论会。中国法学会刑法学研究会自 1984 年 10 月成立以来，把主要精力放在开展学术活动上，它把广大从事刑法学的理论工作者和实务工作者团结起来，围绕刑法实施中出现的新情况、新问题，积极开展研究工作，从而总结了新鲜经验，为发展我国的刑法学作出了一定的贡献。自 1984 年至 1989 年，中国法学会刑法学研究会已召开了 4 次全国性的学术讨论会，先后讨论的主要问题有：刑法学的研究对象及其体系问题，强奸罪问题，流氓罪问题，经济体制改革与打击经济犯罪问题，犯罪原因问题，体制改革与刑法观的变革及刑事法律的协调问题，以及刑事立法的完善问题等。对这些问题，讨论会都本着理论密切结合实际的方式，进行了探讨和争鸣，因此气氛比较热烈，收获比较大。会议成果，一般都辑成论文集出版。中国法学会刑法学研究会还派员参加了一些国际性的学术活动，如 1986 年 5 月和 1987 年 6 月分别在美国圣地亚哥大学和中国烟台大学举行的中美双边关于青少年犯罪问题学术讨论会，1987 年 5 月在意大利锡拉库扎举行的国际死刑问题学术讨论会等。该研究会还有 17 名会员于 1988 年 5 月首批获准加入国际刑法学协会，并成立了国际刑法学协会中国分会，积极开展各项活动。

这一阶段是我国刑法学发展的黄金时期，广大刑法学工作者坚持四项基本原则和改革开放，坚持理论联系实际的方针，勇于探索，敢于创新，已基本上建立了我国刑法学的科学体系，并在各方面取得了丰硕的成果。统观这一阶段的研究工作，具有以下几个显著的特点。

第一，重视联系我国经济体制改革和商品经济发展的情况与需要来研究刑法。许多论著从宏观上论述了经济犯罪的概念和原因，我国刑法对于打击经济犯罪和保障经济体制改革顺利进行的作用与意义，探讨了当时经济犯罪危害改革和危害商品经济发展的表现与特点，以及正确运用刑法武器打击和防范经济犯罪，保障改革、开放、搞活的方针、政策的贯彻执行等问题。更多的论著则对若干突出的具体经济犯罪问题进行了深入、细致的研讨。

第二，注意适应对外开放的需要来开展刑法学研究。这一阶段学界发表了相当数量的介绍、评述外国刑法问题的译文和文章，涉及的问题主要有：外国刑事立法和刑法理论的最新进展概况、刑事政策学的体系和内容、未成年人犯罪、法人犯罪、过失犯罪、共同犯罪、一罪与数罪、集团犯罪、刑罚目的、死刑、自由刑、罚金刑、累犯、缓刑、假释、保安处分、电脑犯罪立法、医疗事故定罪、故意杀人罪、抢劫罪、性犯罪、盗窃罪、刑法对消费者的保护，以及孟德斯鸠、贝卡里亚、边沁等人的刑法思想等。在对我国刑法问题的研究中，对中外比较研究的方法有所注意，一些论著在揭示刑法的阶级性的同时，较为客观地介绍了外国刑法中一些值得我国借鉴、参考的内容。学界初步展开了对国际刑法和国际犯罪的研究，出版了一些书籍，对空中劫持或跨国性的走私、贩毒、盗运珍贵文物等犯罪，发表了一些专论、译文和介述性文章。对世界新技术革命条件下的犯罪，如电子计算机犯罪、危害环境的犯罪等，学界开始注意和研究。对我国香港、澳门、台湾地区的刑法和刑法理论，学界也有所介绍。

第三，注意开展对我国刑事司法和刑事立法完善问题的探讨。在刑事司法方面，学界探讨了诸如类推适用、正当防卫、犯罪未遂、共同犯罪、自首、数罪并罚、刑罚裁量，以及若干犯罪尤其是经济犯罪和财产犯罪在定罪量刑方面的完善问题。例如，中国法学会刑法学研究会曾在 1986 年举行的学术讨论会上，对最高人民法院、最高人民检察院联合作出的关于贪污、挪用公款、贿赂等罪的司法解释，提出了有价值的意见，被最高人民法院、最高人民检察院采纳，后两者修改了原文件，重新作出解释，发布施行。在刑事立法方面，探讨的内容较为广泛，诸如刑法如何以宪法为根据的问题，刑法与单行刑事法律以及非刑事法律中的刑法规范如何协调发展的问题，现行刑法中若干规定的修改问题，刑法分则体系的进一步完善问题，以及建议增加若干新罪名的问题，等等，都程度不同地有所涉及。重视研究司法和立法的完善发展问题，是刑法理论积极为刑事立法和司法实践服务的一个重要标志。

第四，学术争鸣气氛浓厚，研究更加深入和富有探索精神。在刑法总论和具体犯罪的许多问题上，学界都发表了大量的论著，进行专题研讨，展开学术争鸣，一般都能摆事实、讲道理，各抒己见，互相启发，互相促进，共同为发展我国刑法学作出贡献。值得一提的是，对于一些过去基本未予以研究的专题，如刑事责任、刑事政策、刑事法律关系、定罪根据、罪刑关系、刑罚个别化、劫机犯罪、盗窃秘密技术资料行为的定性等问题，学界都已开始进行研究，并取得了初步的进展。这些专题的开拓，既反映了我国同犯罪行为进行有效斗争的实际需要，又充实和丰富了我国刑法科学。

总的来说，1977—1989 年，我国刑法学的研究无论在宏观上还是在微观上，都取得了明显的进展和丰硕的成果，并且表现出日益蓬勃和深入的繁荣景象。

二、刑法学研究中若干理论问题的研讨

近年来的刑法学研究讨论中，涉及的问题很多，因限于篇幅，仅举其要者作一简述。

（一）刑法的基本原则

刑法的基本原则问题，是刑法理论中一个重大的带有根本性的问题。早在 20 世纪 50 年代中期，刑法理论界对我国刑法的基本原则，就有不少论述。当时提出的刑法基本原则主要有：无罪不罚原则，罪刑相称原则，改造罪犯成为新人原则，社会主义、人道主义原则，法制原则，个人负责原则等。以后由于众所周知的原因，这些原则都销声匿迹。1979 年刑法颁布以后，学界对刑法的基本原则问题重新研究。大家比较一致地认为，确定刑法的基本原则应当遵循两个标准：一是这些原则必须是刑法所特有的，而不是各部门法所共有的；二是这些原则必须贯穿于全部刑法，而不是局部性的具

体原则。多数同志提出我国刑法的基本原则应当是如下四个：罪刑法定原则，罪刑相适应原则，罪责自负、反对株连的原则，惩罚与教育相结合的原则。这个意见已为全国高等学校法学教材《刑法学》和《刑法学教学大纲》所吸收。但也有学者主张，除此之外，像主观与客观相一致的刑事责任原则，严格区分不同性质犯罪的原则，刑罚轻重必须依法、适时的原则，社会主义、人道主义原则等，也应列为刑法的基本原则。

（二）犯罪概念

新中国成立以来，我国刑法学界十分重视对犯罪本质的揭示和对犯罪概念的研究，特别是1979年刑法颁布以后，围绕《刑法》第10条的规定，对这个问题的研究不断趋于深入。当时对这个问题的讨论主要集中在以下两点。

一是犯罪的基本特征有几个。多数学者认为，犯罪的基本特征有三个，即一定的社会危害性、刑事违法性和应受惩罚性。只有这三个基本特征紧密结合，才组成完整的犯罪概念。但有学者主张只提社会危害性和刑事违法性两个基本特征就可以了，不必提应受惩罚性，因为后者是前两者派生出来的法律后果；也有的学者主张社会危害性和依法应受惩罚性是犯罪的基本特征；还有的学者主张不仅社会危害性、刑事违法性、应受惩罚性，而且主观上具有罪过性（故意或过失），也是犯罪的基本特征。总的看来，“三特征”说比较准确，也为全国统编教材所采纳。认为应受惩罚性只是前两个特征派生出来的法律后果的观点，从司法的角度说是对的，但是，从立法过程来考察，行为的应受惩罚性对刑事违法性也起着制约作用：某种危害社会的行为，只有立法者认为应当动用刑罚加以处罚，才会在刑事法律上作禁止性的规定，从而赋予该行为以刑事违法性的特征。同时，应受惩罚性这个特征正表明一事物（犯罪）与他事物（刑罚）之间的紧密联系，这是揭露犯罪这个事物的本质的一个不可缺少的方面。可见，行为的应受惩罚性这个特征并不是可有可无的，而是有其独立存在的意义的。至于罪过即故意或过失，乃是犯罪构成的一个必要条件，刑事违法性是由整个犯罪构成来体现的，提出刑事违法性作为犯罪的基本特征之一，就意味着包含罪过在内，用不着再单独划分出来。

二是哪个基本特征是犯罪最本质的特征。有的学者认为是应受惩罚性，因为应受惩罚性直接而全面地反映了犯罪的本质，能为人们的直觉所把握，是犯罪与非犯罪得以区别的科学标准。有的学者认为是具有相当严重程度的社会危害性和刑事违法性的有机统一或结合，因为根据这点才能严格地区分罪与非罪。但多数学者认为是一定的社会危害性，因为一定的社会危害性集中体现了犯罪的本质，也是区分不同阶级社会的犯罪的本质的根本标志；它作为区分罪与非罪的根本标准，是讲它在犯罪三特征共同作为整体性的区分标准时的地位，不意味着它与其余两特征相分裂而孤立存在。认为把应受惩罚性作为犯罪最本质的特征的观点，颠倒了犯罪三特征之间正确的层次关系，也有悖我国刑法的立法和司法实践。

（三）犯罪构成

关于犯罪构成的概念和意义，刑法学界基本上取得一致意见，争论主要表现在以下两个问题上。

一是犯罪构成有哪些要件。有以下三种主张。（1）两要件说。其中又有不同的提法。有的两要件是：1）行为要件，包括行为的主观要件、客观要件及行为侵害的客体或对象等；2）行为主体要件。有的两要件是：1）主观要件，包括犯罪的主观心理状态以及主体条件；2）客观要件，包括犯罪行为和犯罪客体。（2）三要件说。其中也有不同的提法。有的三要件是：1）行为主体；2）危害社会的心理状态；3）客观上危害社会的现实表现。有的三要件是：1）犯罪客体；2）犯罪客观方面；3）犯罪主观方面。（3）四要件说，认为任何犯罪构成都包括四个方面的要件，即犯罪客体、犯罪客观方面、犯罪主体、犯罪主观方面。这是刑法理论界通行的观点，也是司法实践中广为接受的。

二是犯罪构成是不是负刑事责任的基础。有的学者主张，犯罪构成不是负刑事责任的基础，只有犯罪行为才是负刑事责任的唯一基础。理由是：行为的社会危害性与行为符合犯罪构成要件，是犯罪行为的社会政治内容与必要的法律形式的统一，二者都是犯罪概念的统一不可分割的组成部分，把二者割裂开来，并把符合犯罪构成要件作为独立的负刑事责任的基础，不符合我国刑法的规定。刑事责任的根据不能是符合犯罪构成要件这个形式，而是具备犯罪行为这个内容。但是，更多的学者主张，犯罪构成是定罪的依据，是行为人负刑事责任的基础。因为犯罪行为所揭示的社会危害性这个犯罪最本质的特征还过于抽象和概括，不可能作为具体区分罪与非罪、此罪与彼罪的规格、标准，而只有具体体现在犯罪构成上，才能成为定罪的依据和行为人负刑事责任的基础。不能把犯罪构成单纯看成是法律的形式，犯罪构成本身体现了行为的一定的社会危害性和刑事违法性，犯罪构成与犯罪行为是统一的。说一个人的行为具有刑法所规定的犯罪构成，正好表明该人的行为是犯罪行为。把二者对立起来是没有根据的。

（四）法律类推

类推问题同犯罪的实质概念及犯罪构成有着密切的联系。早在20世纪50年代，就有不少人研究过类推制度。1979年刑法颁行以后，围绕着其第79条的规定，讨论更为广泛、深入，主要集中在三个问题上。

一是如何看待类推与罪刑法定的关系。有的人认为：类推与罪刑法定是互相排斥、不能并行的。既然我国刑法中规定了类推制度，就从立法上否定了罪刑法定。但多数人认为：我国刑法中的类推是罪刑法定原则的一种补充形式，类推本身是刑法规定的。刑法从程序制度到适用条件，严格控制了类推的适用，从而防止了审判人员的擅断。从司法实践看，经过最高人民法院核准的适用类推定罪判刑的案件只是极个别的，无碍于罪刑法定仍是我国刑法的基本原则。

二是如何理解《刑法》第79条规定的“最相类似”。许多学者认为，“最相类似”是指所实施的行为与将要援引作为定罪判刑依据的刑法分则某条文所规定的犯罪，在犯罪客体、犯罪主体、犯罪主观方面都属一致，仅在犯罪行为的表现方式上有所不同，前三者的一致，表明被类推的行为与刑法分则某条文规定的行为在犯罪性质上一致。也有的认为，“最相类似”还应包括刑罚轻重上的相近，而且类推只能适用于故意犯罪，因为《刑法》第12条第2款明确规定：“过失犯罪，法律有规定的才负刑事责任。”但是，也有人主张，在某种情况下，即使犯罪主体、犯罪客体不同，也可以适用类推，不能把“最相类似”限制得过严。

三是适用类推的犯罪如何确定罪名。大体上有四种意见：第一种意见认为，应以刑法分则中已有的罪名定罪；第二种意见认为，应以刑法分则某条文所属的类的罪名定罪；第三种意见认为，应根据行为的实际情况，另定新罪名；第四种意见认为，应准用刑法分则有关条文的罪名，定为“准××罪”。从最高人民法院核准的类推案件来看，一般采用第三种意见。

（五）因果关系

刑法中的因果关系，也称犯罪因果关系，是指危害社会的行为与危害社会结果之间的因果关系。对于这个问题，早在 1956 年一些法学刊物就曾展开讨论，当时讨论的重点，是如何运用辩证唯物主义哲学关于因果关系的原理来研究刑法中的因果关系，并且提出了必然因果关系和偶然因果关系的问题。

1979 年 7 月以后，随着刑法的公布、实施，关于因果关系问题的讨论又在各法学刊物上展开，争论的重点主要集中在犯罪因果关系究竟是什么性质的联系。主要有两种意见：第一种意见认为，犯罪因果关系只能是必然因果关系，否定偶然因果关系作为犯罪因果关系的可能性。所谓必然因果关系，就是事物内部具有本质联系的因果关系，指行为人实施的危害社会行为在一定条件下合乎规律地引起危害社会结果的发生，前者包含着产生后者的内在根据，后者是由前者的本质所决定的。第二种意见认为，犯罪因果关系不仅包括必然因果关系，而且包括偶然因果关系。偶然因果关系是两个必然因果关系环节的巧遇和交叉。当某人的行为造成了某种危害社会的结果，在事件的连续发展中，偶然地又有其他原因加入其中，以致发生了更严重的危害社会的结果，这时前行为与后结果之间就存在偶然因果关系。必然因果关系在犯罪现象中是大量存在的，是犯罪因果关系的主要的、基本的形式，但是不可否认，偶然因果关系也是客观存在的，是犯罪因果关系的次要的、补充的形式。如果只承认在刑法中存在必然因果关系，不承认偶然因果关系，实际上是把必然性与偶然性绝对地对立起来，把必然性与因果性等同起来，这样在司法实践中就有可能放纵利用偶然因果关系进行犯罪的犯罪分子。以上两种意见在讨论中旗鼓相当，相持不下、难解难分。笔者同意第二种意见。

（六）罪过

罪过包括犯罪故意和犯罪过失，是属于犯罪主观方面的范畴。我国

1979 年刑法规定的一百几十种犯罪，绝大多数是故意犯罪，仅有少数几种属于过失犯罪。

根据 1979 年《刑法》第 11 条的规定，犯罪故意可分直接故意和间接故意，这是刑法学界公认的。罪过是犯罪人认识因素和意志因素的统一。犯罪故意作为罪过形式之一，其认识因素是指行为人"明知自己的行为会发生危害社会的结果"，其意志因素是指行为人"希望或者放任这种结果发生"。问题是两种故意在认识因素上是否相同。有人认为，两种故意在认识因素上是不同的，即对危害结果的认识程度不同：直接故意是明知自己的行为必然发生或者可能发生某种危害结果，而间接故意则只能是明知自己的行为可能发生某种危害结果。另一些人持不同看法，认为直接故意和间接故意在认识因素上并无差异，都是明知危害结果的可能发生或者必然发生，两者的不同仅仅表现在意志因素上：直接故意是希望某种危害结果发生，间接故意是放任某种危害结果发生。

犯罪过失也是罪过形式之一。根据 1979 年《刑法》第 12 条的规定，犯罪过失可分为过于自信的过失和疏忽大意的过失，这也是大家公认的。争论较多的是在疏忽大意的过失上，如何判断行为人"能否预见"的问题。按照刑法规定，构成疏忽大意的过失必须具备两个条件：一是行为人没有预见自己的行为可能发生某种危害社会的结果；二是行为人应当预见自己的行为可能发生这种结果。所谓"应当预见"，就是说行为人有责任预见并且能够预见。如果危害结果的发生是行为人不能预见的，那就不构成过失犯罪，而是意外事件。可见，"能否预见"乃是区分过失犯罪与意外事件的一个关键。那么，怎样判断行为人对危害结果能否预见呢？大致上有四种观点：第一种观点认为，应以客观为标准，即以一般人的水平来衡量，一般人在当时的情况下能够预见的，就认为行为人也能预见。第二种观点认为，应以主观为标准，即以行为人本人的水平、能力为标准。具体来说也就是，在当时的客观环境条件下，根据行为人本人的年龄、健康状况、知识程度、工作经验和业务水平等综合情况，来判断其能否预见。第三种观点认为，应当把主观标准和客观标准结合起来，只有一般人在当时的情况下能够预见，而且本人在当时的情况下也能够预见的，才能认定行为人有疏忽大意的过失。第四种观点认为，原则上可以采取主观标准和客观标准相结合的标准，但客观标准仅供初步判断使用，具有决定意义的是主观标准，因为能否预见属于人的认识因素，而各人的认识是不能脱离本人的具体情况的。总的看来第四种观点比较全面。

（七）正当防卫

正当防卫是 1979 年刑法公布、实施以后刑法理论研究和司法工作实践中经常讨论的一个重要问题，很多教材和论著，都谈了其鼓励公民运用正当防卫的权利和法律武器同不法侵害行为作斗争，具有重大的现实意义；对正当防卫的构成条件，也作了比较深入的分析。根据《刑法》第 17 条的规定，大家比较一致地认为，正当防卫的构成条件之一是防卫行为不能超过必要的限度。但是，关于怎样理解正当防卫的必要限度，则见仁见智，说法各异，主要有两种观点：第一种观点认为，正当防卫的必要限度是指正当防卫和不法侵害基本相适应，也就是说，正当防卫是否超过必要限度要看正当防卫的强度与不法侵害的强度及所保卫权益的性质是否基本相适应。所谓“基本相适应”，当然不是指机械的相等，而是说不要过分地悬殊。如果防卫行为给不法侵害者造成的损害和侵害行为的强度、所保卫的权益的性质过分地悬殊，例如为保护苹果园中的苹果而将偷摘少量苹果的人打成重伤的，那就是防卫过当。第二种观点认为，正当防卫的必要限度是指正当防卫的客观需要。为了制止住不法侵害，正当防卫必须具备足以有效制止侵害行为的应有强度；即使防卫的强度大于侵害的强度，只要是制止侵害所必需的，就不能认为超过了正当防卫的必要限度，也就是说，防卫的强度允许大于侵害的强度。只有当防卫的强度超过了应有的或必需的强度，才是防卫过当。上述两种观点实际上只是分析问题的角度不同，并不是互相对立、彼此排斥的。观察正当防卫行为是否超过必要限度，关键要看是否为有效制止不法侵害行为所必需，必要限度也就是指这种必需的限度。但是，如何认定必需、不必需，脱离不了对侵害行为的强度、所保卫权益的性质以及防卫行为的强度作综合的分析研究。因此，可以这样认为，只要防卫的强度是为制止不法侵害所必需，同侵害的强度相差不大，不是明显地超过侵害行为的强度和重于所保卫权益的性质，就不能认为防卫超过正当防卫的必要限度。这样就把上述两种观点统一起来了。

（八）共同犯罪

共同犯罪是刑法理论中一个既重要又复杂的问题。早在20世纪50年代，学界就对这个问题进行了一定程度的研究，法律出版社还在1957年出版了一本《论共犯》的专著。（1979年）刑法颁行以后，对这个问题的研究更为充分，而且富有成果，除报刊上发表的有关论文近百篇外，还有4本专著先后出版。研究讨论涉及共同犯罪的各个方面，讨论比较集中的有以下几个问题。

一是关于共同犯罪人的分类问题。1960年前后，在刑法草案制定过程中，对共同犯罪人如何进行分类规定，制定成员们曾有过激烈的争论。一种观点认为，应按犯罪分子在共同犯罪中的分工，把共同犯罪人分为实行犯、教唆犯、帮助犯和组织犯；另一种观点认为，应按犯罪分子在共同犯罪中所起的作用，把共同犯罪人分为主犯、从犯、胁从犯等。上述两种观点各有理由，也各有弱点。第一种分类方法，对于解决定罪问题比较好，弱点是不能体现出各犯罪分子所起作用的大小，对解决量刑问题不够圆满。相反，第二种分类方法，能体现在共同犯罪中各犯罪分子的作用大小，对解决量刑问题较为方便，但不能很好地解决定罪问题。分为主犯、从犯、胁从犯，把教唆犯放到哪里？教唆犯情况复杂，既不能一律列为主犯，也不能一律列入从犯。因此，两种意见在争论过程中就互相吸收，取长补短。到1963年刑法草案第三十三稿时，意见基本上统一，采取的分类原则是：按作用分类，但也适当照顾到分工。这样就把共同犯罪人分为主犯、从犯、胁从犯和教唆犯，也就是1979年《刑法》第23条至第26条的规定。1979年刑法颁行以后，刑法学界对这个分类方法基本上都持肯定的意见，仅有个别学者表示异议，认为将两种分类标准糅合在一起，不伦不类，因为教唆犯与主犯或从犯有重叠关系，一个人教唆他人犯罪，他既是教唆犯，同时又是主犯或从犯，岂非不合分类逻辑？因此，他们认为，还是应按共同犯罪人在共同犯罪中所起的作用分类，而把教唆犯按具体情况分别归属于主犯或从犯。

二是如何看待“犯罪团伙”问题。20世纪70年代以后，“犯罪团伙”一词使用得比较广泛，但它不是法律用语，而是政治用语，是公安机关侦查破案时的习惯用语。“犯罪团伙”属于什么样的共同犯罪？一度众说纷纭。

有的认为是介于犯罪集团和一般共同犯罪之间的一种独立的共同犯罪形式；有的认为它就是犯罪集团；也有的认为犯罪团伙有团有伙，有的是犯罪集团，有的是犯罪结伙，后者属于一般共同犯罪，因此要具体分析，区别对待。1984 年 6 月 15 日最高人民法院、最高人民检察院、公安部在一个联合作出的法律解答中指出，办理团伙犯罪案件，凡其中符合刑事犯罪集团基本特征的，应按犯罪集团处理；不符合犯罪集团基本特征的，就按一般共同犯罪处理。[①] 这样，刑法学界对“犯罪团伙”就有了一致的理解。

三是关于首要分子承担刑事责任的原则问题。有人认为，对犯罪集团也要贯彻罪责自负的原则，首要分子的刑事责任只限于本身的行为，而不能对犯罪集团中其他成员的行为负责。这种观点是从正确的前提出发，得出错误的结论。罪责自负是我国刑法中的一项基本原则，当然应该坚持，但问题是如何看待首要分子的罪责。许多人指出，首要分子既然是犯罪集团的组织者、领导者、指挥者，就不能把他的犯罪活动看成孤立的、单独个人的犯罪现象，而应当与犯罪集团其他成员的犯罪活动联系起来，换言之，他应当对犯罪集团预谋实施的全部罪行负责，因为这一切罪行都包括在首要分子参与制订的犯罪活动计划之内，并由首要分子组织、领导实施。当然，犯罪集团的某个成员，超出了预谋的活动计划，自己单独又实施了某种罪行的，自应由他个人负责，不能由首要分子负责，这是不成问题的。

（九）刑罚目的

对犯罪人适用刑罚的目的是什么？这历来是刑法学家重视的一个问题，我国刑法学界就此问题发表了一些论著，认识不完全一致，归纳起来，有以下几种观点：（1）惩罚说，认为适用刑罚的目的在于使犯罪分子的自由和权利受到限制、剥夺，使他们感到压力和痛苦，从而制止犯罪的发生。（2）改造说，认为适用刑罚不追求报复的目的，也不是以惩罚为目的的，而是通过惩罚这个手段，达到改造犯罪人，使其重新做人的目的。（3）预防说，认为适用刑罚的目的是预防犯罪。这包括两个方面：一是特殊预防，即通过对犯罪分子适用刑罚，防止其再次犯罪；二是一般预防，即通过惩罚犯罪，教育

---

① 转引自何秉松主编：《刑法教程》，130～131 页，北京，法律出版社，1987。

和惩戒社会上可能犯罪的分子，使他们不致走上犯罪的道路。（4）双重目的说，认为对犯罪分子适用刑罚，既有惩罚的目的，又有教育、改造的目的。（5）三目的说，认为适用刑罚的目的有三：一是惩罚与改造犯罪分子，预防其重新犯罪；二是教育和警戒社会上不稳定分子，使其不走向犯罪；三是教育广大群众增强法制观念，积极同犯罪行为作斗争。（6）预防和消灭犯罪说，认为对犯罪分子适用刑罚，是要把他们当中的绝大多数人教育、改造成为新人，从而达到预防犯罪，最终消灭犯罪，以保护国家和人民利益的目的。（7）根本目的和直接目的说，认为适用刑罚的目的分两个层次。其一是根本目的，即预防犯罪、保卫社会。其二是直接目的，包括三项内容：一是惩罚犯罪，伸张社会正义；二是威慑犯罪分子和社会不稳定分子，抑制犯罪意念；三是改造犯罪分子，使其自觉遵守社会主义法律秩序。以上这些观点中有不少是共同的或接近的，但对于惩罚是不是刑罚的目的，抑或只是刑罚的属性，分歧较大；对于能不能主张刑罚的目的是预防和消灭犯罪，也有不同意见。这些问题有待进一步深入讨论。

（十）刑罚种类

我国刑法中规定的刑罚种类，是从我国实际情况出发，根据多年来同犯罪作斗争的经验选择确定的。刑罚分主刑和附加刑两大类，主刑有管制、拘役、有期徒刑、无期徒刑、死刑五种，附加刑有罚金、剥夺政治权利、没收财产等。司法实践证明，这些刑种是适合与犯罪斗争需要的。但是，有人对管制刑提出意见，认为经济搞活了，人口流动性较大，法院对管制很少适用，监督、管理也不好落实，执行起来有困难，故而建议取消管制，对有些罪行较轻不是必须关押的，可以适用缓刑。但也有不同意见，认为管制是我国刑法中的一个创造，对罪行较轻、不必关押的犯罪分子判处管制，既可以少关押人，又可以发挥群众监督的作用，还不影响被管制人员的家庭生活，对于犯罪分子的改造和社会秩序的安定是有好处的；而且人口流动性大不能作为取消管制的理由，管制的内容说明，被判处管制的犯罪分子恰恰是不能自由流动的。缓刑也不能代替管制，二者适用的前提、监督的内容和法律上的效果都是不一样的。此外，对于罚金刑，有不少人主张应当扩大适用范围，以便与商品经济发展的状况相适应，也符合世界刑法改革的趋势。

（十一）自首

自首从宽是我国刑法规定的一项刑罚制度，也是惩办与宽大相结合的刑事政策的一个具体体现。(1979年）刑法颁行以后，刑法学界对自首问题作了大量的研究，发表了很多文章。对于自首的概念、自首成立的条件以及自首从宽处罚如何掌握等问题，学界都作了比较深入的探讨。在探讨中也有一些不同观点的争论，主要表现在以下几个问题上。

一是“犯罪未被发觉”是不是成立自首的必备条件。对此，一部分人作了肯定的回答，认为只有在犯罪未被发觉前自首，才能证明犯罪分子对所犯罪行有所悔悟。如果在犯罪被发觉后交代所犯罪行，只是基于罪行已被揭发，在无法掩盖、抵赖时承认罪行，不能认为是自首。另一部分人的回答则是否定的，认为我国（1979年）《刑法》第63条只规定“犯罪以后自首的”，并未以“犯罪未被发觉”为限制条件，附加这个条件，不利于鼓励犯罪分子投案自新，也不符合我们一贯的政策精神和法制传统。这个争论后来在最高人民法院、最高人民检察院、公安部1984年4月16日联合作出的一个法律解答中得到了解决。根据这个解答，不论犯罪是否被发觉，都可以自动投案，从而都可以成立自首，不能把“犯罪未被发觉”作为自首的先决条件。

二是犯罪被发觉以后，犯罪分子因逃跑而被通缉，后又自动归案的，是否属于自动投案，从而成立自首。对此也有否定说、肯定说之争。否定说认为，这种情况不能视为自首，否则是对犯罪分子逃跑的鼓励。肯定说则认为，这种情况应视为自首，因为犯罪分子这样做，有利于司法机关对案件的侦查、审理工作，可以节省人力、物力、财力，所以按政策应予鼓励；同时指出，这不是对犯罪分子逃跑的鼓励，而是对他迷途知返、愿意接受国家审查、裁判的鼓励。肯定说后来在上述三机关联合作出的法律解答中得到了确认。

三是在收容审查、劳动教养、拘捕或服刑期间，主动交代司法机关尚未掌握的他种罪行的，算不算自首。这在刑法学界也有不同的认识。有的人强调自首必须是“自动投案”，既然犯罪分子是处于收容审查、劳动教养、拘捕或服刑期间，就谈不上“自动投案”，所以不算自首，可视为坦白交代，酌情从轻处罚。但有的人认为，“自动投案”不是一个从一处到另一处的空间移动的形式概念，而要对其作实质上的理解；对于一个犯罪案件，司法机关尚未掌握，而作案人主动交代给司法机关，也就是把该案件投给了司法机关，这完全符合自动投案的实质，所以也就是自动投案。如果犯罪分子如实交代了该案的全部或主要犯罪事实，并接受国家的审查和裁判，那么对该案来说，他就是自首，不能认为他只是坦白。坦白通常指犯罪行为已被有关组织或者司法机关发觉、怀疑，而犯罪分子被进行询问、传讯或者采取强制措施后，如实供认这些罪行的行为。这与上述情况不同。坦白是酌情从宽的情节，而自首则是法定从宽的情节。笔者同意后一种意见。

（十二）数罪并罚

数罪并罚是刑法规定的一项重要的量刑制度。1979 年刑法颁行以来，刑法学界对这个问题进行了较为系统的研究，发表了不少研究成果。但是，也还有一些问题，至今尚存在分歧，主要表现在以下两个问题上。

一是同种数罪能否实行并罚。第一种意见强调，1979 年《刑法》第 64 条规定的“一人犯数罪”，并没有把同种数罪排除在外，对同种数罪也要和异种数罪一样，实行并罚的原则。第二种意见认为对同种数罪实行并罚没有必要，因为我国刑法分则条文中规定的量刑幅度一般都比较大，而且许多条文都有在情节严重的情况下将法定刑升格的规定，这就完全可以将同种数罪的情况容纳进去而将处罚问题解决，用不着实行数罪并罚。第三种意见主张，同种数罪要不要实行并罚要根据具体情况，如果条文本身的量刑幅度够用了就不并罚，否则就并罚。这种意见既不是同种数罪要并罚的原则，也不是同种数罪不并罚的原则，而介乎两者之间。第四种意见认为，同种数罪原则上不并罚，就在规定这种罪的条文的法定刑范围内解决处罚问题，只是对极个别条文，为了弥补法定刑过轻的缺陷，在法律没有禁止并罚的情况下，可以实行并罚，以便有限制地加重犯罪分子的刑罚，更好地体现罪刑相适应的原则。笔者持最后一种意见。

二是对分别判处不同主刑的数罪如何并罚。数罪中如果有一罪被判处死刑或无期徒刑而其他罪被判处别的主刑的，依照 1979 年《刑法》第 64 条的规定，当然只决定执行死刑或无期徒刑，而将其他主刑予以吸收。但是，对分别判处有期徒刑、拘役、管制的如何并罚，或者在管制期间又犯罪，应判有期徒刑的如何并罚，就有不同主张。有人主张折算，以管制2天折合有期徒刑1天，或者以拘役1天折合有期徒刑1天，然后按照1979年《刑法》第64条规定的限制加重原则，决定应执行的有期徒刑的刑期。这是从1979年《刑法》第36条、第39条、第42条有关判决以前羁押1日折抵管制刑期2日，折抵拘役、有期徒刑刑期1日的规定中推算出来的。但是，有人不同意这种折算，认为从性质上说，管制轻，拘役重，有期徒刑更重，不能把轻刑折合成重刑来执行，因此主张，遇到这种情况时，应先执行有期徒刑、拘役，然后再执行管制（或未执行完的管制）。对于这种意见，很多人表示不好理解，因为这样一来，对同一犯罪分子就要决定执行两个甚至三个主刑，这与主刑只能独立适用，不能附加适用，即对同一犯罪人不能同时决定执行两个以上主刑的原则是有矛盾的。同时，这也体现不出限制加重原则，而是采取并科原则。对主刑与主刑之间采取并科原则，也是缺乏法律根据的。关于这个问题，另有人认为，数罪中同时判处有期徒刑、拘役、管制的，可以采取重刑吸收轻刑的办法，只决定执行有期徒刑。这样的并罚，既体现了法律的严肃性，又符合并罚的原则，且简便易行。这个问题还有待于进一步探讨。

（十三）刑法分则的体系

1979年《刑法》分则分8章，规定了8类犯罪，即反革命罪，危害公共安全罪，破坏社会主义经济秩序罪，侵犯公民人身权利、民主权利罪，侵犯财产罪，妨害社会管理秩序罪，妨害婚姻、家庭罪，渎职罪。1981年6月10日全国人大常委会通过的《中华人民共和国惩治军人违反职责罪暂行条例》补充了一类犯罪，即军人违反职责罪，实际上就成了9类犯罪。这个犯罪的分类基本上是恰当的、合理的。但是随着修改、完善刑法的呼声不断高涨，刑法学界也有人对现行刑法分则体系提出一些调整性意见，主要有以下几点。

1. 认为刑法分则第一章“反革命罪”宜改名为“危害国家安全罪”。理由是：（1）反革命罪基本上是一个政治性的概念，使用这一罪名，不大符合法律的规范化；（2）反革命罪概念中的反革命目的比较含混，不易解释得清楚，实践中也往往难以分辨，容易导致主观归罪或客观归罪；（3）以危害国家安全罪取代反革命罪，有利于满足国际斗争的需要，因为反革命罪明显属于政治犯罪的范畴，对于那些逃到国外去的明明是危害国家安全的罪犯，由于我们称为“反革命罪犯”，他国引用“政治犯不引渡”的国际惯例，就使我们很难对其实施惩处；（4）从国外立法发展情况来看，苏联等社会主义国家在革命胜利之初虽也规定有反革命罪，但后来一般都改为危害国家安全罪或国事罪，这种经验也值得借鉴。

2. 认为应增设侵犯公民民主权利罪和妨害司法活动罪的专章。增设“侵犯公民民主权利罪”一章的理由是：（1）侵犯公民民主权利罪与侵犯公民人身权利罪在客体上是不同的，把 1979 年《刑法》分则第四章分列为两章，更加符合科学化原则。（2）可以更加鲜明地突出刑法对公民民主权利的保护，适应现阶段大力发扬社会主义民主的需要。（3）可以与有关各章更加协调，不论是公民的人身权利、民主权利、财产权利或婚姻家庭方面的权利，都有专章规定，从而更严整地体现刑法对公民不同类型权利的重视和保护。增设“妨害司法活动罪”一章的理由是：（1）把现行刑法中分散规定于数章而实际上主要是妨害司法活动的一些犯罪，如组织越狱罪、聚众劫狱罪、刑讯逼供罪、诬告陷害罪、伪证罪、拒不执行人民法院判决裁定罪、脱逃罪、窝藏包庇罪、徇私枉法罪、体罚虐待被监管人罪、私放罪犯罪等，加上个别新增的犯罪如破坏监管秩序罪等，集中规定为一章，可以更好地体现根据同类客体对犯罪作科学分类的立法原则。（2）有助于加强对人民民主专政机关的国家司法活动和执法秩序的特殊保护，以适应现阶段强化社会主义法制的客观要求。（3）在现代很多国家的刑法中，都专门规定了妨害司法活动方面的一类犯罪，这种立法经验和立法模式可供我们借鉴。

3. 军人违反职责罪，可考虑从单行条例移入刑法分则最后一章，以便构成统一的刑法分则体系。条例中个别有关军人犯罪的总则性规范，如战时缓刑制度，剥夺勋章、奖章、荣誉称号等，可同时移入刑法总则的有关章节之中。苏联和其他社会主义国家的刑法典，基本上都是这样做的。这种做法比单独制定“军事刑法”或“陆海空军刑法”，更简便可取。

此外，还有人主张在刑法分则中增加一章“危害国防罪”。

（十四）各类具体犯罪

我国现行刑事法律规定的 9 类犯罪中具体罪名有一百几十种，研究讨论大多有所涉及，特别是一些常见、多发的罪，讨论得更多、更细、更深入，发表的成果颇为可观。下面仅就各类犯罪的研讨概况，作一简述。

关于反革命罪，除罪名问题外，学界主要围绕如何正确认定反革命罪展开研讨，其中涉及的问题有：如何认定反革命目的，反革命目的和动机的关系是什么，过去处理反革命案件有何经验、教训，以及反革命罪有无未遂等。20世纪50年代，主张反革命罪有未遂问题，曾被批判为“旧法观点”，20世纪80年代有些人指出，对这个问题应重新认识。此外，对于组织越狱罪的罪名及与脱逃罪的区别，学界也有所讨论。

关于危害公共安全罪，重点是对放火罪、投毒罪、破坏交通工具罪、盗窃/抢夺枪支弹药罪、交通肇事罪和重大责任事故罪的认定等，学界提出了一些值得研究的问题，如对于放火烧自己住宅企图取得保险金的应如何定罪，对于放火烧独门独院并不危害公共安全的如何定罪，以对于放火手段企图烧死他人的应如何定罪，等等。此外，学界对于1979年《刑法》第105条是否包含投毒罪，也有不同见解；对于抢夺枪支、弹药如何定罪也有争论；如何区分交通肇事罪和过失杀人、过失致人重伤罪的界限，如何区分重大责任事故罪与玩忽职守罪的界限，以及对于个体经营中的重大责任事故如何定罪，等等，也有所研讨。

关于破坏社会主义经济秩序罪，研讨最多的是走私罪和投机倒把罪，其中包括走私罪和投机倒把罪的构成要件，特别是行为种类及数额计算，罪与非罪的界限以及投机倒把罪与诈骗等罪的界限。此外，对于如何认定偷税、抗税罪，对于变造货币、伪造外币如何处理，假冒商标罪与投机倒把罪的关系，盗伐林木罪与盗窃罪的关系，对于破坏个体生产如何处理，等等，学界也都有不同程度的研讨。

关于侵犯公民人身权利、民主权利罪，围绕如何区分故意杀人罪与故意伤害罪，学界进行了大量的研讨。有人主张以有无杀人目的加以区分，有人主张以是否使用致命的工具、打击要害的部位加以区分，还有人主张区分的关键是犯罪故意的内容不同。强奸罪也是讨论的一个重点，其中主要讨论了强奸罪的本质特征是什么。有人认为是行为人采取暴力、胁迫等方法与妇女发生性行为，有人认为是性行为违背妇女的意志，也有人认为应把强迫手段与违背妇女意志统一起来。对于奸淫幼女罪是否以行为人明知对方是不满

14 岁的幼女为构成要件，争论很大。此外，关于刑讯逼供罪的主体，诬告陷害罪的处罚规定是否体现“诬告反坐”，如何认定拐卖人口罪，如何划清舆论监督、新闻自由与诽谤罪的界限，等等，学界也都有所研讨。

关于侵犯财产罪，研讨的文章很多，争论不少。例如，抢劫罪的暴力方法是否包括杀人手段在内，认定抢劫罪既遂和未遂的标准是什么，对于掳人勒赎如何定罪，对于盗窃支票获取财物的案件如何定罪，什么是惯窃、其构成条件是什么，盗窃罪既遂与未遂如何区分，如何划分利用经济合同进行诈骗犯罪与经济合同纠纷的界限，以借贷为名的诈骗罪与借贷行为如何区别，诈骗罪与集资经营亏损欠债外逃的界限在哪里，贪污罪的主体应当具备哪些条件，承包、租赁经营组织中的工作人员和中外合资、合作经营中的工作人员能否成为贪污罪的主体，对共同盗窃、共同贪污案件如何分别定罪量刑，构成贪污罪的数额起点与构成盗窃罪的数额起点应否协调一致、孰轻孰重，等等，都是讨论的热点，都有不少的争议。

关于妨害社会管理秩序罪，研讨最多的是流氓罪。例如，关于如何理解流氓罪的本质特征，如何认定流氓犯罪集团，如何分清流氓罪与非罪的界限，流氓罪与其他犯罪如伤害罪、侮辱罪、故意毁坏公私财物罪等的界限，等等，学界都有所研讨。此外，如何理解 1979 年《刑法》第 161 条“脱逃罪”中规定的“加处”，制造、贩卖假药罪与投机倒把罪的关系如何，对窝藏与包庇如何区别，对知情买赃者应如何处理，等等，认识上不尽一致，也有待继续探讨。

关于妨害婚姻、家庭罪，争论不算很多，但也有一些。例如，对于有配偶的人与他人建立所谓“事实上的夫妻关系”能否构成重婚罪，应不应承认“事实婚姻”，如何理解破坏军人婚姻罪中的“同居”，如何区别虐待罪与故意伤害罪，如何划分遗弃罪与非罪的界限，拐骗儿童罪与拐卖人口罪的界限在哪里，等等，学界都存在不同的看法。

关于渎职罪，争论最多的是受贿罪。例如，对于贿赂是否限于财物，抑或包括财产性利益，甚至包括其他非财产性的不正当利益；离退休干部、国家工作人员的家属能否构成受贿罪；如何认识“利用职务上的便利”，包不包括利用他人职务上的便利和过去工作职务的便利；“从事公务”的含义是什么，都有一些争论。此外，关于玩忽职守罪的主观方面是否只限于过失，重大医疗责任事故是定玩忽职守罪还是定过失杀人罪等问题，也有分歧意见。

关于军人违反职责罪，相对来说讨论较少，但也有个别专著和一些文章，除了正面论述这类犯罪的概念、构成要件和各种具体罪的认定外，对于某些具体问题也提出了不同意见。例如，对于武器装备肇事罪的直接客体是什么，《惩治军人违反职责罪暂行条例》第4条第3款规定的“为敌人或者外国人窃取、刺探、提供军事机密罪”与1979年《刑法》第97条规定的间谍、特务罪的界限在哪里，《惩治军人违反职责罪暂行条例》第5条规定的玩忽职守罪与1979年《刑法》第187条规定的玩忽职守罪是什么关系，逃离部队罪的主体是否包括刚入伍正处在集训期间、尚未补充到连队的新兵以及该罪的主观方面是否以逃避服兵役义务为目的，如何区分偷越国（边）境外逃罪与投敌叛变罪的界限，连队的班长能否成为虐待、迫害部属罪的主体，虐待、迫害部属罪有无间接故意，非军职人员伙同军职人员盗窃武器装备或军用物资的案件如何定罪判刑，军职人员利用职务之便盗窃军用物资是定贪污罪还是定盗窃军用物资罪，临阵脱逃罪的主体能否只限于直接担负作战任务的军人，如何划分自动投降敌人罪与投敌叛变罪的界限，等等，学界都存在一些不同看法。

三、刑法学研究的展望

我国刑法学（至1989年）已经走过了40年的曲折历程，取得了令人瞩目的成绩。但是成绩只能说明过去，未来的任务尤为艰巨。刑法学作为法学中的一门应用学科，应当随时关注我国社会主义建设实际的发展，不断发现新情况、研究新问题，以便更好地为立法和司法实践服务，为社会主义建设事业服务。当前，刑法学领域中值得研究的问题很多。例如，从宏观上说，关于社会主义初级阶段刑事政策与刑法的关系，社会主义商品经济新秩序的刑法保护，国际刑法与国内刑法的关系，外国刑法与国内刑法的比较，我国港、澳、台地区刑法与全国刑法的效力范围及冲突，我国刑事立法的进一步完善，司法机关对刑法适用的实践，刑法学体系的进一步完善，刑法如何更好地成为其他部门法的后盾，等等，都是值得认真探索以求得解答的新课题。从微观上说，在前文中提到的刑法学研究中存在的一系列有争论的问题，也都有待我们本着理论联系实际的作风和百家争鸣的方针，进一步研究解决。只有不断开展对这些问题的研究，不断取得新的研究成果，才能丰富和完善我国刑法学，开创出刑法学发展的新局面，更好地为立法和司法实践服务。

在当前刑法学研究中，有以下几点必须加以强调。

（一）树立适应社会主义商品经济发展的刑法观

此时我国的经济体制改革的实质，就是要发展社会主义有计划的商品经济，建立社会主义商品经济新秩序，以更好地满足广大人民不断增长的物质生活和文化生活的需要。经济体制改革与商品经济的发展，必然引起人们的心理结构、思维方式、价值观念等一系列变化，刑法观也将随之变化。过去我们研究刑法，主要服务于产品经济，现在应当转到为社会主义有计划的商品经济服务的轨道上来。改革、开放、搞活，都是为了发展社会主义商品经济，发展社会生产力，推进社会主义建设。因此，我们刑法观的一个重要内容，就是要保护社会生产力的发展，要把是否有利于发展社会生产力作为判断行为是否有社会危害性的根本标准。凡是对搞活经济、发展商品经济、发展社会生产力有益的行为，哪怕获利再多，只要是通过正当的、合法的手段和途径取得的，就不能视为犯罪行为。有一段时间，对搞活经济中的某些行为是否构成经济犯罪争论不休，相持不下，究其根本就是因传统的产品经济观念和现实的商品经济观念的矛盾冲突得不到解决而造成的。为了适应经济体制改革和发展社会主义商品经济的需要，对行为的社会危害性的评价标准必须有相应的变化。

（二）为完善中国的刑事立法服务

我国的刑事立法，由于坚持了马克思列宁主义、毛泽东思想的理论指导，立足于本国的国情，总结了同犯罪作斗争的有效经验，吸取了刑法科学理论中正确的见解，借鉴了国外刑事立法中的有益成分，同时注意原则性与灵活性相结合，所以取得了巨大的成绩。我国的刑事法律基本上已趋完备，但是，由于社会主义商品经济的日益发展，经济体制改革和政治体制改革的逐步展开与深入，现行刑法中某些缺点和不足之处也已暴露，亟须加以完善。刑法学界应当为刑法的修改、完善献计献策，贡献力量。为此，在今后一个时期里，应当围绕刑法的修改、完善开展科学研究，并以此作为工作的一个重点，通过调查研究和理论分析，拿出有观点、有材料、有说服力的研究成果，贡献给立法机关，供修改刑法时参考。我们相信，这项工作做好了，将是刑法学服务于立法实践的一个有力的明证，同时可以进一步推进刑法学学科本身的建设。

（三）正确处理刑法理论与司法实践的关系

我国刑法学是在马克思列宁主义、毛泽东思想指导下，以刑事法律和政策为依据，总结反映我国人民和司法机关长期同犯罪作斗争的丰富经验，并批判地继承前人创造的刑法科学文化而逐步发展起来的。丰富的司法实践是刑法理论的源泉，正确的刑法理论能直接为司法实践服务，为司法实践排难解疑。怎样才能做到刑法理论更好地为司法实践服务？笔者认为最重要的是要在研究工作中吃透刑事立法精神，并加以充分的阐述。司法工作是执行法律的工作，刑法学者把法律的精神加以弘扬，并正确地传达给司法工作者，使他们正确地掌握和运用法律武器，就是对司法实践最大的帮助。此外，刑法理论应当非常注意反映司法实践经验，特别是执行刑法的经验。司法机关作出的判例、典型总结、系统总结、批复、指示等都应当在刑法学者的视野之内，广为收集，并加以消化吸收。特别是最高人民法院、最高人民检察院分别或联合作出的司法解释，是执法经验的结晶，并具有法律效力，更应受到刑法学者的重视，并努力在研究工作中加以贯彻。当然，刑法学者应当独立思考，坚持学理探讨，具有高度的科学信念。学术上没有禁区，应当勇于探索、敢于创新，坚持真理，修正错误。努力吸收司法实践经验，并正确地通过自己头脑的加工创造出科学研究成果，这样创造出来的科学研究成果，必然会受到司法实务部门和广大司法工作者的欢迎。解决好刑法理论与司法实践的关系，是指引刑法学健康发展的主线，是使我国刑法学得以枝繁叶茂的常青之树。

［高铭暄；载张友渔主编：《中国法学四十年》，上海，上海人民出版社，1989］

第二章

1990 年的刑法学研究

一、基本情况

1990 年，是刑法学研究不断发展繁荣，并取得丰硕成果的一年。

据我们的粗略统计，所发表的刑法论文总数达一千余篇。在中国刑法这个主要领域里，一方面，刑法理论界紧密结合我国刑事司法的现状，以廉政建设与刑法的运用、刑法的修改与完善等问题为中心，开展了深入而广泛的研讨。尤其是对廉政建设与职务犯罪的立法完善、廉政建设的刑事司法对策、刑法在廉政建设中的地位和功能，以及涉及廉政建设的一些具体职务犯罪，如贪污罪、受贿罪、挪用公款罪等问题的研究取得了明显的进展。此外，关于刑法的修改和完善方面，在刑法体系的调整和重构、犯罪构成和刑事责任的立法完善、刑罚体系和种类的变更，以及一些具体犯罪，如反革命罪等问题的研究上也有不少创新和突破。另一方面，刑法理论工作者还就刑法的一些基本问题，如刑法的基本原则，刑事政策及其与刑法的关系，刑事管辖原则，犯罪的故意和过失，法人犯罪，不作为犯罪，自救行为，共同犯罪，刑罚的种类及运用，缓刑和假释的适用原则和方法，反革命罪的特征及认定，走私罪，投机倒把罪，假冒商标罪，偷税、抗税罪，引诱、容留妇女卖淫罪，强奸罪，玩忽职守罪以及关于毒品和淫秽物品的犯罪等问题进行了争鸣和探讨，取得了明显的进展。此外，在外国刑法和国际刑法方面，学界也发表了一些译文和论文，就国际刑法的管辖原则、执行模式以及某些国家刑法的改革和发展趋势等问题进行了研讨。

从出版和印行的刑法书籍来看，一批对一些重要的乃至崭新的刑法课题进行专门研究的刑法著作相继出版，具有代表性的专著有：《强奸罪的认定与防治》《经济刑法学（总论）》《经济犯罪疑案探讨》《经济刑法学（各论）》《共同犯罪理论及其运用》《定罪导论》《刑事错案研究》《刑法修改研究综述》《刑法个罪比较研究》《刑法适用论》等。这批专著的诞生，将刑法学的研究推向了一个新的高度，使许多专门问题的研究取得了重大进展。此外，还有一些教科书，如《刑法总论》《新编刑法学》等也相继问世。有些教科书在体例编排乃至某些具体问题的论述上颇具新意。

在学术活动方面，气氛也十分活跃。中国法学会刑法学研究会以及一些省市的刑法学研究会先后开展了一系列的刑法研讨活动，大大地加强了学术交流，促进了刑法学研究的深入发展。尤其应当指出的是，中国法学会刑法学研究会于 1990 年 11 月 1 日至 11 月 5 日在辽宁省大连市举行了刑法研讨会。到会代表一百四十余人，提交学术论文九十余篇。与会代表就廉政建设与职务犯罪方面的问题，刑法的修改和完善问题以及刑法的其他一些基本问题进行了广泛而热烈的讨论，有力地促进了刑法学研究的繁荣。

刑法领域高层次理论人才的培养方面也取得了明显的进展，有 2 名刑法学专业博士研究生先后通过了博士学位论文答辩（他们的博士论文题目分别为《刑事立法导论》《罪与非罪界说新论——犯罪本质研究》）。此外，还有十余名刑法学专业博士研究生和二百余名刑法学专业硕士研究生在校就读。这些高层次刑法理论人才的培养，必将大大有助于刑法理论研究的繁荣和发展。

1990 年，学术研讨之进展较为突出地表现在以下几个方面。

二、关于廉政建设与刑法的适用问题

1990 年，刑法理论界将廉政建设和刑法的适用问题作为研究的中心课题之一，进行了多层次、多角度的探讨，提出了若干颇具价值的观点。

（一）关于廉政建设与刑法运用的宏观问题

1. 廉政建设与刑事立法的指导思想和原则

一些著述认为，要有效地惩治腐败，加强廉政建设，刑事立法必须坚持以下指导思想和原则：（1）正确认识刑法在廉政建设中的特殊功能。既不能搞“刑法万能”，忽视对犯罪的综合治理措施，也不能不切实际地低估刑法在廉政建设中的作用，以免导致对职务犯罪的打击不力。（2）贯彻惩罚与预防相结合、治标与治本相结合的刑事政策思想。（3）深刻认识职务犯罪的严重社会危害性，坚持、贯彻对职务犯罪从严惩处的立法精神。（4）实行纯粹职务犯罪与非纯粹职务犯罪相结合的立法原则。（5）坚持刑事立法内容的必要性、规范之间的协调性和立法形式的多样性原则。

2. 刑法在廉政建设中的地位和作用

有关著述对这一问题作了论证，提出了以下几点看法：（1）用刑罚惩办国家机关的犯罪分子，提高国家机关的威信和国家工作人员的声誉，净化社会风气。（2）通过惩罚腐败分子，警告和威慑可能利用职务之便实施犯罪的国家工作人员，使其不致走上犯罪道路，从而抑制职务犯罪率的上升。（3）以刑罚为武器，惩罚、教育和改造腐败分子，从而减少职务犯罪的再犯率。（4）对一些罪大恶极的职务犯罪分子适用极刑，从而剥夺其再次犯罪的机会。（5）通过对腐败分子适用刑罚，教育人民群众积极同腐败现象作斗争，检举、揭发违法犯罪、以权谋私的国家工作人员，使其不致逃避法律的制裁。

3. 廉政建设的刑事立法对策

一些学者指出，要使刑法在廉政建设中更有效地发挥作用，必须使刑事立法适应惩治腐败的实际需要。而现实的情况是，我国刑法尚欠完备，致使刑法在惩治腐败中的功能难以得到正常发挥。为此，他们提出了如下措施：（1）刑事立法应当明确限定职务犯罪的主体范围，进一步调整立法结构，突出打击的重点。（2）应当科学量定各类犯罪的社会危害程度，进一步协调刑罚比重，从重处罚职务犯罪。（3）应当适应职务犯罪形态各异的特点，进一步扩大这类犯罪的行为范围，不断充实立法内容。（4）应当完善职务犯罪已有的法定刑种，进一步确定各种不同的量刑情节，不断强化刑罚措施。（5）应当适当提高职务犯罪在刑法分则中的地位。（6）在刑法分则条文中应增加对公务员犯罪从重处罚的条款。

4. 廉政建设的刑事司法对策

一些著述认为，“徒法不足以自行”，完善刑事立法只是为刑法有效地惩治腐败提供了前提，要使刑法的功能得以正常发挥，还必须在完善刑事司法上花功夫。为此，有关论著提出了如下司法措施：（1）坚持司法机关依法独立行使职权的原则，坚决反对任何形式的外部干预。（2）坚持“法律面前人人平等原则”，坚决反对以官当罪和以官抵刑。（3）坚持罪刑相适应原则，反对有罪不究和重罪轻判。（4）坚持惩办与宽大相结合原则，反对惩治不严、宽大无边。（5）坚持公、检、法三机关互相制约的原则，便于更有效地查处和惩治职务犯罪。（6）杜绝以党纪处分和行政处罚代替刑罚的现象，充分发挥刑罚的惩罚和威慑功能。（7）对于利用职务之便进行的贪利性犯罪，应同时抓好量刑和追赃两个环节。

（二）涉及廉政建设的具体职务犯罪问题

1. 受贿罪

研究较为深入和争论较多的主要有以下几个问题：（1）关于受贿罪的主体范围问题，主要有两种看法：一种意见认为，该罪的主体只限于正在任职的国家工作人员、集体经济组织的工作人员或者其他从事公务的人员，而不包括已经离退休的上述人员及上述人员的家属；另一种意见认为，受贿罪的社会危害性主要表现在对国家工作人员的声誉和国家机关威信的破坏上，因此，如果离退休的国家工作人员或其家属直接或间接地利用了职务上的便利收受贿赂，也应成为受贿罪的主体。（2）关于受贿罪的既遂与未遂问题，主要有以下几种看法：第一种观点认为，区分受贿罪的既遂与未遂应以受贿人是否实际地接受了行贿人的财物为标准，接收财物即为既遂，否则为未遂；第二种观点认为，应以为行贿人谋利益是否成功为标准，实际地为行贿人谋取了利益的为既遂，否则为未遂。（3）关于如何理解“为行贿人谋利益”的问题，主要有以下两种意见：一种意见认为，“为行贿人谋利益”不能作为受贿罪犯罪构成的要件，即只要受贿人利用职务之便非法地接受他人的贿赂即成立受贿罪；另一种意见认为，“为他人谋利益”是受贿罪成立的主观要件之一，非此不能成立受贿罪。（4）关于“贿赂”的内容问题，主要有以下几种看法：第一种观点认为，“贿赂”仅限于财物；第二种观点认为，“贿赂”既包括财物，也包括其他财产性利益；第三种观点认为，“贿赂”包括财物和其他非正当利益。

2. 非法所得罪

争论的焦点在于本罪的存废问题。第一种意见认为，关于非法所得罪的规定，对于防止国家工作人员腐化变质，保持廉洁奉公，有力地惩治职务犯罪是十分必要和切实可行的；第二种意见认为，规定非法所得罪实属刑事司法实践所急需，但应当有配套的法律和制度，如财产申报制度等辅助施行，否则难以具体运用；第三种意见认为，无论从理论上看，还是从实践中来看，关于非法所得罪的规定都存在着种种弊端甚至无法解决的问题，既有悖我国刑法主、客观相统一的犯罪构成理论，又有悖我国刑事诉讼法关于“重证据，重调查研究，不轻信口供”的原则，同时还易于导致实践中混淆罪与非罪的界限和宽纵罪犯的结果，因而建议取消非法所得罪。

3. 挪用公款罪

研究较为深入的有以下几个问题：(1) 关于挪用公款行为的特征，一般认为有以下几个：一是实施了挪用公款的行为，二是挪用公款是利用职务上的便利实施的，三是挪用公款归个人使用。(2) 关于挪用公款行为的表现形式，有关著述概括为以下几种：一是直接保管公款的人员未经合法批准，私自动用公款归个人使用；二是领导人员违反财经管理制度，超越职务权限，批准或指使他人将公款借给个人使用；三是企业单位推销人员经手收到货款，不按企业规定时间或合同规定时间交回单位，挪为己用；四是管理公款、贷款的人员将银行或其他单位的公款借、贷给另一单位，而由另一单位转交给个人使用；五是主管人员私自用本单位名义为个人贷款担保，致使单位公款被银行划拨抵偿了到期未还的个人贷款。(3) 关于如何理解“挪用公款进行非法活动”，主要有两种观点：一种观点认为，实际进行非法活动是构成挪用公款罪的必要条件，非此不能成立犯罪；另一种意见认为，是否实际地进行非法活动不影响本罪的成立，只影响挪用公款罪的犯罪形态，即成立犯罪既遂还是成立犯罪未遂。(4) 关于如何理解“挪用公款数额较大不退还的，以贪污罪论处”的问题，也有几种不同意见。第一种意见认为，“不退还”既包括有能力退还但主观上不想还、客观上不退还，也包括客观上已将挪用的公款挥霍，无能力退还的情况；第二种意见认为，“不退还”包括有能力归还而拒不归还，以及无能力归还而无法归还两种情况；第三种观点认为，“不退还”公款以贪污论处的情况必须是行为人具有非法占有公共财物的故意和行为，当挪用公款的行为发生后，只有行为人产生了不归还的思想，才能以贪污罪论处；第四种观点认为法律的有关规定欠妥，因为“不退还”不能表明行为人就一定具有非法占有公共财物的目的，如果一律按贪污罪论处，就会混淆贪污罪和挪用公款罪的界限。(5) 关于如何理解“挪用公款进行非法活动构成其他罪的，按数罪并罚的原则处理”，也存有不同看法。一种意见认为，法律的有关规定欠妥，因为“非法活动”已是构成挪用公款罪不可缺少的条件，如果再按数罪并罚的原则处理，势必造成刑罚的重复裁量。另一种意见认为，“非法活动”不包括严重违法而构成犯罪的情况，因此，如果行为人的行为又构成了其他独立的犯罪，仍应按数罪并罚的原则处理，这是罪刑相适应原则的必然要求。

三、关于刑法的修改和完善问题

1990 年，刑法理论界在 1989 年研究的基础上又对我国刑法的修改和完善问题作了广泛而深入的探讨，涌现了一批具有较高质量的学术论文，就刑法的修改和完善问题提出了许多有益的建议。

（一）关于刑法典体系和结构的完善问题

一些论著指出，我国 1979 年刑法典的体系结构尚欠完善，需要作适当修改，并提出了如下方案。将刑法典总则补充、修改和调整为 9 章，依次为刑法的任务和基本原则，刑法的适用范围，犯罪，刑事责任，刑罚，刑罚的适用和免除，未成年人犯罪的特殊处置，保安处分，名词术语的含义；将刑法典分则修改、调整为 10 章，依次为危害国家安全罪，危害公共安全罪，侵犯公民人身权利罪，侵犯公民民主权利罪，破坏社会主义经济秩序罪，侵犯财产罪，妨害社会管理秩序罪，妨害公务罪，渎职罪，妨害婚姻家庭罪。

（二）刑法通则方面的修改意见

1. 关于刑法的基本原则

有关著述认为，刑法的基本原则是刑法的灵魂，是刑事立法和刑事司法的指南；主张刑法应明确规定基本原则。归纳起来，拟增设的基本原则有：

罪刑法定原则，刑事法制的统一原则，刑法面前人人平等原则，罪刑相适应原则，刑事责任不可避免性原则，主、客观相统一原则，罪责自负、反对株连原则，惩罚与教育、改造相结合原则，刑罚人道主义原则，刑事责任公平原则，刑罚个别化原则等。

2. 关于刑法的适用范围

有关论著提出了如下修改意见：一是应补充规定，“对中华人民共和国缔结或参加的国际条约所规定的犯罪，在所承担条约的义务范围内，也适用本法”，以便有效地同国际犯罪作斗争，加强国际司法合作；二是应明确规定“一国两制”时期，涉港、澳、台地区刑事案件的处理原则；三是应规定外国人在我国领域外对我国犯某些罪，如危害国家安全罪等，对其不加任何限制适用条件，一律适用我国刑法，以有效地维护我国的主权和尊严。

（三）犯罪通则方面的修改意见

在犯罪通则方面，有关著述提出了如下修改和完善意见。

1. 将犯罪的直接故意和间接故意分条规定，以便为司法实践中区别对待二者提供法律依据。

2. 关于过失犯罪，有关论著提出如下修改意见：一是凡属过失犯罪，刑法分则条文应作出明确规定，以免引起争议；二是对业务过失犯罪应规定比普通过失犯罪更重的刑罚，以提高职工的工作责任感。

3. 关于刑事责任年龄，一些学者提出了如下修改意见：一是增加“不满14周岁的人的行为，不负刑事责任”的规定，使刑法的有关规定更加科学、严谨；二是对“已满14周岁不满16周岁的人”所实施的“其他严重破坏社会秩序罪”应作具体、明确的规定，以便于司法实践的具体掌握；三是已满14周岁不满18周岁的人犯罪，应增加禁止对未成年人适用罚金、放宽对未成年人适用缓刑的条件、对未成年人不适用累犯制度等规定，以体现刑法的人道主义精神。

4. 关于刑事责任能力，有人主张应增加对精神耗弱者和病理性醉酒的人减轻、免除或免予刑事责任的规定。

5. 关于法人是否应规定为犯罪主体，主要有以下几种意见：第一种意见主张，可在总则中规定法人作为犯罪主体并普遍适用于具体犯罪；第二种意见认为，在总则中规定法人作为犯罪主体，并有选择地在分则条文中作相应的规定；第三种意见认为将法人规定为犯罪主体的条件尚不够成熟，建议不必规定法人犯罪。

6. 关于排除社会危害性的行为，有关论著提出了如下修改意见：一是应明确规定正当防卫成立的主观要件——“为了保护合法的公共利益、他人或自己的合法权益”，以免在认定时发生歧义；二是应根据刑事司法实践的需要，对执行职务的行为、依照法令的行为、依照命令的行为、自救行为、自损行为等作出规定。

（四）刑罚通则方面的修改意见

1. 关于刑罚体系方面，有的论文建议作如下调整和修改：将罚金刑上升为主刑，将拘役并入有期徒刑，由罚金、管制、有期徒刑、无期徒刑、死刑构成主刑体系；另增设限制职务、职业或营业为附加刑，从而形成由此和剥夺政治权利、没收财产构成的附加刑体系。

2. 关于管制刑，有立法存废之争：一种意见认为，管制刑在我国已名存实亡，且其效果与缓刑的效果类同，故建议取消管制刑；另一种意见认为，管制刑是我国的独创，且符合世界刑罚的发展方向，不宜废除，但应作适当的修改和补充，如明确规定管制的适用原则和条件等。此外，还有人主张将管制刑并入附加刑。

3. 关于拘役刑，也有存废之争：一种意见认为，拘役与有期徒刑性质相同，只是时间长短不一致，故建议取消拘役，并入有期徒刑之中；另一种意见认为，拘役刑仍应保留，以适用于犯罪情节较轻又需要予以关押的犯罪分子，但立法上应明确规定拘役的适用对象和条件。

4. 关于死刑的立法，也有不同的主张：有人主张废除死刑，但大多数人主张应适当缩小死刑的适用范围，如对经济犯罪不适用死刑等。

5. 关于罚金刑，不少论著提出：扩大罚金刑的适用范围，将罚金刑由附加刑上升为主刑，科学地规定罚金刑的单科、并科和选科，明确规定罚金刑的适用原则、执行方法及罚金数额的上限和下限等。

6. 关于剥夺政治权利，有关论著提出了如下立法构想：一是对判处主刑而未附加剥夺政治权利的罪犯，应规定服刑期间停止行使政治权利；二是增加剥夺政治荣誉权；三是剥夺政治权利的适用对象应扩大到所有的职务犯罪。

7. 关于非刑罚方法，有关论著提出了如下立法建议：（1）在刑法总则中增设一节，集中对保安处分作出专门规定，具体内容包括保安处分的适用条件、对象和种类，保安处分的宣告机关、宣告程序和执行的机关、设施，保安处分的消灭原因等；（2）保安处分的种类应包括强制医疗、收容教养、强制监护和管教、禁止驾驶机动车辆、禁止从事特定的职业或担任公职、停止营业、强制服劳役等；（3）对于单处罚金不能缴纳或判处短期自由刑不利于罪犯改造的，可以易科保安处分。

8. 关于缓刑，有的学者提出了如下立法建议：一是将撤销缓刑的条件——“缓刑期内再犯新罪”明确限定为再犯新的故意罪，以便与缓刑的性质相适应；二是增加根据犯罪分子在缓刑期间的表现情况，相应地作出延长缓刑期、缩短缓刑期的规定；三是应明确规定缓刑的适用原则，考察内容，考察单位的权利、义务等。

9. 关于假释，有关著述提出的主要立法建议有：一是对撤销假释的条件分应当撤销和可以撤销两种情况明确加以规定；二是完善假释的监督措施，如规定专门的监督机构，规定假释罪犯应遵守的事项，建立保证人、保证金制度等；三是根据假释罪犯的表现情况，相应地规定缩短或延长假释考验期。

（五）刑法分则方面的修改意见

1. 关于反革命罪，有关著述提出了如下修改意见：一是改反革命罪为危害国家安全罪，以便使类罪名更加科学、严谨；二是鉴于反革命犯罪中有些犯罪的发案率很低，可以作适当合并，如1979年《刑法》第93、94、95条，都是投敌叛变或叛乱罪，可合并为一条；等等。

2. 关于危害公共安全罪，主要立法建议有：一是将私藏枪支、弹药罪，制造、贩卖假药罪，违反国境卫生检疫规定罪纳入危害公共安全罪之中；二是将1979年《刑法》第105、106条分离，独立规定为放火罪、投毒罪、决水罪、爆炸罪等；三是将1979年《刑法》第100条“反革命破坏罪”第3项移入第二章，设立“劫持交通工具罪”；四是适当扩大重大责任事故罪的主体范围。

3. 关于破坏社会主义经济秩序罪，主要立法建议有：(1) 关于假冒商标罪，一是应扩大犯罪主体的范围，因为实践表明，该罪的主体早已突破了“直接责任人员”的范围；二是将“假冒”一词具体化为“非法伪造、仿造，贩卖，使用”等几层含义，以便于具体掌握；三是适当提高量刑幅度。(2) 关于破坏集体生产罪，建议改为破坏生产罪，将个体生产、中外合资企业等经济成分的生产纳入保护范围。(3) 关于偷税、抗税罪，建议扩大本罪的主体范围，调整、提高量刑幅度，并将本罪分立为偷税罪和抗税罪。

4. 关于侵犯公民人身权利、民主权利罪，主要立法建议有：一是修改诬告陷害罪的量刑原则，明确规定本罪的量刑幅度；二是废除1979年《刑法》第131、136、137、138条中的宣言性表述；三是应明确规定强奸罪、故意杀人罪的各种严重情节；四是修改、调整强迫妇女卖淫罪和拐卖人口罪的法定刑，不适用死刑。

5. 关于侵犯财产罪，主要立法建议有：一是在抢劫罪的罪状中明确规定“以非法占有为目的”，并列举抢劫罪情节严重的各种情况；二是认为1979年《刑法》第151、152条，应分为盗窃罪、诈骗罪、抢夺罪三条，每条另立第2款，规定加重情节及法定刑。

6. 关于妨害社会管理秩序罪，主要立法建议有：一是删除1979年《刑法》第158条的宣言性表述；二是改1979年《刑法》第161条脱逃罪中的“加处”为“判处”；三是废除1979年《刑法》第173条的盗运珍贵文物出口罪，因为该罪已与走私罪合并。

7. 关于妨害婚姻、家庭罪，主要立法建议有：明确规定破坏军人婚姻罪的罪状，在1979年《刑法》第184条“拐骗儿童罪”的罪状中增加“以收养为目的”之规定等。

8. 关于渎职罪，主要立法建议有：(1) 在立法上明确规定职务犯罪的主体范围和形式，有人建议统一使用“公务员”这一概念，并将其内容和形式具体化、法律化。(2) 在刑罚处罚上也应作相应的调整和改革，具体措施包括：一是对利用职务之便进行的贪利性犯罪，如受贿罪、挪用公款罪等应当规定和扩大财产刑的适用；二是对职务犯罪应规定一律单处或并处剥夺政治权利，以剥夺行为人重新犯罪的政治资本；三是对某些职务犯罪可以考虑增设从重和加重处罚的条款等。（3）关于受贿罪，有关著述建议作如下修改：一是在立法上明确规定“利用职务上的便利”之含义，便于具体运用；二是扩大“贿赂”的内容，将“其他不正当利益纳入受贿罪犯罪对象的范围”；三是应当区别对待“贪赃枉法”和“贪赃不枉法”的情况，将“贪赃枉法”列为专项从重处罚；四是应当区别对待普通公务员的受贿行为和负有特定责任的公务员的受贿行为，将负有特定责任的公务员的受贿行为作为从重处罚的情节，相应地规定较为严厉的刑罚。（4）关于挪用公款罪，主要立法建议有：一是对挪用公款进行非法活动的情况，应规定构成犯罪的起点数额；二是挪用公款罪的法定刑中应增加财产刑的内容；三是将1979年《刑法》第126条“挪用特定款物罪”与挪用公款罪加以协调、合并，并充实一些新的内容。（5）关于玩忽职守罪，有人提出了应对其罪过形式作出明确的法律规定，适当提高该罪的法定刑，增设滥用职权罪和放弃职守罪以与之相配套等立法建议。

此外，在1988年和1989年刑法理论界提出应增设几十个新罪名的基础上，有关著述又提出了一些应增设的新罪名，如对应受国际保护的人员使用暴力或暴力威胁罪，非法聚众集会、结社罪，海盗罪，非法经商罪，妨害税收罪，拒不申报财产罪，非法执行强制措施罪等。

［高铭暄、赵秉志、余欣喜；载《政法论坛》，1991（5）］

第三章

1991年的刑法学研究

一、基本情况

1991年，我国刑法学研究继续保持繁荣与深入发展的势头，成果丰硕。据粗略统计，1991年发表的刑法文章共一千一百五十余篇（其中，中国刑法方面一千余篇，国际刑法、外国刑法和中外刑法史方面一百余篇），正式出版和铅印发行的刑法书籍六十余本。

从发表的刑法论著看，研究的问题大致可以归纳为五个方面：一是刑法基本理论和基本制度方面，主要涉及刑法学的研究方法、刑事立法的宏观问题、刑法的司法解释、刑法基本原则、少数民族的刑法适用、刑事责任的根据、犯罪概念、犯罪行为、未成年人犯罪及其刑法适用、犯罪人的主观恶性、犯罪的目的与动机、故意犯罪过程中的犯罪形态、共同犯罪、刑罚目的、死刑和死缓制度、量刑情节、缓刑制度等；二是刑法中一些具体犯罪的认定与处罚，研讨较多的有交通肇事罪、偷税罪和抗税罪、拐卖人口罪、盗窃罪、贪污罪、诈骗罪、抢劫罪、拒不执行判决裁定罪、受贿罪、行贿罪、玩忽职守罪等；三是对单行刑事法律的理解与运用问题，主要涉及挪用公款罪、巨额财产来源不明的犯罪、毒品犯罪、淫秽物品犯罪等；四是现行刑法的修改与完善方面，涉及刑法总则的诸多内容与刑法分则的多种罪名；五是台港澳刑法研究，涉及台港澳刑法本身及大陆（内地）与台港澳地区交往中的刑法问题等。国际刑法方面，主要就国际刑法的性质和国际刑事司法协助等问题发表了一些文章；外国刑法方面，主要就一些国家的刑法修改、法人犯罪、有组织的犯罪、罪过、死刑及其存废、短期自由刑、经济犯罪等问题，发表了一些论文和译文。

1991 年出版和印行的刑法书籍大致可以分为以下三类：一是专题研究著作，主要有《毛泽东刑事法律思想初探》（张穹等著，中国检察出版社）、《犯罪通论》（马克昌主编，武汉大学出版社）、《犯罪论原理》（张明楷著，武汉大学出版社）、《法人犯罪与刑事责任》（何秉松主编，中国法制出版社）、《过失犯罪导论》（孙国祥等著，南京大学出版社）、《量刑的原理与操作》（顾肖荣等主编，上海社会科学院出版社）、《犯罪与刑罚新论》（甘雨沛等主编，北京大学出版社）、《罪名辨析》（余淦才等著，浙江大学出版社）、《廉政建设与刑法功能》（杨敦先等编，法律出版社）、《经济犯罪学》（杨敦先等主编，中国检察出版社）、《经济刑法学》（赵长青主编，重庆出版社）、《经济犯罪新论》（张瑞幸主编，陕西人民教育出版社）、《经济犯罪新论》（尉文明等著，青岛海洋大学出版社）、《北京经济犯罪与对策》（金柯主编，北京燕山出版社）、《严重经济犯罪与严重刑事犯罪的认定和处理》（周其华著，中国政法大学出版社）、《行政刑法概论》（张明楷主编，中国政法大学出版社）、《危害公共安全罪的理论与实践》（金子桐等著，上海社会科学院出版社）、《强奸罪研究》（徐杰等主编，中国人民公安大学出版社）、《论脱逃罪》（张全仁等著，群众出版社）、《破坏经济秩序罪案新探》（顾肖荣等著，学林出版社）、《贿赂罪个案研究》（伍柳村主编，四川大学出版社）等；二是一些工具书、教科书、小册子、案例书；三是刑法译著，有《刑法学词典》（［日］木村龟二主编，顾肖荣等译校，上海翻译出版公司）等。

1991 年我国刑法学界举行了全国性和地区性的学术研讨会议。1991 年 11 月 11 日至 15 日，中国法学会刑法学研究会第三届代表大会在广州举行，全国刑法界近一百八十位专家/学者出席了这次会议，会议以刑法的执行为中心议题，共收到 104 篇学术论文。

1991 年，在刑法领域高层次理论与实务人才的培养方面也有显著的成效。有 5 名刑法学专业博士研究生通过博士学位论文答辩；数十名刑法学专业硕士研究生通过硕士学位论文答辩；还有近二十名刑法学专业博士研究生和近二百名硕士研究生在校就读。此外，中国高级法官培训中心和中国高级检察官培训中心以及一些省市的培训中心，都分别培训了一批在职的刑事法律方面的业务骨干。

研讨的内容主要表现在以下几个方面。

二、刑法基本理论问题

加强刑法基本理论问题的研究，是深化刑法科学的必由之路。1991年我国刑法学界对刑法基本理论问题的研讨比往年更加重视，取得了可喜的成果。

（一）刑法学研究的改进问题

要加速刑法科学的发展，必须改进刑法学研究。对此，一些论著提出了以下几个方面的意见。

1. 遵循正确的刑法研究思路。有的著述指出，刑法研究应该遵循多方位立体性思维的思路，即要从刑法之外研究刑法、在刑法之上研究刑法、在刑法之中研究刑法；并指出我国刑法研究的现状是仅限于后者，而在前两个方面则显得匮乏，只有加强前两者，才能使刑法研究拓展广度、开掘深度。从刑法之外研究刑法，就是研究刑法问题要注重现实社会犯罪的态势和行刑效果。在刑法之上研究刑法，就是要对刑法的有关问题予以哲学的思考。

2. 完善已有的研究方法，引进新的研究方法。有的文章认为，以往的刑法学研究在使用传统的逻辑分析方法时，存在着从概念推导出现实、以定性分析代替定量分析的不良倾向；而在使用比较方法时，则表现出在对国外刑法制度制定的条件及刑法理论的传统和特色缺乏了解的情况下对法条加以简单对比的肤浅做法。要发展、繁荣刑法学必须克服上述不足，完善已有的研究方法；此外，还应将系统论方法、社会学方法引入刑法学研究之中。

3. 完善刑法学的体系。有的论文主张，刑法学的研究，必须打破旧框框，建立新体系；并指出刑法学的新体系应该具有全体性、理论性、实践性和开放性。全体性意味着在保留原来的刑法总论与刑法各论的大构架基础上，在刑法总论中设置“刑法论”“犯罪论”“刑罚论”三部分内容。“刑法论”除研究刑法的各种基本范畴外，还应研究刑事法律关系、刑事立法等问题；“刑罚论”应在原有内容的基础上增加刑罚执行的章节。理论性要求在刑法总论中，增加刑法理论发展过程及罪刑关系的内容。开放性表明刑法学要不断吸收理论法学及刑法学的相关学科如犯罪学、犯罪心理学、罪犯改造学等的新研究成果。

4. 开拓刑法学研究的新领域。有的文章认为，丰富和发展刑法学研究，必须开拓新的研究领域，而科技刑法学就是需要开拓的新的领域之一。科技刑法学所要解决的主要问题是，在科学技术活动中发生的诸如非法垄断技术、伪造科技资料、利用技术合同诈骗、电脑犯罪等现象的刑事立法对策和司法对策问题，同时也要研究正当科技活动和技术转让等的刑事保护问题。

（二）刑法的司法解释问题

1991年我国刑法学界对刑法司法解释的研究呈现出十分活跃的局面，一些颇有见地的著述纷纷见诸报刊和著作。有关论著涉及的主要有以下问题。

1. 刑法司法解释的定义和特征。有的文章对刑法司法解释作了以下界定：刑法司法解释，是指由法律授权的司法机关对具体应用刑法的问题所作的，具有法律效力的解释。据此，刑法司法解释具有以下特征：（1）解释主体的特定性；（2）解释范围的特定性；（3）解释效力的普遍性。

2. 刑法司法解释与刑法立法解释等的关系。（1）刑法司法解释与刑法立法解释的关系。二者虽然有密切的联系，但二者在解释的主体、解释的内容、解释的任务以及解释的效力等方面都有严格的区别。（2）刑法司法解释与地方司法机关指导性文件的关系。地方各级人民法院、人民检察院对本地区刑事审判、检察工作所下达的指导性文件，虽然对于制定刑法司法解释起到一定的基础作用，但其本身不是刑法司法解释。（3）刑法司法解释中的扩张解释与刑法类推适用的关系。二者的区别表现在：前者是在刑法条文真实含义的界限内作合乎逻辑的、大于刑法条文字面含义范围的解释，后者则是对刑法分则没有明文规定的犯罪比照刑法分则最相类似的条文定罪判刑。（4）刑法司法解释与刑事判例的关系。最高人民法院发布的附有法律解释并明确批示各级人民法院今后审理同类案件应当遵循解释所确定的规则的刑事判例，等同于刑法司法解释；最高审判机关发布的其他刑事判例则不具有司法解释的效力。

3. 刑法司法解释中存在的问题。有关论著指出我国目前的刑法司法解释存在着以下问题：(1) 越权解释。一是主体越权，即无权作司法解释的机关作了大量的司法解释。二是规范越权，即有的司法解释超越了法律规定的本意。(2) 矛盾解释，即先后对同一问题所作的解释互相矛盾、彼此抵触。(3) 模糊解释，即有的解释不甚明了，无助于司法机关的理解和适用。(4) 解释的公开性不够。有的刑法司法解释文件没有对外公布。

4. 刑法司法解释的完善。有关著述对我国刑法司法解释的完善提出了以下建议：(1) 对现有的司法解释文件进行汇编和编纂，使之系统化、公开化。(2) 加强机构建设，设立统一的国家司法解释机构。(3) 健全司法解释的立法。有的著述建议制定“法律解释法”，对所有关于法律解释的问题作出系统的规定。(4) 建立司法解释的监督机制，重要的司法解释须经立法机关的审查和批准。

(三) 刑事责任问题

1991年有关论著对刑事责任理论以下几个方面的问题进行了深入的探讨或发表了新的见解。

1. 刑事责任的概念。有以下三种观点：(1) 否定性评价和谴责说，认为刑事责任是指犯罪人因其实施犯罪行为而应承担的，国家司法机关依照刑事法律对其犯罪行为及本人所作的否定性评价和谴责。(2) 惩罚性义务说，主张刑事责任就是行为人在因实施刑法规定的犯罪行为而形成的刑法关系中，应依法向国家担负刑事法律后果的惩罚性义务。(3) 刑事法律后果说，认为刑事责任就是指行为人对不履行或违反刑事法律上所规定的义务的行为（犯罪）所应当承担的刑事法律上的后果（刑事法律处分）。

2. 刑事责任的根据。有的著述指出，行为符合犯罪构成是刑事责任的唯一根据。有的文章认为，确立刑事责任的根据，既要着眼于确立刑事责任阶段，也要考虑到实际负刑事责任阶段，这样，刑事责任的根据就是犯罪行为与服刑期间悔改表现的统一。还有的论文主张将刑事责任的根据分为哲学根据、政治学根据和法律事实根据，认为辩证唯物主义的决定论与相对意志自由思想的统一是刑事责任的哲学根据；维护统治阶级统治秩序和利益是犯罪人负刑事责任的政治学根据；刑事责任的法律事实根据则是违反刑法规范、符合犯罪构成的危害社会行为，即犯罪行为。

3. 刑事责任与犯罪和犯罪人的关系。有的文章认为，刑事责任首先是对犯罪行为的否定性评价和谴责，其评价和谴责的核心内容是犯罪行为的“社会危害性”，然后再进行对犯罪人的否定性评价和谴责，其否定和谴责的核心内容是犯罪人的“人身危害性”。这就决定了刑事责任与犯罪的关系是刑事责任的产生和存在以犯罪行为为根据，而刑事责任与犯罪人的关系则为：刑事责任的深化，即是否采取社会防卫措施（主要是刑罚），以及采取何种具体的防卫措施，要依赖于对犯罪人再犯罪可能性的评价。

（四）犯罪概念问题

对犯罪概念的研讨主要涉及以下几个方面的问题。

1. 犯罪的基本特征。有的文章认为，犯罪的基本特征是：（1）行为的社会危害性；（2）应当受刑罚处罚性。也有的文章认为，犯罪具有以下两个基本特征：（1）行为的严重社会危害性；（2）行为的刑事违法性。还有的文章主张，犯罪的基本属性是：（1）应受刑罚处罚的社会危害性；（2）刑法的禁止性。

2. 犯罪的本质特征。第一种观点认为，犯罪的本质特征是行为的严重社会危害性。第二种观点认为，应受刑罚处罚的社会危害性是犯罪的本质属性。第三种观点认为，犯罪的本质是行为人破坏社会而与国家构成的特殊矛盾关系，即极端对立的双向性刑事法律关系。

3. 犯罪社会危害性的含义。有的论文对把犯罪的社会危害性解释为对国家和人民利益的危害的传统观点提出了质疑，发表了新的见解，认为犯罪的社会危害性就是指对社会秩序和社会关系具有破坏作用的行为对社会造成这样或那样损害的事实特性。

（五）犯罪客观方面

1991年度刑法理论主要对犯罪客观方面的行为和危害行为与危害结果的因果关系进行了具有一定深度的以下探讨。

1. 行为问题。（1）刑法上的行为的分类。有的文章基于不同的标准将刑法上的行为划分为不同的种类：其一，以是否基于意思的支配为标准，将行为区分为有意行为和无意行为。其二，以是否包含结果为标准，将行为区分为包含结果的行为和不包含结果的行为。其三，以是否具有社会危害性和刑事违法性为标准，将行为区分为犯罪行为、非罪行为与排除社会危害性和刑事违法性的行为（即权利行为）。（2）作为与不作为、作为犯与不作为犯的区分标准。有的论文认为，区分作为与不作为，行为在客观表现上的“动”与“静”不是主要标准，只能以一定的法律义务为标准，按照行为人对法律义务所持的态度——积极还是消极来确定。区分作为犯与不作为犯的标准应当是实施犯罪的具体行为怎样：行为怎样是作为者，构成作为犯；行为怎样是不作为者，构成不作为犯。（3）不作为特定义务的种类。有关著述认为，不作为犯罪成立前提条件的特定义务，除了通常所讲的法律明文规定的特定义务、职务上和业务上的特定义务，以及行为人先行行为引起的特定义务三种以外，还应包括行为人自愿承担的某种特定义务如合同签订的义务、行政委托的义务、公民日常生活中的一般托付义务，以及在特殊场合下，公共秩序和社会公德要求履行的义务。

2. 因果关系问题。（1）因果关系是否是犯罪构成要件？有的论著认为，刑法研究因果关系，主要是为了解决已经发生的危害结果由谁的行为造成，这种因果关系只在犯罪行为与犯罪结果之间起一种桥梁作用，一旦认定了犯罪行为与犯罪结果，因果关系本身就不再起作用，因此，犯罪因果关系不是任何犯罪的构成要件。（2）刑法因果关系中“果”的含义。有的文章认为，刑法中的因果关系是作为犯罪构成要件客观方面的组成部分提出的，因此，因果关系中的危害结果当然是指作为一定犯罪构成要件的危害结果，不能把案件实际发生的危害结果简单地等同于刑法因果关系中的“果”。（3）因果关系的性质。有的论文指出，将刑法上的因果关系分为必然的因果关系和偶然的因果关系，或者只承认必然因果关系，都是不科学的，刑法上的因果关系应该称为定罪量刑因果关系。

（六）犯罪主观方面

1991年我国刑法理论界对犯罪主观方面问题的探究主要涉及以下几点。

1. 罪过问题。行为人具有罪过即犯罪的故意或过失是负刑事责任的主观基础，没有罪过就没有刑事责任。这是我国刑法理论的一贯主张，但是，有的文章认为，没有罪过也追究刑事责任的严格责任情况在我国刑事立法和司法实践中是存在的，如追究醉酒的人犯罪的刑事责任，对不知是幼女而经对方同意予以奸淫的人追究刑事责任，等等，都是严格责任的情况；并指出，严格刑事责任的存在与我国犯罪主观要件理论是不矛盾的，但是，严格刑事责任容易导致罪刑擅断和客观归罪，所以，有必要通过立法或司法解释对严格刑事责任的范围和程序进行限制。

2. 主观恶性问题。有的著述认为：主观恶性是心理事实与规范评价的统一。就主观恶性的心理事实而言，犯罪故意的心理事实包括认识、情感和意志三个方面的内容，其中认识因素与意志因素决定着主观恶性的有无，而情感因素只决定着主观恶性的大小。在过于自信的过失心理中，只有意识因素，而没有意志因素；在疏忽大意的过失中，既无认识因素，也无意志因素。就主观恶性的规范评价而言，其内容包括对心理事实中认识因素的规范评价、对心理事实中意志因素的规范评价，以及规范评价的哲学根据。

3. 犯罪目的与犯罪动机。(1) 关于犯罪目的，有的文章认为，已有的关于犯罪目的概念的表述不尽妥当，应当将犯罪目的概念表述为：犯罪目的就是行为人在犯罪动机驱使下，通过实施犯罪行为希望在客观上对犯罪客体造成损害的主观心理态度；有的论文指出，犯罪目的是直接故意的意志因素，刑法分则中的“以……为目的”实际上是犯罪的动机。(2) 关于犯罪动机，有的文章认为，只有直接故意犯罪中存在着犯罪动机；有的论著则主张，犯罪动机存在于一切犯罪之中。

(七) 刑罚方面的问题

这方面主要是对刑罚的目的和死刑的有关问题作了进一步的探讨。

1. 刑罚目的问题。有的文章对于我国刑法理论关于刑罚目的预防论(包括特殊预防和一般预防) 的通说持否定的态度，认为我国刑罚的目的应该是报应与预防的辩证统一。

2. 死刑问题。(1) 死刑的存废。有的文章认为，中国现阶段保留死刑并对死刑采取严格限制和慎重对待的措施是正确的和明智的，但是应当继续坚定不移地朝着“有严格限制的保留”之方面发展和完善。其一，近几年单行刑事法律增加的死刑条文不应纳入刑法典而宜予以废止；其二，原则上不应再增设新的死刑条文；其三，对经济犯罪、非暴力的财产犯罪以及某些并非特别严重的侵犯人身权利罪和扰乱社会管理秩序罪，原则上均不宜规定死刑，已规定死刑的可以考虑删除；其四，合并刑法中的有关死刑条文；其五，扩大死缓制度适用范围，限制死刑的实际执行。(2) 死缓的性质。有的著述认为，死缓不是死刑的一种执行方法；并进而指出，死缓在实质上是附条件免除死刑的一项制度，死缓从功效上论是一种特殊的刑罚，死缓制度属于缓刑制度中的一种。

三、单行刑法的理解与适用问题

近几年来，我国颁布了一系列的单行刑事法律，对这些单行刑法的理解与适用的探讨，成为我国刑法理论研究的重要内容。1991 年，我国刑法理论界除对于 1988 年 1 月 21 日颁行的《关于惩治贪污罪贿赂罪的补充规定》，在原有研究的基础上，继续对其规定的挪用公款罪和隐瞒巨额财产来源罪的有关问题作了深入的研讨以外，主要对 1990 年 12 月 28 日全国人大常委会颁布的《关于禁毒的决定》(以下简称《禁毒决定》) 和《关于惩治走私、制作、贩卖、传播淫秽物品的犯罪分子的决定》(以下简称《严惩淫秽物品犯罪分子决定》) 的理解和适用问题，进行了热烈的研讨。下面简述单行刑法方面有关研讨的成果。

(一) 挪用公款罪问题

1. 挪用公款罪的主体问题。有的文章认为，无工资、无补助、无出差费，以其业务额按比例提取报酬的“三无”供销员可以构成挪用公款罪的主体。

2. 挪用公款归其他单位使用是否构成挪用公款罪的问题。有的论文指出，根据现有立法的规定，归个人使用是挪用公款罪的必要条件，挪用公款归其他单位使用的不构成挪用公款罪。

3. 挪用公款不退还以贪污论处的问题。(1) 共同挪用公款不退还以贪污论处问题。有的文章指出，共同挪用公款后未经共谋而不退还的，各退款责任人分别构成贪污罪；共同挪用公款后经共谋而不退还的，构成共同贪污罪。(2) 退回补充侦查期间“退还”的是否以贪污论处？有关文章对此作否定的回答。(3) 政法机关查获、追回的挪用款可否视为被告人或其家属退还？有关文章对此也持否定的态度。

（二）巨额财产来源不明的问题

1. 犯罪数额起点问题。有的文章认为，可以5万元作为巨额财产来源不明罪“巨额”的起点；也有的文章主张，“差额巨大”的数额起点以人民币3万元至5万元为宜。还有的文章认为，“差额巨大”的标准应以2万元为起点。

2. 举证责任和有罪推定问题。(1) 关于举证责任。有的文章认为，被告人就其财产的“差额部分”是否有其来源以及其来源是否合法加以说明，是被告人进行辩护的主要内容，而不是负举证责任。(2) 关于有罪推定。有的文章认为，非法所得罪“不能说明来源”就构成犯罪的特征不是有罪推定，而是以推定的方法认定犯罪事实，因此，非法所得罪的认定并不违背以事实为根据的原则。有的文章认为，非法所得罪既不是有罪推定，也不是犯罪事实的推定，其定罪的根据是无明显特定手段构成的违法犯罪行为事实，以及由这种违法犯罪行为引起的巨大差额财产结果事实。

3. 巨额财产来源不明罪的存废问题。有的文章认为，该罪的设立，无论从实体上讲，还是从程序上讲，都不尽科学，应予以废除，代之以设立拒不申报财产罪。有的文章认为，废除该罪的观点实不可取，设立拒不申报财产罪亦无必要。还有的文章主张，不仅不能取消该罪，还需增设拒不申报财产罪。

（三）对《禁毒决定》的理解与适用问题

1. 罪名问题。有的文章认为，《禁毒决定》规定的毒品犯罪的罪名有8种；有的文章认为有10种；也有的文章主张11种罪名说；还有的文章持15种罪名说。

2. 毒品的定性、定量分析问题。有的文章认为，处理毒品案件，先要对毒品的性质和纯度进行科学的分析、鉴定，不能凭感官判定。也有的文章指出，鉴于目前条件不具备，只宜对毒品的性质把握不准的案件的毒品进行技术鉴定，对于感官能够识别的毒品，则没有必要送检。

3. 毒品犯罪处罚的一般问题。有的文章指出，处罚毒品犯罪，要正确掌握《禁毒决定》第 11 条规定的两个从重处罚情节和第 14 条规定的一个法定从宽处罚情节的适用标准；同时，还要注意依法适用附加刑。对于《禁毒决定》第 14 条的适用，有的文章认为该条中的“立功”不以自首为条件，有的文章则主张自首是该条中“立功”的前提。

4. 有关具体的毒品犯罪的问题。（1）走私、贩卖、运输、制造毒品罪的问题。其一，犯罪的数额起点问题。有的文章认为，法律没有规定犯罪的起点数额，因此，只要实施了该犯罪行为就构成犯罪。有的文章认为，结合刑法总则关于犯罪概念的规定，该罪的构成应以达到一定的数额为条件，具体标准有待于司法解释。其二，适用死刑的标准问题。有的文章认为，有关机关应确定该罪适用死刑的具体数额标准。有的文章主张，对犯该罪的犯罪分子适用死刑，应该结合考虑犯罪的数量和其他情节。其三，管辖问题。有的文章认为，该种案件应统一由中级人民法院管辖。（2）非法持有毒品罪的问题。其一，“非法持有”的含义。有的文章认为，“非法持有”不仅指非法随身携带毒品，还包括，只要毒品处于行为人的非法占有、掌握和支配之下，就属于“非法持有”。其二，非法持有毒品罪与他罪的界限。有的著述指出，凡实施走私、贩卖、运输、制造、窝藏毒品等犯罪行为而非法持有毒品的，按其他罪定罪处罚；只有不能证明行为人非法持有毒品是用于其他犯罪时，才按非法持有毒品罪治罪。

（四）《严惩淫秽物品犯罪分子决定》的理解和适用问题

1. 罪名问题。有的论文认为，《严惩淫秽物品犯罪分子决定》共规定了 8 个罪名，它们是：（1）制作淫秽物品罪；（2）复制淫秽物品罪；（3）出版淫秽物品罪；（4）贩卖淫秽物品罪；（5）传播淫秽物品罪；（6）过失为他人出版淫秽书刊提供书号罪；（7）在社会上传播淫秽物品罪；（8）组织播放淫秽的音像制品罪。

2. 淫秽物品犯罪的相关界限。有的著述认为，认定淫秽物品犯罪，首先要区分罪与非罪的界限，其关键在于鉴别行为的对象是否是淫秽物品；其次要划清淫秽物品犯罪与流氓罪、传授犯罪方法罪的界限。

此外，有关论文还对传播淫秽物品罪、为他人出版淫秽书刊提供书号罪等罪的构成特征和处罚进行了探讨。

四、刑法的修改与完善问题

1988—1990年连续3年，我国刑法理论界对刑法修改与完善的研究异常活跃，取得了丰硕成果。1991年刑法学界在这一方面的兴趣依然不减，在前几年已有研究成果的基础上，进行了更加深入的研究，提出了许多富有价值的观点，现择其要者，予以简介。

（一）刑法完善的宏观问题

有关著述从宏观上对我国刑法的完善进行了探讨，主要提出了以下几个方面的见解。

1. 选择法治国的刑法文化，使罪刑法定主义成为我国刑事法制的基本原则或最高原则，并健全相应的罪刑相适应原则和犯罪构成理论。取消类推制度，使刑法条文的规定具体化和明确化。

2. 遵循科学化原则，不断加强刑法规范的协调性。一是进一步充实已有的立法内容，使刑事立法与整个国民经济的发展及政治体制改革状况相适应，达到刑法规范的宏观协调。二是对我国刑法内部存在的各种不协调现象及时作出结构性合理调整，使罪与罪、刑与刑的关系获得相对平衡，达到刑法规范的微观协调。

3. 遵循多元化的原则，建立起一个以刑事法典为主轴，以刑事特别法、刑事判例法、刑法修正案、非刑事法律中的刑法规范为辅助，以刑法立法解释为补充的多位一体的系统立法形式。

4. 遵循国际化原则，合理吸取他国刑事立法的有益经验。

5. 调整刑事立法的政策思想，完善刑事立法体制。

6. 犯罪化与非犯罪化同步进行。

（二）刑罚总则的完善

对刑罚总则完善的探讨可以概括为以下几个方面。

1. 犯罪一般规定的完善。(1) 有的文章认为我国 1979 年《刑法》第 11 条关于故意犯罪的规定应当修改为：行为人明知自己行为的事实、性质而实施，因而构成犯罪的是故意犯罪。(2) 有的文章认为，应将 1979 年《刑法》第 17 条第 2 款的“正当防卫超过必要限度……”和第 18 条第 2 款的“紧急避险超过必要限度……”修改为“防卫超过必要限度……”和“避险超过必要限度……”。(3) 有的文章建议制定“惩治法人犯罪通则”。(4) 有的文章建议，刑法应明确规定年龄的计算方法，确切地解释“其他严重破坏社会秩序罪”的含义。

2. 设专章规定刑事责任的有关内容。

3. 刑罚一般规定的完善。(1) 增设剥夺职权的刑罚方法。(2) 进一步完善管制刑。其一，扩大管制的对象。其二，建立管制委员会。其三，制定管制实施办法。(3) 建立有期徒刑延长和缩短制度，用罚金刑逐步取代短期自由刑。(4) 完善死刑和死缓制度的规定。其一，缩小死刑适用范围；其二，改革死刑执行方法，采取枪决和注射毒药、电刑等方法并用的执行方法，并设立固定的死刑执行场所；其三，一方面扩大死缓的适用范围，另一方面取消已满 16 周岁不满 18 周岁的人适用死缓的规定。(5) 扩大无期徒刑适用范围，增设无期徒刑缓刑制度。(6) 扩大剥夺政治权利的适用范围，确立统一的剥夺政治权利刑期的起始标准。(7) 罚金刑的完善。有的文章认为，应将罚金刑上升为主刑。有的文章主张，罚金刑仍应保留现有的附加刑地位。有的文章认为，应禁止对已满 16 周岁不满 18 周岁的人适用罚金刑；有的文章则认为，在确立对未成年犯罪人罚金分期缴纳和分段免除制度的基础上，可以扩大对其适用罚金刑的范围。(8) 假释的完善。其一，将对有期徒刑犯适用假释的刑期限制在 1 年以上；其二，取消适用假释执行刑期特殊规定；其三，撤销假释的条件应以严重的故意违法行为为限；其四，制定“假释监督条例”；其五，健全假释监督考察机构。(9) 扩大缓刑适用对象。其一，对大多数过失犯规定适用缓刑；其二，对被判处 7 年以下有期徒刑的故意犯可以适用缓刑；其三，对特定的被判处 7 年以上有期徒刑、无期徒刑的犯罪分子也可以适用缓刑。(10) 累犯制度的完善。其一，取消新犯之罪的刑种要求，以判处或者应当判处拘役者为限。其二，增加刑罚执行期间或缓刑、假释考验期间又犯罪可以构成累犯的规定。(11) 数罪并罚规定的完善。其一，刑法应对“数罪”进行明确的界定。其二，对判处数个附加刑和数个不同种主刑如何适用并罚作出明确规定。

（三）刑法分则的完善

1991 年刑法理论界对刑法分则完善的研讨，主要涉及以下几个方面的内容。

1. 刑法分则完善的一般问题。（1）罪刑结构的完善。有的文章认为，我国刑法分则的罪刑结构应从以下几个方面加以完善：其一，一罪一条文应成为我国刑法分则条文所采用的基本形式。其二，采用分解式罪刑结构。其三，采用一罪多款（项）罪刑结构。（2）简单罪状的完善。有的论文指出，1979 年刑法中简单罪状的规定过多，这种状况既有违罪刑法定原则，又不利于准确地量刑；建议将有关简单罪状尽可能地具体化和明确化。

2. 新增罪名问题。一些论著提出的应增加的新罪名有：（1）债务欺诈罪；（2）漏税罪；（3）欠税罪；（4）购留人口罪；（5）虚假商业广告罪；（6）破坏集会、游行、示威罪；（7）非法行刑罪；（8）盗用长话账号罪；（9）破坏资源罪；（10）污染环境罪；（11）破坏环境罪；（12）非法垄断罪；（13）妨害国交罪；（14）司法工作人员失职罪；（15）妨害隐私罪；（16）泄露秘密罪；（17）破坏耕地罪；等等。

3. 若干已有犯罪罪刑规定的完善问题。（1）抢劫罪的完善。其一，在抢劫罪手段的描述中增加“药物、催眠”手段的内容。其二，设立“抢劫杀人”“抢劫强奸妇女”“抢劫放火”等新罪名。其三，将 1979 年《刑法》第 153 条转化形态的抢劫罪明确规定为准抢劫罪，比照抢劫罪处罚。（2）盗窃罪的完善。其一，对作为盗窃对象的财物作出明确规定。其二，合并 1979 年《刑法》第 151 条和第 152 条，按照盗窃数额确定三个不同的量刑档次。其三，提高盗窃罪的定罪数额起点。其四，增加亲属间盗窃的规定。其五，设专款规定惯窃罪。其六，增设“情节加重盗窃犯”的规定。（3）诈骗罪的完善。第一，将笼统的诈骗罪分解成若干不同情形的具体诈骗罪。第二，将附加没收财产的规定扩大到所有情况的诈骗犯罪。第三，增设附加罚金刑的规定。（4）贪污罪的完善。其一，增加法人犯罪主体的规定。其二，降低定罪数额起点，其起点以盗窃、诈骗、抢夺罪的定罪数额起点的 2 倍至 3 倍为宜。其三，增设附加剥夺政治权利、罚金刑的规定。其四，提高适用死刑的数额标准。（5）受贿罪的完善。第一，取消受贿罪中“为他人谋取利益”的规定。第二，降低定罪数额起点。第三，增设附加剥夺政治权利、罚金刑的规定。第四，将受贿与索贿分立为两个罪名。第五，扩大“贿赂”的范围，将财产性利益包括在“贿赂”之中。（6）挪用公款罪的完善。第一，将挪用公款罪的客观方面扩大到挪用公物的范围，将罪名相应地改为挪用公款公物罪或挪用公共财物罪。第二，以“情节严重”的概括规定代替现有法律规定的三种具体表现形式。第三，将“挪用公款数额较大不退还的，以贪污论处”规定中的“不退还”修改为“不能退还”。第四，取消“挪用公款进行非法活动构成其他罪的，依照数罪并罚的规定处罚”的规定。（7）玩忽职守罪的完善。第一，将集体经济组织工作人员和其他从事公务的人员纳入玩忽职守罪主体的范围。第二，提高玩忽职守罪的法定刑。第三，增设单处或并处罚金的规定。（8）非法所得罪的完善。第一，明确定罪数额标准。第二，增加量刑档次，提高法定刑。

［高铭暄、赵秉志、李希慧；载《法律科学》，1992（5），原文发表时略有删节］

第四章

1992年的刑法学研究

一、基本情况

刑法学是近年来繁荣、发展的主要法律学科之一。1992年的刑法学研究依然进展显著，成果丰硕。据统计，1992年学界共发表刑法论文一千二百余篇，正式出版和铅印发行各类刑法书籍七十余本。本年度还进行了一系列刑法学术活动，并培养了大批高层次刑法人才。

在学术活动方面，中国法学会刑法学研究会和一些省市的刑法学研究会以及有关的司法机关先后召开了一系列的学术研讨会议，从而加强了学术交流，促进了刑法学研究的深入开展。其中尤其值得一提的是，中国法学会刑法学研究会1992年的学术研讨年会。这次会议于1992年10月17日至21日在古城西安举行，与会者一百五十余人，研讨的议题主要是：刑法与改革开放方面的问题，刑罚的运用与完善问题，以及经济犯罪的认定与惩治问题。这些问题都是刑法理论与实践中的热点课题。对这些课题的集中研讨，有力地促进了本年度的刑法理论研究。第三届中日刑事法学术讨论会也于1992年12月在上海举行。我国刑法学者还进行了形式多样的对外学术交流。

在刑法领域高层次理论与实务人才培养方面，本年度也取得了可喜的成绩。有数十位硕士研究生和5位博士研究生通过刑法学位论文答辩，并获得了硕士或博士学位；有一百三十余位全国各级法院的负责法官和业务骨干从中国人民大学法学院中国高级法官培训班刑法学专业毕业；有四百五十余位全国各级检察院的负责检察官和业务骨干从中国检察官管理学院培训毕业。尤应指出的是，本年度国务院批准了三个法学博士后流动站作为首批社会科学方面的博士后流动站试点单位，其中，中国人民大学法学博士后流动站和武汉大学法学博士后流动站的刑法学专业均可以招收博士后。中国人民大学法学博士后流动站刑法学专业，率先于1992年12月录取了新中国第一位法学博士后，从而标志着我国刑法学人才的培养达到了一个新的高度和层次。

从出版的刑法书籍看，研究的进展主要表现在以下几个方面。一是深化了已经展开研究的课题，这方面较有代表性的著作主要有：《中国刑法原理》《共同犯罪论》《故意犯罪阶段形态论》《法人犯罪概论》《刑法若干理论问题研究》《经济犯罪与防治对策》《国际刑法概论》《国际刑法学》等。二是开拓了一些新的课题，较有代表性的著作主要有：《刑法哲学》《犯罪故意与犯罪过失》《刑事责任论》《死刑制度比较研究》《刑法各论的一般理论》《刑法新增罪名研究》《全国人大常委会修改和补充的犯罪》《新罪行各论》《附属刑法规范集解》《毒品犯罪及对策》《毒品犯罪》等。三是出版了一些有参考价值的刑法译著，如《犯罪的动机》《不作为犯的理论》《现代世界死刑概况》《公害犯罪》等。

从出版、发表的刑法论著，尤其是刑法学论文所研讨的课题及其内容看，1992年刑法学研究的进展主要表现在以下三个方面：一是刑法的基本理论、基本制度和刑法改革方面的问题，二是市场经济形势下一些新型犯罪的认定与处理问题，三是对外开放方面的刑法问题。下面分别对这三个方面的进展予以论述。

二、刑法基本理论、基本制度和刑法改革问题

这是近几年来刑法学界一直在注意研究并且成果较多的重要领域。本年度我国刑法学研究在这一领域又取得了一些新的进展，涉及的主要问题如下。

（一）刑法的基本原则问题

刑法的基本原则一直是刑法学界研究的重大课题。本年度对刑法基本原

则的研究，又有新的发展。

1. 关于罪刑法定原则。有的论者针对罪刑法定原则在西方国家日趋衰落的现状，结合我国法制尚不健全的现实，指出罪刑法定原则在我国不仅不能被抛弃和削弱，而且还应当不断加强和完善，并提出了进一步完善这一原则的具体设想：一是修改和补充 1979 年刑法，使刑法对犯罪构成和刑事责任的规定更加科学、明确、具体，真正满足罪刑法定原则对刑事立法内容和技术的基本要求；二是在立法上废除类推制度，通过制定判例和扩张解释，解决对少数刑事案件的处理所可能出现的不便适用法条的困难，以便使我国的罪刑法定原则真正体现“法无明文规定不为罪、不处刑”的精神；三是在单行刑法、附属刑法中切实贯彻 1979 年刑法典所确立的现行法一般不溯及既往、只以从旧兼从轻为例外的刑法时间效力原则，以实现罪刑法定原则所倡导的禁止刑法溯及既往的派生原则；四是建立完备的严格执法的制约机制，通过人大监督、法律监督、社会监督等一整套制约、监督制度，刑事执法活动的公开化、透明度大大增强，以保证罪刑法定原则在司法实践中真正得到贯彻执行。

2. 罪刑相适应原则。有的论者在充分肯定这一原则的历史性贡献的同时，历数了它的缺陷和弊端；并对罪刑相适应这一命题的正确性提出了挑战，认为罪刑相适应原则实质上是只重视已然之罪，不重视未然之罪；只重视惩罚和报应，不重视对罪犯的矫正；只重视犯罪的客观实害，不重视犯罪者的个体情况。其结果是罪刑均衡的理论在预防、控制和减少犯罪的实践中失败。因此，我国刑法不应当采用传统的罪刑相适应原则，而应当代之以责刑相适应原则。这一原则的基本含义是：刑罚的轻重应当与刑事责任的大小相适应。这一原则相对于罪刑相适应原则，在内容上有所变化：一是对犯罪的评价包含了行为的社会危害性和行为人的人身危险性两方面的因素，而对这两种因素的综合评判，正是决定刑事责任的大小亦即刑罚轻重的根据；二是将人身危险性理论和刑罚个别化的思想融会贯通于责刑相适应这一刑法的基本原则中，从而使刑罚既重视对已然之罪的控制，又着眼于对未然之罪的预防，有利于在更高的层次上和更大的范围内全面实现刑罚的目的。

（二）刑事司法解释

刑事司法解释是有权解释的一种，它对于指导司法机关正确处理刑事案件具有重要意义。我国最高司法机关历来重视司法解释工作，但存在的问题也不少。如何解决司法解释中存在的缺陷，并逐步加以完善，是刑法学界不少人关注的问题。本年度研究主要涉及以下方面。

1. 关于我国刑事司法解释的特点。有的学者认为，我国的刑事司法解释主要有四个特点：一是解释主体的特定性，即只有最高人民法院和最高人民检察院才有权进行司法解释；二是解释对象的有限性，即只能对如何适用法律问题作出解释；三是解释形式的多样性，既有口头、书面解释，又有公开、内部解释；四是解释效力的普遍性，即司法解释一经发布或下达，便对各级司法机关产生约束力。

2. 关于我国刑事司法解释中存在的问题。这些问题主要表现在六个方面：一是司法解释尚未完全公开，二是司法解释的主体混乱，三是司法解释超越解释权限，四是司法解释有悖立法宗旨，五是司法解释互相矛盾，六是司法解释内容不甚明了。

3. 关于刑事司法解释的原则。有的学者认为，进行刑事司法解释，必须遵守下列原则：一是解释权限原则，二是解释公开原则，三是符合立法意图原则，四是明确、具体原则，五是协调一致原则，六是程序合法原则。

4. 关于刑事司法解释的时间效力。有的学者概览了我国刑事司法解释在时间效力上的现状及存在的主要问题后，提出对刑事司法解释的时间效力问题，应通过下列途径加以解决：一是刑事司法解释的生效时间，一般从公布之日起生效，但对于重要的、具有扩张解释性质的司法解释，则可以在公布 2～3 个月后生效，一些不宜公开的司法解释，则在实际签发之日 1～2 个月后生效。二是刑事司法解释的失效时间，应从新的立法或司法解释公布之日起失效。三是刑事司法解释的溯及力，应当根据司法解释规定内容的不同加以区别，一般情况下，刑事司法解释没有溯及既往的效力。

5. 关于刑事司法解释的规范化。一是解释形式的规范化，要求解释的文体统一，解释的方式只能是文字解释，司法解释的文号编排方法要一致。二是解释实体的规范化，要求避免解释之间的互相矛盾，杜绝违法解释，正确处理司法解释与类推的关系。三是解释程序的规范化，认为司法解释从起草、审议、通过到公布，都应当按既定的程序进行。

（三）缓刑制度和缓刑政策

1. 缓刑制度的研讨。主要有两个问题：一是缓刑的适用条件。有的学者把缓刑的适用条件分为前提条件和实质条件两大类，前提条件是指刑法对适用缓刑的罪种、罪质、刑种、刑期、对象的规定，必须严格遵守这些规定，不能降低，也不能突破；实质条件是指对罪犯判处缓刑后，确实不致再危害社会。如何理解和掌握这一条件？有的学者认为，应当将犯罪性质、犯罪情节、悔罪态度、犯前表现、社会环境、家庭环境等因素综合起来加以考虑。二是缓刑制度的立法完善。主要立法建议有：（1）扩大缓刑的适用范围，对于判处5年以下有期徒刑的犯罪分子，亦可以适用缓刑。（2）取消对判处拘役的犯罪分子适用缓刑的规定。（3）增设对惯犯禁止适用缓刑的规定。（4）增设缓刑保证金和（未成年犯）监护人担保制度。（5）建立、健全缓刑考察制度。（6）增设对发现漏罪的缓刑犯撤销缓刑的规定。

2. 缓刑政策的研讨。对于缓刑的适用，应当采取何种刑事司法政策，在理论和实践中，主要有三种不同观点和做法：一是限制缓刑的适用，认为缓刑不可不用，但不能多用。如果多用缓刑，对罪犯起不到惩罚和教育的作用，不利于鼓舞群众与犯罪作斗争，对社会则增加了不安定因素。囿于这种认识，有些法院多年来很少适用缓刑，即使在经济发达地区，缓刑犯的比率也仅占全部已决犯的5%左右。二是扩大缓刑的适用，认为缓刑不仅要用，而且越多越好。从国内来看，多用缓刑可以减轻罪犯改造机关的压力；从国际上看，符合刑罚缓和化的趋势。特别是党中央在20世纪80年代末期提出“适当多判一些缓刑”的指示后，有些司法机关和审判人员对这一政策作片面理解，认为缓刑的条件可以放宽，缓刑的范围可以扩大，以致出现了滥用缓刑的现象。其主要表现是：重罪轻判，罚不当罪；多赔少判，以罚代刑；在适用缓刑的对象上，对经济犯罪、职务犯罪不适当地多用缓刑。三是依法适当多判缓刑，认为在当前形势下，可以多判缓刑是相对于前几年适用缓刑较少的情形而提出的，而且多判必须合法、适度，既不能抛开现有的立法规定滥用缓刑，也不允许毫无限度地大量适用缓刑。

（四）单行刑法的适用与完善

自1980年1月1日刑法施行到1992年年底的12年，全国人大常委会颁布了 18 个旨在对刑法进行修改和补充的“条例”“决定”“补充规定”等单行刑事法规。这些单行刑法的颁布、实施，对于惩治严重的经济犯罪、治安犯罪，起到了重要作用。但是，在立法规定、司法适用和刑法理论上，也存在不少问题。因此，如何理解和适用单行刑法，如何从立法和司法上对单行刑法加以完善，一直是近年来刑法理论界和司法界关心、研讨的重点课题。1992 年对单行刑法的研究，主要集中在以下几个法规上。

1.《关于惩治贪污罪贿赂罪的补充规定》的适用与完善。其中主要涉及对贪污罪、贿赂罪、挪用公款罪的构成要件及刑事责任的研究，对巨额财产来源不明罪存废问题的争论。

2.《禁毒决定》的适用和完善。其中有四个方面的问题：一是毒品犯罪的罪名问题；二是毒品共犯的认定问题；三是毒品犯罪的死刑适用问题；四是各种具体毒品犯罪的构成及处罚问题。此外，有些论者还对我国毒品犯罪的现状、原因和防治对策进行了探讨。

3.《严惩淫秽物品犯罪分子决定》的适用和完善。其中主要对走私淫秽物品罪的构成及与走私罪的区别、出版淫秽物品罪和传播淫秽物品罪的构成及法律责任等问题进行了研讨。

4.《关于严惩拐卖、绑架妇女、儿童的犯罪分子的决定》的适用和完善。学界提出并进行研讨的主要问题有：拐卖妇女、儿童罪的构成及与拐卖人口罪的区别，绑架妇女、儿童罪的构成及刑事责任，绑架勒索罪的构成及与绑架妇女、儿童罪和抢劫罪的区别，收买被拐卖、绑架的妇女、儿童罪的认定及处罚原则。

5.《关于严禁卖淫嫖娼罪的决定》的适用与完善。研讨的主要问题有：卖淫行为是否应上升为犯罪行为，明知患有性病而卖淫嫖娼的罪名及法律适用。

（五）刑法的改革和完善问题

刑法立法的改革和完善是 1992 年刑法学界研究的热点问题之一，也是发表论著最多的研究课题之一。这一课题所涉及的问题较多，概括起来主要有以下几个。

1. 刑法改革的任务问题。有的学者认为，我国刑法改革面临着五大任务：一是总结我国刑事立法的经验、教训；二是搜集、研究外国刑事立法的资料和经验；三是科学评价现行刑法的社会效果；四是搜集、整理各部门对修改刑法的意见；五是提出刑法改革合理方案和科学论证。

2. 刑法改革的指导思想问题。有的学者指出，刑法改革必须摒弃“宁疏勿密”“宁后勿前”的传统立法思想，正确处理法条的粗疏与细密、立法内容的滞后与超前的关系，要做到疏密有致、粗细得当，既要立足现实，又要放眼未来。

3. 刑法总则的改革和完善问题。该问题主要涉及死刑、不定期刑、罚金刑、缓刑、减刑、假释等刑罚制度的立法完善，以及建立我国保安处分制度的问题。

4. 刑法分则体系的革新与重构问题。有的学者认为，把犯罪客体作为建立我国刑法分则体系的理论根据是错误的，而应当按照犯罪行为的特征对犯罪进行分类；并据此设想刑法分则体系应当由以下几种犯罪组成，即叛乱罪、扰乱司法罪、危险罪、破坏罪、杀伤罪、奸淫罪、非法占有财物罪、非法牟利罪、扰乱生活罪等。

5. 新增罪名问题。学界提出应当新增加的罪名主要有：侵占罪、制造销售伪劣产品罪、非法竞争罪、危害环境罪、侵犯版权罪、盗窃技术秘密罪、泄露技术秘密罪、有关计算机方面的犯罪、扰乱法庭秩序罪、私分公共财物罪、破坏土地资源罪等。

三、市场经济形势下的新型犯罪问题

1992年是我国市场经济繁荣发展的一年。在市场经济形势下，对一些表现突出的经济犯罪尤其是新型犯罪问题应当如何认定与处理，是本年度刑法研讨的一个热点，也是刑法学研究进展显著的一个领域。在此一领域进展明显的主要课题如下。

（一）经济活动中罪与非罪的区分标准

伴随着社会主义市场经济时代的到来，如何划清经济活动中罪与非罪的界限，重新成为理论界关注的热点问题。这一问题涉及立法的修改与完善，司法中的运用与把握，理论上的更新与深化。从讨论的情况看，主要有三种观点。

1.“政策标准说”。这种观点认为，对经济活动中罪与非罪的区分，应当坚持“三个有利于”的标准，即看其是否有利于发展社会主义社会的生产力、是否有利于增强社会主义国家的综合国力、是否有利于提高人民的生活水平。只要是符合上述“三个有利于”标准的，就是非罪行为，刑法应加以保护。

2.“法律标准说”。这种观点认为，对经济活动中罪与非罪的区分，是一个严肃的法律问题，绝不能脱离法律规定，简单地用党的政策来对行为的性质作出评判，因此，必须把行为是否符合刑法规定的犯罪构成作为区分罪与非罪的标准，符合法定的犯罪构成诸要件的，就是犯罪行为；否则，就是非罪行为。

3.“双重标准说”。这种观点认为：对经济活动中罪与非罪的区分，既要坚持“三个有利于”的政策性标准，又要坚持犯罪构成的法律标准。这是因为，“三个有利于”作为评价经济活动中某种行为的总标准，带有政策性指导意义，而且这一标准与刑法中对犯罪的本质特征——社会危害性的规定并不矛盾。特别是当刑事立法对某种经济活动中的行为没有规定，或者立法规定滞后、错误时，“三个有利于”对于评价行为的性质具有重要意义。至于如何具体区分经济活动中的罪与非罪，这些论者提出：一是要坚持犯罪的本质特征，当前主要看行为是否对发展社会生产力和商品经济有利，从宏观上区分罪与非罪；二是要严格依照刑法规定的具体犯罪构成要件，从微观上区分罪与非罪。

（二）科技人员犯罪的认定与惩治问题

对这一问题的讨论，主要涉及下列两方面的问题。

1. 查处科技人员犯罪的指导思想问题。有的论者明确提出，在查处科技人员犯罪案件时，在指导思想上必须确立保护科技人员就是保护生产力的观念，增强刑事司法为科技发展服务的意识，遵循慎重稳妥、不枉不纵的原则，追求查处的法律效果与社会效果的统一；同时，必须坚持一手抓改革开放、一手抓打击各种犯罪的方针，不能把查处科技人员的犯罪活动同保障生产力和科技进步对立起来。

2. 对科技人员行为性质的认定问题。一些论者指出：对科技人员某一行为性质的认定，既要从宏观上把握其行为有无社会危害性及社会危害性的大小，又要从微观上分析行为是否符合刑法规定的某一具体犯罪的构成要件。具体来讲，应当划清下列几个界限：一是要划清科技人员在不损害本单位利益的情况下业余兼职，进行科技咨询、服务活动并从中获取报酬，与利用职务便利，侵犯本单位利益，进行贪污、受贿的犯罪行为的界限。鼓励科技人员充分发挥他们的潜力和才智，为科技进步和经济建设服务。二是要划清科技人员正常参与各类技术交易，进行技术中介活动，与盗卖、非法倒卖科技成果行为的界限。鼓励和支持科研单位和科技人员大胆地开拓技术市场，促使科技成果尽快地转化为生产力。三是要划清科技人员擅自转让职务技术成果、中饱私囊，与转让属于自己完成的非职务技术成果、取得合法收入的界限，依法保护科技人员的合法收入。四是对于既有专业技术又担任一定行政职务的科技人员，要划清利用本人技术专长提供技术服务而获取报酬，与利用行政职务索取、收受财物行为的界限。当二者互相交织，不宜分清时，应坚持慎重、稳妥的原则，不要急于追究刑事责任。五是对于业余兼职的科技人员提供技术服务、收取报酬的行为，不论双方有无协议，也不论协议本身规定得是否周密，以及报酬数额的多少，关键是要看是否真正体现了“按劳取酬”的分配原则。

（三）证券交易中的刑事法律问题

1992年是我国证券市场恢复和发展的第十二个年头。截至1991年年底，我国证券市场已累计发行各类有价证券三千多亿元，证券余额超过2 000亿元，累计转让交易额五百多亿元，证券机构和代理网点已达两千多家。在证券业迅猛发展的同时，证券交易中的各种违法犯罪活动也随之出现。但是，我国目前尚未制定一部全国通行的“证券交易法”，加之国家对证券市场缺乏有效的管理，致使对证券交易中的违法犯罪活动的惩处，基本上处于无法可依的状态。针对这种状况，刑法学界一些同志对证券交易中违法犯罪活动的刑法调控问题，进行了有益的探索，并提出了惩治这些犯罪行为的立法设想和司法对策。

1. 证券发行者的违法犯罪问题。这主要有三种情形：一是用尚未上市的看涨证券行贿。对这种行为可按行贿罪论处。二是滥施经营，造成公司亏损或破产。对这种行为目前尚无准确的罪名可以适用。三是伪造账目、截留或私分证券赢利。对这种行为如何适用法律，亦无明文规定，最接近的罪名是贪污罪。

2. 证券经营者的违法犯罪问题。这主要有两种情形：一是将可能赢利的证券私分获利。对这种行为，国外证券法和刑法中均设有刑事处罚条款，我国目前尚无专门的法律条款可供适用。二是故意泄露证券交易市场的信息。对这种行为可以按泄露国家秘密罪处理。

3. 证券持有者的违法犯罪问题。这也有三种情形：一是用贷款或托管的他人款项从事证券交易。对这种行为如何处理，法无明文。二是出卖已经作废或破产的证券。这种行为若符合诈骗罪的构成要件，可以按诈骗罪论处。三是为获取高额证券收入而造谣惑众。对这种行为的处罚，也应在立法上作出专门规定。

此外，有的论者提出，目前对证券市场的刑法调控，重点要解决下列问题：一是禁止内幕交易。对于内幕人利用自己所掌握的内幕信息从事证券交易牟取暴利的行为，要给予刑事制裁。二是禁止操纵证券行情，扰乱证券交易价格。特别是对于少数“股票黄牛”哄抬股票价格，从中牟利的行为，要坚决予以打击。

（四）计算机犯罪问题

计算机犯罪是一种新的犯罪现象。国际上的计算机犯罪肇始于20世纪60年代，我国发现首例计算机犯罪则在1986年。据有关资料介绍，随着计算机在社会生活诸多领域的运用和普及，我国的计算机犯罪活动也逐渐增多，而且大有愈演愈烈之势。但是，我国刑法学界对计算机犯罪问题的研究起步较晚，无论是在研究的广度还是深度上，都还不能适应同这种犯罪作斗争的需要。本年度发表的关于计算机犯罪问题的论文，其内容主要涉及以下两个方面。

一是关于计算机犯罪的定义。有论者认为，计算机犯罪并不是一个独立的罪名，也不是严格意义上的犯罪类型，而是与计算机有关的各种犯罪行为的总称。具体来讲，计算机犯罪是指行为人以操纵、破坏、窥窃等手段危害计算机系统的正常、合法运行和功能，或者危害计算机程序、数据安全，或者利用计算机系统谋取非法利益，或者虽不谋取非法利益，但是侵犯他人合法利益，可能造成或者已经造成严重后果的行为，或者负有阻止以上行为发生的责任，而故意或过失地未阻止上述行为的，均为计算机犯罪。

二是关于计算机犯罪的定性和处罚问题。有论者认为，计算机犯罪十分复杂，它所涉及的罪名目前尚难列举穷尽。从司法实践来看，它主要涉及下列罪名：用计算机诈骗钱财的，应以诈骗罪论处；利用计算机盗窃钱财的，以盗窃罪论处；公务员利用职务之便，且利用计算机盗窃、诈骗、侵吞公共财物的，以贪污罪论处；盗窃计算机系统所包含的程序、数据、信息的，根据不同情况，可能分别构成间谍罪、泄露国家机密罪、泄露军事机密罪；破坏计算机资产的，可能构成反革命破坏罪、破坏生产罪、故意毁坏财物罪，以及危害公共安全方面的犯罪；此外，计算机方面的犯罪还可能涉及妨害证券、证件、证据等罪名。

（五）“能人经济犯罪”的司法对策

所谓“能人经济犯罪”，是指在当前改革开放的大潮中，在生产、科研、流通或其他领域中有特殊才能的人所实施的经济犯罪。这种经济犯罪分子具有双重身份：一方面，他们曾经为或者可能为社会作出重大贡献，是有功之人；另一方面，他们又实施经济犯罪活动，对社会造成危害，是有罪之人。对这种“罪人兼能人”的特殊犯罪分子如何处理，在理论上和实践中存在以下不同意见。

第一种观点认为，对“能人经济犯罪”绝不能网开一面，更不能法外施恩，否则，既有悖于法律面前人人平等的原则，又轻纵了经济犯罪分子，不利于严厉打击经济犯罪，最终将会对改革开放事业造成破坏。

第二种观点认为，对“能人经济犯罪”应当实行特殊的司法政策，能免则免，能宽则宽。有的人提出，对犯罪的能人要少判实刑，多判虚刑（管制、缓刑）；少判自由刑，多判财产刑；少一些狱内执行，多一些减刑、假释。总之，从量刑到行刑都应体现从宽处理的政策。

第三种观点认为，对“能人经济犯罪”的处理，既要区别对待，又要认真慎重。具体来说，要注意下列问题：一是要准确界定“能人”和“能人经济犯罪”的范围，不能对任何有一技之长的能人所实施的任何经济犯罪都从宽处理；二是对“能人经济犯罪”的处理要实行严格的审批程序，务必搞清、搞准，既要对能人加以保护，又要防止司法机关处理这类案件的随意性；三是要坚持用邓小平同志提出的“三个有利于”标准，来考察行为人的行为有无社会危害性和社会危害性的大小，对于一时搞不准的案子，先不要批捕、起诉和审判；四是要坚持依法适度从宽的原则，绝不能宽大无边，更不能一味放纵，要贯彻执行“可捕可不捕的坚决不捕”“可判可不判的坚决不判”“能从宽处理尽量从宽处理”的政策和原则。

四、对外开放方面的刑法问题

对外开放方面的刑法问题，也是近年来刑法学界关注的一个重要领域。本年度在这一领域进展较明显的主要课题有以下几种。

（一）海峡两岸刑法的比较研究

对这一专题的研究已由以往的侧重对全国性刑法与台湾地区“刑法”整体结构、立法技巧的宏观比较研究，而转向对刑法原则、刑罚种类、刑罚制度和有关具体犯罪的比较研究。通过比较相关法律规定的特点，评析各自的利弊，注意吸收台湾地区“刑法”的优点，借鉴其成功的立法经验，提出完善全国性刑法的意见和建议。从本年度发表的论文来看，海峡两岸刑法的比较研究，主要涉及以下三大课题。

1. 对两岸刑法立法特点的比较。有的论者撰文认为，全国性刑法的立法特点是简明而概括、粗略而混乱，而台湾地区“刑法”的立法特点则是详细而具体、繁杂而冗赘，并且存在一些违法悖理的条款。

2. 对两岸刑罚及刑罚制度的比较，其研究范围涉及对两岸刑法中规定的死刑、罚金刑等刑种的比较，对累犯、缓刑、假释、数罪并罚等刑罚制度的比较。

3. 对两岸刑法分则中具体犯罪的比较，集中研究了台湾地区“刑法”中的有关罪名对完善大陆刑事立法的借鉴意义。例如，有的论者认为，台湾地区“刑法”规定的公务员图利罪、妨害救灾罪、发掘坟墓罪、强制罪、泄露业务上知悉工商秘密罪、海盗罪、侵占罪、损害债权罪等，都值得全国性刑法吸收和借鉴。

（二）两岸交往中互涉的刑事法律问题

1. 处理两岸互涉刑事法律问题的原则。有的学者提出了解决这一问题的三项原则：一是坚决维护祖国统一的原则，二是平等保障两岸同胞权益的原则，三是相互尊重历史和现实的原则。

2. 两岸刑事司法的互助问题。有的台湾地区学者在大陆的法学刊物上发表文章，提出了10个两岸可行的司法互助事项，其中包括互相交换犯罪组织情报、为对岸司法机关调查刑事证据、为对岸司法机关逮捕人犯、公海犯罪人之逮捕、劫机犯人之逮捕、两岸所实施数罪之合并侦查、两岸所实施数罪之合并审判、累犯之加重或从重处罚、一事不再理原则之承认、自由刑的替代执行。

3. 两岸合作惩治海上犯罪问题。针对近年来台湾海峡走私、抢劫等犯罪活动日益猖獗的情况，有的学者着力探讨了两岸合作惩治海上犯罪的必要性和可行性，提出了两岸合作惩治海上犯罪所必须坚持的四项原则，即贯彻一个中国的原则、维护公正合理的原则、注意互相协商的原则、坚持司法运作排斥军方介入的原则；并且对两岸合作惩治海上犯罪的协议内容作了探析，这些内容包括两岸合作惩治海上犯罪的范围、参加的主体、合作协调的机构与渠道、分工、合作程序、合作方式等一系列问题。

（三）国际刑法问题

国际刑法学以国际犯罪和国家之间的刑事合作法律规范为研究对象，是广义刑法学的一个分支学科。本年度专门研究国际刑法的论著论及的主要研究课题有以下几个。

1. 国际刑法中的普遍管辖原则。有论者着重探讨了普遍管辖原则的形成和发展、该原则的基本内容、该原则与国家主权的关系、该原则的国际实践等。

2. 国际刑法中的引渡问题。作者主要研究了引渡的原则、条件和引渡的新发展。

3. 国际犯罪与国内刑法的立法对策。有的认为面对日益严重的国际犯罪活动，我国刑法应当增设有关惩治国际犯罪的内容，既享有对国际犯罪的刑事管辖权，又承担打击国际犯罪的国际义务。并且该论者提出了国内刑法在规定国际犯罪及其刑事责任时，应当遵循下列原则：一是借鉴和吸收外国刑法中的有益经验，切实维护我国国家和民族利益的原则；二是以我国参加、批准的国际公约、条约所规定的刑事法律规范为基础，立法保持适当超前的原则；三是国内刑法中规定的国际犯罪与本国参加的国际条约中的刑事条款相协调统一的原则；四是繁简适中的原则。

4. 建立我国刑事司法协助制度的问题。有论者认为，尽快建立我国的刑事司法协助的制度，首先是为了适应同国际犯罪作斗争的需要，并且有助于切实行使我国对某些国际犯罪的刑事管辖权；其次是为了进一步适应我国对外开放形势的需要，有助于保护我国国家和公民的权益，保证国家司法审判权的正确实现。

［赵秉志、鲍遂献；载《法学评论》，1993（4）（5）］

第五章

1993 年的刑法学研究

一、研究概况

以社会主义市场经济的孕育和建立为背景，以中国社会改革开放的进一步深化为契机，1993 年的中国刑法学界，紧扣时代的脉搏，紧跟时代前进的步伐，大胆探索，勇于进取，百花齐放，硕果累累。据初步统计，本年度共发表刑法论文一千一百余篇，出版各类刑法书籍五十余部，并开展了一系列全国性和区域性的学术活动。

在学术活动方面，中国法学会刑法学研究会于 1993 年 11 月 21 日至 25 日，在榕城福州举行了 1993 年学术讨论会。来自全国各地的一百余位专家、学者、司法工作者、新闻出版工作者参加了会议。本次年会共收到学术论文五十余篇，就市场经济与刑法观念的更新、市场经济与刑事立法的完善、市场经济与刑事司法的改革等问题，进行了广泛而深入的研讨，取得了令人瞩目的成果。此外，一些区域性的学术活动，从 1993 年年初开始，也相继进行。例如，上海市法学会刑法学研究会与上海市委政法委员会，于 1993 年 5 月在上海联合召开了“社会主义市场经济与刑法”专题学术研讨会，提交会议的 30 篇学术论文，集中研讨了社会主义市场经济条件下的犯罪及刑罚问题。由中南六省区刑法学研究会联合举行的“中南地区 1993 年刑法学研讨会”，于 1993 年 10 月在海南省省会海口市召开，本次会议仍以市场经济与刑法为主题，进行了热烈的研讨，收到了良好的效果。

从本年度出版的刑法学书籍来看，主要有五种类型：一是适用于各种不同层次教学的刑法学教材，较有代表性的主要有：赵秉志、吴振兴主编的高等学校刑法学教材《刑法学通论》（高等教育出版社），江礼华主编的检察干部教材《中国刑法教程》（中国检察出版社）。二是对中外刑法问题进行专门研究的学术专著，较有代表性的主要有：高铭暄主编的《新中国刑法科学简史》（中国人民公安大学出版社），马克昌主编的《中国刑事政策学》（武汉大学出版社），苏惠渔主编的《刑法原理与适用研究》（中国政法大学出版社），赵国强著《刑事立法导论》（中国政法大学出版社），侯国云著《过失犯罪论》（人民出版社），陈兴良主编的《刑种通论》（人民法院出版社），李贵方著《自由刑比较研究》（吉林人民出版社），王作富主编的《经济活动中罪与非罪的界限》（中国政法大学出版社），赵秉志主编的《毒品犯罪研究》（中国人民大学出版社），崔庆森主编的《中外毒品犯罪透视》（社会科学文献出版社），赵长青主编的《中国毒品问题研究》（中国大百科全书出版社），张智辉著《国际刑法通论》（中国政法大学出版社），周密主编的《美国经济犯罪和经济刑法研究》（北京大学出版社）。三是刑法论集，较有代表性的主要有：赵秉志主编的《刑法新探索》（群众出版社），杨敦先、曹子丹主编的《改革开放与刑法发展》（中国检察出版社），邱创教主编的《惩治毒品犯罪的理论与实践》（中国政法大学出版社）。四是汉译外国刑法著作，主要有：［意］贝卡里亚著《论犯罪与刑罚》（黄风译，中国大百科全书出版社），［英］吉米·边沁著《立法理论——刑法典原理》（李贵方等译，中国人民公安大学出版社），［日］大塚仁著《犯罪论的基本问题》（冯军译，中国政法大学出版社）。五是刑法辞书类，其中最具代表性的，是由马克昌、杨春洗、吕继贵主编的《刑法学全书》（上海科学技术文献出版社）。

1993年刑法学研究的课题，具有相当的广泛性：既有对原有刑法理论和刑法制度的深入研究，又有对刑法学新领域、新课题的开拓性探索。比较集中的研究课题主要表现在三个方面：一是市场经济与刑法观念的更新；二是市场经济与惩治经济犯罪；三是对外开放中的刑法问题。

二、市场经济与刑法观念的更新

刑法观念是人们对刑法的性质、功能、犯罪、刑罚、罪刑关系、刑法的制定与实施等一系列问题的认识、看法、心态和价值取向的总称。作为社会意识形态的重要组成部分，刑法观念的形成、变更和发展，必然受制于一定的社会经济基础，具有鲜明的时代感。在社会主义市场经济体制下，应当树立什么样的刑法观念，是中国刑法学界1993年着力探讨的重大课题。归纳已有的论著，它们主要提出了下列十大刑法观。

（一）经济刑法观

一些论者认为：市场经济的核心问题，是发展和繁荣经济，提高社会生产力，改善人民生活，因此，作为具有最高强制力的刑法，必须积极地参与调整市场经济体制下产生的新型社会关系，保障市场经济主体的合法权益，维护市场经济秩序。具体来讲，应当树立下列观念：（1）强化刑法的经济保障功能，淡化刑法的政治功能，把保护和促进经济发展，作为刑法的首要任务。（2）全面保护各种所有制经济成分的共存和发展，保护以按劳分配为主的多种分配形式，保护各种经济主体的合法权益。（3）树立大市场的观念，运用刑法武器建立保护生产资料市场、金融市场、劳务市场、房地产市场、证券市场、科学技术市场、知识产权市场、信息市场等经济市场的法律机制。（4）树立以保障社会生产力发展为标准的犯罪观。凡是对生产力的解放和发展有益的行为，要坚决予以保护；凡是对生产力的解放和发展有害的行为，要坚决予以惩治；凡是对解放和发展生产力既有利又有害的行为，要精心区分利害大小，作出恰当处理：对利大于害的，不以犯罪论处；对害大于利的，要依法制裁。（5）树立科学的“生产力标准观”。一些学者指出：在对行为社会危害性的评价体系中，引入生产力标准是必要的，但是，不能把生产力标准曲解为纯粹的经济标准，避免将其庸俗化为金钱标准；不能把生产力标准等同于某个部门或者某个地区的发展标准，避免将其演变为局部标准；不能把生产力标准误解为排他性的唯一标准，避免将其绝对化；不能把生产力标准当作人为自立的标准，避免将其个人化。（6）树立为市场经济保驾护航的刑事执法观。司法机关要开阔为市场经济服务的视野，扩大服务的对象和范围，增强服务的意识，改善服务条件，提高服务质量。

（二）法制刑法观

一些论者指出：现代市场经济不完全是自由经济，而是规范化、制度化、法制化的有序运行的市场经济。从这个意义上说，市场经济就是法制经济。刑法参与市场经济关系和市场经济秩序的调整，这正是法制经济的表现，也是现代市场经济的客观要求。然而，刑法要完成其肩负的使命，必须首先实现自身的法制化。为此，必须在刑事立法和刑事司法工作中，切实贯彻执行罪刑法定原则的全部内容，反对各种人治因素介入刑法领域。具体来讲，要解决以下几个问题：(1）废除类推制度，还罪刑法定原则的本来面目。(2）规范定罪量刑的法定标准，减少和杜绝司法审判的随意性。(3）注意罪刑关系、刑刑关系的整体综合平衡，减少刑事立法的随意性。(4）真正实现“司法独立”，反对各种形式的非法干预。(5）尽快实行刑事损害赔偿法，加强司法机关及其工作人员的责任。

（三）民主刑法观

一些论者指出：社会主义市场经济的建立和发展，必须有一个宽松、民主的社会环境，因此，刑法必须改变单一专政和惩罚的“刀把子”形象，充分发挥其保障民主的功能。为实现这一功能，必须强调下列几个问题：(1）强化刑事立法的民主性。首先，要强化刑法创制过程的民主性，做到立法主体组成的广泛性、立法主体内部活动的民主性、立法过程的公开性。要让社会各界广泛地参与立法活动，倾听广大社会成员各种不同的立法要求和意见，接受社会对立法活动的监督。其次，要强化刑事立法内容的民主性，加强对公民各项民主权利的刑法保护，实现刑法的轻缓化和开放化。(2）强化刑事司法的民主性。首先，要切实贯彻法律面前人人平等的原则，坚决反对任何凌驾于刑法之上的特权。其次，要依法惩处侵犯公民自由和民主权利的犯罪行为，加强同国家工作人员渎职犯罪作斗争，为社会主义民主政治的发展和完善，提供强有力的司法保障。

（四）平等刑法观

一些论者指出：等价交换、公平竞争是市场经济的固有法则，把这一法则引入刑法领域，就形成了刑事立法和刑事司法中的平等刑法观。所谓平等刑法观，包括下列几方面含义：(1）平等地保护全民所有制经济、集体所有制经济、个体经济、私营经济、合营经济等各种所有制形式的经济主体的利益，反对重公轻私、以公压私、以大压小、以强凌弱的不平等现象。(2) 平等地对待各种不同身份、不同地位、不同阶层、不同民族的刑事被害人和刑事被告人，保护所有公民的合法权益，惩治一切触犯刑律的犯罪人。反对对公职人员犯罪在立法和司法上的轻纵倾向，反对法律上和司法上的官民不平等。(3) 建立和完善同法人犯罪作斗争的刑法机制，使刑法的威力不仅及于自然人，而且也及于犯罪的法人。(4) 切实贯彻罪刑法定和罪刑相适应原则，反对法外施恩、法外施刑、重罪轻判、轻罪重判、以罚代刑、以官抵刑、以钱赎罪等违背"法律面前人人平等"原则的错误思潮和错误做法。(5) 严格区分平等观与平均主义的界限，反对平均主义的公平观，鼓励并保护一部分人先富起来，保护合法的正当的市场竞争。

(五) 人权刑法观

有的论者指出：我国1979年刑法对人权的保护，与历史上各个朝代的刑法相比，无疑是一次巨大的进步，但是，1979年刑法颁布施行以来的十几年间，我国的社会状况发生了深刻的变化，整个国民素质有了很大提高，人权的意识不断增强，从而向立法者提出了更高的要求。尽管我国1979年刑法对公民的人权给予多方面的保护，但是，由于该刑法典是在重在保护国家利益以期达到最大政治利益的前提下制定的，个人法益只在配合前者的巩固及实现的情况下，居于次要的地位，因此，必须树立和强化刑法上的人权观念，尤其是要加强对个体人权的刑法保护。有的论者还进一步指出：人权的刑法保障必须解决下列几个问题：(1) 科学地界定刑法人权保障的范围。刑法应当保障一切人应有的法律权利，包括人身权、财产权、自由权、民主权利等。(2) 明确刑法上人权保护的对象。刑法不仅要保护守法公民的权益，而且也要保障刑事被害人、被告人、犯罪人的各项合法权益。(3) 建立和完善人权保护的刑法机制。尤应取消类推制度，限制刑法溯及既往的效力，禁止司法机关越权解释刑法，严格限制和减少死刑的适用，淡化刑法的政治色彩，适时做好轻微危害行为非犯罪化工作，加强行刑环节的人权保障，为刑满释放人员提供必要的生存保障。

(六) 适度刑法观

所谓适度刑法观，按照有关论者的主张，包括两个方面的内容：一是刑法对社会经济生活的干预和调整，必须适度；二是对犯罪法定刑的设置和对具体犯罪的处刑，必须适度。（1）关于刑法的调整范围。有的论者指出，在计划经济体制下，国家对经济行为的调整十分机械，调整范围也非常狭小。这反映在刑事立法上，表现为刑法对社会经济生活的调整也比较单一，评判行为是非的标准也较简单。而在市场经济体制下，国家对社会经济生活的调整是宏观上的指导和间接的调控，各类经济主体的生产经营活动，更多的是依赖于变幻莫测的市场关系，具有较大的独立性、自主性和灵活性，因此，社会经济活动的范围日趋扩大，各种经济交往空前繁杂，不法经济行为也会大量增加。经济体制的重大变化，客观上要求包括刑法在内的各种法律手段，对不法经济行为进行调控。但是，在确定刑法的调整范围时，必须坚持适度原则，既不致过度地干预经济生活，又要为市场经济保驾护航，否则无限地扩大刑法的调整范围，就会影响商品生产者和经营者的积极性，不利于创造一种宽松的经济环境和社会环境；而不适当地缩小刑法的调整范围，则会造成市场经济的无序和混乱状态，不利于市场经济的健康发展。（2）关于刑罚的适度。有的论者指出，公正、平衡观念在市场经济条件下，应当提倡。把这一观念引入刑法领域，就必须坚持刑罚适度的原则。按照这一原则的要求，既不能搞重刑主义，也不能搞轻刑主义，更不能搞无刑主义。具体来讲，在刑事立法上，要求以一定时期大多数人的罪刑等价观念为基础，以足以有效地惩罚和预防犯罪为原则，来建立轻重合理的刑罚体系和法定刑幅度；在刑事司法上，要求以一般罪犯对犯罪结果的感受程度为依据，以追求最大限度的积极社会效果为目的，对犯罪人判处轻重适当的刑罚。做到该宽就宽，该严就严；该轻就轻，该重就重。

（七）轻缓刑法观

一些论者认为：从刑法观念上看，我国的重刑主义思想历史悠久，而且对现行刑事立法和司法实践，有着深刻的影响，其突出表现是：在新的刑事法律中，加重处罚从无到有，法定刑层层加码，死罪数量急剧膨胀；在刑罚体系中，重视生命刑和自由刑，轻视财产刑和资格刑；在刑事司法中，“严打”浪潮迭起，“从重从快”持续不休，死刑人数剧增，自由刑人数占据优势，管制、缓刑很少适用。这些明显的重刑倾向，与社会主义市场经济的要求，是不相适应的。因此，刑罚改革必须走轻缓化之路，具体来讲，应当实现下列观念的转变：(1) 摒弃重刑主义思想，树立轻重兼顾、以轻为主的观念。(2) 严格限制、逐步减少死刑的适用，重视死缓制度的作用。(3) 减少剥夺自由刑尤其是短期剥夺自由刑的适用，扩大管制的适用范围，提高财产刑、资格刑的地位。(4) 打破行刑的封闭状态，实行对罪犯的开放性、社会化教育改造。(5) 正确认识犯罪的增减与刑罚轻重的关系，纠正适用轻刑就会造成打击不力的错误观念。

(八) 效益刑法观

一些论者认为：追求价值和效益是市场经济的基本规律。商品生产者为了能在激烈竞争的市场经济中获胜，就必须以最小的劳动消耗取得最大的经济效益。按照这一原理，效益刑法观的含义应当理解为：以最少、最轻的刑罚和最合理的人力、物力、财力的配置，取得控制和预防犯罪的最佳政治效益、经济效益和社会效益。为了实现这一目标，必须注意解决下列问题：(1) 优化刑事立法机制，合理地确定刑法的调整范围，按照罪刑相适应的原则，重新整合罪刑关系、刑刑关系。(2) 调整刑事司法工作的重点，致力于对危害国家安全和公众安全的犯罪、暴力犯罪、职务犯罪、有组织犯罪的惩治和预防。(3) 改变传统的犯罪控制模式，实现国家和社会对刑事司法权的合理分担，运用国家和社会的双重力量，来控制和预防犯罪。(4) 树立全局性的效益观，打破条块分割，冲破地方保护主义的束缚，用全局的、整体的观念，来衡量惩治和预防犯罪的效益。绝不允许把个人利益、局部利益、地方利益、行业利益和单位利益凌驾于法律之上，从而削弱刑法的整体效益。(5) 在刑罚的适用上，无论是用轻刑还是用重刑，都必须遵循效益原则。用刑过轻自然不会产生应有的效益，用刑过重则会造成刑罚的浪费，当然也不会产生最佳效益。

(九) 开放刑法观

有的论者认为：市场经济是经济活动的市场化，它既有国内市场，也有国际市场，是国内经济与国际经济的统一。开放的市场经济要求必须有开放的刑法观念，即刑事立法、刑事司法和刑法理论研究必须具有国际视野。近年来，随着我国对外开放政策的推行和国际政治、经济、文化交往的日益频繁，国际犯罪、区际犯罪也日趋严重，这种状况客观上也要求加强国际间的刑事合作。因此，树立开放的刑法观不仅是一个理论课题，而且也是实践的迫切需要。有的论者还进一步指出：刑法的开放化和国际化，绝不等于“全盘西化”，也不等于出卖国家主权，更不是参与超级大国称霸世界的活动。开放的刑法观应当包括下列内容：(1) 在刑事立法上，注意借鉴各国刑法的先进立法经验，反映民主、进步、科学、人道、开放这些各国刑法发展的共同趋势。同时，要在国内刑法中确认和规定各国应共同遵守的国际刑法规范，包括明确规定对国际犯罪的普遍管辖原则，增设引渡条款，明确规定战争犯罪，增设侵犯应受国际保护人员罪、劫持交通工具罪、劫持人质罪、海盗罪等国际犯罪。(2) 在刑事司法上，要借鉴国外先进的司法制度，引进先进的技术设备，学习先进的司法经验，加强刑事国际合作，共同对付国际罪行。(3) 在刑法理论上，要敢于吸收人类一切优秀的法律文化，借鉴一切有益的刑法理论和刑法思想。同时，要加强我国刑事法制建设和刑法理论研究成果的对外宣传，加强同各国刑法学界的学术交流与合作。

（十）超前刑法观

有论者指出，我国当前正处于由传统的计划经济体制向社会主义市场经济体制的转型时期，由于立法的滞后性，各种“踩线”行为和“两可”行为层出不穷。如何对待和处理这些行为？有的主张严格依照现行法律查处，有的则主张要突破法律禁区，按照“生产力标准”来确定行为的性质。后一种主张的实质在于：司法工作不能拘泥于现有的法律条文，要有“闯关”精神和超前意识，按照市场经济的要求，适时地对各种经济行为作出罪与非罪的判断。具体来讲，可分为以下几种情况：(1) 对于政策、法律界限不清、判断标准不明的行为，务必慎重，不要急于处理。如果属于确实需要查处的，应当优先采用非刑法手段加以处理。(2) 现行法律认为是犯罪或属于重罪的行为，如果是不适应市场经济的要求，应当作为非罪或轻罪处理的，应当按照“三个有利于”的总标准，结合刑法的基本原则，作出恰当处理。(3) 对于现行法律尚未规定为犯罪而确实具有严重社会危害性的行为，应当坚持罪刑法定原则，不能以犯罪论处。

三、市场经济与惩治经济犯罪

在社会主义市场经济建立和发展过程中，经济犯罪的形势将会发生什么变化？惩治经济犯罪与建立和发展市场经济是否矛盾？刑法应当怎样适应建立和发展市场经济的需要，来对经济犯罪进行有效的调控？在市场经济条件下应当建立何种控制和预防经济犯罪的机制？在新形势下怎样正确认定和处理各种经济犯罪行为？这是我国刑法学界在 1993 年思考和探索较多的研究课题。由于篇幅所限，仅就其中进展较为显著的五个方面的问题，作一综述。

（一）市场经济与惩治经济犯罪的关系

一些论者指出，在处理建立市场经济与惩治经济犯罪的关系的问题上，必须坚决反对两种错误认识：一是认为打击经济犯罪会阻碍市场经济的建立和发展，主张对经济犯罪采取淡化、放任的对策。这种观点的实质是把惩治经济犯罪与发展市场经济置于对立的地位，其结果只会导致经济犯罪的滋生和蔓延，葬送我国方兴未艾的市场经济。例如，在对待所谓的“能人经济犯罪”的问题上，有的人认为“能人”对国家和社会曾经作出过贡献，即使有贪污、受贿等经济犯罪行为，也情有可原。如果对其定罪判刑，就会影响一厂、一地、一方的经济发展。因此，对“能人经济犯罪”，应当网开一面。二是认为建立市场经济必须不断强化对经济犯罪的严厉打击，特别是要重视死刑的运用。这种观点的实质是把刑法在控制经济犯罪、保护市场经济中的作用，简单化为依靠严刑峻法来促进与保护市场经济的建立和发展。例如，有的人强调指出，在市场经济条件下，绝不能轻易放下“严打”这一重要武器，要用“严打”的威力来震慑经济犯罪分子，保证市场经济的健康发展。针对上述两种倾向，一些论者指出：建立和发展市场经济与惩治经济犯罪是相辅相成的，二者绝不是矛盾和对立的。但是，惩治经济犯罪必须坚持“一要坚决，二要慎重，务必搞准”的原则，不能乱打一气，也不能一味从重。

（二）市场经济与经济犯罪的认定标准

当前我国的市场经济正处于孕育和初创时期。面对社会的大变革，立法与现实、法律与政策的矛盾和不协调渐露端倪。在这种背景下，究竟应当采用何种标准来认定经济行为的罪与非罪的界限，在理论上和实践中不无争议。综合讨论的情况来看，在这一问题上主要有三种不同主张：(1)“生产力标准说”。这种观点认为，区分经济活动中罪与非罪的总标准，应当是看该种行为是否有利于生产力的提高，是否有利于经济的繁荣发展。对于破坏、阻碍生产力发展的行为，应当以犯罪论处；对于促进生产力发展的行为，即使现行法律上规定为犯罪，也不能以犯罪论处。(2)“法律标准说”。这种观点认为，判断行为是否构成犯罪的唯一标准，是是否符合刑法所规定的犯罪构成要件。凡是符合犯罪构成要件的，即使在政策的角度来看不应作为犯罪处理，也仍应依法惩处。对刑事犯罪如此，对经济犯罪亦不例外。把“生产力标准”作为区分经济犯罪与非罪的标准，是法律虚无主义和庸俗经济犯罪观的表现。(3)“双重标准说”。这种观点认识为对经济活动中罪与非罪的区分，一般情况下应当坚持罪刑法定原则，严格依照法定的犯罪构成要件，来确定行为的性质。但是，当立法滞后于现实，以致对社会经济的发展产生阻碍时，就不能不用政策的指导来评价行为的社会危害性。在经济犯罪的认定中引入生产力标准，正是我国刑事立法严重滞后于市场经济的现实所造成的，它不仅是必要的，而且也是可行的。因此，在认定经济犯罪的问题上，既要反对简单地用抽象的生产力标准完全替代严肃的法律标准，又要反对脱离社会现实、违背立法之目的死抠法律条文的法律教条主义。

（三）市场经济与贪污罪的惩治

我国的市场经济是以公有制为主体、多种经济成分并存的市场经济。随着经济体制改革的深入发展，不同所有制经济主体的联合、交叉日益增多，从而给贪污罪的认定和处理带来了许多疑难问题。这些问题主要有以下几个。

1. 经济联合体中贪污罪与非罪的界限。有的论者认为，经济联合体中贪污罪与非罪的界限，关键在于要弄清经济联合体的形式及财产所有权的性质。其一，对于全民所有制企业之间、全民所有制企业与集体所有制企业之间、集体所有制企业之间所形成的经济联合体，由于经济组织的公有制性质并未改变，其中的财产仍为公共财产，所以，如果该类经济联合体中从事公务的人员，利用职务上的便利，非法占有其财产，可以构成贪污罪。其二，对于个体企业与集体或国有经济组织之间形成的经济联合体，公有制成分占主导地位，少数参加联营的个体提供的资金，亦属于在国有、集体企业管理、使用中的财产，因此，如果该种经济联合体中的工作人员，利用职务上的便利，非法占有联合体所有的财产，也应当以贪污罪论处。其三，对于个体之间形成的经济联合体，如果属于合伙经营，则属于纯粹的个体经济组织，自然不发生贪污罪问题；如果属于合作经营，则具有集体经济的性质，其工作人员利用职务之便，非法占有财产的，应以贪污罪论处。

2. 经济承包活动中贪污罪与非罪的界限。有的论者认为：要正确把握经济承包活动中贪污罪与非罪的界限，必须正确认定承包人是否具有贪污罪的主体资格，并正确认定行为人所侵犯的财产是否属于公共财产。首先，在对主体资格的认定上，要看发包方是否属于公有制的经济组织，要看承包人所承包的对象是经济组织还是具体的生产资料，要看承包的方式是经济权益承包还是劳务性承包，要看是真承包还是假承包。其次，在对财产性质的认定上要看其财产究竟属于国有、集体所有还是个人所有。对于个人承包中承包方投入的生产资料和资金，以及承包方应当获得的利润和超利分成部分，不应视为公共财产，占有这些财产的，不能作为贪污罪处理。

3. "三资"企业中贪污罪与非罪的界限。"三资企业"是指中外合资经营企业、中外合作经营企业和外商独资企业，对这些企业中的贪污行为如何认定，在理论上有不同认识。第一种观点认为，外商独资企业中不发生贪污罪问题，但中外合资经营企业和中外合作经营企业中，凡是经手管理公共财物的人员，无论是中方人员还是外方人员，只要利用职务之便，非法占有企业财物的，均可构成贪污罪。第二种观点则认为，外商独资企业中不存在贪污罪自不待言，即使受聘于中外合资者的中方或外方人员，非法占有合资、合作经营企业的财产，也不能以贪污罪论处，因为这些人并非我国刑法规定的依法从事公务的人员。第三种观点则认为，对于中外合资、中外合作经营企业中从事经营管理的人员能否构成贪污罪的主体，不能一概而论。如果中方是全民所有制或集体所有制企业性质的中外合资、中外合作经营企业，其经营管理人员可以成为贪污罪的主体；如果中方是个体企业的中外合资、中外合作经营企业，其经营管理人员不能成为贪污罪的主体。

（四）市场经济与贿赂犯罪的惩治

1993年是反腐败斗争声势浩大、成效显著的一年。在反腐败斗争中，惩治贿赂犯罪占有相当重要的地位。刑法学界借反腐倡廉的强劲之风，对贿赂犯罪的诸多问题，进行了广泛、深入的研究，并在原有研究成果的基础上，提出了许多新的见解和主张。

1. 关于贿赂犯罪的危害性。有的论者指出，贿赂犯罪的危害性集中表现在两个方面：一是经济危害性。贿赂犯罪所造成的经济损失，只有一部分是可以统计出来的，而暗存的、潜在的、每时每刻正在发生的损失，则无法统计；贿赂犯罪对经济秩序的破坏所造成的严重后果，比直接经济损失要大得多，它可以使局部的经济计划受阻或扭曲，亦可以由此对全局经济计划形成压迫，通过扭曲经营，搞乱市场，达到破坏经济秩序的目的。因此，贿赂犯罪的盛行，只会加剧非法利益的竞争，极大地阻挠和破坏市场经济体制的建立和完善。二是政治危害性。贿赂犯罪严重地降低了执政党的威信，使人民群众与党和政府的对立情绪加深，从而诱发动乱和犯罪行为，严重影响改革开放的顺利进行。因此，对贿赂犯罪必须严惩，并采取有效措施进行综合治理。

2. 关于受贿罪的分类。有的论者认为，我国刑事立法上应当以利用职务之便为标准，将受贿罪分为一般受贿罪、事前受贿罪、事后受贿罪和斡旋受贿罪：(1) 一般受贿罪，是指利用本人现任职务之便，收受贿赂。(2) 事前受贿罪，是指利用将来的职务之便，收受贿赂，即先受贿而到职后再利用职务之便，为请托人谋利。(3) 事后受贿罪，是指利用过去的职务便利，收受贿赂，即在任职期间利用职务之便为他人谋利益，离退休后再接受贿赂，或者离退休的公务员利用原有职务为他人谋利而收受贿赂。(4) 斡旋受贿罪，是指利用本人的身份，通过其他公务人员职务上的便利，为请托人谋利而受贿。

3. 关于贿赂的性质和范围。有的论者认为，现行刑事立法上把贿赂仅限于财物是不妥当的，它不利于全面惩治权与利交易的贿赂犯罪活动，也落后于形势发展；并建议把贿赂的范围扩大到其他不正当利益。

4. 关于受贿罪成立的数额问题。有的论者指出，受贿的数额不应作为受贿罪的构成要件。其理由是：(1) 受贿数额不能完全反映犯罪的客观社会危害性，把受贿罪等同于一般的经济犯罪，抹杀了受贿行为的政治危害性。(2) 受贿数额不能完全表明受贿人的主观恶性程度。对于枉法受贿者，行为人具有双重的主观恶性。就枉法履行职务而言，其主观恶性不是通过金钱的多少就能衡量出来的。(3) 受贿数额并不总能表明受贿行为的本质特征的主要方面。在枉法受贿中，利用职务之便的违法行为，才是行为的本质特征，至于受贿数额的大小，则无关紧要。

5. 关于行贿罪的客观构成要件问题。有的论者认为：现行刑事立法把"谋取不正当利益"作为行贿罪成立的必要条件，是不科学的。因为无论是为了谋取正当利益而行贿，还是为了谋取不正当利益而行贿，都破坏了市场经济条件下公平竞争的原则。两种行贿行为只有危害性大小的不同，而绝无可罚与不可罚的区别。因此，建议把为谋取正当利益而行贿的行为，也纳入行贿罪的范围。

6. 关于介绍贿赂罪的存废问题。有的论者认为，从司法实践的情况来看，应当从立法上取消介绍贿赂罪。其理由是：(1) 在社会生活中，行贿与受贿之间很少有第三者插手介绍，即使存在个别需要介绍的，介绍人所起的作用也很小。(2) 在司法实践中，很少将介绍贿赂行为作为犯罪处理。(3) 介绍贿赂与居间活动的界限难以界定。

（五）市场经济与证券犯罪的惩治

证券和证券市场是市场经济的重要组成部分。改革开放以来，我国证券业得到了迅速发展，对国民经济的发展发挥了重要作用。但是，由于缺乏经验、管理措施跟不上、立法不配套等原因，证券行业的违法犯罪现象十分严重。正视我国证券犯罪的现状，加强对证券犯罪的立法调控和司法惩治，已成为事关证券业继续繁荣、发展的重大课题。刑法学界的研讨情况主要涉及下列几个问题：(1) 我国证券犯罪的现状及特点。一些论者在调查研究的基础上，对我国证券犯罪的现状和特点作了概括，认为我国当前的证券犯罪主要有两大类：一类是由证券从业人员所实施的犯罪，这些犯罪包括以证券（尤其是股票）为对象的贪污罪、挪用公款罪、受贿罪、徇私舞弊罪等；另一类是由非证券从业人员所实施的与证券有关的犯罪，这些犯罪包括涉及证券的故意杀人罪、故意伤害罪、抢劫罪、盗窃罪、诈骗罪、行贿罪、操纵证券价格罪等。(2) 我国证券犯罪的原因。有的论者认为，造成我国证券犯罪活动日益猖獗的原因，主要有以下几个方面：一是已有证券市场上证券的数目、种类与社会需求存在较大缺口；二是一些股民买卖股票的风险意识淡薄，盲目炒股；三是证券本身的可转让性诱发证券从业人员及内幕人员非法进行证券交易；四是证券立法滞后，与证券业的发展严重脱节；五是各项管理措施不严，监督不力。(3) 证券犯罪的法律对策。不少论者呼吁，必须尽快制定通行全国的“证券法”，完善证券管理的法律机制。从刑事立法的角度来看，应当增设若干与证券有关的新型犯罪，如内幕交易罪、操纵证券价格罪、非法证券交易罪等。

除上述经济犯罪问题之外，刑法学界研究较多的问题还有妨害税收犯罪、商标侵权犯罪、制售伪劣商品犯罪、回扣的认定与处理等。

四、对外开放中的刑法问题

对外开放是我国坚定不移的一项基本国策。随着社会主义市场经济的建立和发展，我国对外开放的步伐将更快，对外交往的领域将更加广泛；与此同时，涉外刑事法律问题也将不断增多。1993年刑法学界在对涉外刑法问题的研究上，努力开拓新领域，研究新问题，取得了一系列可喜的研究成果。

（一）中国区际刑事法律问题

这方面主要是涉台、港、澳地区的刑事法律问题。这些问题主要有以下几种。

1. “一国两制”时期香港特别行政区与内地互涉刑事法律问题。(1) 两地互涉刑事法律问题的性质。有论者指出，在“一国两制”时期，两地互涉刑事法律问题，属于中国内部的法律协调问题，不具有涉外意义，因此，绝不是国家间的刑事法律合作。同时，两地互涉刑事法律问题是根据“一国两制”的方针，解决两个截然不同的法律制度之间的差异，因而不同于处理一般的区域法律冲突问题。(2) 两地互涉刑事案件的管辖及法律适用。有论者设想，未来的互涉刑事案件的刑事冲突规范，应当采用下列模式。其一，对于犯罪地仅发生在香港地区或内地的刑事案件，应由犯罪地法院行使刑事管辖权并适用犯罪地法律。其二，对于跨越两地的刑事案件，应采用犯罪结果地主义，按照犯罪结果发生地的法律管辖。如果犯罪实行行为持续发生在两地，一般可按实际控制和先理为优的原则解决管辖权问题。其三，对于数罪涉及两地的刑事案件，应当按照重罪优先的原则来确定管辖及法律适用。其四，对于涉及两地的共同犯罪案件，应分别不同情况予以处理：香港地区居民中的中国人与内地居民在一地共同犯罪的，由犯罪地司法机关管辖；香港居民中的中国人与内地居民结伙分别在两地共同犯罪的，以主要犯罪地为标准确定管辖权。(3) 驻港特别人员犯罪的刑事管辖及法律适用。其一，香港特别行政区驻军人员犯罪的刑事案件的管辖及法律适用。论者认为，应采用下列方式予以解决：在普通刑法与专门刑法竞合的情况下，应当适用专门刑法；在香港特别行政区刑法与全国性刑法竞合的情况下，应当适用香港特别行政区刑法；驻港军人的犯罪行为单独触犯全国性刑法的，由军内司法机关行使管辖权。其二，在香港特别行政区内涉及外交人员的刑事案件的管辖，通过外交途径解决。

2. 现阶段海峡两岸互涉刑事法律问题。(1) 两岸刑事司法协助问题。有的论者认为，鉴于当前跨越大陆与台湾地区的犯罪活动日益增多，有必要加强两岸的刑事司法协助，协助的内容包括协助缉捕和移交案犯、代为对方调查取证、交换犯罪组织的情报、代为对方送达司法文书、代为执行刑事判决或裁定、相互承认犯人的前科事实。(2) 台湾地区当局应遣返劫机犯的问题。1993年发生了多起大陆刑事犯罪分子将大陆民航客机劫持到台湾地区的事件。但是，台湾地区当局无视岛内外人士的强烈要求，拒不将劫机犯遣返大陆司法机关审理。对此，刑法学界不少学者撰文抨击台湾地区当局的不遣返政策，并从法理和实践论证了应当遣返的理由，这些理由主要有：其一，从刑事管辖权来说，劫机行为发生在大陆，大陆司法机关有权进行管辖。其二，从国际惯例来看，劫机行为是一种严重的国际罪行，优先考虑由航空器的登记地管辖。其三，从诉讼经济与效率原则来看，把劫机犯交由大陆司法机关处理，能够节省大量的人力和财力。其四，从遏制劫机犯罪来看，将劫机犯遣返回大陆，能够阻止其他犯罪分子继续从事此类恐怖活动。(3) 两岸居民私渡问题。近几年来，两岸居民私渡问题比较严重。其主要表现：一是私渡人数不断增多。1987—1990年，福建全省沿海地区共发生私渡去台案件532起，涉及5 770人。1991年1月至6月，仅福州市就接收审查台湾地区遣返的私渡人员19批，共2 486人。二是组织偷渡去台活动已趋向团伙化、职业化，有的还有黑社会势力的渗透。与此同时，台湾地区的各种违法犯罪分子及渔民私渡来大陆的事件，也时有发生。针对这些情况，一些论者建议对刑法中的偷越国（边）境罪和组织、运送他人偷越边境罪进行修改和补充，以便同这类犯罪行为作斗争；同时，要对台胞非法入境问题、台商非法携带人员出境问题、大陆船民非法到台经商问题等作出专门规定。

（二）国际刑法问题

国际刑法及国际刑法学，在我国是一门新的刑法学分支学科，以前专门研究者不多。1993年对国际刑法的研究有了突破性进展，学界不仅发表了一定数量的学术论文，而且还出版了国际刑法专著。研究的内容主要有以下几方面。

1. 关于国际刑法的性质和作用。有的论者认为，国际刑法是国际法的有机组成部分，而不同于国内法。有的论者则认为，国际刑法兼有国内法和国际法的双重性质。关于国际刑法的作用，有的论者认为，国际刑法是认定国际犯罪的准绳，是调整国际刑事合作的法律规范，它对于惩治国际犯罪、维护国际社会的良好秩序，具有重要意义。

2. 关于国际刑事责任。有的论者认为，国际刑事责任是实施国际罪行的主体，因严重违反国际义务而应当承担的法律后果。国际刑事责任具有下列特点。（1）国际刑事责任的主体可以是国家，也可以是个人。（2）国际刑事责任的实现方式有两种途径：一是对犯罪者直接判处刑罚；二是对国家限制主权，要求其赔礼道歉、赔偿损失或对其实施经济制裁、空中禁运、海上封锁等。（3）国际刑事责任的免除，必须是基于受害国的同意、国家自卫或自保行为、不可抗力和偶然事故，以及危难和紧急避难。

3. 关于引渡的法律属性。有的论者认为，引渡以国际社会为舞台，涉及国与国之间的关系，因而与普通刑事诉讼相比，具有自身的法律特征：（1）引渡是司法性与行政性的统一。为了坚持政治犯不引渡的原则，同时也为了保障引渡活动不违背本国的法制原则和外交政策，各国在引渡程序上，都规定了严格的“双重审查”制度，要求当事国对人犯提出引渡请求或决定予以引渡时，必须经过司法审查和行政审查两关。(2) 引渡是国内法与国际法的统一。为了使引渡活动不至于因当事国所持法律依据不同而陷入僵局，必须坚持“公约必须信守”的国际法准则，将争议统一到国际公约上来，并且实行国际法优于国内法的原则，以便最终实现引渡犯人的目的。(3) 引渡是“双重归罪”与“双项选择”的统一。所谓“双重归罪”，是指只有当行为同时触犯了请求国和被请求国的刑法时，才能予以引渡。所谓“双项选择”，是指按照“或者起诉或者引渡”的国际法准则，在提起诉讼或接受引渡两个方面作出选择。(4) 引渡与庇护相统一，即对政治犯、军事犯不引渡。(5) 引渡是惩罚犯罪与人权保护的统一。

五、刑法学研究发展的展望

社会主义市场经济的孕育和成长，对我国刑法学研究的发展是一次难得的机遇，更是一次严峻的挑战。刑法学界应当进一步围绕市场经济这一主旋律，时刻关注市场经济形势下出现的新情况和新问题，在更广阔的范围内和更高的层次上，促进和完成刑法理论的更新、刑事立法的改革和刑事司法的完善。展望未来，刑法学研究的主要课题将会有以下几种。

1. 市场经济与刑法理论的更新。主要问题有：(1) 市场经济与刑法功能的重新定位；(2) 市场经济与犯罪评价标准的重新确立；(3) 市场经济与刑罚适用效果的检讨；(4) 市场经济与刑事政策的调整；(5) 市场经济与刑法学走向的探索；等等。

2. 市场经济与刑事立法的改革。主要问题有：(1) 市场经济与刑法改革的方向；(2) 市场经济与刑法改革的原则；(3) 市场经济与刑罚方法和刑罚制度的改革；(4) 市场经济与经济犯罪的立法完善；等等。

3. 市场经济与刑事司法的完善。主要问题有：(1) 市场经济与刑事执法观念的变革；(2) 市场经济与刑事司法机制的完善；(3) 市场经济与刑事司法任务的转变；(4) 市场经济与司法机关的建设；等等。

[高铭暄、赵秉志、鲍遂献；载《法学家》，1994 (1)]

第六章

1994年的刑法学研究

一、研究概况

1994年的中国刑法学界，在前两年研究的基础上，继续以社会主义市场经济条件下刑事法治的改革与完善为主要研究领域，开拓前进，繁荣发展，成果丰硕。据初步统计，本年度共发表刑法论文一千一百余篇，出版各类刑法书籍四十余部，并开展了一系列刑法学术活动，培养了一批高层次刑法人才。

学术活动相当丰富。1994年10月17日至21日，中国法学会刑法学研究会在邕城南宁举行了题为“全国市场经济与刑法修改和完善研讨会”的1994年学术讨论会，来自全国各地的近一百五十位专家、学者出席了会议。这次全国性学术会议共收到论文93篇，集中就市场经济与刑法的修改和完善、市场经济条件下经济犯罪的惩治等课题，进行了颇为热烈、深入的研讨，取得了显著的成果。一些区域性、专题性的刑法学术活动也相继进行。例如，1994年3月9日，最高人民检察院召集部分省、市检察院在北京召开了“证券市场违法犯罪研讨会”；1994年3月29日，上海市人民检察院举行了“法人犯罪问题研讨会”；1994年5月10日，上海市人民检察院和上海市检察学会联合召开了“金属期货交易市场中经济犯罪研讨会”，最高人民检察院和上海市政法部门、法律院校的专家、学者应邀出席；一些省、市的刑法学研究会也召开了学术研讨会。中外刑法学术交流活动也比较丰富：1994

年5月5日至7日，中国社会科学院法学研究所在北京举办了“中日公务员贿赂犯罪问题国际学术研讨会”，中日三十余位专家、学者参加了研讨；1994年10月10日至14日，中国人民大学国际刑法研究所与法国刑法学者在北京举行了“中法经济犯罪、侵犯人身权利犯罪合作项目首次学术讨论会”，中国的高铭暄教授、赵秉志教授等，以及法国的著名刑法学家戴尔马斯·马蒂教授和总检察长特鲁歇先生等近二十位中法刑法专家、学者参加了会议；1994年9月4日至10日，中国法学会刑法学研究会派出以余叔通教授为团长，以马克昌、单长宗、丁慕英、杨敦先、樊凤林5位教授为成员的中国代表团，参加了在巴西召开的国际刑法学协会第15次大会，余叔通教授当选为国际刑法学协会副主席，这是中国学者首次担任国际刑法学协会的负责人职务，标志着中国刑法学界在世界刑法论坛上的影响分量有了显著的增加。

刑法学界本年度更多地关注和参与了国家的刑事立法。除继续参与国家立法机关创制特别刑法规范时的研讨、咨询以外，北京几所著名法律院校、研究机构的数位中青年刑法学者参加了国家立法机关的刑法修改小组，侧重进行了刑法分则的修改工作；受国家立法机关的委托，高铭暄教授、王作富教授领导中国人民大学法学院刑法学专业的学者们进行了刑法总则的修改工作；北京的数十位刑法专家、学者应邀参加了国家立法机关于1994年9月20日至24日在北京召开的“刑法修改座谈会”，对国家立法机关正在进行的刑法修改作了广泛而深入的研讨；刑法学者还参加了国家军法部门关于修改军职犯罪刑法和创制危害国防罪法律的研讨与咨询。

本年度刑法领域高层次理论与实务人才的培养方面也成绩斐然。十余位博士研究生和数十位硕士研究生通过刑法学位论文答辩并获得博士、硕士学位；中国人民大学法学博士后流动站刑法学专业招收的新中国第一位法学博士后研究人员经过两年的勤奋研究，于1994年年底以优异的成绩出站；武汉大学法学博士后流动站录取了中国人民大学法学院输送的全国第二名刑法学博士后研究人员；60位全国各级法院的负责法官和业务骨干从中国人民大学法学院中国高级法官培训班刑法学专业毕业；经过选拔推荐和严格考核，中国人民大学法学院从1989年到1991年毕业于中国人民大学、北京大学的中国高级法官培训班的近四百名法官中录取了近三十位硕士研究生，其中有 9 位是刑法学专业硕士生，标志着刑法学专业高级实务人才的培养达到了一个新的高度和层次。

本年度出版的刑法书籍主要有四种类型。一是综合性或者专题性的学术专著，较有代表性的主要有：高铭暄主编的三卷本《刑法学原理》（中国人民大学出版社），肖扬主编的《贿赂犯罪研究》（法律出版社），赵秉志主编的《妨害司法活动罪研究》（中国人民公安大学出版社），杨春洗主编的《刑事政策论》（北京大学出版社），高格著《定罪量刑的理论与实践》（吉林人民出版社），姜伟著《犯罪形态通论》（法律出版社），叶高峰主编的《暴力犯罪论》（河南人民出版社），周红梅著《刑罚执行论》（吉林人民出版社），李韧夫著《犯罪过错论》（吉林大学出版社），张旭著《减免刑事责任理论比较研究》（长春出版社），伍柳村、周应德主编的《拐卖人口犯罪的调查与研究》（四川大学出版社），王定著《刑法实务若干问题研讨》（中国人民公安大学出版社），赵永琛著《国际刑法与司法协助》（法律出版社），黄进主编的《区际司法协助的理论与实务》（武汉大学出版社），何鹏主编的《现代日本刑法专题研究》（吉林大学出版社），娄云生著《刑法新罪名集解》（法律出版社），赵秉志著《改革开放中的刑法理论与实务》（吉林人民出版社）等。二是刑法教科书，如杨春洗、杨敦先主编的《中国刑法论》（北京大学出版社），陈兴良等著《案例刑法教程》（上、下卷，中国政法大学出版社），邵安生主编的《中国刑法通论》（陕西人民出版社）等。三是刑法译著，如［美］道格拉斯·N. 胡萨克著《刑法哲学》（谢望原等译，中国人民公安大学出版社）。四是工具书，较有代表性的有：曾庆敏主编的《刑事法学辞典》（上海辞书出版社），李淳等编著的《刑事法律适用手册》（人民法院出版社），全国人大常委会法工委刑法室二处编的《刑事办案大全》（人民法院出版社）等。

从出版的刑法论著和发表的刑法论文所研究的课题及其内容看，1994 年刑法学研究的进展主要表现在以下三个方面：一是刑法的改革和完善问题，二是市场经济条件下经济犯罪的惩治问题，三是对外开放方面的刑法问题。

二、刑法的改革和完善问题

（一）刑法改革的宏观问题

随着社会主义市场经济的确立和发展，如何建立与之相适应的刑事法治，已成为中国刑法发展、完善的基本问题。近些年刑法学界关于刑法改革走向的研讨，皆是围绕着这一主题展开的。1994年刑法学界对此问题的研讨主要集中于以下四个方面。

1. 刑法观念的更新

一些论者认为，目前迫切需要树立以下几种新的刑法观念。一是经济刑法观，即刑事立法应把保障和促进社会经济发展作为刑法的首要功能；刑事司法应把为社会主义市场经济保驾护航作为中心任务；在对犯罪的评判标准上，应注重生产力标准，但是，不能将生产力标准庸俗化、绝对化，不能以简单的生产力标准代替法定的构成要件，而应坚持生产力标准和法律标准同时并用，综合分析、评判。二是效益刑法观，即以最少、最轻的刑罚和最合理的人力、物力、财力的配置，取得控制和预防犯罪的最佳政治、经济和社会效益；摒弃重刑或轻刑主义，在刑事立法上要设置一个轻重适中的刑罚体系和法定刑结构，在刑事司法上要坚持罪刑法定原则和刑罚个别化原则。三是民主刑法观，即应保证刑事立法程序的民主化、刑事立法内容的民主化和刑事执法的民主化。四是平等刑法观，即在刑事立法和刑事司法中均应贯彻法律面前人人平等的原则，实现官民平等、公私平等、大小平等、强弱平等，坚决反对官轻民重、以官压民、以公压私、以大压小、以强凌弱的不平等现象。五是开放刑法观，即刑事立法、刑事司法和刑法理论研究要适应我国社会全方位开放的格局，打破长期形成的封闭和半封闭状态，向社会敞开大门，向世界敞开大门。还有论者另辟蹊径，就中国“恢复加入关贸总协定”对刑法观念转变的影响作了研讨，认为突出经济功能、树立平等观念和增强刑法的国际观念，是这种影响的主要表现。

2. 市场经济的刑法调控原则

有论者认为，在市场经济的法律调控机制中，刑法是不可或缺的一环，但刑法参与对市场经济的调控必须遵循一定的原则。这些原则是：其一，适度原则，即刑事立法对经济犯罪的惩治规范，应坚持“较大社会经济危害性”标准，只能当某些行为对市场经济秩序构成较大危害时，才宜对之予以犯罪化，在对之设置法定刑时，应反对“重典效应”。其二，预防原则，即对经济犯罪不能仅强调事后刑事制裁，更应寻求发挥刑法事先预防和减少经济犯罪的作用。这一原则，应通过经济刑法规范法典化、经济刑事立法的前瞻性和经济刑法规范的明确性来实现。其三，协调原则。刑法作为调控市场经济法制体系中的一环，应重视它与整个法律调控机制运作的内在协调，以强化刑法调控的预期效果。其四，统一原则。统一的市场体系必然需要统一的刑法调控，在市场经济体制下，必须做到刑事立法权统一、经济刑法规范统一和刑事司法机制统一。

3. 刑法改革的根据

随着研讨的深入，刑法亟须改革已成为刑法学界的共识。有学者对刑法改革的根据作了专门探讨：其一，刑法改革的法律根据。该论者认为主要是刑法与宪法确立的市场经济体制的要求不相适应，必须予以改革。其二，刑法改革的实践根据。该论者认为刑法改革是市场经济的必然要求，是民主政治建设进程的呼唤，是改革开放深入的希冀，是“一国两制”方针实施的需要。其三，刑法改革的理论根据。该论者认为，根据经济基础决定上层建筑的基本原理，市场经济必然要求以计划经济为基础的现行刑法作出重大调整，以适合现阶段的社会形势。从刑法自身体系科学化的需要来看，对于特别刑法与刑法典的冲突、与刑法理论的不协调，也要求通过刑法改革予以调整。还有论者认为，罪与刑是对立统一体，刑有极而罪无限，若一味崇尚刑罚的功能，最终只能导致犯罪得不到控制而刑罚已用其极的罪刑结构抗衡的局面。这种抗衡局面，必然求助于刑法改革来重新调整罪刑关系。目前，罪刑结构的抗衡局面已初露端倪，刑法改革亦势不可免。

4. 刑法改革的思路和进程

一些论者指出，我国刑法改革不是废弃现行刑法另起炉灶，而只是革除现行刑法中不适合经济模式转轨需要的因素，补充控制犯罪所需要的内容，实现刑法的自我完善和发展。还有论者认为，刑法的改革，既要适应国际潮流，又要坚持中国特色，例如在死刑问题上，一定时期内实行一定的重刑，是必要的，但死刑条文愈来愈多，值得我们高度警惕。保留死刑并严格控制死刑的适用，才更符合我国的实际。在刑法改革的进程上，有论者认为应分两步走：第一步是对现行刑法进行难度不大的修修补补，第二步是在此基础上进行涉及政策思想的深层次系统修订。在罪刑规范的设置方面，有论者认为中国刑法应逐步确立严而不厉的刑事政策和刑法制度。

（二）证券犯罪

自1980年我国恢复和重建证券市场以来，证券业得以迅速发展。但由于缺乏管理经验和系统的法规规范，有关证券的犯罪亦逐渐增多，危害日烈，引起刑法学界的密切关注。特别是在1993年国务院颁布《股票发行与交易管理暂行条例》《禁止证券欺诈行为暂行办法》以后，刑法学界对证券犯罪的研讨日渐深化。1993年刑法学界对于证券犯罪研讨较为深入的问题主要有以下几种。(1) 证券犯罪的概念。有论者认为，证券犯罪不是指某一种涉及证券的犯罪，而是指证券发行人、证券经营机构、证券管理机构、证券监督机构、证券服务机构、投资基金管理公司、证券业自律性管理机构以及其他组织，证券业从业、管理人员以及其他人员，违反证券法规，故意非法从事证券的发行、交易、管理或其他相关活动，严重破坏证券市场的正常管理秩序，侵害证券投资者的合法利益，应受刑罚处罚的各种行为。(2) 证券犯罪的类型。有论者将证券犯罪分为危害证券监管制度的犯罪、危害证券信息公开制度的犯罪、危害证券信息保密制度的犯罪和危害证券交易操作制度的犯罪共4种类型。(3) 我国刑法应增设的证券犯罪。有论者认为根据我国证券市场的实际情况，我国刑法中应增设以下若干种证券犯罪：非法发行证券罪，虚假陈述证券资料罪，内幕交易罪，非法持有、买卖证券罪，欺诈客户罪，操纵证券市场罪和非法扰乱证券市场秩序罪等。该论者还对上述各种证券犯罪的概念和构成特征分别作了较为详细的阐述。(4) 证券犯罪的立法模式。有论者认为应在颁布“证券法”的同时，通过一个“关于惩治证券犯罪的补充规定”，具体规定上述证券犯罪。此外，还有论者对目前盗窃、贿赂等犯罪中股票价值的认定作了研讨。

（三）侵犯商业秘密罪

1993年颁行的《反不正当竞争法》规定，商业秘密是指不为公众所知悉，能为权利人带来经济利益，具有实用性并经权利人采取保密措施的技术信息和经营信息。有论者认为，商业秘密包括技术秘密、工农业秘密和管理秘密三类，侵犯商业秘密的行为主要表现为非法窃取商业秘密、非法泄露或公开商业秘密、非法使用商业秘密三种。我国现行法律明确规定了侵犯商业秘密行为的民事责任和行政责任，虽然对严重的某些侵犯商业秘密行为可以依照 1979 年刑法中关于盗窃罪、泄露国家秘密罪的规定进行处罚，但并不能达到全面保护商业秘密的目的。鉴于此，我国刑法中应增设侵犯商业秘密罪，对市场经济的公平竞争进行刑法保护。侵犯商业秘密罪，是指行为人故意侵犯他人商业秘密，致使权利人遭受重大损失的行为。该犯罪虽然会导致被侵害人财产（主要是无形财产）上的损失，但主要是违反了公平竞争法规，应归属到破坏社会主义经济秩序罪一章中。对本罪的处罚，应与假冒商标罪、假冒专利罪、侵犯著作权罪等协调平衡，体现轻自由刑重罚金刑的原则。还有论者建议增设非法复制、盗卖技术资料罪，并对此种犯罪的概念、构成要件、法定刑作了论证，并强调法人可以构成该罪。

（四）环境犯罪

发展经济和保护环境已成为当今世界的一大社会问题。完全仰仗行政手段、经济手段制止环境污染，已成为落伍的观念和制度。环境刑法在全世界范围内已成为一个研讨的热点，近些年来，该问题在国内也得以初步研讨。1994 年亦有论者对中国的惩治环境犯罪的刑法规范提出了完善意见，认为我国刑法中并未使用“环境犯罪”一词，只是在危害公共安全罪、破坏社会主义经济秩序罪以及渎职罪等类罪中零散规定了若干种涉及破坏环境的条款，在环保法、水污染防治法、海洋环境保护法、大气污染防治法、森林法、渔业法、草原法等行政、经济法律中，也设置了一些惩治环境犯罪的条款。但是，惩治环境犯罪的刑法规范比较零乱，其内容含糊性大，实际工作中难以操作，应予以完善。完善我国的环境刑法规范，应坚持经济发展与环境保护相协调的原则，即在经济发展的同时，必须强化对污染环境犯罪的惩治，但应避免不必要的“超犯罪化”现象；坚持借鉴国外先进经验与从我国实际出发相结合的原则，即国外有关此方面的立法比较完善，但由于我国目前技术水平尚不甚高，有些污染尚属难以完全控制或避免，故不可盲目予以犯罪化。关于完善环境刑法的具体立法模式，有论者认为可以采取三种模式：一是制定一个专门关于环境犯罪的特别刑法条例，二是在有关环保法规中直接增加对环境犯罪构成及处罚的规定，三是在刑法典中专设环境犯罪一章。还有论者从环境犯罪危害的相似性、集中惩治的必要性以及刑法同类客体归类原理等方面论述了在刑法典中专设“危害环境罪”一章的理由，并初步提出该章应至少包括：(1) 破坏森林罪；(2) 破坏草原罪；(3) 破坏水生生物罪；(4) 破坏野生动物罪；(5) 破坏野生植物罪；(6) 破坏、污染土壤罪；(7) 破坏重点保护区域罪；(8) 破坏珍贵文物、名胜古迹罪；(9) 污染大气罪；(10) 污染水体罪；(11) 污染海洋罪；(12) 滥放噪音罪；(13) 违反有毒有害废料处理规定肇事罪。在对环境犯罪追究刑事责任时，应将责任主体扩展到法人，注重罚金刑的运用；对现行的罪过条件进行检讨，确立环境犯罪的严格责任制度，但也有论者认为，严格责任有违于我国刑法中主、客观相统一的刑事责任原则，不宜照搬。

（五）妨害司法活动犯罪

妨害司法活动罪是妨害司法机关正常司法活动，侵犯国家司法权正常行使的各种犯罪行为的总称。许多国家的刑法典均设专章集中规定此类犯罪。我国1979年刑法典分则将有关妨害司法活动的犯罪分散规定于第一、四、六、八诸章类罪之中，且罪种规范矛盾、冲突和漏洞甚多，应予以完善。前几年，有学者曾提出完善此类犯罪的初步设想，1994年一些中青年学者又在此基础上出版了60万言的专著，并发表了一批论文，将这一课题的研究推向深入。

有论者认为：将妨害司法活动犯罪集中规定为一章类罪，有利于树立司法权威，有利于规范司法活动，有利于强化人权保障，也更符合统一的犯罪分类标准。此类犯罪以侵犯国家司法权的行使为主要特征，有司法工作人员因渎职而构成的，也有非司法工作人员因干扰司法活动而构成的。1979年刑法中属于此类犯罪的有：诬告陷害罪，伪证罪，刑讯逼供罪，非法搜查罪，非法管制罪，非法拘禁罪，窝藏罪，包庇罪，窝赃、销赃罪，窝藏毒品罪，掩饰、隐瞒出售毒品获得财物的非法性质和来源罪，包庇毒品犯罪分子罪，抗拒执行法院裁判罪，徇私枉法罪，体罚、虐待被监管人罪，聚众劫狱罪，组织越狱罪，脱逃罪，私放罪犯罪等。应当增设的妨害司法活动的新罪名主要为：知情不举罪、拒不作证罪、妨害作证罪、非法执行强制措施罪、拒不受理罪、干扰法庭秩序罪、非法干涉司法活动罪、司法失职罪、妨害监管秩序罪和非法行刑罪等。对于已有的罪种，除了较为深入地研讨了每个罪的立法沿革、概念、构成特征、认定中的问题以及处罚等问题外，该论者还着意从有关法条、罪种的合并，构成要件的完善，法定刑的调整以至个别罪名的变更等若干方面，提出了完善意见。对于新罪名，该论者对设立每一罪种的理由、该罪的构成要件、法定刑设计以及适用时可能遇到的问题等进行了深入的探讨。在上述完善意见的基础上，该论者还草拟了“妨害司法活动罪”一章具体条文的理论案。

三、市场经济条件下经济犯罪的惩治问题

经济犯罪的惩治一直是近些年刑法研究的热点，1994 年对此问题的研讨主要集中在以下几个方面。

（一）妨害税收犯罪

1993 年是我国实行税制全面改革的一年。税制改革后，妨害税收的犯罪又出现了许多新特点，主要表现是在增值税发票上做手脚，偷税骗税。鉴于此，1994 年度刑法学界又对 1992 年颁行的《关于惩治偷税、抗税犯罪的补充规定》进行了更为深入的研讨。论者认为，该补充规定明确规定了偷税罪和抗税罪的构成要件，修改了原来的法定刑；增设了妨害追缴欠缴税款罪和骗取国家出口退税款罪；对妨害税收的犯罪普遍设立了罚金刑，确立了单位妨害税收犯罪的刑事责任。妨害追缴欠缴税款罪，是指纳税人故意违反税收法规，欠缴应纳税款，并采取转移或者隐匿财产的手段逃避追缴，致使税务机关无法追缴的税款数额较大的行为。骗取国家出口退税款罪，是指从事商品出口的企业、事业单位，采取对其所生产或者经营的商品假报出口等欺骗手段，骗取国家出口退税款，数额较大的行为。后一种罪是诈骗罪的特别罪种，在主体条件上有严格要求，即应为具有出口产品生产经营权的企业、事业单位。其他单位和个人实施此种行为者，仍以诈骗罪论处。在目前的司

法实践中，骗取国家出口退税款犯罪主要表现为三种情况：一是采取变更税目方式骗取；二是将减免税、欠税产品作为退税对象骗税；三是将三资企业挂靠于国内企业，将三资企业产品转为国内企业产品出口退税。

（二）侵犯注册商标犯罪

《关于惩治假冒注册商标犯罪的补充规定》颁行后，对于如何理解该补充规定的有关内容，刑法学界进行了研讨，其内容主要集中在以下几个方面。

一是罪名个数问题。有的论者认为该补充规定仅规定了假冒注册商标罪一个罪名，只是将其客观方面具体化为 4 种；有的论者认为该补充规定规定了假冒他人注册商标罪、销售假冒注册商标商品罪和非法制造、销售他人注册商标罪共 3 个罪种；多数意见认为，该补充规定除对原有的假冒注册商标罪作了补充、修改外，还增设了销售假冒注册商标的商品罪、伪造或擅自制造他人注册商标标识罪和销售伪造或擅自制造的注册商标标识罪共 3 个新罪名。

二是构成特征问题。有论者认为，侵犯注册商标犯罪的主体可以是自然人，也可以是单位；本类罪虽然也侵害了国家对注册商标的管理制度，但主要是侵犯了注册人的商标专用权。

三是法条关系问题。该补充规定所规定的 4 种犯罪是对 1979 年《刑法》第 127 条规定的假冒注册商标罪的修改、补充，实际是取代了 1979 年《刑法》第 127 条，今后对此类犯罪均应适用该补充规定；此类罪与投机倒把犯罪之间存在法条竞合关系，在适用时应依特别法优于普通法的原则选择法条，但也有论者认为二者之间不存在法条竞合关系，而可能产生犯罪竞合，在情节严重的情况下仍应以法定刑较重的投机倒把罪论处；行为人既伪造、擅自制造他人注册商标，又在同一商品上使用的，应以假冒注册商标罪论处，不能数罪并罚；也有论者认为，该补充规定所规定的 4 种犯罪之间没有包容、吸收、选择的关系，法定刑也无轻重之别，行为人实施数种行为的，应当并罚；在侵犯注册商标犯罪和生产、销售伪劣商品犯罪发生竞合时，也有论者认为应数罪并罚。

（三）生产、销售伪劣商品罪

1993 年 7 月 2 日全国人大常委会通过了《关于惩治生产、销售伪劣商品犯罪的决定》，从而引起刑法学界对此决定的研讨热潮。有论者认为，生产、销售伪劣产品的犯罪，是指违反国家有关产品质量管理法规，生产、销售伪劣商品，侵害人体健康和人身、财产安全，损害用户、消费者的合法权益，破坏社会经济秩序，依法应受刑罚处罚的行为。根据该决定的规定，此类罪具体包括9种罪名：(1) 生产、销售伪劣产品罪；(2) 生产、销售假药罪；(3) 生产、销售劣药罪；(4) 生产、销售不符合卫生标准的食品罪；(5) 生产、销售有毒、有害食品罪；(6) 生产、销售不符合标准的器械、医用卫生材料罪；(7) 生产、销售不符合安全标准的产品罪；(8) 生产、销售伪劣农药、兽药、化肥、种子罪；(9) 生产、销售不符合卫生标准的化妆品罪等。该决定规定了法人犯上述罪行的刑事责任。有论者指出，该决定与1979年刑法典之间以及该决定内部条文之间都存在法条竞合现象，一般情况下，应以特别法优于普通法的原则适用法条，但该决定首次在立法上确立了重法优于轻法的法条适用原则，值得注意。学者们还对生产、销售伪劣产品罪的构成特征以及具体的罪种如生产、销售伪劣产品罪，生产、销售有毒有害食品罪和生产、销售假药罪等罪的理解和适用，作了深入探讨。还有论者认为，该决定对违法所得的含义规定不明，仅以违法所得作为定罪量刑的标准不够全面，对单位犯此罪的"双罚"处理规定不尽协调，等等，应予以完善。

(四) 挪用公款罪

本年度对挪用公款罪的研讨内容为：(1) 挪用公款罪有无未遂形态。有论者从"目的、结果、构成要件结合说"的既遂一般标准出发，认为挪用公款罪不存在未遂形态。(2) 挪用公款罪是否为继续犯。有论者认为，继续犯是指犯罪行为在一定时间内处于继续状态的犯罪，挪用公款罪的行为主要是对公款的"移挪"，移挪完毕，罪已既遂，并不存在行为的持续，因此不是继续犯。(3) 挪用公款罪的主体问题。这主要是以下两类人员能否构成挪用公款罪：一是企业承包人，有人认为可以成为本罪的主体；有人则认为应从承包合同的内容、是否完成承包经营指标以及行为人的动机/目的等几个方面加以区分，不能一概以挪用公款罪论。二是中外合资、合作企业中的外方人员，有论者认为可以成为本罪的主体。(4) 挪用公款"炒股"的行为，对行为人处罚应按实际挪用额计算，不应受股价升降的影响。(5) 挪用公款罪的完善问题。有人认为，对挪用公款罪的处罚规定应更加细化；也有人提出"挪用公款数额较大不退还以贪污罪论处，有违于罪数理论和主客观相统一的犯罪构成理论，也会造成司法操作上的混乱，因此应予完善。完善的方式是仍将此种行为以挪用公款罪论处，但可以作为严重情节处断"。

（五）金融诈骗犯罪

金融诈骗是近几年常见多发的诈骗犯罪的新类型。有论者认为，新型的金融诈骗犯罪主要表现为 12 种：（1）假冒信用证诈骗；（2）使用开证人具有单方面随时解除付款责任主动权的信用证进行诈骗；（3）伪造单据的信用证诈骗；（4）贷款诈骗；（5）贩卖空白支票；（6）骗取票据；（7）引资诈骗；（8）恶意透支；（9）保函诈骗；（10）收款结算诈骗；（11）民间私人银行的贷、存款诈骗；（12）证券诈骗。从被害方分析，金融诈骗犯罪之所以屡屡得逞，是因为金融机构和有关外贸企业缺乏应有的法制保障、银行业务常受到不应有的行政干预或压力、银行业重内不重外的畸形风险意识，以及金融机构反诈骗的有关制度、规章、业务水平、技术设备不完善等几个方面。在认定金融诈骗犯罪时，应树立无形标的也可以构成诈骗罪对象的观念；在间接故意的情况下，也可认定行为人犯有诈骗罪；在确定行为人的诈骗数额时，应以其行为在客观上所指向的标的为标准。

（六）贿赂犯罪

1994 年，刑法学界对贿赂犯罪的研讨主要集中于以下几个方面：（1）贿赂犯罪的新特点。有论者认为，公安、工商、税务、海关等执法部门贿赂犯罪问题严重，金融部门特大贿赂案件增多，建设工程承/发包中的贿赂犯罪问题更趋严重，证券市场、期货市场、房地产市场、劳动市场、技术市场的贿赂犯罪数量亦呈上升趋势。（2）受贿罪的主体问题，主要是中外合资、合作企业中的管理人员能否成为受贿罪的主体问题。有论者认为，外方人员并不是我国刑法中所讲的从事公务的人员，按现行规定不宜对其论以受贿罪，但可以通过完善立法予以解决。（3）受贿罪的利用职务之便问题。有论者认为，利用职务上的便利有利用本人职务上的便利、利用他人职务上的便利、利用现在职务上的便利、利用将来职务上的便利和利用过去职务上的便利之分，从一般意义上讲，利用职务上的便利仅指利用本人现在职务上的便利，包括直接利用本人职务上的便利和间接利用本人职务上的便利两种形式。相关司法解释中确立的其他利用职务之便的受贿形式，均不符合立法的精神，有必要处罚的，应通过立法予以完善。（4）关于贿赂物的范围。根据1979年刑法的规定，贿赂物仅指财物。《反不正当竞争法》第8条规定："经营者不得采用财物或者其他手段进行贿赂以销售或者购买商品。"有论者据此认为，我国的贿赂犯罪中的贿赂物已不限于财物，物质性利益如旅游、出国、提供住房等和非物质性利益如晋职、晋级、升学、性交等，均可成为贿赂物。（5）回扣问题。相关论者较为一致地认为，回扣是有害的，它破坏公平竞争，扰乱经济秩序，败坏社会风气。根据《反不正当竞争法》第8条的规定，凡在账外暗中给予或收受回扣的，均是贿赂行为。在具体认定时，应把回扣与折扣及佣金区别开来，后两者不具有违法性。此外，还有论者对单位受贿罪的构成及认定中的问题作了探讨。

（七）法人经济犯罪和公司犯罪

关于法人能否成为犯罪的主体，我国刑法学界存在针锋相对之歧见。从现行立法来看，规定单位可以构成犯罪的罪种已不在少数；从司法实践来看，最高人民检察院于1994年3月17日印发了《关于加强法人犯罪检察工作的通知》。本年度对法人犯罪的研讨主要是肯定法人可以成为犯罪主体的内容，且偏重于对现行处罚法人犯罪的规定进行完善。有论者认为，法人犯罪是商品经济的必然产物，惩治法人犯罪是建立和完善社会主义市场经济体制的要求。现行有关法人犯罪的规定应从分则扩展到总则；对法人构成犯罪起点的规定要适当高于自然人犯罪的；对法人犯罪的制裁方法除罚金外，还可增加没收财产、剥夺荣誉称号并予以公告、停业整顿或限制业务活动范围、强制解散等刑罚方法；法人犯罪的分则适用范围应予以扩大。

在探讨法人犯罪的同时，论者们还研究了一种新的犯罪形式——公司犯罪。关于公司犯罪的概念，有两种意见：一种意见认为，公司犯罪就是指严重违反公司法，应当追究违法者刑事责任的公司违法行为；另一种意见认为，从广义上讲，公司犯罪还包括公司违反公司法以外的其他法规，应当追究其刑事责任的行为。根据《公司法》(1993年)的规定，公司犯罪包括如下种类：(1)资讯欺诈犯罪；(2)侵犯公司财产的犯罪；(3)危害国有资产的犯罪；(4)渎职犯罪；(5)其他危害公司财产、管理、信誉的行为。《公司法》(1993年)有17条之多均规定"构成犯罪的，依法追究刑事责任"，但实际上有许多情形没有相应的刑法条文可资适用，因此，立法机关应尽快制定专门惩治公司犯罪的刑法规范。

四、对外开放方面的刑法问题

随着对外开放的深入和对外交往的增多，中国的刑事立法和刑事司法亦逐渐与境外、国外相接触，并由此引发了刑法理论上的探讨。综而观之，这些探讨可分为中国区际刑法和国际刑法两个主要方面。

(一) 中国区际刑法问题

中国区际刑法问题，是指中国内地（大陆)、香港、澳门、台湾地区等几个不同法域之间的有关刑法问题。1994年刑法学界在此方面研讨的主要问题如下。

1. 香港特别行政区基本法对香港地区刑法、全国性刑法的影响

根据香港特别行政区基本法的规定，中国对香港地区恢复行使主权后，香港地区原有的法律，除同基本法相抵触或经香港特别行政区的立法机关作出修改者外，予以保留。就香港地区刑法而言，除带有殖民色彩的内容如叛逆罪、危害英国女王及王室罪应予废止，不适当或与基本法有抵触者予以修正外，其他现行刑法均保留不变；与此同时，香港地区刑法中还应增设危害中华人民共和国统一与安全的犯罪，侮辱国旗国徽、区旗区徽的犯罪和危害国防、外交方面的犯罪。在正常状态下，全国性刑法除危害国防、外交方面的犯罪外，不适用于香港地区。在性质上，香港地区刑法仍是资本主义刑法，但在主权上是中国刑法的组成部分。

2. 台湾地区"两岸人民关系条例"中的刑法问题

台湾地区当局于1992年7月31日公布了"台湾地区与大陆地区人民关系条例"。该"条例"是台湾地区当局处理现阶段两岸民间交往事务的基本

的综合性法律规范，其内容包含行政、民事、刑事等诸领域。大陆学者撰文对其中的刑事规范作了归纳和评析。该“条例”共 6 章、96 条，直接设定刑事问题的条款可分为两种类型：一是第四章共 4 条专章规定刑事问题，内容涉及台湾地区居民在大陆犯罪之管辖权、两岸人民之历史重婚、大陆人民在台湾地区以外犯“内乱罪、外患罪”之入境以及大陆人民之著作权等权利在台湾地区之刑事保护等；二是第五章“罚则”中对违反第二章一些条文之具体行为的刑事处罚，内容涉及两岸人民的往来、通航、通商、文化教育交流诸方面。一方面，该“条例”关于刑事方面的规定，有其合理、实务之内容，在当前局势下具有正面意义，应予以肯定；另一方面，该“条例”中的刑事规范中又充斥着有悖法理情理、不合实际的保守与虚妄性，而且是其主流所在。该“条例”中有关两岸刑事司法互助的内容尚付阙如，致成缺憾。

3. 内地（大陆）与港、澳、台地区的刑事司法协作

随着内地（大陆）与港、澳、台地区交往的增多，跨地区的犯罪问题也日趋严重，积极开展内地（大陆）与港、澳、台地区之间的刑事司法协作，共同惩治和防范跨地区的刑事犯罪，已成为双方或多方司法实务界迫切需要解决的问题，也是刑法理论界关注的焦点。有论者认为，中国内地（大陆）与港、澳、台地区之间的刑事司法互助属于一国之内不同法域之间的区际司法协作，不能套用不同主权国家之间的国际刑事司法协助模式。相互之间协作的内容包括预审合作、移交案犯、转移诉讼、转移罪犯和代为执行刑事裁判等。还有论者对两岸间的刑事司法协作问题进行了专门研讨，认为两岸互涉刑事案件的管辖存在协助的障碍，有政治态度、刑事法制和其他方面的原因，解决这些障碍应坚持五个原则：（1）以国家民族利益为重，诚恳、务实、消除敌意，积极开展两岸合作；（2）尊重现实，适当承认和执行对方的刑事法律及判决；（3）相互信任，平等相待，重点解决实质性问题；（4）坚持有利于打击与防止犯罪，促进双向交流与两岸统一；（5）借鉴其他国家区际私法冲突解决原则。两岸刑事司法协作的内容，应包括协助缉捕与遣返案犯、协助调查刑事证据、移交赃款赃物、代为送达刑事司法文书、通报刑事诉讼结果、联合打击海上走私、抢劫犯罪等。在协作途径方面，两岸应积极开辟直接协作的新渠道。

（二）国际刑法问题

1. 跨国、跨地区犯罪的惩治与防范

跨国、跨地区犯罪是各国、各地区所面临的一个重要问题，为加强对此类犯罪的联合打击，1994年11月国际社会召开了国家部长级会议，专门商讨惩治和防范对策。国内学者也撰著撰文对这一问题进行了论述。有论者认为，市场经济的发展，最终导致国内、国际经济互接，跨国的犯罪便随之产生。跨国、跨地区的犯罪是犯罪行为或结果或主体涉及两个以上不同法域，且各有关法域均认为违反其刑法的情形，包括通常所讲的国际犯罪，但不限于此。此类犯罪可分为以下几类：（1）扰乱经济的犯罪；（2）侵犯人权的犯罪；（3）危害社会治安的犯罪；（4）妨害风化的犯罪；（5）破坏国际和平的犯罪等。对此类犯罪的惩治原则，可分为两类：一是国际犯罪，应依国际条约，各有关国家采用普遍管辖权和或引渡或起诉的原则，对罪犯进行惩治；二是非国际犯罪，各不同法域应积极开展刑事司法协助，以免罪犯逃脱法网。

2. 危害国际航空罪

危害国际航空罪是目前常见多发的一种国际罪行。有论者介述了惩治危害国际航空罪的4个国际公约，重点阐述了此种犯罪的6种表现形式：（1）劫持航空器；（2）侵害航空器内人员；（3）危害使用中的航空器；（4）破坏航行设备，扰乱航行秩序；（5）危害国际机场；（6）传递虚假情报。这些行为均需具有危害国际航行安全的性质，才能构成国际法上的罪行。国际公约对此种犯罪确立了严格的刑事管辖体系，并确立了或引渡或起诉的刑事追究原则。

3. 国际刑事司法协助

20世纪90年代前后我国同近十个国家签订了刑事司法协助条约，1994年3月5日，最高立法机关又批准了我国第一个引渡条约——《中泰引渡条约》，国内的引渡法也正在起草过程中。国际刑事司法协助已成为我国涉外刑事司法的一个重要方面，也是近年来刑事法学界研讨的热点之一。1994年，有学者撰写专著对此问题进行研讨。该论者认为：国际刑事司法协助是国与国之间在刑事事务方面通过代为一定的司法行为而互相给予支持、便

利、援助的一种活动；它是国际司法合作的重要组成部分，是刑事诉讼国际化的反映，是一国司法权的域外延伸，也是国家间联合采取行动、惩处国际性犯罪的一种手段；各国对国际刑事司法协助的范围规定不一，但引渡、文书送达、调查取证、情报交换、外国刑事判决的承认和执行、刑事诉讼移转管辖或物品的移送、扣押等内容，是国际刑事司法协助的主要事项。该论者还对引渡、驱逐出境、刑事诉讼移转管辖、合作执行刑事判决等国际刑事司法协助的核心事项的具体原则、程序以及应注意的问题，作了较为深入的论述。

五、刑法学研究发展的展望

任何学科的发展，无不带有其所处时代的烙印。从以上综述中我们可以清楚地看到，社会主义市场经济的建立和发展，已为刑法学的研究注入了新的动力。可以肯定地预见，刑法学界定会借此动力，全面推动中国刑法学的发展，建立一个以社会主义市场经济为价值取向的新的刑法学体系。基于此，刑法学今后的发展趋向主要体现在以下几个方面。

（1）以修改1979年刑法典为契机，致力于适应社会主义市场经济体制之刑法制度的研究。

（2）逐渐走出注释刑法学的框区，强化刑法学基本理论问题的研究，刑法哲学、刑法价值以及刑法基础理论将会深入地发展。

（3）中国刑法学将走出国门，逐步与世界先进刑法理论接轨，促进中国刑法学的国际化，与此相适应，外国刑法学、比较刑法学的研究将会逐步深入。

（4）国际刑法与区际刑法问题，将成为新的研讨热点，从而开阔刑法理论的研究视野。

［高铭暄、赵秉志、赫兴旺；载《法学家》，1995（1）］

第七章

1995年的刑法学研究

一、研究概况

1995年中国刑法学界顺应社会主义市场经济发展的客观形势和刑事法治进步的需要，继续大胆探索、开拓进取，在刑法理论研究领域取得了颇为丰硕的成果，为我国刑事立法和司法的完善以及刑法理论的繁荣、发展作出了应有的贡献。据不完全统计，学界本年度共发表论文一千余篇，出版各类刑法著作近四十部。此外，学界在国内、国际范围内开展了一系列的刑法学学术活动、成绩斐然。

在学术活动方面，中国法学会刑法学研究会于1995年9月21日至25日在江西南昌召开了题为“我国当前经济犯罪问题”的年度学术讨论会，来自全国各地的一百五十余位专家、学者参加了会议，收到论文93篇。与会者对我国目前经济犯罪的惩治与防范以及立法完善等问题进行了广泛而深入的探讨。1995年10月6日至10日，第七届国际反贪污大会在北京隆重举行，来自96个国家和地区的九百多名政府官员、法官、检察官及专家、学者出席大会，其中包括我国部分刑法专家、学者。大会收到论文252篇。与会的我国刑法专家、学者围绕大会的“反贪污与社会的稳定和发展”这一主题，结合我国改革开放以来有关的新情况、新问题及社会发展的法治需要，就贪污、贿赂犯罪的成因、特点和规律，惩治与防范贪污、贿赂犯罪的对策以及国际合作等问题，和世界各国与会的政府官员、司法专家以及学者们进行了广泛的交流和有益的探讨。1995 年 10 月 12 日至 13 日，中国社会科学院法学研究所在北京召开了“刑事法制发展学术研讨会”，北京的三十多位刑事法专家、学者应邀参加。会议收到论文 21 篇。与会者就我国刑事法制发展的一些宏观和微观问题进行了较为深入的研讨。会议还特邀来我国刚刚出席完第七届国际反贪污大会的法国总检察长皮埃尔·特律什先生和巴黎第一大学刑法教授米海依尔·戴尔玛斯-马蒂教授参加，米海依尔·戴尔玛斯-马蒂教授在会上作了关于法国刑法新发展的专题报告。1995 年 11 月 4 日至 13 日，“中法经济犯罪、侵犯人身权利犯罪合作研究项目第二阶段学术讨论会”在巴黎的法国最高法院举行，中国人民大学国际刑法研究所专职、兼职研究人员高铭暄教授、赵秉志教授、张智辉副教授、卢建平博士、鲍遂献博士等，以及法国的著名刑法学家米海依尔·戴尔玛斯-马蒂教授和总检察长皮埃尔·特律什先生、行政法院大法官保罗·布歇先生等二十余位中法刑法专家、学者参加了会议，与会者围绕国际范围内，尤其是亚洲和欧洲范围内经济犯罪和侵犯人身权利犯罪的国际化趋势及其对策问题，进行了广泛的交流和深入的研讨。

本年度出版的刑法书籍主要仍为四种类型。一是综合性或专题性的学术著作，主要有高铭暄和米海依尔·戴尔玛斯-马蒂共同主编的中法刑法合作研究项目《经济犯罪和侵犯人身权利犯罪研究》（中国人民公安大学出版社），张智辉著《刑事责任通论》（警官教育出版社），马克昌著《刑法理论探索》（法律出版社），鲍遂献主编的《刑法学研究新视野》（中国人民公安大学出版社），张明楷著《刑法的基础观念》（中国检察出版社），何秉松著《犯罪构成系统论》（中国法制出版社），周其华主编的《刑法补充规定适用》（中国检察出版社），张文学等编著的《中国缓刑制度理论与实务》（人民法院出版社），张明楷著《市场经济下的经济犯罪与对策》（中国检察出版社），魏平雄、欧阳涛、王顺安主编的《市场经济条件下的犯罪与对策》（群众出版社），马克昌、丁慕英主编的《刑法的修改与完善》（人民法院出版社），赵炳寿主编的《刑罚专论》（四川大学出版社），曹世维主编的《单行刑法集解》，李金山主编的《海南特区反贪污贿赂的理论与实践》（中国检察出版社）等。二是刑法教科书，如赵秉志、鲍遂献著《现代刑法学》（湖南师范大学出版社），何秉松主编的《刑法教科书》（中国法制出版社）等。三是刑法译著，如罗结珍译《法国刑法典》（中国人民公安大学出版社），王世洲等译《美国量刑指南》（北京大学出版社）等；最高人民检察院反贪污贿赂法起草小组编《惩腐反贪：各国政府关注的焦点（中外反贪法分解比较）》（经济科学出版社）等。四是工具书，如高铭暄、王作富、曹子丹主编的《中华法学大辞典·刑法学卷》（中国检察出版社），何访拔主编的《刑法分解集成》（法律出版社）等。此外，还有些刑法方面的释义类、案例类书籍等。

从发表的刑法论文和出版的刑法论著所研究的课题及其内容看，1995年的刑法学研究主要集中在以下三个方面：一是刑法的修改与完善问题，二是经济犯罪及其惩治问题，三是外向型刑法问题。

二、刑法的修改与完善问题

不断加速的刑法修改进程和司法实践中出现的日益纷繁的新问题，给刑法学研究提供了大量的素材和机遇。如何建立与市场经济体制相适应的刑事法治，本年度仍为广大刑法学者所关注。

（一）刑法修改与完善的宏观问题

1. 刑法改革的方向和途径

中国当今刑法需要全面改革，这是得到公认的。关于如何进行这场变革，有论者指出，从宏观上应把握以下几个方向：一是适当调整刑事立法的重点方向，即在继续加强对危害治安犯罪调整的同时，更应把重点转移到危害经济的严重犯罪上来。二是科学地把握经济犯罪的调整力度，即刑法调整经济犯罪应做到“严而不厉”，体现刑法的公正、合理性及规范的完整性。三是逐步建立合理的刑事立法模式，即在充实刑法典基本内容的同时，仍有必要针对新型犯罪及时制定单行刑法。四是全面实现刑事法制的民主化。有的论者认为，刑法改革的主要任务之一是给刑法功能重新定位，在转轨变型的今天，中国刑法应拓展经济保障功能和人权保障功能；在刑法调控范围上，应处理好犯罪化与非犯罪化、刑罚的张与弛的关系。还有论者指出，刑法介入经济生活不宜过分，否则必然压抑经济主体自由，减损刑罚的威慑功能。但亦有人主张，经济增长使经济犯罪、科技犯罪活动大幅增加，刑法介入经济生活的度应当更深、更广一些。

2. 刑法典的体系结构

1979 年刑法典的体系结构如何布局，关系刑事立法模式的科学与否。有论者从中国 1979 年刑法与社会经济生活的实际出发，对未来刑法典各编的名称、内容及排列顺序进行了总体设计和论证。关于刑法典总则的体系结构，有论者认为，应将现行刑法总则的 5 章调整为 7 章，并在内容上有所补充，即第一章“刑法的根据、任务和原则”。本章第 1 条应当规定罪刑法定原则，条文拟为“对于行为时法律没有明文规定为犯罪的行为，不得定罪处罚”。第二章“刑法的适用”，包括刑事管辖权、刑法的溯及力即从旧兼从轻原则等内容。第三章“犯罪与刑事责任”，包括犯罪行为，刑事责任年龄，刑事责任能力，故意犯罪与过失犯罪，犯罪的预备、未遂和中止，共同犯罪，以及法人犯罪等。第四章“正当行为”。第五章“刑罚”。第六章“刑罚的具体运用”。第七章“刑法用语”。关于刑法分则的体系结构，有论者指出，随着社会经济、政治形势的发展，现行刑法分则体系结构已不能完全适应实际斗争的需要，应作较大的调整。依据完善刑法典分则体系结构应当贯彻的全面充实、科学分散和合理排列三项原则，未来刑法典分则体系结构可以设为以下 26 章：第一章“危害国家安全罪”，第二章“危害国际罪”，第三章“军人违反职责罪”，第四章“危害公共安全罪”，第五章“贪利性渎职罪（贪污罪与贿赂罪）”，第六章“普通渎职罪”，第七章“侵犯公民人身权利罪”，第八章“侵犯公民民主权利罪”，第九章“侵犯公民劳动权利罪”，第十章“侵犯财产罪”，第十一章“妨害婚姻、家庭罪”，第十二章“危害资源、环境罪”，第十三章“非法生产、经营罪”，第十四章“妨害企业管理罪”，第十五章“妨害海关管理罪”，第十六章“破坏金融秩序罪”，第十七章“妨害证券、票证管理罪”，第十八章“侵犯知识产权罪”，第十九章“妨害公平竞争罪”，第二十章“妨害税收罪”，第二十一章“妨害司法活动罪”，第二十二章“妨害社会管理秩序罪”，第二十三章“毒品罪（违反禁毒法规罪）”，第二十四章“妨害风化罪”，第二十五章“妨害文物管理罪”，第二十六章“妨害国（边）境管理罪”。

3. 经济刑法的完善

自 1979 年刑法典颁布以来，我国立法机关已经制定了十多部惩治经济犯罪的单行刑法，另外还有五十多部经济、行政法规中规定有惩治经济犯罪行为的刑事条款。一些论者指出，完善经济刑法，应从以下三个方面入手：一是要在体例上完善，特别应注重经济刑法与民商、经济法律相配套，制定相应的单行刑法。二是在犯罪方面，经济刑法界定经济犯罪应齐头并进，保证规范的完整。三是在刑罚设置方面，经济刑法应讲求经济性原则，清除重刑主义，重视财产刑并完善资格刑，减少经济犯罪的死刑适用。与此相关，有论者主张在立法上取消对经济犯罪的死刑规定，与国际先进潮流接轨。还有的论者指出，某些传统刑法理论已无法适应现代科技条件下惩治经济犯罪的需要，如关于过失犯只有实害犯而无危险犯的理论，反映在立法上必然使许多过失高度危险行为难以犯罪化，因此，确立危险状态过失犯罪构成理论，对于完善刑事立法、保障科技和经济发展有重要价值。

4. 法人犯罪的立法完善

法人能否成为犯罪主体，在我国刑法理论中仍存在肯定说与否定说之争，但近两年来刑法学界关于法人犯罪的讨论之重心已转移到如何完善其立法的问题上。迄今为止，我国刑事立法上已有近四十个“单位犯罪”的罪名，且几乎全部属于经济犯罪的范畴。有论者针对我国目前关于法人犯罪的立法状况，提出了如下完善意见：其一，在刑法典总则明文规定法人和非法人团体实施一定范围内的犯罪应负刑事责任的条款，其中刑罚部分明确规定适用于法人的刑种。分则中有关经济犯罪部分，规定法人犯罪的罪名、罪状和法定刑。其二，在刑法分则中摒弃“单位犯前款罪”的提法，统一使用“法人及非法人的经济实体”来表达，以实现法律术语的规范化。其三，将有关法人犯罪的规定统一纳入刑法典分则时，保证罪刑条款的协调性，力求体现相对高于自然人犯罪的可罚性标准。另有论者指出，法人犯罪同自然人犯罪一样，也有职务犯罪和一般犯罪之分，鉴于法人职务犯罪与法人一般犯罪在社会危害性程度上的差别，立法应明确规定对于职务犯罪的法人相对于一般犯罪的法人从重处罚。

（二）关于具体犯罪的立法完善问题

1995年，刑法学界重点对下列具体犯罪的有关立法完善问题进行了探讨。

1. 不正当竞争犯罪

以《反不正当竞争法》为主体，辅之以《商标法》《专利法》《著作权法》《广告法》等内容的竞争法的基本框架，在我国业已初具规模，但是有关不正当竞争行为刑事责任的规定与这种格局极不相称。有论者指出，目前我国刑法中有关不正当竞争犯罪的规定存在着内容分散、罪名单一、难以操作等缺陷，而且对于大量的不正当竞争行为尚无追究刑事责任的规定。鉴于此，该论者建议在借鉴国外先进立法例的基础上，针对我国社会上不正当竞争行为的现状，应增设一系列罪名：（1）假冒他人商品罪；（2）虚伪产品质量罪；（3）虚假广告罪；（4）侵犯商业秘密罪；（5）恶意倾销罪；（6）骗销罪；（7）商业诽谤罪；（8）投标招标舞弊罪；等等。在上述犯罪的刑罚设置上，应体现轻刑化思想，最高法定刑以 3 年有期徒刑为宜，情节特别严重的可处 5 年有期徒刑；同时应注重罚金刑的适用，考虑资格刑的增设，并对法人实施不正当竞争犯罪的，采用“双罚制”。关于立法模式，有论者主张应以全国人大常委会“关于惩治不正当竞争犯罪的决定”的形式尽快出台，以利于及时、有效地遏止这类犯罪给市场秩序的破坏和对其他经营者、广大消费者合法权益的损害。还有的论者就侵犯商业秘密罪、妨害商业信誉罪和虚假广告罪的概念、构成特征及与其他犯罪的界限等问题作了较为详细的论述。

2. 证券犯罪和期货犯罪

我国证券和期货市场方兴未艾，而规制证券、期货市场的法律还很不健全。对于证券犯罪和期货犯罪，我国刑法几乎是空白。对于如何弥补目前这种滞后的刑事立法状况，近两年来已有不少学者作了有益的探索。本年度，证券犯罪和期货犯罪的立法完善继续成为人们关注的热门话题。

在证券犯罪中，讨论最多的是证券欺诈行为。（1）证券欺诈罪的概念。有论者指出，证券欺诈罪是指在证券市场上通过隐瞒重要事实，或者通过故意或放任作出容易引起误解的、虚假的、欺骗性的陈述、预言等，或者通过创设有关证券的虚假市场，诱使他人参与有关证券的买卖交换，从中获取非法利益，情节严重的行为。其主体范围包括任何可以直接从事或影响证券交易的法人和自然人。（2）立法具体构想。有论者认为可以将证券欺诈罪新罪各条款分别规定于刑法和证券法中，彼此协调，并可考虑先在司法解释中适时增设证券欺诈罪。但亦有论者指出，不可将证券欺诈行为笼统作为一个罪名，宜将其中内幕交易、虚假陈述等行为分别定罪。与此相应，有论者对内幕交易罪、证券市场造谣惑众罪提出了具体的立法建议，并作了论证。

关于期货犯罪立法，有论者对美、日、英、新加坡、我国台湾地区等国家或地区的期货犯罪立法进行了介绍与比较，分析了期货犯罪的构成要件。该论者认为有必要在我国刑事立法中增设以下几种期货犯罪：（1）私下对冲罪；（2）内幕交易罪；（3）误导交易罪；（4）挪用保证金罪；（5）欺诈客户罪；（6）操纵期市罪。在立法模式上，该论者认为，在“期货法”出台前，可采取单行刑法方式，由全国人大常委会颁布关于惩治期货犯罪的若干规定；制定“期货法”时，则应采取附属刑法的方式，由“期货法”具体规定各种期货犯罪及其刑罚；对期货犯罪的刑罚，应以财产刑为主，以监禁刑为辅。

3. 破产犯罪

我国 1979 年刑法没有专门规定破产犯罪，1986 年通过的《企业破产法(试行)》虽然将某些行为规定为犯罪，但很不全面。有论者指出，破产犯罪行为的失范状态在某种意义上为非善意债务人规避法律、逃避债务提供了可乘之机，也为司法实践带来了极大困难，因而以制定新破产法为契机，宜在新破产法中增设有关破产犯罪的规定。关于破产犯罪的概念，有论者界定为：破产犯罪是指在破产程序进行过程中或在破产宣告前法律规定的期间内，违反破产法的规定而实施的损害债权人利益，或使破产程序不能顺利进行，情节严重的行为。亦有的论者对一些国家关于破产犯罪的法律制度进行了比较研究，在此基础上提出我国破产犯罪立法应包括以下几种犯罪：（1）诈欺破产罪；（2）过怠破产罪；（3）过迟破产申请罪；（4）债权人诈欺罪；（5）破产贿赂罪；（6）违反说明义务罪；（7）违反提交义务罪。还有论者将破产贿赂罪分为破产行贿罪和破产受贿罪，并在构成上将之与一般行贿罪和一般受贿罪予以详细区分。

4. 贿赂犯罪

迄今为止，我国刑事立法上已有三种类型的贿赂犯罪：一是 1979 年刑法及 1988 年全国人大常委会《关于惩治贪污罪贿赂罪的补充规定》所规定的受贿罪、行贿罪和介绍贿赂罪，二是 1993 年《反不正当竞争法》第 8 条所规定的商业贿赂罪，三是1995年全国人大常委会《关于惩治违反公司法的犯罪的决定》（以下简称《决定》）第9条（结合第14条）新增的公司、企业人员受贿罪。有论者认为，贿赂行为可能发生在不同领域之中，其危害的利益性质及程度的差异性决定了现行刑法中贿赂犯罪的立法应当区分利益性质，建立新的罪名体系：其一，将惩治受贿罪的重点放在维护国家机体的纯洁性方面，设立“公务受贿罪”。其主体应仅限于“国家公职人员”，包括国家公务员和各级国家权力机关、司法机关、军队中从事公务的人员。其二，单独增设“经济受贿罪”。商业贿赂中的受贿罪即包容于此罪之中。其三，设立“行业受贿罪”，以便将上述罪名无法包容的主体（诸如公证员、执业律师等）所实施的情节较为严重的受贿行为，也纳入刑法适度调整的范围。在建立上述罪名体系的基础上，设置刑罚时应当体现从重处罚公职人员受贿的精神。

关于一般受贿罪（即刑法规定的受贿罪），有论者认为，应当根据受贿行为的不同方式分层次地重构罪名，即采用“罪名系列”的立法模式，分别规定普通受贿罪、事前受贿罪、事后受贿罪和斡旋受贿罪的罪名。对于“为他人谋利”，有的论者主张将之作为受贿罪的主观要件予以明确，有的论者则主张删除这一要件且相应地废除1979年刑法关于行贿罪须具备的“为谋取不正当利益”要件的规定。对于贿赂罪的处罚，有论者建议增设罚金刑和资格刑，还有的论者主张在适当的时候从立法上废除受贿罪的死刑。对于如何界定“贿赂”的范围，多数意见主张在立法上应明确贿赂包括财物和财产性利益，但不能包括非物质性利益。

5. 贪污罪与侵占罪

关于贪污罪的立法完善，相关论者主要讨论的有两个问题：一是贪污罪罪名的存废问题。存在取消说、强化说、保留说三种不同意见，各自所持理由基本与以前理论界探讨的近似。占据主流的主张是在保留贪污罪罪名的同时，对其予以必要的完善，同时增设侵占罪。二是贪污罪主体的范围问题。有论者认为，将“集体经济组织工作人员及其他经手、管理公共财物的人员”规定为贪污罪的主体，过于宽泛，既体现不了贪污罪的本质特征，也不利于体现从严惩治国家公职人员犯罪的刑事政策，因此，应将贪污罪主体限定为“国家公职人员”。亦有论者指出，1995年全国人大常委会《决定》增设了公司、企业人员侵占罪，实际上已将公司、企业中非国家工作人员（含集体经济组织工作人员等）利用职务或工作之便侵占本单位财物的行为排除在贪污罪适用范围之外，我国刑事立法有必要将这一精神贯彻到底，使贪污罪主体范围完全限于国家公职人员的范围。

关于侵占财物犯罪的立法，有论者认为，贪污罪和公司、企业人员侵占罪尚不能全面涵盖所有侵占之犯罪行为，因此有必要在1979年刑法规定的基础上予以系统的完善，具体构想是：（1）分别设立普通侵占罪和业务侵占罪罪名。前罪的主体为一般主体；后罪的主体为特殊主体，即非国家公职人员但从事一定业务或职务的自然人。（2）在主体和对象上界定贪污罪与上述两种具体侵占罪之间的界限。

6. 经济诈欺犯罪

随着市场经济体制的建立和发展，经济领域的诈骗犯罪日益增多。与传统的财产性诈骗犯罪相比，经济诈欺犯罪在社会危害程度、表现形式、侵犯对象等方面均大不相同。有论者认为，1979年刑法典关于诈骗罪的规定过于简略，且在主体范围、刑罚设置上不尽合理，无法有效地打击和预防各类经济诈欺犯罪。鉴于此，该论者指出，应从三个方面完善经济诈欺犯罪的刑事立法：首先，根据诈骗犯罪侵犯的客体之不同，将诈骗犯罪分成普通诈骗罪和经济诈欺犯罪。前者仍应规定在侵犯财产罪一章中，后者由于侵犯的主要客体是社会经济秩序，应归入破坏社会主义经济秩序罪一章。经济诈欺犯罪的具体罪名应当包括：经济合同诈欺罪、保险诈欺罪、破产诈欺罪、信用卡诈欺罪、票据诈欺罪、广告诈欺罪，等等。其次，规定法人也可以成为经济诈欺犯罪的主体。对法人经济诈欺犯罪采用双罚制。最后，在刑罚设置上，增设罚金刑的适用。

在刑法修改与完善的研讨中，论者还就死刑的存废、环境犯罪、计算机犯罪等问题进行了详细的立法论证，限于篇幅，兹不一一综述。

三、经济犯罪及其惩治问题

经济犯罪及其惩治，近些年一直是刑法学界讨论的热点问题。本年度这方面的研讨主要有以下内容。

（一）公司犯罪

1995 年 2 月 28 日，全国人大常委会通过了《决定》。对于如何理解《决定》的有关内容，刑法学界进行了研讨，其内容主要集中在以下几个方面。

一是罪名问题。有论者认为，《决定》第 1 条至第 7 条、第 9 条至第 11 条分别增设了共 10 个罪名，即公司登记诈欺罪，虚假出资、抽逃出资罪，以虚假方法发行股票或公司债券罪，财务会计报告诈欺罪，公司清算侵害他人利益罪，故意提供虚假证明文件罪，擅自发行股票或公司债券罪，公司、企业人员受贿罪，公司、企业人员侵占本单位财物罪，公司、企业人员挪用本单位资金罪。有的论者则认为，以虚假方法发行股票或公司债券行为和未经批准擅自发行股票或公司债券行为本质相同，应成立非法募集资金罪一罪名。

二是构成特征问题。相关论者主要就以公司、企业人员为主体的三种犯罪与全国人大常委会《关于惩治贪污罪贿赂罪的补充规定》规定的受贿罪、贪污罪、挪用公款罪的关系作了研究。有人认为，区分这三组犯罪，关键在于主体范围和犯罪客体与对象的性质。《决定》规定的上述三种犯罪的行为主体只能是公司董事、监事或者职工，以及公司以外企业的职工，不包括国家工作人员，侵犯的客体是公司、企业的正常经营管理活动或公司、企业财物的所有权；而受贿罪、贪污罪和挪用公款罪的主体主要是国家工作人员，其侵犯的客体为国家机关的正常活动、公共财物所有权或国家使用公款的财经制度。有论者指出，根据《决定》第 14 条的精神，今后凡属集体经济组织内部职工收受贿赂、侵吞公物或挪用集体所有公款的，应一律适用《决定》规定的上述三种犯罪，而不能再分别以受贿罪、贪污罪和挪用公款罪论处。关于国家工作人员与公司、企业人员共同触犯《决定》第 9、10、11 条的规定时如何定罪处刑，有人指出，应按主犯身份构成的犯罪定罪量刑，但当国家工作人员和公司、企业人员均为主犯时，则应分别定罪，即对前者按《关于惩治贪污罪贿赂罪的补充规定》处理，对后者依《决定》新增的犯罪定性处罚。此外，还有的论者认为《决定》对新增罪名设置的自由刑偏低，无法体现罪刑相适应，而罚金数额太高，在实践中会因难于执行而使规定流于形式，因而有关刑罚的规定有待完善。

（二）金融犯罪

金融犯罪是出现在经济领域中的一类新型犯罪，1995年6月30日全国人大常委会颁布了《关于惩治破坏金融秩序犯罪的决定》，对各种破坏金融秩序的犯罪作了详细规定。围绕该决定的理解和适用，论者着重探讨了下列问题。

第一，罪名的个数和表述问题。该决定共15个条文规定了具体犯罪，其中大多数罪名都比较明确，一般不存在争议。但其中第2条、第8条和第9条规定的犯罪，对于其罪名个数和表述，论者间有不同意见。关于第2条第1款，有的论者认为，出售、购买、运输伪造的货币应是3个独立罪名；有的论者则认为可定为两个罪名，即“出售、购买”为一罪，“运输”为一罪。对第2条第2款的规定，有的论者认为金融机构人员购买伪币的行为在该条第1款已有所包容；有人则认为两款犯罪主体和法定刑均不同，应单独成立“金融人员购买伪币罪”的罪名。金融人员利用职务便利以伪币换出真币的行为，如何表述罪名？有的论者认为应表述为“金融人员换取货币罪”，有的论者则认为用“金融人员换出真币罪”表述更为确切。对于第8条规定的“以非法占有为目的，使用诈骗方法非法集资”罪状如何概括罪名，有论者以“非法集资罪”表达；有的论者认为用“集资诈骗罪”较为准确，一来强调“集资”是手段、诈骗是目的，二来容易与其他非法集资行为明晰界限、避免混乱。关于第9条的规定，有人认为应成立“非法向关系人发放贷款罪”和“非法向非关系人发放贷款罪”，有人则认为应成立“金融人员徇私舞弊罪”、“金融人员玩忽职守罪”和“金融人员滥用职权罪”3罪名。

第二，犯罪的认定与处罚问题。有论者指出，该决定第9条规定的金融机构人员非法向关系人、非关系人发放贷款的犯罪和第15条规定的非法出具信用函证罪，行为人在主观上只能是过失或间接故意，而不包括直接故意。此外，有论者对妨害货币犯罪中各具体犯罪的认定、处罚及有关新旧法条关系问题、其他金融犯罪的构成及界限问题作了详细探讨。

第三，立法完善问题。有论者指出，该决定在法定刑方面存在着不平衡和矛盾的地方，有必要予以完善，如将持有伪币行为的法定刑和出售、购买伪币行为的法定刑作相同的规定，无法体现前者具有较后者要轻的社会危害性程度之特点。有的论者还认为，该决定对伪造货币罪、非法集资诈骗罪以及金融诈骗罪等大面积适用死刑，是值得反思的；而有人则认为这一立法内容恰恰反映了当前我国金融领域犯罪危害严重的状况，从严惩处金融犯罪是完全正确的。

（三）侵犯知识产权犯罪

我国目前刑事立法对知识产权的保护已初具框架，但仍有许多具体问题值得研讨。本年度刑法学界对此问题的研讨主要集中在如下几个方面。

1. 侵犯知识产权犯罪的概念和特征。有论者认为：侵犯知识产权犯罪是指违反知识产权法的规定，侵犯他人依法享有的知识产权，情节严重，依照刑法的规定应负刑事责任的行为。由知识产权的属性决定，侵犯知识产权犯罪的犯罪客体是复杂客体，即这种犯罪既侵犯了他人财产权，又侵犯了市场经济秩序。关于侵犯知识产权犯罪的主观方面，有论者认为，虽然此类犯罪是法定犯，但行为人是否有违法性认识不应影响其犯罪主观罪过的成立；行为人主观上是否有营利目的，亦不能作为此类犯罪是否成立的标志。据此，该论者建议取消目前刑法中对侵犯著作权罪“以营利为目的”的主观要件限制。

2. 具体犯罪的认定与处罚。相关论者主要对侵犯著作权犯罪的罪名、构成特征、处罚原则、一罪与数罪等问题进行了研讨，兹不详述。

3. 侵犯知识产权犯罪的立法完善。有人认为，我国侵犯知识产权犯罪的立法还存在许多不足，亟待完善。诸如：(1)《关于惩治假冒注册商标犯罪的补充规定》的立法内容与《商标法》的有关规定有失协调，未将“模仿”“影射”他人注册商标等行为纳入“假冒”商标的范畴。(2)《专利法》(1992 年）第 63 条关于“假冒他人专利”的比照假冒注册商标罪处罚的规定，其缺陷之一是不能概括大多数侵犯专利权的犯罪行为，立法漏洞很大；缺陷之二是“比照”乃一种立法类推，有关处罚宜改由刑法另行规定。(3) 现有侵犯著作权犯罪立法除应删除“以营利为目的”的范围限制外，尚需把制作、发行假冒他人署名的美术作品之外的其他作品的行为也规定为犯罪。还有论者建议，应当增设剽窃他人作品罪，以利于全面保护知识产权不受侵犯。

此外，相关论者还就贪污/贿赂犯罪、挪用公款罪等渎职类经济犯罪的惩治与防范作了研讨，有的论者对我国公职人员财产申报制度的立法完善及在防范贪污/贿赂犯罪领域的意义亦作了颇有价值的探索。

四、外向型刑法问题

外向型刑法研究在我国刑法学研究中是一个刚刚起步、尚待大力开发的新领域。1995 年刑法学界在此领域重点讨论的是中国国内区际刑事司法协助和国际刑事司法协助问题。

（一）中国国内区际刑事司法协助

我国恢复对香港、澳门地区行使主权以及对台湾地区实行和平统一后，将出现“一国四法域”的局面。对于如何在“一国两制”的前提下原则开展不同法域之间的司法协助，有论者认为，中国内地（大陆）与港、澳、台地区之间的刑事司法协助不同于国际刑事司法协助，也不能搬用联邦制国家不同法域之间刑事司法协助的模式，而应从其自身的特殊性去探求全新的模式。中国内地（大陆）与港、澳、台地区之间的刑事司法协助的具体事项包括犯罪情报交流、缉捕犯罪嫌疑人、文书的送达和调查取证、遣（移）送犯罪嫌疑人、刑事案件管辖移交、已决犯的移管、赃款赃物的追缴和移交，以及为司法审判的需要，相互提供关于各自立法、司法判例与司法解释方面的材料等。还有论者专门对中国内地与港、澳特别行政区之间的刑事司法协助作了探讨，认为其间的刑事司法协助应遵循 6 个基本原则：（1）“一国两制”原则；（2）平等协商原则；（3）尊重对方法律的原则；（4）适当保留公共秩序原则；（5）诚实合作原则；（6）合理界定管辖权原则。关于中国内地与港、澳特别行政区刑事司法协助的途径和模式，有论者主张不同的具体问题有不同的解决方法，既可以是签订协议，予以统一规范，也可以是就个案进行协商，并可在不违背两个特别行政区基本法关于“一国两制”方针的精神前提下，采用国际法性的途径和模式。但亦有论者认为应以中央统一立法模式为原则。

（二）国际刑事司法协助

随着犯罪国际化发展，犯罪对策也呈现国际化趋势，国际刑事司法协助也成为当今国际合作和国内刑事立法及理论研究的重要内容。有论者就我国如何建立国际刑事司法协助制度及所涉及的司法管辖权、法律适用的合作方式等问题作了研究。该论者认为，我国开展国际刑事司法协助的国内法依据尚不成熟，难以与国际接轨。为使我国国际刑事司法协助规范系统化及与国际法原则和相关条约相互协调，亟待制定“刑事司法协助法”和“引渡法”。对于如何建立我国的司法协助审查制度，该论者认为，应建立适合我国国情的双重审查制，即对于外国司法协助的请求，由外交部进行初审，而后由有管辖权的人民检察院进行实质性审查，其审查意见经外交部最后核准后生效。该论者强调，负责司法审查的机关除少数情况下可由人民法院充任外，应一律由人民检察院担当，公安机关因非严格意义上的司法机关而不宜承担司法协助审查职责。

五、刑法学研究发展的展望

综观1995年刑法学研究的成果，可以发现，广大刑法工作者通过辛勤劳作，在某些重要领域，尤其是在社会主义市场经济条件下刑事法治建设之研讨方面取得了喜人的进展。一些有相当理论深度和实际可行性的刑法学论著，为中国刑法学更高层次的发展奠定了坚实的基础。但是，就我国目前刑法学研究状况而言，并非尽善尽美。比如，人们在注重刑事立法完善和惩治经济犯罪等热点问题时，往往忽视对刑法基本理论问题的建树，以致近年来刑法基本理论研究出现相对薄弱的局面；在研究方法上，刑法学研究中传统的注释方法广为应用，但哲学、社会学、经济学等方法则未受到应有的重视；在研究视野上，也有待于进一步解放思想和大力开拓，以逐步推进中国刑法理论与实践在更大程度上同国际社会之进步协调发展。有理由相信，经过学者们的反思和共同努力，中国刑法学研究必定走向更加的成熟和繁荣。

笔者认为，今后刑法学研究将会有以下几个方面的发展趋向。

（1）有关市场经济体制下刑事立法的完善，继续成为讨论和研究的重点、热点。

（2）关于如何加强惩治经济犯罪的研究将有进一步的拓展。

（3）刑法基本理论问题的研究向更广、更深层次迈进，超然于一时一地的实践之上的刑法理论会走向深入。

（4）外向型刑法研究会有更大的投入和新的突破。贴近中国刑事法治现实，以引进和借鉴外国法制先进经验为目的的比较刑法和外国刑法研究有所进展；预防和控制跨国、跨地区犯罪尤其是经济犯罪将成为国际刑法研究的热点课题；国内区际及国际刑事司法协助与合作，继续为人们所关注。

［高铭暄、赵秉志、肖中华；载《法学家》，1996（1）］

第八章

1996 年的刑法学研究

一、基本情况

1996 年，中国刑法学界学术研究活动丰富，成果丰硕，进展显著且富有特色。在学术活动和学术研究方面，学界不仅对刑法若干理论问题和大量司法实务问题进行了广泛并具有一定深度的研讨，出版、发表了一系列论著；而且由于国家立法机关将全面、系统修订刑法典的工作提上议事日程并即将进入立法审议和通过阶段，国家立法机关比较注意广泛征求和听取各方面关于修改刑法的意见，刑法理论界和法律实务部门在本年度主要围绕刑法的修改与完善问题进行了热烈而集中的研讨，本年度刑法学研究的主要进展与研究成果也主要集中和体现在关于刑法修改的研究方面。这方面学界不但发表了大量论文，出版了《刑法修改建议文集》（中国法学会刑法学研究会 1996 年学术研讨会论文选集，高铭暄主编）、《刑法完善专题研究》（王作富主编）和《刑法改革问题研究》（赵秉志主编）等代表性的著作，而且刑法学界、司法机关的一批学者专家直接或间接参与了刑法典的修改及咨询、研讨工作。本年度中国法学会刑法学研究会召开了第四届代表大会，完成了第四届干事会的选举工作。

二、关于刑法修改与完善的宏观问题

（一）刑事立法政策思想的调整

有论者认为，新时期整个刑事立法的政策思想，应该与社会总体发展政策相适应。调整我国刑事立法的政策思想，主要包括两个方面：首先，罪刑相适应原则应作为从重惩处严重经济犯罪和危害社会治安犯罪的政策思想中不可或缺的组成部分，绝不应夸大形势对犯罪的社会危害性的制约和影响作用。其次，刑事政策思想的主要内容应更侧重于建立严密的刑事法律体系，做到罪刑适应，刑事责任严格，使罪犯受到应有的惩罚。①

有论者撰文，对刑法修改中4个具有根本性、争议颇大的问题进行了较为全面、系统、深入的探讨：其一，关于超前立法与经验立法之争。该论者认为，经验立法过于强调立法对现实生活的反映和维持，其结果只能是滞后立法；超前立法论则正确揭示了刑事法律规范在短期效应与长期效应功能上的统一性；超前立法的思想在完善刑事立法中的具体体现，就是坚持立足现实与预见未来相结合。其二，关于立法技术的粗疏与细密之争。该论者指出，完善刑法应当重视立法技术的细密化，具体言之，根据刑法明确性原则和刑事司法实践的需要，在条文设计、法条内容（其中具体犯罪的罪状及法定刑至为重要）、立法用语等方面应力求详备具体、明确严谨。其三，关于刑法调控范围的犯罪化与非犯罪化之争。该论者指出，在完善刑事立法的进程中，除有必要将现行刑法中个别犯罪（如投机倒把罪、聚众“打砸抢”罪）非犯罪化外，应当着重进行犯罪化。其四，关于刑罚重刑化与轻刑化之争。该论者指出，重刑化与轻刑化均和刑罚目的原理背道而驰，亦必有损于刑罚的权威；在刑罚轻重的设置方面，完善我国刑事立法的关键是要克服现存的重刑主义倾向，并在摒弃重刑化立法内容的基础上，按照罪刑相适应原则的要求，建立轻重适度的刑罚体系和法定刑幅度。②

（二）刑法基本原则的增设

我国刑法应否增设基本原则、增设哪些基本原则，在近十余年来的刑法修改研究中一直受到学者的关注。但是，对于如何界定我国刑法基本原则的范围，我国刑法学界至今尚未有一致的看法。本年度有论者指出，刑法基本原则的内在规定性应该包括四个要素：第一，是刑法所特有的；第二，是具

---

① 参见王作富、桑红华：《我国新时期刑事立法的反思及改进构想》，载《刑法完善专题研究》，北京，中央广播电视大学出版社，1996。

② 参见赵秉志：《刑法修改中的宏观问题研讨》，载《法学研究》，1996（3）。

有全局性、根本性意义的；第三，是协调犯罪、刑事责任与刑罚关系的；第四，是对刑事立法和刑事司法都具有指导意义的。据此，该论者认为，只有罪刑法定、罪刑相适应、罪责自负、主客观相统一、惩罚与教育相结合该5个原则可以称为刑法的基本原则。[①] 也有论者对此持有异议，认为罪责自负、惩罚与教育相结合并不能单独成为刑法基本原则，理由是罪刑相适应原则已当然包括这两项内容。[②]

本年度内，关于刑法基本原则的研讨，最为热点的当属罪刑法定原则的立法化及类推制度的废止问题。学者较为一致地主张，在这次刑法修改中，刑法应当明确规定罪刑法定原则，并废止类推；罪刑法定原则的条文可拟为"对于行为时法律没有明文规定为犯罪的行为，不得定罪判刑"[③]。其中有论者专门对刑法修改中类推制度的存废问题进行了详细论述，并着重从以下几个方面论证了为什么应当立即废止类推：其一，罪刑法定原则在本质上否定类推；其二，类推不利于法治；其三，类推制度有悖世界刑法发展潮流；其四，立即废止类推切实可行。[④]

关于罪刑法定原则立法化的相关问题，论者认为，除了废止类推制度外，还要求在刑法溯及力问题上坚持1979年《刑法》第9条所体现的从旧兼从轻原则，杜绝类似1975年有关单行刑法在溯及力问题上采用从新或有条件从新原则的立法内容再现。[⑤] 有论者还建议，应当取消1979年《刑法》第59条第2款酌定减轻处罚的规定，因为不受限制的减轻量刑，实际上是对罪刑法定原则的否定。[⑥]

---

① 参见赵秉志主编：《刑法争议问题研究》（上卷），42页，郑州，河南人民出版社，1996。

② 参见李少平、邓修明：《罪刑关系立法完善的理论思考》，载《现代法学》，1996（1）。

③ 高铭暄：《论我国刑法改革的几个问题》，载《中国法学》，1996（5）；马克昌：《加大改革力度，修改、完善〈刑法〉》，载《法学评论》，1996（5）；赵秉志、肖中华：《论刑法修改中罪刑法定原则的立法化》，载《中国人民大学学报》，1996（6）；欧阳涛、秦希燕：《依法治国与罪刑法定原则》，载《人民检察》，1996（11）。

④ 参见赵秉志、肖中华：《刑法修改中类推制度存废之争的研讨》，载《法学家》，1996（4）。

⑤ 参见高铭暄：《论我国刑法改革的几个问题》，载《中国法学》，1996（5）；马克昌：《加大改革力度，修改、完善〈刑法〉》，载《法学评论》，1996（5）；赵秉志、肖中华：《论刑法修改中罪刑法定原则的立法化》，载《中国人民大学学报》，1996（6）；欧阳涛、秦希燕：《依法治国与罪刑法定原则》，载《人民检察》，1996（11）。

⑥ 参见赵秉志、肖中华：《论刑法修改中罪刑法定原则的立法化》，载《中国人民大学学报》，1996（6）。

关于刑法基本原则的增设，还有论者撰文主张刑法应明确规定罪刑相适应原则和刑罚个别化原则；考虑到这两个原则乃刑罚目的的具体化，该论者建议可以在同一条文中以不同款项对刑罚目的、罪刑相适应和刑罚个别化加以规定。[①]

（三）刑法空间效力的立法完善

本年度，有数篇论文论及刑法空间效力的立法完善问题，其中主要是关于刑法对我国公民在国外犯罪的适用范围及普遍管辖原则的立法问题。

有论者指出，1979年刑法典关于中国公民在国外犯罪适用范围的规定方式基本科学，但《刑法》第4条列举的犯罪种类过少，已不能适应当前已经变化了的实际情况，《刑法》第5条所规定的刑罚标准亦不科学。该论者建议：其一，将1979年《刑法》第4条修改为："中国公民在中国领域外犯下列各类罪的，适用中国刑法：（一）危害国家安全罪；（二）危害国家金融秩序罪；（三）国家工作人员、军人的职务犯罪；（四）妨害国家机关职能的犯罪。"其二，将1979年《刑法》第5条关于"按本法规定的最低刑为三年以上有期徒刑的，也适用本法"的规定，修改为"应处三年以上有期徒刑、无期徒刑、死刑的犯罪，适用我国刑法"[②]。

有论者建议，刑法修订时关于刑法适用范围的规定应增设普遍管辖条款，即外国人或无国籍人在我国领域外实施的我国缔结或参加的国际条约中规定的犯罪可以适用我国刑法。[③] 有论者为刑法增设普遍管辖权设计了具体条文。[④]

（四）特别刑法规范的整合

有文章指出，在当前我国修改刑法典整合特别刑法规范时，应当注意三个方面的问题：第一，对特别刑法规范应予以编纂，而不应简单汇集；第

① 参见李少平、邓修明：《罪刑关系立法完善的理论思考》，载《现代法学》，1996（1）。

② 赵秉志、赫兴旺、颜茂昆、肖中华：《中国刑法修改若干问题研究》，载《法学研究》，1996（5）。

③ 参见孙万怀、沈伟：《国际恐怖主义犯罪和我国刑事法的补足》，载《河北法学》，1996（5）。

④ 参见舒杨：《中国涉外刑事法律规范的补充与完善》，载《云南法学》，1996（2）。

二，坚持原则性，讲究技术性；第三，应明文规定刑法典与特别刑法的关系，其中包括明令废止的特别刑法目录，因为特别刑法经编纂纳入刑法典后，并不是自然失去效力，而应由法律明确废止。[①]

有论者专门对我国附属刑法立法模式进行了探讨，认为我国附属刑法应采取下列多样式的立法模式：（1）依附性的散在型立法模式；（2）独立性的散在型立法模式；（3）编纂型立法模式。[②]

三、关于犯罪通则的立法完善问题

（一）未成年人犯罪的特殊处遇

我国1979年《刑法》第14条和第44条分别规定了对未成年人犯罪的从宽处罚原则和不适用死刑原则。有论者指出，这种立法格局从体系到内容均有必要予以完善：第一，在体系方面，应在新刑法典总则最后一章“刑法用语”之前设立“未成年人犯罪的特殊处遇”专章。第二，在内容上，应从刑种、刑度、刑罚裁量制度和刑罚执行制度诸方面全方位地体现对未成年犯的从宽处理。该论者对所设立该专章的内容设计了17个条文。[③]

（二）单位（法人）犯罪的立法对策

有论者主张，应在刑法总则中规定法人犯罪概念、法人犯罪主体范围、确立追究法人犯罪刑事责任制度等带有指导性的基本原则。[④]

有论者则对刑法总则中有关法人犯罪的立法内容设计了如下条文：

“经法人决策机关决定、批准或者同意，为了谋取法人的非法利益，基于代表法人的资格实施的严重危害社会，依照法律应当追究刑事责任的行为，是法人犯罪。

---

① 参见赵秉志、赫兴旺：《论特别刑法与刑法典的修改》，载《中国法学》，1996（4）。

② 参见郝守才：《附属刑法立法模式的比较与优化》，载《现代法学》，1996（4）。

③ 参见赵秉志、赫兴旺、颜茂昆、肖中华：《中国刑法修改若干问题研究》，载《法学研究》，1996（5）。

④ 参见崔庆森：《刑法规定法人犯罪的构想》，载《法学研究》，1996（1）。

对法人犯罪，依照两罚规定追究刑事责任，但是其他法律有特别规定的，从其规定。

非法人团体犯罪的，依照前两款规定处理。

本法第×条至第×条的规定（即关于故意、过失、意外事件、犯罪的未遂、中止和共同犯罪的规定）适用于法人犯罪和非法人犯罪。

对犯罪法人的刑罚为罚金。

罚金采用倍比制或数额制由规定法人犯罪的刑法各本条分别确定。

对犯罪法人除判处罚金外，根据情况，可以责令停止整顿、吊销营业执照或者解散法人。”①

有的论者则主张，应以“单位犯罪”一词取代“法人犯罪”来概括非自然人犯罪，这样更符合我国非自然人犯罪主体的实际情况。关于单位犯罪的罪种范围、处罚原则和立法模式，该论者认为：单位犯罪只宜限定为经济犯罪和妨害社会管理秩序犯罪中的某些犯罪以及贪利性的渎职罪；过失犯罪不应当有单位犯罪。对单位犯罪应一律采取“双罚制”；单位犯罪的罚金数额起点应高于自然人犯罪的数额起点，但单位中直接责任人员、刑事责任人员刑事责任的标准应与自然人犯该种罪的刑事责任的标准持平。单位犯罪的立法模式应采用总则一般规定与分则具体规定相结合的方式。②

至于法人犯罪立法内容在总则体系中的地位问题，有人主张设立“法人犯罪”专章③，有人认为在总则“犯罪和刑事责任”一章中单设一节即可。④

（三）犯罪故意的立法完善

本年度，有数篇论文对刑法总则中关于犯罪故意的规定提出了修改意见，其中有论者建议将故意犯罪的概念表述为：“明知自己的行为会发生某种事实上危害社会的结果，并且希望或者放任这种结果发生，因而构成犯罪

---

① 马克昌：《加大改革力度，修改、完善〈刑法〉》，载《法学评论》，1996（5）。

② 参见高铭暄：《论我国刑法改革的几个问题》，载《中国法学》，1996（5）；赵秉志等：《中国刑法修改若干问题研究》，载《法学研究》，1996（5）。

③ 参见刘仁文：《谈法人犯罪的立法构想》，载《法学杂志》，1996（1）。

④ 参见莫开勤：《论我国刑法犯罪通则规定的立法完善》，载《中央政法管理干部学院学报》，1996（1）。

的，是故意犯罪。”① 有的论者则建议，我国刑法中故意犯罪的定义应修改为：“明知会发生违法的、构成要件的事实，并决意实施构成要件的行为，以及希望、容忍或放任构成要件的结果发生，因而构成犯罪的，是故意犯罪。”② 但有的论者认为，用“事实”一词替代行为和结果并不科学，1979年《刑法》第11条应修改为：“行为人对于构成犯罪之结果，明知必然或可能发生并追究其发生，或者对于构成犯罪之行为，明知并有意实施的，是直接故意犯罪。”“行为人对于构成犯罪之结果，明知可能发生并放任其发生的，是间接故意。”③

（四）正当行为的立法完善

有论者主张，在刑法典总则中应设立正当行为专章，并增加依法实施的职务行为、执行命令行为和正当业务行为等正当行为种类。对于正当防卫和防卫过当的立法内容，该论者主要提出了如下建议：其一，明确正当防卫的保护范围为“公共利益”和“本人或者他人的人身、财产权利”，将正当防卫的起因条件界定为严重的、紧迫性的不法侵害，将正当防卫的对象明确限于不法侵害者本人。其二，将防卫过当的立法内容规定为：“防卫行为超过足以制止不法侵害所必需的限度，造成不应有的重大损害的，应当负刑事责任……”其三，增加预防性正当防卫的有关立法内容。针对刑法修改过程中有人提出的增加对某些暴力性犯罪采取无限防卫权之建议，该论者提出了反对意见，认为无限防卫权的设立，不但有悖刑法对正当防卫立法的宗旨，而且极易破坏法治。④

（五）共同犯罪的立法完善

有论者认为，我国1979年刑法典关于共同犯罪人的种类规定应调整为首犯、主犯和从犯三类，胁从犯和教唆犯均不应成为共同犯罪人之种类；在刑法修改时，在共同犯罪一般概念规定之后，对共同犯罪人的种类和刑事责

---

① 杨新培、陈昌：《社会危害性不是犯罪故意的认识内容》，载《政法论坛》，1996（3）。

② 贾宇：《犯罪故意概念的评析与重构》，载《法学研究》，1996（4）。

③ 侯国云：《修改〈刑法〉第十一条之我见》，载《中国法学》，1996（3）。

④ 参见赵秉志等：《中国刑法修改若干问题研究》，载《法学研究》，1996（5）。

任应作如是规定："第×条　在犯罪集团中起组织、领导、策划、指挥作用的，是首犯；对于首犯，应当对整个犯罪集团的所有犯罪承担刑事责任，并应当从重处罚。""第×条　在共同犯罪中起主要作用或重要作用的，是主犯；对于主犯，应当对参与的共同犯罪承担刑事责任，并应当从重处罚。""第×条　在共同犯罪中起次要作用或辅助作用的，是从犯；对于从犯，应当对参与的共同犯罪承担刑事责任，并比照主犯应当从轻处罚或可以减轻处罚。"①

此外，亦有论者建议在1979年《刑法》总则第二章第三节"共同犯罪"中增设利用犯条款。②

四、关于刑罚通则的立法完善问题

（一）刑种的调整与完善

1. 关于死刑的立法完善

许多论者主张，在未来的刑法典中，死刑立法内容应在较大幅度上得以限制和减少。关于死刑立法削减的措施，论者们的建议主要包括：其一，明确增设限制死刑适用原则；其二，明确死刑适用范围条件中"罪大恶极"的含义；其三，对有死刑之罪扩大死缓的适用范围，放宽死缓减为无期徒刑或者有期徒刑的条件；其四，删除1979年刑法关于对已满16周岁不满18周岁的人可以适用死缓的规定；其五，将死刑复核权恢复由最高人民法院统一行使；其六，摒弃绝对死刑法定刑之立法；其七，删除不必要的死刑条文与罪名，将死刑的适用严格限制在某些特别严重的危害国家安全、危害公共安全、使用暴力严重侵犯人身权利和财产权利的犯罪以及重大的毒品犯罪、国际犯罪和贪利性渎职罪之范围内，对于单纯性的财产犯罪和经济犯罪，原则上不适用死刑。③

---

① 杨兴培：《论共同犯罪人的分类依据与立法完善》，载《法律科学》，1996（5）。

② 参见张兴武：《建议在刑法中增设利用犯条款》，载《现代法学》，1996（1）。

③ 参见高铭暄：《论我国刑法改革的几个问题》，载《中国法学》，1996（5）；马克昌：《加大改革力度，修改、完善〈刑法〉》，载《法学评论》，1996（5）；赵秉志等：《中国刑法修改若干问题研究》，载《法学研究》，1996（5）；赵秉志主编：《刑法争议问题研究》（上卷），635～641页，郑州，河南人民出版社，1996。

2. 关于自由刑的完善

有论者建议，应当建立无期徒刑缓刑制度。[①] 对于有期徒刑，有论者建议将其最高期限提高至20年，在数罪并罚及加重处罚情况下不超过30年。[②] 对于拘役刑，有论者主张予以废除，并增设劳役刑代替之[③]；有论者则认为，应在保留的基础上由法律明确规定适用短期自由刑的“最后手段”条款。[④] 对于管制刑，有论者提出了如下完善建议：其一，设立专门的监督管理机构负责管制犯的监管、帮教工作。其二，对1979年《刑法》第34条关于管制犯的权利、义务之规定，根据新的形势增减有关内容。其三，在刑罚制度上增设管制刑和其他自由刑的易科制度，明确规定在数罪并罚时管制刑与有期徒刑的折算方法。其四，扩大管制刑的适用范围。[⑤]

3. 关于罚金刑的立法完善

有论者认为，完善我国罚金刑，首先有必要建立“以犯罪情节为主，以经济状况为辅”的罚金刑裁量原则。其次有必要确立日额罚金制，日额罚金的确定，应以犯罪人的支付能力（即日收入减去日支出）为标准。[⑥] 有论者主张，应将罚金刑上升为主刑，规定罚金可以与其他主刑同时适用；对于罚金的数额，可以在刑法总则中规定最低数额，在分则中根据不同的犯罪类型分别采取比例罚金制、限额普通罚金制和日额罚金制等不同的罚金刑制度。[⑦] 有的论者则主张，不应将罚金刑上升为主刑而应仍维持其附加刑的地位，这更加符合我国当前的现实。罚金刑的扩大适用，可以通过在立法上多增设“单处”的方式来实现。[⑧] 至于应否建立罚金易科制度，有的论者持肯定态度[⑨]，有的论者则认为罚金易科自由刑并不适合我国国情，不宜

① 参见桑红华：《论自由刑的立法完善》，载《刑法完善专题研究》，北京，中央广播电视大学出版社，1996。

② 参见赵秉志等：《中国刑法修改若干问题研究》，载《法学研究》，1996（5）。

③ 参见赵秉志等：《中国刑法修改若干问题研究》，载《法学研究》，1996（5）。

④ 参见桑红华：《论自由刑的立法完善》，载《刑法完善专题研究》，北京，中央广播电视大学出版社，1996。

⑤ 参见赵秉志等：《中国刑法修改若干问题研究》，载《法学研究》，1996（5）。

⑥ 参见廖东明、朱华：《关于完善罚金刑的构想》，载《法学评论》，1996（3）。

⑦ 参见赵秉志等：《中国刑法修改若干问题研究》，载《法学研究》，1996（5）。

⑧ 参见高铭暄：《论我国刑法改革的几个问题》，载《中国法学》，1996（5）。

⑨ 参见廖东明、朱华：《关于完善罚金刑的构想》，载《法学评论》，1996（3）。

采用。[①]

4. 关于资格刑的立法完善

有论者建议，剥夺言论、出版、结社、集会、游行、示威权应当被排除在剥夺政治权利刑内容之外，我国刑法需要增设的资格刑包括职业禁止、行业禁止、限期整顿、刑事破产或解散。[②] 有论者主张，资格刑经扩充内容后，既可以作为主刑，也可作为附加刑。[③]

（二）刑罚制度的完善

1. 关于从重、从轻、减轻和加重处罚问题

有论者认为，1979年《刑法》第58条关于从重、从轻处罚的规定并未明确界定从重、从轻处罚的内涵和外延，司法实务理解易生歧义，建议明确规定“从重”“从轻”是指在法定刑幅度内的相对重处、相对轻处。对于1979年《刑法》第59条第1款关于减轻处罚的规定，论者建议应明确减轻的幅度和办法，明确规定“减轻处罚应在法定最低刑以下一格判处”。对于加重处罚的规定，论者主张应将加重处罚限制在本刑种的加重范围之内；为保证刑罚的公正性，立法应明确规定加重处罚的比例；此外，从刑法典的完整统一性出发，应将加重处罚的规定放置于刑法典的量刑一节中。[④] 对于1979年《刑法》第59条第2款关于减轻处罚情节的规定，有论者提出如是建议：其一，采用总则和分则相结合的立法模式规定减轻情节，废除1979年《刑法》第59条第2款的“酌定”减轻处罚规定。其二，总则部分增加动机高尚、素行良好、真诚悔悟、补偿损失、主动坦白、被害人过错等事由为法定减轻处罚情节。[⑤] 另外，有论者认为，根据我国刑事立法状况和罪刑法定原则，刑法不宜规定加重处罚的一般原则；个别情况需要加重处罚的，可以在分则中以特别加重的形式规定对某一罪加重处罚，并明确规定其加重

---

① 参见周道鸾：《刑法完善刍议（下）》，载《法学研究》，1996（4）；赵秉志等：《中国刑法修改若干问题研究》，载《法学杂志》，1996（5）。

② 参见周道鸾：《刑法完善刍议（下）》，载《法学研究》，1996（4）；赵秉志等：《中国刑法修改若干问题研究》，载《法学杂志》，1996（5）。

③ 参见项宏锋：《资格刑探微》，载《法学与实践》，1996（1）。

④ 参见胡学相：《完善刑法中量刑规定的立法构想》，载《现代法学》，1996（2）。

⑤ 参见卢勤忠：《论酌定减轻处罚情节的法定化》，载《法律科学》，1996（4）。

方法。[①]

2. 关于累犯制度的立法完善

有论者认为，为了强化对累犯的打击，一要明确从严处罚的幅度；二要打破对累犯不能超越原法定刑幅度处罚的陈规，具体而言，可规定对累犯应加重本刑的一定比例；三要明确规定同种累犯在处罚上比异种累犯要重。亦有论者认为，我国现行刑法中的特别累犯不应仅限于反革命罪累犯，而应当扩大至包括所有严重的刑事犯罪；构成累犯的前后罪间隔期应由3年改为5年。[②] 此外，有的论者建议根据不同轻重的刑罚来规定累犯构成的间隔期限。[③]

3. 关于缓刑制度的完善

有论者提出如下建议：其一，对适用缓刑的条件，在刑法原有规定的基础之上增设一款或一条，明确规定法官在判断行为人有无人身危险性从而裁量适用缓刑时应考虑的一些因素。其二，明确规定对缓刑犯的考察应由基层社会治安综合治理机构主管；明确规定缓刑犯在考察期内应履行的义务；对缓刑犯的经济待遇、社会权利亦应作出明确规定。其三，单独设立缓刑减刑制度。其四，缓刑撤销的条件不应仅限于"再犯新罪"，立法应规定，在考察期内缓刑犯有两次以上一般违法行为或严重违反考察期内应当履行的义务，亦可撤销其缓刑。[④] 亦有论者主张，缓刑的适用对象应规定得具体、明确；对少数社会危害性大的严重刑事犯罪（如抢劫罪、强奸罪）和部分社会危害性较大的高发性犯罪（如盗窃罪）不能适用缓刑，而对情节较轻的犯罪可以多判缓刑。关于缓刑的监管措施，论者主张，应明确规定设立以司法行政部门为主体，由公、检、法参加的缓刑后考察机构；同时设立监护人担保制度。[⑤]

本年度，亦有论者就建立缓刑担保制度作了专门探讨。该论者建议，刑

① 参见王军：《关于累犯和加重处罚原则的立法建议》，载《人民检察》，1996（11）。

② 参见桑红华：《关于刑罚制度立法完善的若干探讨》，载《刑法完善专题研究》，北京，中央广播电视大学出版社，1996。

③ 参见王军：《关于累犯和加重处罚原则的立法建议》，载《人民检察》，1996（11）。

④ 参见王秋良、李泽龙：《缓刑适用的立法完善》，载《法学》，1996（4）。

⑤ 参见王国鑫：《对我国刑法中缓刑制度的立法思考》，载《法治论丛》，1996（1）。

法可设立保证金担保、保证人担保和特定义务担保等三种缓刑担保方式。[①]

（三）保安处分的立法建议

有论者主张，应当在未来刑法典中增设保安处分专章，保安处分的种类有 7 种：收容教养、强制医疗、治疗监护、强制禁戒、监督考察、驱逐出境、物的没收。劳动教养应予取消，不宜作为保安处分种类加以规定。[②] 有的论者则主张，我国刑法中的保安处分应由下列多种具体措施组成一个多层次、多功能的体系：社会矫正、劳动教养、保安监置、监护隔离、禁戒、强制劳作、保护观察、少年保护、收容教养、留场就业（注销原城市户口）、限制居住、没收物品、善行保证、禁止从业、解散法人组织，以及训诫。[③] 还有的论者认为，用“保安措施”代替“保安处分”一词更为科学；在刑法中设立“保安措施”专节后，在该节中应规定劳动教养。[④]

五、刑法典分则体系的完善

完善我国刑法分则的体系结构，是此次系统修订刑法典的一项重要内容。早在前两年，就有学者对此问题进行研究。随着修订刑法典研讨的逐步深入，学者对这一问题又进行了探讨，主要观点有以下几种。

（一）关于编、章、节的结构问题

首先是关于编的问题。有论者认为，我国 1979 年刑法典以犯罪的同类客体对犯罪进行分类排列，但各章之间的关系显得不甚明确和稳定。新的刑法典应在 1979 年刑法典分类的基础之上，按照犯罪所侵犯的社会关系再进行基本的分类，即将刑法分则分为侵犯国家利益的犯罪、侵犯社会利益的犯罪和侵犯个人利益的犯罪三大编，编下设章。[⑤]

---

① 参见钟心廉：《建立缓刑担保制度的若干设想》，载《现代法学》，1996（1）。

② 参见赵秉志等：《中国刑法修改若干问题研究》，载《法学研究》，1996（5）。

③ 参见喻伟：《保安处分刑事立法化》，载《法学评论》，1996（5）。

④ 参见马克昌：《加大改革力度，修改、完善〈刑法〉》，载《法学评论》，1996（5）。

⑤ 参见文海林：《刑法分则结构及其理论基础》，载《法学研究》，1996（4）。

其次是关于大章制和小章制的问题。主张大章制者认为，新的刑法典中“章”这层次，仍然使用粗线条的方式，对于内容较多的章，再分以节。[①] 主张小章制者认为：刑法分则不可能各章均采用章节制，必然会出现有些章有节、有些章无节的现象，显得体例不统一，不同章之间罪种、条文的数量也差别过大而不协调；同时，对于内容较多的章虽作了若干节的划分，但仍显得内容庞杂，不便于适用和研究。而采用小章制，就可以避免上述弊端，维持各章之间体例的统一和罪种、条文的协调，有助于司法之适用。[②]

（二）关于刑法分则体系的具体构想

关于刑法分则体系结构的具体构想，学者们提出了两种模式：一是采用卷、编、章、节的分类方法构建刑法分则体系，二是采用编、章的模式确立刑法分则体系。

根据第一种观点，论者所设计的刑法分则体系如下。

第一卷“总则”（从略）

第二卷“分则”

第一编“侵犯国家利益的犯罪”

第一章“危害国家安全罪”，第二章“危害国防罪”，第三章“危害廉政罪”，第四章“危害行政活动罪”，第五章“危害司法活动罪”，第六章“危害国际安全罪”。

第二编“侵犯社会利益的犯罪”

第七章“危害公共安全罪”；第八章“破坏社会主义市场经济秩序罪（一）”：第一节“走私罪”，第二节“生产、销售伪劣商品罪”，第三节“非法经营罪”；第九章“破坏社会主义市场经济秩序罪（二）”：第一节“危害金融罪”，第二节“危害税收罪”，第三节“危害公平竞争罪”；第十章“破坏社会主义市场经济秩序罪（三）”：第一节“危害环境罪”，第二节“危害自然资源罪”，第三节“危害企业管理罪”；第十一章“妨害社会风化罪”：第一节“毒品犯罪”，第二节“制造、贩卖淫

① 参见文海林：《刑法分则结构及其理论基础》，载《法学研究》，1996（4）。

② 参见赵秉志：《关于完善刑法典分则体系结构的新思考》，载《法律科学》，1996（1）。

秽物品罪”；第十二章“扰乱社会治安秩序罪”；第十三章“妨害国边境、文物、公共卫生管理罪”。

第三编“侵犯个人法益的犯罪”

第十四章“侵犯公民人身权利罪”；第十五章“侵犯公民民主权利罪”；第十六章“侵犯财产罪”：第一节“侵犯物权罪”，第二节“侵犯知识产权、债权罪”；第十七章“妨害商事秩序罪”：第一节“妨害公司利益罪”，第二节“妨害票据、保险管理罪”；第十八章“妨害婚姻、家庭罪”①。

根据第二种观点，论者所设计的刑法分则体系结构如下。

第一章“危害国家安全罪”，第二章“危害国防罪”，第三章“军人违反职责罪”，第四章“危害公共安全罪”，第五章“贪利性渎职罪”（即贪污罪与贿赂罪），第六章“普通渎职罪”，第七章“侵犯公民人身权利罪”，第八章“侵犯公民民主权利罪”，第九章“侵犯公民劳动权利罪”，第十章“侵犯财产罪”，第十一章“妨害婚姻、家庭罪”，第十二章“危害资源、环境罪”，第十三章“非法生产、经营罪”，第十四章“妨害企业管理罪”，第十五章“妨害海关管理罪”，第十六章“破坏金融秩序罪”，第十七章“妨害证券、票证管理罪”，第十八章“侵犯知识产权罪”，第十九章“妨害公平竞争罪”，第二十章“妨害税收罪”，第二十一章“妨害司法活动罪”，第二十二章“妨害社会管理秩序罪”，第二十三章“毒品犯罪”，第二十四章“妨害风化罪”，第二十五章“妨害文物管理罪”，第二十六章“妨害国（边）境管理罪”②。

六、关于刑法分则条文的立法技术问题

在1996年，刑法学界对刑法分则条文的立法技术的研讨，集中在以下三个方面。

---

① 文海林：《刑法分则结构及其理论基础》，载《法学研究》，1996（4）。

② 赵秉志：《关于完善刑法典分则体系结构的新思考》，载《法律科学》，1996（1）。

（一）关于罪种设置的原则

抛弃“宜粗不宜细”的立法思想，应社会形势的需要将一些危害行为予以犯罪化，这是此次刑法典修订的一项重要任务。有论者认为，设置新的罪种，必须坚持如下原则：一是刑法的补充性原则，即在法益保护方面，刑法是补充性的、最后的、最彻底的手段，刑法必须有限制地、谨慎地适用，非属必要，一般不得将某种行为予以犯罪化。二是严格区分刑事制裁、民事制裁、行政制裁的原则，亦即刑法在增设新罪时，应考虑自己的干预度，只有在民事法律、行政法规不足以规范行为时才加以犯罪化。三是法益兼顾原则，即设立新罪一方面要考虑对被侵害法益和被害人的保护，另一方面也应考虑对犯罪人或者被告人予以恰当的保护，全面考察犯罪化后的社会承受能力。四是对处罚行为明确界定的原则，即在内容上应将予以刑罚处罚的行为界定清楚，不能将犯罪行为和违法行为混合规定在一个条文之中。五是慎刑原则，即在设置新罪时，慎用死刑，综合平衡刑罚的轻重，防止不合理地适用刑罚。六是有利于国际交往原则，即在增设新罪时，不仅要立足于国内情况，还要考虑到国际司法协助的情况，避免因罪名的政治色彩或死刑而导致在国际司法协助时产生障碍。①

（二）关于罪名规范化问题

我国 1979 年刑法典在分则条文中没有明确标示罪名，在刑法理论研究和司法实践中都产生了一些问题。有鉴于此，有论者认为在修订刑法典时应当将罪名的标题在各罪之前予以明示。② 但也有论者认为：在刑法理论和审判实践不能为立法者提供充分的理论与实践根据的条件下，要求立法者采用标题明示或罪名立法，是强人所难，而且若采用此种立法方法，也会使我国刑法分则中的死刑条款净增许多。因此，在目前的情况下，标题明示式罪名立法方式并不可取。解决罪名不规范、不统一问题可以从以下几个方面着手：其一，加强罪名规范化、统一化的使用意识，对于约定俗成或者公认的罪名，大家都要予以遵守，不另起其名；其二，在构织罪状时应从有助于正

① 参见全理其：《刑法增设新罪的基本原则》，载《法学研究》，第 18 卷第 5 期。

② 参见肖中华：《刑法分则完善中若干基本问题的研讨》，载《江西法学》，1996（5）。

确确定罪名出发；其三，应当明确授权最高人民法院统一确定罪名。[①]

（三）关于刑法分则条文表述的规范化问题

有论者认为：我国现行刑法分则性条文大量使用简单罪状，致使其中某些犯罪的构成要件极难把握，也导致司法实务及理论上的混乱。在完善刑法典时，应尽量采用叙明式罪状；在用语上，应当明确、严谨，避免诸如“论处”“处罚”等含糊不清的词语。[②] 还有论者提出，刑法分则条文语言表述应当内涵明确、统一协调，避免重复、删除赘语，术语规范、表述严谨。[③]

（四）刑法分则条文具体化问题

刑法分则条文具体化，是罪刑法定原则的基本要求。有论者认为：我国现行刑法中，大量使用犯罪情节和犯罪数额作为定罪或量刑的标准，其缺陷表现为表述过于笼统、抽象，伸缩性大，在司法实践中往往易导致出入人罪，量刑失当。在修订刑法典时，应尽量避免伸缩性较大的情节犯，对常见的情节应当明列；在犯罪数额具体化方面，不应将数额绝对固定，要保持一定的社会发展适应性；同时，亦不宜将数额大小作为定罪量刑的唯一根据，而应加上其他情节。[④]

七、刑法分则罪种的立法完善

（一）关于“口袋罪”的修改完善问题

由于在立法时采取“宜粗不宜细”的指导思想，我国现行刑法中有三个罪状简单却包罗万象的所谓“口袋罪”，即投机倒把罪、流氓罪和玩忽职守罪。对于如何解决这三个“口袋罪”的问题，刑法学界进行了研讨。相关论

① 参见薛瑞麟：《关于罪名规范化统一化的构想》，载《中央政法管理干部学院学报》，1996（2）。
② 参见赵秉志等：《中国刑法修改若干问题研究》，载《法学研究》，1996（5）。
③ 参见高一飞：《刑法分则条文语言表述的规范化》，载《江西法学》，1996（1）。
④ 参见肖中华：《刑法分则完善中若干基本问题的研讨》，载《江西法学》，1996（5）。

者一致认为：对三个“口袋罪”应进行分解，对不尽科学合理的内容予以删除，对需要保留的内容予以独立化。对于投机倒把罪，特别刑法中已将有些内容独立成罪，如生产、销售伪劣产品的犯罪，侵犯著作权的犯罪，虚开、伪造、买卖增值税发票犯罪等，所余内容可以再分解规定为扰乱市场罪、非法为他人提供经营条件罪、非法出版罪等。对于流氓罪，可以分解为聚众斗殴罪、寻衅滋事罪、强制猥亵罪、聚众淫乱罪等。“侮辱妇女”与侵犯人身权利罪中的侮辱罪很难区分，不再列入。对于玩忽职守罪，首先，应保留这一罪名，但主体要件限于国家工作人员，主观方面限于过失，严格进行界定；其次，在渎职罪中增设公职人员违反职责罪、滥用职权罪、逾越职权罪、故意放弃职责罪等新罪种。[①] 也有论者认为，现在的玩忽职守罪可以分解为玩忽职守罪（传统意义上的）、滥用职权罪和放弃职权罪三个罪种，在法定刑上应较目前规定有所提高，而且鉴于滥用职权罪和放弃职权罪的主观恶性比玩忽职守罪的深，其处罚标准亦应相对较重。[②]

（二）关于侵犯公民人身权利犯罪的立法完善

有论者认为：侵犯公民人身权利犯罪与侵犯公民民主权利犯罪规定在一章之内的立法例不尽科学，且现有的内容也需予以调整、充实，因而，应当以有利于司法实务惩治、防范犯罪为宗旨，通盘考虑总体立法，兼顾形式与内容，立足于本国实际与借鉴国外经验相结合的原则对其进行完善。具体构想为：将侵犯公民人身权利犯罪独立规定为一章；将刑讯逼供罪、诬告陷害罪和伪证罪移入新设立的妨害司法活动罪一章之中；删除1979年《刑法》第131条和第137条的规定；合并强迫他人卖淫罪与强迫妇女卖淫罪、拐卖妇女儿童罪与拐卖人口罪；增设绑架罪、恐吓罪和胁迫、诱骗未成年人表演恐怖、残忍或者淫秽节目罪；将某些犯罪的处刑情节具体化；取消故意伤害罪和强迫他人卖淫罪的死刑；将过失致人死亡罪的法定最高刑限定为10年有期徒刑，将奸淫幼女罪的法定最低刑由3年有期徒刑提升为5年有期徒刑，将非法限制自由罪、非法搜查罪、非法侵入住宅罪的法定最高刑由现行

① 参见赵秉志等：《中国刑法修改若干问题研究》，载《法学研究》，1996（5）；高铭暄：《试论我国刑法改革的几个问题》，载《中国法学》，1996（5）。

② 参见侯建：《玩忽职守罪的修改与完善》，载《法学杂志》，1996（5）。

的3年有期徒刑降为2年有期徒刑。根据上述设想，完善后的侵犯公民人身权利罪一章所包括的罪名有：故意杀人罪，过失致人死亡罪，故意伤害罪，过失重伤罪，强奸妇女罪，奸淫幼女罪，强迫他人卖淫罪，绑架罪，拐卖人口罪，收买人口罪，胁迫、诱骗未成年人表演恐怖、残忍或者淫秽节目罪，恐吓罪，侮辱罪，诽谤罪，非法剥夺自由罪，非法限制自由罪，非法搜查罪，非法侵入住宅罪等。论者还具体设计了上述各罪的罪状及法定刑。①

（三）关于侵犯公民民主权利犯罪的立法完善

1979年刑法典将侵犯公民民主权利犯罪与侵犯公民人身权利犯罪规定在一章之中，有论者认为不妥，而应将之分立为独立章，并在罪状、法定刑上进行完善，增设一些新罪种。具体设想为：增加破坏选举罪的行为方式，现行刑法规定本罪是以暴力、威胁、欺骗、贿赂等非法手段，还应增加伪造选举文件、虚报选举票数的行为；修正报复陷害罪、侵犯公民通讯自由罪、侵犯少数民族风俗习惯罪和妨害宗教信仰自由罪的构成要件；将《集会游行示威法》中规定的妨害合法集会、游行、示威罪纳入其中，并明确规定法定刑；对破坏选举罪、报复陷害罪增设剥夺政治权利的法定刑；增设破坏宗教建筑罪。根据上述构想，侵犯公民民主权利罪一章所包括的罪种有：破坏选举罪，报复陷害罪，侵犯公民通讯自由罪，妨害合法集会、游行、示威罪，侵犯少数民族风俗习惯罪，妨害宗教信仰自由罪，破坏宗教建筑罪等。该论者还具体设计了上述各罪的罪状及法定刑，并对所设计的条文进行了立法理由说明。②

（四）关于增设侵犯公民劳动权利罪专章的问题

关于侵犯公民劳动权利方面的犯罪，我国1979年刑法未作规定。鉴于改革开放以来尤其是近年来，各种侵犯公民劳动权利的违法犯罪现象日益增

① 参见赵秉志、肖中华：《关于侵犯公民人身权利犯罪立法完善之探讨》，载《检察理论研究》，1996（4）。

② 参见赵秉志、赫兴旺、肖中华：《关于侵犯公民民主权利罪和侵犯公民劳动权利罪立法完善的构想》，载《现代法学》，1996（4）。

多，在我国增强公民劳动权利的刑法保护已势在必行。由于劳动权利的重要性及劳动权利同民主权利相比的独立性，对于侵犯劳动权利的犯罪，亦应专设一章，置于侵犯公民民主权利罪之后。该罪的罪名均为新增设，具体包括：危害劳动者身心健康罪，强迫他人劳动罪，侵犯女工劳动保护权利罪，侵犯未成年工劳动保护权利罪，非法招收、使用童工罪。有论者对上述各罪的罪状及法定刑均作了具体的设计，并附有立法理由的说明。①

（五）关于妨害司法活动罪的完善问题

妨害司法活动罪，是妨害司法机关的正常司法活动、侵犯国家司法权正常行使的所有犯罪行为的总称。关于此类犯罪的立法完善，近些年学者一直有所探讨。在本年度内，刑法理论界对此方面的研讨更趋深入。有论者认为：根据犯罪主体是否具备司法人员这一特定身份，妨害司法活动的犯罪可以分为非渎职性的和渎职性的两大类。对于前者，可在新的刑法典中专设一章，予以集中规定；对于后者，其除了侵犯国家的司法活动外，更重要的是利用司法职权侵犯国家的司法权，因此将之归入渎职罪一章更为合理。在具体罪刑规范完善方面，应明确规定诬告陷害罪的法定刑；分条规定并详细阐明窝藏罪、包庇罪和窝赃罪、销赃罪的罪状；明确私放罪的罪状；充实伪证罪的罪状；将1979年《刑法》第96条规定的聚众劫狱罪和组织越狱罪分条规定，并将聚众劫狱罪改为劫狱罪；将组织越狱罪与脱逃罪合并为逃离监所罪；增设虚构犯罪罪，知情不举罪，拒不作证罪，妨害作证罪，干扰法庭秩序罪，侵犯司法人员、诉讼参与人罪，妨害监管秩序罪，购买赃物罪，拒不履行司法协助义务罪，拒不受理罪，非法行刑罪，司法失职罪，非法干涉司法活动罪。据此，修改后的刑法典中妨害司法活动罪一章中所包括的罪名可以有：诬告陷害罪，虚构犯罪罪，帮助罪犯隐匿罪，知情不举罪，伪证罪，拒不作证罪，妨害作证罪，妨害证据罪，干扰法庭秩序罪，拒不执行法院裁判罪，侵害司法人员、诉讼参与人员罪，妨害监管秩序罪，劫狱罪，逃离监所罪，窝赃罪，销赃罪，购买赃物罪，拒不履行司法协助义务罪。渎职罪一章中的妨害司法活动犯罪可以包括：拒不受理罪，刑讯逼供罪，枉法追诉、

---

① 参见赵秉志、赫兴旺、肖中华：《关于侵犯公民民主权利罪和侵犯公民劳动权利罪立法完善的构想》，载《现代法学》，1996（4）。

裁判罪，非法释放被监管人罪，体罚虐待被监管人罪，非法行刑罪，司法失职罪，非法干涉司法活动罪。该论者对上述各罪的罪状及法定刑均进行了设定，并附置了每一罪的立法理由说明。[①]

（六）关于贪污罪贿赂罪的立法完善

贪污罪与贿赂罪的立法完善是近些年来研讨的热点。关于贪污罪贿赂罪是作为独立的一章，还是均归于渎职罪一章之中，学者尚有不同的意见。此外，学者对贪污罪贿赂罪的构成要件及法定刑的完善也提出若干建议。关于贪污罪，有论者认为：贪污罪是既具有财产性又具有渎职性的犯罪，其主体应明确限定为依法从事公务的人员。在犯罪客体方面，其仅限于公共财产，集体经济组织、中外合资企业、股份制企业中的财产不能作为贪污罪的对象。[②] 在法定刑方面，有论者建议，对贪污罪应增设罚金刑、剥夺资格刑，并在今后适当的时候废除死刑。[③] 关于贿赂罪，有论者认为：现行刑法关于本罪的立法，罪名单一，应当进行分解，将之分为普通受贿罪、司法执法人员受贿罪、枉法受贿罪、斡旋受贿罪、商业受贿罪、行贿罪、枉法行贿罪、商业行贿罪。贿赂犯罪的贿赂内容，不应仅限于财物，而应扩大到一切利益，包括非物质性利益以及色情服务。公职人员的受贿罪主体，应仅限于国家工作人员，其客观要件中应将利用职务便利和为他人谋利益改为“因职务关系”。在行贿罪中，应删除“为谋取不正当利益”这一要件。[④] 在贿赂罪的法定刑方面，应扩大罚金刑，增设资格刑。[⑤]

---

① 参见赵秉志、赫兴旺、肖中华：《关于完善妨害司法活动罪立法的研讨》，载《政法论坛》，1996(4)。

② 参见王作富、党建军：《贪污罪主体、客体的立法完善》，载《法学研究》，1996(2)；刘光显、张泗汉主编：《贪污贿赂罪的认定与处理》，205～254页，北京，人民法院出版社，1996。

③ 参见曹子丹：《我国刑法中贪污罪贿赂罪法定刑的立法发展及其完善》，载《政法论坛》，1996(2)。

④ 参见刘光显、张泗汉主编：《贪污贿赂罪的认定与处理》，428～438页，北京，人民法院出版社，1996。

⑤ 参见刘光显、张泗汉主编：《贪污贿赂罪的认定与处理》，439～440页，北京，人民法院出版社，1996；曹子丹：《我国刑法中贪污罪贿赂罪法定刑的立法发展及其完善》，载《政法论坛》，1996(2)。

（七）关于渎职罪的立法完善

对于渎职罪的立法完善，有论者认为可以从以下几个方面着手：一是调整渎职罪的原有罪名，将受贿罪分解为间接受贿罪、斡旋受贿罪、事前受贿罪和事后受贿罪，将玩忽职守罪分解为玩忽职守罪和不尽职责罪；二是吸收分散在其他章中的渎职罪种，包括贪污罪、刑讯逼供罪、报复陷害罪、非法剥夺公民宗教信仰自由罪、侵犯少数民族风俗习惯罪、挪用特定款物罪；三是增设新的罪名，包括挪用公款罪，滥用职权罪，执法人员徇私枉法罪，知情不举罪，隐匿、毁损账据罪，浪费罪等。该论者还对上述新增罪种的罪状作出设计，并提出职务犯罪的法定刑应高于同种性质的非职务犯罪的，并普遍设立资格刑。[①]

（八）关于其他犯罪的研讨

除上述论述较为系统、深入的罪种外，刑法学界还对设立非法索债罪、逃避清算罪、妨害商业秘密罪、危害环境犯罪、背信罪、吸毒罪、期货犯罪、证券犯罪、计算机犯罪等，进行了探讨和论证。限于篇幅，本书不再予以综述。

八、刑法学研究发展的展望

中共中央《关于加强社会主义精神文明建设若干重要问题的决议》将法制建设作为社会主义精神文明建设的重要内容。以此为契机，今后中国刑法学研究将更加繁荣。在具体内容上，未来中国刑法学的发展主要包括如下若干方面：其一，刑法基础理论研究将进一步深入，这是刑法学繁荣发展的主要内容；其二，随着新刑法典的通过实施，对新刑法典相关内容的研究必将成为热点；其三，在新刑法典通过实施后，对其本身的一些不足，仍会有深入的研究，并进而提出新的完善意见；其四，随着香港地区回归祖国，对香港地区刑法的研究以及香港地区与全国性刑法的冲突及其解决，将成为刑法

---

① 参见冯锐：《完善渎职罪立法的思考》，载《法学研究》，1996（4）；康凤英、李游：《完善惩治职务犯罪的刑事立法思考》，载《政法论坛》，1996（3）。

学界所面临的现实课题；其五，随着中国对外开放的进一步深入和国际刑法交流的增多，外向型刑法的研究亦将得以进一步发展。此外，在研究方法上，除应保持注释的传统方法之外，更应加强以理性的和实证的方法开展刑法学研究。

[高铭暄、赵秉志、赫兴旺、肖中华；载《法学家》，1997（1）]

第九章

1997 年的刑法学研究

一、研究概况

1997 年是我国刑法科学发展史上具有划时代意义的一年。17 年前，第五届全国人大第二次会议通过了新中国第一部刑法典即 1979 年的《中华人民共和国刑法》，从此我国刑法学研究进入了一个崭新的历史时期；1997 年 3 月 14 日，第八届全国人大第五次会议又通过了经全面、系统修订的《中华人民共和国刑法》即 1997 年的新刑法典，这是对 17 年来刑法理论研究与实践经验的全面总结。我国刑法学界承前启后，继往开来，为建设社会主义法治国家不懈奋斗，努力将刑法学研究推向了新的历史阶段。

以刑法典的修订通过为基本界点和发展契机，同时受到香港地区回归等重大事件的影响，1997 年度的刑法学研究呈现出如下几个特点。

第一，在刑法典修订前后，学界极为密切地关注我国刑法的改革。1982 年国家就决定研究修改刑法，1988 年提出了初步修改方案，到 1997 年 3 月修订工作进行了 15 年。在这一过程中，我国刑法学界长期致力于刑法改革的多方位研究，每年都有很多论著问世。但 1997 年与往年不同，由于刑法典修订工作进入最后关头，刑法学界对刑法改革的关注更为密切。以新刑法典通过为时间界点，1997 年全年的刑法学研究大致可以分为两个阶段，新刑法典通过前为建议建言阶段，新刑法典通过后为深化研究阶段。在第一阶段，刑法学界主要是围绕即将到来的刑法典的修订，通过理论研究为立法工作献计献策。由于这是此次刑法改革理论研究这一漫漫征程的最后冲刺阶段，因而刑法学界对刑法典修订的建议建言同以往的相比，表现得更为热烈、全面、集中和迫切。所谓“更为热烈”，是指各种法学报刊连篇累牍地发表关于刑法改革的论文、文章，其密集度非以往的可比。例如，《中外法学》1997年第1期共发表8篇刑法论文，全部是关于刑法改革的；《政治与法律》1997年第1期约请了6位中国刑法学研究会青年理事，就刑法修改中的若干重要问题发表意见，同时还发表2篇有关刑法修改的专论。所谓“更为全面”，是指从发表论著所涉及的内容上看，既有对刑法改革宏观问题的研究，又有对刑法改革具体问题的研究，还有兼论刑法典修改时机的，在短短数月内论及刑法改革的各个方面，这是往年没有的。所谓“更为集中”，是指1997年刑法学界对刑法改革的建议建言有不少是历年来刑法改革理论研究的精华，可谓精彩纷呈。所谓“更为迫切”，是指面对刑法典修改的最后时刻，刑法学界希望为国家刑事法制建设作贡献的心情更为迫切。例如，中国法学会刑法学研究会及时结集出版了《刑法修改建议文集》，为刑法改革提供重要参考。

在第二阶段，刑法学界主要是围绕新刑法的贯彻实施，深化刑法理论的研究。这表现在两个方面：一是学术活动方面。中国法学会刑法学研究会于1997年8月15日至20日在宁夏银川市召开了主题为“刑法的贯彻与实施”的年会，来自全国各地的171位代表参加了会议，共收到论文93篇。与会者对我国新刑法的贯彻实施等问题进行了广泛而深入的探讨。《法学研究》于1997年5月初组织刑法学研讨会，在京的部分刑法界专家学者参加了会议。此次会议的宗旨不是对新刑法的注释及宣传普及，而是希望刑法界的有识之士在新刑法已经由全国人大通过的大背景之下，探讨刑法学基础理论研究今后的方向及热点。二是发表论著方面（此处只涉及论文，关于书籍将在后面介述）。自新刑法典通过之日起，各种法学报刊即以“论坛”“专论”“笔谈”“访谈”等各种形式纷纷发表研究、评论新刑法典的论文、文章。从研究趋势看，文章的发表从开始时仅注重全方位研究新刑法典对原刑法的重大发展，后来渐进演变为研究新刑法典的贯彻实施与探讨新刑法典的缺陷与不足并重的局面。应当指出，刑法学界在新刑法典通过后进行的刑法学研究局面，不同于1979年刑法典通过后的刑法学研究局面。由于1979年刑法典通过时我国刑法学刚刚复苏，理论基础薄弱，加之法制建设长期废弛，因而1979年刑法典实施后的两年间，我国刑法学研究基本上是围绕着学习刑法、宣传刑法、普及刑法、解释刑法而进行的。时至1997年，由于已经有了17年理论研究的基础和成果，因而刑法学研究具有刑法学研究起点高、方法新、形式多、层次深等特点。当然，宣传和普及新刑法典是刑法学界义不容辞的一项重要任务，刑法学界为此做了很多工作，但刑法学界在新刑法典通过后的主要任务已不在于此，而在于为刑法改革的最终落实而继续深化理论研究。

第二，学界密切关注香港地区回归，为“一国两制”的贯彻实施作贡献。在这方面，学界先后发表了一些论文、文章，特别是出版了几本论述香港地区刑法的专著及著作，为本年度刑法学研究增添了一道人文风景线。

第三，学界在注重刑法改革的现实理论与实践问题的同时，重视对刑法学基础理论的研究，从而保持了刑法学基础理论研究的连续性、递进性。在这方面，学界也发表、出版了一批有见地的论文、专著。

总的来看，本年度出版的刑法书籍主要有五种类型。一是中国刑法专著，比较有代表性的主要有：黎宏著《不作为犯研究》（武汉大学出版社），张文等著《刑事责任要义》（北京大学出版社），黄风著《中国引渡制度研究》（中国政法大学出版社），樊凤林、周其华、陈兴良主编的《中国新刑法理论研究》（人民法院出版社），赵秉志主编的《中国特别刑法研究》（中国人民公安大学出版社）等；二是刑法学论集，比较有代表性的主要有：高铭暄主编的《刑法修改建议文集》（中国人民大学出版社），陈兴良主编的《刑事法评论》（中国政法大学出版社）等；三是刑法教科书，比较有代表性的主要有：赵秉志主编的《新刑法教程》（中国人民大学出版社），苏惠渔主编的《刑法学》（中国政法大学出版社），周振想编著的《刑法学教程》（中国人民公安大学出版社）等；四是新刑法释论著作，比较有代表性的主要有：赵秉志主编的《新刑法全书》（中国人民公安大学出版社），陈兴良主编的《刑法全书》（中国人民公安大学出版社），胡康生、李福成主编的《中华人民共和国刑法释义》（法律出版社），高西江主编的《中华人民共和国刑法的修订与适用》（中国方正出版社），郎胜主编的《〈中华人民共和国刑法〉释解》（群众出版社），刘家琛主编的《新刑法条文释义》（人民法院出版社），周道鸾等主编的《刑法的修改与适用》(人民法院出版社)，张穹主编的《刑法适用手册》(中国人民公安大学出版社)，敬大力主编的《刑法修订要论》(法律出版社)，肖扬主编的《中国新刑法学》(中国人民公安大学出版社)，周振想主编的《中国新刑法释论与罪案》(中国方正出版社)，王作富主编的《中国刑法的修改与补充》(中国检察出版社)，梁华仁、裴广川主编的《新刑法通论》(红旗出版社)，欧阳涛等主编的《中华人民共和国新刑法注释与适用》(人民法院出版社)，赵秉志主编的《新刑法典的创制》(法律出版社)，陈泽宪主编的《新刑法单位犯罪的认定与处罚》(中国检察出版社)，等等；五是外向型刑法论（译）著，比较有代表性的主要有：赵秉志主编的《香港刑法学》(河南人民出版社)，宣炳昭著《香港刑法导论》(中国法制出版社)，田彦群著《香港刑事法》(海天出版社)，赵永琛著《国际刑事司法协助研究》(中国检察出版社)，［日］西原春夫主编的《日本刑事法的形成与特色》(李海东等译，中国法律出版社与日本国成文堂联合出版)，张明楷著《未遂犯论》(中国法律出版社与日本国成文堂联合出版)，甘雨沛著《比较刑法学大全》(北京大学出版社)，赵秉志著《外向型刑法问题研究》(中国法制出版社)，［法］安德鲁·博萨著《跨国犯罪与刑法》(陈正云等译，中国检察出版社)，等等。

二、关于刑法改革问题

如前所述，1997年度刑法学研究以新刑法典通过为基本界点可分为两大阶段。这里我们所要介述的，是新刑法典通过前这一阶段刑法学界对刑法改革问题的研究状况。

(一) 刑法改革的宏观问题

1. 刑法修改的指导思想

这是一个关系到刑法改革成败的带有全局性、根本性的大问题。学者们主要是从两个方面阐发意见和建议的。一些学者从刑事政策角度阐述这一问题。有论者指出，惩办与宽大相结合之所以称为基本刑事政策，是因为它是各项具体刑事政策的基础，它既是刑事立法的指导思想，又是刑事司法的指导思想，刑法修订要全面贯彻之。这一刑事政策在总则部分体现得最为突出的是在刑罚部分，尤其是刑罚适用制度。惩办与宽大相结合的刑事政策的全面贯彻关键看刑法分则，体现在分则中就是“严而不厉”，即在犯罪构成的设计上应做到严密罪状，严格刑事责任，不使犯罪人轻易逃脱法网；在法定刑方面应当是不厉害、不苛厉。[①] 有论者指出，惩办与宽大相结合的刑事政策对于刑法修改具有重要指导意义，因而应当成为刑法修改的指导思想。这一刑事政策的基本精神在于根据犯罪的不同情况，区别对待，惩办少数，改造多数。在刑法修改中仍然应当坚持这一基本精神，惩办是主要矛盾，但必须与宽大结合起来，做到宽严相济。就当前情况看，要防止的是片面强调惩办，甚至片面强调从严惩办，要正确处理惩办与宽大相结合的刑事政策与从重从快惩处犯罪的“严打”方针的关系，前者制约着后者，后者仅补充着前者，要反对崇尚刑罚的错误观念。为贯彻这一指导思想，刑法修改就要有前瞻性，放眼于长期需要；应当以科学理性为指导，而不能受情绪冲动的制约，要正确对待群众要求刑罚改轻为重的呼声；应当既立足国情，又顺应国际上刑法轻缓化的大趋势，至少不能与此背道而驰。[②] 有的论者还提出我国1997年刑法典明确将惩办与宽大相结合规定为政策依据，相信修改后的刑法典也会作出类似规定。[③] 有些学者以“刑法调控模式的合理设置”或“犯罪化思想与我国犯罪化立法的规模设计”等为题阐述了刑法修改的指导思想。这实际上还是从刑事政策与刑法改革的关系角度看问题。

有论者指出，根据刑法调控的特性和目前我国刑法调控之现实，完善市场经济条件下的刑法调控模式，必须切实注意以下两个方面。一是注重进行犯罪化以扩大刑法调控的广度。首先，由于传统经验立法的影响，尽管国家最高立法机关新增了很多罪名，中国现行刑法的“犯罪圈”还是偏小；其次，与社会转轨及市场经济伴生的大量新型犯罪，是刑法调控范围必须大规模扩大的直接原因。刑法调控范围的进一步扩大，并不否定个别地进行非犯罪化，与刑法调控的适度原则也不矛盾。二是克服重刑化立法以合理调节刑法调控的力度。在此基础上，应以社会公正伦理观念为基础，按照罪刑相适

① 参见储槐植：《刑法修订与刑事政策》，载《中外法学》，1997（1）。

② 参见陈兴良：《刑法修改的指导思想》，载《政治与法律》，1997（1）。

③ 参见张明楷：《论修改刑法应妥善处理的几个关系》，载《中外法学》，1997（1）。

应原则的要求，建立轻重适度的刑罚体系和法定刑幅度。具体而言，刑罚的合理设置主要应解决以下几个问题：第一，在立法上严格限制并减少死刑立法；第二，在刑种的调整与改革方面应当扩大管制、拘役以及罚金等轻刑种的适用范围，避免片面强调生命刑和严厉自由刑的不良倾向；第三，在具体犯罪的法定刑方面，应当注意各种犯罪之间的协调性、平衡性和合理性。[①]有的论者则认为，我国刑法迅速大规模的犯罪化立法及其呼声，虽然反映了社会转型时期人们惩治犯罪的强烈愿望，但不可避免地存在着对我国当前社会发展特点缺乏足够认识的盲目性成分。转型时期社会问题急剧增多，是一种规律性现象，不以人们的愿望为转移。犯罪化立法的过程如果得不到司法上及时而强有力的呼应，其实际规范作用是不可能达到的，甚至还会出现负面效应。由于受到社会财富原有基础及其积累过程的制约，我国在相当一段时间里对司法的投入不可能快速增长，大规模犯罪化立法只能加剧刑事立法与司法严重脱节的现象。犯罪化立法的规模应当得到合理控制，但还缺乏全面实行“非犯罪化”的现实基础和社会需要，因而在划定“犯罪圈”时应当对各种不法行为的危害量作实事求是的估计，分析其之所以大量增生的深层原因，并在科学测定刑法介入后司法承受能力的基础上，作出具有严格构成标准并富有可操作性的规范规定。只有经过合理规模设计后出台的犯罪化立法，才能产生良好的适用效果，而一味追求“完美”法典，会得不偿失。[②]还有的论者指出，因司法体制等原因而没有严格执法的问题，不应当也不可能通过刑事立法本身来解决；因没有进行合理解释而产生的刑事司法问题，也没有必要通过刑事立法本身解决；只有因刑法没有规定或规定含混而司法机关无法可依或有法难依时，才应当通过修改刑法条文来解决。[③]

另外，有些学者还从刑事立法技术的角度对刑法修改的指导思想作了论述。有论者认为，刑事立法方法与立法技术直接关系到立法内容的科学性与可行性，并进而影响到实践中对法律的准确理解和正确运用，以市场经济体制下现代法制的内在要求来审视我国现行刑法之立法方法与技术，对之进行

① 参见赵秉志、肖中华：《适应市场经济、完善刑事立法》，载《政治与法律》，1997（1）。
② 参见苏惠渔、游伟：《树立科学思想，完善刑事立法》，载《政法论坛》，1997（1）。
③ 参见张明楷：《论修改刑法应妥善处理的几个关系》，载《中外法学》，1997（1）。

重大变革势在必行，这就是要注重刑事立法的前瞻性与明确性。[①] 有的论者还全面介述了我国刑法学界在刑事立法指导思想上的分歧与论争，并对我国刑事立法指导思想应有的取向发表了与上述见解相同的看法。[②] 还有的论者从党的思想路线、市场经济理论、民主法制理论等方面谈了自己的看法。[③]

2. 刑法的体系结构

刑法的体系结构是刑法立法模式的具体表现。有论者指出：当今世界各国刑法都由三部分组成，即刑法典、单行刑法与非刑事法律中的罪刑规范，还没有一个国家的刑法典囊括了全部犯罪，因而应当实现刑事立法内容与刑法渊源的协调统一，没有必要将一切犯罪规定在刑法典中。从长远来看，刑法典与单行刑法、非刑事法律中的罪刑规范在内容上应有所分工：刑法典规定的犯罪应主要是能够简短描述的传统型犯罪；单行刑法规定的主要是具体类型较多、难以简短描述的犯罪；非刑事法律中的罪刑规范应主要规定与该法律密切相关的轻微经济犯罪与行政犯罪。在刑法典总则与分则关系的问题上，修改时应注意：对于共性问题应规定在总则中，而不能只规定在分则的个别条文中，否则必然导致难以适用法律；对于分则中反复出现的表述，应概括规定在总则中，否则必然导致分则规定过于繁杂；对刑法用语的解释性规定，均应统一放在总则的“其他规定”中。[④] 有的论者主张采取“集中与分散相结合”的立法模式和罪刑相结合的附属刑法立法模式，认为立法机关应迅速摆脱在这一问题上的种种理论之争，从更加有利于准确打击变化多端的经济犯罪的实际需要出发，在附属刑法规范中明确描述经济犯罪的罪状并创制新的法定刑，从而实现我国刑事立法的系统完善。[⑤] 有的论者则从章制编排、罪名设置、条文编纂等方面探讨了刑法修改中的体例调整。在章制编排上，论者主张以客体特征作为刑法分则体例编排的统一标准，将原刑法分则体例的大章制改为小章制，同时确定刑法分则体系的内在逻辑性，为此可以借鉴西方国家刑法分则体系的建构标准；在罪名设置上，论者主张既要反

---

① 参见赵秉志、肖中华：《适应市场经济、完善刑事立法》，载《政治与法律》，1997（1）。
② 参见陈正云：《论我国刑事立法指导思想应有的取向》，载《云南法学》，1997（1）。
③ 参见高铭暄主编：《刑法修改建议文集》，27～34 页，北京，中国人民大学出版社，1997。
④ 参见张明楷：《论修改刑法应妥善处理的几个关系》，载《中外法学》，1997（1）。
⑤ 参见苏惠渔、游伟：《树立科学思想，完善刑事立法》，载《政法论坛》，1997（1）。

对罪名过于细琐的极端倾向，也要防止罪名过于笼统的极端倾向，真正做到宽窄适宜，以便于司法适用，还应当坚持一罪名一法条的原则，从而保持体例上的统一；在条文编纂上，存在一个刑法典与关系法规（即单行刑法）的处理问题。单行刑法具有特别刑法的性质，不可完全照搬到刑法典中去，有些规定应当加以选择：或者由个别规定上升为一般规定，或者取消，以便同其他条文协调。附属刑法规范在被纳入刑法典时也要加以甄别。在刑法修改中，单行刑法中的立法例要通过理论上的考察，作出统一规定。① 有的论者还从调整刑法结构入手，建议刑法修订时应大量增加分则条款，细化罪名，把侵犯人身权利、民主权利罪排在破坏经济秩序罪之前。②

3. 刑法基本原则

罪刑法定原则的立法化问题，一直是我国刑法改革研究中一个颇具争论的问题。总的来看，罪刑法定原则立法化是刑法学界的共识，但也有少数学者持反对态度。限于篇幅，这里只能选取有代表性的观点加以介述。有论者指出：罪刑法定原则是国家维护社会秩序和保障公民合法权利的结晶，是在刑事领域国家权力和公民权利的高度统一。1979年刑法典只是基本上实行了罪刑法定原则，为了使基本上实行罪刑法定原则走向完全实行罪刑法定原则，在新刑法典中应当明确规定罪刑法定原则，并取消刑事类推制度。规定罪刑法定原则的条文可作如下表述：对于行为时法律没有明文规定为犯罪的行为，不得定罪处罚。至于个别不严重的“罪”，即使因始料不及而暂时漏网，那比起实行罪刑法定原则所具有的巨大价值，也实在是一个微不足道的代价。③ 有论者指出：刑法学界对刑法原则的概括，长期以来停留在对已有法律规定的表层内容的总结上，而且又较多地注重对其“具体体现”的形式性罗列与阐释。对“罪刑法定”本身所蕴含的民主与法治思想的单一、浅层认识，是导致我国刑法难以真正实现向“罪刑法定”要求转化的主要原因，也是这次圆满完成刑法修订工作必须着重明确的认识前提。打击犯罪（社会保障）和保护人民（人权保护）从理论上讲可以达到完全统一，但实际上有轻重缓急之分。在市场化的特定历史时间，刑法更应将保护公民权利作为首

① 参见陈兴良：《刑法修改的双重使命：价值转换与体例调整》，载《中外法学》，1997（1）。

② 参见刘灿璞：《再议刑法修改》，载《黑龙江省政法管理干部学院学报》，1997（1）。

③ 参见高铭暄主编：《刑法修改建议文集》，3～5页，北京，中国人民大学出版社，1997。

要任务，而“罪刑法定”正体现了主权在民和人权保护的价值内涵。罪刑法定原则要求罪刑关系的明确化、规格化和法定化。刑法典的修改必须在法律上有如下体现：第一，明文设立罪刑法定的原则条款，并将其规定在显著位置上；第二，删除1979年《刑法》第79条，废止刑事类推制度；第三，明文规定犯罪名称，实现罪名的法定化；第四，具体描述犯罪的构成要素，尽量使用叙明罪状；第五，对宽幅交错的法定刑结构进行合理调整，设立较具可操作性的刑罚条款。[①] 有的论者认为，罪刑法定无疑应当成为我国刑法的基本原则，现行刑法中的类推制度应予废止，为此有必要对以下两点加以辨析。第一，市场经济体制不应成为保留类推、否定罪刑法定原则的根据，社会主义市场经济在刑法中的内在要求就是废止类推、实行罪刑法定。刑法的滞后不应通过类推来解决，实行罪刑法定原则有助于刑法的完备。第二，类推并不利于保障人民的合法权益。新刑法典应当在废止类推制度的前提下开宗明义地规定罪刑法定原则，条文可拟为：“对于行为时法律没有规定为犯罪的行为，不得定罪处罚。”[②] 有的论者认为，罪刑法定与类推存在明显的逻辑矛盾。罪刑法定与类推之争，实质是刑法价值的重大选择。在市场经济体制下，刑法机能应从社会保护向人权保障倾斜，类推就丧失了合理性基础。“情无穷，法有限”作为主张类推的理由只注重对刑法的技术分析，而忽视了对刑法的价值分析，因而很难说是通达之论。[③] 有的论者则认为：国外刑法学界对“罪刑法定原则”（“法制原则”）有形式主义与实质主义两种理解，对这一原则的形式主义理解是大陆法系国家崇拜理性的历史传统与启蒙时期特定的社会历史条件相结合的产物，其表现形式是崇拜法律的确定性，忽视法律的内在价值，强调从技术上追求法律的完美，以达到限制司法权的目的；对罪刑法定原则的实质主义理解反对将法律视为僵死的教条，主张通过发挥法官的能动性来弥补法律与社会现实间的断裂，但过分强调直觉在法律适用中的作用最终难免陷入法律虚无主义。在如何对待形式上与罪刑法定原则相抵触的类推等制度的问题上，该论者认为新刑法应跳出传统观念

---

① 参见苏惠渔、游伟：《树立科学思想，完善刑事立法》，载《政法论坛》，1997（1）。

② 赵秉志、肖中华：《适应市场经济、完善刑事立法》，载《政治与法律》，1997（1）。

③ 参见陈兴良：《刑法修改的双重使命：价值转换与体例调整》，载《中外法学》，1997（1）。

的束缚，重在表现这一基本原则在我们时代的内在价值。① 此外，还有些学者论及罪刑均衡与法律面前人人平等在刑法修改中的贯彻问题，有的论者还主张在刑法中创立其他一些基本原则。

4. 刑法修改的规模和时机

尽管1997年年初我国刑法典的全面修订和通过在即，仍然有少数学者对此提出质疑。有论者认为，对我国原有刑法的基本评价应是作用不小加上问题很多，在这种前提下，如果对刑法进行小改，则不解决问题，也没有必要；如果大改，则虽是客观需要，但时机不到；无奈而明智的选择是暂时不改，应当进行充分的调研和论证，为修改刑法作前期准备，积极创造条件。② 有的论者从国家立法能力和司法能力的视角对刑法修改的规模作了“定位”，认为：立法经验不足、理论准备不充分是刑法修改必须正视的一个现实问题。我国正在进行社会主义市场经济建设的伟大实践，在这一转轨过程中的刑事立法是一个艰难抉择的过程，加上对当前国家立法能力和司法能力的估计，结论只能是小改，不应有大动作。③

（二）刑法改革的重大课题

1. 单位犯罪的立法完善

有很多学者对此发表了意见和建议，这里仅介绍有代表性的观点。有论者指出：我国刑法从不规定单位犯罪到规定单位犯罪，是在犯罪和刑事责任问题上的一个重大突破，也是对法人能否成为犯罪主体这场在我国一度属于热点的学术争论从立法上作出了明确的回答。但单位犯罪立法与司法上的巨大反差至少说明我国立法上对单位犯罪的规定还是不够完善的。要想将单位犯罪纳入法制化的轨道，至少要解决以下几个问题：一是要对单位犯罪加以明确规定。单位犯罪比法人犯罪范围更宽。所谓单位犯罪，就是指单位的法定代表人、负责人、代理人为了本单位的不法利益而以本单位名义决定实施的犯罪。二是要对单位犯罪的罪种范围加以限制。单位不能成为一切犯罪的主体，单位只宜限定为经济犯罪和妨害社会管理秩序罪中的某些犯罪以及贪

---

① 参见陈忠林：《从外在形式到内在价值的追求》，载《现代法学》，1997（1）。

② 参见邢研：《刑法修改：小改、大改还是暂时不改》，载《中外法学》，1997（1）。

③ 参见周光权：《刑法修改的规模定位与制度设计》，载《法学》，1997（1）。

利性的渎职罪的主体。三是对单位犯罪一律采取“双罚制”。四是对单位犯罪应采用总则与分则相结合的立法模式。五是对单位犯罪如何追究刑事责任，应当在刑事诉讼法上作出相应的规定。① 有的论者对世界各国的法人犯罪及刑事责任的立法模式作了比较研究，认为我国新刑法典应采取法国式的立法模式，并对法人犯罪与单位犯罪作了概念分析，认为：使用单位犯罪的概念不科学，因为单位并不是一个法律概念，缺乏确切的含义，使用单位犯罪概念还与民法、经济法的用语不协调，与国际上各国刑法的用语不衔接。该论者还提出，法人犯罪应限于法人实施的犯罪，它是指企业、事业、机关、团体法人在法人机关或其负责人员的决策下，为了法人利益，故意或过失实施的危害社会的依照法律应当受到刑罚处罚的行为。② 有的论者全面分析了对法人犯罪应采取总则与分则相结合的立法模式的理由，并认为：应使用法人犯罪而不是单位犯罪的概念，法人犯罪应主要限于经济领域，诸如交通运输、知识产权等方面，不应对单纯侵犯公民个人权益、财产权利、婚姻家庭关系等客体的犯罪承认法人犯罪。法人犯罪的罪过形式应包括过失，甚至可以规定法人过失危险犯。此外，该论者还提出法人犯罪的可罚性标准应高于自然人犯罪的等主张。③ 有的论者还专门研究了单位过失犯罪的立法完善问题。④

2. 刑罚方面的改革

这是1997年新刑法典通过前学者们就开始着力研究的一个方面。有论者认为，刑法现代化应是刑法修改的价值定向，而刑法现代化的核心是刑罚现代化。刑罚现代化的基本点是刑罚结构朝着文明方向发展。“趋轻”与“合理”是相伴相生、相辅相成的关系，共同构成刑罚发展的必然趋势，也是刑罚现代化的根本主题。刑罚现代化涉及许多方面，在当前我国至少有三大问题需要研究：控制死刑；刑种多样；刑度适中。死刑减少的可能性先落在有关经济犯罪方面。死刑应主要限于暴力犯罪、严重危害公共安全和国家安全的犯罪。暴力犯罪不是都要设死刑，这里有个立法技术问题。如果采用

---

① 参见高铭暄主编：《刑法修改建议文集》，5～7页，北京，中国人民大学出版社，1997。
② 参见高铭暄主编：《刑法修改建议文集》，223～231页，北京，中国人民大学出版社，1997。
③ 参见高铭暄主编：《刑法修改建议文集》，217～222页，北京，中国人民大学出版社，1997。
④ 参见高铭暄主编：《刑法修改建议文集》，232～234页，北京，中国人民大学出版社，1997。

转化犯理论立法，就会减少很多死刑罪名，而现有立法更偏爱结果加重犯和情节加重犯，结果增加了死刑罪名。适量减少死刑是为了维护国家长远利益。刑事制裁多样化有两层含义：一层是刑事制裁是基于一元（行为的社会危害性）还是基于二元（再加上行为人的再犯可能性）。我国现在的刑罚属一元化模式，我国刑法上不存在以行为人的人身危险性为主要依据的保安处分。对于我国刑事司法领域两大有争议的做法之一的“劳动教养”，应当通过改变程序、改变期限、改变名称而使之建立在合理性基础上，并纳入刑法规定中。另一层含义是刑罚方法的多种形式。刑种多样是刑罚个别化的重要保证。刑罚幅度是国家刑罚目的的凝聚态，是罪刑适应原则的数量化。我国刑法规定的刑度，主要问题是幅度过宽。合理度的标准的决定因素很复杂，但刑罚轻重得当与否的标准应是受刑人的感受，即是否有“罪有应得”的感受。刑罚现代化作为刑法修改的价值定向，是“严而不厉”作为刑法修改的基本思路在刑罚方面的具体化和进一步深化。① 有论者对死刑削减和劳教完善作了研究，主张严格限制死刑，降低刑罚的分量。限制死刑有立法限制与司法限制之分，该论者建议对刑法中七十多个死刑罪名的司法适用情况逐一加以统计，对那些久不适用，甚至从不适用，或只有个别适用的死刑罪名，除某些出于政治上考虑需要备用保留的以外，应当予以压缩；此外，还可以采用技术处理的方法进行技术性限制。关于劳教完善，该论者认为保安处分立法化是加强刑事法制的要求，其中最引人注目的是劳教，并提出了两种解决劳教程序和实体问题的办法。② 有的论者从刑罚目的角度谈了刑罚修改问题，指出既然我们肯定刑罚目的是预防犯罪，那就应当在具体条文中体现这一基本观念：其一，不应违背预防犯罪的目的规定刑罚；其二，不应超过预防犯罪的目的规定刑罚，或者说修改刑法时，不应过高期望刑罚的目的与作用。③

有的论者专门论述了死刑问题，认为：(1) 死刑的废止是人类文明发展的必然结果；(2) 死刑对于犯罪并无有效的威慑力；(3) 死刑的现实功能是满足报应观念；(4) 国际环境有利于死刑向废除方向发展，而我国死刑的废

① 参见储槐植：《刑罚现代化：刑法修改的价值定向》，载《法学研究》，1997 (1)。
② 参见陈兴良：《刑法修改的双重使命：价值转换与体例调整》，载《中外法学》，1997 (1)。
③ 参见张明楷：《论修改刑法应妥善处理的几个关系》，载《中外法学》，1997 (1)。

除就不是朝夕之间的事情了。该论者主张废除死刑应分三步走：第一步，下决心不再增加死刑立法，严格控制刑事司法中的死刑适用；第二步，经过几次有计划的刑事立法改革，大幅度削减死刑条文和死刑罪名，仅对故意杀人罪、抢劫罪、放火罪等最严重的刑事犯罪和部分军事犯罪保留死刑；第三步，废除包括故意杀人罪在内的一切刑事犯罪和军事犯罪的死刑，实现全面废除死刑制度的最终目标。该论者并认为在可预见的半个世纪内，第三步恐怕很难实现，但确实应成为努力的方向。① 该论者还撰文指出，削减死刑应当以实质削减与形式削减并重。②

有的论者主张对原有的刑罚制度进行必要改革，通过增设死刑适用制度和完善自由刑，实现对死刑条款和罪名的严格限制。其具体建议是：（1）死缓罪犯终身不得减为有期徒刑或终身不得假释；（2）赞成有的学者提出的提高有期徒刑长度的建议，建议限制减刑、假释对无期徒刑犯、长期徒刑犯的适用，并进一步完善无期徒刑制度；（3）增设死刑批准与赦免制度。③ 有的论者还提出，我国刑法中规定剥夺犯罪分子言论、出版等自由权利，虽在各国刑法中独具特色，但不仅在内容上很不严谨，而且在实际上是没有必要的，从刑法的科学性、民主性出发，在刑法修改中应当取消这一规定，剥夺政治权利这一刑种的其他内容则予以保留。④ 有的论者主张建立完备的自首、坦白、立功制度，认为对自首应作如下界定，“犯罪以后，在司法机关采取强制措施之前，主动向司法机关或者其他机关、企业、事业单位、社会团体投案，如实供述自己的罪行，并接受审查和裁判的，是自首”；并主张对其中的犯罪较轻、犯罪较重、犯罪严重加以明确界定，增加以自首论处的规定，应当增设坦白制度，包括界定坦白的含义和确定坦白从宽处罚原则。该论者还认为新刑法典还应确立立功制度，界定立功的范围，确定立功从宽处罚原则。⑤ 有的论者探讨了财产刑的正当理由及立法完善，指出我国1979年刑法典规定的部分罚金刑无限额，没收财产刑广泛，没收处分制度相对薄

① 参见贾宇：《死刑的理性思考与现实选择》，载《法学研究》，1997（2）。

② 参见贾宇：《削减死刑——刑法完善的一个重要环节》，载《政治与法律》，1997（1）。

③ 参见胡云腾：《改革刑罚制度》，载《政治与法律》，1997（1）。

④ 参见段立文：《对刑法修改中几个问题的探讨》，载《法律科学》，1997（2）。

⑤ 参见李希慧、谢望原：《我国刑法应建立完备的自首、坦白、立功制度》，载《法学研究》，1997（2）。

弱，在完善立法、加强打击力度时必须注意正当理由，并指出完善财产刑的思路：（1）规范罚金刑；（2）限制没收财产刑；（3）强化没收处分，杜绝以罚金、没收财产刑代替没收处分的不规范现象，也可以弥补限额罚金、限制没收财产刑所产生的空隙。[①] 此外，一些论者还对我国刑罚体系的其他内容以及管制、无期徒刑等刑种的完善提出了建议。

3. 经济犯罪与经济刑法

新刑法典通过前的1997年的前两个月里，刑法学界对这个问题的论述较少，但不乏有力度的观点。有论者认为：经济犯罪是违反国家经济管理法规、直接破坏经济运作秩序和公私财物正当流转的犯罪。由于长期以来我国对经济犯罪的危害性本质缺乏深刻认识，所以全国人大常委会立法补充的重点自1980年以来始终放在治安犯罪和传统的财产犯罪上。从促进经济发展、建立市场经济新体制和进一步维护社会稳定的大局出发，刑法在继续加强对治安犯罪、财产犯罪调整的同时，更应将重点转移到经济犯罪上来。在刑法修改中，把所有经济犯罪都集中规定在作为普通法的刑法典中是没有必要的，这不仅是出于立法体例上的考虑，更是因为经济犯罪变动性强，为保持刑法典的相对稳定性而不宜如此规定。另外，经济犯罪的立法需要贯彻广泛介入、间接调整、刑罚适度三个原则。该论者还认为，经济犯罪可分为两类：一类是与财产犯罪具有较密切联系，甚至还带有传统犯罪特征的经济犯罪，我国立法上规定重刑的经济犯罪，大都属此类；另一类是主要破坏经济运作秩序，社会危害具有潜在性的经济犯罪，立法对此类犯罪疏漏很多。经济犯罪的立法重点应放在第二类上，但应普遍实行轻刑，以减少司法成本。[②] 有的论者对经济犯罪适用死刑作了探讨，认为：对经济犯罪适用死刑违背罪刑等价观念，不能做到罪刑相称，因而缺乏报应根据；对经济犯罪适用死刑不能产生理想的预防、威慑效果，反而可能产生严重副作用，实际结果是得不偿失，因而也不具有功利根据；由此可以认为，对经济犯罪适用死刑缺乏正当根据。对经济犯罪不能适用死刑，不等于不需严厉惩治经济犯罪，应当巧妙地综合使用自由刑和财产刑这两种手段。理性地思考经济犯罪的刑事对策，不仅应当治标性地调整刑法惩治手段，还应当治本性地调整刑

① 参见阮齐林：《论财产刑的正当理由及其立法完善》，载《中国法学》，1997（1）。

② 参见苏惠渔、游伟：《树立科学思想，完善刑事立法》，载《政法论坛》，1997（1）。

事控制模式。其基本思路，就是由理想型的刑事控制模式向现实型的模式转变，以犯罪的相对性与刑罚的经济性为基本理念，不求彻底消灭犯罪，但求以最小的成本开支将犯罪最大限度地控制在社会能够容忍的限度之内。控制经济犯罪，还应当以科学的态度认识经济犯罪的原因和刑事手段的有限性，设计出科学的社会犯罪控制模式。①

此外，有论者探讨了量刑原则的改革，认为1979年《刑法》第57条规定的量刑一般原则存在两大问题：一是文字表述不够严谨，逻辑性不强；二是立法指导思想有缺陷。主张刑法修改中应当吸收刑法学界在犯罪本质和刑罚本质以及量刑原则方面的研究成果，借鉴国外刑法的经验，在新刑法典中对量刑原则加以科学规定，明确体现出人身危险性的内容。该论者还对共同经济犯罪的罚则作了有益探讨。② 有论者对过失犯罪法定刑进行了研究，认为我国刑法对过失犯罪规定的法定刑至少存在四个问题：没有体现出对业务过失罪较一般过失罪加重处罚的基本原则；没有体现出对公共安全的重点保护；对职务上的过失犯罪处罚过轻；没有一个统一的标准。该论者主张应从整体上重新确立过失犯罪的法定刑，认为依照过失犯罪是否侵害公共安全和是否属于业务过失，把过失犯罪划分为四类，并确定不同的法定刑，这是科学的。该论者还主张应确立过失严重危险的犯罪构成和法定刑，建议对其最高法定刑规定为2年有期徒刑。③

4. 刑法分则条文的立法改进

对刑法分则的改革，是此次刑法改革的重要方面，关系着刑法改革的成败，因而为学者们普遍关注。有论者从罪名、罪状、法定刑三个方面全面论述了自己的观点：关于罪名，主张取消推理式罪名，采用明示式罪名的立法模式科学、准确地确定各种具体犯罪的罪名；取消并列式罪名，采用一条一罪的立法模式；慎用选择式罪名，分解口袋罪名。关于罪状，该论者认为对基本罪状应基本上使用叙明罪状，尽量不用简单罪状，科学使用空白罪状，合理使用引证罪状；对加重或减轻罪状，应当在罪刑规范中普遍设置，并且具体化，宜用专款专项规定，这类罪状不应是对具体犯罪基本构成特征的描

---

① 参见梁根林、张文：《对经济犯罪适用死刑的理性思考》，载《法学研究》，1997（1）。

② 参见段立文：《对刑法修改中几个问题的探讨》，载《法律科学》，1997（2）。

③ 参见侯国云：《过失犯罪法定刑的思考》，载《法学研究》，1997（2）。

述，而是对某种具体犯罪定刑升格条件和降低条件的描述。关于法定刑，该论者主张新刑法中除基本采用相对确定的法定刑外，适当采取一些绝对确定的法定刑模式也是必要的。[①] 有论者对特别刑法的立法特点及在分则修改中的吸收问题作了研讨，认为我国特别刑法立法的特点主要是：（1）创制新罪，填补刑法空白；（2）创制新的刑罚制度并提高定罪量刑标准化程度；（3）修改、补充刑法原有犯罪的罪状和法定刑，弥补刑法的缺陷；（4）重视财产刑的设置；（5）规定某些犯罪的主体可以是单位，突破了刑法理论和刑事立法的传统观念。该论者认为特别刑法立法也存在一些问题，因此纳入新刑法典时应遵循以下原则：（1）理由充分原则；（2）刑罚合理化原则；（3）明确化原则；（4）科学归类原则。[②]

此外，还有些论著探讨了刑法典修改中的若干重要问题，主要包括：正当防卫的完善[③]，包庇罪、挪用公款罪的立法完善[④]，增设背信罪的立法建议[⑤]，增设非法发行证券罪、虚假陈述罪、内幕交易罪、操纵市场罪、欺诈客户罪的建议[⑥]，以及适当扩大“亲告罪”适用范围的建议[⑦]，等等。

综上，从 1997 年新刑法典的规定来看，刑法学界在 1997 年度提出的建议建言，对刑法典修订工作产生了重要的影响。

三、关于新刑法典的实施问题

1997 年新刑法典的通过，是推动刑法学研究继续深化的巨大动力。刑法学界立足已有的成绩，开始了新的征程。本书仅就学术报刊上的探讨情况和有关观点作一介述，至于刑法学研究会年会的论文观点，不予涉及，请参

---

① 参见赵长青：《略论刑法分则条文的立法改革》，载《中外法学》，1997（1）。

② 参见林亚刚、贾宇：《论特别刑法的立法特点及在分则修改中的吸收》，载《中外法学》，1997（1）。

③ 参见赵秉志、肖中华：《适应市场经济，完善刑事立法》，载《政治与法律》，1997（1）；赵炳寿、田宏杰：《完善刑法中正当防卫条件的构想》，载《中外法学》，1997（1），等等。

④ 参见段立文：《对刑法修改中几个问题的探讨》，载《法律科学》，1997（2）。

⑤ 参见张明楷：《关于增设背信罪的探讨》，载《中国法学》，1997（1）。

⑥ 参见李文胜、张文：《试论我国新刑法典目前应规定的几种证券犯罪》，载《中外法学》，1997（1）。

⑦ 参见齐文远：《“亲告罪”的立法价值初探》，载《法学研究》，1997（1）。

阅有关资料。[①]

（一）新刑法典的总体评价

1997年刑法典通过后，一些学者、专家对1997年刑法典的立法背景、指导思想、特点和意义等问题发表了见解。

1. 1997年刑法典的立法背景和指导思想

有论者认为，修订与完善刑法具有时代合理性，这是因为修订与完善刑法：(1) 适应我国政治经济发展的需要；(2) 适应同各种犯罪作斗争的需要；(3) 是刑事立法走向科学化的需要。[②] 有的论者认为，从“阶级意志”到罪刑法定，从“镇压工具”到社会调节器，从“严厉打击”到普遍约束，是1997年刑法典对现代刑法观的重塑。[③] 有的论者全面阐述了1997年刑法典的修改背景和进程，以为刑法修改的根据在于：(1) 社会形势的变迁；(2) 1979年刑法典的缺陷；(3) 实践经验的逐步成熟；(4) 理论研究的推动。关于刑法修改的进程，该论者认为自1982年开始酝酿至1997年3月通过新刑法典，大体经历了酝酿准备（1982年—1987年）、初步修改（1988年—1989年5月）、重点修改（1991年）、全面系统修改（1993年—1996年12月）和审议通过（1996年12月—1997年3月）等五个时期。[④] 有的论者对1997年刑法与1979年刑法的立法背景作了比较，认为1979年刑法诞生于中国社会刚刚结束无法可依的混乱局面，社会主义法制建设重新起步的时刻；而1997年刑法则诞生在中国社会在政治、经济、社会生活等各个方面都发生了许多深刻甚至是根本性变化的形势下，是社会主义法制建设有重大发展、向着渐趋完备方向努力的阶段。[⑤] 有的论者在接受记者采访时指出，在1997年这个非同寻常的时期颁布新的刑法典，是依法治国、建设社会主义法治国家、维护社会稳定、进行社会主义市场经济建设的客观需要。1979年刑法典由于其历史的局限性，或是对今天出现的新型犯罪缺乏明确规定，

① 参见《中国法学会刑法学研究会1997年年会综述》，载《中国法学》，1997 (5)。
② 参见赵长青：《树立当代刑法新理念》，载《现代法学》，1997 (2)。
③ 参见王学沛：《现代刑法观的重塑》，载《现代法学》，1997 (3)。
④ 参见赵秉志主编：《新刑法全书》，67～99页，北京，中国人民公安大学出版社，1997。
⑤ 参见刘守芬：《关于“97刑法”与“79刑法”若干问题的比较》，载《中外法学》，1997 (3)。

或是对发展严重的犯罪规定的法定刑太低，或是当时对有些犯罪行为分析研究不够，规定得不够具体、不便操作，等等，已难以全面适应保护改革开放的成果之需要。在这种情况下，历经 15 年修订而渐趋成熟的新刑法典的出台，就显得十分迫切。特别是 1996 年刑事诉讼法通过修正并于 1997 年施行以后，这种需求就更加突出——因为刑事诉讼法第一句话就写明，“为了保证刑法的正确实施”①。有的论者研讨了刑法观的转变与刑法修改问题，认为：由传统刑法观的政治功能观向新时期刑法观的经济功能观转变，是此次刑法修改指导思想上的一个重要内容。经济功能观是改革开放以来，特别是建立社会主义市场经济体制的目标模式以来提出的刑法功能观。它有两层含义：一是刑事立法突出对各种经济犯罪的打击，偏重于对经济基础即各种所有制并存和市场经济秩序的保护，强调司法机关的经济保障功能；二是追求刑罚的社会效益和经济效益的有机结合，主张刑罚谦抑或节俭。② 有的论者指出，保护国家、社会利益与保护公民利益兼顾并重的指导思想贯穿了 1997 年刑法典。③ 有的论者指出，1997 年刑法典是惩罚犯罪、保护人民思想的突出体现。④

2. 1997 年刑法典的特点

中国法学会在 1997 年刑法典通过后召开学习、宣传刑法座谈会，来自理论界和司法部门的三十多名专家一致认为，修订后的刑法典，是一部有中国特色的、比较完备的刑法典，是我国刑法发展史上的新的里程碑。⑤ 一些专家、学者也撰文谈了看法。有的论者认为：新刑法典虽然也借鉴、吸取了外国的有益经验，但绝不是简单的照抄照搬，而主要是立足于本国，在认真总结 17 年来实践经验的基础上，从我国实际情况出发进行修订的；更重要的是，它以邓小平建设有中国特色的社会主义理论和党的基本路线为指导，从我国社会主义制度的本质特征出发，较好地解决了保护国家、社会利益与保护公民利益之间的关系，正确地体现了保护国家、社会利益与保护公民利

① 《唯实唯严：专家细说刑法典》，载《人民检察》，1997（4）。
② 参见赵秉志主编：《新刑法全书》，135～138 页，北京，中国人民公安大学出版社，1997。
③ 参见佘孟孝：《一部有中国特色的〈刑法〉》，载《法学家》，1997（3）。
④ 参见曹子丹：《惩罚犯罪、保护人民思想的突出体现》，载《政法论坛》，1997（2）。
⑤ 参见《新刑法是司法实践的科学总结》，载《人民法院报》，1997－03－27（3）。

益相统一的原则，因此 1997 年刑法典是一部有中国特色的刑法典。[①] 有的论者指出，1997 年刑法典是 1979 年刑法典施行 17 年的科学总结，具有时代性和科学性，是一部名副其实的迎接世纪之交的社会主义刑法典。[②] 该论者还撰文指出，新刑法有“三严”，即严密法网、严格制度、严惩有方。[③] 有的论者认为 1997 年刑法典的特点是观念新、内容新、罪名新、体例新。[④] 有的论者认为，1997 年刑法典的基本特点是对以往几十年司法实践的科学总结，最大限度地适应当前和今后一个时期社会发展状况的实际需要。[⑤] 有的论者对 1997 年刑法典的评价是：（1）适应市场经济需要，调整刑法观念；（2）适应国内改革的需要，突出惩治的重点；（3）适应对外开放的需要，促进中国刑法的国际化；（4）立足于现实，着眼于未来。[⑥] 有的论者认为，与 1979 年刑法典相比，1997 年刑法典的特点在于：（1）充分体现了社会主义民主和法制原则；（2）适应社会政治的发展变化，把反革命罪修改为危害国家安全罪；（3）充分体现“严打”方针，适应与新出现的严重犯罪作斗争的需要，增设了许多新罪名；（4）为改革提供法律保障，突出了对社会主义市场经济的保护；（5）保护公民见义勇为，适当加大了公民行使正当防卫的权利；（6）分解了“口袋罪”，罪状表述更具体，科学地调整了法定刑，操作性更强；（7）总结了长期与犯罪作斗争的实践经验，完善了我国的刑事政策；（8）加强对公民权利的保护，完善对侵犯公民人身和民主权利犯罪的规定，并增加了一些新罪名；（9）适应深入开展反腐败斗争的需要，强化对贪污贿赂犯罪和渎职犯罪的打击力度；（10）充分体现了法律体系的统一性、科学性和完整性。[⑦] 有的论者还专门论述了 1997 年刑法典分则的特点：（1）注意法自身的规范性；（2）个罪的规定细密、明确；（3）与现代社会紧密联系的犯罪规定增加；（4）危险犯、行为犯的条款增加；（5）具有统一的刑法分则体

① 参见佘孟孝：《一部有中国特色的〈刑法〉》，载《法学家》，1997（3）。
② 参见高铭暄：《〈刑法〉施行十七年的科学总结》，载《法学家》，1997（3）。
③ 参见高铭暄：《略论修订后刑法的“三严”》，载《政法论坛》，1997（3）。
④ 参见陈兴良：《一部具有创新意义的刑法》，载《法学家》，1997（3）。
⑤ 参见张军：《认真学习、坚决执行好修订后的刑法》，载《法学家》，1997（3）。
⑥ 参见赫兴旺：《对新刑法典的简要评价》，载《法学家》，1997（3）。
⑦ 参见罗锋：《新刑法的基本特点和重要修改》，载《政法论坛》，1997（2）。

系。[1] 还有的论者撰文称，1997 年刑法典是一部“具有鲜明社会主义特色的刑法典”[2]。此外，还有一些论者论及 1997 年刑法典的特点。

3. 修订刑法典的意义

1997 年 3 月 18 日《人民日报》发表评论员文章，称“这次修订刑法，是继去年 3 月全国人大通过修改刑事诉讼法的决定以后，进一步完善我国刑事法律和司法制度的重大步骤，对于进一步实行依法治国，建设社会主义法治国家，具有十分重要的意义”。许多专家、学者对修订刑法典的意义发表了看法。有论者认为：第一，刑法修订案的制定和实施对实现依法治国，建设社会主义法治国家，具有重大意义；第二，刑法修订案的制定和实施对于惩罚犯罪，维护国家的政治和社会稳定，保障国家物质文明和精神文明建设，具有重大意义；第三，刑法修订案的制定和实施对加强刑事司法具有重大意义；第四，制定出一部统一的、比较完备的刑法典，有利于司法人员学习、掌握和引用，也有利于广大群众学习。[3] 有的论者认为，刑法修订、颁布的重大意义是：（1）1997 年刑法典是一部统一的、完备的刑事法典，它具有规范性、针对性和可操作性，有助于发挥其在市场经济下的调控功能，有利于健全社会主义法制、完善刑事法律体系，对于彻底稳、准、狠地打击犯罪，保护人民，维护社会稳定有积极作用；（2）1997 年刑法典对于保障人权、保护人民、保持政治稳定都有积极重大的意义；（3）1997 年刑法典对于我国开展国际刑事合作也有重大意义；（4）1997 年刑法典对于依法治国，建设社会主义法治国家，保障国家的长治久安具有重要意义。[4] 有的论者指出，新刑法的意义在于：（1）它对于建设社会主义法治国家具有重大意义；（2）它对维护国家的政治和社会稳定，保障国家物质文明和精神文明建设具有重大意义；（3）它对加强刑事司法具有重大意义。[5] 还有的论者对 1997 年刑法典增设危害国防利益罪和军人违反职责罪专门发表评论，认为增设危害国防利益罪是刑法修订的一个重大突破，是完善我国社会主义法制

① 参见李洁：《浅谈新刑法的特点》，载《检察之声》，1997（3）。

② 秦醒民：《具有鲜明社会主义特色的刑法典》，载《政法论坛》，1997（3）。

③ 参见李淳：《修订刑法的重大意义》，载《法学家》，1997（3）。

④ 参见梁华仁：《刑法修订、颁布的重大意义》，载《法学家》，1997（3）。

⑤ 参见高西江：《修订刑法的重大意义》，载《政法论坛》，1997（2）。

的必然要求，对维护国家军事利益，加强国防建设，增强人民国防意识具有重大意义；修改后将军人违反职责罪纳入刑法，是制定统一的完备的刑法典的一个显著标志，提高了军事刑法的地位，适应了刑事法律的发展趋势，有利于军事刑法在全社会的宣传教育。① 此外，还有不少论者发表了看法。

4. 1997年刑法典的局限与缺陷

随着1997年刑法典实施之日渐近和来临，一些学者对1997年刑法典的不足开始进行剖析。有论者认为，从宏观角度看，修订后的刑法典的局限或缺陷表现在三个方面。一是刑事立法指导思想上之缺陷，具体反映在：（1）“宜粗不宜细”导致“粗”“细”两失；（2）“破坏市场经济秩序”何必辨姓“社”姓“资”；（3）保护人身权的规定应置于分则首章；（4）过分强调“具体经验”和“实际情况”，相对牺牲了科学性、长远性追求。二是刑事制度上之缺陷，具体反映在：（1）追诉时效制度几乎取消；（2）自首制度不完善；（3）保安处分制度未能正式确立；（4）“无限防卫权”制度隐然建立；（5）“剥夺政治权利”对有关权利剥夺不当；（6）一些重要刑事制度仍付之阙如。三是多类多种犯罪未有规定，具体有：（1）关于严重违反社会公德和国民责任之犯罪；（2）关于严重的“国际犯罪”；（3）关于强奸以外的性犯罪；（4）关于侵害精神、尊严、人权、隐私之类犯罪。而从微观角度看，修订后的刑法典之局限与缺陷表现在两个方面：一是一些条文内容逻辑不严密，二是一些文字表达有语法问题。② 有的论者指出，罪刑法定原则在1997年刑法典中的确立，使我国刑法典的诸多内容发生了深刻变化。罪刑法定原则以保障个人自由和限制刑罚权的行使为价值基础，体现了民主的思想及法治的精神。从这点上讲，1997年刑法典确实具有“里程碑”的意义。然而1997年刑法典有如下一些不足：一是关于罪名设定及其权属问题。该论者认为罪名设定是个立法问题，1997年刑法典仍然没有规定犯罪的具体罪名，总体上讲不符合罪名确定的“经济”原则。二是关于刑事规范的严密性问题。该论者认为1997年刑法典在一些具体规范的设计上仍然不够科学、严密，留下了立法漏洞。对此只有运用立法手段才能解决，再也不能像以往那样寄希望于“司法解释”了，司法解释不能创制刑法规范。三是关于法律用

① 参见石吉洲：《维护国家军事利益的重要举措》，载《政法论坛》，1997（2）。

② 参见范忠信：《刑法典应力求垂范久远》，载《法学》，1997（10）。

语的规范性问题。1997年刑法典仍有一些用语不够规范和科学。[①] 有的论者专门研究了1997年《刑法》第270条规定的立法缺陷及其完善问题，认为“代为保管的他人财产”的表述不能科学、准确地界定法条所涉非法占有罪的犯罪主体和犯罪侵害对象，容易形成歧见，造成适用法律的困难甚至形成立法局限；“非法占为己有”的表述不当，且与我国现行立法相悖；使用“遗忘物”的概念不科学。[②] 还有一些论者对罚金刑修改弊端、挪用公物犯罪规定之不足、无限防卫权的规定、死刑规定、盗窃罪的死刑适用范围、刑法立法技术等诸多方面的缺陷发表了意见。[③] 此外，还有些论者对1997年刑法典的其他一些不足作了分析。

（二）刑法典总则的改革与发展

不少学者专就刑法典总则某些问题的改进发表了看法，还有的学者是从总体上来论述刑法典总则修改的。有论者指出：从总体上看，1997年刑法典总则顺应了时代的要求，大大推动了中国刑事法治乃至整个法治建设的进程，在中国法制史上具有里程碑的作用。刑法基本原则的确立和贯彻、普遍刑事管辖权的规定以及对死刑的限制，使中国刑法的面貌焕然一新，具有了较强的时代气息，达到了世界先进水平。但毋庸讳言，由于多种因素的影响，1997年刑法典无论是在具体内容上还是在立法技术上，尚存在一些瑕疵和漏洞，有待今后进一步发展完善。该论者从刑法基本原则的确立、刑事管辖权的发展、自然人犯罪刑事责任问题的完善、单位犯罪的立法问题、正当防卫的发展完善、死刑的修改完善、刑罚裁量制度的修改完善、刑罚执行制度的修改等方面，对刑法典总则的修订进行了全面的论述和评价。[④] 有的论者则从《刑法》总则第一章题目以及第1条的变化、刑法基本原则的确立、刑法适应范围的变化、正当防卫制度的变化、单位犯罪的规定、刑种内容的变化、刑罚具体运用的变化七个方面，分析了1997年刑法典总则的修

---

① 参见游伟：《论“罪刑法定”与修订后的我国刑法典》，载《法学》，1997（5）。

② 参见黄龙：《新〈刑法〉第270条规定的立法缺陷与完善》，载《法学》，1997（5）。

③ 参见《修订后的〈刑法〉缺陷分析》，载《法学》，1997（10）。

④ 参见赵秉志、赫兴旺：《论刑法典总则的改革与进展》，载《中国法学》，1997（2）；赵秉志主编：《新刑法全书》，100～213页，北京，中国人民公安大学出版社，1997。

改情况。[①] 有的论者则主要是从刑法基本原则、刑法的适用范围、正当防卫、单位犯罪、刑种、自首和立功、减刑和假释等方面来介述刑法总则的修改的。[②] 有的论者专题论述了罪刑法定原则，有的论者专题论述了关于未成年人刑事责任的问题，有的论者则专题研讨了单位犯罪的发展，有的论者则专题研讨了共同犯罪的修改[③]；有的论者则专文论述了 1997 年刑法对死刑的修改，还有的论者专文论述了自首与立功问题。[④] 此外，还有一些论者探讨了 1997 年刑法总则的有关内容。

（三）刑法典分则的改革与发展

较之 1997 年刑法典总则，1997 年度刑法学界更多地研讨了 1997 年刑法典分则。有论者阐述了刑法典分则修订的价值取向，认为：保护社会功能和保障人权功能是现代法治国家刑法的两大功能，刑法典总则和分则都要加以体现，但两者价值取向的重点有所不同，比较而言，刑法分则更为重视的是刑法的保护功能。严密刑事法网、确定应得刑罚，突出刑法分则的保护功能，体现了刑法分则最基本的价值取向。刑法分则修订的价值取向之一是“严密刑事法网，强化保护功能”，具体表现在完善刑法分则体系，重点严密多发性犯罪的犯罪构成，并将现实性和预见性相结合；刑法分则修订的价值取向之二是“完善罪刑规定、体现保障职能”，具体表现在犯罪构成明确化、法定刑幅度合理化。[⑤]

有些论者从类罪角度对新刑法典分则的修改作了研讨。

有论者探讨了全面修改反革命罪的历史必然性，认为 1997 年刑法典对“反革命罪”的修改是中国法制建设中具有改革意义的立法现象，这不只是因为这类犯罪直接关系到国家的生存，更是因为“反革命罪”自出现在中国以来，其立法模式历时弥久，一以贯之。所以要改变这种巨大的历史惯性，

① 参见刘守芬：《关于“97 刑法”与“79 刑法”若干问题的比较》，载《中外法学》，1997（3）。

② 参见周国均：《中国刑法修改与补充的几个问题》，载《甘肃政法学院学报》，1997（3）；樊凤林：《我国刑法的重要改革与完善》，载《政法论坛》，1997（3）。

③ 参见《东吴法学内刊》，1997（4）。

④ 参见刘璇：《试论新刑法对死刑的修改》，载《政法学刊》，1997（3）；夏其淦：《自首与立法的新界定》，载《政法学刊》，1997（3）。

⑤ 参见储槐植、梁根林：《论刑法典分则修订的价值取向》，载《中国法学》，1997（2）。

就不仅要全面认识修改反革命罪的必要性，更要深刻揭示修改反革命罪的必然性。该论者从政治基础、社会根源、国际背景、法律环境、初步试验等方面作了综合研讨。[①] 还有一些论者论述了这类犯罪的修改。

关于刑法典分则第二章的修改，有论者指出：本章增加了 15 个新罪，罪名体系趋于完备、协调；更改了原有条文，使刑法调控的犯罪对象及有关主体的范围有所扩大，增加了原有条文的密度，加重原有条文的载量；增加了列举项，即在刑法条文中列举规定某些特定的主体、行为方式和对象，使刑法规范严密、完整；适当调整了相关条文的刑度，贯彻刑与罪相适应的原则。[②] 还有一些论者研讨了这类犯罪。

关于刑法分则第三章的修改，有的论者是就整章犯罪进行探讨的，而有的论者是就本章中的具体问题进行探讨的。有论者着重从新罪名的增设、本章规定的主要特点以及有关条文的理解与适用三个方面作了探讨，认为本章规定的主要特点是：(1) 从立法模式来看，采取了在刑法典中设大章、大章下设节的办法；(2) 从立法内容来看，编织了一张比较严密的经济刑事法网；(3) 从立法技术来看，增强了条文的明确性和可操作性；(4) 从犯罪主体来看，规定了大量的单位犯罪；(5) 从刑罚设置来看，扩大和完善了罚金刑的使用。有论者还对 1997 年《刑法》第 151 条到底有几个罪名，如何处罚走私数个对象，1997 年《刑法》第 157 条第 1 款是否构成一个独立的“武装掩护走私罪”，如何理解该条第 2 款“数罪并罚”，如何认定 1997 年《刑法》第 168 条徇私舞弊造成破产、亏损罪的主观罪过等问题进行了阐述。[③] 有的论者就 1997 年《刑法》第 217 条、第 218 条侵犯著作权犯罪认定处理中的几个问题发表了看法[④]；有的论者对商业秘密的产权特性及刑法保护作了探讨[⑤]；有的论者对假冒注册商标罪的概念、构成、认定等问题作了探讨[⑥]；有的论者对中美知识产权刑法保护作了比较研究，并提出了强化我国

① 参见刘远：《论全面修改“反革命罪”的必然性》，载《河北法学》，1997 (5)。

② 参见喻伟、蒋羽扬：《论新刑法典对危害公共安全罪的修订》，载《法学评论》，1997 (4)。

③ 参见刘仁文、刘森：《破坏社会主义市场经济秩序罪若干问题探讨》，载《中国法学》，1997 (4)。

④ 参见刘星明：《论侵犯著作权犯罪的几个问题》，载《中国法学》，1997 (3)。

⑤ 参见邓启惠：《商业秘密的产权特性及其刑法保护》，载《广东社会科学》，1997 (4)。

⑥ 参见申夫等：《假冒注册商标罪新探》，载《法商研究》，1997 (2)。

知识产权刑法保护的若干观点和想法[1]；还有的论者对1997年刑法典关于货币犯罪的规定及司法适用的几个问题、串通投标罪的若干问题、危害金融犯罪的概念、洗钱罪等作了探讨。

另有些论著则对具体犯罪进行了探讨，其中较为引人注目的，当首推有组织犯罪。对有组织犯罪的研究，既应纳入犯罪学的视野，也应是刑法学的重要任务。1997年5月26日至28日，中国犯罪学研究会会员代表会议暨第六届学术研讨会在北京召开，代表们就有组织犯罪的议题进行了研讨，这方面的观点请参阅《犯罪学与有组织犯罪》［载《人民检察》，1997（7）］。这里只对除此以外的与刑法直接相关的有组织犯罪研究作一介述。有论者认为，有组织犯罪是所有犯罪的最高组织形式，通常是指2人或3人以上，为追求经济利益而结成长期同盟，共同实施犯罪的一种犯罪形态。对这种犯罪的惩治与防范措施，在国内或地区内的主要有对严重有组织犯罪进行刑罚处罚，在刑法中增加洗钱犯罪，扩大罚金刑及非法财产的追缴，加强证人保护措施等，同时，还应加强区际或国际的刑事司法合作。[2] 此外，还有一些论者研讨了黑社会犯罪的表现与对策等问题。另有些论者对1997年刑法典规定的贪污贿赂罪的特点、贪污罪中的共同犯罪、三大“口袋罪”的分解、环境犯罪、刑法典修订前后惩治职务犯罪的立法比较，以及计算机犯罪等问题进行了有益的探讨。

（四）关于1997年刑法典的司法问题

随着1997年刑法典实施之日的迫近，一些专家、学者对1997年刑法典的司法贯彻发表了看法。关于执法观，有论者认为，刑法观一般可分为三类：（1）刑事立法观；（2）刑事司法观；（3）刑事社会观。刑事司法观内容广泛而丰富，目前迫切需要树立与1997年刑法相适应的下述五种观念：（1）经济执法观；（2）效益执法观；（3）民主执法观；（4）平等执法观；（5）开放执法观。[3] 关于罪刑法定原则的贯彻，有的论者认为：1997年刑法典在执行过程中最需要注意的问题，是罪刑法定等刑法三项原则能否在实践中得到不

① 参见廖中洪：《中美知识产权刑法保护的比较研究》，载《法律科学》，1997（3）。

② 参见赵秉志、赫兴旺：《跨国跨地区有组织犯罪及其惩治与防范》，载《政法论坛》，1997（4）。

③ 参见赵长青：《树立当代刑法新理念》，载《现代法学》，1997（2）。

折不扣的执行。三项基本原则中，罪刑法定原则的贯彻是基础，是“依法治国，建设社会主义法治国家”方针能否在刑事领域得以实现的核心内容，必须深深植根于执法人员的头脑之中。全面贯彻这三项原则，还有一段很长的路要走。这里面不仅有执法人员的素质问题，还有全体公民的刑法观念和法律素质问题，它特别要求各个方面不能强行干预审判权、法律监督权的独立行使，应严格依法办事。有的论者认为：刑法上的罪刑法定原则与刑诉法上的无罪推定原则是一致的，两者共同构成刑事法律领域保护公民权利的有力武器。对法律没有规定的，应暂时放弃追究，维护的是整个法律的尊严；类推已经废除，但要警惕它的“影子”。有的论者认为：对于法律没有规定或者新滋生的应受到刑罚处罚的行为，一般分两步处理：第一步是暂时“放纵”，第二步是当这一问题具有普遍性时可以通过立法途径进行补充。要坚决反对违背罪刑法定原则而与类推殊途同归的越权解释或扩张解释。关于国家工作人员的范围，有的论者认为：不能简单地说凡是从事公务的人员都是国家工作人员。国家工作人员的认定可以从两方面把握：其一，是否拿国家工资；其二，执行的是否为国家公务而非集体公务。公务主要是相对于劳务而言的，两者区分主要在于前者多为一种智力性活动，而后者多为一种体力性劳动；前者享有一定的权力，而后者则没有。有的论者认为，对于受委派从事公务的人员认定为国家工作人员的，要把握两个条件：一是他本身具有国家工作人员身份；二是这种身份具有代表性质，临时工就不行。有的论者认为，国家工作人员的范围不能定得过宽，不应从公务上去判断某人是否为国家工作人员，而应从其本来的身份看，认定身份要结合职务、地位、是否占国家编制等来分析，这样在党的机关、妇联等社会团体工作的人员都可以视为“其他依照法律从事公务”的国家工作人员。有的论者则认为：从事公务应当是国家工作人员的本质特征，以“公务论”较之以“身份论”更符合当前的工作需要。只要受委派从事了公务，就不应受他原来的身份所左右。

论者们还对村民委员会和居民委员会的主任、党支部书记、人民代表、法院陪审员、联防队员等能否认定为国家工作人员发表了各自的观点。关于如何理解职务犯罪的规定，有的论者认为：1997年《刑法》分则第八章、第九章对职务犯罪的规定，突出了打击重点的指导思想，把国家机关中的渎职犯罪解决好了，干部队伍建设问题解决好了，廉政建设就大有希望。非国家机关工作人员"渎职"的，仍然可按其他法规处理。有的论者认为，总体看这两章规定确实存在不少问题，有些内容让人颇费思量，有待今后进一步加强研究。论者们还对职务犯罪的一些具体问题进行了探讨。关于司法解释，有的论者认为，对司法解释权限有两种意见：一是认为它不能创制禁止性行为规范，二是认为它可以弥补立法不足，且第一种观点是正确的。现在司法解释确有与立法相矛盾之处，有的关系到罪与非罪的认定问题，应作限制；虽然不是说司法解释一律不能扩张，像玩忽职守罪的主体就不能作出任何类推性质的扩张，法律上即使有漏洞，也只能暂时如此。但对于法律用语模糊，有关犯罪对象的问题，由于法律不可能一一列举，司法机关可作些扩大解释，比如私藏枪支、弹药罪，将炮也解释进去是完全可以的。有的论者认为：司法解释中的越权情况也有多种原因，比如1989年最高人民法院、最高人民检察院《关于贪污、受贿、投机倒把等犯罪分子必须在限期内自首坦白的通告》就属"授权"越权的例子。今后不论何种情况，越权解释都不能被允许。最高人民法院、最高人民检察院司法解释不一致的问题，暴露出两者协调不够。只允许一方作出司法解释也不失为避免这种矛盾的一种途径。有的论者则认为，近年来司法解释有两者不尽一致的情况，但解决这种不一致不能简单采取取消一方司法解释权的方法，而应当由两者进行沟通、协调。① 关于1997年刑法典与1979年刑法典的立法冲突与司法衔接，有论者作了探讨。② 关于1997年刑法典与1996年刑诉法典的衔接问题，也有论者作了探讨。③

四、关于刑法基础理论问题

在1997年刑法典的注释热浪之中，1997年度刑法学界仍有不少学者将其冷静的目光投到基础理论的研究方向，从而保证了刑法学研究的深化。

---

① 以上观点参见《集思广益：解析执法难点》，载《人民检察》，1997（10）。

② 参见罗昌平、龚培华：《修订刑法与现行刑法的立法冲突及司法衔接》，载《法学》，1997（7）；曲直：《立法冲突及司法衔接》，载《东吴法学内刊》，1997（6）。

③ 参见陈吉生：《保障与冲突》，载《河北法学》，1997（4）。

（一）刑法改革与理论创新

有论者认为，在刑法更迭的情况下，我国刑法理论的发展存在两种可能性：低水平的重复或者高水平的递进，可以说是忧喜共存，实现哪一种可能，关键在于司法理论工作者的理性自觉。法的注释研究是需要的，但作为一个具有独立学术品格的法学家，不应尾随立法和司法，而应超越法律，揭示那些隐藏在法的背后的规律，这正是法的本源与根基。认识到这一点，我们就有了立足之本，就获得了一种独立的价值判断能力和一种自主的社会批判力量，从而能对我国法制建设起到更大的作用。面临刑法更迭，刑法理论的发展又面临一个发展契机，希望通过推进刑法学科的基础理论研究，使刑法理论在高水平上更新，而不是在低水平上重复。① 有的论者认为，刑法学研究在新刑法典通过后面临几个热点问题：（1）关于罪刑法定原则的真正贯彻问题；（2）关于劳动教养的刑法化问题；（3）关于加强刑事政策研究的问题。② 有的论者则认为，当前刑法基础理论发展的热点问题是：（1）关于刑法基础理论有无深化的必要，是完善问题，还是彻底反思的问题；（2）关于刑法观的问题；（3）关于刑法在法律体系中的定位问题；（4）关于刑法基本原则问题；（5）关于单位犯罪的问题；（6）关于犯罪构成的宏观体系问题。③ 有的论者认为，以下三个问题是值得重视的新刑法典提出的新课题：一是充分认识、评价新刑法典确立的罪刑法定原则；二是法条竞合问题将更为突出；三是对于违反行政法规的犯罪，如何认识、评价其罪过形式的问题。④ 其他一些论者也提出了一些应当重视研究的理论问题。

（二）刑法观与中国刑法走向

有论者以一定的社会结构形态对刑法具有决定作用为逻辑起点，在提供社会结构的一般形态及其演进模式的基础上，分析当前中国正在建构的政治国家与市民社会的二元社会结构，并在二元社会结构的视野中审视中国刑法

---

① 参见陈兴良：《法学家的使命》，载《法学研究》，1997（5）。

② 参见张文：《刑法学研究的几个热点问题》，载《法学研究》，1997（5）。

③ 参见刘生荣：《当前刑法基础理论发展的热点问题》，载《法学研究》，1997（5）。

④ 参见阮齐林：《新刑法提出的新课题》，载《法学研究》，1997（5）。

走向。[①] 其名为刑法修改的理论期待，实为对我国刑法的发展规律进行理论探索。有的论者对刑法基本价值问题作了探讨，认为刑法价值的本质是一种特定的主客体关系；刑法价值以主体性为主导，随着社会的变化，主体的需要也随之变化，因此刑法追求的价值不是单一的和静态的，刑法价值具有多元性、矛盾性、可变性的特点；并认为刑法价值中具有相对稳定性的刑法基本价值有三种形式，即秩序、正义和自由。[②] 有的论者探讨了刑法的伦理品性，认为：刑法首先是文化的规范，其次才是法律规范，刑法不等同于社会伦理，却与社会伦理休戚相关，在一定意义上说，社会伦理是刑法规范的根基。那种主张应剔去刑法的伦理色彩的观点是不足取的。从犯罪、刑事责任和刑罚三个方面考虑，刑法的伦理色彩都十分鲜明。只有坚持刑法的伦理品性，才能使刑法真正奠基于公正、合理的基础上，而不丧失其应有的正义性。[③] 还有一些论者对刑事政策与犯罪状况等宏观问题进行了研讨。

（三）刑法基本原则

有的论者对罪刑法定主义作了比较研究，揭示了罪刑法定主义的意义，并阐述了罪刑法定主义的历史发展，认为罪刑法定主义的思想理论基础不是一元的见解是正确的；同时认为现代罪刑法定主义的思想理论基础，与罪刑法定主义产生的思想理论基础，确实有所不同，不应被混为一谈。该论者认为罪刑法定主义产生的思想理论基础，可举出如下三个方面：（1）启蒙的自由主义思想；（2）孟德斯鸠的三权分立论；（3）费尔巴哈的心理强制说。而现代罪刑法定主义的思想理论基础可有以下两方面：（1）民主主义；（2）人权尊重主义。关于罪刑法定主义的内容，论者认为过去曾经形成通说，而现在又增加了新的内容，因而可从以下两方面论述其内容。（1）传统的罪刑法定主义的内容及其发展：排斥习惯法；刑法无溯及效力；禁止类推解释；否定绝对不定期刑。（2）新增的罪刑法定主义的内容：明确性原则；实体的适

① 参见陈兴良：《从政治刑法到市民刑法》，载陈兴良主编：《刑事法评论》，第1卷，北京，中国政法大学出版社，1997。

② 参见康均心：《刑法基本价值的形式》，载《法律与社会发展》，1997（2）。

③ 参见许发民：《论刑法的伦理品性》，载《法律科学》，1997（4）。

当原则，或称刑罚法规适当原则或者适当处罚原则（犯罪规定的适当和刑罚规定的适当）；判例不溯及的变更。[①] 还有论者比较全面地论述了罪刑法定主义，并提出要正确认识罪刑法定主义。[②] 有的论者对罪刑法定原则确立的观念基础作了研讨，认为应当以新型观念支撑罪刑法定原则。[③] 有的论者则是从反面论述罪刑法定原则的价值，对类推制度进行了历史考察，并分析了其存在的原因，从而得出废除类推是历史的必然的结论。[④] 此外，还有一些论者对罪刑相适应原则、刑法面前人人平等的原则作了探讨。[⑤]

（四）犯罪构成和刑事责任理论问题

有论者认为：刑事责任的本质在于自由意志行为人的反伦理道德性或反统治关系性之国家评价与个人负担，因此行为人负刑事责任的根据只能是这个自由意志行为。这个自由意志行为是主客观相统一的，既有主观恶性，又产生了行为事实，两者共同构成一个有机整体，直接从质和量上限定了主体对客体的侵害性即社会危害性，从而决定刑事责任的有无和大小。应坚持自由意志行为责任理论，要使刑事责任成为犯罪行为的必然的合理的结果。[⑥] 有论者认为：犯罪故意中社会危害性认识的要求，旨在落实对故意犯罪人予以严厉责难的主观根据。但社会危害性认识是对行为本质属性的认识，需要站在一定的社会政治立场才能得出，而且其范围过大、标准不明确，因而缺乏科学性和可操作性。而具有违法性认识是达到一定程度的社会危害性认识的法律化和客观定型化的标准。该论者在分析关于违法性认识的各种理论观点后，力主以违法性认识取代犯罪故意中的社会危害性认识，并初步探讨了司法实践中考察违法性认识的可行办法。[⑦]

---

① 参见马克昌：《罪刑法定主义的比较研究》，载《中外法学》，1997（2）。

② 参见杜波：《论正确认识罪刑法定主义》，载《烟台大学学报》，1997（3）。

③ 参见蔡道通：《罪刑法定原则确立的观念基础》，载《法学》，1997（4）。

④ 参见蔡道通：《类推制度的当代命运》，载陈兴良主编：《刑事法评论》，第1卷，北京，中国政法大学出版社，1997。

⑤ 参见于志刚、苏长青：《论罪刑相适应原则》，载《中国人民大学学报》，1997（4）；张年庚：《论毛泽东法律面前人人平等刑事法律思想》，载《人民检察》，1997（10）。

⑥ 参见李继红、肖渭明：《自由意志行为刑事责任论纲》，载《法律科学》，1997（2）。

⑦ 参见贾宇：《论违法性认识应成为犯罪故意的必备条件》，载《法律科学》，1997（3）。

（五）刑罚理论研究

有的论者对量刑原则作了探究，认为科学的量刑原则有如下三项：全面原则，综合原则，禁止重复评价原则。[①] 有的论者论述了用经济方法分析刑罚问题的必要性和可行性，并对刑罚资源的有效配置进行了经济分析，最后指出了刑罚经济分析的意义。[②]

此外，一些学者还对刑事司法领域诸如司法解释、司法公正等基础理论问题作了探讨和论述；一些学者对外向型刑法问题进行了研究，从我国港、澳、台地区刑法研究到一些国家新刑法典的评介，再到中外刑法的比较研究，其涉及范围之广，论述问题之多，理论观点之新，颇为显著。限于篇幅，本书无法予以介述。

五、刑法学研究发展的展望

综观 1997 年刑法学研究的成果，蔚为大观。本书无法面面俱到，但由所述已足见其一斑。当然，1997 年度刑法学研究状况并非完美无缺，特别是由于修订刑法典这一重大立法活动的完成，不可避免地在一定程度上吸引了刑法学界的理论视点，从而造成对刑法基础理论问题研究的相对不足。可喜的是，这种不足已为刑法学界有识之士们所关注。展望未来，我们有理由相信，中国的刑法学研究必将开创一个崭新的时代，这不仅是由于 1997 年刑法典的通过，全面总结了过去近二十年的经验和成果，使我国刑法立法迈上了一个新台阶，从而为刑法学研究提供了崭新的舞台和背景；更重要的是，中国共产党的第十五次全国代表大会于 1997 年 9 月胜利召开，这次大会进一步明确和坚定了依法治国的方略，这必将极大地激发刑法学界的积极性与创造性，从而为建设社会主义法治国家作出更大的贡献。

［高铭暄、赵秉志、刘远；载《法学家》，1998（1），原文发表时有删节］

---

① 参见谢玉童：《对量刑原则的再思考》，载《法律科学》，1997（2）。

② 参见卢建平、苗森：《刑罚资源的有效配置》，载《法学研究》，1997（2）。

第十章

1998年的刑法学研究

一、研究概况

1998年中国刑法学界在党的十五大精神指引下，继续深化理论研究，广泛开展学术活动，为推进依法治国、建设社会主义法治国家不懈努力。总的来看，全年的刑法学研究主要有以下两个特点。

1. 通过开展学术活动促进新刑法的实施和刑法科学的国内外交流。中国法学会刑法学研究会1998年学术研讨会于11月12日至11月17日在江苏无锡举行，大会以“新刑法的施行问题”为主题，两百多名与会代表在会上会下进行了广泛而深入的学术切磋与交流，共收到论文141篇。这次研讨会一个最突出的特点是，中华全国律师协会刑事专业委员会首次加盟刑法学研究会年会，有三十多名律师到会进行了交流和研讨，使本次理论研讨会富有更强的实践性，并促进了法律界广大人士的团结与合作。这次理论研讨会在刑法总则方面研讨较多的是关于刑法的基本原则、单位犯罪、正当防卫、刑罚适用等问题，而在刑法分则方面研讨较多的是经济犯罪、贪污贿赂犯罪、职务犯罪等问题。中国政法大学、中国国家检察官学院与加拿大“刑法改革与刑事政策国际中心”联合举办的“98北京预防和控制金融欺诈国际研讨会”于10月19日至10月22日隆重举行，国内法学界、司法界、金融界共一百五十多人参加，出席研讨会的外国代表有四十多人。大会围绕“金融欺诈的防范、控制以及立法理论和实务”的主题进行了富有成效的国际交流，并在社会各界产生了良好的影响。1998年10月28日，中国法学会和俄罗斯法律家联盟共同举办的“中俄遏制有组织犯罪研讨会”在北京举行，中俄两国的有关法律专家、学者近四十人参加了研讨会。此外，还有一些刑法学专家、学者前往国外以及我国港澳台地区进行了多种有意义、有价值的学术活动。

2. 刑法理论研究呈现全方位、多层次、多视角的良好格局。（1）尽管随着1997年刑法实施日久，1997年刑法注释热明显降温，但仍有数十种注释性论著问世。与此同时，研究1997年刑法的矛盾与缺陷的专著和论文也较1997年的增多了。比较有影响的如侯国云、白岫云著《新刑法疑难问题解析与适用》（中国检察出版社）等。（2）刑法学界对新刑法分则的专门性研究可谓一大景观。以下择其要者予以介述：周道鸾、张军主编的《刑法罪名精释》（人民法院出版社），赵秉志任总主编的“新刑法典分则实用丛书”（共计25本，由中国人民公安大学出版社陆续出版，1998年年内已经面世的专著有以下几种：王秀梅、杜澎著《破坏环境资源保护罪》，赵秉志著《侵犯财产罪》，赵秉志主编的《扰乱公共秩序罪》，刘远主编的《危害公共卫生罪》，肖中华著《侵犯公民人身权利罪》，苏长青著《侵犯公民民主权利和妨害婚姻家庭罪》，黄林异、王小鸣著《军人违反职责罪》，田宏杰著《妨害国边境管理罪》，赵秉志、于志刚著《毒品犯罪》等），“新刑法与经济犯罪丛书”（共计10本由西苑出版社出版，也对新刑法分则的具体犯罪进行了较为深入的探讨，包括王瑞璞、王树高主编的《新刑法与伪劣商品犯罪》，韩春雁、朱春阳主编的《新刑法与走私犯罪》，鲍绍坤主编的《新刑法与公司企业犯罪》，孙际中主编的《新刑法与金融犯罪》，王松苗、文向民主编的《新刑法与税收犯罪》，高佩德、李金声主编的《新刑法与知识产权犯罪》《新刑法与市场犯罪》，索维东、李晓光主编的《新刑法与财产犯罪》，蒋筑君主编的《新刑法与毒品犯罪》，陈连福、王卫星主编的《新刑法与贪污贿赂犯罪》等）。（3）适应新刑法的教学与研究需要，学界出版了几种重要的刑法教科书。主要有：高铭暄主编的全国高等教育自学考试教材《刑法学》（新编本）（北京大学出版社）；高铭暄主编的国家“九五”重点教材《新编中国刑法学》（2卷本，中国人民大学出版社）；高铭暄、马克昌主编的司法部统编教材《刑法学》（2卷本，中国法制出版社）；杨春洗、杨敦先主编的

《中国刑法论》（北京大学出版社）等。（4）刑法学专论的出版蔚为壮观。主要有：为庆祝高铭暄、王作富两位教授联袂执教45周年暨70华诞而出版的《刑事法专论》（2卷本，中国方正出版社），为庆祝杨春洗、储槐植两位教授执教43周年而出版的《刑事法学要论——跨世纪的回顾与前瞻》（法律出版社），为庆祝周柏森教授执教45周年而出版的《刑事法学专题研讨》（田文昌、贾宇主编，陕西人民出版社），高铭暄、赵秉志主编的《刑法论丛》（第1卷，法律出版社），陈兴良主编的《刑事法评论》（第2卷，中国政法大学出版社），郑伟主编的《新刑法学专论》（法律出版社），刘守芬、黄丁全主编的《刑事法律问题专题研究》（群众出版社）等。（5）比较刑法学和国际刑法学研究进一步发展，出版了一些有分量的专著，如高铭暄、［法］米海依尔·戴尔玛斯-马蒂主编的中法刑法合作研究项目的最终成果《刑法国际指导原则研究》（中国人民公安大学出版社），陈光中、［加］丹尼尔·普瑞方廷主编的《联合国刑事司法准则与中国刑事法制》（法律出版社），谢望原主编的《台、港、澳刑法与大陆刑法比较研究》（中国人民公安大学出版社），夏勇、徐高著《中外军事刑法比较》（法律出版社）等。（6）外国刑法和刑法学译作有新动态。罗结珍译《法国刑法总论精义》、陈忠林译《意大利刑法学原理》、张明楷译《日本刑法典》、黄风译《意大利军事刑法典》等的出版，为1998年度的刑法学研究增加了一道亮丽的风景。（7）研究刑法基本理论和重大课题的专著和论文喜获丰收，表明在新刑法施行后刑法学界已将更大的精力投入刑法基本理论，主要有：陈兴良著《刑法的价值构造》（中国人民大学出版社），邱兴隆著《刑罚理性导论》（中国政法大学出版社），马克昌主编的《经济犯罪新论》（武汉大学出版社），陈正云主编的《经济犯罪的刑法理论与司法适用》（中国方正出版社），孙谦主编的《国家工作人员职务犯罪研究》（法律出版社），陈文飞著《期货犯罪透视》（法律出版社），顾肖荣主编的《证券犯罪与证券违规违法》（中国检察出版社），梁华仁著《医疗事故的认定与法律处理》（法律出版社），张希坡编《中华人民共和国刑法史》（中国人民公安大学出版社）等，都具有重要的理论价值，显示了刑法学研究的后劲。陈兴良主编的“刑事法学研究丛书”（中国政法大学出版社）出版了以下著作：李洁著《犯罪对象研究》，屈学武著《公然犯罪研究》，刘仁文著《过失危险犯研究》，周光权著《注意义务研究》，林维著《间接正犯研究》，郑伟著《重罪轻罪研究》，田宏杰著《违法性认识研究》，刘明祥著《紧急避险研究》，黄京平著《限制刑事责任能力研究》等，均可谓厚积薄发之作。(8) 刑法重要文献的编辑工作迈上一个新台阶。由高铭暄、赵秉志编的《新中国刑法立法文献资料总览》(3卷本，计二百四十余万字，由中国人民公安大学出版社出版) 具有重要的参考价值，它的出版标志着我国刑法文献编纂工作进入了一个新阶段。此外，1998年报刊上还发表了上千篇的刑法论文与文章，其中不乏有新意、有见解、有深度的佳品力作，在下文的介述中还会涉及有关的论文。

二、关于刑法基本理论问题

(一) 刑法思想和刑法观念

有的论者对中国刑法理论若干问题进行了深入论述，指出：(1) 制定和完善刑法应立足于本国实际，这个实际主要包括4个方面的内容；(2) 保护人民，打击敌人，惩罚犯罪，服务四化是从马克思主义观点出发对我国刑法任务所作的高度概括；(3) 严格区分两类不同性质矛盾的犯罪是我们处理包括犯罪问题在内的一切社会问题的基本原则；(4) 科学地阐明犯罪的实质概念和主客观相统一的构成要件，是马克思主义刑法理论和其他刑法理论的一个根本区别；(5) 我国刑法理论坚持以辩证唯物主义决定论为刑事责任的哲理根据；(6) 我国刑法坚持惩罚与教育相结合、预防犯罪的刑罚目的观；(7) 反对酷刑，限制死刑是党和国家一贯的刑事政策。[①] 有的论者提出，仅从国家的立场认识刑法是不够的，传统的刑法观念必须进行一定程度的修正。该论者认为：现代法治国家刑法理论之要旨在于从非国家的角度重新审视刑法并由此确立新的刑法观念和刑法制度。以往的刑法理论未对刑法的有效性作出完整的理解，所以应当协调公众认同和刑法有效的矛盾。建构刑法认同的基础观念除与社会结构相关外，还与刑法自身的基本原理有关，刑法应当着力建构罪与刑的必然对应关系，并求助于罪刑法定与罪刑均衡两个原

① 参见高铭暄：《关于中国刑法理论若干问题的思考》，载高铭暄、赵秉志主编：《刑法论丛》，第1卷，北京，法律出版社，1998。

则。刑法应当具有可感性。在保留并限制刑法强制性的情况下，在公众与刑法之间建立一种合作态度，增进公众与刑法的沟通，应增强刑法的诱导性。以往的刑法理论对刑法的正当根据提供了两种方案，即报应论和预防论。合理的刑法正当根据应当是确立公民对刑法的忠诚。忠诚论与共同话语有关，以报应论为基础，并汲取预防论的合理因素。[①]

有的论者对社会秩序的刑法保护与控制进行了深入研究，指出：社会秩序既是一种事实又是一种价值，它包括结构秩序和行为秩序两个方面。刑法通过对行为秩序的控制来达到对结构秩序的保护。刑法对结构秩序的保护表现为对社会结构中建立在生产关系之上的最为重要的具体的社会关系的保护，而不是以所有的社会关系为对象。刑法对于行为秩序的控制表现为刑法规范对人的行为加以限制和禁止。外在地看，刑法以强制的方式控制人的行为，但不是人的思想；内在地看，行为秩序的控制离不开人们对刑法规范的普遍认同和尊重。[②]

有的论者对犯罪化及其限制作了系统分析，指出犯罪化和刑罚圈的范围问题，其实质就是刑罚资源与其他社会控制资源的配置问题。刑法结构严而不厉是刑法结构的理想模式。反社会行为的犯罪化的适当范围先要求立法者对犯罪行为与道德违反行为、民事违法行为和行政不法行为的界限作出正确界定，在此基础上，应将下列行为排除在犯罪化范围之外或者严格限制其犯罪化：（1）纯粹思想领域的活动不得被宣布为犯罪；（2）纯粹私人之间的行为不得被宣布为犯罪；（3）行使宪法权利的行为不得被宣布为犯罪；（4）身份和状态不得被宣布为犯罪；（5）没有罪过的行为不得被宣布为犯罪；（6）对不具常态性和普遍性的危害行为应当慎重犯罪化；（7）对利害交织的模糊状态行为应慎重犯罪化。该论者还指出，与外国犯罪构成的“立法定性＋司法定量”模式不同，我国犯罪构成采取的是“立法定性＋定量”的模式。这一模式放掉了一批危害不大的不法行为，但它完全符合刑法补充性、谦抑性、最后手段性和刑法经济原则的要求，符合刑法不完整性的事实和理性认识。从刑法补充性和刑法经济性原则出发，确定行为犯罪化的定量标准

① 参见周光权：《公众认同、诱导观念与确立忠诚——现代法治国家刑法基础观念的批判性重塑》，载《法学研究》，1998（3）。

② 参见曲新久：《论社会秩序的刑法保护与控制》，载《政法论坛》，1998（4）。

应遵守下列原则：必要性原则；可行性原则；统一性原则。[①]

有的论者对刑事法律关系进行了探究，认为：刑事法律关系是指由国家刑事法律所调整的因违法犯罪行为而引起的控罪主体与犯罪主体之间为解决犯罪构成与刑事责任而形成的一种社会关系。刑事法律关系的主体、客体和内容构成了刑事法律关系的基本要素。刑事法律关系的主体分为犯罪主体和控罪主体，国家不是刑事法律关系的主体。控罪主体分为公诉罪的控罪主体和自诉罪的控罪主体。前者是国家检察机关；后者是犯罪受害人或他的近亲属。刑事法律关系的客体是犯罪构成与刑事责任。刑事法律关系的内容是刑事法律关系主体之间存在的基于解决犯罪构成和刑事责任而由刑事法律规定的权利和义务。该论者指出，在社会现实中，发掘刑事法律关系这一主题，不仅对于加强社会主义法制观念和完善社会主义法制建设具有不可估量的作用，而且对于完成刑法理论的科学化任务也具有不可忽视的意义。[②]

还有的论者对刑事法治的内涵作了探讨，指出其内涵包括以下几方面：刑事处罚权的法定性；刑事处罚权并非国家专有；不能以刑事不法对付犯罪；刑事处罚权须依法行使；刑事处罚权的合理性；国家（机关）也不能免除刑事处置。[③]

此外，还有的论者对刑法立法思想及其运用问题[④]、附属刑法规范的创制性立法问题[⑤]、刑法旧派公正观[⑥]等进行了研究，限于篇幅，本书难以一一介述。

（二）关于犯罪论

1. 犯罪概念

有论者撰文指出，双重结构的犯罪概念是中国刑法理论的重要特色。在说明犯罪概念时，尤其是在说明司法实践意义上的而不是抽象理论意义上的

---

① 参见梁根林：《论犯罪化及其限制》，载《中外法学》，1998（3）。

② 参见杨兴培：《论刑事法律关系》，载《法学》，1998（2）。

③ 参见卢建平：《论法治国家与刑事法治》，载《法学》，1998（9）。

④ 参见宗建文：《刑法立法思想及其运用》，载陈兴良主编：《刑事法评论》，第2卷，北京，中国政法大学出版社，1998。

⑤ 参见青锋：《附属刑法规范的创制性立法问题》，载《法学研究》，1998（3）。

⑥ 参见张小虎：《刑法旧派公正观述评》，载《法学学刊》，1998（4）。

犯罪概念时，是使用双重结构的理论安排来进行的。对于本质意义上的犯罪概念来说，其功能主要有：揭示犯罪的本质属性即阶级属性；为划清犯罪与非犯罪的界限提供总的标准与尺度；为进一步研究中国刑法理论的其他问题提供前提和基础。对于具体特征意义上的犯罪概念来说，其功能主要是：为划分罪与非罪、此罪与彼罪提供具体明确的界限和标准；为研究中国刑法理论中的基本问题和各种具体犯罪问题提供一把“解剖刀”。该论者在分析这种双重结构的犯罪概念长期存在的原因并充分肯定其历史功绩的基础上指出，1997年刑法确立罪刑法定原则后，这种犯罪概念开始表现出许多与中国刑事法治发展新阶段不相适应之处：（1）它未以“法定”为界限区分出法律明文规定以前的“犯罪行为”和法律明文规定以后的“犯罪行为”。（2）中国刑法理论中的犯罪概念的封闭性也日益表现出来。中国刑法规定的犯罪是以社会危害性为本质特征的，而犯罪的社会危害性又是以中国刑法规定的内容来确定的。这种相互依赖的封闭性的理论状态在罪刑法定原则确立后，已经完成了自己的历史使命，如我国再继续沿用，将极大地限制中国刑法理论的发展与完善。（3）在司法实践中，这种犯罪概念容易对中国刑法的贯彻执行造成一些不利的影响。因此，在罪刑法定原则确立后，中国刑法理论应对犯罪概念作出相应的修改与完善，具体地说，新的具有双重结构的中国刑法理论的犯罪概念应由“立法概念”和“司法概念”组成。立法上的犯罪概念是指具有严重的社会危害性、应当由刑法规定为犯罪、适用刑罚予以处罚的行为。司法上的犯罪概念是指符合刑法规定的构成要件、应当适用刑罚予以处罚的行为。论者提出的新的犯罪概念主要强调的是概念的结构与功能。新的犯罪概念反映的是法律本身的发展规律与中国法治发展的客观要求，而不再是主要考虑政治斗争或阶级斗争的需要。重新设定犯罪概念的结构和功能在司法实践上最重要的意义将是彻底清除以犯罪概念为类推适用提供理论支持的可能性。[①] 也有的论者指出，罪刑法定原则有其基本的要求，它对犯罪概念的确立提供了一定的规范标准；罪刑法定原则面对规范标准和社会危害性标准，在界定犯罪时必须作出明确的价值选择；我国刑法中犯罪概念的缺陷，充分说明了罪刑法定原则与社会危害性标准的冲突，而规范标准是在罪

① 参见王世洲：《中国刑法理论中犯罪概念的双重结构和功能》，载《法学研究》，1998（5）。

刑法定原则前提下，界定犯罪概念的理性选择。[①] 此外，还有一些论者对犯罪的基本概念进行了探讨。

有的论者则专门研讨了无直接受害者的犯罪，认为社会之所以对这类犯罪进行处罚，是因为：（1）社会认为这类犯罪是不道德的；（2）对这类行为进行处罚是为了使他人免受“冒犯”；（3）对被惩处者本人有好处；（4）这类行为诱发其他犯罪，特别是刺激有组织犯罪。这类犯罪的特点比较突出，不但犯罪人数多，立法难以控制，而且罪与非罪的界限往往难以划分。在现代各国刑法中，对无直接受害者的犯罪规定的罪名越来越少，处罚越来越轻，原因是：（1）人们的价值观念发生了巨大变化，越来越多的人认为法律不应过多地干涉个人的私生活，应给公民就私人道德问题作出选择和行动的自由。（2）以往的实践证明，对个人私生活的干涉往往是错误的，是多数人的专制。（3）如果对道德问题过多地进行干涉，过时的道德就会得以保留，影响社会的发展。（4）对某些无直接受害者的犯罪予以惩处，明显违反了刑法的有效原则。[②]

2. 犯罪构成理论

有的论者从行为结构与犯罪构成体系的关系角度作了深入研究，指出行为科学是根据行为路线（或行为的发生、发展过程）来研究行为结构的：行为主体先产生动机、形成目标，然后朝着目标实施行动，最后产生结果。这是一种从主观到客观的行为结构体系。刑法学界一些学者主张的犯罪主体、犯罪主观要件、犯罪客观要件、犯罪客体的犯罪构成体系，同行为科学的理论相符合，但隐含着许多危险：有导致侵犯人权的危险；有导致刑法学与审判实践偏离方向的危险；有导致犯罪构成形式化的危险。因此按照行为科学的理论来安排犯罪构成体系并不科学。原因之一是行为科学主要研究需要、动机、行为三者之间的关系，而需要和动机是内在性的问题，是伦理学所要研究的重要内容，故行为科学实际上重视行为的内在性；而刑法学由其研究内容和研究目的所决定，其所重视的是行为的外在性，因此需要一种从客观到主观的犯罪构成体系。另一个原因是，刑法学是规范学，而行为科学是事实学，故刑法学不可能完全吸收行为科学的理论成果。再一个原因是，刑法

① 参见樊文：《罪刑法定与社会危害性的冲突》，载《法律科学》，1998（1）。

② 参见何柏生：《论无直接受害者的犯罪》，载《法律科学》，1998（5）。

学研究的主要内容是，在犯罪发生后如何认定与处罚，从而预防犯罪行为；行为科学研究的是如何激发人们实施积极行为，因此刑法学不可能按照激发人们实施积极行为的模式安排犯罪构成体系。[①] 有的论者则从三大法系相比较的角度对犯罪构成论体系性特征进行了研究，指出犯罪构成的价值在于：（1）实现刑法的基本价值，即公正与功利的功能；（2）犯罪构成这种应有的价值具体表现在支持罪刑法定原则上。作为法律上的犯罪构成，为了能实现其基本价值，在构建规则即规定方式上应遵循以下规则：合目的性；支持罪刑法定主义；可操作性。英美犯罪构成体系在解释法律、为法律提供理论说明方面值得赞赏，但由于其侧重于“运作能力”，价值目标改定为“实用”，就有可能缺乏深入探讨的推动力。德日犯罪构成理论体系在追求犯罪构成体系体现刑法的公正与功利功能的内在制约机制方面进行了不懈的努力，理论探讨的丰富与深入在世界上独树一帜，且这在为使犯罪构成理论能体现犯罪认定过程方面，也成了坚持三要件体系的一个重要原因。当然，在犯罪研究方面的复杂烦琐，是其不足之一。中国的犯罪构成理论体系和法律上的犯罪构成是直接合而为一的，这种一致性就有将法律上的犯罪构成与理论上的犯罪的各自功能相混淆的可能，而且要求法律的规定与理论发挥同样的作用也是不现实的。而在犯罪构成理论的研究中，对犯罪本质的把握则是其优点。总之，对犯罪构成理论体系的评价，应以这种体系能否完成刑法所赋予的任务为标准。[②] 还有些论者对事实因果关系问题[③]，刑法上的数额及数量问题[④]，人身危险性问题[⑤]，原因上自由行为[⑥]等进行了研究，恕不一一介述。

3. 犯罪对象

有的论者指出，传统的刑法理论重视犯罪客体而轻视犯罪对象，导致对

---

① 参见张明楷：《行为结构与犯罪构成体系——兼谈行为科学与刑法学的区别》，载《法商研究》，1998（2）。

② 参见李洁：《三大法系犯罪构成论体系性特征比较研究》，载陈兴良主编：《刑事法评论》，第2卷，北京，中国政法大学出版社，1998。

③ 参见张绍谦：《事实因果关系研究》，载陈兴良主编：《刑事法评论》，第2卷，北京，中国政法大学出版社，1998。

④ 参见刘华：《论我国刑法上的数额及数量》，载陈兴良主编：《刑事法评论》，第2卷，北京，中国政法大学出版社，1998。

⑤ 参见刘树德：《人身危险性的理论思考与规范分析》，载陈兴良主编：《刑事法评论》，第2卷，北京，中国政法大学出版社，1998。

⑥ 参见齐文远、刘代华：《论原因上自由行为》，载《法学家》，1998（4）。

犯罪对象缺乏研究，以致在犯罪对象问题上长期存在一些缺乏根据的观点，如犯罪对象不能决定犯罪性质，犯罪对象并非存在于一切犯罪之中，犯罪对象必须具有合法性，等等。该论者在对犯罪对象进行深入研究的基础上，明确提出不仅犯罪客体可以决定犯罪性质，犯罪对象也能决定犯罪性质，一切犯罪都有犯罪对象，作为犯罪对象的人或物不具有合法性特征，刑法理论界应当更加注重对犯罪对象的研究。①

4. 犯罪形态

有的论者对过失危险犯进行了研究，指出：有关过失危险犯的学说给备受过失犯罪困扰的刑事立法者带来了启发，其结果表现为越来越多的国家开始突破原来的过失犯罪以发生实际侵害结果为必备要件的限制，逐步在刑法中规定了过失危险犯。对照我国刑法总则对过失犯的定义，就不能得出只承认过失实害犯而不承认过失危险犯的结论，即我国刑法对过失犯的定义并不排除过失危险犯。不仅从刑法总则看是如此，从刑法分则看也是如此。该论者赞成过失危险犯肯定说，并反驳了否定说。该论者在阐述过失危险犯的犯罪构成的基础上，提出完善我国过失危险犯立法的构想，主张应当遵循的基本原则是：限制原则；谦抑原则；协调原则。② 此外，也有论者提出1979年刑法中就有过失危险犯，并对刑法理论关于过失犯的通说提出了质疑。③ 还有的论者对业务过失犯罪④、危险犯定义和分类⑤、故意犯罪既遂标准⑥等形态问题进行了探讨。

5. 定罪原则

有的论者对此作了研讨，认为由于定罪是一个动态过程，主、客观相统一的定罪原则应包括两方面：一是法官在定罪活动中，在指导思想上的主观与客观相统一，其核心要求就是法官应从客观实际出发，实事求是，反对定罪时的主观倾向；二是在犯罪成立标准上的主观与客观的统一，即实体上坚持主观标准与客观标准的有机统一。在我国的刑事立法和定罪实践中，还存

---

① 参见王学沛：《关于犯罪对象若干观点的质疑》，载《法律科学》，1998（5）。

② 参见刘仁文：《过失危险犯研究》，载《法学研究》，1998（3）。

③ 参见刘远主编：《危害公共卫生罪》，15～17页，北京，中国人民公安大学出版社，1998。

④ 参见蒋兰香：《试论业务过失犯罪》，载《法学学刊》，1998（3）。

⑤ 参见金泽刚：《现行刑法规定的危险犯定义和分类浅探》，载《法学学刊》，1998（4）。

⑥ 参见刘之雄：《关于故意犯罪既遂标准的再思考》，载《法商研究》，1998（6）。

在客观归罪或者客观免责的种种情形，它们都有悖于主、客观相统一的定罪原则。[①]

（三）关于刑罚论

有的论者专门探讨了刑罚价值，认为作为刑罚价值的自由，本质上是指国家以刑罚制度的形式对公民自由的确认与保护。这种确认与保护可以分为已然的确认与保护和应然的确认与保护。前者是指一国现行刑罚制度对公民自由已经作出的确认与保护。我国的刑法在这方面主要表现为：（1）对公民政治权利与自由的确认与保护；（2）对公民人身权利与自由及相关权利与自由的确认与保护；（3）对公民宗教信仰自由以及少数民族风俗习惯的确认与保护；（4）对公民财产权利的确认与保护；（5）对公民婚姻自由的确认与保护；（6）对公民的防卫与避险自由权利的确认与保护。刑罚对公民自由应然的确认与保护，是指一国刑罚制度应在何种程度上或范围内对公民自由给予确认与保护。该论者认为：国家的刑罚制裁仅仅在下列情况下才是合理的，而在此之外公民的行为应是自由的。第一，从民意来看，绝大多数国民认为某一行为具有相当严重的社会危害性，对国家与公民的合法权益构成了严重威胁，国民情感与精神上均不能容忍这种行为。第二，从效果来看，以刑罚来限制某一行为自由，符合刑罚目的，并且不会因此而禁止有益于社会的行为，能够收到明显的抑制该行为的效果，可以预防这种行为。第三，从效益来看，以刑罚来限制某一行为自由，值得启动刑事诉讼程序。作为刑罚价值的自由与刑罚的关系是：第一，秩序是自由的保障；第二，自由以秩序为限度。也就是说，刑罚制度是公民自由的强有力的保障，公民自由以刑罚制度为最后界限。[②]

有的论者对刑罚的价值基础进行了研究，指出刑罚价值是由刑罚属性、刑罚机能与社会及其成员的需要相结合而形成的。该论者对西方法学家关于刑罚本质的学说（刑罚报应论、刑罚功利论、刑罚折中论）进行了全面的介述与评析，并在对我国的有关主张作出评述后指出，刑罚的本质是对实施了犯罪行为的人的报应。该论者认为：刑罚的机能分为六大机能，即刑罚的否

---

① 参见苗生明：《论主客观相统一的定罪原则》，载《政法论坛》，1998（2）。

② 参见谢望原：《作为刑罚价值的自由》，载《法学研究》，1998（4）。

定机能、刑罚的改造机能、刑罚的威慑机能、刑罚的教育机能、刑罚的鼓励机能、刑罚的抚慰机能。刑罚机能的特点是：（1）刑罚机能是指在国家制刑、量刑、行刑的全过程中，整个刑罚制度显示出来的潜在作用。（2）刑罚机能一般是指刑罚潜在的正面作用或积极作用，但这并不意味着我们可以忽视刑罚的负面价值。（3）刑罚机能是指刑罚对犯罪人、其他社会成员及国家的潜在积极作用。（4）刑罚机能是刑罚制度的潜在作用。关于刑罚价值的生成，该论者对刑罚本质与刑罚价值、刑罚机能与刑罚价值等的相互关系进行了辩证研究。①

有的论者论及刑罚效益成本资源的有效配置问题。该论者指出：刑罚效益的成本资源主要包括国家对罪犯的权益的剥夺或限制和司法成本。刑罚效益的成本资源又可以从国家对罪犯权益的剥夺或限制和司法成本的支付转化为选择刑罚的严厉性、刑罚的确定性和刑罚的及时性。国家要获取最佳的刑罚效益，必须合理配置刑罚的严厉性、刑罚的确定性和刑罚的及时性，而不能偏执一端。刑罚效益等量是指由不同类型的刑罚成本或不同量的刑罚成本所实际产生的刑罚效益可以是一个相等的量。之所以产生刑罚效益等量这个现象，是因为刑罚成本中的各种类型的具体成本水平投入的情况对刑罚效益的总体水平的高低都具有影响力，从而导致不同类型的具体的刑罚成本所带来的刑罚效益的总体水平保持不变。该论者认为刑罚效益等量及刑罚效益等量线具有重要意义。国家必须在刑罚效益等量线上找出某一点，在该点上国家能够使刑罚效益的成本资源进行合理的组合、配置，以最佳的最低的刑罚成本的支出实现确定的刑罚效益。通过对刑罚效益的成本资源有效配置的分析，该论者认为，国家要实现节省刑罚成本，获取既定的刑罚效益目标，投入一定的刑罚量是不可缺少的，但为了最有效地获取刑罚效益，必须对刑罚严厉性与刑罚确定性、刑罚严厉性与刑罚及时性、刑罚严厉性自身成本等进行合理的配置。② 还有的论者撰文对刑罚一般预防目的进行质疑，认为刑罚

① 参见谢望原：《刑罚价值基础：本质属性、机能与价值生成》，载高铭暄、赵秉志主编：《刑法论丛》，第1卷，北京，法律出版社，1998。

② 参见陈正云：《刑罚效益成本资源有效配置论》，载《现代法学》，1998（4）。

目的不应包括一般预防。[①]

有些论者从法定刑角度对刑罚理论进行了探讨。有的论者指出：法定刑配置不是立法者恣意为之的事，它必须得到某种合理化控制。在要不要为个罪配置法定刑问题上体现的是刑法的功利价值（预防需要），但实现配置法定刑合理则必须坚持刑法的公正观念。据此论者对历史上先后出现的法定刑配置模式的利弊得失作了分析，指出：法定刑配置的合理性受到刑罚攀比现象的极大冲击。刑罚攀比包括横向攀比和纵向攀比，它们受制于各种复杂的原因。该论者最后提出抗制刑罚攀比、促进法定刑配置合理化的建议：（1）确定重罪、轻罪的区分标准，为法定刑的合理配置提供原则指导；（2）在刑罚一般化观念指导下，确立典型立法方法。[②] 有的论者对法定刑的基本理论进行了探讨，指出法定刑的基本特征是：第一，法定刑是刑罚的下位范畴；第二，法定刑是表征思维中的具体的范畴；第三，法定刑是表征罪刑关系的范畴；第四，法定刑是表征刑刑关系的范畴。在此基础上，论者认为，决定法定刑的刑罚强度的总根据应是具体犯罪的社会危害性和社会心理的刑罚感受性。所谓社会心理的刑罚感受性，是指社会心理对一定的刑罚强度的反应能力，它与社会心理对降低该刑罚强度的容忍性是一个问题的两个方面。影响社会心理的刑罚感受性的因素主要是：（1）社会报应观念的强弱；（2）“违法必究”实现的程度；（3）社会治安状况的好坏。因此，在设置法定刑时必须在综合考察上述三种因素的基础上，测定一定时期社会心理的刑罚感受性，然后结合具体犯罪的社会危害性，确定其法定刑的刑罚强度。据此论者提出设定法定刑的基本原则是公正原则、明确原则、协调原则、稳定原则，其中，公正原则是最基本的原则，后三者对其起补充作用。[③] 还有的论者论及财产犯罪定罪数额与法定刑的设定根据，认为财产犯罪在法定刑设置上必须考虑不同财产犯罪的社会危害性差异这一因素。该论者通过对贪污罪、职务侵占罪、盗窃罪的比较分析，论述了财产犯罪法定刑的设定根据，认为各类

---

① 参见韩铁、刘雯：《刑罚一般预防目的的质疑——刑罚目的不应包括一般预防》，载《中外法学》，1998（2）。

② 参见周光权：《法定刑配置的合理化探讨——刑罚攀比及其抗制》，载《法律科学》，1998（4）。

③ 参见刘远：《法定刑基本理论研究》，载《刑事法专论》，北京，中国方正出版社，1998。

财产犯罪在定罪数额上应予平衡。[①]

此外，还有的论者研讨了刑罚处罚的权利来源、刑罚处罚的根据、刑罚处罚的目的及其实现、定罪量刑与形势需要等问题。

三、关于新刑法典的若干重大问题

（一）对新刑法典的评论

有论者指出，实现刑法的统一性和完备性是中国此次修订刑法、颁行新刑法典的重要目标之一，这种统一性和完备性，突出表现在以下几个方面：其一，将1979年刑法典实施17年来由全国人大常委会作出的有关刑法的修改补充规定和决定（即单行刑事法律）研究修改后编入新刑法典，并将一些民事、经济、行政等法律中“依照”“比照”1979年刑法典有关条文追究刑事责任的规定（即附属刑法规范），改为新刑法典的具体条款。其二，将拟制定型、较为成熟的反贪污贿赂法草案稿和中央军委提请全国人大常委会审议的惩治军人违反职责犯罪条例草案编入了新刑法典，在新《刑法》分则第八章和第十章中分别规定了贪污贿赂罪和军人违反职责罪两章。其三，根据社会主义市场经济条件下刑法保护市场经济健康发展和维护国家社会安定的实际需要，新刑法典大量充实了罪种尤其是新型犯罪，从而成为此次修订刑法最重要的内容之一。法治是中国现代化法制建设的综合性价值目标，洞察新刑法典，法治原则的贯彻和刑法保障功能的强化主要体现在4个方面。现代世界各国刑法理论和刑事立法的互渗共进，已成为不可逆转的潮流。1997年刑法典在促进中国刑法国际化方面迈出了可喜的步伐。1997年刑法典的颁行，是在中国晚近十余年来国家倡导法治的氛围下，刑法学者、刑法界人士长期共同努力所取得的成果。在现代法治社会中，优良的法律只是法治的基础和前提，而完善有效的司法动作才是关键和重点、难点。1997年刑法典的发展与完善，也只是为中国刑事法治的发展与完善提供了法律基础；要把文件中的法律规范变成实践中的法治现实，尚需要法律部门乃至全社会、

---

① 参见李洁：《论财产犯罪定罪数额与法定刑的设定根据》，载《法律科学》，1998（4）。

全体人民以实行法治之决心付出巨大的、不懈的努力。而且，中国刑法的改革，任重道远，今后还应当随着社会的变迁与发展而不断迈进。[①]

有的论者从价值观念角度和立法技术层面对新刑法进行了总体评价，认为1997年刑法在很多方面都体现了对1979年刑法的超越，但是又有诸多矛盾和不足，给人一种“困惑中的超越与超越中的困惑”的整体印象。从价值观念的总体评判来说，1997年刑法一是对刑法机能作了适度调整，1979年刑法的价值定位是社会保护优先，而1997年刑法的功能选择是突出权利保障；二是对刑事控制进行了现实转化，表现为刑法不断醇化，刑事控制的重心是将治安犯罪与经济犯罪并重，刑罚运用更加注重有效性；三是刑法立场取向于客观，1979年刑法偏爱主观主义，1997年刑法则向客观主义回归。从立法技术的总体评判来说，1997年刑法一是更新了刑法立法技术观念，二是将刑法体系的逻辑构造合理化，三是对刑法条文作了规范设计，四是使刑法术语的表述更为严谨。[②] 此外，还有论者对1997年刑法的立法方法进行了评论。[③]

有的论者则对1997年刑法进行了批判性评论，认为刑法作为国家的一部主要的基本法，一点矛盾和问题都不应该出现，它应该十分严密和科学，否则，不但会冤枉好人，而且会放纵犯罪，并将给司法实践和社会治安带来严重问题，因此对于刑事立法应慎之又慎。但很遗憾的是，经过十几年的研究和讨论，制定出来的新刑法却不尽如人意，其原因是多方面的。[④] 该论者还撰文对1997年刑法分则中的矛盾进行了剖析，指出：（1）有些条文在立法上自相矛盾；（2）有些条文的立法内容不尽合理；（3）有些条文规定的犯罪主体不符合实际；（4）有些条文用词烦琐或者重复规定；（5）有些条文自我否定，形成巨大漏洞。此外还有其他问题。该论者认为，1997年刑法存在的矛盾和问题甚多，在司法实践中难以适用，更谈不上垂范久远，因而急需重新加以修改和完善，故呼吁立法机关以法制建设为重，尽快讨论、研究

① 参见高铭暄：《中国刑法的最新发展》，载《中国刑事法杂志》，1998（2）。

② 参见陈兴良、周光权：《困惑中的超越与超越中的困惑》，载陈兴良主编：《刑事法评论》，第2卷，北京，中国政法大学出版社，1998。

③ 参见宗建文：《刑法立法思想及其运用——刑法修订的方法论考量》，载陈兴良主编：《刑事法评论》，第2卷，北京，中国政法大学出版社，1998。

④ 参见侯国云、白岫云：《新刑法疑难问题解析与适用》，北京，中国检察出版社，1998。

新刑法的再完善问题。[①] 此外，还有的论者对1997年刑法中的具体缺陷问题进行了细致的探究。[②] 有的论者则从罪刑法定的立法设计角度对1997年刑法的不足作了剖析。[③]

（二）刑法制定的根据

有的论者对1997年《刑法》第1条的规定进行了研讨，指出我国刑法制定的根据主要是两个方面：(1) 根据宪法。宪法作为刑法制定的根据是多方面的，首先是宪法序言或条文中全局性、方向性和根本性的规定，其次是宪法条文中保护性、义务性或禁止性的规定。此外，宪法还有许多规定，虽然不是制定刑法的直接根据，但对刑法的制定有着不容忽视的影响，它们都是制定刑法的基础。刑法的制定绝不能违背宪法的规定，否则或者全部作废，或者同宪法相抵触的部分作废；对刑法是否违宪的审查，是对人权的重要保障。(2) 根据我国同犯罪作斗争的具体经验和实际情况。这些经验首先表现为我国同犯罪作斗争的基本方针、政策、策略，即社会治安综合治理的方针，惩办与宽大相结合的基本刑事政策和区别对待，打击少数，争取教育多数，孤立、分化、瓦解犯罪分子的策略原则；同时还表现为同各种犯罪作斗争的具体方针政策。其次，我国在同犯罪作斗争中还有许多具体的经验。刑法制定的又一根据是我国的实际情况。所谓实际情况，先是指社会主义初级阶段的中国国情，当然也包括我国的治安情况，特别是犯罪情况。制定刑法以中国实际情况为根据，并不排斥外国经验。[④]

（三）刑法基本原则

有的论者对罪刑法定原则的确立历程进行了回顾，并对罪刑法定原则在新刑法中的确立给予高度评价。[⑤] 有的论者论述了罪刑法定主义的现代课题，认为传统罪刑法定主义的基本原理，一是反对刑事专断制度的立法精

① 参见侯国云：《也谈刑法典应力求垂范久远》，载《法学》，1998 (5)。
② 参见王炎林：《新〈刑法〉瑕疵探微》，载《现代法学》，1998 (3)。
③ 参见游伟、孙万怀：《"明确性"与"罪刑法定"的立法设计》，载《东吴法学内刊》，1998 (6)。
④ 参见何秉松：《我国刑法制定的根据》，载《河北法学》，1998 (2)。
⑤ 参见赵秉志、肖中华：《罪刑法定原则的确立历程》，载《河北法学》，1998 (3)。

神，二是“心理强制”的逻辑结论，三是法律稳定性的基本要求；现代罪刑法定主义对整个刑事法律制度提出了更高更全面的要求，形成了建立在传统罪刑法定主义基础之上的一系列崭新的原理和命题。这些原理和命题是：(1) 预期性原则；(2) 均衡性原则；(3) 实体程序合法原则。新刑法典贯彻了现代罪刑法定主义的基本要求，主要表现在以下几个方面：(1) 新刑法废除了类推制度；(2) 反对扩张解释；(3) 反对不定期刑；(4) 限制溯及既往；(5) 贯彻明确性原则；(6) 贯彻均衡性的立法原则；(7) 体现程序合法原则。① 有的论者论述了新刑法取消类推制度的逻辑依据，认为1979年刑法中的类推制度不仅是适应国家法制建设初期的客观需要，弥补法律规定之不足的产物，还有其逻辑上的根据。刑法上的类推制度实际上是逻辑学中类比推理的具体应用。但原来的立法者忽略了一个致命的问题，即这种类比推理的结论带有明显的或然性。也就是说，在定罪判刑时，借助于类推难以保证不出冤、假、错案。因此，建立在类比推理基础上的类推制度是不应被纳入刑法这样的规范性和准确性要求极强的法律文件中的。所以取消类推是符合逻辑的。② 有的论者论述了罪刑法定原则的若干争议问题，首先是罪刑法定原则与司法解释的地位问题，认为罪刑法定原则确立后司法解释的存在有其合理性或必要性，这决定于：刑法的抽象性；刑法的纸面性；刑法的滞后性；立法者认识的局限性。然而罪刑法定原则为今后司法解释工作指明了新的发展方向：一是限制司法解释的数量；二是加强立法解释工作。其次是罪刑法定原则与类推案件的处理问题。该论者认为，对发生于1997年刑法生效前的需要类推的行为，不宜按犯罪处理，最高人民法院《关于依法不再核准类推案件的通知》只规定不准上报，应由立法机关作出相应的解释，宣布这类案件作无罪处理。最后是罪刑法定原则与附属刑法的规定问题，有论者主张非刑事法律中不能进行创制性刑事立法，但可以进行扩张性解释的立法或比照性立法。其理由是：非刑事法律中进行创制性立法违背罪刑法定原则；非刑事法律中的扩张性解释的立法或比照性立法符合罪刑法定原则。③ 此外，有的论者论及司法解释的科学化问题，对犯罪罪名的设定及其权属、

① 参见陈浩然：《罪刑法定主义的现代课题》，载《法学》，1998 (1)。

② 参见马立源：《论新刑法取消类推制度的逻辑依据》，载《河北法学》，1998 (3)。

③ 参见卢勤忠：《有关罪刑法定原则的若干争议问题探讨》，载《浦东审判》，1998 (3)。

刑法规范的漏洞及其补救、法律用语的解释及其价值进行了阐述。[①] 有的论者认为，罪刑法定原则不仅是一个是否以文字表述和如何表述的问题，还必然要面临法律文化、法律观念、刑事法律的科学性、特别刑事立法与刑事司法解释、司法过程等方面的考验。[②]

有些论者对罪刑相适应原则作了理论思考，认为罪刑相适应原则的主导价值基础是深植于人们心中的公平、正义理念。刑法的公正性是一个典型的关系范畴，具有多元的实现形式，它在相互矛盾的事物间指“衡平”，在界限模糊的事物间指“普遍的一致性”，在激烈的社会冲突中指秩序、人道与安全。因而，罪刑“相当性”的评价标准应当结合其特性分别加以把握，具体而言，可由三个方面来理解：一是犯罪与刑罚之相当性具有相对性和多层性，二是罪刑在质上是性质的相近，三是罪刑在量上是比例的相当。[③] 此外，还有些论者论及这一刑法基本原则。

有些论者对刑法面前人人平等原则进行了研究。有的论者认为 1997 年刑法确立的这一原则充分吸取了古今中外平等思想的精华，总结了历史经验教训，把维护人民主权和人权保障充分结合起来，对于保障市场经济的健康发展，与特权行为作斗争具有十分重要的意义。该论者对刑法人人平等原则的内涵、理论依据和实践意义进行了深入的分析研究。[④] 有的论者还指出了司法实践中罪刑适用不平等的种种表现及原因，并探讨了罪刑适用平等原则实现的有效途径。[⑤]

此外，还有的论者论及 1997 年刑法基本原则的冲突及协调，认为：在价值取向上罪刑法定原则立足于自由与秩序，而罪刑相适应原则着眼于平等与公正；在立法要求上罪刑法定原则要求立法明确性，而罪刑相适应原则难以要求明确性；在审判权限制上罪刑法定是对审判权的限制，而罪刑相适应却要赋予法官相对更大的自由裁量权。该论者主张，罪刑法定与罪刑相适应应在价值取向上统一于公正基础上的秩序，在立法要求上统一于相适应的罪

---

① 参见游伟：《“罪刑法定”与立法权、司法权的划分》，载《浦东审判》，1998（2）。

② 参见黄定勇：《罪刑法定原则将在挑战中前行》，载《法律科学》，1998（5）。

③ 参见黄祥青：《犯罪与刑罚之相当性的法哲学思考》，载《法学家》，1998（5）。

④ 参见薛瑞麟、陈吉双：《刑法上的人人平等原则》，载《政法论坛》，1998（5）。

⑤ 参见潘玉臣：《试论罪刑适用平等原则》，载《中国法学》，1998（2）。

刑之法定的明确性，而限制审判权与否要着眼于普遍自由之保障。[①]

(四) 关于正当防卫

有的论者对传统正当防卫概念进行了剖析，认为正当防卫的概念应表述为：为了使国家、公共利益、本人或他人的人身、财产和其他权利免受正在进行的紧迫的不法侵害而采取的一定限度的损害不法侵害人以制止不法侵害的行为。这个概念体现了动机与目的的统一，权利与义务的统一。[②] 有的论者则对传统正当防卫观进行了反思，认为：正当防卫是法律赋予公民在紧迫情况下同不法侵害行为作斗争的一项重要权利，但传统正当防卫观未能反映这一立法宗旨，如在理论上以“形似犯罪，实质无罪”的观点对这一问题进行阐述，把正当防卫与刑事犯罪紧密相连；在立法上对正当防卫的界限缺乏明确界定，使防卫人在不法侵害面前软弱无力；在司法中对防卫人过于苛求，不能实事求是地处理防卫案件等。1997 年刑法对正当防卫立法作了重大修改，为公民积极行使正当防卫权提供了比较具体的条件，我们应转变观念，认真贯彻这一立法精神。[③] 有的论者则专门对 1997 年刑法中特别防卫权的规定作了研究，认为刑法学界将 1997 年《刑法》第 20 条第 3 款的规定称为“无限防卫权”不妥，主张称之为“特别防卫权”：其一是因为这种防卫权并非一概无限制或无限度；其二是同第 20 条前两款规定的一般防卫权相对应，便于区别两者；其三是特别防卫权的称谓有利于群众正确地认识这种防卫权只能发生在针对特殊犯罪的场合，避免因产生误解而导致滥用这种防卫权。该论者介绍了国外特别防卫权的立法概况和我国特别防卫权立法的形成过程，分析了特别防卫权与一般防卫权相区别的 5 个重要特征，对 1997 年《刑法》第 20 条第 3 款的适用范围作了探讨，指出当前司法实践中认定特别防卫权应注意的两个方面的问题。[④] 还有的论者以“无过当之防卫”为题进行了探讨，对其概念、适用等问题作了分析研究。[⑤] 但有的论者对刑法

---

① 参见周洪波：《试论新刑法基本原则的冲突与协调》，载《云南法学》，1998 (1)。

② 参见彭卫东：《正当防卫的概念试析》，载《法商研究》，1998 (3)。

③ 参见段立文：《对我国传统正当防卫观的反思》，载《法律科学》，1998 (1)。

④ 参见王作富、阮方民：《关于新刑法中特别防卫权规定的研究》，载《中国法学》，1998 (5)。

⑤ 参见陈兴良：《论无过当之防卫》，载《法学》，1998 (6)。

学界颇多赞许1997年刑法无限防卫权的规定不能认同，而是基于理论研究的批评角度指出立法在设计无限防卫权规定上的疏漏，揭示了1997年刑法创立无限防卫权后所潜伏的诸多弊端，并从更深层次说明了无限防卫权的确立与我国刑事立法思想上存在的部分认识误区有关，必须加以澄清；并且最后提出了取消无限防卫权的建议及相关救济措施。① 也有的论者对无限防卫的发展演变、立法背景、理论争议等问题作了分析，并对1997年刑法规定的无限防卫的立法缺陷进行了总结，希望引起立法机关和司法机关的重视。② 此外，还有的论者对防卫权及其限度以及正当防卫的修订问题进行了系统的探讨。③

有些论者则主要对防卫过当进行了研讨。有的论者从防卫过当的概念与构成、防卫过当的认定、防卫过当的刑事责任等方面对防卫过当问题进行了专题研究，提出了认定防卫过当的标准，并对防卫过当的立法作了短评。④ 还有的论者论及防卫过当的修改问题。⑤

（五）关于单位犯罪

有的论者对1997年刑法单位犯罪立法作了评说，认为单位犯罪规定的进展与特色是：单位犯罪的规定从分则规定走向总则规定；单位犯罪的范围更广泛，使刑事法网更为严密；将惩治单位犯罪的重点放在单位破坏社会主义经济秩序方面；对单位犯罪处罚作了相对明确的规定。同时指出单位犯罪立法的不足是：（1）1997年《刑法》第30条关于单位犯罪定罪原则的规定回避了矛盾，因而其实际价值和可操作性大打折扣，也使单位犯罪的理论研究和立法实践相脱节；（2）将机关作为单位犯罪主体不当；（3）单位犯罪的罪种范围过于宽泛；（4）在当前形势下将单位犯罪的罪过形式扩大到过失不合理；（5）单位犯罪的处罚规定不统一、不平衡。导致单位犯罪立法缺陷的原因是：过度超前的立法；经济转轨、社会转型的特殊历史形势；立法认识

① 参见卢勤忠：《无限防卫权与刑事立法思想的误区》，载《法学评论》，1998（4）。

② 参见李永升：《无限防卫问题研究》，载《法律科学》，1998（5）。

③ 参见田宏杰：《防卫权及其限度》，载陈兴良主编：《刑事法评论》，第2卷，北京，中国政法大学出版社，1998。

④ 参见彭卫东：《论防卫过当》，载《法学评论》，1998（4）。

⑤ 参见侯国云：《新刑法对防卫过当的修改》，载《云南法学》，1998（2）。

上的一些偏颇。该论者最后提出单位犯罪立法完善的建议。[①] 有些论者则对单位犯罪的主体范围进行了探究。有的论者认为，单位犯罪的主体范围只能限于企业法人、事业单位、团体三种。[②] 有的论者认为，对单位犯罪主体的确定应当从严掌握，一般来说，应是具有法人资格或者虽然不具有法人资格但具有准法人的地位，才能成为单位犯罪的主体。根据这一原则，论者对公司、企业、事业单位和机关、团体的概念以及这些单位及其分支机构或所属部分的刑事责任主体资格问题进行了深入探讨。[③] 还有些论者对单位犯罪的概念和特征、分类、认定以及处罚原则等问题[④]进行了系统的研讨。此外，有的论者还专题对私营公司在刑法中的地位[⑤]、单位能否构成诈骗犯罪[⑥]等作了论述。

（六）关于刑罚问题

有论者在回顾我国死刑立法进程的基础上，对1997年刑法的死刑立法控制问题作了深入论述。该论者指出，限制适用死刑的政策在1979年刑法中得到了鲜明的体现，1979年刑法颁行后单行刑法的死刑立法则进行了大幅度的扩张；1997年刑法虽然在削减死刑的改革步伐上采取了非常谨慎的态度，但在总则中进一步明确了死刑适用范围的限制条件，放宽了死刑减为无期徒刑或有期徒刑的条件；在分则中较大幅度地削减了死刑罪名，提高了某些犯罪的死刑适用条件。该论者认为，从世界范围来看，减少、限制乃至废除死刑已成为不可逆转的潮流，我国刑事立法对死刑的限制也必将随着现代社会的进步日益加强。[⑦] 有的论者指出，1997年刑法限制和减少死刑适用的立法措施有：（1）保留了原刑法死缓制度和死刑复核程序，以限制死刑的实际适用；（2）从判处死刑的条件上限制死刑的使用；（3）减少适用死刑的

---

① 参见周光权：《新刑法单位犯罪立法评说》，载《法制与社会发展》，1998（2）。

② 参见曹顺明：《论单位犯罪的主体范围》，载《河北法学》，1998（3）。

③ 参见何秉松：《试论我国刑法上的单位犯罪主体》，载《中外法学》，1998（1）。

④ 参见何泽宏：《单位犯罪研究》，载《现代法学》，1998（1）；张本勇：《关于单位犯罪的几个问题》，载《东吴法学内刊》，1998（7）。

⑤ 参见薛进展：《论私营公司在刑法中地位问题》，载《法学》，1998（5）。

⑥ 参见龚培华：《论单位犯罪与诈骗犯罪》，载《东吴法学内刊》，1998（7）。

⑦ 参见赵秉志、肖中华：《论死刑的立法控制》，载《中国法学》，1998（1）。

对象，限制死刑的适用；(4) 明确规定适用死刑的情节；(5) 从死刑的执行制度上限制死刑的适用；(6) 删去加重处罚的规定，有利于限制死刑的适用。[①] 此外，还有些论者论及死刑规定问题。

有些论者探讨了罚金刑规定及适用问题。有论者指出，1997年刑法显著扩大了罚金刑的适用范围，并对罚金刑的判决与执行进行了研讨。[②] 有的论者则对罚金刑的地位和扩大适用的历史必然、罚金的适用方式和罚金的数额、罚金的裁量原则及其运用等问题进行论述。[③] 有的论者指出，根据我国1997年刑法的规定，除过失犯罪、危害国家安全罪、军人违反职责罪之外，绝大多数犯罪都可以适用罚金；在罚金的适用方法上，有单科制、选科制、并科制、并科或选科制四种；在罚金适用的数额规定上，有无限额罚金制、限额罚金制、按比例罚金制。该论者还对罚金适用中的执行问题提出了自己的见解。[④] 此外，还有的论者对罚金的法律适用进行了研讨。[⑤]

有的论者则从新旧刑法中刑罚轻重比较的角度进行了研讨，指出1997年刑法实施以后，许多犯罪行为因为发生于1997年刑法施行以前，需要依据“从旧兼从轻”原则进行处理，而在适用该原则时，必须结合1997年刑法修改的具体情况，全面斟酌与个案有关的影响刑罚轻重的诸因素，才能作出正确判断。[⑥]

（七）关于具体犯罪

1. 金融犯罪

有的论者从证券业的实际出发，结合犯罪学的理论视角，对证券犯罪及1997年刑法中的相关规定加以分析，分别论及证券犯罪的加害—被害关系、一级市场与二级市场中不同的证券犯罪、证券犯罪所围绕的三类行为载体、证券犯罪与证券市场管理制度之间的关系、权力型证券犯罪与金

---

① 参见史坤娥：《新刑法对适用死刑的限制》，载《河北法学》，1998 (3)。

② 参见于天敏、万选才：《论罚金的判决与执行》，载《法学家》，1998 (4)。

③ 参见樊守禄：《我国新刑法罚金刑研究》，载《河北法学》，1998 (2)。

④ 参见林辉：《论罚金刑的适用》，载《政法论坛》，1998 (2)。

⑤ 参见韩涛、王茜：《略论罚金刑的法律适用》，载《河北法学》，1998 (3)。

⑥ 参见黄祥青：《略论新旧刑法中刑罚轻重的比较》，载《法律科学》，1998 (4)。

钱型证券犯罪，以及1997年刑法中有关刑事规范的几个界限和问题。[①] 此外，还有些论者对金融犯罪数额[②]、金融机构及其工作人员的背职犯罪与防治[③]、洗钱罪若干问题[④]、危害保险罪若干问题[⑤]、内幕交易罪[⑥]等进行了详细的探究。

2. **贪污贿赂犯罪**

1997年《刑法》第394条规定，国家工作人员在国内公务活动或者对外交往中接受礼物，依照国家规定应交公而不交公，数额较大的，依照贪污罪论处。有论者针对这一规定提出质疑：贪污罪能否以不作为方式构成，如果礼物被存放在犯罪嫌疑人的办公室能否构成贪污罪。该论者从解释论的角度对贪污罪的行为结构即主观要件和客观要件进行了深层探析，从而回答了这些问题。[⑦] 有的论者指出，1997年刑法对贪污罪立法比较突出的特点：一是将贪污罪与贿赂罪归属同类客体，在刑法中单独立章；二是明确了贪污罪主体的特定性，从而体现了对国家工作人员职务犯罪从严惩处的立法精神；三是明确了贪污罪定罪量刑的数额标准和量刑档次，为司法实践提供了具体的标准。该论者对贪污罪的概念和法律特征、认定和处理贪污罪应注意的问题、贪污情节与处罚等进行了深入论述。[⑧] 还有的论者对贪污受贿犯罪数额起点进行了辨析。[⑨] 还有一些论者对贪污、贿赂主体的历史发展，贿赂在受贿罪犯罪构成中的地位，贿赂的范围，行贿罪及其他贿赂犯罪的立法完善等进行了研析。[⑩]

此外，许多论者撰文研析了渎职罪中的滥用职权罪、私放在押人员罪

① 参见白建军：《证券犯罪与新刑法》，载《中国法学》，1998（3）。

② 参见刘宪权：《金融犯罪数额问题的刑法分析》，载《法学》，1998（11）。

③ 参见赵国铃：《金融机构及其工作人员的背职犯罪与防治》，载《中外法学》，1998（5）。

④ 参见李希慧：《论洗钱罪的几个问题》，载《法商研究》，1998（2）。

⑤ 参见王新：《论危害保险罪的若干问题》，载《中外法学》，1998（5）。

⑥ 参见陈正云：《内幕交易罪及其认定》，载《中国刑事法杂志》，1998（2）。

⑦ 参见储槐植、梁根林：《贪污罪论要》，载《中国法学》，1998（4）。

⑧ 参见孙谦、陈凤超：《论贪污罪》，载《中国刑事法杂志》，1998（3）。

⑨ 参见吴学斌、史凤琴：《贪污受贿犯罪数额起点辨析》，载《中国刑事法杂志》，1998（3）。

⑩ 参见宋军：《论贪污贿赂主体的历史演进》，载《法学家》，1998（4）；李洁、林菲：《论贿赂在贿赂罪犯罪构成中的地位》，载《法制与社会发展》，1998（3）；孙剑良：《论“贿赂”的范围》，载《东吴法学内刊》，1998（4）；黄道诚、赵辉：《论行贿罪》，载《河北法学》，1998（3）；邹日强：《关于完善惩治贿赂犯罪的立法思考》，载《法学》，1998（6），等等。

等罪[①]，财产犯罪中的侵占罪、职务侵占罪、抢劫罪等罪[②]，以及有组织犯罪[③]等问题。还有些论者研讨了其他一些具体犯罪问题。

四、外向型刑法问题

（一）关于外国刑法

很多论者探讨了这方面的问题，尤其引人注目的是，有论者发表长篇专论，对当代大陆法系国家特别是法国刑法中的社会防卫理论，进行了较为全面、系统的介绍和论述，内容涉及社会防卫的概念、社会防卫思想的起源和发展、社会防卫思想的基本内容、社会防卫思想引起的论争，以及社会防卫思想的国际影响。该论者指出：社会防卫思想要在个人与社会之间建立社会和谐，极端的个人主义与国家专制主义都受到了社会防卫思想的反对。社会防卫思想是建立在社会人道主义基础上的，它强调人与社会之间关系的和谐统一。为了求得这种和谐统一，社会防卫思想坚决遵循法制原则，主张保留刑法制度；但反对把法律绝对化，把法律制度机械化、自动化的法律教条主义和法律技术主义，它主张突破刑法和刑事司法制度的界限，寻求刑法以外的更广泛、更有效的预防犯罪、打击犯罪的措施；但它也强调反犯罪斗争的合法性，强调各种犯罪对策的实际效益。它认为这种实际效益只能从反犯罪对策与犯罪行为之所以产生的个人原因、社会原因相适应的程度中寻找。最好也是最人道的途径就是“走始终建立在促进人类进步的思想基础上的预防犯罪、保护受害人和治理犯罪人的道路”[④]。

有的论者论述了英美刑法中的普通法罪，认为：普通法最突出的特点

---

① 参见张兆松：《滥用职权罪主观要件浅析》，载《人民检察》，1998（4）；李洁：《论滥用职权罪的罪过形式》，载《法学家》，1998（4）；石佳宏：《私放在押人员罪》，载《现代法学》，1998（1）。

② 参见周少华：《侵占埋藏物犯罪的若干问题探析》，载《法律科学》，1998（3）；杨毓显：《论职务侵占罪》，载《云南法学》，1998（1）；肖中华：《论抢劫罪适用中的几个问题》，载《法律科学》，1998。

③ 参见郭自力：《论有组织犯罪的概念和特征》，载《中外法学》，1998（2）；莫洪宪：《有组织犯罪概念研究》，载《法学评论》，1998（3），等等。

④ 卢建平：《社会防卫思想》，载高铭暄、赵秉志主编：《刑法论丛》，第1卷，北京，法律出版社，1998。

是，它不是立法文件规定的法规总和，而是在司法实践中由英国最高司法机关——上诉法院和上议院的判例组成；判例法讲究遵从先例的原则；普通法罪是指由法官在司法实践中创立的罪名，体现了普通法的传统。当代的英美国家虽然具有相当多的成文法，但仍保留了普通法罪，后者仍具有不可忽视的影响。① 有的论者论及西方国家商业犯罪的现实与对策，认为西方国家商业犯罪有以下一些新趋势：（1）集团性商业犯罪增加；（2）跨国界商业犯罪日益猖獗；（3）涉及新技术的犯罪日益普遍；（4）商业伦理遭到严重破坏；（5）金融证券方面的犯罪更加引人注目。面对商业犯罪这些新趋势，各国在刑事政策方面也作出相应调整，使其刑法也呈现一些新的特点，旨在更有效地打击这些犯罪活动。一是加强对法人犯罪的定罪与处罚。具体表现在：（1）大陆法系等国家逐渐认识了法人犯罪；（2）在英美法系国家，法人犯罪的范围逐渐扩大；（3）由于法人犯罪的增加，对法人的起诉和制裁相应增加，因而在刑罚体系和刑事诉讼程序方面也加强了对法人犯罪问题的研究。二是刑事领域的国际合作日益增强。三是完善刑事立法，坚决打击计算机犯罪。在这方面，已经和应该采取的措施包括以下几个方面：（1）对现行刑法进行扩大解释；（2）增加了侵犯技术信息的犯罪；（3）制裁计算机毁坏行为；（4）新技术犯罪的增加也对刑事侦查提出了新的挑战。四是发挥刑法功能，维护商业伦理。这在西方国家也显示出以下特点：（1）与传统犯罪领域的非犯罪化相反，商业犯罪的立法已经呈现上升趋势；（2）加重了对商业犯罪的制裁；（3）增加了对商业犯罪者的资格处罚。②

（二）关于国际刑法

有论者对刑法国际共同指导原则进行了深入的研究。该论者不仅回顾、总结了经济犯罪研究方法、经济犯罪研究内容、侵犯人身权利和人格尊严犯罪等问题，还在此基础上指出，刑法共同指导原则应包括罪刑法定原则、保卫社会与保障人权相结合的原则、注重合理惩治法人犯罪的原则、刑罚制度合理化原则、刑法国际化原则、司法预防与社会预防相结合

① 参见郭自力：《论英美刑法中的普通法罪》，载《法律科学》，1998（6）。

② 参见王丽：《西方国家商业犯罪的现实与对策评析》，载《法学家》，1998（4）。

的原则。[①] 有的论者提出：国际刑法应当引入罪刑法定原则，并用以指导国际刑事司法实践。但由于国际刑法体现意志和组成结构的双重性，国际刑法短期内还不能形成一个独立完备的法典，有关国际犯罪的种类、构成还不能明确具体地加以规定，特别是国际犯罪的标准，在现阶段更无法被统一规定。许多国际犯罪的认定和处罚还只能借助于国际公约、条约，甚至是国内刑法完成。因此国际犯罪的罪与刑都有其自身的特殊性。与此相适应，国际刑法中的罪刑要求也应具有不同于国内刑法的特点，而不宜将传统的罪刑法定原则绝对化。该论者认为，国际刑法从其现状出发，可不直接将罪刑法定作为一个基本原则，而将其基本思想融入国际刑法基本原则中的合法原则。作为国际刑法的基本原则，应具有以下三个主要特征：（1）对确认和制裁国际犯罪具有普遍指导意义；（2）国际刑法所独有或对国际刑法具有特别意义；（3）体现国际刑法的基本性质和基本精神。据此，国际刑法的基本原则应包括以下四项：主权原则；人权原则；合法原则；合作原则。[②] 有的论者探讨了国际刑事合作基本原则，指出：作为一种国际性的活动，国际刑事合作必须受一定的基本原则指导和制约。这些基本原则应包括：互相尊重国家主权原则；平等互利原则；适用本国法原则。[③] 有的论者探析了国际刑法执行模式，指出目前国际刑法的执行采取的是以“或起诉或引渡”为原则的间接执行模式，由于它存在着难以克服的缺陷，自第一次世界大战结束至今，国际社会一直在寻求创建国际刑法直接执行模式的途径。但由于各国政治、经济、文化、法律制度的差异，尤其是涉及国家主权问题，要在创建国际刑法直接执行模式问题上达成共识，存在相当大的困难。当然，通过国际社会的共同努力，建立一种可行的直接执行模式并非不可能。[④] 此外，有的论者还对跨国犯罪的概念[⑤]、人民法院对引渡案件的司法审查[⑥]等重要国际刑法

---

① 参见高铭暄、赵秉志等：《刑法共同指导原则研究》，载高铭暄、赵秉志主编：《刑法论丛》，第1卷，北京，法律出版社，1998。

② 参见张旭、徐岱：《罪刑法定与国际刑法》，载《法制与社会发展》，1998（5）。

③ 参见郭驰：《国际刑事合作基本原则初探》，载《河北法学》，1998（3）。

④ 参见喻贵英：《国际刑法执行模式探析》，载《法律科学》，1998（6）。

⑤ 参见赵永琛：《论跨国犯罪的概念》，载高铭暄、赵秉志主编：《刑法论丛》，第1卷，北京，法律出版社，1998。

⑥ 参见党建军：《论人民法院对引渡案件的司法审查》，载高铭暄、赵秉志主编：《刑法论丛》，第1卷，北京，法律出版社，1998。

问题进行了颇有见地的论述。

（三）关于区际刑法

不少论者对区际刑法的若干问题进行了研讨。有的论者对海峡两岸刑法中不作为犯罪作了比较研究，认为：不作为是指行为人负有实施某种特定法律义务，并且能够实行而不实行的行为；不作为犯罪是指以不作为形式实现的犯罪，即负有特定法律义务，能够履行该义务而不履行，因而危害社会，依法应当受到刑罚处罚的行为。不作为与作为之所以具有共通的行为概念，归根结底是因为不作为同作为一样都侵害了一定的社会关系（法益之侵害、危险），具有同等的否定价值，以此为理论出发点，该论者还对不作为犯罪的种类和规范、构造、不作为犯罪的客观要件、作为义务的根据、履行义务的可能性、不纯正不作为犯的因果关系、不作为犯罪的立法完善等问题进行了系统研究。[①] 有的论者对海峡两岸刑罚本质和价值的理论问题进行了比较研究。该论者在对海峡两岸关于刑罚本质的观点作了全面的介述和评析的基础上，指出：刑罚的本质在人性、伦理、社会、法律四个层次上具有不同的内容。具体来说，刑罚的人性本质和人的天性是对应的，即亦善亦恶，其善表现在目的上，其恶表现在手段上。将刑罚的本质视为报应，从哲学上深刻地揭示了犯罪与刑罚的关系，揭示了刑罚存在的合理根据。从刑罚的阶级本质上说，刑罚作为统治者维护其统治秩序的工具，带有浓重的阶级意志性，统治阶级的价值观深深地影响着刑罚的价值观，进而影响着刑罚的历史、现状的发展趋势。从法律本质上看，刑罚的本质是惩罚，这是由刑罚本身的内容所决定的。该论者在对刑罚价值的概念进行论证后指出，刑罚价值不应包括自由，而仅仅是秩序和正义。[②] 此外，有的论者还对海峡两岸著作权犯罪问题进行了全面的比较研究。[③]

---

① 参见肖中华：《海峡两岸刑法中不作为犯罪之比较研究》，载高铭暄、赵秉志主编：《刑法论丛》，第1卷，北京，法律出版社，1998。

② 参见赫兴旺：《海峡两岸刑罚本质和价值的比较研究》，载高铭暄、赵秉志主编：《刑法论丛》，第1卷，北京，法律出版社，1998。

③ 参见李惠：《海峡两岸著作权犯罪的比较研究》，载高铭暄、赵秉志主编：《刑法论丛》，第1卷，北京，法律出版社，1998。

五、刑法学研究发展的展望

以上只能说是对 1998 年刑法学研究的主要情况的概述，难免挂一漏万。但从这里已经能够窥一斑而见全豹。我们由此看到，1998 年的刑法理论研究可谓硕果累累。特别是随着 1997 年刑法的实施，广大刑法理论工作者一方面继续深入研究 1997 年刑法实施中出现的新问题、新情况，一方面将思维的触角更多地伸向刑法的基本理论层次，使我国刑法学的研究呈现了巨大的发展潜力。展望未来，我们有理由相信，我国刑法理论研究将再创光辉，再登高峰。我们认为，今后刑法学研究将会出现两种新的走势：一是刑法理论研究将更加充分地与相关学科的研究成果和研究方法相借鉴，这将促进刑事法学从分向合的转变。过去的刑法理论研究，与犯罪学、刑事诉讼法学、监狱学的研究结合得还不十分紧密，这在一定程度上限制了刑法理论的深化。在世纪之交，学科的整合实属势所必然。这一走势不仅具有重要的理论意义，还将促进我国刑事立法的统筹与科学化。例如，1997 年刑法中单位犯罪的规定具有重要地位，但此前修订的刑事诉讼法却未对单位犯罪的追诉程序作出规定，这在一定程度上限制了单位犯罪研究的进一步发展。二是更加注重外国刑法、比较刑法和国际刑法的研究，这是建立国际新秩序的法律反映，是中国经济体制改革的法律要求，这种走势正在显现出来。

［高铭暄、赵秉志、刘远；载《法学家》，1999（1）（2）］

第十一章

1999年的刑法学研究

一、研究概况

世纪之交的中国刑法学研究经过50年的风雨历程，已逐渐成熟。回首1999年一年来的刑法学研究，总结其功过，反思其得失，无疑有利于把握时机，进一步开拓新世纪的中国刑法学研究。据不完全统计，1999年刑法学界发表论文上千篇，出版书籍近百部，可谓成果丰硕。学术论文所研讨的重要问题及有代表性的见解，将在下文予以介述。这里仅对1999年刑法书籍的出版情况予以概览。1999年出版的刑法书籍主要可区分为以下几类。

1. 适应高等学校刑法学教学的需要，学界出版了几种中国刑法教科书。这主要有高铭暄、马克昌主编的高等教育法学教材《刑法学》（中国法制出版社），赵秉志主编的全国成人高等教育规划教材《刑法》（高等教育出版社），陈明华主编的高等政法院校法学主干课程教材《刑法学》（中国政法大学出版社）等。

2. 刑法理论综合研究成绩喜人。这主要有樊风林著《刑事科学论》（中国人民公安大学出版社），陈兴良主编的《刑事法评论》（法律出版社），高铭暄、赵秉志主编的《刑法论丛》（第2卷，法律出版社），张明楷著《刑法格言的展开》（法律出版社），高铭暄、赵秉志编著的《新中国刑法学研究历程》（中国方正出版社），周振想著《当代中国的罪与刑》（中国人民公安大学出版社），杨敦先等主编的《新刑法施行疑难问题研究与适用》（中国检察出版社）陈兴良著《刑法适用总论》（上、下卷，法律出版社），陈兴良著《中国刑法新视界》（中国政法大学出版社），陈兴良主编的《刑事法判解》（第 1 卷，法律出版社），陈兴良主编的《刑事法评论》（第 4 卷，中国政法大学出版社），陈兴良著《走向哲学的刑法学》（法律出版社），陈正云著《刑法的精神》（中国方正出版社），赵秉志主编、吉林人民出版社出版的“刑事疑难问题司法对策”（共 10 本），高铭暄、赵秉志主编的《刑法论丛》（第 3 卷，法律出版社）等。

3. 刑法总论专题研究不断深入。这主要有邱兴隆著《刑罚理性评论——刑罚的正当性反思》（中国政法大学出版社），冯亚东著《理性主义与刑法模式》（中国政法大学出版社），宋庆德主编的《新刑法犯罪论研究》（中国政法大学出版社），杨春洗主编的《刑法基础论》（北京大学出版社），于志刚著《追诉时效制度研究》（中国方正出版社），谢望原著《刑罚价值论》（中国检察出版社），马克昌主编的《刑罚通论》（2 版，武汉大学出版社），马登民、徐安住著《财产刑研究》（中国检察出版社），张绍彦著《刑罚实现与行刑变革》（法律出版社）等。

4. 研究刑法分则具体犯罪问题的著作引人注目。这主要有赵秉志任总主编、中国人民公安大学出版社陆续出版的“新刑法典分则实用丛书”（共计 25 本），其中，1999 年出版的主要有：赵秉志著《侵犯财产罪》，赵秉志主编的《扰乱公共秩序罪》，鲍遂献主编的《妨害风化罪》，苏长青著《侵犯公民民主权利和妨害婚姻家庭罪》，曹康、黄河主编的《危害税收征管罪》，鲍遂献、雷东升著《危害公共安全罪》，刘生荣、张相军、许道敏著《贪污贿赂罪》，谢望原主编的《妨害文物管理罪》，黄林异主编的《危害国防利益罪》，孙军工著《金融诈骗罪》，赵秉志主编的《妨害司法罪》，张军主编的《破坏金融管理秩序罪》，党建军主编的《侵犯知识产权罪》，于志刚主编的《危害国家安全罪》；有欧阳涛等主编的《易混淆罪与非罪、罪与罪的界限》（2 版，中国人民公安大学出版社），刘生荣、祝二军、王秀梅著《证券市场违法犯罪》（法律出版社），黄京平主编的《破坏市场经济秩序罪研究》（中国人民大学出版社），何秉松主编的《职务犯罪预防与惩治》（中国方正出版社），于志刚著《毒品犯罪及相关犯罪认定处理》（中国方正出版社），刘广三著《计算机犯罪论》（中国人民大学出版社）；顾肖荣、胡云腾任总主编，中国检察出版社出版的"金融违法犯罪丛书"（共9本）也陆续与读者见面，其中，1999年已出版的有侯放、柯葛壮主编的《信用证信用卡外汇违法犯罪的防范与处理》等；有由鲜铁可主编，人民法院出版社出版的"定罪与量刑丛考"（共计15本），其中，1999年出版的有：鲜铁可著《金融犯罪的定罪与量刑》，王秀梅著《破坏环境资源保护罪的定罪与量刑》《盗窃罪的定罪与量刑》等；有赵秉志主编的《侵犯知识产权犯罪研究》（中国方正出版社）；有赵长青主编的《经济刑法学》（法律出版社）；有于志刚著《计算机犯罪研究》（中国检察出版社）等。

5. 区际刑法、外国刑法、国际刑法等外向型刑法研究取得了长足的进展。主要有张智辉著《国际刑法通论》（增补本，中国政法大学出版社），卞建林等译《加拿大刑事法典》（中国政法大学出版社），张明楷著《外国刑法纲要》（清华大学出版社），高燕平著《国际刑事法院》（世界知识出版社），赵秉志主编的《海峡两岸刑法总论比较研究》（上、下卷，中国人民大学出版社），赵秉志、钱毅、赫兴旺编著的《跨国跨地区犯罪的惩治》（海南出版社），赵秉志主编的《贪污贿赂的惩治与防范》（海南出版社），单长宗主编的《中国内地与澳门司法协助纵横谈》（人民法院出版社），徐久生译《瑞士联邦刑法典》（中国法制出版社），陈忠林著《意大利刑法纲要》（中国人民大学出版社），李海东主编的《日本刑事法学者》（下）（法律出版社；日本成文堂），鲁兰著《牧野英一刑事法思想研究》（中国方正出版社）等。

二、刑法基本理论问题

（一）对中国刑法学20世纪的回顾、反思与展望

有论者立足于新中国成立以来刑法学研究的发展脉络，将新中国50年的刑法学研究分为三个时期：第一时期即1949—1956年，是新中国刑法学研究的创立和发展阶段，该阶段研究成果不多，研究主题粗浅、零散，以介绍、学习苏联刑法为主。第二时期即1957—1976年，是萧条、停滞时期，研究成果不多，主题是犯罪与两类矛盾、死缓制度的存废及反革命罪等问

题。刑法学研究的政治气氛过于浓厚是这一阶段的一大特点。第三时期即 1979—1999 年的复苏繁荣时期，该阶段前期的刑法学研究主要围绕 1979 年刑法典及随后颁布的单行刑法的有关问题进行，后期则围绕 1979 年刑法典的修改而全面深入地展开。这一阶段学术成果极为丰硕，学术活动相当频繁，学科建设也取得了显著成果。这是我国刑法学获得长足发展的时期。有论者还对我国今后刑法学研究的发展提出了建议，即适当调整方向，将注释刑法学研究与理论刑法学研究并重，改革研究方法，摆正理论与实践的关系。[①]

有论者打破刑法学史研究的传统分期，将 20 世纪中国刑法学的发展历程分为清末的开端时期、民国的初创时期、20 世纪 50 年代的转型时期和 20 世纪 80 年代以后的发展时期[②]，对中国刑法学研究进行了全方位、多层次、多角度的深入的分析，指出 21 世纪中国刑法学现代化的实现，必须解决好以下 4 个问题：(1) 刑法价值观念的彻底转换；(2) 独立学术品格的完整塑造[③]；(3) 多维研究方法的科学选择；(4) 刑事一体化学科体系的建构。[④]

有论者则从观念层面上对这一问题进行了探讨，提出在世纪之交的我国社会由人治国向法治国转型时期，科学构造奠基于刑事法治之上的法治国的刑法文化是刑法学家的重大历史使命。具体地说，这种刑法文化具有如下特点：(1) 人文关怀，即以人为主，注重人权保障；(2) 形式合理性，即通过形式合理性追求与实现实质合理性，以此保障公民人身权利与自由，限制法官恣行擅断；(3) 实体正义，即犯罪与刑罚设置的正当性和犯罪认定与刑罚适用的正当性。[⑤]

（二）刑法思想与刑法观念

1. 刑法文化。有论者从文化的视角对刑法进行了研究，认为刑法是由

---

① 参见高铭暄、周洪波：《建国 50 年来的刑法学研究》，中国法学会刑法学研究会 1999 年论文。

② 参见梁根林、何慧新：《二十世纪的中国刑法学——反思与展望（上）》，载《中外法学》，1999 (2)。

③ 参见梁根林：《二十世纪的中国刑法学——反思与展望（中）》，载《中外法学》，1999 (3)。

④ 参见梁根林、何慧新：《二十世纪的中国刑法学——反思与展望（中）》，载《中外法学》，1999 (3)。

⑤ 参见陈兴良：《法治国的刑法文化——21 世纪刑法学研究展望》，载《人民检察》，1999 (11)。

文化塑模锻造而成的，因而犯罪与刑事责任的最终、最合理的解决只能通过文化的解释，这里的文化就是所谓的刑法文化，即由社会的经济基础和政治结构决定的、在历史进程沉积下来的并在人们关于刑法认识和刑法实践活动中流变着的、普遍而恒常的集体性精神模式或指向。该集体性精神模式是人们的思维模式，以及与之相关的认知模式、心态模式、评价模式和审美模式的集合。其中，思维模式在文化整体结构中处于前提、基础的地位，因为思维方式决定着刑法文化的力量和能力大小；评价模式则处于核心的地位，因为评价模式规定着刑法文化的运作方向与指向。①

2. 刑法的经济分析与伦理价值。有论者从经济角度和伦理层面，对刑法的规范构造、制度安排以及伦理价值进行了系统、深入的研究，指出：刑法的经济分析在追求效益的时候，以成本的投入量为基点，扬弃了功利主义中的手段的极端性，而摄入了一定的合理性；刑法的伦理价值在追求公正的时候，扬弃了报复主义中的极端的惩罚性，而摄入了一定的效益性，使刑法的经济分析与伦理价值获得了内在的统一性和协调性，二者统一、协调的基础就是完整的科学的刑法的正当性。②

3. 个人自由的刑法保护与保障。有论者指出，个人自由是一个历史范畴，不受他人专断意志的强制，是个人自由的最基本含义，刑法通过惩罚犯罪来保护个人自由，保护个人自由的基本内容就是保护公民的各项基本的个人利益，个人自由离不开刑法的保障，个人自由的法律保障是一个系统化的原则体系和制度体系。在刑法领域，保障个人自由的总的原则是：刑事强制依据适用于未来且非溯及既往的、公开的、稳定的、明确的、可行的一般性的抽象原则，对所有的人平等地威胁适用或者适用。③

4. 刑法的功能。有论者立足于理论与实践的结合，分析了现行刑法的规定与刑法形式合理性之间的冲突、刑法规定与法律实施的现实条件之间的差距，指出在转轨时期，我国现行刑法的价值选择应当是兼顾保护功能与保

---

① 参见许发民、于志刚：《刑法文化论》，载高铭暄、赵秉志主编：《刑法论丛》，第3卷，北京，法律出版社，1999。

② 参见陈正云：《刑法的经济分析与伦理价值》，载《法学研究》，1999（6）。

③ 参见曲新久：《论个人自由的刑法保护与保障》，载《政法论坛》，1999（5）。

障功能，在协调平衡的前提下，以对刑法保护功能的追求优先。[①]

5. 刑事法律关系。刑事法律关系是刑法的一个基本问题，但我国刑法界对这一问题的研究十分薄弱，可喜的是，有论者对此进行了大胆的研究和探索。(1) 关于刑事法律关系的客体。有论者先提出了确定刑事法律关系客体的标准：其一，确定刑事法律关系客体的标准，不能固守我国法理学研究所形成的框框；其二，确定刑事法律关系客体的标准，应深入探求法律关系客体本身的属性，并结合刑事法律关系特征。在此基础上，论者提出，刑事法律关系的客体作为国家行使受制约的刑罚权与犯罪人承担有限度的刑事责任所指向的对象，应当是犯罪人部分利益的载体。[②] (2) 关于刑事法律关系的主体。通过对刑事诉讼中的实体与程序、实体规范与程序规范、刑事法律关系与刑事诉讼法律关系、司法机关的刑事实体权与刑事程序权的深入剖析，该论者指出作为刑事法律关系的主体，既要符合刑事法律关系作为"关系"的解释，又要具备刑事法律关系主体的"内涵"，由此决定，刑事法律关系的主体应当是犯罪人和国家，而不是被告人和国家司法机关。[③]

6. 刑事司法体制的改革。有论者对刑事司法体制的改革进行了研究，提出无论是刑事司法体制的改革，还是具体的刑事司法活动，都应当受到刑法目的的制约，坚持理性原则，这是历史发展的必然。为此，刑事司法体制的改革，应当在充分论证的基础上选择最合适的改革方案和配套措施。刑事执法观念的更新，应当建立在对同犯罪作斗争的规律性的认识的基础上，并且应当有利于指导刑事司法活动实现刑法的目的；刑事司法活动则应当重点从严格依法、节制司法、公正司法三个方面入手。[④]

此外，还有论者对规范主义刑法与刑法价值观、权威刑法与自由刑法、刑法适用的机制等问题进行了研究。限于篇幅，本书不一一介述。

（三）犯罪总论问题

1. 犯罪概念与犯罪的本质特征。犯罪概念是刑法理论中的一个基本问

① 参见林亚刚、傅学良：《刑法功能的价值评价》，载《中国刑事法杂志》，1999 (3)。

② 参见张小虎：《论刑事法律关系客体是犯罪人利益之载体》，载《中外法学》，1999 (2)。

③ 参见张小虎：《刑事法律关系主体论》，载《法学研究》，1999 (3)。

④ 参见张智辉：《刑事司法的理性原则》，载《中国刑事法杂志》，1999 (4)。

题，我国刑法确立罪刑法定原则后，如何理解刑法中的犯罪概念和犯罪的社会危害性特征，在我国刑法学界产生了争议。有论者认为，社会危害性与罪刑法定原则并不矛盾，我国现行刑法将社会危害性引入犯罪概念，使现行犯罪概念兼采社会危害性与刑事违法性标准，是一个全面、科学的犯罪概念。[①] 另有论者对此问题看法迥异，通过对犯罪的实质概念与形式概念以及形式与实质相统一的犯罪概念从理论上进行考察，指出形式特征与实质特征相统一的犯罪概念未能正确区分立法上的犯罪概念和司法上的犯罪概念、理论刑法学上的犯罪概念与注释刑法学上的犯罪概念、刑法学上的犯罪概念与犯罪学上的犯罪概念，致使各种犯罪概念的特性混淆，关系紊乱，功能未能最大限度地发挥；建议刑法典只规定形式化的犯罪概念，在法律上充分强调刑事违法性对于认定犯罪的重要意义，至于实质化的犯罪概念则只对形式化的犯罪概念起着观念性的制约作用。[②]

2. 犯罪构成理论。有论者对法律的犯罪构成与犯罪构成理论作了探讨，指出犯罪构成这个概念，应该具有双重属性，即法律性与理论性，在不同的情况下，它分别指犯罪构成理论与犯罪构成的法律表现，两者都是对犯罪的说明，都是围绕什么是犯罪来进行的，因而两者在本质上具有一致性；但是，两者又具有各自不同的特征。犯罪构成理论的特征在于其本质性、应然性和理论性；而犯罪构成法律表现的特征则是法定性、类型性、形式性，由此决定了两者在功能上的差异。犯罪构成理论的功能有三：一是指导立法，二是作为解释法律的依据来指导司法，三是作为立法评判的一种标准；而法律犯罪构成的主要功能则在于认定犯罪。由此决定了两者的非同一性。[③]

有论者对我国刑法学界在犯罪构成概念上的主要争议问题作了详细的评析探讨，指出犯罪构成的概念只能从一个角度来赋予，那就是规范性质的犯罪构成，其必须具备以下基本特征：(1) 犯罪构成是犯罪成立所必需的各种主、客观要件的有机整体；(2) 犯罪构成是刑法明文规定的作为犯罪构成(犯罪的成立) 内部结构因素的要件，都是能够反映行为社会危害性的事实特征 (但不是事实本身)。因而所谓犯罪构成，简单地说，就是指其成立必

---

① 参见李立众、柯赛龙：《为现行犯罪概念辩护》，载《法律科学》，1999 (2)。

② 参见陈兴良、刘树德：《犯罪概念的形式化与实质化辨正》，载《法律科学》，1999 (6)。

③ 参见李洁：《法律的犯罪构成与犯罪构成理论》，载《法学研究》，1999 (5)。

须具备这样或那样的一些要件的犯罪的法律类型模式。[①]

有论者对我国现有犯罪构成理论体系进行了深刻的反思，认为：犯罪构成的基本功能在于明确犯罪的成立条件和表现特征，以解决犯罪行为的法律评价问题，而现行传统的犯罪构成过分强调以犯罪概念为基础，以犯罪概念为内容，以致自己仅仅成为犯罪概念的具体化表现，不仅混淆了犯罪构成与犯罪概念的应有区别，而且严重影响了犯罪构成自身定罪功能的发挥，因而重构犯罪构成势在必行。该论者提出，以犯罪构成的定罪功能为标准，犯罪主体和犯罪客体都应当排除在犯罪构成的要件之外，只有作为主观要件的主观罪过和作为客观要件的客观行为才是犯罪构成的构成要件，其中，主观要件是定罪的内在依据，客观要件是定罪的外在依据。该论者还对犯罪构成在刑法学中的地位重新进行了审视，指出犯罪构成作为规定犯罪的法律规格，是犯罪的行为事实，是犯罪的司法认定的“犯罪系统理论”中的起点，但它只解决了量刑基础的一部分，绝非“罪”的全部内容，所以，将犯罪构成视为刑法的核心问题，有失片面。[②]

3. 犯罪形态。结果犯是刑法理论上较具争议的一个概念，有论者从犯罪既遂的角度出发，将结果犯定义为：结果犯是指只有不仅实施犯罪客观构成要件的行为，而且必须发生特定的犯罪结果的，才成立犯罪既遂的犯罪类型，这里的特定犯罪结果既包括法定的构成要件的结果，也包括根据该罪的构成特征推定的犯罪结果。根据犯罪构成以及犯罪既遂的特点不同，该论者还把结果犯分为普通构成的结果犯和特殊构成的结果犯，并针对不同类型的结果犯和犯罪行为自身的特点，对 1997 年刑法规定的结果犯的既遂形态进行了普遍的探讨。[③]

还有论者对危险犯的定义、危险犯的范围、危险犯的分类等问题作了思考，建议在现行《刑法》分则第二章即危害公共安全罪的过失犯罪中，增设危险犯罪构成，以增强行为人的责任感，防患于未然，促进中国刑法与世界

---

① 参见肖中华：《我国刑法中犯罪构成概念的再探讨——为犯罪构成“法定说”所作的论证》，载《法学评论》，1999（5）。

② 参见杨兴培：《犯罪构成的反思与重构》（上）、（下），载《政法评论》，1999（1）（2）。

③ 参见金泽刚：《结果犯的概念及其既遂形态研究》，载《法律科学》，1999（3）。

刑事立法的接轨。[①] 还有论者对危险犯属于犯罪既遂形式的刑法理论通说提出了质疑。[②]

（四）刑罚总论问题

1. 刑罚价值的秩序。有论者指出作为刑罚价值的秩序特性是：安宁性与协调性、规律性与稳定性、严厉性与严格性。从我国刑事立法的情况来看，刑罚制度对社会秩序的维护主要表现在以下方面：（1）通过用刑罚制裁危害国家安全、侵犯公民民主权利以及侵犯国家公职良性运作的行为来维护国家政治秩序；（2）通过用刑罚制裁破坏国家经济秩序的行为来维护国家经济秩序；（3）通过用刑罚制裁危害公共安全的行为来维护公共安全秩序；（4）用刑罚制裁妨害社会管理的行为；（5）通过用刑罚制裁违反军人职责的行为来维护国家的军事秩序。[③]

2. 配刑问题。法定刑的确定与判定刑的裁量所解决的都是刑罚的量的问题，两者有着内在精神的同一性。为使两者能够得到兼容，有论者从刑法哲学的角度，提出了配刑这一基本范畴，指出配刑就是对犯罪与犯罪人决定所施加的刑罚的分量，其具体蕴含如下：（1）配刑以确定刑与罪的量的联系为主旨。（2）配刑以立法上对犯罪与司法上对犯罪人决定刑罚为内容。（3）配刑是法定刑的确定与判定刑的裁量的有机统一。[④] 另有论者对法定刑的配置模式问题进行了研究，通过对学术歧见的厘清，指出我国现行刑法实际上存在着3种法定刑配置模式，即绝对确定的法定刑、绝对不确定的法定刑和相对确定的法定刑；并对三种模式的优劣得失进行了简要的评述，为法定刑的合理配置做好了理论上的准备。[⑤]

此外，还有论者对报应刑论和功利刑论这两种现代刑罚理论基础的价值、刑事适度裁量权、量刑情节冲突及其解决的争议问题等进行了较为深入的研究。

---

① 参见齐文远、苏彩霞：《关于危险犯问题的几点思考》，载高铭暄、赵秉志主编：《刑法论丛》，第3卷，北京，法律出版社，1999。

② 参见陈航：《对“危险犯属于犯罪既遂形态”之理论通说的质疑》，载《河北法学》，1999（2）。

③ 参见谢望原：《作为刑法价值的秩序》，载《中国人民大学学报》，1999（2）。

④ 参见邱兴隆：《配刑辩》，载《现代法学》，1999（2）。

⑤ 参见周光权：《法定刑配置模式研究》，载《中国刑事法杂志》，1999（4）。

三、现行刑法的重点难点问题

（一）刑法基本原则

1. 罪刑法定原则。罪刑法定原则在我国刑事立法上的确立具有十分重要的意义，但罪刑法定原则价值的实现，关键还在于司法实践中的贯彻。为此，有论者从罪刑法定与司法认定、罪刑法定与司法解释、罪刑法定与司法裁量三个不同的角度，分析了罪刑法定原则的司法适用问题。[①] 还有论者针对目前刑事司法对法无明文规定的严重危害社会行为的处理，强调刑法的实施必须贯彻罪刑法定原则的要求，主张对于法无明文规定的危害行为，在坚持罪刑法定原则的基础上，分别按不同情况进行处理：（1）对于符合立法条件的行为，应及时予以立法；（2）对于不具备犯罪化立法条件的行为，坚持不以犯罪论处；（3）大力加强刑事立法的解释工作。[②]

还有论者从目前司法解释中的程序越权解释的分析入手，强调罪刑法定原则的司法适用既要注意防止司法机关逾越实体法规定的违背罪刑法定原则的司法行为，更要注意防止规避程序法限制的违背罪刑法定原则的滥权之举，以确保罪刑法定原则限制司法权的滥用和保障人权功能的发挥。[③]

2. 罪责刑相适应原则。有论者从法哲学的高度对这一原则进行了剖析，认为犯罪与刑罚之相当性以公正为主导价值基础，而公正在罪刑领域的表现形式是多种多样的。因而罪刑相当性的评价标准应当结合其特性分别加以把握，具体如下：一是犯罪与刑罚之相当性具有相对性和多层性，二是罪刑在质上是性质的相近，三是罪刑在量上是比例的相当。[④]

3. 刑法面前人人平等原则。有论者认为，这一原则应当包括以下三层

---

① 参见陈兴良：《罪刑法定的司法适用》，载《华东政法学院学报》，1998年创刊号。

② 参见李国如、张文：《刑法实施应贯彻罪刑法定原则——论对法无明文规定的严重危害社会行为的处理》，载《法学研究》，1999（6）。

③ 参见阮方民：《从旧兼从轻：刑法适用的“准据法原则”》，载《法学研究》，1999（6）。

④ 参见黄祥青：《论罪刑相当原则》，载高铭暄、赵秉志主编：《刑法论丛》，第3卷，北京，法律出版社，1999。

含义：平等地保护；平等地定罪；平等地量刑。[①] 另有论者对这一原则的立法设置与司法适用难点作了分析，指出这一原则在现行刑法中并未得到始终如一的贯彻，主要表现在：（1）对不同的所有制形式的刑法保护力度不平等；（2）对单位犯罪与自然人犯罪的处罚不平等。而在司法适用中，这一原则适用的难点主要集中于罚金刑的适用和宏观司法现状存在的个案之间的适用刑法的不平等。对此，该论者建议，应当尽快通过立法补救和细化司法解释等方法来加以解决。[②]

（二）正当防卫

1. 正当防卫的起因。有论者从法律的目的及我国的立法实践出发，主张对不法侵害的理解采取客观不法说的立场，认为对紧急避险、意外事件、过失犯罪、法律形式欠缺造成的不法损害，应准予合法权益受损人拥有防卫权。当然，由于上述不法侵害欠缺行为的主观恶性，对其应采取一种有别于一般正当防卫权的“准正当防卫权”[③]。

2. 正当防卫的限度。有论者认为，正当防卫的必要限度应当是指刑法所规定的，为保持正当防卫的合法性质而要求防卫损害之轻重应予遵守的界限，故这一限度的基本标准应当是对不法侵害人所造成的防卫损害而言，为足以有效制止不法侵害所必需，并且不属于明显的不应有的重大损害。而对防卫超过必要限度所明显造成的不应有的重大损害，应当以不应有的重伤以上损害结果为认定标准。[④]

3. 对1997年《刑法》第20条第3款规定的理解。有论者对我国刑法学界多数人对该款的规定冠以“无限防卫权”的称谓提出了质疑，认为该款的规定并非西方无限防卫权理论的复活，而是我国正当防卫立法技术的重大突破，其恰当的称谓应当是“正当防卫”[⑤]。另有论者认为，1997年《刑法》第20条第3款的立法规定与同条第2款的规定实际上是一致的，因为，根

---

① 参见张明楷：《刍议刑法面前人人平等》，载《中国刑事法杂志》，1999（1）。

② 参见赵秉志、于志刚：《刑法基本原则的法条设置与现实差距》，载《法学》，1999（10）。

③ 马登民、崔克立：《论正当防卫的起因及必要限度》，载《中国刑事法杂志》，1999（2）。

④ 参见杨忠民：《对正当防卫限度若干问题的新思考》，载《法学研究》，1999（3）。

⑤ 刘艳红、程红：《“无限防卫权”的提法不妥当——兼谈新刑法第20条第3款的立法本意》，载《法商研究》，1999（4）。

据第 20 条第 2 款的规定，如果防卫人在遭受严重危及人身安全的暴力犯罪侵害时，其为制止这一严重暴力犯罪侵害而实施的防卫行为尽管造成了犯罪人的死亡或者严重伤害，但这一死亡或者严重伤害的结果与严重犯罪侵害的强度及有可能造成的严重后果相比较而言，并没有明确超过必要的限度，不属于不应有的重大损害，则即使没有 1997 年《刑法》第 20 条第 3 款的规定，对防卫人同样不会以防卫过当追究其刑事责任，防卫人的行为同样属于正当防卫。[①]

（三）共同犯罪

1. 现行刑法对 1979 年刑法典所规定的共同犯罪的修订。有论者指出，1997 年刑法主要在以下 4 个方面对 1979 年刑法规定的共同犯罪作了修订：一是对犯罪集团的概念予以法定化，二是明确了主犯的定罪范围，三是取消了对主犯从重处罚的原则，四是缩小了胁从犯的外延。该论者同时指出，有的修订不乏合理之处，而有的改动则颇值得商榷。[②]

2. 教唆犯的概念与成立要件。有论者认为教唆犯是指故意地怂恿、指使具有刑事责任能力的人犯罪的人。教唆犯的成立必须同时具备以下两个要件：（1）主观方面必须有教唆他人犯罪的故意，包括直接故意和间接故意；（2）客观方面必须有教唆他人犯罪的行为，且被教唆者须有刑事责任能力，并且原无特定的犯罪意思或决心。[③]

（四）单位犯罪

1. 单位犯罪的主体。有论者主张，单位犯罪的主体资格（或称刑事法律地位）的取得，决定于该组织是否具有权利能力和行为（责任）能力，即是否具有法人资格。犯罪单位与其直接责任人员之间是共同犯罪的关系。[④]另有论者提出，单位犯罪的主体是指具有完全法律人格、实施犯罪行为并且依法应负刑事责任的公司、企业、事业单位、机关和团体，其中，具有完全

---

① 参见赵秉志、田宏杰：《特殊防卫权问题研究》，载《法制与社会发展》，1999（6）。
② 参见赵秉志、陈一榕：《关于共同犯罪问题的理解与适用》，载《中国刑事法杂志》，1999（2）。
③ 参见魏东：《教唆犯的概念与成立要件问题研究》，载《中国刑事法杂志》，1999（5）。
④ 参见许朝阳：《单位犯罪相关问题刍议》，载《人民检察》，1999（7）。

的法律人格是指单位要具有合法的法律人格和具有单位整体意志的形成能力与控制能力，是决定单位成为单位犯罪主体的核心要件。根据完全法律人格理论，结合我国司法实践，该论者将不具有完全法律人格的情形在理论上归纳为以下几类：(1) 非依法成立的单位；(2) 虽依法成立，但犯罪时该单位又不符合法律规定的条件；(3) 单位整体意志的形成能力欠缺；(4) 单位整体意志的控制能力欠缺。[①] 还有论者对私营企业能否成为单位犯罪的主体问题进行了探讨，认为私营企业一般情况下可以成为单位犯罪的主体，但如果刑法规定的某些单位的主体是特殊主体，例如，《刑法》第190条规定逃汇罪的主体只能是国有公司、企业、单位，对于这些犯罪来说，私营企业就不能构成。[②]

2. 单位成员行为的认定。有论者指出：单位成员的行为，一方面构成单位的行为，另一方面仍是单位成员自身的自然人行为，即单位成员的行为具有双重性。单位成员行为的这一特征为单位犯罪在刑法上的确立奠定了基础，也为单位犯罪的双罚制提供了根本的依据。该论者还指出，单位成员行为的双重性是有条件的：首先，必须是单位决策机关（包括单个决策者）为了单位利益决定的而由单位成员实施的行为。其次，必须是在单位行为的存在范围之内。[③]

（五）刑罚及其制度

1. 自首制度。有论者认为，对自首种类的界定应当坚持以下两个标准：(1) 有立法上的明确规定，这是基本要求；(2) 有相对独立化的必要，此系必要性要求。这样，我国现行刑法中的自首实际上有3种，即《刑法》第67条第1款规定的“一般自首”，该条第2款规定的“准自首”和《刑法》第164条第3款、第390条第2款及第392条第2款所规定的“特别自首”。该论者建议：立法机关在对1997年刑法进行修订时，对亲告罪的自首作出专门规定。其中，一般自首的要件为：自动投案；如实供述自己的罪行。准自首的要件为：自首的主体必须是被采取强制措施的犯罪嫌疑人、被告人和正

① 参见孙光焰：《单位犯罪主体论》，载《华东政法学院学报》，1999 (4)。

② 参见周振想：《单位犯罪若干问题研究》，载《华东政法学院学报》，1999 (1)。

③ 参见卢勇：《单位成员行为的双重性与单位犯罪》，载《华东政法学院学报》，1999 (4)。

在服刑的罪犯；必须如实供述司法机关还未掌握的本人其他罪行。特别自首的要件为：所犯罪行必须是刑法分则规定的三种罪之一，这三种罪即“对公司、企业人员行贿罪”、“行贿罪”和“介绍贿赂罪”；犯罪人在被追诉前必须主动交代其犯罪行为。而建议增设的亲告罪的自首要件为：所犯罪行必须属于刑法所规定的“亲告罪”；向有告诉权之人如实告知自己的罪行，并同意其将自己的罪行告诉司法机关；愿意接受司法机关的审埋和裁判。①

2. 立功制度。有论者对我国现行刑法确立的立功制度进行了研究，内容主要包括：(1) 立功制度法律化的价值。该论者指出，立功制度在刑法上的确立有十分重要的理论价值和现实意义：第一，体现了我国惩办与宽大相结合的刑事政策的法律化；第二，体现了刑法的人权保障功能；第三，有利于刑罚目的的实现；第四，有利于罪责刑均衡原则的实现；第五，协调了刑事立法并体现刑罚的公平价值；第六，体现了刑事诉讼的效益价值。(2) 立功的成立要件。该论者认为，立功的成立一般应当具备以下要件。第一，主体要件，包括犯罪嫌疑人和刑事被告人；第二，时间要件，始于犯罪预备阶段而终止于刑罚的确定阶段；第三，前提条件，立功的内容必须真实、有效；第四，实质要件，即判断立功的标准，主要包括以下 5 种情况：犯罪分子到案后检举揭发他人犯罪行为且为司法机关查证属实，提供侦破其他案件的重要线索为司法机关查证属实，阻止他人的犯罪活动，协助司法机关抓捕其他犯罪嫌疑人，具有其他有利于国家和社会的突出表现的行为。②

3. 死缓适用制度。有论者对死缓适用制度作了系统的研究，并对以下几个争议较大的问题提出了自己的看法：(1) 关于死缓犯执行死刑的条件。有论者指出 1997 年刑法将死缓执行死刑的条件由原来的“抗拒改造情节恶劣”改为“故意犯罪”，有利于增强司法的可操作性，但却在一定程度上扩大了死刑的适用范围，而且，对“故意犯罪”的理解有分歧。(2) 关于死缓犯执行死刑的时间。有论者认为，应具体情况具体对待：如果后罪是应判处死刑立即执行的，对死缓犯可以立即执行死刑，其他情况下死缓改变为死刑立即执行的期限则必须是 2 年期满以后。(3) 关于死缓期间既有故意犯罪，

---

① 参见许发民：《论特别自首及自首的种类》，载《中国刑事法杂志》，1999 (5)。

② 参见林亚刚、王彦：《立功制度的价值评判与规范分析》，载高铭暄、赵秉志主编：《刑法论丛》，第 3 卷，北京，法律出版社，1999。

又有重大立功表现的犯罪分子的处理。有论者认为，在指导思想上以发挥刑罚的惩罚功能与感化功能并重为原则，在方法上综合考察重大立功表现给国家和社会带来的利益大小以及故意犯罪的社会危害大小，衡量它们之间的“罪”与“赎罪”因素之比例程度，并以此为影响犯罪人处理的倾向依据，具体情况具体分析。为弥补立法上死缓犯执行死刑的决定条件的缺憾，有论者提出可将故意犯罪的法定刑进行分类，同时考虑重大立功表现，对死缓犯作不同处理。① 此外，还有论者从《公民权利和政治权利国际公约》的角度，分析了我国死刑立法的现状，建议在我国现行刑法中增设死刑赦免制度，在刑事诉讼法中不仅要明文禁止不人道的、侮辱性的死刑执行方法，而且应对违反“不公开示众”规定的行为人的法律责任作出规定，以促进死刑执行的合理与人道。②

4. 单位累犯制度。有论者提出，由刑法理论上的必然性和预防单位犯罪的必要性所决定，刑法中应当确立单位累犯制度。与自然人累犯一样，单位累犯的核心条件应包括罪过条件、刑罚条件和时间条件，其中，单位累犯的罪过条件应当认可其前后罪既可以是故意犯罪，还可以是过失犯罪；单位累犯的刑罚条件应当是对犯罪单位刑罚的整体，即直接责任人员分担的那部分刑罚和犯罪单位自担的那部分刑罚提出最低要求；单位累犯的时间条件则应当长于自然人累犯的时间条件，以与单位犯罪的社会危害性相适应。至于单位累犯的处罚，该论者主张实行从重处罚原则，包括单位自身的从重处罚和直接责任人员的从重处罚两个方面。③

（六）刑法分则问题

1. 罪名的立法模式。罪名立法模式的选择，折射出一个国家刑事立法水平的高低，也影响整个定罪活动的质量。有论者在介述世界各国罪名立法模式的基础上，对我国现行刑法的罪名立法模式——解释式模式进行了反

---

① 参见赵秉志、肖中华：《论死刑缓期执行制度的司法适用》，载《华东政法学院学报》，1998年创刊号。

② 参见高一飞：《从〈公民权利和政治国际公约〉的角度看我国死刑立法中的问题》，载《法商研究》，1999（2）。

③ 参见马荣春：《论单位累犯》，载《河北法学》，1999（1）。

思，认为这一模式在我国的诞生，彻底改写了我国刑法只有法条的规定，没有相应且有约束力的罪名的历史，有其值得肯定的积极意义，但却是为了补救立法遗留问题的一种无奈之举，因而建议采用明示式的罪名立法模式，以更好地完善罪名理论和罪名立法，使我国的罪名规定制度化。[①]

2. 有组织犯罪。有论者对有组织犯罪的下列问题进行了研究：（1）关于我国有组织犯罪的现状与发展趋势。从宏观而言，我国的有组织犯罪呈现出在数量上日益增多，在质量上向典型的黑社会组织演化，在活动领域上趋于跨国跨地区性、国际化的发展趋势；从组织内部来看，呈现出内部组织化程度越来越高、人员激增、趋于职业化、智能化和现代化的特点。（2）关于有组织犯罪的概念与范畴。该论者指出，对有组织犯罪的界定，刑法理论并未达成共识，存在着最广义说、广义说和狭义说的对立。至于有组织犯罪的范畴，该论者认为，在我国仅包括黑社会组织和带有黑社会性质的组织所实施的犯罪。（3）关于我国刑法对有组织犯罪的惩治。该论者认为主要集中在以下三个方面：第一，强化对组织、领导、参加黑社会性质组织行为的惩治；第二，注重对入境发展黑社会性质组织行为的惩治；第三，注意对包庇、纵容黑社会性质组织行为的惩治。（4）关于我国惩治有组织犯罪刑事立法的完善。该论者认为，我国刑法典至少应当在以下几个方面加以完善：第一，严厉打击与有组织犯罪相牵连的犯罪行为；第二，应当从刑法上鼓励单纯参加犯罪组织者自动退出；第三，严厉打击有组织犯罪团伙所实施的其他犯罪行为。[②] 另有论者对有组织犯罪和集团犯罪的界限、有组织犯罪的罪数认定等问题进行了研究。[③]

3. 渎职犯罪。渎职犯罪中争议最大的，莫过于玩忽职守罪和滥用职权罪的主观罪过了。对此，有论者认为，1997年《刑法》第397条第1款关于玩忽职守罪和滥用职权罪的规定突破了同一法条的同一罪名的罪过形式不能跨越种类的传统格式，在同一法条的同一罪名中实际上包含了跨种的罪过形式，即既有故意，又有过失。这是现行刑法内含的一种新的法律现象，该论

① 参见张文、刘艳红：《罪名立法模式论要》，载《中国法学》，1999（4）。

② 参见赵秉志、于志刚：《论我国新刑法典对有组织犯罪的惩治》，载《法商研究》，1999（1）。

③ 参见高铭暄、王秀梅：《试论我国刑法中若干新型犯罪的定罪问题》，载《中国法学》，1999（1）。

者将其称为复合罪过形式。[①]

4. 关于“罪过形式存疑条款”所规定的犯罪。我国1997年《刑法》第129条规定的丢失枪支不报罪，行为人对于自己丢失枪支不报这一行为是明知的，但对由此造成的严重后果却往往缺乏认识，从而引发了刑法理论上对此类犯罪的罪过形式的争议。有论者为此提出了“客观的超过要素”概念，即客观的超过要素仍然是犯罪构成的要素，但行为人在主观上对这一客观的超过要素是否有认识无碍于故意的成立，《刑法》第129条所规定的“造成严重后果”即是其适例。[②] 另有论者却认为，这是我国现行刑法规定的严格责任的范例，并指出：刑法中的严格责任是指在行为人主观罪过具体形式不明确时，仍然对其危害社会并触犯刑律的行为追究刑事责任的制度。对于严格责任的犯罪，定罪时只要查明行为符合刑法客观方面的描述，又不属于无刑事责任能力人所为或者无罪过事件，就可以依刑法条文定罪处罚，不受主观形式的羁绊。[③]

一些论者还撰文对破坏环境资源保护罪、骗购外汇罪、侵占罪、挪用公款罪、盗窃罪、抢劫罪等具体犯罪进行了研析。

四、中国区际刑法问题

（一）中国区际刑事管辖权的冲突

1. 中国区际刑事管辖权冲突的法律依据。有论者指出，解决区际刑事管辖权冲突的法律依据应当是刑法，而不是刑事程序法。因为刑事管辖权并不等同于刑事管辖分工，刑事管辖权解决的是对某一案件有没有起诉、审判和处罚的权力的问题，即解决的是刑事管辖权的有无；而刑事管辖分工则是在肯定刑事管辖权存在的基础上，解决具体案件的具体管辖法院的问题。总而言之，刑事管辖权的有无属于实体问题，应以刑事实体法的规定为依据，

① 参见储槐植、杨书文：《复合罪过形式探析——刑法理论对现行刑法内含的新法律现象之解读》，载《法学研究》，1999（1）。

② 参见张明楷：《“客观的超过要素”概念之提倡》，载《法学研究》，1999（3）。

③ 参见李文燕、邓子滨：《论我国刑法中的严格责任》，载《中国法学》，1999（5）。

而刑事管辖分工属于程序问题，应以刑事程序法的规定为依据。[①]

2. 解决区际刑事管辖冲突的具体规则。对此，有论者认为：没有必要考察属人原则和属地原则的深层内涵，但可利用这两个原则确定由谁来行使管辖权。如果将这两个原则的原理加以演化，并将推演的结论作为解决我国区际刑事法律冲突的手段，这实际上是对上述原则的一种消极运用方式，但这种方式正可作为确认刑事管辖权的准则。具体地，可将属人原则和属地原则演绎为：属人原则——居所地身份原则，属地原则——犯罪地原则。[②]

3. 中国区际刑事司法协助的范围。有论者认为，我国区际刑事司法协助的范围主要应当包括：（1）交换犯罪组织情报、代为调查取证、送达刑事法律文书等刑事司法协助；（2）缉捕和移交案犯；（3）刑事案件管辖移交；（4）刑事裁判的承认和执行已决犯移管。[③]

还有论者对中国区际刑事管辖权冲突的相关问题——我国香港地区法律与全国性法律的关系作了研讨。根据《香港特别行政区基本法》第1条和第12条的规定，有论者提出，香港地区的法律"实际上是一种特别的地方性法律"，解决该地区法律与全国性法律的冲突应同时适用全国性法律优先于地方性法律和特别法优于普通法的原则。[④]

（二）中国区际刑事司法协助的建立

1. 建立区际刑事司法协助的原则。有论者提出，中国区际刑事司法协助的建立，应严格遵循如下3项基本原则：（1）国家主权原则；（2）尊重客观原则；（3）讲究实效原则。[⑤]

2. 中国区际刑事司法协助模式的选择。有论者对中国内地与澳门特别

---

① 参见赵秉志、田宏杰：《中国内地与香港刑事管辖权冲突研究——由张子强案件引发的思考》，载《法学家》，1999（6）。

② 参见高铭暄、王秀梅：《试论我国区际刑事管辖冲突的内涵与解决的原则》，载《法律科学》，1999（6）。

③ 参见刘晓巧、潘玉臣：《论中国区际刑事司法协助的架构》，载《政法论坛》，1999（4）。

④ 参见陈忠林：《香港地区法律与全国性法律的关系》，载《湖南省政法管理干部学院学报》，1999（5）。

⑤ 参见张建：《论我国内地与港澳特区区际刑事司法协助的基本原则》，载《法学家》，1999（5）。

行政区开展区际刑事司法协助的模式进行了探索，主张模式的选择应符合以下3个原则：（1）符合国家统一的要求；（2）保障澳门特别行政区高度自治的要求；（3）立足于中国国情。在此基础上，该论者提出了关于两地刑事司法协助模式的构想，即由中国内地和澳门特别行政区分别成立“区际司法协助委员会”，以协商的形式对两地司法协助问题达成协议。[①]

（三）中国区际刑法之比较研究

1. 我国台、港、澳地区与全国性刑法中的刑罚目的之比较研究。有论者指出，我国台、港、澳地区刑法与全国性刑法关于刑罚目的基本问题的认识相同，都认为刑罚具有预防犯罪的目的。其中，台湾地区“刑法”与全国性的刑法其目的论是一致的，但香港地区与澳门地区的刑罚目的论却有其自己的特点。这主要表现为：（1）与全国性刑法、台湾地区“刑法”刑罚目的不同的是，香港地区刑法的刑罚目的有着更为宽泛的内容，除了预防犯罪以外，还把“惩罚”“教正”等作为刑罚目的内容。（2）与全国性刑法、台湾地区“刑法”刑罚目的不同的是，澳门地区刑法的刑罚目的中虽然含有一般预防与特殊预防的思想，但更重要的是，它充分吸收了当代刑事政策的研究成果，充分表述了新社会防卫论的精神。此外，与全国性刑法和台湾地区“刑法”中均无刑罚目的的专门规定不同的是，1999年澳门刑法典在总则中明确规定了刑罚目的。由于刑罚目的的确定对于刑事政策的制定、刑事立法、刑罚的裁量与执行均具有十分重要的意义，所以，澳门地区刑法将刑罚目的法定化的做法应当说是合理的。[②]

2. 全国性刑法与澳门地区刑法中罪数形态的比较研究。有论者从下述几个方面对两者中的罪数形态进行了深入细致的研究：（1）关于罪数的判断标准。澳门地区刑法明确规定以“罪状标准说”作为罪数判断的标准；而全国性刑法典则没有罪数判断标准的明确规定，但内地刑法理论对此的通说是以“犯罪构成标准说”作为罪数判断的标准。由于罪状不是全部构成要件的描述，因而“罪状标准说”不如“犯罪构成标准说”科学，不能很好地将一

---

① 参见赵国强：《论中国内地与澳门特别行政区开展区际司法协助的模式》，载《华东政法学院学报》，1999（3）。

② 参见谢望原、宣炳昭：《台、港、澳与大陆刑罚目的之比较》，载《山东法学》，1999（1）。

罪与数罪区别开来。(2) 关于连续犯。对于连续犯的成立，两者均要求，必须是数个行为；必须触犯同一罪名；必须是出自故意。但两者也有着重大区别：首先，澳门地区刑法没有要求数个行为必须出于同一的或概括的犯罪故意；而这一要件是内地刑法理论中连续犯成立的必备要件。其次，澳门地区刑法规定的连续犯，不仅以数个行为触犯同一罪名为要件，而且以实现“基本上保护同一法益之不同罪状，而实行之方式本质上相同”为要件；而内地刑法理论则认为，数个行为如果触犯的不是同一罪名，则不能成立连续犯。因此，数个行为触犯了诈骗罪、保险诈骗罪、集资诈骗罪等罪名的情形，在澳门地区刑法中仍然视为连续犯，而在全国性刑法中则无成立连续犯的余地。再次，澳门地区刑法对连续犯的成立还要求，必须“系在相当减轻行为人罪过之同一外在情况诱发下实行者”，即是说，只有实施的数罪是在相当减轻罪过的情况下实行的，才可能构成连续犯，否则，就应以数罪处理；而内地刑法理论中的连续犯则无此成立条件的限制。最后，两者对连续犯的处罚原则不同。(3) 关于数罪。两者关于数罪的规定尽管在一些基本问题上相似，但差异仍十分显著，主要有：首先，澳门刑法典认为两个互相牵连的行为符合两个不同的罪状，构成两个不同的犯罪，是数罪；而内地刑法理论认为这是牵连犯，属于处断上的一罪。对牵连犯不实行数罪并罚，应“从一重从重处罚”。其次，澳门刑法典认为一个行为符合数个不同的罪状，也是数罪；而内地刑法理论认为这是想象竞合犯，通说主张按“从一重处原则”处理。最后，澳门刑法典笼统认为，数行为触犯同一罪名都是数罪（连续犯除外）；而内地刑法理论则认为，数行为触犯同一罪名的，并非都是数罪。(4) 关于结果加重犯。对结果加重犯，澳门刑法典不仅在总则中作了原则性规定，而且在分则中也有若干具体犯罪规定；而全国性刑法总则虽然对结果加重犯没有一般性规定，但分则中规定的具体犯罪有不少是结果加重犯。从两者关于结果加重犯的规定及理论来看，两者在基本犯罪的罪过形式和对加重结果规定较重的刑罚上，大体是相同的，但对加重结果的罪过形式上则存在着区别：澳门刑法典规定加重结果只能由过失构成，而全国性刑法规定的加重结果，对有些犯罪来说，只能出于过失，对另一些犯罪来说，也可能出于故意。根据罪责刑相适应原则的要求，该论者认为，澳门刑法典的规定较全国性刑法的更为可取。[①]

此外，有论者以内地（大陆）和港、台地区的法规与案件为例，对非法卖空证券、操纵证券市场行为的认定以及处罚中的若干问题进行了研讨。[②]还有论者对台湾地区环境刑法与环境犯罪[③]、海峡两岸死刑制度之比较研究[④]、海峡两岸职务侵占罪之比较研究[⑤]等问题进行了研讨。

五、外向型刑法问题

（一）外国刑法问题

1. 我国与大陆法系国家犯罪构成理论的宏观比较。有论者从宏观上对我国与大陆法系国家两种犯罪构成理论作了深入的比较研究，指出：我国犯罪构成理论为“齐合填充式”，表现出要件的同时性和横向联系性，大陆法系国家犯罪构成理论则为“递进排除式”，表现出要件之间的序列性和纵向贯穿性。两种理论的构架反映了方法论的差异，也决定了我们在研究犯罪构成理论时对相关范畴作谨慎区分的必要性。该论者认为，两种犯罪构成理论各有利弊，对大陆法系犯罪构成理论之合法精神的借鉴，应在力求注重实体的同时，加强“程序的正当”等意识。[⑥]

2. 外国刑法学中的期待可能性理论对我国刑法的借鉴意义。有论者对期待可能性理论的有关问题及其对我国刑法的借鉴意义作了较为深入的研究：（1）关于期待可能性在我国犯罪论中的地位。有论者指出，按照我国犯罪构成的基本理论，期待可能性是刑事责任能力的一个构成要件，而不是什么和责任能力、故意和过失相并列的第三要素，也不是故意和过失的构成要

① 参见马克昌：《中国内地刑法与澳门刑法中罪数形态的比较研究》，载《法商研究》，1999（6）。

② 参见顾肖荣：《关于操纵证券市场行为认定和处罚中若干问题比较》，载《政治与法律》，1999（5）。

③ 参见王秀梅：《台湾环境刑法与环境犯罪研究》，载《中国刑事法杂志》，1999（3）。

④ 参见刘金林：《海峡两岸死刑制度之比较研究》，载《法学评论》，1999（6）。

⑤ 参见赵秉志、田宏杰：《海峡两岸职务侵占罪比较研究》，载《政法论坛》，1999（6）。

⑥ 参见赵秉志、肖中华：《我国与大陆法系犯罪构成理论的宏观比较》，载《浙江社会科学》，1999（2）。

素。[①]（2）关于期待可能性与我国刑事立法。有论者指出，我国1997年刑法虽无任何“期待可能性”的字样，却包含了丰富的期待可能性思想。例如，1997年《刑法》第14条、第15条以有期待可能性从积极的方面肯定了罪过的存在，第16条以无期待可能性从消极的方面否定了期待可能性思想，第17条、第18条、第19条规定了期待可能性的对象和程度，第20条包含了防卫过当存在一定期待可能性的思想，第21条包含了紧急避险无期待可能性、避险过当存在期待可能性的思想，等等。该论者进一步指出研究外国刑法中的期待可能性思想对完善我国刑事立法理论的意义：第一，刑事立法应当以期待可能性理论为指导；第二，期待可能性揭示了人性的脆弱，刑事立法对此应当有所考虑；第三，在我国，期待可能性为不成立犯罪事由。（3）关于期待可能性与我国刑事司法。有论者指出，我国的刑事司法实际上也蕴含了丰富的期待可能性思想：首先，在定罪方面，期待可能性是定罪的前提；其次，在量刑方面，期待可能性程度高低与刑事责任轻重成正比。[②]

3. 美国近年来的法人刑事责任问题之述评。有论者以美国近年来的法人处罚立法及学说为基础，对美国近年来的法人刑事责任进行了述评：（1）美国有关法人刑事责任的传统见解。在美国，关于法人刑事责任的认定经常使用的是两个基本原理，即上级责任原理和同一化原理。尽管这两个原理在形式上存在着较大的区别，但在首先确定法人中的特定自然人的行为和意思，然后考虑将此行为和意思视为法人自身的行为和意思并以此为基础追究法人的刑事责任，即让法人对其成员的犯罪负替代责任这一点上则是完全一致的，因而两个原理在对法人刑事责任的追究上均有不合理之处。（2）有关法人刑事责任的新学说。受美国《联邦组织体量刑指南》基本思想的影响，美国学者认为，只有在法人构成人员的行为确实反映了法人自身的意志时，法人才能对该行为负责任。对于如何判断法人自身的意志，学者间有不同的看法，具有代表性的学说有如下三种：第一，法人反应责任论，其中，又有事前的反应责任论和事后的反应责任论。前者认为，法人刑事责任的重心在于法人的有关犯罪预防的措施的实行、发展及明确有效的犯罪行为禁止措施的执行上；后者则从法人的犯罪行为发生后的善后措施方面来判断法人的刑事责

① 参见游伟、肖晚祥：《“期待可能性”与我国刑法理论的借鉴》，载《政治与法律》，1999（5）。

② 参见李立众、刘代华：《期待可能性理论研究》，载《中外法学》，1999（1）。

任。第二，法人文化论，主张在能够确认法人中存在促进法人成员的犯罪行为的法人文化时，便可认定法人的犯罪意图。第三，构成的法人责任论，认为法人的刑事责任，只有在法人的行为构成违法行为，并且同该违法行为相对应的法人的犯罪意思同时存在的情况下，才能认定。上述三种理论尽管均有一定的缺陷，但由于它们克服了传统的法人责任理论的不足之处，使对法人刑事责任的追究同近代刑法中所强调的自己责任的基本理念相一致，因而具有一定的合理性。[①]

此外，还有论者对日本刑法结果加重犯中的共犯的理论与实践[②]、两大法系刑法判例法律渊源地位与拘束力之比较[③]、英国公司法人犯罪法律价值观念的变化[④]等外国刑法理论及其发展动态等问题作了介绍与研究。

（二）国际刑法问题

1. 国际刑法的基本问题。有论者对国际刑法的基本问题进行了深入细致的研究：（1）关于国际刑法的界定。有论者指出，国际刑法是指存在于国际法和国内刑法之中，旨在同国际性犯罪和跨国性犯罪作斗争，规定国际犯罪和国际禁止行为，调整国家之间、地区之间刑事司法合作方面的实体法和程序法规范、原则和制度的总称。（2）国际刑法的特征。两重性是国际刑法的根本特征，这一特征不仅体现在其与生俱来的结构中，而且蕴含于国际刑法的内容、表现形式、执行模式当中。具体地说，国际刑法的两重性特征可以从以下五个方面得到说明：第一，组成结构的两重性；第二，体现意志的两重性；第三，法律内容的两重性；第四，表现形式的两重性；第五，执行方式的两重性。[⑤]

2. 引渡问题。有论者对引渡问题进行了系统的研究，涉及的主要问题

---

① 参见黎宏：《美国近年来的法人刑事责任理论述评》，载《法商研究》，1999（1）。

② 参见李邦友：《日本刑法结果加重犯中的共犯的理论与实践》，载《武汉大学学报》（哲社版），1999（4）。

③ 参见冯惠敏、冯军：《两大法系刑法判例法渊地位与拘束力之比较》，载《河北法学》，1999（3）。

④ 参见孙昌军、陈炜：《试论英国公司法人犯罪法律价值观念的新变化》，载《现代法学》，1999（2）。

⑤ 参见张旭：《关于国际刑法认识基点的思考》，载高铭暄、赵秉志主编：《刑法论丛》，第2卷，北京，法律出版社，1999。

有以下几种。（1）引渡的概念和特征。该论者指出，引渡是指一方应另一方的请求，将当时在其管辖范围内而被该请求方指控犯有某种罪行或已被判刑的人移交给该请求方以便起诉或执行刑罚的活动。其具有以下法律特征：第一，引渡的主体是拥有独立的刑事管辖权的实体；第二，引渡的对象是犯罪人；第三，引渡的目的是追究犯罪人的刑事责任；第四，引渡的表现形式是一方将犯罪人移交给另一方。（2）引渡的提出与根据。该论者指出，请求方的法律、被请求方的法律和请求国与被请求国之间事先签订的双边条约或协议、双方参加的多边引渡条约或国际公约中的有关规定共同构成了引渡提出的根据。（3）引渡的一般原则。其主要有：双重犯罪原则；特定原则；政治犯不引渡原则；本国公民不引渡原则；或引渡或起诉原则。此外，该论者还对引渡的接受与拒绝、中国的引渡问题进行了探讨。①

3. 跨国洗钱犯罪。有论者对国际社会中的洗钱与腐败之间的内在联系、国际社会通过控制洗钱来控制犯罪的立法和实践等问题进行了深入的剖析与研究，提出了将控制洗钱作为我国反腐败的新措施和手段，以及只有反腐败才能有效地控制洗钱犯罪的新观点，并就如何建立和完善控制洗钱和反腐败的法律机制提出了有价值的建议。②

此外，还有论者对前南斯拉夫国际刑事法庭的管辖③、我国刑法增设危害人类和平与安全的国际犯罪等问题进行了研究。

六、刑法学研究发展之展望

回首1999年的刑法学研究，我们不能不为其所取得的丰硕成果而自豪；展望21世纪，我们完全有理由对我国刑法学研究的未来充满信心。与此同时，我们也应当清醒地看到，中国刑法学研究还有许多不尽如人意而待改进的薄弱环节：研究方法不够丰富多彩，注释方法尚占据过重的地位，致使刑

---

① 参见张智辉：《引渡问题研究》，载高铭暄、赵秉志主编：《刑法论丛》，第2卷，北京，法律出版社，1999。

② 参见王秀梅：《前南国际法庭的管辖——兼及与卢旺达国际法庭管辖的比较》，载高铭暄、赵秉志主编：《刑法论丛》，第3卷，北京，法律出版社，1999。

③ 参见黄肇炯、程馨桥：《从国际刑法和外国刑法的规定看我国增设危害人类和平与安全犯罪的可行性》，载高铭暄、赵秉志主编：《刑法论丛》，第3卷，北京，法律出版社，1999。

法学研究尚未完全形成自己独立的理论品格；基础理论研究相对薄弱，未能取得突破性的进展；经济犯罪和经济刑法的研究不够深入系统；对当代世界先进刑法的比较研究不够，尚未完全走出简单移植、生搬硬套的理论研究误区；学科之间的交叉整合几乎处于空白。由此可以说，21世纪的中国刑法学将在挑战中前行。把握发展契机，迎接挑战，是新世纪赋予我国刑法学者的历史使命。针对我国刑法学研究的现状，我们认为，21世纪的我国刑法学研究应当着重解决以下四个方面的问题，力争在新世纪实现中国刑法的规范化、科学化、现代化和国际化：其一，转换刑法观念，重视刑法的人权保障机能，树立谦抑、平等、民主、进步的刑法观。其二，调整刑法学研究方向，坚持注释刑法学研究与理论刑法学研究的并行不悖，实现刑法学研究应用性与科学性的统一。其三，改革研究方法，注重定性研究与定量研究、思辨研究与实证研究的有机结合，同时引入经济分析方法、价值分析方法等其他社会科学和自然科学中的科学研究方法。其四，拓宽刑法学研究的理论视野，加强中国区际刑法的研究，努力开拓外国刑法、比较刑法暨国际刑法的研究。

［高铭暄、赵秉志、田宏杰；载高铭暄、赵秉志主编：《刑法论丛》，第4卷，北京，法律出版社，2000］

第十二章

2000 年的刑法学研究

一、研究概况

世纪之交的 2000 年是万象更新的一年：新的五年计划即“十五”规划即将制定，国家西部大开发的号角已经吹响，我国即将加入世界贸易组织、批准加入国际“人权两公约”的新的历史时期也即将来临……这些世界瞩目的重大社会变革给中国刑法学研究提出了许多新的研究课题，这既是中国刑法学研究进一步发展、前进的动力，又是中国刑法学研究面临的严峻挑战。本着强烈的历史使命感，2000 年的中国刑法学研究在继续注重刑法基础理论研究的同时，紧紧围绕我国在新世纪的经济、社会、文化发展战略目标以及刑法研究发展的最新国际动向，在刑事司法实务以及外向型刑法等研究领域中均作出了突出的贡献。综观 2000 年的刑法学研究，不难发现其具有以下两个显著特色。

（一）学术研究新颖而富有时代特色

据不完全统计，2000 年刑法学界发表论文上千篇，出版书籍近百部，可谓成果丰硕。无论是学术论文，还是学术著作，均有一个共同的特点，那就是不仅研究视角新颖，研究内容广泛而深入，而且选题颇具鲜明的时代特色，无论是中国西部大开发中的刑法协调，还是中国加入世界贸易组织以及批准加入“人权两公约”后的中国刑法发展走向等，学者们都给予了密切的关注，并作了前瞻性的研究和探讨，具有较高学术价值和重大现实意义的精品佳作不断面世。在这世纪交汇之际，刑法研究理论的欣欣向荣，无疑为刑法学研究开创新的世纪辉煌奠定了坚实的基础。

（二）学术活动广泛开展，内容丰富多彩

2000年刑法学界的学术活动，可谓多姿多彩，成绩显著。下面择要予以介绍。

1. 中国法学会刑法学研究会2000年年会即“新千年中国刑法问题研讨会”，于2000年11月10日至14日在海南省海口市隆重召开，并获得圆满成功。这是一次具有继往开来深远意义的学术盛会。来自全国高等院校、法学研究机构、中央和地方政法机关的二百五十余位专家、学者与会。会议一共收到论文192篇，选题均是我国当前刑法学研究所面临的一些热点课题，诸如中国加入世界贸易组织后的刑法协调，我国批准加入“人权两公约”后的刑法发展，祖国统一方面的刑法问题，西部大开发中的刑法保障，金融犯罪问题，计算机、网络、电子商务活动中的犯罪与刑法对策问题等。会议论文经编选，由中国检察出版社出版。

尤为值得一提的是，这次会议还有一个极其重要的内容，那就是检阅中国法学会刑法学研究会从1984年成立至1999年16年的学术研究成果，对由中国法学会刑法学研究会组织评定并以中国法学会名义表彰的“海南杯世纪优秀论文”作者予以奖励。这次评奖活动首开中国法学会刑法学研究会评奖活动之先河，既是对中国刑法学界专家、学者在刑法学科研领域所作出的杰出贡献的褒扬，又是对中国刑法学研究的一次全面、系统的总结和回顾，更是对新世纪刑法学研究再攀高峰、再创辉煌的良好祝愿和期待。在这世纪交汇之际，此举在我国刑法学研究进程中无疑具有重要的里程碑意义。

2. 由中国人民大学国际刑法研究所主办，贵州民族学院、贵州省司法厅、贵州省政法管理干部学院协办的“当代国际刑法问题学术研讨会”，于2000年8月10日至8月15日在贵阳市召开。来自全国有关院校、研究机构、中央和地方法律实务部门等35个单位共66位代表出席了会议。会议收到论文二十余篇。会议围绕当前国际刑法的诸多重要课题进行了较为深入的研究，内容主要涉及：国际刑法和国际犯罪的界定，国际刑事法院，国际刑

法与人权保护，普遍管辖原则，国际刑法中的环境犯罪、种族犯罪、恐怖主义犯罪，以及对传播性病罪的国际防护等。会议成果将作为“中国人民大学国际刑法研究所文库”之一结集出版。这是我国首次以国际刑法为专门议题的学术会议，对于推动我国国际刑法学研究的发展无疑具有深远的意义。

3. “世纪之交刑法学研究热点问题国际学术研讨会”于 2000 年 12 月 5 日在中国人民大学隆重举行。此次会议由国家重点研究基地中国人民大学刑事法律科学研究中心主办，是中国人民大学法学院成立 50 周年庆典系列学术活动的重要组成部分之一。来自德国、法国、日本以及我国香港地区、内地法学研究机构以及司法实务部门的刑法专家、学者共二百余位出席了这次会议。会议对我国当前刑法学研究面临的一些热点课题，诸如中国加入世界贸易组织后的刑法协调、中国批准加入国际“人权两公约”后的刑法问题、中国区际刑事司法协助、国际刑事司法协助、中国引渡法的立法与适用等新颖、重要的问题，进行了广泛而深入的研讨。作为中外刑法学界携手并肩进行学术交流的有益探索，这次会议必将对增进中外刑事法学界的交流与合作、促进我国刑事法治的进步和刑事法学的繁荣起到积极的推动作用。

为全面了解和把握 2000 年中国刑法学研究的发展动向，现将 2000 年刑法研究学术论文及学术著作所研讨的重要问题及较有代表性的见解综述如下。

二、刑法基本理论问题

（一）关于刑法的机能

人权保障与社会保护均是刑法机能不可或缺的组成部分。人权保障的核心在于保护个人自由，社会保护的根本在于维持社会秩序，而保护个人自由与维持社会秩序的价值取向显然有别。有学者认为，个人自由和社会秩序之间是一种对立统一的关系，以个人自由为第一位，以社会秩序为第二位，并在此前提下力求个人自由与社会秩序之间的均衡，这应当成为我国刑法的选择。这样，可以在一般性抽象规范的范围内，从有利于行为人（被告人）的角度考虑刑法规范的适用，以寻求刑法之原则性与灵活性的统一，并进而使刑法真正具有一种谦抑的精神。可以说，在刑法领域，只有以个人自由为第一位，自由与秩序才能和谐相处，并在对立中获得统一；而以社会秩序为第一位，自由与秩序则会由对立发展为严重的对抗，结果是两败俱伤。[①]

（二）关于犯罪概念与犯罪本质特征

1. 关于犯罪概念。犯罪概念与犯罪本质特征的确立，事关刑法机能的价值取向以及刑法基本原则、制度的选择和设计，因而对这一理论问题的厘清，无疑具有重要的理论价值。对此，有学者在反思我国刑法中的社会危害性理论的基础上，对我国刑法中的犯罪概念进行了检讨和重塑。有关学者认为，根据犯罪概念是否包含社会危害性的内容，在刑法理论上可将犯罪概念分为犯罪的形式概念和实质概念：前者以形式合理性为依托，以刑事违法性为特征；后者以实质合理性为依托，以社会危害性为特征。刑事违法性和社会危害性之间的关系，可分别从以下不同角度考察并得到说明：（1）就立法与司法两个层面而言，由于立法是一种规范的构造，而社会危害性是创设罪名的实体根据与基础，因而可以说是社会危害性决定刑事违法性；但从司法上来说，由于其面对的是具有法律效力的规范和具体案件，因而某一行为是否具有刑事违法性就成为认定犯罪的根本标准。（2）从理论刑法学与注释刑法学的角度来看，把犯罪作为一种社会的与法律的现象进行研究，不仅要关注犯罪的法律特征，而且还要揭示犯罪的社会特征是理论刑法学的任务，因而从刑法理论上界定犯罪，将犯罪本质定义为社会危害性与人身危险性的统一，即所谓犯罪本质二元论，是可以成立的；但从注释刑法学的立场出发，犯罪只是一种法律规定的行为，离开了法律规定就没有犯罪可言，在这种情况下，必须始终把握犯罪的刑事违法性。社会危害性只能从刑法规定的构成条件中去寻找；人身危害性只能从刑法规定的犯罪情节中去认定。由此决定，在刑事违法性与社会危害性发生冲突的时候，应当坚持刑事违法性而非社会危害性。在此基础上，学者进一步提出，把犯罪客体还原为刑法法益，然后将刑法法益纳入犯罪概念，以法益侵害作为犯罪的本质特征，应是倡导罪刑法定原则的必然逻辑结论。当然，在对违法的理解上，应当坚持形式违

---

① 参见曲新久：《个人自由与社会秩序的对立统一以及刑法的优先选择》，载《法学研究》，2000（2）。

法与实质违法的统一，主观违法与客观违法的统一，使违法性真正成为一个具有实体内容的概念，为此，我们需要引进大陆法系的违法性理论。① 另有学者对此则持完全相反的看法，在该论者看来，犯罪的形式定义虽然能限制司法者非法滥用刑罚权，但对立法者刑罚权的滥用却无能为力。而所谓有社会危害性的行为实际上就是侵害社会利益的行为，因而社会危害性与犯罪构成的客体要件即法益是相通的。在刑法上规定犯罪的实质概念，限定立法者只能把侵害社会利益的行为即有社会危害性的行为规定为犯罪，这样就可以在一定程度上防止立法者滥用刑罚权，把没有侵害社会利益、不具有社会危害性的行为规定为犯罪。所以，该论者主张，在犯罪概念上绝不能倒退到单纯的形式定义上，而是必须坚持形式定义与实质定义的结合和统一，从法律形式上和社会本质上界定犯罪概念，科学地区分罪与非罪，以制约惩罚权在立法上的发动和在司法上的滥用。②

2. 关于犯罪本质与法益侵害的关系。有学者在论述外国刑法理论中法益侵害说及其与规范违反说的种种区别的基础上，经过分析论证指出，我国1997 年刑法典实际上对法益侵害说持一种认同的态度。该论者认为，这一立场值得称赞：首先，以法益侵害说为根据确定刑法的处罚范围与界限，可以使处罚范围适当、使处罚界限明确；其次，采取法益侵害说有利于同时发挥刑法的法益保护机能与自由保障机能；再次，采取法益侵害说有利于合理区分刑法与道德；复次，采取法益侵害说有利于正确评价行为的社会危害性；最后，坚持法益侵害说有利于正确理解和适用刑法规范。由于刑法的任务与目的是保护法益，犯罪的本质是侵害法益，坚持法益侵害说，有利于在把握刑法精神与犯罪本质的前提下理解和适用所有的刑法条文。而这正是我国刑法理论与司法实践的方向。③

3. 关于人身危险性的界定。除社会危害性外，人身危险性也是与犯罪概念相关的另一重要理论概念，我国现行刑法中即存在大量有关人身危险性内容的规定。为此，有学者对人身危险性的内涵及特征作了详细的研究和分

① 参见陈兴良：《社会危害性理论——一个反思性检讨》，载《法学研究》，2000（1）。

② 参见何秉松：《刑法典修订以来若干重要理论问题探讨（上）——〈刑法教科书〉（2000 年版）的新发展》，载《政法论坛》，2000（3）。

③ 参见张明楷：《新刑法与法益侵害说》，载《法学研究》，2000（1）。

析。该论者认为，从存在论与价值论相结合的角度看，人身危险性是由行为人特定人格决定的犯罪可能性或者再犯可能性，是特定人格事实和规范评价的统一。从这一概念出发，人身危险性具有以下多方面特征。一是广义上的人身危险性特征，包括：(1) 人身危险性以实施犯罪可能性和再犯可能性作为表现形式；(2) 人身危险性的犯罪可能性以行为人的特定人格为其存在根据；(3) 人身危险性应包含着对犯罪倾向性人格的否定性评价因素；(4) 人身危险性具有反复继续性和可变性。二是狭义的人身危险性特征，主要有：(1) 主体的特定性；(2) 再犯可能性具有时间上的限定性。[①]

(三) 关于刑事判例的创制

中国刑法学界曾经围绕我国能否实行或确立刑事判例制度展开过不小的争论，且至今意见尚未统一。有学者认为，争论的根源和焦点在于我国究竟适合建立怎样的刑事判例制度，因而有必要对刑事判例在我国司法体系中的定位进行积极的探讨。为此，该论者提出：(1) 在概念定位上刑事判例是一种刑事判决范例；(2) 在性质定位上，刑事判例是一种刑事司法解释；(3) 在创制定位上，刑事判例必须由特定主体和程序来创制完成；(4) 在效力定位上，刑事判例应当具有普遍约束力；(5) 在监督定位上，必须确立制约、制衡机制等观点。[②]

另有学者从罪刑法定原则的立场出发，指出：将成文刑法与判例刑法同时作为我国刑法的渊源，不仅不能形成成文刑法与判例刑法优势互补、弊害互克的格局，相反，两种法源各自的弊端将可能仍然存在；而且，也与我国的国情不相契合。这是因为，首先，实行判例法需要对法律的尊重与保守主义传统，而我国目前正处于改革的时代，没有也不需要保守主义传统；我国的法律历史也难以称得上是限制国家机关权力、保障公民自由的历史，过于强调新生法律历史未必能促进依法治国。其次，实行判例法还需要高素质的法官与富有权威的判决。而在我国法官还不是一个非常令人羡慕的职业，对法官素质还需要大力提高；从没有理由、没有权威性的判决中不可能发现法律原则；即使某些判决具有理由与权威，一般法官能否从中抽象出一般规

---

① 参见赵永红：《人身危险性概念新论》，载《法律科学》，2000 (4)。

② 参见李晓明：《论刑事判例在我国司法体系中的定位》，载《法学评论》，2000 (3)。

则，还不无疑问。基于此，论者提出，最高人民法院、高级人民法院不是仅写批复或作司法解释，而是开庭审理案件，制作有充分理由的判决书，以其中的判决理由以及判决理由所形成的规则指导下级法院，就我国而言，是弥补成文刑法局限的一条可行途径。①

（四）关于犯罪构成理论

1. 关于犯罪构成的体系性思考。作为犯罪论的基石，犯罪构成历来是我国刑法学界关注和研究的焦点。有学者从宏观的角度，对犯罪构成理论体系的相关问题进行了全面、系统的分析研究。(1) 关于犯罪构成理论，论者在界定犯罪构成的内涵、回顾犯罪构成历史沿革的基础上，着重研究了犯罪构成的性质。对此，论者提出，犯罪构成既是一种法律规定，又是理论命题，亦即法定性与理论性的统一，尽管这种统一建立在对各种犯罪事实加以抽象与概括的基础上，但却不能将犯罪构成等同于构成事实，只有在法律关于犯罪的规格或者标准的意义上才能对犯罪构成的性质予以界定。犯罪构成既是主、客观要素的统一，也是纯记述性要素和规范性要素的有机结合。(2) 关于犯罪构成的体系。论者认为，犯罪构成应当采取二分体系，即罪体与罪责。罪体是犯罪构成的客观要件，罪责是犯罪构成的主观要件，两者是客观与主观的统一。作为定罪模式，犯罪构成的逻辑展开不是从主观要件到客观要件，恰恰相反，应当是从客观要件到主观要件。(3) 关于犯罪构成的分类。论者提出，根据各种犯罪构成的不同性质、特点，可从不同角度，依据不同的标准，将犯罪构成大致分为以下几种，即基本的犯罪构成与修正的犯罪构成、普通的犯罪构成与派生的犯罪构成、简单的犯罪构成与复杂的犯罪构成、叙述的犯罪构成与空白的犯罪构成、封闭的犯罪构成与开放的犯罪构成。②

2. 关于犯罪过失理论。犯罪过失中的注意能力、注意义务以及注意能力和注意义务的关系问题，在刑法理论中存在比较大的争议。有学者对这些问题进行了比较深入的研究，认为注意能力是指行为人所具有的认识自己的行为可能发生危害结果的能力，认识自己究竟应采取怎样的措施才能有效地

① 参见张明楷：《法治、罪刑法定与刑事判例法》，载《法学》，2000（6）。

② 参见陈兴良：《犯罪构成的体系性思考》，载《法制与社会发展》，2000（3）。

防止危害结果发生的能力和基于上述认识而采取措施，以避免危害结果发生的能力。对于注意能力的判定应采折中说，即既要考虑到行为人的年龄、知识、智力发育、工作经验以及所担负的职务、技术熟练程度，又要考虑行为人当时所处的具体环境和条件，将这两方面的情况综合地加以考虑，进行科学分析；同时也应注意到在当时的具体条件下一般具有正常理智的人对这种结果的发生能否预见。注意义务是指法律法令及社会日常生活所要求的为一定行为或不为一定行为时应当谨慎小心，以避免危害社会结果发生的责任。注意义务的内容包括预见义务和避免义务，注意义务的核心在于避免义务。在设定或确定注意义务时，应当遵循切实保护社会共同生活秩序原则和合理限定原则这样两个递进的原则。在合理限定注意义务的范围时，不应当孤立地看待某一个方面或某一个因素，而应当综合考虑注意能力、行为的危险程度、行为对社会的重要程度、行为所处的特定的环境和条件等因素，同时考虑可以允许的危险的理论和依赖原则在减轻、缓和及免除注意义务时的具体运用。在把握注意能力和注意义务的关系时应当注意，注意义务的有无并不取决于注意能力的有无，有注意能力并不一定负有注意义务，有注意义务并不一定有注意能力。①

3. 关于刑法中的因果关系理论。有学者对刑法中的因果关系进行了研究。该论者认为，认识刑法中的因果关系，应当先从行为的客观性质着手确定行为与结果有无因果关系，然后再结合行为人的主观罪过确定其行为是否属危害行为，进而确定其刑事责任的轻重；刑法中的因果关系是危害行为与危害结果之间的一种内在的、本质的联系，危害行为（即原因）的产生带有偶然性，刑法上因果关系本身是必然性和偶然性的辩证统一；应当正确区分因果关系中的原因与条件；不能把刑法上的因果关系与构成犯罪和承担刑事责任等同起来。②

另有学者从一则案例入手，专门探讨了不作为犯罪的因果关系。该论者指出，不作为的行为性或不作为亦能侵害法益、引起外界变动的特征，决定了不作为犯罪因果关系的客观存在。而有必要说明的是，不作为犯罪因果关系存在于具体犯罪中是有限制的，具体的不作为犯罪中是否存在因果关系，

---

① 参见赵秉志、刘志伟：《犯罪过失理论若干争议问题研究》，载《法学家》，2000（5）。

② 参见杨兴培、陆全平：《也谈正确认识和认定刑法上的因果关系》，载《政法论坛》，2000（5）。

不宜以究竟是纯正不作为犯还是不纯正不作为犯为标准或分界线，只能就法律对构成要件的实际规定为依据。而要理解不作为的原因力，既要坚持刑法因果关系共性特征的原理，更要注重社会生活的逻辑观念；既要避免因果关系与作为义务、作为可能性割裂，又要防止因果关系与作为义务、作为可能性相混淆。与作为原因力不同，不作为原因力具有以下显著特征：(1) 不作为原因力的特定性；(2) 不作为原因力的依附性；(3) 不作为原因力的隐形性。至于不作为因果关系的判断标准，论者认为，继条件关系说和相当关系说之后发展出来的关系客观说关于相当的条件才是原因的主张值得赞同。①

4. 关于单位犯罪。针对当前理论界有关单位犯罪的主体、单位犯罪与共同犯罪的关系及其刑事责任3个争议较大的问题，有学者进行了探析，提出：单位犯罪是单位作为一个整体危害社会的，因而只能有单位一个主体；与之相对应，单位犯罪与共同犯罪是两个既有联系又有区别的概念；所谓单位共同犯罪，是指两个（或两个以上的）单位犯罪主体，或者一个（或一个以上）单位犯罪主体与自然人主体共同实施的故意犯罪行为，单位犯罪中的责任人员之间则不可能成立共同犯罪关系。②

对于上述单位共同犯罪的界定，另有学者则提出了质疑。该论者认为，单位共同犯罪应当是单位与单位、单位与非本单位人员的共同故意犯罪。单位共同犯罪的主体同样可以划分为主犯、从犯、胁从犯、教唆犯，并承担相应的刑事责任。由于单位犯罪多为破坏社会主义市场经济秩序罪，而这一类罪最典型的共同特征是构成犯罪必须达到“数额较大”，因而研究单位共同犯罪就必须对数额作出合理的研究。对此，论者主张，对于单位与单位共同犯罪，数额标准比较容易确定，可直接遵照有关规定执行。但单位与自然人共同犯罪时，应该注意要以单位构成犯罪的数额作为共同犯罪的起点而不能以自然人构成犯罪的数额为标准。因此，在分析、认定单位共同犯罪时必须注意到两者的数额标准的协调性。③

另有学者专门对单位犯罪中的“直接负责的主管人员和其他直接责任人

---

① 参见肖中华：《宋福祥故意杀人案——如何理解不作为犯罪的因果关系》，载《判例与研究》，2000 (1)。

② 参见喻伟、聂立泽：《单位犯罪若干问题研究》，载《浙江社会科学》，2000 (4)。

③ 参见王焰明：《单位共同犯罪及刑事责任探讨》，载《江苏公安专科学院学报》，2000 (4)。

员”作了探讨。该论者认为，在单位犯罪的场合，能够成为单位犯罪主体的只有“公司、企业、事业单位、机关、团体”，而上述组织体中的自然人不可能成为单位犯罪的主体。单位中特定的自然人承担刑事责任的原因主要在于，其具备负刑事责任的基础和有利于抑制单位犯罪。承担单位犯罪刑事责任的自然人只能是对该单位犯罪这一事实负有直接责任的人员；在其具体范围的认定上，因单位领导体制不同而应有所区别。①

（五）关于刑法中的正当化行为

1. 关于正当化事由的研究。正当化事由是刑法理论上争议较大的问题。有学者对正当化事由中的主要问题进行了学理上的分析，主要包括以下内容。(1) 正当化事由的概念。学者认为，刑法除了大量的禁止性规范以外，还有个别允许规范的存在，旨在限制禁止规范的内容。正当化事由就是此类允许规范。从这种意义上说，正当化意味着合法化。当然，这种允许规范是一般意义上的允许规范，而不是作为禁止规范之例外的允许规范。因此，允许规范有高于禁止规范的效力，形成对禁止规范的否定，使禁止规范失效。(2) 正当化事由的根据。关于这一问题在理论上尽管存在法益权衡说、目的说与社会相当性说的聚讼，但社会相当性说较之法益权衡说和目的说具有更大的包容性，因而可以成为正当化事由的根据。至于社会相当性的判断，应当注意以下几个方面的考察：一是目的的正当性，二是手段的正当性，三是法益的均衡性。(3) 正当化事由的分类。根据法律对正当化事由是否有规定，可以把正当化事由分为法定的正当化事由和超法规的正当化事由；根据正当化事由的性质，还可以把正当化事由分为紧急行为与正当行为。(4) 正当化事由的形式，主要有防卫权和避险权两种。②

2. 关于正当防卫的本质。正当防卫制度在近现代刑法中虽然占有重要地位，但关于正当防卫的本质到底是什么，中外学者的观点却莫衷一是，西方刑法理论上曾经提出了自然法说、紧急状态说、效用说、权利侵害说等不同的观点，但这些观点都有形式化、片面性的缺点，未能科学揭示正当防卫

---

① 参见黎宏：《论单位犯罪中“直接负责的主管人员和其他直接责任人员”》，载《法学评论》，2000 (4)。

② 参见陈兴良：《正当化事由研究》，载《法商研究》，2000 (3)。

的本质。事实上，正当防卫的存在具有坚实的哲学根据、法学根据和道义根据：(1) 哲学根据——权利与权力的对立统一，(2) 法学根据——报应与预防，(3) 道义根据——正义与秩序的对立统一。因此，正当防卫的本质是多元的而不是一元的。[①]

（六）关于共犯理论

1. 关于片面共犯和间接正犯观念之破与立。有学者认为，片面共犯观念与共犯制度存在着以下冲突并将导致处罚困难：(1) 共同犯罪的主体必须是2人以上，而片面的共同犯罪人可以是1人，显然，“一人的共同犯罪”是不可思议的。(2) 共同犯罪故意是成立共同犯罪必须具备的另一要件。而片面的共同犯罪中，明知自己参与他人犯罪的一方与不知情的另一方之间并没有一致的主观联系和共同意志，故不具备共同犯罪成立的条件。因而与其说所谓的片面共犯是共同犯罪，毋宁说它是介乎同时犯与共同犯罪之间的一种犯罪形态。(3) 如果承认所谓片面的共犯，对所谓的片面共犯人的处罚在法律上将无所适从，出现混乱，而且还可能在结果上有悖罪责刑相适应的量刑原则。而拓展间接正犯之外延，既可为片面共犯找到理论归属，又可解决疑难罪案的犯罪形态问题。[②]

2. 关于独立教唆犯。独立教唆犯是指教唆者故意实施教唆行为后，被教唆者没有犯被教唆之罪的情况。独立教唆犯在共同犯罪中占据着相当重要的地位。基于完善教唆犯罪的刑事立法、司法及理论的需要，有学者就独立教唆犯的缘起、概念、构成特征、处罚原则与共同教唆犯的异同进行了深入的探讨，在此基础上，论者指出，我国刑法在独立教唆犯的立法及理论上尚存在以下一些亟待完善的缺陷：(1) 对一般教唆犯与独立教唆犯在立法上存在前后矛盾的逻辑错误以及刑法理论上认识的混乱；(2) 在总则中规定独立教唆犯，破坏了刑法体系的结构；(3) 我国刑法理论上将“被教唆的人没有犯被教唆的罪”这种情况称为“教唆未遂”，似有不妥之处。为此，学者认为，完善后的教唆犯罪，应在总则与分则中分别作具体规定。[③]

---

① 参见王政勋：《论正当防卫的本质》，载《法律科学》，2000 (6)。

② 参见肖中华：《片面共犯与间接正犯观念之破与立》，载《云南法学》，2000 (3)。

③ 参见张睿：《论独立教唆犯》，载《河南省政法管理干部学院学报》，2000 (3)。

（七）关于罪数形态

1. 关于转化犯。转化犯是我国刑法学界近年来提出的一个新的理论范畴。有学者经过研究后指出，转化犯是指行为人实施一个故意犯罪（本罪）的同时，或者在本罪造成的不法状态持续过程中，由于行为人实施了特定行为，这一特定行为与其本罪行为的结合足以填充另一故意犯罪（转化犯）的构成，从而使行为人的行为符合转化罪的犯罪构成，并根据刑法规定以转化罪定罪处罚的犯罪形态。[①] 另有学者通过对我国现行刑法中转化犯的立法例进行考察，指出其至少存在着以下两方面的问题：一是部分立法例与其转化罪条文之间存在协调性不够的技术性欠缺；二是还有部分立法例作为转化犯的理论根据不足。转化犯立法有其积极的意义，但是法定刑配置不协调，必然导致罪与刑的不均衡和实质上的不公正；部分立法例设置根据不足，也给转化犯理论本身带来一定程度的混乱。[②]

2. 关于结合犯。有学者在分析研究了结合犯的概念、形式及特征后，指出结合犯设置的法律意义有二：（1）实体法上的意义——落实罪刑法定原则以达到罪刑相适应之最终结果，（2）程序上之意义——减少数罪并罚的适用频率以限制法官之刑事自由裁量权。因此，从我国司法实践出发，并借鉴外国之立法经验，该论者认为，有必要在刑法中更多地增设有关结合犯之条款，并在司法解释中明确规定相应的罪名。同时，应加强对结合犯形态的刑法理论研究，在理论上真正划清结合犯同诸如牵连犯等形态的界限。这不仅是罪刑法定的要求，同时也有利于罪刑相适应原则的贯彻。[③]

（八）关于刑罚总论

1. 关于刑罚正当性的根据。内容主要包括以下几个方面。（1）关于报应论。有学者指出神意、德意与法意是支撑报应论的三大理念，并就每一理念之于报应的意义作了客观而深入的分析与剖视，认为：神意报应论虽有其

---

① 参见肖中华：《论转化犯》，载《浙江社会科学》，2000（3）。

② 参见周少华：《现行刑法中的转化犯之立法检讨——兼论刑法规范的内部协调》，载《法律科学》，2000（5）。

③ 参见刘宪权、桂亚胜：《论我国新刑法中的结合犯》，载《法学》，2000（8）。

产生的历史必然性，但它将罪与刑的因果报应的联结解释为虚无缥缈的神意，不是对刑法正当性的合理揭示；道义报应论用道德谴责理论来解释刑罚的存在，使犯罪道义责任的确立成为对道德与刑法关系的一种正确揭示，但它仅仅从道德的角度解释刑罚的存在，因而具有很大的局限性；法律报应论注重犯罪与刑罚在法律上的联结，强调刑罚作为一种法律制裁手段具有相对于道德谴责的独立性，因而具有其合理性，但是，它又因为忽视了法律与道德的关系而无法对刑罚的存在作出完整的解释。[①]（2）关于一般预防论。以作为法律的三大价值的秩序、正义与自由为视角，有学者对一般预防论的价值作了全面的剖析。该论者认为，一般预防注重对社会秩序的保护，但难以就社会秩序保护对刑罚的需要提出具体而明确的标准，因此，以一般预防作为刑事立法与司法的指南，往往不可避免地具有相当的随意性；一般预防论对秩序的强调与正义相冲突，在充分肯定一般预防之于保护社会秩序的价值的同时，必须对其所潜在的忽视正义的危险有清楚的认识；一般预防论对秩序的强调隐含着与对个人自由的保障的矛盾，当两者相对立时，应该舍弃对秩序的保护而顾全对自由的保障。[②]

2. 关于刑罚目的。有学者指出，我国实然的刑罚目的是：惩罚犯罪人，改造犯罪，预防和减少犯罪，保护人民，保障国家安全和公共安全，维护社会主义秩序。而我国刑法学上占主导地位的一般预防与特殊预防的刑罚目的理论见解脱离了我国刑法实践，因而尽快澄清刑罚目的问题上的混乱认识已成当务之急。在该论者看来，惩罚犯罪人与防卫社会免遭犯罪侵害是我国刑罚目的的应然选择。[③] 另有学者则认为，我国刑法将一般预防作为刑罚目的，不仅违反了公正这一刑罚首要的价值追求和保障人权的刑法机能，而且不符合一般预防与特殊预防、一般预防与报应之间的逻辑关系。在此基础上，论者认为，报应与特殊预防相统一，在偏重特殊预防的基础上，兼顾报应的要求，才是我国刑罚的目的及其发展方向。这是因为，报应作为刑罚目的，既是刑罚属性的产物，也是罪责刑相适应原则的题中应有之义，是实现

---

① 参见邱兴隆：《从神意到法意——报应论的理念嬗变》，载《湖南省政法管理干部学院学报》，2000（3）。

② 参见邱兴隆：《一般预防论的价值分析》，载《法学论坛》，2000（4）。

③ 参见谢望原：《实然的刑罚目的与应然的选择》，载《浙江社会科学》，2000（5）。

刑罚公正的必然要求，同时还是我国司法实践一直追求的刑罚目的；而特殊预防作为刑罚的目的，则是追求刑罚功利的必然结果。所以，报应与特殊预防作为刑罚目的不可或缺的两个方面，实际上是公正与功利的辩证关系在刑罚目的中的体现。[①]

3. 关于死刑问题。有学者对死刑及其相关问题，尤其是死刑的存与废作了系统而深入的研究。学者认为：死刑是一种既具有效益性又具有公正性的刑罚，但又是一种不具有人道性的刑罚，因而死刑不可避免地存在着价值上的冲突，而死刑价值冲突的解决，必须遵循刑罚的效益性、公正性与人道性的轻重次序，由此，废除死刑，是实现作为刑罚之首要价值的人道性的唯一可作的选择。不仅如此，死刑的废除还必将给刑罚的公正性与效益性的内容带来重大变革。就公正性而言，死刑的废除必将促成刑罚的严厉性标准的统一化，从而赋予刑罚的等价公正性以新的蕴含；而就效益性而言，在存在死刑的情况下，刑罚的最高代价为剥夺人的生命，而在废除死刑的情况下，刑罚的代价大为降低，即只以剥夺自由为代价。尽管囿于我国目前的国情，达成死刑废除的目标还不是一蹴而就的事，但为此而作的努力应该从现在开始。就学术界而言，当务之急是从学者所应有的社会责任感出发，将对死刑的研究引向深入，从世界性的废除死刑的潮流中发现与阐释废除死刑的人类共同理性，从对中国死刑体制的历史与现实的反思中揭示死刑的不合理性和重用死刑的非理性，从而将废除死刑的合理性展示在公众面前；就立法者而言，当务之急是变革观念，由对死刑的迷信与滥用转向对死刑的理性认识与慎用，使死刑的价值取向真正地符合刑罚的理性；而就司法者而言，应该树立正确的死刑意识，由对死刑的无节制的适用转向有限制的适用，由对死刑的嗜好转向对死刑的反感，并在法律规定的范围内尽量不适用死刑，这应该成为法律上彻底废除死刑之前的不懈追求。[②]

4. 关于刑罚制度。对于这一问题，学者们的研究主要集中在以下几个方面。

（1）关于缓刑制度。有学者指出，缓刑决定的社会化不够，影响了缓刑考察执行的社会化效果；而缓刑考察执行的社会化不够，又反过来影响了缓

---

① 参见田宏杰：《刑罚目的的研究——对我国传统刑罚理论的反思》，载《政法论坛》，2000（6）。

② 参见胡云腾：《存与废——死刑基本理论研究》，北京，中国检察出版社，2000。

刑决定的社会化不够。这种彼此社会化不够的缺陷决定了现行缓刑制度面临的困境及挑战。因此，要改进缓刑制度，就必须“双管齐下”：一方面，对缓刑决定的司法裁量权予以改进，在不突破现行刑法所规定的缓刑制度的大框架下，可以考虑在审判阶段设置一个缓刑听证程序；另一方面，对缓刑的考察执行权予以改进，可以考虑将缓刑考察的执行权逐步向司法行政机关转移。总之，缓刑制度的改进，归根结底有待于制度的创新。要将缓刑制度从适应以往的计划经济模式的量刑制度逐步转变为适应市场经济模式的量刑制度，这需要我们不断地研究市场经济条件下的新问题，探讨适应这种经济体制的新法律制度，使我们的法律制度能够顺应经济的发展，以发挥其最大的效益。①

（2）关于假释制度。有学者认为，对于假释在实践中存在的问题应具体分析，不能因噎废食。限制假释的理论依据具有局限性，主要涉及对罪刑相适应原则和刑事责任的不同看法。我国 1997 年《刑法》第 81 条第 2 款对累犯、被判处 10 年有期徒刑以上刑罚的暴力性犯罪分子不得假释的规定，不利于调动这部分罪犯的改造积极性和不利于他们的重新社会化过程，同时也与监狱法上对罪犯实行惩罚与改造相结合的原则不吻合。对此，我国应完善假释管理体制，适当放宽对假释的限制。初步设想如下：1）加强对假释工作的领导和管理；2）加强对假释标准的研究和确立；3）做好扩大假释的试点工作。

三、刑法分则问题

（一）关于分则条文结构中的罪过性质及形式

有学者认为：我国刑事立法在分则条文结构中对主观罪过的性质与形式，不但存在着多元化的规定形式，而且还存在着许多模糊不清、容易引起歧义的规定。这一方面表明我国刑事立法的不完善，另一方面也已严重影响到司法实践的划一性和合理性。据此，论者提出，当刑法分则中，同一行为

① 参见阮方民：《对改进我国缓刑制度的两点思考》，载《法学》，2000（10）。

既可由故意支配，也可由过失支配而构成犯罪时，刑法应当分条设置，如杀人与伤害罪。而根据刑法总则规定的过失犯罪，由于只有刑法有明文规定的才负刑事责任，所以，对过失犯罪的罪名均应表明“过失”两字。在刑法作出如此修改、完善前，刑法没有明文规定故意或者过失的犯罪，从刑法理论上说，很多被人们理解为只能是过失的犯罪，还不能排除间接故意的存在，因为间接故意也是以结果为条件的犯罪。究竟是故意还是过失，则应具体案情具体分析。

（二）关于侵占罪

侵占罪是一种古老的财产犯罪，但我国关于这一问题的理论研究一直相对较为薄弱。基于此种现状，有学者从历史与现状、理论与实践的结合，对侵占罪的立法、罪名、罪种、构成特征、侵占罪的既遂与未遂、侵占罪的诉权、职务侵占的共同犯罪等刑法理论和司法实践中的疑难问题进行了系统、深入的分析研究。在此基础上，学者指出，我国现行侵占犯罪立法还存在以下值得检讨与改进的缺陷：（1）罪种划分不尽科学；（2）定罪量刑标准过于绝对；（3）法定刑设置不尽合理；（4）告诉制度规定欠缺细化。针对上述不足，学者认为，关于侵占犯罪的刑事立法应从以下几个方面进行完善。（1）重构侵占犯罪罪名体系，将侵占犯罪划分为侵占委托物罪、业务侵占罪、侵占脱离他人持有的财物罪和公务侵占罪（即贪污罪）。这样，既可确保罪责刑相适应原则在侵占犯罪立法上的贯彻落实，又可为司法实践惩治侵占犯罪提供有力的法律依据和保障。（2）科学界定侵占犯罪定罪量刑标准，除了突出犯罪数额在侵占犯罪定罪量刑中的重要作用外，也应体现其他影响侵占犯罪定罪量刑的因素，具体可采用“数额较大或者有其他严重情节的”和“数额巨大或者有其他特别严重情节的”规定方式。（3）重设侵占犯罪的法定刑。对此，应注意以下几个方面：其一，侵占犯罪内部各具体犯罪法定刑轻重的协调；其二，侵占犯罪与盗窃、诈骗等相关犯罪法定刑的协调；其三，注意财产刑对侵占犯罪的全面适用。（4）修改“告诉才处理”制度。学者认为，行使告诉权的被害人的范围不应限制得过窄，否则，就无法实现设立告诉才处理制度以维护社会团结和社会关系稳定的立法意旨。①

（三）关于金融诈骗犯罪

1. 关于票据犯罪。有学者对票据犯罪的若干问题进行了研究，内容主要包括：（1）关于票据犯罪的结果。该论者认为，主要是指票据犯罪行为对票据法律关系的破坏所造成的社会财产损失。（2）票据犯罪数额认定。这应以票据兑现数额为依据；虚假票据所记载的数额与真实有效票据所记载的数额具有本质上的不同。（3）票据诈骗犯罪既遂与未遂的界限。该论者认为，应以行为人是否非法获得数额较大的票据经济利益作为区分票据犯罪既遂与未遂的标准。至于伪造变造票据犯罪的既遂与未遂界限，则应主要以行为人是否完成了票据所必须记载事项的填写行为为区分标准。②

2. 关于信用证诈骗。有学者指出，信用证诈骗罪侵犯的主要客体是国家对信用证的管理制度，在利用信用证进行诈骗时，公、私财产的所有权仅是一种选择客体。由于信用证诈骗罪在客观方面的表现形式有4种，因而不能笼统地讲信用证诈骗存在或者不存在既遂与未遂形态之分，而应分不同情况作具体分析。其中，骗取信用证形式的信用证诈骗罪只要出于非法占有财物的目的，实施了骗取信用证的行为即可，并不以实际骗取财物为条件，因而不存在犯罪既遂与未遂之分；但另外3种形式的信用证诈骗罪则是存在既遂与未遂之分的。盗窃他人信用证后又加以使用或者利用信用证诈骗银行贷款的“打包贷款”等行为均应按本罪论处。③

3. 关于信用卡诈骗罪。有学者在分析信用卡诈骗罪的概念、构成特征等基本问题的基础上，着重对信用卡诈骗罪认定中的一些疑难问题进行了研究。该论者认为，认定信用卡诈骗罪数额较大的标准，应以超过透支限额一定倍数为宜，对恶意透支、盗窃信用卡、使用变造的信用卡、使用涂改的信用卡等行为，应区分不同情况分别定性，并作立法完善。④

---

① 参见刘志伟：《侵占犯罪的理论与司法适用》，北京，中国检察出版社，2000。

② 参见刘华：《论票据犯罪结果、数额及既未遂问题》，载《上海市政法管理干部学院学报》，2000（4）。

③ 参见薛瑞麟：《论信用证诈骗罪》，载《政法论坛》，2000（4）。

④ 参见李卫红：《论信用证诈骗罪》，载《政法论坛》，2000（4）。

(四) 关于有组织犯罪

世界各国高度重视有组织犯罪，我国也不例外。有组织犯罪不仅是我国司法实践惩治的重点，而且是刑法理论关注的热点。有学者以此为专题，撰写了我国第一部关于有组织犯罪的刑法学专著即《有组织犯罪问题专论》，其所涉及的主要问题及研究特点主要有以下方面。(1) 界定了有组织犯罪的刑法学概念。该书认为：界定有组织犯罪的刑法学概念，必须以犯罪现象为基础、以刑法条文为依据；有组织犯罪是共同犯罪中复杂的共同犯罪，既包括有组织行为的共同犯罪即聚众性有组织犯罪与犯罪集团的犯罪，也包括刑法中规定的已经形成了犯罪组织的共同犯罪，还包括有组织犯罪的下游犯罪——洗钱罪。(2) 对有组织犯罪的各种类型进行了比较深入的研究。我国刑法对恐怖组织犯罪、黑社会犯罪与会道门、邪教组织犯罪进行了规定。1997年刑法典颁行后，上述三类犯罪很容易混淆，学术界对此也鲜有研究。该书在立足1997年刑法典有关规定的基础上，对上述三类犯罪的区别界限，从理论与实践相结合的角度作了周密、细致的研究，为有组织犯罪的司法认定提供了理论依据，具有较高的理论意义和实践价值。(3) 除对现有立法进行比较与解释外，论者还在借鉴国外立法与刑事政策的基础上，结合我国立法的情况与现行刑事政策，提出了有组织犯罪立法完善的建议以及刑事司法适用建议。特别是针对具体的有组织犯罪种类，论者提出了一些具有针对性的特别刑事政策。这些有益的探讨，无疑将给立法与司法部门提供重要的参考依据。[①]

(五) 关于计算机犯罪

计算机犯罪是伴随计算机的发明和应用而产生的一种新的犯罪类型。近年来，随着因特网的普及和广泛应用，计算机犯罪率不断上升，造成的社会危害不断增加。我国由于计算机普及率不高，计算机犯罪学术研究刚刚起步，与美国等发达国家已经初具规模和体系的计算机犯罪理论研究相比，尚有一定的差距。可喜的是，有学者借鉴犯罪学、刑法学、社会学以及历史学等学科的理论和方法，探讨了计算机犯罪的起源、发展和趋势，以及世界主

① 参见高一飞：《有组织犯罪问题专论》，北京，中国政法大学出版社，2000。

要发达国家和我国计算机犯罪的状况及社会危害，并在此基础上，从不同角度系统考察计算机犯罪的概念，分析计算机犯罪的类型、特点和原因。尤其值得重视的是，论者依据我国现行刑法和惩治计算机犯罪的实际工作的需要，从刑事侦查学、比较刑法学和计算机安全的角度，研究了计算机犯罪的发现、立案及依据认定方式，并进一步提出了其关于构筑计算机犯罪的技术、管理及法律控制模型的构想，从而为预防和打击计算机犯罪提供了有益的参考。[①]

（六）关于公务犯罪

以国家工作人员作为犯罪主体的犯罪及其相关问题的研究与惩治是我国刑法学界和司法实务部门目前关注的热点和难点。但是，此类犯罪的范围如何、特点怎样，大家见仁见智。有学者提出：以“公务犯罪”一词来概括此类犯罪较为准确。这是因为，国家工作人员的本质特征在于“从事公务”。凡是不具有公务职责的人员，无论其身份如何，都不可能是国家工作人员。而除此之外，无论是职务活动还是职业活动，无论是职务犯罪还是职业犯罪，抑或其他称谓，都不能像公务犯罪那样，准确地、一目了然地概括出国家工作人员在公务活动中实施的犯罪的实质，因而也均不够科学。因此，所谓公务犯罪，应当是指国家工作人员在从事组织、决策、管理、监督等公务活动中，因滥用职权或者未尽职责而触犯刑法应当受刑罚处罚的犯罪行为的总称。除现行《刑法》分则第八章贪污贿赂罪、第九章渎职罪外，其余以国家工作人员为主体，在执行公务活动中所发生的其他犯罪，例如，刑讯逼供罪等，也应属于公务犯罪的范围。[②]

四、外向型刑法问题

（一）区际刑法问题研究

1. 关于区际刑事司法协助问题的研究。香港地区回归加速了其与内地

---

① 参见蒋平：《计算机犯罪问题研究》，北京，商务印书馆，2000。

② 参见孙力主编：《公务活动中犯罪界限的认定》，北京，中国检察出版社，2000。

的联系，双方建立适当的刑事司法互助关系不仅能更有力地打击各种犯罪，维护香港和内地的繁荣稳定，而且更可为澳门乃至台湾与内地（大陆）的刑事司法互助提供可资借鉴的良好模式。为此，有学者对内地与香港地区刑事互助关系的建立进行了研讨。(1) 关于两地刑事司法互助的主体。有论者提出：对内地法域来说，区际刑事互助的主体不仅应当包括法院和检察院，而且也包括公安机关和司法行政机关，只有各实际相关部门协同参与，区际刑事司法协助才能真正得以开展。至于香港法域应有哪些机关参与，则要由香港地区的法律作出规定，从香港地区目前的情况看，代表香港地区政府开展区际刑事司法协助的具体部门是香港地区保安局和律政司。(2) 关于两地刑事司法互助的模式。有论者认为："委员会模式"是解决内地与香港地区间区际刑事司法协助的一条行之有效的途径。不过，从法治的要求出发，该论者认为：对"委员会模式"还应当进行适当的修正。就内地与香港地区间的刑事司法互助关系之建立模式而言，初步设想是：在两个法域的区际刑事司法协助委员会达成区际刑事司法协助的书面协议后，内地法域最好由全国人大常委会制定单行刑事法律或者由最高人民法院、最高人民检察院制定司法解释，吸纳该协议的内容，使该协议的内容转变为适用于内地法域所有行政区域的规范性的法律文件，以增强该区际刑事司法协议的权威性，使之在内地法域能够得到更好的贯彻实施。至于香港法域，由于其本来就是一个法治高度发达的地区，因而，要使两地区际刑事司法协助委员会达成的区际刑事司法协助协议在香港法域发生法律效力，由香港立法会通过立法的途径予以确认，则是其不可或缺的前提条件。(3) 关于两地刑事司法协助的内容。有论者在列举两地可能需要进行刑事司法协助的11种情形的基础上，将两地目前需要进行刑事司法协助的主要事项概括归纳为：犯罪情报交流，缉捕犯罪嫌疑人，文书的送达和调查取证，遣（移）送犯罪嫌疑人，刑事案件管辖移交，已决犯的移管，赃款赃物的追缴和移交，等等。①

2. 关于全国性刑法与澳门地区刑法中排除犯罪性之执行命令事由的比较。排除犯罪性的事由是指根据刑法规范或者社会相当性理念而排除行为的犯罪性使之正当化的事由。在我国澳门地区刑法与全国性刑法中，依法执行

① 参见赵秉志：《关于祖国大陆与香港建立刑事司法互助关系的研讨（续）》，载《现代法学》，2000（3）。

命令的事实均可排除行为之犯罪性。但是，由于诸种因素的影响，两者对于排除犯罪性之执行命令行为在以下方面均存在显著差异。（1）关于立法渊源。有论者认为，全国性刑法对执行命令是以分则规定总则性内容，因而其适用的范围也仅仅限于所规定的具体犯罪；澳门地区刑法的规定则是以总则体现的，因而它在理论上对分则每个具体犯罪的构成都适用。（2）关于构成条件。有论者认为，两者中执行命令的构成条件既有类似之处，又有不同之处。相似之处有：首先，都须是公共权力机关的命令；其次，命令发布的程序都不违法；再次，下级公务人员主观上都不明知命令的内容违法；最后，下级公务人员都依命令行事造成了犯罪结果。其不同之处主要在于：首先，全国性刑法中的命令范围比澳门地区刑法的宽泛，包括雇主对雇员发布的指令；其次，澳门地区刑法对命令的属性明确规定为会导致犯罪的命令，指出了命令的明显非法性，而全国性刑法在总则中没有规定执行命令行为，仅从分则规定的两个条文看，上级机关发布的命令必须是形式和程序合法，实质内容既可能是一般的违法行为，也可能是犯罪行为，与澳门地区刑法相异。（3）排除犯罪性的理由。澳门地区刑法认为执行命令的行为排除犯罪性的理由在于行为阻却违法，而全国性刑法则认为正当化行为犯罪性的排除在于行为不具备犯罪构成。①

3. 关于台湾地区强奸罪立法之新发展。有论者对台湾地区强奸罪的最新立法发展动态作了较为详细的研究和介绍。该论者指出，1999年3月30日修订后的“妨害性自主罪章”中，台湾地区的强奸罪立法在以下方面有新的发展：（1）顺应世界立法潮流，强奸罪由原来侵害社会法益之犯罪改为侵害个人法益之犯罪；（2）强化打击犯罪，强奸罪由告诉乃论罪改为非告诉乃论罪；（3）重视保护被害人，取消了强奸罪中“不能抗拒”之要件；（4）打破强奸罪之被害人仅为女性的传统立法模式，明定强奸罪之被害人包括男性；（5）“奸淫”一词改为“性交”，改变了原来的狭隘性交模式；（6）凸显夫妻性权利平等，承认婚内强奸。②

① 参见赵合理：《大陆与澳门刑法中排除犯罪性之执行命令事由的比较》，载《法律科学》，2000（3）。

② 参见李立众：《台湾岛强奸罪立法之新发展》，载《人民检察》，2000（11）。

此外，还有学者对海峡两岸计算机犯罪学说[①]、全国性刑法和澳门地区刑法中的共同犯罪[②]进行了比较研究。

（二）外国刑法研究

1. 关于德、日刑法中的可罚性理论。有学者指出：在德、日刑法中，作为犯罪成立要件的可罚性是在构成要件符合性、违法性和有责任之外，对行为进行的“值得处罚”这种实质的评价。“可罚性”属于实体刑法的范畴，与“诉追可能性”不同。诉讼前提（如刑事告诉）和诉讼障碍（如赦免）这些决定诉追可能性的要素，只影响诉讼程序的进行，不影响犯罪的成立，对其存在无须进行实体的裁判。从刑事政策的合目的性出发，应该重视可罚性即刑罚适合性在认定犯罪成立上所具有的意义，只有将可罚性纳入犯罪概念之中，才能使犯罪概念发挥区别罪与非罪的机能。鉴于可罚性的对象与构成要件符合性、违法性和有责性的对象具有不同的客体，应该把可罚性作为独立于构成要件符合性、违法性和有责性的第四个犯罪成立要件。至于可罚性的要素，则包括客观的处罚条件和处罚阻却事由。[③]

2. 关于德、日刑法犯罪过失学说介评。有学者以德、日刑法理论为主，对其犯罪过失学说的历史以及过失责任的理论发展脉络进行了整理和归纳，对其过失责任根据的旧过失理论、新过失理论及新新过失理论进行了评析。该论者指出，在德、日刑法的过失中，可以看出旧过失论与新过失论（含新新过失论）两种理论在思考方法上的差别：（1）从形式上看，可以说表现在过失在犯罪论体系上地位的不同。旧过失论将过失视为责任要素，是与故意并列的责任种类或者责任形式。与此相反，新过失论则视过失是主要的违法性要素，或者既是责任要素也是违法性要素。（2）从实质上看，作为认定过失基础的注意义务的内容不同。旧过失论以结果预见义务为注意义务的内容。与此相反，新过失论将结果回避义务视为独立的，或者与结果预见义务

① 参见马长生、易志成：《海峡两岸学者有关计算机犯罪学说之比较研究》，载《湖南省政法管理干部学院学报》，2000（1）。

② 参见宣炳昭、叶良芳：《中国大陆刑法和澳门刑法中共同犯罪比较研究》，载《法律科学》，2000（1）。

③ 参见冯军：《德日刑法中的可罚性理论》，载《法学论坛》，2000（1）。

共同视为注意义务的内容。而建立在新过失论理论基础上的新新过失理论则是对新过失论的预见可能性的内容所作的部分修正。尽管上述三种理论均有其合理之处，但从根本上讲，由于世界观及方法论的不同，因而在学者看来，均不同程度地存在一些问题。例如，立足于心理事实说的旧过失论揭示出犯罪过失是一种心理事实，这固然是正确的，但将归责原因仅限于这种心理事实，是只注重主观根据而对客观根据重视不足；而奠基于规范违反说的新过失论，虽然正确地解决了归责的前提以及过失的违法性问题，但却在强调客观根据上对主观根据有所忽略；至于以“危惧感说”为核心的新新过失论，更是存在极易导致过失责任扩大化的倾向。这是我国刑法学界在借鉴其理论时所必须加以注意的。①

3. 关于英美法系国家环境刑法与环境犯罪。环境刑法与环境犯罪是世界各国刑法理论目前共同关注的热点。有学者对英美法系国家环境刑法与环境犯罪问题进行了研究，指出一些环境保护先进的国家，如美国、德国、日本等，自 20 世纪 50 年代开始，先后以刑法典、单行刑法和附属刑法的方式加强对环境犯罪的制裁，国际社会为保护人类环境加强国际间的协作亦付出了较大的努力。而属于普通法系判例法的国家，其制裁环境犯罪的突出特点，就是采用附属刑法的方式规定环境刑罚条款，使各类环境刑罚条款皆寄生于行政法之内。②

此外，还有学者对美国死刑制度等问题进行了研究。③

（三）关于国际刑法

1. 关于国际刑法的基本问题。国际刑法作为一个重要的研究领域，在我国研究起步较晚，无论是理论研究的深度还是广度，都亟待加强和提高。有学者经过数年辛勤努力，对国际刑法作了全面、系统的研究，内容主要涉及：(1) 国际刑法概论，具体又包括国际刑法的概念分析、国际刑法的肇始与演进、国际刑法的基本原则、国际刑事法院等。(2) 国际犯罪与国际犯罪

① 参见林亚刚：《德、日刑法犯罪过失学说介评》，载《法学评论》，2000 (2)。

② 参见王秀梅：《英美法系国家环境刑法与环境犯罪探究》，载《政法论坛》，2000 (2)。

③ 参见孙昌军、陈元兴：《美国死刑制度评述——以俄勒冈州的死刑制度为例》，载《现代法学》，2000 (3)。

的刑事责任，主要包括：关于国际犯罪的一般认识、国际犯罪类型选论、国际犯罪的刑事责任。（3）国际刑事司法协助，包括国际刑事司法协助的概念、类型、引渡制度以及国际刑事司法协助的相关问题，等等。相较于过去的国际刑法研究成果而言，该论者无论是在研究视角还是研究内容上，都具有独特的创新之处，并在以下两个方面表现得尤为突出：（1）关于国际刑法的界定。有论者提出，国际刑法是存在于国际法和国内法之中，旨在同国际性犯罪和跨国性犯罪作斗争，规定国际犯罪和国际禁止行为，调整国家之间、地区之间刑事司法协助方面的规范、原则和制度的总称。可见，这一界定是从大国际刑法的立场出发的。（2）关于所谓的“两重性”命题。这里的“两重性”具体包括以下五层含义：一是国际刑法组成结构的两重性——国际法的刑法方面和国内刑法的涉外方面，二是体现意志的两重性——各国独立意志和国际共同意志的协调，三是法律内容的两重性——兼容实体法与程序法，四是表现形式的两重性——直接表现形式和间接表现形式并存，五是执行模式的两重性——直接执行模式与间接执行模式并存。[①]

2. 关于国际恐怖主义与政治犯不引渡原则。有学者提出：恐怖主义行为是目前国际社会所面临的最主要的挑战之一，它严重危害了国际社会的整体利益。控制国际恐怖主义需要各国之间的相互合作，使各国承担不得庇护恐怖主义分子的义务。然而各国所追求的政治利益并不相同，对恐怖主义采取的措施也不一致。现在国际法中虽然尚未形成将恐怖主义完全排除在政治犯的概念之外的习惯法规则，但是无论国家是否承担了条约义务，其庇护恐怖主义分子的权利都不是绝对的。[②]

3. 关于国际犯罪的国内立法。加强对国际犯罪的防范和打击，是国际社会面临的一项严肃课题。国际社会为严密预防和惩治国际犯罪的法网作了不懈的努力：一方面，加强了有关打击国际犯罪的国际公约的立法；另一方面，为了满足打击国际犯罪的现实需要，世界各国加强了国际犯罪的国内立法工作，并呈现不断发展的趋势。在这种情况下，加强国际犯罪的国内立法，就有十分重要的理论价值和现实意义。有学者以此为专题，对这一新的课题进行了探讨，指出国际犯罪是指违背国际社会刑事方面的法律规范和惯

---

① 参见张旭：《国际刑法论要》，长春，吉林大学出版社，2000。

② 参见高健军：《国际恐怖主义与政治犯不引渡原则》，载《法学论坛》，2000（3）。

例或者国内法关于国际方面的有悖人类和平、进步与发展精神的犯罪行为的规定，侵犯国际社会的共同利益，以及违背国际人权保护，经国际社会公认应当承担刑事责任的行为。为了有效地同国际犯罪作斗争，应当从两个方面加强有关国际犯罪的刑事立法：一是要加强和完善惩治国际犯罪的国际立法，二是要加强和完善惩治国际犯罪的国内立法。国际犯罪承担刑事责任的唯一的本质的根据在于国际危害性，追究国际犯罪刑事责任的直接目的有三个：一是保护人类社会的安全，二是维护人格尊严和人身权利，三是促进人类社会的经济发展。人类社会这三大价值追求构成了追究国际犯罪刑事责任的根本目的——保障人权，无论是人类社会的安全、尊严还是发展，其基本主旨都是保障基本的人权。由于在国家主权与人权保护的关系上，主权是人权的前提，人权是主权的基础，因而惩治国际犯罪，必须妥善处理好国家主权原则与国际人权保护之间的关系，使两者能够保持基本的协调。[①]

五、刑法学研究发展之展望

与以往的刑法学研究相比，2000 年的中国刑法学研究无论在实质内容还是在形式方法上，都发生了显著而可喜的变化。21 世纪中国政治、经济、文化等各个领域发生的深刻变革，尤其是依法治国方针的确立，必将为中国刑法学研究开辟更为广阔的前景，中国的刑事法治建设将进入一个新的历史发展时期。结合刑法学研究发展的国际潮流与最新发展动态，可以预见 21 世纪的中国刑法学研究将呈现出以下发展态势。

其一，进一步转变刑法观念，培育谦抑、平等、民主、开放的现代刑法品格。时下正在历史性地展开的中国社会变革，实际上是要完成从人治国向法治国的历史转型。对于中国刑法而言，则是要实现形式合理性与实质合理性相融合、社会保护与人权保障相统一的现代刑事法治。法治内涵的丰富性和多样性，决定了中国刑法的现代化应当是从精神气质、制度设计到实际运作的超越和变革，其中的核心则在于刑法现代精神的品格的培育与塑造。为此，刑法学研究应当进一步转变刑法观念，彻底摒弃刑法是政治国家的专政

① 参见黄芳：《国际犯罪的国内立法导论》，载《法学评论》，2000（2）。

工具这一单纯国家工具的观念，构建以限制国家刑罚权、以人文关怀为己任，以人为本，注重刑法的人权保障功能的现代刑法理念，确立谦抑、平等、民主、开放的现代刑法观念。

其二，打破学科之间的壁垒，探索构建一体化的刑事法学研究模式。刑法学研究如果完全局限于刑法学研究内部，必然会限制刑法学研究的视野，妨碍对犯罪和刑法本质的科学认识，因而拓展刑法学研究的时间和空间，突破单纯注释刑法学的狭隘学术藩篱，以一种大刑法观念从刑法之中、刑法之上和刑法之外对刑法作多方位的立体研究，正在逐步引起我国刑法学界的关注。构建一体化的刑事法学研究模式，有可能成为21世纪中国刑法学研究发展的趋势。一体化的刑法学研究模式，不是要抹杀刑法学与刑事诉讼法学、犯罪学之间的区别界限，而是在新的观念指导下对现行刑法学理论体系进行根本的超越，在充分认识刑法学与刑事诉讼法学等刑事法学其他相关学科之间的界限的基础上，注重刑事法学各学科之间的联系，使对刑事法律具体问题的研究能有一个更为广泛的基础和背景，从而构建以现实社会关怀与终极人文关怀为底蕴，以促进学科建设与学术成长为目标，结构协调、职能明确的新的刑事法学体系，以求得刑事法学内部结构合理与刑法运作制约之间的平衡，最终实现社会效益。

其三，顺应国际发展趋势，进一步拓展中国刑法学的研究领域。世界经济一体化和全球化的不断发展，要求中国刑法学研究亦必须具有一种开放的胸怀，在立足于我国刑法理论研究的同时，放眼世界，加强中国刑法学研究与世界刑法学研究潮流的接轨。为此，我国需要大力发展外向型刑法研究，更新刑法学研究的方法。其中，区际刑法研究将从过去以比较研究为主的研究，转向对区际刑事管辖权冲突的解决、区际刑事司法协助的原则和模式的选择等更加基本，也更为重要的理论与实务问题的研究；外向型刑法研究则应突破常规介述性研究套路，通过科学比较研究的方法，促进中国刑法的完善与世界各国刑法的交流；国际刑法学研究在我国虽然有一定的发展，但从总体研究水平来看，实事求是地说还处于起步与初步发展阶段。所以，加强国际刑法研究，提高国际刑法理论水平，将成为我国刑法学研究十分急迫而重要的课题。而国际刑法研究中的一些基本问题，例如，国际刑法范畴的界定，国际刑法中刑事责任构成要件的确定，国际经济交往中的腐败犯罪、网络犯罪、国际性贩卖妇女儿童犯罪的预防与惩治以及国际刑事司法协助的开展，等等，将成为中国刑法学研究的重点。

其四，关注现实，注重新型、疑难问题的刑事司法对策研究。刑法学是一门实践性很强的学科，刑法理论研究来源于刑事司法实践，最终还应当服务于刑事司法实践。环境犯罪、西部大开发中的刑法协调、中国加入世界贸易组织后的刑法应变措施、中国加入国际“人权两公约”对中国刑法的影响等问题，既是刑法理论研究的热点，也是刑事司法实践办案的难点和社会关注的焦点。司法实践需要刑法理论的有益指导，刑法理论研究的最终目的还在于保护和促进社会发展和繁荣，尤其是在21世纪国际、国内社会不断发生重大深刻变革的情况下，在继承重视刑法理论问题研究的同时，关照现实，关注新型、疑难犯罪刑事问题的司法对策研究，将成为中国刑法学新世纪发展的主要特色之一。

［高铭暄、赵秉志、田宏杰；载高铭暄、赵秉志主编：《刑法论丛》，第5卷，北京，法律出版社，2002］

第十三章

2001年的刑法学研究

一、研究概况

21世纪已踏上征程，在充满机遇与挑战的2001年，古老而年轻的中华人民共和国吹响了新世纪文明与进步的第一声号角，也迈出了坚实而成功的第一步。一年中，全国人民高举邓小平理论伟大旗帜，在以江泽民同志为核心的党中央领导下，团结奋斗、开拓进取，取得了举世瞩目的光辉业绩；面对新形势、新任务、新挑战，中国人民以其真诚付出和热情期盼，迎来了党的80华诞，也迎来了“申奥”和“入世”的成功。在这一年里，中国刑法学界也迎来了21世纪的第一个全国性年会，通过这次年会，顺利实现了研究会理事会的新老交替，为21世纪刑法学研究开创了一个良好的局面。

回首2001年我国的刑法学研究，我们欣喜地看到在刑法学的基础理论和具体制度方面的研究均卓有成效，研究视野越来越开阔，研究方法也越来越科学而富有理性。综观2001年的刑法学研究，我们不难发现其具有以下两方面的显著特色。

（一）学术底蕴深厚，研究内容与时俱进

据不完全统计，2001年刑法学界发表论文千余篇，出版书籍百余部。论文选题新颖，思想与时俱进，紧密结合我国在21世纪的经济、社会、文

化发展战略目标，提出了一系列富有远见的刑法学人文理念；学术专著中，既有在传统理论基础上的挖潜掘深之力作，也不乏立足司法实践而对新型疑难问题进行开拓创新的专题性著作，学术著作呈规模效应。

从本年度出版的刑法学书籍来看，主要有四种类型：一是适用于各种不同层次的刑法学教材，如赵秉志主编的《刑法新教程》（中国人民大学出版社）、杨春洗主编的《中国刑法论》（修订版）（北京大学出版社），等等。二是对中外刑法问题进行专门研究的学术专著，较有代表性的主要有：王作富主编的《刑法分则实务问题研究》（中国方正出版社），赵秉志总主编的“刑法总则实务疑难问题研究”系列（共5本，吉林人民出版社），赵秉志总主编的“重点疑难犯罪司法实务研究”（共6本，吉林人民出版社），赵秉志主编的《海峡两岸刑法各论比较研究》（中国人民大学出版社），赵秉志主编的《中国刑法实用》（河南人民出版社），陈兴良著《本体刑法学》（商务印书馆），邱兴隆主编的《比较刑法（死刑专号）》（中国检察出版社），“北京大学刑法学博士文库”（2001年度共出版8本，中国方正出版社），“武汉大学刑法学博士文库”（2001年度共出版3本，武汉大学出版社），宁汉林、魏克家著《大陆法系刑法学说的形成与发展》，刘明祥著《财产罪比较研究》（中国政法大学出版社），李希慧主编的《妨害社会管理秩序罪新论》（武汉大学出版社），黎宏著《单位刑事责任论》（清华大学出版社），翟中东著《刑罚个别化研究》（中国人民公安大学出版社），李文燕主编的《计算机犯罪研究》（中国方正出版社），等等。三是刑法论集，较有代表性的有：高铭暄、赵秉志主编的《21世纪刑法学新问题研讨》（中国人民公安大学出版社），赵秉志主编的《新千年刑法热点问题研究与适用》（中国检察出版社），赵秉志主编的《当代国际刑法的理论与实践》（吉林人民出版社），刘生荣、黄丁全主编的《刑法基础理论研究》，等等。四是汉译外国刑法著作，较有代表性的有：[德]汉斯·海因里希·耶赛克、托马斯·魏根特著《德国刑法教科书》（总论）（徐久生译，中国法制出版社），[日]野村稔著《刑法总论》（全理其、何力译，法律出版社），[美]安德鲁·冯·赫希著《已然之罪还是未然之罪——对罪犯量刑中的该当性与危险性》（邱兴隆、胡云腾译，中国检察出版社），等等。

（二）学术交往广泛，学术品位不断提升

2001 年刑法学界学术活动频繁，规模大、层次高，影响深广，对外交流力度增强。其中在全国范围较有影响的如下。

1. 中国法学会刑法学研究会 2001 年学术研讨会暨换届选举会议于 2001 年 10 月 15 日至 19 日在山东省济南市隆重召开。来自全国各地法律院校、研究机构和各级政法机关的正式代表、列席代表和工作人员共计近 280 人参加了会议，会议收到研讨论文共计 206 篇。会议规模、参加人数、提交论文数量为历届刑法学年会之最。这次年会学术研讨的议题包括三个方面，即中国共产党与中国刑事法治建设，当前社会治安整顿治理中的刑法问题，职务犯罪疑难问题研究。会议比较突出的特点是：第一，关注中国刑事法治建设进程，及时总结历史；第二，时代感强，针对性强；第三，理论与实践并重，积极解决司法实务问题。

尤为值得一提的是，这次会议的另一个重要内容，就是选举刑法学研究会第五届理事会领导班子及组成人员。会长高铭暄教授代表刑法学研究会第四届理事会作了工作总结，并对新一届理事会提出了殷切期望；新任会长赵秉志教授主持了刑法学研究会新一届理事会第一次全体会议，会议决定聘请高铭暄教授、马克昌教授担任第五届理事会名誉会长，聘请刘家琛等 19 位资深专家、学者担任刑法学研究会顾问。这次换届选举对于中国法学会刑法学研究会的发展无疑具有十分重要的意义，是刑法学研究会承前启后、继往开来的一件大事。

2. 21 世纪首次中日刑事法学术研讨会于 2001 年 9 月 10 日至 12 日在北京举行，主办单位为中国人民大学刑事法律科学研究中心、法律出版社和中日友好协会，协办单位为日本成文堂。这次会议是国家重点研究基地中国人民大学刑事法律科学研究中心举办的又一次国际性的学术研讨会。研讨会紧密围绕过失犯的基础理论、交通事故犯罪、企业灾害事故犯罪等问题而展开，来自早稻田大学、东京大学、名古屋大学等日本著名学府的西原春夫教授、松尾浩也教授、宫泽浩一教授、大谷实教授等 12 位学者参加了盛会；中方代表主要来自中国人民大学、北京大学、中国政法大学、清华大学等国内著名高等院校，最高立法机关、司法机关的有关领导、专家也参加了会

议。总的来讲，会议规模大、学术层次高，议题集中、讨论深入，形式新颖、气氛热烈是本次研讨会的重要特色。这次研讨会的成果充分实现了主办者的预想，使中日刑事法领域的交流迈上了一个新的台阶。

另外，为推动我国刑事法治的进步，为中国刑事法治完善、健全献计献策，国家重点研究基地中国人民大学刑事法律科学研究中心于2001年7月2日成立了“疑难刑事问题研究咨询专家委员会”。《法制日报》《检察日报》《人民法院报》等新闻媒体均在显著位置对之作了及时报道，认为这是一个促进刑法理论发展与刑事司法进步的重要举措，其必将在我国刑事法治建设中扮演愈来愈重要的角色。

二、刑法基本理论问题

（一）中国共产党与刑事法治建设

1. 中国共产党与新中国刑事立法。在纪念中国共产党建党80周年之际，我国刑法学家高铭暄教授根据其参加刑法起草工作的体会，深刻地指出我国刑事立法的发展与完善离不开党的领导，主要表现在：第一，刑事立法的总体方针是由党中央制定的；第二，刑法起草工作是在中央书记处和彭真同志直接领导下进行的；第三，一些重要的刑法草案稿都是报经党中央审议并原则通过的。他进一步明确，我国刑事立法在不断发展、丰富与完善，但党对刑事立法工作的领导永远必须坚持。①

2. 毛泽东死刑思想。毛泽东思想是中国共产党建党和新中国的指导思想，而其关于死刑的思想，更是直接而显著地影响我国刑法的立法、司法和刑法理论。在纪念中国共产党建党80周年之际，有学者对毛泽东的死刑思想进行了研究。② 该论者将毛泽东死刑思想的提出划分为三个阶段，即草创阶段、死刑思想形成时期、完善阶段。该论者认为，毛泽东死刑思想的理论基础主要是人民民主专政学说和“慎刑思想”，基本内容包括：“杀人要少，但决不废除死刑”、“必须坚持少杀，严禁乱杀”、“判处死刑一般须经过群

① 参见高铭暄：《中国共产党与新中国刑事立法》，载《法学家》，2001（4）。

② 参见赵秉志：《毛泽东死刑思想研究》，载《法学家》，2001（4）。

众，并使民主人士与闻”、提出死刑缓期执行制度。最后该论者指出，毛泽东的死刑思想作为我国刑法思想史上一份珍贵的遗产，应当在理解其精神实质的前提下予以继承和发展，要准确把握毛泽东死刑思想中“死刑”的内涵，坚持其合理内核，努力促进我国死刑制度的完善。

3. 董必武刑法思想。董必武的刑法思想是董老法律思想的重要组成部分，有的学者分别从刑法的性质、刑法的任务、刑事政策与刑法的关系、两类矛盾、刑法的基本原则、犯罪构成、刑种、刑罚适用与形势的关系、改造罪犯九个方面的内容回顾了董老的刑法思想。[①] 该学者指出，通过董老发表的《正确区分两类矛盾，做好审判工作》一文，可以体现出董老严格区分两类不同性质矛盾、人民内部矛盾也必须依法严肃惩罚、必须有法可依、有法必依的思想。该论者认为，董老虽未明确提出刑法的基本原则，但其有关的论述对确立我国刑法基本原则起了重要的指导作用；虽未指明犯罪构成的内容及其体系，但其明显地指出了犯罪构成与犯罪概念的关系问题；此外，董老关于刑种问题、改造罪犯的论述，成为我国制定和修订刑法中的刑种，制定改造罪犯的方针、政策和法律的重要依据。

（二）关于刑法学体系

有学者对我国目前的刑法学体系进行了反思。该论者认为：刑法学体系不仅是相关知识的组合方式，更展现出一种分析模式、逻辑结构和思维进路，是刑法学方法论的集中反映。评价一种刑法学体系，就应看它所采用的分析模式、逻辑结构和思维进路是否以及在多大程度上适用刑法学的性质和职能。在此立论下，该论者指出：我国“初步建立起来”的刑法学体系是一种注释体系或解释体系，后来随着刑法学界对刑事责任、刑事立法等问题研究的重视和深入，这些新的范畴也被纳入刑法学的基本范畴中。之后许多学者对建构新的刑法学体系作了可贵的努力，但传统刑法学体系至今尚未被突破，新的刑法学体系尚未建立。而传统刑法学体系虽然也认为刑法学是实践学科或应用学科，但因将实践学科等同于注释体系的失误导致了传统刑法学分析模式的混沌性、逻辑结构的矛盾性和思维进路的封闭性。而传统理论体

---

① 参见樊凤林：《论董必武的刑法思想》，载《中国刑事法杂志》，2001（3）。

系之所以迟迟不能突破，深层次的症结在于刑法学长期未能获得法学学科的独立品格。为此，论者认为，只有在理论刑法学、立法刑法学和司法刑法学三个相互区别又相联系的子系统的基础上建构刑法学体系，才能使刑法学具有批判意识和理性精神，才能为刑法学的发展开辟道路，同时这对于法学教育制度的合理化也是至关重要的；进而建议，法学本科的刑法学教学，应立足于司法刑法学，而向立法刑法学和刑法哲学倾斜；刑法学专业的硕士研究生，应立足于立法刑法学，而向刑法哲学倾斜；刑法学专业的博士研究生，则应立足于刑法哲学，同时向立法刑法学和司法刑法学倾斜。①

有的学者则认为，有必要根据犯罪与刑罚在不同层面上的意义，相应建立起刑法学不同层面的研究体系，即根据所研究对象的不同层面，将刑法学分为注释刑法学、概念刑法学和理论刑法学，其中，注释刑法学的研究对象为刑法条文中静态存在的模型的犯罪与刑罚，概念刑法学的研究对象则为法律关系中动态存在的实然的犯罪与刑罚，理论刑法学的研究对象则为立法观念上虚拟存在的应然的犯罪与刑罚。②

（三）关于刑事法律观念

在知识经济的发展背景下，在我国业已加入 WTO 之后，我国应树立并坚持什么样的刑法观念和刑法理念，对于我国的刑事立法、司法和刑法理论的发展具有基础性意义。对此，不少学者各抒己见，提出了一些颇具价值的刑事法律观念更新问题。

有的论者认为，在我国刑法典已确立罪刑法定原则的情况下，有必要革新刑法观念，以促进和推动罪刑法定原则的真正贯彻。该论者分别从刑法价值观的变革、刑法犯罪观的变革、刑事政策观的变革和刑事司法观的变革等方面着力探讨了刑法观念的变革问题。该论者认为：要树立特殊“契约观”、人权保障“优先”观、自由与秩序“统一”观。要彻底变革传统的犯罪观念，重塑或重构符合罪刑法定原则的犯罪新概念。在面临犯罪形式特征与实质特征冲突时，坚持立法与司法犯罪定义的划分，坚持司法犯罪形式特征的合理性。权利保障机能优先的观念是罪刑法定原则的核心内容，也是当今的

① 参见刘远：《刑法学体系的反思与重构》，载《山东大学学报》（哲社版），2001（3）。

② 参见冯亚东：《刑法学研究的层面划分》，载《法学研究》，2001（3）。

一个极其重要的刑事政策观，为此需要对目前的刑事政策的前提、功能、作用、内容、价值、效益的重新认识。同样，目前我国的刑事司法观念不仅存在着冲破“类推”和“有罪推定”旧观念的束缚的必要，而且也面临着西方“罪刑法定”与“无罪推定”观念与中方相应观念在融合中的冲突与变革问题。①

有的论者鉴于当前我国正处于从一元社会向二元社会的转型过程中，指出二元社会的确立导致政治刑法向市民刑法的转变，在市民刑法的构建过程中会出现刑法的民法化现象，并认为我国刑法的改革与发展已体现了这一点，刑法的民法化具体体现在以下几方面：一是市民刑法基本精神与民法基本精神的趋同；二是刑法从侵蚀的市民社会领域逐渐退出，民法恢复被刑法侵占的失地；三是民法反过来侵蚀刑法的领域。该论者认为，在我国这样一个具有浓厚刑法传统的国家进行法制的现代化，倡导和推进刑法的民法化尤显重要。当然，这并不等于削弱刑法在社会主义法治国家中的地位和作用，而是实质倡导刑法尊重市民、尊重市民社会领域、恪守谦抑的价值准则，充当最后保障法的角色。②

有的论者认为：我国加入 WTO 之后，刑法理论必须作相应的调整。在规范的犯罪概念上，阶级对立的观点仍然体现在现行法律规范中，需要作必要的变更；在规范保护的利益上，国家本位观念仍占主导地位，对个人合法权利的保护重视不够；犯罪总量将呈缓慢上升趋势，犯罪类型结构及表现形式也会发生变化，在经济类犯罪中，具体的犯罪类型呈现此消彼长的变化；在刑罚的应用上，应提倡刑罚谦抑与刑罚效益，重视刑罚的多样化，充分发挥财产刑与资格刑的作用，重视犯罪人的人格特征，完善刑罚个别化措施。③

有的论者指出：知识经济的发展带来犯罪态势的变化，也呼唤着刑法的回应。如何在人本精神与科学精神中保持应有的平衡，是知识经济社会刑法的重大使命。为此，刑法必须兼具科学精神和人本精神。知识经济社会刑法的科学精神应表现在科学的观念，科学的内容和形式，刑法在立法、司法、执法过程中的科学运作三个方面。知识经济社会刑法的人本精神至少应在以下三个方面得以体现：刑法三大原则人本属性的再现；刑事犯罪化与非犯罪

① 参见李晓明：《罪刑法定原则的确立与刑法观念的变革》，载《东吴法学》，2001年号。

② 参见姚建龙：《论刑法的民法化》，载《华东政法学院学报》，2001（4）。

③ 参见黄伟明：《加入 WTO 与我国刑法理论的发展与调整》，载《法学论坛》，2001（2）。

化；刑罚人道主义。[①]

有的论者认为：可持续发展不仅仅是一种价值理念，可持续发展必须法治化，要把可持续发展的观念贯彻到刑法中，倡导刑法的“绿色”变革。从罪名的角度讲，目前我国刑法在保护自然资源与环境、促进可持续发展方面存在遗漏；从刑罚的角度讲，必须对刑罚进行“绿色”变革，改变过去传统发展模式下只重视人和财产不重视环境和资源的做法。加大对破坏环境与资源保护罪的惩治力度，重新界定和设计罚金刑，完善刑罚的多样性。[②]

（四）罪刑法定与刑法解释

1. 关于空白罪状。空白罪状作为基本罪状的下属概念，在1997年刑法典中被大量加以采用。但有的论者提出，空白罪状有违反民主法治原则、法律专属性原则和法律明确性原则的嫌疑，并建议立法者应采取相应措施来提高空白罪状的“合法性”[③]。有的论者对空白刑法补充规范变更后的溯及力问题进行了探讨，指出在空白刑法中，即使刑法条文没有变更，但由于补充规范的修改、废止，同样会导致刑法的变更。该论者认为，对空白刑法的溯及力，应联系立法者变更补充规范的动机加以考察，如果补充规范的变更是评价性的变更，则应适用轻法，遵循“从旧兼从轻”的原理；如果只是技术性变更，则应适用行为时法。[④]

2. 关于刑法规范的模糊性。有论者分析指出，刑法规范的明确性是法律规范的基本属性，是法律稳定性的逻辑前提，同时也是罪刑法定原则的基本要求，但法律规范的模糊性也是由法律概念本身的不明确性所决定的，模糊性是立法者基于“明确性”追求之困难及其副产品的巨大而作出的次优选择，是立法者基于刑事政策的考量而有意作出的积极选择，但立法政策或技术上的失误也是造成刑法规范模糊性的重要原因。该论者认为，刑法规范的明确性与模糊性之间具有相辅相成的紧密关系，二者之间的平衡是刑事立法

① 参见王文华：《论知识经济与刑法变革》，载《法学家》，2001（5）。

② 参见侯作前：《可持续发展与刑法的“绿色”变革》，载《齐鲁学刊》，2001（5）。

③ 刘树德：《罪刑法定原则中空白罪状的追问》，载《法学研究》，2001（2）。

④ 参见何泽宏、庄劲：《论空白刑法补充规范的变更及其溯及力》，载《新疆社会科学》，2001（4）。

的理想追求，而要实现这种平衡，其基本途径就是确立刑法规范明确性与模糊性的整合机制。[①]

3. 关于罪刑法定与刑法解释。有的论者基于罪刑法定主义，对我国的刑法解释体制进行了重构；主张建立以罪刑法定原则为界限，以立法解释为主导，以自由裁量为主体，以司法解释为补充的刑法解释体制。[②] 有的论者对罪刑法定原则的制约性和刑法司法解释的独立性问题进行了阐述，指出目前我国的刑法司法解释十分活跃，但罪刑法定原则根基尚浅，二者关系不协调。[③] 有的论者认为，在相对罪刑法定原则下法官行使自由裁量权最主要的表现就是对法律进行科学的解释。作为自由裁量权重要内容的扩张解释、法律漏洞的填充、类比推理被认为既突破了绝对罪刑法定严格规则的刻板、机械，又自觉地遵从立法本意和法律规范的实质适用范围，这与罪刑法定的价值意蕴不谋而合。[④]

（五）劳动教养的刑法化问题

劳动教养制度不仅是行政法领域所要研讨的问题，也是刑事法治领域不可回避的理论问题。在计划经济时期下我国劳动教养制度一直未能得以反思性检讨。随着刑事法治的推进，尤其是在保障人权刑法理念的导引下，学界对劳动教养制度的性质、存在的问题、劳动教养制度的出路等问题进行了深入的剖析。2001 年 3 月 29 日至 4 月 1 日首次全国劳动教养立法理论研讨会在北京召开，对劳动教养立法的基本理论和实践问题进行了专题研讨；北京大学刑事法理论研究所成立了中国劳动教养立法研究课题组，并于《法学》（2001 年第 5、6 期）和《中外法学》（2001 年第 6 期）辟专栏对之进行了研讨，讨论主要围绕以下问题展开。[⑤]

---

① 参见杨书文：《刑法规范的模糊性与明确性及其整合机制》，载《中国法学》，2001（3）。

② 参见杨焕宁、李国如：《刑法解释体制的重构——兼论罪刑法定原则的贯彻执行》，载《犯罪与改造研究》，2001（4）。

③ 参见黄伟明：《论罪刑法定原则与刑法司法解释》，载《法学评论》，2001（2）。

④ 参见陈正云、曾毅、邓宇琼：《论罪刑法定原则对刑法解释的制约》，载《政法论坛》，2001（4）。

⑤ 参见“中国劳动教养制度研究专号”，载《中外法学》，2001（6）；张绍彦：《第一次全国劳动教养立法理论研讨会综述》，载《现代法学》，2001（3）；《劳动教养制度与中国法制建设问题研讨》（一）、（二），载《法学》，2001（5）、（6）；陈瑞华：《警察权的司法控制——以劳动教养为范例的分析》，载《法学》，2001（6）；陈兴良：《劳动教养：根据国际人权公约之分析》，载《法学》，2001（10）。

1. 劳动教养制度的合理性分析。有的论者在对劳动教养制度进行历史性考察的基础上，指出其在实体法、证据法以及程序法上的缺陷。有的论者认为，从实体构成的角度看，劳动教养严重违背“罪刑法定原则”；在适用上违背现代公法领域中的“比例性原则”。有的论者从国际人权公约的角度，分析了我国劳动教养价值目标上的冲突、实体规定上的不合理性、程序设置上的不正当性等方面的严重缺陷。有的论者认为，在当前中国，发现危险个人的机制难以确立，如果不能准确判断对象，劳动教养制度的立法就会伤及无辜。有的论者则认为，如果保留我国犯罪概念的定量因素，对于屡犯不改又不够刑罚的刑法边缘地带，劳动教养是唯一可供选择的制度设计，但必须对现行的制度进行改革，实现劳动教养的司法化。

2. 劳动教养制度存在的具体问题。有论者分别就劳动教养的性质、法律地位、收容对象、适用条件、收容范围、审批程序、劳动教养期限、法律监督、劳动教养的执行等问题进行了深刻的剖析。

3. 劳动教养的出路。不少学者认为，从行政权到司法权的转变是劳动教养制度正当化的必由之路。有的论者进一步主张劳动教养保安处分化，通过在刑法中建立保安处分制度，并将劳动教养的内容进行整合，以实现劳动教养的改革；并就保安处分的必要性和可行性进行了分析、论证。有的论者则主张劳动教养的刑罚化。有的论者认为，劳动教养的保安处分化并非理想之路，将劳动教养所限制的对象完全纳入现行行政处罚制度或刑事处罚体系，也会产生一系列问题，必须重新改造我国的行政制裁体系和刑事制裁体系，除去警察机构所享有的行政性羁押权，并重新确定警察机构的权力范围和处罚程序。在具体的改革方案中，有的学者建议将劳动教养对象一分为三，分别予以正当化，即对吸毒、卖淫、嫖娼人员的行政强制措施化，常习性违法行为人处置的保安处分化，对轻微犯罪行为人处置的刑法化。

（六）关于“严打”

随着中央第三次“严打”整治专项斗争在全国范围内的展开，理论界再度掀起对“严打”进行理性思考的热潮。从刑法学角度，学者们对“严打”中应处理好的关系问题进行了深入的研讨。有学者认为，应处理好以下几个法律关系[①]：(1)"严打"方针与依法治国方略的关系。"严打"应当在社会主义法治的轨道上进行，必须符合依法治国方略的长远目标和内在要求，同时也只有使"严打"方针的具体操作符合依法治国的内在要求，才谈得上"严打"方针是依法治国在现阶段贯彻实施的具体体现。(2)"从重"与刑事实体公正的关系。首先，执行"从重"方针不能与刑法规定的罪责刑相适应的原则相违背，其次，执行"从重"方针不能背离我国基本刑事政策的要求。(3)"从快"与刑事程序公正的关系。该论者特别指出，"基本事实清楚，基本证据确实充分"不等于"事实基本清楚，证据基本确实充分"。有的学者指出，必须处理好以下四个关系：(1)"严打"与刑事政策的关系。"严打"具有特定性、权宜性和法律性特征，"严打"是刑事政策的策略要求。(2)"严打"与依法办案的关系。"严打"以依法办案为前提，依法办案是实现"严打"目标的保证。(3)"严打"与保障人权的关系。"严打"以人权保障观念为依托，人权保障在"严打"中起着规范作用，二者是统一的。(4)"严打"与社会预防的关系。"严打"是有效遏制犯罪的前提，而社会预防是遏制犯罪的基本环节。[②] 还有的论者认为，为确保"严打"斗争的有效性，必须认真处理好"严打"与实现刑罚目的的关系、与贯彻其他刑事政策的关系、与社会治安综合治理的关系、与审判方式改革的关系。[③]

此外，有论者认为，要实现"严打"的刑罚效益，必须遵循刑罚的不可避免原则、及时原则和适度性原则，同时要协调好"严打"各要素之间的关系。[④]

(七) 犯罪论

1. 犯罪概念与特征。犯罪的概念与特征是近年来我国刑法学界再度广为关注的理论问题。学者们对犯罪的概念、本质特征、犯罪概念中的定量因素、《刑法》第13条但书的规定等问题进行了深入的探讨。(1)传统的犯罪定义是："犯罪是具有一定社会危害性、违反刑法并应当受到刑罚处罚的行

---

① 参见赵秉志：《对"严打"中几个法律关系的思考》，载《人民检察》，2001(9)。

② 参见张旭：《"严打"：必须处理好四个关系》，载《法制与社会发展》，2001(6)。

③ 参见黄祥青：《"严打"刑事政策的掌握与运用》，载《政治与法律》，2001(6)。

④ 参见于改之：《论"严打"的要素底线及刑罚效益》，载《法学》，2001(6)。

为。”有的论者认为：将“应当受到刑罚处罚”作为犯罪定义的组成部分不准确，不宜作为犯罪的基本特征；“一定的社会危害性”具有不确定性和变异性的特点，其主要是立法者的犯罪标准，而公民和司法人员只能服从刑法；判断是否犯罪的标准只能是刑事违法性。基于此，该论者将犯罪定义为：“犯罪是符合刑法规定的应当承担（负）刑事责任的行为。”① （2）关于我国刑法犯罪概念中的定量因素，有论者对此持批评态度，认为：其在理论上缺乏根据，在实践中有弊无利。我国刑法中犯罪概念的定量因素是法制不够发达的表现，是行政参与司法的表现，因而犯罪概念的定量因素并非创新而是滞后的表现。②（3）关于《刑法》第 13 条但书的规定。有学者认为，我国刑法中情节显著轻微危害不大不认为是犯罪的规定，存在以下弊端：第一，与犯罪概念中体现的犯罪特征相矛盾；第二，与我国刑法罪刑法定的原则不完全一致；第三，该规定在执行中有可能对立法权威造成侵犯；第四，适用范围不明确，影响严格执法；第五，“情节显著轻微本身是一个模糊的概念”。基于上述缺陷，该论者认为，应当在慎重研究的基础上，对刑法中的犯罪概念进行修改，要将刑法总则犯罪的概念和分则的具体规定结合起来进行综合考虑；并建议删去关于“情节显著轻微危害不大的，不认为是犯罪”的规定。③（4）关于犯罪的本质特征。有论者认为，犯罪本质特征是社会危害性的基本观点应当得到支持，但犯罪本质特征不是单一的社会危害性，而是以社会危害性为中心的矛盾结构。该论者认为：区分立法与司法的不同角度是正确审视犯罪本质特征的关键。从立法的角度，应建立刑事立法统计制度，全面而及时地把握各种危害社会的行为；建立刑事立法的选择制度，依照科学的标准体系确定是否将一定的反社会行为规定为犯罪，同时完善现行刑事立法中犯罪概念的表述。从司法的角度，确立不得由犯罪的本质特征出发对刑法分则中的罪名进行刑法解释的原则；确立不得将犯罪的本质特征作为定罪断案的直接依据的原则，以及不得以犯罪本质特征结构中的任

---

① 周振晓：《犯罪定义新表述》，载《浙江大学学报》（人文社科版），2001（2）。

② 参见李居全：《也论我国刑法中犯罪概念的定量因素——与储槐植教授和汪水乐博士商榷》，载《法律科学》，2001（1）。

③ 参见王尚新：《关于刑法情节显著轻微规定的思考》，载《法学研究》，2001（5）。

何因素影响司法定罪的原则。[①]

2. 关于犯罪构成理论。（1）关于犯罪构成理论的体系性思考。作为犯罪论的基石，犯罪构成历来是我国刑法学界关注和研究的焦点。近年来不断有学者对我国传统的犯罪构成理论提出质疑或进一步完善的改革方案，极大地推动了我国刑法基础理论的发展。有的论者考察、分析了我国犯罪构成理论的发展轨迹及现状，提出了重构犯罪构成理论以及重构这一理论的价值取向问题，并认为，犯罪构成是通过对符合刑罚规范设定的典型事实相对应行为的违法判断，追究行为人刑事责任的全部依据，包括典型事实、违法判断和归责理由三个方面的条件。[②] 有的论者对我国目前刑法学著述中将“犯罪构成要件”与犯罪构成要件所寓居的“方面”混用的问题从理论的高度进行了澄清，明确了犯罪构成要件与犯罪构成要件寓居的方面、构成要件要素之间的联系和区别，并指出，犯罪构成要件是对成立犯罪所必需的各个方面事实特征进行抽象、提炼后的实体，而犯罪构成要件寓居的方面是这些事实特征存在的“空间”；构成要件要素则是犯罪构成有机整体的最基本因素，属于构成要件之下一层次的范畴。[③] 有的论者对晚近我国刑法犯罪构成理论研究中存在的误区进行了考察，认为存在着五大误区，即将大陆法系的构成要件概念等同于我国刑法中的犯罪构成并以此批判我国犯罪构成理论；我国的犯罪论体系是实质的而大陆法系是形式的；批判犯罪构成理论中的社会危害性理论；大陆法系的犯罪论体系在逻辑结构上优于我国的；将对我国犯罪构成理论的研究等同于构建新的犯罪理论体系。该论者分析认为，学界对我国犯罪构成理论的误解以及由此展开的对我国犯罪构成理论的批判是不合理的，从我国现行刑法理论的构架以及刑事司法的运作来看，我国传统的犯罪构成理论体系基本上适应我国刑事立法和司法的需要，在总体上是合理的。[④]

（2）犯罪客体与主观罪过。有的论者认为，对罪过形式的本质或结构问题的正确解决，必须借助于科学的犯罪客体理论。在此前提下，该论者认

---

① 参见夏勇：《犯罪本质特征新论》，载《法学研究》，2001（6）。

② 参见许道敏：《犯罪构成理论重构》，载《中国法学》，2001（5）。

③ 参见肖中华：《犯罪构成要件及相关范畴辨析》，载《法学研究》，2001（2）。

④ 参见刘艳红：《晚近我国刑法犯罪构成理论研究中的五大误区》，载《法学》，2001（10）。

为：犯罪客体既不能是被危害的个人、单位或国家机关等主体之社会活动的一种应然状态，也不能是任何形式的社会利益，而只能是被主体的行为所违反的法的规范或法的关系。违法性意识不仅构成犯罪故意的规范内容，还是犯罪过失的必备要素。故意犯罪的违法构成可以表述为：行为故意违反 A 法—A 法益被侵害；过失犯罪的违法构成则为：行为故意或直接违反 A 法—导致过失或间接违反 X 法—结果严重侵害 X 法法益。[①]

（3）刑法因果关系。因果关系问题一直是刑法理论研究中的一个重要而复杂的问题。有的学者通过对英美法系和欧陆法系两大法系因果关系理论的介绍和比较分析，认为以英美刑法中的“双层次原因”模式为借鉴来建构我国刑法的因果关系理论体系，或许是我国刑法因果关系研究走出“必然性”和“偶然性”、“内因”和“外因”等哲学迷障的最优选择。[②] 有的论者基于同一出发点，主张：从三个层次分别依不同标准来判断因果关系，即第一步考察行为与结果间有无条件关系，第二步考察与结果有条件关系的事实对于结果所施加的原因力，第三步判断该原因行为是否值得由刑法评价。在判断条件关系是否成立时，依照一般经验法则；在定量分析时，根据“动力规则”；在定性时，则要兼顾罪责刑相适应的原则和刑法“但书”的规定。[③]

还有的学者对不作为犯罪的因果关系问题进行了探讨。该论者将不作为犯罪的因果关系分为起因性因果关系和防果破坏性因果关系两种。对于具有起因性因果关系的不作为犯罪，不能把因果关系的特殊性作为从轻处罚的情节；对于具有防果破坏性因果关系的不作为犯罪，应把因果关系的特殊性作为从轻处罚的一个酌定情节。[④]

（4）单位犯罪。有的论者指出，我国刑法通说将“经单位集体讨论或单位负责人决定实施的危害社会的行为”作为单位犯罪的核心要件，但这种理解难以划清单位代表或机关成员的犯罪和单位自身犯罪之间的界限，同时具有扩大或缩小单位负刑事责任范围、不符合现实社会中的单位犯罪的实际情

① 参见倪培兴：《犯罪客体与主观罪过的分析——以渎职罪为范例的分析》，载《人民检察》，2001 (7)、(8)。

② 参见储槐植、汪永乐：《刑法因果关系研究》，载《中国法学》，2001 (2)。

③ 参见童德华：《刑法因果关系的层次及其标准》，载《政治与法律》，2001 (5)。

④ 参见侯国云、梁志敏：《论不作为犯罪的因果关系》，载《法律科学》，2001 (1)。

况、无法适用于规模大的现代企业等弊端。该论者认为，追究单位犯罪的刑事责任，应从追究单位自身固有的责任角度出发，除关注单位集体决定和单位负责人决定之外，还应考虑单位的目标、业务范围、规章制度、防范措施等单位自身制度方面的情况。① 有的论者对单位犯罪实行双罚制的理论依据进行了探索，指出一个单位犯罪、两个犯罪构成是单位犯罪实行双罚制依据的较好解释。②

此外，还有的论者分别就单位犯罪的主观要件、单位累犯、单位共同犯罪问题进行了有益的探索。③

3. 共同犯罪。有的学者对片面共犯进行了剖析，指出片面共犯是客观存在的情形，其具体存在范围包括片面的帮助犯、片面的教唆犯和片面的实行犯。鉴于我国立法尚未加以规定，该论者认为将来在立法完善时有必要对此专门作出规定。④ 有的学者分析了片面共犯的理论基础，指出犯罪共同说和行为共同说分别是完全共同犯罪和片面共同犯罪的理论基础，片面共犯生存的逻辑起点就在于法律实践的发展和其自身独立的价值追求。该论者认为，片面共犯的成立不仅在于必须有共同犯罪的意思，而且实施的只能是帮助行为，但其依赖于实行犯的实行行为。⑤ 此外，有的论者还就共同过失犯罪⑥、共谋共同正犯⑦、主犯和胁从犯⑧的问题进行了探讨。

4. 犯罪形态与罪数形态。关于犯罪形态与罪数形态，学者们探讨的内容主要有：结果加重犯、牵连犯、包容犯、集合犯、行为犯、危险犯，等等。

（八）刑罚论

1. 刑罚目的。刑罚目的是刑罚理论中的一个重要问题，其对于刑罚的

---

① 参见黎宏：《论单位犯罪的刑事责任》，载《法律科学》，2001（4）。

② 参见刘晓军：《一个单位犯罪、两个犯罪构成——双罚制理论依据新探》，载《政治与法律》，2001（3）。

③ 参见黎宏：《论单位犯罪的主观要件》，载《法商研究》，2001（4）；杨凯：《单位普通累犯理性研究》，载《浙江社会科学》，2001（6）；许成磊、王会时：《单位共同犯罪若干问题探讨》，载《山东公安专科学校学报》，2001（3）。

④ 参见左坚卫、周加海：《片面共犯问题的理论缺陷与立法建议》，载《云南法学》，2001（2）。

⑤ 参见林亚刚、赵慧：《论片面共犯的理论基础》，载《法学评论》，2001（5）。

⑥ 参见阴建峰：《论共同过失犯罪》，载《山东公安专科学校学报》，2001（3）。

⑦ 参见林亚刚：《共谋共同正犯问题研究》，载《法学评论》，2001（4）。

⑧ 参见侯国云、陈丽华：《有关主犯和胁从犯的三个问题》，载《云南法学》，2001（3）。

创制、适用与执行均具有重要的指导意义。关于刑罚目的，长期以来学界存在报应主义与预防主义的对立。有的学者认为刑罚目的应是报应与预防的统一，进而提出了刑罚目的二元论。基于公正与功利的追求，该论者认为报应与预防存在统一的基础，并且以报应为主、预防为辅，但在刑事活动的不同阶段，二者又有所侧重，即刑罚创制阶段，一般预防处于主导地位，但对一般预防的追求不能超过报应的限度；刑罚裁量阶段，应以报应为主，可以兼顾一般预防和特殊预防；刑罚执行阶段，则以个别预防为主。[①]

有的论者专门就刑罚的一般预防和个别预防问题进行了研究。该论者分析了一般预防的正当性，批判了刑罚的个别预防。该论者认为，一般预防与报应之间是一种既对立又同一的关系，基于两者的同一性，将一般预防作为刑罚目的未必会导致严刑苛罚，基于两者的对立性，一般预防具有相对于报应而作为刑罚目的的独立意义；一般预防与个别预防的关系同样是既对立又同一的关系，否定一般预防作为刑罚目的的正当性，必然陷入自相矛盾的逻辑误区。[②] 对于个别预防，该论者认为其理论缺陷在于因否定刑罚的报应性而有失公正，因对一般预防的忽视而有失功利，因自相矛盾与以偏概全而不合逻辑，同时其在实践中因人身危险性无法预测，也缺乏贯彻执行的可行性。[③]

2. 关于刑罚个别化问题。目前学界有人对刑罚个别化持否定意见。对此有论者通过对刑罚个别化演进的历史考察，认为：刑罚个别化在其发展的不同阶段蕴含不同。否定论者所称的刑罚个别化只是近代学派中的刑罚个别化，而非现代刑法中的刑罚个别化。在现代刑法中，刑罚个别化不仅要考虑预防犯罪的需要，而且要考虑报应的需要；既考虑犯罪的情状，也考虑犯罪分子重新犯罪的可能性。[④]

3. 刑法裁量与执行制度。“不致再危害社会”是我国适用缓刑和假释的实质条件，如何判定行为人“不致再危害社会”就成为缓刑、假释制度的核

---

① 参见陈兴良：《刑罚目的新论》，载《华东政法学院学报》，2001（3）。

② 参见邱兴隆：《论一般预防的正当性——兼与否定论者商榷》，载《中国法学》，2001（4）。

③ 参见邱兴隆：《理论缺陷与实践困窘——刑罚个别预防论批判》，载《法律科学》，2001（1）。

④ 参见翟中东：《刑罚个别化的蕴涵：从发展角度所作的考察——兼与邱兴隆教授商榷》，载《中国法学》，2001（2）。

心问题。有的论者指出，我国刑事立法和司法对此认定存在衡量因子简单、推断精度不足等问题。为此建议，在对犯罪分子进行再犯预测时，开展人格调查，通过科学设定调查对象、调查途径、调查方法等，提高再犯预测的准确度，降低适用缓刑和假释的风险。① 有的论者对设立缓刑执行机构的必要性和具体设置进行了有益的探索。② 有的论者建议对于未成年犯减刑假释的条件应当特别规定，以体现对未成年犯“教育、感化、挽救”的精神。③ 有的论者就假释撤销的条件、撤销后数罪并罚以及刑期折抵等问题进行了具体论证，并提出了如何完善法律规定的具体意见。④

4. 刑罚消灭制度。有的学者对追诉时效的停止制度进行了研讨，指出，由于各国立法技术和环境的不同，对追诉时效制度的规定差异巨大。该论者在比较有关国家刑法关于时效停止制度的基础上，对追诉时效的中止制度、中断制度和终止制度进行了详细的研究。⑤ 有的论者对前科消灭制度进行了探讨。该论者剖析了前科消灭制度的理论根据，分析了我国否定前科消灭制度的原因，提出了在我国刑法中设置前科消灭制度的构想。⑥

三、刑法分则问题

（一）责任事故犯罪

学者们对刑法中危害公共安全的交通肇事罪、危险物品肇事罪、工程重大安全事故罪、教育设施重大安全事故罪等罪进行了探讨。

有学者结合有关的司法解释，对交通肇事逃逸行为进行了分析，认为逃逸行为本身表现出一定的人身危险性和社会危害性，虽然被刑法规定为量刑情节，但司法解释将其规定为犯罪成立条件之一，是值得商榷的。该论者还

---

① 参见翟中东：《论我国刑法中“不致再危害社会”的判定》，载《人民检察》，2001（5）。

② 参见阳桂凤、蒋季雅：《关于在我国设立缓刑执行机构的思考》，载《青少年犯罪研究》，2001（5）。

③ 参见谢彤；《未成年犯减刑假释的条件应当特别规定》，载《青少年犯罪研究》，2001（4）。

④ 参见刘金鹏、王晓雯：《假释撤销制度若干问题研究》，载《人民检察》，2001（5）。

⑤ 参见赵秉志、于志刚：《论追诉时效的停止制度》，载《法学评论》，2001（2）。

⑥ 参见房清侠：《前科消灭制度研究》，载《法学研究》，2001（4）。

对“逃逸致人死亡”的理解问题进行了探讨。关于交通肇事罪共犯问题，有关司法解释认可了交通肇事罪可以成立共犯。该论者虽然对共同过失犯罪持肯定看法，但是认为在交通肇事后指使肇事人逃逸，是共同的逃逸行为，而非共同的交通肇事行为，在单纯的逃逸行为不具有为刑法独立评价意义的情况下，司法解释规定对指使逃逸的行为以交通肇事罪的共犯论处不仅存在逻辑上的混乱，也违背了刑法有关共同犯罪的基本理论。[①]

此外，有的学者就工程重大安全事故罪的犯罪主体范围、主观罪过形式等问题进行了探讨。有的学者对教育设施重大安全事故罪中“校舍或者教育教学实施”范围的确定、“不采取措施或者不及时报告”的含义及存在的问题等进行了剖析。有的学者对危险物品肇事罪的主体范围、“危险物品”的范围、“生产、储存、运输、使用”的含义等问题进行了分析。

（二）生产、销售伪劣商品罪

生产、销售伪劣商品罪是近年来广为刑法理论界和司法实务部门关注的热点问题。有论者重点对以下问题进行了探讨。

1. 生产、销售伪劣产品罪的犯罪对象。有学者认为，作为生产、销售伪劣商品罪名中的“伪劣商品”与《刑法》第140条中规定的伪劣产品在内涵与外延上具有一致性。在伪劣产品的具体外延上，有论者主张应以《刑法》第140条明确规定的伪劣产品范围为基本依据，只要符合其中任一情形的，即属于伪劣产品。关于伪劣产品与《产品质量法》中的产品的关系，该论者认为二者不能完全等同，这主要是由刑法规范的保护目的与《产品质量法》等专门法调整对象的要求不同所决定的。[②] 有的论者具体论证了建设工程、军工产品、限制流通物等物品可以成为本罪犯罪对象的理由。[③] 此外，学者们还就伪劣商品的具体认定进行了分析。

2. 特定生产、销售伪劣商品罪中“明知”的判定。论者们认为：这里

---

① 参见林亚刚：《论“交通运输肇事后逃逸”和“因逃逸致人死亡”——兼评〈关于审理交通肇事刑事案件具体应用法律若干问题的解释〉的若干规定》，载《法学家》，2001（3）。

② 参见赵秉志、许成磊：《生产、销售伪劣商品罪若干疑难问题研究》，载《法律应用研究》，2～10页，北京，中国法制出版社，2001。

③ 参见韩立新：《论生产、销售伪劣产品罪的几个争议问题》，载《法学评论》，2001（1）。

的明知，包括确知和明知可能性。就销售特定伪劣商品犯罪而言，认定行为人是否明知，可以从买卖双方的成交价格，进货渠道是否正当，交易方式、时间、地点等方面综合考虑。

3. 生产、销售伪劣产品罪未遂形态。针对学界对本罪是否存在犯罪未遂形态的不同意见，有论者展开了具体的剖析。该论者认为，对作为本罪客观要件内容之一的“销售金额”理解的不同与本罪是否存在犯罪未遂形态的争议关系密切，因而澄清“销售金额”的真实含义对界定本罪的未遂形态至关重要。该论者认为，在犯罪既遂形态下，销售金额是指实际已经销售出去的产品总额；在犯罪未完成形态下，则是指尚未销售而可能销售出去的产品总额。此外，该论者还从法条表述的罪状模式、罪名结构、证据调查与运用、刑法对本罪规定罚金刑等角度进一步论证了本罪犯罪未遂形态的存在。[①]

4. 生产、销售伪劣商品罪危险犯的认定。对是否存在足以严重危害人体健康的危险的判断，有学者认为，要尽量具有司法可操作性，同时又要充分发挥现行刑法规定对生产、销售假药、不符合卫生标准的食品犯罪的有力惩治功能；主张应从医学、药理学的角度以生产、销售假药、不符合卫生标准的食品时存在的一切事实为基础，站在行为时的立场客观地判断是否足以严重危害人体健康。[②]

（三）金融诈骗罪

1. 金融诈骗罪立法评价。有的论者在对欺诈犯罪立法规律及立法特征分析的基础上，通过中外金融诈骗犯罪的立法比较，指出经济发达国家对经济性欺诈犯罪多采用行为犯模式加以规制，体现了刑法规范与法律行为制度的直接协调与适应，而我国刑法关于金融诈骗罪的规定则是把发生在法律行为制度运作中的欺诈行为转换为传统的诈骗犯罪，使刑法与民商法、经济法的关系发生扭曲；分析了我国金融诈骗罪立法规定不完善的立法思想缺陷、立法技术缺陷和由金融创新引起的缺陷，并建议面对现实中的欺诈犯罪，能

---

① 参见许成磊：《生产、销售伪劣产品罪未遂形态辨析》，载《法学》，2001（9）。

② 参见赵秉志、许成磊：《生产、销售伪劣商品罪若干疑难问题研究》，载《法律应用研究》，49页以下，北京，中国法制出版社，2001。

以传统诈骗犯罪构成模式立法的，仍尊重传统，而不应再以传统诈骗罪构成模式立法的，则应构建新的模式。[①]

2. 金融诈骗罪的概念。有的学者在剖析目前学界对金融诈骗罪概念界定诸多缺陷和不足的基础上，对金融诈骗罪作如下定义：所谓金融诈骗罪，是指以非法占有为目的，采取法定的虚构事实或隐瞒真相的方式，进行集资、贷款、金融票据、金融凭证、信用卡、保险、有价证券诈骗，数额较大，或者进行信用证诈骗的行为。该论者并就金融诈骗罪与金融欺诈犯罪的异同作了辨析。[②]

3. 非法占有目的是否为金融诈骗罪的必备要件及其理解问题。对此，有的学者持肯定意见，理由主要是：金融诈骗罪从诈骗罪中分离出来，尽管刑法没有对诈骗罪规定以非法占有为目的，而理论和实践却普遍予以认可。易言之，非法占有目的作为金融诈骗罪的要件是由包容型法条竞合的特征决定的，之所以集资诈骗罪、贷款诈骗罪规定以非法占有为目的，其他诈骗罪未作规定，是因为立法技术上的考虑。[③] 有的学者则持不同意见，认为金融诈骗罪一般应以非法占有目的作为主观要件，但“占用型”金融诈骗罪（如骗取信用证行为）则无须具备此要件。其理由主要是：金融诈骗罪中的“诈骗”与侵犯财产罪中的“诈骗”并不完全等义，符合金融诈骗罪侧重于维护金融管理秩序的立法精神。[④] 对于“非法占有目的”的理解，多数学者认为非法占有就是不法所有的意思，但也有个别学者认为只要行为人具有非法控制他人财物的意思就成立非法占有目的。

4. 贷款诈骗罪。有学者对贷款诈骗罪的概念、构成特征、司法认定以及立法完善等问题进行了研究，内容主要包括：（1）关于主观罪过。有论者认为，本罪只能是直接故意，并具有非法占有贷款的目的，但该目的既可以产生于事前，也可以产生于事中，即行为人在贷款初期并无非法占有目的，取得贷款后才产生非法占有目的的，也成立贷款诈骗罪。[⑤]（2）关于单位骗

---

① 参见刘远、于改之：《金融诈骗罪立法评说——从欺诈犯罪说起》，载《法学》，2001（3）。

② 参见赵秉志：《论金融诈骗罪的概念和构成特征》，载《国家检察官学院学报》，2001（1）。

③ 参见马克昌：《金融诈骗罪若干问题研究》，载《人民检察》，2001（1）；刘宪权、吴允锋：《论金融诈骗罪的非法占有目的》，载《法学》，2001（7）。

④ 参见卢勤忠：《金融诈骗罪中的主观内容分析》，载《华东政法学院学报》，2001（3）。

⑤ 参见李永升：《贷款诈骗罪若干问题研究》，载《云南法学》，2001（1）。

贷的定性。有论者认为，可视其情况分别构成合同诈骗罪、票据诈骗罪、金融凭证诈骗罪和信用证诈骗罪。[①]（3）关于使用伪造的信用证担保骗取银行贷款的定性。有的论者认为构成法条竞合，有的论者则认为构成牵连犯。[②]（4）关于贷款诈骗罪的立法完善。有论者建议将单位纳入贷款诈骗罪的主体，并增设虚假陈述的贷款诈骗罪（有的学者将其称为贷款诈欺行为）[③]；有的论者建议取消“非法占有目的”这一主观要件；有的论者主张在现有立法的基础上将贷款诈欺行为犯罪化，并对增设的理由、罪刑规范的具体设计、贷款诈欺罪的罪名归属等问题进行了深入的说理论证。[④]

5. 信用证诈骗罪。有学者针对学界有人提出本罪不需以非法占有为目的的观点进行了批驳，指出这种观点：（1）不符合立法原意；（2）有违罪刑法定原则；（3）不符合客观解释论、体系解释的规则；（4）以刑法抗制不以非法占有为目的的信用证欺诈行为并非世界各国通行做法；（5）“有利于打击犯罪”不应成为主张“非法占有目的不要说”的理由。[⑤]

6. 信用卡诈骗罪。（1）“使用伪造的信用卡”中“使用”的理解。有论者认为，对于伪造信用卡后又出售，或伪造信用卡后又送给他人进行诈骗活动，或者单纯出售伪造的信用卡，以及单纯将伪造的信用卡送给他人进行诈骗活动的，是否构成信用卡诈骗罪，要看双方是否有共谋，有共谋的，构成信用卡诈骗罪中的“使用”，否则不构成。[⑥]（2）盗窃信用卡并使用行为的定性。有学者认为，盗窃信用卡并使用的按盗窃罪定罪处罚，值得商榷。理由主要是：信用卡是一种信用凭证，本身并非财物，盗窃信用卡的行为不可能触犯盗窃罪的罪名；认为盗窃信用卡等于取得一定价值的货币使用权的观点不够妥当；认为信用卡是一种支付凭证，盗窃信用卡并使用同盗窃印鉴齐全的支票后骗取财物的行为类似，以此作为定盗窃罪的根据也有缺陷；盗窃信

---

① 参见薛瑞麟、丁天球：《论单位骗贷》，载《政法论坛》，2001（3）。

② 参见马克昌：《金融诈骗罪若干问题研究》，载《人民检察》，2001（1）。

③ 参见钱杰：《贷款诈骗罪的立法完善》，载《人民检察》，2001（4）；薛瑞薛、丁天球：《论单位骗贷》，载《政法论坛》，2001（3）。

④ 参见苏彩霞：《贷款诈欺行为犯罪化之分析及立法建议》，载《法商研究》，2001（2）。

⑤ 参见赵秉志、周加海：《论“以非法占有为目的”是信用证诈骗罪的必备要件》，载《人民检察》，2001（3）。

⑥ 参见游伟、肖晚祥：《信用卡诈骗罪的理论界定与司法适用》，载《人民检察》，2001（2）。

用卡后的使用行为，才是行为人取得财物也是造成他人财产损害的关键所在；从国外来看，还没有把这种行为按盗窃罪处理的立法例，相反，有的国家明文规定对这种行为按滥用信用卡定罪处罚。[①]（3）恶意透支。[②]不少学者就恶意透支的成立条件及立法完善等问题作了探讨。有的学者指出，恶意透支与善意透支的本质区别在于前者具有非法占有目的，而后者则不具有此目的，因而善意透支又分为典型的善意透支和善意的不当透支。该论者认为：我国刑法将恶意透支数额较大的行为规定为犯罪与我国当前信用卡管理状况及这种行为的社会危害性相适应，具有合理性。但从其性质归属上看，我国刑法将恶意透支归入信用卡诈骗罪之列并不妥当，鉴于恶意透支与一般的信用卡诈骗罪在犯罪主体、主观方面、客观行为表现等方面的不同，有将其独立成罪的必要。对于骗领信用卡诈骗银行资金的行为，有的论者则主张分情况处理：骗领信用卡后诈骗银行资金符合刑法规定的恶意透支条件的，按恶意透支行为处理；不符合恶意透支条件的，按普通诈骗罪定罪处理。有论者不同意这种观点，认为骗领信用卡的人属于恶意透支中的“持卡人”，因而其行为属于恶意透支的行为。

7. 保险诈骗罪。有的论者从犯罪客体的定义、犯罪客体的意义、犯罪对象、复杂客体的关系等角度对本罪的客体进行了分析，认为本罪的直接客体是保险制度或保险秩序，而不是复杂客体，不包括公私财产所有权。[③]有的论者对保险诈骗罪的几个基本问题进行了研究，指出恶意重复保险、隐瞒保险危险骗取保险金，属于虚构保险标的骗取保险金；保险诈骗罪以行为人开始向保险人索赔为实行行为的着手；投保人、被保险人、受益人与保险公司工作人员内外勾结骗取保险金的，同时触犯两个罪名，在成立共同犯罪的前提下，根据核心角色与部分犯罪共同说的原理解决定罪问题；行为人实施了制造保险事故的行为，但没有向保险人索赔的，不应实行数罪并罚；单位实施制造保险事故的放火等犯罪行为，对单位只能以保险诈骗罪论处，但对其中的直接负责的主管人员和其他直接责任人员，应当以保险诈骗罪、放火

---

① 参见刘明祥：《论信用卡诈骗罪》，载《法律科学》，2001（2）。

② 参见赵秉志、许成磊：《恶意透支型信用卡诈骗犯罪问题研究》，载《法制与社会发展》，2001（3）；刘明祥：《论信用卡诈骗罪》，载《法律科学》，2001（2）。

③ 参见林荫茂：《保险诈骗罪犯罪客体的探讨》，载《上海市政法管理干部学院学报》，2001（6）。

罪等实行数罪并罚。[①]

此外，还有的学者就连续实施金融诈骗行为同时涉及数种诈骗罪名情形的处理等问题进行了探讨。

（四）计算机与网络犯罪

1. 计算机犯罪。计算机犯罪与传统犯罪的巨大差异，对于现行刑法典、刑事诉讼法典及刑事司法协助规范形成巨大冲击，同时也造成传统刑法理论与现实犯罪态势的冲突，导致立法和理论的略显滞后。有的学者对此进行了深入的研讨，指出：（1）计算机犯罪对刑法典规范设置的冲击表现在有关罪名的欠缺、刑罚种类的创新、行为人低年龄化对于刑事责任年龄制度的影响、犯罪类型归属的调整、相关单位犯罪的增设等方面，对刑事诉讼规范设置的冲击主要表现在证据类型的不足、犯罪地确定等方面，对刑事司法协助的冲击则主要表现在计算机犯罪跨国司法协助和引渡制度的建立与完善的客观必要性与各国对计算机犯罪的不同态度之间的冲突上。（2）计算机犯罪对传统刑法理论的冲击则表现在以下几个方面：无国界犯罪所引起的管辖问题、传统型犯罪计算机化问题、计算机空间的共同犯罪问题。针对上述矛盾与冲突，该论者从立法、司法和刑法理论的完善等方面提出了构想，具体而言：（1）国内立法的回应，包括制定专门的反计算机犯罪法、完善现行刑法典中的计算机犯罪惩治条款、完善现行行政法规以配套刑法典的贯彻实施、在《治安管理处罚条例》中增加对计算机违法行为的惩治，等等。（2）关于国际刑法与刑事司法协助的考虑。该论者建议建立、健全惩治计算机犯罪的国际合作体系。（3）关于刑法理论的回应。该论者认为，应拓展刑事管辖时空范围，同时对未成年人犯罪、单位犯罪、犯罪集团等刑法理论制度有加以重新解释或修正的必要。[②]

2. 电子商务犯罪。有论者认为，电子商务犯罪就是在电子商务活动的各个环节中涉及的犯罪。该论者分析了我国目前处罚商务犯罪的困境，指出在立法未予补充修改之前，解决电子商务犯罪的现实最佳途径就是刑事司法解释，通过采取“功能等同”的解释方法，把以计算机为基础的技术包括进

---

① 参见张明楷：《保险诈骗罪的基本问题探究》，载《法学》，2001（1）。

② 参见赵秉志、于志刚：《计算机犯罪及其立法和理论之回应》，载《中国法学》，2001（1）。

来，扩大“书面”“签字”“货币”“著作”等的概念范围等，从而可以基本实现对常见的电子商务犯罪的有效惩治。[①]

3. 网络犯罪。有的论者将网络犯罪和网络刑法放在技术环境下，从新的视角描述了网络犯罪的实质特征（社会危害性）和技术特征（网络技术依赖性），以此为前提，论述了技术制衡对网络刑法的必要性，以及技术制衡对网络刑法在立法模式选择上的制衡，即在目前及一段时期内，选择单独立法模式更能发挥技术的制衡作用，而这与将来的统一立法并不矛盾。[②]

此外，有的学者对“黑客”的刑事责任问题进行了探讨，分析了黑客的类型，区分了应负刑事责任的黑客行为和不负刑事责任的黑客行为。[③] 有的论者对在线传播淫秽物品犯罪进行了研究，指出传播淫秽品行为的网络用户所在地、传播淫秽物品行为的网络用户终端所在、因特网服务提供商所在地均是犯罪行为地，并认为只有传播淫秽物品行为的网络用户才是罪犯。[④] 有的论者对有关危害互联网安全犯罪刑法适用问题进行了分析。[⑤]

（五）环境刑法

有的学者对环境刑法的理论架构进行了思索。该论者结合环境刑法的特性，通过人本主义和自然本位主义兼顾的环境刑法思想、环境保护与经济发展中蕴含的环境刑法价值观、可持续发展思想在环境刑法中的延伸三个方面，分析阐述了环境刑法的价值观念。[⑥]

有学者对环境刑法中的疫学因果关系进行了探讨。该论者指出：在环境刑法中引入疫学因果关系主要是为了更有效地打击环境犯罪，其必须能在最大限度内发挥环境刑法的保护与保障功能，以实现功利与公正价值。既不能因为工业技术的发展不可避免地带来一些公害而容忍公害，也不能因之而全

---

① 参见杨春洗、秦秀春：《电子商务犯罪及其在现行刑法框架下的处罚对策》，载《网络安全技术与应用》，2001（3）。

② 参见肖中华、方泉：《对网络刑法的技术制衡》，载《政法论丛》，2001（4）。

③ 参见赵廷光：《论“黑客”及其刑事责任》，载《网络安全技术与应用》，2001（3）。

④ 参见刘华、齐文远：《在线传播淫秽物品犯罪与对策》，载《中国刑事法杂志》，2001（1）。

⑤ 参见黄太云：《有关危害互联网安全犯罪的刑法适用问题》，载《人民检察》，2001（4）。

⑥ 参见王秀梅：《环境刑法价值观念的重构——兼论西部开发中的环境刑法思想》，载《法学评论》，2001（5）。

盘否定工业技术。根据疫学的因果关系理论，该论者分析了我国司法实务大多采用推定原则来确定因果关系的弊端，认为有必要对我国现行环境刑事立法进行技术性修改。[①]

有的论者在介绍外国环境刑法中污染概念的基础上，分析了其对中国刑法的借鉴意义，主要包括：刑法保护的法益状况，对于明确环境犯罪中污染的概念有根本的指导意义；在刑法中，污染可以表现为危害结果，也可表现为危害状态或危害行为；在完整规定污染犯罪的同时，应防止刑事责任的扩大化。有的论者对重大环境污染事故罪的主观方面进行了分析，认为该罪的主观方面不是直接故意，而只能是间接故意，过失造成重大环境污染事故的不应认定为犯罪。[②]

（六）故意伤害罪

故意伤害罪虽是一种常见多发的犯罪，但其情形颇为复杂，在理论上和司法适用中仍存在诸多难题。有论者围绕以下几个问题展开了重点讨论[③]：(1) 关于伤害行为的性质。有的论者认为，刑法上的伤害他人身体健康，应指使他人的生理健康遭受实质的损害，而不包括精神损害在内。有的论者根据故意伤害罪的法益，界定了伤害行为是非法侵害他人生理机能的行为。根据违法阻却原理，在被害者承诺伤害的情况下，应以结果无价值为基础，兼顾行为无价值，即对造成重伤的应认定为故意伤害罪。(2) 关于故意伤害罪停止形态，有的论者认为，故意轻伤未遂的不成立犯罪，对于意图重伤造成轻伤结果的，不宜认定为故意重伤未遂，而应认定为故意轻伤的既遂，适用故意轻伤的法定刑。有的论者则指出，除故意伤害致人死亡不存在犯罪未遂外，故意伤害致人轻伤以及故意伤害致人重伤，在理论上都应有未遂形态和既遂形态的区分。(3) 关于刑讯逼供罪与故意伤害罪的界限。我国刑法典规定。刑讯逼供致人伤残的，按故意伤害罪定罪处罚。有的论者认为：这属于刑法理论上的

---

① 参见刘守芬、汪明亮：《论环境刑法中疫学因果关系》，载《中外法学》，2001 (2)。

② 参见皮华英、唐双娥：《试析重大环境污染事故罪的主观方面》，载《湖南省政法管理干部学院学报》，2001 (1)。

③ 参见张明楷：《故意伤害罪探疑》，载《中国法学》，2001 (3)；田宏杰：《故意伤害罪若干疑难问题探讨》，载《法学家》，2001 (4)。

转化犯，但以行为人对被逼供人的伤残主观上至少存在放任心理为必要。如果是过失致人重伤的，似应以刑讯逼供罪的结果加重犯处理为宜。有的论者则持反对意见，认为：上述规定属于刑法的特别规定，而非注意规定。即使没有伤害的故意，只要行为人实施刑讯逼供等行为造成他人伤残，就应按故意伤害罪定罪处罚。此外，有的论者还对故意伤害罪的死刑适用条件进行了分析。

（七）黑社会性质组织犯罪

随着“严打”的深入开展，黑社会性质组织犯罪也愈来愈广为刑法学界和司法实务部门所关注。有的论者就对黑社会性质组织的特征进行了分析，并将其概括为黑社会的“地理环境”“生产资料的生产方式”“人口条件”“经济基础”“政治上层建筑”“思想上层建筑”①。有论者认为：黑社会性质组织的本质特征在于对社会的非法控制，具体表现在对经济的控制、对政府的渗透和对社会的控制方面。目前司法解释对“黑社会性质组织”四个方面特征的概括是比较科学的，司法解释中所说的“一般”并非在某些情况下可以缺少其中某一特征而仍可以认定黑社会性质的组织，而是指四个特征中的某一特征可能并不典型或可能以别的行为方式体现出来。②

有的论者对我国现行“反黑”的刑事立法进行了反思，指出我国现行刑法典关于黑社会性质组织犯罪的规定存在以下缺陷：缺乏超前性、缺乏完备性、缺乏配套性、缺乏针对性、刑罚设置明显偏轻。该论者并提出完善我国“反黑”刑事立法的建议，主要包括：（1）将黑社会性质组织修改为黑社会组织；（2）增加“参加境外黑社会组织罪”和“入境从事黑社会活动罪”；（3）规定金融机构的“反黑”义务，对黑社会犯罪规定财产刑；（4）采用特别证据制度。③

（八）职务犯罪

1. 关于国家工作人员。有论者认为，对国家工作人员的理解应从“从

---

① 黄永常：《试论组织、领导、参加黑社会性质组织罪》，载《中国刑事法杂志》，2001（6）。

② 参见最高人民法院刑事审判第一庭、第二庭编：《刑事审判参考》，2001 年第 5 辑，77 页以下，北京，法律出版社，2001。

③ 参见田宏杰：《试论我国“反黑”刑事立法的完善》，载《法律科学》，2001（5）；高一飞：《犯罪现状呼唤黑社会犯罪的刑法完善》，载《犯罪与改造研究》，2001（4）。

事公务”和“职务身份”两特征共同把握；从未来发展趋势上看，国家工作人员只能是国家机关工作人员，而不应包括三类“准国家工作人员”。关于中国共产党的各级机关是否应作为国家机关，学界持有不同意见。[1] 此外，有的论者就国家工作人员的具体类别的理解进行了分析。

2. 关于公务与职务。有的论者对“公务”、“职务”与“职务犯罪”的概念进行了辨析。该论者认为，公务活动中的犯罪，是指从事公务的人员在进行组织、决策、管理、监督、实施等公务活动中，因滥用职权或者未尽职责而触犯刑律所构成的犯罪。[2] 有的论者指出：职务具有产生上的后生性、内容上的权责统一性和目的上的有价值性以及合法性特征。所谓利用职务之便，是指有职务者凭借职务权力作出某种行为或单纯表现为有职务者的职务行为本身。该论者还分别就贪污罪、受贿罪中的“利用职务之便”进行了分析。[3] 有的论者对受委托从事公务人员的刑法地位进行了探讨，指出修订后的刑法除贪污罪外，对受委托人员的法律地位没有规定，这一法律地位基本上是由司法解释予以明确的，但司法解释之间存在矛盾之处。该论者认为，受委托人员不属于“其他依照法律从事公务的人员”，司法解释将其纳入国家工作人员范围不合法，但从应然角度看，有将其纳入国家工作人员范围的必要，从而有必要通过刑法修正案的方式进行完善。[4]

3. 关于受贿罪。这主要围绕受贿罪的立法完善问题而展开。有的论者建议设立性贿赂罪；有的论者对“为他人谋取利益”在受贿罪中的定位进行重新思考，认为学界对此要件地位之争的根源在于，刑法条文把定量的因素引入了定性的范畴中[5]；有的论者指出，把受贿数额作为受贿罪定罪量刑主要标准的模式存在缺陷，应建立以情节为中心的处罚标准体系，以受贿数额作为适用罚金刑的标准。[6] 此外，有的论者还就受贿罪的共同犯罪问题进行

① 参见彭浩：《关于刑法中“国家工作人员”的法律辨析》，载《江西公安专科学校学报》，2001(2)。

② 参见孙力：《公务活动中的犯罪研究》，载《法学论丛》，2001 (6)。

③ 参见于宏、范德繁：《试论我国刑法中“利用职务之便”的界定》，载《国家检察官学院学报》，2001 (4)。

④ 参见张兆橙：《论受委托从事公务人员的刑法地位》，载《人民检察》，2001 (7)。

⑤ 参见谢锡美：《“为他人谋取利益”在受贿罪中的定位思考》，载《中国刑事法杂志》，2001 (4)。

⑥ 参见张冬霞：《对受贿罪立法反思》，载《云南大学学报》(法学版)，2001 (4)。

了探讨。

4. 关于挪用公款罪。有的学者指出：挪用公款罪中的“公款”不应局限于“公共财产”；为了个人私利，挪用公款给单位使用，也可构成本罪；对于挪用公款进行非法活动，应根据案件具体情况，分别作出不同处理；对多次挪用公款的，应区别不同情形进行处理；对承包人挪用公款归个人使用的，应区别是“活包”还是“死包”，前者也可构成本罪；对“集体”挪用行为，应根据职务犯罪的特点进行分析，符合共同犯罪条件的，以挪用公款罪的共犯论处。[①] 有的论者还就挪用公款进行营利活动、挪用的时间和数额、犯罪未遂形态等问题进行了探讨。[②]

5. 关于渎职罪。有的论者就渎职罪具体认定中的问题进行了探讨，认为关于渎职罪的主体，应对国家机关工作人员的含义作扩大理解，包括“准国家机关工作人员”，但不应包括《刑法》第 93 条第 2 款所列人员；渎职罪本罪的构成，必须以前提罪在实质上确定或者在实质上成立为前提，但不以法院判决为条件，也不以立案为前提条件；对渎职罪中的受贿问题应实行数罪并罚；对渎职罪中的庇护行为应按共犯处理，择一重罚处断。[③]

有的论者对渎职罪的立法缺陷问题进行了剖析，指出目前我国渎职犯罪的缺陷主要表现在主体范围过窄，《刑法》第 397 条第 2 款、第 398 条在刑法分则体系中排列次序，刑罚体系等几个方面。针对上述缺陷，该论者提出了相应的立法建议。[④]

四、外向型刑法问题

（一）比较刑法研究

“有比较才有所鉴别”，才能去粗存精。在比较刑法研究中，既有宏观基本理论问题的比较，也有具体个罪的比较。研究较为深入或较有新意的问题

① 参见王作富：《挪用公款罪司法认定若干问题研究》，载《政法论坛》，2001（4）。
② 参见田宏杰：《挪用公款罪司法认定中的疑难问题研究》，载《人民检察》，2001（7）。
③ 参见肖中华：《渎职罪认定中的几十共性问题探析》，载《法学论坛》，2001（5）。
④ 参见聂立泽等：《试论渎职罪的立法缺陷》，载《法学评论》，2001（5）。

主要涉及责任能力[1]、紧急避险[2]、累犯制度[3]、假释[4]、亲告罪[5]、诬告陷害罪、抢劫罪[6]、侵占罪[7]等的比较研究。现择其要者加以说明。

1. 责任能力比较研究。有论者分别就责任能力的概念，责任能力的本质，责任能力的地位，责任能力的存在时期，责任能力的程度，原因自由行为在各国的立法、司法以及刑法理论中的异同进行了深入的比较分析。

2. 累犯制度比较研究。有论者分别从累犯的概念、累犯制度种类、累犯的成立条件、累犯的处罚原则等角度进行了比较，指出各国由于刑事政策的不同，累犯的概念、构成要素、处罚措施均存在重大差异，我国刑法采取主观与客观相统一的累犯概念，将累犯分为一般累犯与特别累犯，对累犯的处罚均采取从严制裁的政策。该论者认为，借鉴国外的累犯制度，我国累犯制度在未成年累犯、法人累犯、累犯的处罚等诸方面均有进一步完善的必要。

3. 亲告罪比较研究。论者对全国性刑法与澳门地区刑法中亲告罪的立法形式、罪名种类和亲告条件作了初步的比较研究，指出两者都规定了亲告罪，但所用的“告诉”其含义及与“自诉”概念的关系存在着区别：全国性刑法中的“告诉”是向人民法院告诉，告诉是自诉的一种；澳门地区刑法中的“告诉”是向检察院告诉，告诉与自诉之间彼此独立；澳门地区刑法中亲告罪的罪名数量明显多于全国性刑法的，内容所涉及范围更为广泛，条件较为具体。

（二）我国台、港、澳地区刑法及外国刑法研究

关于我国台、港、澳地区刑法以及外国刑法的研究，既有对我国台、港、澳地区及外国刑事立法及刑法理论新近发展的译介性论文，也有就个别

---

① 参见马克昌：《责任能力比较研究》，载《现代法学》，2001（6）。

② 参见马克昌：《紧急避险比较研究》，载《浙江社会科学》，2001（4）。

③ 参见唐世月：《累犯制度比较研究》，载《岳麓法学评论》，第2卷，长沙，湖南大学出版社，2001。

④ 参见李祖华、陈庭会：《假释制度立法比较研究》，载《当代法学》，2001（9）。

⑤ 参见夏勇：《中国内地与澳门刑法中亲告罪之比较研究》，载《法学论坛》，2001（3）。

⑥ 参见刘明祥：《事后抢劫问题比较研究》，载《中国刑事法杂志》，2001（3）。

⑦ 参见余高能：《澳门与大陆侵占型犯罪立法比较》，载《云南法学》，2001（2）。

问题进行深入探讨的专题性文章。内容涉及刑法总论和各论问题。

1. 关于大陆法系刑法。有的论者介绍了日本与德国刑法学的发展现状和未来发展趋势问题。该论者从历史发展的角度，对日本刑法在发展进程中受德国刑法的影响，以及在日本第二次世界大战战败后的特定历史时期，欧美文化、思想对日本传统文化、思想的影响，进而对刑法、刑法学的影响进行了较为全面的回顾，并从宏观上对日本刑法与德国刑法有区别的原因、犯罪论、刑罚论的不同等方面进行了阐述。① 有的论者对大陆法系的违法性判断理论存在的缺陷进行了剖析，指出根据大陆法系构成要件理论通说，当某一行为该当于刑法中规定的构成要件且不具备法定违法阻却事由时，该行为就是违法的。此时对于违法性的判断只要探讨是否存在法定违法阻却事由即可，然而违法性判断的复杂性和构成要件的不完整性等诸多情况使违法构成要件的推断机能有时失效，这就要求法官必须根据一定的价值判断补充构成要件所欠缺的违法性推断机能，重新构建新的构成要件，即开放的构成要件。该论者认为，拒绝或反对开放的构成要件概念是对构成要件作为违法类型的类型化的苛责和不现实的要求。②

此外，有的论者介绍了德国传统过失刑事责任观念在当代社会中的弊病问题；有的论者分别就“保护欧盟经济利益的刑法（草案）”的产生背景、立法模式问题，德、日刑法中的信赖原则，西欧短期监禁刑替代措施的演变过程，量刑轻缓化趋势等问题进行了研讨或评述。

2. 关于英美法系刑法。有的论者对美国刑法中“警察圈套”的概念、确立缘由以及成立标准问题进行了分析，指出教唆的主体如果是警察，更应该对于被教唆者从轻、减轻或者免除处罚，甚至不成立犯罪，这是罪刑相适应原则的要求，也是出于公共政策的考虑。该论者认为，根据美国“警察圈套”的地位和意义，将来在我国刑法中应该明文将“警察圈套”作为从轻、减轻、免除处罚或非罪处理的理由加以规定。③ 有的论者对英国刑法中的谋杀罪进行了剖析，指出：谋杀罪是英国普通法中重要的犯罪之一，虽被立法

---

① 参见［日］西原春夫著，林亚刚译：《日本与德意志刑法和刑法学》，载《法学评论》，2001（1）。

② 参见刘艳红：《论大陆法系违法性判断理论的缺陷及弥补》，载《法商研究》，2001（4）。

③ 参见廖万里：《略论美国刑法中的警察圈套及其借鉴意义》，载《法学家》，2001（3）。

化，但其法律定义和构成要件面临审判实践的挑战。传统谋杀罪定义中自然人出生、死亡以及受害者死亡的时间限定等因素或受到冲击，或被予以废除；在因果关系方面，存在事实和法律关系等要素或部分，但每一要素都有例外之处。谋杀罪的犯罪心理应包括非法剥夺他人生命的故意或造成他人重伤的故意。谋杀罪终身监禁的刑罚方法也受到冲击。①

3. 关于我国台、港、澳地区刑法。有的学者对台湾地区“刑法典”分则的特点以及完善趋势进行了研讨，指出我国台湾地区“刑法典”分则呈现大陆法系、具有封建法制痕迹、稳定有余而发展不足的特点。② 有的学者对澳门地区刑法中的累犯制度进行了剖析，指出澳门刑法典中的累犯制度经历了“行为中心论”向“行为人中心论”的演变过程，受两大法系和东西文化交替影响以及华人居于主体的社会结构，导致其累犯制度的设置具有独特性，但具体的制度设置也存在值得研究之处。③

（三）国际刑法研究

1. 关于国际刑法的基本问题。有学者对国际刑法的发展脉络进行了系统性的梳理，指出随着国际社会发展，国际刑法得到不断发展与完善，并经历了草创、发展、停滞和再拓展的不同演进阶段。在此基础上，该论者分析了国际刑法的概念和特性，将国际刑法界定为规范国际犯罪、加强国际刑事司法协助与合作的国际公约、条约等国际性法律文件的总称，认为国际刑法具有发展性、学科多元性和结合性特征。此外，该论者还对国际犯罪进行了界定。④

有的学者对政治犯罪不引渡原则进行了探讨。该论者在对政治犯罪进行界定的基础上，将政治犯罪分为牵连政治犯罪、纯粹政治犯罪和复合政治犯罪，剖析了政治犯罪不引渡原则的局限性，主张该原则据以形成和发展的客观条件仍然存在，其历史使命并未完成，因而这个原则仍将长期存在下去，

---

① 参见李韧夫：《英国刑法中的谋杀罪》，载《法制与社会发展》，2001（5）。

② 参见赵秉志、于志刚：《台湾地区刑法典分则的特点及其完善趋势》，载《河南省政法管理干部学院学报》，2001（2）。

③ 参见赵秉志、于志刚：《论澳门地区刑法中的累犯制度》，载《吉林大学社会科学学报》，2001（2）。

④ 参见高铭暄、王秀梅：《历史发展与基本问题研究》，载《中国刑事法杂志》，2001（1）。

但必须对之进行完善，削弱其政治色彩，突出其法律功能，正确处理双重审查制中司法部门与行政部门的关系，对双方权力的大小重新调整。[①]

此外，有的论者专门就国际恐怖主义犯罪的引渡问题进行了探讨。[②]

2. 关于具体的国际犯罪。酷刑罪是国际公约禁止的一种犯罪，有的论者对酷刑罪的概念和构成特征进行了系统的梳理，指出我国刑法中虽无直接规定酷刑罪的条款，但从刑法分则条款中仍可分离出某些酷刑行为的具体内容。[③] 有的学者对战争罪的内涵及其刑事责任主体问题进行了分析。[④] 有的论者对国际恐怖活动及国际社会反恐怖刑事立法进行了探讨。[⑤]

3. 关于国际犯罪的管辖。国际犯罪的管辖问题是国际刑法中最基本的问题。有的论者认为，现行的普遍管辖、或引渡或起诉、并行管辖以及国际刑事法庭管辖所形成的管辖机制存在着一些不足，应取消并行管辖，代之以优先管辖；以或起诉或引渡原则取代或引渡或起诉原则；确立拒绝起诉和引渡的法律责任。[⑥] 有的论者从传统国际法中的刑事管辖原则入手，对国际法委员会提交的管辖方式以及规约中规定的普遍管辖原则作了探讨，以期了解国际法在刑事管辖权问题上的发展动向。

五、刑法学研究发展之展望

回顾过去几十年来我国刑法学所取得的成就，我们深感自豪，备受鼓舞；展望新的历史使命，我们信心百倍，斗志昂扬。尤其是2001年8月7日，江泽民同志在北戴河会见部分国防科技和社会科学专家时指出，加强哲学社会科学研究，对党和人民事业的发展极为重要。江泽民总书记把加强哲学社会科学研究的重要性提高到了一个前所未有的战略高度。我们认为，这是对包括我们刑法学理论研究工作者和实践工作者在内的广大哲学社会科学研究者的极大鞭策和鼓舞。为此，我们应当以此为契机，借着当前中国社会

① 参见赵秉志、陈一榕：《论政治犯罪不引渡原则》，载《现代法学》，2001（1）。
② 参见吴玉梅：《关于国际恐怖主义犯罪引渡问题的探讨》，载《河北法学》，2001（2）。
③ 参见王秀梅：《关于酷刑罪的思考》，载《现代法学》，2001（2）。
④ 参见赵秉志、王秀梅：《论战争罪之内涵及其刑事责任主体》，载《河北法学》，2001（2）。
⑤ 参见刘凌梅：《国际反恐怖犯罪与我国刑事立法》，载《法学评论》，2001（2）。
⑥ 参见温树斌、黄家平：《论国际犯罪的管辖机制》，载《政法学刊》，2001（3）。

各领域进行的深刻变革给中国刑法学研究开辟的广阔前景，紧密结合刑法学研究发展的国际潮流，进一步拓宽和加深对刑法基础理论的研究，顺应国际发展趋势，进一步沟通与国际社会刑法领域的联系，拓展中国刑法学研究的新领域。可以预见，今后我国的刑法学研究将会呈现以下发展态势。

其一，刑法观念、刑法理念的彻底转型。随着中国加入WTO，中国融入国际社会程度的加深，中国传统的刑法观念将在与外界的接触与碰撞中得以不断调整，谦抑、平等、民主、开放的刑法观将得以确立，科学精神与人本精神将成为刑法的两大精神体现。

其二，研究方法的多元化、灵活性和研究内容的与时俱进性。今后的刑法学研究将在传统注释刑法学和刑法哲学的基础上，进一步吸纳关系学科的研究方法，包括经济分析法、伦理分析法、价值分析法、社会学分析法等自然和社会科学中的诸多研究方法，来拓宽刑法学的研究思维；信息论、控制论、系统论等现代科学方法也将在今后的刑法学研究中得到进一步的体现。研究内容也会随着社会的发展、进步和司法实践的需要而不断有新的课题和研究领域，充分体现出刑法学研究的与时俱进性。我们认为，以下课题应成为今后几年刑法学研究的重点之一：一是宪法体制下的刑事法治问题。宪法作为国家的根本大法，是其他一切法律的“母法”，以往理论界就刑法与宪法的关系探讨得很少，或者仅停留在较浅的层面上。随着我国依法治国方略的推行，宪法观念的日渐深入人心，尤其是近年来宪法学界关于宪法司法化理论的深入开展，我们认为有必要站在宪法的高度来检视刑法问题，包括刑法的宪法基础问题、刑法的合宪性问题、刑法的合宪性审查问题等，这些与宪法有关的刑法理念问题都值得深入研究。二是“入世”与我国刑法的发展完善问题。虽然我国的现行刑法典比较注意吸收借鉴国外和国际社会的先进立法经验，但不难发现刑法典的有关规定仍存在与世贸规则、国际惯例冲突之处，例如关于驰名商标的刑法保护问题、关于外国公职人员的贿赂犯罪问题，等等，因而进一步加深“入世”后我国刑法的发展完善问题的研究将是今后刑法学界面临的迫切的现实性课题。三是继续关注新型、热点疑难犯罪的研究。刑法学和其他部门法学一样，是应用性学科，是实践的学问。刑法理论工作者应善于对新型、疑难刑事问题的研究，善于从复杂疑难案件中提升刑法理论规则，这是繁荣和深化我国刑法理论的一个不可偏废的途径。同时，也要注意传统犯罪在新的时代条件下的新变化。

其三，刑法基础理论将会进一步挖潜创新。无论在什么样的时代背景下，刑法基础理论的研究都不能偏废。近年来我国刑法学界对刑法基础理论的研究一直保持着渐进、持续发展的良好态势。可以预见今后一体化刑事法学研究模式会越来越受到学界的关注；而传统犯罪构成理论体系也将得到进一步的完善和改进；中国刑法的现代化，也存在建构理性模式和渐进理性模式的取舍问题。从第三世界国家的现代化进程看，几乎无一例外都是“外来型”而非“内生型”，但传统观念和习惯行为方式又以各种方式渗透到我们按新观念制定的政治、法律制度中，从而使现代政治法律制度无法按新观念预设的要求有效地运作。因此，就我国刑法的现代化而言，不仅仅是立法的现代化，更为重要的是司法和司法观念以及普通民众刑法观念的现代化，这才是最为本质的问题。因而中国刑法现代化的探索仍有很长的一段路要走。

其四，外向型刑法学研究将进一步拓宽。世界经济一体化和全球化的发展客观地要求中国刑法学研究必须以一种开放的胸怀，放眼世界，加强与国际社会在刑事法治领域的沟通与合作，合理借鉴国外刑法（不论是大陆法系刑法还是英美法系刑法）的有关立法经验和先进的刑法理论，以促进我国的刑法学研究更好地与国际社会接轨。为此，今后应当加强对外国刑事法律制度的译介工作，使目前的比较刑法研究无论从数量上还是从质量上都迈上一个新台阶。另外，关于中国区际刑事司法协助的原则和模式选择的研究也要进一步强化和拓展，为早日促成立法的制定和司法的具体运作作出应有的贡献。

[赵秉志、许成磊；载高铭暄、赵秉志主编：《刑法论丛》，第 6 卷，北京，法律出版社，2002]

第十四章

2002年的刑法学研究

一、研究概况

在刚刚过去的一年，中国共产党胜利召开了第十六次全国代表大会，这是我们党在21世纪召开的第一次代表大会，也是我们党在开始实施社会主义现代化建设第三步战略部署的新形势下召开的一次十分重要的代表大会。创新精神、创新意识贯穿大会的始终，成为此次代表大会的新亮点。在这一年里，我国的刑法学研究也充分体现了创新意识，不仅研究方法、研究视角有突破，在基础理论的研究视野上也有新扩展。

总结一年来的刑法学研究状况，我们强烈地感触到其具有以下突出的特点。

（一）基础理论研究得到加强，研究视角体现创新意识

在这一年中，学界对刑法基础理论的研究得到进一步加强，思路更加开阔，研究深度更深，不仅老一辈刑法学者老骥伏枥、与时俱进，一批中青年刑法学者亦是勇于创新、大胆开拓，出版了一批颇有力度和分量的专著。据粗略统计，2002年刑法学界在各类报纸、杂志发表论文千余篇，出版著作近百部。

本年度出版的刑法学书籍，主要有以下几种类型：一是刑法学教材，如高铭暄教授主编的《刑法专论》（该书由高铭暄、王作富、赵秉志、黄京平

4 位教授合作完成，分上、下两卷，填补了刑法专业研究生教材的一项空白），张小虎编著的《罪刑研究》，等等。二是对中外刑法进行专门研究的学术专著，如马克昌教授著《比较刑法原理：外国刑法总论》，韩忠谟教授著《刑法原理》，张明楷教授著《刑法的基本立场》，吴宗宪研究员等著《非监禁刑研究》，邸瑛琪、房清侠副教授著《马克思恩格斯刑法思想研究》，高一飞博士著《刑事法的中国特色研究》，周光权博士著《法治视野中的刑法客观主义》，刘树德博士著《宪政维度的刑法思考》，刘艳红博士著《开放的犯罪构成要件理论研究》，于志刚博士著《刑罚消灭制度研究》，苏彩霞博士著《累犯制度比较研究》，刘宪权、卢勤忠教授著《金融犯罪理论专题研究》，李文燕教授主编的《金融诈骗犯罪研究》，唐世月教授著《贪污罪研究》，等等。三是刑法论文集，如高铭暄、马克昌教授主编的《刑法热点疑难问题探讨》，高铭暄、赵秉志教授主编的《过失犯罪的基础理论》，等等。四是汉译外国刑法著作，如日本芝原邦尔著、金光旭译《经济刑法》，赵秉志、王秀梅译《批准与执行：国际刑事法院罗马规约手册》，等等。五是刑事法治发展研究报告。由中国人民大学刑事法律科学研究中心主办的《刑事法治发展研究报告》首卷出版，这是该中心按照教育部的要求，在向教育部主管部门及中央有关政法机关提交的年度咨询报告的基础上整编而成的，是刑事法学理论研究著作的新形式。

另外，本年度除原有的、在全国影响颇大的《刑法论丛》《刑事法评论》等学术刊物继续发挥其作用外，由中国法学会刑法学研究会、中国人民大学刑事法律科学研究中心、国际刑法学协会中国分会联合主办的刑法专业季刊《刑法评论》，以及中国人民大学刑事法律科学研究中心主办的季刊《刑事法判解研究》分别出版，为法学理论阵地再添新彩。

（二）密切关注社会热点问题，体现刑法的人文关怀

刑法是一门实践性、应用性非常强的学科，善于从复杂疑难案件中提升刑法理论规则或者深化理论层次，是繁荣我国刑法学的一个不可偏废的途径，而不能“不食人间烟火”“躲进小楼成一统”。过去的一年中，涉及法律内容的社会热点问题不断，刑法学界均给予高度热情的关注。尤其是足球“黑哨”事件和刘海洋“伤熊”事件所涉及的刑法问题比较突出，刑法学界

对此认识不一，分歧较大，但学术贵在争鸣，对热点、焦点问题的正面、直接交锋，不仅可以唤起学者对社会现实的人文关怀，而且对于推进我国刑法理论的深度、相关立法和司法的完善具有重要的意义。

（三）刑法学界盛事不断，显示刑法学发展的蓬勃生机

在这一年中，刑法学界盛事不断，显示出刑法学发展的蓬勃生机。最具代表性的，一是第三届全国杰出中青年法学家评出，我国刑法学者张明楷、吴大华教授入选；二是中韩两国刑法学界签订长期学术交流协议。(1) 2002年11月10日至11日，中国法学会在北京召开第三届全国杰出中青年法学家评选会。经过小组讨论推荐、评委会初评和终评等环节的认真评选，从全国推荐的50名候选人中最后评定了10名第三届全国杰出中青年法学家，其中，中国法学会刑法学研究会推荐的候选人张明楷教授名列榜首，主要作为民族法学代表学者入选的吴大华教授也是刑法学者。刑法学者邱兴隆教授得以进入最后19名终评候选人，刑法学者肖中华、曾粤兴也分别经上海市法学会和云南省法学会推荐而成为候选人。(2) 2002年12月18日，由中国法学会刑法学研究会、中国人民大学刑事法律科学研究中心主办的“中韩刑法学界合作交流协议签订仪式”在北京举行。中国法学会刑法学研究会会长赵秉志教授与韩国比较刑事法学会会长、韩国湖南大学法学院金永钰教授，分别代表中韩双方在“关于中韩两国刑法学学术交流协议书”的协议文本上签字。双方合作事项包括学术研究出版物及资料的交换、共同进行学术活动及研究、两学会会员之间相互交流及提供方便、携手举办国际学术会议及邀请演讲会议，以及其他关于两学会友好协作的事项。两国刑法学界签订长期学术交流协议是中韩两国刑法学界交流合作的一件盛事，也是中韩法学界交流的一件大事，对于互相借鉴共同促进本国刑事法治的发展将起到巨大推动作用。

（四）学术交流活动品位高、规模大，外向型学术交流频繁，国家重点研究基地的地位和角色突出

2002年刑法学界的学术活动与往年的相比，不仅规模更大、影响更广，而且学术品位甚高，在全国范围内较有影响的会议有7次，其中由作为目前刑事法领域唯一的国家级重点研究基地的中国人民大学刑事法律科学研究中

心参与主办的就有 3 次，大大提高了该中心的知名度，也充分显示出该中心在促进全国性学术交流、推动国家刑事法治发展方面的重要作用。下面对这些学术会议情况作简要介绍。

1．“国际刑法问题研讨会”。2002 年 4 月 21 日，由国际刑法学协会中国分会主办、深圳市中级人民法院和深圳市法官协会承办的“国际刑法问题研讨会”在深圳市召开。此次研讨会是为 2004 年北京举办第 17 届国际刑法学大会以及各个议题的预备会议作准备。会上中国法学会副会长、国际刑法学会副主席暨中国分会主席高铭暄教授详细介绍了国际刑法学协会和国际刑法学协会中国分会的诞生、组织结构以及成长历程，强调国际刑法及国际刑法学协会在当今国际社会法治化进程中所发挥的重要作用。为期 4 天的研讨会共有两大议程：一是集中围绕 2004 年第 17 届国际刑法学大会“未成年人的刑事责任问题”“国际经济交往中的腐败犯罪”“刑事诉讼原则在纪律程序中的作用”“国际法与国内法的一事不再理原则”4 个主要议题展开深入的研讨；二是成立国际刑法学协会中国分会理事会，并增选副会长、增补中国分会成员。会议增选中国法学会刑法学研究会会长赵秉志教授为国际刑法学协会中国分会副主席、国际刑法学协会副秘书长卢建平教授为中国分会副秘书长，选举陈明华等 23 位专家、学者为中国分会理事。

2．“当代国际刑法与国际犯罪问题学术研讨会”。2002 年 4 月 26 日，由香港大学法律学院与中国人民大学刑事法律科学研究中心联合举办的“当代国际刑法与国际犯罪问题学术研讨会”在香港大学隆重举行。来自内地 10 所法律院校、科研机构、中央和地方司法机关的专家、学者，以及香港大学、香港城市大学、香港法律机构暨律师界的专家、学者共计六十余人参加了研讨会。研讨会分“国际刑法的理论与原则”、“国际刑事管辖权”、“恐怖主义犯罪及其惩治的国际合作”以及“其他国际犯罪及其惩治”共 4 个单元进行了专题研讨。

3．“区际刑事司法协助法律研讨会”。2002 年 4 月 29 日至 30 日，澳门检察律政协会与中国人民大学刑事法律科学研究中心在澳门地区联合举办了“区际刑事司法协助法律研讨会”。来自内地（大陆）法律院校、科研机构、中央和地方司法机关的三十余位专家、学者，澳门特区检察院、各级法院和有关法政机关、法律院校的近百位专家、学者，香港律政司、廉政公署、保安局的近二十位专家、学者，台湾地区法律院校等方面的专家、学者，以及澳门特区有关各界的嘉宾，共约二百人出席了研讨会。会议分别围绕“区际刑事司法协助的原则性问题”“不同区域的法律冲突”“区际刑事司法协助之协议内涵”“区际合作打击跨境犯罪”“区际刑事司法协助中管辖权的划分”等议题，进行了专题发言和深入研讨。

4. “21世纪第2次（总第8次）中日刑事法学术研讨会”。由武汉大学法学院刑事法研究中心主办的“21世纪第2次（总第8次）中日刑事法学术研讨会”，于2002年10月12日至14日在武汉大学举行。中日双方的刑事法学者五十余人以及武汉大学法学院的博士生、硕士生等共计一百余人参加了这次学术会议。其中，日方代表团团长为早稻田大学前任校长西原春夫教授，中方代表团团长为中国人民大学高铭暄教授，武汉大学法学院马克昌教授担任主办者。会议分“共犯的分类”“共同过失与共犯”“间接正犯”“共犯与身份”“有组织犯罪的概念”“有组织犯罪的对策”共6个单元。此次中日刑事法学术研讨会是一次水平较高、收获丰硕、组织较好的学术盛会，对于促进中日刑事法的学术交流与合作作出了重要贡献。

5. “中国法学会刑法学研究会2002年年会”。由中国法学会刑法学研究会主办，西北政法学院承办，陕西省高级人民法院、陕西省人民检察院、陕西省公安厅、陕西省司法厅协办的中国法学会刑法学研究会2002年年会，于2002年10月17日至21日在我国西部名城西安召开。来自全国法律院校、中央和地方政法机关的专家、学者等共计三百余人参加会议，会议收到学术论文二百四十余篇。会议议题为三个方面：（1）犯罪构成与犯罪成立基本理论研究；（2）保障社会稳定方面的刑法学热点问题研究；（3）西部地区犯罪问题研究。会议期间，理事会和大会审查通过了《中国法学会刑法学研究会章程》，从而为刑法学研究会进一步的健康发展提供了重要的保障和条件；此外，受全国人大常委会法工委的委托，刑法学研究会还在会议期间邀请与会的十多位专家、学者就法工委正在研拟中的第四个刑法修正案（草稿）进行了研讨座谈，为我国刑法立法的完善提供了参考意见。

6. “死刑问题国际讨论会”。由中国社会科学院、丹麦人权中心和湘潭大学共同主办的“死刑问题国际讨论会”于2002年12月9日至10日在湘潭大学召开，来自美国、丹麦、韩国、立陶宛和中国的专家、学者四十余人，湘潭大学的师生百余人参加了研讨会。研讨会分4个专题内容进行了热烈的发言、评论与提问，这 4 个专题是：死刑的法理思考；死刑的存废；死刑与人权；死刑及其限制。

7. 最高人民法院《人民司法》编辑部先后在成都、武汉、上海、北京举行“刑罚适用及其价值取向”系列研讨会。在最高人民法院副院长刘家琛的倡议和领导下，最高人民法院《人民司法》编辑部分别于 2002 年 8 月、11 月、12 月在成都、武汉、上海、北京先后召开 4 次会议，就刑罚的适用及其价值取向问题进行了研讨，与会代表提出了树立正确刑罚价值取向的观点及诸多完善我国刑罚适用立法与司法的建议。这是有关我国刑事法治建设的重要系列学术会议。其中在北京召开的研讨会由最高人民法院《人民司法》编辑部与中国人民大学刑事法律科学研究中心联合主办。

另外，为传承和发扬以高铭暄教授等为代表的老一辈中国人民大学刑法学者崇尚法治、献身法学、务实求真、开拓创新、坚韧不拔的坚定信念和治学精神，激励刑法学界的青年才俊，繁荣和发展我国刑法学的教学科研，推动和促进我国刑事法治建设的进程，由中国人民大学刑事法律科学研究中心发起设立的“高铭暄刑法学发展基金”成立大会于 2002 年 12 月 28 日在中国人民大学举行，这是我国首个以刑法学家命名的基金。来自中央政法机关的有关领导、中国人民大学有关校领导、在京的老一辈刑法学家、部分基金捐助单位的代表一百五十余人参加了成立大会。本基金主要用于支持、资助本中心刑法学领域的重大课题研究、优秀成果奖励、学术成果出版、重大学术会议，中外著名学者来本中心讲学、讲演、学术研究，本中心研究人员赴国外境外讲学、参加学术会议、进行学术研究、国际交流与合作项目，优秀教师、研究生的奖励等活动。

下面分别从刑法基础理论问题、刑法分则问题、外向型刑法问题三大方面，对我国刑法学界一年来的理论研究状况作一扼要综述，并对我国刑法学的发展前景作一展望。

二、刑法基本理论问题

（一）刑法研究的视角和方法问题

有的学者提出，学派之争可以将理论研究引向深入，可以使刑事立法更为完善，使刑事司法客观、公正，从而力主促进中国刑法学派之争的形成。该论者以刑法规范为根据，以学派之争为主线，对刑法学犯罪论中的客观主义与主观主义、构成要件论的形式解释论与实质解释论、违法性论中的结果无价值论与行为无价值论、未遂犯论的客观未遂论与主观未遂论、共犯论中的行为共同说与犯罪共同说、共犯从属性说与共犯独立性说、刑罚论中的绝对主义与相对主义等重大问题展开了深入的研究，并表明了其基本立场，即客观主义、实质解释论、结果无价值论、客观的未遂犯论、部分犯罪共同说、并合主义等。① 有的论者则从法治的视角出发对刑法的学派之争进行了探讨，凸显了刑法客观主义与法治的关联性，揭示了刑法客观主义重视犯罪定型化的知识论背景及其在犯罪论、刑罚论上的具体特点，并对刑法客观主义的未来发展方向、中国法治建设的实际需要与刑法的观念定位等问题作了详尽分析。②

（二）刑法机能问题

有的论者指出，1997年刑法典在价值观上改变了过分重视社会秩序防卫机能的倾向，实现了立法上刑法保障机能与保护机能的并重。该论者分析了调整的原因，认为国家根本任务的转变导致刑法指导思想的转变是新刑法人权保障机能凸显的前提，经济体制的转型所导致的法律文化转型要求刑法保障机能与保护机能的并重，两种机能的并重是刑法固有的公正价值的必然要求，保护人权的国际共识对中国刑法产生了外部影响。该论者认为，要做到人权保障机能的刑法实现，必须改进认识领域和刑事实体领域，包括改变对刑法的传统认识、改变原有的对犯罪行为社会危害性的评价、改变对量刑方法的错误认识、完善刑法司法解释等。③

（三）罪刑法定原则问题研究

罪刑法定原则作为我国刑法的三大基本原则之一，一直是学界研究和探讨的重点内容。有的学者对罪刑法定原则从五个方面进行了深入、全面的研

① 参见张明楷：《刑法的基本立场》，序说，1～9页，北京，中国法制出版社，2002。
② 参见周光权：《法治视野中的刑法客观主义》，北京，清华大学出版社，2002。
③ 参见臧冬斌：《刑法保障机能与保护机能的立法调整和司法实现》，载《法学家》，2002（3）。

究，即罪刑法定原则的缘起与演进，罪刑法定原则的理论基础与价值蕴含，罪刑法定原则的基本内容，罪刑法定原则在中国的确立，罪刑法定原则在中国立法与司法贯彻中的缺憾。①

有的学者认为：罪刑法定原则的确立，根本的原因应该从社会物质生活、社会结构跃迁中寻找。刑法作为一种社会现象，根植于一定社会的物质生活。在一元化的社会结构中，刑法以保护国家利益、整体利益为己任，难以以人权保障作为价值导向。在这种社会背景下，刑事类推制度确有其合理性。而在二元化的社会结构中，保障人权应当是国家权力存在的根据，刑法的性格也由政治刑法演变为市民刑法。这便是罪刑法定主义产生并发展的现实土壤。②

有的论者从罪刑法定原则的产生和发展历程入手，论证了罪刑法定原则只能是限制功能和保障价值，指出：目前我国刑法关于罪刑法定原则的规定体现的是社会本位和权力本位的价值趋向，造成形式合理性与实质合理性的冲突，建议应予以纠正。③

有的学者对罪刑法定原则的立法实现问题作了探讨，认为：罪刑法定主义的立法实现在罪之规定上，集中表现为构成要件的规定，尤其是构成要件行为的规定。作为构成要件行为规定的明确性，至少表现在：行为性质的明确性；行为特定要求的明确性；行为程度要求的明确性。在这三方面中，我国刑法对行为程度的限定规定最多，导致的争议也最大。刑法中规定的行为类型之轻微部分被作为犯罪处理会导致犯罪与非罪的界限模糊、刑法性质的模糊。分则规定的立法解决方式，形式明确而实质模糊，在目前情况下采取总则规定而分则不作规定方式较为合理，总则规定定量要求，表明轻微行为无罪，具体何种情况属于轻微，则由司法机关依司法裁量权处理。④

有的学者对罪刑法定的司法化问题作了剖析，认为：定罪活动的法治化，先需要解决司法独立、法官独立的问题。实质合理性的司法观念在入罪

① 参见赵秉志：《罪刑法定原则研究》，载高铭暄、赵秉志主编：《刑法论丛》，第6卷，69页以下，北京，法律出版社，2002。

② 参见许发民：《论罪刑法定原则的社会基础》，载《法律科学》，2002（2）。

③ 参见武玉红：《试论罪刑法定原则的“中国特色”》，载《政治与法律》，2002（2）。

④ 参见李洁：《罪刑法定之明确性要求的立法实现——围绕行为程度之立法规定方式问题》，载《法学评论》，2002（6）。

问题上与罪刑法定原则相矛盾。在复杂的“找法”活动中，司法水平之高低直接关系能否正确找到法律规定。罪刑法定原则只是限制法官对法无明文规定的行为入罪，但并不限制法官对法有明文规定的行为出罪。[①]

有的学者对罪刑法定原则与国际刑法的关系、在国际刑法中引入罪刑法定原则的必要性和可能性等问题作了研讨。[②]

（四）刑法解释问题

有的学者对 1997 年刑法施行以来的司法解释适用体制进行了系统的评述，认为现行司法解释适用体制严重束缚了法官对个案的自由裁量权，导致刑法适用实际上变成了司法解释的适用，并导致以下问题，即司法权于实质上侵越了立法权，副法体系的产生与刑法统一性的破坏，刑事司法弱体化与变异化；主张确立以法官自由裁量权为中心的刑法适用体制。[③] 有的学者对合理的扩大解释与类推解释的界限区分问题进行了探讨，指出两者的区别并非在于思维模式或认识方法的不同，而在于解释结论的差异，即解释结论是否超越合理限度，而合理限度的标准是通过扩大解释所包含进去的事项具有被解释的概念的核心属性。[④]

（五）犯罪总论问题

1. 犯罪概念。有的学者对现行《刑法》第 13 条的规定作了分析，认为：我国刑法关于犯罪的概念并没有将立法层面和司法层面两个不同层次的问题混为一谈，犯罪的实质概念实际上是为犯罪形式概念的得出提供判断依据或判断材料。《刑法》第 13 条关于犯罪的总则性规定，意味着在判断某一行为是否符合刑法分则的某一条件时，不能仅从形式上观察，必须从该行为的社会危害性的实质方面来考量。在罪刑法定原则下，犯罪只有一个特征，就是行为符合刑法规范的规定，具有刑事违法性。但在判断是否具有刑事违

① 参见陈兴良：《入罪与出罪：罪刑法定司法化的双重考察》，载《法学》，2002（12）。

② 参见黄芳：《论罪刑法定原则与国际刑法的关系》，载《法学家》，2002（3）。

③ 参见刘艳红：《观念误区与适用障碍：新刑法施行以来司法解释总置评》，载《中外法学》，2002（5）。

④ 参见刘志远：《刑法解释的限度——合理的扩大解释与类推解释的区分》，载《国家检察学院学报》，2002（5）。

法性时，应从该行为的情节是否显著轻微、危害不大等实质方面来进行判断。①

有的学者分析了犯罪界定中的社会经济政治因素，指出：犯罪是由刑法规定的，但在这种规定的背后，潜藏着社会政治对其的深刻影响。从社会学角度分析，社会生产力是判定犯罪的终极标准，社会经济的发展必然引起犯罪界定的变化，而犯罪的界定更是离不开国家的规定，国家刑事政策的变化直接导致犯罪界定的变化。②

2. 犯罪构成基本理论问题。有的论者对我国传统犯罪构成理论进行了反思，认为我国传统犯罪构成的固有局限和内在缺陷，造成“犯罪构成体系”与“犯罪阻却事由”的“分治”格局，从而使犯罪构成理论缺失对刑法谦抑精神的关照，因而有必要对犯罪构成进行结构性改造，使犯罪阻却事由和谐融入其中，从而最大化地表达刑法的谦抑精神。其具体的改造设想是，采取“客观要件—客体要件—主体要件—主观要件”的犯罪构成体系，其特点在于：使客观要件记述化、写实化，不含实质意义和价值因素；使客观要件判断成为犯罪构成评价的先决环节，避免法官先入为主的倾向。这种犯罪构成体系一方面积极借鉴了德日刑法学犯罪论体系的旨趣，另一方面又有效地维持了我国传统犯罪构成体系的框架。③

有的学者对犯罪构成的结构要件及其基本要素作了重新诠释，认为：犯罪构成的结构要件应只有两个，即作为主观要件的主观罪过和作为客观要件的客观危害；将犯罪构成的结构要件表述为主观方面特征和客观方面特征，实际混淆了刑事立法上设立犯罪构成的规格标准与刑事司法中认定犯罪构成事实内容之间的应有区别；犯罪构成主观要件的基本要素是意识与意志；犯罪构成客观要件的基本要素是危害行为。④

有的学者分析了犯罪构成与犯罪阻却事由的关系，并认为，从刑事立法角度，犯罪阻却事由与犯罪构成是基于同一虚拟事实所设定的具有不同内容

① 参见黎宏：《罪刑法定原则下犯罪的概念及其特征——犯罪概念新解》，载《法学评论》，2002（4）。

② 参见许发民：《论犯罪界定中的社会经济政治因素》，载《国家检察官学院学报》，2002（1）。

③ 参见徐建峰：《对我国传统犯罪构成理论的反思与重整——取刑法谦抑精神为视角》，载《宁夏社会科学》，2002（1）。

④ 参见杨兴培等：《论犯罪构成的结构要件及其基本要素》，载《华东政法学院学报》，2002（2）。

要求的法律规范形式，二者是并列关系；从刑事司法角度，二者是基于同一事实而引用的具有不同价值取向的价值评价体系，是一种基础与上层的关系。[①]

有的论者对犯罪客体以及犯罪对象在犯罪构成中的地位问题作了分析，指出犯罪客体的内容是一定主体的权利或利益，由犯罪对象来表明其客观存在；犯罪客体和犯罪对象统一于犯罪构成的客观要件中；犯罪对象与犯罪客体一样，在犯罪构成体系中处于共同要件的地位。[②]

3. 不作为犯罪。不作为犯，尤其是不真正不作为犯问题，是近年来国内刑法学界关注较多并取得一定突破性进展的基础性理论课题之一。有的学者对不真正不作为犯的可罚性等问题进行了较为细致的剖析，并认为：从开放的构成要件之观点可以较好地说明不真正不作为犯与罪刑法定的紧张关系。不真正不作为犯的难题在于刑法规范根本没有规定保证人的保证义务，根据罪刑法定之明确性要求，犯罪构成要件应当就成立犯罪的条件一一加以规定，而开放的构成要件概念，则对不真正不作为犯的可罚性以及与作为犯的等值问题从更为独特的视角给予了注解，使之既不违反罪刑法定，又不违反构成要件理论。[③] 有的论者对不真正不作为犯中保证人义务问题作了初步探讨，认为从目前状况看，一时还无法穷尽保证人义务来源的理由和界限；准确把握保证人义务来源，要对其进行取舍，使其规范和统一，最终还有赖于刑事法典的规范，起码在相关的部门法或单行法规中予以明示，使对不作为犯罪的研究迈出关键的一步。[④]

有的论者对不纯正不作为犯的等价性问题作了研究，认为：不纯正不作为犯可罚性的关键在于等价性问题。等价性的目的和实质就在于通过对客观上作为行为和不作为行为在规范上的等价值来限制对不纯正不作为犯的处罚范围。等价性的媒介是作为义务，因而等价性要求就是通过对作为义务层级程度和违反程度的限定来实现作为与不作为的等价。[⑤] 有的学者从生活中存

① 参见杨兴培：《论犯罪构成与犯罪阻却事由的关系》，载《政法论坛》，2002（3）。

② 参见徐振华：《犯罪客体新探——兼谈犯罪对象在犯罪构成体系中应有的地位》，载《法商研究》，2002（2）。

③ 参见刘艳红：《论不真正不作为犯的构成要件类型及其适用》，载《法商研究》，2002（3）。

④ 参见阎少华：《不作为犯罪探析》，载《当代法学》，2002（8）。

⑤ 参见李晓龙：《论不纯正不作为犯的等价性》，载《法律科学》，2002（2）。

在的“见死不救”行为的视角剖析了不作为犯的成立问题，认为我国刑法通说所主张的形式作为义务论不仅在作为义务的发生根据上存在不明确之处，而且在适用上也难以对司法实践提供实际指导；并主张，在被害人合法利益面临迫切现实的危险，被害人与行为人之间具有具体的依赖关系，行为人具有消除上述现实危险的义务而不履行其义务，结果造成他人死亡后果的时候，行为人的不履行义务的不作为和作为之间具有等价性，“见死不救”的行为符合不作为故意杀人罪的客观要件了。① 还有的论者从刑法的任务出发，阐述了刑法理论中的法益侵害和规范违反两种对立的观点，并根据我国刑法的价值取向和具体国情，认为我国刑法应严格贯彻法益侵害说，进而主张道德义务不应成为不作为犯罪中作为义务的来源。②

4. 单位犯罪。(1) 关于单位犯罪的主体问题。有的学者对国家机关能否作为单位犯罪主体问题作了探讨，认为将国家机关作为犯罪主体是一个危险的抉择。其主要理由是：宪制排除了国家机关犯罪的可能；国家机关的运行排除了其承担刑事责任的可能；司法实务否定了国家机关承担刑事责任的可能。③ 关于单位附属机构犯罪问题，有的论者指出，拥有一定经营决策权的相对独立的附属机构实施的犯罪构成单位犯罪，但对于一级单位之下不具有独立资格的附属机构，其实施的犯罪应由上级单位负责，本身不构成犯罪主体；对于私营企业能否构成单位犯罪主体问题，该论者认为私营企业中的独资、合伙企业实施犯罪，应以个人行为追究刑事责任，如果属于公司制的私营企业实施犯罪，则应作为单位犯罪进行处罚；对于公司、企业实施单位犯罪后被兼并、更名或改制承包后，是否应追究单位刑事责任的问题，该论者认为，应根据案件具体情况和立法原意，如触犯了何种罪名，是实行单罚还是双罚，单位犯罪与自然人犯罪的量刑标准，公司企业的变更方式等具体情况具体分析。④ (2) 关于单位犯罪的处罚问题，有的论者认为：增加对单位的处罚种类，加大对犯罪单位本身处罚的力度，非常有必要。立法对单位

---

① 参见黎宏：《“见死不救”行为定性的法律分析》，载《法商研究》，2002 (6)。

② 参见李健、任成玺：《道德义务不应成为我国不作为犯罪中作为义务的来源》，载《刑事法学》，2002 (4)。

③ 参见贾凌、曾粤兴：《国家机关不应成为单位犯罪的主体》，载《法学》，2002 (11)。

④ 参见郭敏峰：《单位犯罪主体若干问题探讨》，载《人民检察》，2002 (8)。

成员的死刑适用应有所限制，不应完全等同于自然人犯罪的；对单位成员其他主刑的适用，应在同等犯罪情况下对单位成员的主刑处罚幅度略低于自然人犯罪的。该论者主张，有必要根据单位犯罪的特殊性，设立与单位犯罪相适应的自首、立功、累犯等情节，不能简单地把自然人所适用的上述量刑情节套用于单位犯罪。此外，该论者还就单位犯罪的数罪并罚、缓刑、减刑等问题作了探讨。①

5. 犯罪故意。有学者对犯罪故意的类型重新进行系统的划分，提出行为故意和结果故意的分类法，进而将结果故意分为直接故意和间接故意、确定故意和不确定故意、实害故意和危险故意；提出了容忍故意的概念，将间接故意划分为容忍故意和放任故意；根据犯罪故意是否要求具备构成要件的目的，将犯罪故意分为目的故意和非目的故意；根据行为人意志中策划行动过程的限度与时间长短，将故意分为预谋故意和非预谋故意；根据行为人对行为形式的意志选择，将故意分为作为故意和不作为故意。② 该学者还对行为故意的概念作了进一步的论证，指出我国《刑法》第14条规定的犯罪故意概念以危害结果为认识与意志的核心内容，然而这与我国刑法分则的规定以及刑法理论中承认行为犯的认识存在矛盾之处。该论者认为，犯罪故意作为行为人决意和支配整个犯罪行为的意志心理过程，必须先包括对行为本身的认识及决意，否定犯罪意志对犯罪行为的选择和努力程度，是对犯罪故意本位内容的忽视；对于行为犯故意的成立，既不应当，也无必要以行为人对构成要件以外的某种“危害结果”的认识和意志作为必要条件；同时，将故意划分为行为故意和结果故意，可以解决关于一直态度的认定等方面的一些争议。③

6. 犯罪停止形态。（1）犯罪既遂。目前我国刑法学界关于犯罪既遂的标准主要有三种代表性学说，即“犯罪构成要件齐备说”、“犯罪目的实现说”和“犯罪结果发生说”。有的学者认为上述三种学说均存在就事论事的倾向，未能从刑法目的这一根本出发点出发提出并论证标准问题。该论者认为，犯罪的本质是侵犯合法权益，刑法的目的则是保护合法权益，因而犯罪

① 参见薛进展：《单位犯罪刑罚的适用与思考》，载《法学》，2002（9）。

② 参见贾宇：《犯罪故意类型新论》，载《法律科学》，2002（3）。

③ 参见贾宇：《刑法学应创制行为故意概念》，载《法学》，2002（7）。

既遂应以“犯罪行为给刑法所保护的合法权益造成实害”为根本标准。根据这个标准，只有行为犯和形态结果犯（包括结果加重犯）才存在实害，属于犯罪既遂；危险犯和阴谋犯只能分别视为未遂犯或预备犯的特殊类型。[①]（2）犯罪中止。有的学者对犯罪中止形态的若干争议问题进行了探讨，重申：间接故意不存在犯罪中止这一通说观点。在中止犯与既遂犯竞合的情况下，可以根据具体情况，或者按照一罪中止处理，或者按照另一罪的既遂处理，其理论依据是牵连犯或吸收犯理论。对于中止犯与未遂犯的竞合问题，如果属于绝对不能达到既遂的，在实行行为尚未终了的情况下，应认定为犯罪中止，在实行行为终了的情况下，构成犯罪未遂；对于相对不可能达到既遂的，无论其实行行为是否终了，自动放弃犯罪意图中止行为的，都应认定为犯罪中止。[②]（3）不能犯。有的论者对不能犯的判断方法进行了深入的研究，认为，对于手段不能的情况，采取“质量判断法”，即看行为人采用的手段与未能达成的危害结果之间，是属性不妥还是数量不够，前者为不能犯，后者为未遂犯；对于客体不能的情况，采取“有无判断法”，即看行为人所指向的客体是否存在，不存在为不能犯，存在则为未遂犯；对主体不能的情况，采取“是否判断法”，即看行为是否具备刑法规定的意图之罪的主体资格，不具备的为不能犯，具备的则为未遂犯；对于状况不能的情况，采取“真假判断法”，即看行为人实施行为时，刑法所规定的构成该罪的特定情景状态是否真实，不真实的为不能犯，真实的则为未遂犯。[③]

7. 共同犯罪。有的学者对承继共同正犯的法律性质及刑事责任问题进行了探讨，认为对承继共同正犯的法律性质和成立范围的认识必须从共同犯罪的本质和犯罪构成入手，根据我国的共犯理论，后行为者不应对共同意思产生之前的率先实施的实行行为及其结果承担责任。该论者主张，在片面共同正犯的场合，对后行为者应当追究共同正犯的责任；如果前行为者已经造成既定事实后，后行为者单纯对先行为者有了解，并利用已成立的某种事实

① 参见冯亚东、胡东飞：《犯罪既遂标准新论——以刑法目的为视角的剖析》，载《法学》，2002（9）。

② 参见李兰英、林亚刚：《犯罪中止形态若干争议问题的再探讨》，载《法律科学》，2002（5）。

③ 参见张德友：《不能犯的判断方法——危险概念的理性探析》，载《法制与社会发展》，2002（5）。

状态，实施自己的犯罪，则不成立共同正犯。[①] 此外，有的学者对过失共同正犯成立的必要性及范围、共同过失犯罪的“共同注意义务”以及共同过失犯罪各行为人之间刑事责任的承担等问题作了探讨。[②] 有的学者对片面帮助犯的成立要件进行了剖析[③]，有的学者就网络共同犯罪问题进行了研讨。[④]

8. 排除犯罪性事由。有的学者对被害人承诺的含义等问题作了研讨。该论者剖析了实在承诺和推定承诺各自的成立条件。实在承诺的成立条件包括：承诺人具有承诺能力；承诺人具有对承诺事项的处分权；承诺是承诺人自由、真实的意思表示；行为和结果的内容与承诺的内容一致；必须在行为被实施之前存在承诺；承诺必须通过某种形式表现出来；实施侵害的行为人认识到承诺的存在；承诺不能违反更高层次的承诺。推定的承诺的成立条件包括：存在必须进行推定的客观紧急状况；行为人实施了有利于被害人的行为；行为人认识到被害人会予以承诺。另外，该论者还就被害人承诺错误、自害参与行为、医疗行为与被害人承诺等问题作了研讨。[⑤]

9. 法规竞合。有的论者分析指出，法规竞合的本质是刑事法律规范的竞合，不是法律条文的竞合；法规竞合是立法现象，不是犯罪形态；法规竞合是犯罪构成的竞合，不包括法定刑的竞合；法规竞合可以发生在基本犯罪构成之间，也可以发生在基本犯罪构成与修正犯罪构成之间；法规竞合包括：外延包容、外延交叉、内涵从属三种逻辑模式。[⑥]

（六）刑罚总论问题

1. 量刑问题。(1) 量刑的基本问题。有的学者概括了大陆法系国家的6种量刑模式，分别分析了报应刑论、目的刑论对量刑标准的影响，并探讨了责任与预防的关系。该论者认为，凡影响责任和预防必要性的事实都是量刑中的事实因素，从禁止重复评价的角度看，已经被规定为构成要件要素的事

---

① 参见林亚刚、何荣功：《论承继共同正犯的法律性质及刑事责任》，载《法学家》，2002 (4)。

② 参见李希慧、廖梅：《共同过失犯罪若干问题研究》，载《浙江社会科学》，2002 (5)。

③ 参见韩广道：《论片面帮助犯的成立要件》，载《中国刑事法杂志》，2002 (1)。

④ 参见赵秉志、张新平：《试论网络共同犯罪》，载《政法论坛》，2002 (5)。

⑤ 参见冯军：《被害人承诺的刑法含义》，载赵秉志主编：《刑法评论》，第1卷，62～83页，北京，法律出版社，2002。

⑥ 参见刘士心：《法规竞合论争分析与概念重构》，载《国家检察官学院学报》，2002 (2)。

实不是量刑中的事实因素。对于量刑过程，该论者将其归纳为以下几个步骤：确定刑罚的目的；确定量刑中的事实因素范围；确定量刑的事实因素的评价方向；对相关量刑事实因素比较衡量；确定量刑的切入点；最终确定刑量、刑种及执行方式。① （2）刑罚个别化问题。有的学者提出刑罚制定个别化的概念，即在刑罚制定中根据刑罚目的考虑犯罪及犯罪人的个别情况；并认为刑罚制定个别化具有提高刑罚规定的明确性、为刑罚执行个别化提供制度性资源、具有促进刑罚制度进步和刑罚观念个别化的价值。在此基础上该论者对我国刑罚制定中的个别化问题进行了检讨。② 有的论者对刑罚个别化进行了反思，指出该理论的缺陷主要是人身危险性的测定困难，具有潜在的非公正性。该论者认为我国立法虽未肯定刑罚个别化原则，但司法实践已有所体现，表现在量刑个别化和行刑个别化中。在如何处理刑罚个别化与罪刑均衡的关系上，该论者倾向于分段主次论，即制刑阶段以罪刑均衡为主、以刑罚个别化为辅，量刑阶段仍以罪刑均衡为主、以刑罚个别化次之，行刑阶段则以刑罚个别化为主、以罪刑均衡限定之。③

2. 死刑。有的学者指出死刑在道德上是一种不能证明其正当性的刑罚，因而在中国废除死刑是合理的选择，但是中国尚不具备废除死刑的人文基础与信仰理念，而且在威慑主义刑罚理念的支撑下，中国的刑事立法与刑事司法倚重死刑的适用，这决定了中国废除死刑的困难重重。④ 有的学者则以死刑的司法演变为主线，从刑事法官、司法解释、死刑核准和死刑执行方式等方面对我国死刑司法的现状进行了较为详细和系统的研讨。⑤

3. 财产刑。（1）罚金刑。有的论者通过统计分析，揭示了罚金刑在刑法分则各章、贪利性犯罪、故意犯罪和过失犯罪、轻罪和重罪等不同类型罪名中的配置情况，认为刑法的规定与通说相背离，并从罚金刑与轻刑的关系上分析了上述问题的成因。⑥ 有的学者对罚金刑的数额规定进行了分析。该论者重点分析了我国现行罚金刑数额规定的立法与罪刑法定原则之要求的不

---

① 参见冯军：《量刑概说》，载《云南法学》，2002（3）。

② 参见翟中东：《刑罚制定个别化问题研究》，载《国家检察官学院学报》，2002（3）。

③ 参见江学：《刑罚个别化的中国命运》，载《江苏公安专科学校学报》，2002（4）。

④ 参见邱兴隆：《死刑的德性》，载《政治与法律》，2002（2）。

⑤ 参见钊作俊：《死刑的司法现状及其展望》，载《河南省政法管理干部学院学报》，2002（2）。

⑥ 参见汪红飞：《罚金刑适用范围之立法评析》，载《中国刑事法杂志》，2002（4）。

适应性，导致了罚金刑异化的可能性、司法操作的难于规范性、司法裁判的难执行性等问题，在此基础上，提出了罚金刑数额规定的基本思路，即维护罚金刑作为刑罚的性质；科学确定罚金刑与自由刑的比例；以限额制作为罚金刑的主要规定方式；对不同模式的罚金刑设定不同的数额标准。[①] 有的学者对罚金易科制度进行了研究。通过对各国立法例的比较，该论者认为对于故意不缴纳罚金者易科自由刑，对于无能力缴纳罚金者易科公益劳动具有合理性、可行性。该论者具体论证了罚金刑易科制度的公正性、合理性和有效性，以及应实施的具体易科措施，并在此基础上提出了立法建议。[②]（2）没收财产。有的学者认为，从罪刑法定原则的要求来看，没收财产若作为一种剥夺部分财产的刑罚，在已经有罚金刑规定的情况下，没有存在的必要；作为对危害国家安全罪和其他严重犯罪适用的判处没收财产，难以看出其特殊的性质；作为判处死刑、无期徒刑的附加刑，违反刑法的基本目的，其存在具有一定的超刑事责任范围的任意处置、违反罪刑法定原则精神的倾向。基于此，该论者提出一般的没收财产刑应予废止。[③]

4. 累犯。（1）累犯制度设立根据问题。有的论者分析指出，累犯制度设立的现实依据在于人类社会重新犯罪现象的存在，而其理论依据则在于刑罚进化的不同历史时期各有不同。具体而言，朴素的报应观是报复时代累犯制度的理论基础，神意报应和重刑威慑论是威慑时代累犯制度的理论基础，刑事古典哲学是等价时代累犯制度的理论基础，刑事实证哲学则是矫正时代累犯制度的理论基础，而一体化的刑罚论则是折中时代累犯制度的理论基础。该论者在剖析累犯制度现实和理论依据的基础上，提出报应优先、兼顾功利，应是我国累犯制度的理论归依。[④]（2）累犯司法实务问题。有的论者对普通累犯后罪发生的时间界限、刑度条件提出了有别于传统的观点；有的论者对累犯认定中新旧刑法的冲突及其解决、我国四法域的累犯问题、判决生效后发现累犯问题的处理、累犯制度与《刑法》第356条的关系、数罪累

① 参见李洁：《罚金刑之数额规定研究》，载《吉林大学社会科学学报》，2002（1）。

② 参见林亚刚、周娅：《罚金刑易科制度探析》，载《法制与社会发展》，2002（1）。

③ 参见李洁：《论一般没收财产刑应予废止》，载《法制与社会发展》，2002（3）。

④ 参见苏彩霞：《累犯制度设立根据之研究》，载《中国法学》，2002（5）。

犯的从重处罚等问题作了较为深入的研讨。[①]（3）累犯的完善问题。有的论者建议将过失犯罪纳入累犯制度，有的论者就单位累犯问题作了探讨。

此外，有的论者就自首、缓刑、减刑、追诉时效等问题进行了研究。

三、刑法分则问题

（一）恐怖主义犯罪[②]

1. 恐怖主义犯罪的概念。有的学者在分别剖析国际视野中和学者视角下的恐怖主义犯罪的概念利弊的基础上，认为恐怖主义犯罪是指组织、策划、领导、资助、实施以对人身和财产造成重大损害或者制造社会恐惧气氛的暴力、威胁或危险方法，危害公共安全的行为。

2. 恐怖主义犯罪的本质和特征。有的学者认为：恐怖主义犯罪是具有严重社会危害性的国际犯罪，但并非纯正的政治犯罪。政治目的只是构成恐怖主义犯罪的一个选择要件，国际社会始终把恐怖主义犯罪排除于政治犯罪之外。有的学者认为，恐怖活动的基本特征是：目的通常具有一定的政治、经济性；侵害的对象是特定的重要人士或不特定的社会公众；行为内容具有强烈的暴力性；主体具有严密的组织性。有的论者则将其概括为以下几个方面：恐怖犯罪的目的性和预谋性；恐怖犯罪的有组织性；受害人不确定性和破坏目标定向性；作案的连续性和残忍性；犯罪手段的先进性。

3. 惩治恐怖主义犯罪的观念。有的学者认为应树立惩治恐怖主义犯罪的国际观、国家观、标本兼治观、集体安全合作观。

4. 恐怖主义犯罪的防范。有的学者提出以下防范对策：建立反恐怖机构；加强反恐怖国际合作；加强对恐怖活动的防范措施；加强反恐怖立法；加强宣传、树立全民防范意识。有的学者建议进一步完善我国惩治恐怖主义

---

① 参见赵辉：《对普通累犯几个问题的思考》，载《法学论坛》，2002（3）；苏彩霞：《累犯司法实务若干疑难问题研究》，载《法学家》，2002（3）。

② 参见王秀梅：《论恐怖主义犯罪的惩治及我国立法的发展完善》，载《法学》，2002（3）；张小虎：《反恐怖活动的刑法立法分析》，载《法学评论》，2002（5）；熊一新、谢川豫：《恐怖活动的防范对策》；杨正鸣：《恐怖犯罪的概念及其本质特征》，载《江苏公安专科学校学报》，2002（4）。

犯罪的刑事立法，包括确立恐怖主义犯罪的概念、明确恐怖主义的犯罪客体、明确恐怖主义犯罪涉及的犯罪类型等。

（二）交通肇事罪

有学者对交通肇事能否引起救助的作为义务问题进行了分析。有的学者指出，交通肇事后的逃逸行为实质是逃避履行其应当履行的抢救义务，并不能否认其构成故意杀人罪的可能性，但不能据此认定行为人放任被害人死亡发生的，就构成故意杀人罪，只有在被害人的生死完全或者基本上受被告人所控制，其所实施的转移行为对死亡危险的进程处于绝对、排他性的支配地位的情况下，被告人不予救助造成被害人死亡的，才可构成故意杀人罪。[①]有的学者认为，根据《道路交通事故处理办法》，交通肇事行为肯定引起救助义务，而此义务的承担并不以交通肇事行为本身是否构成犯罪为前提，将犯罪归入引起救助义务的先行行为的范围，可以按结果加重犯或转化犯处理，并不会引起一罪变为数罪的结果。[②] 有的论者对信赖原则在中日交通肇事罪中的适用问题作了比较分析，指出两者的差异性，即日本信赖原则的适用与否及如何适用由法官作出判断，而在中国，信赖原则的适用则依赖于交通事故责任的认定。[③] 有学者对交通肇事罪的司法解释问题进行了剖析。针对司法解释以行为人有无赔偿能力作为定罪标准之一的规定，有的学者认为其混淆了刑事责任和民事责任的界限，缺乏法理和立法上的支持，且有可能造成对法律面前人人平等原则的破坏[④]；有的学者则认为，这一规定虽有超越司法解释权限之嫌，但符合刑法谦抑精神，不存在不平等问题，具有历史进步意义。[⑤]

此外，有的论者对中外的交通肇事立法进行了比较性研究。

---

① 参见王作富：《交通肇事罪研究》，载高铭暄主编：《刑法专论》（下编），661～668页，北京，高等教育出版社，2002。

② 参见侯国云、张豫生：《交通肇事能否引起救助义务》，载《人民检察》，2002（9）。

③ 参见王玉珏：《信赖原则在中日交通肇事罪中适用之比较》，载《法学》，2002（3）。

④ 参见杨忠民：《刑事责任与民事责任不可转换——对一项司法解释的质疑》，载《法学研究》，2002（4）。

⑤ 参见侯国云：《交通肇事罪司法解释缺陷分析》，载《法学》，2002（7）。

（三）侵犯知识产权罪

有的学者对侵犯注册商标权犯罪问题进行了探讨，指出假冒注册商标罪只能由直接故意构成，对“明知”的理解应区分存在论意义上和司法推定层面上的不同；并对“销售金额”“违法所得数额”“非法经营数额”各自的内涵进行了剖析。[①] 有的论者对我国加入 WTO 后商标权刑法保护的完善问题作了分析，认为应将反向假冒商标行为等列入刑法调整范围，将刑法保护的商标种类扩大至服务商标，并合理配置不同商标犯罪的法定刑，强化资格刑、罚金刑的适用。[②]

（四）关于“婚内强奸”问题

近年来，随着全国一些地方法院判决的婚内强奸案件的宣传报道的出现，婚内强奸问题成为刑法学界乃至社会学界热衷探讨的话题之一。关于婚内强奸是否成立强奸罪，肯定论者认为：无论婚姻关系是否处于正常存续期间，丈夫采用暴力等手段，强行与妻子性交的，丈夫都可以构成强奸罪；不能采取折中论；存在婚姻关系并没有使夫妻之间性行为具有必然的合法性，必须以是否存在性交合意作为判断婚内性行为是否合法的标志；对婚内强奸案件应从严把握，合理认定，防止矫枉过正。[③] 有的论者则就婚内强奸立法的必要性与可行性作了探讨，并提出若干立法建议。[④] 有的否定论者从现代刑法精神的角度认为婚内强迫性行为侵犯的不是妇女的性的权利，不构成强奸罪，行为人只应承担相应的民事责任或道德责任。婚内强迫性行为非罪处理符合公正性、宽容性、经济性等现代刑法精神。[⑤] 有的论者则认为：将婚内强奸犯罪化，如果仅从逻辑上论证这一问题，容易误入歧途。从社会学、犯罪学和刑法学角度看，当前在我国将婚内强奸行为犯罪化的条件不成熟，

① 参见赵秉志、许成磊：《侵犯注册商标权犯罪问题研究》，载《法律科学》，2002（3）。

② 参见胡志坚：《论我国加入 WTO 后商标权刑法保护的完善》，载《人民检察》，2002（11）。

③ 参见李立众：《婚内强奸案的新近理论与实务研究——吴某强奸案》，载赵秉志主编：《刑事法判解研究》，53页以下，北京，人民法院出版社，2002。

④ 参见李艳梅：《婚内强奸立法探析》，载《当代法学》，2002（9）。

⑤ 参见郑牧民、黄征：《婚内强迫性行为非罪的刑法精神分析》，载《湘潭工学院学报》（社会科学版），2002（2）。

强行立法存在诸多问题，应当缓行之。[①]

（五）抢夺罪

近年来飞车夺财的行为在全国不少地方出现，引起有关部门的高度重视，最高人民法院还专门出台了相关的司法解释。有的学者认为：对这种飞车夺财行为，应根据抢夺时机动车辆行驶的速度、被抢者所处的位置、财物与人身的依附程度、当时的客观环境等诸多因素综合分析，看该行为是否含有危害人身安全的危险性。如果行为客观上具有这种危险性，不论已经造成或尚未造成人身伤亡的严重后果，均应以抢劫罪论处。反之，如果行为中不含有这种危险性，即使造成危害人身的严重后果，也不应定抢劫罪。[②] 有的论者在分析了危险方法抢夺行为的概念及特点以后，认为对这种以危险方法抢夺的行为应认定为抢劫罪，但应从轻处罚。其理由是：这种行为的社会危害性大；以抢夺或过失致人重伤或过失致人死亡罪定罪与该行为的社会危害性不相称；将其认定为抢劫罪可以防止犯罪分子规避法律；司法实践对将这种行为确认为抢劫罪的呼声很高。[③]

（六）黑社会性质组织犯罪

在全国人大常委会通过关于黑社会性质组织特征的立法解释后，学界对于该解释与此前最高人民法院出台的有关黑社会性质组织犯罪的司法解释进行了比较分析，争议最为激烈的问题是“保护伞特征”应否作为黑社会性质组织的必备条件。多数学者持肯定的观点。[④] 有的学者对组织、领导、参加黑社会性质组织罪的停止形态等司法认定问题进行了探讨[⑤]；有的学者对包庇、纵容黑社会性质组织罪的主体，“包庇、纵容”的含义、对象、行为方

---

① 参见廖万里、刘艺乒：《论“婚内强奸”犯罪化应当缓行》，载《云南大学学报》（法学版），2002（1）。

② 参见侯国云：《关于飞车夺财行为的定罪与处罚》，载《法律应用研究》，2002年第4辑，15～18页，北京，中国法制出版社，2002。

③ 参见肖智川：《论“危险方法抢夺”行为的定罪》，载《中国刑事法杂志》，2002（4）。

④ 参见赵秉志主编：《刑事法判解研究》，2002年第1辑，103页以下，北京，人民法院出版社，2002。

⑤ 参见黄京平、石磊：《试论组织、领导、参加黑社会性质组织罪的几个问题》，载《法学论坛》，2002（6）。

式等问题进行了较为深入的探讨。①

（七）职务犯罪

1. 关于“国家工作人员”的界定。有的学者分析了《刑法》第93条第2款规定的“委派从事公务”的含义，认为对“委派”的理解应从委派的主体、委派的目的、被委派者与委派单位的关系以及委派的效力四个方面的特征予以把握；国有公司、企业应界定为全部投资为国家所有的公司、企业；对国有单位委派到合资、合作、股份制等非国有单位从事公务的人员不能一概以国家工作人员论，这是完善现代公司企业治理结构的要求，是我国政治、经济体制改革深入发展的成果，也是刑法谦抑精神和人文关怀在刑事司法领域的凸显。② 有的学者则对与国家工作人员有关的11个立法解释和司法解释进行了简要的评析，认为在解释的形式与内容上均存在欠缺之处。③

2. 足球“黑哨”问题。足球“黑哨”是2002年社会各界广为关注的话题，不仅《光明日报》《法制日报》《中国青年报》等舆论媒体对之进行了广泛的报道，刑法学界也投入了高度的热情，对足球“黑哨”行为能否作为犯罪处理以及以何种犯罪论处等问题进行了热烈的争论，大致有以下几种意见：第一种观点认为，在现行法律规定状况下，难以找到确切的法律根据对这种行为定罪量刑；第二种观点认为，应直接以受贿罪论处；第三种意见认为，应以公司、企业人员受贿罪论处。④

---

① 参见刘志伟：《包庇、纵容黑社会性质组织罪主体与主观方面疑难问题研析》，载《国家检察官学院学报》，2002（1）；刘志伟：《包庇、纵容黑社会性质组织罪客观要件中疑难问题研析》，载《政治与法律》，2002（4）。

② 参见金泽刚：《刑法中“委派从事公务”的学理分析与司法认定》，载《法学》，2002（9）。

③ 参见龚培华：《关于“国家工作人员”的司法解释简介与评说》，载《上海市政法管理干部学院学报》，2002（3）。

④ 参见于宛等：《刑法理论关注社会热点问题——足球“黑哨事件”“伤熊”事件刑法学术研讨会综述》，载《法学家》，2002（4）；卢建平：《刑事政策视野中的“黑哨”问题》；阮方民：《足坛“黑哨”事件引出的若干法律思考》，载赵秉志主编：《刑法评论》，第1卷，9页以下，北京，法律出版社，2002；曲新久：《“黑哨”行为已构成受贿罪》，载《政法论坛》，2002（3）；王作富、田宏杰：《“黑哨”行为不能以犯罪论处》，载《政法论坛》，2002（3）。

3. 挪用公款罪。[①] 有的论者对挪用公款罪的构成特征进行了剖析，认为本罪的对象包括公款和特定公物，特定公物除法定7种外，还包括“社会捐助公益事业”的物资。对于挪用公款数额巨大不退还的行为性质，有的论者认为应根据行为人在使用公款时有无造成公款在客观上不能退还的主观心态加以具体认定；有的论者则认为，只要行为人主观上不想退还且实际上未还，无论客观上能否归还，都应以贪污罪定罪处罚。有的论者认为，公款给其他单位使用是否构成犯罪，应根据使用公款单位的性质、是否为个人谋利益等分别认定；挪用公款罪与用账外客户资金非法拆借、发放贷款罪不存在法条竞合关系，两者的区分应从侵犯的客体和谋利益的性质方面加以甄别。

4. 巨额财产来源不明罪。有的学者从刑事政策的视角分析了我国刑法中的巨额财产来源不明罪，认为本罪属于典型的不作为犯罪，但设定其财产来源的制度前提是很不充足的，为此建议应作好制度前置，包括进一步在宪法层次上强调对公民合法财产的保护，强调公共职务或权力的公共性、廉洁性，发展和完善民法中的财产权制度，尽快制定颁布国家工作人员财产收入申报法，等等。从规范层面，该论者认为本罪惩罚的重点在于对“说明义务的不履行”，而非其非法财产的状况或非法取得的行为，正是从这个角度讲，该罪的刑罚配置相对比较合理，立法对本罪的规定属于一种政策上的“次优”选择。[②]

有的论者分别从规范层面、价值层面、社会分析角度对本罪作了深入的研析，认为从规范层面上看，对该罪实行行为的界定应坚持不作为说；从价值层面分析，该罪的立法必要性毋庸置疑，并不因为加重国家工作人员的义务负担而有违法律面前人人平等原则；从社会分析角度，尽管该罪受到舆论攻击，但应认为并非该罪在立法上的缺失，而是整个反腐败机制疏漏所致，因而并不能由此否定该罪立法上的正当性，同时从社会主义法治角度考虑，与该罪相配套的行政法律、法规应及时出台，以使反腐败机制得以完善。[③]

---

① 参见宣炳昭、江献军：《挪用公款罪法律适用研究》，载《法律科学》，2002（2）；杜国强：《挪用公款不退还的司法适用》，载《国家检察官学院学报》，2002（6）；孙国祥：《挪用公款罪争议问题研究》，载《南京大学法律评论》，2002年春季号。

② 参见卢建平：《刑事政策视野中的巨额财产来源不明罪》，载《刑事法杂志》，2002（1）。

③ 参见时延安：《巨额财产来源不明罪的法理研析》，载《法学》，2002（6）。

有的论者则认为，本罪的行为方式属于超常规形态的多样性行为方式，只有当持有和不作为两种方式并存，或作为与不作为并存，或者持有、作为、不作为并存时，本罪才能成立，而非简单的“持有”或“不作为”[①]。

四、外向型刑法问题

（一）外国刑法与比较刑法

1. 外国刑法。有的学者对大陆法系刑法理论中的违法性问题进行了深入的探讨，内容包括违法性的概念、违法性的本质、违法性的要素以及可罚的违法性理论。[②] 有的学者对俄罗斯联邦刑法典的历史发展作了评述，指出俄罗斯新刑法典修改，补充的内容与主要特点有：(1) 使俄罗斯刑法典进一步与犯罪状况相适应；(2) 进一步完善个人权利自由的保护体系；(3) 严格区分不同的刑事责任；(4) 使刑事法律规范更加准确、具体。[③] 有的学者对美国刑法的基本内容作了梳理，内容包括：管辖和一般规定，犯罪的基本构成，共同犯罪的刑事责任，未完成形态的犯罪，刑事责任和犯罪能力，无罪辩护的原则，侵犯人身罪、性犯罪、侵犯财产罪、住所犯罪、妨害司法罪。[④]

2. 比较刑法。关于比较刑法，发表在《刑法论丛》第6卷的3篇有关刑罚制度内容的比较研究堪称有分量之作。《刑罚功能比较研究》一文系统地分析了外国刑法中的刑罚功能理论，中国刑法中关于刑罚功能的概念、刑罚功能的分类，并剖析了中外刑罚功能理论各自的特色；《短期自由刑若干问题比较研究》一文则从短期自由刑的概念、短期自由刑的利弊、短期自由刑的存废三个层面展开比较性研究；《量刑情节比较研究》一文也从量刑情节

① 谭明、王北京：《巨额财产来源不明罪基本法理问题研究》，载《广西政法管理干部学院学报》，2002 (3)。

② 参见马克昌：《大陆法系刑法理论中违法性的若干问题》，载赵秉志主编：《刑法评论》，第1卷，45页以下，北京，法律出版社，2002。

③ 参见刘向文：《试述俄罗斯联邦刑法典的历史发展》，载赵秉志主编：《刑法评论》，第1卷，247页以下，北京，法律出版社，2002。

④ 参见刘生荣：《美国刑法大纲》，载赵秉志主编：《刑法评论》，第1卷，260页以下，北京，法律出版社，2002。

的分类、量刑情节的适用角度进行了比较研究，并对中国刑法量刑情节的立法缺陷与完善问题作了探讨与论证。[①]

此外，有的学者对犯罪未遂、损害债权罪、责任事故罪、渎职罪进行了比较研究。

（二）国际刑法与区际刑法

1. 国际刑法。有的学者对普林斯顿普遍管辖原则进行了译介，对制定普林斯顿普遍管辖原则的时机、如何依据普遍性起诉、包括的罪行、适用的对象和时间等问题作了扼要的说明。[②] 有的学者探讨了国际刑事司法协助的基本原则，包括国家主权原则、平等互惠原则、法制原则、特定性原则和人权保护原则。[③] 有的学者结合赖昌星"难民"案提出了加强我国国际刑事司法合作的思考意见。[④] 有的学者对前南斯拉夫国际刑事法庭的机构组成、诉讼程序及特点等作了介绍。[⑤]

此外，有的学者对国际刑法中的危害人类罪[⑥]、灭绝种族罪[⑦]、侵略罪[⑧]、酷刑罪[⑨]等罪的概念以及构成特征等问题进行了研讨。

2. 区际刑法。有的学者对中国内地与港、澳特别行政区刑事管辖权划分的指导思想、原则及互涉刑事案件管辖权的具体划分等问题进行了探讨，提出"一国两制"是区际刑事管辖权划分的指导思想，以地域原则为主、以合理有效惩治防范犯罪原则为辅，是合理划分区际刑事管辖权冲突的必然选

---

① 参见阴建峰：《刑罚功能比较研究》，陈志军：《短期自由刑若干问题比较研究》；郭理蓉：《量刑情节比较研究》，载高铭暄、赵秉志主编：《刑法论丛》，第6卷，393页以下，北京，法律出版社，2002。

② 参见高铭暄、王秀梅译：《普林斯顿普遍管辖原则及其评论》，载《中国刑事法杂志》，2002(3)。

③ 参见成良文：《国际刑事司法协助的基本原则》，载《中国法学》，2002(3)。

④ 参见王勇：《赖昌星"难民"案的法理评析——兼论加强我国国际刑事司法合作的几点思考》，载《法学》，2002(10)。

⑤ 参见朱文奇：《前南斯拉夫国际刑事法庭的理论与实践》，载赵秉志主编：《刑法评论》，第1卷，176页以下，北京，法律出版社，2002。

⑥ 参见王秀梅：《论危害人类罪的概念及行为特征》，载高铭暄、赵秉志主编：《刑法论丛》，第6卷，526页以下，北京，法律出版社，2002。

⑦ 参见王秀梅：《论灭绝种族罪》，载《法商研究》，2002(5)。

⑧ 参见王秀梅：《论侵略罪》，载《法学家》，2002(2)。

⑨ 参见王光贤：《"酷刑"定义解析》，载《国家检察官学院学报》，2002(2)。

择。该论者还就内地与港、澳三地互涉刑事案件的管辖、互派人员犯罪案件的管辖，涉国防、外交犯罪的管辖等问题作了具体的论证。[①] 有的学者对区际刑事司法协助的内容作了初步探讨，认为我国区际刑事司法协助包括狭义的刑事司法协助，移交犯罪嫌疑人、被判刑人和新形式的刑事司法协助三类，并依次提出各自应确定的内容。[②]

此外，有的论者还就内地（大陆）与港、澳、台地区刑事案件缓刑犯的移管问题进行了探讨。[③]

五、刑法学研究发展之展望

党的十六大报告强调，创新是一个民族进步的灵魂，是一个国家兴旺发达的不竭动力。而学术的生命更在于创新，我们认为在今后的刑法学研究中应在以下几个重大方面坚持理论创新，推进我国刑法学术的繁荣发展。

第一，进一步完善研究方法、拓宽研究视野。比较研究方法在刑法学研究中始终占有重要的位置，尤其是在刑法基础理论问题研究领域，完全不借鉴或不引用境外学术成果或立法资料的情形可以说颇为罕见。但比较研究方法单一，尤其是局限于逻辑的思辨、法律制度事实层面的考察，是当前比较研究的通病。因此，对不同法域的法律进行比较，须对其立法例或学说有充分的了解，并应将所获之参考资料以及参考的理由加以说明。[④] 这是今后比较刑法研究应着力考虑的问题，另外，应积极探索对刑法规范、刑法概念、刑法原理等新的方法论的研究，拓宽刑法学研究的视野。如有的学者对刑法视域中“类型化”方法进行的初步考察就是一种积极有益的尝试。[⑤]

第二，对立法、司法现实给予更多的关注。从立法、司法的实践中获取相关信息、资料，是刑法学研究保持生机的源泉和动力。1997年刑法典制

① 参见赵秉志：《中国内地与港澳特别行政区刑事管辖权合理划分论纲》，载《法学家》，2002（4）。

② 参见马克昌：《我国区际刑事司法协助的内容刍议》，载《浙江社会科学》，2002（6）。

③ 参见黄荣康、邬耀广：《我国内地与港澳台地区刑事案件缓刑犯移管问题研究》，载《法律适用》，2002（10）。

④ 参见黄文艺：《比较法：批判与重构》，载《法制与社会发展》，2002（1）。

⑤ 参见张文、杜宇：《刑法视域中“类型化”方法的初步考察》，载《中外法学》，2002（4）。

定后，全国人大常委会先后通过了4个刑法修正案、5个立法解释，最高人民法院、最高人民检察院也先后发布了八十余件司法解释。刑法理论不仅应对上述规范本身的内容进行研究，而且更应从理论的高度，对刑法修正案、立法和司法解释的规范形式、解释体制等基本原理展开深入的探讨，同时应进一步改进刑法解释学的方法，提升刑法解释的理论层次。

第三，继续推进对刑法犯罪论部分的深层次研究。刑法学历来是中国法学中的显学，尤其是对犯罪论的研究，成绩更为显著。而近年来随着研究视野的开阔、研究视角的转换，在法律借鉴乃至移植的基础上，学界对传统犯罪论的内容不断地加以交叉、整合，更是大大推进了研究的力度，为犯罪论注入新的血液，给刑法学界送来缕缕春风。今后应继续强化这一研究态势，对诸如犯罪构成体系的改良、犯罪罪过、不纯正不作为犯、法条竞合、犯罪集团、有组织犯罪、犯罪形态等基础理论课题作进一步的，乃至脱胎换骨式的研究，同时应注重总论与各论的有机结合。

第四，大力加强对刑罚基础理论的研究。与犯罪论相比，刑罚论一直是我国刑法学研究相对薄弱的环节。国外传统刑法学虽然一直重视犯罪论的研究，但在过去的几十年中，外国学者越来越致力于量刑问题的研究，提出了不同的量刑模式。① 因而，通过对量刑进行考察，指出其利弊得失，满足法共同体对确立公正的量刑制度的期待，是中国刑法学者的迫切任务。② 同时，对具体的刑罚制度的理论探讨，也应进一步强化。

［赵秉志、许成磊；载高铭暄、赵秉志主编：《刑法论丛》，第7卷，北京，法律出版社，2003］

① 参见［德］汉斯·海因里希·耶赛克、托马斯·魏根特著，徐久生译：《德国刑法教科书》，1040页，北京，中国法制出版社，2001。

② 参见冯军：《量刑概说》，载《云南法学》，2002（3）。

第十五章

2003 年的刑法学研究

一、研究概况

2003 年对中国人民来说是很不平凡的一年，虽有上半年的“非典”肆虐，但更有“神舟五号”遨游太空等表征民族复兴的盛事。中国刑法学界也以推进社会主义法治建设为己任，注重法治实践，提升理论品位，注重国际交流，走过了不平凡的一年。在 2003 年，学界共出版了一百三十余部刑法学著作，在各类报纸杂志上发表了千余篇刑法学术论文，显现出了刑法学研究的良好发展势头，主要有以下四种类型：(1) 十余部教材，如马克昌主编的《刑法学》(高等教育出版社)，陈兴良主编的《刑法学》(复旦大学出版社)，张明楷著《刑法学》(2 版，法律出版社）等。(2) 六十余部理论著作，如赵秉志主编的“当代刑法理论探索”系列（法律出版社，包括《刑法基础理论探索》、《犯罪总论问题探索》、《刑罚总论问题探索》和《国际区际刑法问题探索》，共 4 本)，陈兴良著《刑法理念导读》(法律出版社)，张明楷等著《刑法新问题探究》(清华大学出版社)，赵秉志主编的《酷刑遏制论》(中国人民公安大学出版社)，赵秉志主编的《突发公共卫生事件相关犯罪刑法适用——以“非典”事件为中心》(法律出版社）等。(3) 十余部学术文集，如赵秉志、张军主编的《中国刑法学年会文集：2003 年度》[中国人民公安大学出版社，包括《刑法解释问题研究》和《刑法实务问题研究》(上、下册)]，高铭暄著《刑法肄言》(法律出版社)，王作富著《刑法论衡》

（法律出版社），赵秉志主编的《国际刑事法院专论》（人民法院出版社）等。（4）十余本境外原著或译著，如［美］史蒂文·L. 伊曼纽尔著《刑法》（中信出版社影印本）；［日］大塚仁著《刑法概说（总论）》《刑法概说（各论）》（冯军译，中国人民大学出版社）等。

二、刑法基础理论问题

1. 刑法学研究的改进。有论者指出，应当在以下几个方面改进刑法学的研究：（1）一定要厚积薄发，潜心研究，致力于写出高质量的论著；（2）密切联系刑事司法实际，注意研究刑事司法实践中提出的问题；（3）加强比较刑法学、外国刑法学的研究，吸收国外刑法学研究的最新成果。① 也有论者认为：新的时代对传统的刑法立法和刑法理论提出了挑战，受其影响，德日刑法学研究出现了一些新的动向。这些新动向对我国未来的发展有以下启示：（1）要对一些不能适应形势发展需要的传统刑法理论进行重新思考；（2）要使刑法学的发展跟上现代科学技术发展的步伐；（3）要加强国际交流与合作。②

2. 刑法的公众认同。有论者指出，今后我国刑法理论与实践要更多地考虑公众认同，必须注意三方面的问题：（1）理论总体思路的调整，既重视法益概念的重要性，又凸显规范在当前我国的独特价值；（2）在具体问题上的理论创新和反思，在因果关系、不作为、故意、共犯、责任论等问题上，都应当以如何进一步促进公众认同为归依进行调整；（3）鼓励市民介入刑事司法裁判过程，在改革陪审制等方面加强刑法的公众认同感。③

3. 罪刑法定原则。有论者从一个投寄虚假炭疽杆菌邮件而被认定构成以危险方法危害公共安全罪的案例出发，对罪刑法定原则的司法运作问题进行了探讨。他认为：在刑事司法活动中，司法机关不能逾越刑法的明文规定去寻求法律的灵活性价值，更不能以“社会需要”为借口侵入立法权的领地。刑法之确定性与适应性的矛盾不可避免在这二者的对立中，我们可以通过以下三种力量达成一种相对合理的平衡状态：司法能动的有限发挥、立法

① 参见马克昌：《改进中国刑法学研究之我见》，载《法商研究》，2003（3）。

② 参见刘明祥：《德、日刑法学的新动向与我国刑法学的展望》，载《法商研究》，2003（3）。

③ 参见周光权：《论刑法的公众认同》，载《中国法学》，2003（1）。

权力的适时跟进与社会对刑法无能的部分忍受。可以说，忍受法无明文规定的危害行为，是社会为了维护刑法正义所付出的必要代价；而对刑法根基的真正伤害，更可能来自刑罚权的不当使用。[①]

4. 罪刑均衡原则。有论者认为：在我国司法实践中存在着量刑趋重与量刑偏差较大等问题，制约着罪刑均衡原则的充分实现。对量刑偏差问题，比较现实的解决方案是将各地量刑经验汇至最高人民法院，在学者的参与下确立起各罪的量刑基准，并逐步建立起适度的遵循先例制度，以实现量刑的统一。至于量刑趋重问题，它是我国刑法文化形态的外在表现，难以在短期内得到改观，但司法依旧可以有所作为。[②]

5. 刑法解释。（1）刑法解释观。刑法理论中历来有主观说、客观说和折中说三种观点。主观解释认为刑法解释的目标在于探求立法原意，如有论者指出，我国目前的司法解释实践确立了主观解释论的绝对优势地位。[③] 客观解释论则主张刑法解释的目标是如何使过去制定的法条适应现实的客观需要。[④] 也有论者认为主观说和客观说都是片面的，因而主张折中说。[⑤]（2）刑法解释权的配置格局。有论者认为刑法解释权的法定主体为全国人大常委会，最高人民法院和最高人民检察院是授权解释主体，称此为“一主两翼”的刑法解释格局，并主张坚持、改善和加强“一主两翼”的刑法解释格局。[⑥] 有论者认为，保留最高人民检察院的刑法司法解释权，对指导全国的检察工作是有意义的，并且还可以起到监督、弥补、制约最高人民法院刑法解释的作用。[⑦] 也有论者认为，最终取消检察机关的司法解释权是大势

---

① 参见周少华：《罪刑法定在刑事司法中的命运——由一则案例引出的法律思考》，载《法学研究》，2003（2）。

② 参见刘守芬、方文军：《罪刑均衡的司法考察》，载《政法论坛》，2003（4）。

③ 参见夏勇：《我国刑法解释的几个问题》，载赵秉志、张军主编：《刑法解释问题研究》，73页，北京，中国人民公安大学出版社，2003。

④ 参见郑军男：《刑法解释方法研究——寻求刑法解释的客观性》，载赵秉志、张军主编：《刑法解释问题研究》，341～343页，北京，中国人民公安大学出版社，2003。

⑤ 参见姜伟、卢宇蓉：《刑法解释的若干问题》；莫开勤：《论刑法解释的文本主义》，均载赵秉志、张军主编：《刑法解释问题研究》，33页，北京，中国人民公安大学出版社，2003。

⑥ 参见贾济东：《刑法解释若干问题探讨》，载赵秉志、张军主编：《刑法解释问题研究》，148～149页，北京，中国人民公安大学出版社，2003。

⑦ 参见周振晓：《论狭义刑法解释的定义、分类和时间效力》，载赵秉志、张军主编：《刑法解释问题研究》，169页，北京，中国人民公安大学出版社，2003。

所趋。[①] 有论者认为，赋予地方人民法院和人民检察院司法解释权既无法律根据，也无实践根据。[②] 也有论者认为，应当赋予地方各级人民法院以刑法解释权。[③] 还有论者认为，法官也应是刑法有权解释的主体。[④]

三、犯罪总论问题

1. 社会危害性与刑事违法性的关系。有论者认为，社会危害性与刑事违法性是刑法中两种基本的行为评价标准。这两种行为评价标准之间的矛盾在刑法理论、刑事立法和刑法司法层面都有体现。在刑法理论层面，矛盾主要体现为犯罪实质概念和形式概念、罪刑擅断主义与绝对罪刑法定主义的对立；在刑法立法层面，这一矛盾主要体现在粗疏立法观与细密立法观的对立、经验立法观和超前立法观的对立、出入罪界限不明确、应入罪而不入和应出罪而不出等方面；在刑法司法层面，这一矛盾主要表现在社会危害性根据论和刑事违法性根据论的对立。该论者就这些矛盾提出了相应的解决方案。该论者认为，在罪与非罪的区分中由社会危害性标准和刑事违法性标准共同发挥作用、在此罪与彼罪的区分中主要由刑事违法性标准发挥作用、在罪轻与罪重的区分中主要由社会危害性标准发挥作用。[⑤] 也有论者认为，在现实的立法与司法中，或多或少会呈现出社会危害性和刑事违法性的对立状态和冲突。应通过在立法和司法两个过程中运用“应罚”与“可罚”之社会危害性观念，在承认实然的社会危害性与刑事违法性对立与冲突关系的前提

① 参见张文、牛克乾：《规范性刑法解释的实然与应然》，载赵秉志、张军主编：《刑法解释问题研究》，95～96页，北京，中国人民公安大学出版社，2003。

② 参见赵秉志、陈志军：《论越权刑法解释》，载赵秉志、张军主编：《刑法解释问题研究》，185～187页，北京，中国人民公安大学出版社，2003。

③ 参见宣炳昭、芦山：《刑法有效解释主体之思考》，载赵秉志、张军主编：《刑法解释问题研究》，301～302页，北京，中国人民公安大学出版社，2003。

④ 参见宗建文、付立庆：《刑法适用解释机制的完善——刑事法治建设的一种路径选择》，载赵秉志、张军主编：《刑法解释问题研究》，209～210页，北京，中国人民公安大学出版社，2003；李洁：《中国有权刑法司法解释模式评判与重构》，载赵秉志、张军主编：《刑法解释问题研究》，551页，北京，中国人民公安大学出版社，2003。

⑤ 参见赵秉志、陈志军：《社会危害性与刑事违法性的矛盾及其解决》，载《法学研究》，2003(6)。

下，努力追求二者的相互统一的理想状态。[①]

2. 犯罪构成基本理论问题。（1）犯罪构成理论的多元化。有论者认为，犯罪构成理论虽然与法律规定具有对应性，但它又超然于法律规定，刑法规定只有一个，但由于对它的解释不同而形成的犯罪构成理论体系却可以是多元的。我们直接引入大陆法系的递进式犯罪构成理论体系并不存在刑法立法障碍。我国传统的四要件耦合式犯罪构成理论体系已经在现实的司法实践中产生了深远的影响，仍有存在的必要。该论者积极倡导大陆法系递进式犯罪构成理论体系，也主张探索构建有中国特色的犯罪构成理论体系。[②] 也有论者认为，德日三要件论最重要的出发点是落实罪刑法定原则，意在构建法定犯罪之构成；我国的四要件论是意在构建应然犯罪之构成，由此决定它从存在的犯罪现象出发，依托犯罪行为结构来揭示、把握犯罪法律因素的应然犯罪之犯罪构成的理论风格。从不同角度阐述犯罪构成，不仅可以并行不悖，而且还能相得益彰。我们既需要应然犯罪之犯罪构成理论，也需要法定犯罪之犯罪构成理论，即应寻求犯罪构成理论风格的多元发展。[③]（2）犯罪构成的层次和要素。有论者认为：在犯罪构成体系中，包括“构成要件”和“情节要求”两个既相互独立又相互联系的层次，各自从不同的角度共同承担犯罪符合性评价功能。“情节要求”对所有的犯罪具有普遍适用性，不能把它视为一个构成要件与其他构成要件相提并论。[④] 也有论者认为，犯罪客体不是犯罪构成要件，犯罪主体要件、客观要件和主观要件形成犯罪构成系统的基本框架，期待可能性属于犯罪构成主观要件之一。[⑤]

3. 单位犯罪。有论者认为，单位犯罪是包容自然人的组织体的犯罪，单位犯罪的刑事责任是组织体责任与个人责任的复合。据此，该论者提出单位犯罪“新复合主体论”的观点，主张单位犯罪中单位与直接责任人员之间、单位中多个直接责任人员之间是复合关系，具体体现为直接责任人员相

---

① 参见齐文远、周详：《社会危害性与刑事违法性关系新论》，载《中国法学》，2003（1）。

② 参见陈兴良：《犯罪构成法与理之间的对应与紧张关系》，载《法商研究》，2003（3）。

③ 参见阮齐林：《应然犯罪之构成与法定犯罪之构成——兼论犯罪构成理论风格的多元发展》，载《法学研究》，2003（1）。

④ 参见刘之雄：《论犯罪构成的情节要求》，载《法学评论》，2003（1）。

⑤ 参见陈建清：《我国犯罪构成体系完善探略》，载《法律科学》，2003（4）。

对于单位的依附性和独立性。[①]

4. 犯罪未遂。有论者对我国刑法中未遂犯的处罚范围提出了自己的主张：(1) 只有在行为对刑法所保护的重要利益造成了严重危险或者严重威胁的时候，行为才能作为未遂犯处罚，仅仅抽象地威胁到合法权益的行为，不能予以处罚；(2) 对法定刑重的犯罪，可以考虑处罚其未遂形态，对法定刑较轻的犯罪，没有必要处罚其未遂形态。[②]

5. 职务行为。有论者对职务行为成为正当化事由的条件进行了分析，认为应当包括命令来源的特定性、命令形式的合法性、执行主体的合法性、主观善意、执行行为客观合法及目的与手段的相应性6个方面的要件。[③]

四、刑罚总论问题

1. 刑罚目的。有论者认为：在刑罚目的问题上，应当建立分刑种分阶段以预防为基础的综合理论。首先，"以预防为基础的综合理论"是这个理论的整体特征。其次，这个理论是在死刑中基本体现正义性报应理论和在其他刑种中基本体现预防理论的综合，同时是结合在立法阶段主要体现一般预防的思想，在司法程序中体现特殊预防和报应的观点，在执行中体现特殊预防的原则的综合。[④]

2. 死刑。有论者认为：《公民权利和政治权利国际公约》等国际法律文件确立了严格限制并逐步废除死刑的目标，并从实体和程序上确立了死刑适用的国际标准。我国现行的死刑立法与国际标准相比尚存在着一定的不足，为了与国际标准接轨，我国刑法应当减少适用死刑的罪名、限制适用死刑的对象、严格死刑适用的证明标准、完善死刑的复核程序和减刑制度以及增设死刑的赦免制度与确立死刑犯不引渡原则等。[⑤]

3. 累犯。有论者认为，现行刑法关于累犯不得假释的规定，有违假释

① 参见熊选国、牛克乾：《试论单位犯罪的主体结构——"新复合主体论"之提倡》，载《法学研究》，2003 (4)。

② 参见黎宏、申键：《论未遂犯的处罚范围》，载《法学评论》，2003 (2)。

③ 参见高铭暄、朱本欣：《依命令之职务行为正当化研究》，载《中国刑事法杂志》，2003 (1)。

④ 参见王世洲：《现代刑罚目的理论与中国的选择》，载《法学研究》，2003 (3)。

⑤ 参见黄芳：《论死刑适用的国际标准与国内法的协调》，载《法学评论》，2003 (6)。

制度的立法精神，不利于累犯人的教育改造，因而应当取消这一限制。①

4. 自首和立功。（1）自首。有论者认为，余罪自首成立的客观要件为“如实供述司法机关还未掌握的本人其他罪行”，无论该罪行为与司法机关已掌握的或判决确定的罪行属于同种还是异种，只要其可以单独构成犯罪，就应认定为自首。②（2）立功。有论者认为，对帮助立功应予认定；对司法工作人员犯罪后提供“利用职务之便得到的情报”不宜认定为立功；犯罪分子立功后又脱逃不影响先行立功的性质。③ 还有学者认为，我国刑法上的立功制度存在诸多缺陷，应当从以下几个方面予以完善：第一，明确“立功表现”与“重大立功表现”的含义及界限；第二，尽快填补我国刑法中关于立功制度的空当，将“有立功表现”规定为死缓犯减刑的情节，规定“自首后又有立功表现”这一量刑情节；第三，彻底纠正我国刑法在立功制度价值取向上的功利色彩，对“自首后又有重大立功表现”这一情节的量刑原则进行必要的限制，应规定“如果罪行特别严重，应当从轻或者减轻处罚”，即不允许免除处罚；第四，科学地排列立功制度的刑法规范。该论者还对立功制度的刑事立法的法条设计提出了自己的建议。④

五、刑法各论问题

1. 交通肇事罪。有论者认为，按照立法本意，交通肇事罪中“因逃逸致人死亡”是指肇事人在第一次事故后不救助伤者，从而导致第一次事故的伤者由伤害发展为死亡的情形。简言之，这里的“因逃逸致人死亡”实为“因不实施救助行为而致人死亡”。“逃逸”一词的使用纯粹是立法上用词的失误，因为逃逸不能使已经发生的伤害结果进一步加重。⑤ 也有论者认为，根据《刑法》第133条的规定，是否成立交通肇事罪，只需要考虑是否具有“致人重伤、死亡或者使公私财产遭受重大损失”的情节就够了，而按照最

---

① 参见苏彩霞：《累犯法律后果比较研究》，载《法学评论》，2003（3）。

② 参见黄京平、杜强：《余罪自首成立要件解析》，载《政法论坛》，2003（5）。

③ 参见张俊霞：《论立功制度在司法实践中的正确适用》，载《政法论坛》，2003（3）。

④ 参见郝守才：《关于完善我国刑法中立功制度的几点思考》，载《法商研究》，2003（1）。

⑤ 参见侯国云：《有关交通肇事罪的几个疑难问题》，载《中国法学》，2003（1）。

高人民法院于2001年11月15日通过的《关于审理交通肇事刑事案件具体应用法律若干问题的解释》，仅仅造成了人员伤亡或者财产损失还不够，还必须考虑行为人对所发生的交通事故所应承担的责任，这实际上是修改了刑法中交通肇事罪的构成要件。“交通肇事后逃逸致人死亡”这一量刑情节中包括对他人死亡有认识的情况。①

2. 金融诈骗罪。有论者认为，刑法对有些金融诈骗罪所规定的“以非法占有为目的”在司法实践中常令公诉机关难以证明，司法解释与各种学理解释也都未能提供合理的解决办法，为彻底、有效地摆脱司法实践中对这类犯罪的证明困境，应对刑法的相关规定作修改，以使不具有“非法占有目的”的金融诈骗行为也能依照刑法规定予以处罚。② 有论者认为，信用卡诈骗罪中的“信用卡”应包含借记卡，盗窃信用卡并使用中的“信用卡”不包括伪卡或废卡。③

3. 侵犯知识产权罪。（1）侵犯著作权罪的立法完善。还有论者认为，我国刑法将“以营利为目的”和“违法所得数额较大或巨大”同时规定为著作权侵权刑事责任的归责条件，只能体现侵犯著作权罪的次要客体，不能体现主要客体，偏离了设立该罪的立法目的；进而建议在修改刑法时删除“违法所得数额较大或巨大”的规定，并将“以营利为目的”只规定为部分侵犯著作权犯罪的主观构成要件。④（2）专利犯罪的立法完善。有论者提出了完善我国专利权刑法保护的构想：第一，采取结合型立法模式，充分发挥附属刑法模式的作用；第二，完善罪名体系，将冒充专利和专利侵权行为纳入刑法调控的范围；第三，设置多个量刑幅度，实行限额罚金制；第四，建立以自诉为主、公诉为辅的追诉模式。⑤

4. 强奸罪。在2003年1月最高人民法院发布关于奸淫幼女罪的司法解释后，一位法理学者率先对之提出质疑，进而引发了一场出乎刑法学者意料的大争论，争议主要围绕着奸淫幼女行为构成犯罪是否属于严格责任而展

---

① 参见黎宏：《论交通肇事罪的有关问题》，载《法律科学》，2003（4）。

② 参见沈丙友：《诉讼证明的困境与金融诈骗罪之重构》，载《法学研究》，2003（3）。

③ 参见刘宪权：《信用卡诈骗罪的司法认定》，载《政法论坛》，2003（3）。

④ 参见杜瑞芳：《试析著作权侵权刑事责任的归责条件》，载《法学评论》，2003（1）。

⑤ 参见田宏杰：《侵犯专利权犯罪刑事立法之比较研究——兼及我国专利权刑法保护的完善》，载《政法论坛》，2003（2）。

开。大多数刑法学者都认为，主、客观相统一原则必须坚持，奸淫幼女犯罪不能实行严格责任。[①]

5. 抢劫罪。有论者认为：对构成抢劫罪加重犯的严重情节应该作严格的限制解释。“入户抢劫”应理解为非法侵入住宅抢劫；“在公共交通工具上抢劫”是指发生在公共交通工具上并危及交通运输安全的抢劫；把“多次抢劫”规定为抢劫罪的加重犯不够妥当；“抢劫数额巨大”不包含抢劫未遂的情形；抢劫（过失）致死与抢劫（故意）杀人有必要分开作规定，并且对后者应规定比前者更重的法定刑；持枪抢劫不包括持假枪抢劫。[②]

6. 有组织犯罪。有论者认为有组织犯罪的立法尚需完善：刑法总则中应当明确有组织犯罪的总体概念、外延及类型，增设黑社会组织犯罪的法条，行刑制度中应增设对判处 10 年以上有期徒刑的有组织犯罪首要分子不得使用假释的规定；刑法分则应当提高有组织犯罪的法定刑，增设对有组织犯罪财产刑的适用并加大财产刑的处罚力度，增加对参加有组织犯罪的国家机关工作人员从重处罚的规定。[③]

7. 突发公共卫生事件有关犯罪。有论者认为，最高人民法院、最高人民检察院联合发布的《关于办理妨害预防、控制突发传染病疫情等灾害的刑事案件具体应用法律若干问题的解释》有值得商榷之处：一是该解释第 1 条具有极强的扩张性；二是该解释第 6 条以非法经营罪定罪的行为范围很难确定；三是该解释第 10 条第 1 款将编造或故意传播与突发传染病疫情等灾害有关的恐怖信息的行为以编造、故意传播虚假恐怖信息罪定罪处罚。因而在司法实践中应严格控制刑事打击范围。[④]

8. 巨额财产来源不明罪。有论者认为：“司法机关无法查清巨额财产的真实来源”和“非法获取巨额财产”不是巨额财产来源不明罪的客观要

---

① 参见周道鸾：《同不满周岁的幼女发生性行为是否一律构成强奸罪》；陈兴良：《简论我国的刑事司法解释制度——以最高法院有关奸淫幼女的司法解释为切入》；李立众：《为最高院奸淫幼女司法解释之辩护》，755～758 页；刘仁文：《奸淫幼女与严格责任——就“高法”司法解释与苏力先生商榷》，均载赵秉志、张军主编：《刑法解释问题研究》，768～773 页，北京，中国人民公安大学出版社，2003。

② 参见刘明祥：《论抢劫罪的结果加重犯》，载《法律科学》，2003（1）。

③ 参见冯殿美：《有组织犯罪的几个理论问题》，载《政法论坛》，2003（1）。

④ 参见曲新久：《“非典”时期的“典型”反应——评“两高”的一个刑事司法解释》，载《政法论坛》，2003（3）。

件，本罪的行为只能是不作为，不作为特定义务的来源是司法人员的责令。行为人受到责令时，如实说明其巨额财产来源于贪污、受贿，不能视为自首。行为人的本罪被定罪判刑后，又查明其以本罪判处刑罚之涉案财产为贪污、受贿所得，则应根据不同情况分别处理。国家工作人员的亲属可构成本罪共犯。为了弥补本罪之立法缺陷，应直接将本罪以贪污或受贿罪论处。①

9. 持有型犯罪。有论者认为，主张持有型犯罪是严格责任犯罪的主张是错误的，严格责任缺乏刑事归责的正当性与合目的性，持有型犯罪不是严格责任犯罪，而是内含犯意推定的故意犯罪。②

六、外向型刑法问题

（一）外国刑法暨比较刑法问题

1. 犯罪冒失。有论者认为：英国刑法中的犯罪冒失是指冒不合理之风险。英国刑法中的犯罪冒失理论经历了主观冒失、客观冒失和主客观冒失共存的发展阶段，最后又趋于回归主观冒失。英国刑法中的犯罪冒失不是介于间接故意和有认识过失之间的第三种罪过形态，与间接故意及过失的关系混乱，我们不宜将其作为第三种罪过形态加以借鉴。③

2. 正当防卫的成立条件。有论者对英美法系国家和地区刑法上的正当防卫的成立条件进行了比较研究，发现：英美法系国家和地区在作为前提条件的不法侵害是否存在的问题上采用“被告人标准说”，这与大陆法系刑法上奉行的“客观标准说”不同；在防卫限度的判断标准问题上，英美法系国家和地区也偏向于采用“被告人标准说”。与“客观标准说”相比，“被告人标准说”更关注被告人行为当时的真实感受，将客观上虽然不合理但其主观上真诚确信的防卫行为也纳入正当防卫的范围，尽管奉行这一标准要求在个案中具体地进行判断，不如客观标准说更有利于司法的简便，但这体现了其

① 参见侯国云：《有关巨额财产来源不明罪的几个问题》，载《政法论坛》，2003（1）。

② 参见梁根林：《责任主义刑法视野中的持有型犯罪》，载《法学评论》，2003（4）。

③ 参见李居全：《论英国刑法中的犯罪冒失——兼论第三罪过形态》，载《法学评论》，2003（2）。

重视人权保障和个案正义的价值取向。①

3. 短期自由刑改革方式。有论者认为：短期自由刑的改革已经成为当代世界刑法改革运动的重要组成部分。世界各国和地区在短期自由刑改革问题上主要存在两种方案：一种是替代型方案；另一种是完善型方案。在替代型方案下，主要存在易科罚金、易科服劳役、易科训诫和易科剥夺资格四种改革方式。在完善型方案下，主要有以下三种改革方式：（1）采用微罪处分、起诉犹豫、宣告犹豫等减少短期自由刑宣告的措施；（2）采用执行犹豫、假释等减少短期自由刑实际执行或实际执行时间的措施；（3）采用周末监禁、半监禁和业余监禁等监禁刑变通执行方式。②

（二）国际刑法问题

1. 恐怖主义犯罪。有论者对恐怖主义犯罪的国际立法和主要国家的国内立法进行了比较研究，并在此基础上提出了中国惩治恐怖活动犯罪的刑法完善构想：（1）单独规定恐怖行为罪作为恐怖活动犯罪的基本罪名；（2）顺应国际规约的要求，增设侵害受国际保护人员罪、海盗罪等恐怖活动罪行；（3）专章规定国际犯罪，并将恐怖活动犯罪纳入其中予以集中规定。③ 还有论者对惩治国际恐怖主义犯罪国际合作中的普遍管辖问题进行了研究。④

2. 我国香港地区与外国之间的刑事司法协助。有论者我国以香港地区与其他国家签订的 12 个刑事司法协助协议为基础，对提供刑事司法协助的范围、限制、程序及其他具体运用问题进行了研析。⑤ 前述论者还对我国香港地区与外国移交被判刑人的原则、条件、程序等问题进行了研究。⑥

3. 国际刑事法院管辖权。有论者认为：国际刑事法院《罗马规约》规

---

① 参见赵秉志、陈志军：《英美法系刑法中正当防卫构成条件之比较研究》，载《法商研究》，2003（5）。

② 参见赵秉志、陈志军：《短期自由刑改革方式比较研究》，载《政法论坛》，2003（5）。

③ 参见赵秉志、阴建峰：《论惩治恐怖活动犯罪的国际国内立法》，载《法制与社会发展》，2003（6）。

④ 参见王秀梅、杜澎、赫兴旺：《惩治国际恐怖主义犯罪国际合作中的普遍管辖》，载《法学评论》，2003（4）。

⑤ 参见赵秉志、黄芳：《香港与外国签订的刑事司法协助协议研析》，载《法学家》，2003（2）。

⑥ 参见赵秉志、黄芳：《香港特别行政区与外国移交被判刑人制度研究》，载《中国法学》，2003（2）。

定的国际刑事法院管辖权，既不同于国家刑事管辖权，也不同于国际特设刑事法庭和国际法院的管辖权。国际刑事法院的管辖权具有复合性（集侦查、起诉和审判管辖权于一体）、补充性（只在国家法院不愿意或不能够对有关犯罪进行追究的情况下行使）、有限性（在管辖的犯罪类型、属地管辖、属时管辖方面都是有限的）和隐含的延展性（关于管辖权某些规定的不明确性给扩张解释留下了余地）。[①]

［高铭暄、赵秉志、陈志军；载《法学家》，2003（1），原文发表时有删节］

① 参见陈泽宪：《国际刑事法院管辖权的性质》，载《法学研究》，2003（6）。

第十六章

2004年的刑法学研究

在2004年，中国共产党召开的十六届四中全会作出了加强党的执政能力建设的决定，这是指导我们全面推进中国特色社会主义伟大事业和党的建设的纲领性文件，也成为社会主义法治建设稳步前进的重要理论保证。回顾过去一年我国的刑法学研究，可以看到，研究方法越来越科学，研究视野越来越开阔，无论是在基础理论方面，还是在具体问题方面，均有显著进展与开拓创新。

一、研究概况

据我们粗略统计，本年度共出版刑法学著作百余部，在各类报纸杂志上发表刑法学术论文千余篇，显现出我国刑法学研究的繁荣势头。就书籍而言，大体有以下4类：(1) 八十余部理论著作，如赵秉志教授总主编的“当代新型犯罪比较研究系列”(法律出版社，10卷)，赵秉志主编的《中国废止死刑之路探索——以现阶段非暴力犯罪废止死刑为视角》(中国人民公安大学出版社)，张明楷著《刑法分则的解释原理》(中国人民大学出版社)，谢望原著《欧陆刑罚制度与刑罚价值原理》(中国检察出版社)，陈兴良著《刑法哲学》(修订3版，中国政法大学出版社)，陈明华等著《有组织犯罪问题对策研究》(中国政法大学出版社)，白建军著《罪刑均衡实证研究》(法律出版社) 等。(2) 十余部教材，如赵秉志主编的《新编国际刑法学》(中国人民大学出版社) 和《英美刑法学》(中国人民大学出版社)，王作富主编的《刑法》(2版，中国人民大学出版社）等。(3）十余部学术文集，如赵秉志教授刑法学文集（法律出版社，4卷本)，陈兴良、胡云腾主编的《中国刑法学年会文集（2004年度)》(中国人民公安大学出版社，2卷4册)，樊凤林著《刑事科学论衡》(中国人民公安大学出版社）等。(4）十余本译著，［日］森本益之等著《刑事政策学》(戴波等译，中国人民公安大学出版社)，［美］乔治·P. 弗莱彻著《刑法的基本概念》(王世洲等译，中国政法大学出版社）等。

二、刑法总论问题

本年度，学者们除了对刑法学的发展方向、刑法的解释、刑法的基本原则、犯罪构成等基础性问题继续加强研究并有所深入或创新外，还集中对刑事政策、死刑的限制与废止等问题进行了前所未有的热烈研讨。

1. 刑法学的发展与改进。(1）刑法学理论体系的建设问题。有论者在比较分析的基础上，认为：刑法学应吸收新旧两派刑法之长，引入行为人刑法所考虑的犯罪人的危险性或者说犯罪人人格因素，建立起真正意义上的人格刑法学。这种人格刑法学，以客观行为为前提，以犯罪人格这一主观性质的事物为补充，形成客观的危害社会行为＋主观的犯罪人格的二元定罪量刑机制，同时将犯罪人格由以往的量刑阶段推进到定罪阶段。该论者并指出只有人格刑法学才能彻底消解行为刑法与行为人刑法的矛盾。① 有论者认为：传统的以社会危害性为起点的理论体系已经不能很好地符合我国法治的发展要求和刑法学体系发展的需要，而以刑罚目的为起点的刑法学体系强调刑法的理性运作和规范性特征，更有利于实现理性的法治。在这一逻辑结构中，刑罚目的的选择是刑法学体系的核心；我国刑法学理论可以选择分刑种、分阶段以预防为基础的综合理论作为刑罚目的理论。② (2）刑法的国际化问题。有论者认为，市场经济在中国的确立与发展和正在进行的民主政治改革，是对当代中国刑法的国际化意义重大的关键因素，我国应当走刑法国际

① 参见张文、刘艳红：《人格刑法学理论之推进与重建》，载《浙江社会科学》，2004（1)。

② 参见王世洲、刘孝敏：《关于中国刑法学理论体系起点问题的思考》，载《政法论坛》，2004（6)。

化的道路，大胆吸收、借鉴、移植西方发达国家成熟、先进的刑事法治观念与刑法规范。[①]

2. 刑事政策问题。近来学者们对刑事政策问题给予了较多的关注，研究的深入性和实证特征比较明显。有论者对刑事政策的价值进行了深入研究，认为：刑事政策的价值是刑事政策的客体对于刑事政策主体的定义和效用，包括刑事政策价值主体、刑事政策价值客体、刑事政策价值目标三个要素。刑事政策的价值主体即对刑事政策客体进行认识和实践的人，或人之延伸与结合——社会；刑事政策价值客体即刑事政策；刑事政策价值目标即自由、秩序、正义、效益以及它们之间的互动关系。[②] 有论者通过对截至2003年12月的566个关于犯罪问题的刑事司法解释的实证分析，对我国的刑事政策的运作规律进行了研究，得出以下结论：(1）我国几十年来刑事政策总体上不断趋于严厉；(2）刑事政策主体对违反传统道德规范的犯罪的容忍程度相对较大，而对破坏社会主义市场经济秩序以及违反现行行政管理规范并导致宏观秩序破坏的犯罪的容忍度相对较小；(3）刑事政策的被动性呈现出不断下降的不良趋势，司法解释有逐渐变为行政命令的危险，最高审判机关的主导力与司法解释的被动性成一定的正比关系；(4）宽宥的刑事政策立场更多地表现出刑事评价的规范逻辑，而且刑事政策宽宥时法治化程度就相对较高。[③] 还有论者就刑事政策的逻辑体系[④]、刑法的刑事政策化[⑤]等问题进行了探讨。

3. 刑法解释。在2003年学界对刑法解释中的解释观、解释权的配置格局等问题的集中且深入研究的基础上，2004年度学者们比较注重从新的角度探讨有关刑法解释的问题。有论者指出，越权刑法解释问题已经成为类推制度寿终正寝之后罪刑法定主义的最大敌人，极大地损害了刑法的人权保障

① 参见苏彩霞：《论刑法国际化的内在机理与外在因素》，载赵秉志主编：《刑法评论》，第5卷，111～113页，北京，法律出版社，2004。

② 参见严励：《论刑事政策的价值目标——刑事政策的理性思辨之一》，载《法学评论》，2004(3)。

③ 参见白建军：《刑事政策的运作规律》，载《中外法学》，2004（5）。

④ 参见刘远、刘军：《刑事政策的理论与实践》，载《中国刑事法杂志》，2004（2）。

⑤ 参见黎宏：《论“刑法的刑事政策化”思想及其实现》，载《清华大学学报》（哲社版），2004(5)；张永红：《刑法的刑事政策化论纲》，载《法律科学》，2004（6）。

机能。该论者在探析越权刑法解释成因的基础上，提出针对越权刑法解释的理性对策：（1）坚持细密刑法立法观和超前立法观；（2）及时行使刑法修改权；（3）最高司法机关及时行使司法解释权；（4）保证司法机关独立行使司法解释权；（5）以法律的形式对刑法解释的制定程序进行规定；（6）建立完善的刑法解释撤销机制。[①] 有论者认为，刑法解释应当坚持以形式解释与主观解释为基础、辅之以实质解释与客观解释的目标定位，刑法的司法解释即刑法适用解释，应当是法官主导、控辩双方参与、结合具体案件的司法裁判与刑法适用、以刑事判例为载体的个案适用性解释。最高人民法院应当改变发布规范性、抽象性释文的习惯做法，探索通过直接制作和间接确认刑事判例的双重路径进行适用解释。[②]

4. 刑法基本原则。（1）罪刑法定原则。近来学者们开始注意结合从罪刑法定原则研究入手来探讨刑法的补充性立法问题。有论者认为行政犯及空白刑法规范数量繁多并继续增加，是现代刑法所特有的、不可避免的客观过程和现象；将犯罪构成要件的一部分或全部委托给行政管理法规来补充，可以克服成文法典的稳定性与社会生活变化所导致的行政管理法规及行政违法的变化之间的矛盾，而且这种空白刑法规范与罪刑法定主义之间具有内在的一致性。[③] 还有论者指出，罪刑法定之明确性要求和刑法系统的开放性之间的冲突与大陆法系刑法理论体系性的建构思路存在根本关联，概念性体系很难成为解决价值冲突的理想工具，而引入判例制度是走出这一困境的唯一出路。[④]（2）罪刑相适应原则。2004年度关于罪刑相适应原则的研究进展比较明显。一是开始采用实证方法对该原则进行研究并有较大突破。有论者通过对我国刑法中罪刑关系的细致的量化实证分析，认为罪刑之间完全均衡和完全不均衡两种情况均未出现，但我国罪刑关系仍存在一定的失衡，刑法中罪量的大小并不能在较大程度上解释刑量的高低；进而指出：犯罪定义中主体性的放大与失控，即立法者、司法者等这些犯罪定义者过分彰显自身能动性

① 参见赵秉志、陈志军：《论越权刑法解释》，载《法学家》，2004（2）。

② 参见梁根林：《罪刑法定视域中的刑法适用解释》，载《中国法学》，2004（3）。

③ 参见刘艳红：《空白刑法规范的罪刑法定机能——以现代法治国家为背景的分析》，载《中国法学》，2004（4）。

④ 参见劳东燕：《罪刑法定的明确性困境及其出路》，载《法学研究》，2004（6）。

导致了罪刑的失控状态。作为罪刑均衡的保障，应当通过“控制社会控制”，不断降低社会成员之间在工具性资源分配上的两极分化，不断提高社会文化规范的多元性程度，不断提升犯罪定义操作化过程的制度化水平。针对我国刑事法治中罪刑均衡程度的具体建议是：降低有形物质关系的刑法保护力度，客观上相对提高人的价值与个人利益的刑法保护。[①] 二是从司法层面对罪刑相适应原则的实现问题进行考察。有论者认为受立法规律和条件的限制，从司法本身入手解决量刑问题成为刑事司法面临的迫切任务，应当从量刑基准、量刑要素及其运用规则方面建构量刑的司法标准体系，并辅之以量刑平衡机制和司法运行环境，以探寻罪刑相适应原则司法实现的有效途径。[②]

5. 犯罪构成理论。从比较研究角度评判我国的犯罪构成理论，是2004年度关于犯罪构成理论研究的重要特点。有论者认为：在组成要素上，我国的犯罪论体系与大陆法系是基本对应的；在构成逻辑上，大陆法系构成要件为立体重合，我国构成要件为横向重合，两者都包含了认定犯罪所必需的重要条件，只是在这些要件的内部组合上，存在纵向与横向的差别，两者可以说是殊途同归，没有所谓优劣之别。从我国刑法理论的体系构架以及刑事司法实践来看，我国刑法中的犯罪构成理论在总体上是合理的，也基本上与我国的刑法理论和实践需要相吻合，能够经得起推敲和检验。[③] 有论者认为，犯罪构成是立法者依据一定的利益需求与价值观念而将生活中之危害行为加以类型化而形成的，表现为通过刑法规范所确认的认定犯罪之规格、标准或最低度条件，可称之为模型，其与构成犯罪的事实（原型）是不同层面的范畴。注释刑法学应以刑法条文中静态存在的模型意义上的犯罪与刑罚为研究对象。该论者还认为，同两大法系的构成体系相比较，在现阶段国情下我国几十年所形成的通说体系具有直观、简单、易操作的特点，没有重新构造的必要。[④]

6. 严格责任。在以往对严格责任的概念、功能上的优势和缺陷等问题

① 参见白建军：《罪刑均衡实证研究》，北京，法律出版社，2004。

② 参见张屹：《罪刑相适应原则的司法实现》，载《法学》，2004（1）。

③ 参见刘艳红：《我国与大陆法系犯罪论体系之比较研究》，载《中外法学》，2004（5）。

④ 参见冯亚东、胡东飞：《犯罪构成模型论》，载《法学研究》，2004（1）。

研究的基础上，2004年度学者们着重对我国有无必要借鉴严格责任的问题进行了分析。有论者认为：应将绝对严格责任与相对严格责任予以区分。前者割裂了主观罪过与定罪的关系，直接背离了主客观相统一原则；而后者一定程度上遵循过错责任原则，考虑罪过对犯罪成立的意义，只是无罪过的证明责任由被告方承担，否则被告就可能被定罪。相对严格责任并不是与过错责任及主客观相统一原则处于同一个层次的范畴，而是居于下位的一个概念，主要具有诉讼法上的意义，只是过错责任与主客观相统一原则在刑事程序上的特殊体现。该论者进而认为，我国刑法不存在借鉴或引进相对严格责任的问题，所面临的只是对某些不易查证的犯罪，为打击犯罪的需要是否要在诉讼证明程序中实行罪过举证责任倒置的问题。[①] 但也有论者认为：目前我国学界拒绝引进严格责任的论证并不充分。严格责任在保持遏制犯罪效果不变的同时，使社会所需要的必要刑罚量保持在较低水平，在对经济犯罪的控制方面严格责任也可以发挥较好的功能。但是，该论者认为，鉴于我国目前的法治状况还不够理想，必须对严格责任的立法范围、推定程度、刑罚轻重等方面进行合理控制。[②]

7. 刑罚的基础问题。（1）刑罚目的。在刑罚目的问题上，学界一直以来主要存在着一元论的预防犯罪目的观和报应与预防相统一的二元论的目的观两种理论观点。2004年度，学者们提出了如下较为新颖的观点。有论者认为，我国刑罚的目的应当包含三个层次：惩罚犯罪、预防犯罪和保护法益。刑罚目的不仅具有层次性，而且是层次性的统一；三个层次之间具有递进深入的关系，保护法益是刑罚的最终目的，也是我国刑事立法和刑事司法的最终目标。目的的层次性要求我国刑事立法和刑事司法的完善必须服务于刑法保护法益目的的实现。从理论上说，只有实现了惩罚犯罪和预防犯罪的刑罚目的，才有可能最终实现保护法益的刑罚目的；而从实践上说，只有实现了保护法益的刑罚目的，刑罚惩罚犯罪的目的才不是虚假和

① 参见赵秉志、黄俊平：《对严格责任制度的考察——兼评最高人民法院［2003］4号司法解释》，载赵秉志主编：《主客观相统一：刑法现代化的坐标——以奸淫幼女型强奸罪为视角》，38～43页，北京，中国人民公安大学出版社，2004。

② 参见廖志敏：《严格责任的解释与方法——一个多视角的检视》，载陈兴良主编：《刑事法评论》，第14卷，243～257页，北京，中国政法大学出版社，2004。

片面的。[①] 有论者认为：除了“预防犯罪”这一公认的目的以外，刑罚目的至少还应当有“公平正义之实现”。在评价任何一件事情的时候，通常不仅要评价其可能导致的后果，还要评价这件事情本身是否符合公平正义，公平正义作为独立的价值不可能由功利主义来说明。[②]（2）刑罚价值。有论者在对中外刑罚价值理论进行比较研究的基础上，认为当代中国刑罚价值的内涵应当是一个双层次的系统结构：第一层次为手段性价值，具体包括（犯罪）报应价值和（犯罪）预防价值；第二层次为目的性价值，具体包括（维护）秩序价值、（保障）自由价值和（实现）正义价值；目的性价值对手段性价值具有制约、指导意义，每一种手段性价值都要体现秩序、自由和正义的目的性价值。另外，刑罚的价值应当仅指正价值，而不应包括所谓的负价值。[③]

8. 死刑。由于本年度中国法学会刑法学研究会学术年会将死刑问题作为一个重要议题来讨论，更使原本已逐渐升温的死刑问题成为学者们讨论的热门话题。学者们主要从如下几个方面对死刑问题进行了多角度且较为深入的探讨：（1）死刑的理性分析。有论者指出：死刑虽然具有遏制犯罪的效果，但是其大于终身监禁的边际效益是无法证实或证伪的。等害报复已经不合乎当代报应观念，而人权的普遍性决定了犯罪人的基本人权具有超然的不可剥夺性。而且，限制死刑的国际标准与中国的国情并不冲突，中国应立即着手限制死刑并在不久的将来废止死刑。[④] 有论者从死刑在纵向（死刑立法、死刑裁量、死刑执行）、横向（死刑对犯罪人、潜在的犯罪人、受害人及其家属、犯罪人家属）以及死刑对国家的负面效应等方面全面阐明了死刑的消极作用。[⑤]（2）死刑的限制。有论者认为：死刑问题根本上是一个受集体意识的公众认同以及政治领袖的政治意识左右的政策选择问题。在控制死刑这样一个公共政策问题上，政治领袖的重大责任在于根据集体意识的特性，理智地引导普通民众，对犯罪作出理性而平和的社会心理反应，形成健

① 参见韩轶：《刑罚目的重构论》，载赵秉志主编：《刑法论丛》，第8卷，210～211页，北京，法律出版社，2004。

② 参见陶阳：《论刑罚目的多元与价值多元》，载《法学评论》，2004（4）。

③ 参见赵秉志、陈志军：《刑法价值理论比较研究》，载《法学评论》，2004（1）。

④ 参见邱兴隆：《死刑断想——从死刑问题国际研讨会谈起》，载《法学评论》，2004（5）。

⑤ 参见郝守才、张磊：《论死刑的消极作用》，载陈兴良、胡云腾主编：《中国刑法学年会文集》（2004年度），第1卷·死刑问题研究，55～67页，北京，中国人民公安大学出版社，2004。

康、文明与理性的死刑观。[①] 有论者指出，在现行刑法之内，刑法学者首先要做的是应当将削减死刑的理念具体化为削减死刑的解释结论，从而使削减死刑的理念得以实现；与此同时，死刑削减论者还需要研究并提出削减和废止死刑后的替代手段。[②]（3）对非暴力犯罪率先废止死刑的设想。有论者认为就我国现阶段的综合情况看，死刑的废止应当有阶段、分步骤进行：一是先行逐步废止非暴力犯罪的死刑；二是进一步在条件成熟时废止非致命犯罪（非侵犯生命的犯罪）的死刑；三是在社会文明和法治发展到相当发达程度时，全面废止死刑。目前，对不包含暴力内容和不以他人人身为犯罪对象的非暴力犯罪死刑的废止首先应当提上日程，区分四种情况逐步进行。[③] 有论者认为，削减和废除对经济犯罪所设立的死刑，应当作为立法发展的一个近期目标。[④]

9. 刑罚裁量。量刑问题受到学界较多关注，对该问题的研究也逐渐向更加科学和细化的方向发展。有论者认为，从宏观角度重构我国量刑制度，需要关注以下三个问题：量刑制度改革的总体目标应当是综合化和精确化，应当规定坦白制度和再犯制度等，注意与刑事诉讼法改革的配套。[⑤] 也有论者指出，长期以来在我国司法实践中裁量刑罚时广为采用的“估堆”方法很大程度上影响了量刑的公正性和透明性，应当放弃这种粗放的刑罚裁量方法，在现行刑法的框架内，依法体现法定刑空间形式，理性评价案件具有的各种量刑情节，应用数学方法或者人工智能技术，正确处理特定犯罪案件的法定刑、量刑情节与宣告刑之间的数量关系。[⑥]

除以上问题外，学界对刑法总论中的其他问题也进行了探讨，并有不少

---

① 参见梁根林：《公众认同、政治抉择与死刑控制》，载《法学研究》，2004（4）。

② 参见张明楷：《刑法学者如何为削减死刑作贡献》，载陈兴良、胡云腾主编：《中国刑法学年会文集》（2004年度），第1卷·死刑问题研究，410、422～423页，北京，中国人民公安大学出版社，2004。

③ 参见赵秉志：《论中国非暴力犯罪死刑的逐步废止》，载陈兴良、胡云腾主编：《中国刑法学年会文集》（2004年度），第1卷·死刑问题研究，770～780页，北京，中国人民公安大学出版社，2004。

④ 参见高铭暄：《我国的死刑立法及其发展趋势》，载《法学杂志》，2004（1）。

⑤ 参见黄京平、蒋熙辉：《量刑制度宏观问题研究》，载赵秉志主编：《刑法评论》，第4卷，159～161页，北京，法律出版社，2004。

⑥ 参见赵廷光：《实现量刑公正性和透明性的基本理论和方法》，载《中国刑事法杂志》，2004（4）。

创新性见解。如有论者对单位人格之否定理论进行了研讨，认为对于缺乏独立人格的单位所实施的犯罪，应否定该单位具有单位犯罪主体的人格，进而直接追究单位背后操纵犯罪的自然人或者其他单位的刑事责任[①]；有论者通过对《刑法》第 29 条第 2 款的重新阐释提出了将其解释为对间接正犯的规定的观点[②]；还有论者对所谓短缩的二行为犯[③]、过失危险犯的犯罪化基础[④]、竞技行为的正当化[⑤]及共犯与身份[⑥]等问题进行了研究，提出了较为独到的观点。

三、刑法各论问题

2004 年度，学界在刑法各论方面的讨论涉及面较宽，但侧重于对刑法中的新型犯罪及实践中出现的新的犯罪现象进行探讨。

1. 破坏市场经济秩序犯罪问题。学者们除了对一些新型经济犯罪的司法适用问题进行研究外，还着重对以下几类犯罪的立法完善问题进行了较为深入的探讨。（1）生产、销售伪劣商品罪。有论者对我国刑法中生产、销售伪劣商品罪存在的问题进行了深入分析，提出以下改进建议：对此类行为在犯罪与一般违法的区别上应重行为性质而轻行为程度；在我国立法定量的模式之下，对于生产、销售伪劣商品犯罪的成罪之量的规定，应选择司法裁量式的综合指标模式；改变以发生领域划分本类罪与其他犯罪界限的做法；在法定刑方面，改变对本类罪的重罪规定倾向，规定适度的刑罚。[⑦]（2）证券、期货犯罪。有论者认为：我国证券、期货犯罪刑事立法应当遵循以证券、期货法律法规为刑事立法基础，对证券、期货犯罪刑罚处罚宽和，自由刑和罚金刑并重及单位犯罪双罚制等原则。在立法模式上，由刑法具体规定证券、

---

① 参见庄劲：《论单位人格否定之法理》，载《国家检察官学院学报》，2004（1）。

② 参见何庆仁：《我国刑法中教唆犯的两种含义》，载《法学研究》，2004（5）。

③ 参见张明楷：《论短缩的二行为犯》，载《中国法学》，2004（3）。

④ 参见储槐植、蒋建峰：《过失危险犯之存在性与可存在性思考》，载《政法论坛》，2004（1）。

⑤ 参见黄京平、陈鹏展：《竞技行为正当化研究》，载《中国刑事法杂志》，2004（6）。

⑥ 参见赵秉志：《共犯与身份问题研究——以职务犯罪为视角》，载《中国法学》，2004（1）。

⑦ 参见李洁：《保护消费者权益刑事立法的特征与评判》，载《河南省政法管理干部学院学报》，2004（5）。

期货犯罪的罪状和法定刑，并由有关证券、期货法律法规对证券、期货犯罪作出相应的规定。在完善证券、期货犯罪立法方面应采取以下措施：用不同的标准处罚证券犯罪与期货犯罪，增加刑法与证券法规之间的协调性，改进法定刑设置以及应当对证券、期货犯罪案件的管辖权作出专门规定。[①]（3）洗钱罪。有论者从与《联合国打击跨国有组织犯罪公约》相协调的角度对我国刑法中的洗钱罪规定进行了探讨，认为应当在以下层面予以完善：将洗钱犯罪之上游犯罪的范围扩张到该公约所要求的所有的“严重犯罪”、“参加有组织犯罪集团行为”的犯罪、“腐败行为”的犯罪以及“妨害司法”的犯罪，而且不要求我国对以上犯罪本身具有刑事管辖权；将该公约所谓的“最广泛的上游犯罪”定位于所有可能产生犯罪收益的犯罪；赋予上游犯罪本犯以洗钱罪的犯罪主体资格。[②]（4）侵犯著作权罪。有论者建议主要在以下方面完善我国有关著作权刑事立法：在刑法典中采取空白罪状方式对侵犯著作权犯罪作出原则规定的同时，通过著作权法律的规定细化侵犯著作权犯罪的罪状；增设关于网络技术环境下出现的新的著作权对象的保护内容，并加强对著作者的其他著作人身权的平等保护；细化现有罪名，增设一些新罪；取消侵犯著作权犯罪主观目的的限制性要求，以侵权数额而不是违法所得数额作为判定犯罪数额的标准。[③] 也有论者建议应从我国经济的实际发展水平出发，降低侵犯著作权犯罪起刑点，并缩小或取消个人与单位起刑点的差距，以有力打击日益猖獗的侵犯著作权犯罪。[④]

2. 奸淫幼女犯罪问题。有论者认为在坚持主客观相统一原则的前提下，区分奸淫幼女罪与非罪的标准应从实质标准和法律标准两个方面来探讨：实质标准，即社会危害性的有无及程度，危害性程度主要应综合评价行为对幼女生理健康和心理健康两方面的损害；法律标准，应以犯罪构成作为判断标

① 参见刘宪权：《证券、期货犯罪的刑事立法及其完善》，载《法学》，2004（5）。

② 参见赵军：《论洗钱罪上游犯罪的相关问题——与〈联合国打击跨国有组织犯罪公约〉相协调》，载《法学评论》，2004（4）。

③ 参见李文燕、田宏杰：《著作权刑事立法保护比较研究》，载《山东公安专科学校学报》，2004（3）。

④ 参见胡祥福、张志勋：《从TRIPs协议分析我国著作权的刑法保护问题》，载陈兴良、胡云腾主编：《中国刑法学年会文集》（2004年度），第2卷·实务问题研究，460～462页，北京，中国人民公安大学出版社，2004。

准。在法律拟定了一定年龄以下的幼女不具有同意性交能力的情况下，应将采取暴力、胁迫或者其他手段强行与幼女性交的行为和幼女“同意”下的性交区别开来讨论。对前一种情况直接以强奸罪论处不存在疑问，在后一种情况下则需要行为人具备“明知”的主观要素。[①] 有论者认为应在我国刑法中规定独立的奸淫幼女罪，对不采用强制性手段实施的奸淫幼女行为单独予以规定。[②]

3. 三角诈骗问题。三角诈骗问题是近年来逐渐引起学者们关注的问题，2004 年度对该问题的研究有所深入。有论者认为：行为人实施诈骗行为时，如果被骗人（财产处分人）与被害人不具有同一性，即属于三角诈骗。三角诈骗既具备诈骗罪的本质特征，又完全符合诈骗罪的构成要件。三角诈骗罪的成立，要求受骗人具有处分被害人财产的权限或者处于可以处分被害人财产的地位，否则其将被害人财产转移给行为人，便不属于诈骗罪中的财产处分行为，行为人只能成立盗窃罪（间接正犯）。所谓具有处分被害人财产的权限或地位，包括法律上和事实上的权限或地位。该论者还指出，诉讼诈骗是典型的三角诈骗，应认定为诈骗罪。[③] 有论者认为，诉讼诈骗行为虽然具有诈骗罪的某些特征，但认定其构成诈骗罪并不妥当，理由主要是：（1）诉讼诈骗主要是一种破坏司法正常活动的行为；（2）诈骗罪是结果犯，而假如认为诉讼诈骗构成犯罪，该犯罪应为行为犯而不是结果犯；（3）诉讼诈骗并不符合三角诈骗的特征；（4）将诉讼诈骗认定为诈骗罪会给此罪认定的司法实践造成困境。该论者指出，现行刑法典只能对部分诉讼诈骗行为进行评价，其余无法定罪的诉讼诈骗行为的犯罪化问题，应当通过立法途径解决。[④]

4. 计算机犯罪。计算机犯罪近几年一直是理论研究的热点问题，但理论研究多限于对计算机犯罪的特点、概念、构成、认定以及对刑法理论的影响等问题的研讨。2004 年度不仅有学者就新近实践中出现的网络虚拟财产

---

① 参见高铭暄、朱本欣：《论奸淫幼女罪与非罪的界限》，载赵秉志主编：《主客观相统一：刑法现代化的坐标——以奸淫幼女型强奸罪为视角》，2～7 页，北京，中国人民公安大学出版社，2004。

② 参见刘明祥：《〈日本刑法〉的中奸淫幼女犯罪》，载赵秉志主编：《主客观相统一：刑法现代化的坐标——以奸淫幼女型强奸罪为视角》，355～356 页，北京，中国人民公安大学出版社，2004。

③ 参见张明楷：《论三角诈骗》，载《法学研究》，2004（2）。

④ 参见董玉庭：《论诉讼诈骗及其刑法评价》，载《中国法学》，2004（2）。

涉及的刑法问题进行了探讨[①]，还有学者从刑事政策角度对有关计算机犯罪的惩治问题进行了分析，如有论者认为：对黑客犯罪应当采取“两极化”的刑事政策，即对于基于政治、经济目的，有重大危害或者有严重犯罪习性的黑客行为，给予严厉打击；而对于那些纯粹为表现自我、好奇、恶作剧，危害不大的黑客行为，给予宽松的刑事政策[②]；还有论者认为，应将恶性计算机病毒相关犯罪与普通计算机病毒相关犯罪相区别，设立故意传播恶性计算机病毒罪和制作恶性计算机病毒罪。[③]

四、外向型刑法问题

1. 外国刑法和比较刑法。（1）犯罪论体系思维模式。有论者对德日刑法学界犯罪论体系的最新发展给予了关注，经研究发现：目前德日刑法学界普遍认为应当以目的合理性为基础建构犯罪论体系，并对范畴论体系提出了批判。作为目的合理性的实现途径，目的论体系在对行为进行“是否具有刑罚处罚价值”的评判之际，在赋予构成要件以形式合理化机能的同时，赋予违法性、有责性和可罚性以实质合理化机能，来谋求形式合理化和实质合理化的调和与统一。另外，在目的论体系中，行为概念并不是体系的要素，而是体系运作的逻辑起点。[④]（2）原因自由行为。有论者研究了日本刑法中的原因自由行为的理论，指出：目前日本关于原因自由行为存在“间接正犯类似说”（定型说）、“最终意思决定说”（有力说）和“相当因果关系说”三种主要学说。定型说坚持行为无价值论；相当因果关系说坚持结果无价值论；而有力说则坚持行为无价值论和结果无价值论二元说。这三种学说反映了其在实行行为和责任原则研究中的发展和变化，体现出刑法观念从行为无价值论向结果无价值论、刑法学研究方法从体系思考向问题思考的转变以及刑法

---

① 参见谢望原、孙铁成：《计算机网络犯罪若干问题探析》，载陈兴良、胡云腾主编：《中国刑法学年会文集》（2004 年度），第 2 卷 · 实务问题研究，503～506 页，北京，中国人民公安大学出版社，2004。

② 参见王作富、庄劲：《论黑客犯罪及其刑事立法对策》，载陈兴良、胡云腾主编：《中国刑法学年会文集》（2004 年度），第 2 卷 · 实务问题研究，606～615 页，北京，中国人民公安大学出版社，2004。

③ 参见皮勇：《论我国刑法中的计算机病毒相关犯罪》，载《法学评论》，2004（2）。

④ 参见郑军男、齐玉祥：《德日犯罪论体系思维模式探究》，载《当代法学》，2004（2）。

学从理论刑法学向实践刑法学的发展趋势。[①] 也有学者认为：原因自由行为的立法例在大陆法系国家并不普及，现有立法也只是对其在不同程度上片面规定；从我国的司法实践来看，也没有需要特别适用原因自由行为理论规制的问题。所以，我国不宜借鉴原因自由行为来完善我国刑法的规定。[②] 此外，还有论者对单位犯罪、业务过失犯罪、证券期货犯罪、金融犯罪、侵犯知识产权犯罪、计算机犯罪、危害公共卫生犯罪、偷渡犯罪、有组织犯罪、环境犯罪等问题进行了比较研究。[③]

2. 中国区际刑法问题。2004年度关于中国区际刑法问题的研究较为薄弱，但在一些问题的研究上也有一定的创新和富有建设性的观点。(1) 区际刑事管辖权冲突问题。有论者对我国区际刑事管辖权冲突的基本原则进行了探讨，认为解决我国区际刑事管辖权问题应坚持四个宏观的、具有政治性的原则：一个中国原则、法域地位平等原则、相互承认原则、有效惩治和预防犯罪原则。解决我国区际刑事管辖权冲突问题的法律原则方面，应采用综合性的原则模式，即以地域管辖权优先行使为一般原则；针对特定人、特定刑事案件得分别适用居民管辖权优先或本法域保护管辖权优先的原则；以先理优先原则为补充。[④] (2) 澳门特别刑法。有论者评析了澳门特别刑法在立法和内容方面存在的问题，提出以下改革和完善的建言：强化刑法典的规范指导地位，加强特别刑法与刑法典的协调性；树立与时俱进的刑罚观念，对澳门特别刑法中的附加刑进行大刀阔斧地修改和完善；建立清晰完整的罪名体系，可以采取在非刑事法律中规定独立罪名的途径。[⑤]

3. 国际刑法问题。2004年度在国际刑法研究的范围上比以往广泛，其中，学者们对恐怖主义犯罪与国际刑事法院问题的探讨集中且比较深入。(1) 恐怖主义犯罪的惩治对策。有论者分析了目前存在的削弱惩治与防范恐怖主义犯罪的不利因素，提出了相关的完善建议：应致力于制定一部统一的

① 参见王充：《日本刑法中的原因自由行为理论》，载《法商研究》，2004 (2)。

② 参见莫洪宪、叶小琴：《不宜借鉴原因自由行为来完善我国刑法》，载《河南省政法管理干部学院学报》，2004 (1)。

③ 参见赵秉志总主编：“当代新型犯罪比较研究系列”（10卷本），北京，法律出版社，2004。

④ 参见赵秉志、时延安：《正确解决中国区际刑事管辖权冲突之制度构想》，载赵秉志主编：《刑法论丛》，第8卷，482～504页，北京，法律出版社，2004。

⑤ 参见赵国强：《澳门特别刑法之评价与完善》，载《法学论坛》，2004 (5)。

反国际恐怖主义犯罪的公约；应进一步加强国家间的合作；要重视发挥超国家机构的作用，以应对恐怖主义犯罪跨国性与国际性增强的趋势；完善国内相关立法，以缩小各国刑事立法的差异，减少反恐怖主义犯罪实践中的阻力。[①]（2）国际刑事法院问题。有论者就国际刑事法院《罗马规约》中有关国际刑事法院与联合国安理会的关系的规定进行了研究，认为从总体上说，国际刑事法院《罗马规约》使国际刑事法院摆脱了安理会的“控制”，同时仍留给安理会可以影响国际刑事法院的一定程度的权力，正确理解和处理两者之间的关系是一个重要问题。在联合国这种集体安全体制下，建构一个与安理会完全无关但却涉及安理会主管事务的国际刑事法院，其可行性值得怀疑。两个机构的总目标并无冲突，其关系应当是一个现实的、平衡的关系；实践中，为使和平与司法均得到维护，在法院和安理会之间建立持久的合作也将会使两者的运作更为有效。[②] 有论者探讨了国际刑事法院《罗马规约》的国际法意义，指出：国际刑事法院《罗马规约》主要在法律渊源、国际法原则和国际法与刑法的基本理论三个方面推动了国际刑法的研究与发展。国际刑事法院《罗马规约》为国际化法治进程提供了发展契机。在惩治已然犯罪的实然性、威慑未然犯罪的应然性方面，新诞生的国际刑事法院作为国际特设刑事法庭缺失的弥补，会成为国际社会惩治严重国际犯罪的最佳法律武器。[③] 还有论者就国际刑事法院《罗马规约》中国际刑事法院被赋予的宽泛的管辖权与第三国主权的冲突问题进行了探讨。[④]

［赵秉志、刘志伟、周国良；载《法学家》，2005（1）］

---

① 参见张旭：《恐怖主义犯罪的惩治与防范：现状、问题与应对》，载《国家检察官学院学报》，2004（4）。

② 参见周露露：《罗马规约有关国际刑事法院与联合国安理会关系规定之研究》，载赵秉志主编：《刑法论丛》，第8卷，474～475页，北京，法律出版社，2004。

③ 参见高铭暄、王秀梅：《论建立国际刑事法院的法律意义》，载《吉林大学社会科学学报》，2004（3）。

④ 参见关晶：《试析国际刑事法院管辖权与第三国的关系》，载《中国刑事法杂志》，2004（5）。

第十七章

2005 年的刑法学研究

一、前　言

在 2005 年，中共中央高瞻远瞩，从长远发展的战略高度出发提出了建设“和谐社会”的目标，最高人民法院发布《人民法院第二个五年改革纲要》，作出了将死刑复核权统一收回最高人民法院的决定，这些都显示着 2005 年度我国社会包括法治建设等各方面的积极进步。回顾 2005 年度我国的刑法学研究，在基础理论和实践问题两个方面都表现出努力开拓的繁荣景象。

据粗略统计，在 2005 年，学界共出版刑法学著作近二百部，在各类报纸杂志上发表刑法学术论文两千余篇；举办刑法学专题研讨会十余次，与会代表就死刑适用标准及死刑限制、金融犯罪与金融刑法理论、反恐立法、侵犯知识产权犯罪等多方面的专题进行了研讨。整体上看，刑法理论界对以下问题的研讨比较集中、深入或有创新。

二、刑法总论问题

（一）刑法理性与刑法观念的国际化

刑法学的理念始终是关系刑法学发展方向的重大问题，一直受到学者们的关注。有论者从刑法的实体规范和运作过程相互结合的角度，提出了刑法理性的概念，认为：刑法理性贯彻刑法立法和司法的全过程，是保证刑法合理性的基本原则。刑法理性的基本内涵包括目的性、合理性与节制性，三者从不同的侧面反映了人类对刑法的存在、功能和实施的理性认识，反映了人类理智和文明对人类自身的报复本能的自我约束。目的性强调犯罪的设定和刑罚的运用要符合预防犯罪目的的内在要求，对刑法的工具性予以制约，有利于刑法目的的实现；合理性强调手段符合目的的原理必须受合理性的制约，只有在合理性的限度内，不违背目的本身所包含的价值追求，手段符合目的才是值得追求的价值；节制性进一步强调，实现刑法目的的手段即使是合理的，也应该控制其使用的范围和强度，手段不受节制，就可能丧失其合理性而背离其目的。刑法的目的性、合理性与节制性的有机统一，构成了刑法理性的基本内容，是我们研究刑法中其他一切问题的出发点。①

有论者认为，我国作为法治后发型国家，其刑法现代化的必然途径之一就是刑法的国际化。而从我国近百年来刑法国际化的历史进程看，这一过程一直偏重于刑法规范的国际化，而忽视了与之相应的刑法理念的国际化，这种状况已经严重制约了我国刑法规范的运行与成效，因而，精神层面上的刑法理念的更新，应是当代中国刑法国际化努力的重要方向之一。我国刑法理念的国际化主要应着重从以下几个方面作出努力。（1）刑法性质观：由政治刑法到市民刑法；（2）刑法机能观：从忽视刑法的人权保障机能到人权保障优先、兼顾社会保护；（3）刑法作用观：从刑法万能主义到刑法谦抑主义；（4）刑法理性观：由单纯追求实质合理性到形式合理性优先、兼顾实质合理性；（5）犯罪观：犯罪原因观与犯罪功能观的科学化；（6）刑罚观：合理地组织对犯罪的反应。②

（二）刑事政策及其发展走向

刑事政策问题由于其统率全局的重要地位，2005年度仍然受到学者们较多关注，除对其基本概念给予探讨外③，还有些学者对刑事政策本身的应

---

① 参见张智辉：《论刑法理性》，载《中国法学》，2005（1）。

② 参见苏彩霞：《刑法国际化视野下的我国刑法理念更新》，载《中国法学》，2005（2）。

③ 参见刘仁文：《论刑事政策的概念与范围》，载《中国人民公安大学学报》，2005（1）。

有地位与发展走向等宏观问题进行了检讨。有学者认为：刑事政策就是治国之道，因此刑事政策应该翻译成“刑事政治”，如此界定的刑事政策学就应该是刑事政治学。刑事政策是公共政策或社会政策的一部分，是治国之道的一部分，属于“治道”的范畴。该论者认为，之所以要将刑事政策上升到刑事政治的高度来看待，首要的考虑是将刑事政策从一般的打击惩罚犯罪的策略措施，从专政的工具、手段或者武器升华为治国的战略或者艺术，是将刑事政策从国家的专属、垄断或者专政的封闭圈子里解放出来，使之成为公共政策，成为全社会关注的公共话题。只有将刑事政策上升到政治的层面，才有可能考虑市民社会在刑事政策体系中的地位与作用，政治国家与市民社会双本位的二元犯罪控制模式的实现才是可能的，国家主导、社会力量广泛参与的综合治理的政策特色才能充分显示出来。①

还有论者认为：我国的刑事政策是否应当继续坚持“严打”的一贯方针，能否将我国的刑事政策从“严打”的角度转向预防的角度，在刑事法学一体化的理论层面，先要调整我国刑事法学的基本任务，把研究和关注的重点放在对犯罪原因的认识和对犯罪预防控制的设想上，为我国刑事政策的制定提供充足的理论依据。该论者指出：我国刑事法学理论研究中刑法学与犯罪学存在着明显分野的弊端，应当对二者进行整合。目前为缓解过于严厉的刑事政策，比较现实与平和的途径是将刑法学置于犯罪学的体系之中，逐渐降低传统刑法学的地位，使依靠传统刑法学而建立起来的强化刑罚、强化“严打”的刑法功能日益淡化。建立起将刑法学置于犯罪学之中的刑事法学和刑事实践一体化的理论，突出犯罪学的社会地位和社会作用，具有理论上的价值，在现实的层面上也更具有积极意义。②

（三）超过的主观因素与复合罪过问题

在犯罪主观方面，有论者对“超过的主观要素”进行了探讨，认为：“超过的主观因素”是指在构成犯罪的各要素中，超出故意内涵之外的主观要素，其中主要包括目的犯中的犯罪目的及倾向犯中的内心倾向。我国的刑

---

① 参见卢建平：《作为“治道”的刑事政策》，载《华东政法学院学报》，2005（4）。

② 参见杨兴培：《刑事法学一体化视野下的刑事政策走向研究》，载高铭暄、赵秉志主编：《刑法论丛》，第9卷，北京，法律出版社，2005。

法理论对主观超过因素均在犯罪构成的主观方面给予关注，很少从主、客观相互对应的角度作深入探讨，而且目前刑法理论关于主观超过因素的研究主要集中在目的和动机上，对除此之外的主观超过因素涉及甚少。该论者认为，在理念层面，无论立法或刑法解释学，都应坚持客观主义的立场，只有在没有此主观超过因素就无法判断法益侵害（即违法性）的有无或轻重时，此罪名犯罪构成中主观超过因素的确立才是合理的。表现犯中的内心表现完全应该作为犯罪故意的内容，不宜按主观超过因素来对待，而作为主观超过因素的犯罪目的其实就是犯罪动机。在司法实践中，由于主观超过因素存在与否的判断极为艰难，因而必须坚持弱化口供、强化推定及强化证伪的认定原则。①

还有学者对复合罪过形式的合理性提出了质疑，认为：规范与事实分属不同层面，刑法规范的建构与对事实的认知无法采用相同的形式，以模糊认识论为前提而从认知客观事物呈现的模糊性推导出作为规范意义的复合罪过形式概念，其逻辑前提本身就不稳固；复合罪过形式也混淆了故意与过失应有的区别，也有违我国刑法对罪过形式的规定；基于刑法谦抑性的要求，在证明不了行为人的故意心态时，应作为过失犯罪处理才是妥当的，没有必要适用复合罪过概念。②

（四）不作为犯罪问题

有论者认为：在很多情况下，形式的作为义务根据并不能提供定罪的真正理由，问题的关键在于如何实质地确定不作为犯能否成立，判断不作为者是否掌握导致结果发生的因果链，从而具体地、事实地支配因果关系的发展经过。作为义务实质判断立场主要考虑的是：(1) 合法权益是否存在现实的危险或者不作为行为人自己的先行行为是否创造了特定的危险；(2) 是否因为与被害人之间存在特殊关系而被社会期待履行保护义务；(3) 行为人的不作为是否对结果的发生具有绝对的支配关系，换言之，在当时的情境下，是否存在其他防止危害结果发生的可能。在确定行为人是否具有作为义务时，原则上要先考虑形式的作为义务。在根据形式说无法判断行为人是否有罪，

① 参见董玉庭：《主观超过因素新论》，载《法学研究》，2005 (3)。

② 参见向朝阳、悦洋：《复合罪过形式理论之合理性质疑》，载《法学评论》，2005 (3)。

得出一定结论又明显与公众的刑法认同感有冲突时，才可以进一步考虑结合“实质的作为义务说”进行分析。①

对于犯罪行为是否可以成立先行行为，有论者特别强调了在刑法评价问题上既要防止重复评价，也要避免评价不足的观点。论者认为，无论是故意犯罪还是过失犯罪，究竟能否作为先行行为，应当在充分考虑罪责相适应原则的基础上，结合具体犯罪构成的特点，在不违背刑法禁止重复评价原则之下，再结合侵害法益的状况，危险结果发生的具体性、紧迫性，对法益的排他性支配地位，法律的规定以及结果加重犯成立的情形等因素进行综合性评定方为妥当，并不能一概否定犯罪行为可以作为先行行为。②

（五）犯罪既遂的界定

有论者认为：在犯罪既遂问题上，作为我国刑法理论通说的“构成要件说”与我国《刑法》第13条“但书”的规定难以协调，因为在具备了具体犯罪构成全部要件的故意行为，适用《刑法》第13条规定的“但书”作实质判断而不认为是犯罪的场合，运用“构成要件说”作犯罪停止形态类型的判断却可以得出成立犯罪既遂的结论。由于“但书”在我国目前的犯罪结构和司法实践中发挥着不可替代的作用，不宜轻易动摇，唯有选择重构犯罪既遂概念才能解决这一矛盾。该论者由此提出了犯罪既遂的混合概念，即犯罪既遂是指已经着手实行犯罪，具备了该种犯罪构成的全部要件，依据其社会危害性程度，达到了应受刑罚处罚的绝对界限的犯罪形态。犯罪既遂形态的基本特征有以下几点：（1）应受刑罚处罚的绝对性；（2）危害行为的实行性；（3）犯罪过程的完整性。③

（六）死刑问题与我国刑罚的改革

2004年刑法学界对死刑问题进行了集中而激烈的讨论，在有关死刑的价值、死刑的限制以及死刑的立法改革等方面形成了相当的共识，尤其是有

① 参见周光权：《论实质的作为义务》，载《中外法学》，2005（2）。
② 参见许成磊：《先行行为可以为犯罪行为》，载《法商研究》，2005（4）。
③ 参见于阜民、夏弋舒：《犯罪既遂概念：困惑与重构》，载《中国法学》，2005（2）。

学者提出的对我国非暴力犯罪死刑予以逐步废止的理论[①]，更是受到学界的关注。2004年度学界对死刑这一重要问题继续进行深入研讨，并着重就限制甚至废除死刑以后的替代措施问题对我国刑罚体系的改革提出了建议。如有学者认为：一个社会的刑罚总量的稳定性是保持社会秩序的一个重要因素，在大力限制死刑的情况下，刑法阶梯中的其他刑种（主要是指有期徒刑和无期徒刑）的刑罚量应相应增加。从这一前提出发，我国刑罚结构中的无期徒刑缺乏应有的刚性，有期徒刑的法定最高刑也过低，应当予以适当调整。[②] 有学者认为：我国刑罚体系中生刑与死刑轻重过于悬殊，只有在大幅度提高生刑的同时，才有可能减少死刑并为最终废除死刑创造条件。具体设想是：死缓期满后改为无期徒刑的，原则上终身监禁；改为无期徒刑的，应当在关押10年以上才考虑减刑，实际执行期不得少于20年；同时提高有期徒刑上限，从15年提高到20年，数罪并罚最高可以达到25年甚至30年。[③]

三、刑法各论问题

（一）放火罪的危险类型

有论者认为，我国刑法中规定的放火罪应当是具体危险犯而不是抽象危险犯。其理由主要是：(1) 不是任何放火行为都会造成公共危险。就具体的情况看，并没有也不可能危及不特定或多数人的生命、健康或者重大公私财产安全的行为最多只能构成故意毁坏财物罪，而不可能构成放火罪。(2) 刑法规定成立放火罪必须达到危害公共安全的程度。(3) 在刑法理论上，并不存在“符合构成要件的行为一经在特定地点或针对特定对象实施，就认为具有一般危险”的危险犯，对具体危险犯和抽象危险犯都是如此，否则就会违背我国刑法学所坚持的犯罪是危害社会的危害行为即客观上具有社会危害性的行为的原理。该论者认为应将《刑法》第114条的规定理解为放火罪的未遂形态，而将第115条第1款的规定理解为放火罪的既遂形态而非结果加重

---

① 参见赵秉志：《论中国非暴力犯罪死刑的逐步废止》，载《政法论坛》，2005 (1)。

② 参见欧锦雄：《论死刑废止过渡期的刑罚阶梯》，载《浙江工商大学学报》，2005 (3)。

③ 参见陈兴良：《中国死刑的当代命运》，载《中外法学》，2005 (5)。

犯形态。这样理解符合未遂犯的理论，也符合处罚放火罪的具体需要，便于理顺刑法规定之间的关系，有利于鼓励犯罪的中止。[①]

（二）遗弃罪的范围

由于近来司法实践中非家庭成员间的遗弃行为屡屡发生，社会影响恶劣，非家庭成员间的遗弃行为是否应当入罪的问题越来越受到学界的关注。有论者从个案分析入手，对我国刑法中的遗弃罪进行了讨论，认为：从立法沿革上看，我国刑法中的遗弃罪从来都是指家庭成员间的遗弃，而并不包括非家庭成员间的遗弃。新刑法中罪名归类的变化是出于纯技术性的原因，不能成为对遗弃罪进行重新解释的理由。从刑法解释理论上看，在语义是非单一的、不明确的情况下，应根据立法沿革进行历史解释以符合立法精神，此时沿革解释具有优于语义解释的效力。该论者认为，虽然从立法完善的角度考虑，非家庭成员间的类似不履行救助义务的遗弃行为应当予以犯罪化，但只能通过立法单独设立罪名的方式解决，目前司法上不能将此类行为按照遗弃罪处理，否则就会违背罪刑法定原则。[②]

（三）诈骗罪的对象

财产性利益能否成为诈骗罪的对象，一直以来存在争议。有论者主张财产性利益可以成为诈骗罪的对象，并着重从与罪刑法定协调性的角度进行了论证。该论者认为，现代社会对财产的衡量，已由对实物的占有让位于主体实际享有利益的多寡，财产权表现为庞大的权利系统，并可抽象为具有财产性质的利益。《刑法》分则第五章的保护法益，当然就不能排除财产性利益。财产性利益是法所保护的一种重要利益，将其作为诈骗罪对象具有现实的妥当性。另外，从刑法与民法的关系考察，在民法不能抑制对财产性利益的侵害时，刑法就有必要将财产性利益作为保护法益。刑法的相关规定也表明财产性利益可以成为诈骗罪的对象。从处罚的必要性程度和不打破一般国民的合理预测的角度看，将财产性利益作为刑法的保护法益并不违背罪刑法定原

---

① 参见黎宏：《论放火罪的若干问题》，载《法商研究》，2005（3）。

② 参见陈兴良：《非家庭成员间遗弃行为之定性研究——王益民等遗弃案之分析》，载《法学评论》，2005（4）。

则。但是，只有当某种利益内容属于财产权，具有管理可能性与转移可能性，客观上具有经济价值，被害人丧失该利益必然同时导致财产损害时，该利益才能成为诈骗对象的财产性利益。[①]

(四) 遗忘物的界定与侵占罪和盗窃罪的区分

有论者从遗忘物所在的空间属性与第二控制的形成这一角度，对侵占罪与盗窃罪之间的区别进行了讨论。该论者认为：我国在此问题上通行的“二重控制说”很难适用于公共空间的情形，因而应加以修正。在不特定多数人同时流动的公共空间，在管理人或控制人对具体遗忘物没有控制或支配意思的时候，并不能形成对该遗忘物的有效控制和管理义务，行为人非法占有遗忘物并拒绝返还的，只能构成侵占罪，而不能构成盗窃罪。但是对于以上情况还存在两种例外：一是在公共空间里财物的合法所有人或占有人对自己的财物表面看没有控制力，实际上还存在控制力的情形，行为人非法占有财物的，属于秘密窃取他人财物，构成盗窃罪；二是遗忘物的第一控制人所在空间的管理人基于对第一控制人利益共同体的信任而没有形成有效第二控制的情形，基于对利益共同体给予必要信任的生活常理，阻却第二控制人的保管责任，对非法占有的行为宜认定为侵占罪。[②]

(五) 计算机犯罪立法的完善

有论者提出，应当从以下几个方面对计算机犯罪的有关规定进行完善：(1) 应对计算机犯罪的犯罪客体进行调整，由于故意制作、传播计算机病毒从而危害公共安全的犯罪应调整到《刑法》分则第二章“危害公共安全罪”，法定刑可以规定7年以上有期徒刑或者无期徒刑并处罚金。(2) 对非法侵入计算机信息系统罪的犯罪对象，即侵入的计算机信息系统领域可以扩大到金融、证券、股票交易、邮政等公共部门的计算机系统。(3) 对非法侵入或者破坏计算机信息系统的犯罪，在刑法上都可以规定单位作为犯罪主体。同时将相对刑事责任年龄主体范围扩大，即对于在《刑法》第17条第2款中已

---

① 参见张明楷：《财产性利益是诈骗罪的对象》，载《法律科学》，2005 (3)。

② 参见叶希善：《侵占遗忘物和盗窃遗忘物的区别新议——修正的二重控制论》，载《法学》，2005 (8)。

满14周岁不满16周岁的人，增加“因计算机犯罪造成特别严重后果的，应当负刑事责任”的规定。（4）对制作、传播计算机病毒的行为，在主观罪过上补充过失可以构成犯罪的规定。（5）在刑法中增设“窃用计算机信息服务罪”、“窃取计算机信息资源罪”、“利用计算机传授犯罪方法或者提供犯罪工具罪”、“计算机诈骗罪”、“计算机盗窃罪”以及“擅自中断计算机网络或者通信服务罪”等新的罪名。①

（六）受贿犯罪问题

非国家工作人员帮助国家工作人员收受贿赂的现象在司法实践中多有发生。有学者对此进行了探讨，认为在法律缺乏明文规定的情况下，非国家工作人员不应该构成受贿罪的共同犯罪。其主要理由是：（1）我国刑法虽明文规定非国家工作人员可以构成贪污罪的共犯，但是对受贿罪却没有如此规定。（2）国家工作人员之所以构成受贿罪，是由于其被赋予了国家公权力，而法律禁止非国家工作人员享有国家公权力，所以基于国家公权力产生的责任也就没有产生的余地。不能任意扩大由于特定身份而被赋予特别义务的人员的范围。（3）让不具有国家工作人员身份的人承担受贿罪的共犯责任，在刑事政策上也是无效果的。打击此类行为的有效方法应该是加强对国家公权力的监督与制约。②

有论者对斡旋受贿的要件进行了探讨，认为：斡旋受贿的职务要件包括职务的非制约性、职务行为的依赖性、第三人意志自由的不完全性和权力可交换性等特点，其“利用职权或者地位形成的便利条件”是指利用职权或者地位形成的能对其他国家工作人员施加职务影响的便利条件，其核心是职务影响力。在斡旋受贿的“谋取不正当利益”上应当以行为人明知利益的不正当性为条件，当行为人索取或者非法收受财物并实施斡旋行为，并且第三人承诺为请托人谋取不正当利益后，斡旋受贿才能认为是达到既遂。另外，该论者强调，对斡旋受贿中的第三人，虽然不以受贿罪论处，但应当注意以渎职罪追究其刑事责任。③

---

① 参见黄泽林、陈小彪：《计算机犯罪的刑法规制缺陷及理论回应》，载《江海学刊》，2005（3）。

② 参见杨兴培：《再论身份犯与非身份犯的共同受贿问题》，载《华东政法学院学报》，2005（5）。

③ 参见朱孝清：《斡旋受贿的几个问题》，载《法学研究》，2005（3）。

（七）我国刑法与《联合国反腐败公约》的协调

我国政府于2003年12月10日签署了《联合国反腐败公约》，该公约于2005年10月27日获得全国人大常委会批准。有学者就我国刑事法治与《联合国反腐败公约》的协调问题进行了讨论。该学者通过比较分析，认为：（1）是否将不正当好处作为贿赂看待，取决于中国刑事政策的反应。从目前情况来看，我国刑法将贿赂限于财物并规定了相应的数额标准，与公约相比，标准较高，而且明确，在司法实践中比较容易把握，也不影响我国从国外追逃。在外国请求我国协助时，我国可以根据《联合国反腐败公约》对双重犯罪原则的突破予以协助。关于贿赂罪的主体、行贿罪的相对人范围，可以考虑对现有的立法加以完善。（2）公约中关于影响力交易内容可以通过以下方式纳入我国刑法。对于公职人员的影响力交易行为，可以通过刑法中的斡旋受贿以受贿论处；对于非公职人员从事影响力交易而接受不正当好处的，涉及国家工作人员受贿时，可以按照受贿或行贿的共犯，或依介绍贿赂加以处理，即可以将非国家工作人员收受财物的情形作为严重情节考虑，刑法可以不增设新的罪名对这种行为加以规制。（3）从完善的角度来看，我国刑法可以将贪污、挪用罪的对象扩充为任何财产。（4）在根据《联合国反腐败公约》完善洗钱罪上游犯罪时，可以将上游犯罪规定为“一切涉及财产及收益获得的犯罪”。因为《联合国反腐败公约》所谓的一切犯罪也是有前提的，即明知财产为犯罪所得，其已经表明上游犯罪是获取财产的犯罪。[①]

［赵秉志、周国良；载《人民检察》，2006（1）］

① 参见赵秉志：《关于我国刑事法治与〈联合国反腐败公约〉协调的几点初步探讨》，载《法学杂志》，2005（1）。

第十八章

2006年的刑法学研究

一、前　言

2006年，最高人民法院正式宣布将于2007年1月1日起全面收回死刑复核权，标志着我国死刑制度改革乃至整个刑事法治发展的突破性进展；同时，“宽严相济”刑事政策的提出，使我国应对犯罪的刑事策略更加科学，也对我国今后的刑事法治提出了新的要求。这些都显示着我国的刑事法治在2006年取得了积极的发展。2006年度我国的刑法学研究，无论是在基础理论研究方面，还是在具体罪种的立法完善方面，均呈现出令人欣喜的繁荣景象。限于文章篇幅，在此仅对本年度刑法学理论研究中探讨较为集中、深入或者有所创新的若干问题予以述评。

二、刑法总论问题

2006年度在刑法总论领域，学者们除对刑法学的发展方向、犯罪构成体系、罪刑法定原则、刑事政策、死刑制度改革等重点问题继续进行深入研究外，也在非公有制经济的平等保护、过失犯的构造与认定、罪数认定的标准以及现代赦免制度的构建等问题上提出了较有创新的观点或进行了深入的论证。

（一）刑法学的发展方向

近年来，关于我国刑法学应向何处发展的问题备受刑法学界关注。我国刑法学应否逐渐远离苏联刑法的影响而向大陆法系刑法理论靠拢，成为颇具争议性的问题。有学者认为，当前我国刑法学正处于一个转折点：既有的理论体系和研究方法已经走到了尽头，难以适应理论发展与法治建设的需要。如何完成我国刑法学的现代转型，是摆在我国刑法学者面前的迫切任务。我国目前的刑法学理论中，苏联的刑法学理论与德日的刑法学理论存在一种此消彼长的趋势，苏联刑法学理论的影响日益萎缩，德日刑法学理论的影响日益隆盛。但是，总括地讲，我国目前的一些刑法学理论在基本构造上还是受制于苏联刑法学的，如犯罪构成理论方面。目前关于犯罪构成理论的论争，实际上缘起于苏联刑法学与德日刑法学之间的知识冲突。面对这种困境，有学者认为，必须对我国刑法学进行变革，而变革的方向就是按照大陆法系刑法学的思维方式重新建构刑法的规范学体系。①

还有学者从西方经验与我国现实两者对比的角度对我国刑法理论的合理改造问题进行了探讨，认为我国刑法学面临改造理论体系与增强问题意识的双重使命，为此，进行跨文化的刑法学研究具有积极意义。该学者认为，对我国未来的刑法学理论进行合理化改造存在多种可能的路径，应当着重把握以下几个方面：（1）必须以刑法客观主义为取向，坚持刑法客观主义立场，重视法益概念的基础功能；（2）为使我国的犯罪论体系更为合理，可考虑借鉴德、日相关理论，建构阶层的犯罪论体系；（3）必须在法益保护的观念下，坚持实质主义的评价方式，坚持实质的犯罪论；（4）加强对问题的思考，必须充分关注刑法思维的独特性，注意协调刑法学和其他部门法学之间的关系，注重对传统犯罪的深入讨论，在对西方刑法理论进行必要质疑的同时进行必要的创新。②

（二）刑法基本原则

2006年度有学者出版专著对罪刑法定原则的实现进行了系统的研究，

---

① 参见陈兴良：《转型与变革：刑法学的一种知识论考察》，载《华东政法学院学报》，2006（3）。

② 参见周光权：《刑法学的西方经验与中国现实》，载《政法论坛》，2006（2）。

从而把对罪刑法定原则的研究引向了深入。该学者认为：罪刑法定是法治在刑事法领域的集中表现；我国刑法中规定罪刑法定原则，并不意味着罪刑法定已在我国实现，而只是我国要实行罪刑法定的宣言；在我国现有的条件下，罪刑法定的实现之路还相当漫长，需要国家和全体国民的长期努力。对于罪刑法定原则的含义，如果仅作说文解字式的理解，则罪刑法定与刑事法治就不具有同一性。罪刑法定不仅仅是表面意义上的罪与刑的法定，它需要一系列的理论支撑，要求特定的基本原则，具有固定的基本内容。在这种意义上，罪刑法定应当与法治密切联系，是一种现代法理念在刑事法中的表述。以此种认识为前提，该学者在书中对罪刑法定在立法程序上和立法内容上的实现、罪刑法定对立法技巧的要求、罪刑法定在司法程序和刑法解释上的实现以及罪刑法定的司法实现环境等问题进行了深入而系统的探讨。①

还有学者对我国刑法典中规定的三个基本原则即罪刑法定原则、适用刑法人人平等原则以及罪责刑相适应原则与刑事自由裁量权的关系问题进行了探讨，论证了刑事自由裁量权与此三项基本原则的兼容性关系。②

（三）犯罪构成体系

如何评价和完善我国以“四要件”为内容的犯罪构成体系，一直是我国刑法学研究中的一个热点问题。近年来，部分学者明确提出应引进德日犯罪构成理论对我国现有的犯罪构成体系彻底予以“重构”的观点，引起了学界的关注。2006年度有一些学者撰文对此问题进行了探讨。③ 也有论者认为：目前学界对我国犯罪构成理论的批判，多源于某些学者在犯罪构成理论上的一些错误理解，并无切实的说服力；另外，主张重构我国犯罪构成体系的学者往往一厢情愿地过分夸大德日犯罪构成体系的合理一面，而没有，甚至不愿看到其不足的一面。德日的阶层犯罪论体系也面临着体系前后冲突、现状和初衷背离、唯体系论的倾向偏离现实的司法实践等不足。该论者认为，我国现有的犯罪论体系的确存在一些弱点。但是，这些弱点并未对现有的犯罪构成体系形成致命威胁，完全可以通过改良或者重新理解来加以解决，而没

---

① 参见李洁：《论罪刑法定的实现》，前言，北京，清华大学出版社，2006。

② 参见董玉庭、董进宇：《刑事自由裁量权与刑法基本原则关系研究》，载《现代法学》，2006（5）。

③ 参见王充：《中日犯罪论体系的比较与重构》，载《中国法学》，2006（6）。

有必要将现有的犯罪构成体系推倒重来。我国今后的犯罪构成体系研究，应当着力在以下两个方面下功夫：一是在现有的犯罪构成体系上，贯彻客观优先的阶层递进理念；二是树立不同意义的犯罪概念。[①]

另有学者对借鉴域外理论构筑我国新的犯罪成立理论进行了系统的研究，认为在建设社会主义法治国家、国家尊重和保障人权的时代背景之下，我国有必要引进域外犯罪成立理论，考虑到我国的法系背景等因素，我国适宜引进德日犯罪成立理论。该论者认为：相比较而言，德日理论的新古典与目的论结合体系中的三阶层理论比较合理，又适合我国的刑法典，应当加以引进。根据我国《刑法》第13条，可以推导出犯罪的构成要件符合性、违法性与有责性三个特征，引进新古典与目的论的结合体系中的三阶层理论，完全可以依据《刑法》第13条来建立。为了避免可能产生的混乱，有必要对三阶层理论中的核心术语进行本土转换：将“构成要件”转换为“罪状”，将“违法性”转换为“不法性”，将“责任”或“有责性”转换为“罪责”或“罪责性”。这样，新的犯罪概念将是：犯罪是指符合罪状的具有不法性与罪责性的行为。该论者还认为，我国现有犯罪论体系无法容纳犯罪成立的新理论，犯罪成立新理论的出现，要求有与之相对应的犯罪论新体系。[②]

犯罪构成理论是否应按照大陆法系的阶层理论加以重构，不仅关系到我国刑法学理论体系之根本，也可谓与我国社会刑事法治实践关系重大，必须慎重对待。对此问题，理论上的争鸣是必要和有益的。目前来看，就此问题的理论研究也有深入的趋势。今后还应结合我国的具体国情和司法实践状况展开更为深入的研究。

（四）非公有制经济的平等保护

我国现行刑法对公有制经济和非公有制经济实行有差别的保护，这种刑法保护上的不平等，阻碍了我国社会主义市场经济的顺利发展，不利于我国经济领域的国际交往。近年来，越来越多的学者对这种差异保护提出了质疑。在刑法领域，实现对非公有制经济与公有制经济的平等保护基本上成为

---

① 参见黎宏：《我国犯罪构成体系不必重构》，载《法学研究》，2006（1）。

② 参见李立众：《犯罪成立理论研究——一个域外方向的尝试》，144页以下，北京，法律出版社，2006。

刑法理论与实务界的不争之论。但如何实现对非公有制经济与公有制经济在刑法上的平等保护，理论上还存在许多值得进一步深入研讨的问题。在这一背景下，“刑法对非公有制经济的平等保护”被确定为2006年全国刑法年会实务方面的议题之一，学者们围绕这一主题从各个角度进行了比较全面、深入且有一定新意的研讨，对现行刑法的有关规定提出了改进和完善的建议。

有学者指出：刑法平等保护非公有制经济，在宪法以及现行刑法上都有着坚实的法律依据。刑法平等保护非公有制经济的实质依据，在于非公有制经济在我国经济生活中的地位及在社会发展中越来越重要的作用。刑法平等保护非公有制经济既有利于非公有制经济的进一步发展，更有利于我国国民经济和社会的整体发展，也有利于我国国际贸易和国际经济的正常发展。刑法平等保护非公有制经济，要求在刑法制罪和制刑两个方面的平等。① 有学者认为：当前刑法对非公有制经济保护方面存在的不足，主要是刑事立法相对滞后，一方面不能满足经济发展的要求，另一方面与宪法、民商法的发展不协调，这些都可归咎于刑法观念的落后和刑法理性的欠缺。刑法的理性保护就是以理性为要求和标准，对非公有制经济进行保护，为此，我国刑法需实现刑法观念上的转变并进行刑法规范上的改进。② 有学者对非公有企业与国有企业的不平等地位进行了考察，主张为实现刑法对国有企业和非国有企业的平等保护，应修改刑法，在刑法任务和犯罪概念中增加保护非国有企业的相应内容，并将《刑法》第4条修改为“对任何公民犯罪或者单位犯罪，在适用法律上一律平等；不允许公民或者单位有超越法律的特权；刑法对公民和合法单位予以平等的保护”，并应对刑法分则进行修改，实现罪名和法定刑的平等。③ 还有学者提出，应在刑法中增设私分单位资产罪，以涵盖私分非国有单位资产的行为。④ 但也有个别学者提出，从刑法面前人人平等的

① 参见李希慧：《刑法平等保护非公有制经济之探讨》，载赵秉志主编：《刑法评论》，第11卷，2～8页，北京，法律出版社，2006。

② 参见卢建平、陈宝友：《对非公有制经济刑法保护的理性解读》，载赵秉志主编：《刑法评论》，第11卷，9～18页，北京，法律出版社，2006。

③ 参见赖早兴：《刑法中非国有企业与国有企业不平等地位之考察及刑法之完善》，载赵秉志主编：《刑法评论》，第11卷，143～151页，北京，法律出版社，2006。

④ 参见郑鲁宁、张建：《私分单位资产罪的创立》，载赵秉志主编：《刑法评论》，第11卷，184～187页，北京，法律出版社，2006。

真实内涵出发，刑法对公有制经济和非公有制经济的差异保护具有其合理性；“平等”保护并不等于“相同保护”，如果法律的目的是正当的，并且法律的差异是实现法律的目的所必需的，则这种差异就应被认为是合理的差异，是一种“比例平等”，并不违反刑法平等原则。①

（五）刑法解释问题

在刑法解释问题上，我国存在着形式解释论与实质解释论的对立，多数学者主张采取形式的解释论。2006 年度有学者倡导实质的刑法解释论。该学者认为：法律实质理性对形式理性的介入，形式到实质法治国的嬗变，兼具形式与实质内容的现代罪刑法定原则的兴起与古典罪刑法定原则的终结，以及大陆法系中构成要件的无价值性到价值判断因素的确立，决定了犯罪论体系不单是纯粹形式的行为框架，而应该从实质上判断行为是否值得科处刑罚；对犯罪构成要件的解释不能仅从形式上进行，还要从刑罚法规的妥当性的实质层面进行。简言之，应该建立以形式的、定型的犯罪论体系为前提，以实质的可罚性为内容的实质的犯罪论体系，相应地对刑法规范应该从是否达到值得处罚的程度进行实质解释。只有采取实质的解释论立场，才能实现刑法的实质正义，实现实质的罪刑法定原则以及刑罚法规的妥当性、明确性等价值内涵。②

有学者对刑法解释中的行政解释因素进行了较为深入的研究，认为行政机关经常性地以联合解释者、独立制作者、潜在影响者的身份在整个刑事司法解释过程中发挥重要作用，这些影响在特定的解释体制下具有不同的权力内涵和逻辑，但都对最高人民法院的司法解释权及解释结论的公正性形成了冲击，因而必须加强对此问题的研究并采取有效的措施予以解决。③

在刑法解释问题上，还有学者就目的解释和体系解释的具体运用④、刑

① 参见庄劲：《“平等”保护＝“相同”保护？——论当前刑法对非公有制经济差异保护的合理性》，载赵秉志主编：《刑法评论》，第 11 卷，152～161 页，北京，法律出版社，2006。

② 参见刘艳红：《走向实质解释的刑法学——刑法方法论的发端、发展与发达》，载《中国法学》，2006（5）。

③ 参见林维：《刑法解释中的行政解释因素研究》，载《中国法学》，2006（5）。

④ 参见肖中华：《刑法目的解释和体系解释的具体运用》，载《法学评论》，2006（5）。

法解释与解释文本的同步效力[①]、刑法的伦理解释[②]、刑法解释中的词义分析[③]、刑法司法解释的个案解释方案[④]等问题进行了探讨，提出了一些较有新意的观点。

（六）宽严相济的刑事政策

2005年12月，中央政法委书记罗干同志在全国政法工作会议上提出，在政法工作中要注重贯彻宽严相济的刑事政策；2006年3月，最高人民法院、最高人民检察院在十届全国人大四次会议上的工作报告中，都提出要认真贯彻宽严相济的刑事政策；2006年10月，中共中央十六届六中全会通过的《中共中央关于构建社会主义和谐社会若干重大问题的决定》中也明确强调，要实施宽严相济的刑事司法政策。在此背景下，宽严相济的刑事政策迅速进入刑法学界的视野并成为研究焦点。在杭州召开的2006年全国刑法学年会就将“宽严相济的刑事政策”作为年会的理论议题，学者们围绕这一主题展开了热烈的讨论，对“宽严相济”这一新的刑事政策的含义和具体运用进行了深入剖析，提出了许多极具价值的观点和建议。

学者们普遍认为，“宽严相济”刑事政策并非对过去的“惩办与宽大相结合”的刑事政策在名词上的简单置换，两者在表述方式、侧重基点、司法倾向、关注重点等方面均存在不同。宽严相济刑事政策是我们处在新的时代，面对刑事案件数量急剧增加，就刑事法律如何保持社会良好运行状态所作的新思考，提出的新理念，其背后有着积极的时代意义与实务价值。[⑤] 有的学者认为：宽严相济的刑事政策思想在我国有着深远的历史渊源，它是以犯罪和犯罪人的多样性、复杂性、罪责刑相适应原则与对犯罪人的处罚目的等为依据而提出的。其内容可归结为：该严则严、当宽则宽、严中有宽、宽

① 参见曲新久：《论刑法解释与解释文本的同步效力——兼论刑法适用的逻辑路径》，载《政法论坛》，2006（2）。

② 参见张武举：《刑法伦理解释论》，载《现代法学》，2006（1）。

③ 参见王政勋：《论刑法解释中的词义分析法》，载《法律科学》，2006（1）。

④ 参见夏勇：《改善我国刑法司法解释的新路径》，载《法学》，2006（9）。

⑤ 参见黄京平：《“宽严相济”刑事政策的时代含义及实现方法》，载赵秉志主编：《和谐社会的刑事法治》（上卷），326～329页，北京，中国人民公安大学出版社，2006。

中有严、宽严有度、宽严审时。[①] 还有学者认为，宽严相济最为重要的还是在于“济”。“济”是指救济、协调与结合之意。宽严相济刑事政策不仅是指对于犯罪应当有宽有严，而且在宽与严之间还应当具有一定的平衡，互相衔接，形成良性互动，以避免宽严皆误的结果发生。[②] 另有学者提出，就贯彻宽严相济刑事政策的“严”的一面而言，我国刑法应对累犯实行加重处罚，在刑事程序法和执法机构方面，应借鉴国外经验，加强对有组织犯罪、暴力犯罪等的打击和控制，并应提高有期徒刑的最高期限；而从宽严相济刑事政策“宽”的一面而言，则应进一步大力限制死刑，调整和完善刑事责任结构，实现刑事制裁的多元化和复合化。[③] 此外，还有学者就宽严相济刑事政策在建设和谐社会中的作用[④]、宽严相济刑事政策与两级化刑事政策[⑤]、宽严相济刑事政策与主客观相统一原则[⑥]、宽严相济刑事政策视野下经济犯罪的控制[⑦]等问题进行了探讨。

宽严相济刑事政策的提出，对于我国刑事立法尤其是刑事司法具有极其重要的指导意义。它的出台，反映了我们党和国家运用刑事手段治理社会的理念变化和发展。它对于纠正以往的重刑思想，构建社会主义和谐社会，都将发挥不可忽视的积极作用。加强对宽严相济刑事政策的理论解读，并结合司法实践中的具体问题对这一新的刑事政策进行深入研究，是刑法理论界和实务界所共同面临的重要课题。

---

① 参见马克昌：《宽严相济刑事政策刍议》，载《人民检察》，2006（19）。

② 参见陈兴良：《宽严相济刑事政策研究》，载《法学杂志》，2006（1）。

③ 参见樊凤林、刘东根：《论宽严相济的刑事政策与我国刑法的完善》，载赵秉志主编：《和谐社会的刑事法治》（上卷），259～364页，北京，中国人民公安大学出版社，2006。

④ 参见胡云腾、廖万里：《宽严相济刑事政策的刑法学解释——兼论在建构和谐社会中的作用》，载赵秉志主编：《和谐社会的刑事法治》（上卷），161～169页，北京，中国人民公安大学出版社，2006；严励：《刑事政策与和谐社会》，载赵秉志主编：《和谐社会的刑事法治》（上卷），170～176页，北京，中国人民公安大学出版社，2006。

⑤ 参见梁根林：《欧美“轻轻重重”的刑事政策新走向》，载赵秉志主编：《和谐社会的刑事法治》（上卷），554～565页，北京，中国人民公安大学出版社，2006；李震、田颖：《试论“轻轻重重、宽严相济”的刑事政策》，载赵秉志主编：《和谐社会的刑事法治》（上卷），279～286页，北京，中国人民公安大学出版社，2006。

⑥ 参见初炳东：《宽严相济与主客观相统一》，载赵秉志主编：《和谐社会的刑事法治》（上卷），302～309页，北京，中国人民公安大学出版社，2006。

⑦ 参见唐稷尧：《宽严相济的刑事政策视野下经济犯罪的控制》，载赵秉志主编：《和谐社会的刑事法治》（上卷），409～416页，北京，中国人民公安大学出版社，2006。

（七）犯罪的主观方面

2006 年度在犯罪的主观方面问题上，违法性认识与犯罪故意的关系仍然是学者们关注较多的问题，相关探讨也有所深入。有的学者认为：故意是事实性判断，与作为规范判断的违法性认识并不相同，违法性认识不是故意的要素。我国犯罪构成要件理论中，违法性认识“不要说”占有主导地位。这在否定违法性认识是故意的要素方面值得肯定，但这一观点与罪刑法定、责任主义有所冲突，犯罪认定可能成为国家“强力意志”推行的过程。因此，对于成立犯罪而言，违法性认识的可能性是需要的，但它不属于犯罪故意的内容，必须将其作为与故意不同的责任要素看待。应修正目前通行的犯罪构成理论，对犯罪的成立与否分层次进行判断，在确定责任故意存在的前提下，进一步判断违法性认识以及责任是否存在。在违法性认识可能性不存在的场合，故意犯和过失犯均不能成立。[①] 也有学者提出，在我国刑法典中增加关于违法性认识问题的规定十分必要。具体来说，站在违法性认识与社会危害性认识择一说的立场，可以将《刑法》第 14 条第 1 款修改为：“明知自己的行为会发生危害社会的结果或者不被法律所允许，并且希望或者放任这种结果发生或实行此行为，因而构成犯罪的，是故意犯罪。”[②] 还有学者对违法性认识与刑法认同问题进行了分析，认为：由于刑法上的双重规范意义同属于对同一行为的社区价值评价范畴，两者在社会主流文化价值观念上应当尽可能求取一致，因而，解决违法性认识错误问题，应以社会主流价值观念作为司法最终的裁判标准，以避免刑法的“专横”，同时注意发挥刑法裁判规范对应然价值及未然秩序的导向作用。[③]

也有学者通过对我国《刑法》第 15 条第 2 款中“法律有规定”之含义的分析，对刑法中罪过形式的确定原则与方法进行了探讨。该学者指出，我国刑法学理论上没有充分考虑《刑法》第 15 条第 2 款的规定，没有分析何

---

① 参见周光权：《违法性认识不是故意的要素》，载《中国法学》，2006 (1)。

② 谢望原、钱叶六：《违法性认识与犯罪故意关系论》，载陈忠林主编：《违法性认识》，302～316 页，北京，北京大学出版社，2006。

③ 参见冯亚东：《违法性认识与刑法认同》，载陈忠林主编：《违法性认识》，136～145 页，北京，北京大学出版社，2006。

种犯罪属于“法律有规定”的过失犯罪，导致罪刑法定原则、罪刑相适应原则未能得到充分贯彻，造成了不当扩大过失犯罪处罚范围的局面。该论者认为，在确定具体犯罪的罪过形式时，不能以“事实上能否出于过失”的归纳取代“法律有无规定”的判断，而应当充分考虑并贯彻《刑法》第 15 条第 2 款“过失犯罪，法律有规定的才负刑事责任”的规定，从文理和实质两方面确定过失犯罪的范围。① 还有一些学者对传统的社会危害性理论②和德日刑法中的“二元论”③ 进行了批判性的厘清。

（八）罪数理论

罪数理论与定罪量刑的关系极为密切，历来是刑法理论上最为复杂与棘手的问题之一。关于罪数的判断，我国刑法学界的通说认为应采犯罪构成标准说。对这一通说，有学者进行了批驳，并提出了新的罪数判断标准。该学者认为，犯罪构成只能说明行为具有可罚性，但不能说明行为可罚性的数量。表面上，国家每一个刑罚权的发动，都必须以行为符合犯罪构成为前提。而实质上，国家刑罚权的发动，取决于行为实现的犯罪构成的危害性基础。在犯罪竞合的场合，行为符合的犯罪构成的数量与行为实现的犯罪构成的危害性基础会产生脱节。犯罪构成的功能在于判断行为是否构成犯罪，罪数论的目的是在行为构成犯罪的前提下，判断应一罪处罚还是数罪并罚，前者的功能无法满足后者的目的。该论者认为，罪数的标准，应当是犯罪构成客体的重合性。成立客体的重合性，应当具备两个方面的条件：其一，须是侵犯同一法益；其二，须是对法益的同一次侵犯。无论法条竞合犯、吸收犯、想象竞合犯还是牵连犯的罪数判断，都应当遵循这一罪数标准。④ 也有学者认为：我国学说中的罪数论体系及其概念主要源于外国学说，二者存在着明显的冲突，因此应当根据我国不喜好数罪并罚的制度特点重新设定罪数论体系。设计的原则是：确立独立的罪数观念；坚持“构成要件说”和禁止

---

① 参见张明楷：《罪过形式的确定——刑法第 15 条第 2 款“法律有规定”的含义》，载《法学研究》，2006（3）。

② 参见陈兴良：《社会危害性理论：进一步的批判性清理》，载《中国法学》，2006（4）。

③ 黎宏：《行为无价值论的批判》，载《中国法学》，2006（2）。

④ 参见庄劲：《犯罪竞合：罪数分析的结构与体系》，72 页以下，北京，法律出版社，2006；庄劲：《犯罪客体重合性罪数标准的倡导》，载《中国刑事法杂志》，2006（2）。

重复评价、重复处罚的原则；适当简化罪数论体系，使之适合我国制度的特点。构建的思路是：对一罪、数罪和数罪并罚问题，分别从理论、立法、司法三个不同角度进行考虑。按照上述原则和思路构建的罪数论体系是：（1）典型一罪和数罪；（2）法定处罚的一罪，包括加重犯和吸收犯；（3）酌定处罚的一罪，包括想象竞合犯、牵连犯、选择一罪、同种数罪等概念。[①]

在罪数领域，还有学者对罪数中的竞合论[②]、连续犯的存废[③]、结果加重犯的构成结构[④]、想象竞合犯的本质和处断原则[⑤]、连续犯与一事不再理原则的适用[⑥]等问题进行了探讨。

（九）死刑制度改革

近年来，死刑控制与死刑制度的改革，一直是我国刑法学界乃至整个社会关注的热点和焦点问题。2006年度仍然有不少学者撰文对死刑控制与死刑制度改革的相关问题进行了深入研析。

有学者就非暴力犯罪死刑的司法控制进行了探讨，认为：非暴力犯罪死刑的司法控制，不外乎实体法控制和程序法控制两条途径。就实体法控制而言，应正确和严格地把握“罪行极其严重”这一死刑适用的总标准和充分发挥死刑缓期执行制度对非暴力犯罪死刑的控制作用；就程序法控制而言，应借鉴国外有关死刑案件证明标准的规定，将“排除合理怀疑”作为死刑案件的证明标准。[⑦] 也有学者对暴力犯罪死刑的司法适用问题给予了关注，提出从刑法典的基本原则与刑法原理两个方面确定暴力犯罪死刑的指导原则，其指导原则包括：法定原则、均衡原则、平等原则、公正原则和必要原则。应

---

① 参见阮齐林：《论构建适应中国刑法特点的罪数论体系》，载《河南师范大学学报》（哲学社会科学版），2006（3）。

② 参见陈兴良：《刑法竞合论》，载《法商研究》，2006（2）。

③ 参见李希慧、汤嫒嫒：《连续犯制度存废论》，载赵秉志主编：《刑法评论》，第10卷，187～211页，北京，法律出版社，2006。

④ 参见许发民：《结果加重犯的构成结构新析》，载《法律科学》，2006（2）。

⑤ 参见庄劲：《想象的数罪还是实质的数罪——论想象竞合犯应当数罪并罚》，载《现代法学》，2006（2）。

⑥ 参见陈岚、王丽莎：《连续犯与一事不再理原则的适用探讨》，载《法学评论》，2006（3）。

⑦ 参见赵秉志、张远煌：《论非暴力犯罪死刑的司法控制》，载赵秉志主编：《刑事法治发展研究报告》（2005—2006年卷），46～93页，北京，中国人民公安大学出版社，2006。

清醒认识死刑对于遏制暴力犯罪死刑作用的有限性，对于暴力犯罪的死刑，应通过提高暴力犯罪适用死刑的法律条件、加强死刑缓期执行对死刑立即执行的替代、注意利用现行宪法规定的特赦制度，以及在程序上利用现行刑事诉讼法关于死刑复核的规定来加以严格限制。[①]

2006年在死刑制度改革问题上具有里程碑意义的是最高人民法院正式宣布将于2007年1月1日起全面收回死刑复核权。这是我国在死刑制度改革问题上迈出的一大步，对于真正贯彻“少杀、慎杀”的死刑政策，大力限制死刑，具有非常积极的意义。随着死刑复核权即将收回最高人民法院，对最高人民法院收回死刑复核权以后的死刑复核程序及其相关问题的研究，应当成为刑事法学研究中的一个重点。有的学者认为：死刑复核程序存在的问题和缺陷，在很大程度上并不会因为死刑复核权收回最高人民法院而得到缓解。而且，死刑复核权收回最高人民法院后，还将面临诸如如何确定死刑复核程序的性质及复核方式、案件负担过重等十分棘手的问题。目前理论上针对死刑复核程序存在的问题和缺陷而设计出来的种种改革方案无不具有明显的局限性。该论者认为，死刑复核程序正当化必须满足一些基本条件：首先，政府必须承认和接受死刑功能的局限性，并在立法上切实减少死刑的适用范围，在实践中尽量少用死刑；其次，刑事诉讼制度在整体上的进步。该论者还提出，我国未来的死刑复核程序除了必须符合刑事诉讼的一般原理之外，还应当满足一些最低标准。[②]

此外，还有学者对我国死刑政策的历程及走向[③]、限制经济犯罪的死刑适用[④]、毒品犯罪的死刑适用[⑤]、受贿罪死刑适用的社会效果[⑥]等问题进行了研究。

（十）现代赦免制度的建构

现代赦免制度不仅是对“国家尊重和保障人权”之宪法精神的充分印

---

① 参见赵秉志、黄晓亮：《暴力犯罪死刑的司法适用》，载赵秉志主编：《刑事法治发展研究报告》（2005—2006年卷），94～116页，北京，中国人民公安大学出版社，2006。

② 参见赵秉志、王超：《中国死刑控制的程序困惑及其出路》，载《中国刑事法杂志》，2006（3）。

③ 参见张文、米传勇：《中国死刑政策的过去、现在及未来》，载《法学评论》，2006（2）。

④ 参见赵秉志、万云峰：《当前我国经济犯罪限制死刑适用之思考》，载赵秉志主编：《刑事法治发展研究报告》（2005—2006年卷），117～166页，北京，中国人民公安大学出版社，2006。

⑤ 参见陈世伟：《毒品犯罪死刑问题研究》，载《西南政法大学学报》，2006（4）。

⑥ 参见钊作俊：《受贿罪死刑适用社会效果调查研究》，载《政治与法律》，2006（4）。

证，而且与我国努力建构社会主义和谐社会的宏伟目标相契合，基于此，赦免制度在近年来也越来越受到我国刑法学界的关注，有关此问题的研究逐步深入。有学者对赦免制度进行了系统、深入的研究，通过对中外赦免制度的历史与现状的考察以及赦免制度之法理的深入剖析，就我国现代赦免制度的重构提出了全面的设想。该论者特别提出，在我国现代赦免制度中应恢复大赦制度。关于大赦的途径和方法，该论者认为，由于我国的宪法属于刚性宪法，修宪具有一定的复杂性，难度较大，因而，可以考虑采取立法解释的方法变通而灵活地解决包括大赦、一般减刑、一般复权在内的一般赦免权无宪法根据的问题，可以由全国人大常委会通过对《宪法》第62条第15项的解释，将一般赦免权明确为全国人大的职权。该论者建议由全国人大常委会颁行专门的赦免法，其中应就大赦的范围、效力、程序、法律后果等作出详细的规定，从而规范大赦权的行使。一旦颁行专门的赦免法，刑事法的有关内容也应作相应修改。①

在刑法总论领域，除以上问题外，还有学者就刑事学科系统的构建②、刑事立法的发展方向③、刑法理论中的被害人④、单位犯罪主体资格之认定⑤、刑事责任的归责原理⑥、期待可能性⑦、恢复性司法⑧、目的犯⑨等问题进行了深入研究。

---

① 参见阴建峰：《现代赦免制度论衡》，北京，中国人民公安大学出版社，2006；赵秉志、阴建峰：《和谐社会呼唤现代赦免制度》，载《法学》，2006（2）；赵秉志、阴建峰：《现代赦免制度之重构方略》，载赵秉志主编：《刑事法治发展研究报告》（2005—2006年卷），北京，中国人民公安大学出版社，2006。

② 参见高维俭：《刑事学科系统论》，载《法学研究》，2006（1）。

③ 参见张明楷：《刑事立法的发展方向》，载《中国法学》，2006（4）。

④ 参见高铭暄、张杰：《刑法学视野中被害人问题探讨》，载《中国刑事法杂志》，2006（1）；劳东燕：《事实与规范之间——从被害人视角对刑事实体法体系的反思》，载《中外法学》，2006（3）；劳东燕：《被害人视角与刑法理论的重构》，载《政法论坛》，2006（5）。

⑤ 参见石磊：《论单位犯罪的直接责任人员》，载《现代法学》，2006（1）；陈增宝：《单位犯罪主体资格的司法确认与否定》，载《中国刑事法杂志》，2006（1）。

⑥ 参见冯军：《刑法中的自我答责》，载《中国法学》，2006（3）。

⑦ 参见陈兴良：《期待可能性研究》，载《法律科学》，2006（3）；郭自力、孙立红：《论罪责对犯罪论体系的影响——以期待可能性为基点》，载《法律科学》，2006（1）。

⑧ 参见刘东根：《恢复性司法及其借鉴意义》，载《环球法律评论》，2006（2）；唐芳：《恢复性司法的困境及其超越》，载《法律科学》，2006（4）。

⑨ 参见桂亚胜：《目的犯的目的与犯罪形态》，载《法学》，2006（8）；桂亚胜：《目的犯之目的的争议研究》，载《法商研究》，2006（4）。

三、刑法各论问题

2006年度刑法学界在刑法各论的研究方面，既注重理论的分析，又密切结合刑事司法实践，对某些罪种进行了具体剖析，从立法完善的角度提出了一些富有建设性的建议。整体来说，反恐立法的完善、经济犯罪、侵犯人身犯罪、侵犯财产犯罪、商业贿赂犯罪以及渎职罪等方面的研究较为集中和深入，并提出了具有一定新颖性的见解或论证。

（一）恐怖组织的认定与反恐立法的完善

我国对恐怖组织事实上采取了司法认定和行政认定并存的双轨制模式。对于恐怖组织的认定模式，学者间也存在分歧意见。有学者认为，我国可考虑采取的恐怖组织的认定模式主要有单轨制司法认定模式、单轨制行政认定模式以及双轨制司法行政认定模式。该学者主张我国应采用单轨制行政认定模式，主要理由是：首先，我国对恐怖组织的认定应具有高度的权威性、统一性，司法、行政机关均具有认定权的双轨制认定模式难免会引发认定标准和权限的冲突，从而妨害恐怖组织认定工作的效率；其次，司法认定的理论与我国国情存在矛盾，容易造成反恐工作的随意性；最后，从工作内容和人员配备来看，行政认定模式更符合实践中恐怖组织的认定具有的长期性、灵活性的特点。此外，恐怖组织通常具有的某种政治目的以及与打击恐怖组织密切联系的国际合作的要求都决定了采用行政认定模式的合理性。① 论者还就有关反恐立法的宏观问题提出了完善的建议：（1）在宪法中增设反恐怖主义的明确依据，可以考虑在我国《宪法》序言第十二自然段中增加反恐怖主义的内容，即“坚持反对帝国主义、霸权主义、殖民主义、恐怖主义，加强同世界各国人民的团结”。（2）我国应进行专门的反恐怖主义立法。进行专门的反恐怖主义立法，是有效预防、打击恐怖主义的必然要求。我国未来的反恐怖主义立法应涉及多个部门法，在明确基础性概念的基础上，兼具预防、处置、制裁与补偿等内容。完善我国反恐

① 参见赵秉志、杜邈：《恐怖组织认定模式之研究》，载《现代法学》，2006（3）。

怖主义立法，应当构建“以宪法为依据，以反恐怖法为主导，诸法配合”的反恐怖主义立法新格局。[①]

还有学者就恐怖活动犯罪的定义[②]、恐怖组织的定义[③]、网络恐怖主义及其防治[④]、惩治恐怖主义犯罪中维护公共秩序与尊重人权的平衡问题[⑤]、借鉴《俄罗斯反恐怖活动法》完善我国反恐立法[⑥]等问题进行了有益的探讨。

（二）经济犯罪

有学者对经济犯罪的规范解释进行了研讨，提出了经济犯罪规范解释的若干原则。该论者认为，由于经济犯罪具有普遍采用空白罪状形式表达犯罪构成要件的特点，在条文适用和规范解释方面，对经济犯罪就须特别强调刑法的某些价值观念，突出刑法解释规则的某些要求。首先，在经济犯罪的规范解释上，应注重刑法价值的独立判断，防止规范解释的从属性。刑法的补充性并不等于刑法依附于其他法律法规，刑法的保障性也不等于刑法从属于其他法律法规。其次，应注重构成要件的实质解释，防止规范解释的形式化。此外，由于经济犯罪规范数量众多，法条大小系统庞杂，所以在经济犯罪规范解释中应当特别关注构成要件的体系解释。[⑦]

有学者对我国金融刑法的改革提出了若干构想，认为：我国金融刑法的立法模式技术、构成设计技术、刑罚配置技术之背后分别是法典主义、事后主义、重刑主义立法理念，这些理念使我国金融刑法对国家本位的传统金融体系具有保护金融机构主义、保护管理秩序主义和片面刑事规制主义的适应

---

① 参见赵秉志、杜邈：《我国反恐怖主义立法完善研讨》，载《法律科学》，2006（3）。

② 参见高铭暄、张杰：《关于我国刑法中“恐怖活动犯罪”定义的思考》，载《法学杂志》，2006（5）。

③ 参见高铭暄、王俊平：《恐怖组织界定》，载《国家检察官学院学报》，2006（2）；赵秉志等：《恐怖主义犯罪相关术语的界定》，载赵秉志主编：《刑事法治发展研究报告》（2005—2006 年卷），246～249 页，北京，中国人民公安大学出版社，2006。

④ 参见刘广三：《网络恐怖主义及其防治——以犯罪学中的遏制理论为视角》，载赵秉志主编：《刑事法治发展研究报告》（2005—2006 年卷），365～379 页，北京，中国人民公安大学出版社，2006。

⑤ 参见王秀梅：《惩治恐怖主义犯罪中维护公共秩序与尊重人权的平衡》，载《法学评论》，2006（2）。

⑥ 参见莫洪宪：《论（俄罗斯联邦反恐怖活动法）与我国反恐立法之构想》，载《武汉大学学报》（哲学社会科学版），2006（3）。

⑦ 参见肖中华：《经济犯罪的规范解释》，载《法学研究》，2006（5）。

性特征。随着时代的发展，为适应和推动金融深化、金融创新与金融全球化的金融发展趋势，我国应该有条件地更新金融刑法的上述立法理念，革新金融刑法的相应立法技术。就金融刑法的立法模式而言，我国当前以刑法为主的金融刑法立法模式有其必然性，而随着我国经济、文化、政治的发展，如果我国刑法典在未来5年至10年内进行全面修订，则我国金融刑法的立法模式改采以特别刑法为主的模式同样具有必然性。[①]

此外，还有学者对经济犯罪的立法模式[②]、侵犯知识产权犯罪的司法认定[③]、侵犯商业秘密罪的立法完善[④]等问题给予了关注。

（三）侵犯人身罪

1. 故意杀人罪

有学者对互联网高度发展背景下的网络杀人犯罪进行了深入研究，并对我国刑法的相关规定提出了完善建议。该论者认为：网络杀人表现为利用互联网实施杀人相关的行为。随着互联网的广泛运用，网络杀人犯罪也给我国带来了严重危害，我国应当采取适当对策来应对这类犯罪的挑战。目前，我国刑法中与网络杀人犯罪相关的规定，主要是《刑法》第232条规定的故意杀人罪和总则中有关共同犯罪、犯罪预备等规定。对于与杀害他人相关的网络杀人犯罪，依照我国现行刑法都能给予恰当的处罚，一般不存在大的问题。而对于与自杀相关的网络杀人行为，我国刑法分则没有与之直接相关的规定。针对此一现状，该论者提出，应借鉴国外相关立法经验，在我国刑法典中增设“受嘱托杀人罪”、“教唆、帮助杀人罪”以及“故意传播诱发自杀信息罪”等新罪名。[⑤]

根据我国刑法规定，实施非法拘禁、刑讯逼供、暴力取证、虐待被监管人及聚众斗殴等罪的过程中致人死亡的，按照故意杀人罪定罪处理。对此，

---

① 参见刘远：《关于我国金融刑法立法模式的思考》，载《法商研究》，2006（2）；刘远、赵玮：《金融刑法立法理念的宏观分析——为金融刑法改革进言》，载《河北法学》，2006（9）。

② 参见杨兴培：《经济犯罪的刑事立法模式研究》，载《政治与法律》，2006（2）。

③ 参见黄祥青：《侵犯知识产权犯罪司法认定的几个问题》，载《法学》，2006（7）。

④ 参见肖乾利：《侵犯商业秘密罪的立法不足及其完善探析》，载《河北法学》，2006（8）。

⑤ 参见皮勇：《网络杀人犯罪研究》，载高铭暄、赵秉志主编：《刑法论丛》，第10卷，139～163页，北京，法律出版社，2006。

刑法理论通常认为是“转化型故意杀人罪”。有学者对这种“转化型故意杀人罪”的立论提出了质疑，认为：在非法拘禁、刑讯逼供等过程中致人死亡的情形，根本不符合刑法理论上转化犯的特征，将此类情形认为是“转化型故意杀人罪”不仅有违主客观相统一的刑法原则，而且也将导致司法实践中故意杀人罪与故意伤害罪（致人死亡）的法律选择上的困难。我国刑法中规定的在非法拘禁等过程中致人死亡按故意杀人罪处罚的规定应理解为注意性规定，而非法律拟制。因此，应抛弃“转化型故意杀人罪”这一理论，区分具体情况，对符合故意杀人罪构成要件的行为，直接以故意杀人罪论处。①

2. 绑架罪的认定

有学者对绑架罪中的“杀害被绑架人”进行了深入剖析，认为：从类型的典型性、罪刑的均衡性、认定的方便性以及法条的协调性等方面考虑，将犯罪学上的绑架撕票类型规定为刑法上的绑架杀人类型，都具有合理性。由于绑架罪的基本行为不可能包含故意杀人行为，所以绑架行为之外故意杀害被绑架人的，不能认定为结果加重犯；由于故意杀人并不是绑架行为本身的情节，也不是绑架行为本身造成的结果，所以也不能认为绑架杀人属于情节加重犯。对于结合犯应当作符合我国刑事立法的解释，应当将绑架杀人理解为结合犯，如此认定符合结合犯的理论。在现行法律之下，对于“杀害被绑架人”的认定与量刑不会存在太多疑问，存在疑问的是对于行为人绑架他人后，出于某种动机故意对被绑架人实施杀害行为但未能造成死亡结果即绑架杀害未遂的处理。该论者认为，结合犯的既遂与未遂取决于杀人的既遂与未遂，对绑架杀人的，应适用《刑法》第239条“杀害被绑架人的，处死刑”的规定，同时适用刑法关于未遂犯从轻、减轻处罚的规定。这一方案不仅有利于实现罪刑相适应原则，有利于处理绑架杀人中止，也有利于限制法官权力。②

（四）侵犯财产罪

“入户抢劫”作为抢劫罪的加重情节，在现实中情形极为复杂，在司法

① 参见利子平、詹红星：《“转化型故意杀人罪”立论之质疑》，载《法学》，2006（5）。

② 参见张明楷：《绑架罪中“杀害被绑架人”研究》，载《法学评论》，2006（3）。

认定中存在不少疑难问题。有学者对此进行了细致的分析，认为：判断进入“前院后店”式场所抢劫是否属于“入户抢劫”，应当考察场所内部生活和经营区域是否相对分离和行为时是否为营业期间等因素。如果生活与经营区域相对分离，则行为人为实施抢劫进入经营者生活区域进行抢劫的，属于“入户抢劫”；进入经营区域的，则不得认定为“入户抢劫”。对于场所内部生活与经营区域没有明显划分的情况，应当根据行为人实施抢劫行为之时的场所的功能特征即是否处于营业期间进行判断。入户抢劫的认定不仅应关注入“户”的客观行为，还应注重行为人“入”的意思支配和对“户”的认识意识。“入户抢劫”的成立应符合抢劫罪的构成前提，在主观上，只要行为人预谋的犯罪不包括抢劫和盗窃、诈骗、抢夺等，则不能认为构成“入户抢劫”[①]。

按照我国刑法理论的通说，盗窃罪与抢夺罪的区别在于盗窃罪具有“秘密性”的特点。关于这一通说，近来学界不断出现质疑的声音。2006年度，有学者对从“秘密与公开”角度区分盗窃与抢夺的观点进行了系统的批驳，并提出了区分盗窃罪与抢夺罪的新标准，认为：我国通说中的从“秘密与公开”角度区分盗窃与抢夺的观点与做法存在混淆主观要素与客观要素、颠倒认定犯罪顺序等诸多缺陷。该论者提出，妥当的观点应是，对不能评价为抢夺的以和平手段取得他人财物的行为，不论公开与否，均应以盗窃罪论处。所谓盗窃，即指以非法占有为目的，违反被害人意志，采取和平手段，将他人占有的财物转移为自己或者第三人占有。这一定义，使盗窃罪成为侵占财产罪的兜底规定，即凡是值得科处刑罚的非法取得他人财产的行为，只要不符合其他犯罪的构成要件，一定符合盗窃罪的构成要件。关于盗窃与抢夺的区别，该论者认为，两者的区别在于对象是否属于他人紧密占有的财物，行为是否构成对物暴力。[②]

此外，还有学者对诈骗罪中的“错误处分”[③]、盗窃罪与诈骗罪的客体[④]、

---

① 肖中华：《论“入户抢劫”的司法认定》，载赵秉志主编：《刑法评论》，第9卷，198～218页，北京，法律出版社，2006。

② 参见张明楷：《盗窃与抢夺的界限》，载《法学家》，2006（2）。

③ 毛卓俊：《论诈骗罪中的“错误处分”》，载《中国刑事法杂志》，2006（6）。

④ 参见黄金富、黄曙：《盗窃、诈骗犯罪中的客体问题研究》，载《中国刑事法杂志》，2006（6）。

“飞车抢夺”的司法认定[①]以及侵占罪中的“代为保管”[②] 等问题进行了研析。

（五）商业贿赂犯罪[③]

商业贿赂是我国市场经济发展中的一个毒瘤，其不仅破坏公平竞争的市场经济秩序，阻碍市场机制的有效运行，滋生各种经济犯罪，还会严重损害我国国内的投资环境，助长权力寻租的丑恶现象，严重损害政府的形象和公信力。对商业贿赂犯罪的刑法规制成为立法机关和刑法学界关注的一个焦点。基于此，“商业贿赂犯罪研究”也被确定为2006年全国刑法年会的实务议题之一，学者们围绕商业贿赂犯罪的构成、商业贿赂犯罪的认定和处理以及商业贿赂犯罪立法的完善等问题进行了全面而深入的探讨。

有学者认为：所谓商业贿赂，是指经营者为了获得交易机会或有利的交易条件而不正当地给予相关单位或个人好处，或者与商业活动密切相关的人，利用其所处的有利地位，不正当地收受经营者好处的行为。商业贿赂在构成上主要有以下特征：商业贿赂的主体是经营者及与商业活动密切相关的人，包括单位和个人；商业贿赂客观方面表现为经营者不正当地给予相关单位或个人好处，或者与商业活动密切相关的人利用所处的有利地位，不正当地收受经营者好处的行为；商业贿赂在主观上表现为明知自己是为了获得交易机会或有利的交易条件而不正当地给予相关单位或个人好处，或者明知自己是在不正当地收受经营者的好处，仍然有意实施有关行为的心理态度；商业贿赂侵害的社会利益主要是公平竞争的市场秩序，由此还会引发一系列其他社会危害。所以，应从多方面着手加强对商业贿赂犯罪的惩治与预防。[④]有的学者指出，虽然《刑法修正案（六）》对商业贿赂犯罪进行了修正，但对商业贿赂犯罪的立法修正还需要进一步完善：一是废除商业贿赂犯罪的主观罪状中的有关“谋利”的规定，二是增加单位商业贿赂犯罪的内容，三是扩展商业贿赂犯罪对象的范围，四是添补商业贿赂犯罪基本犯的罚金

---

① 参见赖大庆、张建春：《“飞车抢夺”的司法认定》，载《中国刑事法杂志》，2006（1）。

② 许兆伟、朱仁政、史宝伦：《论侵占罪的若干问题》，载《中国刑事法杂志》，2006（6）。

③ 商业贿赂大多属于经济犯罪，也有部分商业贿赂犯罪涉及国家公职人员的贿赂犯罪，所以未将其在“经济犯罪”的标题下而在此处单独予以综述。

④ 参见赵秉志：《论商业贿赂的认定及处理》，载《国家检察官学院学报》，2006（3）。

刑的规定。[①] 关于商业贿赂犯罪的刑罚设置，有论者认为，目前存在刑罚幅度不平等、死刑设置不合理、罚金刑地位缺失以及资格刑功能错位等缺陷，建议：对公职人员的商业贿赂行为应规定与非公职人员相同的法定刑，废除对商业贿赂犯罪的死刑规定，对商业贿赂犯罪应注重适用罚金刑并改造和增加资格刑的规定。[②] 还有学者就商业贿赂犯罪的具体个罪[③]、《联合国反腐败公约》视角下的我国商业贿赂犯罪的立法完善[④]等问题进行了有益的探讨。

（六）渎职罪

刑法学界在滥用职权和玩忽职守两罪的区分问题上一直存在争议，理论上的争议也影响了司法实践中对两罪的准确认定。有学者对此进行了分析，认为：刑法所建构的犯罪识别模型（犯罪构成）虽然有其生活原型，但由于人为概念系统固有的拟制功能，法律规定往往高于生活事实本身。据此，在犯罪模型上将所有故意性的一般渎职行为统一拟制为滥用职权罪，将所有过失性的一般渎职行为统一拟制为玩忽职守罪，虽然在一定程度上超越于事实原型本身，但却是十分必要和切实可行的。从必要性上来说，由于滥用职权罪与玩忽职守罪在主体、客体两个要件上完全相同，故欲区分两罪只能寄希望于客观方面与主观方面；而语词本身的模糊性和客观行为具体表现形式的复杂性两个因素，决定了两罪客观方面具体行为形式没有明确的界限，在客观行为上也很难将两罪准确区分开。就合理性而言，将所有故意的一般性渎职行为统一拟制为滥用职权，将所有过失的一般性渎职行为统一拟制为玩忽职守，虽然有时并不完全符合客观事实，但从个罪的解释规则、保持罪名体

---

① 参见付立忠：《刑法修正案（六）对商业贿赂犯罪之改进问题研究》，载《中国人民公安大学学报》（社会科学版），2006（4）。

② 参见杨勇、李益明：《商业贿赂犯罪的刑罚问题》，载赵秉志主编：《和谐社会的刑事法治》（下卷），1527～1533页，北京，中国人民公安大学出版社，2006。

③ 参见刘艳红、杨志琼：《商业受贿罪研究》，载赵秉志主编：《和谐社会的刑事法治》（下卷），1298～1306页，北京，中国人民公安大学出版社，2006；程皓：《公司、企业人员受贿罪若干争议问题界定》，载赵秉志主编：《和谐社会的刑事法治》（下卷），1323～11330页，北京，中国人民公安大学出版社，2006。

④ 参见马松建：《浅议商业贿赂犯罪的刑法立法完善——以〈联合国反腐败公约〉为视角》，载赵秉志主编：《和谐社会的刑事法治》（下卷），1593～1597页，北京，中国人民公安大学出版社，2006；宣炳昭、卢山：《论商业贿赂犯罪的立法完善——兼论与〈联合国反腐败公约〉相协调》，载赵秉志主编：《和谐社会的刑事法治》（下卷），1598～1605页，北京，中国人民公安大学出版社，2006。

系的协调性、规范的拟制功能、诉讼的可证明性等方面来看，则具有合理性和可行性。[①]

对于刑法中对滥用职权罪所要求的“重大损失”，有学者认为：滥用职权罪应以行为规范功能为先，以“重大损失”作为构成要件，适用时不仅其裁判规范功能不能发挥，而且其行为规范功能也不具备，给人以捉襟见肘之感。司法上则相反，虽然扩张解释可以弥补“重大损失”在行为规范功能方面的一些不足，但其规范性较差，甚至危及罪刑法定原则。无论是规范的功能性问题还是功能的规范性问题，归根结底都肇始于“重大损失”，因此，不如在立法上将“重大损失”予以删除。[②]

在刑法分则领域，除以上问题外，还有学者就疑罪问题[③]、袭警行为的刑法规制[④]、妨害公务罪的立法完善[⑤]、妨害作证罪[⑥]、赌博行为的刑法规制[⑦]、贪污罪中的“利用职务上的便利”[⑧]、斡旋受贿[⑨]等问题进行了较有新意的研究。

四、外向型刑法问题

（一）外国刑法与比较刑法

1. 外国刑法

有学者出版了名为《英国刑法犯意研究——比较法视野下的分析与思

---

① 参见冯亚东、张丽：《模型建构视野下的滥用职权罪——与玩忽职守罪之区别》，载《西南政法大学学报》，2006（2）。

② 参见王安异：《裁判规范还是行为规范——对滥用职权罪的功能性考察》，载《现代法学》，2006（4）。

③ 参见胡云腾、段启俊：《疑罪问题研究》，载《中国法学》，2006（3）。

④ 参见杨忠民、张志国：《论袭警行为的刑法规制》，载《中国人民公安大学学报》（社会科学版），2006（3）；曹喆：《论我国增设袭警罪的理论依据与立法设想》，载《铁道警官高等专科学校学报》，2006（2）。

⑤ 参见李希慧、黄洪波：《妨害公务罪的立法缺陷及其完善》，载《法学》，2006（6）。

⑥ 参见吴占英：《论妨害作证罪的几个问题》，载《法学评论》，2006（5）。

⑦ 参见熊永明：《伪造文书罪的基本观念》，载赵秉志主编：《刑法评论》，第9卷，219～244页，北京，法律出版社，2006。

⑧ 肖中华：《也论贪污罪的“利用职务上的便利”》，载《法学》，2006（7）。

⑨ 参见马克昌：《论斡旋受贿犯罪》，载《浙江社会科学》，2006（3）。

考》的专著，以英国刑法为视野，全面而深入地考察了英美刑法中“犯意”这个基石性概念，并在此基础上，结合中国刑法犯罪故意之理论构造进行了细致比较与深入探讨。该书是国内第一本专门研究英国刑法的专著，对于我国刑法与英美刑法的对话交流及比较研究具有重要参考价值。该学者在书中重点剖析了“犯意”的三大核心概念“故意”（intention）、“轻率”（recklessness）和“知道”（knowledge）。以“知道”为例，该学者认为，英国刑法关于“知道”的立法方式、重视“知道”的证明以及学界提出的显知、隐知、潜知等概念，值得我国刑法进一步研究和借鉴。①

有学者对日本近年来的刑事立法的发展趋向进行了考察，指出：近年来日本已从刑事立法的稳定化转向了刑事立法的活性化，立法机关已不再像以往那样沉默，而是频繁地修改刑法典、单行刑法与行政刑法。近年来日本的刑事立法主要表现为犯罪化，同时强化对被害人的保护，导致刑法保护的早期化与刑罚处罚的重罚化。而且，其刑法表述上更加通俗化、平易化，不规范用语减少，较难的汉字减少，新增条款的表述也比较具体详细。通过对日本刑法这些新发展的考察，该论者认为，我国应当在法治视野下重新思考刑法处罚范围，而非单纯控制处罚范围；应当注重提高刑事立法的有效性，而非单纯注重处罚的严厉性；应当在刑事立法体例上采取例示法，而非单纯强调通俗化与具体化的特征。②

关于外国刑法，还有学者对英美法系中的教唆犯罪③、英国刑法犯罪故意的构造④和“持有”的性质⑤、德国刑法理论中的新古典犯罪论体系等问题⑥给予了关注。

2. 比较刑法

有学者对中、法两国的法人犯罪进行了全面而深入的比较研究，通过比

① 参见王雨田：《英国刑法犯意研究——比较法视野下的分析与思考》，176页以下，北京，中国人民公安大学出版社，2006。

② 参见张明楷：《日本刑法的发展及其启示》，载《当代法学》，2006（1）。

③ 参见陈雄飞：《英美法系教唆犯罪论要》，载《中国刑事法杂志》，2006（2）。

④ 参见王雨田：《英国刑法犯罪故意的构造分析》，载《河北法学》，2006（9）。

⑤ 参见王雨田、周新：《英国刑法“持有”性质的探析与思考》，载赵秉志主编：《刑法评论》，第9卷，245～259页，北京，法律出版社，2006。

⑥ 参见王充：《论新古典犯罪论体系——以麦耶、梅兹格为考察对象》，载高铭暄、赵秉志主编：《刑法论丛》，第10卷，199～222页，北京，法律出版社，2006。

较得出了若干结论：在法人犯罪的立法模式上，法国采取的将法人刑事责任扩展到所有罪名的做法有其特殊的立法体制背景，这一激进做法在现阶段尚不适用于我国；我国立法对单位犯罪的模糊规定给实践中准确地认定、惩治单位犯罪造成了许多障碍，法国刑法在此方面的规定则较为完备、具体，有诸多可借鉴之处；法国刑法典在总则中对法人故意犯罪和法人过失犯罪直接给予了规定，而我国则仅在刑法典分则条文中规定了某些具体的单位过失犯罪的罪名，且缺乏明确性，总则对此采取了回避的态度，为有效地惩治单位犯罪，我国应对法国的做法予以借鉴；在对法人犯罪的处罚制度上，我国应借鉴法国的有关做法，增强对法人犯罪的包括附加刑在内的刑罚处罚措施，并应增设对法人犯罪的代罚制和单位普通累犯制度以及单位犯罪追溯时效制度。①

也有学者对假释撤销条件进行了比较研究，认为：在罪犯假释期间内再犯新罪的问题上，各国的规定不尽相同，西班牙刑法典、阿根廷刑法典以及我国刑法规定的一律撤销假释、收监执行的处理方式较为合理。对于在假释期间发现漏罪如何处理的问题，我国台湾地区“刑法”不把漏罪作为假释撤销条件的立法例值得借鉴，应将我国现行《刑法》第86条第2款关于漏罪作为假释撤销条件的规定予以删除。我国把轻微的违反假释条件的行为作为撤销假释的强制性根据的做法极不合理，比较而言，在日本、韩国、法国、意大利等国家由假释决定机关根据违反假释条件的具体情况决定是否撤销假释的立法例具有合理性。②

还有学者对结果加重犯③、自首制度④及三大法系中的违法性认识⑤、英美法系国家的量刑指南制度⑥等问题进行了比较研究。

① 参见赵秉志、郑延谱：《中法两国法人犯罪比较研究》，载高铭暄、赵秉志主编：《刑法论丛》，第10卷，260～302页，北京，法律出版社，2006。

② 参见柳忠卫：《假释撤销条件比较研究》，载《现代法学》，2006（1）。

③ 参见郭泽强：《结果加重犯基本问题比较研究》，载高铭暄、赵秉志主编：《刑法论丛》，第10卷，303～325页，北京，法律出版社，2006。

④ 参见周加海：《自首制度比较研究》，载高铭暄、赵秉志主编：《刑法论丛》，第10卷，326～353页，北京，法律出版社，2006。

⑤ 参见陈世伟：《三大法系违法性认识比较研究——我国刑法中违法性认识的另一种解读》，载《河北法学》，2006（3）。

⑥ 参见杨志斌：《英美法系国家量刑指南制度的比较研究》，载《河北法学》，2006（8）。

（二）国际刑法与区际刑法

1. 国际刑法

有学者对国际刑法的基本原则问题进行了探讨，认为：国际刑法基本原则在国际刑法基本理论体系构建中具有重要作用。确立国际刑法的基本原则不仅具有必要性而且具有可行性。确立国际刑法基本原则的标准应是以下五项：第一，应当具有特色性，体现国际刑法的学科特色；第二，应当具有表征性，即要体现国际刑法的价值取向；第三，在内容上应具有根本性；第四，必须具备国际社会的公认性；第五，应当具有法的范畴性。依据这一标准，可以将国际刑法的基本原则确立为罪刑法定原则、国际刑事责任原则以及国际刑事合作原则。①

有学者对我国主动引渡制度进行了深入研究，认为：在主动引渡方面，我国近几年已有了一些成功的实践，取得了一些有益的经验，但仍然面临一系列困难和问题。今后，我国应在主动引渡方面采取以下积极对策：（1）不断扩展我国与外国引渡合作的条约关系，争取尽早与美国、加拿大、澳大利亚及欧盟各成员国缔结双边引渡条约；（2）继续探索引渡的替代措施，联手外国司法机关共同营造打击外逃行为的环境，形成对外逃行为的震慑；（3）采取适当和有效的措施，克服死刑问题对我国主动引渡造成的阻碍；（4）重视并且加强对犯罪嫌疑人外逃案件的调查取证工作，努力使我方支持引渡请求的证据材料符合被请求国法律所要求的“表面证据”或者“重大嫌疑”标准；（5）进一步提高我国司法机关在主动引渡中的能动性，合理利用各方面的资源，克服国内各主管部门间的壁垒，加强各主管机关之间的相互配合和协作。②

此外，还有学者就当代国际刑法及国际引渡合作规则的新发展③、国家

---

① 参见卢建平、王君祥：《论国际刑法基本原则的确立》，载赵秉志、卢建平主编：《国际刑法评论》，第1卷，79～90页，北京，中国人民公安大学出版社，2006。

② 参见黄风：《我国主动引渡制度研究：经验、问题和对策》，载《法商研究》，2006（4）。

③ 参见高铭暄、王秀梅：《当代国际刑法的新发展》，载《法律科学》，2006（2）；黄风：《国际引渡合作规则的新发展》，载《比较法研究》，2006（3）。

刑事责任[①]、国际刑事法院的公正性与有效性[②]、灭绝种族罪[③]、危害人类罪[④]以及欧共体金融利益的刑法保护[⑤]等问题进行了探讨。

2. 区际刑法

有学者对中国区际刑法的概念及体系进行了探讨，认为：应当从较广义上对中国区际刑法予以界定，它是指为解决中国区际刑事法律问题而确立的法律原则以及相应规范的总称。中国区际刑法这一体系，包括中国区际刑事管辖权冲突及其解决和中国区际刑事司法互助，还包括中国区际统一刑事法律共三个范畴。这三个范畴关系紧密，形成中国区际刑法的基本体系，具有一体化解决中国区际刑事法律问题的意义。所谓中国区际统一刑事法，是指各法域共同缔结并适用或者由若干法域之间缔结并适用的刑事性法律文件。在未来适当的时候（四个法域相互认同并融合的时候），逐步地确立统一刑事法制，应该作为各法域的一个努力方向。[⑥]

有学者对我国台湾地区“刑法”修正中的保安处分制度进行了评析，认为：保安处分制度是我国台湾地区 2005 年第 16 次修订“刑法”的一个重点。此次修订具有一定积极意义，如确立了处分相对法定主义原则和相对不溯及既往原则，但是，也必须承认此次修正的遗憾颇多：首先，将修正重点置于延长处分的执行期间，对其执行场所和执行方法未予改进；其次，对强制治疗处分的期间采用绝对不定期制，严重违背了法定主义，使一部“刑法”前后矛盾；最后，虽然对某些拘束人身自由的保安处分增设了实质性规定，但仅是法条文字的表面修改，规定抽象空洞，缺乏可操作性。[⑦]

---

① 参见魏东、蒋华：《国家刑事责任问题研究》，载高铭暄、赵秉志主编：《刑法论丛》，第 10 卷，354～412 页，北京，法律出版社，2006。

② 参见赵秉志、周露露：《国际刑事法院的公正性与有效性研析》，载赵秉志、卢建平主编：《国际刑法评论》，第 1 卷，279～292 页，北京，中国人民公安大学出版社，2006。

③ 参见罗海珊：《灭绝种族罪的学理分析》，载赵秉志、卢建平主编：《国际刑法评论》，第 1 卷，91～128 页，北京，中国人民公安大学出版社，2006。

④ 参见杜启新：《危害人类罪的总体要件》，载赵秉志、卢建平主编：《国际刑法评论》，第 1 卷，129～157 页，北京，中国人民公安大学出版社，2006。

⑤ 参见高铭暄、吴玉梅：《欧共体金融利益的刑法保护》，载《中国法学》，2006（2）。

⑥ 参见时延安：《中国区际刑法概念及基本体系》，载《南都学坛》，2006（2）。

⑦ 参见崔楠：《质疑与论证：审视台湾“刑法”修正中的保安处分制度》，载《吉林公安高等专科学校学报》，2006（5）。

此外，还有学者就我国台湾地区“刑法”中的妨害婚姻家庭罪[①]、香港地区赌博犯罪立法[②]、香港地区与内地毒品犯罪量刑之比较[③]、澳门地区与内地罚金刑之比较[④]等问题进行了研究。

五、刑法学研究发展之展望

刑法学是一门实践性极强的应用法学学科，理论密切联系实践也是我国刑法学界长期以来所倡导的刑法学研究的指导思想之一。对2006年度作一个整体回顾，可以发现，2006年刑法学研究的一个突出特点即在于密切关注司法实践，积极围绕刑事法治的重大现实问题开展刑法学研究，鲜明地体现了刑法学研究的实践品格，值得肯定。

我国刑法学理论研究在全体刑法学者的积极努力和辛勤劳作下，不断向前发展，取得的成绩是有目共睹的。但也必须注意到，我国以往（包括2006年）的刑法学研究中也还存在一些不容忽视的问题，需要在今后予以改进。

（一）批判刑法与解释刑法

正如有学者所指出的，我国刑法学研究存在一种基本倾向，即习惯于批判刑法而不善于解释刑法。刑法学作为规范科学，其研究的重点应该在于对刑法规范的解释。大陆法系国家的立法和司法经验都充分说明，成文法的完善在很大程度上依赖于刑法的解释。在刑法学研究中习惯于批判刑法，不仅将刑法解释学与刑事立法学相混同，而且不利于维护刑法的权威性，也不能及时解决司法实践中面临的现实问题。我国刑法学研究中刑法解释学的落后，与习惯于批判刑法的做法有相当关系。这一点应当引起我国刑法学界的反思。今后的刑法学研究应将研究重点置于解释刑法，并注重对刑法解释学的研究。

---

① 参见祝伟：《台湾地区刑法中的妨害婚姻家庭罪》，载《台法研究论坛》，2006（2）。

② 参见王振海：《香港赌博犯罪的立法研究》，载《广西政法管理干部学院学报》，2006（1）。

③ 参见艾明：《香港与内地毒品犯罪量刑比较研究》，载《政法学刊》，2006（3）。

④ 参见陈晖：《中国内地刑法与澳门刑法罚金刑之比较研究》，载《求是学刊》，2006（5）。

（二）外国刑法理论的合理借鉴与吸收

我国刑法学具有外发后生型的特点。基于此一特点，在我国刑法学研究中对外国有关先进理论予以借鉴吸收乃至移植自然有其必要性与合理性。但是，对外国理论的借鉴和吸收必须根据我国的刑事立法特点和司法实践的需要进行。我国目前的刑法学研究中，尚存在不顾我国现实情况，简单移植、生搬硬套国外学说的现象。不结合我国立法与司法实践进行深入研究，只是照搬、照抄外国的东西，非但不能促进我国刑法学研究的真正进步，反而会导致刑法学研究的庸俗化。这种倾向，在今后的刑法学研究中应注意加以纠正。

（三）外向型刑法研究的加强

我国刑法学研究在较长的一个时期内，由于多种因素的影响和制约，比较注重国内法的研究，而在外向型刑法的研究方面相对比较薄弱，这在很大程度上阻碍了我国刑事法治与当代世界先进刑事法治的交流与衔接。近几年来，刑法学界对外向型刑法的研究有很大进展。但是从总体上看，在外向型刑法研究特别是国际和中国区际刑法研究方面，以上不足还未得到根本克服。在今后的刑法学研究中，拓宽刑法学研究视野，加强中国区际刑法的研究，并努力开拓外国刑法、比较刑法暨国际刑法的研究，仍应作为我国刑法学界努力的重要目标之一。

（四）刑事学科的交叉整合

在刑事一体化的视角下，对刑事学科的研究进行交叉整合，符合刑事法学研究的内在规律，对刑法学研究来说也具有非常积极的意义。我国刑法学研究在此方面还不能令人满意。今后的刑法学研究，应注重从刑事法治的整体运行状况出发，根据某些问题的关联性质，注意结合有关学科进行研究。应提倡学科的交叉整合，根据课题研究的需要，注意借鉴、引进其他社会科学乃至现代自然科学的某些研究方法。

以面向未来的视角来看我国的刑法学研究，还应当强调以下两点：首先，我国的刑法学研究应继续密切关注我国社会刑事法治重大现实问题，坚持走理论密切联系实践的研究道路，积极促进我国刑事法治的健康发展。其次，在当今的全球化时代，任何国家的刑法学研究都不可能关起门来进行，各国学术的深入交流与相互借鉴是学术发展的一个必然趋势。我国的刑法学研究也应大力加强国际交流，在努力借鉴、吸收国际社会先进理论的基础上，结合我国的具体国情，以期形成我国刑法学独立而有特色的学术品格。

［赵秉志、周国良；载《中国法学》，2007（1）］

第十九章

2007年的刑法学研究

一、前　言

2007年是现行刑法典颁行10周年，我国刑法学界围绕1997年刑法10年来的发展进行了回顾与展望；并结合国际、国内刑事立法、司法的实际，对刑法的基础理论问题以及我国刑事法治建设领域中的重点、热点、难点问题进行了深入研讨。总的来看，2007年度的刑法学研究，无论是在研究的深度还是在研究的广度方面都有重大突破，在研究成果的数量方面也呈现出一片繁荣的景象。限于篇幅，在此仅对本年度刑法学研究中探讨较为集中、深入或有所创新的若干问题予以述评。

二、刑法总论问题

刑法总论历年来都是学者们研究的重点。2007年度刑法总论的研究主要集中在三个方面：一是在回顾1997年刑法10年发展的基础上，加强了对我国刑法发展方向的研究；二是对刑法基本原则、犯罪构成体系、刑事政策、死刑制度改革、共同犯罪、罪数等刑法总论的重大问题进行了深入研究；三是加强了对犯罪对象、犯罪过失、单位犯罪、故意犯罪的停止形态、刑罚的内部功能、电脑量刑等专门刑法问题的理论研讨。

（一）刑法的发展方向

1997 年至 2007 年，现行刑法典走过了 10 年。这 10 年里，我国刑法无论是在理念上还是在具体制度的设计上都有了长足的发展。不少学者对我国 1997 年刑法发展的 10 年进行了总结，并对刑法的未来发展方向进行了展望。有学者认为，尽管 1997 年刑法典从基本制度、法条内容到立法技术等方面都还存在一些疏漏和不足，但必须充分肯定，1997 年刑法典是一部充满时代特色的、具有重大改革和多方面进展的刑法典。关于刑法的发展方向，该学者认为，我国刑法的改革，应当以有助于构建和谐社会和强化人权保障、有助于贯彻宽严相济的基本刑事政策为发展方向，凡有悖于、有碍于这个发展方向的，均应予以纠正或摒弃。改革的重点是死刑制度、加强人权保障和应对时代发展等方面，并应努力探索刑法改革的科学方式。①

也有学者总结了 1979 年至今的刑法发展历程，认为 1979 年刑法标志着“文化大革命”结束，中国走向了刑事法制；1997 年刑法典确立了罪刑法定、罪刑相当、法律面前人人平等的刑法基本原则，在“依法治国”写入宪法的大背景下，这标志着刑事法制向刑事法治的转型，中国刑法进入了人权保障与社会保护协调、互动发展的新时代。②

还有学者从公共政策与风险社会刑法控制的角度，认为：在风险社会中，公共政策不仅促成刑法目的解释大行其道，还对犯罪构成要件解释具有指导作用，这使刑法蕴含着摧毁自由的巨大危险。为此，应借助刑事责任基本原则对风险刑法进行规范与制约，合理处理原则与例外的关系。未来的刑法，应强调刑事责任基本原则对任何立法与司法决策都有直接约束力；背离原则而将某种状态、意图、不作为、危险犯、欠缺犯意的行为等予以犯罪化的做法只能是例外，并且必须提供特别的理由。③

---

①　参见赵秉志：《积极促进刑法立法的改革与完善——纪念 97 刑法典颁行 10 周年感言》，载《法学》，2007（9）。

②　参见曲新久：《中国刑法现代化的基本走向》，载《政法论坛》，2007（4）。

③　参见劳东燕：《公共政策与风险社会的刑法》，载《中国社会科学》，2007（3）。

（二）刑法基本原则

罪刑法定原则一直以来都是刑法基本原则研究的重点，2007年度也不例外。不过与往年不同的是，2007年度对罪刑法定原则的研究更注重于对罪刑法定原则功能和立法的反思。

关于罪刑法定原则的功能，过去通行的观点认为，罪刑法定原则只有一种功能，即限制国家司法权的任意发动和人权保障之功效。2007年度有学者认为，罪刑法定主义确实是先进社会势力反抗封建专制提出的政治诉求的重要组成部分，但是罪刑法定原则定型以后，即在现代法治国家，其功能价值则变为兼具惩罚犯罪与保障人权双重功能；并且认为，罪刑法定原则的这种双重功能是由社会背景决定的，罪刑法定这一原则现在也是一种用来惩治犯罪的技术。①

关于罪刑法定原则的立法，有学者认为，我国刑法关于罪刑法定原则的表述缺少“行为时”的规定，罪刑法定原则应是“行为时法原则”；我国对罪刑法定原则所作的正反两方面的规定，模糊了罪刑法定原则的本质含义，将罪刑法定原则的相对性与绝对性相提并论，将对罪刑法定原则最重要的含义起到消解作用；并认为我国关于“口袋罪”、“贷款诈骗罪”和“诉讼诈骗罪”的司法解释是对罪刑法定原则的误读。② 鉴于我国罪刑法定原则在立法上存在的不足，有学者认为，应当将罪刑法定原则宪法化，完善罪刑法定原则的条文表述及其派生原则的规定，包括改双面表述模式为单面表述模式，在溯及力问题上增加中间法的规定，并考虑改变“生效判决，继续有效”的规定，将严格解释确立为刑法解释的基本原则写进我国刑法典。③

本年度还有学者对主、客观相统一原则进行了研究，主张在清理主、客观相统一原则的基础上，倡导法益原则和责任原则。④

---

① 参见储槐植：《现在的罪刑法定》，载《人民检察》，2007（11）。

② 参见陈泽宪：《罪刑法定原则的立法反思》，载赵秉志、郎胜主编：《和谐社会与中国现代刑法建设——新刑法典颁行十周年纪念文集》，443～451页，北京，北京大学出版社，2007。

③ 参见彭凤莲：《罪刑法定原则的立法完善研究》，载赵秉志、郎胜主编：《和谐社会与中国现代刑法建设——新刑法典颁行十周年纪念文集》，452～461页，北京，北京大学出版社，2007。

④ 参见陈兴良：《主客观相统一原则：价值论与方法论的双重清理》，载《法学研究》，2007（5）。

（三）宽严相济的刑事政策

自2005年12月罗干同志在全国政法工作会议上提出在政法工作中要注重贯彻宽严相济的刑事政策以来，宽严相济的刑事政策就一直是刑法理论研究中的一个重大热点问题。2006年10月，中共中央十六届六中全会通过的《关于构建社会主义和谐社会若干重大问题的决定》明确强调，要实施宽严相济的刑事司法政策。2007年度学者们主要围绕宽严相济刑事政策的定位、立法与司法贯彻等问题进行了深入研究。

关于宽严相济刑事政策的定位，有学者认为：刑事政策根据其指导功能的不同，可分为刑事立法政策、刑事司法政策、刑事执行政策。宽严相济是刑事司法政策，但它也指导刑事立法、刑事执行，也是刑事立法政策、刑事执行政策。同时，刑事政策根据其所处层次的不同，可分为基本刑事政策和具体刑事政策。宽严相济是基本刑事政策，“严打”“少杀、慎杀”等是具体刑事政策，后者都是前者的组成部分。①

关于宽严相济刑事政策的立法贯彻，有学者认为：为贯彻宽严相济的刑事政策，在刑法立法上，应减少刑法分则中的死刑罪名，修改绝对死刑的法定刑，修改“死缓”2年期满减刑的规定；适当延长无期徒刑的实际执行刑期，修订无期徒刑减刑的规定；将有期徒刑刑期的上限提高至25年，数罪并罚时不超过30年；不断推进社区矫正；适当调整缓刑考验期间被缓刑人所承担的义务，进一步明确缓刑的效力；修改无期徒刑罪犯假释的起始时间和考验期限，修改某些被判重刑的罪犯不得假释的规定等。② 也有学者认为：宽严相济刑事政策的实施，有可能使对犯罪的刑事追究难度增加，从而影响刑事司法的效率，也可能减弱刑罚的威慑效应，为此，应借鉴《联合国反腐败公约》制定的反腐败策略，将宽严相济政策的适用更多地用于鼓励涉嫌犯罪者与侦查、公诉机关合作。同时，通过《刑事诉讼法》的修改，赋予侦查机关更多的现代侦查手段，提高刑事追诉机关揭露和证实犯罪的能力和成功率。③

---

① 参见马克昌：《论宽严相济刑事政策的定位》，载《中国法学》，2007（4）。

② 参见马克昌：《“宽严相济”刑事政策与刑罚立法的完善》，载《法商研究》，2007（1）。

③ 参见李建明：《宽严相济政策对犯罪控制效率的兼顾》，载《现代法学》，2007（4）。

关于宽严相济刑事政策的司法贯彻，有学者认为，要注重酌定情节的运用，尤其要重视酌定量刑情节在限制死刑中的作用，重视酌定量刑情节对法定量刑情节的调节和在轻罪案件、未成年人犯罪案件中的适用。[①] 也有学者认为：宽严相济刑事政策要求刑事司法以保障人权、和谐司法为理念，遵循罪刑法定、罪责刑相适应和正当程序原则，正确运用体现宽严相济刑事政策的各项制度，如程序简易化和非刑事诉讼化、非刑罚化、非监禁化制度等，妥善进行暂缓起诉、辩诉交易、恢复性司法等刑事司法制度创新之尝试，大力改进刑事司法工作机制，并应积极发挥司法人员在贯彻宽严相济刑事政策中的作用。[②]

对于我国当前施行的宽严相济刑事政策，也有学者提出了自己的担心，认为：在立法方面，宽严相济刑事政策的精神还没有在我国的刑事立法中得到很好的体现，刑罚仍然存在结构性缺陷，刑罚资源没有得到合理配置，各种刑罚的效果之间会相互抵消，宽和严都难以实现；在司法方面，在法律中的宽严标准较为模糊的情况下，司法者具有较大的自由裁量空间，此时司法者是否能真正做到宽有节、严有度、于法有据？这是令人担忧的。在行刑方面，目前我国对刑罚及非刑罚方面的执行无论在执行方法、执行手段、执行标准上还是在执行主体上均未有统一、明确的刑事立法，直接导致伴随这一政策而来的许多措施无法实行，从而造成政策精神无法贯彻。[③]

此外，还有学者对宽严相济刑事政策的制度基础与价值边界[④]、宽严相济刑事政策与国外两极化刑事政策的关系[⑤]、宽严相济刑事政策与和谐社会的关系[⑥]、宽严相济刑事政策在构建和谐社会中面临的理论难题及实现路径[⑦]等问题进行了有益的研究。

---

① 参见高铭暄：《宽严相济刑事政策与酌定量刑情节的适用》，载《法学杂志》，2007（1）。

② 参见赵秉志：《宽严相济刑事政策视野中的中国刑事司法》，载《南昌大学学报》（人文社会科学版），2007（1）。

③ 参见陈晓明：《施行宽严相济刑事政策之隐忧》，载《法学研究》，2007（5）。

④ 参见姜涛：《“宽严相济”刑事政策的制度基础与价值边界》，载《法商研究》，2007（1）。

⑤ 参见储槐植、赵合理：《国际视野下的宽严相济刑事政策》，载《法学论坛》，2007（3）；邓文莉：《“两极化”事政策下的刑罚制度改革设想》，载《法律科学》，2007（3）。

⑥ 参见贺曙敏：《宽严相济刑事政策与和谐社会》，载《法学论坛》，2007（3）。

⑦ 参见李希慧、王宏伟：《宽严相济刑事政策基本问题探究——以构建和谐社会为视角》，载赵秉志主编：《刑法论丛》，第11卷，1～16页，北京，法律出版社，2007。

（四）犯罪构成体系

近年来，犯罪构成体系一直是刑法理论研究中的重点。总体而言，当前关于犯罪构成体系的研究基本上形成了三种不同的观点：第一种观点是全面否定我国现有的犯罪构成理论体系，主张全面移植大陆法系或者英美法系的犯罪构成理论体系；第二种观点反对全面移植大陆法系或者英美法系的犯罪构成理论体系，主张在我国现有的犯罪构成理论体系的基础上进行改造；第三种观点主张维持现有犯罪构成理论体系，或者只对现有的犯罪构成理论体系作一些技术性调整。

关于第一种观点，2007年度有学者以违法性为切入点，认为大陆法系刑法学和苏俄刑法学对违法性采用了两种完全不同的处理方法：大陆法系刑法学将违法性作为犯罪成立的条件之一纳入犯罪论体系，而苏俄刑法学则在犯罪概念中讨论刑事违法性，并因受到社会危害性概念的遮蔽，违法性理论的内涵极度匮乏。我国刑法学仿照苏俄刑法学，只在犯罪概念中讨论刑事违法性，违法性在犯罪构成要件中是缺位的。为此，该学者主张将正当防卫、紧急避险等正当化事由作为一个违法性判断问题，纳入犯罪论体系中考虑，并主张直接采纳大陆法系中构成要件该当性、违法性、有责性的递进式结构。① 也有学者认为，我国犯罪构成体系在体系结构上与司法实践存在着严重背离，并认为将独立的违法性判断引入犯罪构成体系是扭转这一局面的根本途径，因而主张引进大陆法系的三阶段犯罪构成体系对现行的犯罪构成体系进行彻底的重构。②

同样是从违法性入手，持第二种观点的学者则认为，大陆法系三阶段的犯罪构成论已陷入重重矛盾、难以自圆其说之中，将其照搬于中国，以作为传统的四要件犯罪构成论之替代，不免令人质疑；认为我国合理的犯罪构成结构应为犯罪客观要件—犯罪主体—犯罪主观要件—犯罪客体（其中包括两项内容：一是犯罪客体的特征与概念，二是排除犯罪客体的情况——正当化行为），并认为这种构造，符合司法实践中认定犯罪的真实逻辑过程；

① 参见陈兴良：《违法性理论：一个反思性检讨》，载《中国法学》，2007（3）。

② 参见毛冠楠：《我国犯罪构成体系的模式选择》，载赵秉志主编：《刑法评论》，第12卷，25页，北京，法律出版社，2007。

解决了正当化行为在犯罪构成论中应有的体系位置问题；吸收了世界其他两大犯罪构成论中出罪的直接机制性设置的精华，人权保障的制度性安排凸显。①

也有学者主张在我国犯罪构成体系中增加定量因素，认为我国犯罪构成理论存在着把事实判断和价值判断、形式判断和实质判断合二为一的缺陷，如果把犯罪的定量因素纳入犯罪成立条件体系，使其和正当行为理论、期待可能性理论相辅相成，对形式上具备犯罪构成的行为进一步进行价值判断、实质判断，从而彻底改变传统犯罪构成理论的缺陷，使平面化转变为立体化、层次化，使定量因素、正当行为、期待可能性等理论在犯罪成立条件体系中得到安身立命之地，则可使该理论获得强大的解释力。② 对于定量因素，有学者认为，其类型包括数额、情节以及目的犯的目的。以犯罪构成的定量因素为标准，可以将基本犯的既遂形态分为数额犯、目的犯和情节犯。③

持第三种观点的学者认为，评价犯罪构成理论体系的两个标准分别是逻辑性和实用性。以所评价的行为为出发点观察，大陆法系犯罪论体系的逻辑结构并不比我国犯罪构成理论体系的逻辑结构更有利于定罪。从实用性的角度，犯罪构成理论体系应当是历史的选择，必须符合现实的国情，保证定性准确、通俗易懂、操作便利并且能够经受实践的检验。进而指出，我国犯罪构成理论体系不仅在逻辑性上不次于大陆法系犯罪论体系，而且在实用性上能够通过恰当的操作实践来达到准确定罪的目的，因而反对彻底抛弃现有的犯罪构成理论体系。④

至于对现有犯罪构成理论体系的技术性调整，有学者主张对犯罪构成要件的排列顺序进行调整，认为犯罪构成中构成要件的排列顺序问题是一个司法技术问题，构成要件的排列顺序应该按照从确定到模糊、从事实到价值、从客观到主观、从行为到行为人、从原则到例外的顺序排列，也即按照犯罪

① 参见许发民：《二层次四要件犯罪构成论——兼议正当化行为的体系地位》，载《法律科学》，2007（4）。

② 参见王政勋：《定量因素在犯罪成立条件中的地位——兼论犯罪构成理论的完善》，载《政法论坛》，2007（4）。

③ 参见王志祥：《犯罪构成的定量因素论纲》，载《河北法学》，2007（4）。

④ 参见吴大华、王飞：《犯罪构成理论体系：逻辑与适用的统一体》，载赵秉志主编：《刑法评论》，第 12 卷，1～24 页，北京，法律出版社，2007。

客观方面要件、犯罪客体要件、犯罪主观方面要件和犯罪主体要件的顺序排列。[①]

此外，还有学者对犯罪构成的本体属性进行了研究，认为：按照法制或法治的常理及罪刑法定的明确要求，区分罪与非罪的标准只能是刑法规定本身，而犯罪构成只是一种有助于“区分”的理论分析工具，是一座架设于事实与规范之间的桥梁。对犯罪构成概念可分两个层面进行：一个层面为对世的刑法普及宣传所使用之模糊定义——犯罪构成是指刑法规定的成立犯罪的基本条件的总和，另一层面限于学者们深入讨论、揭示真蕴所使用之精确定义——犯罪构成是指对刑法所规定的成立犯罪之基本条件进行梳理的理论体系。[②] 也有学者对修正的犯罪构成理论[③]、构成要件与违法性关系[④]、犯罪构成符合性判断的思维模式[⑤]等问题展开了研究。

（五）犯罪客体与犯罪对象

在犯罪客体与犯罪对象问题上，2007 年度有学者对犯罪客体的分类、犯罪对象的概念、犯罪对象与犯罪客体的关系等问题进行了研究。

关于犯罪客体的分类，我国刑法理论一般从纵向上将犯罪客体分为一般客体、同类客体和直接客体，从横向上将犯罪客体分为主要客体、次要客体和选择客体。对此，我国有学者认为，我国刑法理论对犯罪客体纵向分类所持的分类标准及其说明不尽相同。该学者认为，同类客体与直接客体的关系是形式与实质的关系，犯罪的一般客体存在的合理根据在于犯罪分类的完整性；主要客体、次要客体和选择客体的划分不是根据法益自身的重要性，而是取决于其与同类客体的关系；相对于主要客体，次要客体与选择客体都具有补充性，是独立于主要客体之外的。[⑥]

---

① 参见王充：《刑法问题类型划分方法与构成要件的排列顺序》，载《法制与社会发展》，2007（4）。

② 参见冯亚东：《犯罪构成本体论》，载《中国法学》，2007（4）。

③ 参见陈璇：《修正的犯罪构成理论之否定》，载《法商研究》，2007（4）。

④ 参见王充：《论构成要件与违法性关系：认识根据说与存在根据说》，载赵秉志主编：《刑法评论》，第 12 卷，51～67 页，北京，法律出版社，2007。

⑤ 参见沈琪：《犯罪构成符合性判断的思维模式》，载《中国青年政治学院学报》，2007（5）。

⑥ 参见薛瑞麟：《犯罪客体的分类》，载《政法论坛》，2007（2）。

在我国刑法理论中，犯罪对象一般被定义为犯罪行为直接作用的人或物。对于这一定义，有学者认为，一些罪种的对象不具有被犯罪作用的直接性；将人的活动置于犯罪对象之外，不符合我国的立法实际。① 也有学者认为，犯罪对象这个概念在不同的场合，被人们赋予了不同的含义：有时作为犯罪客体的表现形式来使用，有时作为犯罪行为的直接指向来使用。而这两种意义并不完全相同，虽有时发生部分重合，却并非在任何时候都一致。为此该学者主张将犯罪对象界定为犯罪实行行为作用或影响，可以反映犯罪客体的具体人或物及其属性、状态、特征，并将犯罪对象分为直接犯罪对象与间接犯罪对象。②

也有学者对犯罪对象与犯罪客体的关系进行了研究，认为有些犯罪对象能够直接体现出犯罪客体的本质，而有些犯罪对象则很难发挥这种功能。③ 也有学者认为，用现象与本质这对范畴来说明犯罪对象与客体的关系，在总体上弊大于利。作为犯罪对象的具体人、物或活动是法益的构成要素，它们与法益是内部要素与整体的关系，应归属犯罪客体一章。而假币、贿赂、赌资等是行为对象，后者不包括具体的人。④

（六）犯罪主观方面

在犯罪主观方面，2007年度有学者重点研究了过失中注意能力的判断标准问题，并提出了注意能力判断的“客观注意的主观化标准”说，认为注意义务的标准是客观的注意义务与主观的注意义务的统一，在其注意能力的判断标准上应同时考虑行为人与一般人的能力。该学者指出，“客观注意的主观化标准”是以一般人的注意能力为基准，综合行为当时的具体条件，从实际出发，实事求是地根据行为人个人的具体主观特征，判断他在当时的具体情况下有注意能力。⑤

也有学者提出了主要罪过的概念，认为在结果加重犯、结合犯以及行为

---

① 参见薛瑞麟：《关于犯罪对象的几个问题》，载《中国法学》，2007（5）。
② 参见许发民、康诚：《犯罪对象概念的反思与重构》，载《法学研究》，2007（5）。
③ 参见许发民、康诚：《犯罪对象概念的反思与重构》，载《法学研究》，2007（5）。
④ 参见薛瑞麟：《关于犯罪对象的几个问题》，载《中国法学》，2007（5）。
⑤ 参见李希慧、刘期湘：《论犯罪过失中注意义务的实质标准》，载《现代法学》，2007（1）。

人对于结果发生难以预测的特殊犯罪中，要认定行为人究竟具备故意还是过失的罪过比较困难。过去有学者提出的复合罪过说、客观的超过要素概念等解决方法是否合理还值得推敲。为此该学者提出了一种新的判断标准：先从“事实上”确定这些特殊犯罪中的行为人究竟有多少个罪过，然后从“规范”意义上确定在这些罪过中，哪一个是次要罪过，哪一个是主要罪过，最终确定的这个主要罪过就是这些特殊犯罪的罪过形式。①

此外，在犯罪主观方面，有学者对犯罪动机与犯罪目的的划分标准②、非法定目的犯③等问题进行了研究，并提出了自己的观点。

（七）单位犯罪

单位犯罪是本年度刑法学研究的一个重点问题，也是中国法学会刑法学研究会2007年年会的主要议题之一。2007年度对单位犯罪的研究主要集中于单位犯罪主体、单位犯罪的刑事责任和单位犯罪的量刑制度问题。

关于单位犯罪主体，有学者认为：将国家机关规定为单位犯罪的主体有利有弊。从利的方面看，它表明了国家维护法律权威与尊严的立场和信念。但是从弊的方面看，将国家机关规定为单位犯罪的主体，不仅缺乏理论根据，而且没有规定的必要，因为虽有规定，却没有执行，实际上成为置而不用。总的来说，将国家机关规定为单位犯罪的主体弊大于利，应当予以取消。④ 也有学者认为，国外立法例很少将国家机关规定为犯罪主体，而司法实践的现实表明，将国家机关作为犯罪主体难以行得通，因此，应当将国家机关排除在单位犯罪之外。⑤

关于单位犯罪的刑事责任，有学者认为，我国刑法规定的单位犯罪在刑事责任的实现上面临着理论解释、立法和司法适用等困境，并提出了三条解决路径：确认法人或单位的犯罪能力；增设社会组织体刑事责任，扩充刑罚

① 参见周光权：《论主要罪过》，载《现代法学》，2007（2）。

② 参见陈建清：《论我国刑法中的犯罪动机与犯罪目的》，载《法学评论》，2007（5）。

③ 参见付立庆：《非法定目的犯的甄别与定位——以伪造货币罪为中心》，载《法学评论》，2007（1）。

④ 参见马克昌：《“机关”不宜规定为单位犯罪的主体》，载《现代法学》，2007（5）。

⑤ 参见陈志军：《单位犯罪立法之比较与完善》，载赵秉志、郎胜主编：《和谐社会与中国现代刑法建设——新刑法典颁行十周年纪念文集》，511页，北京，北京大学出版社，2007。

体系；确定双罚制唯一式的处罚模式。[①] 也有学者认为，以所有制性质来区分单位类型的做法不符合经济现状，对单位实施非单位犯罪，能否对直接责任人员以自然人犯罪论处，单位能否与自然人构成非单位犯罪的共同犯罪规定不明确，刑法规定的单位犯罪的刑罚种类过于单一。[②]

关于单位犯罪的量刑制度，有学者反对单位累犯的存在，认为现行刑法既未规定单位普通累犯，也未规定单位特别累犯，并且从累犯制度设立及从严处罚的理论根据上看，刑法不应规定单位累犯；从单位累犯的立法建构上看，设立单位累犯存在立法困境；从司法实践上看，犯罪单位能够轻易逃避单位累犯制度，从而免受从重处罚。[③] 也有学者主张单位可以成立立功，认为单位自首的确认可以作为单位立功的依据，并认为单位构成立功主体符合法律效率和刑罚目的的价值要求。在成立条件上，该学者认为，单位立功的主体只能是被告单位，并且必须以单位的名义，体现单位意志，为单位利益而实施。单位立功可以针对其他单位或个人，也可以针对本单位成员。对单位立功的，可以从轻处罚或者免除处罚。[④]

此外，还有学者对单位犯罪的直接责任人员认定[⑤]、单位犯罪的追诉时效期限[⑥]等问题进行了研究。

（八）故意犯罪的停止形态

2007年度有学者对中止犯的有效性认定和中止犯与未遂犯的竞合问题进行了研究。有效性是中止犯成立的条件之一。但对因其他原因防止了既遂结果发生和因其他原因导致了既遂结果发生这两种情况是否属于中止，理论上存在较大争议。对此，有学者认为，对于第一种情况，只要行为人实施了真挚的中止行为或者行为人付出了与自己独立防止既遂结果发生同等程度的

---

① 参见徐岱：《单位犯罪刑事责任实现的困境及出路》，载李洁、张军、贾宇主编：《和谐社会的刑法现实问题》（上），225～232页，北京，中国人民公安大学出版社，2007。

② 参见陈志军：《单位犯罪立法之比较与完善》，载赵秉志、郎胜主编：《和谐社会与中国现代刑法建设——新刑法典颁行十周年纪念文集》，512～518页，北京，北京大学出版社，2007。

③ 参见于改之、吴玉萍：《单位累犯否定新论》，载《法学评论》，2007（2）。

④ 参见卢勤忠：《单位立功的若干疑难问题研究》，载《法学评论》，2007（2）。

⑤ 参见王良顺：《论单位犯罪中直接责任与直接责任人员的认定》，载《法商研究》，2007（2）。

⑥ 参见张国伟：《单位犯罪追诉时效期限的确定》，载李洁、张军、贾宇主编：《和谐社会的刑法现实问题》（上），593～598页，北京，中国人民公安大学出版社，2007。

努力，就应认定其中止犯的成立；若行为人通过第三者实施中止行为，只能是在第三者实施中止行为比行为人亲自实施中止行为对消除既遂结果的发生具有更大的可能性，且行为人必须满足第三者为避免既遂结果的发生所提出的协助要求时，才成立中止犯。对于第二种情况，该学者认为，应着重考察中止行为能否独立防止既遂结果的发生以及其他原因是否能导致犯罪行为与既遂结果发生之间因果关系的中断，如果中止行为能防止既遂结果发生并且因果关系没有发生中断，就应成立中止犯。①

关于中止犯与未遂犯的竞合形态，有学者认为：它既不完全符合未遂犯的构成特征，也不完全符合中止犯的构成特征，而且在现行刑法的框架内也不能找到妥当的解决方案。中止犯与未遂犯的竞合形态属于大陆法系刑法理论中的准中止犯，应在我国刑法中引入准中止犯的概念，通过立法途径来解决中止犯与未遂犯竞合的问题。②

（九）共同犯罪

关于共同犯罪，2007年度学者们研究的重点是共犯的本质和共犯与正犯的区分。关于共犯本质，刑法理论上一直有行为共同与犯罪共同之争。对此有学者认为，以相互对立的价值观念建构的共犯本质理论，不可能为法官提供可操作的认定“共同关系”的程序性工具，应当以全社会可以达成共识的法官中立价值作为逻辑起点来重新构筑共犯本质理论体系。③ 据此，该学者认为，解决共犯本质的关键是“犯罪行为共同性”，犯罪行为共同性包括实行行为和非实行行为，而且共同正犯的行为人并不是以实施同一构成要件的实行行为为基准的，而可以不同构成要件的实行行为构成共同实施行为关系；正犯的实行行为与狭义共犯的非实行行为可以成为共同关系。④

正犯与共犯的区分关键在于实行行为。对于实行行为的判断，有学者认

① 参见程红：《中止犯有效性认定中的两个疑难问题探析——兼评德、日两国的相关学说》，载《法商研究》，2007（3）。

② 参见张平：《中止犯与未遂犯的竞合形态研究》，载《法学评论》，2007（3）。

③ 参见许富仁：《重建共犯本质理论逻辑基点——关于德日共犯本质理论逻辑基点的否定》，载《法律科学》，2007（5）。

④ 参见许富仁：《犯罪行为共同性：解决共犯本质问题的关键——对共犯本质学说的反思》，载《法学评论》，2007（4）。

为：从形式上看，实行行为必须为刑法分则规定；从实质上考察，实行行为必须对法益侵害具有现实的危险。而对法益侵害具有现实的危险包含两层含义：实行行为必须具有侵害法益的危险性；这种侵害法益的危险必须是“现实的”“紧迫的”。对于是否存在危险，该学者认为，应当以“事后查明的客观行为事实，站在行为的当时，根据社会一般人的观点”进行判断。[①] 对实行行为，也有学者研究了其自然结构和规范结构，并认为实行行为的自然结构要素仅为心素与体素，实行行为的规范结构涉及实行行为的构成要素类型和实行行为的整体构成类型，实行行为的构成要素有：方法行为、目的行为、本质行为、职务行为、违规行为，单纯性要素、选择性要素、合并性要素。实行行为的整体构成有单元型实行行为与多元型实行行为，提升的实行行为、纯正的实行行为与扩展的实行行为，单人的实行行为与聚众的实行行为。[②]

此外，还有学者对我国《刑法》第29条第2款规定的教唆未遂的内涵[③]、我国分工分类与作用分类并存的共同犯罪人分类方法[④]等问题进行了研究。

（十）罪数理论

关于罪数，2007年度的研究主要涉及罪数的划分、数额加重犯与结果加重犯的既遂与未遂问题以及结合犯的刑法设置。

关于罪数的划分，有学者认为，我国对大陆法系理论中的行为说、犯意说、法益说、构成要件说所进行的评判存在重大误读，并认为我国在罪数的判断标准上没有很好地坚持犯罪构成说，在一罪类型的划分上对犯罪构成类型和犯罪构成要素复杂性缺乏应有的思考。以犯罪构成说为标准，该学者主张将一罪划分为单纯一罪与复杂一罪，并主张从罪数论的研究任务出发，将继续犯、集合犯、吸收犯、结合犯排除出罪数论的研究范围。[⑤]

---

① 参见何荣功：《论实行行为的危险及其判断》，载《法律科学》，2007（1）。

② 参见张小虎：《犯罪实行行为之解析》，载《政治与法律》，2007（2）。

③ 参见肖本山：《“教唆未遂”诠释新解——关于体系性解释和目的解释方法的适用》，载《法学评论》，2007（5）。

④ 参见郝守才：《共同犯罪人分类模式的比较与优化》，载《现代法学》，2007（5）。

⑤ 参见陆诗忠：《我国罪数理论之基本问题研究》，载《法律科学》，2007（2）。

关于数额加重犯是否存在既、未遂形态，刑法理论上一直存在争论。2007年度有学者认为：对此不能脱离对加重数额的性质的认识。根据犯罪既遂的模式，数额加重犯中的加重数额是就数额加重犯的既遂形态而言的，在行为人由于意志以外的原因没有达到法定的加重数额的情况下，只能认为数额加重犯尚未具备既遂形态的全部构成要件要素，原则上可以作为犯罪未遂处理。[①] 关于结果加重犯的既遂与未遂，有学者认为，结果加重犯既遂的犯罪构成在内部结构上由基本犯罪行为与加重结果两个部分组成；只有符合基本犯的全部构成要件并且发生了加重结果的，才能认定为结果加重犯的既遂；在基本犯未遂但发生了加重结果的场合或者在加重结果出于直接故意而未发生且基本犯既遂的场合，均可成立结果加重犯的未遂；在加重结果出于直接故意而未发生且基本犯未遂的场合，更是可以成立结果加重犯的未遂。[②]

我国刑法没有明确规定结合犯，并且理论上也有些学者认为刑法不应设置结合犯。对此有学者认为，我国刑法中应当设置结合犯，在刑法中设置结合犯能够克服数罪并罚制度在某些情况下不能重惩特定数罪、加重犯立法技术不能惩处特定数罪、牵连犯立法不能重惩特定数罪的不足，并且能够限制法官的自由裁量权，达到严惩特定数罪的目的。[③]

（十一）排除犯罪性事由

我国刑法只规定了正当防卫和紧急避险排除犯罪性事由，但刑法理论也承认被害人承诺等事由可以排除行为的犯罪性。

2007年度有学者对被害人承诺问题进行了集中探讨，认为我国的社会制度决定了我国是一个以人的全面自由发展作为终极目标的社会，我国刑法没有将违反社会伦理规范的被害人放弃自己利益的行为规定为犯罪，因此，在个人放弃其能够支配的利益并不妨害他人和公共利益时，应当尽量认可。该学者认为，我国被害人承诺的基础是保护被害人的自由决定权，适用范围包括了除生命之外的其他个人利益，影响被害人承诺效力的只限于对所放弃

---

① 参见王志祥：《数额加重犯基本问题研究》，载《法律科学》，2007（4）。

② 参见王志祥：《结果加重犯的未遂问题新论》，载《法商研究》，2007（3）。

③ 参见陆诗忠：《论结合犯的立法意义》，载《法学评论》，2007（5）。

利益具有误解的场合。[①] 也有学者认为：被害人承诺的成立有严格的条件限制，凡是欠缺承诺成立的有效要件的，如主体不适格、意思表示不真实、承诺不适时、承诺范围不恰当，均不成立被害人承诺。而一旦具备承诺成立的条件，承诺行为得阻却违法，排除了行为的社会危害性。被害人承诺以利益衡量理论为基石，凸显民权刑法中国家对公民自由决定权的尊重和保护。国家应以民权刑法为根据进行利益衡量与取舍后，允许个人在自由的法秩序范围内按照自己的价值进行取舍。[②]

对于正当防卫的主观条件，刑法理论上多要求行为人必须具有防卫的意图。对此，有学者认为，对正当防卫主观条件的这种限定，会将行为人不是出于防卫目的或意图的本能行为、恐惧或者愤怒之下而具有加害对方意图的反击行为等排除在正当防卫之外，体现不了作为公民权利的正当防卫的本质，达不到刑法规定正当防卫的目的。该学者认为：从客观主义刑法观的立场出发，只要行为人意识到存在紧急不法的侵害，并对不法侵害人造成适当损害，就应当成立正当防卫。对于相互斗殴和挑拨防卫，只要客观上所针对的是不法侵害，就不能完全排除其成立正当防卫的可能；偶然防卫不能成立正当防卫，但因其不具备成立犯罪的客观条件，应作无罪处理。[③]

“自招危险”能否成立紧急避险在刑法理论上有较大的争论。对此，有学者以“自招危险”导致的作为义务为视角，认为：在自招他人危险并且危险利益处于作为义务的法益有效保护范围之内的情况下，应适用过失犯类型的“作为义务排除规则”，排除成立紧急避险的可能；不真正不作为犯类型则由于多个法益的相对独立性并不必然排除紧急避险制度的适用；在自招本人危险时，以容忍义务为基础，通过利益衡量，可以有限度地适用紧急避险。[④]

（十二）刑罚功能与刑罚目的

在刑法理论界，刑罚的功能和目的一直备受关注。关于刑罚功能，2007

---

① 参见黎宏：《被害人承诺问题研究》，载《法学研究》，2007（1）。

② 参见肖敏：《被害人承诺探究——民权刑法视域中的利益衡量》，载《政治与法律》，2007（4）。

③ 参见黎宏：《论正当防卫的主观条件》，载《法商研究》，2007（2）。

④ 参见胡嘉金、王昭振：《论紧急避险中“自招危险”的理论诠释及内在价值构造——以作为义务为视角》，载《法学评论》，2007（3）。

年度有学者认为可将其分为外部功能和内部功能。过去刑法理论上探讨的都是刑罚的外部功能，刑罚的内部功能并没有得到研究。对此，该学者提出了刑罚内部功能的概念，并认为作为刑法系统基本要素的刑罚，主要有三个方面的内部功能：规范定性功能、评价功能、予效功能。① 关于评价功能，从立法意义上看，有“质”和“量”两个表现。质的评价表现为，刑罚所代表的是国家对行为的否定，在刑法规范中，刑罚具有对类型化的行为进行定性的作用。量的评价表现为，“刑罚的配置”其实是针对犯罪类型的评价活动，一个罪行规范中的刑量，其实不过是立法者对作为该规范内容的犯罪行为所作的罪量评估。②

关于刑罚目的，有学者认为，刑法目的等同于刑罚目的，刑法的目的是保障包括犯罪人在内的全体公民的基本人权，要实现这一目的，必须要减少犯罪。通过对不同类型人的犯罪可能性进行分析可以发现，要实现最大化地减少犯罪，量刑的基准必须是以犯罪的成本大于收益且刚刚大于收益为宜，因此，以保护包括犯罪人在内的全体公民基本人权为内容的“一般预防论”应该是刑罚的目的。③

（十三）死刑制度改革

近年来，死刑问题一直是刑法理论关注的焦点，2007年度亦不例外。2007年刑法学年会就将“死刑的司法限制适用问题研究”作为主要议题之一进行了深入研究。总的来说，2007年度对死刑制度的研究主要涉及死刑制度改革的方向以及死刑制度的立法、司法改革。

关于死刑制度的改革方向，有学者认为，我国现阶段死刑制度的改革面临四大难题：废除死刑的国内外尤其是国内的重大社会环境条件尚不充分；立法方面存在死刑罪名过多、刑罚体系严重不协调等问题；司法方面还缺乏限制死刑适用的规则，死刑核准权收回后的成功运作还面临着重重困难；我国崇尚死刑报应的观念根深蒂固，社会各界的死刑观也不尽相同。为此，该学者提出了五项解决对策：司法改革与立法改革相结合，并以死刑的司法改

---

① 参见周少华：《刑罚的内部功能解释》，载《法律科学》，2007（3）。

② 参见周少华：《刑罚在立法上的评价功能》，载《政法论坛》，2007（3）。

③ 参见肖洪：《刑罚目的应该是“一般预防”》，载《现代法学》，2007（3）。

革为中心；观念变革与制度改进相配合，并以死刑的观念变革为基础；促进决策者认识与民意的共同提升，并以促进决策者观念变革为重点；确立死刑限制与废止逐步进展的方向、路径与切实可行的步骤；研究与死刑制度改革配套的立法与司法措施。[①] 也有学者认为，在当前国际社会倡导废除或严格限制死刑的主旋律政策指导下，死刑犯在等待死刑判决的过程中也忍受着马拉松式的诉讼过程所带来的长期关押、心灵折磨和待遇低下等痛苦，这种现象将导致死刑制度出现一些新的趋势：死刑适用的代价太高、程序太复杂而使死刑适用越来越难，死刑适用越来越少；死刑犯受到的长期关押和多重惩罚，将会使死刑适用逐渐集中于罪行最严重、社会公众最痛恨的暴力罪犯，非暴力犯罪的死刑条文将逐渐被虚置等。[②]

关于死刑制度的立法改革，有学者认为，宪法中的生命权及合宪性审查制度的缺位是我国死刑制度屡遭诟病的重要原因。我国应当从宪法上的生命权入手，有步骤、分阶段地将生命权入"宪"、入"法"，强化公民的生命权意识，并设立死刑的合宪性审查制度，以实现限制乃至最终废除死刑的目标。[③] 在死刑立法改革的刑法设计上，许多学者认为，应改革我国相关刑种和刑罚制度[④]，完善死缓制度[⑤]，修改与完善刑法总则和分则的死刑规定[⑥]，废除经济犯罪的死刑[⑦]，提高死刑案件的证明标准[⑧]等。

关于死刑制度的司法改革，许多学者对死刑司法控制的合理性与应然性、死刑的司法控制原则、民意与死刑的司法控制、刑法解释与死刑的司法

① 参见赵秉志：《我国现阶段死刑制度改革的难点及对策——从刑事实体法视角的考察》，载《中国法学》，2007（2）。

② 参见胡云腾、周振杰：《严格限制死刑与严厉惩罚死罪——当代死刑制度的基本特点与未来走向》，载《中国法学》，2007（2）。

③ 参见上官丕亮：《废除死刑的宪法学思考》，载《法商研究》，2007（3）。

④ 参见丁慕英：《论我国刑法中死刑及相关刑种和刑罚制度的改革与完善》，载赵秉志、郎胜主编：《和谐社会与中国现代刑法建设——新刑法典颁行十周年纪念文集》，544页，北京，北京大学出版社，2007。

⑤ 参见张泗汉：《完善死缓制度，减少死刑适用》，载赵秉志、郎胜主编：《和谐社会与中国现代刑法建设——新刑法典颁行十周年纪念文集》，549页，北京，北京大学出版社，2007。

⑥ 参见李希慧：《死刑立法修改与完善之探讨》，载赵秉志、郎胜主编：《和谐社会与中国现代刑法建设——新刑法典颁行十周年纪念文集》，560页，北京，北京大学出版社，2007。

⑦ 参见章惠萍：《对我国经济犯罪死刑废除的分析》，载《政治与法律》，2007（3）。

⑧ 参见李少平：《死刑案件证明标准新探》，载赵秉志、郎胜主编：《和谐社会与中国现代刑法建设——新刑法典颁行十周年纪念文集》，569页，北京，北京大学出版社，2007。

控制、量刑情节与死刑的司法控制、检察机关在死刑司法控制中的作用、死刑司法控制的程序限制、因民间纠纷引发的暴力犯罪的死刑司法控制等问题进行了广泛研讨。[①]

（十四）电脑量刑问题

电脑量刑是2007年度刑事司法中的一个热点问题，本年度我国有不少地方司法机关着手建立了电脑量刑系统。对于司法实践中的这种电脑量刑试验，我国有学者认为：量刑真正要解决的不是如何量化刑期，而是如何通过对影响刑罚的因素（包括个人的和社会的因素）进行综合考量与平衡，最后得出对犯罪人最适当的刑罚。通过这个程序得出的刑罚应当反映社会对犯罪报应、预防与制止以及矫治等诸需求的综合平衡。如此复杂的综合平衡过程是电脑这样的程式化机器所无法承担的，应由人脑来承担。电脑量刑不是良方。[②]

也有学者从四个方面提出了电脑量刑应该缓行的理由：首先，任何法律专家系统软件都意味着作出一种纯粹的法律实证主义预设。计算机可以处理法律条文内容中的三段论推理以及关于“要件—效果”的条件式推理，但无法适当表现那些决定有效规范在适用上的优劣顺序的元规则。其次，电脑量刑所体现的规范化，势必在强调一视同仁的普遍性规范适用之余忽视地方性知识、上下文脉络以及具体情境，而这些字里行间的“意义之网”对于社会影响较复杂的、容易引起争议的法律判断是非常重要的。再次，中国成文法历来都以“宜粗不宜细”的简约相标榜，不乏多种解释、临机应变的空间，各个概念的内涵和外延也尚未完全统一，不太适宜于用电子计算机处理。最后，类似电脑量刑那样的软件，其核心是法律推理系统，而关于法律推理的研究成果的积累在中国还极其薄弱。[③]

在刑法总论方面，除以上问题外，还有学者就刑事科学方法论[④]、刑法

---

① 限于篇幅，本文对死刑司法控制的各种具体观点不予以详述，详细内容参见李洁、张军、贾宇主编：《和谐社会的刑法现实问题》（中），北京，中国人民公安大学出版社，2007。

② 参见虞平：《量刑与刑的量化——兼论“电脑量刑”》，载《法学家》，2007（2）。

③ 参见季卫东：《电脑量刑辩证观》，载《政法论坛》，2007（1）。

④ 参见张旭、单勇：《从方法到方法论——以刑事科学为场域的反思》，载《法制与社会发展》，2007（1）。

思维[①]、刑法结构[②]、刑法的溯及力[③]、刑法解释[④]、刑事立法的犯罪化与非犯罪化[⑤]、法益的功能[⑥]、不作为犯[⑦]、危险犯[⑧]、行政违反加重犯[⑨]、量刑原则[⑩]、教育刑[⑪]等问题进行了深入研究。

三、刑法各论问题

2007 年度刑法学在刑法各论研究方面的一个突出特点是关注热点、现实。学者们既关注网络裸聊行为的性质、虚拟财产的刑法保护等社会问题，又注重对国际公约下的侵犯著作权犯罪、贿赂犯罪立法完善等刑法理论问题的研究。与此同时，《刑法修正案（六）》、侵犯人身权利罪等问题也得到了较为集中、深入的研讨。

（一）《刑法修正案（六）》研究

2006 年 6 月 29 日，第十届全国人大常委会第二十二次会议通过了《刑法修正案（六）》。《刑法修正案（六）》共修正了刑法分则 20 个条文，修改幅度之大为历年刑法修正案之最。《刑法修正案（六）》出台以后，学者们对其进行了广泛研究。2007 年刑法年会还将“刑法修正案（六）理论与实务问题研究”作为会议的主要议题之一。综观本年度学者对《刑法修正案（六）》的研究，大

---

① 参见陈航：《刑法思维的属性研究》，载《法商研究》，2007（6）；吴学斌：《刑法思维之变革：从概念思维到类型思维》，载《法商研究》，2007（6）。

② 参见刘仁文：《关于调整我国刑法结构的思考》，载《法商研究》，2007（5）。

③ 参见刘仁文：《关于刑法溯及力的两个问题》，载《现代法学》，2007（4）；刘宪权：《我国刑法中溯及力相关问题探论》，载《政治与法律》，2007（3）。

④ 参见苏彩霞：《实质的刑法解释论之确立与展开》，载《法学研究》，2007（2）。

⑤ 参见于改之：《我国当前刑事立法中的犯罪化与非犯罪化——严重脱逸社会相当性理论之提倡》，载《法学家》，2007（4）。

⑥ 参见刘孝敏：《法益的体系性位置与功能》，载《法学研究》，2007（1）。

⑦ 参见宫厚军：《“保证人说”之演变及其启示》，载《法商研究》，2007（1）。

⑧ 参见高巍：《抽象危险犯的概念及正当性基础》，载《法律科学》，2007（1）。

⑨ 参见张明楷：《行政违反加重犯初探》，载《中国法学》，2007（6）。

⑩ 参见赵廷光：《论量刑原则与量刑公正——关于修改完善我国量刑原则的立法建议》，载《法学家》，2007（4）。

⑪ 参见王素芬：《教育刑理念的彰显与背离：近代中国假释制度考论》，载《法制与社会发展》，2007（6）。

体上可将其分为两类：一类是关于《刑法修正案（六）》的基本理论问题研究，另一类是关于《刑法修正案（六）》中的具体犯罪问题研究。

关于《刑法修正案（六）》的基本理论问题，有学者认为，《刑法修正案（六）》通过规定堵截构成要件、弹性构成要件、犯罪前置化、降低入罪门槛、增补新罪和提高法定刑的方法，严密了我国的刑事法网。[①] 也有学者以《刑法修正案（六）》为视角研究了谦抑原则与经济刑法的关系，认为《刑法修正案（六）》虽然注意到了遵循谦抑原则，尽量以少的立法代价取得较好的社会效果，但在某些地方有扩张之势。[②] 还有学者从"两极化"刑事政策的角度认为《刑法修正案（六）》体现了立法"严厉化"的倾向，包括：增设新罪名，扩大犯罪化规模；扩展部分条文的主体与罪行，增加覆盖范围；提高某些犯罪的法定刑，增加刑法的威慑力；删除部分条文的目的犯规定，增加客观因素；增加行为犯、情节犯和情节加重犯的法律规定，增强刑法适用的灵活性。[③]

关于《刑法修正案（六）》中的具体犯罪研究，学者们对《刑法修正案（六）》涉及的二十余个犯罪进行了广泛研究、探讨，其中，研究得比较集中的犯罪有不报、谎报安全事故罪，虚假破产罪，洗钱罪，赌博罪，掩饰、隐瞒犯罪所得、犯罪所得收益罪，枉法仲裁罪等。[④] 这些研究，既有对《刑法修正案（六）》中相关犯罪的司法适用研究，也有对《刑法修正案（六）》中相关犯罪的立法完善研究；既注重现有立法规定的内涵解读，又注重研究中的理论创新，必将极大地丰富我国刑法各论的内容。

（二）侵犯著作权犯罪

随着我国加入世界贸易组织，著作权刑法保护的重要性和紧迫性日益凸

---

① 参见熊永明：《〈刑法修正案（六）〉严密刑事法网的学理分析》，载李洁、张军、贾宇主编：《和谐社会的刑法现实问题》（下），1325～1328页，北京，中国人民公安大学出版社，2007。

② 参见周玉华、秦秀春：《谦抑原则与经济刑法司法论纲——以〈刑法修正案（六）〉为视角》，载李洁、张军、贾宇主编：《和谐社会的刑法现实问题》（下），1341页，北京，中国人民公安大学出版社，2007。

③ 参见张利兆：《"两极"刑事政策背景下立法"严厉化"趋向的具体体现——评〈刑法修正案（六）〉的立法特点》，载李洁、张军、贾宇主编：《和谐社会的刑法现实问题》（下），1348页，北京，中国人民公安大学出版社，2007。

④ 关于《刑法修正案（六）》中具体犯罪的研究，参见李洁、张军、贾宇主编：《和谐社会的刑法现实问题》（下），北京，中国人民公安大学出版社，2007。限于篇幅，在此不予详述。

显。虽然我国著作权刑法保护的立法、司法自1994年以来已经取得了相当大的进步，但相对于著作权刑法保护比较先进的国家的规定以及TRIPs的规定，我国刑法还存在一些有待完善的地方。对此，有学者认为，从立法完善的角度，刑法应取消侵犯著作权犯罪中的“以营利为目的”的主观要素，并认为取消“以营利为目的”是适应现代科技的发展、加强对著作权保护的需要，是降低司法机关查处犯罪的证明难度、严密惩治侵犯著作权犯罪刑事法网的需要，也是与TRIPs第61条的有关规定相协调的需要。①

也有学者认为有必要完善著作权的刑法保护，应当完善侵犯著作权犯罪的行为方式，包括增设商业性使用盗版软件的行为，增设出租侵权复制品的行为，将《刑法》第217条中的“复制发行”修改为“复制、发行”②。还有学者认为：完善侵犯著作权犯罪的立法规定首先应修改罚金刑的数额模式，以侵犯著作权犯罪的销售金额或者非法经营数额为标准，对犯罪人判处销售金额或非法经营数额一定倍数或一定百分比的罚金，或者在犯罪人的销售金额、非法经营数额难以准确计量、侵犯著作权犯罪的规模较大、情节比较严重的情况下，可采用限额罚金制，对犯罪选择适用特定数额的罚金；其次应增设给予被侵权人以经济补偿的规定。③

另外有学者认为，完善侵犯著作权犯罪应先完善刑法关于侵犯著作权犯罪定罪情节的规定，并主张取消侵犯著作权罪和销售侵权复制品罪中“违法所得数额”的规定，将“非法经营数额较大”“销售金额数额较大”“侵权复制品数额较大”作为侵犯著作权犯罪的定罪情节，将“有其他严重情节”作为销售侵权复制品罪的兜底情节。④

（三）侵犯人身权利犯罪

1. 故意伤害罪

2007年度有学者对故意伤害罪中的伤害概念、客体、伤害后果、伤害

① 参见赵秉志：《刑法应取消著作权犯罪中的“以营利为目的”的主观要素》，载《中国版权》，2007（5）。

② 刘志伟：《完善侵犯著作权犯罪行为方式之规定的思考》，载《中国版权》，2007（5）。

③ 参见黄晓亮：《论侵犯著作权犯罪之法律后果的立法完善》，载《中国版权》，2007（5）。

④ 参见刘科：《侵犯著作权犯罪定罪情节规定的完善》，载《中国版权》，2007（5）。

故意和同意伤害等问题进行了研究，认为：伤害应被解释为损害人的生理机能或使其健康状态恶化的行为；将伤害罪的犯罪客体表述为他人的“身体健康权”的传统观点存在缺陷，有必要修改为他人的“身体不受伤害或健康不受损害的权利”；在伤害与致死的对象不同一的场合，不能以故意伤害致死定罪处罚；有重伤他人的故意未造成重伤的后果的，不能以重伤未遂来处罚；无伤害的故意而殴打他人的，即便造成了伤害后果，也不能定故意伤害罪。与此同时，该学者还认为，经被害人同意造成其轻伤害的，不构成犯罪；造成其重伤害的，可构成故意伤害罪。①

2. 强奸罪

强奸罪在2007年度也受到了不少学者的关注。有学者对以强奸罪为代表的性犯罪与文化之间的关系进行了研究。我国刑法把强奸罪的实行主体限定为男子，受害人限定为女子；将强奸中性交的概念定义为男女生殖器的媾和；对强奸引起的纠纷由国家垄断处理权。对此，该学者认为：我国刑法的这种设定方式及规定的侵害模式，其初衷或许是保护妇女权益，但因其没有将男女放在平等的位置，并且过分强调了性别差异，而盖上了男权主义的印记。立足中国现实、借鉴西方经验，改革我国现行的性犯罪立法是当务之急。②

也有学者对强奸罪的违背妇女意志要件进行了研究，认为：犯罪侵害的社会关系是犯罪行为对社会造成的实际损害，犯罪威胁的社会关系是犯罪行为对社会的威胁。在强奸罪中，实际没有侵害妇女的身心健康并不等于不存在犯罪客体，行为不违背妇女意志不一定不侵害强奸罪的客体，因此，违背妇女意志不应该作为强奸罪的要件。③

（四）网络犯罪

网络犯罪作为一个社会问题日益突出，也备受刑法学者的关注。2007年度有不少学者对网络犯罪问题进行了研究，其中研究、探讨得比较集中的

---

① 参见刘明祥：《伤害罪若干问题探究》，载《江海学刊》，2007（3）。

② 参见李拥军：《掀开法律的男权主义面纱——对中国当代性犯罪立法的文化解读与批判》，载《法律科学》，2007（1）。

③ 参见谢慧：《违背妇女意志不应该作为强奸罪的构成要件》，载《政治与法律》，2007（4）。

是网络裸聊的刑法性质和网络虚拟财产的刑法保护问题。

1. 网络裸聊的刑法性质

网络裸聊是借助网络这一特殊空间介质而诞生的一种新的网络行为现象，是对网络上一些复杂淫秽现象的概称。对于网络裸聊的刑法性质，我国有学者认为，由于满足了“聚众”“空间”“淫乱行为”等要求，对于聚集多人进行裸聊的行为可以认定为聚众淫乱罪；对于组织他人通过视频进行淫秽表演的裸聊行为可以认定为组织淫秽表演罪；裸聊行为由于在时空上具有暂时性，因而不符合淫秽物品的特征，不能认定为传播淫秽物品（牟利）罪。①

也有学者认为：从刑法解释学的角度，我国现行刑法中缺乏对网络裸聊行为的犯罪构成设置，也无法通过合法的解释将其入罪，否则就是对罪刑法定原则的违背和国民预测可能性的牺牲。在我国现行刑法缺乏明文规定的情况下，不应该采用类推解释将网络裸聊行为等同于传播淫秽物品行为定罪处罚，更不应该将其作为聚众淫乱罪或组织淫秽表演罪定性，而应该坚持罪刑法定原则，切实发挥刑法的国民自由保障功能，不能以牺牲法治原则为代价来扩张刑罚权和推行道德。②

2. 网络虚拟财产的刑法保护

网络虚拟财产是指网民、游戏玩家在网络空间中所拥有、支配的必须在网络服务器的虚拟存储空间才能存在的财物，具体包括游戏账号、游戏货币、游戏装备、QQ号码等。对网络虚拟财产是否属于刑法上的财产，应否予以刑法保护，刑法理论上一直存在争议。

2007年度有学者以2006年深圳法院判决的QQ号码全国第一案为切入点，认为QQ号码这种虚拟财产应当属于刑法上的财产。该学者认为：QQ号码尽管可以免费申请，但现在的号码多为9位数。早期的号码显得稀缺，一个5位数的号码在网上可以拍卖到几百元甚至上千、上万元。某些特殊的QQ号，市场交易价格更高。这说明QQ号具有现实的经济价值。与此同时，号码资源的有限性，使本来不具有价值和无区别的QQ号码产生了交换

① 参见王明辉、唐煜枫：《“裸聊行为”入罪之法理分析》，载《法学》，2007（7）。

② 参见高巍：《网络裸聊不宜认定为犯罪——与〈“裸聊行为”入罪之法理分析〉一文商榷》，载《法学》，2007（9）。

价值，同时，该公司提供的收费服务项目又使位数较好的号码不断增值。众多使用者对公司早期发送的5位、6位号码及数字排列顺序较好的号码的偏好更增加了其市场价格，因而产生了许多通过网络市场进行号码交易的现象。[①]

但也有学者认为：刑法保护的财产与虚拟财产有很大的不同，把虚拟财产作为现实世界中传统的财产并由刑法按财产犯罪来规制，在理论和实践方面都存在问题。虚拟财产的物理性质是一种承载相关信息的电子数据。所谓盗窃虚拟财产，无非表现为对电子数据的删除、增加、移动、修改等，其危害的是行政管理秩序和网络信息系统的安全，因此对其不能定盗窃罪，对于需要予以刑事处罚的，可以按照《刑法》第286条规定的破坏计算机信息系统罪处理。[②]

（五）贿赂犯罪

2005年10月27日，全国人大常委会批准加入了《联合国反腐败公约》，我国成为2005年12月14日起生效施行的《联合国反腐败公约》的首批加入国之一。与此同时，2006年6月通过的《刑法修正案（六）》对商业贿赂犯罪也进行了修订。在此背景下，2007年度学者们继续加强了对贿赂犯罪的立法完善研究。

关于贿赂对象的立法完善，有学者认为，将贿赂限定为财物已经不能适应当前打击各类贿赂犯罪的现实需要，应将贿赂的范围由财物扩大至财产性利益[③]，或者由“财物”扩大到“财物或者其他财产性利益”[④]，但不主张将非财产性利益纳入贿赂的范围。也有学者主张：应扩大贿赂对象的范围，把各种不应该得到的好处都作为贿赂犯罪的对象。不论是财物还是其他财产性

---

① 参见于志刚：《论QQ号的法律性质及其刑法保护》，载《法学家》，2007（3）。

② 参见青锋：《网游虚拟财产：刑法保护中的价值冲突和选择》，载赵秉志、郎胜主编：《和谐社会与中国现代刑法建设——新刑法典颁行十周年纪念文集》，834～836页，北京，北京大学出版社，2007。

③ 参见熊选国、刘为波：《论贿赂犯罪的立法完善——基于〈反腐败公约〉和国内反腐败实际需要的平衡考察》，载赵秉志、郎胜主编：《和谐社会与中国现代刑法建设——新刑法典颁行十周年纪念文集》，872页，北京，北京大学出版社，2007。

④ 陈国庆、韩耀元：《再论贪污贿赂犯罪的立法完善》，载赵秉志、郎胜主编：《和谐社会与中国现代刑法建设——新刑法典颁行十周年纪念文集》，882页，北京，北京大学出版社，2007。

利益，也不论是有形的财物还是无形的其他好处，只要能够满足收受人的某种需要，都应当纳入贿赂对象范围。①

关于“为他人谋取利益”或“为谋取不正当利益”的立法完善，有学者认为，取消行贿罪中的“为谋取不正当利益”要件，符合行贿罪的本质和《联合国反腐败公约》的相关规定，也适应从源头上治理腐败的需要②，只要是为了使受贿人利用职务上的便利实施某种行为而给予其某种好处，就应当构成行贿罪。③ 也有学者主张将受贿罪中的“为他人谋取利益”修改为“以实施职务上的作为或不作为为条件”，以便与《联合国反腐败公约》规定的构成要件相一致。④ 但也有学者认为，受贿罪中的“为他人谋取利益”要件应予保留，以突出受贿罪的权钱交易特征，更好地区分现阶段受贿犯罪与违反纪律收受礼金等行为的界限，也与《联合国反腐败公约》第15条规定的“以作为其执行公务时作为或者不作为的条件”实质一致。⑤

关于商业贿赂犯罪的立法完善，有学者认为：在立法模式上，在完备现有的形式刑法前提下，有必要兼采实质刑法的模式；在商业贿赂构成要件的完善上，应以市场秩序和公平竞争作为保护法益，适当扩大贿赂的范围，取消“为他人谋取利益”要件，保留“谋取不正当利益”要件，增设外国公职人员、国际公共组织官员贿赂犯罪；在刑罚设置上，罚金刑的数额应当参照非法获利数额确定，并增设资格刑种。⑥ 也有学者认为，商业贿赂罪发生在商业活动中，侵犯的客体应当是公平竞争的市场交易秩序，因此，应当改变

---

① 参见张智辉：《论贿赂犯罪的立法完善——〈联合国反腐败公约〉与我国刑法的衔接问题》，载赵秉志、郎胜主编：《和谐社会与中国现代刑法建设——新刑法典颁行十周年纪念文集》，895页，北京，北京大学出版社，2007。

② 参见陈国庆、韩耀元：《再论贪污贿赂犯罪的立法完善》，载赵秉志、郎胜主编：《和谐社会与中国现代刑法建设——新刑法典颁行十周年纪念文集》，883页，北京，北京大学出版社，2007。

③ 参见陈国庆、韩耀元：《再论贪污贿赂犯罪的立法完善》，载赵秉志、郎胜主编：《和谐社会与中国现代刑法建设——新刑法典颁行十周年纪念文集》，896页，北京，北京大学出版社，2007。

④ 参见张智辉：《论贿赂犯罪的立法完善——〈联合国反腐败公约〉与我国刑法的衔接问题》，载赵秉志、郎胜主编：《和谐社会与中国现代刑法建设——新刑法典颁行十周年纪念文集》，896页，北京，北京大学出版社，2007。

⑤ 参见熊选国、刘为波：《论贿赂犯罪的立法完善——基于〈反腐败公约〉和国内反腐败实际需要的平衡考察》，载赵秉志、郎胜主编：《和谐社会与中国现代刑法建设——新刑法典颁行十周年纪念文集》，873页，北京，北京大学出版社，2007。

⑥ 参见谭淦：《商业贿赂罪的立法完善》，载《深圳大学学报》（人文社会科学版），2007（3）。

目前商业贿赂罪的二元立法模式，增设独立的商业贿赂罪，并将其规定在“扰乱市场秩序罪”而非“妨害对公司、企业管理秩序罪”中。[①] 还有学者认为：商业受贿罪在我国刑法史上经历了从无到有，逐渐从受贿罪中分离出来并趋于逐步完善的过程。刑法将国有公司、企业中从事公务的人员以及受国有公司、企业委派到非国有公司、企业中从事公务的人员列入国家工作人员的范围实属不当。这些人员构成受贿的，应按照商业受贿罪定罪处罚，即使是国家机关工作人员，如果被委派到国有公司、企业或者其他单位，只要从事的是商业活动，有受贿行为的，同样应按照商业受贿罪论处。[②]

在刑法各论方面，除了以上问题，还有学者对恐怖主义犯罪[③]、金融犯罪的刑法分类[④]、中介犯罪[⑤]、乞讨犯罪[⑥]、隐瞒境外存款罪[⑦]、渎职犯罪[⑧]等问题进行了较有新意的研究。

四、外向型刑法问题

（一）外国刑法与比较刑法

1. 外国刑法

在我国刑法理论上，过去一般将英美法系国家的犯罪构成要件分为本体要件与责任充足要件，或者将犯罪构成要件分为实体性犯罪构成要件与程序性犯罪构成要件。对此，有学者认为：我国对英美法系国家犯罪构成要件的这些表述不甚准确。英美法系国家的犯罪构成要件应分为犯罪表面成立要件

---

① 参见何显兵、刘超：《商业贿赂罪客体探析》，载《人民检察》，2007（15）。

② 参见李风林：《商业受贿罪主体拓展的论理分析——以国家工作人员的界定为视角》，载《河北法学》，2007（5）。

③ 参见张惠芳：《论我国惩治恐怖主义刑法机制的建立与完善》，载《求索》，2007（7）。

④ 参见刘宪权：《我国金融犯罪刑法分类质疑》，载《法学评论》，2007（4）。

⑤ 参见阴建峰、张巧娜：《中介犯罪刑法规制研究》，载《法学评论》，2007（4）。

⑥ 参见柳忠卫：《〈中华人民共和国刑法修正案（六）〉第17条之检讨——兼论乞讨罪的立法完善》，载《法商研究》，2007（5）。

⑦ 参见龚培华、王立华：《隐瞒境外存款罪的司法认定》，载《法学》，2007（5）。

⑧ 参见武小凤：《关于徇私枉法罪主体问题的初步探讨》，载《河南师范大学学报》（哲学社会科学版），2007（2）。

（犯罪行为与心态）与犯罪实质成立要件（无罪辩护事由不存在），并且犯罪表面成立要件与犯罪实质成立要件之间存在重叠关系，有时难以区分。①

也有学者对法国的二元论犯罪体系进行了研究，认为：法国的犯罪二元论体系是以犯罪行为和行为人为基点的，并且内部架构也在不断运动。其中犯罪行为由法律要件、事实要件和心理要件构成。法律要件是指犯罪构成要件必须由法律加以规定。而作为事实要件的事实行为有两种表现形式：一种是具体化行为，另一种是虚拟化行为。心理要件则要求行为人有犯罪意图。负刑事责任的行为人包括责任人的范围和刑事责任的认定，责任人的范围涵盖了自然人、法人和未成年人。法国犯罪理论体系在动态发展过程中体现了对行为人的重视，研究犯罪人被提升到与研究犯罪行为同等重要的地位。②

关于外国刑法，还有学者给对英国刑法理论中的犯罪过失概念③、英美法的严格责任④、“不知法不免责”准则的历史⑤、德日刑法理论上的不作为共犯⑥、客观归责理论⑦、西方刑罚轻缓化思想⑧等问题给予了关注。

2. 比较刑法

有学者对现代各国的死刑立法方式、死刑适用限制条件、死刑核准与批准问题、死刑执行方法与场所以及死刑犯的赦免或减刑制度、代替死刑的制度进行了比较研究，认为：绝对死刑立法方式是极不科学且有悖于现代刑罚理念及制度的做法，与当今废止死刑的国际潮流严重背道而驰，是不可取的；死刑只能适用于最严重的、侵害生命的犯罪，对经济犯罪不应适用死刑；在适用对象上，将“审判的时候怀孕的妇女”不适用死刑修改为“怀孕的妇女不得执行死刑”更科学，并且应规定对年满70周岁的老人不适用死刑。与此同时，该学者还认为，在死刑的批准方面，我国死刑执行批准手续

---

① 参见赖早兴：《英美法系国家犯罪构成要件之辨正及其启示》，载《法商研究》，2007（4）。

② 参见孙平、博胥康：《法国犯罪二元论体系概述：行为和行为人》，载赵秉志主编：《刑法论丛》，第11卷，303～320页，北京，法律出版社，2007。

③ 参见李居全：《论英国刑法学中的犯罪过失概念——兼论犯罪过失的本质》，载《法学评论》，2007（1）。

④ 参见王永杰：《严格责任论：以英美刑法为中心》，载《现代法学》，2007（1）。

⑤ 参见劳东燕：《“不知法不免责”准则的历史考察》，载《政法论坛》，2007（4）。

⑥ 参见刘瑞瑞：《德日不作为共犯研究评析》，载《求索》，2007（4）。

⑦ 参见于改之、吴玉萍：《刑法中的客观归责理论》，载《法律科学》，2007（3）。

⑧ 参见李震：《西方刑罚轻缓化思想述评》，载《山东社会科学》，2007（5）。

与国外有很大的不同，增设死刑赦免制度或死刑减刑制度具有较强的现实意义。[①]

也有学者对中外刑法分则对犯罪形态的规定进行了比较研究，认为："刑法分则规定的犯罪构成以犯罪既遂为标准"这一命题在欧陆国家及日本有着历史的根基，修正的构成要件学说是其在结果主义传统与现实需要之间作出的调和选择。我国自古处罚未遂，对刑法罪名条款的认识与西方的有别。因此，对我国现行刑法分则的理解，不宜与对欧陆及日本刑法的同日而语，而应作符合我国情况的解读：我国刑法分则的规定既包括既遂也包括未遂，犯罪构成与犯罪既遂是两个有着不同功能的概念。[②]

此外，还有学者对中美两国知识产权的刑法保护力度[③]、中英两国强奸罪的概念和构成[④]、各国商业贿赂犯罪的主体与对象[⑤]等问题进行了研究。

（二）国际刑法与区际刑法

1. 国际刑法

2007年度，国际刑事法院《罗马规约》是学者们研究的一个热点。国际刑事法院管辖的是整个国际社会关注的最严重犯罪，具体包括四类：灭绝种族罪、危害人类罪、战争罪和侵略罪。对此，有学者以危害人类罪为例，对国际刑事法院《罗马规约》的犯罪构成要件进行了研究，认为国际刑事法院《罗马规约》对于犯罪构成要件的规定采用规约规定与犯罪要件细释相结合的方式，为在国际刑法领域实现法治化作出了有益的创新，开辟了国际刑事司法的新纪元。[⑥]

也有学者对国际刑事法院《罗马规约》对非国际性武装冲突的管辖进行

① 参见赵秉志、许成磊：《现代死刑适用制度比较研究》，载赵秉志主编：《刑法论丛》，第11卷，432～474页，北京，法律出版社，2007。

② 参见夏勇：《中外刑法分则对犯罪形态的规定之比较研究》，载《政治与法律》，2007（3）。

③ 参见李晓明：《从中美IP/WTO第一诉谈我国的轻罪体系建构——重在两国IP保护力度的分析》，载《中国法学》，2007（6）。

④ 参见杜江：《中英刑法上强奸罪之比较》，载《现代法学》，2007（3）。

⑤ 参见王仲兴、李波：《商业贿赂犯罪比较研究》，载赵秉志主编：《刑法评论》，第12卷，240～246页，北京，法律出版社，2007。

⑥ 参见卢建平、郭健：《国际刑事法院〈罗马规约〉犯罪构成要件刍议——以危害人类罪作为样本》，载《河北法学》，2007（7）。

了研究。当前，有部分国家以《罗马规约》将非国际性武装冲突纳入国际刑事法院管辖的战争罪为由，在建立国际刑事法院《罗马规约》的谈判过程中，反对《罗马规约》。对此，我国有学者认为，将非国际性武装冲突纳入战争罪并列入国际刑事法院管辖的罪行符合罪刑法定原则的要求，但同时应注意两个限制性条件：一是只有安理会才能启动《联合国宪章》第七章规定的程序。二是对非国际性武装冲突构成要件的两个关键性门槛，即“作为一项计划或政策的一部分所实施的行为，或作为在大规模实施这些犯罪中所实施的行为”和“严重违反国际法既定范围内适用于非国际性武装冲突的法规和惯例”应从严掌握。该学者认为，非国际性武装冲突的情况相当复杂，是否危及国际和平与安全，应具体问题具体分析。解决国内冲突应主要依靠当事国人民的努力。[①]

关于国际刑法，还有学者对向国际刑事法院移交人犯问题[②]、作为危害人类罪前提条件的“广泛或有系统地对平民人口实施攻击”的内涵[③]、《联合国反腐败公约》及中国反腐败国际合作[④]等问题进行了研究。

2. 区际刑法

有学者对我国台湾地区的“宽严并进”刑事政策及其指导下的“刑法修正”进行了研究，认为：2006年7月1日起施行的台湾地区“刑法修正”分别体现了“宽严并进”刑事政策的从严面和从宽面，包括对拘束人身自由的保安处分适用罪刑法定主义、短期自由刑的转向、未满18周岁禁处死刑或无期徒刑的要求、连续犯及牵连犯的废除、重刑化趋向的确立、自首减刑规定的变革、假释制度的重构、性侵犯犯罪治疗及预防再犯体系的建立、责任能力中有关精神状态的用语、追诉时效制度的修正等，修正幅度为历年来最大。其中，对保安处分适用罪刑法定主义、对未成年人禁处死刑与无期徒刑

---

① 参见王秀梅：《国际刑事法院管辖战争罪中非国际性武装冲突》，载《南开学报》（哲学社会科学版），2007（1）。

② 参见黄风、黄伯青：《向国际刑事法院移交人犯问题研究》，载《吉林大学社会科学学报》，2007（6）。

③ 参见高铭暄、王俊平：《论〈罗马规约〉规定的危害人类罪的前提要件》，载《南开学报》（哲学社会科学版），2007（1）。

④ 参见储槐植、郭明跃：《联合国反腐败公约与我国反腐败国际合作研究》，载赵秉志主编：《刑法论丛》，第11卷，475～527页，北京，法律出版社，2007。

以及因废除而寻求替代措施等值得学习和借鉴。但其“三振出局”制度的引进则值得检讨与批判。[①]

也有学者对我国澳门地区刑法中的附加刑进行了研究，认为：澳门地区刑法中的附加刑存在立法分散、名目繁多、各自为政的特点，澳门刑法典中的附加刑只有4种，但澳门地区的单行刑事法律和附属刑法中规定的附加刑却种类繁多，不下数十种。这种立法破坏了刑事立法体系的科学性，违反了刑事立法的刑罚必要性原则，同时也混淆了刑罚与行政处罚的基本界限，为此，应当调整立法理念，强化刑法典的指导地位和指导作用，适用非刑罚化的时代潮流，删除不必要的附加刑。[②]

五、刑法学研究发展之展望

以刑事法治理念为指导，2007年度的刑法学研究，既立足本国，围绕我国刑事法治领域的重大实践与理论问题展开了系统研究，同时又放眼世界，加强了外向型刑法学研究，注重对外国刑法、区际刑法立法理论的合理借鉴，注重中国刑法与国际刑法的接轨研究，成果斐然。刑法学的实践性、理论性和科学性在2007年度刑法学研究中得到了较为充分的体现，这是值得充分肯定的。

但是，反观2007年度的刑法学研究，我们也发现，白璧微瑕，2007年度的刑法学研究也还存在一些问题，有待于我们在以后的研究中加以改进。

（一）研究方法的多样性

在研究方法上，2007年度有学者运用实证的方法对部分刑法问题进行了定量研究[③]，但从总体上看，2007年度的刑法学研究，主要运用的还是以思辨为主的定性研究方法。这种“定性研究以描述和解释为主，而不是将重

① 参见卢建平、周建军：《“宽严并进”刑事政策在台湾地区的实践——以台湾地区2005年“刑法修正”为样本》，载《南昌大学学报》（人文社会科学版），2007（1）。

② 参见赵国强：《澳门“刑法”中附加刑之立法现状及其反思》，载赵秉志、郎胜主编：《和谐社会与中国现代刑法建设——新刑法典颁行十周年纪念文集》，649～662页，北京，北京大学出版社，2007。

③ 参见陈永生：《我国刑事误判问题透视——以20起震惊全国的刑事冤案为样本的分析》，载《中国法学》，2007（3）。

点放在验证假设、提出政策性建议和预测上”[①]，偏好于探究意义、概念、特征、隐喻、符号和对事物的描述。应该说，定性的研究方法，对作为规范科学的刑法学来说是十分有益的，它有利于我们探究刑法规范文本的真实含义，有利于刑法在司法实践中的有效贯彻和实施。但是，作为一种研究方法，定性研究也存在一些缺陷，如它是一种主观的研究范式，承认主观化世界中研究者的价值涉入，这就意味着，从不同的价值基点出发，研究者可能会得出完全相反的结论。因此，注重研究方法的多样性，适度运用以实验法、问卷调查法、测量法、统计模型法等为主要内容的定量研究方法，对于我们有效地探究刑法的社会基础和社会效应具有积极意义，也是需要我们在以后的研究中加强的。

（二）刑事法治理念的始终贯彻

作为一种主观的研究范式，2007年度的刑法学研究十分注重以刑事法治理念为指导。人权保障、刑法谦抑是2007年度许多刑法学者的分析工具。我们相信，这种研究对于推进我国刑事法治建设将起到积极作用。但是，综观本年度的刑法学研究，我们也会发现，刑事法治的理念在有些学者的研究中并没有得到彻底的贯彻，特别是涉及一些行为的入罪化、犯罪化的时候，有利于被告原则和刑法谦抑性原则往往“芳踪难觅”。这是需要在以后的刑法学研究中努力避免的。我们认为，从推动我国刑事法治建设进程的角度看，刑事法治理念应该贯彻于我国刑事司法和刑事立法研究的始终。

（三）刑法学的本土化与国际化

与许多学科一样，刑法学的发展也有一个本土化和国际化的融合问题。从2007年度的刑法学研究看，有的学者十分注重刑法学的国际化，对一些重大的刑法理论问题主张全盘移植国外的学说，对一些重大的刑事立法问题有照抄国外立法的倾向。也有的学者强调刑法学的本土化，主张中国问题的本土解决。对此，我们认为：“中体西用”是刑法学研究中必须要始终遵循的一个原则。适当介绍国外的理论和做法并结合中国的实际作一些思考，这

---

① 陈向明：《社会科学中的定性研究方法》，载《中国社会科学》，1996（6）。

是十分必要的。但是，如果单纯是为了“创新”而全盘照搬、照抄国外的理论和做法，这对我国的刑法学研究将是十分有害的。同样，片面强调中国语境，尽力抵制国外的有益经验，则是故步自封，也将不利于我国刑法学和刑事法治建设的发展。因此，如何真正做到“中学为体、西学为用”，积极促进刑法学的本土化与国际化的融合，将是今后刑法学研究的一个重点。

（四）刑法学的综合发展

从 2007 年度刑法学研究的总体情况看，对中国刑法的规范研究仍是 2007 年度刑法学研究的重点，成果也是最丰富的。但是，作为一个开放的体系，刑法学必须注意吸收其他学科的优秀成果，综合发展。而这一点在本年度的刑法学研究中体现得还不是很充分。着眼于刑法学的长远发展，我们认为，以后的刑法学研究应当注意两个方面的发展：一是要大力加强外国刑法学、比较刑法学、国际刑法学和区际刑法学等薄弱学科的研究，注重现有刑法学内部学科的整体发展。二是要多学科交叉整合、学习，借鉴其他相关学科成功的研究成果和研究方法，促进刑法学与其他学科的交叉研究，不断发展出新的交叉学科，引领刑法学朝着更综合的方向发展。

总之，尽管还存在一些问题与不足，但是，过去的一年刑法学研究所取得的成绩是有目共睹的。我们有理由相信，在即将来临的一年，在刑事法治理念的指引下，我国刑法学者的研究必将百尺竿头更进一步，为我国刑事法治建设作出更大的贡献。

[赵秉志、袁彬；载《中国法学》，2008（1），原文发表时有删节]

第二十章

2008年的刑法学研究

一、前　言

2008年是我国改革开放30周年。30年来，伴随着我国社会主义现代化建设事业的蓬勃发展，我国刑事法治建设和刑法学研究也取得了丰硕的成果。以纪念改革开放30周年为契机，2008年，我国刑法学在加强改革开放30年刑法总结研究的同时，继续不断深化刑法基本问题研究，无论是在刑法总论、刑法各论还是在外向型刑法方面，都著述颇多，成果斐然。限于篇幅，在此仅对2008年度刑法学研究中探讨较为集中、深入或有所创新的若干问题予以述评。

二、刑法总论问题

2008年度，在刑法总论方面，学者们重点围绕改革开放30年的刑法发展、刑法解释、犯罪构成、排除犯罪性事由、期待可能性、故意犯罪停止形态、共同犯罪、刑罚、死刑制度改革、量刑、前科消灭等刑法热点和重点问题开展研究，无论是在研究方法上还是在研究深度上都有了一定的突破。

（一）改革开放30年的刑法发展研究

1978—2008年，伴随着改革开放的步伐，我国刑法走过了30年的历程。2008年度，为了纪念改革开放30周年，刑法学界开展了一系列纪念活动，与此同时，不少学者对我国改革开放30年的刑法发展进行了回顾与总结，并对我国刑法的未来发展方向进行了展望。

有学者通过回顾数十年里我国国家政治决策与刑法变革的关系，发现政治决策是否顺应了时代的发展、是否良好，对刑法的变革至关重要；政治决策是否依法而推动，是国家政治决策能否顺利贯彻实施的关键所在。该学者认为，改革开放至今，国家政治决策与刑法变革的良性关系逐步回归，未来应通过科学化、民主化的程序制定出符合时代发展和国际潮流、符合国家发展方向的政治决策，以此推动刑法的变革，并通过刑法的变革，使正确的国家政治决策得到有力的贯彻实施。①

也有学者从刑法立法的角度回顾了改革开放30年的刑法立法发展，认为改革开放30年来新中国的刑法立法取得了有目共睹的成就：颁行了新中国成立以来第一部刑法典；逐步确立了保障人权的观念；刑罚制度改革逐渐与国际化趋势相协调；刑法修正案成为主要的修法模式；刑法立法解释作为刑法的渊源开始受到重视。今后，我国刑法的改革，应当以有助于构建和谐社会和强化人权保障、有助于贯彻宽严相济的基本刑事政策为发展方向，刑法改革的重点应该放在死刑制度和有关人权保障的刑法制度上，并及时而合理地增设新型犯罪和国际犯罪的种类，在刑法中切实贯彻联合国刑事法治的基本准则。②

还有学者对改革开放30年刑法的发展进行了反思，认为1997年刑法典对1979年刑法典的修订是我国刑法的历史性进步，从宏观方面看，主要表现为从类推制度到罪刑法定原则的转变，由部分死刑核准权下放到死刑复核权全部收归最高人民法院统一行使，刑事政策从惩办与宽大到宽严相济的调整。但是，回顾我国30年来的刑法立法和司法实践，尚存在需要重新审视和改进的方面：应当严格贯彻罪刑法定原则，需要大力完善死刑的立法和司法工作，要进一步执行宽严相济的刑事政策。③

---

① 参见高铭暄、孙晓：《国家政治决策与刑法的变革》，载郎胜、刘宪权、李希慧主编：《改革开放30年刑事法治研究》，1～8页，北京，中国人民公安大学出版社，2008。

② 参见赵秉志、王俊平：《改革开放三十年的我国刑法立法》，载《河北法学》，2008（11）。

③ 参见马克昌：《刑法三十年反思》，载《人民检察》，2008（19）。

（二）刑法解释

我国刑法学界历来重视研究刑法解释，迄今已形成了相对固定的研究框架、队伍，但在刑法解释的基本立场、解释机理等方面的研究尚不够深入，对哲学、语言学等学科理论资源的运用也有所忽视。[①] 2008年度，在刑法解释方面，学者们重点加强了对刑法解释的立场、方法和机制的研究。

1. 刑法解释的立场

关于刑法解释的立场，有学者认为："形式的刑法解释论"和"实质的刑法解释论"均存在一定缺陷。我国少数民族地区与汉族地区的差异主要表现为文化差异，因此，在我国少数民族地区应提倡"文化的刑法解释论"，即以"形式的刑法解释论"和"实质的刑法解释论"之合理性为基础，并将民族法文化作为刑法解释的依据。[②]

也有学者认为，在刑法解释的立场上，我国对刑法解释坚持的规则主义解释观存在固有的缺陷，如过于依赖刑法的确定性、强调探寻立法者的原意、注重抽象人权的保护而忽视现实人权的保障、缺乏对违法犯罪者的人文关怀等。相反，人本主义的刑法解释观有利于明确解释的目标与出发点、确立人权在刑法解释中的地位、注重对犯罪人的人文关怀，因此，我国应坚持人本主义刑法解释观。[③]

还有学者认为：信息时代背景下的ATM机盗窃案和"艳照门"事件凸显高速发展的社会中司法解释与立法之间的紧张关系。在刑法解释论中，客观解释论居于优势地位。客观解释论是当代中国必然的选择。刑法解释应当坚持客观解释论，解释的内容不能超越法律文本的可能文义。[④]

2. 刑法解释的方法

有学者认为，刑法解释方法之间应存在一定的位阶关系。从刑法解释方法位阶的价值维度，刑法解释应以维护刑法安定性优先，兼顾促进刑法正义性为价值目标；从刑法解释方法位阶的序列维度，刑法解释应遵循文义解释

---

① 参见王政勋：《刑法解释问题研究现状述评》，载《法商研究》，2008（4）。

② 参见苏永生：《"文化的刑法解释论"之提倡》，载《法商研究》，2008（5）。

③ 参见袁林：《刑法解释观应从规则主义适度转向人本主义》，载《法商研究》，2008（6）。

④ 参见陈京春：《信息时代对刑法解释论的究问》，载《法律科学》，2008（4）。

—体系解释—历史解释—目的解释—合宪性解释的运用顺序；从刑法解释位阶的效力维度，在可能文义之界限点上，应坚持文义因素绝对优先，在可能文义的界限内，目的解释居解释之冠，合宪性解释是对其他解释方法结论的最后检验。①

与此同时，在具体解释方法上，有学者认为：类推解释和扩大解释之间只有程度而无本质的差异。只要对类推解释的结构作进一步的分析，在类似性的确定上作合理、妥当的限定，类推解释仍是有其发挥作用的余地的。②也有学者认为，类推论证和类推适用在刑法解释中不能被禁止，但类推适用毕竟有逾越罪刑法定原则的嫌疑，对类推适用的解释方法宜通过字义解释以外的其他解释方法（历史的、系统的和目的论的解释方法）进行合理的限制。③

3. 刑法解释的机制

关于刑法解释的机制，有学者借用政治学的国家权力配置理论，从横向配置和纵向配置两个角度，认为我国现行的刑法解释权配置模式属于“多元一级”的刑法解释体制，这种解释机制存在一定的缺陷。从应然的角度，我国应建立“法官适用刑法解释和刑法司法解释相结合，全国人大常委会行使审查权”的一元多级的刑法解释体制。④

（三）犯罪构成

犯罪构成是我国刑法理论上的一个重大问题，历年来均为刑法学者所关注。2008年度，我国刑法学者对犯罪构成的研究主要侧重于对犯罪构成要件及判断的研究和对犯罪构成体系的研究。

1. 犯罪构成要件及判断

关于犯罪构成要件，有学者认为：大陆法系刑法中规范性要素和主观要素的发现与推广，使构成要件由抽象形式类型发展为具有价值属性的犯罪类

① 参见苏彩霞：《刑法解释方法的位阶与运用》，载《中国法学》，2008（5）。

② 参见黎宏：《“禁止类推解释”之质疑》，载《法学评论》，2008（5）。

③ 参见包健、蒋涛：《刑法解释是否可以适用“漏洞补充”方法》，载《政治与法律》，2008（4）。

④ 参见于海松：《刑法解释权配置模式探析》，载赵秉志主编：《刑法论丛》，第14卷，183～212页，北京，法律出版社，2008。

型。我国刑法中的犯罪构成要件是从整体上说明行为社会危害性达到应当追究刑事责任程度的各种要件之统一，它是实质的。顺应构成要件的实质价值属性，应从是否具有处罚必要性和合理性的角度理解刑法构成要件，并以之建立实质的犯罪论体系。[①]

也有学者认为：犯罪构成的判断属于价值判断，在立法层面，犯罪构成是立法者所作的价值判断；在司法层面，犯罪构成符合性判断是司法者所作的价值判断。我国的犯罪构成符合性判断也属价值判断。价值判断应是我国犯罪构成符合性判断的灵魂，并应是整个刑法问题的核心。[②]

2. 犯罪构成体系

关于犯罪构成体系，2008 年度，学者们的研究主要体现在以下三个方面：一是注重对传统犯罪构成体系的研究，二是加强了对德、日犯罪构成体系的引入和研究，三是尝试构建新的犯罪构成体系。

关于我国传统的犯罪构成体系，有学者认为：如果将犯罪构成理论理解为解释法律的理论体系，那么理论体系的设定就应当遵循安全性、可操作性两个价值前提。依据这两个价值前提，我国传统的四要件犯罪构成理论体系只进行一次性评价，出罪通道不畅通，导致了刑法运行安全方面的保障欠缺；将一个总体的犯罪评价对象（即犯罪行为），拆分为四个方面的理论体系思路，难以符合人的一般思维习惯；在可操作性方面也存在一定的问题。[③]

关于德、日犯罪构成体系的引入问题，有学者认为：我国传统的犯罪构成理论以司法三段论定罪思维模式为前提，其遭遇批判是必然的。辩证推理强调在犯罪判断的形式要素和实质要素、事实要素与规范要素之间形成良性的辩证，具有合理性，但辩证推理并不完全符合通常性思维，为此需要借助法律的判断以及原则化的实质标准对其进行修正，基于这种新的定罪思维，宜选择多元递进的犯罪构成理论模式。[④] 也有学者认为：德、日理论的三阶层犯罪论体系对应于刑法的三个基本原则有利于刑法的保障机能的实现。采

① 参见刘艳红：《犯罪构成要件：形式抑或实质类型》，载《政法论坛》，2008（5）。

② 参见齐文远、苏彩霞：《犯罪构成符合性判断的价值属性辩正》，载《法律科学》，2008（1）。

③ 参见李洁：《中国通论犯罪构成理论体系评判》，载《法律科学》，2008（2）。

④ 参见李洁、王志远：《前见的证成与修正：传统定罪思维之超越》，载《政治与法律》，2008（6）。

纳德、日的阶层式体系较之于我国现行的平面四要件的体系具有优越性，特别是德、日阶层式的体系在具体问题的解决方面，由于其违法与责任的阶层区分而具有平面式体系所不可比拟的优越性。①

关于新的犯罪构成体系的构建，有学者提出了“犯罪构成三模块说”，即犯罪构成由分则构成模块、总则明确构成模块和一定社会危害性模块组成；并据此认为，完整犯罪构成模型是最佳的犯罪构成模型，即在分则联系总则明确构成模型的基础上，增加了刑法总则规定的“一定社会危害性”模块要件而形成，也即该模型包括分则构成模块要件、总则明确构成模块要件（刑事责任年龄、刑事责任能力和罪过），以及总则弹性要件“一定社会危害性”（又可分犯罪客体和综合社会危害性）。②

（四）犯罪客观方面

作为犯罪客观方面的重要内容，2008年度，学者们加强了行为方式中的不作为问题研究，其中又以作为义务为甚；也有学者研究了不纯正不作为犯的问题。

关于作为义务，有学者认为，刑法之所以能对行为人规定作为义务，其实质根据在于行为人与受害人或危险源之间具有排他的为保护法益而存在的关系，因此当该法益面临紧迫危险时，刑法即可基于保护法益的考虑，要求行为人履行作为的保护法益义务或监控义务。③ 也有学者对先行行为能否成为作为义务的来源进行了研究，认为各国对先行行为有一个从全面确认到严格限制的转变，先行行为的范围具有不确定性。从罪刑法定原则的角度出发，考虑刑法体系的完整性，不应承认先行行为的作为义务来源。④ 还有学者专门研究了夫妻之间的作为义务问题，认为夫妻之间的扶养义务是刑法纯正不作为犯罪的作为义务来源，夫妻之间的救助义务是不纯正不作为犯罪的作为义务来源，但须从事实方面对该义务的产生条件进行严格的限制。⑤

---

① 参见付立庆：《我国犯罪成立理论之重构：基本依托和意义所在》，载《法学评论》，2008（6）。

② 参见欧锦雄：《科学犯罪构成模型的追寻》，载《中国刑事法杂志》，2008（1）。

③ 参见谢绍华：《作为义务来源的实质化》，载《政法论坛》，2008（2）。

④ 参见谢绍华：《先行行为》，载《中国刑事法杂志》，2008（11）。

⑤ 参见张莉琼：《夫妻间刑法作为义务的法理分析》，载《法学评论》，2008（2）。

关于不纯正不作为犯，有学者认为，不纯正不作为犯是开放性构成要件，实质的罪刑法定观可以解释作为开放性构成要件的不纯正不作为犯，与此同时应当区分刑罚法规和刑法规范之间的界限，不纯正不作为犯违反的是命令规范，符合的却是同作为犯一样适用的刑罚法规，而不是以作为形式规定的作为犯的构成要件。[①]

（五）犯罪主体

身份和单位是犯罪主体研究中的重要内容。2008年度，学者们十分关注身份和单位问题，并从犯罪类型的角度，重点研究了身份犯和单位犯罪。

1. 身份犯

身份犯以犯罪主体具有一定的特殊身份为特征。2008年度，学者们对身份犯的研究侧重于研究身份犯的概念、类型、间接正犯和共同犯罪等问题。

关于身份犯的概念与类型，有学者认为：身份犯是指刑法分则所规定的，以行为所具有的特定身份作为犯罪构成要件的犯罪类型。身份犯有纯正身份犯和不纯正身份犯之分。两者的区分标准是罪名的个数。有身份者与无身份者共同犯罪时涉及的是一个罪名的为纯正身份犯，涉及的是两个罪名的为不纯正身份犯。[②] 也有学者认为：身份犯是指法律规定的以实施犯罪的行为者在行为时所具有的刑法身份为定罪要件或法定量刑情节的犯罪。类罪特征、主体特征和法律特征是身份犯的三个基本特征。身份犯除传统的分类以外，还可以分为自然人身份犯与单位身份犯、仅具备身份型身份犯与具备并利用身份型身份犯、明文规定式身份犯与暗含式身份犯等。[③]

关于身份犯的间接正犯问题，有学者认为，身份犯与亲手犯是一种交叉关系，作为非亲手犯的身份犯具备了通过间接正犯方式构成的可能；不同类型的纯正身份犯并不完全能以间接正犯的形式构成，应当从该身份犯犯罪构

---

① 参见许成磊：《论罪刑法定主义视阈中的不纯正不作为犯》，载赵秉志主编：《刑法论丛》，第14卷，81～114页，北京，法律出版社，2008。

② 参见阎二鹏：《身份犯概念解析》，载赵秉志主编：《刑法论丛》，第13卷，269～280页，北京，法律出版社，2008。

③ 参见徐留成：《身份犯新论》，载《政治与法律》，2008（9）。

成自身的内在规定性上判断其是否可以通过间接正犯的方式实施。[①]

关于身份犯的共同犯罪问题，有学者从职务身份犯的角度，专门研究了有身份者与无身份者的共同职务犯罪问题，认为各共犯人责任认定和责任承担除了应当以犯罪总额作为承担刑事责任的基础之外，还应该以其在共同犯罪中地位、角色和所起的作用作为决定其处罚轻重的因素；并建议将犯罪总额作为定罪数额，将参与数额、分赃数额和平均数额作为量刑数额。[②]

2. 单位犯罪

早在我国刑法规定单位犯罪以前，理论上关于单位犯罪是否应当存在就一直存在争论。2008年度，仍然有学者认为，刑法虽然规定了单位可以成为犯罪主体，但是，单位成为犯罪主体存在着一系列的理论与实际问题，并可能导致宪制上的困境。单位成为犯罪主体并不能有效地达到预防犯罪的刑罚目的，应该取消单位作为犯罪主体的规定。[③] 不过，在立法明确规定了单位犯罪的情况下，当前更多的学者注重对单位犯罪的司法适用和立法完善研究。

在单位犯罪的司法适用方面，有学者主张从单位人格否定的角度以对单位犯罪和自然人犯罪进行区分，认为：虽然最高人民法院通过的《关于审理单位犯罪案件具体应用法律有关问题的解释》体现了公平、正义的法理念，契合公司法人人格否认制度，但是一人公司在我国的合法化却使该解释无所适从。为此，应以此为契机，将公司法人人格否认制度引入刑法领域，构建单位犯罪主体人格否认制度，以正确区分单位犯罪与自然人犯罪的界限。[④] 也有学者认为，在单位实施了主体仅限于自然人之犯罪的情况下，宜将规定单位犯罪的特殊条款视为具体犯罪的量刑条款而不是定罪条款，并从法条竞合理论出发，将单位犯罪理解为自然人犯罪的特殊表现形式，这样能避免通过司法摸索来逐个为所有犯罪增设单位犯罪条款的过高的司法成本和立法成本。[⑤]

---

① 参见吴飞飞：《身份犯的间接正犯构成》，载《中国刑事法杂志》，2008（3）。

② 参见孙秀丽、聂文峰：《职务身份犯共犯责任认定研究》，载《政治与法律》，2008（10）。

③ 参见朱建华：《单位犯罪主体之质疑》，载《现代法学》，2008（1）。

④ 参见高铭暄、王剑波：《单位犯罪主体人格否认制度的构建》，载《江汉论坛》，2008（1）。

⑤ 参见于志刚：《单位犯罪与自然人犯罪》，载《政法论坛》，2008（6）。

在单位犯罪的立法完善方面，有学者认为：我国单位犯罪立法实行的是一种“严而不厉”的立法政策，但因对单位犯罪的形态结构存在误识，从而导致立法理念与司法实践的诸多矛盾与冲突。单位犯罪是一种特殊的犯罪聚合体，它包含两个犯罪：一个是单位成员犯罪，这是实在的犯罪；另一个是单位自身犯罪，这是拟制的犯罪。单位自身犯罪和单位成员犯罪之间密切联系，但是二者并非共同犯罪，而是独立的两个犯罪行为。单位与单位成员是并列、独立的两个犯罪主体，其各自的刑事责任应相互分离。①

（六）犯罪主观方面

对犯罪主观方面的研究，理论上通常从两个层面展开：一是注重对犯罪主观方面的整体研究；二是注重对犯罪主观方面组成要素的研究，如注重研究犯罪故意、过失、目的与动机等内容。

2008年度，有学者对犯罪主观方面的整体结构进行了研究，认为：作为一种心理事实，犯罪故意与犯罪过失浓缩了认识、情绪、情感、意志等全部心理过程。认识、意志因素是罪过的常规因素，情绪、情感因素是罪过构造中的排除因素。直接故意、间接故意和过于自信的过失属于意识，疏忽大意的过失属于前意识。注意能力与认识能力是两个不同的概念，不能用“注意”而宜用“认识”来描述过失的构成。②

关于犯罪故意，有学者认为，过去无论是在司法解释中还是在刑法理论中，均存在着一种将故意中的“明知”认定为“明确知道”的固化倾向，此种认识不但混淆了行为人的认识状况同我们证明行为人认识状况的方式之间的本质差异，而且无视“可能知道”这一认识状况的存在，无论在刑法理论上还是在司法实践中，都必须明确提出将“可能知道”作为“明知”的内容。③ 也有学者认为：概括故意是行为人对于认识的具体内容并不明确，但明知自己的行为会发生危害社会的结果，而希望或者放任结果发生的心理态度。根据行为人认识的具体内容的不同，概括故意可以分为对行为认识不明确的概括故意、对行为对象认识不明确的概括故意以及对危害结果认识不明

---

① 参见叶良芳：《单位犯罪责任构造的反思与检讨》，载《现代法学》，2008（1）。

② 参见袁彬：《罪过的心理学分析》，载《中国刑事法杂志》，2008（5）。

③ 参见于志刚：《犯罪故意中的认识理论新探》，载《法学研究》，2008（5）。

确的概括故意三种。对于概括故意的犯罪，应该考察行为人的客观行为及其结果，在概括故意的范围内按照主客观统一的原则予以认定。[1]

（七）排除犯罪性事由

排除犯罪性事由除了我国刑法中的正当防卫和紧急避险之外，还有超法规事由，如被害人承诺、义务冲突等。2008年度，学者们在注重对正当防卫研究的同时，还加强对被害人承诺和义务冲突等超法规事由的研究。

1. 正当防卫

在正当防卫的条件中，不法侵害的存在是正当防卫成立的前提条件。2008年度，有学者专门研究了"不法侵害"的内容，认为：传统的违法性理论对"不法侵害"的定义和范围界定，客观上构成了对公民防卫权的不合理限制。在判断某具体侵害行为是否不法时，应从防卫人的角度，而不应从司法者对侵害行为归责的角度进行评价。对不法侵害的范围，有限制的违法犯罪说相对稳妥，但也未能包含所有的防卫起因。不法侵害应具备三个特征：危害社会的严重性、侵害急迫性、现实可防卫性。[2]

也有学者研究了防卫过当的罪过形式，认为：防卫过当的罪过形式与对正当防卫是否必须具备防卫意识的认识密切关联。如果站在行为无价值的立场，坚持防卫意识必要说，则防卫过当的罪过形式宜确定为过失；反之，如果站在结果无价值的立场，采取防卫意识不要说，则在偶然防卫的场合，防卫过当的罪过形式既可能是故意，也可能是过失。[3]

2. 被害人承诺

被害人承诺也称被害人同意，是一种超法规排除犯罪性事由，具有出罪功能。但2008年度，有学者认为：在构成要件的保护对象是复数法益时，被害人同意的出罪功能受到限制。将复数法益"单一化"处理，也不是圆满的解决方案。应该根据刑事政策和立法选择来确定复数法益中的"优势法益"，只有当有效的同意指向"优势法益"时，被害人同意才能排除整个构

---

① 参见张永红：《概括故意研究》，载《法律科学》，2008（1）。

② 参见贾成宽：《论正当防卫制度中的不法侵害》，载《中国刑事法杂志》，2008（11）。

③ 参见胡东飞：《论防卫过当的罪过形式》，载《法学评论》，2008（4）。

成要件的不法。[①] 也有学者认为：基于实质违法性中的“二元论”立场和尊重自我决定权的基本法理，被害人承诺之所以阻却违法，是因为刑法所应尊重的自我决定权法益优越于其所保护的法益。从被害人承诺所涉及的承诺人和受承诺人两个角度进行判断，被害人承诺的成立条件包括被害人承诺的有效性和受承诺人行为的有效性。[②]

与此同时，有学者研究了被害人的同意能力，认为：被害人的同意能力是被害人同意生效的要件之一，包括认识能力和控制能力两个要素，在判断上分为事实性和规范性两个层次。同意能力的确定没有统一的标准，在刑法有明确规定的情况下，以刑法规定为准；在没有法律规定的情况下，不能简单照搬刑事责任能力和民事行为能力的标准，而是应当具体考虑行为人的年龄和心智状况，结合案件发生的具体场景以及被害人支配的具体法益，予以综合考量。[③]

3. 义务冲突

在刑法中，义务冲突是指行为人在身负两项以上不能同时履行的义务时选择其中一项义务履行，不得已放弃其他义务并造成一定损害后果的事实状态。这种状态的产生有法律设置上的矛盾与客观事实上的履行不能两方面的客观原因，是行为人不能回避、不能解决的矛盾。因此，有学者认为：义务冲突下正确选择的行为应当成为排除犯罪性的事由，即使是义务冲突下不正确选择的行为造成不应有的损害的，也可以作为减轻或从轻处罚的事由。在行为人选择履行高阶义务而放弃低阶义务时，行为应当基于社会相当性而予以排除犯罪性。即使是行为人错误的选择，也应当与完全不履行义务的行为予以区别，从而相应减免其刑。[④]

（八）期待可能性

期待可能性的概念源自德国，其在我国现行刑法理论上的地位在学者间

---

① 参见车浩：《复数法益下的被害人同意》，载《中国刑事法杂志》，2008（9）。

② 参见李小涛：《论刑法中的被害人承诺》，载赵秉志主编：《刑法评论》，第 14 卷，194～207 页，北京，法律出版社，2008。

③ 参见车浩：《论刑法上的被害人同意能力》，载《法律科学》，2008（6）。

④ 参见简永发：《略论刑法中义务冲突法律性质的根据》，载《法学评论》，2008（5）。

尚有较大争论。也许正因为此，2008年度，学者们对期待可能性给予了极大的关注，内容涉及期待可能性的合理性、地位、基础和判断等方面的问题。

关于期待可能性存在的合理性，有学者认为：法律解释的语境是当下案件事实。虽然我国刑法未规定期待可能性，但对其适用体现了语境对文本意义的作用，因而其存在具有合理性。适用该理论不会打破法律的安定性和灵活性之间的平衡，法官以此行使自由裁量权也不违背现代法治精神。① 也有学者认为，期待可能性理论有着深厚的哲学基础，概括起来就是本体论上的相对认识自由，认识论上实体理性对形式理性的补充，价值论上的人道主义，这不仅和我国价值观念相吻合，更为我们借鉴期待可能性理论打下了坚实的基础，为此应当将期待可能性理论纳入我国刑事责任论中。②

关于期待可能性在刑法理论中的地位，有学者认为：期待可能性是规范评价要素，它和故意、过失等心理性要素有所不同。在司法活动中，心理性的事实判断应当先于评价性的规范判断。但在罪责要件的构造当中，期待可能性是作为积极的归责要素还是作为消极的责任阻却事由则是一个值得商榷的问题。该学者认为，从思想上的经济性和诉讼上的便利性予以考量，应当将期待不可能作为罪责排除事由。③

关于期待可能性的判断，有学者认为，期待可能性判断的本质在于对意志自由的判断，在司法实践中需经历三个步骤：犯罪动因考察—主体选择性考察—规范评价。期待可能性的判断标准众多，各有优劣，且彼此间存在紧密的内在联系。其中，法规范所力图维护的国家、社会安全需求不能被忽略，应提倡在法规范期待下的行为人标准说。④ 也有学者认为，期待可能性应是在行为时的非常客观情况下期待行为人不实施犯罪行为的可能性，因此，将期待可能性的标准确定为从行为人角度出发采取利益衡量说比较合理，即期待可能性的有无要看行为人在非常情况下，对采取合法行为使自己失去的权益和采取不法行为暂时获得的权益相比较，行为人有无期待合法的

---

① 参见王政勋：《论期待可能性理论的合理性》，载《法律科学》，2008（4）。

② 参见舒洪水：《期待可能性理论的哲学基础与本土化思考》，载《法律科学》，2008（3）。

③ 参见陈兴良：《期待可能性的体系性地位》，载《中国法学》，2008（5）。

④ 参见谢望原、邹兵：《论期待可能性之判断》，载《法学家》，2008（3）。

可能。[①]

（九）故意犯罪停止形态

故意犯罪停止形态，在我国刑法中包括了预备犯、未遂犯、中止犯和既遂犯。2008年度，学者们对故意犯罪停止形态的研究主要集中在不能犯，问题涉及不能犯理论的地位、区分及判断标准。

有学者从中外不能犯理论比较的角度捍卫了我国不能犯理论通说，认为：我国不能犯理论的通说属于客观主义性质的学说，与德、法、英、美等国在未遂犯的判断上采用了相同的观点。我国不能犯理论的通说较之具体的危险说、修正的客观危险说等各种新提倡的观点更具合理性。[②]

也有学者研究了不能犯的未遂问题，认为：能犯未遂与不能犯未遂的分类具有合理性，对于不能犯未遂的种类及称谓，宜采纳“工具不能犯”与“对象不能犯”的观点。不能犯未遂的成立范围应当按照具体危险说的标准来确定，其负刑事责任的根据在于其具备了主观罪过和客观犯罪行为这两个犯罪构成中最基本的要素，进而决定了其行为具有相当严重程度的社会危害性。[③]

还有学者专门研究了不能犯的判断问题，认为不能犯的可罚性判断，本质上是在不能犯领域为法律调控与道德调控划定合理的界线。该学者进而认为，从法与道德的高度，印象说以行为对社会公众造成的侵害法秩序的印象为标准判断不能犯可罚性，符合法与道德基本关系的原理，顺应了当今风险社会的基本形势，与中国当前的社会发展形势相契合，在我国司法实践中具有可行性，应予以提倡。[④]

（十）共同犯罪

2008年度，学者们就共同犯罪问题发表了许多论文，其中探讨得比较

---

① 参见姜敏：《期待可能性理论和罪刑法定原则关系问题研究》，载《中国刑事法杂志》，2008（7）。

② 参见陈家林：《为我国现行不能犯理论辩护》，载《法律科学》，2008（4）。

③ 参见赵秉志：《论不能犯与不能犯未遂问题》，载《北方法学》，2008（1）。

④ 参见刘晓山、刘光圣：《不能犯的可罚性判断》，载《法学评论》，2008（3）。

集中和深入的有共同犯罪的基础问题，如共犯模式，也有特殊形态的共同犯罪问题，如不作为共犯、承继共同犯罪等。

1. 共犯制度模式

有学者认为，当今世界的共犯制度模式可分为区分制和单一制两种不同的模式，两者区别的关键在于理念上是否将正犯与共犯理解为不同的犯罪类型，制度上是否为共犯设定了独立于正犯的处罚条件。通过对两种共犯制度模式及其具体样态的比较分析，该学者认为，我国共犯制度模式应当属于区分制。但由于我国为同一犯罪的不同参与者设置了统一的处罚条件，因而可以将我国的共犯制度模式解读为以共犯关系为核心范畴的区分制模式。①

2. 不作为共犯

不作为共犯是不作为犯和共同犯罪相结合的一种特殊共同犯罪形态。有学者认为，不作为共犯可以分为两类情况：一类是以不作为方式实施的共犯情况；另一类是对不作为犯的共犯情况。该学者主张：对不作为的共同正犯应采全面肯定说，不存在不作为方式的教唆，但存在不作为方式的帮助。在法益保护的场合，不作为者原则上是正犯，但在不作为者无法实现构成要件的场合，不作为者则为帮助犯；在监督危险源的场合，不作为者构成帮助犯。对不作为犯的教唆犯和帮助犯都可以成立，而且帮助他人不作为既包括有形帮助，也包括无形帮助。②

也有学者对不作为犯和片面共犯问题进行了结合研究，分析了不作为片面共犯的作为义务和片面共犯问题，提出：在不作为片面共犯中主犯与从犯的区分标准上应采取可支配性标准，即不作为者可支配、控制犯罪结果发生的因果过程，可支配法益使其免受现实危险的侵害的，成立不作为片面共犯的主犯，否则成立从犯。该学者还从作为能力、不作为因果关系、作为义务及事实与规范等角度对可支配性进行了研判。③

3. 承继共同犯罪

承继共同犯罪是指在前行为者已经着手实行犯罪但尚未结束犯罪事实之

① 参见王志远：《共犯制度模式比较研究》，载赵秉志主编：《刑法论丛》，第15卷，1～33页，北京，法律出版社，2008。

② 参见赵秉志、许成磊：《不作为共犯问题研究》，载《中国刑事法杂志》，2008（9）。

③ 参见袁彬：《论不作为片面共犯》，载赵秉志主编：《刑法论丛》，第13卷，285～312页，北京，法律出版社，2008。

前，后行为者基于共同实行的意思，单独将剩下的实行行为实施完毕或者与先行行为者共同完成犯罪的情况。① 承继共同犯罪一般可分为承继帮助犯和承继共同正犯。

关于承继帮助犯，有学者认为：理论上区分承继帮助犯与事中帮助犯两个概念既无可能亦无必要。对承继帮助犯应从否定的立场加以考量，即具体考察后行者加入犯罪后之时点下所黏合的特定状态，并根据该状态所指向的法益侵害，来综合判定后行者之责任。②

关于承继共同正犯，对后行为人能否就包括先前行为在内的全部行为成立共同正犯，理论上有多种学说。对此有学者认为，该理论所要解决的问题是后行为人能否就共同行为与先行为人成立同一罪名的共同正犯的问题。只要具有故意，即使仅参与实施了部分行为，后行为人亦可与先行为人成立同一罪名的共同正犯。③ 也有学者对承继共同正犯的责任范围，包括罪名确定、责任承担以及继续犯、结果加重犯、结合犯和牵连犯的承继共同正犯的责任承担进行了研究，并从认识错误、片面共犯和承继共同正犯的排除适用等角度研究了承继共同正犯的认定问题。④

4. 实行过限

实行过限，又称共犯过限，是指在共同犯罪过程中，因部分共同犯罪人故意或过失地实施了超过共同犯罪范围的行为而形成的一种犯罪情形。对此，有学者认为，过限之罪的内部结构可概括为“重合之罪＋过限部分”，其中，在重合过限情形下，该过限部分不能单独成罪；而在非重合过限情形下，该过限部分能够单独成罪。⑤

也有学者认为，实行过限存在两个犯罪行为：基本行为和过限行为。基本行为由共犯关系、实行行为和实行故意构成；过限行为由行为主体的同一性、时空场域的密接性、主观犯意的超出性构成。对实行过限的判定标准，在立法领域，应当坚持超出共同故意说，此为一般判定标准；在司法领域，

① 参见钊作俊、王燕玲：《承继共同正犯：意义、类别与学说对立》，载《法律科学》，2008（2）。

② 参见任海涛：《承继帮助犯研究》，载《中国刑事法杂志》，2008（3）。

③ 参见周铭川：《承继的共同正犯研究》，载《环球法律评论》，2008（5）。

④ 参见钊作俊、王燕玲：《承继共同正犯研究》，载赵秉志主编：《刑法论丛》，第13卷，484～515页，北京，法律出版社，2008。

⑤ 参见肖本山：《过限之罪结构探析》，载《中国刑事法杂志》，2008（3）。

应当坚持实质改变说，此为具体判定标准。[①]

（十一）刑罚

在刑罚方面，2008年度，学者们重点研究了刑罚制度改革、刑罚目的与功能、罚金刑和死刑等问题。不过，由于死刑问题在其后将予专门介绍，在此着重介绍刑罚制度改革、刑罚目的与功能和罚金刑方面的研究。

关于刑罚制度改革，有学者认为：我国刑罚制度改革应在以前的基础上进一步深化，在刑种和刑罚体系方面，应通过立法和司法进一步严格限制死刑，完善或充实自由刑、财产刑、资格刑，并对刑罚体系和结构作整体调整；在刑罚裁量制度方面，应将量刑原则明确化，量刑标准具体化，某些重要的酌定量刑情节法定化；在行刑制度方面，应确立开放性行刑的理念，建立、健全社区矫正制度；在刑罚消灭制度方面，应增补行刑时效和单位犯罪的时效制度，激活赦免制度；在特殊人群的刑罚适用方面，未成年犯罪人的刑罚应予全面宽缓和有针对性的改革，并对老年犯罪人贯彻刑罚适用的宽恤。[②]

关于刑罚目的与功能，有学者认为，在报应和特殊预防逐渐成为刑罚目的主导观念的情况下，应重新定位一般预防的地位，并系统研究了作为刑罚目的的一般预防。[③] 也有学者以传统的刑罚功能论和刑罚目的论为基础，指出：刑罚在内在逻辑性上包含着客观性及主观性的构成要素；前者在逻辑上以行为恶性为施加对象，主要承担普遍而基本的报应职能，并实现一般预防的目的，可称为客观报应之刑或一般预防之刑，后者在逻辑上以主观恶性为施加对象，承担个性化且可增减的报应职能，但主要实现特殊预防的目的，可称为主观报应之刑或特殊预防之刑。根据刑罚的这种二元逻辑结构，该学者还初步设计出量刑的数理模型。[④]

关于罚金刑，有学者研究了我国罚金刑的配置模式，认为单科罚金在我国没有现实的立法基础，不必引入和采用；复合罚金使法官的自由裁量权过

---

① 参见叶良芳：《实行过限之构成及其判定标准》，载《法律科学》，2008（1）。

② 参见赵秉志：《当代中国刑罚制度改革论纲》，载《中国法学》，2008（3）。

③ 参见周少华：《作为目的的一般预防》，载《法学研究》，2008（2）。

④ 参见刘四新、郭自力：《刑罚内在逻辑结构与功能的规范解析》，载《政法论坛》，2008（5）。

大，只能对一些情况比较复杂、轻重程度差异较大的罪行采用且不宜过多采用；选科罚金应成为我国罚金刑配置的主要模式，应将罚金刑置于所有选科刑种的前面；应增加必并科的罚金刑配置。[①] 也有学者针对罚金刑易科制度，认为：罚金刑易科自由刑，其刑罚性质的转换，缺乏逻辑基础，更缺少理论支持。与此同时，罚金刑易科自由刑不仅与基本的刑法理论和立法规则相悖，与现行的刑事政策相悖，而且还与现行的司法解释直接冲突。[②]

（十二）死刑制度改革

死刑制度改革是 2008 年度学者们讨论较为集中和热烈的问题。概括而言，2008 年度学者们对死刑制度的研究主要集中体现在死刑基本问题、死刑替代措施和死刑民意三个方面。

1. 死刑基本问题

有学者专门研究了未成年人不判死刑原则在中国确立的历程，并认为，尽管立法艰难，但彻底废除死刑在中国仍具有实现的可能性；从犯罪主体（强调其社会弱势群体特征）的角度入手废除死刑要比从罪行性质的角度入手，更具可行性，也更为平等，且较少带来负面影响；青年，尤其是年轻青年与未成年人有着诸多类似之处，可以而且应当先将未成年人不判死刑规则延伸于这一群体，这也是避免误判不满 18 周岁未成年人死刑的需要。[③]

也有学者研究了死刑的威慑力问题，认为虽然死罪的正确认定与死刑的及时执行，能够在一定时间内使一定范围的旁听传闻者认识到国家对某些严重犯罪行为予以最严厉谴责、制裁的态度，有利于相关的第三者基于对死刑的本能畏惧而在短时间内抑制自己实施类似犯罪行为的意念，但是，从科学的犯罪原因论和人道的刑事政策角度看，即使接受死刑的执行短期内可以减少凶杀数量这一事实，其对犯罪的实际控制意义极小，代价又过于高昂，因而至少不应被作为遏止严重犯罪的常规手段加以考虑。[④]

① 参见邓文莉：《罚金刑配置模式之研究》，载《法学评论》，2008（4）。

② 参见于志刚：《关于罚金刑易科制度的批判性思考》，载《法学评论》，2008（2）。

③ 参见赵秉志、姚建龙：《废除死刑之门》，载《河北法学》，2008（2）。

④ 参见张远煌：《死刑特殊威慑力之辨伪》，载赵秉志主编：《刑法论丛》，第 13 卷，126～142 页，北京，法律出版社，2008。

2. **死刑替代措施**

死刑替代措施既可以从立法层面，也可以从立法和司法两个层面加以理解。在立法和司法两个层面，有学者认为，死刑替代措施是指基于限制死刑适用的目的，对于立法上特定性质的犯罪，司法中特殊情况下的罪犯，不适用死刑立即执行，而代之以其他刑罚处罚方法。从完善既有方式、探索新的途径入手，该学者提出，死刑替代措施包括死刑缓期执行、严格的无期徒刑、附赔偿的长期自由刑三种，并且有必要在立法上对刑罚体系作进一步调整、修改、完善，以全面体现死刑替代措施；在司法中，也应注意发挥死刑替代措施在限制死刑中的作用。[①]

在立法层面上，有学者认为，死刑替代措施是指在立法上替代具体犯罪法定刑中的死刑的刑罚措施；并认为，在立法上废止具体犯罪死刑的情况下，死刑替代措施能使对该犯罪的刑事制裁仍维持在相当严厉的程度，以贯彻罪责刑相适应原则的内在要求，并在客观上适应削减死刑罪名乃至逐步废止死刑的实际需要。立法上替代死刑的刑罚措施主要是无期徒刑（终身监禁）和长期自由刑。同时应从立法上完善现有的无期徒刑、有期徒刑以及数罪并罚、减刑、假释等制度，建构合理的死刑替代措施，以适应未来大幅度削减死刑罪名并逐步全面废止死刑的趋势。[②] 也有学者认为，我国已经签署联合国《公民权利和政治权利国际公约》，因而应当将死刑罪名控制在有限的范围内。对于我国现行刑法规定的 68 种死刑犯罪，该学者主张：废除其中的 56 种犯罪的死刑，保留 12 种。除传授犯罪方法罪、组织卖淫罪这两个罪的死刑规定明显不合理，不属于废除死刑后采取替代措施的情形外，对其他 54 种废除死刑的犯罪均应以 25 年不得假释或者减刑后服刑期不得少于 25 年的无期徒刑作为其替代措施。[③]

不过，与完全倡导死刑替代措施的立场不同，有学者认为：我国适用死刑的总趋势是减少，甚至逐步被替代，替代是接受彻底废除死刑观念的过渡，但也不宜过度。事实上，一方面，我国刑法大部分适用死刑的犯罪不存在替代问题；另一方面，替代也可能会带来某些负面效应，并会对立法和司

① 参见高铭暄：《略论中国刑法中的死刑替代措施》，载《河北法学》，2008（2）。

② 参见赵秉志：《中国死刑替代措施要论》，载《学术交流》，2008（9）。

③ 参见李希慧：《论死刑的替代措施》，载《河北法学》，2008（2）。

法提出新的挑战。[①] 也有学者认为死刑的废止不需要终身刑替代，因为终身刑是侵害人格尊严的比死刑更为残酷的刑罚方法。该学者甚至认为终身刑不具备刑罚的正当化根据，无助于刑罚体系的完善，没能顺应刑罚的发展趋势，不符合行刑的合理目标。[②]

3. 死刑民意

有学者认为：当代中国，绝大多数民众反对废除死刑，限制死刑也无法得到广泛支持，崇尚死刑还比较普遍。其主要原因在于死刑报应观念、威慑观念在社会大众中广泛存在。对死刑民意的变革，要通过社会各阶层的合力推动，引导民意向着人道、宽容的理念发展。其中，学者应当负有启蒙的责任，政治决策层应承担起引导的义务，立法、司法机关应当减少死刑立法和死刑适用的方式，从而促进民意进步，新闻媒体则应当坚持正确的舆论导向，减少死刑观念变革的负面影响。[③]

（十三）量刑

量刑是2008年度刑法研究的热点问题之一，学者们对量刑的基准、量刑政策和情节以及量刑的精确性问题进行了研究。

关于量刑的基准，有学者认为确定量刑的基准，是实现量刑公正的关键。量刑基准应包括基准事实和基准刑两方面。而从某种意义上说，它已存在于经验型法官的量刑思维中。对于基准刑的确定，该学者认为，通过统一个罪的基准事实、各级审判机关分别确立基准刑并逐级备案，建立一种量刑平衡机制。[④] 也有学者在以示范性案例的平均刑量为量刑基准，与以法定刑各种程度等分线或者中线为量刑基准两者之间进行了实证研究，结果发现两者之间互不排斥，为此两者应当相互参照。[⑤]

关于量刑政策和量刑情节问题，有学者认为：公众要求国家制定量刑政

---

① 参见高铭暄、王秀梅：《死刑替代利弊分析》，载《江苏行政学院学报》，2008（1）。

② 参见张明楷：《死刑的废止不需要终身刑替代》，载《法学研究》，2008（2）。

③ 参见王东阳：《当代中国死刑民意的状况、成因及其变革路径》，载赵秉志主编：《刑法论丛》，第14卷，213～235页，北京，法律出版社，2008。

④ 参见徐嘎：《量刑基准的反思与重构》，载赵秉志主编：《刑法评论》，第13卷，180页，北京，法律出版社，2008。

⑤ 参见白建军：《量刑基准实证研究》，载《法学研究》，2008（1）。

策时更多地关注公众舆论的声音，而公众舆论对量刑政策的态度存在各种可能性。各国量刑政策发展中所面临的最大难题，就是如何兼顾公众参与但又不过度受公众舆论的影响。为此需要建立一个能够反映公众舆论对刑罚裁量准确态度的中立性咨询机构。① 也有学者认为，应以罪责刑相适应原则对罪刑法定原则的修正作为酌定量刑情节存在的法律和理论依据；并主张通过对我国《刑法》第62、63条的修改，重构酌定量刑情节的法律依据，但应借鉴减刑制度的规定，设定一个减轻处罚的底线，对酌定情节减轻适用进行一定的限制。②

关于量刑的精确性问题，有学者认为我国《刑法》第5条既是刑法的基本原则，也是量刑公正的一般标准，它要求量刑精确制导，最大限度地避免刑罚误差。为此，该学者主张进行理论和方法的创新：一是依法构建量刑标尺，将法定刑空间划分为200个刻度，把其中各种刑罚折算或者虚拟为有期徒刑的月数，明确1个刻度所体现的不同性质刑罚的度量，用以计算刑罚的轻重程度；二是在正确定罪并找准法定刑的前提下，理性评价犯罪人具有的量刑情节，将其所反映的社会危害程度和人身危险程度用一定数值（积分）表示，借以计算行为人罪责的大小程度；三是将量刑情节的轻重积分与量刑空间的轻重刻度按“1∶1”的标准相对应，前者在相应量刑空间中的读数是量刑公正的最佳适度。③

（十四）前科消灭

前科消灭的概念在刑法理论上尚无一个准确的界定，为此，有学者专门研究了前科消灭的概念问题，提出前科消灭是指曾经受过法院有罪宣告或被判定有罪的人在具备法定条件时，国家抹销其犯罪记录，使其不利益状态消灭，恢复正常法律地位的一种刑事制度。该学者同时提出，前科消灭与复权、更生保护等相关概念有着严格的界限。④

---

① 参见赵秉志、赵书鸿：《公众舆论与量刑政策：影响模式与参与机制》，载《法制与社会发展》，2008（6）。

② 参见林亚刚、袁雪：《酌定量刑情节若干问题研究》，载《法学评论》，2008（6）。

③ 参见赵廷光：《论量刑精确制导》，载《现代法学》，2008（4）。

④ 参见彭新林：《前科消灭的概念探究》，载赵秉志主编：《刑法评论》，第13卷，104～123页，北京，法律出版社，2008。

也有学者认为：前科消灭制度为犯罪人提供了一种激励机制，有利于预防犯罪人再次犯罪，并使其能够真正回归社会，但我国尚未确立这一制度。为此应从前科消灭的条件（时间条件和个人表现条件）、前科消灭的方式及程序（自然消灭的方式和申请撤销的方式）和前科消灭的效力等方面构建我国的前科消灭制度。①

还有学者专门研究了未成年人的前科消灭问题，认为从社会学的角度，结合刑法中的前科、前科消灭理论以及犯罪标签的存在和前科报告制度的影响，我国法律规定的未成年犯罪人的前科保护制度基本上不能消除前科对未成年犯罪人的不利影响，而这些不利影响的存在极可能导致未成年犯罪人刑罚执行完毕后之再社会化的失败，使其重新走上犯罪之路，因而应明确规定消除未成年犯罪人的前科记录。②

此外，在刑法总论方面，还有学者对刑法概念③、刑法目的④、犯罪概念⑤、过失犯的行为构造⑥、犯罪集团⑦、刑期折抵⑧等问题进行了专门研究。

三、刑法各论问题

2008年度，许霆案是刑法各论研究的焦点问题之一，受到了众多学者的关注。与此同时，恐怖主义犯罪、证券犯罪、信用卡犯罪、知识产权犯罪和侵犯财产犯罪也是2008年度刑法各论研究的重点问题。

---

① 参见肖萍：《前科消灭制度研究》，载赵秉志主编：《刑法论丛》，第15卷，215～233页，北京，法律出版社，2008。

② 参见赵秉志、廖万里：《论未成年人犯罪前科应予消灭》，载《法学论坛》，2008（1）。

③ 参见刘远：《论刑法的概念》，载赵秉志主编：《刑法论丛》，第15卷，132～168页，北京，法律出版社，2008。

④ 关于刑法目的，《环球法律评论》2008年第1期曾专门组织学者进行了系统研讨，发表了多篇研究论文，比较有代表性的有：储槐植：《刑法目的断想》；陈兴良：《刑法技能的话语转换》；张明楷：《刑法目的论纲》；曲新久：《刑法目的论要》；刘艳红：《刑法的目的与犯罪论的实质化》。

⑤ 参见刘之雄：《犯罪概念多元论：一个虚幻的功能诉求》，载《法商研究》，2008（4）。

⑥ 参见周铭川：《论过失犯的行为构造》，载《中国刑事法杂志》，2008（11）。

⑦ 参见王俊平：《犯罪集团的构成特征研究》，载赵秉志主编：《刑法论丛》，第15卷，34～55页，北京，法律出版社，2008。

⑧ 参见石经海：《刑期折抵的理论定位》，载《现代法学》，2008（2）。

（一）许霆案的定罪与量刑

2008年度，许霆案引起社会广泛关注。学者们对许霆案倾注了极大的热情，进行了系统研究。中国法学会刑法学研究会和北京师范大学刑事法律科学研究院还专门组织专家、学者进行了专题研究，出版了研究文集《许霆案件的法理争鸣》。综观学者对许霆案件的刑法研究，其内容大体可分为两个方面，即许霆行为的定罪问题和量刑问题。

关于许霆行为的定罪问题，学者们主要有四种不同的观点：第一种观点认为许霆的行为构成盗窃。如有的学者认为，许霆以非法占有为目的秘密窃取取款机内现金的行为构成了盗窃罪[①]；也有学者认为，许霆的行为构成盗窃，但不宜认定为盗窃金融机构而属普通盗窃。[②] 第二种观点认为许霆的行为构成诈骗罪（或信用卡诈骗罪）。如有学者认为，与其对许霆的恶意取款行为定盗窃罪按“特别减轻”量刑，不如对许霆的恶意取款行为定诈骗罪或信用卡诈骗罪来得更为合理，也更为便捷。[③] 第三种观点认为许霆的行为构成侵占罪。如有学者认为，许霆行为构成侵占罪，许霆的行为与拾得他人遗忘物为同一行为类型。[④] 第四种观点认为许霆的行为无罪。如有学者认为许霆的行为属于民事违法行为，不构成犯罪。[⑤]

关于许霆行为的量刑问题，学者们对许霆案一审原审判处的无期徒刑，均认为刑罚过重，但对重审改判5年有期徒刑则有不同观点。如有学者认为许霆案一审原审判处无期徒刑显属过重，而重审改判5年有期徒刑，又显属

---

① 参见王作富：《许霆构成盗窃罪》，陈兴良：《许霆案的法理分析》，张明楷：《许霆案的定罪与量刑》，冯亚东：《许霆案件之定性：一种犯罪论体系视野的分析》，均载赵秉志主编：《许霆案件的法理争鸣》，北京，北京大学出版社，2008。

② 参见赵秉志、彭新林：《关于许霆案件的法理问题思考》，载赵秉志主编：《刑法论丛》，第14卷，236～289页，北京，法律出版社，2008。

③ 参见阮方民、徐杰理：《罪责刑均衡原则之定罪功能探》，载赵秉志主编：《许霆案件的法理争鸣》，114页，北京，北京大学出版社，2008。

④ 参见董玉庭：《ATM机上非正常取款行为的刑法学分析》，载赵秉志主编：《许霆案件的法理争鸣》，163页，北京，北京大学出版社，2008。

⑤ 参见王仲兴：《许霆的行为不构成犯罪》，载赵秉志主编：《许霆案件的法理争鸣》，191页，北京，北京大学出版社，2008。

矫枉过正，量刑过轻。[①] 也有学者认为，许霆案的法定最低刑是无期徒刑，在法定最低刑以下判刑，是否应该受 10 年有期徒刑这一格的限制，也就是说，能否减到 10 年以下，这都是值得研究的。[②] 但也有学者认为，虽然对于那些认为许霆的行为不构成盗窃罪的人来说，这个结果仍然不能令人满意，但可以肯定地说，较之原来的畸形重判，现在这一改判结果肯定更加符合大众的法感情。[③]

（二）恐怖主义犯罪

恐怖主义犯罪危害大、影响恶劣，近年来为国际社会所普遍关注。2008 年度，我国学者对恐怖主义犯罪的研究也十分关注，重点研究了反恐的刑事政策、反恐的刑事立法与司法以及我国"东突"恐怖主义犯罪的法律控制等问题。

关于反恐的刑事政策，有学者认为：宽严相济的刑事政策不仅指导刑法立法，而且对刑事司法也存在指导作用，具体包括依法从重从快、突出重点、区别对待、保障人权等。因此，对恐怖主义犯罪的惩治也应当宽严相济。其中，"严"是惩治恐怖主义犯罪的基调，但同时也不应忽视"宽"的一面，注重宽严"相济"才能达到最优的反恐效果。宽严相济的刑事政策与我国反恐基本政策、"两少一宽"的刑事政策之间均存在密切联系。[④]

关于反恐的刑事立法与司法，有学者认为：我国在惩治恐怖活动犯罪的刑法立法方面积累了许多宝贵的经验，包括立足本国国情和反恐局势、借鉴外国先进立法经验、贯彻国际反恐公约和强调对恐怖活动组织的打击。[⑤] 但在日益严峻的恐怖主义威胁面前，我国刑法规定还存在专门概念模糊不清、罪名设置不够严密、刑罚配置不够科学、与刑法总则缺乏衔接等不足之处。

---

① 参见赵秉志、彭新林：《关于许霆案件的法理问题思考》，载赵秉志主编：《刑法论丛》，第 14 卷，236～289 页，北京，法律出版社，2008。

② 参见陈兴良：《许霆案的另类收获：特殊减轻制度的激活》，载赵秉志主编：《许霆案件的法理争鸣》，266 页，北京，北京大学出版社，2008。

③ 参见刘仁文：《对许霆案的几点思考》，载赵秉志主编：《许霆案件的法理争鸣》，278 页，北京，北京大学出版社，2008。

④ 参见杜邈、徐雨衡：《宽严相济在惩治恐怖主义犯罪中的运用》，载《政法论坛》，2008 (1)。

⑤ 参见赵秉志、杜邈：《我国惩治恐怖活动犯罪的刑法立法经验考察》，载《华东政法大学学报》，2008 (6)。

为此，我国应加快完善反恐刑法立法，明确界定“恐怖活动犯罪”的概念，对刑法总则和刑法分则的相关内容进行完善，为反恐怖斗争提供有力的法制保障。[①] 在反恐的刑事司法方面，虽然中国已经展开了一系列惩治恐怖主义犯罪的司法实践，但在犯罪认定、刑罚裁量、恐怖组织认定和刑事司法合作等方面也存在诸多问题。为此，有学者认为，我国应完善惩治恐怖主义犯罪的刑法立法，在刑事司法中贯彻宽严相济的刑事政策，完善恐怖组织认定机制，加强反恐领域的国际刑事司法合作。[②]

关于我国“东突”恐怖主义犯罪的法律控制，有学者认为：“东突”恐怖主义犯罪的本质在于其实施的一系列暴力恐怖行为，具有严重的社会危害性。对“东突”恐怖主义犯罪，应主要通过危害公共安全罪等进行惩治，并提出降低起刑点，加强社会治安综合治理；立足“东突”的特点，有针对性地制定反恐对策，以从法律上对其予以控制。[③]

（三）证券犯罪

我国证券犯罪立法采用了“以刑法典为主、以附属刑法为辅”的模式，有学者认为，这一立法模式的选择主要是出于对本土化因素的考虑，它符合我国的刑事立法传统，有利于证券市场的稳定发展。不过该学者指出，承认我国证券犯罪立法的本土化特征，并不意味着对证券犯罪立法国际化趋势的否认，相反，在我国证券犯罪存在范围的划定上，应更多地考虑国际化因素，以与国际接轨和交流。[④]

也有学者认为，证券刑法的补充特性、证券犯罪对象、证券犯罪行为以及证券刑法的完善是证券刑法的基本问题。基于证券刑法的补充特性，该学者认为，严格证券犯罪对象、行为与证券法规之间的从属关系，既是和谐的

① 参见杜邈：《我国反恐刑法立法的缺憾与完善》，载赵秉志主编：《刑法评论》，第14卷，1～92页，北京，法律出版社，2008。

② 参见赵秉志、杜邈：《中国惩治恐怖主义犯罪的刑事司法对策》，载《北京师范大学学报》（社会科学版），2008（5）。

③ 参见于佳佳：《“东突”恐怖主义犯罪的法律控制》，载赵秉志主编：《刑法评论》，第14卷，148～175页，北京，法律出版社，2008。

④ 参见高铭暄、王剑波：《我国证券犯罪立法的本土化与国际化思辨》，载《法学家》，2008（1）。

证券法律体系的要求，也是完善证券刑事法治的必由之路。[①]

还有学者认为，为了依法规范和惩处证券市场中的“老鼠仓”问题，应当对《刑法》第185条之一第2款，即《刑法修正案（六）》第12条第2款进行修正，增加个人犯罪并将证券公司增列为违法运用资金罪的犯罪主体。同时，为了与相关的法律条文配套适用，该学者认为应当增加一份司法解释。[②]

（四）信用卡犯罪

信用卡犯罪在我国刑法中主要包括妨害信用卡管理罪和信用卡诈骗罪。关于妨害信用卡管理罪，有学者认为：由信用卡的特性决定，变造的信用卡实质上就是伪造的信用卡。伪造的空白信用卡与伪造的信用卡之本质区别就在于卡内是否实际或者曾经输入用户的信息。非法持有他人的信用卡中的信用卡理应是他人真实有效的信用卡并包括使用虚假身份证明骗领的信用卡。申领信用卡时所需的“身份证明”应该是指依照信用卡管理规定和信用卡发行人所要求提供的与证明个人身份相关的全部材料。司法解释将窃取、收买、非法提供信用卡信息的行为独立设罪值得商榷。[③]

关于信用卡诈骗罪，有学者认为：对在ATM机上冒用他人信用卡的行为进行刑法规制的前提是准确理解“冒用”的内涵及ATM机的法律性质及法律关系。ATM机的法律性质应为银行发出的要约邀请，银行管理者在信用卡只能由本人持有的这一国际规则下作出了凡是经过ATM机验证的人皆为持卡人本人的推定。对于在ATM机上冒用他人信用卡的情形应认定为信用卡诈骗罪。[④] 也有学者认为：司法解释将借记卡归入“信用卡”的含义之中，符合信用卡诈骗罪的立法初衷。对拾得信用卡并加以使用行为以信用卡诈骗罪定性，符合刑法原理。对以抢劫等犯罪手段获取他人信用卡并加以使用行为应以重罪吸收轻罪的原则具体定罪处罚。对伪造信用卡并加以使用的

---

① 参见周建军：《证券刑法的基本问题》，载《政治与法律》，2008（10）。

② 参见顾肖荣：《为解决证券市场“老鼠仓”问题的若干立法建议》，载《政治与法律》，2008（5）。

③ 参见刘宪权：《妨害信用卡管理罪疑难问题刑法探析》，载《政法论坛》，2008（2）。

④ 参见李翔、周啸天：《信用卡诈骗罪中“冒用”的展开》，载《中国刑事法杂志》，2008（5）。

行为应以伪造金融票证罪定性。对行为人使用虚假的身份证明骗领信用卡后又加以使用的行为应以信用卡诈骗罪定性。[①]

（五）知识产权犯罪

知识产权的刑法保护不仅是一个国内问题，还是一个国际问题，近年来一直为学者所关注。2008年度，学者们对知识产权犯罪的研究，主要集中在三个方面：国际知识产权刑法保护的发展趋势、我国知识产权的刑法立法模式和我国知识产权刑法保护的完善。

关于国际知识产权刑法保护的发展趋势，有学者认为，国际上知识产权的刑法保护日益受到重视，一些主要国家和地区均陆续增设了刑事制裁的规定；保护知识产权的刑法规范也越来越严密细致，刑种多元，刑度轻缓，整体而言，知识产权刑事立法严而不厉，但部分犯罪刑罚有加重趋势；立法保护与司法保护并重，共同构筑起完善的知识产权保护体系；在经济全球化和犯罪国际化的总体趋势下，知识产权领域跨国（境）犯罪现象呈现增加趋势，各国开始日益重视国际合作。[②]

关于我国知识产权的刑法立法模式，有学者认为：我国现行知识产权刑法立法采取的是集中型模式，这种模式具有较大的局限性，它使刑法典难以保持稳定性，在具体适用中操作性也不强。而刑法典与附属刑法规范相结合的立法模式由于既能及时、灵便地针对新出现的犯罪对法律予以制定、修改，又能维护刑法典的权威性，因而是我国知识产权刑法立法模式完善的一种合理选择。[③]

关于我国知识产权刑法保护的完善，有学者认为，我国目前刑事司法体系在惩治侵犯知识产权犯罪方面呈现诸多困境，为此应探求实现知识产权刑法保护的路径，即通过司法解释、立法解释抑或修订刑法等方式加以实现，旨在实现刑法的正义性、安定性与合目的性，进而实现法律正义与法律的人

---

① 参见刘宪权：《信用卡诈骗罪若干疑难问题研究》，载《政治与法律》，2008（10）。

② 参见赵秉志、刘科：《国际知识产权刑法保护的发展趋势》，载《政治与法律》，2008（7）。

③ 参见刘科：《中国知识产权刑法立法模式的转变探讨》，载赵秉志主编：《刑法论丛》，第14卷，290～304页，北京，法律出版社，2008。

文关怀。[①] 也有学者认为，我国的知识产权犯罪在立罪方面存在着保护客体狭窄、主观要件严厉、定罪标准不合理、起刑点较高等不足之处，制刑方面也存在着刑罚严厉、法定刑的设置违反罪刑相适应原则、资格刑和没收财产刑的缺失等缺陷。我国刑法应该在上述方面加以健全与完善。[②] 还有学者认为：我国知识产权犯罪的门槛一降再降，其原因既有来自外部的压力，也有自身的利益追求。不过，知识产权犯罪的门槛下降，有助于我们更好地界定犯罪，促进执法水平的提高，更加有效地治理犯罪，并进而改变中国知识产权的保护模式。[③]

除了对知识产权犯罪的基本问题进行研究外，2008年度，还有学者对具体的知识产权犯罪，如假冒注册商标罪[④]等进行了专门研究。

（六）侵犯财产犯罪

2008年度，在侵犯财产罪的犯罪中，抢劫罪是学者们较为关注的犯罪，而学者们对抢劫罪的研究又主要体现在抢劫罪的行为结构和转化型抢劫两方面。

关于抢劫罪的行为结构，有学者认为：抢劫罪既可由复合行为构成，也可由单一行为构成，不能认为抢劫罪属于纯粹的复合行为的犯罪。抢劫罪的成立，既不要求“当场”实施强制行为，也不要求“当场”获得财物。抢劫罪中取财行为的指向对象无须是人身被强制的对象，可以是被强制者以外的第三人。[⑤]

关于转化型抢劫，有学者研究了转化型抢劫的主体问题，认为基于刑法的基本原则与机能、《刑法》第269条规定的精神实质及法律拟制规定与转化犯的性质，根据刑法对未成年人犯罪刑事责任的规定以及刑法学界与司法实务部门对相关问题的一贯立场，从处罚的必要性与合理性的角度对此问题进行分析，宜提倡相对刑事责任年龄人可以成为本罪主体的“非身份说”，

① 参见徐岱、刘余敏、王军明：《论知识产权犯罪惩治的困境及其出路》，载《政治与法律》，2008（7）。

② 参见杨辉忠：《我国知识产权刑事立法之检讨》，载《政治与法律》，2008（7）。

③ 参见卢建平：《知识产权犯罪门槛的下降及其意义》，载《政治与法律》，2008（7）。

④ 参见张泗汉：《假冒商标犯罪的若干问题研究》，载《政治与法律》，2008（7）。

⑤ 参见张永红：《抢劫罪行为结构检讨》，载《中国刑事法杂志》，2008（11）。

同时只有在以“暴力或者以暴力相威胁”致人重伤或死亡时才能追究行为人的刑事责任。[①] 也有学者对特殊类型的盗窃、诈骗、抢夺罪是否包括在《刑法》第269条所规定的转化型抢劫的前提条件之中进行了研究，认为基于实质刑法的立场，具有侵犯财产罪性质的特殊盗窃、诈骗、抢夺罪可以成为《刑法》第269条所规定的转化型抢劫的前提条件。[②] 还有学者研究了转化型抢劫的共犯问题，认为：事后抢劫（即《刑法》第269条所规定的转化型抢劫）由盗窃、诈骗、抢夺等前行为与暴力、以暴力相威胁的后行为构成；中途知情者参与后行为的，成立事后抢劫的共犯；没有参与实施前行为的人，中途独立实施后行为的，不成立事后抢劫；共同实施前行为的一方独立实施后行为的，应根据共同犯罪的成立条件，判断另一方是否成立事后抢劫的共犯；无责任者与有责任者共同事后抢劫的，应在认定成立“共同犯罪”的前提下，对有责任者贯彻部分实行全部责任的原则，对无责任者以缺乏责任为由，不以犯罪论处。[③]

此外，在刑法各论方面，还有学者对绑架罪[④]、寻衅滋事罪[⑤]、伪造印章罪[⑥]、受贿罪[⑦]等问题进行了专门研究。

四、外向型刑法问题

（一）外国刑法与比较刑法

1. 外国刑法

有学者研究了国外被胁迫作为阻却犯罪成立事由的法律性质，认为在大

① 参见刘艳红：《转化型抢劫罪主体条件的实质解释》，载《法商研究》，2008（1）。

② 参见刘艳红：《转化型抢劫罪前提条件范围的实质解释》，载赵秉志主编：《刑法论丛》，第13卷，398～411页，北京，法律出版社，2008。

③ 参见张明楷：《事后抢劫的共犯》，载《政法论坛》，2008（1）。

④ 参见王志祥：《绑架罪中“杀害被绑架人”新论》，载《法商研究》，2008（2）。

⑤ 参见张明楷：《寻衅滋事罪探究》（上）、（下），载《政治与法律》，2008（1）（2）。

⑥ 参见熊永明：《伪造印章罪论纲》，载赵秉志主编：《刑法评论》，第14卷，299～320页，北京，法律出版社，2008。

⑦ 参见游伟：《当前受贿罪认定中的疑难问题研究》，载赵秉志主编：《刑法评论》，第13卷，247～258页，北京，法律出版社，2008。

陆法国家，其法律性质可相应划分为三种类型：排他型违法阻却事由、排他型责任阻却事由、违法与责任阻却二元化事由。在英美法系国家刑法理论中，被胁迫一方面在传统上被认为属于可宽恕性抗辩事由，而另一方面，新的见解中既有将其视为正当化抗辩事由者，亦有认为其属于独立抗辩事由以及特殊标准的可宽恕事由者。①

也有学者研究了美国刑法中的死刑限制措施问题，认为美国刑法限制死刑适用的主要措施包括：死刑仅适用于极少数犯罪，主要是有加重情节的谋杀罪；逐步废止了绝对死刑条款；极为严格地限制或禁止对未成年人、孕妇、精神障碍人适用死刑；合理设置了不得假释的终身监禁等替代措施。美国限制死刑的措施值得我国合理借鉴。②

还有学者研究了英国刑法中的替代责任，认为：英国刑法中的替代责任是因他人行为而承担的责任，它与严格责任、法人责任具有区别，其法理基础是代理原则或者行为归责原则。在我国存在英国刑法替代责任所保障的类似法律归责，由于刑罚结构上的先天不足，替代责任在我国目前刑罚体系中的适用尚存在障碍。③

此外，有学者研究了西方国家的量刑建议制度问题④、日本刑法中的医疗水准问题⑤、俄罗斯犯罪客体研究的历史发展⑥、意大利法人犯罪制度问题⑦、英国刑法中公司过失杀人刑事责任的发展与改革问题⑧等。

2. 比较刑法

有学者对中美死刑制度的立法原因进行了比较研究，认为：中美两国尽

---

① 参见孙立红：《比较评析被胁迫作为阻却犯罪事由的法律性质》，载《中国刑事法杂志》，2008（11）。

② 参见赵秉志、郑延谱：《美国刑法中的死刑限制措施探析》，载《江汉论坛》，2008（1）。

③ 参见王雨田：《论英国刑法中的替代责任》，载赵秉志主编：《刑法评论》，第13卷，320～330页，北京，法律出版社，2008。

④ 参见陈岚：《西方国家的量刑建议制度及其比较》，载《法学评论》，2008（1）。

⑤ 参见臧冬斌：《日本刑法中的医疗水准论》，载《环球法律评论》，2008（3）。

⑥ 参见董玉庭、龙长海：《俄罗斯犯罪客体理论的历史沿革》，载赵秉志主编：《刑法论丛》，第14卷，344～367页，北京，法律出版社，2008。

⑦ 参见范红旗：《意大利法人犯罪制度及评析》，载赵秉志主编：《刑法论丛》，第15卷，294～306页，北京，法律出版社，2008。

⑧ 参见赵渊：《英国刑法中公司过失杀人刑事责任之发展与改革》，载赵秉志主编：《刑法论丛》，第13卷，462～482页，北京，法律出版社，2008。

管在文化传统、社会制度、经济发展水平等方面均存在较大差异，但在废止或严格限制死刑的世界性潮流面前，对死刑却采取了相似的政策——既保留死刑又限制其适用，其中既有民意因素，也有政治因素。美国现阶段的高犯罪率、南方的私刑传统、历史上未经纳粹统治等因素导致其支持死刑的民意高涨；在中国，现阶段社会治安形势恶化、礼法传统与家族主义的深远影响，以及缺少西方启蒙运动洗礼等因素导致民意支持死刑。在政治因素方面，美国联邦与各州的权限划分以及盛行的联邦主义是影响其现行死刑制度的重要原因；在中国，统治者所奉行的“乱世用重典”的治国之策和重刑主义的历史传统、特殊历史时期所形成的“左”的错误，都是影响中国死刑制度的重要原因。①

也有学者对假释的适用条件进行了比较研究，认为：假释适用条件是假释制度的核心。我国应取消《刑法》第81条第2款关于假释适用对象的限制，对累犯及其他需要特别关注的特殊犯罪设计更加合理的假释适用条件；区分初犯、再犯、故意犯、过失犯等情形，科学设定假释适用的时间条件；通过设计科学而易操作的评价标准、严格的评价程序等，建立科学的再犯预测机制。②

此外，还有学者对中外刑法假释制度③、中俄刑法中的货币犯罪④、共同犯罪人的分类⑤、刑法解释权模式⑥等问题进行了比较研究。

（二）国际刑法与区际刑法

1. 国际刑法

有学者从袁宏伟案入手研究了引渡的非常规替代措施，认为：引渡的非常规替代措施主要是指跨国绑架和跨国诱骗。这类措施的采用虽然可以绕过引渡合作的法律障碍从境外将被通缉人员捉拿归案，但却可能有损相关国家

① 参见赵秉志、郑延谱：《中美两国死刑制度之立法原因比较》，载《现代法学》，2008（2）。

② 参见田立文：《假释适用条件比较研究》，载《中州学刊》，2008（1）。

③ 参见赵华溢：《中外刑法假释制度之比较》，载《中共郑州市委党校学报》，2008（1）。

④ 参见吴占英：《中俄刑法典中的货币犯罪之比较》，载《中南民族大学学报》（人文社会科学版），2008（2）。

⑤ 参见李祖华：《共犯人分类比较研究》，载《浙江师范大学学报》（社会科学版），2008（2）。

⑥ 参见喻海松：《刑法解释权配置模式的比较分析》，载《法学杂志》，2008（3）。

的法制或主权、侵犯相关当事人的人权，因而在法律上被认为是不正当的或者有争议的。美国设圈套将中国公民袁宏伟诱骗到英国实行拘捕并启动引渡程序的做法，不仅使中国公民因脱离中国法律的保护而丧失了基本的自由权，同时也是在有意规避中国法律的强制性的禁止规范，并对中国法院正在进行的审判活动造成了干扰，是对中美司法合作关系的损害。[①]

也有学者研究了当前的国际刑法基本原则，认为国际刑法基本原则是指在国际刑法领域中最主要、最核心的，具有根本地位并且能够作为其他原则和规则的产生基础、来源或是推论依据的法律真理或原理。该学者提出了国际刑法基本原则判断的真理性标准、根源性标准、全局性标准、表征性标准和公认性标准，并分析了作为国际刑法基本原则的合法性原则、普遍管辖原则、个人国际刑事责任原则、官方身份无关性原则、保障人权原则和国际合作原则的基本内容。[②]

此外，还有学者研究了国外资产追回[③]、国际公约在国内刑事立法中的转化模式[④]等方面的问题。

2. 区际刑法

有学者对我国海峡两岸的片面共犯问题进行了比较研究，认为我国台湾地区以立法形式确立片面共犯，并对片面共犯的范围作出限制，即仅限于片面从犯，做到了片面共犯的法定性和明确性，但其对片面共犯之理论阐述还不够深入完善。我国虽然在刑事立法上还没有正式确立片面共犯，但在我国刑法理论中，有学者从主、客观相一致的角度出发，主张片面共犯的成立范围应有所扩大，包含片面实行犯、片面教唆犯及片面帮助犯三种形态，并在论证上更为周延，科学、合理地体现了片面共犯的本质特征。[⑤]

也有学者对我国澳门特区贿赂犯罪的既遂与未遂、罪数和法律后果等问题进行了研究，认为：在既遂与未遂问题上，根据现行澳门刑法典规定的贿

---

① 参见黄风：《论引渡的非常规替代措施》，载《法商研究》，2008（2）。

② 参见周露露：《当代国际刑法基本原则研究》，载赵秉志主编：《刑法论丛》，第13卷，516～582页，北京，法律出版社，2008。

③ 参见黄风：《通过民事诉讼从国外追回资产问题研究》，载《比较法研究》，2008（1）。

④ 参见魏昌东、赵秉志：《〈联合国反腐败公约〉在中国刑事立法中的转化模式评析》，载《南京大学学报》（哲学人文科学社会科学），2008（2）。

⑤ 参见杨俊：《海峡两岸片面共犯理论比较研究》，载《政治与法律》，2008（5）。

赂制度，只要证明贿赂的意思已传递给向对方，相对方即构成犯罪既遂，对相对方而言，只要其作出积极的意思响应，如同意、答应、承诺等，就同样构成既遂；在罪数问题上，澳门刑法认为，在受贿后行为人所作出的不法行为构成其他犯罪的情况下，对行为人只需按照受贿定罪即可，无须数罪并罚，而对多次受贿或行贿的，也只需按连续犯定一罪即可；在法律后果方面，澳门刑法典对贿赂犯罪规定的法律后果偏轻，宜适当提高，并对行贿者附加适用禁止执行公务。[①]

此外，还有学者对两岸的走私犯罪立法[②]、两岸的吸毒行为[③]、全国性刑法与澳门地区刑法中的缓刑制度[④]等问题进行了比较研究。

五、刑法学研究发展之展望

总体而言，2008年度的刑法学研究，以改革开放30周年为契机和背景，呈现出以下五个方面的特点：一是充分关注时代背景和社会热点，把握时代脉搏，加强了对改革开放30年的刑法发展和许霆案等热点案件的深度研究，充分展现刑法学研究的时代性和实践性；二是注重刑法基本问题的研究，加强了刑法解释、犯罪构成、共同犯罪、量刑、死刑制度改革等重大理论与实践问题的研究；三是注重研究方法的创新，加强了实证研究方法在刑法学研究中的运用，开展了对量刑基准、量刑精确性、死刑民意、侵犯著作权犯罪等问题的实证研究；四是重视多学科知识与刑法学的结合，加强了刑法学与相关学科的交叉研究，心理学、社会学、政治学等学科知识在刑法学相关领域得到了具体运用，促进了刑法学研究的深入发展；五是注重刑法学研究的国际接轨，加强了国际刑法、外国刑法及国际公约国内化等方面的研究。

不过，尽管2008年度的刑法学研究无论是在研究的广度还是在深度上均有了较大进展，刑法研究方法的多样性也得到了加强，2008年度刑法学

---

① 参见徐京辉：《贿赂犯罪：反腐败过程中的老问题与新思考》，载赵秉志主编：《刑法论丛》，第15卷，346～363页，北京，法律出版社，2008。

② 参见陈晖：《两岸走私犯罪立法比较与借鉴》，载《河北法学》，2008（8）。

③ 参见赵春玉：《海峡两岸吸毒行为立法比较》，载《云南大学学报》（法学版），2008（3）。

④ 参见杨兴培：《中国内地与澳门刑法中缓刑制度的比较研究》，载《华东政法大学学报》，2008（3）。

研究仍然在一些方面存在不足，有待我们在以后的研究中加以改进。

（一）研究视野的进一步拓展

刑法学研究既要立足于本国又要放眼世界，既要注重刑法自身的研究又要注重多学科知识在刑法中的应用。2008 年度，刑法学者在研究的视野上较之以往有了一定的突破，本土化与国际化兼容并包，历史与现实密切结合。但是，总体而言，我国刑法学研究的视野还不够开阔，有待进一步拓展：第一，研究的问题相对集中，视野相对局限。2008 年度，刑法学研究的问题与往年的相比，有不少雷同，而且有些研究也没有体现更多的创新性。相反，一些刑法学科的边缘问题却较少受到关注。第二，研究的国际视野不够。虽然有不少学者注重借鉴国际经验，但是受制于资料等方面的局限，这类研究还是进行得十分有限。第三，研究的跨学科视野有限。从研究的对象上看，刑法学的相关内容与心理学、社会学、政治学、经济学、教育学等学科都有着密切的联系，但是从研究的视野上看，当前从心理学、社会学、政治学、经济学、教育学等学科角度对刑法学相关问题进行的研究还很不够。

（二）理论研究的体系性发展

刑法学既是一门应用学科也是一门理论学科。作为一门应用学科，刑法学必须重视解决实践问题的技术和方法；而作为一门理论学科，刑法学又必须有自己完整的理论体系。通常情况下，解决实践问题的技术与刑法学理论体系之间是相互协调的，但是在有的情况下，两者之间也可能会产生冲突和互不协调，进而影响刑法学理论体系的完整。关于 2008 年度的刑法学研究，我们发现，有一些研究存在只注重问题解决而忽视理论体系的完整性的问题，常常过于强调分析问题的角度和方法，其分析的结论与整个理论体系之间却存在冲突。我们认为，这种只重技术而不考虑整个理论体系内部是否协调的研究是片面的，不利于刑法学的科学发展。刑法理论研究应注重体系性。

（三）新研究方法的科学性与通俗性

2008 年度，有不少学者运用了一些新的研究方法，如实证分析的方法，来研究刑法问题。其中有不少研究颇具新颖性，令人耳目一新，但是也有某些研究在新方法的运用上欠缺科学性。以调查研究为例，调查者往往都要在调查前进行抽样，而抽样的方法是否科学将直接影响样本的代表性。但是不少研究者根本不考虑样本对总体的代表性问题，往往只是简单地抽取某一个地区（方）的部分人员进行调研，并以此为基础进行分析。可以说，这种实证调查的方法，其科学性是值得质疑的，其研究的结论和价值也要大打折扣。我们认为，一种新的研究方法也许能够给刑法学研究添色不少，但前提是我们能够科学地运用这种新的研究方法，否则它不仅不能促进我国刑法学研究的深入发展，反而会对刑法学的发展产生阻碍。

与此同时，对于新方法的运用，2008年度的刑法学研究还存在一个问题，即很多采用新的研究方法进行的研究，很不容易为人所理解。虽然这种理解与缺乏一定的知识背景有关，但是主要原因仍在于研究者对研究的背景、新研究方法的介绍不够通俗易懂。这不仅会影响研究结论的采信，而且也不利于促进方法的融合和学科之间的贯通，今后应当予以改进。

总之，当前我国正处于社会转型时期，改革开放30年既带动我国政治、经济、文化等多方面的发展，也推动我国刑法学的不断进步。2008年度的刑法学研究尽管存在着一定的不足，然而其秉承改革开放30年刑法学的发展脉络，对刑法的诸多基本问题展开了深入研究，整个刑法学研究的广度和深度都有了积极的进展。我们相信，在即将来临的一年，我国刑法学的研究一定会百尺竿头、更进一步。

［赵秉志、袁彬；载《人民检察》，2009（3），原文发表时有删节］

第二十一章

2009 年的刑法学研究

2009 年是中国刑法学研究发展的重要一年。本年度，刑法学 60 年发展的回顾与展望、犯罪构成理论、死刑、《刑法修正案（七）》、酒后驾车肇事犯罪、传销犯罪、绑架罪、环境犯罪等刑法热点问题受到了学界的广泛关注。刑法学研究展现出前所未有的时代性特征。

一、刑法总论问题

2009 年度，在刑法总论方面，学者们重点关注了刑法学 60 年的发展与展望、刑法解释、社会危害性理论、犯罪构成理论、共同犯罪、期待可能性、死刑等问题。

（一）刑法学 60 年的发展与展望

本年度，新中国迎来了 60 年华诞，为此许多学者围绕 60 年中国刑法学的发展历程、基本经验及未来发展展开了深入研究。

有学者认为，中国刑法学 60 年的历史大体可以分为三个阶段，即创建和曲折发展时期、停滞时期以及恢复和发展时期，并认为，在整个发展过程中，中国刑法学的研究取得了惊人的进步，但也还存在不足。今后刑法学研究要努力构建以人为本的刑法理论，科学地开展刑法学体系的研究，同时也要加强对西方刑法理论的分析。①

---

① 参见马克昌：《中国刑法学 60 年反思》，载《武汉大学学报（哲学社会科学版）》，2009（5）。

有学者总结了新中国刑法学60年的发展经验，指出坚持马克思主义和新时期社会主义建设理论在刑法学研究中的指导地位，坚持“百花齐放、百家争鸣”的学术方针，坚持完善中国刑法学的学科体系，坚持理论联系实际的研究方法，坚持刑法学科的国际化，是中国刑法学发展的基本经验。[①]

也有学者对我国刑法立法研究的发展进行了研究，认为在刑法立法思想方面，存在着犯罪化与非犯罪化之争，轻刑化、重刑化和适度化之争，刑罚化与非刑罚化、非监禁化之争；在刑法立法体例方面，对于刑法典、单行刑法、附属刑法、刑法修正案及刑法立法解释的相关问题，评价与认识不一；在刑法立法技术方面，关于两部刑法典之立法结构和法条用语等技术问题，也是见仁见智。对此，应结合我国刑事法治发展的实践予以理性的思考和评价。[②]

还有学者研究了我国罪刑法定原则的发展，认为罪刑法定原则在1997年刑法中的规定，标志着中国的刑法已经向现代化的刑法迈进，标志着法治国家的建设在刑事法领域的立法层面得到了原则的实现，与我国刑法领域逐步形成的民权刑法理念、谦抑刑法理念等具有密切关系。其内容的实质体现的是“不定罪、不处罚”，体现的根本精神就是“有利于被告人”[③]。

（二）刑法解释

本年度，刑法解释问题受到了许多学者的重视，研究的重点包括我国刑法解释的困境及其解决、法官解释和解释方法等。

关于我国刑法解释的困境及其解决，有学者认为，目前我国刑法解释面临诸多困境：由国家立法机关解释刑法合法却不合理，由最高司法机关解释刑法又有不合宪、侵权之嫌；数量庞大的刑法解释的存在，最终阻碍了司法人员素质的提高，而司法人员素质不高，反过来又加大其对刑法解释的过分依赖。对此，应当改革当前刑法解释体制，取消现行刑法解释中的立法解释

---

① 参见高铭暄：《刑法学发展的基本经验》，载《法学家》，2009（5）。

② 参见赵秉志、王燕玲：《改革开放三十年刑法立法基本问题研究述评（上、下）》，载《法学杂志》，2009（2）（3）。

③ 刘宪权：《罪刑法定原则在我国60年的演进》，载《法学论坛》，2009（5）。

和司法解释，建立法官适用刑法个案解释机制。[①]

关于法官解释，有学者认为，在我国现有的法律解释体制下，法官解释虽然没有得到制度上的确认，但法官对法律的解释活动实际上是不可避免的。而罪刑法定原则本身也不排斥法官解释。刑法的解释坚持的是严格解释原则，在存在多种解释可能时，应作出有利于被告的解释结论。[②] 也有学者认为，法官是刑法解释的当然主体，但法官的解释权不是任意的，应当受到一定的限制。对此，应从内外两个方面来规制法官的刑法解释权：外在规制通过罪刑法定原则和遵循先例原则来实现；内在规制通过树立法官对法律的信仰和法官对法律文本的尊重来实现。[③]

关于刑法解释的方法，有学者认为，刑法的解释应不限于探寻立法原意，应在阐发立法意蕴的基础上创造性地弥补刑法文本的滞后性缺陷。我国的刑法解释应顺应我国经济建设的需要，结合“主观解释论”和“客观解释论”，不断反映变化中的国民之意志，进而与我国构建和谐社会的治国理念结合起来。[④] 也有学者主张对刑法进行实质解释，认为无论从形式合法性、实质合法性或实证的角度，都应倡导实质解释。实质解释应坚持双向保护、权利保障优先、实质解释和客观解释补充原则。实质解释不能超越法治原则的界限，不能违反公平原则、合目的性原则和国民的预测可能性原则。[⑤]

（三）社会危害性理论

社会危害性理论作为我国刑法学的核心概念之一，曾经一度受到一些学者的批判。但本年度，有许多学者对社会危害性理论的刑法学地位、功能进行了新的阐述和肯定。

有学者认为，社会危害性的属性包括客观性与主观性、全定性与质定性、特定性与非特定性、伦理性与政治性。该学者分别考察社会危害性的前述特性及其对立统一具有积极的实践意义，并将对社会危害性的刑法学地位

① 参见夏朝晖：《刑法解释的困境与出路》，载《中国刑事法杂志》，2009（5）。
② 参见周少华：《刑法解释的观念和方法》，载《东方法学》，2009（2）。
③ 参见李震：《刑法解释规制论》，载《山东大学学报（哲学社会科学版）》，2009（2）。
④ 参见舒洪水、贾宇：《刑法解释论纲》，载《法律科学》，2009（5）。
⑤ 参见吴林生：《罪刑法定视野下实质解释论之倡导》，载《中国刑事法杂志》，2009（7）。

给予一个中肯、公正和务实的说法。[1] 结合社会危害性概念的刑法学体系作用、出罪功能、与刑事违法性和罪刑法定原则的关系及刑事科学一体化，社会危害性概念应作为刑法学的基础概念，纳入刑法学的基础范畴。[2]

也有学者认为，社会危害性理论在刑事立法、刑事司法和刑法解释上都具有积极作用。就刑事立法而言，社会危害性理论可以合理划定犯罪圈，进行犯罪分类，并合理配置法定刑；就刑事司法而言，社会危害性理论具有出罪、不诉、量刑基准功能。同时，社会危害性理论还有利于在刑法中贯彻实质主义的法律解释观，凸显了刑法实质正义的价值诉求，能更好地保护人权。[3]

还有学者分析了社会危害性与刑事违法性的关系问题，认为社会危害性与刑事违法性之间的冲突，有着深刻的价值观上的根源和立法、司法中的具体表现。伴随着社会危害性体系性地位的转变，应当在立法上坚持社会危害性，在司法上坚持刑事违法性，同时发挥社会危害性的出罪功能。作为实质违法性的判断标准和阶段，社会危害性的有无决定了行为是否具有违法性，而社会危害性的大小决定了行为构成违法还是犯罪。[4]

（四）犯罪构成理论

犯罪构成问题是本年度刑法学研究的热点问题。学者们不仅系统梳理了我国犯罪构成理论的发展历程，进而指出了我国犯罪构成理论发展的方向，还对国外的犯罪论体系的利弊进行了分析。

1. 我国犯罪构成理论的发展与展望

有学者认为，中国通行的犯罪构成理论与苏联的犯罪构成理论之间存在一脉相承的关系，但前者并非对后者的全盘照搬，而是在移植与借鉴的基础

---

① 参见马荣春、周建达：《犯罪危害性刑法学地位的新视角：犯罪危害性的属性》，赵秉志主编：《刑法论丛》（第17卷），1～22页，北京，法律出版社，2009。

② 参见马荣春、周建达：《为社会危害性概念的刑法学地位辨正—兼与陈兴良教授商榷》，赵秉志主编：《刑法论丛》（第19卷），178～204页，北京，法律出版社，2009。

③ 参见詹红星：《社会危害性理论功能论》，赵秉志主编：《刑法论丛》（第17卷），25～29页，北京，法律出版社，2009。

④ 参见张阳：《社会危害性与刑事违法性的理论冲突及其解决》，载《中国刑事法杂志》，2009（5）。

上有所发展。大陆法系犯罪成立理论、英美法系犯罪成立理论和中国通行的犯罪构成理论各有其优缺点。中国未来犯罪构成理论的走向应当是：以中国现有的通行犯罪构成理论为主导，适当吸取其他犯罪成立理论模式的合理因素。

也有学者批判了以三阶层犯罪成立体系取代我国通行犯罪构成理论的主张，认为对我国通行的犯罪构成理论推倒重来，进而以日本的三阶层犯罪成立理论取而代之者，曲解并漠视了四要件犯罪构成理论所具有的现实合理性，人为地强行切断新中国刑法理论的历史连续；在坚持中发展完善，不折腾，是每一个有社会责任感的刑法学者都必须恪守的基本学术规范和准则，为此应当坚持我国传统的犯罪构成理论。①

还有学者认为，中华人民共和国成立之后，我国犯罪构成理论历经了“引进和传播”、“实践和巩固”以及“发展和困顿”三个发展阶段。目前，我国的主流犯罪构成理论是以苏俄犯罪构成理论为蓝本并经过我国吸收、消化和发展后形成的犯罪构成理论。为了保证中国刑事司法实践具有基本统一的法言法语和相对统一的定罪判断标准，传统犯罪构成理论理应继续成为我国未来的主流犯罪构成理论。②

最后有学者认为，经过多年的实践检验及理论改进，我国刑法学界长期通行的犯罪构成体系在逻辑性和实用性两方面均无大碍，它基本能够胜任我国现阶段刑事司法“依法断案”的要求；但同时，社会的进步与知识的更新亦显露出它在诸多方面存在不足，因此，有必要根据司法的实际需要并借鉴域外刑法学的相关知识，对我国通行的犯罪构成四要件体系，进行一些局部的调适和修正。③

2. 国外犯罪论体系研究

有学者系统研究了国外三阶层犯罪论体系，认为三阶层犯罪论体系只是各种犯罪论体系中的一种，也是不断发展变化的。首先是古典的犯罪论体

---

① 参见赵秉志、王志祥：《中国犯罪构成理论的发展历程与未来走向》，赵秉志主编：《刑法论丛》（第19卷），28～63页，北京，法律出版社，2009。

② 参见高铭暄：《对主张以三阶层犯罪成立体系取代我国通行犯罪构成理论者的回应》，赵秉志主编：《刑法论丛》（第19卷），1～12页，北京，法律出版社，2009。

③ 参见欧锦雄：《新中国犯罪构成理论的发展和展望》，赵秉志主编：《刑法论丛》（第19卷），65～80页，北京，法律出版社，2009。

系，其特点是构成要件和违法性是客观的，责任是主观的。其次是新古典的犯罪论体系，它承认特殊的主观的构成要件要素。再次为目的犯罪论体系，认为故意、过失是构成要件要素，而不是责任要素。最后为现代新古典的犯罪论体系，它以新古典的犯罪论体系为基础，吸取目的行为论的犯罪论体系的一些理论观点而形成。这些犯罪论体系虽然各有优点，但都存在难以克服的缺陷。①

也有学者认为，德、日犯罪论体系植根于一国文化之中，在方法论、认识论和模式论构建上与本国或本民族的文化具有密切关系；并认为，德、日犯罪论体系在方法论、认识论和模式论上各有利弊，这是其适应本土文化传统、价值观念、思维模式要求的必然结果。②

还有学者研究了犯罪论体系的演变，认为在犯罪论体系的建构中，存在着多种不同的思路。目前世界各国的犯罪论体系大致可以分为平面的犯罪论体系与阶层的犯罪论体系两大类。阶层的犯罪论体系又经历了从古典犯罪体系、新古典体系、目的行为论的犯罪论体系、现代新古典的犯罪论体系到目的理性的犯罪论体系的演变。平面的犯罪论体系与阶层的犯罪论体系都存在各自的缺陷。③

（五）共同犯罪

本年度，对于共同犯罪，学者们重点研究了共犯的本质和共同过失犯罪问题。

共犯本质论是大陆法系刑法学界普遍探讨的具有基础性的课题，长久以来存在部分犯罪共同说与行为共同说的争论。目前，部分犯罪共同说获得了包括我国学者在内的多数学者的支持。但本年度，有学者认为，部分犯罪共同说在逻辑论证过程中带有明显的“团体责任”的痕迹，与此相反，行为共同说则彻底坚持了个人责任原则。如果在共犯论中提倡行为共同说，那么，

① 参见冯亚东：《对我国犯罪构成体系的完善性分析》，载《现代法学》，2009（4）。

② 参见马克昌：《简评三阶层犯罪论体系》，赵秉志主编：《刑法论丛》（第19卷），13～26页，北京，法律出版社，2009。

③ 参见莫洪宪、彭文华：《德、日犯罪论体系之利弊分析》，赵秉志主编：《刑法论丛》（第19卷），112～175页，北京，法律出版社，2009。

对“部分行为、全部责任”的原则必须进行全新的诠释。①

关于共同过失犯罪，有学者认为，共同过失犯罪是指多个不负有共同注意义务的人分别实施了违反各自注意义务的行为，共同导致危害结果发生的犯罪形态。共同过失犯罪须由两个以上合格主体且不承担共同注意义务、各主体都实施了过失行为，多个过失行为共同造成了危害结果。对共同过失犯罪人的处罚，应坚持作为分成原则和监督对等原则。② 也有学者认为，对于共同过失犯罪，在我国现有立法规定下，应主张立法论的肯定论而非解释论的肯定论，这是因为共同过失正犯理应属于共同犯罪的范畴，而不是为了应对司法实践中的疑难案件。我国现行《刑法》第 25 条在处理案件上并无障碍。③

（六）期待可能性

本年度，有不少学者对期待可能性的地位问题进行了研究，并对在刑事立法、司法中是否应当使用期待可能性理论形成反对论、有限使用论和肯定论等不同立场。

有学者反对刑事司法直接考虑期待可能性问题，认为在大陆法系的三阶段犯罪论体系中，期待可能性属于责任论，没有期待可能性就没有刑事责任。对期待可能性的法理学分析必须超越刑法学的问题域。期待可能性问题与各种责任本质理论并无直接的必然的联系，期待可能性是义务性规范的立法要求，在刑事司法的定罪过程中，不允许司法者直接考量期待可能性问题。④

也有学者主张在刑事司法中有限使用期待可能性理论，认为德、日期待可能性理论的现状及该理论的缺陷以及我国法治基础的缺失，决定了我国刑法如欲引进期待可能性理论，只宜将之作为调节性而非一般性的刑罚恕免事

① 参见陈家林：《犯罪论体系之演变》，赵秉志主编：《刑法论丛》（第 19 卷），82～110 页，北京，法律出版社，2009。

② 参见阎二鹏：《共犯本质论：基于“个人责任”的反思性检讨》，赵秉志主编：《刑法论丛》（第 19 卷），206～232 页，北京，法律出版社，2009。

③ 参见郑飞、仓军玲：《共同过失犯罪浅析》，载《当代法学》，2009（1）。

④ 参见郑延谱、邹兵：《试论过失共同正犯—立法论而非解释论之肯定》，载《中国刑事法杂志》，2009（7）。

由；至于调节范围，宜限定为在损害同等价值生命法益的紧急避险中有限度地使用这一理论；随意使用期待可能性理论只会导致对人性弱点的廉价同情，最终国家、社会与公民三受其害。[①] 而考虑到这一观念对应的时代和社会的非常态性，以及该观念同罪刑法定原则之间的冲突，有学者主张，期待可能性不应作为超法规的责任阻却事由，但可作为超法规的量刑事由。[②]

还有学者主张在刑事立法和司法中都使用期待可能性理论，认为期待可能性理论产生于20世纪初期，其理论体系日臻完善，影响日益广泛。在大陆法系国家和地区的刑法理论里，期待可能性理论占有极其重要的地位，并在刑事立法和刑事司法中得以承认和采用。期待可能性理论具有较大生命力，这种生命力源于其坚实的理论根基，为此，我们应将该理论在我国刑法理论的框架内合理引入并使之贡献于刑法的立法、司法资源。[③]

（七）死刑

死刑问题是当前我国刑事法治建设领域中的一个重大问题。本年度，死刑的未来发展、死刑民意、死缓等问题都受到了不少学者的关注。

1. 死刑的未来发展

关于死刑的发展，有学者认为，中国应当废止死刑，但短期内应立即废止死刑的观点值得质疑。中国大陆不适宜在短期内全面、彻底地废止死刑：中国大陆当下还缺乏立即废止死刑的文化条件，也不具备在短期内废止死刑的必要社会基础。但在某些条件较成熟的地区，可以尝试建立废止死刑的试验区（刑事司法特区），为全国在未来逐步全面废止死刑提供司法经验。[④]

也有学者认为，当今中国，报应观念依然根深蒂固，重刑主义还浸透在司法文化之中，我们当然不能以此作为替死刑辩护的理由，但是，这种来自文化内部的抗阻，使我国废除死刑的道路依然充满艰难。中国选择保留死刑在目前看来有着无可指摘的理由。[⑤]

---

① 参见董玉庭：《期待可能性理论的法理学分析》，载《北方法学》，2009（1）。

② 参见刘艳红：《调节性刑罚恕免事由：期待可能性理论的功能定位》，载《中国法学》，2009（3）。

③ 参见韩冬：《期待可能性理论适用的法律本土化研究》，载《中国人民公安大学学报（社会科学类）》，2009（2）。

④ 参见赵秉志：《中国短期内能否废止死刑问题要论》，载《法学杂志》，2009（8）。

⑤ 参见周少华：《作为"中国问题"的死刑》，载《华东政法大学学报》，2009（2）。

2. 死刑民意

本年度，有学者对我国死刑民意的现状、死刑民意与死刑改革的关系、死刑民意的引导等问题进行了研究。

关于我国死刑民意的现状，有学者认为，我国对死刑民意的调查研究存在着调查对象和分析方法上的缺陷。通过对死刑民意的最新调查和统计分析发现，与主张完全赞成死刑和主张完全废除死刑的人数相比，多数人主张限制和减少死刑的适用。不过调查同时发现，我国民众的死刑观念不仅受到了多种相关因素的影响和制约，而且还存在着明显的内部冲突。这种冲突主要表现为民众对死刑的抽象态度与具体态度之间的冲突以及死刑民意的内部情感冲突。①

关于死刑民意与死刑改革的关系，有学者认为，我国废除死刑不仅依赖于司法大幅度减少死刑适用和立法者、政治家的及时抉择，而且也应该获得民众对废除死刑的广泛认同。死刑废除的抉择不应绕开也绕不开民意的支持。学者可以充分利用死刑存废之争的契机，积极与民意对话，引导民意，推动民意的提升和转化。司法应积极回应个案处理中反对适用死刑的民意。政治家在废除死刑决策中则应承担超越民意的责任。②

关于死刑民意的引导，有学者认为，民众对死刑的支持与民众的死刑知识水平呈反比例关系，民众的死刑知识越丰富就越会反对死刑，不过基于报应原因而支持死刑的观念将不会因为死刑知识的增加而改变。死刑知识对死刑民意的影响受知识类型的制约，其中最能导致死刑立场发生改变的知识是有关错判、错杀的知识。已经改变的死刑民意会在核心价值观的作用下出现一定的反弹，回到他们最初的、没有接受死刑知识之前的状态。死刑民意的引导应当综合运用知识和情感策略。③

3. 死缓

死缓作为我国死刑制度的一种，近年来也颇受学者的关注。本年度，有学者研究了死缓的适用问题，认为从我国现行刑法的规定看，我国的死刑适用条件并非传统刑法理论所说的“罪大恶极”，而是“罪行极其严重”。当行

---

① 参见袁彬：《死刑民意及其内部冲突的调查与分析》，载《法学》，2009（1）。

② 参见孙国祥：《死刑废除与民意关系之审视》，载《华东政法大学学报》，2009（2）。

③ 参见袁彬：《死刑民意引导的体系性解释》，载《中国刑事法杂志》，2009（11）。

为人“罪行极其严重”且“恶极”时，即行为人主观恶性极大、人身危险性极为深重时，就要适用死刑立即执行；当行为人“罪行极其严重”但“恶不极”时，即行为人主观恶性不是极大、人身危险性不是极重时，就要适用死刑缓期2年执行。[①]

也有学者研究死缓作为死刑立即执行的替代措施问题，认为以死缓作为死刑替代性措施是我国现行刑罚体系下的必然选择。死缓制度呈现的死刑性和非死刑性两种品格特征，使其本身就是死刑立即执行和无期徒刑及长期有期徒刑之间的过渡制度。死缓制度能够通过价值判断和规范建构路径悄然实现对死刑（立即执行）的实际替代。[②]

此外，在刑法总论方面，还有学者对国家政治决策与刑法的变革关系、刑法中的行为、身份犯、犯罪既遂标准等问题进行了研究。

二、刑法各论问题

2009年，在刑法各论方面，学者们重点研究了《刑法修正案（七）》、醉酒驾车肇事犯罪、传销犯罪、绑架罪、转化型抢劫罪和环境犯罪等热点问题。

（一）《刑法修正案（七）》的宏观问题

2009年2月28日通过的《刑法修正案（七）》，是我国的又一项重要刑事立法。本年度，有许多学者围绕《刑法修正案（七）》的立法技术、特点及价值进行了研讨。

1.《刑法修正案（七）》的立法技术

有学者指出，罪名理解的不统一和罪名确定、使用上的混乱引发了一个尴尬问题，即“罪名滞后”。《刑法修正案（七）》从立法技术上看也存在“罪名滞后”的问题。而解决刑法修正案“罪名滞后”问题的最佳方案，是在刑法修正案中直接标注罪名，同时应采取立法解释的方式对既有的全部司

① 参见黎宏：《死刑缓期执行制度新解》，载《法商研究》，2009（4）。

② 参见张心向：《在悄无声息中进行的死刑变革——作为我国死刑替代性措施的死缓制度考量》，载赵秉志主编：《刑法论丛》（第17卷），175～199页，北京，法律出版社，2009。

法罪名加以重新确认、修改和立法转换。[①] 也有学者认为《刑法修正案（七）》的立法技术存在很多优点，这主要表现为：运用了开放性的规定方式、扩大了单位犯罪的种类以及增加了部分犯罪的过失危险犯；不足的地方则表现在：条款项表述欠清晰、遗漏部分犯罪行为以及罚金刑没有数额限制。[②]

2.《刑法修正案（七）》的特点

有学者以《刑法修正案（七）》为切入点指出，综观10余年来刑法的历次修改，我国刑法修改大致有以下四个方面的基本特点：在刑法修改模式上，逐步确立了以颁布修正案为主的修法模式；在刑法修改技术上，呈现出渐趋成熟的特征和发展趋势；在刑法修改内容上，立足经济和社会发展需要，突出修正重点，时代特征鲜明；在刑法修改过程上，愈加体现对民意的尊重和吸纳，突出立法过程的公开性与民主性。进而指出刑法修改的两个方面：应切实贯彻宽严相济的刑事政策；应着力体现现代刑法的功能。[③] 也有学者对《刑法修正案（七）》的特点进行了概括总结，认为《刑法修正案（七）》的特点主要体现在三个方面：修订内容涉及面广，特别重视对破坏市场经济秩序犯罪的修订；刑法修订的内容仍然体现了“犯罪化”“重罚化”的特点；有部分修订内容体现了“处罚从宽”的精神。[④] 还有学者结合《刑法修正案（七）》的个罪从整体上进行归纳，指出《刑法修正案（七）》打破了以往刑法修正案过于强调扩大犯罪圈和提高法定刑的立法惯例，注意入罪与出罪相结合、从严与从宽相协调，较好地体现了宽严相济的刑事政策。[⑤]

3.《刑法修正案（七）》的价值

有学者认为《刑法修正案（七）》不仅首次出现了法定刑由重而轻的修

---

① 参见于志刚，郭小峰：《关于“罪名滞后”问题及其解决模式的思索——以〈刑法修正案（七）〉的颁行为视角》，载赵秉志、陈忠林、齐文远主编：《新中国刑法60年巡礼》（下卷），981～992页，北京，中国人民公安大学出版社，2009。

② 参见田鹏辉：《〈刑法修正案（七）〉的立法技术评析》，载赵秉志、陈忠林、齐文远主编：《新中国刑法60年巡礼》（下卷），1005～1010页，北京，中国人民公安大学出版社，2009。

③ 参见赵秉志：《刑法修改的四特点与两方向》，载《检察日报》，2009-03-02。

④ 参见周振晓：《论〈刑法修正案（七）〉的特点》，载赵秉志、陈忠林、齐文远主编：《新中国刑法60年巡礼》（下卷），993～996页，北京，中国人民公安大学出版社，2009。

⑤ 参见叶良芳：《宽严相济刑事政策的立法体现——〈刑法修正案（七）〉简评》，载赵秉志、陈忠林、齐文远主编：《新中国刑法60年巡礼》（下卷），1020～1028页，北京，中国人民公安大学出版社，2009。

订，而且对社会反响强烈的非法传销、“老鼠仓”、“关系密切的人”等内容及时作出了立法反应。结合1997年刑法典修订以来的其他六个修正案，刑事实体法的反应速度以及满足公共刑事利益需求的属性相当突出。[①] 也有学者从宽严相济刑事政策对《刑法修正案（七）》的适用及其前景进行了分析，并指出本次修正案既体现尊崇原则性的刑法理念，又蕴含丰富的人文关怀；既充分体现刑法保障人权的机能，又淋漓展露刑法保护社会的机能；既平衡公平与效率，又协调秩序与自由；既有科学完整的结构，又有合理完善的内容；既突出手段，又体现自由；既适应本国国情，又符合国际潮流。[②]

（二）醉酒驾车肇事犯罪

本年度，我国接连发生了系列酒后、醉酒驾驶肇事案件，造成了严重危害后果，也引发了社会和刑法学界的强烈关注。对此，有不少学者从理论上进行了研究。

有学者认为，近期接连发生的“酒驾肇事”案件严重暴露出我国相关立法规制的缺陷。基于社会发展和司法实践的迫切需要，我们应当积极寻求对“酒驾”危害行为的刑法立法完善对策。具体来说，可以考虑通过修正现有交通肇事罪法条、增设“危险驾驶罪”、完善刑罚设置等方式改进现有刑法立法规定，从而有效地遏制“酒驾”等危险驾驶案件的发生。[③]

也有学者认为，针对我国交通肇事现状，危险驾驶行为按照交通肇事罪加以定罪量刑，不能体现罚当其罪。建议在立法上增设“危险驾驶罪”，将危险驾驶行为犯罪化，以明确国家对此类行为的否定性评价，从而对危险驾驶行为进行有效遏止，实现公平正义。[④]

还有学者认为，醉酒驾车对公共交通安全危害极大。根据原因自由行为理论及法律规定，醉酒驾车的人犯罪，应负刑事责任。醉酒驾车肇事的，应根据案件情况定罪。醉酒驾车肇事构成以危险方法危害公共安全罪的，一般

---

① 参见卢建平、周建军：《刑事法修正中的政策问题》，载赵秉志、陈忠林、齐文远主编：《新中国刑法60年巡礼》（下卷），972～980页，北京，中国人民公安大学出版社，2009。

② 参见翁凯一：《宽严相济在〈刑法修正案（七）〉中的适用及前景》，载赵秉志、陈忠林、齐文远主编：《新中国刑法60年巡礼》（下卷），1029～1034页，北京，中国人民公安大学出版社，2009。

③ 参见赵秉志、张磊：《“酒驾”危害行为的刑法立法对策》，载《法学杂志》，2009（12）。

④ 参见石红卫、陆之悦：《危险驾驶行为的刑事处罚探析》，载《浙江工商大学学报》，2009（5）。

系间接故意犯罪，量刑时要准确把握犯罪的社会危害和行为人的主观恶性及人身危险性，慎重适用死刑，同时应增设危险驾驶罪。[①]

最后还有学者认为，对酒驾肇事案件，在刑事司法活动中应该以严为主，在从严处理的整体背景下依法考虑各种从宽的情节。在犯罪定性上，需要准确认定行为人的主观罪过是过失还是间接故意。而在量刑上则应从严把握对各种量刑情节的认定和刑罚的具体裁量。[②]

（三）传销犯罪

2009年出台的《刑法修正案（七）》规定了专门的传销犯罪。对此，有学者认为，传销行为具有行为多样性、客体多重性和目的多样性的特点。《刑法修正案（七）》专门规定独立的传销犯罪，这有利于实现传销罪名与罪质的统一、扩大传销犯罪的惩治范围、实现与《禁止传销条例》的协调和避免不必要的国际贸易摩擦。在传销犯罪的立法模式上，《刑法修正案（七）》采取的是概括式立法，仍存在一定不足，应综合采用概括式立法和预备式立法。[③]

也有学者认为，在《刑法修正案（七）》公布之后，组织、领导他人实施传销活动，提供商品或者服务，不具备骗取财物的要素的，仍然成立非法经营罪；组织、领导他人实施传销活动，骗取财物，同时触犯组织、领导传销活动罪与诈骗犯罪的，应当按照想象竞合犯从一重罪论处；不同类型的传销活动的参与人员，依然可能承担非法经营、集资诈骗等犯罪的刑事责任。[④]

还有学者认为，和原《刑法修正案（七）（草案）》关于“传销行为依照法律、行政法规的规定确定”的规定不同，《刑法修正案（七）》第4条详细地对“传销行为”进行了界定，具体要件包括：以经营活动为名；必须有“入门费”；有层级制度；“多层人头计酬”；引诱、胁迫成员继续“拉人头”，骗取财物。[⑤]

---

① 参见高贵君、韩维中、王飞：《醉酒驾车犯罪的法律适用问题》，载《法学杂志》，2009（12）。

② 参见黄晓亮：《论酒驾肇事案件的刑事司法对策》，载《法学杂志》，2009（12）。

③ 参见袁彬：《传销犯罪独立成罪的合理性及模式》，载《中国刑事法杂志》，2009（3）。

④ 参见张明楷：《传销犯罪的基本问题》，载《政治与法律》，2009（9）。

⑤ 参见吴明田、樊辅东：《从司法实践看“组织、领导传销罪”的理解与适用》，载赵秉志、陈忠林、齐文远主编：《新中国刑法60年巡礼》（下卷），1200～1206页，北京，中国人民公安大学出版社，2009。

（四）绑架罪

《刑法修正案（七）》对绑架罪进行了修改，规定了“情节较轻的，处五年以上十年以下有期徒刑”。对此，有学者认为，《刑法修正案（七）》的这一修改符合罪刑相适应原则，也符合刑罚所要达到的一般预防和特殊预防的目的。司法实践中，“情节较轻”的绑架罪主要有两种情形：掳人未取赎而主动、安全释放人质的，或者取赎后主动、安全释放人质而取赎数额不大、且没有其他严重情节的；“事出有因”的绑架行为，且该行为与非法拘禁、敲诈勒索等行为相互交织，没有对人质进行人身损害。①

也有学者认为，《刑法修正案（七）》降低绑架罪的法定最低刑，在一定程度上缓解了其过于严厉的法定刑设置对司法实践产生的压力，在刑法分则具体规定的微观层面上具有积极意义，但从刑法立法制度的宏观层面上看，我国刑法的酌定减轻处罚制度可以有效解决刑法分则中普遍存在的此类问题，因此降低具体犯罪法定刑的做法毫无必要，而尽快取消对《刑法》第63条第2款的程序限制则显得尤为重要。②

还有学者认为，1997年刑法有关绑架罪法定刑的规定过于严厉，量刑情节过于简单，以至于在司法实践中容易造成诸多困惑或分歧。《刑法修正案（七）》尽管降低了绑架罪的起刑点，但仍存在减轻处罚情节设置过于粗糙、加重量刑情节设置过于严窄、对婴幼儿人身权利的特殊保护不全面等问题。因此，应在减轻处罚与加重处罚情节的设置上作适当的调整。③

最后有学者认为，虽然立法上没有直接规定人质型绑架的目的，但考虑到绑架罪起刑点仍然较高，为避免激化社会矛盾，从《刑法修正案（七）》中所体现出的宽缓化立法政策角度出发，对人质型绑架中的犯罪目的应采用“非法目的说”。对绑架罪的目的不应有程度的限制，只要具有勒索他人财物或者满足其他不法要求的目的即可。④

① 参见郑金火：《评析修正后的绑架罪》，载《中国刑事法杂志》，2009（6）。

② 参见于洪伟：《关于降低绑架罪法定刑必要性的反思》，载《法学杂志》，2009（7）。

③ 参见周帆、张冬霞：《绑架罪之法定刑分析——兼论〈刑法修正案（七）〉对绑架罪的修改》，载《中国人民公安大学学报（社会科学类）》，2009（2）。

④ 参见赵秉志、钱小平：《绑架罪要点问题新论——以〈刑法修正案（七）〉的有关修改为背景》，载赵秉志、陈忠林、齐文远主编：《新中国刑法60年巡礼》（下卷），1207～1218页，北京，中国人民公安大学出版社，2009。

（五）转化型抢劫罪

关于转化型抢劫罪，本年度，学者们重点研究了转化型抢劫罪的停止形态问题和已满14周岁不满16周岁的未成年人能否成为转化型抢劫罪的主体问题。

关于转化型抢劫罪的停止形态，有学者认为，转化型抢劫罪具有未遂、中止形态，但不具有预备形态。只要转化行为致人轻伤以上后果、窝藏赃物完毕、继续占有财物、毁灭罪证四者之一成立，转化型抢劫罪就应认定为既遂。四者均为否定的，宜认定为未遂。[①] 也有学者认为，《刑法》第269条转化型抢劫罪存有未遂形态，既是基于法律拟制规定的逻辑结论，同时也有其同罪同罚、罪责刑均衡的必然性和正当性要求。否定转化型抢劫罪未遂形态的存在，将有害于刑罚的公正性。作为抢劫罪的特殊形式，转化型抢劫罪既遂未遂的界定应采用普通抢劫罪的标准。[②]

关于已满14周岁不满16周岁的未成年人能否成为转化型抢劫罪的主体问题，刑法理论上存在着争议。对此，有学者认为，对于《刑法》第269条转化型抢劫罪中"盗窃、诈骗、抢夺罪"的"罪"，从实质合理的角度看，不应局限于刑法上的"犯罪"，应当将其解释为"罪行"。但对于已满14周岁不满16周岁的未成年人，即使转化型抢劫罪的前提条件是犯盗窃、诈骗、抢夺"罪行"，基于该类主体实施转化型抢劫的社会危害性、罪刑法定原则、对未成年人从宽处罚的刑事政策，也不宜承认其可以成为转化型抢劫罪的主体。[③]

（六）环境刑法与环境犯罪

保护环境、科学发展是当前人类社会面临的重大难题之一，而合理的刑法控制是保护环境的重要手段。本年度，有不少学者对环境刑法与环境犯罪

① 参见刘晓虎、蒋晓静：《转化型抢劫罪的停止形态及认定标准》，载《政治与法律》，2009（5）。

② 参见龙洋：《论转化型抢劫罪的既遂与未遂形态——从法律拟制的视角》，载《河北法学》，2009（6）。

③ 参见李希慧、徐光华：《论转化型抢劫罪的主体——以已满14周岁不满16周岁的人为视角》，载《法学杂志》，2009（6）。

问题进行了研究。

有学者主张应有限扩大环境刑法和环境犯罪的范围，认为环境刑法研究应突出强调整体思维。环境刑法的保护法益需要调整，犯罪圈也应适当扩大，但“生态中心主义”立场上的“生态法益”“生态犯罪”理念并不可取，环境危害的可罚性不应过分夸大。环境刑法领域不应实行严格责任，增设环境犯罪的危险犯规定也不是最优选择。解决问题的合理出路在于调整环境刑法的保护法益，设置环境危害意义上的结果犯。①

也有学者认为，我国在立法的伦理价值目标选择上，刑法过于侧重于人类中心主义，立法者没有考虑环境犯罪的生态价值，资格刑和非刑罚处罚方式欠缺。对此，应纠正我国目前过于侧重人类中心主义的伦理价值观，而适当向非人类中心主义的伦理价值观倾斜；将《刑法》第六章第六节独立出来，补充其他目前尚没有规定的环境犯罪的罪名，以“破坏环境资源保护罪”单列一章；将严重破坏草原、滩涂、湿地、坡地、破坏自然保护区以及非法引进境外生物物种导致生态破坏等行为规定为犯罪；改变目前环境犯罪以结果犯和情节犯为主的结构形态，增设危险犯；适当加重部分环境犯罪的法定刑，扩大财产刑的适用，设置资格刑和非刑罚措施。②

还有学者认为，系统的环境犯罪罪名体系，可分为损害私权利的环境犯罪和不当使用公权力的环境犯罪两类。前者可进一步细分为污染生态环境的犯罪和破坏自然资源的犯罪；后者可细分为玩忽职守类型、滥用职权类型以及徇私舞弊类型。对环境犯罪罪名体系中各类型犯罪予以深度研究，可以识别环境犯罪的自然犯属性，并有助于环境犯罪罪名体系的进一步完善。③

此外，在刑法各论方面，还有学者对国有资产刑法特殊保护的正当性、妨害公务罪中的暴力、内幕交易罪等问题展开了研究。

[赵秉志、袁彬；载《人民检察》，2010（1）]

① 参见刘之雄：《环境刑法的整体思维与制度设计》，载《法学论坛》，2009（5）。

② 参见游伟、肖晚祥：《环境刑法的伦理属性及其立法选择》，载《华东政法大学学报》，2009（4）。

③ 参见颜九红：《环境犯罪罪名体系之科学构建》，载《法学杂志》，2009（9）。

第二十二章

2010 年的刑法学研究

以《刑法修正案（八）（草案）》（以下简称《修正草案》）被提交国家立法机关进行初次审议、讨论和《人民法院量刑指导意见（试行）》等司法文件的出台为代表，2010 年度，我国刑法立法改革不断推进、司法改革不断深入。立足于刑法立法、司法改革的新发展，本年度，学者们对我国刑法领域的众多重大理论和实务问题进行了深入研讨，取得了丰硕成果。在此，根据问题研讨的集中程度和重要性，对本年度我国刑法理论研究的状况分《修正草案》的热点问题、全国刑法学术年会研讨的议题和其他重要理论与实务问题三方面作简要综述。

一、《修正草案》的热点问题

本年度，我国刑法领域关注的最大热点当属《修正草案》相关热点问题的研讨。2010 年 8 月 23 日、12 月 20 日，《修正草案》被提请至国家立法机关进行初次和再次审议。由于修法内容重要、修法幅度较大，《修正草案》一经公布即引起了社会各界的广泛关注和热烈讨论。其中一些问题还引发了理论界和实务界的激烈争论。许多学者围绕《修正草案》的死刑罪名削减、自由刑制度改革、老年人犯罪从宽暨免死、黑社会性质组织犯罪和民生的刑法保护等热点问题进行了深入研究。

（一）死刑罪名的削减问题

取消 13 种经济性、非暴力犯罪的死刑是《修正草案》的第一亮点和热点，也是审议和征求意见过程中争议较大的问题。本年度，学者们围绕《修正草案》取消13种犯罪死刑的价值、近似犯罪的死刑取消以及贪污受贿罪的死刑取消等问题进行了深入研究。

关于《修正草案》取消13种犯罪死刑的价值，我国学者多持肯定态度。如有学者认为，《修正草案》取消13种死刑罪名在当前社会形势下具有充分的事实和价值根据，有利于回归传统死刑理性认识，推进死刑制度改革；贯彻宽严相济刑事政策，促进刑事法治发展；彰显生命价值的至上性，切实保障公民人权；促进社会治理机制健全，实现社会文明进步。[①] 也有学者指出，《修正草案》取消13种犯罪的死刑有利于改善我国死刑的立法现状与格局，支持限制死刑适用的司法改革，促进死刑观念的变革，顺应死刑发展的国际趋势。[②]

与《修正草案》取消死刑的13种经济性、非暴力犯罪相近似，我国刑法中还有许多经济性、非暴力犯罪，如集资诈骗罪、组织卖淫罪和运输毒品罪等。一些学者认为，对这些犯罪也应当取消死刑。如有学者认为，我国应当取消集资诈骗罪、组织卖淫罪和运输毒品罪的死刑，除了因为它们都属于非暴力犯罪、侵害的客体与死刑所剥夺的生命权不对称外，集资诈骗罪属于智能犯罪，通常被害人都有一定的过错；组织卖淫罪对人身权利的侵害并不明显；运输毒品罪本身也不属于最严重的犯罪，并且在实践中，运输毒品者通常都是一些被利用者且多为偶犯，而非毒品犯罪中最危险、最严重的罪犯。因此，对这些犯罪不应当保留死刑。[③] 也有学者认为，刑法上对单纯的经济犯罪（贪污罪、受贿罪不在其列）原则上不应设死刑。这是因为：受到经济、政治、法律等各种因素的影响，靠死刑无法有效遏制经济犯罪；单纯的经济犯罪的社会危害性一般都要低于侵犯他人生命权利、国家安全和公共安全的犯罪的，对之适用死刑有过重之嫌；从国家和社会的利益考虑，对经济犯罪适用死刑极不经济；对于经济犯罪不设置死刑是世界各国的通例。[④]

---

① 参见高铭暄、黄晓亮：《削减死刑罪名的价值考量》，载《法学杂志》，2010（12）。

② 参见赵秉志：《中国死刑改革的进展与趋势》，载《法制日报》，2010-11-17。

③ 参见赵秉志：《〈刑法修正案（八）（草案）〉热点问题研讨》，载赵秉志主编：《刑法论丛》（第24卷），北京，法律出版社，2010。

④ 参见高铭暄、苏惠渔、于志刚：《从此踏上废止死刑的征途——〈刑法修正案（八）草案〉死刑问题三人谈》，载《法学》，2010（9）。

关于贪污受贿罪应否取消死刑的问题，有学者认为，《修正草案》取消13种犯罪死刑与贪污受贿罪的死刑取消之间并不具有内在的铺垫、预热关系，贪污受贿犯罪在今后较长一段时期内不宜废除死刑。这是因为：贪污贿赂犯罪的社会危害性决定了在今后较长一段时期内应当对其保留死刑；对贪污贿赂犯罪废除死刑尚没有得到公众的认同；保留贪污贿赂犯罪的死刑与贪污贿赂犯罪分子没有适用死刑之间没有必然的联系。[①] 但也有学者认为，从长远的角度看，我国应当取消贪污罪受贿罪的死刑。这是因为：从人道的角度看，贪污罪受贿罪属于经济犯罪，其侵害的客体与死刑所剥夺的生命权难以相提并论，对其适用死刑不符合刑罚人道的要求；无数事实和历史证明，严刑峻法从来都不是防止犯罪（包括腐败犯罪）最有效的手段，死刑也不是；在全世界普遍废除腐败犯罪死刑的趋势下，中国保留贪污罪受贿罪的死刑与世界法律文化的发展趋势不符，也难以获得国际社会的支持。[②]

总体而言，上述关于《修正草案》取消13种犯罪死刑的争论，反映了人们对死刑、国情民意、人道主义等问题的不同看法。我们认为，《修正草案》取消13种犯罪的死刑具有重大意义，而且从长远看，我国应当取消所有犯罪的死刑。

（二）自由刑制度改革问题

为了配合13种犯罪死刑的取消，同时也是为了进一步完善我国刑罚结构，《修正草案》通过适度限制、调整死缓犯的减刑、假释和有选择地提高有期徒刑数罪并罚上限的方法适当加重了自由刑。以此为背景，本年度，学者们对普遍提高有期徒刑的期限和普遍提高有期徒刑的数罪并罚上限问题进行了研究。

关于应否普遍提高有期徒刑的期限，有学者认为，在现有情况下，我国适当地普遍提高有期徒刑的期限是可行的。这是因为：与当代外国立法例相比，我国现在的有期徒刑上限总体偏低，适当提高有期徒刑刑期有利于有期

---

① 参见储槐植、王强军：《为什么较长时期内不宜废除贪污贿赂犯罪死刑》，载《检察日报》，2010-09-09（3）。

② 参见赵秉志：《〈刑法修正案（八）（草案）〉热点问题研讨》，载赵秉志主编：《刑法论丛》（第24卷），北京，法律出版社，2010。

徒刑与其他刑种尤其是死刑之间的平衡。而且由于减刑、假释制度的适用，我国有期徒刑的实际执行期限过短，难以发挥其应有的作用，有必要适当提高。[①] 也有学者认为，我国具备普遍提高有期徒刑上限的可行性：我国有期徒刑上限与国外有期徒刑上限相比仍有提高空间；我国现阶段民众刑罚价值观念已发生较大变化；国家政治局面的稳定为提高有期徒刑上限提供了政治基础；繁荣的经济为有期徒刑上限的提高提供了物质基础。我国应将有期徒刑的上限普遍提高至20年。[②]

关于应否普遍提高有期徒刑的数罪并罚上限，《修正草案》采取的做法是附条件地提高至25年。对此，有学者认为，我国刑法中有期徒刑数罪并罚的刑期上限只有20年，总体上较低，应提高有期徒刑数罪并罚刑期的上限。不过，该学者同时认为，《修正草案》附条件地提高有期徒刑数罪并罚上限的幅度还过于保守，应将有期徒刑数罪并罚的期限提高到30年或者更长。[③] 也有学者认为，应将有期徒刑数罪并罚的上限提高至30年。这样，既能够在一定程度上弥补数罪并罚时总和刑期超长而上限偏低的缺陷，又能在执行数罪并罚时有相对较大的伸缩余地。[④]

值得指出的是，有期徒刑上限的提高，不仅涉及有期徒刑与无期徒刑、死刑之间的协调，而且还要考虑有期徒刑内部不同档次法定刑的幅度以及有期徒刑与拘役、管制之间的协调与平衡。综合地看，我国有期徒刑的上限有上升的空间，但应合理设计、综合平衡。

（三）老年人犯罪从宽暨免死问题

对老年人犯罪从宽与免死是《修正草案》的一个热点问题，但在审议和征求意见过程中争议较大。从理论上看，争论的焦点主要涉及对老年犯罪人应否从宽或者免死、从宽或者免死的年龄以及对老年人免死应否有例外等

---

① 参见赵秉志：《〈刑法修正案（八）（草案）〉热点问题研讨》，载赵秉志主编：《刑法论丛》（第24卷），北京，法律出版社，2010。

② 参见马长生、许文辉：《死刑限制视角下的有期徒刑上限提高论——兼论我国重刑体系的冲突及衔接》，载《法学杂志》，2010（1）。

③ 参见马守敏、邹守红：《死刑存废的中国路径》，载《人民法院报》，2010-09-06（6）。

④ 参见马长生、许文辉：《死刑限制视角下的有期徒刑上限提高论——兼论我国重刑体系的冲突及衔接》，载《法学杂志》，2010（1）。

问题。

关于对老年犯罪人应否从宽或者免死，有人提出了反对意见，其理由主要有：已满75周岁者心智健全，具有完全的责任能力，不具备从宽免死的根据；不少已满75周岁者还有相当的犯罪体能，对之取消死刑则无法有力地惩治罪犯和保护社会；对老年人犯罪免死有违适用刑法人人平等的原则；某些国家关于老年人犯罪免死的立法并不具有普遍性，未必值得我国借鉴。[①] 但也有学者从老年人犯罪的刑事责任特点、刑罚目的、社会文明、刑罚人道、我国法律文化传统、新中国司法实践以及国际社会的情况等角度进行分析后认为，建立老年人犯罪从宽的刑罚制度，在我国有着从法理到实践、从历史到现实、从国内到国际等多方面的根据和理由，应当对其予以从宽或者免死。[②] 还有学者认为，矜老恤幼是我国古代刑事法律中的传统，周朝开始就有相关规定；而且现行刑法规定了对于犯罪时不满18周岁的未成年人不适用死刑，相应地，对于一定岁数的老年人，也应该排除死刑的适用。[③]

关于对老年犯罪人从宽或者免死的年龄，目前《修正草案》设定的是75周岁。对此，有学者认为，从我国老年人的平均寿命、老年人的心理能力变化、国际上关于老年人从宽处罚的年龄标准等方面看，我国应当将老年人犯罪从宽处罚的年龄设定为"已满70周岁"[④]。事实上，多年来，年满70周岁的人，法院通常也不执行死刑。[⑤] 也有学者认为，从生理条件和社会实践来看，鉴于中国人均寿命已达到72岁，法定的退休年龄是男性60岁、女性55岁，加之老年人犯罪率比较低，作为宽宥对象的"老年人"的起始年龄应高于退休年龄而略低于人均寿命，以70岁为宜。[⑥]

关于对老年人免死是否应当有例外，有学者认为，年满75周岁的老年

---

① 参见反对者的观点介绍参见赵秉志：《关注老年人犯罪应否免死问题》，载《法制日报》，2010-10-27。

② 参见赵秉志：《关注老年人犯罪应否免死问题》，载《法制日报》，2010-10-27。

③ 参见《刑法酝酿第八次大修高龄老人可能不适用死刑》，载《南方周末》，2010-07-23。

④ 赵秉志、袁彬：《论特殊群体从宽制度的完善——以〈刑法修正案（八）（草案）〉为视角》，载《法学杂志》，2010（12）。

⑤ 参见陈丽平：《赋予老年罪犯"免死金牌"争议大》，载《法制日报》，2010-08-26（7）。

⑥ 参见杜邈、徐啸宇：《老年人犯罪不适用死刑的立法控制》，载《北京人民警察学院学报》，2010（4）。

人中，有相当多的人有犯罪能力。对这些人一概免死，后果不堪设想。因此，对老年人犯罪免死应作一些例外规定，如老年人实施故意杀人罪的除外。[①] 也有学者认为，对老年人犯罪一概不适用死刑，具有法理、社会、刑事政策等多重价值。[②] 还有学者提出了两种选择方案，其中首选方案是从国际社会的普遍做法、国际公约要求、老年人犯罪的刑事责任特点及刑法立法应面向普遍与一般情况之特性出发，认为对老年人犯罪应一概免死。但同时考虑到立法审议过程中的争论和一些全国人大常委会委员的担心，为了有助于老年人犯罪免死制度的顺利建立，也可以考虑将“造成多人死亡的极其严重的犯罪”作为对老年人犯罪免死的例外。[③]

从当前的情况看，对老年人犯罪从宽，学者的争议不大；但对老年人免死问题，学者之间争议较大。这既涉及对老年人犯罪能力的认识问题，也涉及人道主义观念的贯彻。随着社会文明程度的不断提高和人道主义观念的逐渐深入，社会对老年人犯罪的宽容度将逐渐提高，对老年人犯罪从宽暨免死的认识也将更加深入。

（四）黑社会性质组织犯罪的相关问题

为了完善对黑社会性质组织犯罪的惩治，加大“打黑除恶”的力度，《修正草案》从七个方面完善了黑社会性质组织暨相关犯罪的立法。对此，本年度，学者们重点研究了《修正草案》涉及的黑社会性质组织的经济特征、“保护伞”和财产刑的设置问题。

关于黑社会性质组织的经济特征，有学者认为，经济实力不宜作为黑社会性质组织的必备特征。因为获取经济利益并非黑社会性质组织犯罪所特有，通过违法犯罪获取经济利益是绝大多数刑事犯罪所追求的目的，以此不足以将黑社会性质组织犯罪和其他犯罪相区分。[④] 但也有学者认为，在近年

---

① 参见陈丽平：《赋予老年罪犯“免死金牌”争议大》，载《法制日报》，2010-08-26（7）。

② 参见杜邀、徐啸宇：《老年人犯罪不适用死刑的立法控制》，载《北京人民警察学院学报》，2010（4）。

③ 参见赵秉志：《〈刑法修正案（八）（草案）〉热点问题研讨》，载赵秉志主编：《刑法论丛》（第24卷），北京，法律出版社，2010。

④ 参见朱本欣、梁健：《论黑社会性质组织的界定》，载陈泽宪、贾宇、曲新久主编：《刑法理论与实务热点聚焦》，北京，中国人民公安大学出版社，2010。

来全国“打黑除恶”运动中发现，较强的经济实力是黑社会性质组织的重要特征，从提高打击黑社会性质组织犯罪的针对性和有效性的角度，应当提高黑社会性质组织认定中的经济门槛。[①]

关于黑社会性质组织的“保护伞”，有学者认为，“保护伞”不能作为黑社会性质组织的构成特征。全国人大常委会2002年的立法解释充分考虑了各地的具体实际，打消了司法机关在办理该类案件中的疑虑，给实际办案提供了现实可行的依据。[②] 还有学者认为，无论是从全国“打黑除恶”的司法实践经验看，还是从国际社会的立法和司法经验看，“保护伞”都是黑社会性质组织产生、存在和发展的必要条件，应当将其作为黑社会性质组织的必备特征。[③]

关于黑社会性质组织犯罪的财产刑设置问题，有学者认为，经济实力是黑社会性质组织的重要特征，也是黑社会性质组织进行违法犯罪活动的重要基础。从有针对性地惩治黑社会性质组织和切实剥夺黑社会性质组织再犯能力的角度，我国应当对黑社会性质组织犯罪规定财产刑。[④] 也有学者认为，对黑社会性质组织犯罪增设财产刑可以更好地实现刑罚的正当性、刑罚的特殊预防和一般预防。借鉴国外先进立法经验，应确立得科罚金制的罚金刑适用方式，增设抽象罚金制，并合理确定数额标准，增设没收财产刑及财产刑易科自由刑制度。[⑤]

（五）民生的刑法保护问题

加强民生的刑法保护是《修正草案》的重要内容。对此，《修正草案》不仅通过扩充犯罪行为类型、降低入罪门槛、提高法定刑的方式加强了民生

---

① 参见赵秉志：《〈刑法修正案（八）（草案）〉热点问题研讨》，载赵秉志主编：《刑法论丛》（第24卷），北京，法律出版社，2010。

② 参见田立文：《关于黑社会性质组织犯罪认定中的几个问题》，载陈泽宪、贾宇、曲新久主编：《刑法理论与实务热点聚焦》，北京，中国人民公安大学出版社，2010。

③ 参见赵秉志：《〈刑法修正案（八）（草案）〉热点问题研讨》，载赵秉志主编：《刑法论丛》（第24卷），北京，法律出版社，2010。

④ 参见赵秉志：《〈刑法修正案（八）（草案）〉热点问题研讨》，载赵秉志主编：《刑法论丛》（第24卷），北京，法律出版社，2010。

⑤ 参见莫晓宇、刘畅：《黑社会性质组织犯罪之财产刑增设初探》，载陈泽宪、贾宇、曲新久主编：《刑法理论与实务热点聚焦》，北京，中国人民公安大学出版社，2010。

的刑法保护，而且还设置了一些新型犯罪，如危险驾驶犯罪、恶意欠薪犯罪、非法买卖人体器官罪等。本年度，在这方面，学者们重点探讨了危险驾驶行为和恶意欠薪行为的入罪问题。

关于危险驾驶行为的入罪问题，有学者认为，我国现有的刑法资源完全可以评价酒驾和飙车行为，没有必要将两种行为直接入罪。[①] 但也有学者认为，无论是从惩治危险驾驶的现实需要，还是从费尔巴哈的心理强制说和结果无价值论的理论立场上看，都应当将醉酒驾驶行为入罪。[②] 还有学者指出，鉴于当前我国危险驾驶行为高发、多发，危险驾驶的行政治理力度有限，我国刑法惩治危险驾驶存在的缺陷，以及国际社会的类似做法，我国应当将危险驾驶行为入罪。[③]

关于恶意欠薪行为应否入罪问题，有学者认为，就抗制恶意欠薪而言，是否必须动用刑法手段值得研究。这是因为：从消解恶意欠薪现象产生的原因来分析，刑法不是最优选择；就避免恶意欠薪的恶果而言，也不是必须动用刑法不可；从刑法的保障法性质而言，直接将恶意欠薪行为入罪也未必妥当。恶意欠薪在本质上仍然是一种欠债恶意不归还的行为，不应将其入罪。[④] 也有学者认为，贸然增设“恶意欠薪罪”不仅违背了刑法的谦抑性要求，而且无助于有关问题的解决。恶意欠薪入罪应当慎行。[⑤] 但也有学者认为，并不是民事法律调整的关系就一定不能由刑法调整，作为民法等其他法律的保障法，只要民事法律对某种社会关系的调整无法奏效时，就可以由刑法加以调整、规范；将恶意欠薪行为入罪是现实的需要；国外不少国家和地区关于恶意欠薪入罪的立法，可作为我国将恶意欠薪行为入罪的理由和立法模式的参考、借鉴。我国应当将恶意欠薪行为入罪。[⑥]

---

① 参见董玉庭：《现行法律足以评价酒驾、飙车行为》，载《中国社会科学报》，2010-10-19(10)。

② 参见贾凌、毕起美：《醉酒驾驶行为入罪论》，载《法学杂志》，2010 (9)。

③ 参见赵秉志：《〈刑法修正案（八）（草案）〉热点问题研讨》，载赵秉志主编：《刑法论丛》（第24卷），北京，法律出版社，2010。

④ 参见周宜俊：《刑法增设新罪的适度性分析——以危险驾驶、恶意欠薪入罪为例》，载《东方法学》，2010 (5)。

⑤ 参见曾粤兴、刘阳阳：《欠薪入罪应当慎行》，载《法学杂志》，2010 (9)。

⑥ 参见赵秉志：《〈刑法修正案（八）（草案）〉热点问题研讨》，载赵秉志主编：《刑法论丛》（第24卷），北京，法律出版社，2010。

二、全国刑法学术年会研讨的议题

2010年9月10—13日，由中国法学会刑法学研究会主办，甘肃政法学院、甘肃省高级人民法院、甘肃省人民检察院和甘肃省监狱管理局共同承办的2010年全国刑法学术年会在甘肃兰州举行。来自中央政法机关、甘肃省政法机关以及全国各高等院校、科研院所和其他部分地方司法机关的领导、专家学者和各方面的代表等共计360余人参加了本次年会。与会学者围绕“社会危害性理论问题研究”、“刑罚结构的调整与相关制度研究”、“死刑立法控制问题研究”、“黑社会性质组织犯罪研究”和“毒品犯罪研究”等年会议题展开了深入研讨。这是我国刑法学领域的一次盛会，其研讨的相关议题不仅有助于推动我国相关刑法立法、司法的发展，而且进一步丰富了我国刑法理论。

（一）社会危害性理论问题

社会危害性是我国刑法学的重大理论问题。在本届年会，学者们重点对社会危害性的内涵、社会危害性理论的地位及完善等问题进行了研究。

关于社会危害性的内涵，有学者认为，社会危害性是一个主客观相统一的范畴，而法益侵害则仅仅是社会危害性的客观方面，是社会危害性的下位概念。社会危害性具有刑事立法和刑事司法两个层次的规范性。对社会危害性概念的解释须面对犯罪事实，尽量朝着合目的性的方向进行。① 也有学者认为，尽管我国刑法学的通说坚持了客观主义刑法观，但对很多问题采取了主观主义的做法。这是由于现行通说将作为行为属性的社会危害性和作为犯罪本质的值得处罚的社会危害性两个概念相混淆而造成的。社会危害性是行为对刑法所保护的社会关系或者合法权益所造成的实际危害或者现实威胁，其评价不应当为行为人的主观内容所左右。②

---

① 参见高铭暄、陈璐：《社会危害性概念解释论》，载陈泽宪、贾宇、曲新久主编：《刑法理论与实务热点聚焦》，北京，中国人民公安大学出版社，2010。

② 参见黎宏：《浅论社会危害性的基本内容》，载陈泽宪、贾宇、曲新久主编：《刑法理论与实务热点聚焦》，北京，中国人民公安大学出版社，2010。

关于社会危害性理论的地位，有学者认为，以法益侵害说取代社会危害性理论是没有必要的。虽然现行的社会危害性理论具有不科学的地方，但是只要能够科学地解释我国刑法中的社会危害性，建构科学的社会危害性理论即可，以法益侵害说取代社会危害性理论并不必要。①

关于社会危害性理论的完善，有学者认为，社会危害性不能完全决定是否犯罪，难以完整揭示犯罪的本质，但犯罪又离不开社会危害性，因此将社会危害性作为犯罪的本质在理论上受到了一定的质疑。基于此，该论者主张以社会危害性和非社会危害性因素作为犯罪本质的两个侧面。② 也有学者认为，受社会危害性概念制约，我国现行的犯罪构成理论整体上呈现为一种类型（形式）判断和价值（实质）判断同一、价值判断内部又无层级区分的平面体系。为此，应当将社会危害性从犯罪构成中分离出来，从而使犯罪构成成为类型化的形式判断，社会危害性成为具体的和个别的实质判断，同时社会危害性判断又进一步分为违法阻却判断和责任阻却判断。③

（二）刑罚结构的调整与相关制度

刑罚结构调整不仅在《修正草案》中有所涉及，也是本届刑法学术年会研讨的重要内容。在本届年会期间，学者们主要对刑罚结构调整的方向和具体方法进行了研讨。

关于刑罚结构调整的方向，有学者认为，刑罚制度的完善需要从社会伦理角度进行分析。唯有如此，罪责刑均衡原则才会被赋予新的精神内涵，刑罚制度的完善才能在理性的价值目标指引下得以实现。我国刑罚目的应当以功利制约报应，即在报应与功利之间，功利是基础和根本，报应应当受到功利的制约。我国刑罚观念中的重刑主义色彩极其浓厚，其实质是报应主义的底蕴过于深厚，需要在功利主义刑罚观的制约下朝轻缓方向

① 参见杨凯：《社会危害性理论否定论与法益侵害说的规范检讨》，载陈泽宪、贾宇、曲新久主编：《刑法理论与实务热点聚焦》，北京，中国人民公安大学出版社，2010。

② 参见夏勇：《犯罪本质是以社会危害性为中心的矛盾结构》，载陈泽宪、贾宇、曲新久主编：《刑法理论与实务热点聚焦》，北京，中国人民公安大学出版社，2010。

③ 参见李邦友、张理恒、黄悦：《论犯罪构成视野中社会危害性的重构》，载陈泽宪、贾宇、曲新久主编：《刑法理论与实务热点聚焦》，北京，中国人民公安大学出版社，2010。

引导。[①]

关于刑罚结构调整的具体方法，有学者认为，我国刑罚结构改革的重点应当从刑罚种类的多样化和刑罚方法的结构性重组两方面入手。前者要求构建和完善我国的保安处分制度、增加新的资格刑。后者则要求完善管制刑，扩大管制刑的适用范围；完善拘役刑的宣判及执行制度；提升罚金刑在刑罚结构中的地位，并提高其实际适用率。[②] 也有学者认为，在死刑废止的视角下，对自由刑体系，应设置不可减刑或假释的终身徒刑、提高有期徒刑上限、设置开放的自由刑。同时，应调整减刑和假释制度、确立和完善社会矫正制度、建立短期自由刑与财产刑易科制度。[③] 但也有学者认为不应引进绝对终身刑制度，而应设立两套不同的相对终身刑制度，如在无期徒刑之外增设一种严格的无期徒刑。[④]

（三）死刑的立法控制问题

本届年会，学者们除了对《修正草案》相关的死刑问题进行研究之外，还围绕死刑控制的方略、死刑的适用标准、死缓制度的改革与完善、个罪死刑的立法控制等问题，进行了全面而细致的研讨。

关于死刑控制的方略，有学者认为，在全球化不断发展的当代，我国在死刑的价值和适用的罪种、对象、救济制度及数字公开等方面尚需进一步改革完善，对此应以限制和减少死刑适用作为我国死刑制度改革的近期目标，以全面彻底废止死刑为远期目标；选择司法改革与立法改革并进的路径，并在司法和立法两个方面积极采取多种改革措施。[⑤] 也有学者认为，控制死刑的步骤，应当是司法先行、立法缓行，即通过（法院）司法逐步减少乃至不

① 参见高铭暄、曾粤兴：《刑罚体现社会伦理的基本途径——刑罚制度的完善》，载陈泽宪、贾宇、曲新久主编：《刑法理论与实务热点聚焦》，北京，中国人民公安大学出版社，2010。

② 参见卢建平、田兴洪：《论我国刑罚结构的缺陷及其完善》，载陈泽宪、贾宇、曲新久主编：《刑法理论与实务热点聚焦》，北京，中国人民公安大学出版社，2010。

③ 参见郭理蓉：《死刑废止视角下的“生刑”体系重构》，载陈泽宪、贾宇、曲新久主编：《刑法理论与实务热点聚焦》，北京，中国人民公安大学出版社，2010。

④ 参见王志祥、何恒攀：《论我国终身自由刑制度的改革》，载陈泽宪、贾宇、曲新久主编：《刑法理论与实务热点聚焦》，北京，中国人民公安大学出版社，2010。

⑤ 参见赵秉志：《论全球化时代的中国死刑制度改革——面临的挑战与对策》，载《吉林大学社会科学学报》，2010（2）。

适用或不执行死刑，使死刑达到名存实亡的程度，再从立法上废除死刑。而司法先行控制死刑的核心环节有两个：一是统一死刑的适用标准；二是以“死缓”逐渐取代死刑的执行。该论者还认为，中国刑法“生刑过轻”说的论据尚不充分，立法“加重生刑”应当谨慎。[①]

关于死刑的适用标准，有学者认为，我们应当遵守以下几个方面的具体标准：死刑应只限于故意犯罪，只限于严重暴力犯罪，只限于对人身以及与人身有关的犯罪，只限于与生命具有等价性的犯罪，只限于被害人无过错的犯罪。而其中，“罪大”就是死刑适用的犯罪性质只限于严重暴力犯罪、侵害的对象是人身以及与人身有关的犯罪、剥夺的法益必须是与生命权利具有等价性的犯罪。“恶极”就是死刑只限于故意犯罪、被害人无过错的犯罪。只有将以上两个方面的总体标准有机地结合在一起，才能对死刑的适用有一个正确的界定，努力避免死刑的错误适用。[②]

关于死缓制度的改革与完善，有学者认为，作为中国特色的刑事执行制度，死缓因不当设置而导致了刑法的诸多缺陷。将死刑缓期执行及死刑立即执行的规定从刑法中去除，加快刑事执行立法规范化、系统化，将死刑执行的基本原则、程序与方法在执行立法规范中予以明确，同时启用刑法中的特赦制度，对可予宽大处理的被判处死刑人员予以宽免应当是正确适用死刑的妥当路径。[③] 也有学者认为，现行刑法关于死缓之“应当判处死刑”前提条件的立法表述意义不大，导致死缓的不正确适用，因而建议将其删除。而“不是必须立即执行”的实质性条件，尽管具有一定的合理性，但同时也有明显的不周延性。为了充分发挥死缓的刑事政策意义，最大限度地减少死刑立即执行的适用，死缓适用的条件应当尽可能放宽。[④] 还有学者认为，死缓制度在法理逻辑等方面的制度缺陷却日益凸显，如适用死缓的前提条件不明

---

① 参见阮齐林：《中国控制死刑的方略》，载陈泽宪、贾宇、曲新久主编：《刑法理论与实务热点聚焦》，北京，中国人民公安大学出版社，2010。

② 参见李永升：《关于死刑适用的具体标准再探讨》，载陈泽宪、贾宇、曲新久主编：《刑法理论与实务热点聚焦》，北京，中国人民公安大学出版社，2010。

③ 参见赵路：《死刑改革进向的几步路径——以死缓与死刑立即执行及特设为切入》，载陈泽宪、贾宇、曲新久主编：《刑法理论与实务热点聚焦》，北京，中国人民公安大学出版社，2010。

④ 参见马松建：《试论死缓适用条件的立法完善》，载陈泽宪、贾宇、曲新久主编：《刑法理论与实务热点聚焦》，北京，中国人民公安大学出版社，2010。

确，死缓的性质不明确，死缓执行期间的规定存在严重缺陷，缺乏原有的预防犯罪功能，死缓司法程序已成为死刑与无期徒刑、有期徒刑之间的过渡产物，我国应在必要时废除死缓制度。[①]

关于个罪死刑的立法控制，有学者认为，在严格控制和慎重适用死刑的大背景下，抢劫罪配置死刑条款的立法完善应是逐步缩小范围，在遵循罪刑均衡的报应基础上追求刑罚的一般预防功能，并保持与其他罪名法定刑幅度相协调。当前，应通过刑法修正案的方式，逐步缩小抢劫罪适用死刑的情形。[②] 也有学者认为，故意杀人罪的死刑限制与逐步废止也应从立法上分阶段地逐步进行：首先应在现阶段调整现行故意杀人罪的立法模式；其次应在条件成熟时，将大部分原本属于故意致命性的普通暴力犯罪，通过立法技术的调整，将其转以故意杀人罪论处；最后在社会的发展和法治的完善达到相当程度时，考虑最终废止故意杀人罪的死刑。[③]

（四）黑社会性质组织犯罪

关于黑社会性质组织犯罪，本届年会期间，除了探讨了《修正草案》涉及的相关问题，学者们还就黑社会性质组织的定位、黑社会性质组织犯罪的罪数形态、立法与构成模式等问题进行了深入研讨。

关于黑社会性质组织的定位，有学者认为，黑社会组织是一种独立的存在形式，在其组织发展过程中并不存在所谓的黑社会性质组织。黑社会性质组织既然具有黑社会性质，就是黑社会组织。立法之所以要带上“性质”两字，只是为了降低黑社会组织入罪的门槛。[④] 但也有学者从现实依据、法律依据和国情依据等方面认为，黑社会性质组织和黑社会在“涉黑”这一本质问题上确实具有质的同一性，但黑社会性质组织并不等同于

---

① 参见陈洁、肖俊鹏：《我国死缓制度的现实尴尬——关于死缓制度的存废考量》，载陈泽宪、贾宇、曲新久主编：《刑法理论与实务热点聚焦》，北京，中国人民公安大学出版社，2010。

② 参见张向东、冯卫国：《抢劫罪适用死刑的现状及立法完善》，载陈泽宪、贾宇、曲新久主编：《刑法理论与实务热点聚焦》，北京，中国人民公安大学出版社，2010。

③ 参见阴建峰：《论故意杀人罪死刑的立法控制》，载陈泽宪、贾宇、曲新久主编：《刑法理论与实务热点聚焦》，北京，中国人民公安大学出版社，2010。

④ 参见楼伯坤：《黑社会性质组织罪的名与实》，载陈泽宪、贾宇、曲新久主编：《刑法理论与实务热点聚焦》，北京，中国人民公安大学出版社，2010。

黑社会。[①]

关于组织、领导、参加黑社会性质组织行为的罪数形态，有学者认为，组织、领导、参加黑社会性质组织罪又有其他犯罪行为的，对其实行数罪并罚的规定完全符合刑法基本原理，且能够适应司法实践中打击犯罪的需要，有其必要性与合理性。同时，《刑法》第294条第3款规定中的“其他犯罪行为”不应排除敲诈勒索罪等四种犯罪，对犯组织、领导、参加黑社会性质组织罪又有除本罪之外的任何犯罪，均应实行数罪并罚。[②] 也有学者认为，“组织、领导、参加黑社会性质组织罪”是方法行为，而“有其他犯罪行为的”则是目的行为，因而构成方法行为与目的行为的牵连犯。立法机关对此种牵连犯采取的“数罪并罚”的做法更能体现刑罚的公正性与合理性，也便于司法人员具体操作运用。[③]

关于黑社会性质组织犯罪的立法模式，有学者认为，我国单一法典式刑法立法模式不能适应快速变化的有组织犯罪态势、刑事政策变化和不同类型的犯罪对刑事立法模式的不同要求，对有组织犯罪宜采用单行刑法的立法模式。[④] 但也有学者认为，为了有效预防和控制黑社会性质组织犯罪，必须从多方面同时着手。相对于制定一部单独的“反黑社会性质组织犯罪法”或“反有组织犯罪法”，以“修正案”的形式完善现有法律更具有可操作性。[⑤] 还有学者考察了世界其他地区的反黑社会性质组织犯罪立法发现，多元立体的立法组织体系作为各国在长期同黑社会性质组织犯罪斗争的过程中所形成的经验，值得我国借鉴。[⑥]

关于黑社会性质组织犯罪的构成模式，有学者指出，理论上认为组织、

---

① 参见朱本欣、梁健：《论黑社会性质组织的界定》，载陈泽宪、贾宇、曲新久主编：《刑法理论与实务热点聚焦》，北京，中国人民公安大学出版社，2010。

② 参见刘宪权、郭大磊：《黑社会性质组织犯罪罪数形态问题研究》，载陈泽宪、贾宇、曲新久主编：《刑法理论与实务热点聚焦》，北京，中国人民公安大学出版社，2010。

③ 参见孟庆华：《黑社会性质组织犯罪罪数形态问题探讨》载陈泽宪、贾宇、曲新久主编：《刑法理论与实务热点聚焦》，北京，中国人民公安大学出版社，2010。

④ 参见柳忠卫：《论有组织犯罪刑法立法改革》载陈泽宪、贾宇、曲新久主编：《刑法理论与实务热点聚焦》，北京，中国人民公安大学出版社，2010。

⑤ 参见梅传强、胡江：《惩治黑社会性质组织犯罪的刑法完善》载陈泽宪、贾宇、曲新久主编：《刑法理论与实务热点聚焦》，北京，中国人民公安大学出版社，2010。

⑥ 参见李川：《我国黑社会性质组织犯罪立法的比较与完善》载陈泽宪、贾宇、曲新久主编：《刑法理论与实务热点聚焦》，北京，中国人民公安大学出版社，2010。

领导、参加黑社会性质组织罪的犯罪构成模式应属于即成式的犯罪构成模式，而刑事立法则将其规定为纵深式犯罪构成模式，二者出现了结构性矛盾。这就使刑法介入组织、领导、参加黑社会性质组织行为界点大大后移，不但容易使法益遭受严重损害，而且增加了打击的难度，也难以取得理想的预防效果。因此，对有组织犯罪宜采用企行式犯罪构成模式，即将法益保护的界点提前，规定即使尚未直接侵害法益的行为也构成犯罪的犯罪构成模式。①

（五）毒品犯罪

毒品犯罪是当前影响我国社会稳定和人民群众身心健康的严重犯罪。本届年会，学者们围绕毒品犯罪的死刑问题、运输毒品罪等毒品犯罪的个罪问题以及毒品犯罪的再犯与累犯等问题展开了深入研究。

关于毒品犯罪的死刑问题，有学者认为，单纯运输毒品的行为只能构成非法持有毒品罪或者走私、贩卖、制造毒品罪的共犯；居间介绍买卖毒品的行为，若行为人既非毒品的所有者又无贩毒品实行行为，应视为单纯帮助犯而不得适用死刑；为他人代购毒品的行为应定性为非法持有毒品罪，对其不应适用死刑。为避免在毒品共同犯罪中发生对多名主犯适用死刑的泛化局面，只能对具有优势支配性的主犯适用死刑。② 也有学者认为，对毒品犯罪适用死刑不符合刑罚报应、刑罚功利和刑罚人道的要求，不具有正当性。当前之所以对毒品犯罪适用死刑，主要是因为在社会控制模式选择上对刑罚威吓模式的迷信和对社会防卫模式的忽略。这容易导致刑法总则与分则的相互冲突和实践谬误。③

关于毒品犯罪的个罪，有学者认为，在我国刑法理论中根本没有运输毒品罪的存在空间，因为对行为人明知他人是走私、贩卖、制造毒品者而实施运输毒品的行为，完全可以运用走私、贩卖、制造毒品罪的共同犯罪加以解

① 参见柳忠卫：《论有组织犯罪刑法立法改革》，载陈泽宪、贾宇、曲新久主编：《刑法理论与实务热点聚焦》，北京，中国人民公安大学出版社，2010。

② 参见赵秉志、李运才：《毒品共同犯罪与死刑限制》，载陈泽宪、贾宇、曲新久主编：《刑法理论与实务热点聚焦》，北京，中国人民公安大学出版社，2010。

③ 参见王开武：《毒品犯罪适用死刑的非正当性研究》，载陈泽宪、贾宇、曲新久主编：《刑法理论与实务热点聚焦》，北京，中国人民公安大学出版社，2010。

释和处理。[①] 但也有学者认为，运输毒品罪仍然有其存在的价值，但应将其适用范围控制在无证据证实运输者是走私、贩卖、制造毒品者或者窝藏、转移、隐瞒毒品者的范围内。[②]

关于毒品犯罪的再犯与累犯，有学者认为，我国对特殊毒品累犯只适用再犯的规定存在诸多弊端：会导致对属于特殊毒品累犯的犯罪人适用缓刑；会导致对特殊毒品累犯的犯罪人适用假释；会导致不同情形的毒品犯罪再犯不同的法律后果。相对于《刑法》第356条的规定，刑法总则关于累犯的处理规定，既是特殊法条又是重法条，没有禁止适用的规定。当毒品犯罪的再犯与累犯竞合时应以累犯处理。[③]

总体而言，本届年会对相关议题的深入研讨，进一步深化了我国刑法对相关问题的研究。当然，其中也有些问题的研究，如毒品犯罪的死刑，还有待于进一步深入。

三、其他重要理论与实务问题

除了对《修正草案》和2010年全国刑法学术年会的相关议题进行研讨外，本年度，学者们还对犯罪构成理论、量刑、网络犯罪和受贿罪等重要刑法理论与实务问题展开了深入研讨。

（一）犯罪构成理论

犯罪构成理论是近年来我国刑法学界关注与热烈争论的重大问题。本年度，刑法学界的相关争论焦点仍在于如何看待我国目前通行的犯罪构成理论以及应否引进德日三阶层犯罪论体系。

关于如何看待我国目前通行的犯罪构成理论，有学者认为，中国刑法学

---

① 参见李运才、魏昌东：《论走私、贩卖、运输、制造毒品罪之罪名调整——兼议毒品犯罪死刑的立法控制》，载陈泽宪、贾宇、曲新久主编：《刑法理论与实务热点聚焦》，北京，中国人民公安大学出版社，2010。

② 参见林亚刚、黄志瑾：《运输毒品罪的若干问题》，载陈泽宪、贾宇、曲新久主编：《刑法理论与实务热点聚焦》，北京，中国人民公安大学出版社，2010。

③ 参见朱建华：《毒品犯罪再犯与累犯竞合时应以累犯论》，载陈泽宪、贾宇、曲新久主编：《刑法理论与实务热点聚焦》，北京，中国人民公安大学出版社，2010。

犯罪构成理论体系是在学习借鉴苏联刑法学犯罪构成理论成果和总结中国社会主义刑事法制科学经验基础上形成、发展和完善起来的，对于中国刑法学术研究和司法实践都产生了重大而积极的影响。中国刑法学犯罪构成理论同样能够反映定罪过程，兼容出罪功能，只是在思考逻辑上与德日刑法学犯罪论体系的有所区别。近来主张彻底否定中国刑法学犯罪构成理论转而全面移植德日刑法学犯罪论体系的“移植论”缺乏严谨性和务实性。[①] 也有学者认为，新中国成立后我国采用四要件犯罪构成理论在当时是历史的必然，而在目前社会现实状况下，四要件犯罪构成理论则凸显其对人权保障之不足，主张通过法律移植改造我国传统犯罪构成理论使之具有合理性。但是，法律移植并不是改造我国传统四要件犯罪构成理论的唯一路径。我国犯罪构成理论的走向存在两种可能：一是直接移植引进三阶层体系取代四要件理论；二是重新阐释四要件理论以适应新的观念。[②]

关于应否引进德日三阶层犯罪论体系，有学者认为，构成要件是三阶层的犯罪论体系的基础，具有其独特的含义与机能；而在四要件的犯罪构成体系中，构成要件被改造为犯罪构成，成为犯罪成立条件的总和，丧失了构成要件的机能。因而主张废弃犯罪构成的概念，重新恢复构成要件的概念，以此建立阶层式的犯罪论体系。[③] 违法与责任是犯罪的两大支柱，认定犯罪应当从违法到责任；是否存在违法阻却事由，属于是否具有违法性的判断，应当在违法构成要件之后，接着讨论违法阻却事由。在考察全部构成要件之后才讨论违法阻却事由的做法，不利于对违法性的判断，也不利于保障行为人的自由。[④] 但也有学者认为，照搬德日三阶层犯罪构成体系并非完善我国犯罪构成体系完善的正确方向。对比我国传统四要件犯罪构成体系，三阶层体系所具有的所谓“优点”属于主观臆断。三阶层体系内部存在逻辑上的矛盾：故意、过失的体系地位无法确定，对客观违法与主观责任无法予以真正区分。三阶层体系的具体构造在当今德日刑法理论中已开始被展开质的改

① 参见高铭暄：《关于中国刑法学犯罪构成理论的思考》，载《法学》，2010（2）。

② 参见王勇：《关于中国犯罪构成理论走向的前提性追问》，载《法制与社会发展》，2010（4）。

③ 参见陈兴良：《四要件：没有构成要件的犯罪构成》，载《法学家》，2010（1）。

④ 参见张明楷：《违法阻却事由与犯罪构成体系》，载《法学家》，2010（1）。

造，其通说理论地位尚存疑问。[①]

（二）量刑

2010 年 9 月 13 日，最高人民法院、最高人民检察院、公安部、国家安全部、司法部发布《关于规范量刑程序若干问题的意见（试行）》，最高人民法院也发布了《人民法院量刑指导意见（试行）》。量刑问题成为本年度学者关注的热点问题。对此，学者们重点研究了量刑方法、量刑程序、量刑情节与基准刑等问题。

关于量刑方法，有学者认为，量刑在本质上不是“刑之量化”，而是“刑之裁量”。这决定了量刑思维不只是形式逻辑或辩证逻辑思维，而是二者的有机统一。量刑方法要遵循量刑的这种思维逻辑。传统的经验量刑没有融入作为形式逻辑代表的现代科技手段；而现代科技量刑方法又忽视了传统的辩证逻辑规律。量刑方法的构建应基于量刑思维的逻辑规律，把传统经验量刑与现代量刑手段相结合，以形成定量与定性相结合的量刑方法。[②]

关于量刑程序，有学者认为，没有实体法上的支撑，围绕量刑程序的所有美好设计都可能落空。目前流行的关于量刑基准的各种实务理解均存在诸多不足；寻找量刑基准的方法应当是实证分析法；量刑基准的确立，需要检察官、法官、学者的通力合作。量刑情节具有两面性，对量刑情节的判断可能受非理性因素的影响。在多个逆向情节并存的情况下，立足于抵消说的“综合判断说”基本上是合理的。[③]

关于量刑情节与基准刑，有学者认为，中段论假定均质化的、排除任何情节的“裸”的犯罪行为类型，其客观的法益侵害和主观的人身危险都是中间程度的，但是这一假设不能成立。基准刑应当针对具体罪行分别确定，而不能按照法定刑的中点抽象地、简单地确定。适用量刑情节时，基准刑应当是起点刑，当从重从轻情节竞合时，在量化的前提下，可以通过加减方式量刑，但是在适用减轻情节时，必须坚持减轻处罚优先。[④]

---

① 参见缑泽昆：《三阶层犯罪构成体系：一个域外经验的反思与质疑》，载《现代法学》，2010（2）。

② 参见石经海：《量刑思维规律下的量刑方法构建》，载《法律科学》，2010（2）。

③ 参见周光权：《量刑程序改革的实体法支撑》，载《法学家》，2010（2）。

④ 参见林维：《论量刑情节的适用和基准刑的确定》，载《法学家》，2010（2）。

（三）网络犯罪

网络犯罪因其与传统犯罪在表现形式、应对措施等方面存在的差异而备受关注。本年度，学者们重点研究了网络犯罪的刑法应对、网络共同犯罪和网络诽谤等问题。

关于网络犯罪的刑法应对，有学者认为，传统犯罪网络变异的原因是多方面的，直接诱因是网络空间的技术性代际差异；传统犯罪的网络变异表现为犯罪构成要件要素的变异、社会危害性的变异和犯罪形态的变异三个方面。扩张化的司法解释是解决这一问题的首要选择，但其局限性也很明显。面对网络空间中传统犯罪的变异态势，将部分预备行为提升、独立化为实行行为，将部分共犯行为加以正犯化，将会是未来刑事立法无法回避的两个选择。①

关于网络共同犯罪，有学者认为，我国现行共犯制度在解决网络共犯问题时遇到的难题可分为“兼容性问题”和“逻辑失效问题”两类。前者可以在现行共犯制度的逻辑框架之内通过丰富理论内涵的方式加以解决，而后者则显然超出了传统的共犯制度逻辑的兼容范围。要解决所谓“逻辑失效问题”，应当改我国共犯制度的“主体间思路”为一种“单方化思路”②。

关于网络诽谤，有学者认为，网络诽谤具有传播快、影响广、低成本等特点，导致这种犯罪容易实施，而由于网络诽谤的高匿名性，被害人往往难以自行起诉。要有效追究网络诽谤的刑事责任，先要正确认定网络诽谤，准确区别罪与非罪，并明确其犯罪主体、犯罪对象与犯罪客观方面的范围，再进一步研究采用公诉解决应符合的条件。③

（四）受贿罪

贪污受贿犯罪是我国刑法中的一类重要犯罪，存在许多共性问题，如死刑的废止、起刑点的设置等。本年度，学者们重点研究了受贿罪的法定刑评

---

① 参见于志刚：《网络犯罪与中国刑法应对》，载《中国社会科学》，2010（3）。

② 王志远：《网络共犯问题对我国共犯制度模式的挑战》，载赵秉志主编：《刑法论丛》（第 23 卷），北京，法律出版社，2010。

③ 参见赵远：《网络诽谤的刑事责任问题研究》，载《中国刑事法杂志》，2010（8）。

价模式与共犯问题。

关于受贿罪的法定刑评价模式，有学者认为，我国对受贿罪采取的是以犯罪数额为主的单一法定刑评价模式，不能客观真实地反映受贿罪的社会危害程度，应设立以犯罪人的身份为标准、以犯罪人职务违背为基础的法定刑评价模式。① 也有学者认为，现行刑法对受贿罪所确定的5000元量刑起点在司法实践中早已形同虚设②，应当适时调整受贿犯罪的现有定罪量刑模式。③

关于受贿罪的共犯，有学者认为，国家工作人员与关系人共同受贿时，立足实行行为并综合考察受贿故意和职务、取财行为的时间和内容等要素，判断核心角色以确定共犯性质；国家工作人员成立利用影响力受贿罪共犯时，与受贿罪形成观念竞合，应以受贿罪论处以实现罪刑均衡，关系人以利用影响力受贿罪论处。④

总之，本年度，学者们围绕我国刑法立法、司法改革和理论发展等方面的热点问题，综合运用历史与现实相结合、国内与国际相比较、归纳与演绎并重的方法，注重问题意识，深入研究，取得了较为丰硕的研究成果，积极推动了我国刑法理论与实务的进一步发展。

［赵秉志、袁彬；载《人民检察》，2011（1）］

---

① 参见焦占营：《贿赂犯罪法定刑评价模式之研究》，载《法学评论》，2010（5）。
② 参见曾凡燕、陈伟良：《贪污贿赂犯罪起刑数额研究》，载《法学杂志》，2010（3）。
③ 参见赵秉志：《略论反腐败与我国刑事法治的完善》，载《人民法院报》，2010-11-24。
④ 参见张开骏：《利用影响力受贿罪与受贿罪的共犯问题研究》，载《政治与法律》，2010（9）。

第二十三章

2011年的刑法学研究

一、前　言

时间的步履总是那样匆匆，转眼间，2011年已渐行渐远。但对于我国刑法的实践发展和理论研究而言，2011年无疑是一个重要的年份。其中最引人注目的当属2011年2月25日第十一届全国人大常委会第十九次会议通过的《刑法修正案（八）》。这部高瞻远瞩、意义重大而深远的刑法修正案，不仅因其修法幅度大、修法内容重要而受到社会各界的普遍关注，而且引发了学者们极大的研究兴趣，促进了我国刑法学相关领域研究的深入。与此同时，刑法领域的诸多基础理论问题也受到了学者们的关注，部分问题的研究得以进一步展开，并取得了相应的研究成果。

概而言之，2011年度，我国刑法学研究呈现了两个方面的显著特点：(1) 密切关注刑法立法、司法领域的重大现实问题。这既有客观方面的原因，即刑法立法、司法领域的许多新问题亟须学者们开展理论研究，也有主观方面的原因，即当代刑法学者关注社会重大现实问题的意识明显增强，注重问题解决成为当前我国刑法学理论研究的主导思维方式。(2) 继续关注刑法基础领域的重大问题。其中既有对传统刑法基础理论问题的研究，如刑法解释、犯罪构成理论等，也有对与《刑法修正案（八）》等刑法立法、司法相关的基础理论问题的研究，如刑法价值、立法模式等。这都在不同程度上深化了刑法相关问题的研究。下面，我们拟从刑法的基础问题和现实问题两个方面对2011年度我国刑法理论研究的情况作一简要综述。

二、不断深化的刑法基础问题研究

刑法基础理论是现代刑法学的基石，也是历年来刑法学界都予以关注的问题。2011年度，学者们对风险社会的刑法观、刑法价值、刑法解释和犯罪构成理论等刑法基础领域中的诸多重大问题都进行了不同程度的探讨，从而深化了相关问题的研究。

（一）风险社会的刑法观研究

刑法观是刑事立法、司法和刑法理论研究的指导。随着社会的演进，现代各国刑法普遍确立了罪刑法定、刑法面前人人平等、罪刑均衡、刑法谦抑、人权保障等现代观念。不过，一个国家的刑法观总是以一定的社会观为基础的。近年来，随着恐怖主义、交通安全犯罪、食品安全犯罪等对社会生活的威胁加剧，人们对社会管理有了新的认识。“风险社会理论”被引入刑法学研究领域，并引发了刑法观的部分变革。

从概念上看，“风险社会”既是一个文化层面的认知概念，又是一个政治层面的反思概念和制度层面的重构概念。[①] 2011年度，学者们加强了风险社会的刑法观念研究：（1）风险社会的刑法观念转变问题。有学者认为，风险社会要求刑法由传统的罪责刑法向安全刑法转型，要注重事先预防，维护安全秩序。[②] 也有学者认为，风险刑事法网的有限扩张、风险预防原则主导下的刑法前置，较之传统权利义务基础，突破责任原则的刑法制度技术革新，更具实质合理性。[③] 但同时还有学者认为，应对“风险社会”的挑战，刑法的因应之策不是基本立场的背离和机能的转变，而是对谦抑性的捍卫与对犯罪多元治理的实践。[④]（2）风险刑法观下的刑法制度变革问题。有学者

① 参见田宏杰：《“风险社会”的刑法立场》，载《法商研究》，2011（4）。

② 参见方芳：《“风险社会与刑事政策的发展”学术研讨会综述》，载《湖北警官学院学报》，2011（1）。

③ 参见程岩：《风险规制的刑法理性重构以风险社会理论为基础》，载《中外法学》，2011（1）。

④ 参见田宏杰：《“风险社会”的刑法立场》，载《法商研究》，2011（4）。

认为，风险社会中，刑法应将危险行为作入罪化处理或者使刑罚提前到来，解决的关键在于合理把握犯罪化与非犯罪化的界限以及犯罪性质的界限。[①]但也有学者认为，即使当今社会存在大量风险，需要以刑法规制，也是因为风险是对法益侵害的危险性，刑法规制的目的依然是保护法益，为此更应坚持结果无价值论，恪守责任主义。[②]

透过上述争论我们可以发现，本年度学者们对风险社会刑法问题的研究存在两个基本分歧：一是对风险社会的理解分歧，即能否依据风险社会理论得出当前处于风险社会的结论；二是刑法对策的分歧，即是否要转变刑法观及调整相关的刑法制度。其中，第一个分歧是基础性的、不可调和的，第二个分歧则是技术性的。我们认为，不管依据何种理论，当前中国社会是否处于风险社会以及应否进行相应的刑法观念、制度调整应根据中国社会的现实状况进行判断。总体上看，当前中国社会基本稳定，人权保障观念逐渐深入人心。但部分学者的研究忽略中国的这种现实，并且不恰当地理解了风险社会理论，其所主张的刑法观念、制度变革与现实不协调。

（二）刑法价值研究

价值是刑法的根基。2011年度，学者们主要加强了两方面的刑法价值的研究：(1)《刑法修正案（八)》所体现的刑法价值问题。如有学者认为，《刑法修正案（八）》的内容表明立法机关在刑事立法过程中存在功利主义、报应主义、民本主义和人道主义四种价值取向。其中，功利主义价值观仍居主导地位，报应主义价值观开始受到重视，民本主义价值观已经得到确立，人道主义价值观得以发扬光大。[③] 也有学者认为，人本价值包括人性、人道、人权三个方面，以尊重人性为思想前提，以弘扬人道为逻辑脉络，以人权保障为价值目标。《刑法修正案（八)》的价值取向在于在以人为本的价值观念指导下，塑造和完善了关注人性、弘扬人道、保障人权的刑法内在品格。[④]（2）刑法的基本价值问题。随着社会风险的加剧，有人认为安全而非

① 参见高铭暄：《风险社会中刑事立法正当性理论研究》，载《法学论坛》，2011（4）。

② 参见张明楷：《“风险社会”若干刑法理论问题反思》，载《法商研究》，2011（5）。

③ 参见左坚卫：《论〈刑法修正案（八)〉的价值取向》，载《山东警察学院学报》，2011（4）。

④ 参见张勇：《民生刑法的人本价值：兼评〈刑法修正案（八)〉》，362～365。

个人权利才是刑法的首要价值。本年度，有学者认为，在风险社会，刑法仍然只能担当“最后法”的角色，且只能建立在保障人权和弘扬法治的价值基础之上。欲以刑法为急先锋以抗制风险，非但不能保卫社会、实现其社会保护的功能，反而会牺牲社会及其成员的权益、丧失刑法的人权保障功能。[①]

刑法的价值是以法的价值为基础的。作为法的基本价值，秩序、公平、自由也是刑法的基本价值。刑法应当在秩序、公平和自由之间寻求合理的平衡。总体上看，《刑法修正案（八）》合理兼顾了秩序与自由的价值需求。因此，学者们以人权保障为视角对《刑法修正案（八）》和风险社会的刑法价值进行反思性研究是适当的，有助于深化我们对刑法基本价值及与之相关的刑法机能的认识。

（三）刑法解释研究

合理解释刑法是正确适用刑法的前提。刑法解释也因此成为学者们长期以来都较为关注的基础理论问题。2011年度，学者们对刑法解释的研究主要侧重于刑法解释的立场、标准、方法和限度方面：（1）刑法解释的立场问题。有学者从罪刑法定的角度，认为客观解释须遵循的规则和制约因素使其不会导致刑法解释和适用的随意性，也不违背公民的预测可能性，不会产生侵犯人权的结果，值得倡导。[②]（2）刑法解释的标准问题。有学者认为，在以人为本的理念下，刑法解释主体是具有多元价值观的解释者构成的共同体，刑法解释的标准是解释共同体通过对话协商获得的共识。制度化的对话协商是刑法解释及适用的合法性保障。[③]（3）刑法解释的方法问题。有学者认为，刑法解释方法之间存在着一定的位阶关系，应遵循“文理解释—体系解释—目的论解释”的适用序列。当目的论解释与文理解释发生冲突时，应优先适用文理解释的结论。[④]（4）刑法解释的限度问题。有学者认为，与国民的预测可能性理论、法文语义理论相比，犯罪定型才是刑法解释的应有限度。这符合刑法规范整体性、系统性的特征，能够更好地处理犯罪定型与法

① 参见卢建平：《风险社会的刑事政策与刑法》，载《法学论坛》，2011（4）。
② 参见王政勋：《论客观解释立场与罪刑法定原则》，载《法律科学》，2011（1）。
③ 参见袁林：《超越主客观解释论：刑法解释标准研究》，载《现代法学》，2011（1）。
④ 参见程红：《论刑法解释方法的位阶》，载《法学》，2011（1）。

文语义理论、预测可能性理论之间的关系。[①]

应当说，本年度学者们对刑法解释的研究在路径和结论上都有所创新，因而在一定程度上丰富了我国刑法解释研究的内容，但学者们对刑法解释规则等问题的研究还不够深入，刑法解释的理论基础还有待进一步挖掘和论证，并且部分研究存在着研究的语境、角度和结论的重复。

（四）犯罪构成理论研究

犯罪构成理论是犯罪论的基础，在整个刑法体系中占有十分重要的地位，也是近年来刑法学界十分关注的热点理论问题。

2011 年度，学者们多视角地研究了犯罪构成理论问题：（1）犯罪构成理论的文化研究。有学者认为，从文化模式的角度看，中国文化模式属于机体宇宙论，西方文化模式属于机械宇宙论，导致了中国机体的犯罪构成和西方机器的犯罪构成的分野，并认为机体的犯罪构成更利于贯彻无罪推定原则和实现刑法的人权保障机能，而机器的犯罪构成更利于控制犯罪和实现刑法的社会秩序维护机能，两者各有优劣。[②]（2）犯罪构成理论的实践研究。有学者从疑难案件解决的角度，认为德日犯罪三阶层论和犯罪构成四要件说具有相同的入罪要素和犯罪构成雏形，两者的显著区别在于出罪要素不同。德日犯罪三阶层论在处理复杂疑难案件上并不比犯罪构成四要件说更有优势。[③]（3）犯罪构成理论的历史研究。有学者对犯罪构成理论的历史进行了梳理，认为中俄和德日学者都是在继承费尔巴哈理论的基础上发展了自己的犯罪论体系。俄罗斯学者保持了费尔巴哈犯罪构成理论的完整性和统一性，而以贝林为代表的德国学者则对它进行了切割，把主观要素与评价要素从犯罪构成中排除。“四要件”与“三阶层”只不过是中俄和德日犯罪论体系的一个组成部分，从而驳斥了“四要件是没有构成要件的犯罪构成”的观点。[④]（4）犯罪构成理论的比较研究。有学者通过比较认为，德日两种主要

---

① 参见龚振军：《刑法解释限度理论之关系论纲》，载《法制与社会发展》，2011（4）。

② 参见赵秉志、彭文华：《文化模式与犯罪构成模式》，载《法学研究》，2011（5）。

③ 参见欧锦雄：《复杂疑难案件下犯罪构成理论的优劣对决——犯罪构成四要件说与德日犯罪三阶层论的对决》，载《中国刑事法杂志》，2011（3）。

④ 参见庞冬梅：《评陈兴良教授的“四要件：没有构成要件的犯罪构成”一文》，载《政法论坛》，2011（6）。

的犯罪构成理论都存在结构不严、内容失调、逻辑混乱的问题，而且在论述上烦琐、重复，还与罪刑法定主义相矛盾。① 中国不能借鉴德日的犯罪构成理论体系。无独有偶的是，这四种视角的研究都证实我国传统犯罪构成理论具有较强的科学性和合理性。而除了上述四个方面，也有学者认为，以主客观相统一的定罪原则为基础的犯罪构成论体系是平面化的犯罪论体系，存在着似是而非与规范说理缺失、定罪过程中的主观化与入罪化、无法应对实践需求以及主客观要素混淆等诸多理论与实践问题，进而主张对犯罪构成论体系进行阶层化改造。②

我们认为，一种犯罪构成理论是否合理，主要要考察两个方面：一是犯罪构成理论的内部，如逻辑上是否周延、自洽等；二是犯罪构成理论的外部，如理论的效用如何、是否契合社会文化、历史演进状况如何等。从总体上看，本年度学者们对犯罪构成理论的研究视角全面，在不同程度上深化了传统犯罪构成理论的研究，但对有些问题，如犯罪构成的阶层化、犯罪构成与共同犯罪等相关范畴的关系等，其研究则还有待进一步加强。

三、日益发展的刑法现实问题研究

随着中国社会发展的深入，中国刑法面临的刑法立法、司法方面的现实问题也日益突出。2011年度，以社会管理创新理念的提出、《刑法修正案(八)》的出台和刑事司法改革的深入为契机，学者们对社会管理创新观念下的刑法理念变革、老年人犯罪、量刑规范化、死刑、危险驾驶罪、拒不支付劳动报酬罪等一系列刑法现实问题进行专门探讨，并取得了相应的研究成果。

（一）社会管理创新与刑法理念变革研究

社会管理创新是党中央面对我国社会发展的现实需要而提出的新命题。2011年，学者们以社会管理创新所追求的“维护社会制度、促进社会和谐、保障人民安居乐业，为党和国家事业发展营造良好社会环境”之根本目的，探讨了刑法观、刑法解释、刑法适用、刑罚观、死刑、老年人犯罪等观念和

---

① 参见侯国云：《德日犯罪构成理论批判》，载《中国政法大学学报》，2011（4）。

② 参见刘艳红：《犯罪构成体系片面化之批判》，载《法学研究》，2011（5）。

制度的变革。①

不过，就刑法对社会管理创新目标实现的作用而言，学者们的主张呈现出两种不同的倾向：一种倾向是要求进一步发挥刑法在社会管理中的作用，积极推动刑法从静态稳定向动态稳定的观念转变，启动刑法的全面修改，推动刑事法治领域的能动司法，建立健全刑事法治领域的预警、协调、指导和监督制度。② 另一种倾向则是反思传统刑法观并适当限制刑法的运用，主张刑法要进行从万能刑法到作为辅助治理手段的刑法、从国家专政的刑法到民权主义的刑法、从“严打”犯罪的刑法到预防优先的刑法以及从刑法的公法化到私法化的转变。③

毫无疑问，刑法是社会治理的最后手段。在社会管理中，刑法具有很大的局限性。因此，就社会管理创新目标的实现而言，刑法的作用显然有限。但社会管理创新对刑法的价值提出了新要求。在充分保障自由和人权的前提下，如何最大化地实现社会的秩序与和谐，是刑法实践和理论研究需要思考的命题。这也对我国刑法制度提出了新要求。总体上看，本年度学者们抓住了该问题的主要方面，其所开展的研究对于进一步推动和完善我国刑法具有积极作用。

（二）老年人犯罪问题研究

对老年人犯罪从宽暨免死是《刑法修正案（八）》的创新，自修正案草案拟定时即受到众多关注和讨论。2011年度，随着《刑法修正案（八）》的出台，学者们主要从多个方面加强了老年人犯罪的适用研究。

概括而言，2011年度，学者们对老年人犯罪问题的研究主要体现在三个方面：（1）老年人犯罪从宽暨免死的合理性问题。有学者认为，从我国“矜老恤幼”的刑事法律传统、老年人特殊的生理和心理特征、刑法的谦抑性原则和人道主义原则以及刑罚的目的、宽严相济的刑事政策等方面分析，修正案对老年人犯罪从宽处罚的规定是合理的。④ （2）老年人犯罪从宽暨免

---

① 参见朱孝清、莫洪宪、黄京平主编：《社会管理创新与刑法变革》，1～279页，北京，中国人民公安大学出版社，2011。

② 参见蒋熙辉：《创新社会管理视野中的刑事法治变革》，载《江西警察学院学报》，2011（1）。

③ 参见李希慧、焦阳：《论刑法观的革新对社会管理创新的回应》，载朱孝清、莫洪宪、黄京平主编：《社会管理创新与刑法变革》，18～25页，北京，中国人民公安大学出版社，2011。

④ 参见李芳晓：《老年人犯罪从宽处罚的合理性探析》，载《政法论坛》，2011（5）。

死制度的适用问题。有学者认为，“审判的时候已满七十五周岁”中“审判的时候”应指判决确定之日，即行为人在一审、二审和死刑复核期间已满75周岁。[①] 对于“以特别残忍手段致人死亡”，应理解为行为人故意实施特别残忍手段的行为，并且故意致人死亡的危害结果已经发生。[②] (3) 老年人犯罪从宽暨免死的制度完善。有学者认为，与《刑法修正案（八）》相比，我国老年人犯罪从宽制度还应从四个方面加以完善：合理界定老年人犯罪从宽的年龄标准；规定年满70周岁的老年人犯罪不成立累犯；放宽对年满70周岁的老年犯罪人适用减刑、假释的条件；增加规定针对年满70周岁的老年犯罪人的非刑罚处置措施。[③] 也有学者主张将老年人犯罪宽宥的年龄降为70周岁，同时将“以特别残忍手段致人死刑的除外”修改为“情节特别严重的除外”[④]。

从内容上看，本年度学者们对老年人犯罪从宽暨免死的根据、立法背景等问题的探讨与之前的研究有所重合，但其对老年人犯罪从宽暨免死制度的适用和完善研究则有所深入，为我国刑法立法和司法提供了一定的参考性意见。

（三）刑罚结构问题研究

随着《刑法修正案（八）》废止13种经济性、非暴力性犯罪的死刑并适度加强生刑，刑罚结构问题引发了许多学者的关注。2011年度，学者们对此主要加强了三方面的研究：(1)《刑法修正案（八）》的刑罚结构调整问题。有学者认为，《刑法修正案（八）》废除部分犯罪的死刑、强化社区矫正等规定奠定了我国调整刑罚结构的基调，而从宽处置未成年人犯罪及老年人犯罪、增加社区矫正对象的禁足义务、有选择地加重生刑则优化了我国刑罚结构，但其所体现的偏爱缓刑而不重视假释的立法倾向、引治安行政处罚措

---

① 参见许健、崔楠：《七十五岁免死：“审判的时候”应为判决确定之日》，载《检察日报》，2011-05-13；卢勤忠、卢晨：《老年人犯罪死刑立法的理性思考》，徐留成：《老年人犯罪死刑规定的理解与适用——〈刑法修正案（八）〉第三条的理解与适用》，载朱孝清、莫洪宪、黄京平主编：《社会管理创新与刑法变革》，612、617页，北京，中国人民公安大学出版社，2011。

② 参见徐留成：《老年人犯罪死刑规定的理解与适用——〈刑法修正案（八）〉第三条的理解与适用》，载朱孝清、莫洪宪、黄京平主编：《社会管理创新与刑法变革》，617页，北京，中国人民公安大学出版社，2011。

③ 参见赵秉志：《中国刑法改革新思考》，载《北京师范大学学报（社会科学版）》，2011(1)。

④ 卢勤忠、卢晨：《老年人犯罪死刑立法的理性思考》，载朱孝清、莫洪宪、黄京平主编：《社会管理创新与刑法变革》，618～619页，北京，中国人民公安大学出版社，2011。

施入刑法以及限制法定量刑情节、减轻处罚程度的做法又使我国刑罚体系结构出现了新的不协调问题。[①]（2）刑罚配置结构的合理化问题。有学者认为，我国刑罚配置结构不合理是制约刑罚功能有效发挥并导致刑罚过量投入的重要原因。我国应在死刑方面取消明显不必要的死刑配置；在自由刑方面调整无期徒刑、有期徒刑、管制刑的配置，并废除拘役刑；在财产刑方面调整罚金刑的配置，并废除没收财产刑；在资格刑方面调整资格刑的配置内容、配置范围和配置方式；在具体犯罪的法定刑方面协调罪种间的法定刑配置。[②]（3）刑罚及相关措施问题。在这方面，最为突出的问题当属禁止令。本年度，学者们结合《刑法修正案（八）》对禁止令的法律性质、司法适用和改革方向进行了专门研究。[③]

刑罚结构的完善是建立在各具体刑种的合理设置之上的。应当说，《刑法修正案（八）》在死刑、自由刑及非监禁刑方面进行的改革极大地优化了我国的刑罚结构，是值得充分肯定的。当然，长远地看，我国刑罚结构还须适应刑罚理念、刑罚功能的转变而作进一步的调整。本年度学者们对刑罚结构的研究则为我们深化刑罚制度改革提供了一定的参考。

（四）死刑问题研究

死刑问题是当前我国刑法立法、司法和理论研究的重大现实问题。《刑法修正案（八）》取消13种经济性、非暴力犯罪的死刑并规定老年人犯罪原则上免死，极大地推动了我国死刑制度的改革。在此基础上，2011年度，学者们重点探讨了死刑制度的具体改革措施问题。

关于死刑制度改革的措施，本年度，有学者在“逐步限制、减少死刑，最终废止死刑”目标下，提出我国死刑制度改革的具体策略：严格限制死刑适用的对象范围，尽可能逐步成规模地减少非暴力死刑罪名的数量，充分发挥死缓制度的双重功效。[④] 也有学者针对部分学者倡导的适度提高生刑以限

---

① 参见王利荣：《我国刑罚体系结构再协调问题之思考》，载《法商研究》，2011（3）。

② 参见王志祥、敦宁：《刑罚配置结构调整论纲》，载《法商研究》，2011（1）。

③ 参见朱孝清、莫洪宪、黄京平主编：《社会管理创新与刑法变革》，488～526页，北京，中国人民公安大学出版社，2011。

④ 参见赵秉志：《中国刑法改革新思考》，载《北京师范大学学报（社会科学版）》，2011（1）。

制、废止死刑的主张，提出与国外生刑的现状相比，我国生刑在罪名范围和实践上均不存在“过轻”的问题。一个国家的死刑限制或废除和生刑期限提高之间不存在必然联系。因而，不能认为我国存在“生刑过轻”的问题，更无法得出我国也需要通过提高生刑期限来限制或废除死刑的论断。① 还有学者以故意杀人罪为例探讨了死刑改革的具体模式，认为我国现阶段应调整现行故意杀人罪的立法模式，将大部分原本属于故意致命性的普通暴力犯罪，通过立法技术的调整，转以故意杀人罪论处，逐步使故意杀人罪成为仅存的死刑罪名，并最终废止故意杀人罪的死刑。②

应当说，在“逐步限制、减少死刑，最终废止死刑”成为各方主流认识的背景下，我国死刑制度改革的关键在于改革时机和改革措施的选择。总体上看，本年度，学者们更注重死刑制度改革的技术分析。虽然其中涉及的部分技术问题还有待进一步研究、争论，但这些分析总体上促进了我国死刑制度的改革研究。

(五) 量刑规范问题研究

量刑规范化是近年来我国司法改革的热点，受到了刑法学界的持续关注。2011年度，学者们对量刑规范的研究主要集中在三个方面：(1) 量刑原则问题。有学者认为，我国量刑原则存在着客观化判断有余、主观化考察不足与静止性判断过多、动态性分析不足的缺陷，为此需在量刑各个阶段融入矫正与预防指标，由不确定的罪责概念配之以刑罚规范与注重矫正、预防实效的社会价值规范。③ (2) 量刑基准问题。有学者认为，量刑基准不但关涉评价范围上对量刑幅度的限制，而且包含评价方法上对量刑结果的判断。量刑基准虽然本质上是一种刑罚幅度，但在形式上却表现为某种确立程式，以使量刑基准获得量刑规范意义。④ 也有学者在量刑基准的基础上探讨了基准刑的问题，认为基准刑是量刑情节发挥调节功能的“基准点”，使量刑步

① 参见刘宪权：《废除死刑与提高生刑期限关系比较探析》，载《法学》，2011 (10)。

② 参见阴建峰：《论故意杀人罪死刑的立法改革》，载《北京师范大学学报（社会科学版）》，2011 (1)。

③ 参见阮祝军、张铭训：《量刑规范化改革的基础：以罪责为核心重构量刑原则》，载《政治与法律》，2011 (6)。

④ 参见姜涛：《再访量刑基准——一个实体性的判断标准》，载《当代法学》，2011 (4)。

骤得以具体化并具有可操作性。[①]（3）量刑规范化方式问题。有学者认为，规范方式对实现量刑规范化的价值意义重大，它既可以在实体法的领域尝试，也可以在程序法领域设计方案，并将两者联结，以保证量刑规范化的价值在最大程度上得以实现。[②]

从内容上看，量刑的规范化涉及量刑基准、量刑方法、量刑程序等诸多方面。近些年，学者们对量刑的基准和方法进行了较多研究。本年度，学者们在量刑基准、基准刑等问题的研究上有所澄清，在量刑原则和规范方式研究上有所发展。不过，量刑规范化的重点和难点在于各种量刑情节对基准刑的调整比例和方法问题。这方面的研究仍有待加强。

（六）累犯问题研究

《刑法修正案（八）》扩大了特殊累犯的处罚范围，被视为累犯制度的一大革新。2011年度，许多学者以此为基础，对累犯的立法、适用条件等问题进行了研究：（1）累犯的立法问题。有学者认为，《刑法修正案（八）》将构成特殊累犯的犯罪类型增加为三种，特殊累犯的组合也因此由一种增加为九种。在特殊累犯构成基数猛增和累犯从重处罚刑事政策的共同作用下，刑法呈现出重刑化的发展趋势，为此应当从前后罪的性质、构成主体、司法处理三个方面对特殊累犯进行限定。[③]（2）累犯的前提问题。有学者认为，通过对《刑法修正案（八）》有关累犯的用语分析，得不出累犯的“前罪”必须是成年人故意犯罪的结论。结合累犯的刑罚迟钝型人格本质，累犯前提条件的重心是受刑经历，而不是犯罪。《刑法》第65条“但书”的限制，只及于“后罪”；行为人因过失犯罪或未成年人犯罪而受刑，也足以构成累犯。[④]（3）累犯的适用问题。有学者认为，特殊累犯的前后罪并不要求是同一性质的类罪。依法应当承担刑事责任的，即具备“前罪”条件。一般累犯中“不满十八周岁的人犯罪”应理解为行为人实施前罪时不满18周岁。对于同一

---

① 参见张向东：《从量刑基准到基准刑：量刑方法的革新》，载《中国刑事法杂志》，2011（3）。

② 参见李洁、于雪婷、徐安怀：《量刑规范化的规范方式选择》，载《当代法学》，2011（3）。

③ 参见王强军：《特殊累犯裂变式增加的思考》，载《中国刑事法杂志》，2011（9）。

④ 参见陈金林：《累犯的前提：犯罪还是刑罚？——对〈刑法修正案（八）〉第6条的解读》，载《中国刑事法杂志》，2011（5）。

犯罪行为跨越行为人18周岁届满日期的，应当坚持“以已满18周岁对待为原则、以未满18周岁对待为例外”。对于行为人与被害人的行为具有互动性或者承继性的情形，应当以导致结果发生的行为实施完毕之时作为行为人年龄的确定依据。[①]

从立法上，《刑法修正案（八）》既扩大了特殊累犯的范围，也缩小了一般累犯的范围。前者反映的是对严重犯罪的从严处罚，后者反映的则是对未成年犯的从宽处理。这是宽严相济刑事政策在立法上的体现。对累犯制度的研究要求我们应立足于这种立法精神。总体而言，本年度学者们关于累犯制度的研究契合了这种立法取向，但也有学者的研究因忽视了这种立法取向而使其结论有失偏颇。

（七）社区矫正问题研究

一般认为，《刑法修正案（八）》将社区矫正写入刑法典是我国社区矫正立法取得的重大进展，有利于督促社区矫正配套立法的尽快出台，促进行刑权的统一。[②] 据悉，社区矫正的专门立法也已被提上议事日程。在此背景下，对社区矫正的研究尤为令人关注。

2011年度，学者们对社区矫正问题的研究具有两个鲜明的特点：一是全面性。学者们在各种学术期刊上发表的学术论文多达数百篇，内容涉及社区矫正的发展、理念、法律属性、矫正措施、检察监督、社会参与、特殊群体矫正等各个方面。[③] 研究领域和研究视野十分全面。二是针对性。学者们对社区矫正制度的研究，主要进行的是对策研究，即针对当前我国社区矫正在实践和法律层面存在的问题进行专门研究。其中既有调查研究，也有中外立法比较研究，还有立法建议与完善研究。研究的问题意识和针对性均较强。如有学者针对我国志愿者参与社区矫正存在的人数少、职责不明确、整体素质和意识有待提高、内容过于教条和形式化以及组织缺失等缺陷，提出应更新公众的刑罚理念和社区意识、建立并完善志愿者参与制度、合理安排

① 参见王飞跃：《累犯成立条件中的若干问题研究》，载《政治与法律》，2011（6）。

② 参见高铭暄：《社区矫正写入刑法的重大意义》，载《中国法律》，2011（2）。

③ 仅在“中国知网”检索的2011年度“社区矫正”论文就多达250余篇。此外，还许多学术期间没有加入中国知网。据初步估计，全年有关社区矫正的学术论文可达300～400篇。

社区志愿者服务内容、扩大志愿者规模等。[①]

应当说，学者们有关社区矫正的这些研究，适应了当前我国社区矫正制度实践和立法发展的需要，对加快我国社区矫正制度的专门立法具有积极意义。当然，学者们的研究也存在研究对象比较分散、部分研究还有待进一步深入的不足，这些有待今后加强。

（八）危险驾驶罪研究

在《刑法修正案（八）》的制定过程中，关于危险驾驶行为应否入罪曾引发了较大的争议。不过，《刑法修正案（八）》出台后，2011年度，学者们主要加强了危险驾驶罪的适用研究：（1）危险驾驶罪的适用根据研究。有学者认为，危险驾驶罪设立的初衷在于弥补法律的滞后性，更好地维护公共交通安全，保护民生。解读危险驾驶罪的规范内涵，应在探寻其立法原意的基础上，合理界定相似罪名之间的界限。尤其是在醉驾应否一律入罪的问题上，不能仅对条文的字面意思作简单理解，而应结合立法原意和刑法总分则的关系理性考量。[②]（2）危险驾驶罪的入罪门槛研究。有学者认为，我国刑法分则规定的各种具体犯罪的构成要件必须受刑法总则条款的制约和指导。《刑法》第13条的“但书”规定应适用于刑法分则所有的轻微犯罪，当然也适用于危险驾驶罪。[③] 也有学者从《刑法修正案（八）》对危险驾驶罪的行为规定、《道路交通安全法》对醉驾行为的规定等角度，认为不宜将“但书”规定作为醉驾免罪依据。[④] 还有学者从《刑法》第13条“但书”规定、公共安全客体、刑法的威慑性、正当程序、刑罚与行政处罚关系等角度，认为对醉驾不应一律入罪。[⑤]（3）危险驾驶罪的罪过研究。有学者认为，醉酒型危险驾驶罪是过失犯罪，即虽然行为人故意在道路上醉酒驾驶机动车，但对其行为所引起的公共安全的抽象危险仅存在过失。对故意在道路上醉酒驾驶机

① 参见叶慧娟：《论〈刑法修正案（八）〉视野下的社区志愿者问题》，载朱孝清、莫洪宪、黄京平主编：《社会管理创新与刑法变革》，550～558页，北京，中国人民公安大学出版社，2011。

② 参见赵秉志、赵远：《危险驾驶罪研析与思考》，载《政治与法律》，2011（8）。

③ 参见刘宪权：《醉驾入刑应杜绝“模糊地带”》，载《法制日报》，2011-05-17。

④ 参见吴飞飞：《不宜将但书规定作为醉驾免罪依据》，载《检察日报》，2011-06-06。

⑤ 参见赵秉志、袁彬：《“醉驾入刑”热点问题研讨》，载《刑法论丛》（第27卷），北京，法律出版社，2011。

动车并故意引起公共安全的抽象危险的行为，应当认定为以危险方法危害公共安全罪的未遂犯。[①] 也有学者认为，危险驾驶罪的成立要求行为人主观上能够认识到自己是在“驾驶机动车追逐竞驶”或“醉酒驾驶机动车”即可。[②]

从法律适用的角度看，对危险驾驶罪的理解显然不能仅限于刑法条文的字面意思，还需要综合考虑刑法总分则、危险驾驶罪与相关犯罪、刑罚处罚与行政处罚以及实体法与程序法等各种交织的关系。法治原则和刑法价值是其中的重要考量因素。总体上看，学者们对危险驾驶罪的研究坚持了合理的价值取向，对于危险驾驶罪的适用具有积极的指导作用。

（九）拒不支付劳动报酬罪研究

2011年度，学者们对拒不支付劳动报酬罪主要加强了对其主体、对象、客观行为、入罪标准、法定刑的研究。[③] 其中，学者们重点关注了“劳动报酬”“有能力支付而不支付”等拒不支付劳动报酬罪的概念内涵：（1）“劳动报酬”的内涵问题。劳动报酬有广义和狭义之分。对此，有学者认为，对《刑法修正案（八）》第41条所规定的“劳动报酬”应从狭义的角度去理解，即仅指工资性收入。[④] 也有学者认为，劳动报酬应包括计时工资、计件工资、奖金、津贴、补贴、延长工作时间的工资报酬以及特殊情况下支付的工资等。[⑤]（2）“有能力支付而不支付”的内涵问题。有学者认为，“有能力支付而不支付”是“转移财产”“逃匿”等方法的实质内涵，而“转移财产”“逃匿”方法是“有能力支付而不支付”的具体表现，它们之间不是并列关系，可将“有能力支付而不支付”理解为兜底性内涵，是对法条内容的一个补充。[⑥]（3）“劳动者”的内涵问题。有学者认为，拒不支付劳动报酬罪所侵

---

① 参见冯军：《论〈刑法〉第133条之1的规范目的及其适用》，载《中国法学》，2011（5）。

② 参见王志祥、敦宁：《危险驾驶罪探析》，载《中国刑事法杂志》，2011（7）。

③ 参见朱孝清、莫洪宪、黄京平主编：《社会管理创新与刑法变革》，834～914页，北京，中国人民公安大学出版社，2011。

④ 参见宋伟卫：《拒不支付劳动报酬行为的司法认定》，载《河北大学学报（哲学社会科学版）》，2011（4）。

⑤ 参见赵秉志、张伟珂：《试论拒不支付劳动报酬罪》，载朱孝清、莫洪宪、黄京平主编：《社会管理创新与刑法变革》，825页，北京，中国人民公安大学出版社，2011。

⑥ 参见宋伟卫：《拒不支付劳动报酬行为的司法认定》，载《河北大学学报（哲学社会科学版）》，2011（4）。

犯的客体是劳动者的劳动收益权，对劳动者应当沿用劳动法的界定，即主要考虑其是否具备法律所规定的劳动者资格和行为主体是否存在于劳动关系之中。[①]

拒不支付劳动报酬罪是《刑法修正案（八）》新增的一个重要犯罪。学者们对拒不支付劳动报酬罪的研究基础是刑法谦抑，并因而对劳动报酬和劳动者等概念内涵进行适当限制。我们认为，这种理解符合该罪设置的初衷，对于该罪的司法适用也具有积极意义。

（十）食品安全犯罪研究

加强食品安全保护是《刑法修正案（八）》保护民生的重要体现。2011年度，学者们以民生保护为视角，对《刑法修正案（八）》规定的食品安全犯罪的内涵、法律适用及发展完善问题进行了研究：(1) 食品安全监管责任问题。有学者借鉴国外的监督过失理论分析了《刑法修正案（八）》增设的食品监管渎职罪，认为我国可借鉴监督过失理论但应作一定的限制，包括以“公共安全”限制其行为，以法人实在说确定其主体。[②] (2) 食品安全犯罪的完善问题。有学者认为，《刑法修正案（八）》关于食品安全犯罪的修订对食品安全的保护起到了积极的促进作用，但仍存在犯罪归属体系错误、主观罪过范围过窄、犯罪行为规定不全面、罚金刑规定过于原则、资格刑缺失等问题，有待于进一步修正。[③] 也有学者认为，应当把危害食品安全犯罪纳入危害公共安全犯罪范畴并完善其法定刑及适用。[④] 此外，还有学者探讨了各种具体的食品安全犯罪的立法完善问题，如主张拓宽生产、销售有毒、有害食品罪的调整对象，增设生产、销售有毒、有害食品器具罪，增加运输、持有型犯罪和过失犯。[⑤]

---

① 参见赵秉志、张伟珂：《试论拒不支付劳动报酬罪》，载朱孝清、莫洪宪、黄京平主编：《社会管理创新与刑法变革》，828页，北京，中国人民公安大学出版社，2011。

② 参见潘星丞：《论食品安全监管的刑事责任——监督过失理论的借鉴及本土化》，1311～1316页。

③ 参见吴喆、任文松：《论食品安全的刑法保护——以食品安全犯罪本罪的立法完善为视角》，载《中国刑事法杂志》，2011（10）。

④ 参见刘冀民：《论我国食品安全犯罪的立法完善》，载朱孝清、莫洪宪、黄京平主编：《社会管理创新与刑法变革》，1416页，北京，中国人民公安大学出版社，2011。

⑤ 参见梅传强、杜伟：《食品安全犯罪的立法再完善》，载朱孝清、莫洪宪、黄京平主编：《社会管理创新与刑法变革》，1423～1425页，北京，中国人民公安大学出版社，2011。

从总体上看，食品安全犯罪由于侵害了民众基本的生存权利而与刑法所保护的利益发生了激烈碰撞，因而被视为一类严重犯罪。这也使食品安全犯罪在价值上具有不可调和性。基于这种思路，我们认为，刑法对食品安全犯罪应当予以严厉惩处，其惩治的范围应当包括食品生产、销售、监管等各个环节。从这个角度看，本年度学者们对食品安全犯罪探讨的立足点是合理的，并在多个方面丰富我国食品安全犯罪问题的研究。

四、结　语

由上可知，2011 年度，我国刑法学者以《刑法修正案（八）》的通过为契机，加强了刑法立法、司法和理论方面的诸多热点、重大问题的研究，在刑法基础理论和刑法现实问题研究方面，都取得了较为丰硕的成果，但也存在一定的不足。未来，我国刑法学研究需要注意以下几个方面：一是刑法基本价值与理念的坚守。价值是刑法的根基。刑法体系、制度和规范的确立都离不开一定的价值理念。基于不同的价值理念，学者们对同一问题的研究通常会得出相反的结论。这在 2011 年度诸多问题的研究上都有所体现。因此，坚守现代刑法的基本价值，合理平衡秩序与自由的关系，将是我国未来刑法学研究所需坚持的。二是本土国情的合理把握。刑法虽然不能完全囿于一国的现实，但社情民意是刑法的社会基础。刑法中许多问题的判断都离不开本土语境，否则将难以发挥其应有的功效。这要求我国刑法学研究必须合理把握本土国情，在现实国情与未来发展之间寻找合理平衡，并在此基础上，寻求研究方法和研究结论的创新。三是研究视角的拓展。研究视角创新是理论创新的重要方面。刑法学研究既要注重实践，也要注重思辨；既要考虑现实，也要参考历史、国际，还要进行跨学科研究。唯有如此，刑法学才能保持其丰富的生命力，并得以不断地繁荣发展。我们相信，只要我们始终坚守刑法的基本价值，同时保持开放的视角，积极探索刑法学研究的新领域、新问题，努力进取，未来我国刑法学研究一定能够得到更进一步的发展。

［赵秉志、袁彬；载《人民检察》，2012（1）］

第二十四章

2012年的刑法学研究

一、前　言

2012年度，在2011年2月25日通过的《刑法修正案（八）》之基础上，我国出台了一系列具有重要指导意义的刑事司法解释和司法文件，推动了我国刑事法治的发展。在此背景下，我国刑法学者一方面继续加强了刑法基本理论问题的深化研究，另一方面重点关注了我国刑事立法领域和司法领域的诸多重大热点问题，取得了丰硕的研究成果。刑法理论研究呈现出鲜明的时代性和实践性，进一步提升了刑法学理论研究的深度，并推动了刑法学研究的实践发展。

二、关注刑法基本理论问题

在刑法基本理论问题研究领域，2012年度，我国刑法学界一方面以1982年宪法颁行30周年为契机，加强了对刑法与宪法的协调发展问题研究；另一方面则在以往研究的基础上，进一步深化了对刑法解释、犯罪构成、死刑改革等许多刑法基本理论问题的探讨。

（一）刑法与宪法协调发展问题

2012年是我国82现行宪法颁行30周年。既往30年间，我国宪法在自身不断发展的同时也积极推动了包括刑法在内的其他法律的发展和完善，推动了社会主义法治建设的进步。如何进一步促进刑法与宪法的协调发展，是当前我国刑法理论研究的重要议题，并被作为 2012 年全国刑法学术年会的主要议题进行了深入探讨，其中重点是宪法与刑法的宏观关系、宪法发展与刑法理念更新和制度完善等问题。

其一，关于宪法与刑法的宏观关系。有论者主张“宪法依据说”（包括宪法的形式依据和实质依据），认为宪法发展与刑法进步具有互动性。其中，宪法规范对刑法规范的制定和适用具有强制作用，并能引导刑法立法与司法的发展；刑法对宪法的发展则具有一定的影响作用，能够促进宪法观念的革新，部分刑法规范甚至可以上升为宪法规范。① 也有论者认为，统合的宪制建设模式因其所具有的双向性而应成为我国宪制建设的主导模式。以此为指导，我国应从理念和实践两个层面不断推进刑法社会化进程，改单核犯罪治理模式为多方共同参与的多核犯罪治理模式，同时重新检视理性视角下的刑法立法偏差，合理对待经验法则的价值和意义，进一步深化刑法的制度信任和权威。②

其二，宪法发展与刑法理念更新。有论者认为，我国宪法所确立的法治原则、基本人权原则、权力制约原则对我国刑法制度产生了深远影响，刑法理念发生了深刻变化。从实然的角度看，我国宪法发展与刑法变迁存在法律文本和价值理念的互动；从应然的角度看，我国刑法理念与宪法精神尚待“协调”，应逐步树立刑法的宪法制约理念和罪刑法定入宪理念，强化刑法司法解释合宪性理念。③ 在内容上，宪法指导下的刑法新理念主要包括罪刑法定理念、适度犯罪化理念、保障人权理念和注重刑罚效果理念。④

其三，宪法发展与刑法制度完善。有论者认为，以宪法发展为导向，我

① 参见赵秉志、袁彬：《论宪法发展与刑法进步》，载《法学杂志》，2012（10）。

② 参见利子平、石聚航：《统合宪政模式与刑法社会化的实践阐释》，载赵秉志、张军主编：《刑法与宪法之协调发展》，31～40 页，北京，中国人民公安大学出版社，2012。

③ 参见康均心、杨尚文：《互动与协调：当代中国宪法与刑法理念的演变分析——以实然和应然为视角》，载赵秉志、张军主编：《刑法与宪法之协调发展》，93～101 页，北京，中国人民公安大学出版社，2012。

④ 参见赵秉志、王鹏祥：《论我国宪法指导下刑法理念的更新》，载赵秉志、张军主编：《刑法与宪法之协调发展》，77～84 页，北京，中国人民公安大学出版社，2012。

国应摒弃传统的“定性+定量”的犯罪概念模式，刑事立法应将部分行为非犯罪化，同时扩张轻罪的范围。[①] 2004年宪法修正案将“国家尊重和保障人权”正式写入宪法。《刑法修正案（八）》遵循尊重和保障人权的原则，对我国刑罚结构进行了调整，标志着我国在人权保障方面迈出了重要一步。其中，死刑制度改革是人权保障原则破冰之作，特殊群体从宽处罚制度的完善是人权保障原则应有之义，社区矫正入刑则是人权保障原则的价值选择。这些刑罚结构的调整在彰显宪法尊重和保障人权方面有着重要的里程碑意义。[②]

当然，宪法作为我国的根本大法对刑法的理念更新和制度建设都具有直接的制约作用，刑法应在其制度和规范上充分贯彻宪法的精神和规定，但刑法的进步对宪法理念的提升和规范的完善也会产生一定的促进作用。长远地看，宪法刑法化与刑法宪法化将是未来我国宪法与刑法关系和谐发展的两种重要趋势，而如何协调好这两种趋势将直接影响我国社会主义法治的内部协调和功能发挥。

（二）刑法解释问题

刑法解释是我国刑法学的重大基础理论问题，与刑法的基本原则和许多重大制度都有着密切联系。本年度，论者们重点关注了刑法解释的立场和方法。

其一，刑法解释的立场。有论者运用语用学的会话含义理论进行分析得出刑法解释应当坚持客观解释的立场。该论者认为，根据会话含义理论，立法者预料到并期待解释者会根据文本的语义结构、读者的心理图式、生活中的常规关系来解读刑法文本的语用意义，司法者则会根据语境因素对刑法文本的意义进行语用推理，解读出字面意义之外的隐含意义、形式意义之外的实质意义、语义意义之外的语用意义，并且在不同语境下解读出不同意义。刑法文本为语用推理划定了大致范围，语用推理实现了文本静态意义向动态意义的转化，因而刑法解释应该坚持客观解释。[③]

---

① 参见苏青：《刑法法益之宪法之维——兼论我国刑事立法的方向》，载赵秉志、张军主编：《刑法与宪法之协调发展》，241～248页，北京，中国人民公安大学出版社，2012。

② 参见储槐植、闫雨：《论刑罚结构的调整对宪法尊重保障人权原则的回应》，载赵秉志、张军主编：《刑法与宪法之协调发展》，268～276页，北京，中国人民公安大学出版社，2012。

③ 参见王政勋：《刑法解释的立场是客观解释——基于会话含义理论的分析》，载《法律科学》，2012（3）。

其二，刑事解释的方法。有论者研究了当然解释方法，认为刑法中的当然解释应当作为一种解释理由。其中，举重以明轻就出罪、处罚轻而言；举轻以明重就入罪、处罚重而言。当然解释的依据是事物的本质与法条的旨趣。由于刑法并不禁止有利于被告人的类推解释，故在适用举重以明轻的原理得出有利于被告人的解释结论时，不需要刑法的明文规定，但不能将刑法的处罚漏洞作为举重以明轻的根据。罪刑法定原则禁止不利于被告人的类推解释，故在适用举轻以明重的原理得出不利于被告人的解释结论后，还要求案件事实符合刑法规范，但不能将对案件事实的缩小评价当作对刑法规范的类推解释。[①] 也有论者专门探讨了扩张解释与类推解释的界限。如有论者认为，在是否处于刑法条文用语可能的含义之中、是否具有一般公民的预测可能性、是否采用了符合形式逻辑的推论和是否从罪刑法定主义的理念出发等方面，扩张解释都与类推存在构造上的差异。为此，应从所要解决的事项、一般公民的预测可能性、处罚的必要性、法律商谈和特定的程序性来合理限制和区分扩张解释与类推。[②] 也有论者主张以"刑法正文"作为区分扩张解释与类推的标准，认为在刑法正文范围内揭示需要解释事项的体系化文义的是解释，反之则是类推。与"字面含义""真实含义""通常含义"等概念不同的是，"刑法正文"是一个结构性概念，表现为从"点"到"面"再到法律体系之整"体"，它着眼于某一个具体的刑法分则条文，并关注与这一分则条文具有密切联系的若干个分则条文，进而在刑法分则、整部刑法乃至于整个法律体系范围内，发现待解释事项的"体系化的文义"[③]。我们认为，这种区分当然解释、扩张解释和类推解释的方法，具有相当的合理性，对于我们准确运用和合理把握刑法解释方法，具有积极意义。

（三）犯罪构成问题

犯罪构成是犯罪论体系乃至整个刑法学体系的重要基石。关于犯罪构成体系，本年度，论者们重点探讨了犯罪构成体系的方法论、特性以及构成要

① 参见张明楷：《刑法学中的当然解释》，载《现代法学》，2012（4）。

② 参见冯军：《论刑法解释的边界和路径——以扩张解释与类推适用的区分为中心》，载《法学家》，2012（1）。

③ 曲新久：《区分扩张解释与类推适用的路径新探》，载《法学家》，2012（1）。

件的逻辑顺序等问题。

其一，犯罪构成体系的方法论。有论者认为，刑法研究以方法论和体系论的先行解决为首要前提。自古典犯罪论体系至今，刑法理论上一直都在孜孜追求犯罪论体系的再建构。然而，迄今为止的诸种犯罪论体系并没有摆脱古典犯罪论体系建构以来被普遍接纳的技术范畴，仍旧执着于体系内各要素的合理安置。犯罪论体系建构的方法论基础应该是体系性思考与问题指向性思考的合一，刑法理论上应当建构一个开放的犯罪构成体系，即目的论的、刑事政策的犯罪论体系。[①] 依照这一方法论，我国犯罪构成在体系思维和问题意识上存在一定的失衡：一些理论研究重体系的内在逻辑但忽视问题的解决，但也有一些研究则相反。因此，如何合理兼顾犯罪构成理论的体系性和问题解决是未来我国犯罪构成理论发展需要重视的问题。

其二，犯罪构成的特性。有论者从权力的角度分析了犯罪构成诞生的权力特性，认为权力运行方式的变化为犯罪构成的诞生提供了前提。贝林体系的历史贡献不在于在“违法”“有责”之前新增“构成要件”的技术改造，而在于平衡了立法者、法官与学者的权力关系，把原来的学者型犯罪构成变成了权力平衡型犯罪构成，在自由保障的幌子下，对人的行为进行细致入微的规训，对人的思想进行无微不至的改造。犯罪构成诞生的真正后果在于提供了一套“把人变成主体”的权力。[②] 这一分析的视角独特，但也有将权力概念泛化的倾向。也有论者阐述了犯罪构成的文化特性，认为犯罪构成理论体系只有与文化价值观一致，才能在社会中具有普遍适用性。辩证扬弃其他国家、民族的成果，吸收其他学科的营养成分，也是构建犯罪理论体系必须予以考虑的。从这个角度看，我国传统的犯罪构成理论体系应当得到坚持。[③] 我们认为，这一结论基本成立。事实上，各国通行的犯罪理论体系总是与国家和民族的文化息息相关的，是民族文化发展的必然结果，各有自己的优缺点。如何从自身的法律文化角度完善我国犯罪构成体系是我国刑法学未来亟待研究的课题。

其三，犯罪构成要件的逻辑顺序。我国刑法理论上有多种不同排列主

① 参见［韩］金日秀：《关于犯罪论体系的方法论考察》，郑军男译，载《刑法论丛》，2012（2）。
② 参见欧阳本祺：《犯罪构成诞生的权力分析》，载《法律科学》，2012（4）。
③ 参见彭文华：《犯罪构成的文化属性》，载《刑法论丛》，2012（2）。

张，如有认定犯罪的顺序、犯罪发生的顺序、系统论的逻辑顺序、不同诉讼阶段不同的逻辑顺序、阶层式的逻辑顺序和类型化的逻辑顺序等。对此，有论者认为，这些观点都没有明确犯罪构成要件逻辑顺序的功能和犯罪构成要件在刑事实体法与刑事程序法中所具有的不同功能。犯罪构成要件在刑事程序法中的功能是查明事实，在刑事实体法中的功能是认定犯罪性质，根据犯罪构成要件的这两种不同功能，犯罪构成要件具有不同的逻辑顺序。① 应当说，根据功能确定犯罪构成要件的逻辑顺序，无疑是合理的。但犯罪构成主要是一个实体法的概念和体系，因此坚持犯罪构成要件的认定犯罪顺序总体上应当是合理的，但同时也要适当兼顾其程序功能的发挥。

（四）不作为犯罪问题

本年度，关于不作为犯，论者们重点探讨了不作为犯的等价性、成立范围和作为义务的来源等问题。

其一，不作为犯的等价性。有论者认为，不纯正不作为犯的等价性是指以不作为方式实现的犯罪，在构成要件上应与以作为方式实现犯罪在否定性评价上具有等值性。等价性的实质是犯罪构成事实的等价，其作用在于通过等价性的判断限制不纯正不作为犯的处罚范围，维护罪刑法定主义，这是处罚不纯正不作为犯的关键，其判断标准应当采用主客观相统一的原则，从构成要件上衡量不纯正不作为犯的等价性。②

其二，不作为犯罪的成立范围。有论者在实证研究的基础上提出，不纯正不作为犯的概念在形式上没有法律依据，在内容上缺乏等价性的判断标准。我国刑法中法定不作为犯包括充要不作为犯、必要不作为犯、选择不作为犯和混合不作为犯。在此基础上，该论者提出，所谓法定不作为犯通常是那些特殊主体出于轻率以上的罪过，采用非暴力手段不履行刑法义务，造成公共权益实际损害的犯罪。③ 这种界定基本反映了我国刑法中不作为犯的现实。但手段和受损害的权益性质并非判断不作为犯的关键，在部分法定不作

① 参见陈银珠：《论犯罪构成要件的逻辑顺序——以程序法与实体法的功能区分为视角》，载《法律科学》，2012（3）。

② 参见赵秉志、王鹏祥：《不纯正不作为犯的等价性探析》，载《河北法学》，2012（10）。

③ 参见白建军：《论不作为犯的法定性与相似性》，载《中国法学》，2012（2）。

为犯中（如遗弃罪），行为人也可采取暴力手段，受损的权益也不具有公共性。

其三，不作为犯的作为义务来源。有论者认为，纯正不作为犯和不纯正不作为犯两者的作为义务来源应有所区别。纯正不作为犯的作为义务来源应具有法定性，而不纯正不作为犯的作为义务来源应在纯正不作为犯的作为义务来源之外，只能再涵盖特定的职务或业务行为和特定的法律行为。①

（五）共同犯罪问题

共同犯罪的核心是共犯与正犯的责任区分，围绕该问题先要解决共犯与正犯的区分及责任基础。本年度，论者们重点探讨了共犯与正犯的区分、共犯的判断等问题。

其一，共犯与正犯的区分。各国刑法关于共犯体系的立法存在着“单一制”与“区分制”两大类型。本年度，有论者认为，在德、日刑法中，正犯与共犯的区分具有同时解决参与人的定罪和量刑的双重功能。中国刑法中的共犯体系在解释论上可归结为区分制。在单层区分制下，重视参与人在不法事实实现过程中的实质支配力或作用大小的犯罪事实支配理论、重要作用说有其论理上的妥当性。中国刑法对参与人同时采用了分工和作用两种并存不悖、功能各异的分类标准。分工分类标准下的正犯与共犯旨在解决参与人的定性及其间的关系问题，而不直接决定和评价参与人的刑罚轻重，承载量刑功能的是作用分类标准下的主犯和从犯。在这种双层区分制立法模式下，正犯与共犯的界分宜采以构成要件为轴心的实行行为说。②

其二，共犯的判断问题。有论者认为，只有能够和必须“共同”的部分，才可以成为共犯判断的对象。我国传统的刑法学理论没有区分犯罪构成中可以“共同”的部分和只需“个别”的部分，即没有区分不法与罪责，因而在共犯论领域里陷入一系列难题之中。实际上，共犯判断仅与不法有关，所有的罪责要素（责任能力、期待可能性与违法性认识可能性）均对共犯成立与否没有影响。但故意不是罪责要素，所以正犯与共犯的判断并非与故意

---

① 参见马荣春：《论不作为犯的作为义务来源》，载《南京师大学报（社会科学版）》，2012（1）。

② 参见钱叶六：《双层区分制下正犯与共犯的区分》，载《法学研究》，2012（1）。

毫无关系。①

其三，教唆自杀的处理问题。我国刑法没有明文规定对教唆他人自杀的行为的处理，理论通说一般以故意杀人罪论处。对此，有论者认为，这种处理方法会对限制正犯概念、共犯的处罚根据以及从属性程度等基本理论产生动摇。从规范的角度而言，应该在维护构成要件定型性的同时，也维护共犯的基本理论，如果教唆具有规范理解能力人自杀，对教唆者就不能论处刑罚；如果教唆不具有规范理解能力的人实施自杀行为，可以构成故意杀人的间接正犯；如果教唆缺乏“冷静思考”但具有规范理解能力人自杀，行为人构成故意杀人罪的直接正犯。②

（六）死刑改革问题

死刑改革问题是我国刑法理论的重大现实问题。本年度，论者们重点探讨了死刑的立法改革和司法改革问题。

其一，死刑的立法改革。有论者认为，《刑法修正案（八）》首次取消了13个非暴力、经济性犯罪的死刑，是立法上的重大突破，充分体现了严格控制和慎重适用死刑的刑事政策和宪法规定的人权保障原则。未来，我国应大力贯彻人权保障原则，在立法上进一步限制和减少死刑的适用，同时正确理解并严格掌握死刑适用标准，严格控制死刑的司法适用。③ 也有论者认为，作为一种事关刑事法治实现的关键问题，死刑制度改革必须拓宽到政府责任层面展开。一个国家能否废除死刑与政府责任的承担及其承担力度密切相关。就未来趋势而言，中国死刑制度改革必然是一个政府责任主导的过程，这就既应从责任视角理性思考政府责任的定位及其方式，也需以政府为视角合理界定责任政府的内涵及其职责。④ 还有论者认为，为了限制和废除死刑进程的顺利进行，有必要在向民众说明死刑并不具备人们所想象的效果的同时，亦应引导民众正确认识“生刑过轻”的现象，进一步完善并严格执

① 参见何庆仁：《共犯判断的阶层属性》，载《中国刑事法杂志》，2012（7）。

② 参见姚万勤：《论教唆自杀可罚性对共犯理论的动摇》，载《中国刑事法杂志》，2012（4）。

③ 参见周道鸾：《人权入宪与死刑限制》，载《法学杂志》，2012（9）。

④ 参见姜涛：《死刑制度改革与政府责任主导》，载《刑法论丛》，2012（2）。

行刑罚执行制度，以充分发挥生刑的威慑力，重建民众对刑罚执行制度的信任。[①] 应该说，就刑法本身而言，中国死刑制度立法改革的最大阻力并不在于政府，而在于民众的死刑观念。但民众的死刑观念并不基于死刑问题本身，而是有着广泛的社会、文化乃至政治的因素，因此死刑制度的立法改革与社会的整体发展水平息息相关，需要全社会共同努力。

其二，死刑的司法改革。有论者认为，死刑司法控制的实际效果特别是司法效率与司法公正更优于死刑的立法控制的实际效果。实现死刑司法控制的路径在于：一是倡导死刑裁量者树立刑法谦抑的人权保障刑法观念；二是建立死刑适用的量刑规范化标准；三是明确死刑司法控制的目标或对象范围应是严重暴力类犯罪；四是明确死刑司法控制的主要替代措施是死缓制度的适用。[②] 也有论者认为，就共同犯罪而言，应当在兼顾报应与功利并且由报应限制功利的框架下限制共同犯罪案件死刑的适用。在最主要的主犯因有重大立功表现而被从轻处罚，没有被判处死刑立即执行的情况下，可以对其他主犯判处死刑立即执行，但不能因此而对本来只需判处死缓的次要主犯提升刑罚，改判死刑立即执行。在一人犯数罪的情况下，较轻的罪行因体现出犯罪人的主观恶性和人身危险性，可以影响对最严重的罪行的死刑适用。[③] 这些认识对我们从司法层面限制死刑的适用，提供了可供参考的路径。

三、刑法重要实务问题研究

在刑法实务问题方面，本年度，论者们重点研究了社区矫正、民间高利贷、危险驾驶罪、食品安全犯罪、药品安全犯罪、恶意诉讼等许多我国刑法立法和刑事司法领域中的重大问题。

（一）社区矫正问题

《刑法修正案（八）》通过后，制定社区矫正法很快被列入国务院立法工

① 参见刘宪权：《限制或废除死刑与提高生刑期限关系论》，载《政法论坛》，2012（3）。

② 参见徐岱、陈劲阳：《死刑司法控制的地方性实践与方向》，载《吉林大学社会科学学报》，2012（5）。

③ 参见左坚卫：《共同犯罪案件死刑适用标准探疑》，载《国家检察官学院学报》，2012（2）。

作计划，目前司法部正在积极进行《社区矫正法（草案）》的起草，并对草案进行了多次研讨和修订。① 在刑法理论上，本年度，论者们重点探讨了社区矫正的立法原则和执行模式等问题。

其一，社区矫正的立法原则。有论者认为，我国刑法、刑事诉讼法及《社区矫正实施办法》均对社区矫正问题做了相关规定，但仍有不足。我国应当借鉴美国社区矫正制度的合理做法，制定专门立法，对社区矫正的适用范围、社区矫正机构体系、社区矫正队伍等进行明确规定。② 社区矫正法立法，既要遵循法治原则、民主原则和科学原则，更要坚持那些体现社区矫正特色、反映刑罚与社区矫正功能和作用的具体原则，即统一性原则、分类管理原则、制衡原则、社区矫正形式多样化原则和突出程序保障原则。③

其二，社区矫正的执行模式。有论者认为，社区矫正是建立在社区自治基础上的一项法律制度，也是政府移交社区的一项公共事务。社区矫正机构属社区居委会序列，它在社区党组织、居委会的管理下开展社区矫正工作。公检法司在社区矫正中代表国家，根据各自职能实施司法审判、法律监督和行政执法、业务指导等工作。在社区矫正工作中国家权与社区自治权二者的有机结合，在刑罚执行制度上体现出一种新的社会管理模式。④ 也有论者认为，人民法院参与社区矫正的执行有利于弥补社区矫正人力不足，促进人民法院自身审判职能和社会管理创新职能的实现，从而达到法律效果与社会效果的统一。但人民法院参与社区矫正应定位为社区矫正的决定者和矫正过程的配合者，同时要注意与其他相关职能部门的配合与协调，解决自身存在的司法资源不足的问题。⑤

（二）民间高利贷的刑法问题

本年度，以吴英案为代表的系列民间高利贷案件引发了社会的广泛关注

---

① 参见《司法部正进行社区矫正法草案起草工作》，载新华网，2012-01-20。

② 参见李素琴、谭恩惠：《美国社区矫正制度对我国的借鉴》，载《中国人民公安大学学报（社会科学版）》，2012（5）。

③ 参见阎玮、董亚娟、苏喜民：《社区矫正立法原则之我见》，载《河北法学》，2012（11）。

④ 参见刘爱童：《社区矫正法律制度探究——以城市社区为视角》，载《法学评论》，2012（6）。

⑤ 参见何军兵：《论人民法院参与社区矫正的困境与对策》，载《南昌大学学报（人文社会科学版）》，2012（6）。

和理论上的深入研讨。在刑法理论上，论者们重点研讨了民间高利贷的刑法适用和刑法完善问题。

其一，民间高利贷的刑法适用。有论者认为，近年来，民间高利贷被作为非法经营罪追究刑事责任的判例频频出现。这主要源于中国人民银行办公厅与最高人民法院刑二庭就武汉的涂汉江案所作的两个复函，但这两个复函中关于民间高利贷属于国务院《非法金融机构和非法金融业务活动取缔办法》所列非法金融行为的解释属无权解释，在现有法律框架下，民间高利贷因不违反任何法律与行政法规而不具有构成非法经营罪的非法性要件。同时，民间高利贷虽有伴生犯罪之弊，但其更有产生的必然性，也有存在的合理性，因此对其也不应通过修改刑法而将其入罪。① 也有论者认为，我国《刑法》第 225 条没有把民间借贷中的高利息行为规定为非法经营罪。有的地方将民间高利贷行为按非法经营罪定罪处罚，无论是立法上还是司法上，都没有依据。② 应当说，在现有的解释论下，高利借贷行为确实难以被直接纳入非法经营罪的范畴。在司法层面上，区分高利借贷行为本身和高利借贷过程中的违法犯罪行为（如诈骗、非法拘禁等）进而加以惩治才是合理的做法。

其二，民间高利贷的刑法完善。有论者认为，高利贷入罪具有理论上的合理性和立法意义上的合法性，将高利贷行为入罪并不意味着对民间借贷的制度性压制，而是在保障市场主体的财产权利与融资自由权利的基础上必要的制约。结合民间借贷与高利贷之别就在于利率高低的不同，以及高利贷与非法金融业务并非同一种属内涵之客观实际，考虑到刑罚预防需要和刑法打击对象的准确性，刑法单独设立高利贷罪更具合理性。③ 也有论者认为，应当将强索高利贷的行为入罪，具体方法包括：将高利贷独立成罪并将强索高利贷行为作为其加重处罚情节；将强索高利贷行为纳入非法经营罪；用非法拘禁罪、赌博罪共犯来涵括强索高利贷行为。但这些路径均存在不足。对强索高利贷行为的刑法定性，应当在坚持强索高利贷行为类型化的基础上分别进行。④ 从刑法谦抑的角度看，只将强索高利贷的行为入罪显得更为稳妥。

---

① 参见邱兴隆：《民间高利贷的泛刑法分析》，载《现代法学》，2012（1）。

② 参见赵长青：《民间高利贷不宜认定为非法经营罪》，载《检察日报》，2012－04－25。

③ 参见龚振军：《民间高利贷入罪的合理性及路径探讨》，载《政治与法律》，2012（5）。

④ 参见张建、俞小海：《强索高利贷行为的刑法分析》，载《中国刑事法杂志》，2012（8）。

(三)危险驾驶罪问题

关于危险驾驶罪，本年度，论者们重点探讨了醉驾入刑的政策效果、司法适用和犯罪圈等问题。

其一，醉驾入刑的政策效果问题。有论者认为，醉驾入刑一年多来的法治效果和社会效果显现，但也存在一些问题。在法律与政策精神上，司法机关对醉驾行为的处理既要坚持从严惩处的态度，同时也要正确贯彻宽严相济的基本刑事政策。醉驾的情形多种多样，对醉驾入罪应根据其情节的不同区别对待，同时要合理理解和正确适用醉驾的标准，并从立法上完善醉驾入刑的规定。①

其二，醉驾入刑的司法适用问题。有论者认为，危险驾驶罪是故意犯罪；由于既遂故意是未遂犯的主观的超过要素，在道路上醉酒驾驶机动车并故意引起公共安全的抽象危险的行为，不符合以危险方法危害公共安全罪的未遂犯的成立条件，只能认定为危险驾驶罪；在没有车辆和行人的道路上醉酒驾驶机动车的行为，只具有造成抽象危险的可能性，而不具有现实的抽象危险，不能认定为危险驾驶罪；危险驾驶过失致人伤亡构成交通肇事罪的，属于结果加重犯；危险驾驶行为同时构成其他犯罪的，需要具体分析和处理；在能够评价为数个行为与结果时，不排除数罪并罚的可能性。② 也有论者探讨了酒精临界值国家标准问题，认为借鉴具有丰富醉驾管制经验的德国醉驾犯罪相关理论和实践，应区分关于酒精临界值的“绝对不能驾驶”和“相对不能驾驶”，并进行程序法的设计，以保障诉讼权利。③

其三，醉驾入刑的犯罪圈问题。有论者认为，如何合理划定“醉驾”犯罪圈的大小，“一律入刑”与“区别对待”两种见解存在实质性分歧。罪刑法定原则作为刑事司法不可逾越的屏障，司法机关应该通过“一律入刑”呼应其明确性要求，同时限制司法机关的权力扩张；主观主义与客观主义作为两种不同的解释方式，在实践选择的位阶上应该以文本映射的主观主义为优先适用；刑法总分体系需要刑事立法与司法进行一体化贯彻，在刑事立法已

① 参见赵秉志、袁彬：《醉驾入刑诸问题新探讨》，载《法学杂志》，2012（8）。

② 参见张明楷：《危险驾驶罪的基本问题——与冯军教授商榷》，载《政法论坛》，2012（6）。

③ 参见李川：《醉驾犯罪酒精临界值标准法理定位与适用思辨》，载《法学》，2012（10）。

然兼顾总则要求的前提下不能通过“区别对待”再次限缩分则罪名的适用范围；“一律入刑”的主张不违背宽严相济刑事政策的内在精神，刑事政策的刑法化要求刑事司法必须坚守这一法治立场。①

（四）食品安全犯罪问题

食品安全犯罪是当前我国社会较为突出的一类严重危及人身安全的犯罪。本年度，论者们重点结合司法实践突发的食品安全犯罪现象探讨了食品安全犯罪的司法适用和立法完善问题。

其一，食品安全犯罪的司法适用。有论者探讨了食品安全犯罪的“足以造成严重食物中毒事故或者其他严重食源性疾病”内涵，认为要准确判定“足以造成”，应以客观存在的事实而非行为人的主观认识为判定基础，采用事前判断和事后判断有机结合的“瞻前顾后”的判断方法，并以科学法则为标准；同时还应注意生产、销售不符合安全标准的食品行为的属性、实行程度，以及该行为所可能导致的实害结果发生的实在可能性。② 也有论者讨论了食品与药品的区别标准问题，认为是否“以治疗为目的”是区分药品和食品的唯一标准。药品的主要特性在于治疗，其本身的性质具有独立治疗的功能，治疗系通过药理作用而实现。实践中常见的空心胶囊不符合“以治疗为目的”，应认定为食品。③ 还有论者认为，只有超标准的有害细菌或者其他污染物，才能足以造成严重食物中毒事故或者其他食源性疾病。但对婴幼儿的主食食品应有所例外，对专供婴幼儿食用特别是作为主食的食品不需要作这一限制。对婴幼儿的辅食食品，构成犯罪仍应采用“含有超标准的有害细菌或者其他污染物”的要求。④

“地沟油”是当前我国食品安全司法在实践中面临的一个重要现实问题。

---

① 参见陈伟：《醉驾：“一律入刑”还是“区别对待”》，载《法制与社会发展》，2012（1）。

② 参见李振林：《论危害食品安全犯罪之“足以造成”》，载赵秉志、张军主编：《刑法与宪法之协调发展》，1165～1172 页，北京，中国人民公安大学出版社，2012。

③ 参见张建、俞小海：《食品、药品安全刑法调整中的对象问题——兼及“毒胶囊”事件的刑法定性》，载赵秉志、张军主编：《刑法与宪法之协调发展》，1173～1186 页，北京，中国人民公安大学出版社，2012。

④ 参见朱建华：《刑法第 143 条规定的罪状解释问题探讨》，载赵秉志、张军主编：《刑法与宪法之协调发展》，1230～1235 页，北京，中国人民公安大学出版社，2012。

本年度，有论者认为，“地沟油”犯罪必须是将“地沟油”作为“食用油”予以生产、销售，地沟油源于“餐厨垃圾、废弃油脂、各类肉及肉制品加工废弃物”等三类非食品原料。至于罪过方面，在生产环节，要求行为人明知油品来源为“地沟油”和明知油品被生产为“食用油”；在销售环节，则要求行为人对于“食用油”是否属于“地沟油”必须存在主观上的盖然性故意。[①] 也有论者认为，对“地沟油”的鉴定和判断不应以是否具备相应鉴定报告为标准，而应当结合有关材料来源、加工工艺和加工过程等证据材料对是否是“地沟油”进行综合判断。对于“地沟油”犯罪案件的处理要充分利用已形成的生产、销售有毒、有害食品刑罚体系进行惩处。[②]

其二，食品安全犯罪的立法完善。有论者认为，我国食品安全的刑法保护存在刑法保护滞后、即成式犯罪构成模式被其他犯罪构成模式代替和遗漏了对运输、储藏等预备行为处罚等缺陷。对此，刑法应加强完善三个方面：在涉及重大法益（如食品安全问题）时，应设置过失危险犯；为满足犯罪认定的需要，应当将生产、销售不符合安全标准的食品罪改为抽象危险犯，以即成式犯罪构成模式进行规制；在生产、销售有毒、有害食品罪中增设企行式犯罪构成模式。[③] 也有论者认为，立足于食品犯罪的实际以及遏制食品犯罪刑事政策的需要，我国刑法对食品链的规制仍存在一定局限，应加强刑法与《食品安全法》的衔接；调整危害食品安全犯罪客体的立法，将其规定于“危害公共安全罪”一章；拓展危害食品安全犯罪的行为范围，将非法存储、持有有毒、有害的非食品原料、食品添加剂和食品的行为纳入刑法的规制范围，同时将生产、销售毒害的非食品原料和食品添加剂的行为增设为专门的罪名。此外，也应将用于食品的包装材料、容器，用于食品生产经营的工具、设备等工具纳入食品安全犯罪的范围。[④]

---

① 参见卢勤忠、黄敏：《“地沟油”犯罪中的若干问题探讨》，载赵秉志、张军主编：《刑法与宪法之协调发展》，1284～1290页，北京，中国人民公安大学出版社，2012。

② 参见孟庆平、宋鹏：《“地沟油”犯罪案件中的疑难问题研究》，载赵秉志、张军主编：《刑法与宪法之协调发展》，1291～1297页，北京，中国人民公安大学出版社，2012。

③ 参见柳忠卫、常德宝：《论食品安全犯罪犯罪构成模式的理性建构》，载赵秉志、张军主编：《刑法与宪法之协调发展》，1144～1155页，北京，中国人民公安大学出版社，2012。

④ 参见夏勇、江澍：《食品链的刑法规制》，载赵秉志、张军主编：《刑法与宪法之协调发展》，929～937页，北京，中国人民公安大学出版社，2012。

（五）药品安全犯罪问题

药品安全犯罪是当前我国社会影响较大，且与人民群众身心健康息息相关的热点犯罪问题，近年来受到了我国刑法立法和刑法理论研究的重点关注。本年度，论者们重点研究了药品安全犯罪的司法适用和立法完善问题。

其一，药品安全犯罪的司法适用问题。有论者探讨了警示缺陷药品生产者的刑事责任，认为警示缺陷药品的生产者应当承担生产劣药罪的刑事责任，但是这种责任在归责上具有特殊性。要注意从警示义务的内容、履行程度、履行时间以及履行对象等方面进行具体的责任判断。[①] 也有论者探讨了"毒胶囊"的定性问题，认为"毒胶囊"在法律上既不是有毒、有害食品，也不是假药或者劣药，更不是不符合标准的医用卫生材料，胶囊生产企业不能单独成立食品或者药品犯罪。而且"毒胶囊"与刑法中的"毒害性物质"也不具有相当性，也不能以投放危险物质罪论处。"毒胶囊"在本质上可归属于伪劣产品，胶囊生产企业可构成生产、销售伪劣产品罪；而胶囊生产企业向药品生产企业提供有毒空心胶囊的行为，在本质上是药品生产企业制售假药的帮助行为，在特定情形下，胶囊生产企业可构成药品生产企业生产、销售假药罪的共犯。[②]

其二，药品安全犯罪的立法完善问题。有论者认为不宜对生产、销售假药罪罚金数额的上限作出限定，因为《刑法修正案（八）》取消生产、销售假药罪罚金的数额幅度，就是为了加大对生产、销售假药罪的惩处力度。在此情形下再对该罪的罚金数额设置上限，既有违《刑法修正案（八）》的立法原意，也会使这一修法失去应有的价值。[③] 也有论者认为，我国刑法对于药品安全保护还存在保护范围比较狭窄等一些不足，为此应适当扩大药品安全刑法保护的范围，将有关非法制造、贩卖、运输麻醉药品、精神药品都纳

---

① 参见高铭暄、陈冉：《论警示缺陷药品生产者的刑事责任》，载赵秉志、张军主编：《刑法与宪法之协调发展》，771～781页，北京，中国人民公安大学出版社，2012。

② 参见童伟华、武良军：《"毒胶囊"实践中胶囊生产企业该当何罪——罪刑法定框架下的行为定性》，载赵秉志、张军主编：《刑法与宪法之协调发展》，789～796页，北京，中国人民公安大学出版社，2012。

③ 参见刘宪权、周舟：《生产、销售假药罪立法修正及司法适用分析》，载赵秉志、张军主编：《刑法与宪法之协调发展》，841～849页，北京，中国人民公安大学出版社，2012。

入刑法规制的范围；调整药品安全犯罪的在刑法典中的归属，将药品安全犯罪从现有的破坏社会主义市场经济秩序罪章中调整到危害公共安全罪章中，以强调对生命的尊重，对生命健康权的保护；应将生产、销售假处方药、劣处方药作为药品犯罪的加重情形，配置较重的刑罚；在药品安全犯罪的刑罚中增设资格刑；明确明星代言的共犯责任。[①]

（六）知识产权犯罪问题

2011年11月9日国务院常务会议要求加大知识产权刑事保护力度，完善相关刑事立法。本年度，我国有关机关及时启动了侵犯知识产权犯罪立法修改草案的拟定工作，刑法理论上也加强了对侵犯著作权、商标权和专利权等知识产权犯罪的研究。

其一，侵犯著作权犯罪。有论者探讨了网络著作权犯罪问题，认为著作权产品的数字化及其网络传播侵蚀了以复制权为核心建立起来的传统著作权法体系，给侵犯著作权罪的定罪标准的网络适用造成了诸多障碍。刑法司法解释将信息网络传播权纳入复制发行权中，并引入点击量标准，借此重构复制权的纽带地位。点击量标准的实质是承认“临时复制”是复制权的一种，具有创新意义，但在具体认定上也存在一定的不足。[②]

其二，侵犯商标权犯罪。有论者认为，销售假冒注册商标的商品罪具有未遂形态，应以15万元和25万元分别作为未遂数额较大和数额巨大的标准。在既、未遂形态并存时，只要已售部分达到既遂数额标准的，就应整体评价为犯罪既遂。既、未遂并存的量刑模式在两部分均符合相应形态数额标准的前提下，应选择性适用先并后定再调整或先定后并二次调整；在仅有单一部分达到相应形态数额标准时，不应对另一部分仅作为量刑情节考虑。[③]

其三，侵犯专利权犯罪。有论者探讨了以非专利产品冒充专利产品的定性问题，认为虽然《刑法》第216条规定了“假冒专利罪”，但从目前的刑法条文和司法解释的规定看，对于在自己的产品、产品包装或有关的广告宣

---

① 参见彭凤莲、崔月梅：《论药品安全的刑法保护》，载赵秉志、张军主编：《刑法与宪法之协调发展》，824～831页，北京，中国人民公安大学出版社，2012。

② 参见于志强：《网络空间中著作权犯罪定罪标准的反思》，载《中国刑事法杂志》，2012（5）。

③ 参见刘宪权、张巍：《销售假冒注册商标的商品罪停止形态研究》，载《法学杂志》，2012（4）。

传中标注并不存在的专利号等冒充专利的严重行为，不宜定“假冒专利罪”，但可以虚假广告罪论处。①

（七）诈骗罪问题

诈骗罪是财产犯罪的一种常见多发的重要类型，与盗窃罪、侵占罪等财产犯罪都有诸多不易区分的问题。本年度，论者们重点研究了诈骗罪的行为手段、犯罪数额和处分行为问题。

其一，诈骗罪的行为手段。有论者认为，诈骗罪中的欺诈必须是以虚假信息为前提的行为。但如果根据正常的社会交往经验和规则，从行为人的意思说明中间接得出的结论表明，他作出了符合事实的意思说明，则在引起被害人错误认识的前提下，该行为同样构成欺诈。诈骗罪中的欺诈行为并不必然以虚假信息为前提。②

其二，诈骗罪的犯罪数额。有论者认为，理论界和实务界对于诈骗罪中犯罪数额是否扣除犯罪成本问题一直存在着较大的争议。而从概念内涵来看，犯罪成本在诈骗罪中运用是不确切的，这也是产生分歧的主要原因所在。用“诱价”一词来替代犯罪成本，可避免由于概念理解问题产生的分歧。作为诈骗罪中独有的概念，诱价可以直接体现出诈骗罪区别于其他财产犯罪的本质特征。在诈骗罪认定过程中，应当坚持以扣除诱价之后被害人的净财富损失作为评判是否存在实质财产损害的实体标准，这既是刑法谦抑之下的结论，也是司法实践的需要。③

其三，诈骗罪的处分行为。有论者认为，刑法上的处分行为不要求达到民法上的处分和转移占有的程度，而是只要有财物持有的转移就够了。关于诈骗罪的所有权转移说使凡是谎称借用的诈骗行为都成立盗窃罪或侵占罪，而占有转移说不仅难以解释犯罪的着手问题，混淆犯罪成立与既遂的关系，将“处分行为”与“占有转移”的功能混为一谈，而且有违背责任主义之嫌，进而使谎称当场借用的诈骗行为都成立盗窃罪。比较而言，处分意思必要说更具妥当性。在处分人对财物认识程度的问题上，处分人必须对财物本

---

① 参见熊灿：《冒充专利之严重行为的刑法适用》，载《人民法院报》，2012-02-08。

② 参见赵书鸿：《论诈骗罪中作出事实性说明的欺诈》，载《中国法学》，2012（4）。

③ 参见朱志斌：《论诱价概念在诈骗罪中的独立性价值》，载《中国刑事法杂志》，2012（8）。

身的种类、数量、重量等事实具有认识，但是当处分行为人对处分财物的价格、价值等评价存在错误时，不影响处分行为的认定。①

（八）恶意诉讼问题

近年来，包括虚假诉讼在内的恶意诉讼案件层出不穷。为加强对恶意诉讼犯罪的治理，本年度，我国立法工作机关先后多次进行了恶意诉讼犯罪的立法调研②，刑法理论也对恶意诉讼的司法适用问题进行了专门探讨。

有论者主张对恶意诉讼以诈骗罪论处，认为在诈骗罪中，如果将行为人诈骗的对象限定在"财物所有人"，就意味着要求受骗人、财产处分人和被害人必须"三位一体"，并统一于财物所有人。诈骗罪的本质在于行为人使用诈骗方法陷对方于认识错误，对方因此处分财产，造成自己或第三人财产损失。就这一点而言，传统的诈骗与三角诈骗并无实质差异。诉讼诈骗是典型的三角诈骗行为。在诉讼诈骗中，被骗人是法院，被害者是民事案件中的被告人，两者不是同一人。但是，法院作为国家的审判机关，有依法对公私财产进行处分的权力。法院对公私财产具有法律意义上的处分权。③

但也有论者认为，对诈骗类恶意诉讼以诈骗罪论处只是一个权宜之计，因为以诈骗罪论处存在着两个缺陷：一是轻纵了诈骗类恶意诉讼，一般的伪证罪不以诈骗为目的，一般的诈骗罪不以伪证为手段，只有诈骗类恶意诉讼才既伪造证据又诈骗钱财，其罪行比单独的诈骗罪和伪证罪都重，以诈骗罪论处显然有些轻纵；二是有些恶意诉讼（比如以整垮竞争对手为目的者）不能以诈骗罪论处，若不另立罪名，对非诈骗类恶意诉讼就无法治罪。据此，该论者建议尽快增加恶意诉讼罪。④

还有论者结合本年度新修订的民事诉讼法探讨了恶意诉讼的刑法问题，认为民事诉讼法修正案对虚假诉讼问题作了阶段性总结，但同时也留下了立法空白需要填补。理想之选是在刑法修正时设专门罪名以回应民事诉讼法的最新发展，罪名可定为恶意诉讼罪。而当务之急是对民事诉讼法修正案两个

---

① 参见蒋铃：《论诈骗罪中的处分行为》，载《政治与法律》，2012（8）。

② 参见《全国人大常委会法工委来洛调研网络犯罪等立法情况》，载洛阳人大网，2012-09-30。

③ 参见郑泽善：《以诈骗罪追究恶意诉讼行为研究》，载《政治与法律》，2012（11）。

④ 参见侯国云、么惠君：《打击诈骗类恶意诉讼已成当务之急》，载《法制日报》，2007-03-02。

相关条款作出司法解释，以规范惩治虚假诉讼犯罪的司法实践，结束同罪不同罚的混乱局面。权宜之计是分别适用《刑法》第 307 条和第 313 条，以帮助毁灭、伪造证据罪或拒不执行判决、裁定罪对此类行为定罪量刑；若虚假诉讼同时构成其他犯罪的，择一重罪处罚。[①]

客观地看，恶意诉讼的情形多种多样，而且以非法占有他人财物为目的的恶意诉讼形式上类似于诈骗罪，但也与传统的诈骗罪存在较大区别，对恶意诉讼以诈骗罪进行追究既不完全符合一般诈骗罪的概念，也难以有效保护其行为所可能侵害的法益，因此单独设立一个有关恶意诉讼的罪名应是我国刑法规制恶意诉讼的最佳选择。

（九）环境犯罪问题

环境犯罪问题的解决既涉及对该类犯罪性质的认识和环境刑法的理念，也涉及环境犯罪的立法模式和法益保护类型。本年度，论者们对环境犯罪涉及的这四个问题进行了专门研究。

其一，环境犯罪的性质。有论者批判了环境犯罪的行政从属性，认为赋予环境犯罪行政从属性，极易在实践中助长行政权排斥司法权的风气，容易形成环境行政执法和行政管理的强势地位，使环境刑事手段存在被架空的巨大危险。环境犯罪与环境违法是有明确界分的，它们在主观、客观和危害程度上都存在可以区分的差异。保证环境犯罪独立性要求我们严格执行具有定量因素规定的条款，加强“但书”规定的适用，充分发挥司法人员的主观能动性，提升司法者的法律解释能力。[②]

其二，环境刑法理念。有论者认为，在可持续发展的语境下，全社会应牢固树立生态文明的科学发展观，重新审视人与自然的关系，环境犯罪应摒弃传统的人本主义法律观，倡导生态本位主义的立法理念。[③] 也有论者认为，传统的人类中心主义与自然中心主义的伦理观已经不适应我国环境刑法

---

① 参见卢建平、任江海：《虚假诉讼的定罪问题探究——以 2012 年〈民事诉讼法〉修正案为视角》，载《政治与法律》，2012（11）。

② 参见赵星：《环境犯罪的行政从属性之批判》，载《法学评论》，2012（5）。

③ 参见杨辉忠：《“可持续发展”语境下的环境犯罪立法》，载赵秉志、张军主编：《刑法与宪法之协调发展》，582～591 页，北京，中国人民公安大学出版社，2012。

的发展，局限性也日益暴露出来；现代人类中心主义环境伦理观应成为当代环境刑法的伦理支撑。[①] 还有论者认为，传统的人类中心主义立法理念早应退出历史舞台，生态中心主义被引入刑事法域作为与人类中心主义相对立的立法观，其目的是纠偏，而并非指导环境刑事立法的科学理念。环境刑事立法理念已经逐渐演进为人与自然和谐相处的科学理念，其本质依然是以人为中心，出发点也非生态中心主义或者生态本位主义。[②]

其三，环境犯罪的立法模式。有论者批评我国环境犯罪的单一刑法典模式，认为这一模式不能涵盖风险社会里的所有环境问题，应在刑法典之外构建附属刑法，将大量新型犯罪直接规定于《环境保护法》《水污染防治法》等非刑事法律中，而将行为方式相对稳定且典型的常见环境犯罪则规定于刑法典之中。[③] 但也有论者反对附属刑法的立法方式，认为将环境犯罪作为一类特殊的犯罪类型，与刑法分则其他章的犯罪并列更为合适，进而建议将环境犯罪安排在危害公共安全罪之后予以规定，认为这样既可以体现环境犯罪的社会危害性程度，又可以体现我国刑事立法对环境价值的重视。[④]

其四，环境犯罪的保护法益。有论者认为，环境犯罪所侵害的法益是独立的环境法益，即每个人的环境权，包括全体社会成员所享有的在适宜的环境中生活和工作、合理利用环境资源、实现人类社会可持续发展等三项权利，个人法益和生态法益都应该被排除在环境犯罪的法益之外。[⑤] 也有论者认为，刑法应当根据生态安全法益设立环境犯罪，环境犯罪应该以生态利益作为其保护的必要客体，但可同时将人的人身利益和财产利益作为选择客体予以保护。[⑥] 还有论者认为，在人与自然和谐相处的立法理念下，应以环境

---

① 参见李建岗、朱建华：《现代人类中心主义视野下我国环境刑法的完善》，载赵秉志、张军主编：《刑法与宪法之协调发展》，543～550页，北京，中国人民公安大学出版社，2012。

② 参见张远煌、徐苗：《环境刑事立法科学化探析》，载赵秉志、张军主编：《刑法与宪法之协调发展》，498～507页，北京，中国人民公安大学出版社，2012。

③ 参见吴大华、邓琳君：《风险社会视角下我国环境犯罪刑事立法的完善》，载赵秉志、张军主编：《刑法与宪法之协调发展》，508～512页，北京，中国人民公安大学出版社，2012。

④ 参见冯军：《通过刑法的环境污染治理：理念与路径》，载赵秉志、张军主编：《刑法与宪法之协调发展》，559～565页，北京，中国人民公安大学出版社，2012。

⑤ 参见周玉华、贾配龙：《环境犯罪的法益重构与立法完善》，载赵秉志、张军主编：《刑法与宪法之协调发展》，489～497页，北京，中国人民公安大学出版社，2012。

⑥ 参见杨辉忠：《“可持续发展”语境下的环境犯罪立法》，载赵秉志、张军主编：《刑法与宪法之协调发展》，582～591页，北京，中国人民公安大学出版社，2012。

法益而非外延更广的生态法益作为环境犯罪的保护法益。环境法益彰显出人对环境的依赖，体现了人的生活利益；而相比生态法益概念，环境法益能够更好地实现人的利益与环境价值的平衡。①

四、结　语

刑法理论研究是一个发现问题并解决问题的过程。它既要追求理论的自洽性，更要注重问题的解决。本年度，论者们对刑法基本理论和重要实务问题的研究较为充分地展现了论者们的问题意识，并体现出两个方面的显著特点：一是刑法理论研究更注重理论内在的逻辑性，强调刑法解释、犯罪构成体系和共犯本质等问题立场、方法的一致性和自洽性，同时也十分关注刑法理论发展的历史性和本土性，关注死刑改革、社区矫正等问题的中国特色。二是刑法理论研究更注重对实践问题的回应和解决，积极加强了民间借贷、恶意诉讼、食品安全犯罪、药品安全犯罪等刑法立法和刑事司法中许多重大现实问题的研究，既丰富了刑法的相关理论，也为我国立法和司法解决这些问题提供了理论参考。当然，本年度的刑法学研究也存在一些不足，如一些刑法基本理论问题的研究与实践脱节，而一些实务问题的理论总结和升华还不够，研究深度还有待提升。长远地看，刑法理论研究既要在一些关键领域寻求研究视角和研究方法的突破，也要进一步加强对实务问题的了解和解决。唯有如此，我国刑法学才能在提升刑法理论研究深度的同时，积极促进刑法理论的实践发展，从而有利于推动我国刑事法治建设的发展。

［赵秉志、袁彬；载《人民检察》，2013（1）］

① 参见张远煌、徐苗：《环境刑事立法科学化探析》，载赵秉志、张军主编：《刑法与宪法之协调发展》，498～507 页，北京，中国人民公安大学出版社，2012。

第二十五章

2013年的刑法学研究

一、前　言

2013年是我国社会发展进程中十分不平凡的一年。这一年，我国不仅完成了国家领导人的换届，而且在国家的政治、经济和法治等各个领域都进行了重大改革。特别值得指出的是，2013年11月12日中共中央十八届三中全会通过的《关于全面深化改革若干重大问题的决定》对我国未来各领域的改革进行了深思熟虑的设计和布局，必将对我国社会的发展产生长远而深刻的影响。

在刑事法治领域，2013年我国刑事法治建设发展迅速，成绩斐然。中共中央总书记习近平先后在2013年1月7日全国政法工作电视电话会议、2013年2月23日中共中央政治局就全面推进依法治国进行的第四次集体学习等多种重要场合都明确提出要加强司法体制改革，促进司法的公正正义。在此基础上，我国全面停止了劳动教养制度的审批，并在全国范围内大面积清理超期羁押，强化腐败犯罪的治理，最高人民法院也适时召开了第六次全国刑事审判工作会议，对未来我国刑事审判工作进行了重要部署。同时，最高人民法院、最高人民检察院还根据刑事司法实践的需要，出台了一系列具有重大影响的刑事司法解释，受到了各方面的广泛关注。

刑事法治建设的发展极大地促进了我国刑法理论研究的进步。2013年，我国在继续深化刑法与相关部门法的关系、刑法解释、犯罪构成、共犯关系、犯罪停止形态等刑法基础问题研究的同时，也针对我国刑事法治建设领域的诸多重大热点理论与实务问题进行了深入探讨，先后对死刑改革、劳教制度取消后的刑法应对、冤假错案的刑法防范、未成年人的社区矫正、腐败犯罪的刑事法治理、网络空间犯罪、侵犯未成年人犯罪和民间经济犯罪等问题进行了广泛的研讨，取得了丰硕的成果。

二、不断深化的刑法基础问题研究

在刑法基础问题方面，2013年度，论者们的研究具有两个显著特点：一是注重研究视角的适度转换，旧题新作，如对于刑法解释等过去刑法理论上探讨较多的重大问题，论者们积极尝试了诸多不同的分析视角；二是注重研究问题的发现，旧题探新，如对于犯罪构成、共犯、中止犯等问题，论者们已经不再局限于过去的争论，而侧重于对犯罪构成与正当行为关系、共犯与正犯的关系、中止犯“造成损害”的理解等过去关注较少的问题进行研究。这在一定程度上深化了我国刑法基础问题的研究。

（一）刑法与相关部门法的关系问题

刑法与相关部门法的关系是近些年来我国刑法适用中遇到的突出问题，并在吴英集资诈骗案等一系列具有重大影响的案件中受到了严峻考验。2013年全国刑法学术年会将此作为理论议题进行了重点讨论，论者们围绕刑法与相关部门法的一般关系、刑法与各具体部门法之间的具体关系进行了深入研讨。其中，重点研讨的是刑法与相关部门法的现状与协调发展问题。

关于刑法与相关部门法的关系现状，有论者认为，刑法与相关部门法的衔接在静态的法律规范上主要体现在行为模式和法律后果方面，在法律调整范围的动态关系上主要体现在一般违法行为的入罪化、犯罪行为的出罪化两个方面。当前我国刑法与相关部门法在衔接上存在着刑法的前提性规范欠缺、法律制裁的衔接不合理、刑法的入罪根基不牢固等缺陷。[①] 也有论者认为，我国刑法在与部门法的协调上存在过于强调国家本位、忽视规制手段的

---

① 参见赵秉志、袁彬：《刑法与相关部门法关系的调适》，载《法学》，2013（10）。

综合性、立法过度与立法不足同在等问题。[①] 鉴于刑法与相关部门法之间的关系现状，加强其关系协调势在必行。

关于刑法与相关部门法的协调发展，有论者认为，我国应当从静态和动态两个方面，加强刑法与相关部门法规范的衔接，合理平衡刑法与相关部门法的调整范围。[②] 有论者基于刑法的独立性，认为处理刑事法律和非刑事法律冲突应当遵守法制原则及有利于公民、法人和其他组织的原则[③]，应当从控制刑法保护尺度、加大相关部门法保护力度、建立协调统一的法律保护体系、构造“严而不厉”的合理刑罚结构等方面来加强刑法的社会保护，以促进刑法与相关部门法的协调衔接。[④] 也有论者指出，刑事司法中存在法律交叉适用的现象，需要引用行政、民事法律法规来确定犯罪的构成。但是，作为判决直接依据的，仍然是刑法中的相应条款，而不是相关的行政、民事法律法规。[⑤] 还有论者基于整体刑法学和刑事一体化的启示，提出了“立体刑法学”的概念，认为这既涉及刑法学研究的方法革命，也涉及刑法学研究的内容革新，需要加强立体刑法学的内部统一和外部协调以解决其与相关部门法的关系问题。[⑥] 应该说，这些建言总体上都比较中肯，也切合我国的实际，但这些问题的解决无疑都需要刑法立法和司法转变观念以及不同部门法之间的合理配合。

（二）刑法解释视角的转换

刑法解释是刑法基础理论领域的重要核心问题。本年度，有不少论者尝试从不同的视角研究了刑法解释的立场和方法问题。

---

① 参见王利宾：《部门法衔接视角下的刑法问题研究》，载陈泽宪、李少平、黄京平主编：《当代中国的社会转型与刑法调整》，42～49页，北京，中国人民公安大学出版社，2013。

② 参见赵秉志、袁彬：《刑法与相关部门法关系的调适》，载《法学》，2013（10）。

③ 参见吴林生：《刑事法律与非刑事法律冲突及解决刍议》，载陈泽宪、李少平、黄京平主编：《当代中国的社会转型与刑法调整》，33～42页，北京，中国人民公安大学出版社，2013。

④ 参见李少平：《论刑法的社会保护功能——兼论刑法与相关部门法的衔接协调》，载陈泽宪、李少平、黄京平主编：《当代中国的社会转型与刑法调整》，17～25页，北京，中国人民公安大学出版社，2013。

⑤ 参见邓楚开、于世忠：《论刑事司法中的法律交叉适用》，载陈泽宪、李少平、黄京平主编：《当代中国的社会转型与刑法调整》，49～56页，北京，中国人民公安大学出版社，2013。

⑥ 参见刘仁文：《立体刑法学论纲》，载陈泽宪、李少平、黄京平主编：《当代中国的社会转型与刑法调整》，25～33页，北京，中国人民公安大学出版社，2013。

有论者从刑法知识转型的视角研究刑法解释问题，认为刑法知识转型促进了刑法自主话语系统的重建与刑法教义学的建构，构筑了刑法解释理论共同的对话平台。对刑法解释如何回应社会发展变化需求与刑法“实质正义”诉求的不同回答，导致了形式的刑法解释论与实质的刑法解释论的理论分野，反形式主义成为实质刑法解释论的基本特征，但其过多考虑法外因素的实质考量，容易侵蚀刑法规范的安定性、自洽性和法律的自由价值。①

也有论者立足于刑罚积极主义，认为面对不可避免的刑法规范供给不足现象，刑法适用解释大有可为。但通过适用解释扩充刑法规范的供给，必须在罪刑法定原则之下厘清其与类推适用之间的界限。立足于刑罚积极主义的立场，应根据社会一般人是否会对某种解释结论产生“明显突兀感”来区分类推适用和扩大解释，这有助于刑法在调整社会矛盾中发挥更重要的作用。②

还有论者从实用主义的角度，认为在刑法解释中，客观解释、实质解释、目的解释、实质推理及司法能动主义等各种法律方法无不充斥着实用主义精神。实用主义刑法解释观催生出法律规则与生活经验的统一、法条主义与实用主义的统一以及系统性后果与个案性后果的统一，但也因缺乏约束而容易滋生犬儒主义。对于实用主义刑法解释，应从事前预防与事后救济两个层面进行完善，以保障解释结果的合法、合情、合理。③

（三）犯罪构成的定位与关系范畴

本年度，论者们对犯罪构成理论问题的关注不再仅限于过去关于犯罪构成体系的宏大叙事，而更重视犯罪构成的内在设计，其中关于犯罪构成的理论定位及犯罪构成与正当行为关系的研究值得关注。

关于犯罪构成的理论定位，有论者认为以往都是在成立犯罪最低标准意义上研究犯罪构成理论问题。这偷换了犯罪成立这一概念，曲解了犯罪构成要件的功能，导致基本犯的犯罪构成要件陷入无法确定的状态，也将犯罪构

---

① 参见王昭振：《刑法知识转型与实质刑法解释的反形式主义》，载《法学评论》，2013（5）。

② 参见付立庆：《刑罚积极主义立场下的刑法适用解释》，载《中国法学》，2013（4）。

③ 参见赵运锋：《实用主义哲学对中国刑法解释的影响及反思》，载《哈尔滨工业大学学报（社会科学版）》，2013（2）。

成符合性评价与犯罪形态符合性评价人为地割裂为两个独立的、前后衔接的步骤。客观地看，犯罪构成是成立犯罪的标准，但并非犯罪成立的最低标准。[①] 应当说，这个问题过去在刑法理论上关注得较少。事实上，如果不从成立犯罪的最低标准上去理解犯罪构成，那就不应对犯罪构成的要件和要素作过细的限制，其理论空间更大。当然，这个问题还需要进一步研究。

关于犯罪构成与正当行为的关系，有论者认为，以往的犯罪构成论体系研究是一种脱离犯罪构成论体系与刑法学其他重要范畴的关系而进行的“孤立性”的研究。与正当行为的关系应该构成犯罪构成论体系研究的一项重要内容。照应其与正当行为的关系使犯罪构成论体系研究也是一种“关系式研究”，而这将丰满犯罪构成论体系。我国应当将正当行为纳入犯罪构成论体系的研究范畴。[②] 也有论者立足于刑法的契合性，认为刑法契合性是在人们思维习惯的基础上说明、运用现行法律的能力。据此应侧重于刑法的司法立场，并借此重新解读犯罪概念，改造犯罪客体范畴而引入出罪机制，构建“两要件二阶层”犯罪构成理论模型。“超规范出罪事由”不能游离犯罪构成理论体系之外，而应全部吸收于出罪评判机制之中。[③] 应当说，犯罪构成体系和犯罪论体系是两个不完全相同的概念。从犯罪论体系上看，正当行为无疑是其基本范畴，但从犯罪构成体系上看，应否将正当行为纳入其中则值得探讨，这也是我国犯罪构成理论体系有待进一步深化的地方。

（四）共犯关系问题

我国以往刑法理论更关注共同犯罪的成立标准和处罚问题，对共犯之间的关系关注得较少。本年度，有不少论者对此进行了探讨。

有论者探讨了参与犯的处罚条件，认为我国共犯制度选择“共同（犯罪）关系”作为参与犯处罚条件的核心范畴，造成了司法实践中造成的“逻辑困境”和“刑事政策困境”。它是基于“事实中心主义”，掩盖了对参与犯

---

① 参见王志祥、袁宏山：《成立犯罪最低标准意义上的犯罪构成理论之批判》，载《中国刑事法杂志》，2013（3）。

② 参见马荣春：《论犯罪构成论体系与正当行为的关系》，载《辽宁大学学报（哲学社会科学版）》，2013（1）。

③ 参见于阜民：《犯罪构成理论抑或犯罪成立模型——以刑法契合性为鉴》，载《社会科学战线》，2013（8）。

自身特点的充分考虑，忽视了共犯制度规范目的的不足。据此，对参与犯的处罚条件有必要采取分列式的模式。[①] 这种提法有一定意义。不过应该看到的是，参与犯处罚条件问题的解决不仅是共同犯罪理论本身的问题，它与主客观相统一原则、犯罪构成理论体系等问题都有着密切联系，应当综合进行考察。

也有论者探讨了共犯关系的脱离问题，认为因果关系遮断说无法解决行为人产生的影响虽在事实上存在但被承认脱离更合适的案件处理问题，以及判断因果关系是否遮断存在规范的性质。对此，应以规范的因果关系遮断说作为共犯脱离的判断基准，即以表达了脱离的意思并为其他共犯者所了解作为主观基准条件，以停止了自己的犯罪行为且解除了共犯关系作为客观基准条件，以规范地考察是否遮断了物理与心理因果关系作为效果基准条件。[②] 该问题的核心是因果关系的判断标准问题，即因果关系的切断是要求事实切断还是法律切断，如果选择后者，则无疑需要立法加以明确。

还有论者探讨共犯与正犯的关系，认为我国应坚持共同犯罪是违法形态和责任个别性的原理，主张共犯的成立以正犯实施了侵犯法益的违法行为为条件的限制从属性说具有可取性。共犯的本质在于各参与人通过共同的违法行为来实现各自的犯罪，共同犯罪未必是“数人共犯一罪”，而完全可能是“数人共犯数罪”。各共犯的罪名可以相互独立。[③] 这看起来在形式上是解决共犯与正犯的关系问题，但实质依据仍在于共同犯罪的成立标准和本质。从理论自洽性的角度，需要综合协调共同犯罪的统一立场。

（五）犯罪停止形态问题

关于犯罪停止形态，本年度，论者们重点探讨了中止犯的性质、部分中止和处理问题。

关于中止犯的性质，有论者认为，对中止犯性质的理解制约着对中止犯成立要件的解释。对此，应以政策说为基础采取“新综合说”，即中止犯之

---

① 参见王志远、于晓光：《参与犯处罚条件的立法论思考——以我国共犯制度实践为视野》，载《社会科学战线》，2013（1）。

② 参见刘艳红：《共犯脱离判断基准：规范的因果关系遮断说》，载《中外法学》，2013（4）。

③ 参见钱叶六：《共犯与正犯关系论》，载《中外法学》，2013（4）。

所以得以减免其刑，首先是出于刑事政策的考量，其次是因为与未遂犯乃至预备犯相比，减少了违法性与责任。作为客观要件的中止行为，必须是足以防止既遂结果发生的行为；对作为主观要件的任意性，应着重考察行为人是否存在继续实施犯罪的可能性并体现出行为人“规范意思的觉醒”[①]。这一折中立场的优势在于对中止犯减免处罚的根据进行了先后的排位，从而有利于在冲突情境下的合理选择，不足之处在于刑事政策说与违法性、责任的减少或者消灭说还存在一种体现与被体现的关系，有的情况下很难将刑事政策因素从责任的减少或者消灭因素中脱离出来进行评价。

关于部分中止，有论者认为，它是指行为人在着手实行阶段，自动放弃了已经具备的加重要素，而仅完成基本构成要件的情形。中止犯既可以针对基本犯而言，也可以针对加重犯而言；部分的中止符合中止犯的成立条件，具备减免处罚的根据；但也不能随意扩大部分的中止之成立范围。成立部分的中止时，如果中止前的行为没有造成损害，应按基本犯定罪量刑；如果中止前的行为造成了损害，则应比较基本犯的法定刑与加重犯减轻后的法定刑，适用其中较重的法定刑。[②] 这显然是狭义的“部分中止”，即一罪情况下结果加重犯的中止。不过，对于在基本犯已经既遂的情况下，加重犯部分能否或者是否有必要成立中止，仍然是值得探讨的问题。

关于中止犯的处理，有论者重点研究了“造成损害”问题，认为只有当行为符合某种重罪的中止犯的成立条件，同时构成了某种轻罪的既遂犯时，才能认定为中止犯中的“造成损害”。“造成损害”的行为必须是中止前的犯罪行为，而不应是中止行为。重罪的中止犯因“造成损害”而构成轻罪的既遂犯时，不论轻罪与重罪是何种关系，均应认定为重罪的中止犯。在对“造成损害”的中止犯减轻处罚时，应当考虑与轻罪法定刑的协调关系。[③] 这是我国中止犯适用中经常面临的难题，核心是中止犯与他罪既遂犯竞合的处理问题。该论者提出的方案对解决该问题具有一定的借鉴意义。

---

① 王昭武：《论中止犯的性质及其对成立要件的制约》，载《清华法学》，2013（5）。

② 参见张明楷：《简论部分的中止》，载《法学杂志》，2013（4）。

③ 参见张明楷：《中止犯中的“造成损害”》，载《中国法学》，2013（5）。

三、适时推进的刑法前沿问题研究

2013年，我国刑事法治领域进行的重大改革对刑法理论研究产生了积极推动作用，并形成了新的刑法热点理论问题。本年度，针对我国刑事法治领域存在的突出问题，论者们适时推进了死刑改革、劳教制度取消后刑法的应对、冤假错案的刑法防范和未成年人社区矫正等刑法热点理论问题的研究。

（一）死刑改革问题

死刑制度改革问题是我国刑罚制度改革的关键和核心。随着《刑法修正案（八）》取消13种经济性、非暴力犯罪的死刑，我国对死刑问题的探讨日益走向深入。本年度，论者们重点探讨了死刑改革的民意、国际因素和中国现实制度设计问题。

关于死刑改革的民意问题，有论者认为，中国死刑制度的改革过程必然是一个引导死刑民意逐步变化的过程。死刑民意的引导必须遵循死刑心理形成、变化的客观规律。鉴于此，死刑民意引导的基本策略是在理解公众对死刑改革利益需求的基础上，充分调动社会各个群体（如国家、学者、媒体）和社会力量参与死刑改革的积极性，确立死刑民意引导的基本路径，即以死刑政策为基础，以死刑司法为主线，以死刑立法为根本。①

关于死刑改革的国际因素问题，有论者认为，人权是当今国际社会废止死刑的一个重要理由，对当今国际死刑废止运动起着推动作用。然而，政治才是国际死刑废止趋势的决定因素，即民主、民主化进程、死刑废止国与保留国之间的政治博弈，才是国际死刑废止的决定因素。死刑衰亡的历史表明，政治的高度民主化是彻底废止死刑的前提。但政治不是唯一影响国际死刑废止的因素，刑罚的文化特征特别是死刑的文化特征，也是影响国际死刑废止的因素之一。② 也有论者探讨了国际人权规范对死刑改革的影响，认为

---

① 参见赵秉志、张伟珂：《略论死刑的民意引导——以慎用死刑为视角》，载《国家检察官学院学报》，2013（4）。

② 参见赵秉志、王水明：《当代国际死刑废止趋势及其影响因素研究》，载《中南民族大学学报（人文社会科学版）》，2013（4）。

对全球死刑限制适用的潮流具有决定性影响的国际人权法理论与实践对推动中国死刑改革发挥了重要作用。各个主权国家之所以趋向于遵守国际人权法规范或者向其靠拢，是因为国际人权力量在世界范围内能够对各国在国际社会中的利益、身份和声誉施加广泛影响力。但国际人权法规范对中国死刑改革的影响力又是有限的，问题的关键在于中国多元、复杂的社会条件。国际社会在推进中国死刑改革时，需要深入了解中国社会的具体政治、历史及文化条件并采用平等、灵活而柔和的沟通方式。[①]

关于死刑改革的中国现实制度问题，有论者认为，目前符合我国时代要求的死刑文化应当是一种“崇尚人权、慎用死刑”的符合法治社会理念的先进文化。我国刑法关于死刑适用对象限制条件的规定仍存在不足。中国目前的死缓制度也存在一些致命性问题，需要进一步完善。[②] 也有论者探讨了案例指导制度对死刑改革的影响，认为案例指导制度通过指导性案例的颁布，以一种直观而形象的方式更为具体地体现司法规则，可以满足司法活动对于规则的现实需要。案例指导制度可对死刑适用条件、死刑立即执行与死刑缓期执行的区分、限制减刑的适用以及最高人民法院在控制死刑中的作用等问题进行指导和引领。[③] 还有论者探讨了毒品犯罪的死刑废止问题，认为毒品犯罪死刑的逐步废止是当代中国非暴力犯罪死刑废止进程中的焦点问题。对此可在即刻从立法上废止运输毒品罪死刑的基础上，在司法中摈弃针对毒品犯罪的严打政策，统一毒品犯罪死刑适用的数量标准，客观分析并慎重对待毒品再犯、累犯对于死刑适用的消极影响，积极发挥立功在毒品犯罪死刑适用中的限制性作用。[④]

（二）劳教制度取消后的刑法应对问题

2013年度，我国在全国范围内停止了劳动教养的审批，并即将从立法上取消劳动教养制度。这是我国刑事法治领域的重大制度改革，合理处理劳

---

① 参见赵秉志、苗苗：《论国际人权法规范对当代中国死刑改革的促进作用》，载《吉林大学社会科学学报》，2013（4）。

② 参见莫洪宪、吴占英：《关于我国死刑问题的几点思考》，载《国家检察官学院学报》，2013（4）。

③ 参见陈兴良：《死刑适用的司法控制——以首批刑事指导案例为视角》，载《法学》，2013（2）。

④ 参见赵秉志、阴建峰：《论中国毒品犯罪死刑的逐步废止》，载《法学杂志》，2013（5）。

动教养制度取消留下的空档是刑法必须要解决的现实问题。本年度，有不少论者对劳动教养制度取消后的刑法应对问题进行了探讨。

关于劳动教养制度取消后的制度发展方向，有论者认为，保安处分是预防犯罪不可或缺的法律制度。劳动教养制度存在的问题已经严重影响我国社会主义法制的形象，成为不当干涉公民基本权益的隐患，理应被废止。在废止劳教制度后，我国应通盘考虑并解决目前各种保安处分措施存在的问题，实现保安处分措施的法治化。对此应先在形式上明确保安处分措施的法律定位与权力归属，在实质上贯彻必要性和合比例性原则。① 应将我国劳动教养制度司法化，形成法院决定、公安机关执行、检察机关监督的合理系统，使其成为刑罚的有效辅助手段。② 但也有论者认为，按照犯罪的定量要求，应将劳动教养去罪化，即不能将其作为违警罪、轻罪、保安处分等规定在刑法典中，应将其回归“强制性教育措施”的本义，对劳动教养进行缩小化、轻缓化、司法化和法定化改造，由法院内设治安审判庭裁决，对相关制度进行彻底改造，制定“违法行为教育矫正法”③。

关于劳动教养制度取消的刑法改革形式，有论者认为以刑法修正案形式规范劳动教养具有可资借鉴性、相对合理性和技术可行性。我国劳动教养是具有保安处分性质的人身强制性预防措施，可以借鉴国外保安处分制度的法理与实践，以契合我国劳动教养法治化的基本需要。《刑法修正案（八）》较好地完成了作为保安处分措施的刑事禁止令的法规范设置，其为我国单项保安处分措施的合理规范提供了立法经验。新的刑法修正案应当以实体法与程序法相结合的规范形式，确立兼具实质合理性与形式合理性的劳动教养规范体系。④

关于劳动教养制度取消后的刑法改革内容，有论者认为，社会危害性与人身危险性是对行为人予以处置的法律基础，社会危害性属于行为的范畴，而人身危险性属于行为人的范畴。劳动教养以行为人的人身危险性作为对其

① 参见时延安：《劳动教养制度的终止与保安处分的法治化》，载《中国法学》，2013（1）。

② 参见贾凌、周兆进：《论我国劳动教养制度改革——对“唐慧案”的反思》，载《昆明理工大学学报（社会科学版）》，2013（3）。

③ 莫洪宪、王登辉：《从劳动教养事由的类型化看制度重构》，载《法学》，2013（2）。

④ 参见魏东：《论以刑法修正案形式规范劳动教养——侧重于劳动教养制度的实体法完善研究》，载《北方法学》，2013（1）。

长时间剥夺人身自由的原因，其法理依据薄弱，法律地位不明。将劳动教养化解到我国现行法律制度中，以非刑罚处罚和保安处分措施予以代替，符合法律发展的逻辑。[①] 也有论者认为，劳动教养制度涉及犯罪定义问题、刑法结构问题、效率与公平问题、司法权力配置等四个实质性问题，劳动教养制度改革应当坚持行政机关未经司法程序不得长时间剥夺人身自由这个底线，劳动教养制度的改革应当以刑法与行政法既区隔又衔接的方法，将现行劳动教养适用的对象予以归类处理，分别纳入行政法和刑事法体系。[②]

（三）冤假错案的刑法防范问题

中共中央总书记习近平在2013年的多次会议和多种重要场合都明确提出，全国政法机关要加强司法体制改革，坚决反对执法不公、司法腐败，努力让人民群众在每一个司法案件中都能感受到公平正义。在此背景下，我国进行了较大规模和范围的纠正冤假错案行动。本年度，有不少论者对此进行了广泛研讨。

从总体上看，冤假错案防范的根本在于司法观念、体制和制度的改革，重点需要加强法律程序制度、律师辩护制度和科技建设[③]，坚持司法公正、非法证据排除和疑罪从无原则。[④] 不过，在刑法层面上，加强冤假错案的责任追究对冤假错案的防范也十分关键。本年度，论者们重点从责任追究和刑讯逼供罪的立法完善两方面加强了对冤假错案防范的实体法研究。

关于冤假错案的责任追究，有论者认为，对此首先要准确区分罪与非罪的界限。这是因为，基于罪刑法定原则的要求，是否成立犯罪，必须根据刑法的明文规定予以认定。因此，错案发生以后，面对严重的危害后果，要依据刑法规定判断是否符合相关犯罪的犯罪构成：构成犯罪的，追究刑事责任；不构成犯罪的，如果符合其他责任，如纪律责任或者行政责任的认定标

---

① 参见杜雪晶：《论劳动教养在中国的法律归宿——以社会危害性与人身危险性为基础的法律分析》，载《西南政法大学学报》，2013（4）。

② 参见陈泽宪、刘瑞平：《论刑法与行政法的衔接——以劳动教养制度改革为切入点》，载陈泽宪、李少平、黄京平主编：《当代中国的社会转型与刑法调整》，345～357页，北京，中国人民公安大学出版社，2013。

③ 参见沈德咏：《我们应当如何防范冤假错案》，载《人民法院报》，2013-05-26。

④ 参见刘宪权：《克减冤假错案应当遵循的三个原则》，载《法学》，2013（5）。

准，就应当作出区别对待。其次在确定成立犯罪的情况下，要根据办案人员对冤错案件形成的影响力的大小，合理区分其刑事责任的大小。在确定刑事责任的时候，应根据各个办案人员对冤错案件实际形成的不同影响力及其行为的原因等情况，对相关责任及责任轻重作出正确的区分与认定。最后在确定个人法律责任尤其是刑事责任的时候，要坚持领导责任与直接办案人员的责任相互区分的原则。[①]

关于刑讯逼供罪的完善，有论者认为，我国目前刑讯逼供罪的主体是司法工作人员。这不符合刑法对刑讯逼供罪寄予的功能期许，即通过刑讯逼供罪的设置来保障基本人权、规范公职行为、改善社会治安、平复民怨民愤和保护国家法益。结合实践需要，我国有必要将刑讯逼供罪的主体设置为国家工作人员。[②] 也有论者认为，对于刑讯逼供“致人伤残、死亡”的性质，应当坚持以转化犯来进行处理。因为在客观上，刑讯逼供“致人伤残、死亡”并非作为基本行为的刑讯行为造成的而是基本犯罪的过限行为造成的；在主观上，行为人对刑讯逼供“致人伤残、死亡”结果具有故意性。将刑讯逼供“致人伤残、死亡”的性质认定为转化犯，有利于强化我国对刑讯逼供行为的刑法治理。[③]

（四）未成年人的社区矫正问题

我国社区矫正试点工作已运行10年，但未成年人社区矫正工作迄今都没有形成一套独立的工作体系，该问题近年来受到了各方面的关注。本年度，有不少论者对未成年人的社区矫正问题进行了重点研究。

有论者认为，目前我国实践中的社区矫正机构对未成年人实施的矫正方案与成年人没有区别，明显不符合未成年人的需要，亦缺乏应有的科学性。为完善未成年人社区矫正制度，我国应从矫正方案科学化的角度，健全相关法律法规，针对未成年人身心特点制定矫正方案和矫正项目，从而使未成年

① 参见赵秉志：《冤错案件救济机制的完善》，载《法制日报》，2013-07-31。

② 参见李文杰：《刑讯逼供罪主体之应然重置——以刑讯逼供罪的功能期许为进路》，载《社会科学家》，2013（6）。

③ 参见肖本山：《刑讯逼供“致人伤残、死亡”性质之辨正》，载《云南大学学报（法学版）》，2013（1）。

社区服刑人员真诚悔罪、顺利回归社会。[①]

也有论者认为，未成年人社区矫正制度构建有其积极的意义，但实践表明，未成年人社区矫正有待完善，需要综合平衡各方介入因素的优缺点。对此，只有充分考量人道主义与刑罚功能、交叉感染与暴露在危险因素中的问题、标签效应的正作用与副作用、个性化处遇与公正性、有效性与经济性等方面的因素，才能解决社区矫正设置中的问题。[②]

还有论者认为，加强未成年人社区矫正制度建设，要鼓励社区矫正工作人员参加心理咨询师、社工师的职业培训，培养自己的未成年社区服刑人员矫正帮教专家。同时，与民政、共青团、社工委、关工委研究建立未成年社区服刑人员矫正帮教工作的资格准入制度；与人力社保局、财政局研究建立专业社区矫正工作者职级补贴制度。同时，要以区县阳光中途之家为依托，通过与专业机构合作积极开办各类家长学校、家庭教育指导中心，帮助未成年社区服刑人员家长树立正确的家庭教育观念和能力。[③]

四、日益拓展的热点犯罪问题研究

随着社会形势的不断变化，我国近年来新型犯罪问题层出不穷，过去一些常见的犯罪也因社会环境的变化而呈现出新的特点。这对刑法立法和司法都提出了新的要求。本年度，在具体犯罪研究方面，论者们重点加强了对腐败犯罪、网络空间犯罪、侵害未成年人犯罪、民间经济犯罪等热点犯罪问题进行了研究。

（一）腐败犯罪的刑法治理问题

加强对腐败的治理是2013年中央部署的重点工作，中央为此先后向全国各地派出了20个巡视组进行领导干部作风和腐败问题的查处。反腐败工

① 参见甄贞、管元梓：《未成年人社区矫正工作的制度完善——以矫正方案科学化为视角》，载《河南社会科学》，2013（3）。

② 参见许晓娟、张京文：《论未成年犯罪人社区矫正中被忽略的问题》，载《法学杂志》，2013（9）。

③ 参见林仲书、常占芳：《关于对未成年社区服刑人员开展社区矫正工作的实践与思考》，载《中国司法》，2013（4）。

作的社会和法治意义凸显。鉴于此，2013年全国刑法学术年会将“当代中国腐败犯罪的防制对策”作为实务议题进行了专门研讨。反腐败的刑法治理也因此成为刑法理论研究的热点问题。本年度，论者们主要从宏观和微观两个方面对反腐败刑事法治的完善问题进行了重点研究。

关于反腐败刑事法治完善的宏观方面，有论者认为，新中国成立后60余年来我国反腐败刑事法治建设取得显著进展：反腐败刑事政策日趋科学，刑事立法日益健全，刑事司法日渐理性。从反腐败的现实需要和国际社会反腐败的趋势看，我国反腐败刑事法治建设仍存在一定缺陷，需要适时更新反腐败刑事法治理念，适当完善反腐败刑事法网，及时调整腐败犯罪的定罪量刑标准，严格限制直至最终废止腐败犯罪的死刑，并合理增设腐败犯罪的资格刑和罚金刑。[①] 也有论者重点探讨了反腐败刑事法治的模式，认为当前我国腐败犯罪立法存在“厉而不严”的问题，应在立法模式上采用“严而不厉”的模式。[②] 我国对贪污贿赂犯罪所采用的二元制罪名体系导致了一系列的问题，需要摈弃主体身份和财产性质的差异，仅以犯罪行为本身作为定罪处罚的依据，实现对同质法益的平等保护，将二元制罪名体系修改为一元制罪名体系。[③] 还有论者重点探讨了反腐败犯罪的刑罚完善，认为我国公职人员贿赂犯罪刑罚配置中所采用的以数额为中心的“计赃量刑”模式存有弊端，应当建构以“犯罪情节”为中心的刑罚配置模式，扩大财产刑和资格刑的适用[④]，进行刑罚体系和适用的重构。[⑤] 同时，废除我国职务犯罪的死刑具有理论和现实的正当性，但应当看到短期内废除还存有现实上的障碍，应坚持完善“死刑适用法律标准”与推行“典型案例指导制度”相结合，“死刑缓期执行制度”与建立“死刑赦免制度”相结合，提高“生刑实际执行刑

① 参见赵秉志：《论我国反腐败刑事法治的完善》，载《当代法学》，2013（5）。

② 参见闫雨：《刑事一体化视域下我国腐败犯罪之立法完善》，载陈泽宪、李少平、黄京平主编：《当代中国的社会转型与刑法调整》，1600～1608页，北京，中国人民公安大学出版社，2013。

③ 参见刘科、樊立兵：《贪污贿赂犯罪二元制罪名体系存在的问题及解决思路》，载陈泽宪、李少平、黄京平主编：《当代中国的社会转型与刑法调整》，1682～1689页，北京，中国人民公安大学出版社，2013。

④ 参见阴建峰：《公职人员贿赂犯罪刑罚配置的缺陷及其完善——以〈联合国反腐败公约〉为参照》，载陈泽宪、李少平、黄京平主编：《当代中国的社会转型与刑法调整》，1663～1673页，北京，中国人民公安大学出版社，2013。

⑤ 参见莫晓宇、杨颖：《当前贪贿犯罪的司法困境与立法重构》，载陈泽宪、李少平、黄京平主编：《当代中国的社会转型与刑法调整》，1647～1654页，北京，中国人民公安大学出版社，2013。

期”与调整“刑罚附加刑制度”相结合，加强职务犯罪刑罚结构的调整。[①]

关于反腐败刑事法治完善的微观方面，有论者探讨了贪污罪的完善问题，认为贪污罪的数额界定只能包括数额而不能包括数量，在共犯责任的认定中应参考总则的相关规定，量刑时考虑已分赃数额、拟分赃数额或其他情节[②]，在条件成熟时将贪污罪的入罪标准由单纯的数额模式修改为“概括数额加其他犯罪情节”的模式[③]，同时采取概括的数额标准，允许最高司法机关根据具体情况确定贪污罪定罪的最低数额。[④] 有论者探讨了对外国公职人员、国际公共组织官员行贿罪中“不正当商业利益”、“外国公职人员、国际公共组织官员”以及“给予外国公职人员或者国际公共组织官员以财物”的司法认定。[⑤] 也有论者从“关系刑法论”的视角对我国刑法中受贿罪的主体完善进行了研究，认为应当以“公务论”作为认定犯罪主体本质特征的指导理论，将“国家工作人员”修改为“公职人员”[⑥]。还有论者针对单位挪用公款行为的社会危害性进行了探讨，认为单位挪用公款行为应当犯罪化，并提出了具体的立法建议。[⑦] 此外有论者探讨了性贿赂的入罪化问题，认为一切可以收买国家机关工作人员职务行为的“物品”都应当成为受贿罪的对象，性贿赂也不例外[⑧]，性贿赂的立法应当采取增设条款的方式，单独设置“性

---

① 参见孙长柱、张云霄：《关于废除我国有关职务犯罪死刑的思考——兼议〈中华人民共和国刑法修正案（八）〉》，载陈泽宪、李少平、黄京平主编：《当代中国的社会转型与刑法调整》，1631～1640页，北京，中国人民公安大学出版社，2013。

② 参见高铭暄、范连玉：《略析贪污罪中贪污数额起点与共犯责任》，载陈泽宪、李少平、黄京平主编：《当代中国的社会转型与刑法调整》，1292～1298页，北京，中国人民公安大学出版社，2013。

③ 参见陈家林：《论贪污受贿罪的入罪数额》，载陈泽宪、李少平、黄京平主编：《当代中国的社会转型与刑法调整》，1298～1306页，北京，中国人民公安大学出版社，2013。

④ 参见李风林：《论我国贪污受贿犯罪的起刑数额》，载陈泽宪、李少平、黄京平主编：《当代中国的社会转型与刑法调整》，1313～1319页，北京，中国人民公安大学出版社，2013。

⑤ 参见刘宪权、李振林：《对外国公职人员、国际公共组织官员行贿罪的司法困境及出路》，载陈泽宪、李少平、黄京平主编：《当代中国的社会转型与刑法调整》，1439～1447页，北京，中国人民公安大学出版社，2013。

⑥ 刘晓山、吴洪江：《“关系刑法论”视域下的受贿罪主体之重构》，载陈泽宪、李少平、黄京平主编：《当代中国的社会转型与刑法调整》，1713～1721页，北京，中国人民公安大学出版社，2013。

⑦ 参见汪维才：《单位挪用公款行为的犯罪化之分析及立法建议》，载陈泽宪、李少平、黄京平主编：《当代中国的社会转型与刑法调整》，1705～1713页，北京，中国人民公安大学出版社，2013。

⑧ 参见马松建、李琪：《受贿罪中贿赂范围新探——由刘志军案引发的思考》，载陈泽宪、李少平、黄京平主编：《当代中国的社会转型与刑法调整》，1729～1737页，北京，中国人民公安大学出版社，2013。

贿赂罪”[①]。但也论者认为，“性贿赂”在当前的实践中还存在难以认定的问题，不应入罪。[②]

（二）网络空间犯罪问题

网络犯罪是当前我国刑事司法面临的较为突出问题。2013年9月，最高人民法院、最高人民检察院发布了《关于办理利用信息网络实施诽谤等刑事案件适用法律若干问题的解释》，引发了社会的广泛关注和理论上的热烈讨论。总体而言，本年度，论者们重点探讨了网络环境和网络技术犯罪。

关于网络环境的犯罪，有论者通过对近10年来具有网络轰动效应的100起典型案件研究发现，网络诽谤在行为主体、行为对象、发布载体、传播途径以及案件启动程序等方面呈现出有异于传统诽谤行为的新型特征，引发了司法实践中作为与不作为、名誉权与言论自由的冲突。对此应在平衡名誉权与表达自由的基础上，充分发挥刑事司法能动性。[③] 最高司法机关关于网络犯罪的解释对网络诽谤入罪采取了扩大解释的方法：一是扩大了“捏造”的方式，规定“将信息网络上涉及他人的原始信息内容篡改为损害他人名誉的事实”的篡改行为也属于“捏造”，这符合我国治理网络犯罪的现实需要；二是突出了“散布”行为的构成要件作用，规定“明知是捏造的损害他人名誉的事实，在信息网络上散布，情节恶劣的，以‘捏造事实诽谤他人’论”。这意味着只要有“散布”虚假事实的行为并达到情节恶劣的程度即可成立诽谤罪，显著地突出了“散布”行为在诽谤罪中的构成要件地位，是我国最高司法机关根据网络犯罪的特点对诽谤罪行为方式所作的合理的扩大解释。[④] 也有论者认为，以寻衅滋事罪来严厉制裁日趋蔓延的网络造谣行为，有将这一传统口袋罪的“袋口”向网络空间的再次张开或扩大的嫌疑。“双层社会”

---

① 李克勤、朱剑冰：《性贿赂入罪若干问题探析——以重庆北碚区原区委书记雷政富受贿案为例》，载陈泽宪、李少平、黄京平主编：《当代中国的社会转型与刑法调整》，1747～1754页，北京，中国人民公安大学出版社，2013。

② 参见高铭暄、张慧：《论贿赂犯罪贿赂“范围”的完善》，载陈泽宪、李少平、黄京平主编：《当代中国的社会转型与刑法调整》，1721～1729页，北京，中国人民公安大学出版社，2013。

③ 参见于冲：《网络诽谤行为的实证分析与刑法应对——以10年来100个网络诽谤案例为样本》，载《法学》，2013（7）。

④ 参见赵秉志、袁彬：《网络诽谤入罪标准的细化科学合理》，载《检察日报》，2013-09-18。

的日渐成形，导致传统刑法罪名体系向网络空间的延伸适用成为一个司法和理论难以回避的话题，通过解释罪状，发布网络犯罪的司法解释，建立网络犯罪全新的立案标准体系，则是最为直接的问题解决路径。[①]

关于网络技术犯罪，有论者探讨了网络游戏中的“外挂”和“私服”行为的定性问题，认为对于制作、传播和使用“外挂”的行为，应视不同情形分别处以侵犯著作权罪、破坏计算机信息系统罪和非法经营罪。[②] 对网络环境下的“私服”行为应以侵犯著作权罪定罪处罚，若行为人制造并出售“私服”程序则成立侵犯商业秘密罪和侵犯著作权罪的想象竞合犯，应以后罪论处；行为人架设、运营“私服”的情形，在性质上是“复制发行”，应认定为侵犯著作权罪。[③] 也有论者探讨了网络深度连接的入罪化问题，认为深度链接行为是帮助型的间接信息网络传播行为，属于间接侵犯信息网络传播权，可上升为侵犯著作权等犯罪行为。深度链接行为在理论上能构成共同犯罪，但无论是作为共谋型共同犯罪，还是作为片面共犯，均存在刑事司法认定上的重大困境，而共犯正犯化后的单独犯罪模式则成为较为可行的司法选择。[④]

（三）侵害未成年人犯罪问题

侵害未成年人尤其是性侵未成年人是当前我国司法实践备受关注和争议的问题。为了加强对性侵未成年人犯罪行为的治理，2013 年 10 月最高人民法院、最高人民检察院、公安部和司法部联合下发了《关于依法惩治性侵害未成年人犯罪的意见》。本年度，论者们重点探讨了嫖宿幼女罪与奸淫幼女型强奸罪的关系、虐待儿童犯罪的立法完善等问题。

关于嫖宿幼女罪与奸淫幼女型强奸罪的关系问题，有论者认为，嫖宿幼女与奸淫幼女之争实为二者的罪刑关系是否合理之争，“废除论”源于重刑的政策压力，“保留论”坚持论理考虑却陷入技术困境。从犯罪评价架构出

① 参见于志刚：《“双层社会”中传统刑法的适用空间——以“两高”〈网络诽谤解释〉的发布为背景》，载《法学》，2013（10）。

② 参见王燕玲：《论网络游戏中“外挂”之刑法规制》，载《法律适用》，2013（4）。

③ 参见王燕玲：《论网络游戏中“私服”之刑法规制》，载《暨南学报（哲学社会科学版）》，2013（4）。

④ 参见王冠：《深度链接行为入罪化问题的最终解决》，载《法学》，2013（9）。

发，以构成要件与违法、罪责的关系解释罪刑关系：嫖宿幼女轻与奸淫幼女不是违法程度不同，而是责罪程度差异；对超出嫖宿幼女罪构成要件的部分，应以其他罪名作补充评价，以满足政策需求。[①] 也有论者认为，嫖宿幼女罪与奸淫幼女型强奸罪是法条竞合关系，保留嫖宿幼女罪不会造成对犯罪人处罚偏轻的问题。与幼女发生性关系，应分不同情况处理：嫖宿幼女且不具备强奸罪加重情节时，以嫖宿幼女罪定罪处罚；嫖宿幼女且具备强奸罪的加重情节（如对象为多人）时，以强奸罪加重情节定罪处罚；14 到 16 周岁的未成年人嫖宿幼女的，应以强奸罪定罪处罚。[②] 还有论者专门探讨上述司法意见中嫖宿幼女与强奸幼女的关系，认为上述意见规定了两种具有钱色交易形式但实质上仍属奸淫幼女的行为：一是以金钱财物等方式引诱幼女与自己发生性关系的；二是知道或者应当知道幼女被他人强迫卖淫而仍与其发生性关系的。在前一种行为中，金钱财物的引诱只是奸淫幼女的手段，应当认定行为人主观上具有奸淫的故意；后一种行为中，行为人实际上是利用了他人的强迫行为奸淫幼女。对这两种行为均规定以强奸罪论处，是在现行法律规范下本着严厉惩治之精神而对奸淫幼女与嫖宿幼女所作的必要区分。[③]

关于虐待儿童犯罪的刑法完善，有论者认为，虐待罪的主体范围应扩大，将“对被虐待人负有照顾、保护或者负有指导、教育责任的人”都包括在内，虐待罪中的“情节恶劣”在区分罪与非罪时起着重要作用，应作为此罪的构成要件，同时可适当加重虐待罪的法定刑。行为的犯罪化可以通过对虐待罪的修改得以实现，应将虐待儿童的行为单独列为一款，从重处罚。[④] 有论者认为，由于规制儿童虐待的法律存在不足，我国儿童虐待行为未得到有效抗制；对于非家庭成员实施的儿童虐待行为，刑法中也无合适的罪名加以处罚。因此，完善儿童虐待的法律保护体系势在必行。[⑤] 也有论者认为，

---

① 参见潘星丞、陈芹：《“罪—刑”关系之分析范式：犯罪评价架构——以嫖宿幼女与奸淫幼女之争为切入点》，载《华南师范大学学报（社会科学版）》，2013（1）。

② 参见李翔：《嫖宿幼女罪司法适用新论——以刑法解释利益平衡为视角》，载《中国刑事法杂志》，2013（9）。

③ 参见赵秉志、袁彬：《实体程序并重全方位保障未成年人权益》，载《检察日报》，2013-10-26。

④ 参见徐文文、赵秉志：《关于虐待罪立法完善问题的研讨——兼论虐童行为的犯罪化》，载《法治研究》，2013（3）。

⑤ 参见于改之：《儿童虐待的法律规制——以日本法为视角的分析》，载《法律科学（西北政法大学学报）》，2013（3）。

我国许多虐待儿童的行为因没有造成轻伤以上的后果而无法以故意伤害罪评价，同时由于加害、被害双方不是家庭成员不能定为虐待罪，也无法以其他罪名有效规制，没有充分体现对暴力行为的打击以及对人身的特别保护。鉴于此，应借鉴日本、英美刑法的立法理念及法律规定，将暴行罪引入我国刑法，将以殴打或其他暴行侵犯他人身体的行为纳入刑法的评价视野。[①]

（四）民间经济犯罪问题

民间经济犯罪是近年来我国司法实践中常见多发的新型犯罪。本年度，有不少论者重点研究非法集资和高利贷犯罪的法律适用问题。

关于非法集资的刑法适用，有论者认为，对此应从犯罪行为人的主观心态、集资行为方式、集资对象等方面进行考察，以界定行为所针对的对象是否为社会不特定对象。非法集资共同犯罪的正犯包括集资人本人以及与集资人共谋并通过各种形式分得赃款的行为人。放任犯罪结果发生的下线人员属于集资诈骗罪的帮助犯，对不知资金获取人存在诈骗故意而将非法吸收的公众存款转贷给诈骗行为人的下线行为人，应以非法吸收公众存款罪论处。[②]也有论者认为，在刑法教义学上，不能将民间借贷认定为非法吸收公众存款罪。对非法吸收公众存款行为的追诉不应立足于金融垄断主义，而应立足于民间融资活动对经济发展的积极价值，正确区分合法与非法的民间融资活动，把立足于诚实信用原则、充分披露企业经营信息且利率约定与企业赢利相匹配的融资行为纳入民间借贷范畴，只把以欺诈或超过企业利润率且不具有非法占有目的之大量吸纳资金的行为定性为非法吸收公众存款罪。[③]

关于高利贷的刑法适用，有论者认为，高利贷作为一种金融现象，可以在一定程度上缓解资金短缺，但其消极影响十分明显，对向特定的个人发放高利贷的行为，应界定为正常的民间借贷，以体现资金的自由价值和效率价值，充分尊重当事人的意思自治；对向不特定社会公众发放高利贷且情节严

---

① 参见孙运梁：《我国刑法中应当设立“暴行罪”——以虐待儿童的刑法规制为中心》，载《法律科学（西北政法大学学报）》，2013（3）。

② 参见梅山群、夏理淼：《涉及民间借贷违法犯罪的法律适用问题研究》，载《西南政法大学学报》，2013（2）。

③ 参见姜涛：《非法吸收公众存款罪的限缩适用新路径：以欺诈和高风险为标准》，载《政治与法律》，2013（8）。

重的行为，可以非法经营罪定罪处罚，以加强和改进民间融资的管理，促使民间借贷合法规范、高效有序。[①] 也有论者认为，民事民间借贷与商事民间借贷在资金功能、社会作用、法律监管等方面都存在重大差异，在刑法评价上必须区别对待。判断民事借贷是否构成犯罪，必须考察其是否严重侵犯了金融监管秩序。如果民间借款后发放高利贷的行为侵犯了刑法所保护的法益，可以以非法经营罪定罪量刑。而单纯利用闲置资金单向经营的高利贷行为，则无须刑法介入。[②]

五、结　语

刑法学是一门理论与实践密切相结合的学问。注重理论问题与实践问题的双向研究是现代刑法学研究的基本特点。不过，与以往相比，本年度，我国刑法学研究在继续深化刑法解释、犯罪构成、共犯关系、犯罪停止形态等刑法基础问题研究的同时，着重加强了对当前我国刑事法治领域内诸多重大现实问题的研究。鲜明的实践性成为本年度我国刑法学研究的最显著特征。而这显然与以下三个方面的因素是分不开的：一是社会转型期的实践需求。这种转型既体现在操作层面，也体现在观念层面。例如，在操作层面上，网络犯罪的兴起与变化、民间经济行为的调整等都不断地对刑法理论提出新的要求；在观念层面上，随着对未成年人性权利的保护重视，嫖宿幼女罪的立法价值缺失就逐渐凸显出来，其与强奸罪的矛盾越来越显得难以调和。而死刑制度改革、劳动教养制度取消等问题与法治观念的勃兴密切相关。二是研究者对实践问题的关切。随着刑法理论的不断丰富和完善，论者们对刑法基础理论问题的关注度近年来有下降趋势，随之而来的是对实践问题的强烈关注。这既是中国的现实需要，也是论者们研究视角的转移。这对推动当前我国刑事法治建设的发展具有积极的现实意义。三是基础理论研究的创新难度加大。不可否认的是，随着刑法理论体系的不断完备，加之研究方法创新性不足、跨学科研究缺失等因素影响，近年来我国在刑法基本理论问题研究上的创新难度加大，创新性成果缺乏。不少论者因此将研究视角投向了新型实

① 参见李忠强、陈艳：《放高利贷行为的刑法评析》，载《人民检察》，2013（2）。

② 参见周朝阳、许芯：《“民间借贷”的刑法界限思考》，载《中国检察官》，2013（3）。

践问题的研究。这在本年度的刑法理论有较明显的体现。刑法理论研究的根本是既要服务于法治的长远发展，也要服务于法治的现实需要。因此，刑法基本理论问题与实践问题的研究并行不悖、共同提升是刑法学发展的重要要求。期待未来我国刑法研究在理论创新与实践应用方面都取得更大的成绩，进而共同推动我国刑事法治建设的现实和长远发展。

［赵秉志、袁彬；载《人民检察》，2014（1）］

第二十六章

2014 年的刑法学研究

一、前 言

法治是人们对社会秩序的一种构建和追求，也是法治思维与法律手段的良性互动过程。2014 年，党的十八届四中全会明确提出要全面推进依法治国。我国历史上首个“宪法日”因此诞生。在此基础上，伴随着法治思维的强化，建构以人文关怀、人权保障为基础的良法之治，成为当前我国各部门法建设的重要方面。在刑事法治领域，2014 年的法治推进在立法上体现为《反间谍法》的颁布实施，《刑法修正案（九）（草案）》《反恐怖主义法（草案）》《反家庭暴力法（草案）》的研拟、审议和公开征询社会意见；在司法上则体现为对腐败犯罪、恐怖犯罪、网络犯罪等热点犯罪治理的深化，包括刑事司法在内的司法体制改革得到了进一步的推进。权力制约和人权保障成为我国刑事法治的重要基础和刑法理论研究的重要观念指导。

2014 年，在刑法理论研究方面，论者们主要结合近年来我国刑法的演进趋势和本年度的实践热点，对刑法基本理论和热点犯罪问题进行了探索性研究，其中呈现的两个特点尤为令人关注：一是对刑法的反思性研究比较突出。例如，劳教教养制度取消导致的刑法适用范围扩张在本年度引发了不少论者对刑法发展趋势和功能的反思。二是对刑法的现实问题研究有进一步推进的趋势。例如，对刑法分则领域较为突出的腐败犯罪、恐怖犯罪、网络犯罪、新型盗窃犯罪等实践热点问题，已经不再局限于过去的概念、特征与类型研究，而是更多地从作为现代法治基础的人文主义、民生等角度展开，密切结合我国法治实践的现实需要。总体而言，2014年度，论者们讨论比较集中的问题是刑法的发展趋势、罪刑关系、刑罚目的、死刑改革、酌定情节的量刑功能、腐败犯罪、恐怖犯罪、网络犯罪、盗窃罪和虚假信息犯罪等方面。

二、刑法的发展趋势问题

近年来，我国刑法立法和刑事司法都十分重视贯彻宽严相济的基本刑事政策，有力地保障了社会稳定和民生安全。但刑法在应对社会形势变化的需求方面也遇到了不少的问题和挑战。刑法立法和刑事司法也出现了一些新变化，刑法的适用范围总体上不断扩张，刑法立法的犯罪化趋势十分显著，新增罪名不断增加，犯罪门槛逐渐下降；刑事司法的扩张适用现象十分突出，非典型犯罪行为入罪趋势日益明显。在此背景下，2014年度，有不少论者探讨了刑法的发展趋势问题进行了研究，并出现了以下三种不同的主张。

（一）刑法综合发展论

有论者认为，当前我国社会治安总体稳定，但是仍处于刑事犯罪的高发期，这给我国社会的稳定带来了冲击，也让刑法的实施面临了不小的挑战。展望未来，刑法的实施要继续坚持科学的刑事司法理念，进一步贯彻宽严相济的刑事政策，推进刑事司法改革，促进刑事司法的国际合作。唯有如此，我国刑法的实施才能朝着更为科学、文明、人道、公正的方向发展。① 也有论者认为，刑事立法要充分考虑国家经济、社会、文化等基本因素和社会治安状况等特定因素以及本国法治传统和国际社会法治发展趋势，主动适应改革和经济社会发展需要，制定符合实际、与时俱进的刑事法律。刑事立法应符合宪法精神，反映人民意志、得到人民拥护，使刑事法律具有深厚群众基础。②

（二）刑法适当限制论

有论者认为，刑法实质上是国家以刑罚为手段，用以调整全体公民人权

① 参见高铭暄、张慧：《我国刑法实施的回顾与展望》，载《浙江工商大学学报》，2014（3）。
② 参见赵秉志：《开创刑事法治新局面》，载《人民日报》，2014－11－12。

与公民个人人权之关系的刑事法律规范的总和。只有其他法律部门不能调整的侵犯全体公民人权的行为才能纳入刑法调整的范围。这不但给立法者界定了一个刑法立法的实质标准，而且也给司法者提供了一个正确适用刑罚的实质标准，对进一步规范刑事立法和刑事司法工作，进一步发挥刑法的规范作用均具有重要意义。① 也有论者认为，从定罪实践看，刑法立法对于诸多新罪的增设采取强拉硬拽式的犯罪化做法，刑法司法呈现出自我扩权的张扬态势。刑法谦抑性正在悄无声息中被搁浅，隐喻了当代中国刑法实践中的若干基本偏颇：过度追求刑法体系“外在善”造成刑法立法的内心燥热；基于“被历史捆绑”的事实而盲目仿效现代性的心理极为突出；刑法制度供给不均衡诱致公众对刑法的预期出现严重偏差。对此应当加强建构刑法规范与普通国民之间的交互认同，以避免刑法过度追求秩序管控的偏执。重申刑法谦抑性是法治国家最基本的操守。② 还有论者认为，刑法对任何行为的惩罚都要有正当化根据，要坚持犯罪化的基本原则。当今世界不少国家刑法都呈现泛化倾向，我国经济刑法也明显存在调整范围过度的现象。刑法的泛化使社会面临巨大风险：一方面，刑法过度化意味着国家刑罚权的不适当膨胀，导致公民权利的不适当限制与压缩，形成对公民行动自由的妨碍；另一方面，刑法作为社会控制高度专业化手段，只有针对特定目的时才有效用，超越目的之外的不适当使用将是无效的，而且会导致新的危害。刑法的调整范围应当受到一定的限缩。只有符合“伤害原则（法益侵害原则）”、“可责性原则”和“最小犯罪化原则”的，才能犯罪化。③

（三）刑法发展转型论

有论者认为，行为刑法已经出现危机，表现为犯罪圈不断扩大、司法资源浪费严重、刑罚效能低下、重新犯罪率不断提高等。危机原因在于理论根基不牢、不考虑犯罪人格。该论者主张将单一犯罪行为本位的行为刑法，逐

---

① 参见陈忠林、王昌奎：《刑法概念的重新界定及展开》，载《现代法学》，2014（4）。

② 参见石聚航：《刑法谦抑性是如何被搁浅的？——基于定罪实践的反思性观察》，载《法制与社会发展》，2014（1）。

③ 参见何荣功：《经济自由与刑法理性：经济刑法的范围界定》，载《法律科学（西北政法大学学报）》，2014（3）。

步转向以犯罪人为规制对象，以犯罪危险性人格为核心的人格刑法。[①] 也有论者认为，刑法现代化是一个宏观问题，涉及刑法结构及其调整。刑法现代化应从“厉而不严”转向“严而不厉”。“不严”的问题涉及当前我国一元化而非二元化的立法体制、犯罪概念的定量因素等。“厉”的问题在于有死刑、监禁刑过重、罚金适用不多，决定刑罚体系是一个重刑体系。犯罪概念的定量限制存在两个“重大缺陷”，即模糊了刑法的道德底线和导致了我国最高司法机关大量司法解释的出台。我国应当逐步取消犯罪概念的定量因素。[②]

三、定罪量刑的关系问题

关于定罪与量刑的关系，传统刑法理论基本上都是坚持定罪决定量刑之观点。不过，近年来在刑法理论上和司法实践中都出现了一种量刑反制定罪的主张和趋势。2014 年度，有不少论者对定罪与量刑的关系问题进行了研究，并形成了以下两种不同的观点。

（一）量刑制约定罪肯定论

持该种观点的论者认为，以刑制罪在我国具有理论和实践两种方面的重要意义。一方面，在刑法理论上，以刑制罪是刑法教义学与刑事政策学相互贯通的路径选择。刑法教义学与刑事政策之间不仅是宏观的关系构造，还有微观的均衡论证，尤其是后者，在风险社会背景下具有更加重要的理论价值和实践意义。刑法刑事政策化是我国刑法教义学的发展方向，为了推动刑法教义学与刑事政策从相互隔离到相互融通，就需要在刑法理论上为政策要素进入刑事教义学构建合适路径。在消解刑法教义学与刑事政策学李斯特鸿沟的过程中，以刑制罪司法逻辑具有特殊的价值和意义。[③]

另一方面，在刑法实践上，以刑制罪具有其独特的司法功能。这是因

① 参见张文：《行为刑法危机与人格刑法构想》，载《井冈山大学学报（社会科学版）》，2014（5）。

② 参见储槐植：《走向刑法的现代化》，载《井冈山大学学报（社会科学版）》，2014（4）。

③ 参见赵运锋：《以刑制罪：刑法教义学与刑事政策学相互贯通的路径选择》，载《北方法学》，2014（5）。

为，与传统的罪刑关系不同，以刑制罪的司法逻辑在实践上具有独特的功能，这对于法治建设的推动与司法素养的提高具有重要意义。以刑制罪司法模式的功能主要体现为以下几个方面：有利于弥补传统司法模式的不足；有利于贯彻刑事政策；有利于体现刑法的谦抑性；有利于构建刑法实质解释。[①] 司法者在案件实体审查中，特别是在对疑难复杂案件的定性分析中，当无论运用四要件论抑或三阶层论来分析，均产生两种以上不同结论而难分轩轾时，量刑反制定罪法往往能成为一种选定最合理结论的有效方法。[②]

（二）量刑制约定罪否定论

有论者反对以量刑制约定罪，认为在定罪与量刑的关系上，定罪决定量刑的理论必须坚持。只有定性准确，方能实现量刑适当。司法实践中个案定性准确量刑失当的现象出现时只需援引《刑法》第63条第2款减轻处罚的特别规定即可。当量刑失当现象在司法实践中反复出现时，须由立法者对该条文法定刑设置加以及时修订。量刑反制定罪对通说关于罪刑关系的批判是没有道理的，以刑制罪理论是对罪刑法定原则的反动与颠覆，对刑事司法有百害而无一利，必须予以抛弃。[③]

四、刑罚目的问题

刑罚目的是刑罚立法、刑罚适用和刑罚执行的目的，它对刑罚的立法、适用和执行具有重要的指导作用。2014年度，有不少论者探讨了刑罚的目的问题，并形成了以下两种不同的主张。

（一）刑罚人权保障论

有论者认为，刑罚的目的在于保障全体公民的基本人权。刑罚的目的借助于刑罚的三个基本要素——刑的对象、刑种与刑量得以展现。报应刑论无法确定刑种与刑量，目的刑论难以确定刑的对象与刑种，新的功利刑论暗含

① 参见赵运锋：《以刑制罪司法逻辑的功能探析》，载《河北法学》，2014（3）。

② 参见熊红文：《量刑反制定罪方法的合理性及其运用》，载《人民检察》，2014（5）。

③ 参见郑延谱：《量刑反制定罪否定论》，载《政法论坛》，2014（6）。

了刑法的不得已原则和罪刑相适应原则，不仅明确了刑的对象，也把握了刑罚适用的标尺，能同时满足刑罚的三个要素，并充分发挥保障人权的效用。[①] 也有论者认为，传统刑罚理论认为刑罚目的在于报应或预防，但刑罚是人类理性的产物，是人基于人性设置的规则，因此从本质上看，刑罚目的应当是保障基本人权，以适应人性的基本要求。刑罚目的的实现既需要刑罚设置适度，在刑罚适用与执行中注重人的主体性地位，也需要提升法官的职业素养，保障其在实施裁判行为时尊重人的尊严与价值，还需要引导公众逐步更新刑罚价值理念，培育人们对刑罚改革理性认同的社会基础。[②]

（二）积极的一般预防论

有论者认为，刑法的目的应是新的积极一般预防论。黑格尔的刑罚理论与雅克布斯的积极一般预防理论之间有着高度的相似性，黑格尔的犯罪观契合了积极一般预防理论的实质。在刑罚理论发展史上，正是刑法学领域内的“黑格尔复兴”助产了积极一般预防理论。传统的观点一直认为黑格尔是报应刑论的典型代表，其报应理论来自康德的反射性报应理论，这种绝对主义的立场能够避免将个人当成实现社会目的的工具。为了兼顾预防的必要性，黑格尔放弃了康德的等量报应观念，提出了“等价报应理论”，即允许作为犯罪影像的刑罚在犯罪的基础上发生一定的“变形”。但等价报应理论并不能缓解刑罚目的与人格尊严之间的紧张关系，解决问题的出路在于区分刑罚理论与量刑理论，将前者作为宏观的问题，以积极一般预防理论为内核；将后者作为微观的运作程序，以同等对待原则为指导。[③] 随着矫治与改善理论的无效性被普遍地接受，刑罚再次陷入了正当化的危机之中。一种能够使刑罚走出正当化危机的理论，必须根据自身的理论属性，一方面通过经验有效性与（或）规范妥当性的检验，另一方面对刑罚的内容与形态、刑罚所涉的主体以及刑罚的存在范围作全面的合理阐释。传统的特殊预防理论、威慑的

---

① 参见张荆、谢海燕：《刑罚目的的应然选择：新功利刑论》，载《重庆大学学报（社会科学版）》，2014（5）。

② 参见陈异慧：《刑罚目的的人性反思》，载《法学杂志》，2014（6）。

③ 参见陈金林：《从等价报应到积极的一般预防——黑格尔刑罚理论的新解读及其启示》，载《清华法学》，2014（5）。

一般预防理论、报应理论以及综合理论都无法达到前述标准。积极的一般预防理论以“民众对规范有效性的认同”缓和了刑罚经验有效性的逼问，以宏观上回应民众期待与微观上的“合比例原则”兼顾了民众与罪犯的利益，并能对经验研究的结论持开放的态度。结合部分经验性结论和相关原则，这种理论能解除刑罚的正当化危机。①

五、死刑制度改革问题

死刑改革是当代中国刑法改革过程中最受关注、最具现实意义且备受争议的重大问题。2014年，论者们对死刑问题的探讨主要集中在三个方面。

（一）死刑改革的争议问题

在刑法理论上，尽管限制和废止死刑已成为绝大多数研究者的共识，但死刑改革的根据、路径和策略等方面还存在不少认识上的差异。本年度，有论者重点探讨了我国死刑改革的争议问题，提出中国虽难以在短期内全面废除死刑，但却有必要将废止死刑纳入其政策内涵。在功利与人道之间，人道性应当成为我国死刑改革最主要的根据。我国应以无期徒刑作为死刑的立法替代措施，适时建立死刑赦免制度，公开死刑执行的数字，并于适当时机废止贪污罪受贿罪的死刑。② 在改革的路径和步骤上，我国应当采取立法与司法并进的路径，并持续关注死刑的司法控制，配合修法时机集中关注与促进立法改革，并根据社会发展阶段和死刑罪名的不同情况，在21世纪上半叶分三个阶段逐步废止死刑。在制度与观念的关系上，应以适度超前的死刑制度改革引导民众死刑观念的转变。③

（二）限制和废止死刑的根据问题

长期以来，人道性（生命权）和功能性是阐述限制和废止死刑的两大重

---

① 参见陈金林：《刑罚的正当化危机与积极的一般预防》，载《法学评论》，2014（4）。

② 参见赵秉志：《当代中国死刑改革争议问题论要》，载《法律科学（西北政法大学学报）》，2014（1）。

③ 参见赵秉志：《再论我国死刑改革的争议问题》，载《法学》，2014（5）。

要根据。本年度，有论者从宪法上的平等权角度论述了死刑的废止问题，认为我国死刑的适用和执行明显违反宪法平等原则，如同为中国公民，外逃犯可得免死承诺，港澳地区居民可不必生活在死刑制度之下，部分民族自治地区具有“赔命价”习惯、不可强制适用死刑，有些罪行死刑立法配置不平等，死刑执行有注射和枪决的不平等，等等。死刑不平等将动摇人们对生命权平等、刑法面前人人平等的信念。立法机构可以借鉴南非宪法废止死刑的先例，以实现宪法平等权为切入点来推动死刑废止的进程。①

（三）限制和废止死刑的措施问题

有论者从死刑适用标准的角度，主张将“最严重的罪行”纳入死刑适用标准作为对死刑适用的进一步限制。该论者认为，“最严重的罪行”标准与“罪行极其严重”标准各有侧重，前者是立法筛选，后者是司法限制，两者可以相互结合，即用“最严重的罪行”标准将死刑限制于危害性质极其严重的罪种，在此基础上再用“罪行极其严重”标准限制犯罪的情节。具体而言，应首先用“最严重的罪行”标准对死刑适用的犯罪种类进行立法上的限制，即配置死刑的罪种必须属于最严重的犯罪类型；其次用“罪行极其严重”标准对死刑的司法适用进行限制，即司法中适用死刑的必须是配置死刑之罪中主客观情节均极为严重之情形。对任何犯罪人，如果其实施犯罪之情节极其严重但不属于性质最为严重的犯罪，对其所犯罪行在立法上不能配置死刑，在司法上也不能适用死刑；如果实施的犯罪属于配置死刑的最严重的罪种，但其罪行即主客观情节不属于极其严重，对其也不能适用死刑。②

有论者从死刑适用对象的角度，提出应该废止女性犯罪的死刑。该论者认为，为进一步限制、减少死刑的适用，全面废除女性犯罪适用死刑的设想应提上日程。我国刑法自古就有宽待女性的传统；即使在保留死刑的国家中，也有不少废除了对女性犯罪的死刑；结合女性犯罪自身的特点与刑罚的目的，在宽严相济刑事政策的背景下没有必要对女性罪犯适用死刑；通过对我国刑法中怀孕的妇女不得判处死刑这一规定进行目的性解释，将全体女性

---

① 参见刘春花、范国强：《死刑违宪新论——以宪法上的平等权为视角》，载《江苏大学学报（社会科学版）》，2014（1）。

② 参见赵秉志：《死刑适用标准的立法改革之建言》，载《法制日报》，2014-12-17。

排除在死刑适用对象之外也符合限制死刑的根本目标。[①]

也有论者提出，重视酌定量刑情节限制死刑的适用，是切实减少和严格控制死刑的重要路径，也是妥当裁量死刑的题中之义。酌定量刑情节是法律未作出明确规定而由裁判者根据刑事法律政策在司法实践中总结且在裁判中酌情予以灵活适用的量刑情节。在现阶段全面废止死刑不太现实的情况下，要在刑事诉讼各个环节贯彻宽严相济的刑事政策，酌定量刑情节成为最为便捷的切入点和突破口。在发挥酌定量刑情节在死刑限制中的积极作用的同时，如何消解其与刑法文本及社会认同之间的紧张关系，避免量刑的随意性，成为立法、司法环节均应思考和妥善解决的问题。[②] 酌定量刑情节限制死刑适用在我国具有较为广阔的立法、司法和政策空间。要把这种可能空间变为现实而有力的死刑司法控制阵地，需要高度重视典型酌定量刑情节对死刑的限制适用，妥当处理酌定量刑情节竞合时死刑的限制适用，尽快出台典型死罪的死刑适用指导意见和积极推行死刑案例指导制度。[③] 其中，在认罪态度情节限制死刑适用上，应重点从三个方面入手：认罪态度较好的，可酌情从轻处罚，不判处死刑或者死刑立即执行；认罪态度一般的，也可考虑不判处死刑立即执行，特别是可以与其他从宽处罚情节一起共同发挥抑制适用死刑立即执行的作用；一般的认罪态度不好，不应作为适用死刑的积极情节。[④]

还有论者认为，死刑的废止应注重大众死刑观的塑造。民意赞同死刑既是支持立法上保留死刑的最基本论据之一，又是刑事司法中影响死刑判决的主要因素。在网络社会中，口语媒介、戏剧媒介、印刷媒介、影视媒介与现代互联网传播媒介交叉影响，通过对信息的加工、处理、控制，人为地塑造着大众的死刑观。因此，要废除死刑，就必须从媒介对文化观念的塑造功能入手。法学学者应当重视大众媒介与死刑观之间的关系，通过各种媒介制造、复制、传播、强化“反思死刑”的文化信息，积极参与大众媒介对中国

① 参见莫洪宪、刘夏：《进一步推进死刑改革的设想——废除女性犯罪死刑适用》，载《吉林大学社会科学学报》，2014（6）。

② 参见莫洪宪、张昱：《酌定量刑情节在死刑案件中的适用及其完善》，载《刑法论丛》，2014（2）。

③ 参见彭新林：《酌定量刑情节限制死刑适用：价值、空间与路径》，载《法学》，2014（9）。

④ 参见彭新林：《论认罪态度与死刑的限制适用》，载《学术交流》，2014（2）。

死刑观的塑造、引导。[①]

六、酌定情节的量刑功能问题

在量刑情节中，酌定量刑情节因其缺乏法律的明确规定而成为理论与实务的难点。2014年度，论者们重点探讨了赔偿损失等酌定情节的量刑功能问题。

（一）赔偿损失的量刑功能问题

有论者认为，在刑事案件中，若刑事加害人对被害人损失的赔偿能够表明刑事加害人真诚悔罪了，能够表明刑事加害人人身危险性有所降低，赔偿可作为酌定从宽情节减轻其刑事责任。赔偿情节对刑事责任的影响既有现实合理性，又有理论、政策依据与法律依据，赔偿情节影响刑事责任的范围可有限制地扩及重罪。赔偿情节可在审查起诉阶段、刑罚裁量阶段和刑罚执行阶段对刑事责任产生影响。[②] 也有论者认为，不同性质的赔偿损失需要在刑法中作类型化规定。相比较而言，对侵犯财产性利益的犯罪，行为人赔偿经济损失的，刑法应综合考虑犯罪性质、赔偿数额、赔偿能力等情况，明确规定一个相对较大的从宽定罪、量刑的幅度。同时，刑法应当规定类似“随时追缴”的“随时赔偿”制度，并可以考虑对因赔偿损失而从宽处罚的环境犯罪等适用惩罚性赔偿制度。[③]

（二）情绪的量刑功能问题

有论者认为，强烈情绪对量刑具有重要影响。域外许多刑法典都将情绪规定为法定的量刑情节，并对作为量刑情节的情绪类型和从宽处罚幅度作了明确规定。我国刑法典中没有关于情绪作为量刑情节的规定，作为酌定量刑情节的被害人过错和犯罪动机都可在一定程度上反映出情绪对量刑的影响。为了实现对情绪的充分评价，我国有必要在刑法典中明确将“强烈的愤怒或

---

① 参见周详：《媒介对大众死刑观的塑造——中国废除死刑的路径分析》，载《法学》，2014（11）。

② 参见高铭暄、张海梅：《论赔偿损失对刑事责任的影响》，载《现代法学》，2014（4）。

③ 参见王文华、刘宏武：《“赔偿损失”对刑事责任的影响——兼论我国〈刑法〉中“赔偿损失”的类型化研究》，载《法学杂志》，2014（1）。

者其他强烈的消极情绪”规定为“可以从轻或者减轻处罚”的情节。①

也有论者认为，激情犯罪问题受到一定的量刑因子影响，其背后有一定的责任理论作为正当性根据。功能责任论的基本观点是行为人是否具有责任，要根据行为人对法规范的忠诚和社会解决冲突的可能性决定，是在通说的规范责任论基础上的进步观念。以功能责任论为视角对于激情犯罪的量刑受到影响的正当性进行分析，相较于之前的责任观念，更为凸显责任的社会机能，有利于从预防的角度支持激情犯罪量刑从轻或者减轻，对于激情犯罪问题在我国法学理论与实践的发展具有重要的指导意义。②

七、腐败犯罪的刑法治理问题

反腐败是这些年我国刑事法领域乃至整个社会的热点问题和重大事件，并已然上升为国家战略。为了完善反腐败的刑事法治，2014年度，全国人大常委会法工委公布的《刑法修正案（九）（草案）》提出调整贪污罪受贿罪定罪量刑标准和协调贿赂犯罪处罚等立法。在刑法理论上，本年度，论者们主要从三个方面探讨了腐败犯罪的刑法治理问题。

（一）反腐败刑事法治的宏观问题

有论者认为，反腐败是各国面临的一项重大任务，也是当代国际社会的潮流与共识。我国党和政府一贯高度重视反腐败工作，走出了一条适合中国国情、具有中国特色的反腐倡廉道路。但我国的反腐败工作任重道远，还存在一些亟须研究和改进的问题。在当前我国反腐败刑事法治领域，高官腐败犯罪、腐败犯罪的刑事推定、腐败犯罪的异地审判、性贿赂应否犯罪化、腐败犯罪人员的境外追逃和腐败犯罪外移资产的追回等重大现实刑事法治问题值得特别关注，对其深入研究和正确解决可以成为促成反腐败刑事法治进步的重要契机。③ 也有论者探讨了腐败犯罪的现状评估问题，认为腐败犯罪是

① 参见袁彬：《论量刑中的情绪问题》，载《刑法论丛》，2014（1）；袁彬：《刑法中的情绪研究》，232页，北京，北京师范大学出版社，2014。

② 参见李若蓝、陈万求：《影响激情犯罪量刑的正当性根据研究》，载《湖南社会科学》，2014（4）。

③ 参见赵秉志：《中国反腐败刑事法治的若干重大现实问题研究》，载《法学评论》，2014（3）。

国家工作人员以及公司、企业或其他单位的工作人员利用职务之便实施的贪污受贿行为。对腐败犯罪的状况可以从客观和主观两个方面进行评估，但二者都有不够准确之处。把两种评估方法结合起来，人们就可以对当下中国的腐败状况形成两点认知：一是当下中国不是世界上最腐败的国家，但腐败问题也是相当严重的。二是当下中国的腐败已不是个体性腐败，而是制度性腐败和社会性腐败。认清腐败犯罪的现状，可以为制定反腐败对策提供科学的依据。[①]

（二）贪污罪受贿罪的刑法治理完善

有论者探讨了贪污罪的数额起点和共犯责任问题，认为贪污数额尽管不是衡量贪污之社会危害性程度的唯一标准，却是主要因素之一，有必要对其在犯罪构成上进行适度限制。根据共同犯罪的责任原理，可以确定各共犯应承担责任的“个人贪污数额”，适用《刑法》第383条第1款各项所规定的法定刑幅度可以为各共犯选定所应适用的法定刑幅度。在共同贪污尚未分赃或完全分赃的情形下，各共犯的刑事责任可参照上述原则来确定，且在量刑时适当考虑各共犯已分赃数额、拟分赃数额或其他情节，对于无法分清分赃数额或共同挥霍的，可在量刑时考虑平均数额。[②] 也有论者探讨了受贿罪的立法完善问题，认为受贿罪应是现阶段刑法修正重中之重。如何设定受贿罪的犯罪圈以及配置刑罚，不仅受制于立法技术，更有反腐败刑事政策以及经济、社会和文化等多元因素的相互影响和掣肘。立法机关应审时度势，因应反腐败的现实需要，接轨《联合国反腐败公约》，降低受贿罪入罪门槛，简化其犯罪构成，将更多的腐败行为纳入受贿罪评价范围；同时，细化受贿罪量刑情节，将受贿数额与其他情节结合起来作为刑事责任轻重的依据，以实现受贿罪刑事责任的罪刑均衡。[③]

（三）贿赂犯罪的协调完善问题

有论者探讨了行贿罪的立法完善问题，认为我国刑法关于行贿犯罪单一

① 参见何家弘：《中国腐败犯罪的现状评估》，载《现代法学》，2014（6）。

② 参见高铭暄、范连玉：《略析贪污罪中贪污数额起点与共犯责任》，载《云南社会科学》，2014（1）。

③ 参见孙国祥：《我国受贿罪的立法完善》，载《人民检察》，2014（3）。

式构成要件的配置，激励处于弱势地位的市场竞争者以行贿的方式超越商业强者并抢占市场。市场主体双方均选择行贿是行贿犯罪单一式构成要件配置博弈分析后的均衡。通过形式博弈分析后的行贿犯罪复合式构成要件配置，能够保证并充分体现刑法规范对市场主体经济利益选择的制约，整体上降低刑事处罚的规范起点，减轻控制行贿犯罪发生率的制度压力。博弈模型的规范比较和模拟运行结论，为行贿犯罪构成要件配置的模式选择提供新的思维范式和经济学依据。①

也有论者主张增设对有影响力人员行贿罪，认为根据《联合国反腐败公约》的要求和基于贿赂犯罪的对向性特征，同时考虑“对有影响力人员行贿”行为的社会危害性，确实属于情节严重的“对有影响力人员行贿”的行为理应入罪。而且，从国际立法趋势看，对“影响力交易”犯罪进行双向处罚也是主流做法。在此基础上，我国应当增设对有影响力人员行贿罪。②

还有论者认为，我国贿赂犯罪的刑法规范存在诸多根本性缺陷，目前已成为法治反腐的最大障碍。应删除受贿罪中“为他人谋取利益”之规定，然后将受贿罪罪状修改为：“国家机关工作人员基于其职务，为自己或者第三人索要、约定或者收受任何不正当好处。”至于行贿罪罪状，可考虑修改为：“基于国家机关工作人员或者国家机关的职务，任何人给予或者许诺给予国家机关工作人员或者国家机关任何不正当好处。”还应规定“行贿人在被追诉前主动交代行贿行为的，不以犯罪论处”，以置贿赂者于囚徒困境。此外，由于受贿罪在罪质上明显不同于贪污罪，应对受贿罪设置独立的法定刑及适用条件。③

八、恐怖犯罪的刑法治理问题

恐怖犯罪是当前我国面临的突出社会问题，也是 2014 年度我国刑事立法和刑事司法的热点问题。2014 年 10 月，全国人大常委会初次审议了《反

① 参见郑高键：《博弈分析视角下行贿犯罪构成要件之结构性完善》，载《政法论坛》，2014（3）。

② 参见孙道萃：《宜增设对有影响力人员行贿罪》，载《检察日报》，2014-12-21。

③ 参见陈洪兵：《我国贿赂犯罪体系的整体性反思与重构——基于法治反腐的使命》，载《法治研究》，2014（6）。

恐怖主义法（草案）》。在刑法理论上，恐怖主义犯罪问题受到了许多论者的关注和研究，并主要体现在以下几个方面。

（一）反恐刑事法治完善的宏观问题

有论者认为，我国反恐怖工作涉及的社会关系越来越多，面临的困难越来越大，涉法性也越来越强，而这些问题又错综复杂地交织在一起，仅仅依靠某一个部门法或某几个部门法来调整，有时是难以实现的。因此，我们要根据现代法治规则认识和应对恐怖活动，既要对暴力恐怖案件的发展趋势和客观规律进行全方位分析研究，将较为成熟的反恐措施纳入法治轨道；又要依法落实反恐怖各项工作措施，对暴力恐怖犯罪予以坚决打击和法律制裁，不断增强人民群众的安全感。① 也有论者认为，当下我国恐怖活动犯罪常态化、普遍化趋势明显，对反恐怖立法形成了新挑战、提出了新要求。我国反恐怖系统化立法尚存在理念保守、系统性不强、可操作性不够、缺乏专门法指引、刑事法及相关法滞后等问题。为有效防治恐怖活动犯罪，需要对刑事法重点完善，对相关法进行补足。在刑事法完善方面，要准确界定恐怖活动犯罪概念，类型化其犯罪构成；将纯正的恐怖活动犯罪定位为行政犯；完善其罪刑内容；调整其级别管辖；明确公安机关和国家安全机关的侦查权划分；严格强制措施的适用；强化相关主体的法律保护。在相关法补足方面，要修改《宪法》第28条；科学制定“反恐怖法”；完善立体防御的法律体系；强化单行条例、自治条例的反恐作用。②

（二）反恐怖刑事法治完善的具体问题

有论者探讨了反恐怖法的定位问题，认为“反恐怖法”应当从我国国情和反恐局势的特点出发，在明确“恐怖活动”等基本概念的基础上，综合采取行政、司法、外交、军事等手段，着力解决反恐怖工作中的主要问题；建议不在“反恐怖法”中规定实体性的刑事法内容，而是通过设置“依法追究刑事责任”等附属性条款，与刑法进行衔接；对于需要增设、修订的内容，

① 参见赵秉志、杜邈：《以法治思维和方式应对暴力恐怖犯罪》，载《法制日报》，2014-03-05。

② 参见王利宾：《反恐怖犯罪刑事法完善研究——兼论反恐怖系统化立法》，载《政治与法律》，2014（10）。

可以通过修改刑法予以解决。[①]

也有论者探讨了恐怖活动犯罪的认定问题，认为这决定着特殊累犯的成立和洗钱罪的犯罪构成，关涉级别管辖、律师会见、证人保护、技术侦查、违法所得没收等刑事程序的运行以及反洗钱措施的启动，最终影响反恐怖工作目标的实现。恐怖活动犯罪的认定过程既要以刑法规定的犯罪构成为基础，也要结合反恐法律的规定；区分恐怖活动犯罪的行政认定和司法认定；通过罪前行为、罪中行为、罪后行为推定行为人的主观目的；以人权保障为导向确立例外情形，从而把恐怖活动犯罪与其他刑事犯罪区别开来，准确适用涉恐法律，有力地预防和惩治恐怖活动犯罪。[②]

还有论者结合英国《恐怖主义预防和侦查措施法（2011）》探讨了我国预防性控制制度的构建问题，认为我国逐渐成为恐怖主义犯罪的主要受害国，正常的社会生活秩序受到严重干扰，恐怖袭击造成生命和财产的重大损失。我国现有以刑事实体法为主的反恐策略，对恐怖威胁的遏制力有限，应当加强对恐怖主义犯罪的事前预防。英国近十余年来通过不断修订其反恐法律，建立了较为完善的针对恐怖主义犯罪嫌疑人的预防性人身限制体系。我国可以借鉴其理念与制度，完善对抗恐怖主义的法律制度，尝试以监视居住制度为蓝本，拓展其适用范围，细化实施方案，建立反恐预防性控制制度。[③]

九、网络犯罪的刑法治理问题

网络犯罪是当前我国刑法立法和刑事司法的热点问题，并成为我国《刑法修正案（九）（草案）》的重要立法内容。2014年度，论者们重点探讨了网络犯罪以下两个方面的问题。

（一）网络犯罪治理的宏观问题

有论者探讨了网络异化与刑法的应对策略，认为针对网络中“信息失

① 参见赵秉志：《略谈〈反恐怖法〉的立法定位》，载《法制资讯》，2014（6）。

② 参见杜邈：《恐怖活动犯罪的司法认定》，载《国家检察官学院学报》，2014（4）。

③ 参见王新清、李响：《英国〈恐怖主义预防和侦查措施法（2011）〉对构建我国预防性控制制度的启示》，载《云南师范大学学报（哲学社会科学版）》，2014（5）。

范”所造成的严重危害与司法难题，最高人民法院、最高人民检察院以抽象性司法解释的形式实现了刑法向网络空间的扩张。由此可以看出，传统犯罪在进入虚拟网络后会脱离其在现实社会中的原有形态，犯罪在网络中“异化”。我国刑法立足于现实社会，现实刑法在应对虚拟网络犯罪时具有局限性，对刑法进行扩张解释只能暂时应对网络犯罪的变化，无法克服我国大一统刑法典模式的局限性。而有效治理网络犯罪，须打破我国刑事立法模式的局限和束缚，针对网络犯罪的特点专门制定单行网络刑法立法。①

也有论者探讨了网络犯罪发展对刑法分则的影响，认为网络犯罪的发展轨迹可分为多个阶段，相对于网络犯罪的代际演变，我国刑法分则的规定较为滞后。我国刑法分则的条文体系在信息时代要适用于网络空间，须要特别关注多发犯罪条文表述中的“关键词”并结合网络在网络犯罪中的地位演变这一时代背景作扩大解释。从整体上讲，解释关键词的重点要从关注“技术性”关键词向关注“规范性”关键词转变。未来的解释需要充分利用各种解释机制，同时要敢于拓展解释的领域和视野，通过扩大解释我国刑法分则章节名称中的“关键词”、罪名体系中的“通用词”等非条文性关键词的含义，充分增强我国刑法在信息时代的生命力和适用的可能性。②

还有论者探讨了网络公共空间的刑法治理问题，认为网络公共空间能够形成、传递和表达公众的意志和利益，是政治过程的初步形态，反映了社会的自由化。法治应用于网络公共空间的治理，要求建立满足不同主体需求的秩序结构，同时保障民主价值和公民的自由权。它形成建设法治社会和控制国家权力的双重治理目标，也体现了网络治理的双重结构。作为两种效力实现模式，过程控制以依法行政为核心，司法控制则是法治终端，其成效不彰影响治理效果。国家针对公民信息自由的积极义务主要是信息公开和打击谣言，针对言论自由主要承担消极义务。当以国家义务之履行检视治理行为的合宪性。③

（二）网络犯罪治理的具体问题

有论者探讨了网络知识产权犯罪问题，认为通过对网络环境下知识产权

---

① 参见卢建平、姜瀛：《犯罪“网络异化”与刑法应对模式》，载《人民检察》，2014（3）。

② 参见于志刚：《网络犯罪的发展轨迹与刑法分则的转型路径》，载《法商研究》，2014（4）。

③ 参见秦前红、李少文：《网络公共空间治理的法治原理》，载《现代法学》，2014（6）。

犯罪罪名体系适用的司法实效考察，反思我国知识产权犯罪制裁体系，可以发现，在网络和知识经济的双重时代背景下，目前我国知识产权的刑法保护存在着法益保护范围过窄和犯罪行为定性混乱或缺失的问题。因而，在宏观上实现从“适度保护”向“同等保护”的刑事政策转化，在微观上继续进行知识产权犯罪罪名扩大解释的司法努力的同时，推动知识产权犯罪的刑事立法更新，是加强网络环境下知识产权的刑法保护、建构完善的知识产权犯罪制裁体系的必然选择。①

有论者探讨了P2P网络集资犯罪问题，认为要纠正P2P网络集资无序发展的乱象，P2P网络集资的刑法介入具有必要性。但是，如果刑法过度地介入P2P网络集资，不仅会阻滞甚至扼杀P2P网络集资带来的金融创新和所产生的积极影响，还会在很大程度上使P2P网络集资失去生存空间。因此，应当以是否严守传统的“信息中介”经营模式作为划定P2P网络集资刑法规制范围的界限，将“异化”的P2P网络集资纳入刑法规制的范围，将传统“信息中介”式的P2P网络集资排除在犯罪圈之外。在P2P网络集资的刑事认定中，司法机关应当以非法吸收公众存款罪或者非法经营罪追究相关责任人员的刑事责任。②

也有论者探讨了网络诽谤问题，认为“网络诽谤”司法解释中规定的“被点击、浏览5 000次，或者被转发500次”以上，即应认定为“情节严重”，构成诽谤罪的规定，更是成为议论的核心和焦点。一个人是否构成犯罪如果由他人或第三方的行为来决定，不符合我国刑法罪责相当、罪责自负和主客观相统一的基本原则，也违背了犯罪构成的基本原理。应排除因“恶意”点击或转发给行为人造成“客观归罪”的情形，以解决该解释所可能造成的司法实践中的种种困惑。③

还有论者结合最近审结的“秦火火”网络犯罪案件探讨了网络诽谤、网络寻衅滋事问题，认为就诽谤罪而言，“秦火火”的网络造谣行为的主观心

---

① 参见于志强：《我国网络知识产权犯罪制裁体系检视与未来建构》，载《中国法学》，2014（3）。

② 参见刘宪权、金华捷：《P2P网络集资行为刑法规制评析》，载《华东政法大学学报》，2014（5）。

③ 参见李晓明：《诽谤行为是否构罪不应由他人的行为来决定——评“网络诽谤”司法解释》，载《政法论坛》，2014（1）。

理是出于故意，其有捏造事实的行为，且属于网络诽谤司法解释所规定的犯罪行为。从寻衅滋事罪而论，该案中的网络环境应被定义为公共场所，且“秦火火”的行为严重扰乱了社会公共秩序。关于网络诽谤犯罪的立法应当完善，将网络诽谤犯罪在一定条件下归入公诉罪较为妥当。同时立法对“虚假信息”应作明确界定。[①]

十、盗窃罪的司法适用问题

《刑法修正案（八）》对盗窃罪的立法调整引发近年来研究者们对盗窃罪问题的热烈关注。2014年度，在具体犯罪方面，盗窃罪也受到了论者们的积极关注，并重点研究了扒窃、携带凶器盗窃及其他一些相关问题。这具体体现为以下问题。

（一）扒窃问题

有论者认为，扒窃入罪不受数额与次数的限制，会模糊行政罚与刑事罚的界限，导致选择性执法，有损司法的公正与权威，因而有必要予以限制。“但书”规定是限制扒窃入罪的法律根据，可罚的违法性理论是界分行政罚与刑事罚的基本理念。只有达到盗窃罪构成要件的类型化的违法性的最低标准，满足盗窃罪的违法性的“质”与“量”，才不属于“情节显著轻微危害不大的”扒窃行为，方可入罪。[②]

也有论者认为，形式解释谨守入罪，而实质解释在出罪上发挥功效，是解释盗窃罪中“扒窃”时应坚持的立场，这构成了对“扒窃”的限缩解释，而这一解释既要受总则条款的制约，也要受分则中盗窃罪本条及相关条款的限制。“公共场所”是“扒窃”成立盗窃罪的重要参考因素之一，但并非“扒窃”成立盗窃罪的必要要素和实质标准。被害人“随身携带的财物”才是“扒窃”成立盗窃罪的必要要素；在四要件犯罪论体系下“扒窃”入罪的实质标准仅是社会危害性标准，而对该标准的准确把握则要借助“多次盗

① 参见赵远：《“秦火火”网络造谣案的法理问题研析》，载《法学》，2014（7）。

② 参见王昭武：《扒窃入罪：反思与限定》，载《法律科学》，2014（4）。

窃、入户盗窃、携带凶器盗窃”等的具体指引。[1]

（二）携带凶器盗窃问题

有论者认为，携带凶器盗窃的具体认定，需要考虑凶器要有一定的杀伤力，且通常不是盗窃工具。例如，盗窃用的万能钥匙无论如何不能被评价为凶器；凶器有使用的可能性，行为才能被评价为携带；通常不要求行为人有使用意思，换言之，只要有携带意思，即便根本不想使用，也是“携带凶器”[2]。

也有论者认为，携带凶器盗窃中的“携带”应当是随身携带或者随手可及；“为了实施违法犯罪”应当是指为了实施盗窃违法犯罪而携带足以危害他人人身安全的器械；其中的“其他”应当是指除了司法解释已经明确规定的“枪支、爆炸物、管制刀具等国家禁止个人携带的器械”以外的能够危及他人人身安全的器械；“足以危害他人人身安全的器械”包括已有明确解释以外的任何足以危害他人人身安全的器械；对于那些既具有工具特性又可能用作凶器的工具，要具体情况具体分析，不可一概而论，更不可简单地作出不利于嫌疑人、被告人的解释；“携带凶器”不需要犯罪嫌疑人或被告人向被害人明示。[3]

（三）盗窃罪的其他问题

有论者研究了盗窃后的处分财物行为，认为盗窃后处分财物行为并非理所当然地构成不可罚的事后行为。如果事后处分行为侵害了新的法益，或者扩大了原法益的侵害，应单独评价定罪。盗窃真实有效的金融票证等特定财物后使用的，不属于不可罚的事后行为，需独立定罪。盗窃毒品等违禁品后持有的，若持有数量未超出正常范围，属于不可罚的事后行为或纯事实行为，持有数量超出正常范围，成立持有型犯罪。盗窃种类物后毁坏的，属于不可罚的事后行为，盗窃特定物后毁坏的，构成故意毁坏财物罪。盗窃普通赃物后出售的，若第三人为善意的，构成诈骗罪；盗窃毒品等违禁品后出售

---

① 参见张晶：《应对盗窃罪中“扒窃”作限缩解释》，载《法学论坛》，2014（4）。
② 周光权：《从法益保护角度理解“携带凶器盗窃”》，载《人民检察》，2014（6）。
③ 参见谢望原：《六个方面把握“携带凶器盗窃”》，载《人民检察》，2014（6）。

的，应以盗窃罪和贩卖毒品罪等并罚。盗窃财物后非法生产、制造、伪造和变造的，应以盗窃罪和事后之罪并罚。①

也有论者研究了“曾因盗窃受过刑事处罚”问题，认为最高司法机关将“曾因盗窃受过刑事处罚”作为盗窃罪的定罪因素不合理。该因素不是盗窃数额的补充要素，而应当作为盗窃罪的客观处罚条件。在适用范围方面，“曾因盗窃受过刑事处罚”应当被理解为“曾因盗窃行为被判处过刑罚”；“受过刑事处罚”的盗窃罪和正在被追诉的盗窃行为之间应当有期限限制；“曾因盗窃受过刑事处罚”不能被重复评价。②

十一、虚假信息犯罪的刑法治理问题

虚假信息犯罪是目前影响我国社会秩序和公民个人信息安全的重要因素。2014年度，论者们探讨了编造、传播虚假信息行为的刑法制裁思路。有论者认为，我国刑法典应通过多个相关条款规制编造、传播虚假信息的严重危害行为。编造、传播虚假信息犯罪可以有多种分类。编造、传播虚假信息犯罪中“虚假信息”范围的界定、“编造”与“传播”行为的关系以及此类犯罪与敲诈勒索罪的关系等都属于司法适用中的疑难问题，需要从法理上进一步研讨和阐明。该论者认为，对编造、传播虚假信息犯罪应予以多方面的完善：合理扩大编造、传播虚假信息犯罪的主体范围，适当明确并扩大“虚假信息”的范围，进一步突出对传播行为的刑法规制，完善相关犯罪的法定刑配置，考虑在刑法中增设编造、传播虚假信息罪。③

也有论者认为，全媒体时代的媒体结构发生重大变化，传统媒体与自媒体共存发展，信息生产、传播机制发生变化，编造、传播虚假信息的行为甚嚣尘上。借助于网络平台，网络空间中严重危害社会秩序和国家利益的虚假信息层出不穷。制裁编造、传播虚假信息的罪名体系，借助于司法解释而呈现出“寻衅滋事罪”和“编造、传播虚假恐怖信息罪”的二元互补状态。然

---

① 参见郭小亮、朱炜：《盗窃后处分财物行为的刑法评价——基于不可罚的事后行为之考察》，载《中国刑事法杂志》，2014（6）。

② 参见邓毅丞：《“曾因盗窃受过刑事处罚”的认定与评价》，载《法学》，2014（6）。

③ 参见赵秉志、徐文文：《论我国编造、传播虚假信息的刑法规制》，载《当代法学》，2014（9）。

而，司法解释和司法实践对于“自媒体”的过度偏好和对于传统媒体的基本忽视，也成为一个必须解决的问题。①

还有论者认为，虚假信息犯罪的罪质类型包括单纯行为型、特定法益侵害型和特定危害后果型。全媒体会明显放大虚假信息的传播及其对社会的危害，因此，以特定法益侵害作为虚假信息犯罪的罪质判断标准较为合适。我国现行刑法对虚假信息犯罪采取的是分散立法模式，并存在明显的类型化缺陷。从完善刑法立法的角度，我国应采取二分化的立法模式，完善现有的诽谤罪并增设统一的传播虚假公共信息罪。②

十二、结 语

过去一年，我国刑法理论研究立足于法治的制度要求和犯罪治理的现实需要，进行了广泛而深入的理论与实践探索，取得了较为丰硕的研究成果。但也应该看到，过去一年中，我国刑法理论研究在研究视野和研究方法上仍存在诸多不足：一方面，对我国刑法立法和刑事司法领域的许多热点难点问题关注得还不够，如保安处分措施、罚金刑、资格刑等；另一方面，对全面推进依法治国背景下影响我国刑法发展的现实性、关键性问题之研究视角还有待进一步拓展，如刑法与宪法、行政法之间界限合理限制问题。对此，我们应当始终坚持法治的眼光，坚守刑法的善良之治。只有这样，我们才能对当前我国刑事法治建设领域遇到的各种理论与现实问题进行全面的分析与探讨，进而不断推动我国刑法理论研究的深入。

［赵秉志、袁彬；载《人民检察》，2015（1）］

① 参见于志刚：《全媒体时代与编造、传播虚假信息的制裁思路》，载《法学论坛》，2014（2）。

② 参见袁彬：《全媒体时代虚假信息犯罪的刑法治理——兼议〈刑法修正案（九）〉的立法选择》，载《内蒙古社会科学》，2014（3）。

第二十七章

2015 年的刑法学研究

对于我国刑法建设而言，2015 年是值得认真回顾和总结的一年。这一年的最大热点无疑是《刑法修正案（九）》的颁布实施，它在强化良法善治的同时，也积极地推动着刑法的功能转型。在司法领域，反腐败、反恐等热点犯罪治理的深入开展积极推动了我国刑事司法的科学发展。围绕刑法立法和适用中的热点问题，2015 年度刑法理论研究关注的重点主要集中在两个方面：一是重视对刑法功能转型过程中的基础理论问题研究，包括刑法改革趋势和刑法制裁体系转型等；二是重视对刑法改革热点问题的深化研究，其中对死刑、反腐败、反恐、网络犯罪等重要领域问题的研究较以往有了进一步深化。在此基础上，论者们也对刑法理论研究本身的范式问题进行了探索。可以说，重视对刑法改革问题的研究是 2015 年度刑法理论研究的一大特色，并将在今后的刑法理论研究中得到延续。

一、2015 年我国刑法理论研究要览

据初步统计，2015 年度，全国各类期刊发表刑法学术论文近万篇，关注的问题涵盖了刑法总分则各个领域的诸多重大问题。当然，这些论文也存在着研究问题较为分散、部分论文的创新性不足等问题，但大多数论文的论证都具有积极的理论与实务价值。现将 2015 年理论研究较为集中并具有一定见解的学术观点择要综述如下。

（一）反思刑法研究范式

范式研究是刑法学加强自我理论反思的体现，也是论者们进行理论创新的新尝试。2015 年度，这种尝试主要体现在对刑法研究方法和研究体系的反思。其中，在研究方法方面，论者们重点关注了刑法教义学问题。有不少论者以刑法教义学为分析工具对《刑法修正案（九）》立法、无限防卫权、寻衅滋事等刑法立法和司法问题进行了理论探讨[①]，也有论者对法教义学和刑法教义学本身进行了剖析。[②] 综合来看，法教义学是对由本国立法条文和司法案例中的法规范构成的实定法秩序作出体系化解释的法学方法。[③] 我国有论者据此认为，刑法教义学的本质在于用形式逻辑驱除我国刑法学中的泛政治化、泛道德化的成分，从而使之走向学术化、规范化；强调对法律规范的服从但不盲从，重视对逻辑分析方法的运用，在坚持形式理性的基础上允许作出利益权衡和价值判断。[④] 客观地看，刑法教义学是对我国传统刑法解释方法的总结和部分校正，但在本质上与我国现代刑法理论研究思路基本一致，不同之处在于其更强调对实定法秩序体系化解释的司法中心主义。我国的刑法教义学研究必须以我国刑法的规定为研究的逻辑起点并受其严格约束；要真正构建我国的刑法教义学，必须唤起研究者的主体意识。[⑤]

在研究体系方面，有论者主张要进一步强化刑法哲学研究，认为新时期面对社会矛盾复杂、价值观念多样的现实，刑法的发展与运用需要进行哲学上的思辨，这将在很大程度上影响我国刑法学研究的总体水平和高度，并制约我国刑事法治的发展进步。[⑥] 因此，构建科学的刑法哲学体系将对我国刑法理论体系产生新的冲击和革新。也有论者主张以罪责关系为中心建立新的

---

① 参见陈兴良：《寻衅滋事罪的法教义学形象：以起哄闹事为中心展开》，载《中国法学》，2015（3）；车浩：《刑事立法的法教义学反思——基于〈刑法修正案（九）〉的分析》，载《法学》，2015（10）；彭文华：《无限防卫权的适用——以对“暴力”的教义学解读为切入》，载《政治与法律》，2015（9）。

② 参见凌斌：《什么是法教义学：一个法哲学追问》，载《中外法学》，2015（1）；丁胜明：《刑法教义学研究的中国主体性》，载《法学研究》，2015（2）；邹兵建：《中国刑法教义学的当代图景》，载《法律科学》，2015（6）。

③ 参见凌斌：《什么是法教义学：一个法哲学追问》，载《中外法学》，2015（1）。

④ 参见邹兵建：《中国刑法教义学的当代图景》，载《法律科学》，2015（6）。

⑤ 参见丁胜明：《刑法教义学研究的中国主体性》，载《法学研究》，2015（2）。

⑥ 参见赵秉志：《中国刑法哲学发展面临新机遇》，载《人民日报》，2015－12－13。

学科体系，即以“罪责及其辩证关系”为研究主线，以“法益侵害论”作为基础理论，以辩证唯物主义和历史唯物主义为主要研究方法的一种模式。[①]作为一种新的研究视角，这有助于深化我们对刑法学科体系的理解和思考。

（二）探索刑法改革趋势

2013年年底劳动教养制度的废除对之后几年我国刑法改革产生了深远影响，它要求刑法在社会治理中承担更多的任务、扮演更重要的角色。2015年度，论者们在此基础上探讨了刑法改革的综合化和专门化问题。

刑法改革的综合化强调刑法改革应当走综合、全面改革之路，坚决推动刑法的科学化、民主化和国际化。一方面，我国现行刑法体系仍主要体现为刑法典的体系，具有立法形式的成文法化、刑法理念的现实性、刑法结构的科学化、刑法内容的前瞻性等特点。在此基础上，我国要注重刑法理念的时代更新，强化刑法立法的法典化，坚持刑法改革的国际化，并深化新型犯罪的刑法治理。[②] 另一方面，以《刑法修正案（九）》为代表，我国刑法修正呈现出鲜明的民主性、科学性、创新性和审慎性。立法过程公开、社会公众直接参与立法过程是其立法民主的体现；坚持宽严相济、以问题为导向强化了立法科学性；预防性措施的增设、终身监禁制度的设立和条文关系的调整等表明在立法理念、制度和技术上的创新；审慎回应社会关切、坚持适度犯罪化标志着我国刑法立法理性的进一步发展。[③]

刑法改革的专门化主张刑法改革应当关注其时代任务和社会背景，走专门化的道路。例如，有论者认为，在建设法治中国的时代背景下，我国应当构建回应型刑法，主动、积极地回应社会大众的需求。回应型刑法主要包括两个方面：一是处罚必要与规范治理并重。坚持实质合理并非排除形式合理，坚持处罚必要也并非排斥规范治理，否则法律与司法就成为无意义的摆设，这不利于实现实质合理和处罚必要。二是强化刑法的开放性与灵活性。

---

① 参见李晓明：《法治中国进程中刑法学科体系的梳理与重构》，载李少平、朱孝清、卢建平主编：《法治中国与刑法发展》，68～78页，北京，中国人民公安大学出版社，2015。

② 参见赵秉志：《中国刑法的演进及其时代特色》，载《南都学坛》，2015（2）。

③ 参见赵秉志、袁彬：《中国刑法立法改革的新思维——以〈刑法修正案（九）〉为中心》，载《法学》，2015（10）。

回应型刑法应当力求做到处罚必要与规范治理并重，使刑法规范、刑事司法体现更大的能动性与灵活性，以便最大限度地实现公平与正义。[①] 这种对刑法开放性和灵活性的强调，是刑法专门化的体现。

（三）关注刑法制裁体系转型

随着2011年《刑法修正案（八）》将社区矫正和禁止令入刑，我国刑法的制裁体系正由传统的刑罚体系逐渐走向多元化的格局。在此背景下，2015年度，论者们对刑法制裁体系的结构和要素进行了研究。

在刑法制裁体系的结构方面，有论者认为，我国传统的刑法制裁体系具有制裁范围较为狭窄、制裁方法以重刑为主导、制裁程序以繁为主的特征。我国应适时对刑法制裁体系进行完善，实现从政策调控到法律主导的战略转型，确保多种价值目标的有效和统一实现，坚持系统化的改革思路。最终目标是构建“双轨制”与“层次化”的刑法制裁体系。[②] 也有论者认为，针对犯罪圈的调整，我国可以考虑以刑法修正案的形式将一些待解决的原劳动教养事由予以保安处分处理；但基于刑事法治完善的长远考量，需要对我国法律体系中的保安处分措施进行系统整理，在刑法典中专章规定保安处分措施。[③]

在刑法制裁体系的要素方面，论者们重点探讨了以从业禁止为代表的预防性措施问题。有论者认为，从业禁止完全符合保安处分的特征，但我国刑法典中并未规定保安处分，这就导致职业禁止的地位非常尴尬，应当将保安处分写入刑法[④]，应将保安处分的具体措施及其适用对象、保安处分的适用程序和适用原则以及保安处分的执行制度等在刑法中作出合理、明确的规定。[⑤] 也有论者认为，以从业禁止为代表的预防性措施入刑将对我国刑法造

---

① 参见彭文华：《法治中国与回应型刑法的构建》，载李少平、朱孝清、卢建平主编：《法治中国与刑法发展》，141～152页，北京，中国人民公安大学出版社，2015。

② 参见敦宁：《后劳教时代的刑事制裁体系新探》，载《法商研究》，2015（2）。

③ 参见赵秉志、商浩文：《论劳动教养制度的废止与刑法调整》，载《法律科学》，2015（3）。

④ 参见宋九华：《论〈刑法修正案（九）草案〉中的职业禁止》，载李少平、朱孝清、卢建平主编：《法治中国与刑法发展》，274～282页，北京，中国人民公安大学出版社，2015。

⑤ 参见冯军、敦宁：《法治推进与保安处分制度的建构》，载李少平、朱孝清、卢建平主编：《法治中国与刑法发展》，252～259页，北京，中国人民公安大学出版社，2015。

成两方面的结构性冲突：一是对犯罪基础结构的冲击。预防性措施入刑所导致的“危险性”要素进入犯罪结构，将导致“客观危害”和“主观恶性”的犯罪结构地位下降。二是对刑罚基本结构的冲击。预防性措施入刑将导致刑事制裁体系的结构性失衡，形成刑罚、非刑罚性措施和禁止令措施并立之格局，同时将导致剥夺政治权利、管制刑被虚置，进而导致我国主刑体系中限制自由刑的结构性缺失。预防性措施介于刑罚与非刑罚性措施之间，将其纳入附加刑的范畴并加以完善，更符合当前我国刑法改革的发展方向。①

刑法制裁体系的调整实际上反映了新时期我国刑法功能的转型，即刑法正由过去的惩罚法逐渐走向预防法，刑法的预防功能得到了进一步强化。对此需要刑法学人进一步加强对相关问题的研究。

（四）强化死刑改革研究

死刑改革一直是近年来我国刑法理论研究关注的热点。2015年度，受《刑法修正案（九）》关于死刑制度改革的推动，论者们研究死刑改革的热情持续高涨，相关研究主要集中在死刑改革路径、死刑适用标准和死刑民意三个方面。

关于死刑改革的路径，论者们普遍赞同采取渐进的方式推动死刑的废止，包括应当先考虑废除备而不用和偶尔适用的死刑罪名，减少废除死刑对社会带来的震荡；然后在司法逐渐减少死刑适用的基础上，开始废除经常适用的死刑罪名。但在具体的路径上，论者们的主张则略有不同。例如，有论者主张我国应以非暴力犯罪为重点，成批量废止死刑罪名，并逐步废止非致命性暴力犯罪的死刑。② 也有论者认为，在通过刑法修正案的方式逐渐废除死刑罪名的时候，应当具有前瞻性，不是每次都是单独地提出拟废除的死刑罪名，而是列出一张逐步废除死刑的罪名清单，并排出废除死刑的批次，供社会讨论。③ 还有论者认为，我国进一步削减死刑适用，可以遵循死刑的直接

---

① 参见袁彬：《刑法功能转型下的预防性措施入刑探讨》，载李少平、朱孝清、卢建平主编：《法治中国与刑法发展》，260～273页，北京，中国人民公安大学出版社，2015。

② 参见赵秉志：《中国死刑立法改革新思考——以〈刑法修正案（九）（草案）〉为主要视角》，载《吉林大学社会科学学报》，2015（1）。

③ 参见陈兴良：《减少死刑的立法路线图》，载《政治与法律》，2015（7）。

废止和将相关死刑罪名中的死刑剥离并移转至其他死刑罪名之下两条路径。[①]

关于死刑适用的标准，论者们主要探讨了“罪行极其严重”的适用问题。有论者认为，对“罪行极其严重”应从行为刑法入手来界定，“罪行”的内容包括行为的主客观侧面，但不应包含人身危险性的内容；对“不是必须立即执行”的理解则采取行为人刑法的视角，着眼于行为人的人身危险性。该学者还认为，适用死刑时有必要采取“普通死缓、死缓限制减刑、死刑立即执行”的思考顺序。[②] 也有论者认为，应当用联合国公约中的“最严重罪行”规定去改进“罪行极其严重”的表述，将死刑适用的范围限定在“最严重罪行”的范围。[③] 根据事理逻辑，应当理解为“罪大不恶极”判处死刑缓期执行，“罪大又恶极”方可适用死刑立即执行。[④]

关于死刑民意问题，论者们重点探讨了死刑民意与死刑废止之间的关系。有论者认为，民众只是法律秩序代价的承担者，废除死刑的根本阻力在于权力内在的冲动。民众的认同不能成为死刑的存由，相反民众是法律的学习者和接受者。问题的核心不是改变公众的认同，而是规范的改变逐步使认同的内容细化。我们与其寄希望于教育的提升，不如致力于规范的发达。[⑤] 也有论者认为，由政治领袖推动的“突然死亡”式死刑废除模式在我国不具有可行性，而依靠精英话语引导民众支持死刑废除的思路则面临“精英观念缺位”的尴尬。以个罪死刑的民意支持度为依据，逐步废除罪刑失衡的个罪的死刑，是我国死刑改革的必由之路。在这一过程中，要特别防止“错位民意”对立法与司法的不当影响。[⑥]

（五）研讨反恐法律对策

惩治恐怖犯罪是当前各国共同关注的世界性问题。2015 年度，随着反

---

① 参见卢建平、姜瀛：《论制售伪劣商品犯罪的死刑剥离——进一步削减死刑适用罪名的可行方案》，载《政治与法律》，2015（1）。

② 参见劳东燕：《死刑适用标准的体系化构造》，载《法学研究》，2015（1）。

③ 参见黄晓亮：《走出理论迷思与实践困局：被误读的“罪行极其严重”》，载《法学评论》，2015（5）。

④ 参见储槐植：《死刑改革：立法和司法两路并进》，载《中外法学》，2015（3）。

⑤ 参见孙万怀：《民众心态与死刑存由分析——以鲁迅思想为蓝本进行的考察》，载《法学评论》，2015（4）。

⑥ 参见赵军：《死刑存废的民意维度——以组织卖淫罪可罚性观念的测量为中心》，载《法学研究》，2015（2）。

恐专门立法和反恐刑法立法的推进，反恐问题也成为论者们关注的热点之一。反恐的刑法制裁体系完善是2015年度反恐研究的一大重点。有论者认为，我国现行惩治恐怖活动犯罪的刑法制裁体系特点是从严从重惩治恐怖活动犯罪，侧重打击有组织的恐怖活动，注重对恐怖活动犯罪的经济制裁，并且以普通的刑事罪名抗制恐怖活动的实行行为。完善我国恐怖活动刑法制裁体系，应进一步完善刑法典中恐怖活动犯罪的罪名体系，增设独立的"恐怖行为罪"，并适时依据有关国际公约增设相关特别恐怖活动罪名；协调刑法与反恐怖法的关系，相互配合，共同打击恐怖活动犯罪。① 也有论者认为，应对恐怖主义犯罪的反恐立法应当妥善处理反恐法与宪法、行政法、刑法、程序法等法律的衔接与协调问题。②

同时，论者们也加强了对恐怖犯罪的网络化转型和煽动恐怖活动犯罪问题进行了专门研究。有论者通过对我国内地最近20多年来发生的126起恐怖袭击案件数据的比较分析，发现我国恐怖主义犯罪出现了威胁加剧、组织形态异化、隐蔽性提升、手段翻新和对象转向的新趋势。恐怖主义犯罪的"网络化转型"是其新的特点，而我国传统的恐怖主义犯罪罪名体系已全面滞后。在当前的信息时代，我国应当对寻衅滋事罪作扩张解释和对共同犯罪理论进行更新，同时增设实施恐怖袭击罪和协助恐怖活动罪。③ 也有论者认为，我国反恐除了要坚持"标本兼治、综合施策"的基本对策，还应该"全程反恐，事前优先"，从恐怖活动发生的源头开始反恐，严厉打击煽动恐怖活动犯罪。但相关法条对煽动恐怖活动罪的行为方式、煽动内容、法定刑的设置还有不足，应进一步完善。④

（六）探寻寻衅滋事罪法理

寻衅滋事罪是我国刑法理论上的一大口袋罪，在司法适用中有着明显的

① 参见赵秉志、商浩文：《论我国恐怖活动犯罪刑法制裁体系及其完善》，载《新疆警察学院学报，》2015（1）。

② 参见邢志人：《中国反恐怖主义专门立法问题研究》，载《北京师范大学学报（社会科学版）》，2015（6）。

③ 参见田刚：《我国恐怖主义犯罪的实证分析和未来刑法之应对》，载《法商研究》，2015（5）。

④ 参见皮勇、杨淼鑫：《论煽动恐怖活动的犯罪化——兼评〈刑法修正案（九）（草案）〉相关条款》，载《法律科学》，2015（3）。

扩大适用倾向。对寻衅滋事罪的适用进行适当限制，防止该罪的滥用是刑法理论研究的一大特点。2015 年度，论者们为此重点研究了寻衅滋事罪以下三方面的问题。

一是寻衅滋事罪的宪法限制。有论者认为，国家的基本职能是通过其所垄断的合法暴力以维护公共安全、控制私人暴力，保证自由言论和民主选举得以和平进行，从而使国家得到良性和理性的治理。国家力量应对思想和言论给予必要的包容，除非言论会产生暴力冲突等紧迫与严重的现实危险。为防止寻衅滋事罪成为“口袋罪”，应严格界定“公共场所秩序严重混乱”等法律要件。只有当言论确实严重扰乱了现实公共场所的秩序时，相关行为才可能构成“寻衅滋事”；而要构成“严重混乱”，言论所产生的危害必须是清楚和即刻发生的。①

二是起哄闹事型寻衅滋事罪的认定。有论者从保护法益、行为类型和主观违法要素三个方面，对起哄闹事型寻衅滋事罪进行了规范考察，认为在一般情况下，寻衅滋事都是无事生非，无理取闹，故意捣乱。借故生非型的起哄闹事行为在一般情况下难以构成寻衅滋事罪。网络空间实施的行为与现实空间实施的行为具有性质上的根本差异。网络传谣行为不能等同于起哄闹事，不能以寻衅滋事罪论处。②

三是网络寻衅滋事行为的处理。有论者反对将寻衅滋事罪的“公共场所”扩大进“网络空间”，认为对“起哄闹事”与“公共秩序严重混乱”不应简单地在“信息网络”中进行判断。③ 也有论者认为将“信息网络”视为《刑法》第 293 条中的“公共场所”具有正当性。“造成公共秩序严重混乱”，应当理解为“造成信息网络空间的公共秩序严重混乱”。但应当对“虚假信息”作限制解释，理解为“根本上虚假的信息”或者说“没有根据的信息”。将未经证实的传言发布在信息网络不构成“明知是编造的虚假信息而散布”。构成网络型寻衅滋事罪，要求行为人主观上具有寻求刺激、发泄情绪、逞强

① 参见张千帆：《刑法适用应遵循宪法的基本精神——以“寻衅滋事”的司法解释为例》，载《法学》，2015（4）。

② 参见陈兴良：《寻衅滋事罪的法教义学形象：以起哄闹事为中心展开》，载《中国法学》，2015（3）。

③ 参见李晓明：《刑法：“虚拟世界”与“现实社会”的博弈与抉择——从两高“网络诽谤”司法解释说开去》，载《法律科学》，2015（2）。

要横等流氓动机。认定流氓动机，可以根据行为人客观上无事生非或者借故生非的行为表现来进行推断。[①]

（七）探讨网络犯罪治理措施

网络犯罪是《刑法修正案（九）》的重点之一。2015年度，论者们对网络犯罪问题的研究主要集中在两方面：一是《刑法修正案（九）》相关的网络犯罪问题；二是新型网络犯罪的治理问题。

关于《刑法修正案（九）》相关的网络犯罪问题，有论者认为，《刑法修正案（九）》从主客观相一致的角度建构了信息网络技术支持、帮助这一中性业务行为的刑事责任体系。信息网络技术支持、帮助的客观归责依据是制造法律禁止的风险。因果关系是其承担刑事责任的客观基础，应以中性业务行为与损害结果具有客观归责性为标准予以判断。正当业务抗辩是出罪机制，应以行为风险、社会常识、职业相当性等要素综合判断信息网络技术支持、帮助是否具有正当性。[②]

关于新型网络犯罪问题，论者们重点研究了互联网金融股权众筹和P2P网络借贷等热点网络犯罪问题。有论者探讨了互联网金融股权众筹问题，认为该行为的天然网络属性及定位决定了其在现行法律框架下很容易触碰擅自发行股票罪等犯罪的“高压线”。但其作为一种新型的融资方式积极意义众多、创新价值巨大，法律尤其是刑法的过度介入势必会阻滞甚至扼杀该种金融创新方式。对此应审慎适用擅自发行股票罪、非法吸收公众存款罪等罪名，构建一个能够适当限制将股权众筹行为轻易入罪的“缓冲带”[③]。有论者探讨了网络诽谤问题，认为作为诽谤罪对象的“他人”并不排斥公众人物，但刑法必须适当降低对公众人物名誉的保护规格。司法解释关于网络诽谤“情节严重”规定的缺陷，不当缩小了网络诽谤的处罚范围。[④] 也有论者研究了P2P网络借贷问题，认为在其带来民间融资正面效应的同时，刑法

---

① 参见黄华生、李文吉：《网络型寻衅滋事罪司法适用问题探析》，载《刑法论丛》，2015（2）。

② 参见刘宪权：《论信息网络技术滥用行为的刑事责任——〈刑法修正案（九）〉相关条款的理解与适用》，载《政法论坛》，2015（6）。

③ 刘宪权：《互联网金融股权众筹行为刑法规制论》，载《法商研究》，2015（6）。

④ 参见张明楷：《网络诽谤的争议问题探究》，载《中国法学》，2015（3）。

也应采取一定的控制措施，包括谨慎介入的刑事政策控制，细致缜密的犯罪构成控制，完善实用的刑罚措施控制，以及行刑衔接与轻罪建构控制等措施。[①] 还有论者探讨了非法获取他人虚拟财产行为的定性问题，认为对虚拟财产数额的认定与处理，应当区分不同类型：对于非法获取用户虚拟财产的行为，应当分别按官方价格或者市场价格计算犯罪数额；对于非法获取网络服务商虚拟财产的行为，在成立犯罪的前提下，宜按情节轻重量刑，而不应按虚拟财产的价值（数额）量刑。[②]

（八）热议腐败犯罪治理

2015 年度，我国反腐败的刑法立法和刑事司法均取得了新的重大进展。腐败犯罪的治理问题进一步受到了刑法理论研究的关注并成为 2015 年全国刑法学术年会的主要议题。总体而言，论者们对腐败犯罪治理问题的研究主要集中在以下三个方面。

一是反腐败的刑事政策问题。有论者认为，对贿赂犯罪的刑事政策应全面关注“严厉”与“宽缓”这两个刑事处罚的侧面，寻求严厉与宽缓两者的协调统一。在当前贿赂犯罪形势严峻的情况下应适当从严，同时也应保持必要的宽缓，对有从轻、减轻处罚或者免除处罚情节的贿赂犯罪行为人进行妥当的处理。将“严厉”与“宽缓”并存于贿赂犯罪的处置思维范畴之中并根据实际情况进行抉择，我们才能称之为真正具有理性的贿赂犯罪刑事政策。[③] 也有论者认为基于对我国职务犯罪形势的基本判断，在相当长的时期内对职务犯罪的刑事司法政策应“以严为主，辅之以宽”[④]。还有论者认为，贿赂犯罪刑事政策与罪刑法定存在紧张关系，应通过刑事政策的法治化来解决。[⑤]

---

① 参见李晓明：《P2P 网络借贷的刑法控制》，载《法学》，2015（6）。

② 参见张明楷：《非法获取虚拟财产的行为性质》，载《法学》，2015（3）。

③ 参见童伟华、徐海波：《严厉与宽缓之间：我国贿赂犯罪的刑事政策分析》，载李少平、朱孝清、卢建平主编：《法治中国与刑法发展》，387～396 页，北京，中国人民公安大学出版社，2015。

④ 诸葛旸、陈丽玲、唐晓萍：《关于查办职务犯罪中的刑事司法政策之我见》，载李少平、朱孝清、卢建平主编：《法治中国与刑法发展》，483～494 页，北京，中国人民公安大学出版社，2015。

⑤ 参见童伟华、徐海波：《严厉与宽缓之间：我国贿赂犯罪的刑事政策分析》，载李少平、朱孝清、卢建平主编：《法治中国与刑法发展》，387～396 页，北京，中国人民公安大学出版社，2015。

二是腐败犯罪罪名体系的完善问题。这方面的主张包括取消独立的单位贿赂犯罪罪名，改设单位犯罪主体条款[①]；为利用影响力受贿罪增设单位犯罪主体[②]；将斡旋受贿独立成罪[③]；弥补贿赂犯罪“对向罪名阙如”漏洞，补充非国家工作人员斡旋受贿罪、补充对具有影响力人员行贿罪、补充外国公职人员和国际公共组织官员受贿罪[④]；废除介绍贿赂罪，明确介绍贿赂以行贿罪或者受贿罪的共犯论处；将《刑法》分则第三章中的贿赂犯罪纳入第八章贪污贿赂罪之中，完善利用影响力受贿罪和对有影响力人行贿罪这一对合犯。[⑤]

三是腐败犯罪定罪量刑标准的完善问题。有论者认为，对贪污受贿的定罪量刑标准，我国应确立“数额＋情节”的二元定罪量刑标准，引入罪群立法模式并明确各自定罪量刑标准，受贿罪与贪污罪的定罪量刑标准应实行分立，由司法解释规定并科学、合理设定具体数额标准，妥善解决数额标准适用时的省际冲突等问题。[⑥] 同时，论者们也对行贿罪的处罚问题进行了研究，但存在两种截然对立的观点：一种观点主张“惩办行贿与惩办受贿并重”，认为由于“重受贿轻行贿”思想作怪，我国司法机关对行贿犯罪一直打击不力；惩治行贿犯罪的刑事政策亦模糊不清，甚至相互矛盾。此种状况导致行贿人一再行贿，有恃无恐。对此应当大力倡导原则，修正行贿犯罪的刑法规范，并努力提升查办贿赂犯罪的执法能力，切实遏制行贿犯罪。[⑦] 另一种观点则认为，“行贿与受贿并重惩罚”的提出，是当前国家倚重刑法反

① 参见陆旭：《我国贿赂犯罪罪名体系的省思与重构》，载李少平、朱孝清、卢建平主编：《法治中国与刑法发展》，888～896页，北京，中国人民公安大学出版社，2015。

② 参见刘夏：《利用影响力受贿罪的立法完善建议》，载李少平、朱孝清、卢建平主编：《法治中国与刑法发展》，997～1004页，北京，中国人民公安大学出版社，2015。

③ 参见陆旭：《我国贿赂犯罪罪名体系的省思与重构》，载李少平、朱孝清、卢建平主编：《法治中国与刑法发展》，888～896页，北京，中国人民公安大学出版社，2015。

④ 参见陆旭：《我国贿赂犯罪罪名体系的省思与重构》，载李少平、朱孝清、卢建平主编：《法治中国与刑法发展》，888～896页，北京，中国人民公安大学出版社，2015；刘夏：《利用影响力受贿罪的立法完善建议》，载李少平、朱孝清、卢建平主编：《法治中国与刑法发展》，888～896页，北京，中国人民公安大学出版社，2015。

⑤ 参见陈志军：《中国贿赂犯罪罪名体系之完善建议》，载李少平、朱孝清、卢建平主编：《法治中国与刑法发展》，879～887页，北京，中国人民公安大学出版社，2015。

⑥ 参见赵秉志：《贪污受贿犯罪定罪量刑标准问题研究》，载《中国法学》，2015（1）。

⑦ 参见李少平：《行贿犯罪执法困局及其对策》，载《中国法学》，2015（1）。

腐的必然结果。“一心向上”的官僚体制和缺乏对公权力的有效监督是滋生行贿的体制性基础。强调行贿是“因”，受贿是“果”的观点，不符合贿赂犯罪的生成机理。最高人民法院、最高人民检察院强调“行贿与受贿并重惩罚”面临理论上的正当性质疑和实践上的法治风险。“重受贿轻行贿”的传统政策应继续坚持。《刑法修正案（九）》关于行贿罪的修改，尚可妥协性接受，但必须警惕“严惩行贿”思想和刑事政策在立法和司法中的进一步膨胀。[①] 甚至有观点主张废除行贿罪，认为以“立法效果论”为依据将行贿行为非罪化会使行贿人与受贿人之间产生囚徒困境，从而有助于提高处罚受贿罪的概率并达到预防受贿罪之目的。[②]

此外，2015年度我国刑法理论研究中还对刑法解释[③]、犯罪构成体系[④]、犯罪中止的自动性[⑤]、共犯从属性[⑥]、嫖宿幼女罪的取消[⑦]等问题进行了较为深入的探讨。

二、我国刑法理论研究的未来展望

2015年，我国刑法理论研究秉承一贯的创新理念，对刑法领域特别是刑法改革的诸多重大现实问题进行了探索和研究，成绩斐然。这对于深化我国刑法基本理论研究、完善刑法立法和司法改革必将有所裨益。在加强刑法基础理论研究的同时，今后我国需要继续加强刑法立法和司法改革问题的理论研究。我们认为，总体而言，今后，特别是2016年，我国刑法理论研究应当关注以下四个方面。

---

① 参见何荣功：《“行贿与受贿并重惩罚”的法治逻辑悖论》，载《法学》，2015（10）。

② 参见姜涛：《废除行贿罪之思考》，载《法商研究》，2015（3）。

③ 参见董邦俊：《刑法解释基本立场之检视》，载《现代法学》，2015（1）；刘艳红：《形式与实质刑法解释论的来源、功能与意义》，载《法律科学》，2015（5）。

④ 参见谢治东：《犯罪论体系本土化完善中各元素的取舍分析》，载《政治与法律》，2015（8）。

⑤ 参见庄劲：《犯罪中止自动性之判断——基于积极一般预防的规范性标准》，载《政法论坛》，2015（4）。

⑥ 参见刘明祥：《论我国刑法不采取共犯从属性说及利弊》，载《中国法学》，2015（2）。

⑦ 参见赵军：《舆论空间、生活实体与法律演进——以嫖宿幼女罪可罚性观念为例》，载《法学》，2015（8）。

（一）刑法基础理论的补充研究

客观地看，经过长期特别是近十年来的理论研究和探讨，我国刑法基础理论领域的许多重大问题都得到了学者们较为深入而充分的讨论。尽管对许多重大问题目前理论上仍存在较大分歧，但各方观点都得到了较好的阐释，分歧更多的是研究立场之争。基于此，近年来，我国刑法理论上对刑法基本原则、刑法解释、犯罪构成理论等问题的研讨已有所减弱。相比之下，刑法学人对刑法基础理论领域的研究主要集中于研究一些过去较少探讨的新问题。例如，2015年有论者探讨了与共同犯罪相关的“正犯后正犯”问题[①]，也有论者探讨了互殴与防卫问题[②]，还有论者探讨了特别认知者的刑法归责问题[③]等。这些问题过去在刑法理论上都关注较少。

依此趋势，今后在我国刑法基础理论领域，类似的研究现象还将持续。论者们对研究问题的发现将主要源自两个方面：一是国外刑法理论研究特别是德日刑法学研究的启迪。总体而言，在刑法基础理论研究方面，德日刑法学的研究更为前沿。近年来，我国有不少学者借鉴德日刑法学理论进行了本土刑法理论的探索性研究。2015年，受许多刑法学者关注的刑法教义学问题就主要是受德国刑法理论研究的启发。今后这方面的知识输入将会持续。二是国内刑法实践问题的启发。例如，受依法治国这一基本国策的影响，法学研究的观念也有了不少变革。以人权保障为核心的现代刑法理念进一步深入刑法理论研究。在此基础上，论者们对刑法的机能、目的、原则等问题有了新的认识和看法，这将在今后的理论研究中得到进一步的体现。同时，一些与实践联系较为紧密的刑法基础理论问题，受国内刑法实践的影响也会得到进一步的深化研究。例如，预防性措施入刑增加了学者们对预防的进一步思考，有论者认为预防的思想进入犯罪论体系将对传统的责任与预防关系产生深远影响。[④] 类似问题和研究今后仍将持续。

---

① 参见张伟：《“正犯后正犯”与犯罪参与理论研究》，载《法学家》，2015（5）。

② 参见陈兴良：《互殴与防卫的界限》，载《法学》，2015（6）。

③ 参见何庆仁：《特别认知者的刑法归责》，载《中外法学》，2015（4）。

④ 参见王钰：《功能责任论中责任和预防的概念：兼与冯军教授商榷》，载《中外法学》，2015（1）。

（二）刑法改革重大问题研究

近年来，我国刑法改革在许多领域都取得了重大进展。特别是经由《刑法修正案（八）》和《刑法修正案（九）》的修法，包括社区矫正、禁止令、终身监禁等诸多重大制度在刑法上得以确立。刑法改革已经摆脱了单纯增设新罪名、调整法定刑的分则模式，转向了总则和分则并重的模式。未来，我国刑法改革的重大问题仍将不断出现，并将成为刑法理论研究的重点。

从当前我国刑法改革的趋向上看，未来刑法改革的重大问题将至少包括以下三个方面：一是死刑制度改革的继续深入问题。尽管当前我国死刑改革在诸多方面取得了重大进展，但考虑到我国刑法上的死刑罪名仍然较多、死刑适用的范围仍然较广，进一步加强死刑的立法和司法限制仍将是今后我国刑法改革和刑法理论研究的重点领域。二是刑法预防性措施的增设问题。以禁止令形式增设的三禁止制度、从业禁止制度强化了刑法的预防功能。如何进一步完善刑法预防性措施、发挥刑法预防功能将是我国刑法未来改革的重要内容。刑法理论有必要进一步探讨预防性措施、保安处分、资格刑等相关制度改革问题。三是刑法与行政法的边界问题。随着人权保障观念的提升，行政处罚权必将进一步受到限缩，对部分行政违法行为的处理由行政权上升为司法权将是趋势。这对刑法处罚范围的合理设定提出了挑战。刑法在降低其处罚力度的同时适度扩大其处罚范围将是未来刑法改革的必然趋势。如何合理划定刑法与行政法的边界将成为今后我国刑法理论研究的重要方面。

（三）《刑法修正案（九）》适用问题研究

2015年8月通过的《刑法修正案（九）》因其立法内容丰富、重大、涉及面广而备受社会关注和热议。在《刑法修正案（九）》的立法过程中，许多重要问题都得到了较为充分的讨论。但司法毕竟不同于立法。《刑法修正案（九）》在司法适用中也必然会遇到许多新问题，需要刑法理论上进行研究。因此，《刑法修正案（九）》的适用问题将是今后一段时间我国刑法理论研究的重要领域。

概括而言，《刑法修正案（九）》的适用问题将大体体现在以下三个方面：一是《刑法修正案（九）》新设制度的理解与适用问题。例如，从业禁止制度、死缓犯执行死刑的标准、贪污受贿犯罪的终身监禁制度等在司法中的适用条件和标准问题。二是《刑法修正案（九）》新增犯罪的理解与适用问题。例如，《刑法修正案（九）》修法幅度较大的恐怖犯罪、网络犯罪、证件犯罪、妨害司法犯罪等的司法适用问题。三是《刑法修正案（九）》修法幅度较大罪名的适用问题。例如，贪污罪受贿罪的定罪量刑标准问题以及危险驾驶罪，收买被拐卖的妇女、儿童罪，行贿罪等犯罪的适用问题。

（四）社会实践热点问题的刑法研究

当前我国社会发展日新月异，新的社会问题层出不穷。社会形势的变化对刑法治理能力和水平提出了新的要求。加大对与刑法相关的社会实践领域热点问题研究，是刑法理论研究的责任所在。2015 年度，刑法理论上对新型网络犯罪问题的研究就反映了刑法理论对社会实践热点问题的关注。

今后刑法理论需要继续加强社会实践热点问题的研究。总体而言，这些问题将主要出自两方面：一是信息网络等新兴领域出现的重大违法问题，如网络金融犯罪、网络技术犯罪、危害网络秩序的犯罪等；二是刑事司法领域出现的重大热点问题，如近年来备受关注的恐怖犯罪、腐败犯罪问题，当年重大刑事案件引发的刑法理论问题等。加强对这些问题的理论研究不仅是完善刑法相关立法和司法的需要，也是丰富和深化刑法理论体系的需要。

总之，过去的一年，刑法学人密切关注我国刑法立法和司法改革领域的重大热点问题并展开了深入研究。其中，许多研究见解深刻，论证有力，不仅丰富了刑法相关理论，也积极推动了刑法改革的科学发展。今后，刑法学人仍需继续围绕刑法理论与实务领域的热点问题展开研究，以不断丰富、发展刑法理论体系并积极推动刑事法治建设水平的提升。

［赵秉志、袁彬；载《人民检察》，2016（1）］

第二十八章

2016年的刑法学研究

一、前　言

伴随着《刑法修正案（九）》的施行和中共十八届六中全会全面从严治党方略的提出，2016年，我国刑事法治领域以司法为重心，出台了一系列具有较大影响的司法文件，并强化了对腐败犯罪、网络犯罪、信息犯罪等热点犯罪的司法治理。围绕《刑法修正案（九）》相关的立法和司法问题，本年度，我国刑法学研究重点关注了我国刑事法治建设领域的诸多热点问题，同时对刑法与行政法关系、犯罪化、犯罪构成、刑罚体系与制度等问题也有所涉及。系统梳理本年度我国刑法学研究的脉络和重点问题，有助于我们更好地了解我国刑法学理论研究的现状和问题，并合理预测未来刑法学理论研究的趋势。

二、2016年度我国刑法学研究的总体状况

2016年度的刑法学研究延续既往刑法学研究的一贯传统，重点围绕刑法理论和刑事法治建设实践问题展开了广泛而深入的研究，研究成果总体上较为丰硕。据中国知网检索，2016年度全国共发表各类论文近万篇，其中期刊论文5 000余篇。此外，我国还出版了近百部的刑法学专著、教材和译

著。以中国知网 CSSCI 期刊①论文检索为基础，我们发现，2016 年度我国刑法学研究总体上呈现出以下四个方面的显著特点。

第一，刑法学研讨总体热烈，但论文发表总数略微偏少。2016 年刑法学研究给人的总体感觉是非常热闹和热烈，学者们针对腐败犯罪、恐怖活动犯罪和网络犯罪的发声度很高，相关学术研讨会众多，论文数量不少，但与其他学科相比，期刊发表的刑法论文总体偏少。根据中国知网的 CSSCI 数据检索，截至 2016 年 12 月 18 日，我国 CSSCI 期刊共发表法学论文 7 451 篇，其中刑法论文只有 666 篇，只占总数的 8.9%，与法理、法史的 1 619 篇、行政法及地方法制的 1 525 篇、民商法的 1 471 篇和诉讼法与司法制度的 1274 篇相比都相差甚远，仅略高于国际法的 520 篇、宪法的 264 篇。在中国知网的法学八大门类中，刑法学论文的总数仅列第 6 位（参见表 1）。这一方面反映了我国 CSSCI 期刊发表刑法学论文的数量偏少，另一方面也反映出我国刑法学研究的积极性总体上仍待提高。

表 1　　2016 年度 CSSCI 期刊法学论文发表的学科分布

排序	学科	论文篇数
1	法理、法史	1 619
2	行政法及地方法制	1 525
3	民商法	1 471
4	诉讼法与司法制度	1 274
5	经济法	980
6	刑法	666
7	国际法	520
8	宪法	264

说明：本数据源自中国知网 CSSCI 数据检索，检索日期为 2016 年 12 月 18 日。各分支学科的论文数总和与论文总数有一定出入，原因可能在于部分论文存在重复归类。

第二，刑法学论文发表单位较为集中，研究区域集中。据中国知网 CSSCI 期刊论文检索，截至 2016 年 12 月 18 日，2016 年度 CSSCI 期刊刑法学论文发表单位前十名分别是北京师范大学、西南政法大学、中国人民大

① 即“中文社会科学引文索引”期刊。目前该索引收录的中文期刊共计 533 种，其中法学类期刊 21 种。

学、华东政法大学、武汉大学、中国政法大学、北京大学、清华大学、南京大学和吉林大学，其中北京师范大学以47篇论文位居第一，占全年度CSSCI论文总数的7.1%；排名第二的是西南政法大学，发表39篇，占全年度CSSCI论文总数的5.9%。这十家单位2016年度共发表论文285篇，占全年度CSSCI期刊刑法学论文发表总数的42.8%（参见表2）。而我国有六百多家法学院，这十家单位发表的CSSCI期刊刑法学论文数量占据了半壁江山，说明我国刑法学论文发表单位较为集中，进而反映出我国刑法学研究区域的集中度较高。

表2　　2016年度CSSCI期刊刑法学论文发表单位前十名

排序	发表单位	论文篇数	占总比
1	北京师范大学	47	7.1%
2	西南政法大学	39	5.9%
3	中国人民大学	36	5.4%
4	华东政法大学	34	5.1%
5	武汉大学	25	3.8%
6	中国政法大学	25	3.8%
7	北京大学	22	3.3%
8	清华大学	22	3.3%
9	南京大学	18	2.7%
10	吉林大学	17	2.6%
小计		285	42.8%

说明：截至2016年12月18日，据中国知网检索，2016年CSSCI发表刑法论文总共666篇，篇数所占比例采取小数点后一位四舍五入计算。

这一特点也同样体现在CSSCI法学类期刊论文方面。据中国知网CSSCI期刊论文检索，截至2016年12月18日，2016年度CSSCI法学类期刊（共21种）共发表刑法学论文272篇，其中刑法学论文发表单位居前十的分别是北京师范大学、中国人民大学、北京大学、清华大学、华东政法大学、东南大学、中国政法大学、西南政法大学、南京大学和南京师范大学。这十家单位共在CSSCI法学类期刊发表刑法学论文143篇，占刑法学论文总数的52.6%。

表3 2016年度CSSCI法学类期刊刑法学论文发表单位前十名

排序	发表单位	论文篇数	占总比
1	北京师范大学	23	8.5%
2	中国人民大学	19	7%
3	北京大学	17	6.3%
3	清华大学	17	6.3%
5	华东政法大学	16	5.9%
6	东南大学	14	5.1%
7	中国政法大学	12	4.4%
8	西南政法大学	9	3.3%
9	南京大学	8	2.9%
9	南京师范大学	8	2.9%
小计		143	52.6%

说明：截至2016年12月18日，据中国知网检索，2016年CSSCI法学类期刊发表刑法论文总共272篇，篇数所占比例采取小数点后一位四舍五入计算。

第三，刑法学论文研究的热点相对集中。近年来，我国刑法学研究的一个特点十分突出，即特别关注我国刑事法治领域的热点问题和热点事件。本年度，刑法学研究的热点问题也十分明显。据中国知网CSSCI期刊论文数据检索，截至2016年12月18日，2016年度CSSCI期刊刑法学论文“篇名”热点较为集中，其中十大热点篇名分别是《刑法修正案（九）》、网络犯罪、腐败犯罪、刑法解释、恐怖犯罪、量刑、共同犯罪、犯罪构成、实证和法治。这十个方面的CSSCI期刊刑法学论文总数是261篇，超过了CSSCI期刊刑法学论文总数的三分之一，说明刑法学研究的关注度高度集中。

第四，实证研究方法较受重视。近年来，实证研究方法在刑法学研究领域有逐渐受重视的趋势。这一方面是因为传统定性研究经过几十年的发展已经进入一个审美疲劳期，对部分问题的研究单纯从定性的角度突破难度大；另一方面则是因为以“中国裁判文书网”为代表的相关数据库越来越完善，为实证研究提供了重要基础。2016年度，我国刑法学在研究方法上更加重视实证研究方法。在2016年度CSSCI期刊刑法学论文检索中，“实证”一词已成为刑法学论文的热频词，相关研究成果较多。

三、2016年我国刑法学研究的总论问题

2016年度，在刑法总论方面，论者们重点关注了刑法的立法趋向、刑法与行政法的关系、共同犯罪、刑罚积极预防观、从业禁止和终身监禁等热点问题。

（一）刑法的立法趋向问题

《刑法修正案（九）》修法内容全面而重大。2016年度，论者们以《刑法修正案（九）》为视角对我国刑法的立法原理与趋向进行了深入探讨，并形成以下三种不同的刑法立法观。

第一种是积极刑法立法观。有论者认为，晚近两个刑法修正案显示出刑法规制社会生活的范围拓展、力度增强。在刑法观念逐步转向功能主义、刑法与政策考虑紧密关联的今天，刑法的谦抑性并不反对及时增设一定数量的新罪。未来中国的刑法立法从技术层面需要考虑进行相当规模的犯罪化，但处罚不能轻易由轻改重，对公众的情绪化呼吁应保持足够的理性与警惕，同时要建立与新设大量轻罪相契合的刑事程序；尽可能降低犯罪的附随负面效应，使罪犯能够顺利回归社会。①

第二种是理性刑法立法观。有论者认为，《刑法修正案（九）》废除嫖宿幼女罪，增设编造、故意传播虚假信息罪，增设拒不履行网络安全管理义务罪，加重对袭警行为的处罚，对收买被拐卖的妇女、儿童行为一律追究刑事责任，对重大贪污贿赂犯罪不得减刑、假释等规定均是《刑法修正案（九）》中情绪性立法的典型立法例。科学的刑事立法必须力戒情绪，既要遵循刑法发展的内在规律，又要对舆论或民意的反应有所为且有所不为。② 我国应当建立能动、理性、多元的立法机制，必须保持积极干预社会生活的姿态，改变目前的集中立法模式，但分散立法不一定要采用刑法典、单行刑法和附属刑法三足鼎立的方式，而应建构以刑法典为核心，以轻犯罪法为辅助，刑罚

---

① 参见周光权：《积极刑法立法观在中国的确立》，载《法学研究》，2016（4）。

② 参见刘宪权：《刑事立法应力戒情绪——以〈刑法修正案（九）〉为视角》，载《法学评论》，2016（1）。

和保安处分措施并行的成文刑法体系，形成治安管理处罚法、轻犯罪法、刑法的递进式无缝衔接制裁机制，严密法网但处罚轻缓。①

第三种是目的刑法立法观。有论者认为《刑法修正案（九）》带有明显的“新刑法工具主义”特点，它表现为刑法为应对社会发展的危机，在其原有的实用工具主义的基础上，衍生出以安抚民意、稳定民心、减少转型危机可能带来的政治风险为立法导向的目标，并以此目标为导向的立法活动。“新刑法工具主义”偏离了刑事立法的法益基准，造成了立法空置或选择性司法现象。为贯彻法治国家立法正当性标准，有必要在批判性反思“新刑法工具主义”取向的同时，促使刑法立法的理性回归。② 也有论者认为，《刑法修正案（九）》重视刑法的秩序维持功能，重视预防型立法。这种立法目的和立法模式导致部分行为犯罪化过度，对某些犯罪类型，忽视了刑罚减免的积极意义。同时，这种预防型的立法对于以报应型立法发展起来的传统的刑法基础理论和具体解释论提出了新的课题，并在一定程度上导致刑法和刑法理论的二元化。③ 还有论者认为，中国传统的“人道”观念实质上是维护等级差别、维护封建皇权的片面、保守的民本主义，而非追求自由、平等、人权的人道思想。现代意义上的人道主义是死刑改革所需要的思想利器，欲推动中国的死刑改革，必须实现传统人道观念向现代人道主义思想的转变，这需要践行少杀、慎杀的死刑观念，重塑宽容人性的法治精神。④

（二）刑法与行政法的关系问题

刑法与行政法的关系是本年度全国刑法学术年会的理论议题。从内容上看，刑法与行政法的关系具有多样性，但其根本在于刑法与行政法管制范围的合理划定，并体现为犯罪圈应否扩大。对此，论者们主要有以下两种不同的观点。

一种观点主张我国的犯罪圈应该扩大。有论者认为，与刑法、行政处罚

① 参见周光权：《转型时期刑法立法的思路与方法》，载《中国社会科学》，2016（3）。

② 参见魏昌东：《新刑法工具主义批判与矫正》，载《法学》，2016（2）。

③ 参见于改之、蒋太珂：《刑事立法：在目的和手段之间——以〈刑法修正案（九）〉为中心》，载《现代法学》，2016（2）。

④ 参见赵秉志、张伟珂：《传统与现代：死刑改革与公众“人道”观念的转变》，载《当代法学》，2016（2）。

之二元治理体系相比，危害社会行为一元治理体系更具优势，我国应该改变现行危害社会行为二元治理体系的做法，构建治理危害社会行为一元治理体系，进而扩大犯罪圈。[①] 有论者主张将现行由行政法规制的具有刑法性质的行为纳入行政刑法的调控范围，以扩大犯罪圈。[②] 也有论者认为，现阶段轻微犯罪的犯罪化，行政权退出、司法权进入，是扩张司法权以使司法权限制行政权并成为主导权力的必经之路。[③] 我国的犯罪圈应当适当扩大，扩大的程度应以刑罚是否属于人身自由罚为限：如果对某种危害行为有必要适用人身自由罚进行制裁，则应将其划入犯罪范围，由法院通过司法程序予以裁处；反之，则可将其划入行政违法范围，由行政机关通过行政程序予以裁处。[④]

另一种观点认为我国的犯罪圈不应扩大。有论者认为，行政违法行为犯罪化作为当今犯罪化趋势明显走高的重要表现之一，立法机关对此应当给予重视并给予必要的控制，否则将与刑法的谦抑性、严厉性、罪刑法定的基本原则相背离。[⑤] 也有论者从是否应当构建轻罪制度的角度，认为我国主张构建轻罪制度、扩大犯罪圈的观点均站不住脚跟，提出构建轻罪制度的依据或者不具有合理性，或者会产生新的矛盾，因而不主张在我国建立轻罪制度，不进一步扩大犯罪圈。[⑥] 还有论者指出《刑法修正案（八）》将醉驾入罪后，虽然在一定程度上起到了降低醉驾非法行为的作用，但危险驾驶罪的法定刑只是拘役和罚金，这种犯罪也就相当于国外的违警罪而已。这造成大量有犯

---

① 参见卢建平、孙本雄：《危害社会行为治理体系二元论与一元论之比较》，载赵秉志、莫洪宪、齐文远主编：《中国刑法改革与适用研究》，14～23页，北京，中国人民公安大学出版社，2016。

② 参见李晓明：《刑法与行政法的缓冲与过度："行政刑法"》，何群：《论我国刑法立法的科学化发展》，均载赵秉志、莫洪宪、齐文远主编：《中国刑法改革与适用研究》，北京，中国人民公安大学出版社，2016。

③ 参见王烁：《司法化视野下的立法犯罪化——行政权与司法权的重新配置》，载赵秉志、莫洪宪、齐文远主编：《中国刑法改革与适用研究》，109～116页，北京，中国人民公安大学出版社，2016。

④ 参见敦宁：《论行政拘留的刑罚化》，洪流：《唯有刑罚可包含人身自由罚——兼论废除行政拘留的必要性》，均载赵秉志、莫洪宪、齐文远主编：《中国刑法改革与适用研究》，189～197页，北京，中国人民公安大学出版社，2016。

⑤ 参见卢勤忠、钟菁：《行政违法行为犯罪化立法过热问题评析》，载赵秉志、莫洪宪、齐文远主编：《中国刑法改革与适用研究》，117～124页，北京，中国人民公安大学出版社，2016。

⑥ 参见张亚平：《轻罪制度质疑》，载赵秉志、莫洪宪、齐文远主编：《中国刑法改革与适用研究》，140～147页，北京，中国人民公安大学出版社，2016。

罪前科的人，给这些人都贴上犯罪分子的标签，负面影响不可小觑。[①]

（三）共同犯罪问题

关于共同犯罪，有论者在既往研究的基础上，继续探讨了区分制与单一制、行为共同说与犯罪共同说，提出了归责意义上的区分制[②]，批驳了行为共同说所存在的冲突[③]，但本年度关于共同犯罪的研究，值得关注的是以下两种特殊形式的共犯问题。

一是行为人以不作为参与他人的作为犯的性质问题。有论者认为，这主要涉及在什么范围内承认犯罪阻止义务，以及在负有犯罪阻止义务者能够履行义务而不履行时，是成立共同正犯、同时正犯还是帮助犯问题。该论者认为，在不作为者与作为者存在共谋的场合，可以成立共同正犯；不存在共谋的，应当根据是否存在事实支配关系或者行为人对法益侵害结果的发生的作用力的大小，分别成立不作为的共同正犯和帮助犯。在行为人以不作为参与他人的不作为犯的场合，根据具体情况分别成立不作为的共同正犯或者同时正犯。[④]

二是带有中立色彩的帮助行为处理问题。有论者认为，1997 年至今，我国逐步确立了片面共犯、帮助犯正犯化、事后帮助行为入罪化、帮助违法行为入罪化等立法模式，通过对资助行为、帮助介绍行为、帮助容留行为、一般协作行为等帮助行为类型的入罪化，实现了罪名体系的严密化，解决了共犯体系无法涵盖的定罪难题，也为共犯理论的完善提供了立法支撑。[⑤] 对于中立的帮助行为，有论者认为它具有“日常”的属性，如果将其全部纳入帮助犯的范畴势必造成社会秩序的瘫痪。在对中立的帮助行为的可罚范围进行界定之时，原则上不应考虑主观方面，帮助者只需达到对犯罪意图有所认识即可，并不需要对认识的程度进行划分；应当从客观方面入手，通过对帮

---

① 参见陈志军：《罪刑法定与行政法治的关系协调》，载赵秉志、莫洪宪、齐文远主编：《中国刑法改革与适用研究》，132～139 页，北京，中国人民公安大学出版社，2016。

② 参见何庆仁：《归责视野下共同犯罪的区分制与单一制》，载《法学研究》，2016（3）。

③ 参见陆诗忠：《我国〈刑法〉中的“共同犯罪”：“犯罪共同说”抑或“行为共同说”》，载《华东政法大学学报》，2016（1）。

④ 参见温登平：《以不作为参与他人的法益侵害行为的性质——兼及不作为的正犯与帮助犯的区分》，载《法学家》，2016（4）。

⑤ 参见于冲：《帮助行为正犯化的类型研究与入罪化思路》，载《政法论坛》，2016（4）。

助行为与正犯行为之间的物理、心理因果关系的限定，以限制中立帮助行为的可罚范围。[①]

（四）刑罚积极预防问题

一般预防一直都被认为是我国刑罚的目的之一，但也不断有人对此进行反思。本年度，有论者认为，积极一般预防论主张通过刑罚向公众提示行为规范，以引导国民行动、培养公民的法忠诚意识，进而实现犯罪预防，但它本身不是一个独立的刑罚目的论。在逻辑上，积极一般预防论以刑罚目的统领犯罪论，意图实现犯罪论体系的目的理性改造，由此形成了功能责任论和行为无价值论，但前者过分关注个人责任之外的社会预防因素，导致责任概念失去了限制功能；后者则在不能犯等场合导致不法判断主观化，沦为行为无价值一元论。因此，不宜提倡以“目的证明手段”为信条的积极一般预防理论。[②]

也有论者从比例原则的角度对此进行了反思，认为比例原则对克制刑法积极主义意义重大，不仅有利于避免刑罚过剩，弥补刑法的谦抑性不足，而且有利于合理配置罪刑规范，正确处理宪法与刑法的关系。立足于比例原则，刑法制定应正确处理其与行政法等法律之间的关系，坚持法律体系调整对象的内在规律，不可以把本应由其他法律调整的对象直接规定为犯罪。而刑法实施应当固守刑法解释的保守性，重视形式解释，即使采取实质解释，也应当确立有利于被告人原则。[③]

（五）从业禁止问题

从业禁止是《刑法修正案（九）》的新增内容。本年度，论者们围绕从业禁止的性质和适用进行了广泛研讨。

关于从业禁止的性质，多数论者认为它属于保安处分的范畴。例如，有论者认为，职业禁止在性质上属于保安处分，适用于实施了职业犯罪并且具有再犯可能性的犯罪人。[④] 我国刑法的从业禁止既不是行政性强制措施，也

---

① 参见孙万怀、郑梦凌：《中立的帮助行为》，载《法学》，2016（1）。

② 参见冀洋：《逻辑与经验：刑法积极一般预防理论质疑》，载《现代法学》，2016（2）。

③ 参见姜涛：《比例原则与刑罚积极主义的克制》，载《学术界》，2016（8）。

④ 参见宋久华：《论〈刑法修正案（九）〉中的职业禁止制度》，载《刑法论丛》，2016（1）。

不是刑罚，而是保安处分措施。①

关于从业禁止的适用，有论者认为，其以利用职业便利实施犯罪或实施违背职业特定义务的犯罪被判处刑罚为前提，以犯罪情况和预防再犯罪的需要为实质根据。其范围既要与犯罪情况和预防再犯罪的需要相适应，又不得过分限制犯罪分子的劳动权；其期限为3至5年，从主刑执行完毕之日或者假释之日起计算，并当然适用于主刑执行期间。就管制、拘役、有期徒刑而言，从业禁止的宣告一般在判处刑罚的同时进行，特殊情况下也可在裁定减刑、假释时宣告；就死缓和无期徒刑而言，宜由法院在裁定减刑、假释时宣告从业禁止决定。② 也有论者认为，在刑罚执行完毕或者被假释之时，应由人民法院根据行为人的具体情况，确定是否执行从业禁止令及执行的期限和地点。违反从业禁止令的，应根据不同情况给予行政处罚或者刑事处罚。③还有论者认为，适用从业禁止的实质条件是犯罪人的“犯罪情况和预防再犯罪的需要”；主体条件为利用职业便利实施犯罪或者实施违背职业要求的特定义务的犯罪的行为人；禁止内容是行为人在犯罪时从事的相关职业，相关职业的范围一般不能超出我国职业分类体系中种类的界限，从业禁止原则上不能妨碍犯罪人重返社会后的生存和发展，同时必须与犯罪人的再犯罪危险性相适应。管制执行期间可以通过“禁止令”来实现职业禁止的效果；拘役、有期徒刑执行期间，事实上无须宣告从业禁止亦可实现禁止职业的效果。④

在此基础上，有论者认为，我国下一步应将适用对象扩大至实施了相关犯罪行为但无刑事责任能力的人，建立具有可分性的处分强度，并且适时将保安处分正式引入刑法。⑤

（六）终身监禁问题

终身监禁是《刑法修正案（九）》针对贪污受贿犯罪增设的一项新制度。

---

① 参见童德华：《刑法中从业禁止的性质及其适用》，载《东政法大学学报》，2016（4）；卢建平、孙本雄：《刑法职业禁止令的性质及司法适用探析》，载《法学杂志》，2016（2）；武晓雯：《论〈刑法修正案（九）〉关于职业禁止的规定》，载《政治与法律》，2016（2）。

② 参见童德华：《刑法中从业禁止的性质及其适用》，载《东政法大学学报》，2016（4）。

③ 参见卢建平、孙本雄：《刑法职业禁止令的性质及司法适用探析》，载《法学杂志》，2016（2）。

④ 参见武晓雯：《论〈刑法修正案（九）〉关于职业禁止的规定》，载《政治与法律》，2016（2）。

⑤ 参见宋久华：《论〈刑法修正案（九）〉中的职业禁止制度》，载《刑法论丛》，2016（1）。

本年度，论者们重点探讨了终身监禁的法律性质和法律价值问题。

关于终身监禁的法律性质，论者们主要有三种不同的观点：第一种观点认为，对终身监禁制度的定位应是双重的，从死刑立即执行的角度看，其属于部分死刑立即执行的替代性措施；从其与死刑缓期执行的角度看，其属于死刑与普通死缓之间的中间刑罚。① 第二种观点认为，修正案中“终身监禁”不同于终身监禁刑，“终身监禁”既不是刑种，也不是刑罚执行制度，而仅仅是死缓改无期徒刑之后的一种特殊的刑罚执行措施。② 第三种观点认为，针对贪污、受贿罪规定的终身监禁虽然在结局上是一种可能终身剥夺犯罪分子人身自由的自由刑，但是从本质上看其属于死刑，是一种与现有的死缓有别的死刑执行方式。③

关于终身监禁的法律价值，有论者认为，终身监禁制度展现了《刑法修正案（九）》的理论创新与制度创新，承担着继续完善刑罚结构的改革重任、兼顾废除死刑和限制死刑的双重功能、彰显了报应与预防的刑罚功能，并具有控制死刑适用的试验田价值。④ 但也有论者认为，终身监禁不具备刑罚的正当理由即报应的正义性与预防犯罪的合目的性。对被判处死缓的特重大贪污、受贿犯增设不得减刑、假释的终身监禁，不符合报应刑所追求的罪刑均衡原则。以终身监禁制度作为死刑替代措施是不妥当的。不得减刑、假释的终身监禁不应适用于被判处死缓的特重大贪污、受贿犯。对被判处死缓的特重大贪污、受贿犯增设不得减刑、假释的终身监禁，会导致死刑执行方式间的衔接不合理。⑤

四、2016 年我国刑法学研究的分论问题

2016 年度，在刑法分论方面，论者们在探讨了财产犯罪、公共安全犯罪、扰乱社会秩序犯罪中的一些问题的同时，重点探讨了贪污贿赂犯罪、恐

---

① 参见黄永维、袁登明：《〈刑法修正案（九）〉中的终身监禁研究》，载《法律适用》，2016（3）。

② 参见黄明儒、项婷婷：《论〈刑法修正案（九）〉“终身监禁”的性质》，载《湘潭大学学报（哲学社会科学版）》，2016（5）。

③ 参见黎宏：《终身监禁的法律性质及适用》，载《法商研究》，2016（3）。

④ 参见黄永维、袁登明：《〈刑法修正案（九）〉中的终身监禁研究》，载《法律适用》，2016（3）。

⑤ 参见王志祥：《贪污、受贿犯罪终身监禁制度的立法商榷》，载《社会科学辑刊》，2016（3）。

怖活动犯罪、网络犯罪、信息犯罪和环境犯罪等热点犯罪问题。其中，贪污贿赂犯罪、恐怖活动犯罪和网络犯罪是本年度全国刑法学术年会的实践议题。

（一）贪污贿赂犯罪问题

《刑法修正案（九）》对贪污贿赂犯罪作了较大幅度的修改，之后最高人民法院、最高人民检察院发布的《关于办理贪污贿赂刑事案件适用法律若干问题的解释》也对贪污贿赂犯罪的定罪量刑标准作了较大幅度的调整。本年度，论者们关于贪污贿赂犯罪的研究主要集中在以下三个方面。

一是关于“两高”司法解释的合理性问题。有论者认为，“两高”司法解释较为妥当地处理了数额和情节的关系，有助于减少以往大量出现的量刑不合理现象，具有一定的合理性，但也存在与对向犯原理相抵触、违背禁止重复评价原则等不足。① 也有论者认为，“两高”确定的贪污贿赂犯罪的定罪数额和量刑数额具有相对合理性，但也存在违背罪刑法定原则之嫌，尤其表现在“为他人谋取利益”的认定之上，与“为他人谋取利益”立法含义相去甚远。② 还有论者认为，“两高”司法解释重构数额标准势必引发腐败犯罪惩治效率降低、刑罚强度弱化、经济犯罪数额体系失衡等质疑。严格限制监管权介入市场的范围与深度是腐败治理的根本出路，应在财物定性与定量、“为他人谋取利益”要件解释等入罪条件、数额量化层面作出实质性的扩张解释，限缩数额标准提升的潜在效应。③

二是关于贪污贿赂犯罪定罪量刑标准的统一问题。有论者通过调查研究后发现，我国部分地区之间对受贿罪的量刑存在显著差异。这种差异的存在不能完全归结于受贿数额和量刑情节的不同，而是既与各地区对相同受贿数额的危害性评价不同有关，又与各地区对从轻、减轻处罚功能的选择不同有关，还与各地区对从轻、减轻处罚幅度的计算不同有关；且不能排除由其他因素所导致。《刑法修正案（九）》和“两高”司法解释确立的“数额＋情节”的弹性定罪量刑标准亦难以消减受贿罪量刑的地区差异，需要因地制宜

① 参见周光权：《论受贿罪的情节》，载《政治与法律》，2016（8）。

② 参见陈兴良：《贪污贿赂犯罪司法解释：刑法教义学的阐释》，载《法学》，2016（5）。

③ 参见谢杰：《贪污贿赂犯罪治理的制度优化与规则补充》，载《政治与法律》，2016（6）。

地调整受贿罪的具体数额标准，明确从轻、减轻处罚功能的选择依据，统一量刑情节调节基准刑的具体比例，以尽可能地消减受贿罪量刑的地区差异。[①]

三是关于腐败犯罪的死刑适用问题。有论者认为，《刑法修正案（九）》进一步明确了贪污受贿犯罪的死刑适用标准，促进了死刑适用规范化；将司法实践中常见的酌定量刑情节法定化，以积极限制死刑适用；并且确立了严重贪污受贿犯罪死缓犯的终身监禁制度，以达到严惩严重贪污受贿犯罪和着力减少死刑立即执行之适用的双重功效。在未来中国对严重贪污受贿犯罪的死刑立法控制中，应当考虑将死缓制度作为适用死刑的优先考虑方式；在贪污受贿犯罪定罪量刑标准分立时，应择机先行废止受贿罪的死刑；待时机成熟时，应在立法上及时全面废止贪污受贿犯罪的死刑。[②]

（二）恐怖活动犯罪问题

近年来，我国的恐怖活动犯罪呈高发态势，并对反恐立法形成了“倒逼式”拷问。我国的反恐刑事立法经历了从无到有、从零散到相对系统、从注重实体法到实体法与程序法并重的过程，特别是《刑法修正案（九）》通过引入专门概念、严密犯罪体系、完善刑罚配置等方式，进一步加大了对恐怖活动犯罪的惩治力度。2016年度，论者们重点探讨了反恐刑法的理念与立法完善问题。

一是反恐刑法的理念完善问题。有论者认为，为有效应对恐怖主义，我国刑法应当确立“适度犯罪化”理念，并在此基础上明确专门概念和相互关系；为暴恐活动设立专门罪名；注重刑法与《反恐怖主义法》等法律的衔接。[③] 也有论者认为，刑法必须维护法律基本价值在反恐领域的有序而合理的组合关系。国家要警惕幽暗而缺乏宽容的刑事政策借反恐之名进一步扩张，“敌人刑法”的观念是一种危险的思考和解决问题的方法。我国未来反

---

① 参见王剑波：《我国受贿罪量刑地区差异问题实证研究》，载《中国法学》，2016（4）。

② 参见赵秉志：《论中国贪污受贿犯罪死刑的立法控制及其废止——以〈刑法修正案（九）〉为视角》，载《现代法学》，2016（1）。

③ 参见赵秉志、杜邈：《中国反恐刑法的新进展及其思考——〈刑法修正案（九）〉相关内容评述》，载《山东社会科学》，2016（3）。

恐国家战略与刑事政策现代化之路，在刑法领域，有赖于合理平衡安全价值与公民自由的关系；在社会政策的整体性方面，需要国家妥善处理刑法与其他社会政策的有效合作。[①]

二是反恐刑法的制度完善问题。有论者认为，我国反恐刑法表现出了应急性强而机制性弱、碎片化突出而系统性不足、从严从重明显而区别对待欠缺的特征，反恐刑事立法结构体例不系统、概念界定不清晰、规制范围不严密、罪刑设置有遗漏等问题比较突出。在未来的反恐刑事立法中，应当调整刑法结构体例、完善罪刑设置，并通过专节对恐怖活动犯罪进行规定；同时，在“涉恐”财产处置和恐怖组织、人员认定方面，注重反恐刑事立法与行政立法之间的衔接，综合运用行政性查控与司法性查控、行政认定与司法认定等手段。[②] 也有论者认为，《刑法修正案（九）》关于恐怖犯罪的规定具有法益保护早期化、处罚范围扩大化与处罚程度严厉化的特点，存在帮助犯的正犯化、预备犯的既遂化与构成要件的交叉化。《刑法修正案（九）》所增加的第120条之一第2款以及被修正的第1款，对帮助犯实行了正犯化；第120条之二第1款，对预备犯实行了既遂化（独立预备罪），但按独立预备罪论处导致处罚程度轻于从属预备罪的时，应按从属预备罪论处。《刑法修正案（九）》关于恐怖犯罪构成要件的规定存在大量交叉现象，但不能将这种交叉关系解释为法条竞合，而应认定为想象竞合，从而发挥想象竞合的明示机能，实现预防恐怖犯罪的目的。[③]

（三）网络犯罪问题

网络犯罪是我国刑事法治领域的热点和难点问题。2016年，论者们围绕《刑法修正案（九）》的规定，从多个方面探讨了网络犯罪的刑法治理问题。

一是网络犯罪治理的宏观问题。有论者认为，网络犯罪类型之传统划分，不能为网络犯罪的刑法规制提供更具方向性、针对性的思路。重新划分

---

① 参见何荣功：《“预防性”反恐刑事立法思考》，载《中国法学》，2016（3）。

② 参见梅传强：《我国反恐刑事立法的检讨与完善——兼评〈刑法修正案（九）〉相关涉恐条款》，载《现代法学》，2016（1）。

③ 参见张明楷：《论〈刑法修正案（九）〉关于恐怖犯罪的规定》，载《现代法学》，2016（1）。

网络犯罪类型应注重以传统犯罪为参照标准，将网络犯罪分为与传统犯罪本质无异的犯罪、较传统犯罪呈危害“量变”的犯罪、较传统犯罪呈危害“质变”的犯罪三个类别。“该宽则宽”“该严则严”“分而治之”是网络时代下最为妥适的刑法理念。对网络犯罪一律从严、从重、从早打击的观念似有不妥，应予纠正。[①] 也有论者探讨了网络时代言论型犯罪与公民的言论自由权利的界限问题，认为在言论型犯罪的构造中，应将客观真实和合理确信规则下的“主观真实”作为违法阻却事由；基于网络媒介的科技特点与社会属性，网络服务提供者只具备中立义务，对之不应简单地以共犯理论或不作为犯罪理论入罪。对“严重危害社会秩序和国家利益”等入罪基准的理解应限于现实物理的秩序混乱，对轻微言论犯罪不应轻易适用有期徒刑的刑罚。[②]

二是网络犯罪治理的具体问题。有论者探讨了网络帮助行为的刑法治理问题，认为我国《刑法》第287条之二所规定的帮助信息网络犯罪活动罪，并不是帮助犯的正犯化，只是帮助犯的量刑规则；帮助信息网络犯罪活动罪的成立，以正犯实施符合构成要件的不法行为为前提；《刑法》第287条之二第1款将“情节严重”作为成立条件，为限制中立的帮助行为的处罚范围提供了法律依据，对网络服务商作为业务行为所实施的中立的帮助行为，原则上不能以该罪论处。[③] 有论者认为，网络犯罪共犯正犯化的解释模式与立法范式是实质正犯理念的本土化误用，当前应立足我国共犯立法体例，建构契合共犯双层分类标准的共犯归责模式，采用最小从属性说弥合参与行为处罚间隙，选择行为共同说疏通犯意联络障碍，实现共犯归责模式的理性回归。[④] 也有论者认为，对网络帮助行为的治理应树立双向思维模式、扩大罪名体系制裁犯罪以及完善共犯责任、正犯责任、平台责任三类责任的评价体系。[⑤] 还有论者探讨了网络服务提供者的刑事责任问题，认为随着《刑法修正案（九）》的颁行，适用于网络服务提供者的刑事责任模式有共犯责任、共犯正犯化责任和拒不履行法定义务三种。三种责任模式之间存在适用范围

① 参见刘宪权：《网络犯罪的刑法应对新理念》，载《政治与法律》，2016（9）。

② 参见刘艳红：《网络时代言论自由的刑法边界》，载《中国社会科学》，2016（10）。

③ 参见张明楷：《论帮助信息网络犯罪活动罪》，载《政治与法律》，2016（2）。

④ 参见王霖：《网络犯罪参与行为刑事责任模式的教义学塑造》，载《政治与法律》，2016（9）。

⑤ 参见于志刚：《网络空间中犯罪帮助行为的制裁体系与完善思路》，载《中国法学》，2016（2）。

部分重合、刑罚失衡的现象。应当区分“通谋”和“明知”的责任、“明知”与不履行法定义务的责任并严格限制中立帮助行为的处罚范围。在具体适用有关规定时，应当依据不同网络服务提供者的功能，明确其刑事责任的构成及责任范围。[①]

（四）信息犯罪问题

随着信息化社会和全媒体时代的到来，信息的形式越来越多样化，信息生产、传播机制发生明显变化。2016 年度，论者们着重探讨了多种与信息相关的犯罪问题。

一是侵犯公民个人信息犯罪问题。有论者主张将识别说和概括列举说结合起来对个人信息进行定义，即个人信息是指个人姓名、性别、家庭地址、身份证号码、教育信息、医疗资料、财务状况等可以直接或者间接识别特定个人的信息。在司法实践中，需要的是通过主观因素和客观事实相结合去分析是否达到“情节严重”的程度。[②] 关于“情节严重”，应当根据信息的内容、非法获利或者非法销售金额、信息数量、行为性质、危害结果、犯罪次数、犯罪主体规模、行为人主观心态、行为动机是否卑鄙等反映行为人主观恶性的因素综合把握。[③] 也有论者认为，解决侵犯公民个人信息罪“情节严重”标准模糊的问题，不宜通过立法的方式破坏法律的稳定性，而应该通过司法解释的方式予以解决，应该构建以“数量较大”为核心，以“违法所得数额较大”“造成其他严重后果”“造成重大经济损失、恶劣社会影响”为补充的侵犯公民个人信息罪定量评价标准，同时对于信息的“条”与“组”做好衔接，构建相对科学的公民个人信息犯罪定量标准。[④]

二是其他信息相关犯罪问题。有论者探讨了编造、故意传播虚假信息行

---

① 参见涂龙科：《网络服务提供者的刑事责任模式及其关系辨析》，载《政治与法律》，2016（4）。

② 参见冯卫国、陈杰：《侵犯公民个人信息罪若干问题探讨》，载赵秉志、莫洪宪、齐文远主编：《中国刑法改革与适用研究》，495～503 页，北京，中国人民公安大学出版社，2016。

③ 参见牛忠志、贾智涵：《侵犯公民个人信息罪司法适用争议问题研究》，载赵秉志、莫洪宪、齐文远主编：《中国刑法改革与适用研究》，513～521 页，北京，中国人民公安大学出版社，2016。

④ 参见王丽华、王肃之、汪恭政：《个人信息犯罪定量标准的构建—以侵犯公民个人信息罪为切入点》，载赵秉志、莫洪宪、齐文远主编：《中国刑法改革与适用研究》，530～536 页，北京，中国人民公安大学出版社，2016。

为的治理问题，认为编造、故意传播虚假恐怖信息罪只限于“虚假恐怖信息”，无法应对网络虚假信息犯罪。我国应当对编造、故意传播虚假恐怖信息罪进行修正，扩大其适用范围，从仅制裁虚假的“恐怖信息”扩展到制裁所有“严重危害社会秩序和国家利益”的“虚假信息”①。也有论者探讨了大数据时代的数据犯罪治理问题，认为应以信息论这一类型化途径为依托，分析网络数据的技术特征与数据的非物质性本质。数据犯罪的制裁思路是建立“基本行为特征类型化模式＋动态链条模式”的纵横双向模式：横向制裁思路是建立以“基本行为特征类型化”为思路的数据犯罪双核心制裁体系；纵向制裁思路是按照数据犯罪链条的步骤分割与过程整合，实现对于数据犯罪链条的全环节刑法规制。② 还有论者探讨了网络淫秽信息的治理，认为网络淫秽信息可以被解释为淫秽物品。对于网络传播淫秽信息行为的认定，应当着眼于行为是否存在使信息资源由少数独有变多数共有的过程。结合当前司法实践，应当根据实际点击数确立“情节严重”标准，在拼接技术的帮助下，文件数已不能准确衡量淫秽信息含量，应当根据不同文件格式的特点，制定相应的衡量标准，重新确立传播数字视频信号类电子淫秽信息“情节严重”的判断标准。③

（五）经济犯罪问题

经济发展导致了经济犯罪形势的变化，同时也带来了刑法治理理念的更新。2016年，有不少论者结合我国经济发展的新常态探讨了经济犯罪的治理问题。

有论者探讨了经济刑法的创新问题，认为经济新常态是我国经济发展模式的时代转型，经济发展模式转型带来的矛盾会引发新的经济犯罪浪潮，迫切需要经济刑法体系内外创新。经济刑法内在体系创新需要正视机能主义刑法的法治风险，重视合宪主义刑法观，从而使经济刑法在机能与合宪之间走

---

① 时斌：《编造、故意传播虚虚假恐怖信息罪的制裁思路》，载《政法论坛》，2016（1）。

② 参见于志刚、李源粒：《大数据时代数据犯罪的类型化与制裁思路》，载《政治与法律》，2016（9）。

③ 参见郑丽萍、宁势强：《网络传播淫秽信息涉罪行为研究》，载赵秉志、莫洪宪、齐文远主编：《中国刑法改革与适用研究》，504～512页，北京，中国人民公安大学出版社，2016。

向理性。而经济刑法外在体系创新不仅需要为政府与市场的法治化开辟刑法通道，需要重视二元化犯罪模式在解决刑法、行政法冲突中的规范价值，而且也需要把比例原则作为犯罪设定的标准，对经济违法行为之刑罚化进行严格的合宪性控制。①

也有论者探讨了经济刑法的法益问题，认为"秩序法益观"导向下的中国经济刑法立法正处于深度的立法危机之中。扩大经济自由，作为中国经济制度改革的基本方向，要求建构与维护经济自由目标相适应的法律体系。中国经济刑法立法体系改造，应当确立"资本配置利益"的法益基本内涵，以在实现经济刑法立法观念转型的同时，完成经济刑法立法体系的更新与调整。② 结合具体的经济犯罪，有论者认为，在财产犯罪的法益方面，我国存在"所有权/占有"和财产概念视角之分。我国刑法上的绝大多数财产犯罪是针对整体财产的犯罪，可以从刑法上的财产概念入手研究财产犯罪的保护法益。③ 在骗取贷款罪上，骗取贷款罪保护的不是抽象的金融秩序，而是金融机构的贷款安全。无论是"骗取"行为还是"严重情节"，都需要从有无侵害金融机构贷款安全方面进行实质认定。在有足额担保并且未造成贷款人实际损失或者案发前归还贷款的情况下，行为人的贷款行为不构成骗取贷款罪。④

（六）环境犯罪问题

当前我国环境问题突出，环境犯罪问题也因而成为当前我国司法领域的突出问题。2016年，论者们对环境犯罪的相关问题进行了较为深入的研究，并集中体现在以下三个方面。

一是环境犯罪治理的提前化。有论者认为，污染环境罪的立法与司法充分体现了法益保护的早期化。法益保护早期化能够有效治理污染环境犯罪；污染环境罪法益保护的早期化以生态学的人类中心主义法益观为依据，不存在消解法益概念的问题；刑法谦抑主义不等于绝对地反对犯罪化，污染环境

---

① 参见姜涛：《经济新常态与经济刑法体系创新》，载《法学》，2016（7）。

② 参见魏昌东：《中国经济刑法法益追问与立法选择》，载《政法论坛》，2016（6）。

③ 参见江溯：《财产犯罪的保护法益：法律—经济财产说之提倡》，载《法学评论》，2016（6）。

④ 参见孙国祥：《骗取贷款罪司法认定的误识与匡正》，载《法商研究》，2016（5）。

罪法益保护的早期化兼顾了人权保障，符合谦抑性的要求。成立污染环境罪要求故意侵害环境安全法益，但对侵害传统法益只需具有预见可能性；该罪法益保护的早期化决定了其责任形式只能是故意。[①] 也有论者通过比较中德两国刑法的相关规定发现，中国刑法立法不仅在环境法益观的贯彻上滞后于德国，而且在刑法明确性原则的落实上也落后于德国。在环境污染犯罪日益严峻的中国当下，设立污染环境罪的危险犯很有必要，但是必须把人权保障的思想贯穿其中，并通过贯彻刑法的明确性原则来实现。[②]

二是环境犯罪的司法优化问题。有论者认为，污染环境罪与投放危险物质罪之间存在想象竞合关系的观点，一方面违背了竞合犯理论，错误地将两罪法条竞合的关系理解为想象竞合；另一方面，是将主观罪过的判断不当地引入污染环境案件的认定中，制造了司法难题。最重要的是，这违反了罪名认定的基本原理，是司法解释对立法的僭越，冲击了罪刑法定原则。要达到司法解释意图严惩环境犯罪的目的，应当先回归两罪法条竞合的本质。[③] 也有论者认为，污染环境罪的“过失说”、“故意说”与“复杂罪过说”在解释污染环境罪罪过形式时均存在局限性，原因在于它们都仅坚持规范论的罪过形式判断基准。“罪刑规范—构成事实”的罪过形式判断基准既能够判明诸如污染环境罪等罪过形式不明之罪的罪过形式，又符合刑法解释和罪过形式判断的性质、危害结果和其他犯罪现象所具有的“规范—事实”的两面性，同时有利于贯彻刑法的思考方式。从污染环境罪的罪过形式和刑罚设置看，就罪过形式不明和仅罪过形式不同但共用一个法定刑幅度的犯罪而言，应当承认区分故意与过失的原则存在例外。[④]

五、结　语

回首过去一年，我国刑法学研究紧扣我国刑事法治建设的热点问题，研究广泛而深入，其中对反恐刑法、反腐败刑法等许多实践热点问题的研究，

① 参见黄旭巍：《污染环境罪法益保护早期化之展开》，载《法学》，2016（7）。

② 参见李梁：《中德两国污染环境罪危险犯立法比较研究》，载《法商研究》，2016（3）。

③ 参见贾占旭：《论污染环境罪与投放危险物质罪的竞合关系》，载《政治与法律》，2016（6）。

④ 参见苏永生：《污染环境罪的罪过形式研究》，载《法商研究》，2016（2）。

既坚持刑法发展的时代性，又坚持刑法发展的理性思维，对《刑法修正案（九）》的立法新趋势和司法适用的新常态进行了反思性研究，有助于促进刑法的科学而理性的发展。当然，我们也要看到，过去一年间，我国针对刑法学基础理论的研究成果还十分有限，特别是在新的刑法立法和司法背景下，对新型刑法实践问题缺乏有深度的理论诠释和引导。今后，我国刑法学研究需要在继续强化刑法立法和司法热点问题研究的同时，不断强化刑法基础理论的创新和转型，提升刑法学对社会治理问题的解释力，促进刑法理论的进一步提升。

［赵秉志、袁彬；载《人民检察》，2017（1）］

第二十九章

2017年的刑法学研究

2017年是我国1997年刑法典颁行20周年。以深入总结我国1997年刑法典颁行20年之经验为基础，我国刑法在理论和实践领域都取得了进一步发展。其中在刑法立法和司法方面，我国通过了《刑法修正案（十）》，增设了侮辱国歌罪，同时在深入推进国家监察体制改革等制度建设的基础上，我国对腐败犯罪、网络犯罪、金融犯罪等领域的司法治理也取得了积极进展，刑法立法的严密性和刑事司法的科学性得到了进一步增强。在此基础上，我国刑法理论研究也得到了进一步拓展，不仅深化了对我国刑法立法、司法领域新型、热点、疑难问题的研究，而且注重刑法基本理论的总结和创新，对刑法学理论研究的思维、方法等问题进行了富有成效的研究，并取得了积极成果。总体而言，2017年，我国刑法学主要注重了以下四个方面的研究并取得了积极进展。

一、深入研究1997年刑法典颁行20年的刑法立法问题

1997年刑法典颁行迄今已20年有余。20年来，我国刑法立法取得了积极进展，先后出台了10个刑法修正案、1部单行刑法和13个刑法立法解释，并在修法模式、修法理念、修法内容等方面不断创新，充分发挥了刑法在社会治理中的积极作用。2017年，我国有不少论者对1997年刑法典颁行20年的刑法总体立法问题和刑法立法功能问题进行了归纳和总结。

（一）1997年刑法典颁行20年的刑法总体立法问题

针对1997年刑法典颁行20年来我国刑法立法的总体问题，论者们主要探讨了以下两个方面的具体问题：一是1997年刑法典颁行20年来我国刑法立法的成绩和经验；二是未来我国刑法立法的总体发展和展望。

关于1997年刑法典颁行20年来我国刑法立法的成绩和经验，论者们进行了多方面的总结。有论者认为，1997年刑法典颁行以来，我国刑法立法经历了一个立法政策由单一从严到宽严相济、立法数量由少到多、立法内容由单一到综合的过程。我国刑法修法总体上坚持了刑法修正案模式，刑法立法的民主性得到了较大提升，刑法立法日趋科学，刑事法网愈加严密。[①] 也有论者认为，1997年刑法典颁行20年来，国家立法机关历次修正刑法，使我国刑法在减少死刑、调整刑罚结构、及时修改补充罪刑规定和不断完善刑法立法技术等方面发展显著、成绩斐然。20年来，我国刑法修改体现出鲜明的时代特征和注重立法创新的特点，其立法经验主要是坚持正确的立法方向、坚持从国情出发、以问题为导向。[②] 还有论者认为，1997年刑法典之后刑法立法在个罪层面扩张了犯罪化边界、扩大了处罚范围、降低了定罪标准，削减死刑罪名，强力介入金融领域的规制。这是我国死刑制度改革的理性选择，也彰显了我国刑罚制度变迁的轻刑化趋势。[③]

关于未来我国刑法立法的总体发展和展望，有论者认为，未来我国刑法发展应当坚持理性的立法观，合理回应重大社会关切，坚持适度犯罪化与适度非犯罪化相结合，坚持刑事制裁的轻缓化与刑事制裁措施的多元化。在立法模式上，我国刑法立法应当继续坚持统一的刑法典模式，适当限制全国人大常委会的修法职权，实行相对严格的法律案三审制，并进一步完善刑法的结构、制度和立法技术。[④] 也有论者认为，未来我国刑法的修法频率总体上应当受到一定的限制与调控，不宜再继续进行大规模的修改，刑法调整范围的过

---

① 参见赵秉志：《中国刑法立法晚近20年之回眸与前瞻》，载《中国法学》，2017（5）。

② 参见郎胜：《我国刑法的新发展》，载《中国法学》，2017（5）。

③ 参见刘宪权：《中国列法发展的时代脉动——1997年刑法颁布实施20年刑事法治纵览与展望》，载《法学》，2017（5）。

④ 参见赵秉志：《中国刑法立法晚近20年之回眸与前瞻》，载《中国法学》，2017（5）。

度扩张倾向值得反思，“刑法万能”的观念也有必要进一步纠正。① 还有论者认为，1997年刑法典由“厉而不严”向“严而不厉”的结构转型尚未成功，碎片化的刑法修正案立法方式破坏了1997年刑法典的外部面相和内部逻辑。1997年刑法典已经进入其生命周期的后期，应适时启动对其的全面修订，并且超越刑法典单轨立法模式，构建刑法典与行政刑法的双轨立法模式。②

（二）1997年刑法典颁行20年的刑法立法功能问题

功能是要素和结构的统领和反映。刑法立法功能反映了刑法立法的实践效果。对此，有不少论者从不同角度对1997年刑法典颁行20年的刑法立法功能问题进行审视和总结。有论者探讨了刑法立法中的象征性立法问题。该论者认为，为了回应国民的“体感治安”，民众的安心感成为晚近以来恐怖犯罪、网络犯罪、环境犯罪等新型风险犯罪的立法理由。象征性立法因过多地服务于安全目的而损害了刑法的法益保护功能，因谦抑不足而损害了刑法的人权保障功能，因执行不足而损害了刑法的实用功能。在风险抗制与刑事治理的紧张关系之中，宜尽量恪守自由刑法的法治特质；刑法相对于其他法的关系应处于“被动式”地位，在站位问题上，属于最后序列。③

也有论者从风险社会和功能主义的角度审视了过去20年我国刑法的立法问题，认为过去20年我国刑法处罚范围不断扩张、处罚上日趋从严与立法条款呈概括化发展。这三种态势与应对随风险社会的到来而面临的立法挑战有关。从适应风险社会的角度，我国应坚持功能主义的刑法立法观，这包括积极介入的立法导向、追求预防效果的立法导向与注重灵活回应的立法导向。理性的刑法立法应当以对风险的科学预测与评估为基础，应当摆脱单纯的控制思维，在整合权利保障思维的同时进行全面的利益衡量，并采用多轨制的刑法立法模式，以缓解立法的稳定性与灵活性之间的紧张。④

还有论者从犯罪圈的角度对刑法的结构与功能进行了探讨，认为我国存

---

① 参见刘宪权：《中国列法发展的时代脉动——1997年刑法颁布实施20年刑事法治纵览与展望》，载《法学》，2017（5）。

② 参见梁根林：《刑法修正：维度、策略、评价与反思》，载《法学研究》，2017（1）。

③ 参见刘艳红：《象征性立法对刑法功能的损害——二十年来中国刑事立法总评》，载《政治与法律》，2017（3）。

④ 参见劳东燕：《风险社会与功能主义的刑法立法观》，载《法学评论》，2017（6）。

在一个犯罪圈三环结构。其中心部分由所有可还原为暴力、偷窃、欺骗的典型犯罪构成，中环部分由典型性较弱的定制之罪构成，外环部分是犯罪圈的模糊边界。犯罪圈的三环结构及其比例分布与深埋在大量法条中的某些理论原则相暗合。将 20 年来刑法修正涉及的一百多个罪名导入三环结构后发现，有 69.6％的新罪名和 78.3％的放宽入刑范围罪名分布在犯罪圈的中心，是严密典型犯罪刑事法网的正常操作；26.8％的新罪名和 18.3％的放宽入刑范围罪名分布在犯罪圈的中环，使某些不典型犯罪为什么入刑获得部分解释；只有 3.6％的新罪名和 3.3％的放宽入刑范围罪名落入犯罪圈边界，存在一定超越应然犯罪圈边界的风险。基于严而不厉理念和结构控制方法，未来刑法修正应体现“结构还原”“比例控制”“罪刑有序”三个原则。①

二、不断探索刑法的基本思维和研究方法问题

我国刑法理论研究自改革开放至今已经历了近 40 年的全面繁荣发展。与此同时，论者们对我国刑法的基本思维和刑法理论研究的方法问题也在不断地进行尝试和探索。2017 年，我国有不少论者进一步探讨了刑法的基本思维和刑法理论研究的基本方法问题。

（一）刑法的基本思维问题

刑法的基本思维既是刑法理论研究的基本切入点和思路，也是刑法立法和刑事司法的重要分析工具。2017 年，论者们对刑法基本思维问题的研究主要集中在两个方面，即刑法的基础思维和犯罪化思维问题。

关于刑法的基础思维问题，有论者强调了法益保护原则的重要性。该论者认为，近年来有学者主张以比例原则替代法益保护原则。但是，比例原则并无超越法益保护原则的内容；而且，比例原则缺乏目的正当性的审查，其标准也不明确。刑事立法中出现的法益概念的抽象化、处罚的早期化以及重罚化现象，并不意味着法益保护原则面临危机，相反说明需要发挥法益概念的批判性机能。比例原则对于贯彻法益保护原则具有方法论的意义。将比例

① 参见白建军：《犯罪圈与刑法修正的结构控制》，载《中国法学》，2017（5）。

原则引入刑法领域补充法益保护原则时，应当避免简单的话语转换与机械的套用。[①] 也有论者探讨了刑法的预防性思维，认为预防刑法是刑法开放发展、适应社会变迁的产物，它表现出与传统刑法的结构性差异。预防刑法在我国已由碎片化条款转变为类型化立法。刑法中的“秩序安全”具有双面含义，预防刑法追求对法益侵害的事先预防，实现有效的社会控制，却隐含着扩张和模糊刑法干预界限的风险。刑法立法的预防转向是现代社会法律整体价值立场转换的一个具体面向，但应当有所限制。限制预防刑法需要从宪法和刑法两方面进行。对于刑法立法而言，关键在于确立法益侵害危险的规范构造，坚持刑法的谦抑性。[②]

关于犯罪化的思维问题，有论者认为，基于犯罪的有限价值论，犯罪化与非犯罪化应全面衡量犯罪待定行为的社会边际效用。在刑事归责上，待定行为的犯罪化与非犯罪化应意识到任何一种行为都有从主观到客观不断发生、发展变化的过程，被予以犯罪化或非犯罪化的行为只是其中的某一或某几个阶段；并且，犯罪化与非犯罪化应当坚持一项基本的原则：只有当行为由主观阶段转化为客观阶段时才能被犯罪化。在刑罚上，待定行为的犯罪化与非犯罪化离不开对是否值得运用刑罚的权衡，以刑制罪的思想在此具有一定的合理性。[③] 也有论者从刑法边界的角度思考了犯罪化问题，认为刑法的边界不能完全任由行政机关划定。面对行政性的入罪标准，司法应秉持自身的独立性，对行政机关确定的标准承担起实质验证的责任。标准的采纳与超越并不矛盾，对于明显偏离刑法目的的行政性标准，通过个案的司法综合裁量予以矫正或者重新审视，以激活行政性标准与刑法价值的勾连，凸显刑事司法追求的公平正义目标。[④] 还有论者认为，我国应当虚化犯罪概念所具有的入罪功能，实现入罪与出罪两大功能向单一出罪功能转换，并以此来指导当前的刑法司法实务从而践行人权保障的理念，不失为推进我国刑事法治化进程中削减负面效应的务实之举。[⑤]

---

① 参见张明楷：《法益保护与比例原则》，载《中国社会科学》，2017（7）。
② 参见何荣功：《预防刑法的扩张及其限度》，载《法学研究》，2017（4）。
③ 参见李正新：《犯罪化与非犯罪化的根据思考》，载《政法论坛》，2017（1）。
④ 参见孙国祥：《构成要素行政性标准的过罪化风险与防范》，载《法学》，2017（9）。
⑤ 参见刘艳红：《入出罪走向出罪：刑法犯罪概念的功能转换》，载《政法论坛》，2017（5）。

（二）刑法理论研究的基本方法问题

近年来，刑法教义学的研究方法在我国刑法理论上得到了不少学者的关注。2017年，有不少论者对刑法教义学进行了总结和研究，并主要体现在以下两个方面。

一是刑法教义学的理论发展。有论者认为，1997年以来，我国刑法理论经过20年的发展，在刑法教义学方面取得了重大的进展。我国刑法学界进入了一个理论更新与知识转型的变革时期。我国刑法学界的学派之争，给我国刑法教义学的发展提供了契机，三阶层与四要件之争、形式刑法观与实质刑法观之争以及行为无价值论与结果无价值论之争，使我国刑法理论向着刑法教义学的方向发展。[①] 也有论者认为，我国刑法理论研究经历了刑法政法学派向刑法教义学派的转变，其中刑法政法学派与刑法教义学派之间的关键性差别是政治化与法治化，政法法学欲将政治与法治融为一体，但起主导作用的仍是政治；我国刑法欲实现变革，必须从政法法学向教义法学转型。[②]

二是刑法教义学的具体问题。有论者探讨了刑法教义学的逻辑方法，认为刑法教义学需要解决如何通过法律解释方法达成刑法的公正性与法益的安全性问题。对此，刑法的逻辑方法意义重大。这种刑法逻辑方法包括形式逻辑方法和实体逻辑方法。在认定犯罪的时候，要进行形式逻辑判断和实体逻辑判断。形式逻辑的判断侧重于对法条的形式特征的界定，尤其是涉及对法条之间逻辑关系的确定。而实体逻辑的判断则偏向于对法条的实质内容的界定，尤其是对法条的内容进行价值考量。[③] 也有论者探讨了被害人教义学问题，认为被害人教义学的核心原则为被害人的保护可能性与需保护性。[④] 也有论者从被害人视角切入刑法问题，将传统的行为人单维视角的理解模式，改变为“行为人—被害人”二维视角的理解模式，这才是被害人教义学的概念应当承载的使命和理论目标。被害人教义学能够在规范层面上理解并规范

---

① 参见陈兴良：《刑法教义学的发展脉络——纪念1997年刑法颁布二十周年》，载《政治与法律》，2017（3）。

② 参见刘艳红：《刑法学变革的逻辑！教义法学与政法法学的较量》，载《法商研究》，2017（6）。

③ 参见陈兴良：《刑法教义学的逻辑方法：形式逻辑与实体逻辑》，载《政法论坛》，2017（5）。

④ 参见王肃之：《被害人教义学核心原则的发展：基于侵犯公民个人信息罪法益的反思》，载《政治与法律》，2017（10）。

化地处理被害人的行为对行为人的影响，通过一般性的理论构建回应被害人的规范需求。[①]

三、重视研究刑法基本理论问题

刑法基本理论问题关系着刑法理论和刑法立法、司法的发展。对刑法基本理论问题的重视和研究是刑法理论发展的重要方面。2017年，有不少论者对刑法诸多基本理论问题进行了研究，其中探讨得较为集中的是法定犯的主观方面问题、正当防卫问题、单位犯罪问题、法益恢复问题和共同犯罪问题。

（一）法定犯的主观方面问题

2017年前后，我国各地出现了多个涉及法定犯且引发广泛争议的司法案例，如2016年年底天津的赵春华非法持有枪支案、2017年年初内蒙古的王力军非法经营案等。对此，我国有不少论者对法定犯特别是法定犯的主观方面问题进行了探讨。有论者认为，我国传统罪过理论是"整罪分析模式"，强调罪过对象的整体性、罪过形式的单一性和不同罪过之间的对立性。根据传统罪过理论，罪过的对象是以危害结果为核心的客观构成要素的整体，在故意犯罪中所有客观构成要素的罪过形式都是单一的故意，而且故意犯罪中不包括过失，过失犯罪中也容不得故意。在法定犯时代背景下，整罪分析模式的僵化性和机械性越来越凸显出来。要素分析模式强调，罪过的对象是具体的客观构成要素，在故意犯罪中可以有过失，在过失犯罪中也可以有故意，故意与过失之间不是对立关系而是位阶关系。具有灵活性和实用性的要素分析模式不但更好地遵循了罪刑法定原则和责任主义原则，而且更能适应法定犯时代的到来。[②]

也有论者认为，"法定犯时代"的到来，使"违法性认识不要说"无论是在理论上还是在实践中，都丧失了原有的存在基础和价值。国外刑法理论中的"责任说"与国内的犯罪论体系仍然存在不可调和的冲突，在传统犯罪构成理论得到修正之前，很难成为指导司法实践的理论依据。"违法性认识

---

① 参见车浩：《被害人教义学在德国：源流、发展与局限》，载《政治与法律》，2017（10）。

② 参见陈银珠：《法定犯时代传统罪过理论的突破》《中外法学》，2017（4）。

必要说”遭遇的最大困境源于实践中的可行性问题，唯有通过在刑事诉讼过程中适当调整法定犯罪的证明责任分配方能有效解决。法定犯的刑罚体系应当朝着轻缓化的方向发展，在此之前，充分发挥罪刑法定原则的出罪功能、扩大刑事司法的自由裁量权是比较妥当的过渡路径。①

（二）正当防卫问题

2017年，正当防卫问题因于欢案而成为我国刑事司法实践的热点问题。围绕于欢案的正当防卫制度适用问题，学者们在刑法理论上进行了深入探讨，并出现了正当防卫论和防卫过当论的理论对立与争议。

正当防卫论认为，于欢成立正当防卫。这是因为，根据我国《刑法》第20条第2款的规定，肯定防卫过当需要分别考察防卫必要性和防卫结果这两个独立条件。防卫必要性是防卫过当的决定性标准，对结果的利益衡量只能是辅助性的；只有在依据事前判断标准认定防卫行为不必要时，才需要进行利益衡量；认定正当防卫，还必须顾及客观归责的法理，坚持一系列司法准则。司法实务应当敢于担当，超越固有思维模式，减少防卫过当的适用可能，改变实务上正当防卫成立过于艰难的局面，从而达到纠正司法偏差的效果，切实鼓励公民依法行使正当防卫权，使正义“不委屈也可以求全”，并最终有效维护法治秩序。② 也有论者以于欢故意伤害案为例，对正当防卫从案件事实和法律适用等方面进行了刑法教义学分析，并对司法实践中存在的对于正当防卫的认识误区进行了反思。该论者认为，在于欢故意伤害案的二审判决中，认定本案具有防卫情节，同时认为于欢的正当防卫超过了正当防卫的必要限度，虽然比一审判决在防卫情节的认定上有所进步，但仍然未能正确区分正当防卫与防卫过当的界限，应当认定于欢的行为属于正当防卫。③

防卫过当论认为，于欢的行为具备了防卫的前提，但于欢的防卫行为与

① 参见陈烨：《法定犯违法性认识必要说：我国现行刑事立法框架下如何坚守》，载《政治与法律》，2017（7）。

② 参见周光权：《正当防卫的司法异化与纠偏思路》，载《法学评论》，2017（5）。

③ 参见陈兴良：《正当防卫如何才能避免沦为僵尸条款：以于欢故意伤害案一审判决为例的刑法教义学分析》，载《法学家》，2017（5）。

不法侵害行为在手段、强度等方面不相适应，且造成了多人伤亡的严重后果，明显超过必要限度造成重大损害，应依法认定为防卫过当。同时该案的不法侵害不属于《刑法》第20条第3款规定“行凶、杀人、抢劫、强奸、绑架以及其他严重危及人身安全的暴力犯罪”，不具备特殊防卫的前提条件，不能适用《刑法》第20条第3款判决其无罪。[①] 也有论者认为，于欢的行为属于激情防卫过当。于欢是在被害人具有明显过错行为的激发下并在紧张、愤怒情绪推动下实施防卫行为的，其行为超过了法定限度，但于欢防卫行为所造成的法益侵害已经明显超出了不法侵害人所实际或者可能造成的法益损害程度并且造成了重大损害，成立防卫过当。依据激情防卫过当的处罚原则，对激情防卫过当应当以“免除处罚”为原则，以“较大幅度的减轻处罚”为例外。据此，应当对于欢的处罚给予明显从宽。[②]

（三）单位犯罪的责任根据问题

关于单位犯罪的责任根据问题，我国刑法理论上一直存在多种不同的见解和主张。2017年，有论者认为，单位犯罪不应被理解为单纯的以单位为主体的单一犯罪，而应是指由单位与直接实施犯罪的单位责任人员为主体共同构成的、单位犯罪与自然人犯罪并列的嵌套式共同犯罪。在这种特殊的共同犯罪形态中，一方面是单位本身因为其存在赋予了单位成员以单位特有的犯罪能力而成为犯罪主体，另一方面则是单位相关主管与责任人员因其个人以违反刑法要求的方式履行职责而成为嵌套在单位之内的与单位共同实施犯罪的自然人主体。所谓“嵌套”，是指尽管单位及其责任人员均因其各自的犯罪行为而承担着独立的行为责任，但在这种犯罪中，单位与其成员的意志与行为均互为表里，在客观上看似是一个密不可分的整体，在单位犯罪中应承担相对独立刑事责任的自然人，在形式上就只能依赖于单位这个外壳才可能在刑法中独立存在。法律将满足这种条件的两个犯罪结合在一起规定为一个“单位犯罪”，因而单位和单位成员的独立行为责任又是对单位犯罪刑事

---

① 参见赵秉志、彭新林：《于欢故意伤害案法理问题解析》，载《法律适用·司法案例》，2017（14）。

② 参见袁彬：《激情防卫的类型及其处罚——于欢故意伤害案的法理分析》，载《法律适用·司法案例》，2017（14）。

责任分担的结果。这是单位犯罪的嵌套刑事责任。[①] 也有论者结合单位环境资源犯罪探讨了单位犯罪的责任根据问题，认为为有效治理环境资源犯罪，有必要适度借鉴替代责任论，让单位在更大范围内对自然人的意志承担刑事责任并增加单位在刑法上的注意义务。单位环境资源犯罪之刑事责任的认定宜从单位自身的行为特征与罪过形式方面进行具体判断、综合评价。单位环境资源犯罪之刑事责任的具体认定应当采取代表单位意志和基于单位利益的双重标准，坚持先进行代表单位意志的认定、后进行基于单位利益的认定。[②]

（四）法益恢复问题

法益恢复主要涉及的是犯罪停止形态问题，是当前我国刑事司法领域面临的新问题。2017年，有论者认为，法益恢复系停止于既遂形态的犯罪行为，虽无回溯中止的可能，但尚存经由“法益恢复”路径得以轻刑化甚或出罪化评价的机会，相关法律文本对此命题已经进行个别化的确认。对于“法益恢复”现象的解释，“特殊中止说”回避了犯罪既遂“构成要件齐备说”的通说观点，否定了犯罪既遂标准多样化选择的正当性。“个人解除刑罚事由”存在基础理论薄弱、范畴局限和类型化区分不足的弊端，科学性不足。依托类型化思维工具，“法益可恢复性犯罪”的概念抽象、条件判断及其从宽评价，在报应主义和功利主义惩罚根据的双重视域均得自洽，在法益保护可逆性路径以及恢复性制裁的论证视域理由正当，且系刑法从宽事由体系的有益补充，宜作为“法益恢复”现象轻刑化或出罪化评价的理论基础。[③] 也有论者认为，与认罪认罚从宽相比较，行为人在侵害法益后通过努力使法益得以恢复的，更值得从宽处罚。将法益恢复作为法定量刑情节，不仅可以减轻犯罪所造成的法益损害，也符合宽严相济刑事政策和刑罚轻缓化的国际趋势。由于刑法和司法解释及刑事判决中也有体现法益恢复从宽的精神，因而将法益恢复作为法定从宽处罚情节也是可行的，甚至可以通过多种方式逐步

---

① 参见陈忠林、席若：《单位犯罪的“嵌套责任论”》，载《现代法学》，2017（2）。

② 参见侯艳芳：《单位环境资源犯罪的刑事责任：甄别基准与具体认定》，载《政治与法律》，2017（8）。

③ 参见庄绪龙：《“法益可恢复性犯罪”概念之提倡》，载《中外法学》，2017（4）。

将法益恢复设置为法定的量刑情节。[1]

（五）共同犯罪问题

共同犯罪是刑法理论研究的重点领域。2017 年，论者们主要研究了共同犯罪的基本问题和网络共同犯罪两个方面的问题。

关于共同犯罪的基本问题，有论者从教义学的角度进行了研究，认为正犯概念在于解决犯罪参与者构成要件符合性之问题，主犯概念则在于量刑。我国应当在限制正犯概念立场下，通过对正犯进行形式化之解读，建构正犯、主犯分离体系，不仅合乎现行立法之规定，亦可确保正犯、主犯各自之教义学功能的独立。[2] 也有论者研究了共犯的退出机制问题，认为应坚持因果共犯论，将个人责任主义原则与违法相对思维内嵌于共犯责任退出机制之中。物理因果关系的遮断考察以客观风险之消解作为评价目标，实现事实因果关系的规范渗透。心理因果关系的遮断考察以法规范的震动平复作为评价目标，并行构建包括脱离意思之现实传达以及真挚努力之实际付出的双层检验机制。通过对因果关系遮断标准的规范修正，衡平共犯责任的进入和退出机制，能够实现共犯责任维度的合理廓清。[3] 还有论者研究了共犯转化问题，认为共犯转化是部分或者全部共犯人在构成基础犯罪之后，又故意实施了促成法定转化要素实现的行为，并导致法定转化要素得以实现，进而按照刑法规定以转化之后的罪定罪量刑的情形。共犯转化具有罪质表现异质性、处罚程度趋重性、转化要素法定性的特征。成立共犯转化需同时满足构成基础犯罪、构成基础犯罪之共犯、对共犯转化持故意态度、实现转化要素及以刑法明文规定为限的条件。[4]

关于网络共同犯罪问题，有论者认为，在互联网共同犯罪中存在意思联络难以认定的情况。我国采取的是“整体认定犯罪、个别分配责任”的独立模式，意思联络是不可放弃的立法立场，对于秘密支持行为可以处以犯罪预

---

① 参见屈奇：《法益恢复作为法定量刑情节之研究》，载《学术界》，2017（6）。

② 参见阎二鹏：《共犯教义学中的德日经验与中国现实：正犯与主犯教义学功能厘清下的思考》，载《法律科学》，2017（5）。

③ 参见王霖：《共犯责任退出机制的反思性检讨：修正因果关系遮断说的构建》，载《政治与法律》，2017（6）。

④ 参见张永强：《共犯转化的法教义学分析》，载《法学》，2017（6）。

备的刑罚。互联网时代的意思联络具有特殊性，可以利用“针对共同性的未必故意”和“通过符号语言的意思联络”实现意思联络的缓和，并通过入罪门槛的个别考察限制处罚范围。[①] 也有论者基于网络共同犯罪探讨了共犯正犯化问题，认为面对网络共同犯罪中帮助行为的危害性超越和独立性的突破，传统共犯理论略显手足无措。形式共犯论可以解决其中部分问题，但实质共犯论下的共犯独立性思路更为有效。[②] 还有论者认为，网络犯罪的帮助行为较传统犯罪的帮助行为出现了异化，依据传统共犯理论难以实现对网络帮助行为严重社会危害性及较高独立性的充分评价，司法解释层面与立法层面均创制了网络帮助行为正犯化的归责模式。帮助行为正犯化与犯罪参与理论密切相关，实质客观说为帮助行为正犯化的创制提供了契机，但实质客观说与我国双层区分制冲突，对我国共犯立法双层区分制的准确理解与坚守，可以避免一些不必要的帮助行为正犯化的立法。[③]

四、积极研究新型热点犯罪问题

2017 年，我国刑法在立法和司法实践中也遇到了许多新问题，特别是一些新型热点犯罪问题。刑法学在理论上对具体犯罪适用中的这些实践热点问题进行了探讨和研究，并取得了不少具有积极价值的成果。这主要体现在以下四个方面。

（一）金融犯罪问题

金融犯罪是当前我国刑法立法和刑事司法领域的热点问题。2017 年，有不少论者围绕金融犯罪的立法和司法实践问题进行了专门研究。

有论者基于金融刑法探讨了金融犯罪的法益问题，认为我国现行金融刑法立法体系成型于我国第三次现代化转型初期，囿于财政金融“一体化”模

① 参见吕翰岳：《互联网共同犯罪中的意思联络》，载《法学评论》，2017（2）。

② 参见于志刚：《共犯行为正犯化的立法探索与理论梳理——以“帮助信息网络犯罪活动罪”立法定位为角度的分析》，载《法律科学》，2017（3）。

③ 参见刘仁文、杨学文：《帮助行为正犯化的网络语境——兼及对犯罪参与理论的省思》，载《法律科学》，2017（3）。

式而形成的“秩序法益观”，成为创建与发展立法体系的基本立场，这一导向因过分夸大金融秩序维护对刑法的依赖功能，存在使金融刑法沦为金融准入与内外部金融秩序维护工具的风险。脱离于金融法制体系转型目标的立法建构，对已然成为金融法制核心的金融交易利益与金融信用法益采取漠视态度，造成法益定位导向上的严重缺陷。我国金融刑法应在实现由“秩序法益观”向“秩序导向下的利益法益观”转变的同时，确立金融交易利益的核心地位，以金融信用利益取代“金融秩序”，据以实现金融刑法体系的完善目标。①

有论者探讨了新型支付方式下的网络侵财犯罪，认为新型支付方式下网络侵财犯罪与传统侵财犯罪的刑法规制和惩罚的思路并无二致。新型支付方式的实质是新型信用卡支付方式。司法实践中主要有盗窃罪、诈骗罪、信用卡诈骗罪三种观点。新型支付方式账户内的数字化财物可以直接作为侵财犯罪的对象。新型支付平台其本质是“机器人”，可以成为诈骗类犯罪的对象，新型支付方式下网络侵财犯罪的重要特征不是“账户资金被盗”而是“机器人”被骗。对于新型支付方式下盗骗交织型侵财犯罪案件的定性应以信用卡诈骗罪定性。“窃取他人信用卡信息资料并通过互联网、通讯终端使用”是对“盗窃信用卡并使用”的最新注解，立法上应适时作出调整。②

还有论者探讨了网络环境下的民间借贷问题，认为刑法对传统民间借贷的规制凸显了“社会性”和“公开性”两个要素，其所反映的是对民间借贷所涉及的个人努力、勤奋、诚信等“软信息”进行保护的需求。“软信息”具有主观性特征。在互联网介入民间借贷领域而打破信息产生、传递、使用的“人缘”和“地缘”基础后，主体间信息不对称模式发生变化，“软信息”的主导性作用消失，基于互联网的“公开性”和“社会性”基础上所产生的数据信息的客观性增强，为刑法直接规制信息披露行为提供了客观条件。刑事法律应适应金融业态的变化，完善欺诈类犯罪构成，将采用虚假信息披露但不具有非法占有目的的融资欺诈行为纳入集资诈骗罪的规制范围。③

---

① 参见魏昌东：《中国金融刑法法益之理论辨正与定位革新》，载《法学评论》，2017（6）。

② 参见刘宪权：《论新型支付方式下网络侵财犯罪的定性》，载《法学评》，2017（5）。

③ 参见李云飞：《民间借贷从传统走向网络后的刑法规制选择——以信息保护模式为视角》，载《政治与法律》，2017（4）。

（二）网络犯罪问题

网络犯罪是近年来我国刑法立法的重心。尽管如此，对于网络犯罪，我国刑事司法实践中仍然遇到了不少难题。2017年，有不少论者结合网络犯罪的司法实践探讨了网络犯罪的司法适用问题。其中探讨的重点是网络犯罪的立法问题、一般适用问题和网络服务提供商的刑事责任问题。

关于网络犯罪的立法问题，有论者认为，刑法必须敏感地应对网络时代的各种变化。但是，对网络时代的新型犯罪，应尽量通过刑法解释路径予以应对。在采取刑事立法路径应对网络犯罪时，没有必要也不应当制定所谓“网络刑法”。当下应当在刑法典内，分别采取增设条款或者在既有条款中增设行为方式与行为对象的立法模式规制新型犯罪。在增设新罪时，必须坚持法益保护主义。① 也有论者认为，网络安全法益正整体嵌入和覆盖传统刑法法益，网络空间社会日益真实客观化，安全刑法观推动网络刑法学知识形态的蜕变，网络刑法立法迎来根本的视角之变。当前，我国应当更新并树立网络空间社会作为犯罪对象、手段、时空的全新立法思维，适度扩容网络安全法益并增容保护范围，合理借鉴域外经验与整合网络危害行为的类型及体系，理性转向预防性立法理念及其技术。②

关于网络犯罪的一般适用问题，有论者认为，随着信息网络技术的发展，利用信息网络作为犯罪工具、犯罪场域实施传统犯罪的态势悄然成型，传统犯罪趋向网络化，在相当程度上改变了传统犯罪的不法属性与不法程度，给刑事归责带来了诸多挑战。我国刑法学者在致力于立法论的客观评价和价值判断的同时，应当跳出立法中心主义，将理论关注重点转向解释论范畴内的刑法体系内部控制。③ 也有论者认为，网络空间中人与人的关系变化使行为人对犯罪进程不能完全控制，人与物的关系变化对犯罪未完成形态认定标准提出了调整的要求，物与物之间关系的特异性导致了犯罪既遂认定困难。在网络犯罪领域由于人与人、人与物、物与物之间的特殊关系，在具体犯罪既遂判断上会与传统犯罪有所差异，应当采用有别于一般标准的新的具

① 参见张明楷：《网络时代的刑事立法》，载《法律科学》，2017（3）。

② 参见孙道萃：《网络刑法知识转型与立法回应》，载《现代法学》，2017（1）。

③ 参见梁根林：《传统犯罪网络化：归责障碍、刑法应对与教义限缩》，载《法学》，2017（2）。

体犯罪既遂的判断标准。[①] 还有论者认为，财产性网络账户通常是网络侵财犯罪行为围绕的中心，对其法律性质的理解不宜坚持债权视角。财产性网络账户所记载内容本身即为财物，表现为数字化形态。依据账户记录变动原因之不同，网络侵财犯罪可分为两种类型，即被害人非自愿变动账户记录型与被害人自愿变动账户记录型。在被害人自愿变动账户记录的场合，被害人是受骗人，行为人构成隐瞒真相型诈骗，隐瞒真相包括隐瞒交付物本身；在被害人非自愿变动账户记录的场合，行为人非法获取他人网络账号、密码并冒充本人使用的，依然存在受骗人，但可能被害人与受骗人并非同一人，受骗人也可能是“机器人”[②]。

关于网络服务提供商的刑事责任问题，有论者认为，网络平台提供者怠于履行平台监管义务是刑法规制网络平台的实质依据，其理论基础是不作为犯而非中立的帮助犯。网络的重要性决定网络平台提供者的重要性，这也是刑法规制网络平台提供者的根由。[③] 也有论者认为，我国网络服务提供者除可能构成作为犯形式的帮助犯外，还可能单独构成帮助信息网络犯罪活动罪和拒不履行信息网络安全管理义务罪。外国网络服务提供者违反管理义务的法律责任主要是民事责任和行政责任。我国刑法设立拒不履行信息网络安全管理义务罪存在过度犯罪化之缺陷。[④] 拒不履行网络安全管理义务罪是网络服务提供商承担刑事责任所可能涉及的重点罪名。对此，有论者认为，拒不履行网络安全管理义务罪为网络中介服务者设定了不纯正不作为的刑事责任，作为预防性刑事立法，应当对其进行严格的限缩解释，即在法益保护目的的限定下，根据网络中介服务者不同的主体类型，以条件说、对原因的支配关系、一次规范中附有法律责任的作为义务顺序，立体地进行不纯正不作为帮助犯的刑事归责判定。[⑤] 也有论者认为，该罪中的“信息网络”包括公用电话网、广播电视网和计算机网；行为主体包括网络接入服务提供者、网络平台服务提供者、网络内容及产品服务提供者；行为事实必须同时满足

---

① 参见涂龙科：《网络环境下犯罪既遂认定的一般标准与具体标准》，载《政治与法律》，2017（8）。

② 刘宪权：《网络侵财犯罪刑法规制与定罪基本问题》，载《中外法学》，2017（4）。

③ 参见齐文远、杨柳：《网络平台提供者的刑法规制》，载《法律科学》，2017（3）。

④ 参见皮勇：《论网络服务提供者的管理义务及刑事责任》，载《法商研究》，2017（5）。

⑤ 参见敬力嘉：《论拒不履行网络安全管理义务罪——以网络中介服务者的刑事责任为中心展开》，载《政治与法律》，2017（1）。

“不履行信息网络安全管理义务、经监管部门责令采取改正措施而拒不改正、行为符合刑法规定的四种情形之一”。该罪主观方面只能是直接故意，行为人发生违法性认识错误时，不宜以本罪论处。[①]

（三）侵犯公民个人信息犯罪问题

关于侵犯公民个人信息犯罪，有论者探讨了“公民个人信息”的范围，认为侵犯公民个人信息罪所保护的法益是公民人格尊严与个人自由，从出售或提供公民个人信息行为的实质违法性角度出发，应当将个人信息限缩在具有危害该法益的“公民个人信息”内，且应当将行为目的作为该罪的必要要件。[②] 也有论者从被害人教义学的角度进行了探讨，认为我国刑法侵犯公民个人信息罪法益解释路径需要修正。侵犯公民个人信息罪的法益应认定为公共信息安全。[③] 还有论者探讨了“违反国家有关规定”的判定问题，认为“违反国家有关规定”仅限于违反法律、行政法规关于公民个人信息保护的规定，部门规章只有在对法律、行政法规中的规定予以明确、细化的情况下，才能与法律、行政法规一起作为判断行为是否“违反国家有关规定”的标准。[④]

（四）贿赂犯罪问题

贿赂犯罪是近年来我国刑法理论的重点研究问题，也是我国刑事司法实践中的难点热点问题。2017年，有不少论者专门研究了贿赂犯罪的法益问题和构成要件问题。

关于贿赂犯罪的法益，有论者认为，贿赂犯罪的保护法益不是职务行为的廉洁性，也不是职务行为的不可收买性，而是职务行为的公正性。因此，只有危及职务行为公正性的行为才有可能构成受贿罪。事后受财行为，在事

---

① 参见谢望原：《论拒不履行信息网络安全管理义务罪》，载《中国法学》，2017（2）。

② 参见高富平、王文祥：《出售或提供公民个人信息入罪的边界——以侵犯公民个人信息罪所保护的法益为视角》，载《政治与法律》，2017（2）。

③ 参见王肃之：《被害人教义学核心原则的发展：基于侵犯公民个人信息罪法益的反思》，载《政治与法律》，2017（10）。

④ 参见胡江：《侵犯公民个人信息罪中“违反国家有关规定”的限缩解释——兼对侵犯个人信息刑事案件法律适用司法解释第2条之质疑》，载《政治与法律》，2017（11）。

先没有约定的场合，因为不可能危及职务行为的公正性，原则上不构成受贿罪；但是，在有证据证明行为人履行职务行为时具有事后受财的心理期待或者心理联想的场合，因为这种期待或者心理联想会对行为人的履职行为产生影响，所以构成受贿罪。[①]

关于贿赂犯罪的构成要件问题，有论者认为，学说上关于“为他人谋取利益”在被动型受贿罪中的体系地位，形成了客观说与主观说的基本对立。相对于“是客观要件还是主观要件”这种形式化的提问方式，更应追问“为他人谋取利益”对受贿罪的法益侵害与责任非难是否产生影响。在界定党纪政纪与国法的联系与区别、明确受贿罪的法益是国家工作人员职务行为的不可收买性而非廉洁性的前提下，应该认为“为他人谋取利益”是受贿罪中的违法要素。并且，在默契受贿和一部分收受礼金的场合，“为他人谋取利益”表现为默示的具体或者概括性承诺，属于主观违法要素；在事后受贿的场合，“为他人谋取利益”则是纯粹的客观违法要素。[②] 也有论者认为，为了实现行贿罪的法益保护目的，保证行贿罪构成要件结构的完整性，应当将解释方向由行为人一端转换到国家工作人员一端，将国家工作人员是否违背职务作为判断行为人所谋取的利益是否正当的标准。在立法文字上缺失的“违背职务与给予财物之间的对价关系”，就在解释论上被建构起来，被补充进行贿罪的构成要件。国家工作人员违背职务，包括违反规则与违背原则两种形式。[③]

除了上述四个方面，2017年，我国刑法学还对终身监禁[④]、从业禁止[⑤]、诈骗犯罪[⑥]、环境犯罪[⑦]等诸多问题进行了研究。总体而言，2017年，我国

① 参见黎宏：《贿赂犯罪的保护法益与事后受财行为的定性》，载《中国法学》，2017（4）。

② 参见付立庆：《受贿罪中“为他人谋取利益”的体系地位：混合违法要素说的提倡》，载《法学家》，2017（3）。

③ 参见车浩：《行贿罪之“谋取不正当利益”的法理内涵》，载《法学研究》，2017（2）。

④ 参见张明楷：《终身监禁的性质与适用》，载《现代法学》，2017（3）；商浩文、赵秉志：《终身监禁新规法理争议问题论要》，载《现代法学》，2017（4）。

⑤ 参见袁彬：《从业禁止制度的结构性矛盾及其改革》，载《北京师范大学学报（社会科学版）》，2017（3）。

⑥ 参见张明楷：《三角诈骗的类型》，载《法学评论》，2017（1）；黎宏：《电信诈骗中的若干难点问题解析》，载《法学》，2017（5）。

⑦ 参见侯艳芳：《污染环境罪疑难问题研究》，载《法商研究》，2017（5）。

刑法理论研究紧密围绕我国刑事法治领域的重大热点问题进行展开，其中既有对我国刑法立法、司法问题的反思，也有对我国刑法立法、司法问题解决的建言和展望；既有对我国刑法诸多基本问题的理论探究，也有对我国刑法新型热点犯罪问题的适当分析，理论与实务兼备，方法与问题俱在，成绩斐然。当然，2017 年我国刑法理论研究也存在一些不足，如对刑法基础理论问题特别是刑法根基问题的研究还比较少，不少研究的论证思路与过去已有研究之间存在不少重合进而导致研究的创新性不足，研究方法的创新程度及其应用还有待进一步加强，刑法理论研究与刑法立法、司法实践脱节的问题仍然较为突出。今后，我国刑法学应当进一步加强刑法的根基研究，并不断深化刑法理论研究与刑法实践的融合，既注重解决刑法的未来发展问题，也注重解决当下刑法的实践疑难问题。只有这样，我们才能不断推动刑法理论研究与刑法实践齐头并进，进而才能为我国刑事法治建设的繁荣与发展作出我们刑法学人应有的贡献。

［赵秉志、袁彬；载《人民检察》，2018（1）］

第三十章

改革开放40年的刑法学研究（1978—2018）

一、前　言

1978年12月中共十一届三中全会确定了我国实行对内改革、对外开放的基本政策。2018年是我国改革开放政策实施的40周年。改革开放以来的晚近40年是我国社会前所未有地快速发展的时期。晚近40年间，因应社会的变迁与发展，我国刑法学研究也取得了突飞猛进的进步。这主要体现在两个方面：一是刑法学研究的成果数量庞大。据“中国期刊网”的数据查询，自1979年至2018年，我国共发表刑法学期刊论文89 730篇，若再算上报纸、学位论文等文献，刑法学总文献数高达147 243篇。特别是2010年以后，我国仅发表的刑法学期刊论文每年都在5 000篇以上。[①] 与此同时，我国刑法学研究的学术著作也层出不穷，大量研究著述可谓汗牛充栋。据“中国国家图书馆”网络查询，可查到的刑法学研究著作即达2 666种。[②] 可以说，过去40年间我国刑法学研究的成果数量相当庞大。二是刑法学研究的问题相对集中且比较深入。以刑法学研究的专业词在“中国期刊网”上进行检索发现，过去40年间我国刑法学研究的高频词不少，其中期刊论文中数量较多的词汇分别是“行为”（6 413篇）、“死刑”（2 553篇）、“刑法解释”

---

① 中国期刊网的相关数据查询截止时间为2018年5月31日，下同。

② 关于刑法学研究著作的数量，目前我国尚没有比较全面的数据查询。中国国家图书馆的数据来自其刑法分类的图书数据。

（2 328篇）、“刑法原则”（1 865篇）、“网络犯罪”（1 746篇）、“刑事责任”（1 602篇）、“犯罪主体”（1 248）、“腐败犯罪”（1 224篇）、“犯罪故意”（1 111篇）、“知识产权犯罪”（1 074篇）。[①] 由此可见，过去40年间我国刑法学研究的问题相对比较集中。正如有学者所言，“作为显学的刑法学，在上个世纪末市场经济兴起导致民商经济法兴盛而经历了短暂式微之后，在21世纪的今天，其发展进入了最为活跃的时期”[②]。我国刑法学研究总体繁荣的客观事实不容否定。

不过，改革开放40年间我国刑法学研究也经历了一个曲折的发展过程。这主要体现在两方面：一方面，我国刑法学研究在这期间经历了一个恢复、繁荣和发展的转型过程。例如，据“中国期刊网”查询的数据显示，1979年我国发表的刑法学研究论文数量非常少，只有48篇。此后数量虽然有所增加，但增长并不迅速，如1980年为125篇、1981年为200篇、1982年为308篇、1983年为317篇。[③] 整个发展过程是一个成果逐步积累、逐步繁荣的过程。另一方面，我国刑法学研究的理论积淀程度一直饱受诟病。我国著名刑法学家马克昌教授曾尖锐地指出，我国刑法学研究存在的首要问题是不重视丰厚的知识积累，不是踏踏实实地进行研究，而是追求快出成果，多出成果；不是厚积薄发，而是边积边发，甚至薄积厚发，通过电脑操作，将文稿稍作技术处理，放在多部书中出版。整体缺乏潜心研究，追求成果数量。[④] 同时也有学者指出，当前我国刑法学研究虽然一片繁荣景象，但繁荣背后潜伏着危机，主要问题在于理性自觉的匮乏与主体意识的失落，因而理论研究往往停留在低水平的重复上，刑法研究的热点如同过眼云烟，只有观点的泛滥而没有理论的积淀。[⑤] 因此，正确看待并总结改革开放40年来我国刑法学研究的发展历程和取得的成果，并对未来我国刑法学研究的发展前景进行理性展望，十分必要。

---

① 除了这些高频词，犯罪构成（904）、恐怖犯罪（766篇）、过失（769）、未遂（729）、黑社会性质犯罪（707篇）、共同犯罪（704）、金融犯罪（670篇）等也都是我国刑法学研究的热点问题。

② 刘艳红：《刑法学研究现状之评价与反思》，载《法学研究》，2013（1）。

③ 这一方面是因为这个阶段我国刑法学术期刊较少、研究人员较少，学术成果自然要少；另一方面也有部分因为是“中国期刊网”对早期论文资料的收集不够全面。

④ 参见马克昌：《改进中国刑法学研究之我见》，载《法商研究》，2003（3）。

⑤ 参见陈兴良：《科学性与人文性——刑法学研究的价值追求》，载《政治与法律》，1995（1）。

二、改革开放40年刑法学研究的发展脉络

（一）发展的基本线索

对于改革开放以来我国刑法学研究的发展脉络，曾有一些学者进行过梳理。但因梳理视角的不同，认识和结论并不完全相同。其视角的分歧，主要体现在是单一的应用研究视角，还是应用与基础研究并重的综合视角。

作为一门应用性极强的国家基本法律学科，刑法学研究的单一视角无一例外地都会集中在应用研究方面，因为正是过去40年间我国刑法立法和司法的快速发展为我国刑法学研究注入了强大的发展动力。例如，有学者将改革开放以来的刑法学发展历程分为以1979年刑法典为研究重心、以特别刑法的适用和刑法改革为研究重心以及以1997年刑法典为研究重心的三个阶段。[①] 也有学者认为我国刑法学的发展，经历了一个从以立法为中心到以司法为中心的过程，即以1997年刑法典为标志，我国刑法学研究可以分为两个阶段：1997年刑法典颁布之前，我国刑法学长期处于以立法为中心的研究状态。而在1997年刑法典颁布之后，我国刑法进入以司法为中心的研究状态。[②] 这类分析视角重点都集中在刑法学的应用研究方面。

除了应用研究的视角，兼顾应用研究和基础研究的综合视角也成为一些学者分析我国刑法学研究发展脉络的工具。例如，有学者将1976年以来刑法学的研究分为三个阶段。其中，第一阶段（1976年10月至1988年3月）主要是系统地宣传、阐释刑法典的内容，并对刑法中的某些重要问题开始进行专题学术研究。1979年刑法典是这一阶段刑法学研究的核心和支柱。第二阶段（1988年3月至1997年3月）的刑法学研究基本上沿三条线发展：一是围绕一系列特别刑法对1979年刑法典所作的补充修改而进行专题研究或综合研究；二是就1979年刑法典的修改所作的全面的深入的研讨；三是加强刑法基本理论的研究，或开拓新的研究领域，或深化原有的研究领域。

---

① 参见高铭暄、赵秉志：《改革开放三十年的刑法学研究》，载《中国刑事法杂志》，2009（3）。

② 参见陈兴良：《中国刑法学研究40年（1978—2018年）》，载《武汉大学学报（哲学社会科学版）》，2018（2）。

第三阶段（1997 年 3 月以来）的刑法学研究则基本上沿两条线并行不悖地运行：一是宣传、阐释刑法，二是拓展、深化原来的研究专题。[①] 也有学者将新中国刑法学研究的发展分为创建、徘徊、恢复和繁荣四个时期，并认为其发展始终与我国的社会发展和法治状况同步。其中，1949—1957 年是创建时期；1958—1977 年是徘徊时期；1978—1985 年是恢复时期，主要围绕 1979 年刑法典、犯罪构成理论、青少年犯罪、经济犯罪展开；1986 年至今是繁荣时期，刑法学研究主要向注释刑法学、理论刑法学、实践刑法学和外向型刑法学四个方面发展。[②] 对刑法学研究发展脉络的这类研究都兼顾了应用研究和基础研究两个方面。

比较而言，对刑法学研究发展的阶段划分有必要同时兼顾应用研究与基础研究两个方面的线索。这是因为：一方面是刑法学的学科属性使然。刑法学是一门理论与实务兼顾的法学学科，应用研究与基础研究都是刑法学研究的重要内容。刑法学研究如果离开了应用研究将丧失生命力，而如果离开了基础研究将丧失根基和分析的理论工具。也正因为如此，过去 40 年，我国刑法学研究始终兼顾基础研究与应用研究，两者相得益彰。另一方面是刑法基础研究与应用研究的数量关系使然。客观地说，在改革开放 40 年发展的任何一个时期，我国刑法学研究均是基础研究与应用研究并存，而且在研究成果的数量上并没有形成基础研究或者应用研究绝对占优的局面。例如，以 1979—1988 年"中国期刊网"收录的刑法学期刊论文为例，这一阶段总的期刊论文数量是 3403 篇，其中"主题"为"立法"的仅 122 篇，"主题"为"司法"的仅 267 篇，即便加上一些未明确主题的论文，纯粹应用性研究成果的数量总体占比也并不大。[③] 更为重要的是，很多刑法基础理论问题的研究渗透在应用研究之中，客观上很难将基础研究与应用研究作一分为二的切割。

（二）发展的历史脉络

以刑法学的应用研究和基础研究为线索进行归纳，我们认为，可以将改

---

① 参见高铭暄主编：《刑法专论（第二版）》，7 页，北京，高等教育出版社，2006。

② 参见张智辉：《回首新中国刑法学研究五十年》，载《国家检察官学院学报》，2000（1）。

③ 当然这里存在对很多案例分析文章的认识问题，如果这所有的案例分析文章都纳入司法研究的范围，则应用性研究成果的占比会明显提高。

革开放 40 年我国刑法学研究的发展大体分为三个阶段，即刑法学研究的恢复发展阶段、稳定推进阶段和繁荣发展阶段。

第一阶段是刑法学研究的恢复发展阶段（大致为 20 世纪 70 年代末至 20 世纪 80 年代末）。新中国成立之初，我国刑法学研究即已开始，并零星发表了一些著述。但“文化大革命”阻断了新中国刑法学研究的发展进程。直至 1978 年 12 月，中共十一届三中全会作出了实行改革开放和加强社会主义法治建设的战略决策，我国刑法学研究才因此得以恢复。其中，1979 年 7 月 1 日通过的新中国第一部刑法典为刚刚恢复的新中国刑法学研究注入了新的活力，大大推动了刑法学的发展。[①] 因此，这一阶段我国刑法学研究发展的实践线索是 1979 年刑法典的颁布与实施，理论线索是对刑法学基本理论体系的初步探索。总体而言，这一阶段我国刑法学研究初见成效并主要体现在以下两个方面：一方面，以 1979 年刑法典为重心的注释性理论研究开启了新时期我国刑法学研究的序幕，基本上确立了之后我国刑法理论发展的主要方向。[②] 以司法为中心的注释刑法学研究是这一阶段刑法学研究的显著特点。另一方面，刑法理论研究十分关注刑法基础理论与体系的建构，重点对犯罪构成理论、教唆犯、罪数、刑法因果关系、共同犯罪、犯罪未遂、正当防卫、刑罚目的、死刑问题等专题进行了较为深入的研究，形成了一批具有一定学术价值与理论影响的专题著作。[③] 在此基础上，刑法学的基本理论体系初步形成。这体现在教材方面是高铭暄主编的《刑法学》（法律出版社 1982 年）的出版。

第二阶段是刑法学研究的稳定推进阶段（大致为 20 世纪 80 年代末至 21 世纪初）。这一阶段我国刑法学研究发展的实践线索，是 1988 年 7 月 1 日《七届全国人大常委会工作要点》把刑法的修改工作正式列入七届全国人大

① 参见高铭暄主编：《刑法专论（第二版）》，6 页，北京，高等教育出版社，2006。

② 参见高铭暄、赵秉志：《改革开放三十年的刑法学研究》，载《中国刑事法杂志》，2009 (2)。

③ 代表这一时期刑法基础理论专题研究发展水平的著作主要有：吴振兴：《论教唆犯》（吉林人民出版社 1986 年版）；顾肖荣：《刑法中的一罪与数罪问题》（上海学林出版社 1986 年版）；李光灿、张文、龚明礼著：《刑法因果关系论》（北京大学出版社 1986 年版）；李光灿、马克昌、罗平：《论共同犯罪》（中国政法大学出版社 1987 年版）；赵秉志：《犯罪未遂的理论与实践》（中国人民大学出版社 1987 年版）；陈兴良：《正当防卫论》（中国人民大学出版社 1987 年版）；田文昌：《刑罚目的论》（中国政法大学出版社 1987 年版）；樊凤林主编：《犯罪构成论》（法律出版社 1987 年版）；等等。

常委会五年立法规划，标志着刑法修改工作已经正式列入国家立法机关的议事日程。[①] 这是我国刑法立法进程中的重要事件。之后，经过近9年的研究和修订，1997年3月14日通过了一部全新的《中华人民共和国刑法》，标志着我国刑法立法的进一步成熟。其应用研究呈现出的是以立法为中心的理论刑法学研究。而这一阶段研究的理论线索经过前一阶段的发展，我国刑法学科体系已经基本奠定，刑法学研究的广度和深度得到了进一步提升。这体现在刑法学科体系方面，是刑法学教材的建设水平得到明显提高。其中，高铭暄主编、马克昌副主编的高等学校文科教材《中国刑法学》（中国人民大学出版社1989年4月）在全国产生了较大影响，并于1992年获第二届普通高等学校优秀教材全国特等奖。当时影响较大的教材还有林准主编的《中国刑法学教程》（人民法院出版社1989年）和赵秉志、吴振兴主编的《刑法学通论》（高等教育出版社1993年）。这一时期的刑法学研究主要围绕刑法典修订与刑法学基础理论研究展开[②]，其研究大体可分为五类：一是对特别刑法进行的专门研究；二是就类别犯罪、特定犯罪进行的综合研究；三是对刑法哲学、刑事政策进行的深入研究；四是对刑法基本理论进行的综合研究或就刑法总则某一方面进行的专题研究；五是对刑法改革、1979年刑法典修改与完善进行的专门研究。[③] 其中在刑法基本理论进行综合研究方面具有较大影响著作有：高铭暄主编的《刑法学原理》（三卷本）（中国人民大学出版社1993年，又称“红宝书”）和马克昌主编的《犯罪通论》《刑罚通论》（武汉大学出版社1991年，又称“白宝书”）。

第三个阶段是刑法学研究的繁荣发展阶段（大致为21世纪初至今）。这一阶段我国刑法学研究发展的实践线索，是1997年3月新刑法典的颁布标志我国刑法立法和司法进入了一个崭新时期。之后我国出台了10个刑法修正案、1部单行刑法、13个刑法立法解释和大量司法解释文件。这些刑法立法和司法规范的制定大大推动了刑法学应用性研究的开展。这一阶段我国刑法学研究发展的理论线索是刑法学基本体系的进一步完善和刑法学研究成果的井喷式发展。这一时期，刑法学研究基本上沿着两个方向展开：一是注重

① 参见赵秉志：《中国刑法的百年变革——纪念辛亥革命一百周年》，载《政法论坛》，2012（1）。

② 参见高铭暄、赵秉志：《改革开放三十年的刑法学研究》，载《中国刑事法杂志》，2009（2）。

③ 参见高铭暄：《20年来中国刑法学科建设概览》，载《法学家》，2009（2）。

研究刑法文本，围绕新刑法典的贯彻实施与修改完善发表了大量文章，出版了许多著作。立法研究与司法研究并重是这一时期我刑法学应用研究的显著特点。二是进一步深化了刑法基本理论研究，并开拓了新的刑法研究领域。这其中既有深化性研究，如对刑法解释、刑法效力范围和原则、犯罪对象、不作为犯、共犯关系、共犯与身份、教唆犯、正当行为、单位犯罪、结果加重犯、过失危险犯、刑事责任、刑罚的一般预防、刑罚个别化、刑罚改革与完善、死刑的适用与废止条件等的研究，也有批判性研究、拓展性研究和引介性研究，如对犯罪概念、犯罪定义与犯罪化、犯罪构成及其体系、主客观相统一原则、社会危害性理论等问题的研究以及对外国刑法或外国刑法学中某些基本理论的译介，从而呈现出了繁荣发展的景象。①

总体而言，改革开放40年来，我国刑法学研究的发展经历了一个由恢复到稳定再到繁荣发展的过程。其中，在应用研究方面主要经历了一个从以司法为中心到以立法为中心再到立法与司法并重的过程；在理论研究方面，我国创建并不断发展了刑法学的基本理论体系，深化了对诸多刑法基础理论问题的研究。

三、改革开放40年刑法学研究的知识转型

经过改革开放40年来的探索和发展，我国刑法学研究已经今非昔比。这除了研究成果数量的增长，更主要的是在刑法学的研究范式、研究重心、研究话语和研究工具等方面都发生了质的飞越。

（一）研究范式转型：由平面研究到综合研究

刑法学以犯罪与刑罚为自身的主要研究对象。而“犯罪与刑罚”在社会生活中的意义至少可以包括三个层面，即“在刑法条文中以模型形式静态存在的犯罪与刑罚”、“在现实生活中以实然形式动态存在的犯罪与刑罚”和“在立法层面上以应然形式存在的犯罪与刑罚”②。基于对“犯罪与刑罚”的不同理解并以此为基础开展研究，必然会形成不同的理论研究基础和规范，

① 参见高铭暄、赵秉志编著：《新中国刑法学研究60年》，488页，北京，中国人民大学出版社，2009。
② 冯亚东：《刑法学研究的层面划分》，载《法学研究》，2001（3）。

进而会衍生出不同的研究范式。改革开放40年来，我国刑法学的研究范式发生了很大的转变，出现了一个由平面研究到综合研究的转型过程。这主要体现在以下两个方面。

第一，由传统走向现代的刑法理念。刑法理念是人们对刑事立法、刑事司法以及刑法规范、功能等一系列问题的态度和价值取向的总称[①]，也是构建刑法研究范式的基础。刑法观的研究自20世纪80年代中期起颇受关注，学者们从发展社会主义市场经济、建设社会主义民主和国家尊重与保障人权等角度，提出了经济刑法观、法制刑法观、民主刑法观、平等刑法观、人权刑法观、适度刑法观、轻缓刑法观、效益刑法观、开放刑法观以及超前刑法观等多种不同的刑法理念。[②] 经过40年的理论研究，现代刑法观念在我国得以基本确立，以人权保障为核心的罪刑法定、刑罚人道、刑法谦抑以及以平等、公正为核心的刑法面前人人平等、罪责刑相适应等现代刑法观念深入人心，成为刑法理论研究和实践发展的重要观念指导。

第二，由平面走向综合的研究取向。对于刑法学的研究取向，有学者认为，改革开放以来我国刑法学研究经历了政法刑法学、立法刑法学到规范刑法学的发展过程。[③] 这是一种线性的分析。事实上，过去40年间我国刑法学研究的取向转变并不是一个线性的过程，而是一个由单一走向多元、由平面走向综合的过程。一方面，注释刑法学在20世纪80年代曾经是我国刑法学研究的重要取向和方法，迄今也没有被抛弃，而是呈现了以司法为中心的注释刑法学、以立法为中心的理论刑法学、以概念为中心的概念刑法学[④]、以解释为中心的规范刑法学、以教义为核心的刑法教义学等并存的研究范式格局。这些范式之间虽有一定的重合，但并没有出现某一研究范式完全被另一研究范式取代的情况。另一方面，刑法学研究不仅关注刑法规范本身，而且还出现了明显的跨学科研究取向。这种跨学科性除了有运用其他学科的方法和成果分析刑法的刑法哲学、刑法社会学、刑法政治学、刑法心理学等多种

---

① 参见高铭暄、赵秉志编著：《新中国刑法学研究历程》，98～100页，北京，中国方正出版社，1998。

② 参见赵秉志：《刑法改革问题研究》，31页以下，北京，中国法制出版社，1996。

③ 参见刘艳红：《刑法学研究现状之评价与反思》，载《法学研究》，2013（1）。

④ 有学者认为，注释刑法学的研究对象为刑法条文中静态存在的模型的犯罪与刑罚，概念刑法学的研究对象为法律关系中动态存在的实然的犯罪与刑罚，理论刑法学的研究对象为立法观念上虚拟存在的应然的犯罪与刑罚。冯亚东：《刑法学研究的层面划分》，载《法学研究》，2001（3）。

研究取向，还出现了融合刑法与相关学科立场的刑法学研究范式。例如，刑事一体化的研究范式认为犯罪决定刑法，刑法决定刑罚执行，行刑效果又返回影响犯罪升降，研究刑法必须确立刑事一体化意识。① 立体刑法学的研究范式则认为刑法学研究要前瞻犯罪学、后望行刑学，左看刑事诉讼法、右盼民法和行政法等部门法，上对宪法和国际公约、下对治安管理处罚和劳动教养，对内加强刑法的解释、对外重视刑法的运作②；并主张以社会系统论作为理论基础，以刑法作为法律系统的子系统，一方面通过运作上的封闭性实现刑法教义学的再生产，一方面通过认知上的开放性与其他法律系统的子系统实现衔接。③

（二）研究重心转化：由单一研究到多元研究

刑法学研究的重心或者中心，改革开放 40 年来，在我国发生了较明显的转移，其趋势是刑法学研究正由过去的单一研究转向现在的多元研究。这种多元性研究主要表现在以下两个方面。

第一，由以应用研究为中心转向应用研究与基础研究并重。刑法学是一门实践性很强的学科。刑法的实践性发展为刑法学研究注入了强大的研究动力。改革开放 40 年来，我国刑法学研究始终将全面解决刑法改革过程中所面临或者可能要面对的现实理论问题作为研究重点，广泛争鸣、深入研究，在通过为局部的立法完善提供理论支持积累经验的基础上，为全面的刑法立法改革进行了充分的理论准备。④ 与此同时，我国刑法学也越来越重视刑法学的基础理论研究。其中比较突出的是对刑法基本原则、犯罪构成、刑罚目的等问题的深入研究。以犯罪构成理论为例，我国传统的犯罪构成理论坚持的是四要件说，但早在 1997 年以前，我国学界就存在二要件说、三要件说和五要件说等不同主张，目前更是形成了三种不同的主要立场：一是否定我国现有的犯罪构成理论体系，主张全面移植大陆法系或者英美法系的犯罪构

① 参见储槐植：《建立刑事一体化思想》，载《中外法学》，1989（1）。

② 参见刘仁文：《提倡“立体刑法学”》，载《法商研究》，2003（3）。

③ 参见周维明、赵晓光：《分化、耦合与联结：立体刑法学的运作问题研究》，载《政法论坛》，2018（3）。

④ 参见高铭暄、赵秉志：《改革开放三十年的刑法学研究》，载《中国刑事法杂志》，2009（2）。

成理论体系。如有学者主张直接采纳大陆法系中构成要件该当性、违法性、有责性的递进式结构①；也有学者在综合大陆法系和英美法系犯罪构成理论优势的基础上，提出了事实要件、违法性评价和有责性评价三层次的构成要件体系。② 二是反对全面移植大陆法系或者英美法系的犯罪构成理论体系，主张在我国现有的犯罪构成理论体系的基础上进行改造。③ 如有学者认为，评价犯罪构成理论体系的标准是逻辑性和实用性。我国犯罪构成理论体系不仅在逻辑性上不次于大陆法系犯罪论体系，而且在实用性上也能够通过恰当的操作实践来达到准确定罪，因而反对彻底抛弃现有的犯罪构成理论体系，进而主张从自身的逻辑出发完善我国的犯罪构成结构。④ 三是主张基本维持现有的犯罪构成理论体系，只对现有的犯罪构成理论体系作一些技术性调整。如有观点在坚持传统四要件理论的基础上，主张对四要件的顺序加以调整，认为犯罪主体要件在整个犯罪构成体系中具有核心地位，故此犯罪构成要件应以由主观到客观的顺序加以排列。⑤

第二，由本土研究为中心转向本土研究与外向型研究并重。刑法学作为一门学科，其分支较多，如至少可以包括中国刑法学、外国刑法学、比较刑法学、国际刑法学、中国区际刑法学等以刑法规范为研究对象的分支学科。除此之外，刑事政策学、犯罪学、刑事执行法学等也常被视为广义刑法学的范畴。从研究重心上看，过去我国刑法学主要重视中国刑法学的研究，而且注重的是对其进行本土化的规范性研究。改革开放40年来，我国刑法学在本土化研究中不断强化了政策的视角，刑事政策与刑法规范的结合研究明显增加。更为重要的是外向型研究取得了长足的进展。以国际刑法学为例，改革开放40年来，我国对国际刑法学的研究取得了显著进展，已经从最初的注释国际刑法学（对于国际公约、条约的注释性研究）的一枝独秀，发展为注释国际刑法学、理论国际刑法学（对于国际刑法基础理论的研究）和案例国际刑法学（对于国际刑事审判案例的研究）三者的共同繁荣。国际刑法与

① 参见陈兴良：《违法性理论：一个反思性检讨》，载《中国法学》，2007（3）。

② 参见劳东燕：《刑法基础的理论展开》，170～178页，北京，北京大学出版社，2008。

③ 参见许发民：《二层次四要件犯罪构成论》，载《法律科学》，2007（4）。

④ 参见吴大华、王飞：《犯罪构成理论体系：逻辑与适用的统一体》，载《刑法评论》（第12卷），1～24页，北京，法律出版社，2007。

⑤ 参见赵秉志：《刑法基本理论专题研究》，274页以下，北京，法律出版社，2005。

中国刑法的结合不断加强[①]，从而积极地推动了我国刑法学的本土化与国际化的结合和共同发展。

（三）研究话语转换：由问题导向到体系导向

问题意识是理论研究的基础，但问题也有真伪之分。刑法学中的真问题，应当是前提真实与客观存在，具有学术价值与实践意义，并且能够寻找到答案的问题。[②] 改革开放40年来，我国刑法学研究始终十分关注刑法理论与实践中的问题，并在此基础上不断强化了刑法学的体系建设。这主要体现在以下两个方面。

第一，由制度研究上升为制度研究与体系研究并重。我国刑法学一直十分注重对刑法制度问题的研究，刑法效力、刑法基本原则、特殊群体犯罪从宽、单位犯罪、犯罪故意、犯罪过失、犯罪未遂、犯罪中止、共同犯罪、正当行为、罪数、死刑、保安处分、社区矫正、缓刑、赦免以及经济犯罪、网络犯罪、恐怖活动犯罪、贪污贿赂犯罪、国际犯罪等热点犯罪问题与刑罚问题受到了持续的关注。其中最具代表性的莫过于关于中国死刑制度改革的研究。该问题是我国在具体刑法制度上发表成果最多、研究最为深入的问题。对该问题的研究始于20世纪80年代，兴于20世纪90年代，并在此之后不断得到加强。总体而言，我国对死刑改革问题的研究主要集中在以下几个方面：（1）死刑的存废问题。40年来，尽管刑法理论上一直存在死刑立即废止论[③]、死刑有限存在论[④]、逐步废止死刑论[⑤]之争，但严格限制并逐步推进死刑的废止已成为我国刑法学界的基本共识。（2）死刑的立法完善问题。这主要涉及死刑适用总体标准与对象的限制、死缓制度的完善、绝对死刑的取消等。目前从立法上严格死刑的适用已成为学界共识。（3）死刑的替代措施问题。对此，尽

---

① 参见赵秉志、张磊：《改革开放30年的国际刑法学研究》，载《河南省政法管理干部学院学报》，2009（3）。

② 参见张明楷：《刑法学研究的五个关系》，载《法学家》，2014（6）。

③ 参见邱兴隆：《死刑的德性》，载《政治与法律》，2002（2）；邱兴隆：《死刑的效益之维》，载《法学家》，2003（2）。此外，中国政法大学曲新久教授也持这种观点，参见陈兴良主编：《法治的使命》，218页，北京，法律出版社，2003。

④ 参见冯军：《死刑、犯罪人与敌人》，载《中外法学》，2005（5）。

⑤ 参见赵秉志著：《刑法基本理论专题研究》，638～660页，北京，法律出版社，2005。

管理论上存在无期徒刑替代死刑说①、死缓替代死刑说②、多元替代说③之争，但推动死刑替代措施以促进死刑改革已成为我国死刑改革正在探索的一个重要方面。（4）死刑的国际标准及其借鉴问题等。④ 总体上看，我国关于死刑改革的理论研究对引导死刑观念变革、推动我国死刑制度改革发挥了积极作用。可以说，2011年《刑法修正案（八）》、2015年《刑法修正案（九）》共取消22种犯罪的死刑，与刑法学界对死刑改革持续而深入的研究密不可分。

在此基础上，我国刑法学也十分注重对刑法的整体性研究，其中比较突出的是对刑法的修法模式、刑法的基本结构等问题进行了较为深入的研究。在刑法修法模式上，我国刑法理论上形成了三种不同的争议观点：一是主张刑法立法走法典化的道路，认为我国刑法法典化是历史与现实的必然选择，具有重要的法律文化价值、比较法价值、社会价值、法治价值和规范价值⑤；主张刑法修正案应是我国刑法局部修正的唯一模式。⑥ 二是主张刑法立法走综合化的道路，认为集中性、统一性的刑事立法模式并不现实，我国应由刑法典、单行刑法、附属刑法、轻犯罪法分别规定不同性质的犯罪。⑦ 三是主张刑法立法走二元化的道路，认为我国刑法立法应采取以刑法典为主、以特别刑法为辅的立法模式。⑧ 这些理论争议深化了我国关于刑法修法模式的研究。而在刑法结构上，我国有不少学者加强了对刑法典总则、分则体系完善的研究，提出在刑法典总则方面将“刑法的适用范围”独立成章，并增设“正当行为”“罪数”“特殊群体的刑事责任”“保安处分（预防性措施）”等专节⑨；在刑

① 参见赵秉志：《中国逐步废止死刑论纲》，载《法学》，2005（1）；李希慧：《论死刑的替代措施》，载《河北法学》，2008（2）。

② 参见陈兴良：《中国死刑的当代命运》，载《中外法学》，2005（5）。

③ 这种观点主张以严厉化后的死缓制度、无期徒刑、附赔偿的长期自由刑来替代死刑的适用。参见高铭暄：《略论中国刑法中的死刑替代措施》，载《河北法学》，2008（2）。

④ 参见赵秉志：《论全球化时代的中国死刑制度改革——面临的挑战与对策》，载《吉林大学社会科学学报》，2009（3）。

⑤ 参见赵秉志：《当代中国刑法法典化研究》，载《法学研究》，2014（6）。

⑥ 参见杨辉忠：《我国刑法修正案实践与思考》，载戴玉忠、刘明祥主编：《和谐社会语境下刑法机制的协调》，68～69页，北京，中国检察出版社，2008。

⑦ 参见张明楷：《刑事立法的发展方向》，载《中国法学》，2006（4）。

⑧ 参见孙力、付强：《对我国刑事立法模式的反思与重构》，载戴玉忠、刘明祥主编：《和谐社会语境下刑法机制的协调》，34～36页，北京，中国检察出版社，2008。

⑨ 参见赵秉志：《当代中国刑法体系的形成与完善》，载《河南大学学报（社会科学版）》，2010（6）。

法典分则所有的章下均设节的层次，合并部分章节，调整不同章节的顺序。[①] 这对进一步完善我国刑法结构和体系具有重要的指导意义。

第二，由问题研究到主义研究。问题研究通常反映的是学者对某个问题的单一认识，而主义则反映了学者对诸多问题的共同看法。在刑法理论上，主义通常与学派相联系。例如，刑事古典学派与刑事人类学派之间的分歧就是学派之争，客观主义与主观主义之争则反映了刑法学者对诸多问题的立场差异。改革开放 40 年来，我国刑法学研究经历了一个由无意识地使用“主义”到有意识地倡导“主义”的过程。“主义”也因此成为我国刑法学研究的热点词汇。据“中国期刊网”查询，过去 40 年间，我国有多达 740 篇论文对此进行了专门研究，并且出版了一些相关的研究著作。[②] 这种“主义”意识在一些刑法具体问题的研究上也有体现。例如，对于刑罚目的的不同认识就往往与“主义”有关，并形成了直接目的与根本目的说[③]，直接目的与终极目的说[④]，直接目的、间接目的与根本目的说[⑤]，教育改造说[⑥]，报应和预防统一说[⑦]，预防说[⑧]，实然与应然的刑罚目的说[⑨]，特殊预

① 参见赵秉志：《关于完善刑法典分则体系结构的新思考》，载《法律科学》，1996 (1)。

② 如张明楷教授的《刑法的基本立场》。周光权教授的“中国刑法学派研究系列”(4 本) 等著作，都对刑法的主义问题进行了系统分析和研究。

③ 这种观点认为，我国刑罚的直接目的包括惩罚犯罪，伸张社会正义；威慑犯罪分子和社会上不稳定分子，抑止犯罪意念；改造犯罪分子，使其自觉遵守社会主义法律秩序。我国刑罚的根本目的则是预防犯罪、保卫社会。参见田文昌著：《刑罚目的论》，52 页，北京，中国政法大学出版社，1987。

④ 这种观点认为，刑罚的直接目的是惩罚、威慑、改造、安抚、教育，终极目的是保护社会主义生产力和生产关系。参见周仲飞：《论刑罚目的的结构》，载《中国人民警官大学学报》，1989 (2)。

⑤ 这种观点认为，刑罚的直接目的包括特殊预防和一般预防；刑罚的间接目的即堵塞漏洞，铲除诱发犯罪的外在条件；刑罚的根本目的就是我国刑法第 2 条规定的刑法任务，简言之，就是惩罚犯罪，保护人民。参见何秉松主编：《刑法教科书》，535～540 页，北京，中国法制出版社，1997。

⑥ 这种观点认为，刑罚目的是教育改造犯罪人，通过惩罚和制裁犯罪人来教育和改造他们。参见周振想主编：《中国新刑法释论与罪案》，318 页，北京，中国方正出版社，1997。

⑦ 这种观点认为，刑罚目的是报应和预防的辩证统一，而且作为刑罚目的的预防既包括一般预防，也包括特殊预防。参见陈兴良著：《本体刑法学》，637～653 页，北京，商务印书馆，2001。

⑧ 这种观点认为，报应是刑罚的正当化根据之一，而非刑罚所要实现的目的。刑罚通过制定、适用与执行，对犯罪人本人及其周围的一般人产生影响，从而达到预防犯罪的结果，乃是一种符合社会心态的普通的历史事实，因此，预防犯罪理所当然地也应成为我国刑罚的目的。参见张明楷：《刑法学》(上)，402～404 页，北京，法律出版社，1997。

⑨ 这种观点认为，我国实然的刑罚目的是惩罚犯罪人；改造犯罪人，预防和减少犯罪；保护人民，保障国家安全和社会公共安全，维护社会主义秩序。我国应然的刑罚目的是惩罚犯罪人与防卫社会免遭犯罪侵害。参见谢望原著：《刑罚价值论》，120～132 页，北京，中国检察出版社，1999。

防与报应统一说[1]，刑罚目的三层次说[2]等争论。

（四）研究工具转变：由以实质为主到形式与实质并重

形式解释与实质解释都是刑法学研究的重要分析工具。尽管刑法理论上对于形式解释与实质解释的含义尚存在较大的分歧和误解，但在解释方法的运用上，形式解释论与实质解释论的对立客观上反映了学者们对研究工具选择的差异。形式论者与实质论者都认为构成要件符合性的判断涉及的不是单纯的事实判断而需要同时运用价值判断。只是在如何运用价值判断尤其是究竟以自由保障优先还是以社会保护优先来展开价值判断以及相应的方法论选择的问题上，两者存在巨大的分歧。[3] 有论者甚至认为，形式解释论与实质解释论之争，是罪刑法定原则与社会危害性理论之争，也是形式刑法观与实质刑法观之争。[4]

在我国刑法学理论上，社会危害性是犯罪分析的重要工具。从刑法观的角度看，过去我国刑法学研究更强调的是对刑法的实质分析立场。特别是在 1979 年刑法典规定了类推制度的情况下，刑法学研究主要采取的都是实质解释的分析工具。不过，随着刑法理念的发展，我国刑法理论上也出现了明显的形式刑法观和形式解释倾向，强调基于罪刑法定原则所倡导的形式理性，通过形式要件，将实质上值得科处刑罚但缺乏刑法规定的行为排斥在犯罪范围之外。[5] 也有论者认为，我国现有刑法文化生态环境决定了学界大部分人在客观上不可能抛弃实质解释论的立场；但从社会理论的现实批判功能以及学派意识的角度出发，主观上则不宜提倡“实质解释论”，而应提倡“形式解释论”[6]。因此，我国关于刑法学研究的分析工具，出现了一种形式解释论与实质解释论并存的格局，并且两者在解释目标上出现了相互协调、

---

① 这种观点认为，刑罚目的应当是特殊预防与报应的统一。参见高铭暄主编：《刑法学专论》（上编），514～515 页，北京，高等教育出版社，2002；赵秉志主编：《刑罚总论问题探索》，20～22 页，北京，法律出版社，2003。

② 这三个层次的刑罚目的分别是公正惩罚犯罪，有效预防犯罪和最大限度保护法益。参见韩轶著：《刑罚目的的建构与实现》，78～81 页，北京，中国人民公安大学出版社，2005。

③ 参见劳东燕：《刑法解释中的形式论与实质论之争》，载《法学研究》，2013（3）。

④ 参见陈兴良：《形式解释论的再宣示》，载《中国法学》，2010（4）。

⑤ 参见陈兴良：《形式解释论的再宣示》，载《中国法学》，2010（4）。

⑥ 周详：《刑法形式解释论与实质解释论之争》，载《法学研究》，2010（3）。

融合的趋势。例如，有资料表明，形式解释论者力图从罪刑法定原则的角度，以法律文本为基础，强调罪刑法定原则对自由的保障机能；而部分实质解释论者虽然注重从实质层面解释法律，但也出现了以实质的立场寻找出罪路径的倾向。① 这也反映出分析目的对分析工具的影响作用。

四、未来我国刑法学研究发展的基本方向

如前所述，伴随着改革开放的发展，改革开放40年间我国刑法学研究无论是在研究的理念上，还是在研究的方法论和分析工具的选择上，都发生了巨大的变化，取得了令世人瞩目的成绩。而随着我国改革开放的全面深入，未来我国刑法学研究也必将得到进一步的繁荣和发展。结合我国刑法学既往的发展趋势，我们认为，今后我国刑法学研究将朝着以下两个方面进一步发展。

（一）专门化的发展方向

刑法学研究的专门化是刑法学作为一门学科的科学性之要求。但在学科发展的不同阶段，刑法学研究的专门化程度会有所区别。总体而言，未来我国刑法学研究的专门化发展将主要表现在以下两个方面。

第一，研究的精细化程度不断提升。刑法学研究的细密化、精细化、专门化趋势是我国刑法学研究发展的重要趋势。② 精细化是刑法学研究专门化的必然要求。粗线条的理论研究只能出现在特定时期和特定背景之下。刑法学研究的精细化趋势可表述为刑法学研究由粗疏到精细、由精细到精致的递进过程。这种过程有两种表现形式：一是对于过去研究较少的领域和新出现的领域，刑法学研究仍要经历一个由粗疏到精细的过程。以当前的刑法学研究为例，我国对很多高技术领域的刑法学问题（如人工智能、新型金融犯罪、极端主义犯罪等）的研究总体上仍相当粗疏，即便有所研究但仍多停留于表面，未来有必要在研究上进一步精细化。二是对于过去研究较多的领域和问题，刑法学研究有必要进一步精致化。例如，对罪刑关系、犯罪构成理

① 参见劳东燕：《刑法解释中的形式论与实质论之争》，载《法学研究》，2013（3）。
② 参见陈泽宪：《关于我国刑法学研究转型的思考》，载《法学研究》，2013（1）。

论体系、刑事制裁措施体系等问题，过去我国刑法学已有了相当的研究，甚至已经有了一些比较精细的理论架构，但尚未达到精致化的程度，未来有必要开展进一步的深入研究。

第二，研究的独立化程度不断提升。这里所称的独立化，是指学者们研究的刑法学领域将呈现出更为明显的条块化。刑法学虽然只是我国的部门法学之一，但刑法学研究的领域和内容却日益丰富和分化。特别是在刑法学研究精细化程度不断提升的背景下，任何一个学者要想对刑法学领域的所有问题均有深入研究，几乎是不可能完成的任务。因此，可以预见，未来刑法学研究将会呈现出较为明显的条块化倾向，一个学者只能关注某个或者某些领域，某个或者某些领域也只能吸引部分学者的关注和研究。不同刑法学研究领域之间可能会形成一定的学术“壁垒”。但这种“壁垒”并不会强大到阻碍学者之间正常的学术沟通。目前来看，刑法学研究的这种独立化对促进刑法学研究的深入而言无疑具有重要的作用。

（二）多元化的发展方向

多元化是社会发展到一定高级状态所必然呈现的状态。对于刑法学研究而言，这种多元化主要体现为研究理念的多元化、研究范式的多元化和研究方法的多元化。

第一，研究理念的多元化。基于对社会的不同认识，人们通常会形成不同的世界观和价值观。虽然现代刑法学的主流理念是强调自由，重视人权保障，但自由与秩序之间的关系从来都不是绝对的。在不同的时代、不同的对象、不同的场合，自由与秩序关系的考量可能会发生变化。例如，在对刑法立法问题的研究中，秩序往往是优先考虑的价值；但在对司法问题的研究中，自由往往又要优先于秩序。同时，即便对于同一个问题，不同的研究主体也可能会有不同的认识和结论。以对我国反恐刑法立法的评价为例，我国多数学者赞同当前的反恐刑法立法，认为其有利于维护安定的社会秩序。但也有学者认为该立法带有明显的预防性，有过于重视秩序而忽视自由之嫌。[①] 这种研究理念的多元化在今后将长期存在，并有可能出现扩大化的

---

① 参见何荣功：《“预防性”反恐刑事立法思考》，载《中国法学》，2016（3）。

倾向。

第二，研究范式的多元化。这种趋势在目前来看已经相当明显。一方面，随着对刑法“主义”的不同认识和研究取舍，学者们对相关问题的研究出发点、分析角度、分析工具都可能完全不同，进而必然导致不同研究范式的形成。多样化的研究范式被不少学者认为是学派形成的基础，甚至有因片面而走向深刻的必要，受到了一些学者的追捧。另一方面，随着分析框架的发展，被一些学者贴上标签的注释刑法学、理论刑法学、规范刑法学、刑法教义学等可能发生分立甚至对立。同时，随着刑事一体化、立体刑法学等主张所奉行的打破不同法学学科之间壁垒的发展，刑法学的研究范式发生分立将成为不可避免之势。客观地看，研究范式的多元化并不一定代表刑法学研究水平的明显提升，但刑法学研究的发展显然并不排斥甚至鼓励不同研究范式在刑法学研究中发挥积极作用。

第三，研究方法的多元化。在研究方法上，改革开放 40 年来，我国经历了一个由完全的定性研究到以定性研究为主再到定性研究与定量研究相结合的发展过程。客观地看，晚近十余年来，我国刑法学的定量研究得到了较好的发展。在“中国期刊网”上以“定量”“实证”为关键词进行检索，能检索到 841 篇刑法学术论文，其中将近 90%的论文都发表在近 10 年。定量研究的繁盛意味着我国刑法学研究方法向多元化方面迈进了一大步。未来，这种多元化的研究方法将在刑法学研究过程中得到进一步的发展。今后，重视定性研究与定量研究的有机结合，重视思辨研究与实证研究的合理并用，繁荣、优化比较研究，注意借鉴、引进其他社会科学和现代自然科学的某些研究方法，将得到进一步加强。①

五、结　语

改革开放 40 年是我国刑法学研究取得快速发展的 40 年，也是我国刑法学研究发生重大转型的 40 年。在这个过程中，我国逐步深化对刑法立法和司法实践问题的研究，并构建和完善了刑法学的基本理论体系，推动着刑事

① 参见赵秉志：《中国刑法学研究的现状与未来》，载《学术交流》，2009 (1)。

法治建设不断完善。当然，我国刑法学研究本身还存在一些不足，因而需要从体系到内容的全面变革。在此过程中，我们需要克服刑法学研究方法的缺陷，妥善处理好解释刑法与批判刑法、基本理念与具体结论、形式解释与实质解释、传统问题与热点问题、本土理论与外国理论等之间的关系[①]，继续坚持理论研究与应用研究并重，加强在刑法的解释性研究、刑法基础理论、外向型刑法、刑法学体系和我国刑事法治道路的模式选择以及刑法现代化问题等薄弱环节上的研究力度，努力推进我国刑法学术的深入发展和繁荣。[②]我们有理由相信，随着我国改革开放的不断深入，我国刑法学研究必将得到进一步的全面繁荣和发展。

［赵秉志、袁彬；载赵秉志、陈泽宪、陈忠林主编：《改革开放新时代刑事法治热点聚焦》，中国人民公安大学出版社，2018］

① 参见张明楷：《刑法学研究中的十关系论》，载《政法论坛》，2006（2）。

② 参见赵秉志：《中国刑法学研究的现状与未来》，载《学术交流》，2009（1）。

“十三五”国家重点出版物出版规划项目
中国特色社会主义法学理论体系丛书

新中国刑法学研究70年

（下册）

高铭暄　赵秉志　袁　彬　编著

中国人民大学出版社
·北京·

细　目

下册　中国刑法学研究会学术研讨之进展

下册
中国刑法学研究会学术研讨之进展

第三十一章

1986 年全国刑法学术年会综述

一、前　言

中国法学会刑法学研究会及北京市法学会刑法学研究会联合召开的“经济体制改革与打击经济犯罪”专题学术讨论会，于 1986 年 8 月 2 日至 6 日在北京举行。到会正式代表九十余人，来自全国 28 个省、直辖市、自治区；收到论文 70 篇。此次讨论会可以说是我国刑法学界的一次盛会。现将会议研讨内容综述如下。

二、关于经济犯罪宏观问题的探讨

概括来看，这次会议探讨问题的立足点较高，力图把经济犯罪置于广阔的社会经济、政治、治安背景下进行分析和研究，注重从总体上提出打击和预防经济犯罪的对策，主要研讨了五个大的问题。

（一）评述了当前经济犯罪的表现与特点

关于经济犯罪的表现，可以用“多、大、广”三个字来概括。所谓多，就是经济犯罪的案件多，并有上升的趋势；所谓大，就是经济犯罪的犯罪数额之巨，前所未有；所谓广，就是经济犯罪涉及的人员、单位、地区较广。关于经济犯罪的特点，大家认为主要是在犯罪的主体、手段、形式和对象诸方面发生了变化。

（二）探讨了刑事立法、刑事司法和刑法理论对于打击经济犯罪与保卫经济体制改革的作用和意义

论述的问题主要可分为三个具体方面。其一，为有力地打击经济犯罪，提出了诸多立法建设。有的同志从几种犯罪罪与刑的关系比较方面，指出刑事立法内部的不协调；有的同志从经济犯罪民、刑事责任的交叉关系方面，探讨了刑法与民法之间的联系；有的同志从刑事立法与刑事司法的协调关系方面，论证有法可依、有法必依的重要性；等等。其二，为保卫和促进改革，提出了加强刑事司法的措施。在指出当前司法实践中存在对经济犯罪打击不力现象的基础上，提出了如下建议：司法领导部门要加强司法解释工作和其他专门业务督导工作，使司法工作人员确实依法办事；提高司法人员的文化素质、专业知识和责任感，加强司法队伍建设；司法实践要注意抓大案要案，以点带面，扩大办案效果；等等。其三，为指导刑事立法和刑事司法，应当加强刑法理论的自身建设。就是说，刑法学要不断地研究新情况、新问题和新特点，提出正确可行的新见解，以适应打击经济犯罪与保卫改革的需要。有的学者阐述了建立经济刑法学的必要性。

（三）探讨了打击经济犯罪的对策和方针问题

绝大多数与会论者明确指出，在我国目前的社会主义条件下，经济犯罪的大量存在具有一定的社会根源和思想根源；要预防和减少经济犯罪，仅仅靠刑法打击是不行的，而应该打一场全社会的“总体战”，打、防结合，综合治理，堵塞各种漏洞。

（四）深入探讨了“法人”能否成为犯罪主体的问题

值得注意的是，持肯定、否定观点的双方都深化了各自的论点，不仅从刑法理论上加以论证，而且更注重从法律调整的社会效果上予以说明，从而比以前的争论前进了一大步，有助于推动对这个问题的进一步探讨。

（五）提出了打击经济犯罪应该注意的一些问题

例如，要注意纠正以“纪律处分、经济制裁代替刑罚”的偏向；要严格

区分罪与非罪、此罪与彼罪；要重视对国家工作人员犯罪和我国港、澳、台地区及外国入境人员犯罪的严厉打击；等等。有的论者对经济犯罪的数额问题作了较为全面、系统、深入的研究，可能对司法实践有一定的参考价值。

三、关于具体经济犯罪问题的探讨

（一）关于诈骗罪

1. 从宏观上分析了当前诈骗犯罪的新特点、危害性、原因及治理对策

大家一致认为，当前诈骗犯罪在犯罪客观方面、犯罪主体乃至犯罪主观方面都表现出许多新特点和新形式，其中利用经济合同进行诈骗犯罪最突出、危害最大，问题较为复杂。诈骗犯罪产生与增多的原因是多方面的，因此要对之采用包括刑罚惩治在内的综合治理的防治对策。

2. 重点探讨了对于利用经济合同进行诈骗犯罪的认定与处理问题

有些同志指出：与其他诈骗犯罪相比，利用经济合同的诈骗犯罪在侵害对象、犯罪手段、犯罪数额、犯罪主体等方面都表现出不同的特点和更加严重的危害性。这种诈骗罪主要以企事业单位和经济组织为侵害对象；犯罪手段复杂，犯罪数额往往巨大或特别巨大；犯罪主体中，有前科劣迹者、社会闲散人员、从事产品交换及市场流通的人员以及我国港、澳、台地区和外国入境的不法分子占相当大的比重，而且共同犯罪突出。大家还着重探讨了利用经济合同的诈骗犯罪与经济合同纠纷的区别问题，提出应当从有无履行合同的能力、有无履行合同的诚意、签订合同是否采用了欺骗手段、签订合同时有无骗取钱财的故意、违约后是否积极采取补救措施或真诚愿意赔偿损失等方面，严格地进行区分。

对于利用经济合同的诈骗犯罪问题，主要的分歧意见有两种。

（1）这种诈骗犯罪是否存在间接故意。有的同志指出，传统刑法理论认为诈骗罪主观方面只能是直接故意，而这种利用经济合同的诈骗犯罪从实践中看也可以是间接故意，即行为人对诈骗行为客观方面的要件有所预见，在签订合同时有履行合同的意愿，在合同履行过程中又无诚意履行，这时，行为人明知自己不履行合同可能发生危害结果，却放任这种结果发生。有的同

志不同意这种观点，认为合同不履行的故意不同于犯罪的故意，合同不履行只是合同纠纷而不是犯罪；在履行合同过程中产生诈骗故意的，也必然具备非法占有财物的目的，形不成这种目的就谈不上是诈骗罪，一旦形成这种目的就是直接故意，就是确定的故意，就只能是希望而不是放任危害结果的发生，因此，诈骗罪只能是直接故意而不可能是间接故意，在利用经济合同进行诈骗的犯罪形式中也不例外。

（2）这种诈骗罪侵犯的是单一客体还是双重客体。有的同志提出，利用经济合同实施的诈骗罪在行为方式、侵害目标与对象等方面都具有特点，它侵害的客体除公私财产所有权外，更重要的是社会主义经济秩序，应当把这种诈骗犯罪以“经济诈骗罪”的罪名，增设进《刑法》分则第三章“破坏社会主义经济秩序罪”中。也有同志认为，利用经济合同的诈骗罪的直接客体就是公私财产所有权，而不能包含社会主义经济秩序，不能把犯罪侵犯的直接客体与对其他方面的影响和间接危害混为一谈。上述见解不一的问题都很值得进一步探讨。

3. 关于诈骗罪的处罚问题

其中主要是对诈骗罪应否增设死刑的问题。许多同志认为诈骗罪的社会危害程度远远超过盗窃罪，但盗窃罪有死刑而诈骗罪却没有死刑，这是立法上的缺陷，影响了我国刑法内部的协调和实践中对重大诈骗罪的有力打击。因此，建议对刑法的有关条文进行修改，即对诈骗罪增设死刑。但也有的同志认为，从诈骗罪属于智能犯罪的特点和我国严格控制死刑的立法思想来考虑，不宜对诈骗罪增设死刑。此外，有的同志还提出对诈骗罪应增设罚金、没收财产等财产刑；有的同志还论及了处理诈骗案中要注意数罪并罚问题。

4. 讨论了诈骗罪中的罪与非罪、此罪与彼罪的界限问题

应当注意的界限主要有：以借贷为名的诈骗罪与借贷行为的区别，利用经济合同的诈骗罪与经济合同纠纷的区别，诈骗罪与集资经营亏损躲债外逃的区别，诈骗罪与一般违法的诈骗行为的区别，诈骗罪与投机倒把罪，贪污罪，制造贩卖假药罪，招摇撞骗罪，神汉、巫婆利用迷信诈骗罪等的区别。

此外，对于诈骗犯罪定罪量刑的数额及其计算问题，也有一定程度的研讨。有的同志还提出，我国刑法规定诈骗罪的犯罪对象是“财物”，但为了有效地打击诈骗犯罪，应将“财物”作扩大解释，包括财产上的不法利益。

（二）关于贪污罪

1. 着重探讨挪用公款以贪污罪论处的问题

不少同志指出，挪用公款行为危害改革和“四化”建设，因此，最高人民法院、最高人民检察院 1985 年 7 月 18 日《关于当前办理经济犯罪案件中具体应用法律的若干问题的解答（试行）》（以下简称《解答》）明确危害严重的挪用公款行为以贪污论处是正确的、必要的。但有些同志指出，挪用公款行为不能一概以贪污罪论处，其中有的是违法违纪行为，有的可能属于玩忽职守或构成受贿等其他犯罪，只有在犯罪构成的各个方面都符合贪污罪的挪用公款行为，才能以贪污罪论处。有些同志还对银行、信贷人员挪用公款以贪污罪论处的问题进行了专门探讨。

大家还探讨了《解答》中不明确及实践中较为突出的一些问题，如有的同志认为，对挪用公款供集体单位使用的，视具体情节，有的也可课以贪污罪或玩忽职守罪。有的同志认为，对挪用公款“已经归还”的，根据《解答》的规定，不应以贪污论处。有的同志认为，要作具体分析，看挪用公款的数额是否巨大以及挪用公款的去向是否违法，情节严重的仍可以贪污罪论处。有的同志提出，“冒名贷款”情况复杂，应区别情况，分别按照贪污罪、受贿罪、玩忽职守罪、一般违法违纪行为追究，或按工作失误处理；对“顶名贷款”不能作为贪污罪处理。此外，还探讨了国家工作人员挪用公款“放高利贷”、做生意的问题，非法使用公款一方的法律责任问题等。大家还讨论了挪用型贪污罪的处罚原则问题，许多同志认为，挪用型贪污与直接窃取、骗取、侵吞型贪污，由于犯罪特点和危害程度一般说来有所不同，所以在量刑上一般也应有所区别，对挪用型贪污一般应在量刑幅度内从轻或减轻处罚。有的提出，对挪用型贪污最严重的也只宜在 10 年以上有期徒刑至无期徒刑之间考虑，而不宜判处死刑。有的还提出，《解答》关于挪用型贪污的规定，应无溯及力，应贯彻“从旧兼从轻”的追诉原则。有的学者还论及了挪用型贪污的犯罪数额的计算问题。有的学者认为，对挪用公款行为应独立定为挪用公款罪，而不应课以贪污罪。

2. 贪污行为构成犯罪的数额问题

一些同志指出：按照《解答》和目前的司法实践，对贪污行为构成犯罪的数额，在掌握上较盗窃行为定罪的数额为高，这有悖于立法上对贪污罪从严的精神，也不利于司法实践中有效地打击贪污罪。因此，应当对贪污罪与盗窃罪掌握大体相当的定罪数额。有的学者指出，至少应当将工厂企业内部人员盗窃公物案在定罪数额上与贪污罪协调起来。也有同志提出，贪污与盗窃定罪数额不协调问题，关键不是贪污定罪数额高了，而是盗窃定罪数额低了。

此外，不同程度地有所探讨的问题还有：贪污罪主体中从事公务的含义，经济联合体中的管理人员可否构成贪污罪；贪污罪与盗窃罪、受贿罪等的区别问题；对贪污罪处罚时应注意经济处罚的问题；等等。

（三）关于贿赂罪

1. 关于贿赂犯罪的整体考量

探讨了当前贿赂犯罪的特点、表现形式，分析其原因，并提出了从宏观上综合治理的措施设想。

2. 关于贿赂的含义

仍是分别坚持了近年来我国刑法学界关于贿赂的三种主张，即有的学者认为贿赂只是指财物；有的学者认为贿赂限于财物和其他有形的物质利益；有的学者认为贿赂包括财物和财产性利益，也可包括其他非财产性的不正当利益。

3. 关于受贿罪主体方面的问题

其一，一些同志指出，按照近年来的刑事政策，构成受贿罪主体的，除国家工作人员外，“其他国家职工和集体经济组织中的工作人员”也可以，这更符合当前受贿罪的实际。其二，已离休、退休的国家工作人员能否单独构成受贿罪主体？有肯定的主张，也有否定的意见。其三，国家工作人员的配偶或家庭其他人员能否单独构成受贿罪的主体？在论文和讨论中也存在肯定和否定两种观点。对上述两个问题持肯定意见者的主要理由是，这些行为达到了犯罪的危害程度，有的同志还分析说这些行为也符合受贿罪的犯罪构成；持否定观点者的主要理由是，这些行为是否达到犯罪程度尚值得研究，即使达到犯罪程度也完全不符合受贿罪的构成要件，若认为有必要处罚，应通过立法的修改补充加以解决，否则受贿罪将不成其为特殊主体的犯罪。其四，有的同志还对国家工作人员与其家属共同犯受贿罪的问题进行了探讨。

4. “利用职务之便”的含义

把“利用职务之便”理解为“利用职权之便”失之过窄，应当理解为是指利用职权之便和工作之便。所谓工作之便，是指基于职务所产生的工作上的方便条件和机会。对“利用职务之便”是否包括“利用过去职务上的影响”，“利用他人职务上的便利”，有不同的见解。

5. 关于行贿罪的问题

其一，有的同志指出，“为公”行贿案件从全局上看是危害国家和人民利益的，是一种比一般行贿具有更大的社会危害性的经济犯罪活动，应依法作为行贿罪处罚主管人员和直接责任人员。其二，有的同志提出，1982 年《关于严惩严重破坏经济的罪犯的决定》提高了受贿罪的法定刑，为了有效地打击贿赂犯罪，也应相应提高行贿罪和介绍贿赂罪的法定刑。

6. 受贿罪比照贪污罪论处的问题

有的同志提出：1982 年上述决定规定受贿罪比照贪污罪论处是不妥当的。因为贪污罪作为侵犯财产罪，其危害性可由犯罪数额直接反映出来，刑法关于贪污罪处罚的规定也反映了这一点；而受贿罪作为渎职罪，其危害性主要反映在行为人对国家机关正常活动及国家和人民利益的破坏程度上，而与其收受财物的数额并不存在同一的联系。如将受贿罪比照贪污罪论处，以行为人所收受财产数额处刑，势必出现重罪轻判的错误。

（四）关于玩忽职守罪

1. 目前玩忽职守犯罪的主要表现和严重危害性

其中有些同志着重探讨了经济领域中玩忽职守犯罪的主要表现，以及玩忽职守犯罪助长经济犯罪的危害性。

2. 玩忽职守罪的主观罪过形式

有的同志仍然坚持该罪只能是出于过失，有的同志则指出间接故意也可构成此罪。

此外有的同志还对玩忽职守构成犯罪的“重大损失”的具体数额问题进行了探讨；有的同志指出，目前查处玩忽职守案中的以党纪、政纪处分代替刑事处分的错误做法应予以纠正；有的同志还分析了玩忽职守罪与工作失误、官僚主义、不正之风的界限。

除上述四种经济犯罪外，有的同志还对偷税抗税罪作了专门探讨，指出：目前偷税抗税案件不少，危害严重，而追究刑事责任的极少，其中对国有企业的偷税案，追究其刑事责任的更是罕见，这主要是存在着“以罚代刑”等思想障碍；处理偷税抗税案件要划清罪与非罪、偷税与抗税等的界限；要从金额、手段、后果等方面全面分析认定偷税抗税是否情节严重，是否要作为犯罪处理；1985年10月最高人民检察院有关负责人就查处偷税抗税案件的一些问题在答《中国法制报》记者的提问中，提到的某些数额标准也有不够完善之处，如对单位偷税、抗税追究刑事责任的数额标准按大、中、小单位立几个不同标准的做法不妥，不如立一个共同的标准。还有一些论文探讨了刑法中的其他问题。

在讨论会上，中国法学会副会长、中国法学会刑法学研究会总干事高铭暄教授结合当前我国刑法学界对于经济体制改革与打击经济犯罪的研讨情况，提出以下三个问题：第一，要把握行为有无社会危害性这个本质问题。行为具有社会危害性，才能谈得上进一步考察是否构成犯罪的问题。如果不从本质上看问题，把没有社会危害性的行为分析认定为经济犯罪，势必有害于经济体制改革和四化建设。第二，要冷静地估计打击面大小的问题。如挪用公款以贪污罪论处的问题、贿赂含义的问题等，都属于这类关系到打击面的问题。既要纠正打击不力，也要防止打击过头。要从行为的社会危害性程度和适用刑罚的效果上来研究解决这个问题。第三，对法无明文规定，也不符合类推条件的没有把握的问题，分析认定为犯罪并处以刑罚，从法律观点看是否妥当，应慎重考虑和研讨。

［赵秉志、姜伟；载《法学研究动态》，1986（16）］

第三十二章

三年来刑法学研究会的学术研讨（1984—1986）

——中国法学会刑法学研究会第一届干事会工作报告

一、前　言

中国法学会刑法学研究会第一次代表会议于 1984 年 10 月 21 日至 23 日在成都举行。在那次会上选举产生了由 30 人组成的第一届干事会，聘请王怀安、贾潜、甘雨沛、张仲绛、曾昭琼几位老前辈为顾问。干事会推选高铭暄为总干事，推选杨春洗、曹子丹、马克昌、单长宗四位同志为副总干事，推选杨敦先同志为秘书长。中国法学会领导希望研究会成立后，在中国法学会的领导下，把广大的从事刑法学的理论工作者和实际工作者团结起来，积极开展研究工作，开创刑法学研究的新局面，以适应新时期社会主义现代化建设的需要。

从第一届干事会产生以来，在中国法学会的领导下，我们做了一些工作，主要是围绕刑法实施中出现的新情况新问题，开展研究工作，从而总结了新鲜经验，为发展具有中国特色的社会主义刑法学，作出了一定的贡献。我们召开了两次学术讨论会，编辑出版了两本论文集。

二、第一次学术讨论会研讨情况

第一次学术讨论会是在 1984 年 10 月结合研究会的成立而召开的。开会代表60多人，向会议提交论文48篇，主要讨论了三个问题。

（一）关于刑法学的研究对象及其体系问题

关于刑法学的研究对象及其体系问题，当时我国刑法学界主要有三种观点：一种观点认为，具有中国特色的刑法学体系已经基本建立起来。理由是：我国刑法学的体系，是以它的研究对象——《中华人民共和国刑法》的结构为依据而建立的。而我国刑法则是总结了近三十年来同犯罪作斗争的经验而制定的，所以，应当认为我国刑法学的科学体系已基本建立，并具有中国特色。另一种观点与此相反，认为我国还没有建立起具有中国特色的刑法学体系。理由是：我国刑法学体系不是总结我国实践经验建立起来的，而是以苏联刑法学体系为蓝本建立起来的。还有一种观点认为，我国刑法学体系社会主义性质已经明确，同形形色色的剥削阶级刑法学理论的主要界线基本划清，但在刑法学体系中的某些部分和某些基本理论问题上，资产阶级以行为为中心的形式法学观点并未完全克服；我国刑法学体系反映了我国与犯罪作斗争的主要经验，但还没有系统而完善地突出自己的特色。上述观点在会上作了介绍，但没展开讨论。

（二）关于强奸罪问题

关于强奸罪问题，包括奸淫幼女罪问题，着重讨论了以下几点。

1. 关于强奸罪客体问题

有三种意见：一种意见认为，强奸罪的客体是妇女的性的权利；另一种意见认为，强奸罪的客体是妇女的身心健康；还有一种意见认为，强奸罪的客体是妇女的人身权利。

2. 关于强奸罪的特征问题

有两种意见：一种意见认为，违背妇女意志是强奸的唯一特征；另一种意见认为，强奸罪的特征有两个：一个是违背妇女意志，另一个是暴力、胁迫手段。

3. 关于行为人利用职权或某种条件，女方又有自己所图，因而发生两性关系，是否定强奸罪问题

有两种意见：一种意见认为不应定强奸罪；另一种意见认为应具体案件

具体分析，多数不定强奸罪，少数案件也可以定强奸罪。

4. 对于行为人不知女方是幼女而与之发生性关系的是否构成奸淫幼女罪的问题

对于该问题看法不一，争论较大，主要有两种观点：一种观点叫作“一个凡是、三个不论”，即凡是同幼女发生性关系的，不论幼女是否同意，不论采取什么手段，不论行为人主观上认识如何，都应按奸淫幼女罪论处。另一种观点认为，按照犯罪构成理论，刑法分则规定的每一种犯罪，都是主观要件和客观要件的统一，奸淫幼女罪也不能例外。这就是说，奸淫幼女罪的成立，在客观方面必须具有奸淫幼女的行为，主观上只能由故意构成。“明知”是故意存在的前提，没有明知，就不存在故意。

（三）关于流氓罪问题

关于流氓罪的讨论，主要集中在三个问题上。

1. 关于流氓罪的本质特征问题

有三种观点：第一种观点认为，流氓罪的本质特征是破坏公共秩序；第二种观点认为，流氓罪的本质特征是追求下流无耻生活的动机；第三种观点认为，分析流氓罪的本质特征，应坚持主、客观相统一的原则，单纯用某一方面的特征，都不能真正把握流氓罪的本质。

2. 如何区分流氓罪同相近似的其他犯罪的界限问题

大家认为主要应划清三种界限：一是划清流氓罪与强奸未遂的界限。二是划清群众中因民事纠纷而互相殴斗与流氓罪中聚众斗殴的界限。前者不应按流氓罪处理。其中有些人触犯刑律的，构成什么罪就按什么罪处理。三是划清流氓罪与扰乱社会秩序罪、流氓罪与聚众扰乱公共场所秩序或交通秩序罪的界限。后两种罪，依法只对首要分子追究刑事责任。

3. 如何理解《刑法》第160条规定的“其他流氓活动”问题

大家认为，“其他流氓活动”是指除聚众斗殴、寻衅滋事、侮辱妇女以外的其他流氓犯罪行为。例如：利用淫秽物品教唆、引诱青少年进行流氓犯罪活动的，或者在社会上经常传播淫秽物品，危害严重的；聚众进行淫乱活动的主犯、教唆犯和其他流氓成性、屡教不改的；一贯以玩弄女性为目的，采取欺骗等手段奸淫妇女多人的；等等。

以上就是第一次学术讨论会的大概情况。这次会议上的论文，经过编辑，择优选用了33篇，辑成《刑法学论文集》，已于1985年出版，发给大家。

三、第二次学术讨论会研讨情况

第二次学术讨论会于1986年8月2日至6日在北京中共中央党校举行，到会代表93人，列席代表5人，会议主题是经济体制改革与打击经济犯罪问题。会议收到专题学术论文70篇，其中既有从宏观方面探讨打击经济犯罪概论性的论文，也有从微观方面探讨具体犯罪定罪量刑的论文。会上除了听取最高人民法院陈嘉宾同志、最高人民检察院崔南山同志等介绍当时的打击经济犯罪斗争的情况和遇到的新问题以外，主要集中讨论了诈骗罪、贪污罪、贿赂罪和玩忽职守罪等几个罪的问题。

（一）关于诈骗罪

关于诈骗罪，主要探讨了5个问题：（1）从宏观上分析当前诈骗罪的新特点、危害性、原因及治理对策。（2）重点探讨了利用经济合同进行诈骗犯罪的认定和处理问题。（3）关于诈骗罪的处罚问题，主要讨论了诈骗罪应否增设死刑的问题。（4）讨论了诈骗罪中的罪与非罪、此罪与彼罪的界限问题。主要研究了以借贷为名的诈骗罪与借贷行为的区别，利用经济合同的诈骗罪与经济合同纠纷的区别，诈骗罪与集资经营亏损躲债外逃的区别，诈骗罪与投机倒把罪，贪污罪，制造贩卖假药罪，招摇撞骗罪，神汉、巫婆利用迷信诈骗罪等的区别。（5）关于诈骗犯罪定罪量刑的数额及其计算问题。

（二）关于贪污罪

关于贪污罪，主要探讨了两个问题。

1. 着重探讨了挪用公款以贪污罪论处的问题

有些同志指出，对挪用公款行为不能一概以贪污罪论处，其中有的是违法违纪行为，有的可能属于玩忽职守或构成受贿等其他犯罪，只有对在犯罪构成的各个方面都符合贪污罪的挪用公款行为，才能以贪污罪论处。有的同志认为，对挪用公款行为应独立定为挪用公款罪，而不应定为贪污罪。大家还讨论了挪用型贪污罪的处罚原则问题，认为挪用型贪污与其他类型的贪污在犯罪特点和危害程度上有所不同，因此，在量刑上一般也应有所区别，可考虑对挪用型贪污在量刑幅度内予以从轻或减轻处罚。

2. 关于贪污案件构成犯罪的数额问题

一些同志指出，贪污罪数额起点远较盗窃罪数额起点高，有悖立法上对贪污从严的精神，也不利于有效地打击贪污罪，应当对贪污罪与盗窃罪掌握大体相当的定罪数额，至少应当将工厂企业内部人员盗窃公物案在定罪数额上与贪污罪协调起来。也有的同志提出，贪污与盗窃定罪数额不协调问题，关键不是贪污罪定罪数额高了，而是盗窃罪定罪数额低了。

（三）关于贿赂罪

关于贿赂罪，主要讨论了以下一些问题。

1. “贿赂”的含义

有三种主张：第一种主张是贿赂只是指财物，第二种主张是贿赂是指财物和其他有形的物质利益，第三种主张是贿赂包括财物、财产性利益和其他非财产性的不正当利益。

2. 受贿罪的主体

法律规定的是国家工作人员，但一些同志指出，按照近几年来的刑事政策，除国家工作人员外，“其他国家职工和集体经济组织中的工作人员”，也可成为受贿罪的主体。关于国家工作人员已离休、退休的，以及国家工作人员的配偶、亲属能否单独构成受贿罪，有肯定和否定两种观点。同志们各抒己见，没有取得一致意见。

3. “利用职务上的便利”的含义

有的同志认为利用职务之便就是利用职权之便；有的同志认为这样理解窄了，还要加上工作之便，即基于职务所产生的工作上的方便条件和机会。至于“利用职务上的便利”是否包括“利用过去职务上的影响”“利用他人职务上的便利”，也有不同理解。

（四）关于玩忽职守罪

关于玩忽职守罪，主要讨论了当前经济领域中玩忽职守犯罪的主要表现，以及玩忽职守犯罪助长了经济犯罪的严重危害性；还讨论了玩忽职守罪的主要罪过形式。有的同志坚持玩忽职守罪只能是出于过失；也有的同志主张，除过失外，间接故意也可构成此罪。

在第二次学术讨论会期间，最高人民法院和最高人民检察院有关领导同志和研究人员还专门到讨论会所在地，与来自全国各地的几十位刑法专家、学者一起开座谈会，征询对打击经济犯罪中的司法解释，尤其是对1985年7月18日《解答》的意见。大家畅所欲言，提出和讨论了不少问题，如关于立法解释和司法解释的权限划分问题，关于《解答》及其修改应掌握的基本精神问题，以及对《解答》中一些具体犯罪的解释问题。当时不少同志指出，对挪用行为以贪污论罪的问题，一定要限制得窄一些、严一些，量刑也要与一般贪污罪有所区别。最高司法机关负责同志对大家所提意见非常重视，表示要认真加以研究，对于一些切实可行的建议，争取吸收到《解答》的修改稿中。后来我们看到，关于挪用行为以贪污论处的这部分，修订后的《解答》吸收了大家的合理意见，有了很大的改进。这说明我们刑法学研究理论联系实际的路子，对司法工作、对司法解释工作是能起到一定作用的。

第二次学术讨论会的论文，经过编选，也已汇编成书，由《民主与法制》研究部负责交上海社会科学院出版社正式出版。

[高铭暄；载《法讯》（专刊）（节选），1987-10-26]

第三十三章

1987 年全国刑法学术年会综述

一、前　言

中国法学会刑法学研究会 1987 年学术讨论会，于 1987 年 10 月 13 日至 17 日在山东省烟台市举行。本次会议是研究会干事会的换届会议，分两段进行：第一段听取了第一届干事会总干事高铭暄教授代表第一届干事会所作的工作报告，选举产生了第二届干事会，并由第二届干事会选出常务干事会的正、副总干事和秘书长，聘请了顾问和副秘书长。第二段举行学术交流活动，在此期间，有 4 位同志在大会上作了专题发言，即总干事高铭暄教授《关于参加国际死刑问题学术讨论会的情况报告》，副总干事杨春洗教授《关于中美学者举行青少年犯罪问题学术会议的情况简介》，副总干事单长宗教授《有关当前刑事犯罪适用法律的几个问题》，副总干事丁慕英教授《关于经济犯罪中几个要探讨的法律问题》。本次大会共收到学术论文 73 篇，其中探讨犯罪原因与犯罪对策的有 25 篇，探讨体制改革与刑法的有 23 篇，还有其他论文 25 篇。下面，从三个方面对论文中的主要观点作一大致的归纳。

二、关于犯罪原因方面

从所收到的有关论文来看，代表们对犯罪原因的探讨既有宏观研究，也有微观分析。

（一）宏观研究

就宏观研究而言，一些代表从总体上考察了犯罪的根源，探讨了犯罪的一般原因。这方面的主要观点与存在的分歧表现为以下几个问题。

1. 关于研究犯罪原因的背景问题

与以往对犯罪原因的考察不同，有不少代表明确提出，现时对犯罪的探讨是以社会主义初级阶段的犯罪现象为背景的，而不是以整个社会主义时期的犯罪为背景的。因此，现时的探讨应以社会主义初级阶段的政治、经济、意识形态等为根据。也就是说，现时的犯罪原因是现阶段特定的不良社会因素。与此不同，少数论文未突出社会主义初级阶段这一特定的历史背景，而是仍然以“社会主义社会的犯罪原因”作为研究的主题，从总体上探讨整个社会主义时期的犯罪原因。

2. 关于犯罪的根源问题

大部分有关论文认为，犯罪的根源与犯罪的原因是两个应予以严格区分的不同概念：前者虽然也是犯罪的原因，但它是最根本的、占主导地位的、起决定性作用的原因；后者则是次于犯罪根源、受制于犯罪根源的因素。围绕什么是我国犯罪的根源这一问题，主要存在三种有分歧的观点。

第一种观点认为，社会主义初级阶段的阶级斗争是我国产生犯罪的总根源，任何犯罪的具体原因都直接或间接地源于阶级斗争。在社会主义初级阶段，阶级斗争始终存在。这是因为：（1）在经济领域，全民所有制一时尚不能完全取代集体与个体所有制，因此，国家、集体、个人三者利益在大前提一致的情况下，往往会有一些具体的矛盾。这样，阶级斗争的存在便有了其经济上的土壤。（2）党和国家的政策措施的施行，在某些问题上可能不及时，甚至有失误。这就决定了社会主义上层建筑的完善，需要较长的时间。（3）由于诸如城乡差别等一系列不平等因素的存在，社会主义的按劳分配原则的贯彻受到很大限制。因此，进入社会主义的高级阶段必然有一个长期的过渡阶段。（4）我国民众的封建意识根深蒂固，消除这些落后意识也是一项长期而艰巨的任务。以上四方面因素的存在，决定了阶级斗争长期存在的必然性，进而也决定了犯罪在社会主义初级阶段长期存在的必然性。

第二种观点认为，社会非平衡因素是产生犯罪的根源。所谓社会非平衡因素，是指社会上存在的矛盾着的对立因素在数量、质量、作用力等诸方面的不平等、非均衡因素。这些因素直接或间接地作用于自然人或法人，通过其内在的心理、理念等因素而表现为侵害他人、危害社会的行为，其中便包括犯罪行为。

第三种观点认为，犯罪的根源本身不是一个内涵单一的概念，而是一个内涵丰富、外延广泛的综合体，因此，犯罪的根源是多方面的。具体包括以下内容。

（1）社会主义制度本身的不完善。就所有制而言，社会主义制度并未完全贯彻公有制，公有制与个体所有制的矛盾、个体私有者之间的经济不平等，等等，直接导致经济领域的犯罪。就上层建筑而言，社会主义社会虽然没有阶级压迫，但统治与被统治的关系仍然存在，这就使少数人会为改变被统治的地位而走上犯罪道路。就思想觉悟而言，由于社会主义社会还存在“三大差别”，人们的物质生活水平不高，所以，人们的思想觉悟还没有得到很大提高；与此相适应，人们还不能自觉抵制好逸恶劳、自私自利等剥削阶级意识的侵蚀，这也是犯罪的根源之一。

（2）旧社会的遗留。社会主义社会直接脱胎于剥削阶级社会，因而不可避免地带有旧社会的遗留物，具体包括剥削制度的残余、剥削阶级的意识形态与旧社会的习惯势力等。这些因素的存在，也决定了社会主义社会产生犯罪的必然性。

（3）国际剥削制度的侵袭。社会主义国家在现阶段是与资本主义、帝国主义国家并存，而资本主义、帝国主义势力总是从政治、经济、文化等多方面向社会主义国家渗透与侵袭，并在社会主义国家内部引起犯罪。

3. 关于犯罪原因与犯罪条件的区别问题

部分论文强调了犯罪原因与犯罪条件的区别，认为：在犯罪的产生过程中，原因是一种决定性的因素，而条件则是推动、促进的因素。尽管两者都是产生犯罪的必要因素，但它们对犯罪的影响力是不同的。

对于犯罪根源、犯罪原因、犯罪条件、犯罪因素这些提法的内涵和相互关系，要进一步弄清楚。

4. 关于犯罪的一般原因问题

本次大会收到的这方面的论文较少，可能是因为以前对这个问题的探讨较多。从为数不多的论文来看，作者们主要探讨了几个方面的因素对犯罪的影响。

（1）国际恐怖活动和国际暴力犯罪的影响。近年来，我国出现了一些恐怖性与暴力性的新的犯罪形式，如掳人勒赎、在人口密集的公共场所进行爆炸等。究其原因，这主要是国际上存在的恐怖活动与暴力犯罪对我国的影响的结果。

（2）西方资产阶级腐朽思想的传播和高消费的宣传刺激的影响。随着对外开放政策的贯彻实施，西方资产阶级腐朽思想也乘机传入国内，一部分人贪图享受，崇拜西方的高消费和资产阶级生活方式，从而采取走私、投机倒把、贪污、盗窃、流氓等手段来满足私欲。这是当前经济犯罪和其他某些犯罪持续上升的重要原因。

（3）民事纠纷、经济纠纷得不到妥善处理，导致矛盾激化。在目前，由于有的机关或其人员官僚主义严重，对民事纠纷、经济纠纷未予妥善处理，导致矛盾激化，引起了不少恶性案件。这也是当前一些危害公共安全或侵犯人身权利的犯罪上升的原因之一。

（4）安全管理跟不上形势的需要。有些单位忽视安全防范措施，给犯罪分子以可乘之机。这是犯罪得以发生的客观原因之一。

（5）综合治理不配套、预防措施不落实。综合治理是一项宏大的社会工程，它应该通过一系列工作的配套而成为一个有机的系统。但是，在当前，往往强调对犯罪的打击，忽视对犯罪的预防，使综合治理缺乏应有的有机性，从而导致综合治理未收到应有的效果。

（6）政法队伍自身建设不完善。政法机关处于与犯罪作斗争的第一线，其自身建设是否完善，对于能否有力地打击犯罪有着重大影响。在现阶段，我国政法机关仍然存在人员不足、干警素质差等问题。这在客观上也限制了与犯罪作斗争的效果的发挥，甚至助长了犯罪的发生。

（二）微观分析

就微观分析而言，一些作者对某些具体犯罪的原因或其犯罪率上升的原因作了考察，另一些作者则对某一特定因素对犯罪的影响作了探讨。归纳起来，这些微观分析可分为如下四个方面。

1. 我国现阶段经济犯罪上升的原因

有关论文认为，经济犯罪上升的原因有以下几点。

(1) 商品经济的消极因素的不良影响。商品经济的发展必然消极地导致拜金主义、金钱万能等腐朽观念，进而不可避免地会引起一些贪利性的经济犯罪。

(2) 对经济犯罪的危害认识不清。某些党政干部未能正确理解党的现行经济政策，对经济犯罪的危害没有明确的认识，任其自流，甚至误将其当作搞活经济的行为。这从客观上助长了经济犯罪的发生。

(3) 管理制度不严。目前，有的地区、部门、单位对财物的收支、物资调拨、对外联系和物资往来，没有严格的审批手续；有的单位财会供销工作没有专人负责；有的单位各部门职责不清，遇事推诿；还有的单位有章不循、有法不依，使管理制度漏洞百出，为经济犯罪分子钻空子提供了便利条件。这是经济犯罪上升的一项客观原因。

(4) 用人不当。有的单位领导为追求利润，不坚持正确的用人原则，轻率地把一些有问题的、心术不正的人当作"能人""财神爷"放在经营活动的关键位置上，委以重任，赋予财务大权，为其实施经济犯罪提供了可乘之机。这也是当前经济犯罪上升的一项重要原因。

2. 偶犯的原因

有关论文认为，偶犯的产生有多方面的原因，主要表现在如下五个方面：(1) 深受资产阶级思想的腐蚀，贪图享受。(2) 受淫秽书画的毒害和他人的引诱。(3) 泄私愤、图报复，讲哥们儿义气。(4) 不懂法、不知法。(5) 有的单位规章制度不健全、管理不严格，使犯罪分子有空子可钻。

3. 青少年犯罪的原因

有关论文认为，我国青少年犯罪的原因有：(1) 阶级斗争在一定范围内的存在。(2)"文化大革命"的影响。(3) 剥削阶级思想的侵蚀和资产阶级腐朽生活方式的诱惑。(4) 家庭、学校教育的缺陷。

4. 劳改犯脱逃或重新犯罪的原因

有关论文认为：劳改犯脱逃或重新犯罪既有直接原因，又有相关因素：直接原因包括不认罪伏法，畸形需要得不到满足，罪犯群体的不良因素等；相关因素则包括社会上的不良因素的影响等。

此外，有不少论文结合对犯罪原因的研究，就犯罪对策问题作了一些颇有价值的探讨。

三、关于体制改革与刑法方面

关于体制改革与刑法的论文，涉及面十分广泛，内容相当丰富，归纳起来，主要包括以下一些问题。

（一）在体制改革的情况下刑法观的变革问题

我国的经济体制改革的实质，就是要发展社会主义商品经济。经济体制改革与商品经济的发展，必然引起人们的心理结构、思维方式、价值观念等一系列变化，刑法观也将随之变化。因此，探讨体制改革与刑法的关系，刑法观的变革问题，成为人们关注的一个中心。刑法观的变革，归根到底就是刑法的理论与实践如何更好地为经济体制改革服务的问题。在论文中，有些同志明确指出，要树立社会主义商品经济的刑法观。关于刑法观的变革，具体涉及以下问题。

1. 犯罪观的变化

犯罪观是刑法观的重要内容之一。关于犯罪观的变化，有关论文中主要谈到要根据社会主义商品经济的价值观，确立评价社会危害性的新标准的问题。

有些同志认为：经济体制改革的一个重要内容，就是要尊重价值规律，大力发展社会主义商品经济。这样，从刑法角度衡量某种行为，特别是某些经济活动是否具有社会危害性，就应当以是否有利于发展社会主义商品经济为出发点，以是否有利于发展社会生产力作为标准，因此，凡是对搞活经济、发展商品经济、发展社会生产力有益的行为，哪怕获利再多，只要是通过正当的手段和途径取得的，都不应视为违法犯罪行为。有些同志指出：前一段时间，对搞活经济中的某些行为是否构成经济犯罪问题争论不休、相持不下，其根本原因就是传统的产品经济观念和现实的商品经济观念的矛盾冲突得不到解决。为了适应经济体制改革的需要，对行为的社会危害性的评价标准必须要有相应的变化。

2. 刑罚观的变化

刑罚观也是刑法观的重要内容之一。关于刑罚观的变化，有关论文中主要谈到要实现从“个人刑罚观”向“法人刑罚观”的转变。

有些同志认为：法人不能成为犯罪主体的观点已经不符合我国已经发生深刻变化的客观社会实际。在商品经济社会中，随着生产的社会化，企业竞争的激烈化，横向联系的多样化，人财物的大流动，法人进行犯罪活动已经成为不可否认的事实。尽管社会主义法人必须取得社会主义行政管理机关的批准，但是合法批准并不能绝对保证法人不会利用其合法身份进行某些违法犯罪活动。因此，要想在我国改革时期，保障、促进社会主义经济的不断发展，就必须破除“个人刑罚观”，确立起“法人刑罚观”。当然，对这个观点是有争论的。主张法人不是犯罪主体的同志，是不会赞成这种观点的。

（二）在体制改革的情况下，刑事法律的协调问题

随着体制改革的发展，国家的政治、经济形势发生了极大的变化，由此对刑法提出了一系列新问题。刑事法律的协调，包括立法的协调、司法的协调问题，就是一个极其重要的问题。关于这个问题，有关论文涉及以下几个方面。

1. 完善刑事立法

主要是指刑事立法的协调问题。有些论文提出：刑事立法的协调统一包括内部协调统一和外部协调统一。内部协调统一是指刑事法律对性质相同的犯罪的罪状、法定刑的规定应当互相一致，互相衔接。外部协调统一是指刑事法律与其他法律中的有关刑法规范之间要协调统一。有些论文列举了种种刑事立法的内部与外部不协调统一的表现，并且提出了完善刑事立法的建议。

第一，改进立法技术，主要是通过空白罪状使刑事立法协调统一。有些论文认为，刑法中的空白罪状是法律协调统一的有效手段。确切地说，空白罪状是解决刑法稳定性与发展变化的现实之间矛盾的一种较好的方式。因为空白罪状中包含了其他法规的内容，而这些法规对现实生活的敏捷反应，使刑法具有能够适应现实发展变化要求的特性。而且，空白罪状本身所具有的这种包容性，也使空白罪状的另一特性即超前性得到了巩固，使某一条文的

内容不仅能够适用于现实的犯罪情况，而且能够适用于将来变化了的犯罪情况。

第二，加强立法解释，便于司法实践。有些论文指出，目前我国的刑事法律的立法解释太缺乏，不利于刑事司法。1979年《刑法》是新中国成立以来第一部刑法，由于主、客观条件的限制，存在一些不足之处。对此，立法机关完全可以运用立法解释的办法予以补正。对于一些因客观情况发生变化而出现不能完全适应需要的条款，也可以通过立法解释的办法或作扩张解释，或作限制解释来解决。刑事立法解释是刑事立法的必要补充，它既能够及时而有效地在不改动现行刑事法律的情况下适应社会政治、经济发展变化的需要，又能保持刑事法律的相对稳定，而且立法解释不同于创立新法律，程序比较简便。所以，刑事立法解释这一手段运用得当，对完善刑事立法将起到积极作用。

第三，补充、修改刑法。一些论文认为，补充、修改刑法是经济发展的要求。党的十一届三中全会以来，我国的政治、经济形势发生了很大的变化，随着商品经济的发展和经济体制改革的深入，新情况、新问题不断出现，刑法方面也是如此。关于补充、修改刑法的具体建议包括：(1) 增加侵占罪。(2) 增加破坏个体和私营经济的犯罪。(3) 增加故意破坏经济合同和放高利贷的犯罪。(4) 增加严重污染和破坏环境的犯罪。(5) 增加严重破坏国家财经制度的犯罪。(6) 增加劫持交通工具和抢劫枪支、弹药的犯罪。(7) 增加医疗责任事故的犯罪。(8) 增加大量制作、翻印、翻录、出售非法出版物的犯罪。(9) 增加卖淫嫖娼的犯罪。(10) 诈骗罪的法定刑中增加死刑。(11) 删去1979年《刑法》第125条中有关构成破坏集体生产罪在主观目的上的要求。

2. 加强刑事司法

主要是司法的协调统一问题。关于如何协调统一司法实践的问题，有关论文提出以下意见。

第一，制定判例法。有些论文认为：制定判例法是解决量刑畸轻畸重的根本出路。判例法是对成文法的补充，是架设在立法精神与司法实践之间的桥梁。制定判例法，可以利用判例法把立法精神贯彻到司法实践中去，使立法者的意图很快成为司法工作者的行动；有了判例法的参照作用，可以使刑事案件的量刑逐步趋于合理化，可以把改革中遇到的新的犯罪现象制定成判例法，及时地指导刑事审判实践，使刑法更好地为改革服务。判例法积聚的经验材料，可以促进成文法的修改和健全。总之，有些论文作者认为，制定判例法有利于刑事司法的协调统一。

第二，加强司法解释。有些论文认为：我国比较重视司法解释，有关机关已经对司法工作中具体应用刑法的有关问题作了多次较为详细的解释，例如关于处理自首问题、集团犯罪案件、拐卖人口案件、强奸案件、流氓案件、盗窃案件以及办理经济犯罪案件中具体应用法律的问题等，都作了较为具体的解释，这对于指导司法实践、准确适用刑法、提高办案质量以及完善刑事立法都是有重要意义的。但在司法解释中也存在超越司法解释权的问题，例如有些论文提出：将挪用公共财物的行为通过司法解释作为贪污罪论处，在立法上缺乏依据。因为我国《刑法》第126条只规定了挪用特定款物的行为构成犯罪，并没有将挪用一般款物也作为犯罪处理，如果根据目前实际情况，认为需要作为犯罪处理，应通过全国人大常委会对刑法进行修改、补充或以立法解释的方式予以解决，而不宜以司法解释代替立法解释。

第三，树立司法中的商品经济意识。有些论文提出，特定的经济体制决定着特定的执法机制。在当前经济体制改革日趋深入的情况下，我们的执法思想必须调整聚焦于一点：把是否有利于发展社会生产力作为检验一切改革得失成败的最主要标准，作为检验执法效果的最主要标准。具体地说，司法中的商品经济意识包括：在审理经济案件过程中要妥善处置被告人所持有的商品，树立有利于社会商品总量不损失、流通不能阻滞的意识；打击行业侵权，为发展生产创造社会条件，树立商品生产主体平等的意识；树立在宏观对策上从商品经济自身规律把握犯罪趋向的预测意识和在微观策略上具体分析的执法意识。

四、其他方面

本次大会收到的论文中，有一些论文讨论了一些具体经济犯罪问题，这样的论文约有10篇，涉及下列内容。

1. 贪污罪

主要是讨论了贪污罪的主体与数额问题。关于主体问题，有些论文对

“挂靠”后经济组织的负责人是否构成贪污罪进行了探讨。关于数额问题，有些论文认为现行司法解释中关于贪污罪定罪数额的规定与立法精神不符，与刑法条文相违，在客观上造成公民在适用法律上不平等；为此提出对贪污罪定罪数额规定的修改意见。

2. 偷税、抗税罪

有些论文对当前处理偷税、抗税案件需要注意和解决的问题进行了研究。

3. 诈骗罪

有些论文对利用合同诈骗与合同纠纷的界限、诈骗罪与债务纠纷的界限、诈骗罪与贩卖假药罪的界限、诈骗罪与招摇撞骗罪的界限等进行了研究。

4. 对回扣的罪与非罪界限进行了探讨

有关提出研究社会主义商品交换中回扣的性质只能依据以下两条：第一，看对社会主义商品生产和交换是起促进作用还是起破坏作用；第二，看符合还是违反现行的法律、政策，并对区别送/收回扣罪与非罪的界限提出了具体意见。

大会还收到其他一些论文，这些论文涉及以下内容：（1）关于刑法学研究的方法论问题的探讨。（2）关于使用定量分析方法量刑和电脑辅助定罪量刑系统的探讨。（3）关于我国建立保安处分制度的探讨。（4）关于刑法学体系的探讨。

［高铭暄；载《法讯》（专刊），1987-10-26］

第三十四章

1988年全国刑法学术年会综述

一、前　言

中国法学会刑法学研究会1988年学术讨论会于1988年10月6日至10日在河南郑州市举行。到会正式代表76人，会议共收到论文68篇。与会者以改革开放的新形势下如何完善我国刑事立法为中心议题，并就刑事司法、刑法理论和刑法学教学的改革等问题，进行了讨论。下面，就学术讨论的内容及主要观点作一个概括。

二、关于我国刑事立法的完善

（一）完善我国现行刑事立法的必要性与可行性

大家一致认为，由于近年来我国经济、政治和社会生活各方面情况的巨大变化，也由于我国现行刑法制定时受到种种条件限制而存在的缺陷与不足，我国现行刑法目前亟须完善，国家立法机关目前开始准备修改刑法是正确的，是合乎时宜的。

大家认为完善现行刑法的必要性在于：（1）现行刑法同日益发展的社会主义商品经济，同已逐步展开的政治体制改革和社会主义民主的发展要求已不相适应，刑法各种规范之间以及立法与司法之间也存在不协调现象；（2）在新形势下，犯罪的社会危害性、犯罪主体的范围都发生了变化，刑法保护的对象急需扩大；(3) 现行刑法存在着不稳定、不及时、低效益的明显缺陷。

同时，与会同志分析了修改和完善现行刑法的实践根据、理论条件、立法经验，有关资料以及健全社会主义法制的客观需要，认为修改和完善现行刑法的条件基本成熟，具备现实可行性。

（二）完善现行刑事立法的指导思想

部分同志提出：第一，应以社会主义初级阶段理论为指导，树立与商品经济相适应的刑法观，以是否有利于发展社会主义商品经济和生产力作为修改刑法的出发点和判定罪与非罪的基本标准，使刑法更好地为建立社会主义商品经济新秩序服务。第二，调整刑法的主要任务，将其由注重执行政治功能转变为主要执行经济功能。第三，建立严密、科学的刑法体系。

还有同志提出：要以适应我国现阶段社会主义商品经济和社会主义民主政治的发展需要为宗旨，达到增强刑法对社会的调整与促进力量的效果。为此，应注意：第一，刑法锋芒应从反革命罪转向严重经济犯罪和严重危害社会治安的犯罪；第二，定罪量刑的依据应由社会危害性中心论转向以社会危害性为主，兼顾行为人的人身危险性；第三，刑罚应由严厉和封闭状况适当向缓和与开放转变；第四，应由只注重国内犯罪向同时也注重国际犯罪与跨国、跨地区犯罪转变。

对于现行刑法的修改范围，有的同志提出，既不宜完全推倒重来，也不宜只对个别条文进行修修补补，而应以现行刑法的规定为基础，从客观实际出发，进行较为全面的修改、完善。

（三）刑法总则规范的完善

1. 关于刑法总则的结构

有的同志建议将现行刑法典总则的五章调整修改为：第一章，刑法的原则；第二章，犯罪；第三章，刑事责任；第四章，刑罚；第五章，刑法的适用范围；第六章，其他规定。

2. 关于刑法的适用范围

有的同志建议在修改刑法时，补充我国刑法对我国缔结或参加的国际条约所规定的国际犯罪行使普遍管辖权的条款。

3. 关于刑法与宪法的协调

应修改刑法中关于剥夺政治权利的条款；修改《刑法》第 82 条，明确将私人企业财产列入受刑法保护的私人合法财产之中。

4. 关于刑法与“一国两制”

有的同志提出，刑法修改时，应考虑解决现阶段内地与港、澳、台地区交往中出现的，以及实现“一国两制”后涉港、澳地区的刑事法律问题。

5. 关于法人犯罪

有的同志认为，法人犯罪的刑事责任可以在刑法总则中作为选择性原则加以规定，或者以其他法律有规定的犯罪为准。

6. 关于刑罚体系和刑罚制度

这是研讨较为热烈、发表见解较多的一个议题。这方面论及的问题主要包括以下内容。

（1）关于刑罚应采取重刑化还是轻刑化。有的同志提出，我国现行刑罚属于重刑化，这不利于改革开放的需要，也与世界刑法发展趋势相悖，现行刑罚应向轻刑化改革；也有的同志认为，既不能采取重刑主义，也不能采取轻刑主义，不宜根本改变现行刑罚制度。

（2）关于死刑。有的同志认为，应当严格限制和逐步缩小死刑的适用范围；有的同志提出，应当明确规定死刑适用的条件与范围，死刑增减应与犯罪形势变化同步，对死缓期间既无抗拒改造又无悔改表现的罪犯可作再缓一年的规定。

（3）关于罚金刑。大家一致认为应扩大罚金刑的适用范围，但在应否将罚金刑上升为主刑这一问题上，有两种对立的观点：一种观点认为，应将罚金刑上升为主刑，以肯定其在刑罚体系中的重要地位，并使其得以广泛适用；另一种观点认为，把罚金刑升为主刑，会造成对有些犯罪无法附加适用这一刑种，不利于同犯罪作斗争，同时也易造成以钱赎刑弊端，因而罚金刑还是作为附加刑较好。此外，还有的同志提出，可考虑罚金适当易科劳动改造的制度。

（4）关于刑罚种类的增设。有的同志提出，应考虑增设剥夺某种权利、资格的资格刑；有的提出，应当增设“责令赔偿所造成的损害”的刑罚种类；有的同志主张，应当增设保安处分的规定；有的同志还建议，应增设

“非刑罚处理方法”一章，或称为“保安处分”或“非刑罚强制处分”，并充实一些剥夺资格的内容。

（5）关于“管制”存废问题。与会者普遍不赞成废除我国刑罚体系中的管制刑，认为管制刑直接依靠群众同犯罪作斗争的基本精神是正确的，目前也是可行的，且不宜废除我国刑罚体系中唯一的不剥夺自由的主刑刑种。同时，与会者也认为现行的管制刑需要完善。如适当扩大适用对象，明确规定适用条件，落实管制的执行等。另有的同志建议，把管制刑改为附加刑，并规定相应的措施。

（四）刑法分则的完善

1. 反革命罪修改

部分同志建议，把刑法分则中的反革命罪一章修改为危害国家安全罪，并适当把其中一些罪名删除或归入其他章。

2. 分则新设章节

部分同志建议在刑法分则中增设侵犯公民民主权利罪、妨害司法活动罪、青少年犯罪和危害国防罪专章，同时再充实一些必要的罪名。

3. 某些条文的修改或删除

部分同志建议：（1）应将破坏集体生产罪修改为破坏生产罪，使之可包括破坏个体、私营企业生产的犯罪行为；（2）删除一些罪名，如“打砸抢”罪，贪污罪，反革命破坏罪，反革命宣传煽动罪，反革命杀人、伤人罪，伪造、倒卖计划供应票证罪等。

4. 关于新罪名的增设

提出增设的新罪名主要有：劫持交通工具罪，挥霍浪费罪，绑架勒财罪（掳人勒赎罪），侵占罪，抢劫枪支、弹药罪，滥用职权罪，生产、经营毒害产品责任事故罪，危害环境罪，重大医疗责任事故罪，破坏生产、经营罪，破坏土地、矿产资源罪，侵犯著作权罪，哄抢罪，买赃罪，拒不作证罪，乱伦罪，藐视法庭罪，制作、销售非法出版物罪，卖淫罪，高利贷罪，假冒专利罪等。

（五）立法方式、立法技术和立法程序的完善

1. 关于立法方式

部分同志建议：（1）重视和充分运用刑法修正案的形式来及时修改刑

法；（2）在条件成熟时进行刑法典编纂，把其他刑法规范中成熟的内容及时纳入刑法典；（3）大力加强立法解释，及时完善刑事立法；（4）在刑法以外再增设刑法实施细则，以明确和解决法律规定中不便详备的问题。

2. 关于立法技术

一些同志指出我国现行刑事立法采取的是所谓的“宜粗不宜细”“宁疏勿密”的原则，这一原则有两点显著的缺陷：一是造成欲简益繁的结果，二是造成弹性用法的结果。主张刑事立法的完善应摒弃这一原则，规定明确、具体、详备适当、符合实际需要的条文。有的同志指出，分则条文的结构，应采取一条文一罪的方式，并且明确规定罪名，在条文内充分利用基本构成与加重构成的立法技术，区分不同情节规定轻重不同的罪刑单位，以贯彻罪刑相适应的原则。有的同志主张，对于法条竞合的犯罪条文，特殊法条的刑罚应重于或至少不轻于普通法条。

3. 关于立法程序

与会论者认为，应当坚持专门机关与群众相结合、理论与实践相结合的原则，除立法工作者外，应注意吸收专家/学者和司法机关具有实践经验及理论知识的同志参加法律的修改讨论，同时，这种方式应当制度化、法律化。

三、关于刑法适用问题

（一）《关于惩治贪污罪贿赂罪的补充规定》的理解和适用

1. 关于贪污罪主体

对这一问题，一些代表提出了如下见解。

（1）“名为集体，实为个体”的承包或租赁经营组织，不属集体经济组织之范畴，其工作人员不能成为贪污罪主体。（2）中外合资经营企业和中外合作经营企业是根据中国法律成立的中国法人，应视为我国公有制性质的经济组织，外资方的财产应视为在国家或合营企业中管理或使用的财产，故其工作人员可以构成贪污罪的主体。（3）个人承包或租赁国营或集体企业，若承包人是在职职工，可以构成贪污罪主体；若承包人是个体户或专业户，一般则不构成贪污罪主体。

2. 关于挪用公款罪

这方面讨论较多的问题如下。

（1）挪用公款罪属于哪类犯罪。有的同志认为属于侵犯财产罪，有的同志认为属于破坏社会主义经济秩序罪。

（2）关于挪用公款罪和挪用国家特定款物罪的区别。比较一致的看法是，前者是挪用公款公物，包括挪用救灾、抢险、优抚、救济等款物归个人使用；而后者是挪用救灾、抢险、优抚、救济款物归单位作其他使用。

（3）关于挪用公款罪和贪污罪的区别。上述补充规定载明，“挪用公款数额较大不退还的，以贪污论处”。对这条比较一致的理解是，行为人无力归还而不归还或虽有能力归还但拒不归还的，应当定为贪污罪，而不定挪用公款罪。

3. 关于非法得利罪

对此主要讨论了以下几个问题。

（1）该罪名是否合理、科学，有无必要。一些同志认为，非法得利罪的规定反映了广大人民痛恨腐化、要求清廉的强烈愿望，是在考虑我国实际情况和借鉴了国外经验以及进行科学预测的基础上制定的，因此是必要的、可行的。另有同志认为，规定非法得利罪的立法精神是正确的，但存在许多缺陷与不足，难以执行，应当对此作出修改和补充，并建立相应的国家工作人员财产申报、登记制度。

（2）非法得利罪的客体。比较一致的看法是，它侵犯的客体是国家机关的正常活动，因此，应当将之归入渎职罪的范围。

（3）关于非法得利罪的主体。学界一般认为是具有巨大差额财产的国家工作人员，这里不应包括集体经济组织工作人员。

（4）关于非法得利罪的客观方面。有的同志提出它有两个特点：一是前提条件是行为人的财产或者支出超过合法收入，有巨大差额；二是行为人具有对巨大差额财产不能说明其来源的不作为行为。

（二）关于经济犯罪的定罪量刑问题

1. 关于区分非法经营与合法经营的标准。一些同志提出，区分非法经营与合法经营，是划分经济犯罪罪与非罪界限的关键，认定的标准有两条：一是是否有合法营业执照，二是是否超越工商管理部门核定的经营范围。

2. 关于认定经济犯罪社会危害性的标准。一些同志认为，标准就是看行为是否有利于社会主义商品经济的发展，是否有利于社会生产力的发展。还有人提出，行为即使有一定的违法之处，或者在局部上有一定社会危害性，但如果它从全局上搞活了经济，促进了生产的发展，也不能认定其具有犯罪的社会危害性并予以定罪。

与会论者还探讨了科技活动中罪与非罪以及有关回扣、佣金等问题。

（三）关于量刑的综合平衡问题

一些同志认为：我国是一个幅员辽阔、人口众多的大国，各地情况千差万别，但单一制的国家结构只允许有一个全国统一的刑法，因而在全国范围内保证量刑的综合平衡便成为一个难题。解决这一难题的方法是建立一个以成文法为主、以判例为补充的具有中国特色的量刑模式。但对于判例应否具有法律约束力的问题，意见不一：有同志认为判例应当具有一定的约束力，可以成为定罪判刑的根据；但也有同志认为判例不应具有约束力，对于定罪量刑来说它只具有参考作用。

有的同志对法官在量刑中的“自由裁量权”问题进行了研究，认为“自由裁量权”赋予法官一定的量刑自由权，可以使刑法具有更大的活力和适用性，也可能带来量刑不公的后果，因此应当对法官的“自由裁量权”加以必要的限制，以保证量刑在全国范围内的平衡和公正。

（四）关于司法解释的问题

有的同志提出：司法解释是法律的具体化、明确化，应当最大限度地反映刑事立法的本来意图和立法宗旨，但我国现存的一些司法解释却在某些内容上有悖于立法原意，应当引起重视。此外，某些司法解释把法无明文规定依法应按类推处理的情况解释为法律上有明文规定的情况，也是不恰当的。据此，有的同志提出，全国人大及其常委会应当加强对刑事司法解释的监督，对于那些违法的、不合理的司法解释应当予以撤销或宣告其无效。

四、关于刑法理论和刑法教学改革问题

（一）关于刑法理论问题

1. 关于社会主义初级阶段的刑法观

许多同志都提出了当前形势下刑法观的更新问题，也就是说，在社会主义初级阶段理论的指导下，把不适应生产力发展的产品经济刑法观转变为商品经济刑法观，使刑事立法和刑事司法工作更好地为发展商品经济服务。至于刑法观应作如何转变，一些同志提出了以下几条意见：（1）把保护社会生产力的发展，作为刑法的中心任务。（2）把是否有利于发展生产力，作为判断行为的社会危害性的根本标准。（3）在适用刑罚时要进一步贯彻民主、平等和人道主义的原则。（4）重视财产刑在我国刑罚体系中的地位和作用。（5）使刑法达到国家、社会和个人关系上的合理一致性。

2. 关于社会主义初级阶段产生犯罪的根源问题

传统的理论认为，在我国产生犯罪的根源只有一个，那就是阶级根源；并把这一根源归结为犯罪原因上的“三因论”，即阶级斗争、剥削阶级思想残余和外来的资本主义思想的影响。这一观点受到了一些与会同志的尖锐批评。一些同志提出：在我国，犯罪不仅有其阶级根源，还有其深刻的经济根源和社会根源。在我国之所以还存在产生犯罪的经济根源，主要是我国社会生产力落后导致的。而产生犯罪的社会根源则表现为：（1）生产关系与发展生产力不相适应的因素存在；（2）社会主义商品经济具有两重性；（3）新旧体制交替在某些环节上为犯罪留下空隙和漏洞；（4）文化教育落后。

3. 关于犯罪构成理论问题

（1）关于犯罪构成理论的研究对象。有的同志认为：关于我国刑法学中犯罪构成理论的研究对象，目前认识尚不一致，这个理论的内涵以及对有关犯罪问题的解释，还存在一些比较模糊的地方，因而必须明确犯罪构成理论研究的对象。这一对象就是：我国刑事立法规定的，由司法机关依法给予刑罚处罚的各种犯罪行为。

（2）关于犯罪构成与刑事责任的根据。什么是刑事责任的根据？这在刑

法学界是有争议的。有人认为罪过是刑事责任的根据，有人认为犯罪行为是刑事责任的根据，但多数人坚持传统的观点，认为犯罪构成是刑事责任的根据。在这次会议上，有的同志就犯罪构成是刑事责任的根据这一论点进行了论证，认为，不仅在一般的定罪量刑活动中可以说明犯罪构成是刑事责任的根据，类推情况下也能证明这一论点，因为类推定罪也是以最相类似的犯罪构成为根据的。

（二）关于刑法教学改革

刑法学是一门应用性很强的学科，刑法学的教学改革关系刑事法律人才的培养。与会同志充分探讨了以案释法、案例提问、案例讨论、案例测试、旁听案件审判、模拟开庭等方式在刑法学教学中的地位与运用方面的问题，介绍了专业实践与课堂研讨式教学相结合方法的运用和经验、体会。

［赵秉志、王勇；载《法学研究动态》，1988（21）］

第三十五章

1989年全国刑法学术年会综述

一、前　言

中国法学会刑法学研究会1989年学术讨论会于1989年10月24日至28日在上海举行。到会正式代表87人，特邀代表17人，加上列席代表28人，共计132人参加了会议。与会者中，中青年代表数量过半，其中35岁以下的青年代表有28人。

这次会议预定有三个议题：第一，刑法学研究如何坚持四项基本原则和为改革开放服务；第二，制止政治动乱、平息反革命暴乱中的刑法问题；第三，关于正确运用刑法武器惩治腐败的研究。

会议收到学术论文86篇，按其论述的主要内容可分为五个方面：第一，关于我国刑法学研究的宏观理论问题的，有12篇；第二，探讨我国刑事立法完善问题的，有19篇；第三，论述反革命犯罪问题的，有19篇；第四，关于惩治经济犯罪、清除腐败方面的，有27篇；第五，研究刑法理论与实践中其他问题的，有9篇。

会议安排了大会报告、阅读论文、小组讨论、大会交流发言和大会总结等环节，与会代表本着“双百”方针，围绕会议主题，进行了较为广泛、热烈和深入的讨论与交流。现将这次会议研讨的主要问题及其主要学术观点归纳综述如下。

二、关于我国刑法学研究的宏观理论问题

（一）关于我国刑法学研究的指导思想

我国刑法学研究必须坚持四项基本原则，这是全体到会同志的共同看法。其中有的同志特别指出：研究我国刑法应当以马克思列宁主义、毛泽东思想为指导，具体说，就是要坚持辩证唯物主义和历史唯物主义的原理，坚持阶级斗争和无产阶级专政的理论，坚持上层建筑必须为经济基础服务的思想，坚持惩办与宽大相结合的刑事政策。正因如此，认清当前反革命犯罪的新特点，以及掌握经济犯罪的活动规律，就成为现阶段我国刑法学研究的一项重要任务。

（二）关于我国刑法的人民民主专政职能

1. 我国刑法的对敌专政职能。对敌人实行专政是我国刑法人民民主专政职能的核心内容之一。有的论文就此指出：只要人民民主专政存在，我国刑法的对敌专政职能就必然存在。但我国刑法的这一职能的范围、作用程度与一定时期的阶级斗争的客观状况是相一致的。同时，为了更充分地发挥我国刑法的对敌专政职能，有必要将其纳入社会主义法制轨道，使之进一步法律化和制度化。

2. 我国刑法的对人民民主职能。人民民主专政是人民民主与对敌专政的统一。有的同志认为，我国刑法的人民民主专政职能与保护广大人民群众的民主权利是不可分割的，我国刑法不仅体现了社会主义民主的基本内容，而且体现了社会主义民主的基本原则。

（三）关于我国刑法的经济保障作用

随着社会主义商品经济的发展，我国刑法的经济保障作用日趋重要。为此，有的同志认为，要使刑法更好地为社会主义商品经济新秩序服务，先应当在立法和司法方面树立一些新的观念，并对刑法的某些条款作相应的修改和补充；尤其是在刑法的指导思想上，要明确地将保障和促进社会生产力的

发展作为我国刑法的重要任务，在司法实践中扭转对经济犯罪执法不严的局面。还有的同志进一步指出，在现阶段，我国刑法的经济保障作用主要是通过惩治经济犯罪和渎职犯罪来体现的，只有这样，才能有效地维护社会主义经济秩序，创造良好的经济环境。

还有的论文通过回顾新中国成立40年来我国刑法学研究所走过的道路，阐述了正确处理好刑法学的阶级性和科学性的关系、理论与实践的关系，以及批判与借鉴的关系的重要性；并在此基础上，对我国刑法学研究的前景，提出了更新刑法观念、创立刑法学新体系和改进刑法学研究方法的理论展望。有的同志结合我国现阶段的犯罪状况，就犯罪产生的历史根源、社会因素、发展变化及预防对策，进行了较为系统的论证与研究。

三、关于我国刑事立法的完善问题

我国刑事立法的发展与完善，继1988年刑法学术年会作为会议主题之后，仍是这次学术讨论会所研讨的主要课题之一。一些论文对这一课题进行了较为广泛和有一定深度与创见的研讨。研讨的主要问题如下。

（一）我国刑法宏观方面的完善问题

1. 我国刑法应明确规定基本原则

有的论文对这一问题进行了较为深入的探讨，认为在我国刑法中明确规定基本原则，对于刑法任务的正确贯彻，对于刑法在实践中统一而正确的实施，对于实现刑罚惩罚与改造犯罪、预防犯罪的目的，以及完善刑事立法，都具有重大的实践意义。该文章在对当代各国刑法基本原则的立法进行比较研究和借鉴我国刑法学界近年来关于刑法基本原则问题的研讨之基础上，提出我国刑法中应当确立并明文规定5项基本原则，即（1）罪刑法定原则；（2）刑罚公正原则；（3）主、客观要件相统一的刑事责任原则；（4）罪责自负、反对株连的原则；（5）惩罚与教育改造相结合的原则。

2. 关于“一国两制”方面的刑事立法协调问题

有的文章提出，“一国两制”方面的刑法协调问题具有重要的现实意义，认为我国刑事立法面临的这一课题，与世界上有关国家内部存在的类似问题相比，如与某些实行“联邦”或“邦联”的复合制国家内部不同法律区域之间的刑事法律关系相比，有其自身的特点。该文章认为，要正确合理地解决“一国两制”方面的刑法协调，应当着重注意：（1）坚持国家统一原则，摆正全国性刑法同特别行政区刑法的关系；（2）坚持国家主权原则，全国性刑法原则上适用于特别行政区；（3）特别行政区的刑法原则上在本区内适用。此外，还要注意正确而合理地确立解决内地与特别行政区之间以及各特别行政区之间互涉刑事案件的刑法适用以及刑事追诉等问题。

3. 关于借鉴我国台湾地区“刑法”以完善大陆刑法总则规范的问题

有的论文对我国海峡两岸刑法总则规范进行了较为全面和系统的比较研究，以实事求是的态度，对我国大陆和台湾地区刑法总则规范的异同及各自的长短之处进行了归纳、评析。其进而提出了可以考虑借鉴台湾地区“刑法”总则以完善全国性刑法总则的一些建议，如：（1）把大陆现行刑法总则第五章“其他规定”的内容合并规定在第一章内；（2）将保安处分增补为刑罚的辅助手段；（3）随着条件的具备，逐步废除类推制度；（4）补充规定不作为犯、老年人犯罪的特殊刑事责任、限制责任能力、法律错误、加重结果犯、不能犯未遂等犯罪特殊问题；（5）按照分工来划分共同犯罪人的种类；（6）考虑把罚金刑上升为主刑，同时规定其数额幅度；（7）明文规定想象竞合犯、牵连犯、连续犯等问题；（8）对量刑的从轻、从重、加重、减轻适用予以明确化、具体化，以利于实践中掌握等。

4. 关于“坦白从宽，抗拒从严”的立法体现问题

有的文章指出：“坦白从宽，抗拒从严”是我国惩办与宽大相结合基本刑事政策的重要内容之一，但这项内容却未在刑法条文中明确而具体地规定，因而司法实践中，其往往被忽略，甚至错误地运用这项政策。为了切实贯彻这一政策，正确地指导司法，建议把“坦白从宽，抗拒从严，立功折罪，立大功受奖”纳入刑法规范。

（二）关于刑种和刑罚制度方面的完善问题

1. 我国罚金刑立法的完善

有的论文在对我国与外国罚金刑立法进行了较为系统、全面和有相当深度的比较研究的基础上，结合我国国情及我国现行刑法关于罚金刑的具体规定，对我国罚金刑立法的完善提出了较为全面和相当具体的建议，这些建议包括以下内容。

（1）适当扩大我国罚金刑的适用范围。为此，可以从以下三个方面来努力：一是对贪财图利的犯罪适用罚金刑，不要以犯罪情节轻重作为限制适用的条件；二是对过失犯罪适用罚金刑，但以犯罪性质、情节的轻重作为限制适用条件；三是有选择地对某些危害较轻的故意犯罪适用罚金刑。

（2）将罚金刑上升为主刑，并决定罚金刑仍可附加适用。

（3）取消现行刑法中罚金刑与自由刑的灵活并科制，针对不同性质和不同危害程度的犯罪，分别采纳强迫并科制、选科制、强迫并科制加选科制等合理的处刑方法。

（4）明确规定罚金刑数额的上下限。

（5）建立罚金刑易科制，对不能完全缴纳罚金的犯罪人易科剥夺自由的劳动改造刑。

2. 关于管制刑的存废及完善问题

有的论文针对近年来有人提出废除管制刑的主张，提出管制刑不但是我国刑法独创的刑种，而且长期的司法实践也证明，管制是我国行之有效的刑罚方法；认为管制刑的存在，既符合我国刑法罪刑相适应原则和刑罚目的的要求，也符合当代世界刑罚向缓和与开放发展的方向，因而鲜明地主张管制刑绝不能废除；并且经过分析认为：当前我国经济体制改革的现状给管制适用带来的困难，以及近年来管制刑适用得很少的实际情况，既有客观原因，也有主观认识方面的原因，而且后者是主要的，这些都不能成为废除管制刑的根据。当然，管制刑也有完善的必要，具体说来：应当扩大适用管制的罪名；修改有关管制内容的规定；制定管制实施细则。

3. 关于我国缓刑考察制度的完善问题

有的论文指出，我国刑法目前对被缓刑人在缓刑考察期间义务的规定过于笼统，基本上尚无完善的考察制度，这一缺陷亟待弥补。因而提出了建立与完善我国缓刑考察制度的构想与建议，包括缓刑考察的组织机构、缓刑考察人员的选用、缓刑考察的内容以及缓刑考察的方法等。

（三）关于经济刑法问题

有的论文认为：制定专门的“经济刑法典”是完善经济刑事立法的重要

途径之一。虽然由于我国目前关于经济犯罪的理论研究还相当薄弱，马上着手制定“经济刑法典”的客观条件还不成熟，但还是应当进行这方面的理论探讨。有鉴于此，该文章提出了“经济刑法典（理论案）”，共计 11 章，其中，第一章就是对经济犯罪的总则性规定，其余 10 章按照犯罪客体规定了 10 类经济犯罪，共包含经济犯罪罪名 58 个，其中修改与增加的罪名达 2/3 以上。该文章还进而阐述了“经济刑法典（理论案）”的立法理由，对经济犯罪的概念、法人犯罪、经济犯罪不适用死刑、经济犯罪的罚金刑适用以及经济犯罪适用的特定刑罚等有关立法主张，作了扼要的说明。

另有论文也提出，我国经济刑法亟须完善，但认为我国根本不需要采用荷兰和联邦德国式的独立经济刑法典的立法模式，而应将经济方面的刑法条款纳入刑法典中，因为这种模式有助于法律的统一性，也便于司法中正确执行刑法；进而提出，修改和完善我国经济刑法应当注意以下几点：一是要切实更新观念，修改一些犯罪的具体内容；二是要在立法上肯定法人是犯罪主体；三是在刑罚上要注重经济刑罚方法；四是立法技术上应多采用空白罪状，以保证法律的稳定性；五是应增补一些新罪名。

（四）关于某些具体犯罪的完善或者补充问题

1. 关于职务犯罪的完善问题

有些论文结合近年来的实际情况和目前国家廉政建设对惩治职务犯罪的要求，探讨了这一重要课题，认为这方面的实际现状是由于对国家工作人员犯罪惩治不严和打击不力造成的，在立法上没有体现出对国家工作人员犯罪必须从严处罚的应有的精神，在司法上没有确立对国家工作人员犯罪必须从严惩处的法律意识，因而，在目前进行的刑法修改中，应当确立依法从严惩处公职人员职务犯罪的基本立法思想；进而提出了完善职务犯罪立法的若干建议：（1）在分则体系中，将渎职罪适当提前，以提高其地位；（2）明文规定从重处罚渎职犯罪；（3）适当限定职务犯罪的主体范围；（4）适应职务犯罪形态多种多样的特点，进一步扩大这类犯罪的行为范围，不断充实立法内容；（5）完善职务犯罪已有的刑种，进一步确立各种不同的量刑情节，强化刑罚措施；（6）增设滥用职权罪、知情不举罪、放弃职守罪、挥霍浪费罪、执法渎职罪、职务诈欺罪等新罪名。

2. 关于投机倒把罪的立法分解

有的论文认为：在我国，投机倒把实质上是指商品生产与流通领域中的各种违法性的商业活动，其内容庞杂多变，是一个不确定的概念。我国刑法将这一不确定的概念作为立法中的具体罪名概念很不妥当，其概念的含混与形势的发展格格不入，其内容的庞杂与侵害的客体难以相对应。因而建议刑法上废弃投机倒把这一罪名概念，按照投机倒把罪所包含的各种行为的具体行为方式，将投机倒把罪分别制定为非法倒卖罪、垄断市场罪和生产、销售伪劣品罪三个罪名，并根据该3罪的危害程度，分别设立适当的法定刑幅度。

3. 关于贿赂犯罪的完善问题

(1) 关于受贿罪的完善。有的论文建议，应将刑法典和《关于严惩严重破坏经济的罪犯的决定》《关于惩治贪污罪贿赂罪的补充规定》中关于受贿罪概念的规定协调统一，消除矛盾之处；应将受贿罪归入侵犯财产罪一章；补充规定中关于收受回扣以受贿罪论处的规定，不但逻辑和用语上不够妥当，而且也缺乏事实根据与法律依据，因而值得考虑修改。

(2) 有的论文建议，刑法中应将行贿罪区分情况详加规定，并对主动行贿、单位行贿严厉处罚，可与受贿罪同样处刑。

4. 修改、完善刑法中关于赌博罪的规定

有的论文认为：刑法中关于赌博罪的规定，已经不能适应当前的实际情况，亟须修改、完善。首先，应当调整罪状，适当放宽追究刑事责任的范围；其次，应当提高法定刑，可提高为5年以下有期徒刑或拘役，可以并处罚金，并删除原有的管制。

5. 关于偷税罪的修改

有的论文建议，应从偷税数额上提高偷税罪的定罪标准，还应适当提高偷税罪的法定刑。

6. 关于假冒商标罪的补充

有的论文建议，应在《刑法》第127条“假冒商标罪”中再增加一款，即“犯前款罪，情节严重的，依照本法第一百一十七条投机倒把罪处罚”；认为这种情况属于想象竞合犯，按一个较重的罪名论处，既在刑法理论上讲得通，也符合我国刑法罪刑相适应的原则。

此外，还有的论文提出，应当适当地提高玩忽职守罪、泄露国家机密罪的法定刑，以贯彻罪刑相适应原则，有效地惩治这些犯罪。有的论文建议在我国刑法中增设“卖淫罪”。

（五）关于完善刑法的其他问题

1. 关于过失犯罪刑法规范的完善

有的论文较为详细地分析了 1979 年《刑法》中过失犯罪的规定，认为这类规定存在着缺陷和不足，建议在以下几个方面作出修改和补充：(1) 应当将某些情节恶劣的故意违章的过失肇事行为规定为犯罪，并处以刑罚，规定这类行为只要发生较轻的危害结果并具有发生严重危害的实在可能性即为犯罪，而不必实际发生严重的后果；(2) 适当提高业务过失犯罪的法定刑；(3) 增加规定过失犯罪新罪名的条文，如增设“重大医疗责任事故罪”，提高刑法规范预防过失犯罪的作用；(4) 完善过失犯罪中空白罪状的内在结构和内容。

2. 关于法人犯罪纳入刑法典的问题

有的论文建议，应当在刑法典总则的共同犯罪之后增加法人犯罪的专节，在该节具体规定法人犯罪的概念、法人犯罪的主体以及刑事责任追究等内容。

3. 关于制定我国军事刑法的建议

有的论文在论证制定我国军事刑法的必要性与可行性的基础上，提出了制定我国军事刑法的框架设想，包括总则编 8 章和分则编 9 章的基本内容，并且对其中的一些主要问题，如军事刑法的效力、军事刑法特有的基本原则、军事刑罚的种类以及一些新罪名的增设等问题的立法理由，作了阐述和论证。

4. 关于国际犯罪

一些论文还结合改革开放新形势下国际犯罪的实际情况，对劫持航空器等国际性犯罪进行了较为深入的探讨。这无疑也有助于我国刑法在这方面的补充和完善。

四、关于反革命罪的问题

反革命罪是这次研讨会确定的重点研究课题之一。在提交的这方面的论文中，学者从不同层次、多种角度和各个方面就反革命罪的认定和实践中对动乱、反革命暴乱案件处理上的问题进行了探讨和研究，还提出了一些立法建议。概括起来有以下几个方面。

（一）关于反革命目的的认定

1. 在反革命暴乱期间，如何认定反革命目的问题

有文章归纳为三种不同意见：（1）行为决定论。只要在暴乱期间进行打、砸、抢、烧、杀等犯罪活动的，就应认定为反革命罪。（2）明显目的论。需要有明显的反革命目的，就是要有被告人的反革命纲领、文章、口号、言论，包括口供，否则就不能认定为反革命罪。（3）主、客观统一论。既要看被告人的言论、纲领、口号，又要看其行为，把两者综合起来考虑，从而认定其目的是否具有反革命性质。

2. 关于被告人没有反革命目的的供述的认定问题

有的论文主张，没有被告人关于反革命目的的供述，以下行为也可以认定为反革命罪：（1）策划、组织、指挥反革命暴乱的；（2）“非法组织”中进行策划、组织、指挥反革命暴乱的，及其他有严重犯罪活动的；（3）与国外、境外敌对势力相勾结，在反革命暴乱和政治动乱中进行阴谋活动的；（4）向国外、境外反对势力及制造动乱、反革命暴乱的人（包括“非法组织”）泄露国家核心机密的；（5）反革命暴乱期间，杀害、残害执行戒严任务的军警和维持秩序的干部、群众的；（6）出于对社会主义、人民政府的仇视而进行打、砸、抢、烧的严重犯罪活动的；（7）在反革命暴乱中，打、砸、抢、烧行为特别疯狂，情节特别恶劣，危害特别严重的；（8）在反革命暴乱期间，直接制造重大反革命暴乱事件；（9）直接制造骇人听闻的谣言，煽动蛊惑群众、反对戒严令的实施，情节严重的；（10）曾因违法犯罪被处理而敌视人民政府，在反革命暴乱中对执行戒严任务的军警人员，维护秩序的干部、群众进行报复打击或者进行其他破坏活动的；等等。

（二）关于一些具体反革命犯罪的认定和处理

主要涉及两个罪名。

1. 反革命宣传煽动罪

许多同志指出，当前认定反革命宣传煽动罪应从以下几方面把握：首

先，看行为是否以暴乱和动乱为社会历史背景；其次，看行为人一贯的思想基础；再次，看行为人的动机和煽动的具体内容；最后，看煽动行为所及的覆盖面，以及行为人对这种影响所持的态度。

在行为人拒不供认主观目的的情况下，其制造谣言的行为能否构成反革命宣传煽动罪？对此要细心考察行为发生的背景和全过程，包括事由、实施前的思想酝酿、实行中的行为特点和实施后的心理状态，尤其要考察行为人关键时刻的表现。即使行为人平时没有什么反动表现，按照其行为的性质和情节，也可以认定为反革命宣传煽动罪。有的论文还指出，要将反革命煽动犯与其他反革命罪的教唆犯区别开来。

2. 持械聚众叛乱罪

动乱、暴乱期间，这类犯罪比较多。有的同志指出：在处理时，要掌握法定的规格和标准，其行为表现为持械、聚众、叛乱，这三个方面缺一不可，而且这种犯罪的主体，必须是首要分子和其他罪恶重大或者积极参加的分子。对这类犯罪处理时，必须掌握以下原则：第一，要明确惩罚的重点；第二，区别情况，分别对待；第三，严格依照犯罪情节裁量刑罚；第四，准确地实行数罪并罚。

(三) 关于反革命犯罪的立法建议问题

1. 反革命罪名应否更改为危害国家安全罪

对此，有两种截然相反的观点。

一种观点主张反革命罪的罪名不应更改，主要理由是：(1) 保留反革命罪有其宪法根据；(2) 保留反革命罪名符合党的十一届三中全会的精神；(3) 保留反革命罪名符合我国社会主义初级阶段的斗争实际状况；(4) 保留反革命罪名符合我国立法的历史习惯；(5) 不应以“一国两制”统一祖国为由而取消反革命罪的罪名，因为“一国两制”就意味着“一国两法”，在全国性刑法中保留反革命罪名，执行起来不会发生大的冲突。

另一种观点主张反革命罪名必须更改，主要理由是：(1) 反革命是政治概念，不是严格的法律概念；(2) 反革命罪要求有反革命目的，而目的是主观上的东西，难以认定，实践中往往争论不休；(3) 我国将实现祖国统一大业，那时将实行“一国两制”，敌人的概念也将随之发生变化，这种变化使反革命的罪名不够妥当；(4) 全国人大常委会决定，对我国缔结或者参加的国际条约所规定的罪行，我国在所承担的条约义务的范围内，行使刑事管辖权，而反革命罪的规定会与国际刑法产生不协调问题；(5) 现行刑法分则“反革命罪”一章的某些具体犯罪与其他类的某些犯罪发生重复；(6) 战争时的反革命罪，平时无用可以删除，发生战争时，可制定特别法；(7) 我国刑法在反革命罪的规定上有欠缺之处，给实践中办理具体案件带来许多困难。因此，反革命罪名必须更改，可以更改为危害国家安全罪。

2. 关于具体反革命犯罪的立法建议问题

(1) 有的论文建议，把特定的动机、目的内容规定为某些罪的法定要件，什么是以反革命为目的，由于立法上没有具体规定，在司法实践中往往难以把握。从国外立法看，对于政治性滋扰、破坏行为的目的，主要规定为三个方面的内容：一是以颠覆政府、分割国土等为目的（一般在有关国事罪的具体罪名中加以规定）；二是以违反某一具体法律为目的，如扰乱宪法秩序、煽动违法犯罪等；三是以直接造成某种社会危害后果为目的，如妨碍或阻止议会、政府机关行使职权等。为了划清此罪与彼罪之间的界限，建议在刑法有关条款中，把某些动机、目的，如破坏宪法和法律，煽动犯罪，妨碍、阻挠国家机关行使职权，滋扰、破坏等，规定为有关罪的法定要件。

(2) 有的论文主张，应明确规定有关罪的罪状。一些同志在论文中指出，在国外立法中，对一些政治性的滋扰、破坏行为，一般是分别单列罪名，如危害宪法秩序罪（瑞士），骚扰罪（美国、日本），妨害安全罪（法国），聚众滋事罪、互殴罪与毁损罪（英国）等。针对现实中反映出来的问题，他们认为，宜将反革命破坏罪、聚众“打砸抢”罪和流氓罪的几种行为，分别列出罪状，以便准确地确立罪名。

(3) 增加新的罪名。有的论文指出：对动乱、暴乱期间发生的诸如宣传煽动、造谣生事、资助动乱、侮辱国旗、非法组织游行，而又不具有反革命目的的，由于我国刑法没有明确规定单列罪名，在实践中，有的放进了流氓罪的“口袋”，有的就没有作为犯罪论处。国外刑事立法中，对非法集会、结社等政治性滋扰、破坏行为，情节严重的，均明确规定为犯罪。为了惩治那些进行政治性滋扰、破坏行为的犯罪分子，建议增设非法聚众、集会、结社罪，煽动罪，滋扰罪等罪名，对破坏、扰乱宪法秩序，造谣惑众，资助动乱，污损、破坏国旗、国徽等行为情节严重的，也应在立法上明确规定以相近的犯罪论处。

（4）提高某些罪的量刑幅度。有些论文论述说：对一些政治性滋扰、破坏行为，在国外立法中是从重从严惩处的，例如，规定可以用武力（包括军队）镇压；处以重刑，包括死刑、终身监禁；在具体定罪量刑方面，未遂视同既遂（法国），煽动视同教唆（联邦德国），资助视同主犯（西班牙）或从犯（法国）等。相比之下，在我国发生的某些政治性滋扰、破坏行为，例如，扰乱社会秩序和聚众扰乱交通秩序、毁损公私财物等行为，有的社会危害性相当严重，按我国刑法规定，只能判处 5 年以下有期徒刑或拘役，就不能体现罪刑相适应原则，往流氓罪上靠也不一定妥当。因此，建议提高某些政治性滋扰、破坏罪的量刑幅度，使那些严重的犯罪分子能够受到应有的惩处。

此外，有些论文还就如何正确处理动乱、暴乱中的刑事案件，以及从 1989 年春夏之交的政治风波反思刑法教育等问题进行探讨。

五、关于惩治经济犯罪、清除腐败中的刑法问题

惩治经济犯罪、清除腐败，是本次年会论文的重点议题之一。围绕这一议题，许多同志从以下几个方面进行了探讨。

（一）关于刑法在清除腐败中的功能及运用原则

1. 运用刑法手段清除腐败的必要性

不少同志指出：所谓腐败，就是指利用手中掌握的权力，贪赃枉法，以权谋私，其特征是权力换取财富。腐败现象不仅严重地侵蚀了党和国家的肌体，而且给我国的社会主义建设和改革开放事业造成了极大的危害。因此，对少数国家工作人员的严重腐败行为，必须提到阶级斗争的高度来认识，并予以刑事制裁。我国刑法在清除腐败中的作用主要表现为：（1）规范人们行为的作用；（2）惩罚和预防作用；（3）安定社会的作用。

2. 惩治腐败的刑法运用原则

这方面大致包括以下几项：（1）严格执法，不枉不纵的原则。有的同志

认为：对触犯刑法的腐败行为，必须坚持法律面前人人平等的原则；切忌以“官”当刑，以罚代刑。对利用职权从事犯罪活动的，要依法从严惩处。（2）罪刑相适应与刑罚目的辩证统一的原则。有的同志指出，上述两者的统一应当建立在罪刑相适应原则的基础上，对犯了腐败罪的分子适用刑罚，不能脱离行为的危害程度来片面强调刑罚特殊预防目的的需要。（3）注意恰当适用类推的原则。有的同志认为，在惩治腐败中，对那些危害程度大，但刑法中无明文规定的腐败行为，要注意恰当地适用类推的原则追究行为人的刑事责任，这样做有利于充分发挥刑法对腐败现象的惩治和预防作用。（4）坚持主刑和附加刑相济的刑罚适用原则。有的同志指出，由国家工作人员实施的经济犯罪，大都具有两个明显的特点，即主观上的牟利动机和客观上的利用职务之便，因此，在刑罚适用上，应当注意并科没收财产和剥夺政治权利这两种附加刑；建议立法机关对渎职贪利性犯罪增设剥夺政治权利刑。

3. 惩办与宽大相结合政策在惩治腐败中的贯彻运用

有的同志认为：当前在惩治腐败的过程中，贯彻惩办与宽大相结合的政策具有特殊的重要意义。惩办与宽大相结合政策的具体内容大致可以分为两个方面：一是对犯罪实施过程中的不同情况，实行区别对待；二是对犯罪实施后的不同情况，实行区别对待。而目前应特别强调的，是后一方面，即坦白从宽，抗拒从严，立功折罪，立大功受奖。但在实际贯彻运用“坦白从宽，抗拒从严”政策的过程中，还需注重处理好坦白自首量刑与形势需要的关系，不能违背以事实为根据，以法律为准绳的量刑原则；并应当正确把握从严与数罪并罚的关系；同时，针对坦白自首的不同情况，要实行区别对待。

（二）关于法人犯罪

1. 法人犯罪的概念

有的同志认为，法人犯罪，是指法人组织的内部成员，根据法人的法定代表人或决策机构的授意、批准或认可，为了法人利益，而以法人名义实施的触犯刑律的危害行为。值得一提的是，也有的同志认为，法人犯罪的提法不确切，当前在经济领域中发生的群体型犯罪，有些也并不以法人的面貌出现，故将这类犯罪称为单位犯罪更为妥当。

2. 法人犯罪的主体

有的同志认为，法人犯罪的犯罪主体只能是法人。有的同志则认为，法人不能成为我国刑法中的犯罪主体，法人的犯罪仅仅是自然人犯罪的一种表现形式，法人本身不可能是犯罪主体。

3. 法人犯罪的其他问题

这方面包括：(1) 法人犯罪中的共同犯罪。这种共同犯罪一般表现为法人与其他法人共同犯罪和法人与自然人共同犯罪。(2) 法人犯罪中的犯罪形态。法人犯罪存在犯罪预备、未遂和中止形态，但它与自然人犯罪有不同之处。(3) 法人犯罪的处罚问题。法人犯罪可以构成累犯，也可以适用缓刑；法人犯罪之后，应有自首的权利和机会。

(三) 关于单位投机倒把犯罪问题

1. 单位投机倒把犯罪的概念

有的同志指出，单位投机倒把犯罪，是指企事业单位、机关、团体的主管人员和其他直接责任人员，为了给本单位牟取非法利益，违反国家有关法律及国务院的有关规定和政策，以本单位的名义进行投机倒把活动，情节严重的行为。但也有的同志认为，单位投机倒把罪是指单位利用手中掌握的行政、物资供销分配的权力，或者凭借依附关系，从事倒卖投机的犯罪行为。

2. 单位投机倒把犯罪的主体

对此问题的看法还不统一。有的同志认为，单位投机倒把犯罪不等于法人犯罪，就犯罪主体而言，单位是形式上的主体，即虚拟的犯罪主体，单位直接负责的主管人员和其他直接负责人员才是实质上的、真正的犯罪主体；有的同志则认为，单位投机倒把犯罪的犯罪主体是具有公有制属性的经济实体，追究单位投机倒把犯罪的刑事责任，先必须查明该单位是否具有法人的资格。

3. 单位投机倒把犯罪的主客观构成要件

大家一致认为：构成单位投机倒把犯罪，有关人员主观上必须具有为本单位牟取非法利益的目的，客观上是以本单位的名义从事投机倒把活动。而要正确认定单位投机倒把犯罪，关键还在于单位投机倒把是否属于情节严重。在司法实践中，衡量单位投机倒把情节是否严重的标准有两个：一是看其非法经营或者非法获利的数额是否达到了“特别巨大”的起点标准，二是看投机倒把是否有其他特别严重的情节。

针对最高人民法院、最高人民检察院《关于当前处理企业、事业单位、机关、团体投机倒把犯罪案件的规定》中，将数额特别巨大与手段恶劣并列作为单位投机倒把犯罪构成要件的规定，有些同志表述了不同的看法，他们认为，只要单位投机倒把的非法经营数额或非法获利数额达到“特别巨大”起点标准的，原则上都应当追究直接责任人员和其他直接负责的主管人员的刑事责任。

4. 有关单位投机倒把犯罪的其他定罪量刑问题

这些问题主要包括：(1) 共同犯罪。有的同志认为，某一单位无论是与投机倒把单位通谋，还是与投机倒把个人通谋，只要为其提供方便，情节严重的，都可以对其直接负责人员，以投机倒把罪的共犯依法追究刑事责任。(2) 法条适用。有的同志认为，对单位投机倒把犯罪性质法律另有规定的，应按有关法律规定适用刑法条款；若其他司法解释另有规定的，则应按该规定办理。(3) 中饱私囊。许多同志认为，单位投机倒把犯罪的有关人员是否中饱私囊不影响单位投机倒把犯罪的成立；凡单位投机倒把中的有关人员中饱私囊，触犯其他罪名的，应当实行数罪并罚。(4) 私营企业或者个人非法成立的经济组织投机倒把构成犯罪的，应按个人投机倒把认定。有的同志认为，诸如联营、承包、合资等单位能否构成投机倒把犯罪，应按国家的有关政策、法律以及有关的司法解释处理。

（四）关于“官倒”犯罪问题

1. “官倒”的概念

在此问题上存在分歧。一种观点认为：“官倒”是指企事业单位、国家机关及其工作人员，利用职权进行投机倒把活动。另一种观点认为，所谓“官倒”，就是指企事业单位、机关、团体利用手中掌握的权力从事投机倒把活动。还有一种观点则认为，“官倒”概念应有广义和狭义之分：广义的“官倒”，泛指国家工作人员（含离退休人员）及其家属、子女，在经济领域中的一切违法犯罪活动；狭义的“官倒”，是指党政机关、部队、团体、企事业单位和从事公务的工作人员，利用职权和工作之便，违反行政管理法规进行投机倒把活动，应受刑罚处罚的行为。

2. “官倒”的产生

许多同志在论文中指出，形成“官倒”的具体因素是错综复杂的，一般来说，主要有：(1) 社会总需求大于总供给，是“官倒”产生的经济因素。(2) 实行价格“双轨制”，是“官倒”产生的重要条件。(3) 权力的畸形使用以及缺乏权力制衡机制，是“官倒”产生的政治因素。(4) 部分党员、干部私欲膨胀，蜕化变质，是“官倒”产生的思想根源。(5) 法制不健全，查处不力，是“官倒”肆虐的避风港。

3. “官倒”的防范

针对“官倒”产生的原因与特征，不少同志在论文中提出了各种防范措施，这些措施主要包括：(1) 建立和加强民主监督制度。(2) 进行政治体制改革，加强廉政建设，清理整顿公司，切实解决政企不分、官商不分的问题。(3) 深化经济体制改革，建立市场规则，堵塞价格“双轨制”的漏洞。(4) 加强思想教育，提高党员、干部素质。(5) 完善社会主义法制，维护法律尊严。也有的同志认为：对“官倒”的根治和处罚，应着眼于“综合治理”，治本与治标要结合进行。治本，最根本的措施是坚持不懈地大力发展生产力；治标，主要是采取在经济上罚款、在政治上罢官、在法律上追究刑事责任的“三管齐下”的处罚原则。

(五) 关于贪污罪的主体

1. 国家工作人员的概念

有的同志认为：国家工作人员是指受国家人事管理的工作人员，而不是泛指一切在中国工作（包括劳务工作）的人员，甚至也不是泛指一切从事公务活动的人员。换言之，国家工作人员是指在国家机关、国家的企业、事业单位、人民团体等机构中从事公务活动的人员。因此，集体组织的工作人员不宜叫作国家工作人员。

2. 企业承包制中的贪污罪主体问题

有的同志认为：承包制包括经营性承包和劳务性承包，它们各有特点，不能混同。经营性承包，即国营或集体的企业以合同的方式交给个人或若干人承包经营，其特点是经营权与所有权的分离。承包人员取得经营权，而所有权的性质不变。这时，承包人具有双重身份，他既是合同一方平等的民事权利主体，又是实际上受发包单位委托从事管理企业的公务人员。因此，这类人员可以成为贪污罪的主体。

3. 其他经手、管理公共财物的人员的含义

有的同志指出，贪污罪主体中的其他经手、管理公共财物的人员必须是从事公务的人员，换句话说，只有那些在从事公务活动中经手、管理公共财物的人员，才能成为贪污罪的主体，这是因为“利用职务上的便利”是构成贪污罪的必要条件。

（六）关于贿赂犯罪

1. 我国当前贿赂犯罪的特点和对策

有的同志认为，我国当前贿赂犯罪的特点主要表现为：贿赂物价值越来越高，范围越来越广，受贿者胃口越来越大；贿赂犯罪的行业性突出；贿赂犯罪兼有其他经济犯罪的情况突出；贿赂犯罪的手段越来越狡猾诡秘；反侦查性加强。

针对上述贿赂犯罪的特点，有的同志提出了综合治理的遏制对策：严格依法办案；深化政治、经济体制改革，完善经济、政治体制；党政各级领导干部带头克己奉公；加快制度建设，建立和完善监督体系；强化廉政教育和法制教育。

2. 关于受贿罪的几个问题

（1）受贿罪的贿赂范围。有的同志认为，将受贿罪的贿赂范围仅限于财物，不完全符合实际情况，不利于惩治受贿犯罪和促进廉政建设，因此，刑法有必要适当扩大受贿罪的贿赂范围，使其既包括财产性利益，也包括某些非财产性利益。

（2）“利用职务上的便利”的表现形式。有的同志认为，“利用职务上的便利”主要包括三种情况：第一，行为人有独立决定问题之权，利用自己主管、分管职务范围内的权限，为行贿人谋利。第二，行为人没有独立决定问题之权或没有决定问题之权，而是以自己现任或曾任职务的地位形成的便利条件，要求、指挥有上下级关系的人员，或者要求、影响工作上有联系的其他人员，通过他人的职务便利为行贿人谋利。第三，行为人没有决定问题之权，而是利用自己职务或经营某项业务的权力，能够制约、左右第三人某种利益的方便条件，要求第三人为行贿人谋利。

（3）受贿罪既遂和未遂的界限。有的同志指出，对于索取贿赂的，只要行为人索取贿赂，即构成既遂；而对于一般受贿的，要求同时具备非法收受他人财物和为他人谋取利益，才能构成既遂。

六、其他问题

除以上几个方面的主要议题以外，一些论文还探讨了刑法理论和实践中其他一些重要课题，主要包括以下内容。

（一）对刑事立法原意的把握问题

有的论文专门研究了这个过去欠缺探讨的问题。指出正确把握刑法条文的原意，对于司法的正确实施、立法的完善乃至刑法学研究，都具有重要的意义；并探讨了刑事立法原意的特征，正确把握立法原意的原则和方法等问题；建议我国加强对刑事立法原意的研究和解释工作。

（二）刑事司法解释问题

有的文章对刑事司法解释的概念和类型、制定司法解释的原则以及司法解释的运用与执行等问题，进行了较为深入的探讨。

此外，还有些论文探讨了现阶段执法不严的原因与对策、司法中的酌定情节及其完善、销赃罪为什么可包括收买赃物、医疗事故中罪与非罪的界限等问题。

［高铭暄、赵秉志、赵国强、刘伟；载《法学研究动态》，1989（12）］

第三十六章

1990年全国刑法学术年会综述

一、前　言

中国法学会刑法学研究会1990年年会于11月1日至5日在辽宁省大连市举行。到会代表一百四十余人，提交学术论文96篇。与会者主要就“廉政建设中的刑法问题”进行了热烈的讨论。

二、关于廉政建设和职务犯罪的问题

（一）关于刑法在廉政建设中的特殊功能问题

一些人认为，刑法在廉政建设中起着举足轻重的作用，这主要表现在：(1)通过刑罚方法，惩处国家机关的犯罪分子，纯洁公务人员队伍；(2)威慑可能利用职务之便实施犯罪的国家公务员，使其不致走上职务犯罪的道路；(3)惩罚、教育和改造腐败分子，减少职务犯罪的再犯率。

（二）廉政建设的刑事立法对策问题

一些人从刑事立法的角度探讨了加强廉政建设问题，提出了不少好的见解，比如，应根据职务犯罪的实际表现形式，适当扩大职务犯罪的范围，并提出了增设新的职务犯罪的具体设想，例如增设挥霍浪费罪、滥用职权罪、挪用公物罪、放弃职守罪、妨害税收罪等罪名。又比如，应当根据各类职务犯罪的实际危害，适当提高刑罚幅度。我国现行刑法对有些职务犯罪的法定刑规定偏低，如玩忽职守罪等；有些职务犯罪与其他犯罪相比，在处罚上明显失衡，如贪污罪的立案标准大大高于盗窃罪的等。为此，应当根据职务犯罪的实际特点，科学地、明确地规定各类职务犯罪的定罪、处罚标准，以提高刑法的适用性。

(三) 廉政建设的刑事司法对策问题

该问题主要包括：（1）坚持刑法面前人人平等原则，反对以官当刑；（2）坚持以犯罪事实为根据、以刑事法律为准绳的原则，杜绝对刑事司法活动的非法干预；（3）坚持公、检、法三机关互相配合、互相制约的原则，以便更有效地查处和惩治职务犯罪；（4）杜绝以党纪处分、行政处罚代替刑罚的现象；（5）对于利用职务之便进行的贪利性犯罪，应同时抓好量刑和追赃两个环节。

(四) 关于涉及廉政建设的具体职务犯罪研究

1. 受贿罪

一是受贿罪的客体问题，主要有以下几种观点：（1）受贿罪所侵害的客体是国家机关的正常活动；（2）受贿罪不仅侵害了国家机关的正常活动，而且也侵害了公私财产所有权；（3）受贿罪在侵害国家机关正常活动的同时，也侵害了国家经济管理活动；（4）受贿罪所侵害的客体是职务行为的廉洁性。

二是如何认识“利用职务之便”，主要有以下几种观点：（1）“利用职务之便”仅限于利用行为人本人所正在掌握和行使的职务上的便利；（2）“利用职务之便”不仅包括直接或间接地利用自己职务上的便利，也包括利用过去职务上的影响和将要到任的条件。

三是关于贿赂的内容，主要有以下几种观点：（1）应仅限于财物；（2）既可以是财物，也可以是其他任何形式的不正当利益。

2. 贪污罪

一是当前贪污罪的定罪和量刑的问题。有观点认为当前贪污罪构成的起点数额较高，既不能体现对国家工作人员利用职务之便进行的犯罪从严惩处的立法精神，也不能反映宪法所规定的公共财产神圣不可侵犯的原则，同时与盗窃罪的定罪量刑显失平衡，应当予以改进。

二是预防贪污罪的对策问题。一些学者提出了如下措施：(1) 强化监督体系，加强对国家工作人员权力的监督和制约；(2) 要明确产权责任，建立国家、集体和个人利益机制；(3) 强化管理，健全规章制度，堵塞漏洞；(4) 抓好大案要案侦破和处理工作，做到有罪必罚；(5) 做好追赃工作，不让犯罪分子在经济上占便宜。

此外，对贪污罪要不要增加罚金刑，5万元作为贪污罪判死刑的起刑点是否数额偏低，以及对贪污罪、受贿罪要不要附加剥夺政治权利等问题也作了研讨。

3. 挪用公款罪

关于挪用公款行为的表现方式，一些人概括为以下几种：(1) 直接保管公款的人员未经合法批准，私自动用公款归个人使用；(2) 领导人员越权批准或指使他人将公款借给他人使用；(3) 企业单位的推销人员挪用经手的货款；(4) 主管人员私自用本单位名义为个人贷款担保，致使单位公款被银行划拨抵偿了到期未还的个人贷款。

关于挪用公款罪的定罪量刑问题，有的论文对《关于惩治贪污罪贿赂罪的补充规定》提出了一些不同的看法：一是认为"挪用公款数额较大不退还的，以贪污论处"的规定欠妥，因为贪污罪的本质特征在于行为人利用职务之便将公共财物非法据为己有，而有些挪用公款的行为人因为某种客观原因一时不能退还，但其主观上并没有非法占有的目的，因而与贪污罪的主观要件不符，不应以贪污罪论处。二是认为"挪用公款进行非法活动构成其他罪的，按数罪并罚的原则处理"的规定值得推敲。因为从补充规定来看，"非法活动"正是构成挪用公款罪不可缺少的条件，如果再按数罪并罚的原则处理，势必造成刑罚的重复裁量。

4. 巨额财产来源不明罪

一是关于罪名问题，提法不尽相同。有的学者称之为非法所得罪，还有的学者称之为拥有无法解释之财产罪等。

二是关于该罪的存废问题，有肯定和否定两种观点。持否定意见者认为，巨额财产来源不明罪的存在无论是在刑法理论上，还是在刑法实践上，都有无法解决的矛盾，不仅有悖于我国刑事诉讼法关于“重证据、重调查研究、不轻信口供”的原则，而且这种规定在实践中也难以执行，经不起时间的检验，因此应当废除，以增设拒不申报财产罪取而代之。持肯定意见者认为，近年来，有一些国家工作人员的财产和支出明显地超过其合法收入，差额巨大，本人又不能说明其来源是合法的，这本身就是一种犯罪事实，应当规定为犯罪，但在诉讼程序和定罪量刑等方面还须进一步完善。

三、关于刑法的修改和完善问题

（一）关于刑法修改的原则和技术

有的学者认为，刑事立法应当遵循如下原则：一是法制化原则，使罪刑关系明确化、规格化和法定化；二是科学化原则，使刑法的内容结构相互协调，并与宪法和其他部门法的精神融为一体，准确、及时地反映刑事司法实践的需要；三是预见性原则，即刑事立法应当运用犯罪学的研究成果，根据犯罪现象的发展趋向和规律，及时地将这些犯罪现象纳入刑法的制裁范围，避免刑事立法落后于刑事司法实践的情况；四是多元化原则，建立层次分明、主从有序的完整体系，对一些重要的刑法制度，应当根据刑事司法实践的需要，作出更具体和明确的规定，对于一些常见多发罪，有必要对罪状和法定刑作出详细的规定，以便于司法操作；五是国际化原则，顺应世界性的刑法趋势，借鉴当今世界各国刑事立法和刑事司法的有益经验，完善我国的刑事立法。

关于立法技术问题，一些人认为，立法技术的缺陷影响了立法内容的科学性和可行性，是一个不容忽视的问题；主张对刑法的修改应主要采用单行刑事法律的形式，并注意与刑法条文相协调，避免前后矛盾和互相重复，讲究用词的规范性，以及将重罪、轻罪具体化等。

（二）关于犯罪与刑事责任的立法建议

有的学者认为，我国刑法的总体框架基本上是合适的，但对“犯罪与刑事责任”的规定仍提出若干意见。有的学者主张在刑法总则中将“刑事责任”单列为一章，与犯罪、刑罚并列。有的学者认为刑法关于犯罪故意、犯罪过失、排除社会危害性行为等规定还有可商榷之处，为此提出了如下建议：(1) 增设“丧失责任能力”的规定，主张“故意或过失地使自己丧失责任能力，因而引起危害社会的结果的，依法应当负刑事责任”。(2) 增设认识错误的条款，规定“不知法律的，不免除刑事责任”。对事实错误，应根据故意或过失的心理状态来决定行为人的刑事责任。(3) 对排除社会危害性行为，应增设执行命令、正当业务、执行职务、受被害人承诺的行为和自损行为，使这方面的规定趋于完备。

（三）关于刑罚问题的立法建议

1. 在刑法中明确规定刑罚目的，以便强化司法人员的刑罚功能意识。

2. 改革刑罚的种类。第一，严格限制死刑的适用范围。主张罪刑等价主义，建议对经济犯罪减少或废除死刑的适用。第二，在自由刑中，主张取消拘役，将有期徒刑的下限降至3个月，扩大管制刑的适用对象，并适当修改管制刑的内容。第三，提高罚金刑在刑罚体系中的地位，变附加刑为主刑，并扩大罚金刑的适用范围。此外，我国刑法关于罚金刑的适用上限和下限的数额等还缺乏较为完善的规定，需要予以完善。第四，修改剥夺政治权利的内容，与宪法的有关规定相一致。主张在刑法总则中增加“国家工作人员利用职务之便犯罪的，应剥夺政治权利”的规定。

3. 完善各种量刑情节。(1) 增设加重处罚制度；(2) 明确规定从重处罚的情节；(3) 增设迟缓处罚及不予处罚的制度；(4) 明确规定从轻处罚的情节。

4. 完善各种行刑制度。缓刑应该设置考验方法及延长考验期的规定；减刑应该包括一般减刑和特别减刑，特别减刑是指死缓减为无期徒刑或者有期徒刑。有的同志对完善假释制度提出了如下设想：(1) 调整假释的适用对象。认为我国刑法关于适用假释的对象只能是被判处有期徒刑和无期徒刑的罪犯之规定欠妥，因为根据这一规定，无论是犯什么性质的罪，也无论是否累犯或曾经被撤销过假释的罪犯，均属适用假释的对象，显然与假释的立法精神相悖，应当区别对待。对累犯、惯犯、曾被撤销过假释的罪犯和犯数个严重罪行的罪犯，不应当适用假释；对罪行严重的反革命罪犯、共同犯罪中的主犯和犯罪集团中的首犯，适用假释应当从严掌握；对未成年犯、老年犯、初犯、病残犯和过失犯可以从宽掌握。(2) 完善假释的监督措施。主张建立专门的监督机构，明确规定被假释的罪犯应当遵守的事项，建立保证人、保证金制度等。(3) 完善撤销假释的条件。主张将假释的撤销条件分为“应当”和“可以”两个档次。应当撤销假释的条件包括：其一，在假释期内，罪犯又犯故意之罪和假释期满后发现罪犯在假释期间犯有故意罪，不论是否超过追诉时效的；其二，在假释期内或期满后，发现罪犯在判决宣告前犯有故意罪而未处理，不论是否超过追诉时效的。可以撤销假释的条件包括：其一，过失犯罪，后果特别严重的；其二，严重违法，情节恶劣的；其三，不服监管，屡次违反在假释期间应遵守的事项，经教育不改的。

此外，为了预防犯罪，有的同志主张有限制地适用保安处分，实行刑罚与保安处分一体化；建议保安处分包括：劳动教养，强制留场就业，剥夺担任特定职务、从事特定职业的权利等；未成年人危害社会不处罚的，由政府收容教养；精神病人危害社会的，可以收容于精神病院监护治疗等。

(四) 关于某些具体犯罪规定的完善

1. 交通肇事罪

1979年《刑法》关于交通肇事罪的规定存在着某些缺陷，应当重新划定主体范围，缩小“非交通运输人员”的外延，操纵非机动交通工具肇事者不宜成为交通肇事罪的主体。应增设对“非交通运输人员”犯交通肇事罪的应当重于“交通运输人员”的规定。对酒后驾车肇事犯罪的，应有加重处罚的规定。对交通肇事后畏罪潜逃的，立法上也应规定加重处罚。对于交通肇事后见死不救致人死亡的，可按以下两种情况处理：(1) 如果肇事者的先前行为不构成交通肇事罪，应按（间接）故意杀人定罪；(2) 如果肇事者在构成交通肇事罪后逃跑，应以两罪并罚。

2. 关于侵犯财产的犯罪

有的同志指出我国关于侵犯财产犯罪的刑事立法存在以下不足之处。

(1) 将盗窃、诈骗、抢夺三种独立的犯罪列为同一法条，不能充分显示出同这三种犯罪作斗争的鲜明性，也容易出现法定刑的不协调问题。主张采取一个法条一个罪名的模式。

(2) 现行刑法对这几种犯罪的罪状、情节的表述比较原则、笼统，有的法定刑幅度太大，不适应不同犯罪情节量刑上的需要。主张将同一种犯罪，分别作出普通犯、结果加重犯、情节加重犯的规定。

(3) 有些法条的用语和表达不太科学，在司法实践中容易产生争议，影响执法的统一，应使表述法条的用语科学化。此外，有的同志还主张把侵犯财产的各种犯罪的罪状具体化，如把盗窃罪分为盗窃罪、惯窃罪、扒窃罪等；并增设不同类型的诈骗罪，如合同诈骗、贷款诈骗、保险诈骗、破产诈骗、广告诈骗、电脑诈骗、信用卡诈骗等，分别表述罪状，规定法定刑。

3. 贩卖假药罪

有的同志认为药品与医疗器械有着密切的相关性，但二者又有所不同，所以，主张在贩卖假药罪的条款中增加制造、贩卖假医疗器械的内容，以避免放纵罪犯。

4. 拐卖人口罪

有的同志主张将《刑法》第141条规定的拐卖人口罪修改为贩卖人口罪。鉴于实践中收买人口的非法活动十分严重，建议增设收买人口罪，以有效地遏制和预防贩卖人口的犯罪活动。

（五）关于罪名的增删

1. 反革命罪名的更改问题

有的同志认为：反革命的罪名应当更改，而代之以危害国家安全罪。因为“反革命”是一个政治概念，同时，反革命的犯罪目的在司法实践中也难以认定。另有同志认为，反革命罪的罪名必须保留，这是人民民主专政的体现，是我国国情的实际需要。

2. 建议取消的罪名

这主要涉及两种犯罪：一是挪用救灾、抢险、防汛、优抚、救济款物罪，主张并入挪用公款罪，作为从重处罚的情节。二是“打、砸、抢”罪，它是一定历史条件下的产物，而且规定该罪的《刑法》第137条第1款与第2款之间存在着矛盾，不便适用，建议予以废除。

3. 关于增设新罪名的建议

与会论者建议增设的罪名较多，除了众所周知的建议增设卖淫罪、侵占罪、绑架勒财罪、重大医疗事故罪外，还建议增设以下新罪名：(1) 关于毒品犯罪，主张增设种植毒品原植物罪，非法持有毒品罪和引诱、唆使未成年人吸毒罪。(2) 关于破坏社会经济秩序的犯罪，主张增设非法垄断罪、破坏耕地罪。(3) 关于危害国家利益的犯罪，主张增设妨害国交罪，主要包括三种形式：一是危害在华的外国元首、外国使节及其他应受国际保护的人员的人身安全和名誉权的行为；二是危害应受国际保护的人员的公用馆舍、私人寓所和交通工具安全的行为；三是公然损害外国国旗、国徽及其他具有特定外交意义标志的行为。此外，有的同志还建议在刑法分则中增设“危害国家军事利益罪”，单列一章，排列在“危害国家安全罪”之前，集中规定危害国家军事利益的犯罪，并提出了十余种具体的罪名。

四、关于刑法总则有关问题的研究

有一部分论文从不同角度和侧面研讨了刑法总则的宏观理论和刑罚制度问题，提出了不少有益的见解。例如，关于刑事责任，有的论文就刑事责任的概念、范围、条件、特征、依据等问题作了探讨，指出：刑事责任是一种法律责任，是行为人在实施刑法规定的犯罪行为而形成的刑法关系中，应依法向国家担负刑事法律后果的惩罚义务。行为人承担刑事责任须具备刑事违法性、社会危害性、危害行为与危害结果之间具有因果关系以及行为人主观上须具有犯罪的故意和过失等条件。刑事责任的产生应以犯罪行为的实施为标准，刑事责任的结束表现为几种不同情况，如犯罪人死亡、刑罚执行完毕等。

关于假释制度的运用和完善作了探讨，有论文认为：假释制度具有维护原判刑罚的稳定性和严肃性的特点，对于被判长期徒刑或无期徒刑的犯人尤其有改恶从善、重新做人的作用，而且符合刑罚的经济原则，减少不必要的监禁，应当适当地扩大其适用范围。为保证假释制度的正确执行，应对被假释的分子建立专门的监督机构，明确规定假释期间应当遵守的事项，并建立保证人、保证金制度。关于假释的撤销条件，建立分为“应当”和“可以”的两个档次。在假释期内实施故意犯罪的作为应当撤销假释的条件；在假释期内实施后果特别严重的过失犯罪以及有严重违法行为可以撤销假释的条件。

此外，最高人民检察院在会上还提出了关于“反贪污法”的构想，征求与会代表的意见。

[高铭暄、姜伟、佘欣喜；载杨敦光、周其华、姜伟编：《廉政建设与刑法功能》，北京，法律出版社，1991]

第三十七章

1991 年全国刑法学术年会综述

一、前　言

中国法学会刑法学研究会第三届代表大会于 1991 年 11 月 11 日至 15 日在广州举行，到会正式代表 114 人，特邀代表、列席代表和工作人员 49 人，此外还有十余位刑法专业研究生到会旁听。广东省、广州市政法机关和有关方面的领导同志到会祝贺，中国法学会副会长王叔文教授到会指导。

这次大会的第一项议程是对刑法学研究会第二届干事会进行换届选举。刑法学研究会第二届干事会总干事高铭暄代表第二届干事会，向大会作了题为“为繁荣我国刑法学研究而努力奋斗”的工作报告，这个报告得到了与会代表们的一致肯定与好评。到会代表经过无记名投票，选出了由 70 人组成的中国法学会刑法学研究会第三届干事会。

这次大会的第二项议程是进行学术研讨。会议以刑法的执行问题为中心议题，共收到学术论文 104 篇。论文的数量之多，超过了刑法学研究会的历次年会。这些论文按其研讨的内容主要可以归纳为下述几个方面。

二、关于刑法的宏观理论问题

这方面涉及的主要问题如下。

（一）刑事政策问题

有关文章研讨的主要问题有两个。

1. 刑事政策与刑法的关系

有的文章提出：刑事政策有党的刑事政策与国家的刑事政策之分，只有先处理好这两种刑事政策的关系，才能进而处理好刑事政策与刑法的关系。刑事政策与刑法的关系，在本质上反映的是党和国家与刑法的关系。刑事政策与刑法的关系是：一方面，刑事政策对刑事立法和刑事司法等有导向性、指导性的作用；另一方面，刑事政策不能代替刑法，刑事政策的制定也必须正确地反映司法实践的需要。

2. 唯刑主义观念与我国刑事政策的关系

有的文章认为：在我国近年来同犯罪作斗争的理论与实践中，存在着崇尚刑罚“万能”的唯刑主义观念，这种观念必然导致刑事政策上的重刑主义倾向，必然导致在刑事政策上忽视刑罚个别预防的一般预防主义倾向，必然导致在刑事政策上排斥刑罚外的综合预防即社会预防措施。鉴于唯刑主义的种种弊端，我国的刑事政策应当摒弃这种错误的观念，而代之以刑罚预防与社会预防相结合的综合预防主义观念，并且以社会预防为主，辅之以刑罚预防。

（二）刑事法律关系问题

刑事法律关系是我国刑法学中还非常缺乏研究的一个基本刑法理论问题，这次会议上有两篇论文对这一专题进行了研讨。

有的论文认为：刑事法律关系就是国家和犯罪人之间依据刑法规范结成的特殊的权利义务关系；刑事法律关系的主体包括权利主体和义务主体，国家是唯一的刑事权利主体，犯罪的自然人和单位均可以成为刑事义务主体；刑事法律关系的客体是犯罪，包括犯罪的客观方面和主观方面；刑事法律关系的内容包括刑事处置权利和刑事责任；刑事法律关系体现了国家和犯罪人之间的不平等关系，并由国家强制力推动实现；刑事法律关系产生的条件是有犯罪的存在，其消灭条件是犯罪事实及其法律后果的消失，具体表现为刑事处置的结束。

还有的论文认为：刑事法律关系是刑事法律调整的国家与公民及某些法人之间的一种社会关系，其组成部分包括刑事法律关系的主体及权利、义务的客体。刑事法律关系可分为刑事实体法律关系、刑事程序法律关系和罪犯改造法律关系。刑事法律关系具有广延性和有限性、现实性和统一性、不平等性和严厉强制性以及正义性和科学性等特点。

（三）刑事责任问题

关于刑事责任的研讨主要集中在下述两个问题上。

1. 关于刑事责任的地位及其与犯罪和刑罚的关系

有关这个问题的研讨，提出了三种不同的见解。

（1）"罪责刑"的观点。有的论文认为，犯罪、刑事责任、刑罚三者的关系是先有犯罪，犯罪产生刑事责任，刑事责任再导致刑罚的适用，即刑事责任是连接犯罪与刑罚的中心环节。这也是我国刑法学界近年来关于此问题较为通行的主张。

（2）"责罪刑"的观点。有的文章认为，上述通行的"罪责刑"的主张是不妥的，从整个立法，特别是刑事立法的角度看，总是刑事责任在先，犯罪在后，实践中刑事责任也总是与犯罪同时产生的，因此应将"罪责刑"的逻辑结构改为"责罪刑"的逻辑结构。该文章还认为，"责罪刑"的结构应贯彻于我国刑事立法中，依"刑事责任"—"犯罪"—"刑罚"的顺序规划我国刑法总则的结构。

（3）"罪责"的观点。有的文章认为，我国现行刑法属于"罪—刑"的体系结构，这在刑法理论根源上是深受资产阶级刑事古典学派刑罚报应观的影响的；也不符合我国刑事立法、司法正确的指导思想和经验，因为立法和司法都允许对一些犯罪分子不处刑罚而用其他措施来体现否定评价与谴责；同时，也使刑事责任无独立地位并且含义混乱不堪；在司法实践中也容易造成枉纵失误。因此，主张否定"罪—刑"的观念和刑法结构。至于近年来提出的"罪责刑"的观念与刑法结构，与"罪刑"的观念和刑法结构在实质上没有区别，因为据此，犯罪意味着追究刑事责任，追究刑事责任又意味着处以刑罚。所以，认为"罪责刑"的观念与刑法结构也应予以否定。这种观点主张"罪责"的观念与刑法结构，认为在立法上和实践中，刑事责任均应具有独立的实质性地位，能独立体现国家对犯罪的否定评价和谴责；而在立法上有资格与刑事责任一章并列的刑事制裁措施一章，应包含刑罚和非刑罚制裁措施两类内容。

2. 关于刑事责任的根据问题

关于这个问题的研讨大致有三种观点和表述。

（1）对刑事责任的根据应区分其哲学根据、法律根据和事实根据。其哲学根据是犯罪人的相对的意志自由，即犯罪人的主观能动性与社会性；其法律根据（就应否负刑事责任而言）是刑法规定的犯罪构成；其事实根据（就应否负刑事责任而言）是具备犯罪构成的行为。行为具备犯罪构成，是应当追究刑事责任的唯一根据和决定刑事责任程度的主要根据；能够影响刑事责任程度的，还有犯罪构成事实之外的能够说明行为社会危害性和行为人人身危险性的事实。

（2）刑事责任的根据可分为事实依据与法律依据。其事实依据是犯罪构成，其法律依据是具体的刑事法律规范。

（3）刑事责任的根据并不是犯罪构成，而只能是统治阶级的犯罪观和刑罚观。

（四）刑法的司法解释问题

有关论文的研讨，主要集中在现有的刑法司法解释的缺陷以及如何纠正与完善这两个问题上，但在论述的深度和所提出的完善建议上，均较以前的研究有所进展。

1. 我国现有的刑法司法解释的缺陷

有的文章认为有以下6点缺陷：一是司法解释的公开性尚未全面实现，二是司法解释的主体时常出现混乱和不一，三是司法解释的对象有无限扩大的倾向，四是司法解释还不完全符合立法的宗旨，五是司法解释内部还存在矛盾与空缺，六是司法解释的内容还有不够明了之处。

此外，有的文章认为主要存在三方面的缺陷：一是越权解释问题，二是司法解释权的归属混乱问题，三是司法解释中也有迁就立法失误而作牵强解释的现象。

2. 如何完善我国刑法的司法解释

有的文章提出，完善我国刑法的司法解释，应当在制定、颁行和实际适用司法解释时严格遵循下述6条原则：一是恪守解释权限，二是公开解释内容，三是符合立法宗旨，四是力求具体明辨，五是内容和谐一致，六是程序合理规范。

有的文章提出了如下4点建议：一是在宪法里对司法解释制度予以进一步的明确和强调，二是分别在人民法院组织法和人民检察院组织法里对司法解释制度予以具体的规定，三是尽快对现有的刑事司法解释予以整理和汇编，四是争取逐步在法院判决和裁定中予以公开体现。

还有的文章侧重从保证刑事司法解释的合法性方面提出了4点完善性措施：一是应制定司法解释的单行条例，二是国家权力机关要加强对司法解释制定的监督，三是应建立一支制定司法解释的专家咨询队伍，四是对司法解释实行社会监督和舆论监督。

三、犯罪总论问题

关于这方面的文章主要探讨了如下几个问题。

（一）未成年人犯罪及其处罚问题

1. 已满14周岁不满16周岁的未成年人犯罪负刑事责任的范围问题

有的同志认为，根据1979年《刑法》第14条第2款的规定，这个年龄段的未成年人只对下列三类犯罪负刑事责任：一是故意杀人、故意重伤等罪，二是妨害社会管理秩序犯罪中的严重刑事犯罪，三是其他类罪中与前类犯罪的社会危害性相当的犯罪。

2. 未成年人犯罪如何减轻处罚的问题

有的同志对不同年龄段的未成年人犯罪的减轻处罚分别作了论述，主张对已满16周岁不满18周岁的未成年犯罪人，只要另具有从轻处罚情节，就可以适用减轻处罚；已满14周岁不满16周岁的未成年人犯罪，不论是否另具有从轻处罚的情节，都应当减轻处罚。该同志还提出了对未成年人减轻处罚的量刑公式和减轻处罚后的法定最高刑，主张：凡未成年人犯罪具备减轻处罚条件的，如果是已满16周岁不满18周岁的未成年人，需判处无期徒刑以上刑罚的，其上限为无期徒刑，需判处有期徒刑的，其上限为7年零6个月有期徒刑；如果是已满14周岁不满16周岁的未成年人犯罪，由于不适用无期徒刑以上重刑，所以，其有期徒刑的上限为5年有期徒刑。

3. 未成年人犯罪的法律制度完善问题

有的同志提出了一些完善未成年人犯罪法律制度的建议，如建立未成年罪犯的缓刑制度，明确规定对未成年罪犯限制适用刑罚，建立独立的未成年人犯罪的诉讼制度，以及对未成年罪犯的监管实行半开放式等。

（二）法人共同犯罪问题

有的文章指出，法人共同犯罪是指两个以上法人或者一个法人与一个以上自然人共同故意犯罪，具体表现为法人与法人共同犯罪、法人与法人以外的自然人共同犯罪和法人与法人内部自然人共同犯罪三种情况。该文章认为我国刑法关于自然人共同犯罪人的分类也同样适用于法人共同犯罪人的分类，因而法人共同犯罪人也可以分法人主犯、法人从犯、法人教唆犯等。

（三）类推制度的存废问题

类推制度的存废一直是个有争议的问题，个别同志又提出了废除类推制度的主张，理由是，类推有导致司法侵越立法权、违背法不溯及既往、破坏刑法的确定性和稳定性等弊端；并论证了废除类推制度的现实可能性。

此外，还有论文探讨了犯罪未遂的类型、法条竞合以及吸收犯等问题。

四、刑罚适用问题

（一）建立具有中国特色的刑罚体系和驱逐出境的存废问题

有的同志指出，鉴于以自由刑为中心的刑罚体系存在着不足和人们的价值观向功利方面转移，我国应废除以自由刑为中心的刑罚体系，确立以财产刑和资格刑为中心的刑罚体系。有的同志对驱逐出境这一刑种提出了异议，认为不应把驱逐出境作为一个刑种规定在我国刑法中，而应当把它作为行政措施规定在其他法规中。

（二）死缓制度的理解与适用问题

在死缓制度的理解与适用上，有些同志提出了一些方法和建议，如认为死缓犯在 2 年考验期间又实施犯罪的，不一定属于抗拒改造情节恶劣，而没有重新犯罪但严重违反监管法规的，则可能构成抗拒改造情节恶劣，因此，认定死缓犯是否属于抗拒改造情节恶劣，不能仅以行为人是否重新犯罪或又犯何罪为标准；并且建议，应当在《刑法》第 54 条中增加“延长二年考验期”的规定，以适用于在死缓改造期间不认罪伏法、表现差但还不属于抗拒改造情节恶劣的死缓犯，2 年延长期满后，根据其在延长期间的表现，决定是执行死刑还是减为其他刑罚。另外，对于在 2 年改造期间有特殊立功表现的死缓犯，应当规定立功之后即可获得减刑，不应像现在 2 年改造期满后才获得减刑。

（三）关于缓刑制度的理解、适用与立法完善问题

这是本次大会的论文探讨的一个热点问题，涉及的主要问题如下。

1. 对缓刑制度的理解

有的同志认为，某些著述把缓刑的适用条件分为前提条件和实质或重要条件是不正确的，1979 年《刑法》第 67 条和第 69 条规定的缓刑适用条件是同等重要的有机整体，不存在前提条件与实质或重要条件之分；并认为《刑法》第 67 条中的“可以宣告缓刑”，实为“应当宣告缓刑”，即只要犯罪分子符合缓刑适用条件，就应当对其判处缓刑，而不是可以或不可以判处缓刑的问题。关于缓刑的性质，有的同志强调了缓刑是一项刑罚制度或刑罚执行的一种方式，而不是刑罚消灭的一种事由，因而认为，犯罪分子在缓刑考验期满以后又故意犯罪的，可以构成累犯。

2. 对“依法多判处一些缓刑”的看法

探讨缓刑制度的同志一致认为，我国的缓刑适用率一直偏低，没有充分发挥缓刑制度的应有作用。因而主张大力贯彻中央政法工作会议提出的“依法多判处一些缓刑”的精神，纠正过去一些地方因片面强调“严打”，对该判处缓刑的也不判处缓刑等错误做法。但也有个别同志认为，“依法多判处一些缓刑”的提法不科学，科学的提法应当是“依法宣告缓刑”，有多少符

合缓刑条件的，就宣告多少，否则，今天提多判一些，明天提少判一些，都是不妥当的。

3. 关于缓刑制度的立法与司法完善

多数论述缓刑的文章都提出了完善缓刑立法的建议，具体如下。

（1）关于缓刑适用条件的完善。有的同志主张把缓刑的适用条件重新规定为4个，即犯罪分子被判处拘役、3年以下有期徒刑，有悔罪表现，特定的犯罪原因已经消失，无反革命犯或者累犯身份。有的同志则提出对现行刑法规定的“确实不致再危害社会”这一缓刑适用条件作出明确的司法解释或通过判例加以明确。

（2）关于缓刑考察制度的完善。有的同志提出，应当建立缓刑考察的专门机构，明确规定缓刑考察人和缓刑犯的权利与义务，并建立缓刑保证金制度。即责令被判处缓刑的犯罪分子提供担保人，担保人保证犯罪分子在缓刑考验期间遵纪守法并交纳保证金。如果犯罪分子违反缓刑考验的条件，法院撤销缓刑并没收保证金；如果犯罪分子遵纪守法，考验期满后保证金退还担保人。

（3）关于缓刑考验期的完善。有的文章指出，应规定灵活的缓刑考验期制度，即缓刑的考验期可以延长和缩短，对于有立功表现的犯罪分子，可以缩短其缓刑考验期；对于有违法行为的犯罪分子，可以适当延长缓刑考验期；延长期内仍有违法行为的，就应当撤销缓刑。

此外，有些论文还论述了对“悔罪”、“悔改”与“立功”的理解问题，量刑因素的量化分析问题以及非刑罚强制方法的问题等。

五、具体犯罪的认定和处罚问题

（一）关于破坏社会主义经济秩序罪

1. 投机倒把罪的问题

（1）对于倒卖计划供应票证，倒卖伪造的有价证券，倒卖伪造的车票、船票、飞机票等行为，不应按投机倒把罪定罪处罚，而应分别按《刑法》第120条规定的伪造或倒卖计划供应票证罪，第123条规定的伪造有价证券罪，第 124 条“伪造车、船、邮、税、货票罪”定罪处罚。

（2）对利用经济合同骗买骗卖的行为不应按投机倒把罪定罪处罚，应按诈骗罪定罪处罚。

2. 妨害国家货币罪的问题

（1）买卖假人民币的定罪问题。对于买卖伪造的货币的定罪，应作具体分析：出于牟利的目的，将假币运往外地出售，或者在外地购买假币运回本地出售等，其行为符合贩运伪造的国家货币罪的本质特征，可直接定贩运伪造的国家货币罪。如果是在本地出售、本地购买后倒卖，这种行为不符合贩运的特征，不能直接定贩运伪造的国家货币罪，构成犯罪的，应比照《刑法》第 122 条的规定类推定罪。

（2）走私假人民币行为的定罪问题。走私假人民币的行为，既侵犯国家的货币管理制度，又侵犯国家的对外贸易管理制度，一行为触犯两罪名，属想象竞合犯，按从一重处断的原则，应以走私罪定罪处罚。

（3）非法使用假人民币的定罪问题。应区分不同情况作不同的处理：伪造或者贩运后使用的，定伪造国家货币罪或贩运伪造的国家货币罪；自当地获得假人民币后，携带运输到外地使用，或者在外地获得后携带回本地使用，定贩卖伪造的国家货币罪；行为人自当地获得在当地使用的，按照贩运伪造的国家货币罪类推定罪。

（4）妨害国家货币犯罪的立法完善。第一，明确规定伪造、贩运伪造国家货币行为定罪的起点数额。第二，将伪造、贩运伪造国家货币犯罪的法定最高刑提高到死刑。

3. 偷税、抗税罪的问题

（1）偷税、抗税罪的主体问题。在当前的经济形势下，偷税、抗税罪的主体不仅包括全民所有制企业和集体所有制企业的直接责任人员，而且应该包括私营企业、中外合资企业、中外合作企业和外资企业的直接责任人员，还应该包括单位直接责任人员以外的负有纳税义务的公民个人。另外，负有代征代扣、代缴税款义务的单位和个人即代征人，也可以成为偷税、抗税罪的主体。

（2）如何认定偷税、抗税的“情节严重”问题。认定偷税、抗税的“情节严重”，一般应以偷税、抗税的数额、手段及其后果三个方面综合分析判断，其中，数额是基本的、主要的。

（3）偷税、抗税罪的立法完善问题。第一，将偷税、抗税罪分为两个罪名，由两条分别加以规定。第二，扩大偷税、抗税罪的主体。将法人、个体工商业者或者其他负有纳税义务的公民纳入刑事立法规定的偷税、抗税罪的主体范围。第三，提高偷税、抗税罪的法定刑，增加财产刑和资格刑。

除上述问题外，有的文章还对假冒商标罪的客观行为的认定以及假冒商标罪的客观行为的立法完善进行了探讨。也有的论文就我国刑法对知识产权保护的欠缺及其完善进行了论述，提出应将采取欺骗的手段进行专利登记的行为，以营利为目的将没有申请专利的产品假冒为已申请专利产品的行为，以营利为目的将非专利产品假冒为专利产品的行为，以营利为目的复印、盗印他人作品的行为，假冒他人作品的行为，抄袭他人作品情节严重的行为等，由刑事立法规定为犯罪，以加强对知识产权的保护。

（二）关于侵犯财产罪

1. 盗窃罪的问题

（1）盗窃罪的对象问题。有的文章认为，盗窃罪的对象除了传统观点所讲的动产和有形物以外，还包括下列的无形物、有形物：其一，不动产；其二，电力、煤气、天然气等无形物；其三，秘密技术；其四，私人墓葬中的陪葬财物，无主墓葬中的财物，墓内的尸骨。

（2）家庭成员盗窃自己家庭财产的认定问题。有的文章认为，对于盗窃自己家庭财产的行为，应分情况作不同的处理：第一，行为人用秘密手段占有属于家庭其他成员的财产，数额较大的，构成盗窃罪。第二，行为人采用秘密手段，非法占有属于家庭成员共有的财产，如果超过其应分份额后仍数额较大的，亦应构成盗窃罪。对于家庭内盗的犯罪案件应当采取自诉原则。

（3）盗开汽车案件的定性问题。其一，以非法占有为目的，盗开汽车的，定盗窃罪。其二，出于流氓动机，藐视国家法律，盗用汽车寻衅滋事，严重破坏公共秩序，情节恶劣的，以流氓罪论处。其三，以报复破坏为目的，将盗开的汽车加以破坏的，按破坏交通工具罪论处。其四，盗开汽车作为犯罪工具，进行特定的犯罪活动的，按照处理牵连犯的原则，从一重罪处罚。其五，盗开汽车是为了过车瘾、兜风、取乐、意图用完后返回原处，但在驾驶过程中，发生交通事故，造成重大损失的，应以交通肇事罪定罪。其六，行为人基于抢救伤员，送病员去医院等，未经车主允许开车使用后送还，又没有造成其他后果的，不追究刑事责任。

（4）窃取国外旅行支票的性质问题。有的文章认为，对窃取国外旅行支票的行为，应分清两种情况确定不同的性质：第一，如果行为人窃取的是出售前的旅行支票，不能按支票的面额认定为盗窃罪，只能按印制票样所耗费的实际成本计算，其成本数额较大的，定盗窃罪。第二，如果行为人窃取的是出售后的旅行支票，可按支票的面额认定为盗窃罪。

2. 挪用公款罪的问题

关于挪用公款罪的问题的讨论仅涉及挪用公款罪共犯的认定和刑事责任的问题。

（1）挪用公款罪共犯的认定。有的文章指出，挪用公款罪共犯的成立必须具备以下条件：第一，共犯的主体，其挪用人必须是国家工作人员、集体经济组织工作人员或者其他经手、管理财物的人员，而使用人和其他人可以不要求这个要件。第二，共犯的主观方面必须有共同犯罪的故意。第三，共犯的客观方面表现为各个共同犯罪人有挪用公款的共同犯罪行为。

（2）挪用公款罪共犯的刑事责任问题。有的文章认为，挪用公款集团的首要分子应当依集团挪用公款的总额处罚，而对于其他挪用公款罪的共同犯罪分子，则按照其参与共同挪用公款的数额以及在共同犯罪中的地位、作用和个人使用额等情节进行处罚。

3. 巨额财产来源不明犯罪的问题

（1）罪名的选择问题。有的文章认为，将《关于惩治贪污罪贿赂罪的补充规定》第 11 条第 1 款规定的犯罪，称为非法所得罪、非法得利罪、拥有不明财产罪、拒不说明财产来源罪、隐瞒财产来源罪等罪名，都是不妥的，其罪名应为巨额财产来源不明罪。

（2）巨额财产来源不明罪的事实推定问题。上述文章还指出，以事实推定来认定犯罪与有罪推定是根本不同的，主要是不违背我国刑事诉讼法规定的以事实为根据的原则。

（3）被告人的举证责任问题。上述文章还认为，在巨额财产来源不明案件中让被告人有一定的举证责任，并不违背刑事诉讼法规定的司法机关负举证责任的原则。

对侵犯财产罪的讨论，除主要涉及上述几个方面的问题外，还有的文章对用侵吞公款为个人购买房屋居住权的行为应否适用贪污罪的问题进行了探讨，认为无论从理论上讲，还是从实践来看，对用侵吞的公款为个人购买房屋居住权的行为，都应按贪污罪予以处罚。

(三) 关于渎职罪

1. 惩处渎职罪的原则

有的文章指出，在惩处渎职犯罪时，除了必须遵循罪刑法定原则、主客观相统一原则、罪刑相适应原则、罪责自负不株连无辜原则和惩罚与教育结合原则这些对惩处一切犯罪都适用的原则外，还应当特别注意贯彻在定罪上与普通公民相平等的原则、在处罚上较普通公民从严的原则、区分犯罪缘起的原则和全面追究法律责任的原则。

2. 贿赂罪的问题

(1) 受贿罪的问题。对受贿罪的讨论，集中在受贿罪的客观要件上。

第一，如何理解受贿罪的“利用职务之便”。有的同志指出：“利用职务之便”包括利用职权的便利和利用与职务有关的便利。利用职权的便利，是指利用本人担任某种职务所享有的主管、分管、决定或处理以至于经办一定事项的权力。利用与职务有关的便利，则是指利用本人的职权或地位形成的便利条件，通过第三者的职务行为谋取私利。有的文章还进一步列举了利用职权便利和利用与职务有关的便利的表现形式。利用本人职权便利的表现形式有：利用领导权和指挥权；利用经办权和管理权。利用与职务有关的便利条件的表现形式是：利用职务上的纵向制约、影响关系，利用上级对下级的职务制约、影响关系，利用下级对上级的职务上的影响关系，利用职务上的横向制约、协作关系，等等。

第二，关于“为他人谋取利益”是否是受贿罪客观方面的必备内容问题。一种观点认为，为他人谋取利益是索贿和收受贿赂都必须具备的客观要件内容；另一种观点认为，为他人谋取利益只是收受贿赂构成犯罪的客观必备要件，而索贿则不要求行为人为他人谋取利益。

第三，关于贿赂。有的论文指出：贿赂既包括金钱、物品等动产和房屋等不动产，也包括财产性的利益，如免除债务、免费旅游、代为偿还债务等。非财产性的利益则不能包括在贿赂的范围之内。

（2）行贿罪的问题。有文章对乡镇集体企业构成行贿罪的条件进行了阐述，认为乡镇集体企业构成行贿罪必须具备以下条件：第一，行贿企业必须以谋取不正当利益为目的；第二，行贿的必须是财物；第三，行贿的对象必须是国家工作人员和其他依法从事公务的人员，有为行贿人谋取利益的职务条件。

3. 渎职罪的立法完善问题

（1）贿赂罪的完善。第一，有的同志认为，应增设斡旋受贿罪、间接受贿罪、事前受贿罪、事后受贿罪。第二，有的文章指出，应将财产性的利益列入受贿罪的对象。第三，根据受贿主体的不同情况规定不同的处罚标准。

（2）增设新的渎职犯罪。有的文章认为，为了严惩渎职犯罪，应增设滥用职权罪、挥霍浪费罪、以职经商罪等新的渎职犯罪。

除上述问题外，有的文章对体罚、虐待被监管人罪的有关问题进行了探讨，还有的文章论述了玩忽职守罪的主体问题。

六、几个单行刑事法律的理解和适用问题

1990 年 12 月 28 日全国人大常委会颁布了《关于禁毒的决定》（以下简称《禁毒决定》）和《关于惩治走私、制作、贩卖、传播淫秽物品的犯罪分子的决定》（以下简称《惩治淫秽物品决定》）两个单行刑事法律，1991 年 9 月 4 日全国人大常委会又颁布了《关于严禁卖淫嫖娼的决定》（以下简称《严禁卖淫嫖娼决定》）和《关于严惩拐卖、绑架妇女、儿童的犯罪分子的决定》（以下简称《严惩拐卖绑架决定》）两个单行刑事法律。对这几个单行刑法的理解与适用，是本次年会讨论的一个热点。

（一）关于《禁毒决定》的理解和适用

1. 罪名问题

《禁毒决定》究竟包含多少罪名？这是理解和适用《禁毒决定》先要解决的问题。关于这一问题，意见分歧较大。有的同志主张包括 8 个罪名，有

的同志则认为《禁毒决定》的规定包括10个罪名，也有的同志认为包括11个罪名，还有的同志认为包括12个罪名，甚至有同志认为《禁毒决定》包括14个罪名。综观各种主张，对以下几种罪名已经取得或基本取得共识，它们是：《禁毒决定》第3条规定的非法持有毒品罪，第5条规定的非法运输、携带制毒物品进出境罪，第6条规定的非法种植毒品原植物罪。意见分歧主要表现在以下几点。

(1)《禁毒决定》第2条规定的罪名问题。有三种不同观点：一是认为该条只规定了1个选择性的罪名，即走私、贩卖、运输、制造毒品罪。二是认为该条的规定包括走私毒品罪、贩卖毒品罪、运输毒品罪以及制造毒品罪4个罪名。三是认为该条的规定既不是只有1个罪名，也不是包含4个罪名，而是包含走私毒品罪和贩卖、运输、制造毒品罪两个罪名。

(2)《禁毒决定》第4条的规定包含几个罪名问题。有以下几种不同的主张：第一种主张认为，该条的规定仅包含有一个新的罪名，即窝藏毒品或者毒品犯罪所得财物罪。第二种主张认为，该条的规定包含包庇毒品犯罪分子罪、窝藏毒品罪和窝藏毒品犯罪所得的财物罪三个罪名。第三种主张认为，该条规定的罪名是包庇毒品犯罪分子罪、窝藏毒品或者犯罪所得的财物罪和掩饰出售毒品获得财物的来源罪三个罪名。最后一种主张认为：该条的规定包含4个罪名，它们是，包庇毒品犯罪分子罪，窝藏毒品罪，窝藏毒品犯罪所得的财物罪和掩饰以及隐瞒出售毒品获得财物的非法性质和来源罪。

(3)《禁毒决定》第7条规定的罪名问题。有两种意见：多数人认为该条规定了两个罪名，即该条第1款规定的引诱、教唆、欺骗他人吸食、注射毒品罪，该条第2款规定的强迫他人吸食、注射毒品罪；个别同志则认为，该条只规定了引诱、教唆、欺骗、强迫他人吸食、注射毒品罪一个罪名。

(4)《禁毒决定》第9条的规定是否为一个独立的罪名问题。有两种不同的观点：一种观点认为该条的规定是一个独立的罪名即容留他人吸食、注射毒品并出售毒品罪；另一种观点则认为，该条规定的“容留他人吸食、注射毒品并出售毒品”的行为不能成为独立的一种犯罪，对这种行为应按照《禁毒决定》第2条规定的贩卖毒品罪定罪处罚。

2. 毒品犯罪的处罚问题

(1) 几个法定情节的适用问题。《禁毒决定》第11条规定了对处罚毒品犯罪普遍适用的两个从重情节，第 14 条则规定了一个从宽处罚的情节。与会的有关论文对这三个法定情节的适用进行了探讨。

第一，《禁毒决定》第 11 条第 1 款的适用。该款规定："国家工作人员犯本决定规定之罪的，从重处罚。"有的论文指出，在适用这一法定情节时，必须严格把握国家工作人员的范围，国家工作人员仅限于在国家的各级权力机关、各级行政机关、各级司法机关、部队、国有企业、国家事业单位、各党派和人民团体中从事组织、监督、管理公共事务活动的人员。

第二，《禁毒决定》第 11 条第 2 款的适用。该款规定："因走私、贩卖、运输、制造、非法持有毒品罪被判过刑，又犯本决定规定之罪的，从重处罚。"对这一规定适用的条件，理论上并无分歧。但是对于这一规定与刑法第 61 条一般累犯的关系，则有两种不同意见：一种意见认为，《禁毒决定》的上述规定与刑法第 61 条关于一般累犯的规定，存在着部分重合的关系即法条竞合的关系。当犯罪人的情节既符合《禁毒决定》的上述规定，又符合《刑法》第 61 条关于一般累犯的规定时，按特别法优于普通法的原则，对犯罪人应按《禁毒决定》的上述规定从重处罚。另一种意见则认为，《禁毒决定》第 11 条第 2 款规定的从重处罚，只是对于在《刑法》第 61 条关于累犯规定之外，需要从重处罚的犯罪情况作出的强制性规定。因此，对既符合累犯规定，又符合《禁毒决定》第 11 条第 2 款的规定时，应适用《刑法》第 61 条的规定从重处罚，而不应适用《禁毒决定》的规定从重处罚。

（2）附加刑的适用问题。对毒品犯罪，凡《禁毒决定》规定并处罚金或者没收财产的，处罚时必须依法附加适用罚金或者没收财产的刑罚。对《禁毒决定》规定可以并处罚金的毒品犯罪，处罚时，原则上也应附加适用罚金。

（3）毒品犯罪共犯的处罚。有的文章认为，对那些犯罪对象的数量决定处刑轻重的毒品犯罪的共犯的处罚，如走私、贩卖、运输、制造毒品犯罪的共犯，非法持有毒品罪的共犯等，可以借鉴《关于惩治走私罪的补充规定》和《关于惩治贪污罪贿赂罪的补充规定》有关走私罪、贪污罪共犯的处罚规定，即对犯罪集团的首要分子和其他情节严重的主犯，按共同犯罪的总数额处罚，对其他共同犯罪分子，则按其参与的数额以及在共同犯罪中的作用处罚。

3. 毒品的定性、定量分析问题

有两种不同的观点：一种观点认为，认定毒品犯罪时，首先要对被查获的物品进行定性分析，即究竟是否是毒品，是哪一种毒品的检验鉴定，并且只能由有关鉴定机关检验、鉴定，而不能仅凭侦查人员的肉眼、感觉加以判断；其次，在毒品的性质得到确定后，还应进行定量分析，即对毒品的纯度进行分析鉴定。另一种观点认为，鉴于当前对所有的毒品犯罪进行定性、定量鉴定的条件还不成熟，对于那些毒品的真伪比较明显、各方面没有分歧的一般案件，可暂不作定性、定量鉴定，而对于拟判处死刑的案件必须进行定性、定量分析鉴定，对于查获的毒品形状、颜色明显不同于这类毒品的一般特征或者有争议的，也应当进行定性鉴定。

4. 走私、贩卖、运输、制造毒品犯罪的问题

（1）走私、贩卖、运输、制造毒品犯罪构成起点数量问题。有两种不同的观点：一种观点认为，《禁毒决定》没有明确规定构成走私、贩卖、运输、制造毒品犯罪的最低数量标准，这就意味着只要行为人实施了走私、贩卖、运输、制造毒品的行为，不管数量多少，都构成犯罪。另一种观点认为，《禁毒决定》没有规定走私、贩卖、运输、制造毒品犯罪的定罪最低数量标准，并不意味着对于任何走私、贩卖、运输、制造毒品的行为，一律要判刑。根据《刑法》第10条关于“情节显著轻微危害不大的，不认为是犯罪”的规定，走私、贩卖、运输、制造毒品的行为构成犯罪仍然有关于起点数量的问题，其起点数量究竟应是多少，应由有关机关作出司法解释。

（2）贩卖假毒品案件的定性问题。对于贩卖假毒品的案件，应分不同情况，确定不同的罪名：明知是假毒品而贩卖获利的，按诈骗罪定罪；不知是假毒品，将假毒品误认为真毒品贩卖获利的，应按贩卖毒品罪定罪，属于贩卖毒品罪的犯罪未遂。

（3）对走私、贩卖、运输、制造毒品的犯罪判处死刑的标准问题。《禁毒决定》对走私、贩卖、运输、制造毒品的犯罪，没有确定适用死刑的具体标准。有人认为，为了便于司法实践在适用死刑时有具体统一的标准可以遵循，最高人民法院应就走私、贩卖、运输、制造毒品的犯罪适用死刑的标准作出具体的司法解释；并建议将个人走私、贩卖、运输、制造鸦片3 000克以上、海洛因150克以上作为应判处死刑的单纯数量标准，至于对达到上述数量的犯罪分子是否判处死刑，还要综合考虑其他情节加以确定。

对《禁毒决定》的理解和适用的讨论除主要涉及上述几个问题外，有的文章论述了毒品犯罪的一般构成特征；有的论文阐述了具体的毒品犯罪的构成特征；还有的论文论述了对毒品依赖等的强制医疗问题，并从全面禁毒的需要、法案内部协调一致的需要以及反毒品国际合作的需要等方面立论，阐述了刑事立法增设吸用毒品罪的必要性，同时对吸用毒品罪的犯罪构成及刑事责任进行了论述。

（二）关于《严禁卖淫嫖娼决定》的理解与适用

1. 新罪名问题

有的同志认为《严禁卖淫嫖娼决定》共增设了4个新罪名，它们是：组织卖淫罪、协助组织他人卖淫罪、介绍他人卖淫罪，以及患有严重性病卖淫、嫖娼罪。持不同看法的同志则认为，协助他人卖淫不是《严禁卖淫嫖娼决定》增设的新罪名，而属于组织卖淫罪的共同犯罪；介绍他人卖淫也只是引诱、容留他人卖淫罪的一种表现形式或犯罪方法，不是一个新罪名。

2. 对患有性病的人卖淫嫖娼如何认定的问题

《严禁卖淫嫖娼决定》第5条规定："明知自己患有梅毒、淋病等严重性病卖淫、嫖娼的，处五年以下有期徒刑。"对这条规定的不同理解有如下几点。一是这条规定的罪名问题，一共有6种表述：传播性病罪，故意传播性病罪，恶意传播性病罪，患有严重性病卖淫嫖娼罪，明知有性病而卖淫嫖娼罪，卖淫罪和嫖娼罪（即直接定卖淫罪和嫖娼罪）。二是关于本罪的犯罪形态问题，有的同志认为是危险犯，只要患有性病的行为人实施的卖淫嫖娼行为有引起性病传播的危险的，就构成犯罪并为既遂，不需要造成性病实际传播的后果；另有同志认为，本罪是行为犯，只要患有严重性病的行为人实施了卖淫、嫖娼行为，不论是否具有引起性病传播的危险或者造成了实际传播的结果，即构成犯罪。而持不同意见的同志则认为，从其他国家的一些相关规定和本罪的社会危害性看，以行为人的卖淫嫖娼行为造成了性病实际传播的后果为本罪的构成要件，似乎更为妥当。三是性病的范围问题，有的文章主张行为人所患的必须是严重性病，有的文章认为只要患有国际上公认的性病而卖淫嫖娼的，就可以构成本罪。

另外，关于本罪的罪过形式，都主张得以行为人明知自己患有严重性病为成立条件，如果行为人不知自己患有性病而卖淫嫖娼，即使引起了性病传播，也不构成本罪。

3. 关于一罪与数罪的问题

主要观点有：第一，犯罪分子先行强奸妇女而后迫使其卖淫的，有的文章认为构成数罪，应实行数罪并罚；有的文章认为强奸行为应作为强迫妇女卖淫罪的特别严重情节，从一罪处断。第二，明知自己患有性病而嫖宿不满14周岁的幼女的，应按奸淫幼女罪从重处罚。第三，组织他人卖淫且强迫、引诱、容留他人卖淫的，按组织他人卖淫罪从重处罚。

（三）关于《严惩拐卖绑架决定》的理解与适用

一些同志对《严惩拐卖绑架决定》作了比较全面的探讨，涉及的主要问题如下。

1.《严惩拐卖绑架决定》与《刑法》第 141 条的关系问题

有的同志认为，《严惩拐卖绑架决定》是对《刑法》第 141 条的补充规定，二者是法条竞合关系，不是前者取代后者的关系，因此，拐卖人口罪和拐卖妇女、儿童罪也是并存的关系。

2. 拐卖妇女、儿童罪和拐卖人口罪是否以违背被害人意志为构成要件问题

有些同志认为，鉴于拐卖手段的多样性和复杂性，有些学者以前主张的拐、卖手段必须齐备和拐卖人口罪必须以违背被害人意志为构成要件的论点已经过时；指出，只要行为人把他人当作商品出卖，即使被害人自愿，也构成犯罪。该同志并指出，由于拐卖行为分离及“拐”字在这两罪中已失去其原有含义，故建议将拐卖人口罪和拐卖妇女、儿童罪修改为贩卖人口罪和贩卖妇女、儿童罪。

3. 关于拐卖绑架犯罪的一罪与数罪和既遂、未遂问题

关于一罪与数罪的观点有：第一，行为人既拐卖妇女、儿童，又绑架妇女、儿童的，可以构成数罪。第二，行为人在拐卖妇女的过程中，又实施了奸淫和强迫妇女卖淫行为的，有人认为构成数罪，应实行数罪并罚；有人认为后一行为是前一犯罪的特别严重情节，只构成一罪。第三，行为人收买妇女、儿童后又予以出卖的，只构成拐卖妇女、儿童罪。

关于拐卖、绑架犯罪的既遂、未遂问题，有的同志认为，划分拐卖、绑架犯罪的既遂与未遂，都应当以犯罪分子是否把被害人拐骗或绑架到手为标准，而不应当以行为人是否把被害人卖出或是否勒索到财物为标准。

4. 关于偷盗婴幼儿的行为如何定罪的问题

有三种主张：第一种主张根据犯罪分子盗窃目的的不同，分别定绑架妇女、儿童罪或绑架勒赎罪，即对以出卖为目的偷盗婴幼儿的，定绑架妇女、儿童罪；以勒索财物为目的，偷盗婴幼儿的，定绑架勒赎罪。第二种主张定独立的偷盗婴幼儿罪。第三种主张定绑架妇女、儿童罪。

5. 关于收买被拐卖、绑架的妇女、儿童罪

研讨的主要问题有：第一，收买的妇女、儿童必须是被他人拐骗、绑架后出卖的妇女、儿童。第二，收买人必须明知自己收买的是被拐卖、绑架的妇女、儿童。第三，收买人收买妇女、儿童以后，不阻碍妇女返回原居住地或不阻碍对儿童进行解救的，对收买人可以不按犯罪论处，也可以认定有罪但不追究刑事责任，对于虽不阻碍解救但情节恶劣的收买人，也可以追究刑事责任。

另外，有的同志还对与《严惩拐卖绑架决定》有直接联系的拐卖人口犯罪进行了深入的研究，列举了当前拐卖人口犯罪12种类型，即欺骗型、利诱型、传带型、偷窃型、抢劫型、绑架型、胁迫型、麻醉型、卖亲型、卖婴型、自愿型和转手型等；并对拐卖人口罪的主体特征和出卖形式作了分析。

此外，还有个别文章探讨了《惩治淫秽物品决定》中的出版淫秽物品行为。

［高铭暄、赵秉志、胡云腾、李希慧；载《法学研究动态》，1991（12）］

第三十八章

1992年全国刑法学术年会综述

一、前　言

中国法学会刑法学研究会1992年学术研讨会于1992年10月17日至21日在历史文化名城西安举行，与会代表及旁听人员等共一百五十余人，陕西省、西安市政法机关和有关方面的领导同志到会祝贺。

本次学术研讨会以刑罚的运用与完善为中心议题，共收到论文107篇。论文围绕改革开放和市场经济建设的新形势，就刑法观念转变、刑罚运用与完善、经济犯罪的认定与惩治等问题展开广泛、深入的研讨。现就其主要内容综述如下。

二、刑法总论问题

（一）刑法观念的更新

传统计划经济体制向市场经济体制的转换，带动了社会价值观念变化，同时也推动了刑法观念的更新和转变。有论者明确提出，要树立社会主义市场经济的刑法观，即刑法为发展市场经济保驾护航的服务观、以保障社会生产力发展为标准的犯罪观、与市场经济相适应的刑罚效益观和法律面前人人平等的执法观。

有的论者还提出，各种刑法观的实质差异主要集中在对犯罪本质属性、刑法功能以及罪刑关系的总体认识上，应当从犯罪观和刑罚观的一些基本问题入手，逐步实现刑法观念的转变和更新。该论者认为：应将生产力标准作为评价行为社会危害性的有无及其程度的价值尺度，进而以此为核心与基石确立新的犯罪观。此外，要对生产力标准的丰富内涵进行全面、科学的理解和把握，要避免将生产力发展标准曲解为纯粹的经济标准、单一的局部标准、绝对化的唯一标准和人为自立的标准。

（二）刑法的民主化

在改革开放和建立市场经济体制的新形势下，刑法的民主性是一个备受关注的问题。有论者从刑事立法过程、现行刑法的内容和刑事司法过程三个方面探讨我国刑事法制建设的民主性问题。在刑事立法方面，该论者提出，要注重刑事立法工作的透明度，要体现最广大人民群众的意志和利益，要借鉴国外立法的有益经验。在现行刑法的内容方面，该论者认为，有些单行刑事立法在溯及力上采用从新原则，在生效时间上采用公布当天生效的做法不可取，并提出要废除“形同虚设”的类推制度，加强刑法对公民民主权利的保护。此外，该论者强调在刑法解释和刑法执行两方面要注重发挥刑事司法的民主性。

有论者对我国刑事立法的民主化提出建议：首先，在立法上应全面贯彻法律面前人人平等的指导思想，改变现有立法内容中对国家公职人员犯罪处罚偏轻的倾向。其次，我国刑法应改变只注重公民人身权利而忽视其民主自由权利的倾向，突出强调对公民民主自由权利的法律保障并逐步扩大保护的范围，使公民能够充分行使各项民主自由权利。最后，我国刑法应迅速改变建立在传统报应思想基础上的侧重客观危害的观念，在犯罪的认定和量刑情节的设置上，坚持客观危害与行为人主观危险性的统一，使二者在定罪量刑过程中相互作用，发挥不同的制约效应。

（三）刑法的保障功能

为保证改革开放和经济发展的顺利进行，党和国家运用了政治、经济、法律等各种手段，其中刑事法律起到了举足轻重的作用。邓小平同志提出，

“要坚持两手抓，一手抓改革开放，一手抓打击各种犯罪活动”。打击各种刑事犯罪是对改革开放的有力保障。有的论者强调了“两手抓”思想的重要性：第一，打击各种刑事犯罪是解放和发展社会主义生产力的重要保证；第二，坚持人民民主专政是深刻认识和正确对待各种刑事犯罪的应有的科学态度；第三，“两手抓”是惩治腐败和搞好廉政建设的根本途径；第四，要把打击各种犯罪寓于改革开放之中，贯穿于经济建设的全过程。

有论者则从刑法在政治体制改革中的保证功能、在经济体制改革中的保驾护航作用、对社会治安综合治理的功能和对国家安全的保卫功能等四个方面，对刑法在改革开放中的保障功能进行了全面的阐述。

（四）刑罚的运用和完善

1. 刑罚功能和刑罚机制

在刑罚功能问题上，有论者提出，必须实现刑罚由注重政治功能向注重经济功能的转变；认为在商品经济条件下，刑罚将显现出刑罚目的性、刑罚等价性、刑罚经济性和刑罚人道性的新特点。有的论者则提出，从研究刑罚目的到研究刑罚功能是刑法（刑罚）理论研究的一大进步，但对刑罚功能的研究基本停留在静态分析上，有必要对刑罚功能实现的过程和规律，即刑罚机制进行研究。该论者认为，协调的刑罚结构、行刑机构与犯人和社会之间的密切合作、雄厚的物质基础是完善刑法机制的根本保障，任何一项出问题都会影响刑罚功能的充分实现。

2. 法定刑的调整

关于法定刑的调整问题，有论者提出：在调整法定刑时要避免“重型化”和“轻刑化”的倾向，应当坚持建立在罪刑等价关系基础上的适度原则与协调原则。适度原则，即指刑罚的轻重应与犯罪的社会危害性相当。首先，刑罚的幅度应与犯罪的轻重相当；其次，刑罚的种类应与犯罪的性质对应。协调原则，即指各类犯罪的法定刑之间应保持平衡关系。具体的设想是：第一，故意犯罪重于过失犯罪；第二，业务过失犯罪重于一般过失犯罪；第三，职务犯罪重于非职务犯罪；第四，治安犯罪重于婚姻家庭犯罪。由此，保证罪与刑之间的等价关系。

3. 死刑的适用与完善

在死刑问题上，有论者从文化、历史和现实的角度，对中国的死刑问题进行了深层次的反思和探讨。该论者分析了中国民众死刑意识强烈的深层原因：首先，涉及对人类生命价值的认识，死刑是对罪犯生命价值的漠视；其次，涉及对法律功能的认识，“工具主义法律观”使法律永远是为某一目的服务的工具，容易衍生出“重型主义”思想。

有论者指出：我国的死刑现状表现为数量多、范围广、增长快三个特征，应及时遏制死刑的“膨胀”，否则会产生一系列不良后果。必须在立法上减少死刑条款，在司法上严格控制死刑适用，并客观宣传死刑的作用，破除社会对死刑的迷信。有的论者结合司法实践提出，要从诉讼程序上限制死刑的适用，尤其要把握好侦查和死刑复核两个重要的环节。

有论者认为，死缓制度作为我国刑法独创性的制度，是坚定贯彻“少杀”政策的制度保证和实行惩办与宽大相结合的刑事政策的需要；提出应当全面总结适用死刑立即执行与死缓的界限，以扩大死缓的适用。该论者认为，符合以下条件，即属于虽然罪该处死，但“不是必须立即执行，可以判处死缓的”：其一，罪行尚未达到最严重的程度；其二，在共同犯罪中不是起最主要作用的犯罪分子；其三，被害方有过错；其四，犯罪分子主动投案自首或者有悔改和立功表现，或者属于在别人唆使下犯罪，归案后悔罪态度好的；其五，为留有余地而判处死缓；其六，考虑到国际影响或为保存活证据的需要；其七，在特定的专项斗争条件下，符合特定条件的，可从轻判处死缓。

4. 罚金刑的适用与完善

有论者认为，随着我国社会主义市场经济的发展，罚金刑在惩罚犯罪、改造犯罪分子方面将发挥更大的作用。该论者分析了我国罚金刑适用的现状，指出司法实践中审判人员不适用或很少适用罚金刑的主要原因在于：其一，现阶段公民收入普遍不高，罚金刑难以判处和执行；其二，罚金刑立法不科学、不合理直接影响罚金刑的适用，如数额规定得过于笼统，没有设立罚金易科制度等；其三，罚金刑本身所存在的缺陷，即对不同经济条件的犯罪人的“不平等”，使司法人员轻视罚金刑；其四，行政处罚的罚款、刑事侦查中的追缴赃款、赃物同罚金刑衔接不良，影响罚金刑的实际执行。针对现状，该论者指出了我国罚金刑发展的方向：第一，罚金刑的适用范围应在原有基础上进一步扩大，特别是财产和贪利性犯罪；第二，法人犯罪的罚金刑应不同于自然人的；第三，罚金刑的数额应逐步具体化并趋向稳定；第四，罚金刑的科处方法应趋向多元化。

也有论者针对管制刑和罚金刑存在的缺陷，提出首先，将管制刑和罚金刑配置在一起，充分发挥二者的刑罚效益。具体的设想是：第一，立法上扩大管制刑和罚金刑的适用范围，进而规定在某些情况下，应并处罚金刑和管制刑。第二，执行上先要改善管制刑和罚金刑的执行方法。罚金刑可规定受刑人按月交付罚金，管制刑可要求受刑人按月向执行机关提交操行情况汇报。其次，要把管制刑和罚金刑有机结合起来加以运用，协调二者的执行方法和量刑幅度。最后，要设置专门的执行机构。

5. 资格刑的适用与完善

有论者在分析了世界各国资格刑立法例的基础上，认为当今世界资格刑立法呈现出从一元制、多元制逐步向非刑制转换的趋势。该论者指出："一元制"难以适应犯罪复杂多变的需要，分则条文也无法具体穷尽在何种情况下剥夺某种特定资格，显得过于僵化、繁复。"非刑化"虽然符合现代刑法的发展潮流，却不适应我国现阶段职务犯罪、经济犯罪严重的具体情况。因此建议在我国刑法中构建"多元制"的资格刑体系，具体设想是：先在刑法总则中明确规定出资格刑的种类、适用对象和范围以及一般适用原则与具体方法；然后在分则条文中，一般情况下均按总则规定适用，仅在某些情形特殊的分则条文中作出特殊规定。

在完善资格刑的问题上，很多论者提出了建议，包括如下要点。

（1）充实资格刑的内容。有论者提出我国刑法应形成一个由 6 种具体刑种组成的系统的资格刑体系，包括剥夺选举权和被选举权，剥夺担任特定职务的资格，剥夺从事特定职业的资格，剥夺一定的荣誉，剥夺军衔，驱逐出境。

（2）淡化资格刑的政治色彩。有论者进而从公民权利和执行实践出发，提出删除剥夺"言论、出版、集会、结社、游行、示威"6 项政治自由的内容。

（3）扩大资格刑的适用范围。有论者设想，对于渎职犯罪、凭借特定职业权利实施的经济犯罪和妨害社会管理秩序犯罪、职业过失犯罪等应当适用相应的资格刑。

（4）完善资格刑的适用方式。有论者提出，要建立资格刑的缓刑、减刑和免除制度、资格回复（复权）制度、资格刑执行监督考察制度等。

（5）实行资格刑分立制度。有论者提出，要针对不同犯罪的特点和犯罪人的具体情况适用不同的资格刑，实现刑罚的效益，避免“刑罚过剩”的弊端。

（五）外向型刑法研究

1. 涉港、澳、台地区的刑法问题

有论者分析了我国全国性刑法与我国香港特别行政区刑法的差异，提出从立法协调和司法协调两个方面解决两者的冲突。在立法协调方面，在我国尚未建立解决具体刑事法律冲突的冲突规范的情况下，《香港特别行政区基本法》中有关法律协调的规定是处理两者冲突时应遵循的原则。在司法协调方面，两地通过进行刑事审判与检控协助、警务协作等刑事司法协助，可以协调两地共同打击犯罪的力量，缩小两地刑事法律上的差异。也有的论文谈到了海峡两岸的刑法冲突问题，分析了两岸刑法冲突的特征和表现形式，提出了解决两岸刑法冲突的原则和途径。

有论者提到了内地（大陆）与港、澳、台地区在移交案犯上的合作，在分析了移交案犯合作的必要性和可能性的基础上，提出了通过国际刑警组织、司法协助和其他灵活方式进行移交案犯合作的可能，并且指出内地（大陆）与港、澳、台地区间的移交案犯制度需要解决如下问题：（1）坚持双重犯罪原则；（2）不适用“政治犯不引渡”原则；（3）不适用“死刑犯不引渡”原则和“本国公民不引渡”原则；（4）建立移交前的临时逮捕制度。

2. 刑法的国际化

一个国家刑法的形成与发展，绝不是孤立地只从本国的情况出发，而是要受到世界各国刑法发展共同趋势的影响，并且本国刑法制度、刑法理论的建立也具有相应的国际意义。有论者提出我国刑法国际化的要求：（1）在刑事立法、司法和刑法理论等方面借鉴外国的先进经验，反映各国刑法发展的共同趋势；（2）为适应改革开放形势下同国内犯罪作斗争的需要，以经济犯罪为重点，借鉴外国有关的成功经验，完善我国刑法关于经济犯罪的规定；（3）为了适应同国际犯罪作斗争的需要，必须确立我国刑法的普遍管辖原

则；（4）要加强对外宣传我国刑事法制建设的成功经验和优越性以及刑法学理论取得的进步和成就。

也有论者提出，国际刑法规范应当体现在国内刑法中，并认为在我国刑法修改过程中，要重视如下几点：（1）明确规定对国际犯罪的普遍管辖原则；（2）增设引渡条款；（3）明确规定战争罪；（4）增设侵犯应受国际保护人员罪；（5）完善关于危害公共安全罪的立法，修改破坏交通工具、交通设备罪，增设海盗罪和劫持交通工具罪；（6）增设劫持人质罪。

此外，在外国刑法研究方面，有论者详细介绍了德国的和法国的行政刑法理论和实践，有论者介绍了英美刑法上的严格责任理论。

三、刑法各论问题

（一）经济犯罪的认定与惩治

1. 惩治经济犯罪与改革开放的关系

对于惩治经济犯罪与改革开放的关系问题，大家的观点比较一致，有论者对这一问题进行了专门的分析。该论者强调：面临经济开放和加速经济发展的有利时机，应当加大对不安定因素的控制，其中经济犯罪应是坚决打击的重点。惩治经济犯罪与改革开放在本质追求上是完全一致的，其目的都是促进我国的经济建设，二者相互贯通、相互依存、互为前提、相辅相成，统一于建设具有中国特色社会主义的实践。

该论者还提出，在深化改革、扩大开放的关键时期，在打击经济犯罪过程中，应当严格依法办案，坚决清除各种各样的保护主义倾向，集中力量查处大案、要案，准确把握打击经济犯罪与保障改革、促进开放的平衡。

2. 生产、销售假冒、伪劣商品犯罪问题

目前，生产、销售假冒、伪劣商品的违法犯罪现象已经成为干扰改革开放和经济建设的重点问题。有论者提出，加强对这一类型犯罪活动的控制的首要任务是完善该领域的立法。有论者建议，在现行刑法条文的基础上补充修改有关条款，例如，增设销售假冒商标的商品罪，制造、销售劣质医疗器械罪，制造、销售伪劣有害食品罪、制造有毒有害的食品包装罪，制造、销

售假劣农药罪。也有论者提议，鉴于我国过去的立法习惯，可以由全国人大常委会采取“决定”的立法形式，集中规定生产销售假冒、伪劣商品的犯罪罪状及法定刑，并划分为故意或者过失生产、销售伪劣食品犯罪，故意或者过失生产、销售伪劣药品、医疗卫生保健器械犯罪，故意或者过失生产、销售其他足以危害公共安全的伪劣商品犯罪，故意或者过失生产、销售其他伪劣商品犯罪，故意生产、销售假冒他人注册商标、标识或者假冒产地、企业名称的商品犯罪共5个罪名，其中前三种置于“危害公共安全罪”中，后两种犯罪置于“破坏经济秩序罪”中。

3. 走私犯罪问题

伴随着改革开放，我国的走私问题日益凸显。有论者提出，自1989年以来，走私活动呈现出企业、事业单位、群众及集团走私同时猖獗的猛烈势头，其原因错综复杂，包括历史背景和社会背景的原因，也反映了我国国内控制的某些漏洞。该论者建议，应加强社会治安综合治理是治理走私犯罪的根本性措施，其中，从严格意义上来讲，刑事制裁手段也是综合治理系统工程的一部分，强化刑事制裁职权需要受到特别的重视。

4. 回扣问题

回扣问题已然成为我国当下经济生活中的一个热门话题，也是本次研讨会中的一个热点问题。

对回扣的界定，有论者认为，通俗意义上的回扣按其表现形式可以详分为佣金、回扣、手续费、技术劳务费、承包或购销提成报酬、折扣等6种表现形式，对这些不同的经济现象应当区分处理。也有论者认为，回扣现象有的属于国际惯例的回扣，有的是变相回扣，有的是把回扣与佣金、折扣、让利、信息费、咨询费、手续费混为一谈，有的是行贿、受贿的手段；而刑法意义上需要查处的应当是其中为谋取不正当利益而给予回扣和私自收受回扣的案件，重点则是国家工作人员、集体经济组织或其他从事公务的人员的相关行为；至于企业在业务往来中的种种彼此利益分配，不宜在刑事领域过多讨论。还有论者就狭义的回扣予以界定，认为回扣是在商品经济交往中卖方支付的、从买方支付的货款中扣除又返还给买方的钱款。有论者从比较法的角度强调，回扣不同于佣金，一般是在商品成交、劳务合同成立并付清合同约定的全部款项后予以返回。

对于回扣的法律调整，存在着以下几种主张：（1）有论者认为，从社会商品生产流通的整体性、全面性看，回扣有很大的腐蚀和危害性，应当严格加以禁止。（2）有论者认为，回扣是在商品经济的发展基础上产生的商品流通领域中的一种经济现象，就其本身而言是中性的，而针对使用人的动机和具体情况的不同呈现出不同性质。在我国社会主义初级阶段商品经济条件下，市场交易机制不完善，价格结构扭曲，因此，在不侵犯国家、集体、个人利益的情况下，回扣作为被动接受价值规律调节的结果应当允许。（3）有论者认为，当前回扣现象中需要刑法调节的重点部分应当是，为谋取不正利益而给予国家工作人员、集体经济组织或其他从事公务人员回扣的行贿现象，以及国家工作人员、集体经济组织工作人员或其他从事公务人员收受回扣的受贿现象。（4）有论者认为，应当区分违法的回扣现象与应作为犯罪处理的回扣现象，后者应当仅仅限定为国家工作人员、集体经济组织工作人员或其他从事公务人员利用职务之便收受回扣的受贿现象。由上可见，对回扣的处理范围的不同观点差异较大。

5. 税收犯罪问题

对税收犯罪的讨论，集中在对《关于惩治偷税、抗税犯罪的补充规定》的法律适用问题上。首先，《关于惩治偷税、抗税犯罪的补充规定》对原有刑法内容进行了补充和修改。有论者分析，其重点集中在以下几个方面：（1）明确区分了抗税罪和偷税罪，缩小了抗税罪的刑事责任范围，并提高了抗税罪的法定刑，增加了罚金刑；（2）针对偷税罪，强调偷税行为与漏税、欠缴税款罪的区别，并加强了刑罚惩处；（3）增加了转移隐匿财产逃税罪、骗取国家进出口退税罪；（4）扩大了主体范围，明确法人入罪问题。其次，有论者建议，增设税收舞弊罪以惩治严重妨碍国家税收制度的税务人员的舞弊行为。最后，有论者对《关于惩治偷税、抗税犯罪的补充规定》第5条第1、2款的不同罪名规定提出质疑。

6. 计算机犯罪问题

有论者对我国计算机犯罪进行了刑事立法探讨，建议针对我国的刑法理论特点和计算机犯罪的特殊性，宜制定单行法规以调整计算机领域犯罪。

7. 科技人员犯罪问题

一直以来，科技人员业余兼职活动的规范问题界限比较模糊，其中罪与非罪的界定存在较大争议：(1) 有论者提出，对科技人员的业余兼职活动应当从“三个有利于”的总标准出发进行总体评价，这实质上就是分析判断“行为是否具有一定的社会危害性”这一犯罪本质特征。(2) 有论者提出，应当对其中罪与非罪的若干具体界限进行详细分析：首先，应当严格区分职务技术成果与非职务技术成果，正确认定科技人员在兼职活动中是否利用职务上的便利；其次，对兼职人员在协议报酬之外收受额外报酬的行为以及强行索要额外报酬的行为，应当区别分析；最后，现实情况中大量出现兼职人员改进利用本单位非保密性技术成果而后擅自转让获得技术转让费，这一行为应当与利用职务上的便利骗取、窃取本单位职务技术成果（包括技术秘密）的出卖行为区别开来。

8. 经济犯罪的处罚

(1) 经济犯罪废除死刑问题。有论者提出：对经济犯罪应当废除死刑。首先，经济犯罪的原因非常复杂，是社会诸多矛盾冲突的极端表现，而在很长的一段时间内，这些社会原因都不可能完全消除，因此经济犯罪在长期内仍将十分突出，解决经济犯罪问题应当从缓解社会主要矛盾的角度入手，使其从根本上得到预防与减少；而死刑的适用只能是“治标”之策。其次，从刑罚功利性的角度，死刑对预防经济犯罪并无明显的作用。最后，从比较研究的角度，对经济犯罪废除死刑在世界各国都具有共性。

(2) 经济犯罪的经济保安处分。有论者提出，我国刑法有必要建立保安处分制度，并在经济犯罪领域充分发挥其作用。该论者还建议在我国经济保安处分制度设置中引入善行保证、禁止从事某种职业或营业、公共判决和解散公司等措施。

（二）社会管理秩序犯罪问题

1. 危害环境犯罪问题

对于完善环境刑事立法的讨论已持续了相当一段时间，此次年会上又有论者对在刑法中增设危害环境犯罪提出了建议。该论者对危害环境罪的犯罪构成、刑事责任以及建立相应的诉讼制度提出了构想，并主张设置如下罪名：污染大气罪，污染水体罪，污染海洋罪，排放环境噪声罪，污染土壤罪，盗伐、滥伐林木罪，非法捕杀野生动物罪，非法砍伐野生植物罪，破坏草原罪，破坏矿产资源罪，破坏水产资源罪，破坏名胜古迹、特定景观罪。

2. **毒品犯罪问题**

针对全国人大常委会《禁毒决定》中的司法适用问题，有论者提出，有关毒品犯罪的法律规制包括1979年《刑法》第171条以及全国人大常委会《关于严惩严重破坏经济的罪犯的决定》、《关于惩治走私罪的补充规定》和《禁毒规定》等刑事法律，这些法律都具有效力，应当同时适用。而有论者则提出相反观点，认为《禁毒决定》已经吸收包括了原有罪名并增加了新的罪名，是新法，也是特别法，因此应当只适用《禁毒决定》。

3. **风化类犯罪问题**

有论者结合《严禁卖淫嫖娼决定》，对明知有性病而卖淫嫖娼罪的设罪理由、犯罪特征及刑事责任进行了详细的分析。还有论者对组织卖淫罪的罪名问题提出了修改建议，认为应当确定为“组织他人卖淫罪”，并强调组织他人卖淫行为与强迫他人卖淫罪及引诱、容留、介绍他人卖淫罪在客体和行为手段方面的区分。

（三）其他

除上述问题外，还有论者讨论了《关于严惩拐卖、绑架妇女、儿童的犯罪分子的决定》《关于惩治贪污罪贿赂罪补充规定》《惩治淫秽物品决定》的法律适用问题，以及对危害公共安全犯罪的公共危险状态的认识。

［林少波、仇芳芳；本文为首次刊载］

第三十九章

1993年全国刑法学术年会综述

一、前　言

中国法学会刑法学研究会1993年学术讨论会，于1993年11月21日至25日在福建省福州市举行。与会的代表共102人，到会的本届研究会干事及顾问共37人。另外，还有一些高等政法院校的刑法学专业硕士研究生旁听了会议。讨论会共收到学术论文59篇。本次讨论会以社会主义市场经济与刑法的适用和发展为中心议题，代表们的论文都围绕着市场经济与刑法观念的转变、刑法适用和刑法完善展开。

二、市场经济与刑法观念的转变

涉及刑法观念变革的专题论文有19篇，着重围绕着发展社会主义市场经济条件下新型刑法观的确立，刑法调控的原则、基础及模式，经济行为的刑法评判，以及刑事政策的合理调整等，进行了比较广泛、深入的研究。

（一）关于新型刑法观的确立问题

1. 刑法观变革的意义

一些论文指出，所谓刑法观，是人们对刑法性质、功能、犯罪、刑罚、罪刑关系、刑法制定及实施等一系列问题的认识、看法、心态及价值取向的总称。它具有主观性、深层性、时代性、可变性4个重要特征。虽然，根据主体的差别，刑法观有刑事立法观、刑事司法观、刑事社会观之分，而且也是因人而异、千差万别的，但在一个国家的一定历史时期内，总有一种居于主导地位的刑法观为立法者、司法者和大多数社会成员所认同，从而对这个国家的刑事立法、司法和民众的刑事法律意识产生重大影响，并推动刑法理论的发展和刑法的改革。一些学者认为，在诸种社会观念中，法制观的转变，对于促进国家法制的现代化进程有着不可低估的作用，而刑法观的变革，则是刑法直接为体制转换中的经济基础服务的重要前提。如果没有这个前提，就谈不上刑法的进一步发展，更没有整个国家法制的现代化问题可言。所以，实现体制改革条件下刑法观的变革，确立新型的刑法观，对我国刑事立法和司法的进一步发展与完善，对保障以经济体制转换为核心的整个社会经济、政治和文化事业的发展，都有十分重要的意义。一些学者甚至建议把刑法观变革的研究，列为我国刑法学近期研究的重点，使人们对犯罪的本质属性、刑法的功能和罪刑关系等，有一个较为深入、统一和科学的认识。

2. 刑法观变革的内容

一些学者认为，刑法观的根本性转变就是完成由计划经济刑法观向市场经济刑法观的最终过渡。他们认为：计划经济刑法观是以计划为价值取向、以保护计划为中心的刑法观念。而市场经济刑法观则建立在市场取向的基础之上，它必然体现并反映着市场经济的文化价值观念。这些观念分别包括变革的观念、开放的观念、平等的观念和民主的观念，它们在刑法中的具体表现，就是要科学地确立犯罪的认定标准，追求刑罚的社会效果，注重刑法社会保护机能与人权保障机能的统一。还有一些学者认为：刑法观更新的涉及面甚广，其内容也十分丰富。就目前而言，迫切需要确立以下5种观念：(1) 经济刑法观。其含义有二，一是刑法要突出对各种所有制和市场经济秩序的保护，把保障、促进经济发展作为刑法的首要功能；二是司法机关要增强刑事司法的经济意识，把为市场经济保驾护航作为刑事司法工作的中心任务。(2) 效益刑法观。即在惩治和预防犯罪活动中，要用最少的投入取得最大、最佳的政治效益、经济效益和社会效益。(3) 民主刑法观。其含义有三：一是刑法创制的民主化，二是刑法内容的民主化，三是刑事司法的民主化。(4) 平等刑法观。其含义有二，包括刑事立法平等和刑事司法平等两个方面。(5) 开放刑法观。刑事立法、刑事司法和刑法理论研究要适应我国社会全方位开放的格局，打破长期形成的封闭和半封闭状态，既向社会开放，又向世界开放。

还有一些学者从市场经济对公平竞争的客观要求出发，在全面剖析我国现行刑法存在着的与“公平”要求不相符合的种种表现之后，对确立刑法的公平观念问题，进行了较为深入、细致的探讨。他们认为，在市场经济条件下，公平观在刑法领域中的表现主要有：(1) 保护公平竞争，把严重破坏市场经济的某些不正当竞争行为规定为犯罪，给予必要的刑事制裁；(2) 平等地保护不同所有制性质的商品生产者和经营者的合法权益，切实保障市场经济中所有合法主体的合法权利；(3) 公正、合理地解决各类犯罪主体的刑事责任问题，对相同的犯罪规定相同的定罪量刑标准，从而使刑法具有全社会一体遵行的效力，任何犯罪之人都不能逃脱刑事追究，保障无罪之人不受刑事追诉。一些学者还就市场经济条件下刑事执法观的更新问题进行了探讨。

(二) 关于市场经济下的刑法调控问题

一些论文就市场经济条件下刑法的调控问题进行了集中探讨，涉及的主要问题如下。

1. 刑法调控的原则

一些学者认为：在市场经济条件下，刑法的调控功能不仅不能削弱，反而应相应地转变和加强。但这种调控必须遵循一定的原则，这些原则是：(1) 适度原则。它包括合适的广度和力度两个方面。前者是指准确界定行为罪与非罪的性质，后者则是对不同种类和不同程度的犯罪给予相应的刑罚处罚。(2) 预防原则。强调刑法不能局限于事后制裁，而应寻求发挥其事前预防和减少犯罪的作用。而要贯彻这一原则，就应注重经济刑法规范的法典化、前瞻性和明确性。(3) 协调原则。刑法调控应当高度重视刑法与法律调控机制整体运作的内在协调，包括与宪法、经济法、民商法的协调，以及新的经济刑法规范与既有刑法规定间的协调。(4) 统一原则。包括统一的立法者、统一的经济刑法体系及统一的刑事司法机制。统一的刑法调控，是建立全国统一的市场体系的必然要求。

2. 刑法调控的基础

一些学者认为，刑法是一把“双刃剑”：正确运用刑法参与市场经济的法律调控，能够通过惩治危害市场经济的犯罪活动，有力地保障良好公正的竞争秩序，促进市场经济的繁荣与发展；反之，滥用刑罚利器，将造成对正常经济活动的不当干预，压抑竞争自由和市场活力。一些学者进一步指出：刑法可以以其特有的强制力作用去调整社会关系，但其调整应建立在其他具体的部门法基础之上，而不应直接介入具体的社会关系之中，在缺乏具体部门法依托条件下的刑法直接介入，会在一定程度上抑制某种社会关系的产生与发展。所以，对经济行为（包括对不法经济行为）的调控，理应优先采用非刑法的方法。在这一问题上，不能搞所谓刑事优先原则。一些学者甚至主张排除在经济犯罪问题上的类推适用，代之以严格的罪刑法定。当然，也有一些学者主张在部门法依托的前提下，对法无明文规定的经济犯罪行为，可依法适用类推去追究其刑事责任。

3. 刑法调控的模式

一些论文指出：在计划经济体制下，基于对犯罪总根源的片面认识，人们希望生产资料公有制的建立能够彻底铲除犯罪之源。表现在刑法上，就是以消灭犯罪为刑法调控的目标模式。并且，为实现这一目标而不惜成本，导致刑罚的超量投入。事实证明，这种理想模式并不成功。这些学者从分析犯罪的社会功能、刑罚的社会成本入手，提出必须树立犯罪的相对性观念和刑罚的经济性观念，并由此引出刑法的不完整性和最后手段性的结论。他们认为：刑法作为一种社会控制手段，其功能是有限的，我们不能将维持社会秩序的任务完全交给刑法去完成。刑法调控模式应以犯罪相对性和刑罚经济性为基本理念，不求彻底消灭犯罪，但求以最小的社会成本开支将犯罪最大限度地控制在社会能够容忍的限度之内。因此，必须破除重刑主义和泛刑罚化的观念，建立一个实现刑罚资源最佳配置，并能取得遏制犯罪最佳效果的刑法调控模式。一些学者还就当前体制转换时期如何增强刑法调控的问题，提出了一些建议。

（三）关于经济行为的刑法评判问题

1. 经济行为的诸种表现

一些论文从法律规定的角度，把我国当前的经济行为划分为三种形式，即法律有明文规定的行为、法律规定有冲突的行为、法律无明文规定的行为。他们认为，对法律有明文规定的行为，应坚持有法必依的原则，依法认定其法律性质；对法律规定有冲突的行为，应按新法优于旧法和用政策指导执法的原则，准确认定其法律性质；对法律无明文规定的行为，应根据“三个有利于”的标准，慎重认定其所属性质。也有一些学者认为：首先，对于有利于社会生产力发展的经济活动，在法律还规定其为犯罪时，应及时修订刑法或者制定新的刑事法律，以适应社会现实的需要；在刑法未修订前，应从行为不具有社会危害性的实际情况出发，不作犯罪处理。其次，危害社会生产力发展的经济活动，法律尚未规定为犯罪时，应及时制定新的刑事法律，在新的刑事法律制定之前，则应分不同情况处理，即现行刑法中的规定可以容纳的，依现行刑法论处；现行刑法不能容纳的，适用类推定罪判刑。最后，有些新型经济行为，我国刑法中尚没有将其作为犯罪的规定，而有些国家或地区的刑法规定其为犯罪的，可参考有关国家或地区的刑法，结合案件具体情况处理。

2. 罪与非罪的认定标准

一些论文认为：随着从计划经济体制向市场经济体制的转轨，认定犯罪的标准也发生了重大变化。在市场经济条件下，认定行为的社会危害性，主要应当以“三个有利于”为标准，但“三个有利于”标准的实质是生产力标准。在当前情况下，对经济行为合法与非法（包括对犯罪）的评判，应当以市场经济运作的内在要求为标准，因为它们才是生产力标准的具体表现。这些学者认为，市场经济运作的内在要求，可以概括为经济自由、公平竞争、诚实信用三大原则，其中，“经济自由原则”，旨在保证最大限度地发挥经济活力，提高经济效益；“公平竞争原则”，旨在为经济主体提供参与经济活动的平等地位与均等机会；“诚实信用原则”，旨在保障契约遵守，防止对合同经济权益的侵犯。据此，凡是违背这三大原则的经济行为，应在法律上评判为非法；危害严重的，认定为经济犯罪；否则，就应在法律上评判为合法。还有一些学者认为：生产力标准是社会评价体系中的一个根本标准，不应被简单化和绝对化。在生产力标准的科学把握上，要特别注意四个“不能”，即不能把生产力标准曲解为纯粹的经济标准、金钱标准，不能把它等同为某个部门、地区的发展标准，不能把它误解为评判行为曲直的排他性标准、唯一标准，不能把它看作是人为自立的个人标准。他们认为，生产力标准不能脱离经济、政治、法律、伦理和社会文化的评价标准，在犯罪认定上，则不能脱离犯罪构成这一刑法标准，只有坚持生产力标准与法律（刑法）标准的统一，才能科学认定经济行为的真正性质。

还有一些论文就我国现阶段经济犯罪形成的原因、经济体制转型时期的刑事乏范状态，以及经济犯罪与国家刑罚权的关系问题等进行了研究。

（四）关于刑事政策的合理调整问题

1. 刑罚手段的抗制作用

一些论文指出，我国当前犯罪的大量增加，从某种意义上讲，是体制转轨、社会转型的必要代价。犯罪的发展变化有其自身的规律，并且是不以人们的意志为转移的。刑罚虽然能够在一定程度上影响和制约犯罪的发展态势，但不能指望通过“严打”从根本上消灭犯罪对社会的消极影响。从犯罪演变规律来看，从重从快“严打”的作用是有限的，只能作为一个时期内处理犯罪的具体方针，但不能奉为解决社会治安和犯罪问题的永久性的万全良策。一些学者认为：刑罚轻重与犯罪率的高低，并非绝对地达成反比。事实上，由于犯罪（尤其是经济犯罪）形成的原因日趋复杂，从而也在一定程度上削弱了刑罚固有的威慑效应。特别是对不法经济行为的法律调整，一般更应侧重采用经济、行政、民事手段去抗制，刑罚只能作为对付这些危害性行为的最终手段。一些学者甚至认为，对于犯罪问题，我们在心理承受能力上应更强一些，容忍度也应放大一点，把社会治安正常的标准放得宽一些。只要犯罪活动没有达到不可控制的程度，只要还没有严重影响经济的发展和社会的前进，那就是正常的情况。

2. 刑罚轻重的选择

一些论文对刑罚的轻重问题进行了专题研究，认为：片面的重刑论或轻刑论，都可能削弱公众对刑法的尊重，都会导致刑罚整体功能的缺损。重刑化易于使人产生普遍的对抗情绪，而轻刑化则会使人萌生轻视刑罚的观念。所以，法定刑的设置应当以公正、合理和最佳适度为原则。刑罚适度，首先要以罪刑相当为基础，其次还得考虑努力以最小的刑罚量去获得最大的刑罚效益。一些学者设想以罪刑相当为基础去确定一个中线，上限刑罚量要求达到刑罚个别效益的量，下限刑罚量要求达刑罚社会效益的量。这样确定的相对法定刑幅度，从理论上讲，既不失公正，又能使刑罚的社会效益和个别效益达到相对的统一。

还有一些学者对慎用死刑问题进行了研究，认为：一部好的刑法，应当在犯罪者实施犯罪的每一个环节上都为他架起一座后退的桥梁，也就是说，犯罪者在犯罪道路的每一点上回头，都应比他更向前迈进一步获得对他更为有利的法律后果。刑罚的不断严厉、死刑的不断增加，只会使人的价值被进一步贬低。当这种价值被贬低到某种低微程度时，就人的权利本能而言，刑罚非但起不到抑制犯罪的作用，相反会推动犯罪者实施更多、更为严重的犯罪。

3. 刑事政策的适当调整

一些学者主张：对现有刑事政策加以适当调整，以确立科学的刑事政策。应当从犯罪演变的客观规律出发，在对犯罪实行综合治理的前提下，坚持惩办与宽大相结合的政策。所谓实行综合治理，就是预防与惩治并举，尤其注重对犯罪的预防。当前我国从根本上抑制犯罪率激增的根本出路在于进一步推进经济体制改革，加速社会现代化进程，增加社会整合力，度过社会失衡期，从而为减少和控制犯罪创造社会环境。同时，在对犯罪的惩治上，一方面要严格坚持法律面前人人平等，切实把握好刑事惩罚的范围；另一方面要具体分析、区别对待、量刑适当、全面贯彻惩办与宽大相结合的政策，尽量减少死刑的适用，注意克服重刑化的趋势。通过切实有效的刑事活动，力求将犯罪控制在社会所能容忍的范围之内。

三、市场经济与刑事法律的适用

本次学术讨论会共收到有关刑事法律适用方面的专题论文20篇，主要涉及以下一些问题。

（一）关于受贿罪的主体问题

会议收到的论文中有2篇探讨了受贿罪的主体问题。这两篇论文都认为，在刑法实施后的十余年间，立法部门根据国家政治、经济情况的变化和惩治腐败的需要，对受贿罪的主体范围作了相应扩大，这是符合实际情况的。这两篇论文都建议进一步扩大受贿罪的主体范围，其中一篇论文提出将私人经济组织中的管理人员也纳入受贿罪的主体范围。该论文认为：市场经济是公平竞争经济，作为市场主体的公司、企业，不论其性质和大小如何，在市场竞争中的地位是平等的，利益是均等的。这就要求法律确立其平等主体地位，平等地保护其合法利益，而不能把私营经济置于刑法保护之外。该论文进一步建议将我国刑法中受贿罪的自然人主体概括为“公职人员”和“企业管理人员”。另一篇论文提出将受贿罪的主体由特殊主体改为一般主体。该论文认为，推行股份制导致各种不同性质的经济成分互相渗透，国有、集体企业的内部改革使经营主体发生了变化，如国有民营、公有私营等，三资企业迅速发展，私人企业规模越来越大，这些情况使原来以企业性质作为划分受贿罪主体的依据失去意义。该论文建议将受贿罪的主体表述为“公务员”“公职人员”“受雇人或代理人”。但在讨论中，有不少学者主张缩小受贿罪的主体范围，以便立法和司法上更集中、更有效地从重处罚公职人员的受贿犯罪活动。

（二）关于商业贿赂问题

在商品流通领域，回扣现象随着我国市场经济体制的确立和发展而日益普遍，并呈迅速蔓延之势。刑法学界对此也已讨论了多年。这次讨论会上，有 2 篇论文结合新的立法对此进行了较为详尽的阐述。

其中一篇论文认为，1993 年 9 月 2 日第八届全国人大常委会通过的《反不正当竞争法》，从立法上对回扣问题作了较为完善的规定。该论文认为：作为市场交易中不正当竞争手段的回扣行为，《反不正当竞争法》是将其作为商业贿赂予以禁止的。回扣特指在商品购销活动中，买卖双方按价成交后，卖（买）方不仅交付货物（货币），而且账外暗中给予买（卖）方钱物或其他利益的行为。这种商业贿赂犯罪与 1979 年《刑法》和《关于惩治贪污罪贿赂罪的补充规定》中的普通贿赂犯罪，在构成要件上有很大的差别：(1) 客体不同。商业贿赂犯罪侵犯的同类客体是社会主义经济秩序，侵犯的直接客体是市场管理秩序；普通贿赂罪侵犯的客体是国家机关的正常管理活动。(2) 在客观方面，商业贿赂犯罪并不要求行为人利用职务上的便利条件，而只要双方当事人（或单位）完成了送或收回扣的交换行为，就具备了商业贿赂的客观要件。而且商业贿赂的目的物并非仅指有形的钱物，也可以包括一些虽然无形但又可量化的物质利益，如实物招待、免费游览、设立债权、经济担保等。(3) 主体不同。在商业贿赂中，所有的法人组织都可以成为行贿罪和受贿罪的主体，并无全民、集体或私营的区别和限制。

另一篇论文则比较详尽地阐释了回扣与折扣、佣金以及手续费、好处费等的联系与区别，并对几种相似现象进行了定性分析。

（三）关于生产、销售伪劣商品犯罪问题

在1992年的全国刑法学术年会上，许多代表就完善关于惩治生产、销售伪劣商品行为的刑事立法问题提出了许多很好的建议。1993年7月，全国人大常委会通过了《关于惩治生产、销售伪劣商品犯罪的决定》，并已自9月1日起开始施行。在这次学术讨论会上，有4篇论文对这一重要的刑事立法作了学理上的阐述。有代表认为，上述决定是一部通过刑法手段反不正当竞争的法律，是消费者权益的刑法保障。有论文认为，该决定有如下4个特点：(1) 将惩治生产、销售伪劣商品犯罪的刑法规范系统化；(2) 将罪名具体化；(3) 实行两罚制；(4) 合理调整了法定刑幅度，理顺了特别法与普通法的关系。也有论文对该决定规定的生产、销售伪劣商品犯罪的犯罪构成及与其他一些相关罪名，如投机倒把罪、假冒注册商标犯罪等的关系问题作了论述。

对于如何概括上述决定所规定的具体罪名，提交的论文中有不同的认识。第一种意见认为，该决定共规定了9种独立的罪：生产、销售伪劣产品罪，生产、销售假药罪，生产、销售劣药罪，生产、销售不符合卫生标准的食品罪，生产、销售有毒、有害食品罪，生产、销售伪劣医疗器械、医用卫生材料罪，生产、销售不符合安全标准的产品罪，生产、销售伪劣农药、兽药、化肥、种子罪，生产、销售不符合卫生标准的化妆品罪。第二种意见认为，该决定共规定了7种独立的罪，与上述认识不同的是将生产、销售假药和劣药归并为生产、销售假药、劣药罪，将生产、销售不符合卫生标准的食品罪和生产、销售有毒、有害食品罪归并为生产、销售伪劣食品罪。第三种意见认为，该决定规定了5种独立的罪：生产、销售伪劣商品罪，生产、销

售假药、劣药罪，生产、销售不合格食品罪，生产、销售不合格电器、压力容器、易燃易爆及其他危害产品罪，生产、销售不合格化妆品罪。

（四）关于假冒注册商标犯罪问题

1993 年 2 月第七届全国人大常委会通过了《关于惩治假冒注册商标犯罪的补充规定》，有 2 篇论文对该补充决定中规定的 3 种假冒注册商标犯罪，即假冒他人注册商标罪，销售假冒商标的商品罪，制造、销售他人注册商标标识罪分别进行了理论阐述。对该补充规定颁布后刑法规定的假冒商标罪这一罪名的存废问题，两篇论文观点不一。一种观点认为，该补充规定将假冒商标罪拆解为上述 3 种新的罪名；另一种观点认为，该补充规定仅规定了假冒商标的各种具体行为特征，同时作了一些修改、补充，原来刑法规定的假冒商标罪依然存在。其中一篇论文还对进一步完善假冒商标罪的立法提出了建议：（1）增加假冒他人注册商标罪的行为表现方式。从商标法的规定看，假冒他人注册商标的行为还有 3 种：A. 在同一种商品上使用与他人的注册商标近似的商标；B. 在类似的商品上使用与他人的注册商标相同的商标；C. 在类似的商品上使用与他人的注册商标近似的商标。（2）将服务商标纳入保护范围。（3）增加对驰名商标的特殊保护条款。（4）量刑要具体化。（5）增加“仿造”商标的内容。有论文还提出了应补充、增加新的犯罪行为：以欺骗的手段在商标登记机关取得商标注册的；故意为侵犯他人注册商标专用权行为提供仓储、运输、邮寄、隐匿等便利条件的；使用未注册的商标冒充注册商标的。

（五）关于海峡两岸互涉刑事案件的解决

近年来，海峡两岸互涉刑事案件逐渐增多，在管辖问题上存在一些障碍。会议收到的论文中有 2 篇探讨了这一问题。一篇论文提出了解决两岸互涉刑事案件管辖问题的 5 项原则：（1）以国家民族利益为重，诚恳、务实、消除敌意，积极开展两岸合作的原则；（2）尊重现实，适当承认和执行对方的刑事法律及判决效力的原则；（3）相互信任，平等相待，重点解决实质问题的原则；（4）有利于打击与防止犯罪，促进双向交流与两岸统一的原则；（5）借鉴区际冲突法的原则。另一篇论文重点探讨了海峡两岸遣返劫机案犯的必要性和遣返方式。该论文提出直接移交案犯为双方的最佳合作方式。所谓直接移交案犯有两层含义：(1) 是指移交在我国大陆和台湾地区警方之间直接进行，不经过其他国家、地区及民间组织的中介协助；(2) 是指一方航空器被劫持到另一方以后，另一方将劫机犯直接移交对方处理，而不经过本方司法机关审理。该论文同时提出，对先前大陆劫机去台者，台湾地区司法机关已经作出判决或案件正在诉讼中的，采取移交被判刑案犯、相互承认刑事裁判及转移诉讼等方式解决均有积极意义。

除以上5个专题涉及的问题外，还有一些论文对税务犯罪、非法所得罪、挪用公款罪，以及利用合同诈骗犯罪和偷渡案件的法律适用问题进行了讨论。

四、市场经济与我国刑法的完善

在本次学术讨论会收到的论文中，涉及刑法发展完善的专题论文有20篇，内容包括刑法完善的若干宏观问题，关于死刑、法人犯罪、股票发行与交易中的犯罪、工商秘密的刑法保护，以及贪污罪等具体问题。

(一) 关于刑法完善的若干宏观问题

这方面的论文共有5篇，其主要内容如下。

1. 刑法修改、补充中存在的问题

一些论文在对我国刑法完善的主要方面进行了全面回顾之后，指出了刑法修改、补充中存在的一些问题，主要表现是：(1) 板块性立法形式本身的局限性，导致了刑法体系在定罪、量刑上出现了许多不协调现象；(2) 修改、补充的有些规定与刑法总则发生冲突；(3) 某些内容与刑法理论不相协调；(4) 在语词方面还存在着不够规范、不够清晰的现象；(5) 有些内容表述模糊，令人困惑不解；(6) 经过补充、修改后，原有法律条文是否继续有效，有些仍不甚明确。一些学者认为，与市场经济体制建设的需要相比，刑事立法还有不少差距，存在着许多不适应和不适合的方面：首先，在指导思想上，刑事立法的走势还不十分明确，思路还不够清晰；其次，在工作重点上，刑事立法没有被放到应有的位置上，有被忽视和被弱化的现象；最后，

在实施步骤上，刑事立法的步子还不快，有的徘徊不前，滞后现象比较突出。

2. 超前立法问题

一些学者着重就市场经济条件下经济刑事立法的超前性原则进行了探讨，并就经济刑事立法的超前问题提出了建议，包括：(1) 摈弃“宜粗不宜细”和“缺什么补什么”的立法思想。因为前者使法律规定过于概括、笼统和含糊，不利于法制的统一和司法的适用；后者则会导致立法滞后。其对策就是加强对经济危害行为的超前立法。(2) 把立法与司法和法学理论研究紧密地结合起来。建议立法机关组建一支少而精、高水平、高质量的刑法学专家咨询队伍，并创建经济犯罪的专门研究机构，使经济刑法在刑法理论上经得起推敲。(3) 加强经济刑事立法的预测工作。超前立法应注意5个方面的问题：一是适度把握超前量，二是用动态的观念看待立法，三是注意经济立法的发展与经济刑事立法的协调配套，四是注意运用现代科学技术手段为超前立法服务，五是注意分析立法预测的误差。(4) 借鉴古今中外的经济刑事立法经验。在借鉴立法经验方面，应当从实际出发：一是要把符合我国国情、保护市场经济作为根本标准；二是要论证借鉴的必要与可能，吸收那些科学、可行的立法经验；三是要采取先研究后借鉴的原则。(5) 尽快全面修改现行刑法典。(6) 把经济刑事立法的超前性与现实性有机地统一起来。

3. 刑事判例制度的完善问题

一些论文对我国的刑事判例制度进行了系统研究，认为：我国刑事判例有多种类型，其作用形态也各有不同。除作用不一可能导致参照上的诸种弊病外，刑事判例在其制作、发布和适用效力等方面，还存在着以下一些值得注意的问题：判例形式不够统一，制作技术尚欠成熟；发布主体层次较乱，效力性质显示不明；编发程序缺乏规范，选案内容尚欠典型。从实际出发，考虑到我国立法体制和司法制度的特殊性，在完善现行刑事判例制度方面，应侧重研究解决以下4个方面的问题：(1) 刑事判例的效力层次问题。一些学者主张最高人民法院制发的刑事判例，应尽可能多地具有司法解释的功能；在特殊情况下，还应具有创制法律的性质。而后者的范围应限于适用1979年《刑法》第79条、经最高人民法院核准的刑事类推判例。(2) 刑事判例的制发主体问题。凡属于立法性质的类推判例或具有司法解释功能的判例，必须由最高人民法院制发，并可以在刑事裁判文书中公开援引；各级法院都有权发布具有参照指导性作用或者法制宣传作用的判例；发布刑事判例的具体工作机构应是各级法院的审判委员会。（3）刑事判例的制作技术问题。首先要统一刑事判例的名称，其次应采用统一的文体和结构形式。发布的判例一般应包括案情事实概述，诉辩要点罗列，合议庭（审委会）评析意见，裁判法律依据，一、二审处理结果，以及判例发布机关的附注意见六大部分。尤其是最高人民法院发布的判例，应统一公开公布。（4）刑事判例的汇编整理问题。建议建立一套判例整编规程，定期按问题的类别对已发布的判例进行整理，使判例更为简洁明了，便于实际适用或参考。

（二）关于刑法完善的若干具体问题

涉及刑法若干具体完善问题的论文有15篇，主要内容如下。

1. 死刑问题

一些论文对我国的死刑问题进行了专题研究，提出了对经济犯罪应当慎用死刑的观点，认为除了贪污罪、受贿罪、贩毒罪外，对其他经济犯罪，应当排除死刑适用。还有一些学者认为：我国现在不能废除死刑，只能尽量少用，市场经济与死刑的存废没有直接必然的联系；在对待经济犯罪是否适用死刑的问题上，主张考虑两个“相称”，即与侵害人身的犯罪相称、与严重的犯罪相称。他们认为，在经济犯罪中，有两种情况：一是直接涉及人身侵害的犯罪，二是未直接涉及人身侵害的犯罪。对于前者，适用死刑理所当然；对于后者，因为死刑与严重犯罪相称才是决定适用死刑的主要根据，所以，在当前的形势下，即使是对未直接涉及人身侵害的严重经济犯罪，也应适用死刑，不能弃死刑而不用。一些学者认为：“慎用死刑、少杀长判”是我国死刑政策的一项重要内容，死刑少用到什么程度，应当以我国的国情为根据，死刑与严重犯罪相称是死刑存废及多少的主要根据。对下列犯罪应当适用死刑：某些严重的危害国家安全罪，某些严重的危害公共安全罪，某些严重的破坏社会经济罪，某些严重的侵犯人身权利罪，少数严重的侵犯财产罪，个别严重的妨害社会管理秩序罪，个别严重的渎职罪。至于降低规定有死刑法条在刑法中比重的方法问题，一些学者提出了“分解法”、“合并法”和“死刑限制加重法”。慎用和少用死刑不但体现在死罪减少和比重降低上，而且还应体现在适用死刑的制度上，通过完善死刑适用制度，保证杀得准、杀得少。为此，一些学者提出了采用降低“死缓”减刑条件和借助数罪并罚制度来减少死刑适用的建议。

2. 法人犯罪问题

一些论文对法人犯罪的立法完善提出了具体建议：(1) 在刑法总则中将法人纳入犯罪主体的条款，明确规定法人犯罪的定义和构成要件。(2) 完善法人犯罪的惩罚体系。这一体系包括3个方面：一是刑罚方法，二是非刑罚处罚方法，三是行政处罚方法。一些学者还提出了适用于犯罪法人的5种具体的刑罚方式：一是罚金，二是没收财产，三是剥夺荣誉称号并予以公告，四是停业整顿或限制业务活动范围，五是强制解散。(3) 在刑法分则中规定法人犯罪的具体罪名及其刑事责任。

关于法人犯罪的范围，一些论文认为，除现行刑事法律已有的规定以外，至少还有下列犯罪应予规定：(1) 属于危害公共安全罪的法人严重污染环境罪，法人重大水污染罪，法人非法制造、买卖、运输枪支弹药罪，法人厂矿企业重大责任事故罪，法人违反危险物品管理规定肇事罪；(2) 属于破坏经济秩序罪的法人投机倒把罪，法人挪用特定款物罪，法人假冒专利罪，法人不正当竞争罪，法人破坏经济合同罪，法人破产欺诈罪，法人生产、销售、使用不合格计量衡器罪等；(3) 属于侵犯财产罪的法人盗窃罪、法人贪污罪、法人诈骗罪、法人挪用公款罪；(4) 属于妨害社会管理秩序罪的法人伪造公文、证件、印章罪，法人包庇罪犯罪等；(5) 属于渎职罪的法人玩忽职守罪；等等。

3. 投机倒把罪问题

一些论文指出：投机倒把罪的设立，既不符合罪名确定原则，又违背了市场经济运行规律。由于投机活动合法与非法并存，保留该罪名，势必造成认识上的混乱与处理上的偏差，所以，除立法机关已补充分设的犯罪外，应抓住其他非法的投机活动对市场管理、生产经营秩序的侵害这一本质，通过分解现行投机倒把罪而废除此罪。也有个别学者主张在目前状况下保留投机倒把罪的罪名，认为保留这一罪名更有利于惩治这类犯罪分子，保障市场经济的健康发展：首先，将投机倒把的种种行为方式归结为一种投机倒把罪极有利于司法实际部门的操作，这是因为，现实中的犯罪行为是复杂多变的，如果把罪名分得过细，列举不详就可能将明显具有危害性的行为排除在犯罪之外；而且某些危害行为之间的界限确难辨清（甚至也无分辨的必要），在此情形下，直接适用一个范围较广的罪名，就显得简便自如。其次，保留投机倒把罪名，采用概括式的立法技术，可以充分发挥刑事司法解释简便、及时的作用。最高人民法院、最高人民检察院根据形势发展变化的需要，一方面可迅速地将某些显然具有社会危害性的投机倒把行为解释为犯罪；另一方面可将已变化为无社会危害性的行为适时地排除在犯罪之外，视为合法，予以保护。

4. 工商秘密的刑法保护问题

一些论文在对工商秘密的概念、特征及法律保护现状进行了剖析之后，认为：工商秘密作为一种无形财产，与有形财产不同，对其侵害所造成的后果及补救方法均与处理有形财产大相径庭。机械地适用刑法的有关规定定性、处理，缺乏科学根据，难免给人以牵强附会之感。因此，在破坏经济秩序罪中，专条增设“妨害工商秘密罪”实属必要。这些论文进而就妨害工商秘密罪的犯罪构成要件、罚则规定、基本概念等进行探讨，还试拟了具体条文，即“违反国家有关经济管理法规，故意妨害他人工商秘密保密权，情节严重的，处三年以下有期徒刑、拘役或者剥夺政治权利，可以单处或者并处罚金。犯前款罪，情节特别严重的，处三年以上七年以下有期徒刑或者剥夺政治权利，可以单处或者并处罚金。”

5. 贪污罪问题

一些论文对贪污罪的立法完善问题进行了专题研究，主要涉及以下3个问题：(1) 贪污罪罪名的存废。针对一部分学者提出的取消贪污罪，代之以侵占罪的建议，有论文进行了剖析，认为无论从观念上还是从立法技术上讲，我国刑法都应保留贪污罪罪名。(2) 贪污罪的主体。贪污罪主体构成中的国家工作人员、集体经济组织工作人员，都是指特定的经手、管理公共财物的人员，其外延要小于受贿罪的主体。一些学者认为：其本质特征在于具有一定身份的行为人与公共财物的经手、管理关系。因此，在将来修改刑法时，有必要改变1979年《刑法》的规定，将贪污罪主体限定为经手、管理公共财物的人员。同时，从发展的眼光来看，随着市场经济体制的建立，贪污罪主体应进一步扩大，不以经手、管理公共财物为限，而应规定为经手、管理公共财物或他人财物的人员。(3) 贪污罪的客体。一些学者主张贪污罪的同类客体应限定为财产所有权，直接客体则应当包括私有财产所有权在内的公私财产所有权。

6. 证券欺诈罪问题

一些学者认为：证券欺诈罪是指内幕人员以获取非法利益为目的，违反证券管理法规，在证券发行、交易及相关活动中从事内幕交易、操纵市场、欺诈客户、虚假陈述等情节严重的行为。它与刑事诈骗罪和民事欺诈行为有明显的差别。在对这类行为的严重危害性及犯罪构成要件的特点进行分析之后，这些学者提出了在我国刑法中增设这一罪名的必要性，其具体建议是：(1) 在即将出台的证券法中明确设立证券欺诈罪，具体规定该罪的罪状和法定刑；(2) 对通过实施证券欺诈行为获取巨大、特别巨大的非法利益的，立法上应作具体界定，可以 5 万元以上和 50 万元以上的标准来确定证券欺诈罪的数额标准；(3) 对证券欺诈罪的处罚，既应坚持民事赔偿和行政处罚的方法，又应根据罪行大小追究刑事责任，防止以罚代刑。

此外，还有一些论文就著作权的刑法保护、环境犯罪完善等问题进行了分析、探讨。

［苏惠渔、游伟、倪寿明；载苏惠渔、单长宗主编：《市场经济与刑法——1993 年刑法学术讨论会论文集》，北京，人民法院出版社，1994］

第四十章

中国法学会刑法学研究会十年研讨的回顾（1984—1993）

一、前　言

中国法学会刑法学研究会自1984年成立以来，已历时10年。在这10年中，共开了9次年会，即1984年的成都研讨会、1986年的北京研讨会、1987年的烟台研讨会、1988年的郑州研讨会、1989年的上海研讨会、1990年的大连研讨会、1991年的广州研讨会、1992年的西安研讨会、1993年的福州研讨会。1994年的研讨会即将在南宁举行。在该9次研讨会中，由于中国法学会的正确领导，广大干事和会员的共同努力，当地法学会和党政部门，特别是政法机关的大力支持，会议都开得比较成功。刑法学研究会各次年会召开的共同特点是：紧跟形势需要，主题思想明确；贯彻“双百”方针，发扬学术民主；团结互助，取长补短，虚心研讨，气氛热烈。每次会议在提供论文和开展讨论的基础上都作了学术综述，使与会人员感到有纲有目，讲实效，有收获，因此研讨会开得越来越好，问题研究一次比一次深入，吸引力越来越大，愿意争取刑法学研讨会在本地举办的单位也日渐踊跃。这表明中国法学会刑法学研究会已经在我国刑法学界赢得了一定的威望，它的一年一度的学术研讨会已经成为全国刑法理论工作者和实际工作者聚首的盛会，是大家交换信息、交流成果、吸取经验、切磋问题的难得的机会。

在10年9次的研讨会中，与会者们发表了很多研究成果，讨论了很多刑法理论和实际问题，现选取主要的一些方面作一简要汇报。

二、关于刑法宏观理论和刑法总则问题的探讨

（一）关于刑法观的问题

刑法观是人们对刑事立法、刑事司法以及刑法规范、刑法功能等一系列问题的态度和价值取向的总称。面对我国当前推行的社会主义市场经济体制，刑法学界提出“十大刑法观”，具体如下。

（1）经济刑法观。认为刑法应该积极参与调整市场经济体制下出现的新型社会关系，为社会主义市场经济建设保驾护航。

（2）法制刑法观。认为市场经济就是法制经济，作为参与市场经济关系和市场经济秩序调整的刑法，必须实现其自身的法制化。

（3）民主刑法观。认为社会主义市场经济建设需要宽松和民主的社会环境和法律环境，刑法必须充分发挥其保障民主的功能。

（4）平等刑法观。认为等价交换、公平竞争是市场经济的灵魂和基石，这一内容引入刑法领域，便是刑事立法和刑事司法中的平等观。

（5）人权刑法观。认为我国现行刑法对人权的保护在我国历史上是最巨大的进步，但由于社会的进步，文明的发展，国民素质的提高，权利意识的增强，刑法对人权的保护应更加有力。

（6）适度刑法观。认为刑法对社会经济生活的干预范围必须适度，对犯罪行为的惩处的严厉性也必须保持适度。

（7）轻缓刑法观。认为必须摒弃重刑主义，采取轻重兼顾，以轻缓为主的原则，严格限制、逐步减少死刑的适用。

（8）效益刑法观。认为必须以最少、最小的刑罚和最合理的人力、物力、财力的配置，取得打击、预防犯罪的最佳政治效益、经济效益和社会效益。

（9）开放刑法观。认为开放的市场经济要求必须有开放的刑法观，要求

刑事立法、刑事司法和刑法理论研究必须有国际视野。

（10）超前刑法观。认为在社会转型期，刑事司法工作不能拘泥于现有的法律制度，要有“闯关”精神和超前意识，对各种“两可”“踩线”的模糊的经济行为，宜按照“生产力标准”作出罪与非罪的判断。

（二）关于刑法作用的问题

冲破以往对刑法作用表层上的阐述，改变对刑法的政治作用的过分重视而对于其他作用认识不足的局面，着重从下列三个方面进一步深入地探讨了刑法的作用。

1. 刑法在社会治安综合治理中的地位和作用

刑法学界认为：刑法是社会治安综合治理的庞大系统工程中的重要组成部分，但也只是其中的一个重要手段，而不能把它的作用不科学地夸大化和片面化，认为刑法是根本的或唯一的方法。刑法在社会治安综合治理中的作用主要表现在保障社会稳定和促进社会生产力的发展，保证改革开放和社会主义现代化建设的顺利进行和对犯罪的打击与预防。

2. 刑法在惩治经济犯罪、清除腐败方面的作用

刑法学界认为：必须高度重视运用刑法来与经济犯罪作斗争，必须严惩严重的腐败行为。刑法在这方面的作用主要表现为规范人们的行为，惩罚和防范犯罪以及安定社会。在刑法具体运用原则方面，主张应严格执法，不枉不纵，主刑和附加刑双管齐下。

刑法学界还对法人犯罪和科技人员犯罪等新问题的刑法适用问题进行了开拓性的探讨和研究。

3. 刑法在惩治职务犯罪、促进廉政建设方面的作用

刑法学界认为：刑法在惩治职务犯罪、促进廉政建设中起着举足轻重的作用。在刑事立法方面，主张适当扩大职务犯罪的范围，调整刑法结构，适当提高法定刑，严惩职务犯罪；在刑事司法方面，主张必须坚持刑法面前人人平等，反对以官当罪，杜绝以党纪或政纪处分代替刑罚制裁的现象。

（三）关于犯罪观的问题

在推行社会主义市场经济体制的今天，对犯罪行为如何正确认定，是一

个重要的理论和实践问题。多数人认为应树立公正与效益兼容的刑法价值观，主张行为是否具有一定的社会危害性是区分罪与非罪的关键。在宏观上，必须以“三个有利于”的总标准为指导；在微观上，以刑法所规定的犯罪构成要件为依据，其中，行为是否具有一定的社会危害性是关键。“三个有利于”的总标准和犯罪构成分别是认定行为是否具有一定的社会危害性的宏观标准和微观标准，应将两者有机地统一、结合起来予以把握。

（四）关于刑罚机制和刑罚特征问题

有的同志从动态上对刑罚加以研究，提出“刑罚机制”理论，认为：所谓“刑罚机制”是指刑罚功能实现的过程和规律。刑罚功能在客观上要想取得最佳实现，必须遵循下列“刑罚机制”：（1）结构协调。刑罚结构是指刑罚排列的顺序和比例份额。刑罚功能的最佳实现应当有一个良好的刑罚机制内部环境，即刑罚结构要协调，刑罚方法之间比例要适度。（2）双边合作。国家行刑当局与犯人之间、与社会之间要通力合作。（3）物质支撑。认为一切矫正场所的存在和运行都需要有物质作后盾，包括人、财、物三个方面，没有雄厚的物质作基础，很难获得良好的教育、改造罪犯（指被判处监禁刑的罪犯）的刑罚效果。

有的同志认为，在现代商品经济时代，刑罚应具有下列特征：（1）刑罚目的性。注意刑罚目的变革，强化特殊预防，讲究个别化原则，保证刑罚适用的有效性和合理性。（2）刑罚等价性。讲究罪刑相当的等价效果。（3）刑罚经济性。尽量把刑罚的适用量控制在最低限度，避免刑罚滥用，注意刑罚效益。（4）刑罚人道性。注意刑罚适用时对人格尊严的保障。

（五）关于刑法民主性问题

在改革开放的形势下，刑法的民主性是一个重要问题。刑法学界有的同志从刑法规范本身以及刑事立法、刑事司法三个方面，对刑法民主性问题作了有益的探讨，认为：第一，我国刑法指导思想上应全面贯彻法律面前人人平等的思想，改变对国家公职人员犯罪处罚偏轻的倾向；第二，我国刑法应重视对公民民主自由权利的保障，逐步扩大保护范围；第三，在犯罪确定及量刑情节设置上，应充分体现行为的客观危害性与行为人的人身危险性的统一；第四，应明确刑法在整个社会防治系统中的地位和作用，消除刑罚轻重与犯罪率高低有必然联系的片面思想，逐步改变目前刑法中以剥夺人身自由为核心，广泛设置生命刑的刑罚体系；第五，应当不断增加刑事立法本身的透明度和对刑事司法的合法有效的监督。

（六）关于对外开放中的刑法问题

由于社会主义市场经济体制的建立和发展，改革开放的力度加强，涉外刑事法律已引起刑法学界的重视，且取得相当的成果，主要表现为以下三个方面。

1. "一国两制"时期香港特别行政区与内地互涉刑事法律问题

有的同志设想：其一，对于犯罪地仅在一地的，应由犯罪地法院管辖，适用犯罪地法律；其二，对于跨越两地的刑事案件，由犯罪结果地法院管辖并适用犯罪结果地法律，如果实行行为持续在两地的，可按实际控制和先理为优的原则解决管辖权问题；其三，对于数罪涉及两地的刑事案件，按重罪优先原则来确定管辖和法律适用；其四，对于涉及两地的共同犯罪，应分别按不同情况，由犯罪地司法机关或以主要犯罪地为准，确定管辖。

2. 现行阶段海峡两岸互涉刑事法律问题

有的同志指出：（1）有必要加强两岸刑事司法协助。（2）台湾当局应遣返逃亡台湾地区的大陆劫机犯。（3）两岸居民偷渡问题。主张对刑法某些条文进行修改和补充，加强同这类违法犯罪行为作斗争。这一建议已被国家立法机关接受，并通过单行立法形式对刑法作了相应的修改和补充。

3. 国际刑法问题

刑法学界对国际刑法的性质和作用、国际犯罪的概念和构成特征、国际刑事责任、引渡等一系列问题进行了探讨，虽有诸多争论，但普遍认为应加强对国际刑法理论进行研究，我国刑法应对有关国际刑法规范加以确认，建议：规定有关引渡方面的内容，增设一系列国际条约所规定的国际罪行的罪名。

（七）关于市场经济下的刑法调控问题

刑法调控问题在过去没有被刑法学界当作一个理论问题加以研究。随着市场经济体制在我国推行，刑法如何参与市场经济调整，即市场经济下的刑法调控问题才被提了出来，而且对这一理论问题的研究尤显得重要和迫切。有些学者对刑法调控问题作了大胆和有益的具有开拓性的研究。

1. 刑法调控的原则方面

有学者认为：在市场经济条件下，刑法的调控功能不能被削弱，而应相应地转变和加强，而且应遵守下列几个基本原则。(1) 适度原则。包括广度和力度两个方面，前者是指准确界定行为罪与非罪的性质，后者则是对不同种类和不同危害的犯罪给予相应的刑罚处罚。(2) 预防原则。强调刑法不能局限于事后制裁，而应寻求发挥其事前预防和减少犯罪的作用。为此，应注重经济刑法规范的法典化、前瞻性和明确化。(3) 协调原则。刑法调控应当高度重视刑法与其他法律调控机制整体运作的内在协调。(4) 统一原则。包括统一的立法者、统一的经济刑法体系和统一的刑事司法机制。

2. 刑法调控的力度方面

有学者认为：刑法既有正面效应，也有负面效应。应正确运用刑法参与市场经济的法律调整，通过惩治危害市场经济的犯罪活动，有力地保障良好、公正的竞争秩序，促进市场经济的繁荣和发展。反之，滥用刑罚武器，将造成对正常的经济活动的不当干预，压抑竞争自由和市场活动。基于此种认识，认为刑法不应不适当地介入具体的社会关系之中，对经济行为（包括不法经济行为）的调整，理应优先采用非刑法的方法。只有对确实构成犯罪的，才能动用刑法手段。主张排除经济犯罪问题上的类推适用，代之以严格的罪刑法定。

3. 刑法调控的模式方面

有学者认为：在计划经济体制下，基于对犯罪总根源的片面认识，人们希望生产资料公有制的建立能够彻底铲除犯罪之源，表现在刑法上，就是以消除犯罪为刑法调控的终极目标，并且为实现这一目标而不惜成本，导致刑罚的超量投入。事实证明，这种理想模式并没有成功。由此，一些学者从分析犯罪的社会功能和刑罚的社会成本入手，指出必须树立犯罪相对性和刑罚经济性观念，并由此引出刑法的不完整性和最后手段的结论，认为刑法作为一种社会调控手段，其功能是有限的，不能将维持社会秩序的任务完全交给刑法去完成。刑法调控模式应以犯罪相对性和刑罚经济性为基本理念，不求彻底消灭犯罪，但求以最小的社会成本开支将犯罪最大限度地控制在社会容忍度之内，因此，必须破除重刑主义和泛刑化的观念，建立一个实现刑罚资源最佳配置，并能取得遏制犯罪最佳效果的刑法调控模式。为此，就当前体制转型时期如何增强刑法调控力的问题，提出具体建议，认为需处理好刑事立法与刑事司法、定罪与量刑、判刑与行刑这三对关系，通过刑法机制的科学改革，建立从立法到司法到行刑的合理机制，从而使整个社会秩序和治安环境向更好更健康的方向、目标前进，为社会主义伟大事业服务。

此外，关于完善刑事立法的指导思想问题，关于罪刑法定原则与类推问题，关于法人犯罪问题，关于刑事责任的概念和根据问题，关于现行刑法轻重的评价问题，关于死刑的适用范围问题，关于短期自由刑的存废问题，关于罚金刑的适用问题，关于累犯的从严处罚问题等，也都作了不同程度的研讨。

三、关于若干具体犯罪问题的探讨

从具体犯罪的研讨来看，年会注意全面研究和重点突出相结合。10 年里年会的研讨范围基本上覆盖了我国刑法典和特别刑法规定的所有类型的犯罪，并提出许多设立新罪名的建议。其中探讨较为热烈的有十余种（类），它们是：反革命罪、投机倒把罪、妨害税收犯罪、强奸妇女罪、奸淫幼女罪、贪污罪、挪用公款罪、诈骗罪、流氓罪、毒品犯罪、受贿罪、巨额财产来源不明罪、玩忽职守罪等。对上述犯罪的研讨中，有的意见分歧不大，如妨害税收犯罪、强奸妇女罪、奸淫幼女罪等；而对某些犯罪，争论较为激烈。下面作一简要的介绍。

（一）关于反革命罪

反革命罪是我国刑法中规定的危害最为严重的一类犯罪。但是 1979 年《刑法》颁行以来，司法实践中反革命犯罪案件的数量非常少，在全部刑事案件中所占的比例微乎其微，所以我国刑法学界一般未将其作为研究的重点。刑法学研究会成立以后 5 年中的 4 次年会上，没有文章论及反革命罪。针对 1989 年的司法实践，1989 年的刑法学研究会年会适时地将反革命罪作为研讨的一个热点问题，研讨主要集中在反革命罪名是否应作修改。

关于反革命罪名的修改问题，在年会以外已有许多文章论及，存在针锋相对的两种观点，即主张将反革命罪名修改为危害国家安全罪的“修改说”及主张继续保留反革命罪名的“保留说”。在1989年的刑法学研究会年会上，仍然存在上述两种观点。

1. 修改说

修改说的主要理由如下。

（1）反革命是一个含义不确定的政治概念，不宜作为严格的法律概念使用。在不同阶级的政权或者同一阶级政权的不同历史时期，反革命一词的内涵和外延是不同的。把这样一个含义不确定的政治概念作为某类犯罪的名称，不但很难反映这类犯罪的本质特征，而且使刑法规范失去应有的稳定性、严谨性和科学性。

（2）把反革命作为罪名，规定构成反革命罪必须具备反革命目的，给司法实践认定反革命罪带来了不必要的困难。有些犯罪行为人是否具有反革命目的很难认定，因而就很难确定犯罪的性质。将反革命罪名改为危害国家安全罪，废除反革命目的的规定，并将一些原规定于“反革命罪”章的罪名调整到其他罪章，就可以避免犯罪分类上的混乱以及司法适用上的困难。

（3）适应政治形势和阶级关系变化的需要。反革命罪应是在特定历史条件下产生的，当这种特定历史条件发生变化以后，也应作相应的改变。目前在我国，作为反革命罪名存在的阶级基础的剥削阶级已被消灭，在这种情况下，不修改反革命罪名，就不能反映已经变化了的新的政治形势和阶级关系的需要。

（4）适应改革开放政策的需要。改革开放要求我国加强国际交流，而反革命罪在国际上被认为是政治犯罪，根据国际惯例，政治犯不引渡，因此，继续沿用反革命罪名不利于对实施这类犯罪而逃到国外或者在国外实施这类犯罪的犯罪分子的打击，国外会以政治犯不引渡为由拒绝将犯罪分子引渡我国。

（5）适应“一国两制”的需要。按照刑法典的规定，反革命罪是以推翻人民民主专政的政权和社会主义制度为目的的危害国家的行为。而按照“一国两制”，如果在我国的某些地区允许实行资本主义制度，现行刑法典的规定就不符合“一国两制”政策的要求，需要从内容和名称上予以修改。

（6）适应国际大趋势的需要。国外刑事立法中很少有规定反革命罪名的，将反革命罪名改为危害国家安全罪，不仅与国际上的通常做法相适应，而且有利于国际刑事司法的交流与协作。

（7）不使用反革命罪名而改用危害国家安全罪，并不影响对相应行为的打击，而且更能使罪名符合行为的实质内容。

2. 保留说

认为反革命罪名应该保留。针对“修改说”提出的一些理由，“保留说”提出如下理由。

（1）反革命不仅是个政治概念，而且是个法律概念。我国的反革命罪不仅规定于我国刑法之中，而且在宪法中都有规定。

（2）不能以反革命目的难以认定为由而废除反革命罪名。犯罪目的是主观上的东西，难以认定，这不仅对于反革命罪存在，对其他故意犯罪同样存在。

（3）在我国目前，虽然剥削阶级已经不存在，但阶级斗争还将在一定范围内长期存在，在某种条件下还可能激化，反革命破坏活动仍然是我国人民民主专政社会主义国家的主要威胁。

（4）“一国两制”实际是“一国两法”、两法并存，相互抵触的并非仅仅是反革命概念，也并非仅仅刑法一个部门法领域。

（5）一国的刑事立法，无论从内容上还是体例形式上都应当有自己的特色，无须强求与别国刑法协调一致，保留反革命罪名正是保留了我国刑法的特色。

（6）反革命罪的概念从第二次国内革命战争使用起一直至今，已为广大人民群众所熟悉、承认和接受，符合人民民主政权的司法传统和习惯，具有广泛的认识和实践基础。

（7）1989 年的司法实践证明了反革命概念不仅适用于过去革命战争年代，同样适用于社会主义建设时期。

（二）关于投机倒把罪

投机倒把罪规定于我国《刑法》分则第三章“破坏社会主义经济秩序

罪”中。随着我国经济体制由计划经济到市场经济的转变，关于直接破坏经济秩序的投机倒把罪的问题引起了刑法学界的相当重视。刑法学研究会 1986 年年会中即有文章探讨，以后还有多篇论文对此进行研究。关于投机倒把罪的讨论，焦点之一是投机倒把罪名的存废问题，有主废说和主存说之争。

1. 主废说

认为现行刑法中投机倒把罪名应予以废除，而代之以数个新的罪名。其理由如下。

(1) 从投机倒把罪产生的历史看，它是产生于计划经济体制下的，已经与我国现在实行的市场经济体制不相适应。在计划经济体制下被认为是投机倒把的行为，在市场经济体制下则可能是有利于经济发展，应受刑法保护的。投机倒把的内容是由国家一定时期的经济政策所决定的，而经济政策又必然随着经济形势的发展进行调整和修改。这样，投机倒把罪的内容也将处在不断变化中。作为一个罪名来说，内涵与外延一直变化不定，有悖刑法的稳定性和严肃性。

(2) 投机倒把罪内容庞杂，其侵害的客体涉及市场管理秩序的各个方面，作为一个罪名，负载着如此众多而复杂的客体，必然导致罪名概念含混，犯罪构成模糊。

(3) 在市场经济体制下，投机已成为商战智慧和必要手段，投机与市场经济是相容的，市场经济下出现的一些市场，如期货市场、证券市场，离开投机活动无法形成或运转。因此，再使用投机倒把的罪名已与发展市场经济的要求不相适应。

(4) 废除投机倒把罪名，并不意味着否定对扰乱市场秩序行为的惩处，更不意味着一切投机活动都受法律保护。法律可以通过将一些在相当长时期内危害经济秩序的行为规定为犯罪的方式，保护正常的经济秩序。可以设立如下一些犯罪，如生产、销售伪劣商品罪，非法经营罪（或非法倒卖罪），扰乱市场秩序罪（或非法垄断罪、哄抬物价罪）等。

2. 主存说

认为市场经济条件下投机倒把罪名仍有保留的必要。其理由如下。

(1) 虽然投机倒把的内容随着客观形势的发展而时常予以调整，但是投机倒把作为包含多种违法性行为的综合体，其所具有的破坏国家金融和市场管理秩序的本质特征并未发生变化。投机倒把内容的动态性特点与投机倒把综合体的稳定性特点并不矛盾，不能以投机倒把综合体中某些行为的变化来否定投机倒把罪名整体的存在价值。

（2）经济体制的转换会使某些行为的性质发生彻底变革，但无论是在什么体制下，有些行为都是具有严重社会危害性的，且具有一定的稳定性，如倒卖国家禁止或限制自由买卖的物品，哄抬物价、牟取暴利的行为，生产、销售伪劣商品的行为等。

（3）如果把投机倒把罪名取消，将原来属于投机倒把的行为划分为许多罪，列举罪名的范围过于狭窄，就可能将一些具有明显社会危害性的行为遗漏掉；此外，这样也使本来很简单的一个罪演变为异常烦乱的多种犯罪。

（4）保留投机倒把罪，采用概括式立法技术，可以充分发挥司法解释的灵活性，根据形势变化发展的需要，一方面，可以迅速地将某些显然具有社会危害性的行为解释为犯罪，另一方面，又可以将那些原有社会危害性而后无社会危害性的行为适时地排除于犯罪之外。

（三）关于挪用公款罪

我国刑法典中没有挪用公款罪的规定，仅在《刑法》第 126 条规定了挪用特定款物罪，对于挪用特定款物以外财物的行为没有规定为犯罪。但司法实践中，挪用其他款物的行为经常发生，具有相当严重的社会危害性，于是最高人民法院、最高人民检察院在 1985 年 7 月 8 日《解答》中规定，对挪用公款行为以贪污论处。该解答颁行后，在 1986 年的刑法学研究会年会上，有的同志即对此提出尖锐批评，认为挪用公款以贪污论处是不妥当的，应将挪用公款行为单独规定为犯罪。1988 年 1 月 21 日全国人大常委会《关于惩治贪污罪贿赂罪的补充规定》增设了挪用公款罪。此后，刑法学研究会年会上有十多篇文章对该罪进行了探讨，主要问题有：挪用公款罪的客体，挪用公款罪的立法完善。

1. 关于挪用公款罪的客体

在 1988 年年会讨论中有两种不同观点。

（1）认为挪用公款罪既侵犯了公共财产的所有权，又破坏了社会主义经济秩序，是复杂客体，但主要是侵犯了前者，因而应归入侵犯财产罪。具体理由是：挪用公款归个人使用，虽然没有侵犯所有权中的处分权，但侵犯了所有权中的占有权、使用权，也可能侵犯收益权，所以它明显侵害了公共财产所有权；而挪用公款行为尽管也侵犯了国家的财经管理制度，但由于其不具备破坏社会主义经济秩序的特征，故不应当归入破坏社会主义经济秩序罪中。

(2) 认为挪用公款罪的直接客体是公款的使用权，即国家财经管理制度中的公款使用制度，这是单一客体而不是复杂客体，应归入破坏社会主义经济秩序罪中。具体理由如下。

其一，侵犯公款的使用权不能等同于侵犯公款的所有权。处分权是所有权的根本，而挪用公款行为只侵犯公款的占有、使用、收益权，并不侵犯处分权，所以不能讲它是侵犯了公款的所有权。另外，我国刑事立法之所以把挪用公款罪单独定罪而不再以贪污罪论处，正是考虑到挪用公款与贪污侵犯客体的不同，以及由此带来的危害程度的不同。

其二，我国刑法已经把挪用特定款物罪归入破坏社会主义经济秩序罪中，挪用公款的行为与挪用特定款物的行为在性质上并无根本区别，因此，从二者的协调上看，挪用公款罪也应划归破坏社会主义经济秩序罪。

其三，按照《关于惩治贪污罪贿赂罪的补充规定》，挪用特定款物归个人使用的，要依照挪用公款罪从重处罚，如果认为挪用公款罪应归入侵犯财产罪，那么这种挪用特定款物归个人使用而按挪用公款罪从重处罚的行为自然也是侵犯财产罪。这样，同样是挪用特定款物的行为，仅仅由于挪用后归公使用或归个人使用，而分别归入不同类型的犯罪，很难说得通。

2. 关于挪用公款罪的立法完善

挪用公款罪的规定颁行不久，理论上和实践中就发现这一规定尚有许多缺陷，需要改进完善。如用语不严谨，只规定挪用公款没有规定挪用公物，对挪用公款没有数额、情节的规定等。刑法学研究会年会上许多论文对此进行了研究，有的论文提出了一些具体的完善意见。

(1) 关于用语问题。有的同志认为，挪用公款罪中的有些表述和用语缺乏科学性和逻辑性，如“挪用公款归个人使用”的表述及其安排的位置，易使人误解为“归个人使用”只是“进行非法活动”这一情况的要件；“超过三个月未还”是指只要挪用超过 3 个月就构成犯罪，还是挪用超过 3 个月至案发时尚未归还才构成犯罪，不太明确，因此，应予修改，使之含义明确。

（2）关于数额情节问题。有的同志认为，对挪用公款构成犯罪应有一定的数额限制，因为对比挪用公款罪危害更严重的贪污罪都规定了具体的数额，而对危害较轻的挪用公款罪却没有具体数额的规定，在法理上说不通。

（3）对于挪用公款不退还以贪污论处的规定在理解上有分歧。有的同志认为，所谓挪用公款不退还是指行为人本来实施的是挪用公款的行为，但在挪用公款后主观上产生了非法占有公款的故意，客观上实施了非法占有公款的行为，这时行为性质已由挪用公款变为贪污公款。有的同志认为，所谓挪用公款不退还包括主观上不想退还和客观上不能退还两种情况。主观上不想退还的，只要没有采取弄虚作假手段把所挪用公款从账面上消除，就依然是挪用公款而不是贪污；对于主观上想还而客观上已不能退还的，也不应以贪污论，而应作为挪用公款的一种严重情节。

（4）关于挪用公款进行非法活动构成其他罪的实行数罪并罚的问题。一些同志认为，挪用公款与非法活动之间具有牵连关系的，应依重罪处罚，不应数罪并罚。

（5）有的同志提出，应改挪用公款罪为挪用公款公物罪。理由是：其一，无论公款公物，都是公共财产，都应受法律保护。挪用公物与挪用公款没有本质区别，只处罚后者不处罚前者，有失公正。其二，过去司法实践中对挪用公物的行为和挪用公款的行为一样，都按贪污罪论处；《关于惩治贪污罪贿赂罪的补充规定》以后的司法解释也规定对挪用公物情节严重需要追究刑事责任的，可折价按挪用公款罪处罚。这就说明，对挪用公物情节严重的行为定罪处罚是符合实际需要的。既然如此，与其按其他罪论处，不如直接设立一个挪用公款公物罪。其三，国外有关挪用的刑事立法对款、物一般都是同等看待的，值得借鉴。

（四）关于贪污罪

关于贪污罪的讨论，焦点是贪污罪的主体问题。关于贪污罪的主体，我国刑事立法上有一个变化的过程。我国《刑法》第 155 条的贪污罪的主体限定为国家工作人员，1988 年《关于惩治贪污罪贿赂罪的补充规定》将贪污罪的主体规定为国家工作人员、集体经济组织工作人员和其他经手、管理公共财物的人员。

1. 关于国家工作人员的理解

有的学者认为：国家工作人员只能是指在国家机关、国家的企业事业单位、人民团体等机构中从事公务的人员，既不是指一切从事公务活动的人员，也不是指在上述机构中工作的一切人员，因此，《刑法》第83条及1982年全国人大常委会《关于严惩严重破坏经济的罪犯的决定》中对国家工作人员所规定的“依照法律从事公务的人员”，容易引起争议，使人产生一切从事公务的人员及上述机构中的一切人员都是国家工作人员的误解。

2. 关于其他经手、管理公共财物的人员的理解

关于其他经手、管理公共财物的人员，一般认为，也必须是公务性质的经手、管理公共财物的人员，而不包括劳务性质的经手、管理公共财物的人员。但对于有些经手、管理公共财物的人员，如国营或集体企业的售货员、售票员、汽车司机等，究竟是否能成为贪污罪主体则有分歧。一种意见认为，上述人员是属于受委托而经手、管理公共财物的人员，是依法从事公务的人员，因而可以成为贪污罪主体；另一种意见认为，上述人员从事的是劳务而不是公务，不是受委托从事公务的人员，因此不应成为贪污罪主体。对于公有制企业的承包人，一般认为他们属于受委托从事公务的人员，可以成为贪污罪主体；中外合资、合作经营企业中的中方管理人员也可以成为贪污罪主体。

3. 在贪污罪主体问题上的突破

我国实行社会主义市场经济后，多种所有制形式并存，国家保护私有制经济的发展。这种新形势对刑法观念产生了很大的冲击。1993年的刑法学研究会年会上，有的同志对贪污罪主体进行了全新的思考，认为：随着市场经济体制的逐步建立，应转变过去那种单纯保护公有制经济的观念，健全刑法对私有制经济的保护，对于私有制企业中的工作人员利用职务之便侵吞企业财产的，也应以贪污罪论，即把贪污罪的主体进一步扩大为经手、管理公私财物的人员，而不限于经手、管理公共财物的人员。当然，按此思路，贪污罪的客体也就扩大到公私财物所有权，而不仅仅是公共财产所有权。

（五）关于受贿罪

受贿罪是刑法学研究会成立以来讨论最为热烈的一个问题，在1986年年会后的历次年会上，受贿罪问题都受到重视。对受贿罪研讨的问题主要有贿赂的性质（受贿罪的对象）、受贿罪的主体、受贿罪中“利用职务上的便利”的问题、“为他人谋利益”的问题等。

1. 关于受贿罪的对象

1988 年《关于惩治贪污罪贿赂罪的补充规定》规定受贿罪的对象是财物。对此，大家一致的看法是，把受贿罪的对象只限于财物过于狭窄，不利于打击犯罪。因此主张应扩大受贿罪对象的范围，将财产性利益也作为受贿罪的对象，如设立债权、免除债务、提供劳务、免费旅游等。但是对于非财产性利益，如迁移户口、调动工作、招工招干、提升职务、提供性服务等，能否成为受贿罪的对象则有分歧，分为肯定说和否定说。

肯定说认为，非财产性利益也可以成为受贿罪的对象。其主要理由如下。

（1）非财产性利益虽不像财产性利益那样可以计价，但却可以使接受这种利益的人获得以钱财买不到或难以买到的实际利益，其诱惑力往往甚于财物。特别是在改革开放的新形势下，贿赂犯罪往往以非财产性利益出现，如果对此不作为受贿进行打击，则会放纵这类犯罪。

（2）受贿罪是渎职罪，侵害国家机关的声誉和正常活动，只要行为人利用职务上的便利索取或收受了利益，不论这种利益是什么，都同样破坏国家机关的声誉。

（3）随着社会上商品倾向日趋严重，职位、性交等无不打上商品的烙印。性在我国虽然不是商品，但在特定的情况下，性作为一种报酬或利益，是一种畸形的等价交换。性是一种无形的非物质性利益，但又与有形的物质性利益有着密切的关系，因为性交的背后隐藏着某种利益的交换，把性视为贿赂是为了有效地惩治以性为交换的贿赂犯罪。

否定说认为，非财产性利益不能成为受贿罪的对象。其主要理由如下。

（1）一种犯罪的打击面多大取决于犯罪的客观性、惩治的必要性和可行性。国家工作人员利用职务之便为他人谋利益，接受他人给予的非财产性利益，具有客观存在性和现实危害性。但将这种行为规定为受贿罪，在司法上不具有可行性，原因在于：一是难以确定犯罪性质，即如果双方都是从事公务的人员，相互利用职务之便接受对方的非财产性利益，很难划清谁是行贿，谁是受贿；二是难以适用刑罚，因受贿罪需要有受贿的数额，但接受非财产性利益很难确定数额，故无法适用刑罚。

（2）受贿罪的本质是“权钱交易”，而相互利用权力给予对方非财产性利益则是“权权交换”，不符合受贿罪的本质。

（3）“性贿赂”在我国更不宜作为受贿罪定罪量刑，因这不符合我国国情，很难令人接受，而且也很难确定罪与非罪的界限。

（4）对索取或收受非财产性利益的行为并非只有按受贿罪才能予以打击。“权权交换”的行为，有的可用党纪政纪处理；情节严重、危害很大的，应根据实际情况确定犯罪的性质，如滥用职权罪、以权谋私罪等。

2. 关于受贿罪的主体

关于受贿罪主体的规定有一个变化的过程。我国刑法典只规定国家工作人员可以成为受贿罪主体，1988年《关于惩治贪污罪贿赂罪的补充规定》将其扩大到集体经济组织工作人员及其他从事公务的人员。关于受贿罪主体问题，年会讨论中主要对离、退休人员可否成为受贿罪主体有争议，有三种意见。

第一种意见认为，离、退休人员不能成为受贿罪主体，除非其具有法律规定的条件，如离、退休以后又成为集体经济组织中从事公务的人员，或者成为受国家机关、企事业单位委托从事公务的人员。

第二种意见认为，离、退休人员可以成为受贿罪主体，理由是离、退休的国家工作人员虽然已不在职工作，但是利用过去职务上的便利或影响，间接利用现职人员职务上的便利，为他人谋利益，从中收受财物，客观上与现职国家工作人员犯这种罪行的社会危害性基本一致，同样妨害国家机关的正常活动。

第三种意见认为，根据现行法律规定，离、退休人员不是受贿罪主体。但是鉴于离、退休人员利用过去职务上的便利和影响实施为他人谋利益而收取财物的行为同样败坏国家机关的廉洁性，有必要借鉴国外立法例，特别规定离、退休人员利用过去职务上的便利为他人谋利益而收受财物的，以受贿论处。

关于受贿罪主体问题，1993年刑法学研究会年会上有同志提出了具有突破性的观点，认为受贿罪主体不应仅限于国家工作人员、集体经济组织工作人员及其他从事公务的人员，而应将各种经济实体中的管理人员也包括进来，即私有制企业中的管理人员也应成为受贿罪主体。其理由是：我国实行市场经济以来，经济结构发生了重大变化，私有制企业迅速增加，这些私有制经济组织中的管理人员，完全可能利用自己掌握的经营管理的职权收受他人财物，损害本单位利益，而对这种行为，在现行法律中找不到处罚依据，这必然不利于保护私有制经济的发展。因此，有必要将这些经济组织中的管理人员从法律上规定为受贿罪主体，以有效地打击这种行为，保护私有制经济的发展。

3. 关于“利用职务上的便利”问题

根据《关于惩治贪污罪贿赂罪的补充规定》，“利用职务上的便利”是构成受贿罪的一个客观要件。最高人民法院、最高人民检察院的解释认为：受贿罪中“利用职务上的便利”，是指利用职权或者与职务有关的便利条件。“职权”是指本人职务范围内的权力；“与职务有关”是指虽然不是直接利用职权，但利用了本人的职权或地位形成的便利条件。对最高人民法院、最高人民检察院关于“利用职务上的便利”的解释，年会上展开了研讨，有的同志对该解释本身进行了解释，有的同志则对该解释提出了异议。

（1）对“解释”的理解。关于利用职权或地位形成的便利条件，即间接利用第三者的职务为他人谋利益，本人从中收受财物的，本人的职务与第三者职务之间究竟有什么关系，有两种意见。

一种意见认为，利用第三人的职务为他人谋利益，而本人从中收受财物的，本人职务与第三人职务之间必须有制约关系，既包括纵向的制约关系，也包括横向的制约关系。纵向的制约关系是指存在职务上的上下级领导与被领导关系，即职务上的隶属关系，包括行政隶属和业务隶属、内部隶属和外部隶属；横向的制约关系是指虽不存在上下级领导与被领导的关系，而是平行的业务关系，但是在特定的业务方面存在管理的制约关系，如税务部门对管辖区域内纳税单位的管理监督关系。

另一种意见认为，利用第三人职务为他人谋利益而本人从中收受财物的，本人职务与第三人职务之间既包括纵向、横向的制约关系，也包括非制约关系，即单纯利用第三者职务上的便利。此外，有的同志认为，利用自己的领导权指使下属为他人谋利益而本人从中收受财物的，是属于利用本人职权，而不是利用本人职权形成的便利条件。虽然领导人的行为中加入了被领导者的职务行为，但这只是处理事务过程中的不同分工，各自都是行使职权，上级国家工作人员直接行使的是领导权，下级直接行使的是经办实施权，不能以后者的直接性否定前者的直接性。

（2）对“解释”的异议。有的同志对最高人民法院、最高人民检察院关于“利用职务上的便利”的解释提出异议，认为：利用职务上的便利，应仅指利用自己所担任的职务上的便利，而不应包括利用他人职务上的便利。解决这个问题不能靠对“利用职务上的便利”的扩大解释，而应通过完善立法将这种利用他人职务上的便利而收受财物的行为另行规定，作为一种特殊形式的受贿罪予以制裁。对于已不在职的国家工作人员利用过去职务上的影响通过现职人员职务为他人谋利益而本人从中收受财物的，作为一种特殊形式的受贿。并建议将“事前受贿”与“事后受贿”都作为特殊形式的受贿作出特别规定。

4. 关于为他人谋利益问题

年会讨论中一般认为，为他人谋利益只是受贿罪的主观要件而不是客观要件；并认为索贿行为同样要以索贿人主观上意图为他人谋利益为要件，如果行为人主观上没有意图为他人谋利益，就不构成受贿罪，而可能构成敲诈勒索罪。

（六）关于玩忽职守罪

玩忽职守罪规定在我国刑法典渎职罪一章中，年会上有关玩忽职守罪的讨论主要集中在两个问题上：一是玩忽职守罪的主体，二是玩忽职守罪的主观要件。

1. 关于玩忽职守罪的主体

我国《刑法》第187条只规定了国家工作人员是玩忽职守罪的主体。对此，有的同志提出，玩忽职守罪的主体应扩大到集体经济组织工作人员及其他从事公务的人员。其理由如下。

（1）从实践中看，集体经济组织工作人员及其他从事公务的人员例如承包经营企业的负责人，因玩忽职守而造成重大损失的情况经常发生，行为与玩忽职守罪相符，如果仅因主体不是国家工作人员而不作犯罪认定，势必放纵这种危害行为。实际上，在每年司法实践中，对此也普遍地按玩忽职守罪追究刑事责任，效果不错。

（2）从理论上看，从事公务是玩忽职守罪主体的本质特征。因此，凡从事公务的人员都可以成为玩忽职守罪的主体。

（3）从立法上看，对于贪污罪、受贿罪的主体，都已经从原来规定的国家工作人员扩大到集体经济组织工作人员及其他从事公务的人员。玩忽职守罪的主体也应扩大。

年会中对于私有企业中的管理人员能否成为玩忽职守罪主体缺乏探讨。

2. 关于玩忽职守罪的主观要件

传统观点一般认为，玩忽职守罪在主观上只能是过失。对此，年会上有的同志提出，玩忽职守罪在主观上既包括过失也包括故意。其主要理由如下。

（1）我国刑法典中并未明确规定玩忽职守罪主观方面是故意还是过失，所以，认定玩忽职守罪必然是过失犯罪缺乏法律依据。

（2）司法实践表明，玩忽职守罪不但可以由过失构成，而且可以由故意构成。有些从事公务的人员对于不履行或不正确履行职责会发生危害社会的结果是明知的，对其行为所造成的损害后果则是放任其发生。

（3）在国家颁布的一些单行法律中按玩忽职守罪追究刑事责任的一些犯罪，在主观上是出于故意的。如《关于严惩严重破坏经济的罪犯的决定》规定：凡对于走私、投机倒把、盗窃、贩毒、盗运珍贵文物出口、受贿等犯罪人员，有追究责任的国家工作人员不依法处理，或因受阻挠而不履行法律所规定的追究职责的，比照《刑法》第 187 条玩忽职守罪的规定处罚。《森林法》（1984 年）第 35 条规定："违反本法规定，超过批准的年采伐限额发放林木采伐许可证……情节严重，致使森林遭受严重破坏的，对直接责任人员依照《刑法》第一百八十七条的规定追究刑事责任。"这些行为都不能说仅仅出于过失。

［高铭暄；载《法学研究动态》，1994（12）］

第四十一章

1994年全国刑法学术年会综述

一、前　言

市场经济与刑法修改和完善研讨会暨中国法学会刑法学研究会1994年学术研讨会于1994年10月17日至21日在南宁举行，与会代表和列席者共计146人。会议共收到论文93篇，主要研究和探讨了“市场经济与刑法的修改和完善”以及“市场经济条件下经济犯罪的认定与处罚”两大方面的问题。现分别就这两方面问题的有关学术观点予以综述。

二、市场经济与刑法的修改和完善

（一）刑法总则问题

1. 刑法完善的基本思想

关于刑法完善应遵循什么样的基本思想，有多篇论文进行了研讨。概括起来，有以下论点。

（1）法调整的重点对象应该转移。有的论文指出，在传统的计划经济体制下，统治阶级制定刑法的主要目的在于强有力地维护高度集中的国家意志，刑法的锋芒主要指向危害政权稳定和统治秩序的犯罪，在经济犯罪和治安犯罪方面，刑法往往更关注后者。在社会主义市场经济体制下，刑法调整的重点应向经济犯罪转移。

(2) 刑法的完善应该犯罪化与非犯罪化双管齐下，刑罚化与非刑罚化齐头并进。具体来讲，需要犯罪化的行为有两类：一类是本应由现行刑法规定为犯罪，但由于立法者立法经验不足或指导思想过分强调缩小刑法打击面而未能规定为犯罪的行为，如重大医疗事故、侵占公私财物、滥用职权造成重大损失等行为。另一类是在新的经济、政治形势下出现的对社会具有一定程度的社会危害性的行为，如危害市场公平竞争，破产诈欺、保险诈欺、制作、宣传虚假广告等行为。需要非犯罪化的行为也有两类：一是由于我国社会政治、经济形势的变化而使有关现行犯罪失去其存在基础的行为，具体有1979年《刑法》第137条规定的聚众“打砸抢”罪，第120条规定的伪造、倒卖计划供应票证罪；二是现行刑法不恰当地规定为犯罪的行为，具体有《关于严惩严重破坏经济的罪犯决定》规定的对有关经济犯罪和犯罪人员知情不举的行为，《严禁卖淫嫖娼决定》第8条规定中所包含的为卖淫嫖娼违法分子通风报信、隐瞒情况的行为。

(3) 刑法的完善应传统化与现代化兼顾。一方面，刑法功能的重点应由政治保障功能转向经济促进功能；另一方面，也不能否定刑法的政治保障功能。

(4) 刑法的修改完善必须将中国化与国际化结合。所谓中国化，就是要从中国的实际情况出发，要立足于本国的实践经验。所谓国际化，是指刑法的修改与完善要注意世界各国刑法发展的总趋势，顺应与迎合当今世界刑法向着民主、人道、开放、科学发展的进步潮流。

(5) 刑法的立法技术上既要防止简单化，又要防止烦琐化，要做到繁简适当、疏密适中。

(6) 刑法在规定刑罚时应坚持宽严相济、轻重适当的指导思想，既防止重刑化，又防止轻刑化。

2. 刑法总则和分则的体系结构问题

有的论文对新的刑法典的总则和分则的体系结构进行了详细而全面的设计，建议新的刑法典的总则分设以下七章：第一章，刑法的根据、任务和原则；第二章，刑法的适用，其内容包括刑事管辖权、刑法的溯及力以及刑法与其他有刑罚规定的法律的关系；第三章，犯罪与刑事责任；第四章，正当行为；第五章，刑罚；第六章，刑罚的具体运用；第七章，刑法用语，即对某些用语进行界定。分则的体系结构应在现行刑法典分则体系结构的基础上，从以下几个方面进行调整：第一，将反革命罪一章易名为“危害国家安全罪”；第二，增设侵犯公民民主权利罪专章；第三，增设妨害司法罪专章；第四，增设有关违反劳动保护和危害公共卫生犯罪专章；第五，破坏社会主义经济秩序罪一章分为数章；第六，将贪污贿赂犯罪单列一章；第七，专章规定毒品犯罪；第八，将军人违反职责罪纳入刑法典，作为分则的一章。

3. 类推制度的存废问题

本次研讨会共收到专门论述类推制度存废问题的论文 4 篇，也有文章在论述其他刑法问题的同时，对类推制度的存废问题进行了阐述。论及此问题的绝大多数文章认为，现行刑法规定的类推制度应当废除。其理由概括起来有以下几点：（1）时代所需的刑法机能要求废止类推。在我国实行社会主义市场经济体制和加强民主政治的建设的新时期，刑法应具有保障社会稳定和保护个人自由的功能。我国现行类推制度，具有以社会本位审视个体、以群体的意志决定个体的意志的倾向，从而抹杀了刑法对社会的保障和对个人自由的保护功能，因而应当予以废除。（2）法制的价值观决定了应当废止类推。安全价值是刑法的价值之一，这一价值决定了刑法应对行为作出肯定或否定的具体标示，而类推的规定使行为的肯定或否定的评价标示不明，因而与刑法的安全价值背道而驰。（3）自 1979 年《刑法》颁布实施以来，类推案件数量之少决定了类推制度已经丧失其继续存在的价值。（4）类推制度的存在违背了罪刑法定原则。不废除类推制度，真正的罪刑法定原则就不能实现。（5）加强刑法立法可以替代类推所起的弥补刑法漏洞的作用。

也有个别文章主张继续保留类推制度，并以我国刑事立法经验不足、罪刑法定在实践中行不通、我国市场经济的建立刚刚起步、政治体制的改革尚未开始等，作为立论的理由加以阐述。

4. 法人犯罪的立法完善问题

有的论文指出，我国现行刑法关于法人犯罪的规定存在着以下不足：（1）分则规定与总则规定不协调。目前关于法人犯罪的规定都是分则性规定，而缺乏总则性规定。（2）不同法律规定之间的不协调。如法人走私毒品，按照《关于惩治走私罪的补充规定》应以法人犯罪处理，而按照《禁毒决定》不能以法人犯罪处理。(3)对法人犯罪规定在处理原则上的不协调。如有的法人犯罪由法人实施时，其构成标准与自然人犯罪的构成标准相同，有的则两者相差悬殊。(4)法律规定与社会现实之间的不协调。如承认国家机关也能构成法人犯罪，而对它们判处罚金后就难以执行。

针对以上不足，有关论文建议法人犯罪的立法应该从以下几个方面加以完善：首先，在刑法总则中明确规定法人犯罪；其次，统一法人犯罪的可罚性标准，即法人犯罪的可罚性标准应高于自然人犯罪；最后，对法人犯罪判处罚金要规定明确的标准。此外，对法人犯罪适用的刑种可以多样化，如罚金、没收财产、剥夺荣誉称号、停业整顿等都可作为适用于法人犯罪的刑罚方法。

5. 死刑的完善问题

近几年来，死刑是刑法理论讨论的热点问题之一，死刑的立法完善已有论及。本次研讨会，又收到了5篇研讨死刑的论文，其中有专门研究死刑完善的，也有将死刑的立法完善作为其内容之一的。归纳起来，这些文章提出的完善死刑立法的意见有：(1)废除不必要的死罪，如投机倒把罪、拐卖人口罪等罪名存在的价值已不大，可以废除，即使保留备用，也应废除其死刑规定。(2)在死刑适用方式上，应摒弃现行刑法立法有关加重适用死刑和将死刑作为绝对确定法定刑的做法。(3)限制和逐步取消非暴力犯罪的死刑。如对于贪污、贿赂、盗窃等经济犯罪，先可在数额和情节上作出严格的限制，使其适用范围控制在尽可能小的范围内。10年以后，即可取消它们的死刑。(4)限制和取消部分暴力犯罪的死刑。如对抢劫罪，可把其适用死刑的条件由“情节严重”提高到“情节特别严重”；对故意伤害罪则可在适当的时候取消死刑。(5)改进立法技术，减少死刑罪名。对于那些可以规定在同一条文中的性质相同的犯罪行为，最好不采取分立为数罪的立法方法，以免死罪罪数在形式上的增加。(6)最终彻底废除死刑。有的论文指出，经过一个较长时期的努力，随着我国物质文明程度的较大提高，社会治安状况的明显好转或相对稳定，即可从立法上废止死刑。有的论文认为，在百年之后彻底废除死刑，具体可分三个阶段：第一阶段从现在到公元2010年左右，将我国现行刑法中的死刑罪名限制在15个左右。第二阶段从2010年到2050年左右，死刑罪名只保留故意杀人、叛国、恐怖活动等两三种。第三阶段从

2050 年至 2100 年，全面废除死刑。

6. 罚金刑的立法完善问题

有的论文提出了以下完善罚金刑立法建议：扩大罚金刑的适用范围，明确规定罚金刑的数额，完善罚金刑的执行制度，即增设罚金执行制度、有偿劳动折抵罚金制、罚金刑分期交纳制、罚金延期交纳制、罚金刑易科有期徒刑制等。有的论文认为：罚金刑不宜上升为主刑，罚金刑的适用范围应适当扩大，而不能大幅度扩大。法律上最好规定罚金刑的数额。有的论文对罚金刑适用于哪些犯罪以及如何解决执行难的问题分别提出了有益的意见。

7. 没收财产刑的立法完善

有的论文认为，应该减少没收财产刑的适用对象。其具体建议是：(1) 取消反革命罪一章中"犯本章之罪的，可以并处没收财产"的规定。对本章中处刑较轻的 3 条（第 98 条、第 99 条和第 102 条）不设没收财产刑，对其他各条中情节较轻的，如果主刑为 10 年以上有期徒刑，也不规定没收财产刑（第 94 条、第 95 条、第 96 条、第 97 条、第 100 条、第 101 条）。对背叛祖国罪，阴谋颠覆政府、分裂祖国罪，策动叛变、叛乱罪规定并处罚金。(2) 取消《刑法》第 117 条和第 120 条中可以单处没收财产的规定，使我国刑法中的没收财产变为纯附加刑。(3) 对于其他贪利性犯罪中主刑为 10 年以下有期徒刑的，也一律取消可适用没收财产的规定。(4) 对主刑为 10 年以上有期徒刑的，如果适用没收财产刑，可以采并处制。

8. 少数民族地区的地方刑事立法

有的论文对少数民族地区刑事立法的思想提出了有益的意见，认为少数民族地区地方刑事立法必须有如下特殊的立法指导思想："两少一宽"的政策思想；有利于生产的发展和经济的繁荣，有利于社会进步和社会主义精神文明建设，有利于全国各族人民的大团结。有的论文对民族刑事法规制定的依据和基本原则等问题进行了详细的论述。

（二）刑法分则问题

涉及刑法分则立法完善问题的论文的主要内容如下。

1. 罪名的立法完善问题

有论文指出：1979 年刑法典设立的罪名有一百五十多个。刑法颁布后至1994年7月，全国人大常委会又陆续通过了22个单行刑事法律，其中增设罪名近七十个。在一些非刑事法规中也创制了一些新罪名。迄今，我国刑事法律设立的罪名约二百三十个，为司法机关准确定罪和量刑提供了法律依据。但是由于刑法典制定时的历史局限性和单行刑事法律出台的应时性等原因，我国罪名立法还存在一些局限与不足，有待于进一步完善。

有的论文对我国罪名的规定形式、排列方式、表述技术、统一体系、设立依据中存在的问题进行评述后，提出了完善罪名立法的主张：(1) 更新罪名立法观念。必须率先实现传统的罪名立法观念的转变，破除罪名规定可有可无的旧观念，确立罪名规定不可或缺的新观念。(2) 要遵循罪名立法原则。就具体操作的原则而言，要遵循合法性原则、科学性原则、简括性原则。(3) 要规范罪名立法实践。包括：罪名的规定形式一律采用明示式；对单行刑事法律和非刑事法律中刑法条款所增设的罪名进行分类整理，选利除弊；重新审视刑法典规定的罪名，及时做好增、改、废工作。(4) 对分散在几个法律中的同一罪名的内容，要进行分析、归纳，消除其冲突，删除其重复，择其必要的内容集中于刑法分则规定该罪名的条文中，使罪名的内涵和外延明确化。

2. 渎职罪立法完善的问题

有学者撰文指出，要想有效地清除腐败、预防和减少职务犯罪，除了继续贯彻依法“从严惩治”的刑事政策以及完善必要的规章制度外，更应当进一步完善有关惩治职务犯罪的刑事立法。有的学者对渎职罪立法问题进行了系统研究，提出了如下见解。(1) 将渎职罪修改为“公务员违背职务罪”。(2) 渎职罪在刑法分则中的位置应当提前。(3) 对渎职罪立法内容进行必要的修补与删除。(4) 建立惩治职务犯罪的罪名体系，主要内容是：对我国现行刑事立法中规定的职务犯罪作相对的集中，使之系统化；根据我国司法实践的需要，增设一些新罪名，使惩治职务犯罪的罪名体系更加完备。(5) 完善现行渎职罪立法的处罚机制，包括：扩大非纯粹职务犯罪从重处罚的范围，提高刑法分则中某些渎职罪的法定刑，注意加强对职务犯罪财产刑、资格刑的适用。有的学者就如何提高职务犯罪在刑法分则中的地位，提出了完善的建言，如：明确树立严惩职务犯罪的立法思想；严格控制职务犯罪的主体范围，即应把职务犯罪的主体范围严格控制在国家工作人员，或其他从事公务的人员范围之内；协调职务犯罪与非职务犯罪的刑罚比重。该论者主张，设立职务犯罪的刑罚时，不仅应当规定各种主刑，同时应明确规定，对故意构成的职务犯罪应当一律附加剥夺政治权利；对一些贪利性的职务犯罪，应当适当附加没收财产或罚金刑。

3. 贪污罪的立法完善问题

一些论文对贪污罪的立法完善问题进行了专题或连带研究，主要涉及以下几个问题：（1）贪污罪罪名的存废。针对学术界对贪污罪罪名的取消说、强化说、保留说，学者之间较为一致的观点是主张保留贪污罪罪名，在保留该罪名的同时，还有必要增设侵占罪。（2）贪污罪的主体。与会论者均主张缩小贪污罪主体的范围，但对其范围的缩小程度见解不一。有的主张将贪污罪主体限定在“国家工作人员、集体经济组织工作人员”的范围之内；有的主张以“国家公职人员”取代“国家工作人员”，并且将“国家公职人员”的外延限定在国家各级党政机关、审判机关、检察机关中依法从事国家公务的人员的范围之内。除此之外的非国家公职人员利用职务之便盗窃、骗取公共财物的行为，分别纳入盗窃罪和诈骗罪之中；对侵吞公共财物的行为通过增设“侵占罪”加以论处。

此外，有的学者建议适当提高盗窃、诈骗等罪的定罪处刑数额标准，并且相应降低贪污罪的定罪量刑数额标准。

一些论文论述了设立侵占罪的理由，对侵占罪的概念、特征、种类及刑事责任进行了研讨。一些学者认为，侵占罪是指以非法占有为目的，将自己所持有的公私财物转为自己或第三者所有或者擅自处分，数额较大的行为。本罪的主体是一般主体，即年满 16 岁的具有刑事责任能力的自然人。本罪的主观方面只能是直接故意。本罪的客观方面是行为人通过侵吞和侵用两种手段非法侵占他人公私财物。本罪的客体是公私财物所有权。对于侵占罪的分类，学者之间的认识不尽相同。有的主张将侵占罪分成普通侵占罪和业务侵占罪，有的主张将侵占罪分成单纯的侵占罪，业务上的侵占罪和侵占遗失物、地下埋藏物、水上漂流物罪。对于侵占罪的定罪数额标准，也有不同的建议，有的主张使侵占罪在犯罪数额上大致与盗窃罪、诈骗罪的持平；有的主张侵占罪数额较大的起点应稍高于盗窃罪的，更高于贪污罪的；有的则明确主张以 3 000 元作为构成侵占罪数额较大的起点。此外，有些论文对侵占罪与贪污罪、侵占罪与诈骗罪、侵占罪与盗窃罪、侵占罪与非罪之间的界限进行了不同程度的研讨。

4. 挪用公款罪的立法完善问题

一些论文对挪用公款罪的立法完善问题进行了专题研究，主要涉及以下几个问题：（1）挪用公款的罪名。相关论文较为一致的看法是将公物也纳入挪用公款罪中，易名为挪用公款公物罪。有的学者主张将《刑法》第126条“挪用特定款物罪”与挪用公款公物罪合并，将前者作为后者的严重情节，从重处罚。（2）挪用公款罪的罪状及法定刑。相关论文提出的完善建议有：首先，在挪用公款罪的犯罪构成中，应有“数额较大”的限定，但不宜明确具体数额，其具体数额的规定通过司法解释来完成。其次，挪用公款后的用途不宜作为构成犯罪的要件，而宜作为量刑从重或从轻的情节。最后，有的学者主张将挪用公款罪的最高法定刑提至无期徒刑。（3）挪用公款转化为贪污的问题。有学者认为，把能还而拒不退还与想还而无力归还相提并论，违反了主、客观相一致的认定犯罪的原则；主张对后者只能以挪用公款罪认定，但可以将其作为严重情节处罚。有的学者认为：挪用公款不退还以贪污论处的规定是错误的，退还和不退还没有质的区别。只要把“不退还”作为挪用公款罪的从重或加重的处罚情节就可以了。（4）挪用公款归单位使用的问题。有的论文针对最高人民法院、最高人民检察院对此问题的有关解释中规定了“为私利，以个人名义”将挪用的公款给单位使用，才视为归自己使用，提出了不同见解，认为在实际操作中很难认定是“以个人名义”还是“以集体名义”，只要具有该罪主体身份而为私利挪用公款给外单位使用，就属于挪用公款的行为。有的论文建议，应将擅自挪用公款归其他单位使用的行为也规定为犯罪，而且不应设置“为私利”的限制条件。此外，有的学者对挪用公款罪中的词语、标点符号也提出了完善的建议。有的学者还主张增加“对使用人使用挪用的公款、公物进行非法活动、营利活动或在‘不归还’挪用的公款，以贪污罪论处的案件中，以共犯论处”的款项。

5. 诈骗罪的立法完善问题

一些论文对诈骗罪立法完善的理由进行阐述后，对如何完善诈骗罪的立法提出建议。主要涉及以下几个问题。

（1）诈骗罪的分类。有的论文认为，就宏观而言，可以考虑将诈骗罪单独成一罪章；就微观而言，一是保留现行刑法的具体分类规定，二是增列有关经济诈骗犯罪的具体分类，如合同诈骗、贷款诈骗、广告诈骗、保险诈骗等。

（2）提高诈骗罪的最高法定刑。有的学者主张对诈骗罪的刑罚适用作从严调整，增加对诈骗罪的死刑适用。其主要论点有：其一，体现了我国罪刑相适应的刑法原则；其二，平衡了立法结构上的协调统一；其三，有利于打击当前猖獗的诈骗犯罪，维护市场经济秩序。

（3）法人单位犯诈骗罪的问题。有论者主张首先在立法上要明确规定应负刑事责任的犯罪法人单位的范围，其中应该包括私营经济法人单位；其次要确立两罚制度。此外，有的学者建议立法上规定追究严重被骗单位主管人员或直接责任人员相关的刑事责任。对于诈骗罪定罪数额则有不同主张。一种观点认为应随着实际生活中诈骗犯罪数额的上升而提高；另一种观点则不同意那种所谓“水涨船高”的主张，不能因迁就犯罪的越发猖獗而有所降低。

6. 贿赂罪的立法完善问题

一些论文对受贿罪、商业贿赂罪进行了专题研究，主要涉及以下几个问题。

（1）受贿罪的主体。有的论文认为，我国法律对受贿罪主体的规定已不能适应当前市场经济发展的需要，集中表现在：一是严厉打击的面过宽，二是打击重点不突出，三是法律规定的不健全；建议将受贿罪的主体范围修改为“国家机关工作人员”，即“国家权力机关、行政机关、司法机关、军事机关中从事公务的人员”，除此之外的其他人收受贿赂，另设行业贿赂罪或商业贿赂罪加以制裁。

（2）受贿罪的客观方面。有的学者主张在“利用职务上的便利”后面加上“或影响”；对于贿赂的内涵与外延，学者虽都主张扩展，但仍有“物质利益说”与“利益说”之别；对于“为他人谋利益”的问题，有的学者主张将此作为受贿罪的主观要件。

（3）受贿罪的处罚。有的学者主张对受贿罪增加罚金刑和资格刑，有的学者主张在立法上明确规定非法索取贿赂、违背职务为他人谋取利益而收受贿赂的从重处罚或规定较重档次的法定刑。

7.《关于严惩组织、运送他人偷越国（边）境犯罪的补充规定》的完善问题

有的论文在分析了这一补充规定之后，对完善补充规定提出了一些修改建议：(1) 第 2 条应修改为：“以劳务输出、经贸往来或者其他名义，弄虚作假，骗取护照、签证等出境证件的，处二年以下有期徒刑或者拘役，并处罚金。”并于第 2 款增设单位犯前款罪的规定。(2) 认为“单位”可以构成组织他人偷越国（边）境犯罪的主体，因而建议在第 1 条中增加第 2 款，规定单位组织他人偷越国（边）境犯罪及其法定刑。(3) 考虑到“单位”也可以构成倒卖护照、签证等出入境证件罪的犯罪主体，建议在第 3 条中也增加第 2 款，规定单位倒卖护照、签证等出入境证件犯罪及法定刑。

8. 分则中其他罪名的立法完善和新罪名的增设问题

除了上述罪名和几种犯罪的立法完善之外，还有论文探讨了分则中其他罪名的立法完善，主要涉及的罪名有：妨害国家货币罪，刑讯逼供罪，盗窃罪，组织、运送他人偷越国（边）境罪，泄露国家重要机密罪，玩忽职守罪等。有论者对上述罪名的法条修改及完善进行了分析、探讨。有些论文就刑法典增设新罪名作了研讨。除上述罪名的法条修改及完善建议外，还提出了一些有益的建言。

有些论文就刑法典增设新罪名作了研究，除上面已经综述的以外，还有黑社会组织活动罪、抢劫杀人罪、滥用职权罪、放弃职守罪、非法经商罪、挥霍浪费罪、集体私分公共财产罪、违法增加人民负担罪、非法干预司法权罪、暴力非法执行职务罪、非法行刑罪、非法执行强制措施罪等。有论文对新增设罪名的必要性作了探讨，对罪名、罪状、法定刑作了不同程度的设计，为我国刑法分则的进一步修改完善，提供了颇有参考价值的意见。

三、市场经济条件下经济犯罪的认定与处罚

研讨会收到的关于经济犯罪的论文共 28 篇，主要内容涉及如下几个方面。

（一）不法经济行为的罪与非罪的认定标准

对此，有的论文认为，应以是否危害社会主义生产力的发展及程度为标

准。有的论文认为，由于上述生产力标准十分抽象、难以把握，因而，在总体上应以是否符合犯罪构成作为经济犯罪与非罪的认定标准，在法与理冲突的情况下，以生产力标准作为适当补充。有的论文认为：行为的社会危害性及其程度，是界定不法经济行为罪与非罪的实质标准；是否有利于发展社会生产力，是评判不法经济行为是否具有社会危害性的事实标准；行为是否符合犯罪构成，是划分不法经济行为罪与非罪界限的法律标准。将三种标准相统一，才能正确评判不法经济行为的罪与非罪。

（二）股份制企业中经济犯罪的认定

1. 股份制企业中准挪用、贪污行为的认定

有的论文指出，股份制企业中的准挪用、贪污行为，是指发生在股份制企业中的类似于挪用公款罪、贪污罪的侵犯股份制企业财产的行为。对这类行为是否以贪污罪、挪用公款罪定罪量刑，存在不同意见：肯定说认为，应当以挪用公款罪、贪污罪追究行为人的刑事责任。其主要理由是，股份制企业中的财产是通过发行股票而由各股东所共同投资，因而可以把该财产视为股东财产的集合体，这种集合体已经摒弃了各股东的私有性质而具有独立性，正是这种超越了各私有股东而形成的独立财产又使其带有集体性质。因此，对这种集体性质的财产挪用、贪污时应该以挪用公款罪、贪污罪论处。否定说认为：股份制企业根本上就不可能存在挪用公款罪和贪污罪。因为股份制企业是一种典型的按份共有的组织形式，而共有又不同于公有，所以发生在这种企业内部的准挪用、贪污等侵犯股份制企业财产的行为，都不能以挪用公款罪、贪污罪论处。折中说认为：对上述准挪用、贪污行为能否以挪用公款罪、贪污罪论处，要具体问题具体分析，依股份制企业的性质而定。股份制企业的性质又由各股东的投资比例来定。如果国家、集体股占到了控股地位，就可以将上述行为以挪用公款、贪污罪认定；反之，私人股占据控股地位时，就不能以挪用公款、贪污罪论处，而应以盗窃、诈骗等罪论处。其主要理由是，我国 1979 年《刑法》第 81 条第 2 款规定："在国家、人民公社、合作社、合营企业和人民团体管理、使用或者运输中的私人财产，以公共财产论。"国家控股中的股份制企业的管理者，或者管理者的主要决定者是国家股的代表人，对代表公有财产性质的管理人所经营的财产应"以公

共财产论”。

2. **股份制企业中股票贿赂的贿赂金额的认定**

有的论文指出，由于股票是一种可增值但又有风险的特殊商品，在认定股票贿赂中的贿赂金额时应遵循如下原则：(1) 行贿数额以行贿时的股市价格计算，而不应以股票面值即股金计算。如果行贿人员通过购买高价股票而又以上市价送给收受人的，认定行贿罪的数额时就应按照行贿人行贿时股票交易所的股票价格计算，而不应以原始股价或行贿人购买股票的价格计算。(2) 受贿罪的数额，应以其受贿行为被发现时的股市价格计算，如果在这之前受贿人已抛售的，以抛售时的股市价格计算；如果在其犯罪行为被发现时股票价格低于收受股票时的股市价时，应以受贿人收受股票时的股市价格计算。

(三) 妨害税收的犯罪

提交的论文中论及妨害税收犯罪的计有4篇，主要涉及如下几个问题。

1. **偷税罪的客体**

有的论文认为，偷税罪侵犯的客体是税收管理制度；有的论文不同意这种看法，认为偷税罪侵犯的是双重客体，既包括国家税收管理制度，又包括国家财税所有权。

2. **偷税罪的主体**

一些论文认为，偷税罪的主体包括三个方面：(1) 依照税收法规及其实施细则规定承担直接纳税义务的单位和个人；(2) 依照个别税收法规规定，承担间接纳税义务的单位和个人；(3) 依照税法规定具有代征、代扣、扣缴税款义务的单位和个人，即扣缴义务人。

3. **偷税罪的行为方式**

有的论文认为只能是作为，其理由是：偷税犯罪由于使用了欺骗、隐瞒等逃避纳税的手段，明显地积极地进行了某些动作，而不存在消极地不进行某些动作的情况。有的论文认为，偷税行为的方式不仅有作为形式，而且还有不作为形式，即认为故意不进行纳税申报的行为也是偷税犯罪的行为方式之一。

4. **税收争议中暴力抗税行为的定性**

税收争议，是指纳税人、扣缴义务人等与征税人员因对纳税数额、税率、税目等问题存在不同认识而发生的争议。争议中的暴力抗税行为分两种情况：(1) 由于征税人的过错而引起时，有的论文主张对暴力行为认定为抗税罪，理由是根据《税收征收管理法》(1992 年) 第 56 条规定的"先缴后议"原则，即使税款错征，纳税人也应先缴税款；有的论文认为上述行为不应定为抗税罪，因为抗税是针对应纳税款而言的，而错征的税款不是应纳税款，同时，该行为人主观上是为了维护自己的合法利益，不存在抗税故意。(2) 由于纳税人的过错而引起时，有的论文认为，应分两种情况处理：如果纳税人无意谋取非法利益，而是出于对税法的无知或对政策的误解等原因与征税人员发生争执并使用暴力打伤税务人员时，由于不具备抗税的故意，所以不构成抗税罪；如果纳税人无理取闹，企图以此拒缴税款，则应以抗税罪论处。有的论文认为，此时应一律以抗税罪论处。

(四) 侵犯知识产权的犯罪

有关论文大多论述了运用刑法保护著作权的必要或意义，对《关于惩治侵犯著作权的犯罪的决定》进行了深入的分析，提出了一些颇有见地的观点，如认为该决定第 1 条与第 2 条规定的犯罪的区别在于：前罪主要是侵权复制，后罪主要是销售侵权复制品；认为该决定第 1 条所规定的犯罪的处刑和处理分为五层：(1) 普通犯罪的处罚；(2) 严重犯罪的处罚；(3) 单位犯罪的处罚；(4) 没收犯罪物品；(5) 赔偿损失。但在如下两个问题上还存在分歧：

1. 罪名问题

关于该决定第 1 条的罪名，有的论文认为是"侵犯著作权罪"，有的论文认为是"非法复印发行他人作品或者制作、出售假冒他人著名的美术作品罪"，还有的论文认为是"盗版罪"。认为是"盗版罪"的理由是：第一，将该决定中的一条称为"侵犯著作权罪"，很容易被误认为是该决定所规定的全部犯罪行为。第二，另一罪名即"非法复印发行他人作品或者……罪"，表述过于累赘，不符合罪名精炼的原则。第三，"盗版"一词，可以反映国际国内知识产权领域对侵犯著作权的行为的通用称谓，也反映了该决定第 1 条所规定的犯罪的基本内容和特点，并符合罪名应当准确精练的原则。对该决定第 2 条的罪名，有的论文认为是"销售侵权复制品罪"，有的论文认为是“销售盗版商品罪”。

2. 该决定第1条所述犯罪的客体

对此，有的论文认为是他人合法享有的著作权及与著作权有关的权益；有的论文则认为是在法律规定的范围内，对各类作品支配权的总和。

此外，有的论文还探讨了剽窃《著作权法》保护之作品的刑事责任问题，要求强化严重剽窃他人著作就是犯罪行为的观念，认为“情节严重”是构成剽窃他人著作权犯罪的必备条件。有的论文提出了侵犯知识产权罪的立法完善的意见，建议在刑法分则中设立侵犯知识产权罪专章，具体犯罪包括：假冒专利罪、妨害注册商标罪、妨害著作权罪、妨害商业秘密罪、非法进出口侵权产品罪。这些都可供修改和完善我国刑法时参考。

（五）生产、销售伪劣商品犯罪

《关于惩治生产、销售伪劣商品犯罪的决定》颁布以来，刑法学界对该决定规定的犯罪作了深入的研究。提交本次会议的论文主要探讨了本罪的客体、关于起刑点的认定、本罪处罚的特点和完善该决定的立法建议等问题。

1. 客体问题

有的论文认为，生产、销售伪劣商品犯罪所侵犯的同类客体是社会主义经济秩序或者商品经济秩序。有的论文认为，上述犯罪没有同类客体，在刑法分则中分属几类客体，具体地说：（1）生产、销售伪劣产品罪和生产、销售伪劣农药、兽药、化肥、种子罪应属于破坏社会主义经济秩序罪；（2）其他生产、销售伪劣商品的七种罪（前述《决定》第2条、第5条及第7条）属于危害公共安全罪。

2. 起刑点的认定

生产、销售伪劣产品罪是用犯罪数额加犯罪情节的办法来认定犯罪，这就要求正确理解“违法所得数额”和“情节较轻”。关于“违法所得数额”，有的论文认为该数额是违法经营数额；有的论文认为是违法取得的纯利润；有的论文认为是全部非法所得，包括行为人已经与他人约定取得但尚未到手的数额。关于“情节较轻”，有的论文认为主要有以下几种情况：（1）生产、销售伪劣产品被揭发后，负责维修、更换、退货，未给用户、消费者造成损失的；（2）偶尔生产、销售伪劣产品，愿意接受处理，悔改态度好的；（3）犯本罪有检举他人生产、销售伪劣产品立功表现的；等等。

3. 处罚的特点

有的论文认为前述决定对本罪的处罚有如下三个特点：(1) 处罚档次的多层次性；(2) 注重经济处罚的刑罚效益；(3) 对法人犯罪实行两罚制和单罚制相结合的处罚体制。

4. 完善前述决定的立法建议

有的论文认为前述决定的唯一不足是没有增设停止职业权利的刑罚，因而建议增设限期停止或者永久停止犯罪人生产、销售商品的职业权利的处罚。

（六）商业贿赂罪问题

一些论文专门研究了商业贿赂罪的问题，认为商业贿赂罪，是指以营利为目的，在从事商品经营和营利性服务等经济活动中，违反国家规定，非法支付、收受回扣、手续费等财物或其他不法利益，危害正当竞争，扰乱市场经济秩序，情节严重的行为。有的论文对商业贿赂罪的立法提出了如下设想：(1) 集中与分散地进行立法。(2) 罪状应规定叙明罪状，并明确规定罪名。可以将商业贿赂罪分解为商业行贿罪、商业受贿罪、介绍商业贿赂罪。(3) 法定刑的设置：其一，处刑应低于普通贿赂罪；其二，强化经济制裁；其三，增设资格刑。此外，有的论文对商业贿赂罪独立存在的依据、普通贿赂罪和商业贿赂罪的联系与区别进行了论述。

（七）内幕交易罪问题

一些论文对内幕交易罪进行了探讨，对内幕交易罪的构成和处罚、增设内幕交易罪的必要性提出了自己的见解，认为：内幕交易罪，是指知悉内幕信息的自然人或法人，以获取利益或减少损失为目的，利用内幕信息进行证券的发行或交易，扰乱证券市场的正常秩序，情节严重的行为。本罪侵犯的客体，是国家对证券市场的管理秩序和投资者的合法权益；本罪客观上表现为利用内幕信息进行证券的发行或交易，情节严重的行为；本罪的主体是指特殊主体，以知道内幕信息为前提，自然人和法人均可；本罪主观上只能由故意构成。

对于内幕交易罪的刑事责任，有的论文作了如下建议：（1）以罚金刑为主。对个人采用具体数额制，对法人采用倍数罚金制。（2）对犯罪的自然人可以判处有期徒刑。（3）不设置死刑。（4）规定必要的资格刑。有的论文认为，为了有力打击情节严重、社会危害性大、必须运用刑罚才能制止的内幕交易行为，建议通过“关于惩治证券犯罪的补充规定”，在该规定中将内幕交易行为犯罪化。有的论文还对如何划分内幕交易罪的罪与非罪进行了论述。

此外，有的论文还研究了法人走私犯罪的认定和处罚，探讨了非法集资犯罪、妨害货币犯罪、违反《公司法》的犯罪、证券犯罪、边贸中的犯罪问题以及其他经济犯罪问题，内容甚为丰富，限于篇幅，此处难以一一综述。

［马克昌、李希慧、单民、鲜铁可；载马克昌、丁慕英主编：《刑法的修改与完善》，北京，人民法院出版社，1995］

第四十二章

1995 年全国刑法学术年会综述

一、前　言

中国法学会刑法学研究会 1995 年学术讨论会，于 1995 年 9 月 21 日至 25 日在江西省南昌市举行。与会代表 150 余人，提交论文 93 篇。会议主要研讨的问题如下。

二、经济犯罪的宏观问题

会议着重围绕三个方面进行了研讨。

一是经济活动中罪与非罪的界限。有人提出，是否具有严重的社会危害性是区分经济活动中罪与非罪的关键，而分析行为是否具有严重的社会危害性应在宏观上以“三个有利于”为标准，微观上以犯罪构成为标准。

二是刑法介入社会经济生活的适度性。有人指出：近年来我国经济犯罪现象并没有因经济刑法规范的增加而消减，这种状况表明，对于刑法在市场经济运行中发挥的良性功能，不能寄予过高的期望。刑法过分介入与过度干预市场经济活动不仅会影响经济主体的活动自由和市场活力、降低刑罚的威慑功能，而且会给刑法与其他部门法的关系、刑事司法和刑法理论的研究带来一系列问题。因此，刑法介入经济生活应坚持以下原则：以经济手段为主，以刑罚手段为辅的原则；轻刑化、非刑化原则；超前性与稳定性相结合的原则。

三是我国经济刑法的立法完善。有人认为，在立法体例上，经济刑法的完善主要通过两个途径：其一，同民商、经济、行政法律相配套，制定相应的单行刑事法规。其二，完善附属经济刑法，增强其可操作性。即应当针对现行附属经济刑法普遍不具有刑事立法规范性的状况，予以具体化。有论文在专门论述如何完善我国刑法典分则体系结构的同时，对未来刑法典分则中经济犯罪的立法结构还作了较为细致的研究，主张将经济犯罪分为 9 章：危害资源、环境罪，非法生产、经营罪，妨害企业管理罪，妨害海关管理罪，破坏金融秩序罪，妨害证券、票证罪，侵犯知识产权罪，妨害公平竞争罪，妨害税收罪。对于经济刑法的犯罪、刑罚规范内容之完善，有人指出：经济犯罪的犯罪化与非犯罪化应齐头并进；刑罚的调整力度应讲求经济原则、清除重刑主义思想；在刑种结构方面应扩大财产刑的适用范围，完善资格刑。

三、贪污贿赂犯罪的立法完善问题

会议着重从两个方面进行了研讨。

一是惩治贪污贿赂犯罪立法的总体完善。有人主张，应当在宪法中设置反贪污贿赂的条款，并制定反贪污贿赂专门法。也有人提出，应当在未来刑法典的分则中增设贪污贿赂犯罪专章，将原来归属于侵犯财产罪章的贪污罪、挪用公款罪以及渎职罪中的受贿罪、行贿罪、介绍贿赂罪等一并归入，突出侵犯国家机关的廉洁制度同类客体。

二是贪污罪、贿赂罪构成要件的立法完善。关于贪污罪的构成要件，有人认为，贪污罪之严重危害性并不只在于侵犯的对象是公共财产，更在于犯罪行为手段的渎职性，或者说是对职权的滥用，因而它应纳入渎职罪而不是侵犯财产罪。有的论者认为，全国人大常委会《关于惩治贪污罪贿赂罪的补充规定》第 1 条第 1 款规定“其他经手、管理公共财物的人员”可以构成贪污罪主体，其内涵缺乏明确界定，修改后的刑法应将贪污罪的主体仅限于国家工作人员，对于集体经济组织工作人员或其他经手、管理公共财物的劳务人员利用职务或工作之便侵吞本单位财物构成犯罪的，应按业务侵占罪论处，以体现从严治吏的精神。此外，针对现行立法对贪污罪起刑数额之规定与盗窃罪等贪利性犯罪之数额标准严重失调的状况，有人建议，应当降低贪赃犯罪的起刑点，使贪污罪和挪用公款罪的起刑数额降至 500 元或 1 000 元，以与盗窃罪的起刑数额持平或基本持平。关于贿赂罪的构成要件，有人认为，现行刑法对受贿罪主体的规定既烦琐、含混，又未能突出主次和重点；建议将国家工作人员和其他人员的受贿犯罪分立罪名，在公职受贿罪中，以“公职人员”取代“国家工作人员”的主体称谓。有人还指出，完善公职受贿罪的立法，应当删除“为他人谋利益”的要件，并把“利用职务上的便利”改为“因职务关系”。有的论者认为，贿赂罪中的“贿赂”仅限于财物，失之过窄，可以将其范围扩大到能够直接计量的各种物质利益。

四、新型经济犯罪的惩治与立法完善问题

会议着重研讨的内容如下。

其一，金融犯罪。与会论者主要围绕新近出台的全国人大常委会《关于惩治破坏金融秩序犯罪的决定》展开讨论。有人认为，金融犯罪的概念应从金融的特定含义出发，不可与发生在金融活动中的犯罪混为一谈，因而金融犯罪应当界定为银行管理犯罪、货币犯罪、票据犯罪、信贷犯罪、保险犯罪等几个方面。对于金融犯罪，关于该决定规定的罪名，有人归纳为 15 个，有人认为是 17 个，还有的人细分为 25 个。有的论者指出，该决定对金融犯罪的规定尚有不足之处，有必要予以完善，如该决定第 9 条第 1、2 款规定的两罪法定刑相同，但情节要求不同，立法技术欠妥；该决定未将故意毁损货币、非法买卖、运输、使用变造货币等行为规定为犯罪，实为缺憾。此外，该决定对非法集资诈骗罪、金融票据诈骗罪等犯罪设置死刑，宜予取消。

其二，公司犯罪。多数论者认为，《关于惩治违反公司法的犯罪的决定》中增设了 10 个新罪名。有人着重对公司、企业人员受贿罪，公司、企业人员侵占罪，公司、企业人员挪用资金罪与刑法及全国人大常委会《关于惩治贪污罪贿赂罪的补充规定》规定的受贿罪、贪污罪、挪用公款罪之间的界限作了探讨。

其三，侵犯著作权的犯罪。有论者指出，虽然全国人大常委会《关于惩

治侵犯著作权的犯罪的决定》规定了侵犯著作权罪和销售侵权复制品罪两个罪名，但出于科学、合理、全面性的考虑，侵犯著作权犯罪的立法，应当规定为 4 个罪名，即非法复制发行罪、假冒他人作品罪、剽窃作品罪、销售侵权复制品罪。针对该决定在侵犯著作权犯罪主观方面所作的“以营利为目的”的限制，有人建议予以取消。

此外，1995 年度学术研讨会中，还有人就证券犯罪、环境犯罪、侵犯商业秘密罪、不正当竞争犯罪、计算机犯罪、破产犯罪等问题进行了研讨。

[高铭暄、赵秉志、肖中华；载 1996 年《中国法律年鉴》]

第四十三章

全国刑法学研究会“中国刑法改革研讨会”综述（1996）

一、前　言

“中国刑法改革研讨会”（中国法学会刑法学研究会 1996 年学术讨论会）于 1996 年 11 月 5 日至 10 日在四川省乐山市举行。与会的全国近二百名刑法学界的学者和法律实务部门的专家们主要围绕全国人大法律委员会和全国人大常委会法制工作委员会于 1996 年 10 月 10 日联合下发的《中华人民共和国刑法（修订草案）》（征求意见稿），进行了热烈的探讨，对我国刑法的修改和完善提出了不少富有建设性、合理性的意见。现将这次研讨会上所提出的主要观点和建议简要综述如下。

二、关于刑法修改的指导思想问题

由于我国当前修改刑法并非仅对个别条文加以调整，而是要对现行刑法规范进行全面、系统而又科学的修改与完善，故与会者一致认为先必须明确修改刑法的指导思想。

至于哪些是刑法修改的指导思想，多数同志认为应包括以下内容：（1）要适应体制改革和建设社会主义市场经济新秩序的需要，应当旗帜鲜明地贯彻维护经济体制改革和政治体制改革的原则；(2) 要适应对外开放的需要，不能局限于国内犯罪，而应对国际犯罪、跨国跨地区犯罪和国际刑事合作问题进行系统研究，适当增加这方面的规定；(3) 要坚持立足现实与预见未来相结合，刑法修改不但要强调实践性，而且要有超前性；(4) 坚持立足本国实践经验与借鉴国外立法经验相结合；(5) 要建立一个较为缓和与开放的刑罚体系，克服重刑化思想，注重惩罚罪犯与教育改造罪犯相结合；(6) 重视立法技术的完善；(7) 要切实贯彻民主化原则，注意倾听各方面，特别是专家、学者对刑法修改提出的合理化建议。

有些同志还着重指出："从重从快"不宜作为刑法修改的指导思想。完善刑事立法既要考虑惩罚犯罪，也要考虑教育、改造罪犯，不能一味地只讲严惩。如果修改后的刑法是一部重刑法典，不如不作修改。

三、关于刑法典体系结构的立法完善问题

刑法典的体系结构应如何修改与完善，与会者争论激烈，争论的焦点主要集中在以下几个方面。

（一）关于刑法的基本原则问题

大家一致认为，修改后的刑法典应当明确规定刑法的基本原则，并集中设在刑法典第一章中。

关于修改后的刑法典应规定哪些基本原则，许多同志认为，应当包括罪刑法定、罪刑相适应、罪责自负、主客观相统一、惩罚与教育相结合、刑罚人道主义 6 项原则。还有一些同志认为，除了上述 6 项原则外，还应当包括刑事法制的统一原则、刑法面前人人平等原则和刑事责任的不可避免性原则。

绝大多数同志还认为，既然确定了罪刑法定原则，就应当坚决果断地取消现行刑法中的类推制度，并坚决禁止重法有溯及既往的效力。

（二）关于刑法的适用范围

多数同志认为，应在修改后的刑法典中专章规定刑法的适用范围，把现

行《刑法》第 80 条和第 89 条的内容移入该章，并增设引渡条款和对国际犯罪行使普遍管辖权的规定。另外，也可以考虑在该章中增设港、澳、台人涉内地（大陆）犯罪刑法适用的内容。

（三）关于正当行为应否设立专章问题

许多同志认为，在刑法总则中设立正当行为专章，能够明确和强调正当行为的非犯罪性，有利于鼓励和支持公民积极与各种违法犯罪行为作斗争，亦有利于保障公民充分行使法定权利，履行法定义务，促进社会的进步发展，故对此持以肯定的态度。

关于正当行为的种类问题，多数同志认为，除现行刑法中规定的正当防卫、紧急避险外，还应规定依照法令的行为、正当业务行为、自救行为、权利人承诺的行为等。

（四）关于未成年人犯罪是否要增设专章问题

许多同志认为，现行刑法典中对未成年人犯罪及处罚规定得过于概括和原则，且对未成年人犯罪有适用死刑缓期两年执行的规定，因而难免导致司法实践中对未成年犯罪人适用刑罚不适当、不合理，甚至过于严厉，影响了刑法适用的社会效果，也不利于对未成年人包括未成年犯罪人合法权益的保护；建议在修改后的刑法典中设置未成年人犯罪的特殊处遇一章，并充实这方面的内容。

（五）关于刑法典分则体系结构采用大章制还是小章制的问题

一些同志认为，现行刑法典分则采取大章制是较为合理的，对之稍加修改即可。

而多数同志则认为，采用大章制虽然简单明了，但缺乏科学性，利多弊少，宜采用小章制。当然，采用小章制应规定多少章仍值得进一步研究。

（六）关于反革命罪一章章名的修改问题

与会论者较为一致地主张将反革命罪一章章名修改为危害国家安全罪，认为反革命类罪名虽然在民主革命时期和社会主义改造时期适应阶级斗争形势，在镇压反革命犯罪中起到了积极作用，但随着社会主义改造任务的完成，国内主要矛盾的转变，尤其是近些年来我国实行改革开放的基本政策，政治、经济、社会情况发生了很大变化，反革命罪作为带有浓厚政治色彩的罪名，已不能适应新的情况和法制建设的要求，因而应更名为危害国家安全罪。大家还认为，将反革命罪名改为危害国家安全罪，并不是取消危害国家安全的行为，而是一般存其行为、易其罪名，归并调整，使我国刑法典更具科学性和严谨性，并有助于同危害国家安全的犯罪行为作斗争。

（七）关于是否增设贪污贿赂罪专章问题

大家一致认为，增设贪污贿赂罪一章很有必要，因为这样既符合我国刑法要求的对犯罪进行科学分类的原理，又突出了现阶段我国运用刑法武器惩治与防范腐败犯罪的迫切需要，另外，也顺应了当代世界各国均强调惩治与防范贪污贿赂犯罪的潮流与趋势。

（八）关于军人违反职责罪应否纳入刑法典的问题

对此有两种不同意见。

一种意见认为，将军人违反职责罪纳入刑法典较妥。其主要理由是：（1）这是保证刑法典体系的完整性和作用的需要；（2）这样有利于军人违反职责罪立法的协调和成熟；（3）这样有助于军内外对这类犯罪的了解与防范。

另一种意见认为，军人违反职责罪不宜纳入刑法典，还是制定单行条例为好。主要理由是：（1）制定单行军人违反职责罪条例有利于从军队的实际和需要出发，加强对国家军事利益的特殊保护；（2）有利于提高单行条例在军队的适用效果和教育效果，增强全体军人履行职责的意识；（3）有利于保持刑法典体系、结构和内容的科学与严谨，提高刑法典的立法质量。

四、关于刑法典总则内容的立法完善问题

刑法典总则立法完善方面研讨的问题较多，主要问题有以下几个。

（一）关于正当防卫行为的强化问题

一些同志建议，应强化正当防卫行为，增设无限防卫权，即对以暴力方法实施杀人、抢劫、强奸、绑架及严重危害国家、公共利益的犯罪行为，以及对以破门撬锁或者使用暴力方法非法侵入他人住宅的，采取防卫行为，不负刑事责任。

而另一些同志指出：扩大防卫权虽然很有必要，但规定无限防卫权则是从一个极端走向了另一个极端。如“暴力方法”可以作任意解释，内容过于宽泛，如成为法律，后果是严重的，因而不宜规定无限防卫权。

（二）关于共同犯罪人的分类标准问题

一些同志认为，我国现行刑法典在共同犯罪人的分类问题上，采取以作用为主，以分工为辅的分类原则，从而把共同犯罪人分为主犯、从犯、胁从犯和教唆犯，这种采用两种标准进行一次分类的做法是不科学的。

有些同志进一步指出，刑法修改中，对共同犯罪人的分类，应以分工为标准，即将共同犯罪人分为组织犯、实行犯、帮助犯和教唆犯，以利于对共同犯罪人正确定罪量刑。

有的同志还认为，对共同犯罪人的定罪，按分工分类法，即将共同犯罪人分为实行犯、组织犯、教唆犯和帮助犯；对共同犯罪人的量刑，则按作用分类法，即将共同犯罪人分为主犯、从犯和胁从犯。

（三）关于单位犯罪问题

对单位犯罪问题的研讨、争论主要集中在以下几点。

1. 关于称“单位犯罪”还是“法人犯罪”问题

多数同志认为：我国当前非自然人犯罪并非限于民法意义上有法人资格的单位，还有大量非法人团体、法人的分支机构甚至国家机关。若以是否具有法人资格来确定此类犯罪主体的范围，必然造成缺陷，不利于对此类犯罪的惩治与防范。建议立法上仍使用“单位犯罪”一词。而另有一些同志认为，我国刑法典中应明确使用“法人犯罪”一词，摒弃“单位犯罪”的表达方法，以更加规范，并与其他国家刑法的有关规定相一致。

2. 关于单位犯罪的范围问题

大家较为一致地认为，单位犯罪应只限于经济犯罪、妨害社会管理秩序罪中的某些犯罪、渎职性犯罪的范围，在危害国家安全、侵犯公民人身权利、侵犯公民民主权利等犯罪类型中不宜确立单位犯罪。

3. 关于单位犯罪的处罚问题

大家一致认为，目前我国刑法对单位犯罪原则上采用双罚制，这种立法例应予维持。另外，对单位还应增设一些新刑种，如剥夺荣誉称号、停业整顿、限制业务范围、刑事破产等。

4. 关于单位犯罪的立法模式问题

多数同志认为，可以采用总则与分则相结合的立法模式，即在总则中明确规定单位犯罪的一般处罚原则，适用刑罚的种类；在分则中具体规定单位可以构成犯罪的罪种及具体的刑种刑度。少数同志认为，对单位犯罪只需在总则中作些原则规定。个别同志认为，对单位犯罪可在特别刑法中规定。

（四）关于死刑的立法限制问题

这是此次研讨会中争议最为激烈的问题之一。绝大多数同志认为，应减少和限制死刑的适用。具体建议有：（1）明确死刑适用条件中“罪大恶极”的含义，将“罪大恶极”具体表述为“犯罪性质和危害后果特别严重，而且犯罪人的主观恶性特别巨大”；（2）完善死缓制度，对有死刑之罪扩大死缓的适用范围；（3）对未成年人犯罪一概不适用死刑（包括死缓）；（4）将死刑复核权收回最高人民法院统一行使；（5）摒弃绝对死刑法定刑立法；（6）删除不必要的死刑条文和罪名。

（五）关于其他刑种的问题

对其他刑种的争论主要集中在以下几个方面。

1. 管制刑的存废问题

绝大多数同志认为，管制刑作为我国独创的开放性刑罚种类，宜存不宜废，并应加以必要的完善；少数同志则认为，管制刑在改革开放、流动人口增加等市场经济新形势下难以执行，应予以废除。

2. 关于有期徒刑的上限应否提高问题

一些同志认为，有期徒刑的最高期限可以提高至 20 年，数罪并罚及加重处罚的情况下不得超过 30 年，以使其与无期徒刑合理衔接，并有效地减少死刑、无期徒刑的立法与适用。

3. 关于罚金刑问题

多数同志认为，应将罚金刑上升为主刑，规定罚金刑的数额，并增设罚金刑易科制度；少数同志主张，应保持罚金刑的附加刑地位。

4. 关于资格刑问题

大家较为一致地认为，除应保留剥夺政治权利外，还应增设新的资格刑种，如禁止从事律师职业、限期整顿、刑事破产等。

（六）关于劳动教养应否纳入刑法典的问题

对此问题争议较大：有的同志主张将劳动教养纳入刑法典，作为保安处分的一种；有的同志主张把劳动教养作为一种刑罚方法规定在刑法典中；而有的同志则主张劳动教养不宜纳入刑法典。

（七）关于现行《刑法》第 59 条第 2 款的存废问题

对此不少同志认为，该款的规定赋予法官过于宽泛的裁量权，应予废止；也有一些同志认为该款的规定应予以保留，但程序上应严格限制。

（八）减刑、假释是否要从严规定的问题

一些同志认为，对减刑、假释应从严管握，以体现人民法院裁判的严肃性，并从减刑、假释适用的对象，所判处的刑种、刑期上提出了如何从严规定的建议；也有不少同志认为，实践中虽然出现一些乱减刑、假释的现象，但我国现行刑法典关于减刑、假释的规定基本上是合理的，有利于教育改造罪犯，是劳改机关改造罪犯的有力武器之一，不宜作大的修改。

（九）关于追诉时效的完善问题

有的同志认为，对于追诉时效的规定应予从严，赞成对应当判处 10 年以上有期徒刑、无期徒刑、死刑的，可规定不受追诉时效的限制。但多数同志认为，如果现行刑法典作这样的修改，就失去了规定追诉时效制度的意义；主张保留现行刑法典关于追诉时效的规定。

五、关于刑法典分则内容的立法完善问题

这次研讨会中，关于刑法典分则的立法完善，讨论主要集中在以下一些问题。

（一）关于罪名与罪状问题

在罪名问题上，绝大多数同志认为，新刑法典中的罪名应一律采用明示式，摒弃推理式，即在具体犯罪的条文前确定罪名。有的同志还指出，作为国家立法机关的全国人大及其常委会，有责任解决罪名的立法化问题。

在罪状问题上，不少同志主张，对于具体犯罪的构成要件或罪状，应尽可能地明确规定于条文中，尽量少用简单罪状，多用叙明罪状。

（二）关于投机倒把罪、流氓罪、玩忽职守罪三大“口袋罪”的分解问题

对于投机倒把罪，大家一致主张应予以取消。现行刑法中的投机倒把行为，除了单行刑法已分出的生产、销售伪劣产品的犯罪，侵犯著作权的犯罪，虚开、伪造、买卖增值税发票的犯罪应吸收到修改后的刑法典中以外，其他部分可分为扰乱市场罪、非法为他人提供经营条件罪、非法出版罪等。

对于流氓罪，大家也一致认为应予以取消，并主张将1979年《刑法》第160条规定的罪状分解为聚众斗殴罪、寻衅滋事罪、强制猥亵罪、聚众淫乱罪等。

对于玩忽职守罪，大部分同志主张保留其罪名，但对其内涵应作严格限制，将其主体限于国家工作人员，主观过错为过失，同时，增设非国家工作人员违反职责罪、滥用职权罪等。

（三）关于应否增设律师伪证罪的问题

这是本次研讨会中争议最为激烈的问题之一。绝大多数同志认为，增设专条的律师伪证罪利少弊多，因为我国律师制度本来就不很健全，律师合法权益受到侵犯的情况到处可见。如果律师都自身难保，怎能去保护当事人的

合法权益？故建议不宜增设律师伪证罪。如果律师作伪证的，完全可以按伪证罪处理。

（四）关于增设新型经济犯罪问题

大家一致认为，近几年来，随着经济的迅猛发展，改革开放的深入，证券、期货市场的建立，计算机的大量应用，出现在这些经济领域的新型经济违法行为极为严重，对于这类行为，有必要在刑法典中予以规定。建议增设的具体罪名主要有：内幕交易罪，操纵市场罪，证券欺诈罪，编造并传播虚假证券信息罪，非法侵入计算机系统罪，破坏计算机信息系统罪等。

［赵秉志、杨正根；载《中国法学》，1997（1）］

第四十四章

1996年全国刑法学术年会综述

一、前　言

随着21世纪的临近，我国第一部刑法典即1979年《刑法》将要在作重大的修订后重新颁布施行。围绕着刑法典的修改与完善，中国法学会刑法学研究会于1996年11月5日至10日在四川省乐山市召开了主题为“我国刑法的改革”的学术讨论会。与会代表近二百人，提交论文112篇，对我国刑法的修改和完善问题进行了集中、广泛和深入的探讨，提出了许多宝贵的意见和建议。现将这次年会所提交论文中涉及刑法修改与完善的内容综述如下。

二、刑法总则的修改与完善问题

本次年会收到这方面论文六十多篇，对以下问题提出了修改、完善建议。

（一）关于罪刑法定原则与类推制度

在新的刑法典中是否废除类推并明确规定罪刑法定原则，仍然是大家关注的一个焦点问题。有十多篇文章专门研讨了这一问题。绝大多数同志认为应在新刑法典中明文规定罪刑法定原则，废止类推制度，并从不同的角度进行了充分的论证。主要理由有：（1）罪刑法定原则本质上否定类推，二者水火不容，那种认为类推定罪仍由刑法总则明文规定，因而不存在“法无明文规定”定罪处罚，甚至认为我国刑法中的类推本身就是罪刑法定原则的一种表现的见解，实际上是对罪刑法定原则本意的误解或曲解。（2）罪刑法定原则是保障人权的需要。对法无明文规定的行为类推定罪潜藏着司法擅断、侵犯人权的危险性，与现代法制的民主精神背道而驰。（3）罪刑法定原则是依法治国的需要。（4）类推制度违背立法和司法分权原则。司法机关通过适用类推，将刑法上未规定的行为定罪处罚，侵越了立法机关的立法权。（5）符合世界刑法发展趋向。世界上绝大多数国家都明文规定了罪刑法定原则，只有极个别国家实行类推制度，因而我国刑法中废除类推，明文规定罪刑法定原则，符合世界刑法发展趋势。（6）废除类推实际可行。至于将来遇有个别不严重的“罪”即使因始料不及而暂时漏网，那比起实行罪刑法定原则所具有的巨大价值而言，实在是一个微不足道的代价，况且还可以总结经验，通过立法上的修改、补充予以救济。

关于罪刑法定原则的立法化建议主要有以下几点：（1）删除1979年《刑法》第79条类推制度，明文规定罪刑法定原则，并将其规定在刑法典的显著位置上。如有文章认为应当在未来《刑法》第1条开宗明义地规定罪刑法定原则。还有的文章认为应当将其规定在总则的第3条，即置于刑法的制定依据和任务的条文之后。（2）在刑法溯及力问题上明确规定从旧兼从轻原则，禁止重法溯及既往。（3）明文规定犯罪名称，实现罪名的法定化。（4）具体描述每一种犯罪的构成要件，尽量使用叙明罪状。（5）对幅度过宽且刑种、刑度交错的法定刑结构进行合理调整，尽可能缩小刑罚中自由裁量度，设立较具操作性的刑罚条款。（6）取消1979年《刑法》第59条第2款酌定减轻处罚的规定。（7）禁止在扩大解释的名义下进行司法类推解释。

（二）关于刑法的适用范围

有4篇文章主要集中探讨了我国刑法空间效力的发展和完善问题，对以下几个方面的内容提出了修改、完善的建议。

1. 属人管辖权方面

论者普遍认为1979年《刑法》第4条、第5条对我国公民域外犯罪适用范围的规定已嫌过窄，理由是：（1）自刑法典颁布以后又相继颁布了24

个单行刑事法律，并在众多的非刑事法律中设置了上百个附属刑法规范，对刑法进行了补充修改，增设了一系列罪名，因而目前刑法采取列举罪名的方式确定其管辖范围，显得过于狭窄。（2）从立法背景看，现行刑法域外属人管辖主要是针对20世纪70年代当时世界各地的华侨和华人而言的，但自改革开放以来，除了上述人员外，已有不计其数的公民出国学习、工作、生活，对于这些人在国外犯我国刑法规定的较严重之罪的，应适用我国刑法。（3）对于具有某种身份的公民如国家工作人员和现役军人域外实施的犯罪行为，不能仅按法定刑标准适用刑法。

鉴于上述理由，提出如下修改意见：（1）将1979年《刑法》第4条和第5条合并为一条，规定如下："中华人民共和国公民在中华人民共和国领域外犯本法规定之罪的，适用本法，但是按本法规定的最高刑为三年以下有期徒刑的，可以不予追究。"（第1款）"中华人民共和国国家工作人员和现役军人在中华人民共和国领域外犯本法规定之罪的，适用本法。"（第2款）同时应在总则的其他规定中对国家工作人员和现役军人作出立法解释。（2）另有文章建议将《刑法》第4条修改如下："中华人民共和国公民在中华人民共和国领域外犯下列各罪的，适用本法：（一）危害国家安全罪；（二）妨害国家金融秩序罪；（三）国家工作人员、军人的职务犯罪；（四）妨害国家机关职能的犯罪。"对《刑法》第5条中"本法规定的最低刑为三年以上有期徒刑"作出立法解释，是指与具体罪相对应的法定刑幅度的最低刑是3年。此外，还有文章建议取消1979年《刑法》第5条"按照犯罪地的法律不受处罚的除外"的规定。

2. 保护管辖权方面

有文章认为1979年《刑法》第6条对我国保护管辖权的规定存在以下不足：（1）将保护原则与被害人国籍原则混合规定，违背国际法基本理论；（2）对保护原则的适用范围只概括规定未加列举，不符合罪刑法定的要求；（3）对保护原则的适用设有双重犯罪限制，不符合设立此原则的本意，不利于彻底保护国家利益。建议将《刑法》第6条、第7条分别修改如下："外国人在中华人民共和国领域外对中华人民共和国国家犯下列之罪，而按本法应处三年以上有期徒刑的，可以适用中国刑法：（一）危害国家安全罪；（二）妨害国家金融秩序罪；（三）妨害国家机关正常职能罪。""外国人在中华人民共和国领域外对中华人民共和国公民犯罪，按本法应处三年以上有期徒刑的，可以适用本法；但是按照犯罪地的法律不受处罚的除外。”

3. 普遍管辖权方面

多数文章论及因1978年9月至今，我国已先后加入东京公约、海牙公约、蒙特利尔公约等近十个有关惩罚国际犯罪的公约，加之1987年6月全国人大常委会关于我国行使普遍管辖权的特别立法规定，故应将普遍管辖权原则在修订刑法典时作出明确规定。

还有文章认为，应在修订刑法典时对引渡制度作出规定，以保障普遍管辖权的行使。有的文章认为还应在刑法典中增设司法协助的规定："我国司法机关与外国司法机关的刑事司法协助，根据中华人民共和国缔结或者参加的国际条约，或者按照互惠原则办理。"

（三）关于未成年人犯罪及其刑事责任

我国对未成年人犯罪采取的是"教育、感化、挽救"的方针和"教育为主，惩罚为辅"的刑事政策。现行刑法典中适用于未成年人犯罪的规定有第14条和第44条。有文章认为：除《刑法》第14条第1款和第4款可以保留外，其余内容都应当修改完善。对于《刑法》第14条第2款应以罪名列举与最低法定刑相结合的形式进行修改，把犯罪限于故意犯罪，且为特别重大而且经常出现的犯罪，以法定最低刑为3年有期徒刑以上的为严重犯罪的法律标准。具体修改为："已满14岁未满16岁的人，犯杀人、重伤、抢劫、重大盗窃以及其他法定最低刑为3年有期徒刑以上的故意犯罪，应当负刑事责任。"认为《刑法》第14条第3款应修改为："少年犯罪，已满16岁的予以从轻处罚，未满16岁的应当减轻处罚。"此外还有：放宽缓刑条件，规定对少年犯符合缓刑条件的"应当适用缓刑"而非刑法规定的"可以宣告缓刑"；在减刑、假释条件上放宽"确有悔改表现"的标准，只要未成年人认罪伏法，遵守改造规范，积极学习，就可视为确有悔改表现。加大减刑幅度，被判处无期徒刑的第一次可减至15年有期徒刑，确有悔改并有立功表现的，最低可减为10年有期徒刑；被判处有期徒刑的一次一般可减1年6个月有期徒刑；确有悔改并有立功表现的一次可减2年6个月有期徒刑；废止《刑法》第44条对未成年人犯罪的死缓制度；规定累犯制度不适用于未成年人等。

（四）关于正当防卫

有文章认为，应在修订刑法典时对正当防卫的基础性条件——不法侵害作出明确的界定，如："本法所称的不法侵害，是指自然人积极实施的社会危害性较大、客观上为现行法律所禁止的紧迫违法行为。"有的文章认为应对正当防卫、防卫过当、假想防卫在立法上作出明确规定。还有的文章认为，在立法上应对职务防卫、正当协助防卫作出规定，并表述为："职务人员，为了使公共利益或者他人人身和财产免受正在进行的犯罪侵害，而依职责采取的必要防卫行为，是职务防卫。职务防卫不负刑事责任。""公民为了使公共利益和他人的人身权利免受正在进行的犯罪侵害，而采取的必要的协助防卫，是正当协助防卫。正当协助防卫不负刑事责任。"此外，还应专条列举不能实行正当防卫的情形，如对明知是无刑事责任能力人的侵害行为，对过失的侵害行为，对第三者，对处于预备、中止和终了的侵害行为，对职务行为，均不能实行正当防卫。

（五）关于法人犯罪

相关文章集中在以下几个方面进行了研讨。

1. 立法方式

认为对于法人犯罪应采取法国式立法模式，即对于法人犯罪及其刑事责任、适用于法人犯罪中自然人的刑罚与适用于法人的刑罚分别在刑法总则和分则中加以明文规定。

2. 立法用语

有的文章主张仍沿用"单位犯罪"的立法用语，因为从当前犯罪的实际情况看，许多犯罪主体既不是自然人，也不是法人，如立法上使用"法人犯罪"术语，势必将上述犯罪主体排除在外，不利于对这类犯罪的惩治。另有的文章主张应摒弃"单位犯罪"用语，使用"法人犯罪"概念。其理由是：（1）单位本身不是法律概念，其内涵、外延不清楚，实践中难以掌握，不如法人内在规定性明确；（2）社会上具有独立社会关系主体资格的单位在我国民法上一般都是法人，在刑法中使用"法人"代替"单位"并不会导致法人犯罪范围的大幅度缩小；（3）现实中发生的单位犯罪主要存在于企业法人中，非企业性法人犯罪只占小部分，使用“法人”概念，更符合法人犯罪实际。

3. 法人犯罪范围

有文章认为应在以下领域增加法人犯罪：交通运输、劳动保护、危险品管理、环境保护、文物管理、自然资源、土地管理、市场管理、财政金融、对外贸易、股票证券、邮电通讯、产品质量、市政建筑、知识产权等。

4. 法人犯罪的刑罚

有文章认为：应当采用“双罚制”；责任人员的法定刑应当低于自然人犯罪；法人犯罪的可罚性标准应高于自然人犯罪；规定罚金刑具体量刑标准，增设资格刑如解散、停业整顿、限制业务范围等。

（六）关于刑罚的完善

1. 死刑

十多篇文章普遍认为应减少和限制死刑，并主要提出了如下具体建议：（1）界定“罪大恶极”的概念。（2）明确规定犯罪时不满 18 周岁的未成年人一律不适用死刑（包括死缓）。（3）规定“刑事诉讼中怀孕的妇女和有不满 3 周岁（或 6 周岁）婴幼儿的妇女不适用死刑”。（4）增加规定犯罪时已满 70 周岁的老年人原则上不适用死刑。（5）规定犯罪时处于精神耗弱状态者一般不适用死刑。（6）取消法律上绝对死刑的法定刑。（7）完善死缓制度。立法上应将适用死缓的条件以及死缓犯执行死刑的条件具体化，对于“不是必须立即执行”“抗拒改造情节恶劣”的主要条件加以规定。（8）限制死刑核准权的下放。（9）从刑法分则条文、罪名上限制、减少死刑。一是对挂有死刑的条文进行技术处理，采用归并法把性质基本相同的犯罪行为合并在一个条文中加以规定或采用排列式罪名或选择式罪名的方法加以规定，以缩减死刑条文。如将阴谋颠覆政府、阴谋分裂国家、持械聚众叛乱等罪合并为内乱罪，将背叛祖国、投敌叛变、间谍、资敌等罪合并为外患罪等。再如将刑法中的反革命杀人罪、放火罪、决水罪、爆炸罪、投毒罪、以其他危险方法危害公共安全罪以及抢劫罪等包含故意杀人的内容剥离出来，与故意杀人罪实行数罪并罚，适用故意杀人罪的死刑，而将其他犯罪的法定最高刑由死刑减为无期徒刑。有文章统计，采用如此方法虽然对于反革命罪中实际适用死刑的行为并没有减少多少，但在法律条文上的死刑罪名则可减少 15 种。二是从立法上实际减少死刑。多数文章认为死刑应主要适用于危害特别严重的危害国家安全罪、危害公共安全罪以及情节特别严重的侵犯人身权利罪、侵犯财产罪、妨害社会管理秩序罪、贪污罪、受贿罪。也有文章认为应当取消所有经济犯罪的死刑。

2. 罚金刑

完善建议主要有：(1) 罚金刑仍保持其附加刑地位，既可独立适用，也可附加适用。少数文章认为应将罚金刑上升为主刑。(2) 把罚金刑扩大适用于所有贪利性犯罪以及部分危害不大的故意犯罪，增设罚金刑的“单处”条款，凡是规定拘役的法定刑中一般都可考虑增设单处罚金，作为供选择的刑种，使拘役分流，克服短期自由刑之弊。(3) 明确规定罚金刑的数额。可以采取具体数额罚金制和比例罚金制，对罚金的数额应采取总则和分则相结合的方式，在总则中规定下限或者上下限。对于经济犯罪和非经济犯罪、单位犯罪和自然人犯罪，罚金的数额应有所不同。(4) 完善罚金刑的执行制度，有的主张增设罚金易科劳役、罚金易科自由刑制度。对于罚金刑的完善，还有文章认为应增设自由刑易科罚金制度，规定对于被判处管制、拘役、3 年以下有期徒刑的犯罪分子，根据其犯罪情节和悔罪表现，可以易科罚金。

3. 资格刑

完善建议主要有：(1) 取消剥夺政治权利，将其内容分解为剥夺选举权、被选举权和禁止担任公职两个刑种，取消原剥夺政治权利中关于剥夺言论、出版、集会、结社、游行、示威自由权利的规定，取消 1979 年《刑法》第 53 条的规定，对被判处死刑立即执行的罪犯不再适用资格刑。(2) 增设禁止从事特定职业或活动、解散犯罪法人、禁止犯罪法人从事特定业务三种资格刑。(3) 将仅适用于犯罪军人的剥夺勋章、奖章和荣誉称号的资格刑扩大适用于一般犯罪主体。(4) 把资格刑扩大适用于利用职务、特定身份所实施的一切犯罪。(5) 健全资格刑执行制度。一是建立资格刑减免制度和缓刑制度，二是建立资格刑执行的监督考察制度，三是建立资格刑的复权制度。

4. 管制刑

有文章认为仍应保持其主刑地位并进行以下完善：(1) 明确管制刑的适

用条件。（2）修改管制内容，如规定抗拒、逃避管制的延长管制期限；在管制期间又犯新罪的，对所犯新罪从重处罚，并将原判管制折抵为徒刑，按数罪并罚的原则合并执行。（3）调整管制刑的执行机关为：公安机关，机关、企业、事业单位保卫部门，农村治保委员会。

（七）关于保安处分

主要集中在保安处分刑事立法化、司法化问题上。有文章认为，应在修订刑法典时对保安处分制度作出完整、系统、明确的规定，如规定劳动教养、收容教育、收容教养、强制治疗、留场就业等，使之与刑罚并列，发挥防卫社会的作用。其中论及较多的是劳动教养，多数文章认为：应在修订刑法典中作出规定，将劳动教养的决定权赋予法院。同时应对劳动教养的内容加以改造，使之在执行方法上有别于自由刑，以教养为主，辅之以劳动。有的文章认为应在刑法典总则中设置一条有关劳动教养的原则性规定，同时以刑事特别法的形式，制定一部劳动教养法。

（八）关于累犯

完善建议主要有：（1）仍按犯罪的性质将累犯分为一般累犯和危害国家安全的累犯。（2）将现行刑法一般累犯构成条件中前后罪的间隔期从3年改为5年。（3）明确规定对累犯从重或加重处罚的原则。（4）增加未成年人不适用累犯规定的条款。

（九）关于自首、坦白、立功

1. 自首

有文章从自首的时间性、投案的自动性、投案对象的特定性、供述罪行的真实性、悔罪的真诚性等因素考虑，认为应把自首重新界定为："犯罪以后，在司法机关采取强制措施前，主动向司法机关或者其他机关、企业事业单位、社会团体投案，如实供述自己的罪行，并接受审查和裁判的，是自首。"

2. 坦白

一些文章认为刑法应规定坦白制度，并可考虑对坦白及对坦白的犯罪分子的处罚作如下表述：坦白是指犯罪分子被动归案后，自己如实交代被指控的犯罪事实，并接受国家审查、裁判的行为。对于坦白的犯罪分子，可以从轻处罚。其中犯罪较轻的，可以减轻处罚；犯罪较轻且有立功表现的，可以免除处罚；犯罪较重且有立功表现的，可以减轻处罚。

3. **立功**

有论者认为刑法中应规定立功制度，对立功及其从宽处罚原则可作如下表述：犯罪分子揭发、检举他人的犯罪行为，查证属实的，或者提供重要线索，从而得以侦破其他刑事案件的，或者协助司法机关缉捕其他罪犯的，或者为社会作出其他重大贡献的，是立功。犯罪分子有立功表现的，可以从轻处罚。其中犯罪较轻的，可以减轻或者免除处罚；犯罪较重的，如果有重大立功表现，也可以减轻或者免除处罚。

关于刑法总则的完善，除上述有关问题外，还有文章对于缓刑、减刑、假释、时效等问题专门作了研讨。

三、刑法分则的修改与完善问题

收到这方面论文四十多篇，主要涉及以下问题。

（一）关于刑法分则体系结构

仍然存在着大章制与小章制的争论。有文章认为刑法分则体系应采用大章制，除个别调整外，基本上保留目前的刑法分则体例，对内容庞杂、条文过多的犯罪类型，可以在章下设节，每节分为不同的犯罪类型。另有文章力主小章制，主张章下不设节，将原来内容庞杂、条文过多的犯罪类型划分为若干章。还有的文章认为应全部实行章节制，即将每一章都分节，使体系或者体例保持统一。

（二）关于罪名立法化

完善的建议主要有：（1）取消推理式罪名，采用明示式罪名的立法模式。（2）取消并列式罪名，采用一条一罪或一款一罪的立法模式。（3）限制选择性罪名，分解“口袋式”罪名。对于危害不同的行为如“伪造与擅自制造”“引诱与介绍”宜分别定罪名，不宜规定为选择式罪名而适用相同的法定刑。对“口袋罪”如投机倒把罪、玩忽职守罪、流氓罪的罪名改革的方式有：取消投机倒把罪、流氓罪罪名，各分解为若干具体罪名；玩忽职守罪可以设立若干款项，将本罪内容特定化、具体化。

（三）证券犯罪

随着我国证券市场的建立和迅速发展，证券违法犯罪现象也有所增多，多篇文章论及应在新刑法典中加强证券犯罪的立法，并对下述问题进行探讨。

1. 证券犯罪的概念

证券犯罪是指证券发行人、证券经营机构、证券中介机构、证券监督管理机构、证券服务机构以及其他机构，证券从业、管理及其他人员，在证券的发行、交易、管理及其他有关活动中，违反证券法律规定，严重破坏证券市场的管理秩序，侵害证券投资者的合法权益，应受刑罚处罚的行为。

2. 我国应设置的具体证券犯罪及其分类

（1）违反证券发行管理制度的犯罪，即指非法发行证券罪。（2）违反证券交易管理制度的犯罪，包括操纵证券市场罪，欺诈客户罪，非法上市、上柜罪，非法信用交易罪，非法公开收购证券罪。（3）违反证券信息保密制度的犯罪，包括内幕交易罪，非法买卖证券罪。（4）违反证券信息公开制度的犯罪，即指虚假陈述罪。（5）违反证券市场主体管理制度的犯罪，包括非法从事证券业、证券服务业罪，非法设置证券交易市场罪。

（四）期货犯罪

有文章认为，有必要对我国期货市场中的犯罪行为予以刑事制裁，保护期货市场秩序；并探讨了期货犯罪的概念、分类以及应设置的罪名。（1）期货犯罪的概念。这是指违反期货法律、法规，非法从事期货交易活动，侵犯期货投资者的合法权益，破坏期货市场秩序，应受刑罚处罚的行为。（2）期货犯罪分类及相应罪名。1）违反期货操作规则制度的犯罪，包括欺诈期货客户罪，操纵期货市场罪，误导交易罪，私下对冲、对赌、吃点罪。2）违反期货信息保密制度的犯罪，即指内幕交易罪。3）违反期货财产制度的犯罪，即指挪用保证金罪。4）其他违反期货法律制度的犯罪，包括非法经营期货罪，越权经营期货罪。

（五）诈骗罪

完善的建议主要有：(1) 把诈骗罪名分解为普通诈骗罪和经济诈骗罪两类。经济诈骗罪包括单行刑法中规定的骗取国家出口退税款罪、集资诈骗罪、贷款诈骗罪、金融票据诈骗罪、信用证诈骗罪、信用卡诈骗罪、保险诈骗罪以及应增设的合同诈骗、期货诈骗、广告诈骗、破产诈骗、证券诈骗、押汇诈骗等犯罪。(2) 把诈骗罪单独作为一章或一节加以规定。(3) 取消单行刑事法律中关于诈骗罪的死刑规定，将法定最高刑规定为无期徒刑。(4) 增设罚金刑，并规定具体数额。

（六）侵犯知识产权犯罪

有关立法完善的建议分以下几个方面。

1. 侵犯商标权犯罪

有的主张对于在同一种商品上使用与他人注册商标近似的注册商标，或者在类似商品上使用与他人注册商标相同的商标，情节严重的行为，在立法上规定构成假冒注册商标罪。

2. 侵犯专利权犯罪

有的文章认为在刑法典中除明确规定假冒专利罪以外，还应将仿造他人专利，侵吞他人专利，擅自实施他人专利，故意贩运伪造或者变造他人专利的产品，伪造或者擅自制造他人专利标记，故意销售伪造、擅自制造的他人专利标记，进口假冒他人专利的产品等情节严重，违法数额较大的行为，规定为犯罪。

3. 侵犯著作权犯罪

有的文章认为应将《关于惩治侵犯著作权的犯罪的决定》第 1 条第 4 项“制作、出售假冒他人署名的美术作品”的内容予以扩充，不应仅限于“美术作品”，而应当扩展到美术作品以外的文字作品、音乐、电影、电视、计算机软件及其他作品，并取消“以营利为目的”的规定。

（七）侵犯商业秘密罪

有文章认为：刑法中应增设侵犯商业秘密罪。侵犯商业秘密罪是指以盗窃、利诱、胁迫或者其他不正当手段获取权利人的商业秘密的行为；披露、使用或者允许他人使用以前项手段获取的权利人的商业秘密，情节严重的行为；违反约定或者违反权利人有关保守商业秘密的要求，披露、使用或者允许他人使用其所掌握的商业秘密，情节严重的行为。对于第三人明知前述违法行为，获取、使用或者披露他人的商业秘密，情节严重的，也构成侵犯商业秘密罪。另有文章认为应分设泄露商业秘密罪、非法获取商业秘密罪、非法使用商业秘密罪等罪名。

（八）侵占罪

有关的立法完善建议有：（1）罪名分类。有人认为应将侵占罪划分为普通侵占罪和业务侵占罪，另有人认为应设置单一的侵占罪名，把不同情形的侵占只作为情节，在量刑上加以区别。（2）客观要件。有人认为应取消把骗取行为作为侵占罪的行为方式。（3）刑罚设置。有文章认为侵占罪最高刑应规定为无期徒刑。

（九）贿赂犯罪

1. 受贿罪

有文章认为：（1）受贿罪的“为他人谋取利益”的要件应当取消，理由是：第一，受贿的实质是以权谋私，并不在于是否因受贿而为他人谋取利益，为他人谋取利益与否不能改变受贿的本质。第二，规定这一要件严重影响对一些以权谋私者的刑事追究，不利于体现“从严治吏”的精神和反腐败斗争的深入进行。（2）把受贿罪中贿赂的范围从财物扩大到其他不正当利益。（3）受贿罪的“利用职务上的便利”要件缺乏明确性，应修改为“利用职权”。

2. 行贿罪

有文章认为行贿罪社会危害的本质是严重腐蚀国家工作人员，诱发大量受贿犯罪，损害国家工作人员职务权力的廉洁性，行贿人主观上谋取什么样的利益并不能决定行贿罪社会危害的本质。因而主张取消行贿罪“为谋取不正当利益”这一主观要件。

3. 介绍贿赂罪

有的文章认为此罪应当取消，理由是：介绍贿赂人在介绍贿赂的过程中，总是要代表行贿人或受贿人一方，对行贿人或受贿人起帮助或既教唆又帮助的作用。对此，完全可以根据刑法总则关于共同犯罪的规定对介绍贿赂人以行贿罪或受贿罪的共犯（教唆犯或帮助犯）处罚，没有必要单独设定一个介绍贿赂罪。

（十）3 个“口袋罪”的立法完善

有文章认为，对于现行刑法中的 3 个“口袋罪”即投机倒把罪、流氓罪、玩忽职守罪，在修订刑法典时应采取分解罪名、充实罪状的方法予以解决。具体建议如下。

1. 关于投机倒把罪

鉴于近年颁行的一些单行刑法已将这种罪中的某些内容剥离出来，另立为犯罪，如生产、销售伪劣商品的犯罪，侵犯著作权犯罪，虚开、伪造和非法出售增值税专用发票的犯罪等，剩下的内容也不多了，故不必再以投机倒把罪称谓，而经过梳理，可分别规定为非法经营罪、扰乱市场罪、非法出版罪等。

2. 关于流氓罪

现行《刑法》第 160 条规定的流氓罪罪状中列举了“聚众斗殴”“寻衅滋事”“侮辱妇女”三种行为方式，此外还有“或者进行其他流氓活动”的模糊用词，使本罪成了一大“口袋”。在修订刑法典时应考虑对之分解，分别规定为聚众斗殴罪、寻衅滋事罪、强制猥亵罪、聚众淫乱罪等。“侮辱妇女”与侵犯人身权利罪中的侮辱罪很难区别，可不再列入。

3. 玩忽职守罪

本来此罪主体只限于国家工作人员，主观方面属于犯罪过失，但由于立法对“玩忽职守”客观行为未加描述，使玩忽职守罪也成了一个“口袋罪”。修订刑法典时除玩忽职守罪以外，增设滥用职权罪、逾越职权罪、故意放弃职责罪等罪名，以免使玩忽职守罪臃肿膨胀。另有文章认为，应取消玩忽职守罪，代之以四个罪名：滥用职权罪、故意不履行职责罪、过失不履行职责罪、过失逾越职权罪。

关于刑法分则的完善，除上述问题外，还有学者撰文认为应增设的新罪名有：黑社会组织罪，广告诈骗罪，非法占用土地罪，买卖、变相买卖土地罪，非法转让土地罪，滥用土地、破坏土地生态环境罪，妨害社会风尚罪（类罪名），逃避债务罪，背信罪，破产欺诈罪，危害国防安全罪（类罪名）等。

[高铭暄、聂洪勇；载高铭暄主编：《刑法修改建议文集》，北京，中国人民大学出版社，1997]

第四十五章

1997 年全国刑法学术年会综述

一、前　言

1997 年 8 月 16 日至 20 日，中国法学会刑法学研究会以“刑法的贯彻与实施”为主题的 1997 年年会在宁夏银川市召开。全国刑法理论界及刑事立法、司法实务部门的专家、学者一百七十余人参加了会议。会议共收到论文 103 篇，这些论文对我国 1997 年 3 月修订后的刑法典贯彻实施中的一系列理论与实践问题进行了广泛而认真的研讨。现将其主要内容综述如下。

二、关于新刑法典理解与适用的宏观问题

（一）新刑法典的内容、特点和意义

有的学者对刑法修订的内容作了高度概括和归纳，认为修订后的刑法，是我国继刑事诉讼法修改后的又一完善刑事法律和司法制度的重大举措，刑法修订的内容主要体现在这样七个方面：（1）确立了罪刑法定、适用刑法上的平等、罪责刑相适应三项基本原则；（2）扩大了刑法对中国公民的域外犯罪的管辖范围，并规定了刑法的普遍管辖权；（3）完善了有关责任能力问题的规定；（4）总则中专节规定了单位犯罪；（5）通过对正当防卫条文的修改，特别是增加“无限度防卫权”条款，强化了公民正当防卫权利；（6）在

刑罚制度上，完善了自首、累犯、缓刑、减刑、假释等制度，增加了立功制度；(7) 强化了刑法调控作用。有的学者把新刑法的特点归纳为四个方面：(1) 统一性与连续性；(2) 民主性；(3) 科学性与全面性；(4) 严密性与合理性。

有的学者在分析比较刑法理论犯罪论的客观主义与主观主义的基础上，认为新刑法的立法反映出向客观主义倾斜的趋势，主要表现在这几个方面：(1) 对构成要件和法定刑升格的条件、一些刑罚制度的适用条件作了具体规定；(2) 对客观行为相同、罪过内容相同的犯罪，一般规定为一种犯罪，而不规定为不同的犯罪；(3) 许多条文通过对客观行为的描述来限定主观要素；(4) 对常见、严重犯罪规定的影响其法定刑升格的因素只限于客观因素。有论者认为，新刑法向客观主义倾斜的趋势值得称道，向客观主义倾斜有利于发挥刑法的行为规制、法益保护和自由保障三个机能；有利于合理对待犯罪化与非犯罪化；有利于合理区分刑法与道德；有利于合理处理刑事立法（权）与刑事司法（权）的关系。

有的学者对新刑法的人权保障内容、精神及意义作了比较详细的论述，认为新刑法中的人权保障规定，对于树立正确的人权保障观念，确立社会主义市场经济体制，促进人权保障的现代化和与国际规范的接轨，都具有重要的意义。

（二）刑法的解释问题

数篇论文对刑法解释（主要是司法解释）作了研究。有的学者认为，刑法司法解释的原则包括：(1) 不超越立法的原则。任何司法解释都不能违背立法原意。(2) 最高司法机关独有的原则。除了最高人民法院和最高人民检察院外，任何机关均不具有刑法司法解释权。(3) 普遍约束力的原则。各级公安机关、司法机关、其他国家机关、企事业单位、社会团体，只要涉及审判、检察工作中具体适用刑法规范的问题，都应按照最高司法机关的刑法司法解释办理。(4) 公开的原则。刑法司法解释应公开发布，在刑事法律文书中应公开援引。(5) 明确、具体的原则。(6) 立即生效的原则。有论者强调，刑法司法解释与刑法适用解释有所区别。后者是各级司法机关和司法人员对刑法应用问题所作的一种阐明，是一种司法业务活动，它只对个案有效，且不得与刑法司法解释相抵触。

（三）刑法基本原则问题

与会学者在提交的论文及在大会讨论过程中，均从不同的角度对刑法规定的3项基本原则予以高度民主评价。但是，对于《刑法》第4条、第5条规定的两项基本原则的称谓，学者间存在不同的意见。对《刑法》第4条规定的基本原则，有法律面前人人平等原则、刑法面前人人平等原则、适用刑法人人平等原则、罪刑平等原则等不同说法。对《刑法》第5条规定的基本原则，有罪刑相适应原则、罪责刑相适应原则、罪刑均衡原则等称谓。在各项基本原则的内容理解上，学者也表达了自己的看法：(1) 对于罪刑法定原则，有学者指出其应有6个方面的内容，即排斥习惯法、禁止类推、刑法无溯及力、禁止绝对的不定期刑、明确性原则和实体的相当原则。(2) 对于刑法面前人人平等原则，有学者认为其应包括三个方面的内容，即定罪上的平等、量刑上的平等和行刑上的平等。(3) 对于罪责刑相适应原则，有学者认为其中的“责”即刑事责任只是联结“罪行”和“刑罚”的中介，“罪行”的内涵包括犯罪的社会危害性和犯罪人的人身危险性两方面。

三、罪刑总论问题

（一）正当防卫问题

正当防卫的立法规定之理解与适用，是学者研讨的重点的问题之一。学者普遍一致地认为，1997年刑法对正当防卫的立法修订，强化了公民正当防卫权利，有利于提高公民运用正当防卫权利保护国家、社会和公民个人的合法利益。但是，对于正当防卫与防卫过当的关系、《刑法》第20条第3款所规定的正当防卫权之称谓，学者之间有不同的见解。关于正当防卫与防卫过当的关系，有的学者认为，正当防卫与防卫过当是矛盾关系，即非此即彼的关系，防卫行为如不是正当防卫便是防卫过当；有的学者则认为，这两者是一般与特殊的关系，正当防卫不应负刑事责任乃是一般原则，防卫过当应负刑事责任则是一般原则的例外。关于《刑法》第20条第3款所规定的正当防卫权之称谓，有学者称为“无限防卫权”；有学者认为，这一款的正当防卫并非没有条件限制，因而称为“无限防卫权”并不准确，莫如称为“特殊防卫权”。

（二）单位犯罪问题

有学者主要就单位犯罪的概念、构成要件，单位犯罪的范围等问题作了探讨。有的学者认为，单位犯罪是指公司、企业、事业单位、机关、团体为本单位谋取非法利益，经单位集体决定或负责人员决定，故意实施的危害社会的行为，以及不履行其法律义务，过失实施的危害社会的行为。有的学者认为，从新刑法的规定看，单位犯罪不应仅限于“为单位谋取非法利益”的危害社会行为。有的学者分析了单位犯罪单罚制和双罚制的优劣，认为双罚制的理论根据在于单位犯罪的连带责任。

（三）死刑和管制刑问题

有学者在回顾我国刑法对死刑立法历史的基础上，认为新刑法对于死刑立法实际上采取了谨慎的限制举措；有学者认为1997年刑法较大幅度地扩大了管制刑的适用，但仍有完善的必要。

四、刑法分则问题

（一）绑架犯罪的罪名问题

对于1997年《刑法》第239条规定的罪名个数，学者们有不同的看法：有的学者认为该条只有“绑架罪”一个罪名；有的学者则认为，以勒索财物为目的绑架他人或偷盗婴幼儿的行为与绑架他人作人质的行为在犯罪目的上显著不同，因而该条包括“绑架勒索罪”和“绑架罪”，前罪指以勒索财物为目的绑架他人或偷盗婴幼儿的行为，后罪指绑架他人作人质的行为。还有的学者认为该条包括绑架勒索罪、偷盗婴幼儿罪和绑架罪。

（二）侵占罪的对象问题

有学者指出，侵占罪的对象仅限于行为人已合法持有的他人财物，对于合法持有的认定，又因《刑法》第 270 条第 1 款和第 2 款规定的犯罪对象不同而有所不同：第 1 款规定的侵占行为，持有他人财物的合法原因或根据，主要有委托关系、租赁关系、借用关系、担保关系和“无因管理”；第 2 款规定的侵占行为都是出于偶然原因，既未受他人委托，又未取得他人同意，而合法控制该财物。但有的学者认为非法财产也可以成为侵占罪的对象。多数学者认为，公、私财产都可以成为侵占罪的对象；但也有学者主张只有公民个人财产才能成为其对象。

（三）贪污罪与职务侵占罪主体的界定问题

有的学者认为：新刑法关于贪污罪主体的规定，体现了尽量缩小贪污罪主体范围的精神，表现在：（1）贪污罪主体所属单位的性质必须是国家的或国有的，行为人必须是国家机关或国有公司、企业、事业单位、人民团体的工作人员，或者是由上述单位委派的人员；（2）贪污罪主体必须是从事公务的人员，而不包括从事劳务的工作人员。只有具备上述两个条件的人，利用职务上的便利非法占有公有或国有财产的，才构成贪污罪。其他人员利用职务之便非法占有本单位财物的，即使是公有财产，也只能成立职务侵占罪。

（四）新《刑法》第 388 条受贿行为的罪名问题

对于新《刑法》第 388 条规定的受贿行为应适用什么罪名，学者之间存在分歧：有的学者认为，应定受贿罪，因为该款的受贿行为本质上与第 385 条的典型受贿行为并无二致，无须另立罪名；有的学者则认为，应定斡旋受贿罪；还有的学者主张定间接受贿罪，认为这种叫法更能反映此种行为的实质。

［赵秉志、肖中华；载高铭暄、赵秉志编著：《新中国刑法学研究历程》，北京，中国方正出版社，1999］

第四十六章

1998 年全国刑法学术年会综述

一、前　言

我国 1997 年修订后的新刑法典施行年余之际，中国法学会刑法学研究会 1998 年学术讨论会于 11 月 12 日至 17 日在江苏省无锡市召开。这次会议，以探讨新刑法施行一年多来在司法实践中所遇到的疑难、争议问题为主要内容。来自全国刑法理论界、刑事司法部门以及法律服务机构的两百余位专家、学者和刑事法律工作者参加了会议。大会收到论文一百四十余篇，内容涉及刑法基础理论和新刑法的方方面面。

二、关于刑法典的总体评价和刑法基础理论问题

（一）对新刑法典的评价

有学者在评析国外刑法理论法益侵害说与权利侵害说、义务违反说等学说的争论的基础上，肯定了我国新刑法对法益侵害说认同的科学性与进步性。该论者指出，以法益侵害说为根据确定刑法的处罚范围与界限，可以使处罚范围适当、使处罚界限明确，有利于同时发挥刑法的法益保护机能与自由保障机能，有利于区别刑法与道德，有利于正确评价行为的社会危害性，亦有利于正确理解和适用刑法规范。新刑法在诸多方面认同了法益侵害说，

如未采纳一些学者提出的增设通奸罪、卖淫罪、乱伦罪等罪名的建议，对具体犯罪所属类别的调整突出了以保护法益为核心。该论者最后指出，刑法理论与司法实践中还存在许多与法益侵害说不相适应的观点与做法，需要我们努力克服和纠正。

（二）刑法价值

有学者对刑法价值体系作了深入探讨，认为刑法价值体系的研究与刑法结构体系的研究同样重要，并指出，我国刑法价值的实现程度还不尽如人意，存在刑法价值虚化的问题。该论者强调：一部刑法典的价值首先决定于它是否在当时的社会条件下被公认为是公正的法律，其次还决定于立法设计对于执法社会成本的预测是否符合实际、社会系统的各个要素是否可以有效地发挥提高犯罪成本并减少犯罪收益的作用。为避免刑法价值的虚化，应当深入开展法制经济学的研究，以指导立法；立法的具体举措包括将部分道德规范法律化、深化资格刑的内涵等。

（三）刑法的调控范围

对于刑法的调控范围问题，近年来学者一直有所关注。在这次研讨会中，部分论文对此问题又作了探讨。有学者认为，犯罪化在新刑法中占有相当大的比重，但非犯罪化也受到立法者的注意；并指出，新刑法在犯罪化与非犯罪化问题上仍有完善的余地；建议将某些严重违法而带有很大社会危害性的期货垄断等行为予以犯罪化。有的学者认为，如果以我国的基本刑事政策及我国的历史传统和人们的价值观念来衡量，可以说，新刑法的调控模式是比较合理的，但如果与外国刑法的犯罪圈相比，从追求严而不厉的刑事政策思想出发，则新刑法仍不够完备，似可在有所限制的情况下对某些行为予以犯罪化。另外，有学者对危险犯立法的价值倾向、成立的依据和危险犯的基本形态进行了研究，提出在我国刑法中增设过失危险犯的建议。

在刑法基础理论方面，还有的学者就刑法判例制度建立的理论和现实根据进行了研究，并提出了建立刑法判例制度的具体构想。

（四）刑法基本原则及其理解和适用

有的学者对刑法确立基本原则的根据、标准、意义和三项刑法基本原则的含义作了探讨，认为刑法确立基本原则是由我国人民民主专政的政权性质和马克思主义刑法观决定的，是依法治国方略的体现，是建设市场经济和保障人权的客观需要，是对我国实践经验的总结。该论者认为，罪刑法定原则并不否定扩张解释；法律面前人人平等原则只指司法上的平等，而不包括立法上的平等；罪刑相适应原则的实质是保证刑罚的公正。该论者指出，刑法未明文规定的基本原则有罪及个人、主观与客观相一致、惩罚与教育改造相结合三项，这三项基本原则未被明文规定，并不影响其发挥应有的作用。另外，有的学者对罪刑法定原则的司法运作问题作了有益的探索，认为在司法实践中应当摒弃视刑法为“刀把子”的传统观念，从罪刑法定原则的要求出发，限制司法权的滥用，保障公民的人权；对于法无明文规定的行为绝不能定罪处罚，司法解释不应越权。

三、罪刑总论问题

（一）单位犯罪问题

单位犯罪的概念、构成特征以及处罚，是本次讨论会的研讨热点之一。有的学者给单位犯罪下的定义是：单位犯罪，是指公司、企业、机关、团体，在单位意志的支配下，由其直接责任人员或其他代理人故意或过失地实施的危害社会的，依法应当受到刑罚处罚的行为。有学者认为，单位犯罪的主体必须具有三个特征：（1）合法性，即必须是合法的组织；（2）有组织性，即具有一定的组织结构形式；（3）完全性，即能够完全承担刑事责任。对于单位犯罪主体的范围或种类，学者们就实践中存在的一些问题展开了讨论：（1）私有性质的公司、企业能否成为单位犯罪的主体？对此，多数人予以肯定回答。（2）单位的分支机构或部门能否成为单位犯罪的主体？有论者认为，单位的分支机构或部门经依法成立或设立，就被赋予了权利能力和行为能力，因而也具有刑事责任能力，可以成为犯罪的主体。（3）国家机关能否成为单位犯罪的主体？肯定的观点认为，国家制定的法律是以维护国家的整体利益为己任的，当作为具体单位的国家机关违反法律危害国家整体利益时，也必须予以惩处。否定的观点则认为，国家机关除了国家划拨的办公经费外，没有其他经济来源，因而没有承担刑事责任的能力。

（二）正当防卫问题

新刑法中正当防卫的立法内容经过一年多的司法实践检验，暴露出一些问题。较多的学者对《刑法》第20条第3款规定的特殊防卫权或无限防卫权内容进行了批判，认为这种规定在某种程度上鼓励了“以暴制暴”，不利于防止防卫权的滥用，不利于法治。一些学者认为该款在适用中还存在可操作性差的弊病，如何为“行凶”，其义模糊、难以认定，什么是“其他严重危及人身安全的暴力犯罪”也不明确。此外，还有的学者对正当防卫的必要限度、防卫过当的认定与处理等问题进行了研究。

（三）死刑缓期执行制度的司法适用问题

有学者对新刑法中的死缓制度的司法适用问题作了深入的探索，并就相关立法之得失作了评判。该论者指出，新《刑法》在第48条第1款使用“罪行极其严重”一词，克服了1979年刑法典中“罪大恶极”一词含义不明、用语不够严谨的弊病，但从“罪行极其严重”一词的字面意思而言，它仅限于犯罪行为及其客观危害后果，此与立法者通过用语修改而限制死刑适用的本旨相去甚远。关于判处死缓后的处理，该论者从司法适用和立法评析两个角度提出了以下看法：(1)将死缓犯执行死刑的条件由原来的“抗拒改造情节恶劣”改为“故意犯罪”，其结果在一定程度上扩大了死刑的适用。因为这里的故意犯罪并不分情节轻重，而有的故意犯罪危害很小。(2)死缓依法变更为死刑立即执行的期限大多数情况下必须是2年期满以后，但如果死缓期间犯的故意犯罪本身就是应处死刑立即执行的，则不应等到2年期满以后。(3)对于死缓期间既有故意犯罪又有重大立功表现的，应综合考察重大立功表现给国家和社会带来的利益大小以及故意犯罪的社会危害大小，衡量它们之间的“罪”与“赎罪”因素之比例程度，对具体情况具体分析。该论者还提出了可供司法实践参考的具体构想。

（四）自首和立功制度问题

有学者认为，《刑法》第67条第2款“以自首论”之适用对象，不应仅限于犯罪嫌疑人、被告人和正在服刑的罪犯，应通过司法解释将其对象扩大到包括那些被采取行政、司法措施或行政处罚的人员。有学者认为，该款中的“被采取强制措施”和“正在服刑”，不能作狭义的理解，还应包括被假释、监外执行等尚有人身自由的情况。对于立功成立的条件，有学者认为包括：(1) 主体是犯罪分子，也包括犯罪嫌疑人、被告人。单位也可成为立功的主体。(2) 立功的期限始于犯罪预备，终于刑罚执行完毕。(3) 立功的范围应根据《刑法》第78条的规定加以认定。

四、刑法分则问题

(一) 侵占罪的对象问题

关于刑法所规定作为侵占罪对象的“他人财物”，有的学者认为仅指公民个人财物，有的则认为还包括单位财产。有的学者认为不论是动产或不动产、有形财产或无形财产、合法财产或违禁财产，均可成为侵占罪的对象。关于“遗忘物”，有的认为是指本应携带因遗忘而没有带走的财物，与遗失物有区别，对侵占遗失物的行为不应定罪；有的则认为是指非基于他人本意而失去控制、偶然由行为人占有或占有人不明的财物。

(二) 洗钱罪的认定及立法完善问题

有的学者认为，应严格区分洗钱罪与窝藏、转移、收购、销售赃物罪的界限，两罪存在法条竞合的关系。有学者认为，刑法规定的作为洗钱罪的对象的财产范围太窄，应把其他经济犯罪、财产犯罪、贪污贿赂犯罪的违法所得及其产生的收益均包括在内。

(三)“国家工作人员”的界定问题

有的学者认为，虽然中国共产党各级机关、中国人民政治协商会议各级机关不是国家机关，但根据实际情况，其中从事公务的人员应视为国家机关工作人员。有的学者则主张，这些人员属于国家工作人员中的“准国家机关工作人员”，而不是严格意义上的国家机关工作人员。对于村民委员会、居民委员会组成人员能否作为国家工作人员，有的学者持否定意见，理由是村民委员会、居民委员会不是国家机关，其财产不具有国有财产的性质，其成员也不享受国家工作人员的待遇。有的学者则认为，这些人如受委托代表国家行使管理职权如审批土地时，可以国家工作人员论处，如系单纯行使集体事务时，不应视为国家工作人员。

［赵秉志、肖中华；载高铭暄、赵秉志编著：《新中国刑法学研究历程》，北京，中国方正出版社，1999］

第四十七章

1999年全国刑法学术年会综述

一、前　言

1999年10月12日至16日，中国法学会刑法学研究会1999年年会在云南省昆明市举行。有来自全国各地的194位代表参加，另有云南省数十位代表列席。代表中既有来自大专院校、科研单位的，也有来自司法实践部门和从事律师实务的。代表们共提交了157篇学术论文，大多数论文的题目均围绕中国法学会刑法学研究会在1999年3月份拟定的1999年年会推荐议题，因此主题相对集中，主要集中在新中国刑法学研究50年的回顾与21世纪展望、刑罚适用问题、新类型犯罪特别是经济犯罪、区际刑法与国际刑法研究等方面。现将本届年会论文及研讨中的观点摘要综述如下。

二、新中国刑法学研究50年的回顾与21世纪展望

关于这一问题，有论者从观念的层面上进行了探讨，提出：我国以前的刑法文化基本上是人治国的刑法文化，在我国由人治国向法治国转型时期，我们应该建构一种基于刑事法治的法治国的刑法文化。这种刑法文化具有如下特点：一是人文关怀，即以人为本，注意人权保障；二是形式合理性，即通过形式合理性追求与实现实质合理性，由此保障公民的自由与权利，限制法官恣行擅断；三是实体正义，即犯罪与刑罚设置的正当性和犯罪认定与刑

罚适用的正当性。该论者并指出在世纪之交，科学建构法治国的刑法文化是刑法学家的重大历史使命。

多数论者从历史经验的层面上进行了探讨，指出，新中国 50 年间刑法学研究，可以分为三个时期：第一时期，是 1949 年至 1956 年，为创立和发展时期。研究成果不多，研究课题粗浅、零散，以介绍、学习苏联刑法为主。第二时期，从 1957 年至 1976 年，是萧条、停滞时期。研究成果不多，主要课题是犯罪与两类矛盾、死缓制度的存废及反革命罪等问题。刑法学研究的政治气氛过于浓厚，是这一时期的一大特点。第三时期，为 1977 年至 1999 年的复苏、繁荣时期。在该阶段早期，刑法学主要围绕 1979 年刑法典及随后颁布的单行刑法的有关问题进行；在后期则围绕 1979 年刑法典的修改而全面深入地展开。学术成果极为丰硕，学术活动相当频繁，学科建设也取得了显著成就。这是我国刑法学获得长足进步的时期。

有论者指出，今后我国刑法研究应适当调整方向，将注释刑法学与理论刑法学研究并重，改革研究方法，摆正理论与实践的关系；并指出今后的研究主要面临着新刑法典的实施、刑法基础理论、刑法判例、比较刑法、区际刑法与国际刑法等课题。另有论者总结了 1997 年刑法修订以来刑法学研究的特点，主要表现为应用研究空前活跃，思辨研究色彩增加，拓展了区际刑法和外国刑法研究，刑事判例研究兴盛等，但研究深度、学术风气等问题尚待改进；并提出 21 世纪我国刑法学应当强化基本理论、比较刑法、刑事立法、国际刑法及刑罚改革等问题的研究。还有论者认为，未来我国刑法学的研究应特别注意刑事司法部门的公正化、刑事立法的合理化、刑罚制度的文明化、刑事合作的国际化和研究方法的科学化等问题。

三、刑罚适用问题研讨

有关论文的观点集中地反映了以下三个具体问题。

（一）死刑适用问题

关于死刑适用问题的研讨主要涉及如下内容。

1. 我国加入国际人权公约对死刑适用的影响

论者们分析了人权公约对生命权的保护的基本主张，即生命权是人人平等享有的、固有的第一位的人权，它是不可剥夺的人的尊严权，反对死刑的适用；同时分析了我国死刑立法现状，认为我国法律对待死刑的基本态度是限制而不是扩张，其总体趋势与人权公约的要求是一致的，但是差距也是明显存在的，主要表现为：死刑适用范围太广，无论死刑适用的类罪名还是个罪名数量都过多；类罪中经济犯罪与个罪中传授犯罪方法罪的死刑尤受诘难。死刑适用标准过于宽松灵活，模糊性情节过多；死缓适用的条件缺乏明确性和可操作性；短期的刑事政策对死刑适用影响过大。死刑适用程序保障尚待改进，死刑的辩护权、上诉权和审判程序均存在局限；死刑核准程序存在冲突。死刑执行方面，实践中尚存在非人道和侮辱性的死刑执行方式。根据国际人权公约的精神和有关规定，论者们主张可以从以下方面完善我国死刑制度：第一，削减死刑罪名，缩小死刑适用范围；第二，制定统一而明确的死刑案件量刑指导原则；第三，对死刑案件设立特殊的审判程序，实行三审终审；第四，解决死刑核准权的冲突问题，将授权给高级人民法院的那部分死刑复核权，收归最高人民法院统一行使；第五，设立死刑犯的减刑、赦免制度；第六，改革死刑执行方式等。

2. 故意伤害罪死刑的适用标准

与会论者认为刑法规定的该罪适用死刑标准不够明确、具体，提出“致人死亡”的条件应该是行为人在主观上具有重伤故意，客观上伤害行为已经造成重伤结果，并最终导致被害人死亡。关于“以特别残忍手段致人重伤造成严重残疾的”，与会论者认为其中的“特别残忍手段”主要是指伤害行为持续时间长，以锐器或钝器乱砍乱砸、以强酸毁容造成被害人极度精神创伤，伤害多人致重伤等。与会论者建议，为了便于量刑，对于一处重伤与多处重伤应严格区分。总之，论者认为，应进一步限制故意伤害罪的死刑适用。

3. 毒品犯罪的死刑问题

与会论者认为：我国对毒品犯罪的惩治，基本上贯彻了严格限制死刑的原则，但是，目前在司法实践中，还存在着过分依赖死刑来打击毒品犯罪的趋势，对此必须加以遏制。实践中，要严格把握毒品犯罪判处死刑的毒品数量，主张只有当涉案毒品数量已远远超出刑法规定的适用死刑的最低标准，并且具有其他严重情节时，方可考虑适用死刑。并提出，毒品犯罪死刑的核准权不应授权给部分高级人民法院行使，应严格根据刑法的规定，由最高人民法院统一行使。

（二）罚金刑的适用问题

较多论者对此发表了看法，他们认为，虽然新刑法扩大了罚金刑的适用，但是罚金刑的立法和司法仍然存在许多问题，集中表现为罚金刑的适用范围仍嫌过窄，确定罚金刑的数额依据不明，以罚代刑、以刑代罚现象时有发生及执行难。为此，与会论者建议，应该从如下方面进行改善：第一，扩大罚金刑适用范围。将其推广适用于非贪利性和非财产性犯罪，以顺应刑罚轻缓的国际趋势，并符合市场经济的内在要求。第二，完善罚金刑立法。建议加强对过失犯罪判处罚金刑的处理力度，增设罚金刑缓刑制度，增设劳役刑及人民法院对判处罚金刑的犯罪分子查封、扣押财产的规定。第三，解决罚金刑执行难的问题。为此应该明确执行主体，落实执行管辖，及时移送罚金刑案件，落实罚金刑的减免制度，建立罚金刑监督机制。有的论者还建议，应增加罚金刑中止执行条款，完善罚金刑适用配套制度，如财产先行扣押制、执行协助制等。还有论者对如何正确适用“选科制罚金”，对未成年人能否判处罚金及单位犯罪罚金刑的适用等问题进行了探讨。

（三）自首制度问题

关于自首制度，有关论文主要涉及如下问题：一是准自首的主体范围。认为缓刑犯、假释犯和被单处附加刑的犯罪分子都属于准自首的主体。二是反对1998年4月最高人民法院有关司法解释中将准自首中的“其他罪行”界定为不同种罪行，认为该解释既违反了法条语义，也不利于实现自首制度的目的；主张同种罪行也应包括在内。三是对于自首犯的处罚，论者主张，应进一步放宽。四是提出了特别自首概念。有论者认为，我国刑法分则中存在着一种特别自首制度，《刑法》第164条、第390条和第392条等即为适例，并指出：这种特别自首制度，是独立于刑法总则规定的自首制度之外的独立自首类型，具有独立的成立条件，即实施犯罪的特定性与时空的限定性。当特别自首与总则的自首规定相竞合时，据特别法优于普通法的原则，按分则确立的特别自首来处理。

此外，与会论者还就刑法解释和正当防卫等有关问题进行了探讨。

四、新类型犯罪问题研讨

（一）金融、证券、票据类犯罪

在提交的论文中，关于金融、证券、票据类犯罪的论文占了很大的比例，达 17 篇，不仅如此，在理论深度层面及司法应用层面均具有创新。主要表现在以下几个方面。

1. 伪造、变造及非法出具金融票证罪

围绕着伪造、变造金融票证罪的主观方面及侵害客体问题，与会代表提出了两种不同意见。

一种意见认为，伪造、变造金融票据罪的主观方面只能由直接故意构成，并以牟取非法利益为目的。伪造、变造金融票据罪侵犯的是单一客体，即国家金融票证的管理制度。

另一种意见，对前述认为本罪只能由直接故意构成的观点表示赞成，但认为本罪主观目的为“行使”。该意见指出：将牟取非法利益作为伪造、变造金融票证罪的犯罪目的是将金融票证的伪造、变造行为与诈骗行为混为一谈的结果，这在无形之中提高了伪造、变造金融票证犯罪的构成要件，使一部分具有严重社会危害性的行为得不到应有的惩罚。与会论者还提出，本罪的客体属于复杂客体，包括国家关于金融管理的制度、金融票证的公共信用及银行等金融机构的信誉等方面内容。该论者还通过对金融票证的伪造、变造、非法出具三种不同行为的比较分析，驳斥了非法出具金融票证罪主观方面存在间接故意的观点，提出应将间接故意“出具”金融票证行为视为伪造、变造金融票证。

2. 关于操纵证券交易价格罪

关于本罪的客体，多数意见认为，本罪侵犯的是复杂客体，包括证券市场的正常秩序和投资者的合法利益。对此，有的代表提出了不同意见，认为上述观点过于宽泛，未能准确地解释本罪的客体特征；建议将本罪的客体细化为证券市场的公平竞争机制。

关于本罪的主观方面，与会人员一致倾向于认为，本罪的主观方面由直接故意构成。至于本罪是否要求有犯罪目的，存在两种不同意见：其一，认为以减少损失或获取利益为目的，是本罪不可或缺的内容。其二，认为本罪故意内容中，即包含有行为人损害他人利益的认识和意志要素，损害的目的当然是自己获取利益，无须要求行为人具备其他的“目的”。

此外，有的文章还对本罪客观方面必须具备的“情节严重”的具体认定问题，分别从操纵者、受害者及操纵行为对证券市场所造成的影响三个方面进行了有益的探讨。

3. 洗钱罪

关于洗钱罪的“上游犯罪”，有的代表认为，目前我国刑法对洗钱罪的“上游犯罪”规定仍显狭窄，并从理论和司法实践两个方面作出了论证。有的代表则指出，我国刑法将洗钱罪的“上游犯罪”限定为三种犯罪，是符合我国目前实际情况的：一方面，对来源于其他犯罪的违法所得及收益从事的洗钱行为，并非不处罚，可以以我国刑法中的赃物犯罪进行处罚。另一方面，黑社会性质的有组织犯罪具有很大的可延伸性，对黑社会性质组织犯他罪的违法财务的“清洗”也将构成洗钱罪。

关于洗钱罪的主体，争论的焦点集中在洗钱罪的主体与上游犯罪的主体能否同一。否定论者的论述角度，主要是立法原意、立法技术等。肯定论者则从罪数理论出发，认为上、下游犯罪是两个相互独立的行为，并有两个犯罪故意，在刑法上理应单独予以评价。

有的论者还将本罪与《刑法》第312条“窝藏、转移、收购、销售赃物罪”及第349条“窝藏、转移、隐瞒毒品、毒赃罪”进行了比较分析，认为三者存在法条竞合关系。

4. 骗购外汇罪

有论文对骗购外汇罪的概念、构成要件及具体认定等问题作出了专门论述，认为骗购外汇罪是使用伪造、变造、重复使用海关签发的报关单、进口证明、外汇管理部门核准件等凭证和单据，或者以其他方式骗购外汇的行为。本罪侵犯的客体，是国家的外汇管理制度，客观方面表现为使用欺骗的方法购买外汇，主观方面为直接故意。该论文并指出，本罪与逃汇罪、非法买卖外汇罪在客体、客观方面、主观方面均存在区别。

5. 票据诈骗罪

对本罪的不同见解，主要集中在主观方面是否要求“非法占有”之目的。肯定论者认为本罪具有非法占有之目的是显而易见的，刑法没有必要作出规定，但不能据此就认为本罪不要求具有非法占有的目的。对此，否定论者从以下几个方面进行了反驳：其一，《刑法》第194条规定的前三种行为，无须有非法占有之目的；其二，票据制度是本罪主要客体，只要有非法使用行为，就构成对票据制度的破坏；其三，强调“非法占有”之目的，不利于对票据诈骗行为的打击。

此外，有的代表还对票据诈骗罪与合同诈骗罪进行了比较，指出了两者的异同。

6. 信用证诈骗罪

对于本罪客体属于复杂客体，与会代表们没有异议，但在具体内容的表述上存在分歧。有的代表指出，信用证制度并不仅仅是国家运用行政手段对金融活动所进行的直接管理及其构成的管理制度，更是依靠雄厚的银行信用建立起来的国际贸易规则。据此，认为信用证诈骗罪侵犯的是公司财产所有权及由信用证融资功能而表现出来的其他财产利益。

7. 信用卡诈骗罪

有代表提出，《刑法》第196条第3款关于“盗窃信用卡并使用的，依照本法第二百六十四条的规定定罪处罚”（即依照盗窃罪定罪处罚）的规定不妥，盗窃信用卡并使用的行为，应作信用卡诈骗罪处理。该论者还对信用卡诈骗罪提出了两点立法建议：其一，增设单位犯罪；其二，将恶意透支行为规定为一个独立的罪名。

8. 保险诈骗罪

有代表对本罪的主体、共犯、相近犯罪的区分、罪数的认定等问题进行了较为深入的探讨。有的代表还指出：我国《刑法》第183条将非国有保险公司的工作人员进行虚假理赔的情况，以职务侵占罪定罪处罚，是一个立法疏漏，应当予以调整、修改。

（二）侵犯知识产权犯罪

随着市场经济的深入发展，知识经济的巨大作用进一步凸显，知识产权成为促进经济增长的基本手段之一，因而侵犯知识产权罪也成为本次年会研讨的焦点。与会人员主要讨论了以下问题。

1. 知识产权犯罪概念及特征

有的论者提出了知识产权犯罪范畴，认为它是指我国刑法所规定的违反知识产权法，故意侵犯他人知识产权、破坏知识产权管理制度，损害社会主义市场经济秩序和国家经济增长，情节严重的行为。基于这一范畴，该论者认为其客体分为知识产权权利人的利益和知识产权法律制度和管理制度、市场经济秩序和国家经济增长，并认为该罪并不仅限于直接故意犯罪，少数情况下也可以由间接故意构成；同时对于其犯罪目的作了探讨，认为现行刑法对于侵犯著作权罪、销售侵权复制品罪“以营利为目的”的规定并不合理，应予以取消。该论者还对该罪犯罪构成的描述性规定的五种类型进行了剖析，认为“情节严重”这一要件比较全面地概括了导致行为达到应受刑事责任追究程度的各种情形，也符合犯罪构成定量限制的统一原则，因而建议将“情节严重”作为构成该罪的共同描述要件，以代替“造成重大损失”“销售数额较大”等要件。

2. 侵犯著作权罪

有论者在深入研究《刑法》第217条之后，认为侵犯著作权罪只应包括该条第1、2、4项的行为，而其第3项行为应另定“非法复制发行他人音像罪”，其理由则在于后者所侵犯的是著作邻接权，对象是录音录像，行为构成也与前者有着巨大差别。同时，该论者对该罪的行为及其对象也进行了详尽探讨。

3. 侵犯商业秘密罪

鉴于商业秘密犯罪在实践中的多发性，这一犯罪颇受关注。

有论者比较了国外商业秘密刑事立法，分析其特点并进而指出了我国相关刑事立法存在的问题，认为将不同主体、不同性质、不同社会危害性的行为归结为“侵犯商业秘密罪”一个罪名，有违罪刑均衡原则；建议将其作为类罪名分化为窃取商业秘密罪、泄露商业秘密罪、侵占商业秘密罪、以其他不正当手段获取商业秘密罪4罪，同时，明确其主体并相应规定各自不同的法定刑；认为应对“造成重大损失”等要件以及“国家秘密”和“商业秘密”的界限作出明确规定；并主张在程序上将该罪按“告诉乃论”处理，更有利于直接保护权利人利益。但是有论者认为，国家秘密与商业秘密重合时，直接按法条竞合处理即可。

对商业秘密的理解，有的论者认为，它包括技术信息和重大的经营信息，它具有新颖性、价值性、实用性、保密性；另有论者认为，商业秘密是具有新颖性、价值性、保密性、信息性的，包括除由著作权保护外的专有技术和覆盖在专利说明书下的专有技术，即技术信息和重大经营信息。但也有的论者认为，商业秘密的特点是秘密性、经济性、实用性、独占性、转让性和相对性。对于该罪构成要件中的客观行为方式，一般并无争论，但对其主观方面，大致有以下两种观点：其一，认为只能由直接故意和间接故意构成。其二，认为《刑法》第219条第1款规定的3种行为方式只能由故意构成，而第2款规定的行为方式，除故意之外，过失亦可构成。其理由在于，对“应知前款所列行为”的规定应理解为应当知道而不知道，即是一种重大的过失。但也有的论者对于对故意行为和过失行为适用同一法定刑提出了批评。

另外，对于该罪的“重大损失”要件，也有三种观点：其一，认为应考察商业秘密的研制开发成本、商业秘密的利用周期、使用转让的情况、成熟程度、市场容量和供求关系、受害人营业额实际减少量。其二，认为应以商业秘密是否为侵权人公开为标准，如已公开，其损失＝商业秘密本身蕴含价值＋其预期所得－利用该秘密所获之利益；如未公开，则其损失＝侵权人侵权所得。其三，认为损失计算区分为以下几种：以权利人因侵权行为遭受损失为依据，以侵权人因侵权行为获得利益为依据，以不低于商业秘密使用许可的合理使用费为依据，但也包括丧失竞争优势、竞争能力、资格等损失。

（三）危害公共卫生犯罪

1. 医疗事故罪

有论者认为，该罪罪名应确定为“医疗责任事故罪”。存在争论的主要是其主体问题。直接从事诊疗护理工作的医务人员为该罪主体是一公认结论，但对于在医疗单位中从事行政管理及后勤服务的人员能否构成该罪主体，存在4种观点：其一，认为应对医务人员作广义解释而将此类人员包容在内；其二，认为上述人员不属于医务人员，但由于主体规定的不完善，可比照医疗事故罪主体处理；其三，认为对一般党政人员或后勤管理人员，因过失行为给病人造成严重后果，可以按医疗事故罪处理，但对党政负责人或后勤主管人的上述行为，应以玩忽职守罪论处；其四，认为从立法和实践来看，本罪主体应限定在有职业资格的医务人员，不应将上述人员作为医务人员论处而构成本罪，对他们只能按其他过失犯罪论处。

对于其客观方面，存在争论的主要是对所谓“严重损害就诊人身体健康”范围的理解。有的论者认为，应当包括《医疗事故处理办法》规定的二级医疗事故和三级医疗事故，如此有利于强化医务人员的责任感和工作注意力。另有论者认为，应将其外延限于二级医疗责任事故或其一部分，而不将三级医疗事故包括在内。其理由是：作为过失犯罪，如果将损害后果的起点定得太低，将挫伤医务人员的积极性，有碍于医疗卫生事业的发展。另外，也有论者对医疗事故鉴定、处理程序及职能管辖进行了研究。

2. 非法行医罪

存在争论的先是主体问题，是一般主体，还是特殊主体，即未取得医生职业资格的人是否是本罪主体。但对于具有医师资格而没有取得医疗执业许可证的人是否成为本罪的主体，存在肯定与否定两种观点。有的论者认为，在具有集体执业资格的医疗机构中行医的人员，擅自从事个体行医者，未取得医生执业资格的人，即使医治了疑难杂症，以及超出执业地点、类别或范围行医的人，均应构成本罪主体。同时，该论者认为，此处的医疗业务仅指狭义的医疗行为，即在医疗、预防、保健业务中，只能由医师根据医学知识和技能实施，否则会对人体产生危险的医疗行为，并且是出于反复、继续实施的意思。偶然为特定人员医治疾病的不成立本罪；行为人非法行医时所得到的患者承诺，并不阻却本罪成立。

对于本罪的主观方面，因标准不同而有故意说、过失说、过失和间接故意说三种。前者针对其非法行医行为而言，后两者则针对其无证行医所致就诊人死伤的严重后果而言。

3. 非法进行节育手术罪

有的论者认为，本罪名缺乏理论依据，应定为破坏计划生育罪。关于本罪的主体，有的论者认为，不应限于未取得医生执业资格的人，应规定为一般主体。而所谓“未取得医生执业资格的人”，有的论者认为，应是指未取得医师执业资格或者执业助理医师资格的人。

（四）环境犯罪

关于破坏环境资源保护犯罪问题，本届年会收到了两篇论文，这两篇论文在对近几年来的争议问题进行总结、梳理的基础上，提出了不少有益的建议，要点如下。

1. 破坏环境资源保护罪的客体

论者赞成本罪侵害的客体是国家对环境资源保护的管理制度，并分析了其他观点的不足之处。

2. 客观方面

首先，论者主张增设危险犯。其次，在因果关系的认定上，论者同意一定程度的因果关系推定方法（“流行病学”证明方法）。最后，论者反对在本类犯罪中引进无过失责任原则。

3. 其他

有的论者还借鉴刑法理论界对《刑法》第338条“重大环境污染事故罪”规定的批评意见，建议在本条另设一款，将故意污染环境罪作为一个独立的罪名予以专门规定，并将行为方式设计为危险犯。

（五）人身权利犯罪

有论者在市场经济的大背景下，对我国刑法关于侵犯公民人身权利犯罪的规定进行了一番新的审视，并提出了如下几点批评意见：其一，未将侵犯人身权利罪单独作类罪名规定，侵犯人身权利罪在刑法中的地位不够突出；其二，罪名规定不全，未设酷刑罪及侵犯隐私罪等；其三，对故意杀人罪的规定过于笼统。

另有论者对强制猥亵、侮辱妇女罪作了深入探讨，认为强制猥亵、侮辱妇女罪侵犯的客体是妇女的人格尊严，同时廓清了猥亵妇女与侮辱妇女、侮辱妇女罪与侮辱罪之间的界限。有的论者则认为，强制猥亵妇女罪侵犯的是双重客体，即他人的性权利和社会性风俗；同时借鉴外国刑法中公然猥亵罪的立法例，建议将《刑法》第237条第2款规定予以单设，以完善猥亵罪体系。

（六）渎职犯罪

1. 滥用职权罪

对于本罪主观方面，主要存在过失说、故意过失并存说、故意说三种。有的论者研究了本罪与玩忽职守罪的区别，认为二者主观方面不同，本罪主观上表现为故意，后者是过失；客观方面，本罪表现为违背职务规定，不行使或不正确行使职权的行为，而后者是严重不负责任，未履行或未正确履行职责的行为。同时该论者认为，应将本罪主体确定为国家工作人员，从而有利于打击犯罪，保护国有资产。

2. 徇私枉法罪

对于监管人员、书记员、内勤人员乃至单位能否构成本罪主体，有论者认为，监管人员仅在罪犯在监狱内执行刑罚期间有新罪的情况下才能成为本罪主体，而书记员、内勤人员并不具有侦查、检察、审判、监管职责，不属于司法工作人员范围，不能构成本罪。在其客观方面，有的论者认为，枉法追诉情形，应以立案作为追诉标志，而不能以采取强制措施为标志；而枉法不追诉的标志，包括不立案、不侦查（包括不采取强制措施）、不如实提起公诉、不如实进行审判等。有的论者则分析了徇私枉法罪中的“私”，认为应包括为个人的利益以及局部利益损害国家整体利益。有的论者认为“徇情”并无独立于“徇私”的特殊含义，并认为徇私是犯罪动机而非犯罪目的，更非本罪的客观要件。

3. 徇私舞弊不移交刑事案件罪

关于公安人员能否成为本罪主体问题，存在以下几种观点：其一，认为公安人员属于司法工作人员，如有相关行为，应按徇私枉法罪论处。其二，主张应具体分析：对于在案件中具有侦查、监督职责的人的相应行为，应按徇私枉法罪论处；对于其他行政执法的公安人员的相应行为，应按本罪论处。与会论者均指出，本罪在主观上要求，对他人构成犯罪而应当移交具有明知。对于本罪的完善，主要建议有：将本罪罪名确定为刑事不移交罪；在罪状中删除徇私舞弊要件，因为本罪设立目的同是否徇私并无关系，而且也难以查证，况且是否舞弊同不移交案件并无必然关系，但可以将该要件作为加重情节加以规定；修改其法定刑，以改正其法定刑同具有徇私舞弊情节的滥用职权罪法定刑相比过轻的局面。

此外，本届年会中还有不少论者对诸如计算机犯罪、侵占罪、贪污贿赂罪等犯罪进行了讨论。

五、区际刑法与国际刑法问题研究

本届年会对于该专题的研讨，主要集中在如下两个方面。

（一）澳门地区刑法与全国性刑法的比较研究

随着澳门地区回归的日益临近，澳门地区刑法及其与全国性刑法的比较研究，正逐渐成为学者研究的新热点。本次年会，学者们对于两者中的许多问题都进行了深入而细致的探讨和比较讨论，内容既涉及刑法总论中的犯罪未完成形态、数罪并罚制度、缓刑制度、保安处分制度等问题，又涉及刑法分论中的侵犯知识产权犯罪与受贿罪等具体犯罪。现简述如下。

1. 犯罪未完成形态

学者们反映出，两者中关于犯罪未完成形态的概念、种类及处罚的规定，既有相似之处，又有不同点。

首先，关于犯罪预备。全国性刑法明确界定了犯罪预备概念，而澳门地区刑法中则没有明确规定。论者认为，全国性刑法的做法有利于体现立法的统一性与完整性。对于犯罪预备，全国性刑法规定“可以比照既遂犯从轻、减轻或免除处罚”；而澳门地区刑法则规定，预备行为在原则上不作为犯罪处罚。

其次，关于犯罪未遂。关于犯罪未遂的规定，全国性刑法采用的是法国模式，即犯罪未遂不包含犯罪中止；而澳门地区刑法采用的是德国模式，即犯罪中止是犯罪未遂的一种表现形式。关于犯罪未遂的处罚，全国性刑法规定，对于未遂犯原则上都可以处罚；而澳门地区刑法规定，对于障碍未遂有条件予以处罚，对于不能犯未遂一律不处罚。

最后，关于犯罪中止。关于犯罪中止的认定条件，两者都强调行为人放弃犯罪的自动性、彻底性和有效性；但对于犯罪中止的处罚，两者的规定大相径庭，全国性刑法规定应当免除或减轻处罚，而澳门地区刑法规定“不予处罚”。

2. 关于澳门地区刑法中的保安处分制度

保安处分作为一种补充或替代刑罚的刑事法律制度，在澳门地区刑法中占有重要的地位。有人对该制度进行了细致入微的研究。

关于保安处分的种类，澳门地区刑法规定了两种，即不可归责者的收容（剥夺自由的保安处分）与业务禁止（非剥夺自由的保安处分）。

关于保安处分的适用原则，有人归纳为三项，即处分法定性原则、处分目的性原则与处分适当性原则。关于保安处分与刑法的关系，在刑事立法与形式理论上，存在“一元论”与“二元论”的鲜明分野。澳门地区刑法既抛弃了一元论的观点，又修正了二元论的不足，从而将这两种观点巧妙地结合起来。

为了给内地将来的保安处分立法提供借鉴与参考，有人还对澳门地区刑法中保安处分立法的特点进行了探讨，指出其特点有三：其一，以客观的犯罪行为作为处分的前提，以主观的人身危险性作为处分的基础，强调主观与客观的统一；其二，以保护法益为终极目的，以保障人权为价值目标，强调秩序与正义的统一；其三，以“二元论”为立法基础，以“一元论”为补充，强调报应与预防的统一。

3. 关于侵犯知识产权罪

有学者对于两者中的侵犯知识产权罪进行了专题探讨，指出：在犯罪构成要件方面，犯罪主体都包括自然人与法人，犯罪主观方面都是直接故意，且具有非法牟利的目的。犯罪客观方面均表现为，未经许可而非法使用、利用他人著作权、商标权和专利权。

二者的区别表现在：犯罪后果对定罪的意义不同，全国性刑法中犯罪后果是决定是否构成犯罪的关键因素，而澳门地区刑法中犯罪后果仅是量刑情节。

（二）国际犯罪的相关问题研究

本次年会上，学者们既对诸如实现国际犯罪刑事责任的途径与方式以及犯罪引渡等一般性问题进行了研讨，又对诸如战争犯罪、洗钱犯罪等具体问题发表了观点。

1. 关于实现国际犯罪刑事责任的途径和方式

有人提出，实现国际犯罪刑事责任的途径有两个，即国际法庭管辖模式和国内法院管辖模式。实现国际犯罪刑事责任的方式包括程序和实体两个方面，其中程序方面主要是指通过如下 6 种方式实现国际合作：引渡、双向司法协助、对已被判刑人的转送、刑事司法程序的转移、追寻并扣押有关财产及承认国外的刑事判决。

2. 关于战争犯罪及其惩治

有的学者指出，所谓战争犯罪是指参与策划、准备、发动或进行侵略战争，违反战争法规或战争习惯规则，以及战前或战时违反人道原则的严重犯罪行为。关于战争罪的刑事责任主体，有的学者认为，除了个人，还应包括团体、组织和国家。

关于惩治战争犯罪的刑罚适用问题，有人从国内与国际两方面进行了探讨，指出，国内惩治战争犯罪应遵照国际社会所普遍公认的国际刑法基本原则及战争法关于确认战争犯罪行为的基本原则；而国际惩治战争犯罪除了遵循上述两个原则外，还应遵循诸如一罪不二审、政府或上级命令不能作为免责理由等 6 项原则。

此外，有人建议，我国刑法分则中应增加“战争犯罪”专章。

［梁华仁、刘为波、刘艳红、杨书文、林维；载单长宗、梁华仁主编：《新刑法研究与适用》，北京，人民法院出版社，2000］

第四十八章

2000年全国刑法学术年会综述

一、前　言

由中国法学会刑法学研究会主办，并得到海南省海口市中级人民法院、海南大学法学院、海南省法学会暨司法厅鼎力协办的刑法学研究会2000年年会暨“新千年中国刑法问题研讨会”，于2000年11月10日至14日在海南省海口市隆重召开，并获得圆满成功。这是一次具有继往开来深远意义的学术盛会。这次会议研讨内容丰富多彩，研讨形式多种多样，给人以耳目一新之感。研讨会采取分组研讨与大会交流相结合的形式进行。无论是分组研讨还是大会交流，会场气氛都十分活跃，学术争鸣气氛相当浓厚。尤其是对一些重大、复杂的课题，代表们开诚布公地相互交流，见仁见智，观点鲜明，既增进了学术友谊，又深化了学术研究。

下面对这次研讨会提交论文中所涉预定议题的内容予以简要综述。

二、中国加入世界贸易组织后的刑法对策研究

有近十篇论文集中在以下几个方面对此议题进行了研讨。

（一）我国加入WTO的刑事对策

有论者对我国加入WTO后，我国刑法领域面临的新问题、刑事犯罪的

新特点以及我国现行刑事政策的不足作了详细的分析，在此基础上提出我国“入世”后的刑事对策。

该论者认为，“入世”后，我国刑法领域将先面临以下问题：(1) 我国所保护的社会主义社会关系，将不可避免地变得更加复杂，刑法维护经济发展的任务将更加突出；(2) 调整社会关系的形式会更加多样化，包括经济的、行政的、司法的，国内的、国际的等；(3) 刑事法律保护经济的方法将更加多样化；(4)“罪刑相适应”的要求将愈发强烈。

与此同时，刑事犯罪将呈现出以下新特点：(1) 犯罪客体的内涵不断扩大；(2) 犯罪主体日益多样化、国际化、法人化；(3) 犯罪手段花样翻新，社会危害不断加剧；(4) 从犯罪构成特征上看，自然犯减少，法定犯占绝大多数，要求刑法与其他部门法的衔接程度更为紧密；(5) 惩罚犯罪的成本会更高。

对于上述新情况、新问题，我国现行刑事政策显然难以有效应对，究其根源，关键在于我国现行刑事政策在以下几个方面存在严重不足：(1) 缺乏坚实的理论体系；(2) 缺乏稳定性与连续性；(3) 缺乏科学性与法制性；(4) 过多使用了刑罚手段；(5) 刑法用语明确性不足。

为此，需要调整革新我国现行刑事政策。对于这一问题，学者们研讨热烈，观点同中有异。有学者提出，刑法对策的调整主要反映在犯罪规范与行刑主体上，更新犯罪观，扩大刑法保护的主体范围，弥补因“入世”而出现的法律缺陷或真空；纯化监狱的行刑主体职能，让监狱摆脱生产经营的压力与困扰而轻装上阵，把全部精力投入执行刑罚的工作中。另有论者认为，要调整革新我国刑事政策，应当注意抓好以下几个方面的工作：(1) 深化基本理论研究，建立我国刑事政策理论新体系；(2) 确立有利于被告人原则，强化对犯罪公民的人权保护；(3) 微调定罪政策，科学划定犯罪圈；(4) 大调刑事处罚政策，革新刑事处罚理念；(5) 增设恩赦制度，发挥其刑事政策功能；(6) 改革行刑政策，重构我国行刑模式。

(二) WTO与发展我国产业的刑法对策

有论者从以下几个方面对此问题进行了较为深入的研讨：(1) 关于WTO规则的法律性与我国诸法的协同应对。对此，该论者认为应建立以民商法为主、以刑法为辅，坚持行政调处程序与司法诉讼程序相结合，着眼于效率与公正的法制调整体系。(2) 关于WTO规则与我国刑法基本原则的增修。该论者提出，面对快速发展的国际社会和我国加入WTO之后可能出现的错综复杂局面，除我国刑法现有的三项基本原则以外，还需尽快增修其他基本原则，即保护原则、国际原则、尊重人权原则。(3) 关于WTO与我国反垄断、反倾销和维护知识产权的刑法措施。为应对加入WTO后出现的复杂局势，在刑法措施方面，该论者主张：一方面，立法上应当增设以下新罪——垄断罪、非法干预企业经营罪、破坏竞争价格倾销罪；另一方面，修订刑法有关条款，维护我国知识产权利益。

(三) 关于贿赂外国公职人员罪

在经济全球化的进程中，国际商业交易中的贿赂犯罪特别是贿赂外国公职人员的犯罪，将是包括中国在内的世界各国共同面临并且是国内刑法难以解决的问题之一。为此，有论者在介绍了国际社会在禁止贿赂外国公职人员犯罪中所作的努力以及贿赂外国公职人员犯罪的构成要素之后，详细研究了中国刑法对这种犯罪的对策，并建议：(1) 我国刑法设置贿赂外国公职人员罪的立法模式，以通过制定单行刑事法律补充修改刑法，即在《刑法》分则第八章中增设贿赂外国公职人员罪为宜。(2) 在制定单行刑事法律增设贿赂外国公职人员罪时，同时规定对外国公职人员行贿罪和外国公职人员受贿罪。(3) 对于"外国公职人员"的范围，按照《禁止在国际商业交易中贿赂外国公职人员公约》的规定来确定，既符合国际公约的规定，也符合中国刑法对公职人员的规定。(4) 在规定自然人的国际贿赂犯罪的同时，把法人作为国际贿赂犯罪的主体，既符合中国刑法的原则，也符合有关国际公约的精神。(5) 对于贿赂外国公职人员罪包括外国公职人员受贿罪和对外国公职人员行贿罪设定的法定刑，应以有期徒刑为限，而不应包括无期徒刑和死刑。

(四) 关于我国"入世"后商标权的刑法保护

有论者认为，我国目前对商标权刑法保护力度不够，有着立法上和执法上多方面的原因，归纳起来有以下几个方面：(1) 立法不严密，对商标侵权犯罪对象规定的范围窄，不适应需要；对假冒商标犯罪的客观方面的规定过窄。(2) 执法不严。(3) 地方和部门保护主义。基于此，该论者提出了以下加强商标权刑法保护的对策。(1) 进一步完善商标犯罪的刑事立法：其一，补充对驰名商标的特殊刑法保护；其二，明确对注册服务商标的刑法保护；其三，对国际公约中规定的所有商标构成要素进行刑法保护；其四，扩大商标侵权犯罪客观方面的范围。(2) 严格执法，严厉打击商标侵权犯罪。(3) 强化法律监督。具体包括：其一，加强行政执法监督；其二，加强检察机关的法律监督。

此外，还有论者对“WTO 与外汇刑法控制”“‘入世’引发的若干问题及其刑法对策”作了研讨，并提出了相应的刑事对策。

三、关于我国批准“国际人权两公约”中的刑法问题研究

我国政府于 1998 年签署了《经济、社会及文化权利国际公约》和《公民权利和政治权利国际公约》，该两公约的批准也将逐步提上我国政府的议程。这两个公约的签署和批准，会对我国刑事法治产生深远的影响。此次会议，有十余篇论文从下述几个方面对这一重要课题进行了探讨。

（一）关于“两公约”对刑法功能的影响

有论者指出，“两公约”的精髓在于：就形式意义而言，“两公约”是要求国家对公民权利予以珍视和保障的作为型规定；就实质意义而言，“两公约”是限制国家权力的不作为性质的约定，因而“两公约”与其说是保障公民权利的公约，毋宁说是制约国家权力的公约。而作为国际条约，“两公约”对包括我国在内的各缔约国无疑具有普遍的指导性和适应性，因而刑法规范对于“两公约”中文化规范的认可，实际上就是对“两公约”中的保障人权，进而制约国家刑罚权的信守和承诺。由此决定，刑法的意义不在于通过制裁和预防犯罪，体现国家的意志，而在于通过设定国家与犯罪人的关系以及其他公民的权利关系，实现国家刑罚权内容的法定化、确定化、规格化，避免国家刑罚权的任意行使。

（二）关于外国刑事判决的效力问题

外国刑事判决的效力问题肇始于刑事管辖权的国际冲突，其实质在于刑

事管辖权发生冲突时，一国刑事判决的既判力能否得到他国的承认。就目前世界各国刑法典的规定来看，该问题的解决有两种立法例：法国模式和日本模式。相比较而言，由于承认外国刑事判决的效力与国家主权原则并无冲突，所以法国模式较日本模式更公正、人道和经济，因而代表了解决该问题的国际标准。鉴于我国政府已签署了《公民权利和政治权利国际公约》，有论者建议，应及时参照有关国际刑事司法标准，对《刑法》第 10 条之规定予以修改，在相互尊重国家主权原则之基础上彼此承认刑事判决的效力，促进国际刑事司法合作的顺利进行。

（三）我国死刑立法与《公民权利和政治权利国际公约》的协调

有论者指出，从内容来看，该公约从以下两个方面对公民生命权作了规定。(1) 确认生命权是公民的基本人权。(2) 限制和废除死刑的适用，具体包括：其一，对死刑适用罪名的限制；其二，对死刑适用程序的限制；其三，对死刑犯规定了赦免和减刑权；其四，对死刑适用对象的限制。作为该公约的缔约国之一，我国现行刑法对生命权的保护，应当说与该公约对待生命权的态度基本上是一致的。

但同时也应当看到，我国现行刑法对生命权的保护相对于该公约的规定而言，还有一定的距离，这种距离不仅体现在对生命的价值评价上，更体现在刑事法律对生命权设置的保护准则上。就我国刑法对生命权的保护而言，其不足之处主要在于死刑立法存在瑕疵，具体而言主要表现在以下几个方面。(1) 死刑适用的范围过于广泛。与该公约相比，我国刑法典中多达 70 个的死刑罪名，显然偏多。(2) 对孕妇不适用死刑的规定模糊。(3) 死刑核准权存在冲突，具体包括两个方面：一是死刑核准权存在矛盾，二是死缓执行规定有待完善。(4) 死刑制度存在缺陷。该公约规定的死刑犯之无条件赦免权、减刑权在我国并没有得到有效的遵行。(5) 死刑的适用标准过于灵活。(6) 死刑执行存在问题：一是死刑执行中侮辱人犯人格、践踏人犯尊严的现象普遍存在，二是死刑的适用受到一些临时性的或短期的刑事政策的影响。(7) 未明确规定灭绝种族罪。

针对上述问题，有论者主张，应当从以下几个方面来完善我国的死刑立法：其一，大力削减或废除非暴力犯罪（如经济犯罪或财产犯罪）的死刑；

其二，规定从应当立案时起至刑罚执行完毕前怀孕的妇女，均不得执行死刑；其三，将死刑的核准权收归最高人民法院；其四，设立死刑犯的减刑或赦免制度；其五，制定统一、明确的死刑案件量刑指南；其六，设定灭绝种族罪。除此之外，还可以完善死刑执行方式（如对死刑犯执行死刑，应当采用文明的、人道的方式，不得有侮辱人格、践踏尊严的行为），改进死刑适用程序，减少刑事政策对死刑适用的影响等，以保护公民生命权。

（四）我国刑法的人权保障与“两公约”的接轨

有论者提出：从总体上看，我国刑法有关人权保障的很多规定，例如，我国现行刑法规定的罪刑法定原则、未成年人犯罪从宽处罚原则等，都与“两公约”的规定相符合。但也应当看到，我国刑法对于人权的保障并非尽善尽美，离“两公约”的要求还有差距，这突出表现在：（1）我国现行刑法将侵犯公民人身权利罪置于分则第四章，位于危害国家安全罪、危害公共安全罪、破坏社会主义市场经济秩序罪之后，与“两公约”的精神不协调，与国际趋势相左。（2）在法律解释方面，有些司法解释不恰当地使用扩张解释权，将法律没有明文规定的内容解释入刑法，从而使对这些行为的处理有违《公民权利和政治权利国际公约》第16条第1款规定的罪刑法定原则。（3）我国劳动教养制度明显违背“两公约”准则，属于联合国所禁止的强迫劳动之列。（4）侵犯人身权利的国际犯罪在我国现行刑法中尚付阙如。

针对上述差距，该论者建议，在以后的刑法修订中，应当从以下几个方面完善我国人权保障的刑事立法：（1）将侵犯公民人身权利罪置于分则首章，以彰显我国刑法在新时代的价值取向。（2）适应“两公约”准则，或者取消劳动教养制度，或者在未来修改刑事立法时将劳动教养作为保安措施规定于刑法之中，明确规定适用对象和条件，使这种措施的适用规范化、制度化、合理化、公开化。（3）严格限制司法解释范围，禁止司法解释侵入立法领域。（4）增设我国刑法尚未确认的国际犯罪，例如，“两公约”所规定的灭绝种族罪、种族隔离罪、强迫役使罪、贩奴罪以及其他公约所确认的海盗罪等，从而一方面，向国际社会表明我国同严重国际罪行作斗争、维护世界和平与安全的原则立场，另一方面，切实保证普遍管辖原则的贯彻施行。

此外，还有论者对国际人权公约中的劳动权在我国刑法中的保护以及沉默权等问题作了研讨。

四、关于祖国统一方面的刑法问题研究

提交会议的论文中，有十余篇对祖国统一中的刑法理论问题进行了较为全面、系统的研讨，主要涉及以下几个方面。

（一）关于我国区际刑事管辖权冲突问题

1. 关于我国区际刑事管辖权冲突的一般问题

关于我国内地与特别行政区刑事司法管辖的冲突原因，有论者认为，不同法律制度的并存是冲突产生的根本原因，独立的法律地位是冲突产生的现实原因，不同法律文化的影响是冲突产生的深层原因。

关于内地（大陆）与港、澳、台地区管辖冲突的互涉案件，有学者认为：按是否产生冲突为标准，可以分为形式的互涉案件和实质的互涉案件；按互涉的因素不同，可以分为人际互涉案件、地际互涉案件、人地交叉互涉案件。

关于国际刑法与我国澳门地区刑法在管辖范围上的冲突，有学者认为，存在国际刑法与我国澳门地区刑法的效力冲突、对地域适用冲突、对人适用冲突、外国人在国外犯罪适用冲突以及时间效力冲突共5种情况。而我国全国性刑法与澳门地区刑法对犯罪规定的冲突，则主要包括危害国家安全方面犯罪的冲突和危害国防利益方面犯罪的冲突两种情况。

关于我国全国性刑法与澳门地区刑法冲突的协调方法，有的学者认为存在三种选择：一是加快立法，明确两者的关系、国际刑法的适用范围、危害国家安全罪与危害国防利益罪的管辖方式和案件受理条件与程序，并应制定独立的澳门特别行政区保护国家安全法；二是加速司法解释，解决刑法适用上的现实冲突；三是加紧进行协商，解决司法程序上的现实冲突。

2. 关于解决我国区际刑事管辖权冲突的原则

关于我国四个不同法域间的管辖冲突的解决原则，存在以下几种观点。（1）有学者认为，现存所有的理论观点均有参考价值，在尚未达成各法域解决冲突的共识之前，各法域的司法机关实际上只能按照各特别行政区基本法

规定的“依法平等协商”的基本原则办事，无论协商是否达成共识，适用何种原则处理，均不存在不尊重或者侵犯他法域司法管辖权的问题。（2）有学者认为，应当遵循三项原则：全面理解“一国两制”，以维护国家主权为基本出发点；互相尊重，平等协商；在解决冲突时，对香港和澳门地区要根据具体情况区别对待。（3）有学者认为，应遵循的原则包括一般原则与具体原则两类：前者包括“一国两制”原则，平等、自愿、协商、尊重原则，以及合法、合理原则；后者包括最初受理原则，一部受理全部受理原则。（4）有学者认为，用于解决冲突的指导原则包括如下三项：维护国家主权统一原则，平等协商原则，以及便利诉讼、有利惩治和预防犯罪的原则。

（二）关于我国区际刑事司法协助问题

关于我国不同法域间的刑事司法协助问题，有学者认为：必须坚持“依法平等协商”的原则，所谓“依法”中的法，不仅包括全国性的刑法或者刑事诉讼法，而且包括各特别行政区基本法、四个法域共同参加的国际条约、各法域依法承认或者授权的国际条约、各法域基本法允许的适用于本法域的法律。同时，应当坚持“只服从法律，不受任何干涉”的原则，因此，即使是在一国内不同法域间犯罪人的移交，甚至开展其他刑事司法方面的合作，也必须尊重（如果被请求法域坚持的话）“双重犯罪原则”。

关于我国区际刑事司法协助的具体实践，有学者认为，在区际移交罪犯实践中，国际引渡原则的某些惯例具有选择性借鉴意义：不应将“政治犯不引渡”作为拒绝移交的理由；对于普通犯罪应当坚持“双重犯罪原则”；不应借鉴“本国国民不引渡原则”和“死刑犯不引渡原则”。

（三）关于海峡两岸刑法问题的比较研究

关于海峡两岸刑法中的正当防卫制度，有学者认为，两地在防卫起因、防卫时限、防卫意图、防卫对象以及防卫限度五个方面存在相通之处，而在防卫目的的侧重点、“防卫过当”的表现形式及防卫过当的刑事责任的具体规定三个方面存在差异。该论者认为，对于两岸关于正当防卫的规定，应当在三个方面达成共识：强调以保护个人利益为本位；应当允许“特殊防卫权”的存在；对防卫过当的量刑，应当采用“必减”原则。

关于海峡两岸刑法中的自首制度，有学者在对两地立法沿革进行比较后，对于两地自首的概念和成立条件、司法操作中数罪自首的认定及坦白与自首的区别、两地自首的处罚根据、处罚原则以及处罚标准，从立法设置和理论通说两个方面进行了系统的比较研究，认为差异较大、各有利弊而存在诸多值得交流和借鉴之处。

关于海峡两岸刑法中的缓刑制度，有学者就缓刑制度的形式、缓刑制度的要件、缓刑的考验期、缓刑的撤销条件以及缓刑的法律后果等五个方面进行比较性分析，认为两者各有所长，两地应当加强相互交流与借鉴。

（四）其他相关问题

有的学者对于祖国统一中的其他问题进行了研讨：（1）关于祖国统一中的刑事立法及其修改问题，有学者认为，目前我国现行的刑事立法模式基本上是体现了“一国两制”的精神，但是立法中的某些表述以及理论上的某些理解，却有待完善，包括刑法典的称谓、属人管辖权的表述等方面。（2）关于分裂国家罪，有学者在探讨其含义、范围、司法认定等方面加以研讨，并结合我国台湾地区问题探讨了分裂国家罪的时代内涵。（3）关于全国性刑法与香港地区刑法中的受贿罪，有学者分别研讨和介绍了两者中受贿罪的主体、客观方面、贿赂的范围以及受贿罪的处罚标准等问题，认为值得相互借鉴之处较多。（4）有的学者对区域刑法中的腐败犯罪及其惩处问题加以研究，认为其对于中国区际刑法的发展存在借鉴意义。

五、西部大开发中的刑法协调问题研究

实施西部大开发战略是我国面向 21 世纪作出的全局性的重大战略决策，是我国社会经济发展的又一个重大战役。加快西部地区的开发，对于全面推进建设具有中国特色的社会主义的宏伟事业，实现中华民族的伟大复兴，具有重要而深远的意义。西部大开发需要法治保障，刑法保障是其重要方面。此次会议，共有十多篇论文紧紧围绕这一议题进行了广泛而深入的研讨。

（一）西部大开发中的刑法保障

对此，学者们主要对下述几个问题进行了探讨。

1. 关于西部地区目前的法治状况

有学者认为，西部地区目前的法治状况在以下几个方面需进行深刻的解剖和反思：（1）民众法意识的淡漠，以权压法、以情压法，重实体、轻程序，法律制度的僵化，审判和执行的“暗箱操作”等传统法制的遗毒，在西部地区特别是广大农村和少数民族地区还依然存在。（2）西部地区目前法治进步迟缓。首先是西部人的主体法律意识不强；其次是当地法文化的阻隔，少数民族法文化落后。

2. 关于西部大开发中的刑法保障

学者们一致认为：西部大开发的法治保障是一项全方位、多学科的系统工程，需要全社会的共同努力，法学界、司法界更是责无旁贷。其中，刑法保障更是西部开发法律保障的重要内容。这是因为：（1）刑法保障在整个法律保障中居于重要地位，不可或缺。（2）刑法调整面广，涉及人身、财产、社会经济秩序等各方面，可以为经济发展和社会稳定提供全方位的保障；（3）刑法可以为西部大开发提供最强有力的保障。

由此决定，在西部大开发的过程中，需要处理好以下几对关系：（1）处理好西部大开发与刑法体系完善的关系。西部大开发必须充分发挥上层建筑，特别是刑法的防卫功能，才能使其作为经济基础很好地发展。（2）处理好惩治治安犯罪与惩治经济犯罪的关系。治安犯罪与经济犯罪这对矛盾始终共寓于一定的社会经济形态之下，彼此既矛盾又统一，并在一定条件下相互转化。西部大开发的起点较高，一切经济问题都须用市场经济的标准来衡量与要求。在地域、人文、经济具有较大差距的情况下，为了西部地区的社会稳定，在相当长的历史时期内，绝不能忽视对降为非主要矛盾的治安犯罪的预防与打击的力度。（3）处理好打击破坏环境资源犯罪与打击其他主要刑事犯罪的关系。预防与打击破坏环境资源保护罪，是西部地区诸多刑事矛盾当中的主要矛盾，也是“严打”的主要对象。在大西北特定地区严厉打击破坏环境资源保护罪，必然在一定程度上影响对其他犯罪行为的打击，这也为我国刑法学界提出了新的研究课题。（4）应当处理好遵循刑事立法与“严打”的关系。营造法治环境是落实法律的前提，其做法仍然是：第一，进行全社会性的法制教育，但在不同地区应各有侧重；第二，进行“严打”造成打击犯罪的震慑力，而作为“严打”重要内容的“从重”“从快”两个方面应统一在“以事实为根据，以法律为准绳”之上，只有这样才能确保“严打”，而不是“滥打”。

而要保障有效发挥刑法保障在西部大开发中的应有作用，除了要充分认识刑法保障的意义外，还必须树立正确的刑法保障观：既不能片面扩大刑法的保障功能，一味地强调刑罚手段而忽视其他法律保障手段；也不能搞一手硬、一手软，为了一时的发展而容忍、袒护那些贻害整个改革和发展大局的违法犯罪行为。具体讲，要在实践中牢固树立以下刑法保障观：（1）保障有序开发的服务观；（2）严格执法的法治观；（3）高标准的时代观。

另有学者认为，为配合西部大开发的重点工作，当前着重需要解决的主要有以下几个急迫问题：（1）保护和改善生态环境；（2）维护良好的投资环境；（3）坚决保护科技成果向生产力的转化；（4）依法惩治腐败犯罪。

3. 关于西部大开发中的刑事司法政策

有学者提出：在西部大开发的战略实施中，刑事司法机关担负着打击和预防犯罪，建设和维护西部地区法制环境重要的历史使命，因而西部地区的刑事司法机关应以改革开放，因地制宜，打击与预防犯罪并举，依法行使自己的职权。具体而言，西部大开发中刑事司法的工作重点是：严厉打击破坏市场经济秩序犯罪，营造良好的投资环境；维护民族团结、国家安全和社会秩序；惩治腐败，注重打击基础建设方面的贪污贿赂犯罪；严格保护西部地区生态环境和国有资源；加强法律监督；积极开展犯罪预防工作。为保障西部大开发的历史任务，西部地区的刑事司法机关应加强队伍建设和基础设施建设，积极开展法制宣传教育，正确处理各种刑事司法关系，正确处理刑事司法与少数民族风俗习惯的关系。

（二）关于西部大开发中的环境刑法对策及完善我国环境刑法的思考

1. 关于西部大开发中的环境问题及其刑法对策

对于西部生态环境犯罪产生的原因，有学者经过研究后指出，主要有以下几点：（1）自然环境恶劣；（2）经济结构不合理；（3）地区倾斜政策的推动。因而西部大开发中环境刑法的立法思想应当是，人本主义和自然本位主义相结合、环境保护与经济发展相协调，以确保人类社会的可持续发展。另有论者从野生动物保护之刑法立法的角度出发，认为环境刑法立法应在“生态利益中心主义”伦理价值观的基础上，重新确定环境和自然所固有的价值，并且应树立“生态利益优先”的思想，把人类自身利益和国家利益置于符合全球环境和生态利益的要求来考虑。

基于此，有学者提出，环境刑法应坚持罪与非罪的界定原则，具体地，这一原则又包括：(1) 节制性原则。这是环境法中经济、社会发展与环境保护协调原则在环境犯罪立法、司法中的体现。(2) 差异性原则，即国家立法机关或司法机关在对西部大开发中的环境犯罪的罪与非罪界限的一些不太明确的问题作出解释时，比东部或其他生态环境条件良好的地区应采取更加严厉的标准。为此，学者指出，必须注意以下几个问题：其一，必须把握一定的限度范围；其二，起诉方仍然负有不可推卸的举证责任。

2. 关于完善我国现行环境刑法的思考

在研讨西部大开发中的环境问题及其刑法对策的基础上，有学者进一步从以下几个方面提出了关于完善我国现行环境刑法的建议和构想。

(1) 关于环境刑法的立法模式。有学者对我国环境刑法传统理念进行了反思，指出：环境刑法与环境行政法之间存有一种从属关系，行为人构成环境犯罪以违反行政法为前提，行政违法性的程度往往是界定罪与非罪的标志。我国环境刑法的行政从属性多为一种相对的行政依赖性，主要表现为概念上的行政从属性和违法性要件的行政从属性。而在当代世界大多数国家，环境刑法多采附属刑法罚则模式，即在环境行政法中设置独立性的刑法规范，包括独立的罪名和法定刑。这种方式不仅可以确保国家环境秩序计划的执行，而且在犯罪构成要件上保证以刑法作为核心限制，亦可缓解环境刑法行政从属性的聚讼问题。

(2) 关于我国环境犯罪的构成要件设置。相当一部分学者认为：我国环境犯罪的刑事立法规定虽然相较于过去取得了长足的进步，但仍存在着严重的缺陷，远远不能满足西部大开发对环境保护的需要。归纳起来，我国环境犯罪刑事立法的缺陷主要集中在以下两个方面。

第一，关于重大环境污染事故罪的构成要件设置。有关研讨主要集中在以下两个问题。首先，关于该罪的主观罪过形式。有关论者一致认为，我国现行刑法规定的重大环境污染事故罪的主观罪过形式仅限于过失，致使司法实践中大量的故意污染环境的犯罪行为，因法无明文规定而难以被纳入刑法规制的轨道。对此，有学者提出，可采取下列两种方式予以完善：一是可以考虑将《刑法》第 338 条修改补充为两款，对于故意与过失两种不同罪过形式的行为在罪名和量刑上加以区分，以符合罪责刑相适应原则的要求。二是增设新罪名。在《刑法》第 338 条的基础上将重大环境污染事故罪拆解为三种具体犯罪，设立水污染罪、大气污染罪和污染土地罪，并分别制定相应的刑罚。其次，关于该罪的犯罪形态。我国现行刑法所规定的重大环境污染事故罪是结果犯，即该罪的成立，须以严重危害结果的发生为必要。这一规定显然难以充分发挥刑法在环境保护中的应有作用，因而有论者提出，应将该条的规定修改为行为犯，但多数学者认为，在我国刑法对于污染环境的犯罪尚未使用危险犯的情况下，探讨使用行为犯，尚为时过早，因而主张仅将该条规定为危险犯即为已足，这既能有效地保护生态环境和防卫社会，又有利于刑罚目的的实现。

第二，关于《刑法》第 341 条非法狩猎罪的立法完善。有学者认为：现行刑法对非法狩猎罪的客观行为要件采取的是选择性的规定，对犯罪行为人非法狩猎的行为方式作了四项具有选择性的限制，并且将非法狩猎的对象限制为野生动物资源。这是不必要的，因为以下原因。首先，“资源”一词，具有量的色彩，既容易给犯罪嫌疑人、被告人留下不当抗辩的余地，又与“情节严重”具有语义上的重复关系。其次，禁猎范围、禁猎期间的限制，既容易误导公民认为在此期间、区域外进行狩猎为法律、法规所允许，又与生态规律相冲突，与野生动物保护的立法目的相违背。再次，这一罪状的设计，给认定行为人主观罪过设置了障碍。最后，非法狩猎罪与非法猎捕、杀害珍贵、濒危野生动物罪存在法条竞合关系。因而有关论者建议：改变非法狩猎罪的罪状模式，采用简单罪状；将非法猎捕、杀害珍贵、濒危野生动物的行为作为非法狩猎罪的结果加重犯。

（3）关于我国环境犯罪立法完善的宏观对策。有论者分别从以下四个方面提出了修订、完善我国环境犯罪刑事立法的宏观对策。其一，在立法体例方面。鉴于环境刑事立法不仅要调整人与人之间的社会关系，更主要的是解决人与自然之间的生态平衡关系，建议增设环境犯罪专章，除现行刑法典现有的环境犯罪以外，增设一些新罪，例如，破坏环境资源保护罪、破坏生态环境建设罪等，以充分发挥环境刑事立法在司法适用中的作用。其二，在客观要件方面。鉴于我国环境刑事立法中结果犯居多，有论者建议，一方面，在环境犯罪中增设危险犯的有关规定；另一方面，应尽可能实现危害后果衡量标准的多样化。对环境犯罪危害后果的衡量，既要从人身、财产的损害程度方面考虑，也要从生态、文化、历史角度出发，将对环境要素的损害也视为环境犯罪的危害后果之一。其三，在刑事处罚方面。这是学者们研讨的重点，主要包括：A. 关于单位环境犯罪的刑事处罚原则。有学者指出：我国现行刑法对于单位环境犯罪的处罚，采取的是双罚制原则，处罚顺序是从单位到个人，而日本法的双罚制所规定的惩罚次序是从个人到单位。由于现代刑事责任制度是以个人责任为基础建构，因而日本法的双罚制顺序比较先进、合理，值得我国刑事立法借鉴。B. 关于环境犯罪无期徒刑的恢复。有学者指出：即使是在一些主张轻刑化的国家，对环境犯罪规定的刑事罚则也是比较严厉的。所以，我国刑事立法对环境犯罪废除死刑的做法虽然值得称道，但同时废除环境犯罪的无期徒刑致使重罪轻刑化，即是不合时宜、有违罪责刑相适应的原则。故而应当恢复环境犯罪的无期徒刑的规定。C. 关于环境犯罪之财产刑的完善。有学者提出：对环境犯罪适用财产刑可以在一定程度上补偿环境犯罪所造成的损失，恢复被破坏的环境甚至为环保基础设施的建设落实一部分资金，直接关系国家可持续发展战略的落实、环境保护基本国策的推行、国家环境补偿政策的实施，其意义非同寻常。为此，可以采取总则概括规定与分则具体规定相结合的立法方式，大幅度提高罚金刑的数额，以充分发挥财产刑在惩治环境犯罪中的惩罚与补偿作用。D. 关于环境犯罪资格刑的增设。有学者提出，应当对环境犯罪增设资格刑，具体包括：剥夺、限制担任公职的权利；剥夺、限制从事一定职业或经营活动的权利；剥夺、限制从事业务活动的权利（单位）。其四，关于环境犯罪非刑罚处置措施的完善。多数学者指出：单纯的依赖刑罚手段制裁环境犯罪是远远不够的，这就为运用非刑罚措施对付破坏环境的严重行为提供了理论上的可行性及实践中的必要性。为了避免以罚代刑，以罚代治，并收标本兼治之效，借鉴外国立法、司法中的成功做法，结合我国惩治破坏环境犯罪的实际情况，我国应建立针对破坏环境犯罪适用的非刑罚措施，大致可分为三类五种：一是教育性非刑罚措施，即公开悔过；二是民事性非刑罚措施，即责令补救和限制活动；三是行政性非刑罚措施，即限期治理和勒令解散。

此外，还有论者对西部地区金融诈骗犯罪的惩治与防范进行了研讨，并提出相关构想：大力提高西部地区公众预防和打击金融诈骗犯罪的意识观念及自我保护能力；在国家加大金融立法的同时，应加强对金融诈骗犯罪打击和防范的力度；夯实金融系统的基础，重点加强地市级金融机构建设和队伍建设；加强省与省、地区与地区间，以及国家间查处金融诈骗犯罪的相互合作。

（三）关于刑法与少数民族地区风俗习惯的协调研究

在西部大开发的过程中，不可避免地必然会涉及这样一个问题：如何处理少数民族风俗与我国现行刑法典之间的关系？此次会议共有近十篇论文，分别从下述不同角度对此问题进行了探讨。

1. 关于民俗与刑法的关系

有论者认为，民俗与刑法两者的关系实际上是差异之中有一致，尽管这里的差异并不必然等同于“冲突”，但不能否认这种“差异”在特定的条件下和特定的制度中将表现为或导致两者之间的“冲突”，因此，应当通过理论和制度上的创新或改进，避免或化解冲突，具体构想如下。（1）基于少数民族地区的乡土社会性，扩大亲告罪的适用范围。（2）从理论的角度来看，应当对刑法典的特点以及刑法的性质有更深、更新的认识：一是我国刑法典的中国特色必然包含有刑法典的民族性。二是刑法具有一种谦抑性。少数民族风俗习惯可以说是渗透在少数民族生产生活中的一些琐碎之事，尊重少数民族的风俗习惯，在法律上就表现为“刑法不理会琐碎之事”。在能使用其他手段充分抑制违法行为，充分保护法益时，就不要将其作为犯罪处理。三是无论是法官的适用解释还是学者的学理解释，都应当将少数民族的风俗习惯作为特殊因素纳入其中，例如，关于《刑法》第 13 条中的“……但是情节显著轻微危害不大的，不认为是犯罪”，以及分则中的法定情节的解释。

2. 关于民俗与刑法冲突的解决途径

针对我国目前司法实践中刑法与少数民族习俗的冲突问题，多数少数民族自治地区采用的主要方法是变通司法和直接以政策为依据办案。有论者指出：这种做法实际上背离了社会主义法制的精神实质。在协调民族风俗与刑法的冲突问题上，应当利用宪法和法律赋予民族自治地方立法机关的变通刑事立法的权力，将民族刑事政策和司法实践中总结出来的经验予以法律化、制度化，即由自治地区的人民代表大会根据某个民族的特殊情况，对刑法在立法上作出变通规定，将依据民族习俗或者生产、生活方式不应作为犯罪或者应给予较轻处罚的行为，以地方法规的形式作出明确、具体的规定。这样处理，既合乎我国法律的规定，也符合社会主义的法治精神。

3. 关于民族自治地方刑法变通或补充立法

有论者分别从以下层面探讨了这一问题。

（1）关于民族自治地方刑法变通、补充规定的性质。该论者指出：民族自治地方的人民代表大会有一定的刑事立法权，这个立法权具有中央和民族自治地方在刑事立法上适当分权的性质，自治条例、单行条例是民族自治地方在对刑法进行变通、补充规定时可采用的两个规范性法律文件形式，刑法变通、补充规定属于自治条例或单行条例的内容，因而民族自治地方对刑法的变通、补充规定在实质上相当于“民族自治地方特别刑法”。

（2）关于民族自治地方特别刑法的根据。该论者认为，首先，从法律根据来看，民族自治地方特别刑法的立法根据主要来自宪法、民族区域自治法、立法法以及《刑法》第90条的相关规定，因而民族自治地方的特别刑法的制定，必须符合以下法律条件：一是立法主体是民族自治地方的自治区或者省的人民代表大会，并且必须报请全国人民代表大会常委会批准才能施行；二是民族自治地方的特别刑法必须采用自治条例或单行条例的规范性法律文件形式，采用其他形式的无法律效力；三是制定民族自治地方的特别刑法，必须符合立法法规定的立法程序；四是制定民族自治地方的特别刑法，必须根据当地民族的政治、经济、文化特点和刑法典规定的罪刑法定、刑法面前人人平等、罪责刑相适应三项刑法基本原则；五是民族自治地方的特别刑法，其效力仅及于该民族自治地方。其次，就经济根据而言，大多数少数民族地区由于自然条件恶劣、地理位置偏僻、经济文化落后、信息闭塞，人们形成因循守旧、封闭保守的心态。这就直接影响了国家刑法在这些地区的适用。在进行民族自治地方特别刑法的立法，即对刑法作出变通规定时，应对那些与少数民族生产力发展水平相适应的风俗习惯和刑法文化给予必要的、适当的照顾和尊重。这样才会更好地使刑法在少数民族地区有效适用。再次，从文化根据来说，少数民族的刑法文化不可避免地存在刑法文化的二元性问题，即少数民族的原刑法文化中既有外植刑法文化，又有原生刑法文化。前者是社会主义刑法文化因素，后者囿于少数民族地区生产力水平低下的因素，主要表现为“以罚代刑”。最后，就理论根据而言，在进行民族自治地方特别刑法的立法过程中，要从实际出发，实事求是地对某些少数民族的比较重要的习惯给予尊重、理解。唯其如此，在对刑法作变通时制定的民族自治地方特别刑法才会被少数民族居民认为是“良法”，也只有这样的法，才会被遵守、实施。如果在变通刑法时不顾少数民族某些重要的习惯，则对法制统一的危害将远甚于没有变通规定，既不能有效地惩罚犯罪，也不利于很好地保护人民。

（3）关于民族自治地方特别刑法制定的原则。对此，学者们的观点同中有异，归纳起来，较具代表性的主要有以下两种主张。第一种观点主张，民族自治地方特别刑法的制定，应当遵循：A. 宪法、刑法等法律的基本原则以及其他法制原则；B. 根据当地民族的政治、经济、文化特点的求实原则；C. 以刑法理论为指导的理性原则；D. 贯彻“两少一宽”政策的从宽原则。第二种观点则主张以下原则：刑事法制统一原则；充分尊重少数民族的风俗习惯以及生产、生活方式的原则；将多年的刑事司法经验及“两少一宽”的民族刑事政策纳入变通立法的原则；确实必要原则。

（4）关于民族自治地方变通刑法规定的立法形式。学者们对此有两种不同的看法：其一，以族籍为单位，一个少数民族原则上制定一部本民族统一的刑事法规；其二，采用主体立法的形式，即适用民族自治地方特别刑法的主体必须是长期聚居在民族自治地方辖区内的实行民族自治的居民。民族自治地方特别刑法的管辖原则可采用“户籍地＋犯罪地＋自治民族身份”的管辖原则，也就是说，犯罪嫌疑人、被告人必须是民族自治地方的居民，具有自治民族的身份，以及犯罪的行为地或结果地在民族自治地方的辖区内，才适用该民族自治特别刑法的规定。

（5）关于民族自治地方特别刑法的时间效力。民族自治地方特别刑法必须报请全国人大常委会批准施行后才能实施。其失效时间，基本上有两种情况：一种是由立法机关明确宣布废止，另一种是自然失效。至于民族自治地方特别刑法的溯及力，有学者认为，应分为相对于刑法的溯及力和民族自治地方特别刑法新法和旧法之间的溯及力两部分来考虑。前者是特别法和普通法之间的关系，即民族自治地方特别刑法是刑法典的特别法，根据“特别法优先适用”的原则，民族自治地方特别刑法的溯及力应采用“从新原则”，即民族自治地方特别刑法对它生效前未经审判或者判决尚未确定的行为具有管辖权；后者则应适用刑法典规定的“从旧兼从轻原则”，即新法原则上没有溯及力，但新法不认为行为构成犯罪或者处刑较轻时，要按照新法处理。

4. 关于“两少一宽”政策的适用

有论者提出，适用刑法和“两少一宽”政策处理少数民族公民犯罪案件，应当坚持以下原则：(1) 坚持适用法律与适用政策的统一性。(2) 明确适用“两少一宽”刑事政策依法处理少数民族公民犯罪案件的空间范围。(3) 明确适用“两少一宽”刑事政策依法从宽处理少数民族公民犯罪行为的重点，主要是少数民族公民实施的与该民族风俗习惯、宗教信仰和特有的生产生活方式有直接联系的危害社会的犯罪行为。对那些与少数民族的风俗习惯、宗教信仰、生产生活方式无直接联系的危害社会的犯罪行为，则应根据具体案件的具体情况来处理，当宽则宽，当严则严。(4) 适用“两少一宽”刑事政策从宽处理少数民族公民犯罪案件的标准和前提，必须是以法律为准绳。

另有论者提出，适用“两少一宽”政策处理少数民族公民犯罪案件，需要妥善处理好以下关系：(1) 妥善处理适用“两少一宽”刑事政策对少数民族公民中的犯罪人员依法从宽处理与其他刑事政策的关系。(2) 妥善处理适用“两少一宽”刑事政策依法对少数民族公民中犯罪人员从宽处理与“依法从重从快惩治严重刑事犯罪”的方针的关系。(3) 妥善处理适用刑法及“两少一宽”政策正确处理少数民族公民中犯罪案件与维护祖国统一和民族自治地方的稳定关系。(4) 妥善处理适用刑法及“两少一宽”刑事政策正确处理少数民族公民中的犯罪案件与民族自治地方制定刑法变通或补充规定的关系问题。

六、金融犯罪研究

金融犯罪是本次研讨会最为热门的议题。在提交大会的所有论文中，共计九十余篇文章是围绕这一主题展开的。其中，大多数文章以个罪为视角，对某些具体的金融犯罪的认定处理以及立法完善问题进行了探讨；也有一些文章就整个金融犯罪或者某一类金融犯罪的一般性问题进行了研析。

（一）金融犯罪的宏观问题

有论者对金融犯罪的概念与分类问题进行了研究，认为在界定金融犯罪的概念时，应当把握相关性（即金融犯罪必须是与金融业务有关的犯罪）、抽象性（即在金融犯罪概念中必须对这类犯罪的同类客体作高度抽象的概括和揭示）以及可罚性（即金融犯罪必须是应受刑罚处罚的行为）三原则，根据以上原则，金融犯罪应是指自然人或者单位在金融专业领域中侵犯金融管理，破坏金融秩序，依照刑法的规定应当受刑罚处罚的行为，其外延包括《刑法》分则第三章第四节规定的破坏金融管理秩序罪、第五节规定的金融诈骗罪，以及《关于惩治骗购外汇、逃汇和非法买卖外汇犯罪的决定》规定的骗购外汇罪；指出对金融犯罪可以从侵犯客体、犯罪手段、犯罪目的以及违反法律等多角度进行分类。

（二）破坏金融管理秩序罪

在破坏金融管理秩序罪方面，会议论文以探讨证券、期货犯罪的居多；对该节的其他一些犯罪，也有学者予以了关注。

1. 证券、期货犯罪

（1）内幕交易、泄露内幕信息罪。有关论文对本罪进行了较为全面、深入的探讨，重点研究了以下几个问题。其一，本罪的主体范围和特征。有论者详细探讨了作为本罪主体的内幕人员的范围。另有论者通过考察其他国家立法对本罪主体规定的演变过程，阐述了我国刑法中本罪主体的特征和范围，并提出了完善建议。还有论者认为，期货经纪公司不能成为期货内幕交易犯罪的主体。其二，本罪的成立是否必须要求有利用内幕信息进行交易的行为。对此，存在肯定说和否定说两种对立观点，以持肯定说者居多。其三，内幕信息应当具备哪些特征。大家一致认为重大性（或价格敏感性）和未公开性是内幕信息的两大基本特征，但对信息公开的认定标准，还有不同认识，有所谓形式公开和实质公开之争：一些学者认为，从我国证券法的规定看，我国采用的是形式公开的标准，即已通过法定的信息披露方式公布信息的，即为信息已公开；另有些学者则主张，我国应借鉴其他国家的做法，以实质公开，即市场已经消化了信息，作为认定信息公开的标准。此外，部分论者对如何认定本罪的“情节严重”、建议他人买卖证券是否构成本罪等问题也进行了探讨。

（2）操纵证券、期货交易价格罪。论者们的视角多集中在本罪之行为方式的理解和认定上。其中，有些学者对《刑法》第182条第4项规定的“以其他方法操纵证券、期货交易价格”行为的具体表现进行了较为深入的分析。还有一些学者对本罪的危害性、本罪的四方面构成特征，本罪与内幕交易罪、泄露内幕信息罪，编造并传播证券、期货交易虚假信息罪等类似犯罪的区分，以及本罪的罪数形态、共同犯罪形态问题进行了较为全面的探讨。

此外，有学者专门就证券犯罪中的虚假陈述问题进行了研究，主要阐明了虚假陈述的概念、分类和认定标准；还有学者探讨了期货透支交易罪的立法化问题，认为我国刑法有必要规定期货透支交易罪，并在分析这种犯罪的概念及特征的基础上，对该罪的法条设计作了设想。

2. 破坏金融管理秩序方面的其他相关犯罪

少数论文分别对持有、使用假币罪，擅自设立金融机构罪，非法吸收公众存款罪和洗钱罪中的疑难问题或立法完善问题进行了研究。

（1）关于持有、使用假币罪。论者们对持有假币行为是作为还是不作为，抑或是第三性行为依然给予了较多关注，并且仍未能达成共识。有论者对该罪的现有概念提出了质疑，并认为假币的来源，持有、使用假币的意图均会影响到本罪能否成立。还有论者认为本罪的对象不应包括变造的货币。

（2）关于擅自设立金融机构罪。论者们主要围绕以下三个方面的问题展开了研讨：其一，合法金融机构未经批准擅自设立分支机构的行为，以及取得经营许可证后未进行登记而开展金融业务的行为是否属于“擅自设立”行为；其二，本罪的主体是否包括中国人民银行和政策性银行；其三，本罪是行为犯还是结果犯。

（3）关于非法吸收公众存款罪。论者们重点探讨了两个问题：一是有吸收公众存款资格的金融单位是否能成为本罪主体。对此，论者间存在肯定说和否定说两种不同观点。二是某些特殊的揽储行为，如“高息揽储”“以存代借”等，能否构成本罪。此外，有论者就本罪的概念、客体、本罪与类似犯罪的区分以及罪数问题进行了研究。

（4）关于洗钱罪。论者多数结合国际刑法和外国刑法中有关反洗钱的规定，对我国刑法中洗钱罪的规定进行了评析，并提出了完善建议。有的论者还从比较研究的角度，分析了各国对洗钱罪罪名的表述、标示以及在刑法中的归属的异同，并对其优劣予以了评判。

此外，还有文章对金融过失犯罪，高利转贷罪，非法发放贷款罪，用账外客户资金非法拆借、发放贷款罪，非法出具金融票证罪以及骗购外汇罪的构成和认定问题进行了论述；并对高利转贷罪的罪名概括提出了完善建议。

（三）金融诈骗罪

金融诈骗罪是金融犯罪研讨中的重中之重。有关论者主要就下列问题展开了广泛、深入的探讨。

1. 金融诈骗罪的共性问题

（1）关于非法占有目的问题。首先，关于票据诈骗罪、金融凭证诈骗罪、信用证诈骗罪、信用卡诈骗罪、有价证券诈骗罪以及保险诈骗罪等法条未写有“以非法占有为目的”的金融诈骗罪，其构成是否也应当以行为人具有上述目的为条件的问题。这一问题受到了大家的普遍关注。在相关论文中，几乎所有的论者都对这一问题发表了自己的见解。在大会的分组讨论中，大多数发言也是围绕这一问题展开的。经过研讨，多数论者认为：对上述金融诈骗罪的构成，也应当强调非法占有目的要件。因为，这既是遵循立法原意的要求，也是对刑法进行科学的、合理的文义、语法、体系解释所应得出的当然结论。其次，关于非法占有的理解问题。大家较为一致地认为，不能将刑法意义上非法占有中的“占有”与民法上作为所有权四项权能之一的占有等同起来，前者实质是指所有；非法占有不仅包括自己非法占有，也包括使第三者非法占有。但也有一些论者持相反立场，认为这些犯罪的构成，无须，也不应以行为人具有非法占有目的为条件。此外，还有学者指出，传统的强调目的要件的诈骗犯罪的立法模式不利于充分发挥刑法维护金融秩序的功能，在将来，我国应借鉴德国、法国等其他国家和地区的立法例，将某些危害严重的、不具有非法占有目的的金融欺诈行为亦纳入刑法的调整范围。

（2）关于金融诈骗罪的死刑设置问题。有论者从报应、功利、民愤三个角度，对金融诈骗罪的死刑设置进行了探讨，认为刑法对票据诈骗罪、金融凭证诈骗罪、信用证诈骗罪规定死刑有失合理，但保留对集资诈骗罪的死刑规定仍有必要。有学者则主张上述4罪都取消死刑。

（3）关于伪造、变造金融票证以及股票、债券等有价证券后，又用之进行诈骗活动的定性处理问题。大多数学者认为，这种情形属于有关破坏金融管理秩序罪与有关金融诈骗罪的牵连犯，应在比较行为人所触犯的数罪名的法定刑的基础上，结合其犯罪的实际情况，按“从一重处断”原则解决其定罪量刑问题。但也有少数学者持不同意见，他们或认为上述情形属于吸收犯，或认为上述情形属于想象竞合犯，或认为上述情形应成立实质数罪。

此外，一些论者还对金融诈骗罪的犯罪数额认定，以及罪名体系的构造等问题进行了探讨。

2. 具体的金融诈骗罪的个性问题

在研究具体金融诈骗罪的过程中，大多数论者均较为系统地阐释了这些犯罪的构成特征以及司法认定中应注意的问题，也有一些学者专门就这些犯罪构成和认定中的某一方面或某几方面问题发表了自己的见解。除前述共性问题外，学者们主要就以下问题进行了研讨。

（1）集资诈骗罪。其一，犯罪方法问题。有学者对本罪之“诈骗方法”的常见表现进行了梳理，指出，在实践中，本罪主要通过以下几种方法实施：一是编造公司、企业发展计划，虚构投资项目；二是使用虚假的证明文件；三是组织“抬会”，开设地下钱庄；四是以高利诱惑；五是转移财产或宣告破产等其他方法。其二，集资之非法性的认定问题。有论者认为，在判断集资行为是属于非法集资还是属于合法集资时，主要应从集资主体是否合法和集资行为的发生是否合法两方面进行考察。有论者还对本罪之非法占有目的的认定，本罪与集资纠纷的界限，以及本罪与非法吸收公众存款罪的区分等问题进行了研讨。

（2）贷款诈骗罪。其一，犯罪主体问题。大家都对单位诈骗贷款的定性处理问题给予了关注。有些学者认为，既然刑法典没有规定单位可以成为本罪主体，对上述情形就不能以本罪论处，而应当以合同诈骗罪论处；有些学者则主张，对上述情形应按自然人共同犯贷款诈骗罪对待；还有一些学者指出，对假设单位、盗名单位、承担无限责任的单位、挂靠单位或者承包经营单位进行贷款诈骗的，当然可以依本罪追究单位有关责任人员个人的刑事责任。学者们一致认为，刑法典没有规定单位可以成为本罪主体，是有疏漏的；建议在将来修法时，增设单位为本罪主体。其二，非法占有目的问题。学者们就本罪之非法占有目的的产生时间以及认定问题发表了见仁见智的看法。有学者认为，对在合法贷款后方产生非法占有目的的，应以贷款诈骗罪论处。一些学者主张，如查明行为人有假冒他人名义贷款、贷款后携款潜逃、改变贷款用途，大肆挥霍贷款导致无法归还、使用贷款进行违法犯罪活动、隐匿贷款去向，到期后拒不偿还、以欺诈手段获得贷款，致使贷款无力偿还等情形之一的，即可推定行为人具有非法占有目的。

(3) 票据诈骗罪和金融凭证诈骗罪。其一，犯罪对象问题。有些论者对支票卡、借记卡、贷记卡、商业消费券卡、消费卡、贷记凭证、借记凭证等金融工具、金融票证的性质进行了研究，对它们是否属票据诈骗罪或金融凭证诈骗罪的犯罪对象发表了不同看法。其二，关于“伪造”的理解问题。有些论者指出，本着罪刑法定原则，对在真实的空白金融凭证上偷盖真实印鉴章的行为，以及自己“独创”或者“首创”与客观存在的票证完全不同的“票证”的行为，不能以伪造论。其三，罪数问题。有学者对使用伪造、变造的票据或其他金融凭证作担保，诈骗银行贷款行为的定性问题进行了探讨。其中，一些学者认为上述情形属于票据诈骗罪或金融凭证诈骗罪与贷款诈骗罪的牵连犯，还有一些学者则认为，上述情形属于票据诈骗罪或金融凭证诈骗罪与合同诈骗罪、贷款诈骗罪的想象竞合犯。此外，一些学者还对连续实施数个诈骗行为分别触犯不同诈骗罪名的行为能否成立连续犯，是否可以进行数罪并罚发表了自己的看法。

(4) 信用证诈骗罪。其一，犯罪主体问题。有论者指出，信用证诈骗罪的主体不只限于有进出口经营权的公司、企业和事业单位，其他实际参与国际贸易的单位，如委托具有进出口经营权的单位代理进出口业务的单位以及个人，也可以成为本罪的主体。还有些学者从实际案例入手，分析了单位犯本罪时，追究单位中责任人员的刑事责任的根据问题。其二，本罪的犯罪形态以及既遂、未遂的判定标准问题。对此，有两种不同意见：一种意见认为，本罪属行为犯，应以行为人是否已实施了《刑法》第195条所规定的四种行为之一作为判断犯罪既遂、未遂的标准；另一种意见认为，本罪属结果犯，应以行为人是否实际骗得公私财物作为判断犯罪既遂、未遂的标准。其三，本罪与贷款诈骗罪的关系问题。大多数同志认为《刑法》第 195 条与第 193 条之间存在竞合情形，因此主张，对利用信用证诈骗银行贷款的行为，应按法条竞合之“重法优于轻法”的原则，按照《刑法》第 195 条的规定以本罪定罪处罚。也有一些学者认为，上述情形属于本罪与贷款诈骗罪的想象竞合犯，应依“从一重处断”原则处理。

（5）信用卡诈骗罪。其一，犯罪对象问题。首先，有学者提出，虽然中国人民银行于 1999 年发布的《银行卡业务管理办法》已将信用卡和借记卡分开规定，但后者实质仍属信用卡。其次，对“冒用他人的信用卡”中的信用卡是仅限于合法有效的信用卡，还是也包括伪造的或作废的信用卡，学者们有不同的认识。其二，关于使用伪造或作废的信用卡的问题。有论者指出，刑法典没有将使用变造的信用卡的行为规定为犯罪，因此，不能将伪造解释为包括变造。“使用”是否包括出售、赠送，论者见解不一。其三，恶意透支问题。首先是“经发卡银行催收后拒不退还的”的理解、认定及完善问题。有学者提出，发卡银行在催收时，可借鉴民事送达的诸种方式。有学者认为，只要经一次催收，拒不退还的，即可认定上述要件成立。还有学者建议取消上述要件。其次是恶意透支的数额标准问题。有些学者指出，在《银行卡业务管理办法》颁行后，最高人民法院于 1996 年作出的《关于审理诈骗案件具体应用法律的若干问题的解释》对恶意透支数额认定标准的规定已经明显有失合理，应当予以调整。对于透支数额是只按本金计算，还是也应将利息计入，尚有不同意见。其四，犯罪主体问题。有些学者指出，没有规定单位可以成为本罪主体，是立法的疏漏。其五，关于盗窃信用卡并使用的行为的定性问题。不少学者认为，对盗窃信用卡并使用的行为的定性，应具体情况具体分析，不宜一概以盗窃罪论处。此外，还有一些论者对拾得信用卡拒不退还、使用拾得的信用卡、盗划信用卡、特约商户从业人员或银行工作人员单独或勾结他人利用信用卡实施犯罪等行为的定性问题作了深入研析。

（6）保险诈骗罪。其一，本罪的客观方面要件问题。有学者在对“虚构保险标的”的含义和保险诈骗罪的构造进行研析后认为，恶意重复保险，或者隐瞒保险危险骗取保险金的，属于“虚构保险标的，骗取保险金”的保险诈骗行为。其二，本罪“着手”的认定问题。大多数学者认为，只要行为人以骗取保险金为目的，开始实施《刑法》第 198 条规定的 5 种行为之一的，即为着手。但也有学者认为，从法益侵害的危险程度考量，本罪的着手标志应是行为人已开始实施索赔或者提出支付保险金请求的行为。其三，关于保险诈骗的行为人与保险公司的工作人员相互勾结骗取保险金的定性问题。有些学者主张，对这种情形，应按主犯的行为性质定罪；有些学者认为，对这种情形，应视保方人员在共同犯罪中有无利用其职务上的便利分别确定其性质；还有一些同志认为，对内外勾结骗取保险金的案件，除了要考虑实行犯的犯罪性质以外，还要考虑各行为人的行为所触犯的罪名，考察共同犯罪中的核心角色，从而确定共同犯罪的性质，再比较法定刑的轻重，进而决定是否分别定罪。此外，还有一些学者对本罪的罪数形态问题进行了探讨。

此外，有论者专门就海南省金融犯罪的特点、原因及防范对策进行了研究，还有一些论者论述了金融领域中的职务犯罪、渎职犯罪等问题。

七、关于计算机、网络、电子商务活动中的犯罪与刑法对策

本次会议中，近三十篇论文以计算机犯罪、网络犯罪和电子商务活动中的犯罪及其刑法对策为研究对象，研究视野较宽，主要涉及以下问题。

（一）关于计算机犯罪的原因、表现形式和发展趋势

关于计算机犯罪的发展趋势，与会有关代表认为主要包括以下特点：一是高发态势仍将持续，并且涉及领域更为广泛，犯罪手法更多样化，犯罪类型更丰富；二是社会危害性更为严重，经济损失巨大；三是网络犯罪、电子商务犯罪增多，计算机犯罪国际化；四是犯罪主体低龄化；五是单位计算机犯罪增多。

（二）关于计算机犯罪的概念

关于计算机犯罪的概念，论文中存在以下几种观点。其一，有学者认为广义说和狭义说存在长期争议，但是结合考虑，应采广义说：凡是在犯罪实

施过程中，计算机专业知识为必不可少的手段的，即为计算机犯罪。其二，有的学者认为计算机犯罪应当更名为“危害计算机及其网络犯罪”，而其概念应当界定为：违反刑法规定，利用计算机信息技术和专业知识，非法操作正在使用中的计算机及其网络系统、盗窃计算机信息资源或对计算机及其网络系统施加影响等危害计算机及其网络安全的行为。其三，有的学者认为计算机犯罪是行为人利用计算机技术知识实施的危害社会并依法应受刑罚处罚的各种行为的总称。

（三）关于电子商务犯罪问题

关于电子商务犯罪，与会代表在以下几个方面进行了较为系统的研讨。

1. 关于电子商务犯罪的概念的两种观点

（1）有论者认为，所谓电子商务犯罪，是指在电子商务活动的各个环节中涉及的犯罪，而电子商务就最基本层次而言，是指“公司与其供应商和用户通过电子网络进行沟通的基础设施”。

（2）有学者认为，电子商务领域犯罪不是一个静止的概念，它随着电子商务的发展，不断扩展其内涵和外延。

2. 关于电子商务犯罪的类型

学者们认为，在电子商务活动中的网络犯罪手段多样，综合起来可以分为三种：借助网络进行的传统犯罪，传统犯罪和网络结合而产生的新型犯罪，以及纯粹由网络产生的新型犯罪。

3. 关于电子商务犯罪的司法解释对策

有学者在介绍国外电子商务犯罪的处罚对策后认为，在现行刑法框架内处罚电子犯罪，唯一的有效途径，是通过刑事司法解释将虚拟世界现实化，对电子合同、电子签名、电子货币等的法律地位加以固定，采用“功能等同”的解释方法，扩大有关法律术语与概念范围，解决现实法律中存在的问题，并可以直接利用现行刑法条文处罚电子商务犯罪。

4. 关于电子商务犯罪的刑法对策

有学者建议通过完善现行刑事立法来打击电子商务犯罪：一是修改完善现行刑法相关法条，以增强司法可适用性，并以此遵循罪责刑相适应原则；二是制定电子商务领域犯罪专项立法，打击危害严重的非法获取并使用计算机数据类商品等犯罪行为。

（四）关于网络犯罪的特征

关于网络犯罪的概念存在争议：其一，有的学者认为，所谓网络犯罪，是指计算机技术发展到高级阶段的产物，它从本质上讲就是计算机犯罪，网络犯罪与计算机犯罪是同一现象在不同发展阶段的称谓。其二，有的学者认为，所谓网络犯罪，是指行为人运用计算机技术借助网络对其系统或信息攻击与破坏或者利用网络进行其他犯罪的总称。

值得注意，有的学者对于网络对象犯、网络用益犯和网络侵害犯的概念加以界定：网络对象犯是指将网络作为犯罪对象的危害行为，网络用益犯是指网络使用人以非法占有为目的，对网络进行利用、占用等的犯罪行为，网络侵害犯是指以网络为侵害对象的犯罪活动。

（五）关于计算机犯罪的比较研究

有学者对于中国、美国、欧洲惩治计算机犯罪的刑事立法加以比较研究，在相关刑事实体法方面，对于罪名设置和保护范围、针对计算机系统实施犯罪的行为方式、行为犯和结果犯的立法设置、针对计算机系统实施犯罪的主观方面，以及利用计算机实施的犯罪中的牵连犯问题加以系统化比较；在相关刑事程序法方面，对于电子证据的确立与适用、司法管辖问题等方面加以比较性分析。关于惩治计算机犯罪的立法模式，有论者认为，有关计算机犯罪的条款应当规定于刑法体系中，以保证刑法体系的完整性和稳定性；而关于计算机犯罪的程序规范，则应当重新单独立法。

（六）关于计算机犯罪所导致的理论更新

关于计算机犯罪对传统刑法理论的冲击，诸多学者表示关注：(1) 有学者认为，从理论上讲，无国界犯罪所引起的管辖问题、传统型犯罪的计算机问题、网络空间的共同犯罪等新问题，与传统刑法理论存在诸多冲突。对于理论的滞后，有论者认为，对拓展刑事管辖时空范围和刑法典基本制度等问题，理论界应予优先考虑。(2) 有的学者以财产罪认定与处罚为视角，对于网络化趋势下的刑法理论更新加以探讨，例如携带、持有（方式）观念发生变化，财物“控制”方式的多元化以及犯罪对象的信息化等问题，并探讨了由此导致财产犯罪的界限区分、既遂与未遂标准等尖锐问题。（3）有学者认为，网络时代的知识产权犯罪给刑事立法与理论形成了实体冲击，尤其是在犯罪对象的无形性、犯罪目的的非营利性、司法管辖的不确定性及证据取得的无能性等四个方面。另有学者认为，网络中侵犯著作权的数额认定标准以及不以营利为目的而实施的严重侵犯著作权行为是否构成犯罪，是司法中的主要困惑。另外，有学者认为，在当前我国著作权法尚未对网上侵犯著作权作出相应的处罚规定时，刑法不宜率先对与网络有关的著作权作出保护，因而刑法中打击网络中侵犯著作权行为的规定应当晚于著作权法的修订。

（七）关于反计算机违法犯罪立法的完善问题

中国现行反计算机犯罪的立法规范相对薄弱且问题较多，因而与会有关代表对此表示关注。（1）有学者认为，计算机犯罪对于传统刑事法提出的挑战包括：计算机网络的“虚拟空间”属于第五空间，对于传统刑事法管辖权存在冲击；计算机犯罪的渗透性对传统刑法罪名及类型划分存在冲击；计算机犯罪的作为方式对传统侦查业务和证据制度存在冲击。在此基础上，该论者认为，在立法上应及时在以下几个方面跟进：一是确立对“虚拟空间”的刑事管辖权，二是完善计算机犯罪的审判制度，三是完善计算机犯罪的实体法、程序法等有关立法，四是健全关于计算机犯罪的侦查与证据专项制度。（2）有学者认为，目前刑法典惩治计算机犯罪条款存在的主要问题，包括四个方面：一是犯罪化的范围偏窄，需要予以适当扩大；二是犯罪构成的设计不尽合理，需要增加法人犯罪和过失犯罪；三是刑罚设置不科学，应当增设罚金刑和资格刑；四是刑事诉讼法等相关规范不健全，亟须跟上。另有学者认为，在此基础上尚应增加未成年人计算机犯罪的规定并应加重计算机犯罪的刑罚。（3）有学者认为，计算机犯罪尤其是传统犯罪的网络化，对于现行立法形成了巨大冲击：刑法典规范、刑事诉讼法典规范、刑事司法协助规范等日益滞后。该论者认为，从立法上讲，应当从两个方面进行回应：一是国内立法的回应，存在四种选择：制定专门的反计算机犯罪法、完善现行刑法典中的计算机犯罪惩治条款、完善现行行政法规以配套刑法典的贯彻实施，以及在《治安管理处罚条例》（现已失效）中增加对计算机违法行为的惩治规范。二是国际刑法与刑事司法协助的回应，应当加快制定国际刑法的规范，建立健全惩治计算机犯罪的国际合作体系。同时，司法上也应予以及时回应，成立专门的反计算机犯罪机构和建立专门的反计算机犯罪领导机构，是当务之急。(4) 有的学者认为，计算机犯罪在罪名上有缺陷，应当增加规定窃用计算机服务罪以及网上传播计算机犯罪方法罪；法定刑的设置存在不足，应在三个方面予以完善：提高非法侵入计算机信息系统罪的法定刑标准，增加对利用计算机实施相关犯罪应从重处罚，增加罚金刑或者没收财产刑。(5) 有学者认为，对于现行刑法典可以在三个方面加以完善，即增加擅自使用网络服务型犯罪，增加持有型网络犯罪，提高网络犯罪的法定刑。(6) 有的学者认为，中国刑法中的计算机犯罪惩治条款存在缺陷：犯罪主体过窄、犯罪客体范围不宽、罪过形式单一、处罚过轻。该论者认为应当从以下方面加以完善：增加以暴力形式实施的对计算机信息系统进行物理性破坏的犯罪、将以计算机作为犯罪工具的部分犯罪独立为新罪名、刑法中有关计算机犯罪的技术术语应当加以明确等。(7) 有的学者认为，应当增加电子商务诈骗罪，并为此设计了相关刑法条文。(8) 有的学者提出，除完善现行刑事立法外，应当特别注意对故意制作、传播网络信息垃圾的定罪问题。

(八) 有关计算机、网络、电子商务活动犯罪中的其他问题

有学者对于以下问题进行了较为深入的研讨。(1) 关于网络时代的知识产权犯罪，有学者先从媒体误导、道德约束降低、高额利润驱动、法律滞后、忽略私权保护等几个方面探讨了犯罪原因；关于此类犯罪的遏制对策，存在于立法、司法和综合治理三个方面。(2) 有的学者对于使用计算机诈骗罪从中外刑事立法和理论两个层面上加以比较性研究，并深入探讨了此种犯罪的既遂与未遂标准。(3) 有的学者认为，中国现行刑法应当增加对于数据电文的保护措施，即在司法解释中增加数据电文及其定义，并通过《刑法》第287条将数据电文扩大解释到刑法各章的相关罪刑规定。(4) 有的学者探讨了黑客行为，认为应负刑事责任的包括两种类型：利用信息科学技术并且以计算机信息系统为侵害对象的黑客行为，以及利用信息科学技术非法侵入计算机信息系统，实施金融诈骗、盗窃、贪污、挪用公款、窃取国家秘密或者其他犯罪的黑客行为。不负刑事责任的黑客行为包括三种：侵入非国家事

务、国防建设、尖端科学技术领域的计算机信息系统的行为，尚未达到刑事责任年龄的黑客行为，以及尚未造成严重后果或者不具备相关犯罪构成要件的黑客行为。(5）有的学者对于在线传播淫秽物品犯罪进行了研究，认为此类犯罪的犯罪地确定，应当以用户所在地、用户终端地和因特网提供商ISP所在地来界定犯罪行为地，并认为此类犯罪的刑事责任承担者是（网主）用户。

[赵秉志、田宏杰、于志刚、周加海；载高铭暄、赵秉志主编：《刑法论丛》（节选），第5卷，北京，法律出版社，2002]

第四十九章

2001年全国刑法学术年会综述[①]

一、前　言

2001年10月15日至19日，中国法学会刑法学研究会2001年学术研讨会暨换届选举会议在山东省济南市隆重召开。这次年会是刑法学研究会在21世纪召开的第一次会议，而且是新老交替的换届会议，因而具有十分重要的意义。本次年会由中国法学会刑法学研究会主办，由山东大学法学院承办，由山东省高级人民法院、山东省法官学院、山东省政法管理干部学院协办；会长高铭暄教授、副会长马克昌教授负责会议组织、筹备事宜。来自全国各地法律院校、研究机构和各级政法机关的正式代表、列席代表和工作人员共计近280人参加了会议，会议收到研讨论文306篇，会议规模、参加人数、提交论文数量为历届刑法学年会之最。

本届年会还有一个重要的成果，就是刑法学研究会顺利进行了换届选举，选举产生了中国法学会刑法学研究会第五届理事会，并在此基础上选举产生了完全由中青年学者组成的常务理事会，时年45岁的赵秉志教授当选为会长，各位副会长也均为知名中青年刑法专家、学者，从而圆满实现了刑法学研究会的新老交替。据悉，这也是中国法学会所属学科研究会中第一个

① 本次年会主要讨论了“中国共产党与中国刑事法治建设”“当前社会治安整顿治理中的刑法问题”“职务犯罪中的疑难问题研究”等三个方面的问题，此处仅对后两个问题进行综述。

顺利实现领导班子新老交替而由中青年走上领导岗位的研究会。因而刑法学研究会的本届年会格外引人注目并受到广泛赞扬。

现将本届年会集中研讨的两个方面的议题简要综述如下。

二、当前社会治安整顿治理中的刑法问题

（一）“严打”中的刑事法律问题

1. “严打”方针的总体评价

（1）“严打”的根据及合理性问题。有的学者认为：从我国当前的实际情况出发，在一个时期内开展“严打”不仅是必需的，而且是有根据的。因为决定对犯罪惩罚轻重的主要依据是犯罪行为的社会危害性，同一种犯罪发生的时间和地点或者其他因素不同，其社会危害性也会发生变化。对同一类犯罪在不同时期，根据其社会危害性变化，根据当时的总体社会形势情况，而决定对其处罚是宽是严，是符合犯罪特征的；刑罚的“世轻世重”是古今中外一贯的做法；在当前我国体制转型时期，犯罪率必然上升，需要采用“严打”的方式进行控制。“严打”方针的执行偏差，并不是“严打”本身的过错。但也有学者对“严打”方针提出质疑，认为“严打”最大的问题是其政治意义超过法律意义，是一种政治主导性的犯罪应对措施。“严打”增加了法律资源的投入，成本的增加未必就能取得理想的效果；“一阵风”式的“严打”使犯罪分子取得了躲避打击的经验，“严打”风头一过，犯罪变本加厉。“严打”的阶段性、运动化、战役性的特点不利于我国的司法改革，并且容易导致刑事司法中的重刑倾向和法律的工具主义。

（2）“严打”的定位。有的学者认为：严打只是对付犯罪的权宜之计，并非维护社会治安的长久之策，不能对“严打”寄予过高的期望，乃至视为控制犯罪的基本策略。随着我国法治化进程的不断加速，“严打”作为非常时期的非常之举应逐步退出中国的历史舞台。也有学者认为，由于我国的改革任务不可能短期实现，社会转型更需要比较长的时间，社会治安的严峻形势不可能一下子得到根本好转，因而“严打”不应该成为某个时段内的工作要求，在整个社会转型时期需要持续不断地对犯罪行为，特别是严重危害社

会的犯罪行为保持严厉打击的态势。

2. “严打”方针的具体适用

关于此问题，学者们的意见较为一致。(1) 在“严打”的对象上，认为是有针对性的，只能局限于严重的刑事犯罪。如2004年的“严打”对象确定为三类犯罪：一是有组织犯罪、带黑社会性质的团伙犯罪和流氓恶势力犯罪，二是爆炸、杀人、抢劫、绑架等严重暴力犯罪，三是盗窃等严重影响群众的多发性犯罪。(2) 在“从重”的理解上，认为：“从重”并不是指“顶格判”，而是在法定刑的幅度内选择从重的刑种或刑度。该宽大时仍必须宽大，该给出路的仍应给出路。“依法从重”与“重刑主义”有本质的区别。(3) 在必须依法的要求上，认为“严打”应该是在法律范畴内的“严打”，不是随心所欲地滥打或无原则地狠打，而是在严格执行实体法和程序法的前提下适当从重从快；不是突击抓人、捕人，不是突击审判，而是要强化刑法的作用，充分发挥刑法的效能。(4) 在“严打”与人权保障关系上，认为“严打”要以人权保障观念为依托，“严打”本身深层次上昭示着保障无罪者免受刑罚处罚的精神，不能将“严打”理解为是以牺牲人权保障为代价的，不应片面强调打击，忽视人权保障。(5) 在与社会治安综合治理的关系上，认为“严打”只是社会治安综合治理的一个重要环节，在开展“严打”时，要全面落实社会治安综合治理的各项措施，只有从消除犯罪产生的根本原因和条件上着手，才能使“严打”产生良好的效果。

(二) 黑社会性质组织犯罪问题

1. 组织、领导、参加黑社会性质组织罪

(1) 黑社会性质组织四个特征是否必须同时具备？根据最高人民法院《关于审理黑社会性质组织犯罪的案件具体应用法律若干问题的解释》第1条的规定，黑社会性质组织犯罪一般应当具备以下四个基本特征：其一，组织结构紧密，人数较多，有比较明显的组织者、领导者，骨干成员有较为严格的组织纪律；其二，通过违法犯罪活动或者其他手段获取经济利益，具有一定的经济实力；其三，通过贿赂、威胁等手段，引诱、逼迫国家工作人员参加黑社会性质组织活动，或者为其提供非法保护；其四，在一定区域或者行业范围内，以暴力、威胁、滋扰等手段，大肆进行敲诈勒索、欺行霸市、聚众斗殴、寻衅滋事、故意伤害等违法犯罪活动，严重破坏经济、社会生活秩序。因为该解释中认定黑社会性质组织类犯罪只要求“一般”应当具备四个特征，所以，有的学者认为，既然是“一般”，也就表明有“例外”。在特殊情况下，不同时具备四个特征，只有两个或三个特征也可以作为黑社会性质组织来惩处。有的学者认为，前三个特征必须同时具备，第四个特征在一般情况下也应同时具备，但在实践中，也可以视具体案情有适当的灵活性。有的学者认为，认定本罪的关键在于某犯罪组织的组织性和行为方式特征。但相反意见者认为：该解释中规定的黑社会性质组织的四个特征必须同时具备，缺一不可。虽然该解释使用了“一般”一词，但这里的“一般”并不是指认定黑社会性质组织犯罪时在某种情况下可以缺少其中的某一特征，而是指四个特征中的某一特征可能并不典型，或者可能以别的行为方式体现出来。如有的有组织犯罪，可能没有规定非常严格的组织纪律，但仍具备一定的组织纪律，对其成员的活动进行约束；有的尚未具备足够的经济实力以及稳定的经济来源，但其正积极地不择手段攫取钱财，扩充经济实力；有的没有通过贿赂、威胁等手段，引诱、逼迫国家工作人员参加黑社会性质组织活动，而是国家工作人员自愿加入组织并为其提供非法保护，或者是黑社会性质组织成员直接渗透到国家和社会管理部门，为其组织的存在和发展提供保护和支持。在这些情况下，即使不具备该解释所规定的典型特征，也可以根据其具备的一定特征认定其为黑社会性质组织。但是，无论怎么说，只有同时具备上述四个特征，才能算作是黑社会性质的组织。

(2) 何谓黑社会性质组织中的“人数较多”？对于多少人数才算“人数较多”，会上分歧较大。有认为是3人以上者，有认为是10人以上者，也有认为是10人左右者，最后并未形成一致的意见。

(3) 加入黑社会性质组织后又实施犯罪行为的是否数罪并罚？有的学者认为，加入后实施的犯罪行为虽然是参加后的伴随行为，但从行为的个数上应看作是两个行为，应该实行数罪并罚。

(4) 关于黑社会性质组织与黑社会组织、一般犯罪集团、流氓“恶势力”区别问题，会议意见较为一致。

2. 入境发展黑社会组织罪

有的学者认为：“发展”就是指通过引诱、拉拢、腐蚀、强迫、威胁、暴力、贿赂等手段，在我国境内吸收组织成员。从犯罪主体上看，境外的黑社会组织人员，既可以是外国公民，也可以是中国公民；从吸收对象上看，被吸收人员的国籍、地区身份不受限制；从行为方式上看，可以是行为人亲自入境发展，也可以是委托其他人发展。

3. 包庇、纵容黑社会性质组织罪

（1）本罪的犯罪主体是否必须为非黑社会性质组织的成员？多数学者认为，本罪的主体可以包括已属于黑社会性质组织成员的国家工作人员，但有学者认为：应具体分析。国家工作人员包庇其所属的黑社会性质组织，由于是事后的不可罚行为，不能认定为本罪。国家工作人员纵容其所属的黑社会性质组织进行违法犯罪，如果与本组织无共谋的，应当构成纵容黑社会性质组织罪；如果与本组织有共谋的，则构成纵容黑社会性质组织罪和其他成员所实施犯罪的共犯，作为想象竞合犯，按从一重罪的原则处理。

（2）构成本罪是否必须利用职务之便？有的学者认为，此处的包庇、纵容应该发生在国家机关工作人员行使国家职权过程中，如果不是利用职务之便，不构成本罪。但也有学者认为：构成本罪无须利用职务之便。如果利用了职务之便，国家工作人员既构成本罪，又构成渎职性犯罪，属于法规竞合，原则上按特殊法优于一般法的原则处理，但如果按特殊法处罚过轻的，则应按一般法处罚。

（3）主观上是否必须明知为黑社会性质组织罪？因为某一犯罪组织是否属于黑社会性质组织应该由司法机关根据一定的标准来认定，所以，有的学者认为：只要行为人在实施包庇、纵容行为时，明知其所包庇、纵容的是一个犯罪组织或犯罪组织所实施的违法犯罪活动，一旦日后被认定为黑社会性质组织，即可认定本罪。不要求行为人在当时一定要认识到其所包庇、纵容的是黑社会性质组织。

4. 立法完善问题

不少学者对完善我国黑社会犯罪的刑事立法提出了建议。首先，既然刑法规定了“黑社会性质组织罪”，说明立法者的视野是包含黑社会组织犯罪的，既然对有某种性质的现象进行界定，也得对现象本身作出界定；其次，刑法没有规定我国人员参加境外黑社会组织罪，外国人入境从事黑社会活动罪，包庇、纵容境外黑社会成员入境发展成员或从事其他违法犯罪活动罪，应增补上述这些犯罪；再次，黑社会性质犯罪特点中的“称霸一方，为非作恶，欺压、残害群众”等内容，不属于法律用语，对黑社会性质犯罪状况的描述比较感性和模糊；最后，建议制定专门的反“黑”立法，在程序方面作出有针对性的特别规定，设立专门机构，加强国际合作等。

三、职务犯罪中的疑难问题研究

（一）贪污罪主体问题

1. 国有控股公司性质的认定

有的学者认为，国有控股公司应认定为国有企业。其理由是：其一，有法律、法规的依据。如《审计法》（1994 年）第 22 条规定：对国有资产占控股地位或者主导地位的企业的审计监督纳入与其他国有公司、企业、事业单位相同的审计监督体制。其二，有政策依据。江泽民同志在中共十五大上所作的报告扩张了“公有制”的概念。报告指出：“公有制经济不仅包括国有经济和集体经济，还包括混合所有制经济中的国有成分和集体成分。”其三，根据辩证唯物主义原理，矛盾的主要方面决定事物的性质。国有股占控制地位就决定该公司属于国有公司。但有的学者持不同意见，理由是：其一，审计法的规定只说明国有控股公司、企业按国有企业管理，是国家对这类公司、企业的重视，但并不能给其定性。其二，公有制经济包括混合制经济中的国有成分和集体成分，只是说明混合经济中有国有成分，而不能说明混合制经济本身就是国有经济或集体经济。其三，国有控股公司就是控股公司，“控股”一词的限定表明了它区别于国有独资公司。如果认为谁控股就属于谁，那么如果由私人控股能否说该公司属于私人。

2. 贪污罪的主体是否必须为“国家工作人员”

有的学者认为，我国刑法中贪污罪的主体包括了三种类型：国家工作人员；受国有单位委托经营、管理国有资产的人员；国有保险公司中的非国家工作人员。对“国有保险公司工作人员”的认定无须从是否从事公务判断，只需认定单位的性质为国有保险公司即可。有的学者认为：以国家工作人员论的人员不应该作为贪污罪的主体，受委派、委托从事公务的人员犯侵占罪的，不作为渎职罪而以职务侵占处理并不会放纵犯罪。应取消《刑法》第382条第2款受委托从事公务的人员可以成为贪污罪主体的规定。《刑法》第271第2款规定，“国有公司、企业或者其他国有单位委派到非国有公司、企业以及其他单位从事公务的人员有前款行为（职务侵占行为）的，依照本法第三百八十二条、第三百八十三条的规定定罪处罚”。由于这类贪污罪侵犯的对象并非公共财物，也有人主张取消刑法该款规定。

3. 城镇居民委员会等基层组织人员可否构成贪污罪的主体

2000年4月29日，全国人大常委会作出《关于〈中华人民共和国刑法〉第九十三条第二款的解释》，村民委员会等基层组织人员协助人民政府从事有关行政管理工作，属于《刑法》第93条第2款规定的其他依照法律从事公务的人员；而对于城镇居民委员会等基层组织人员则没有作出解释。有的学者认为，应严格依照罪刑法定原则，不能以国家工作人员论；相反意见者认为：城镇居民委员会等基层组织人员协助政府从事有关的行政管理工作本身就是受政府委托依法从事公务的人员，应以国家工作人员论，不需要比照全国人大常委会的立法解释。而村民委员会问题由于在司法实践和刑法理论研究中人们意见分歧较大，所以立法机关才需要作出解释，这不是新的立法，是刑法条文本身的应有之意。

（二）受贿罪的共犯问题

1. 非国家工作人员是否可以与国家工作人员构成受贿罪的共犯

除少数学者持否定的看法外，多数学者赞同肯定说。1997年《刑法》第382条第3款“与前两款所列人员勾结，伙同贪污的，以共犯论处”的规定，只起提示作用，受贿罪中虽未有类似的规定，却仍然受刑法总则共犯原理的指导，非国家工作人员可以与国家工作人员构成受贿罪的共犯。

2. 非国家工作人员是否可以与国家工作人员构成受贿罪的共同实行犯

此问题在本次会议上争论较为激烈，有的学者认为：受贿罪是法定身份犯，非国家工作人员不能实行受贿罪，其收受财物行为只是代收行为，并非实行行为。在共同犯罪中，国家工作人员属于受贿罪的间接实行犯，而非国家工作人员则构成间接实行犯的帮助犯。但反对者则认为，受贿罪是复行为犯，非国家工作人员可以实施受贿罪中的部分实行行为；并认为否定说者的观点混淆了正犯与共同正犯的概念。

3. 国家工作人员与其家属共同受贿如何认定

有的学者作了具体的分析：国家工作人员收受贿赂后，家属明知而与其共享的，如果没有参与共同受贿，至多属于知情不举，不能作为共犯论处；国家工作人员的家属收受财物后仅仅将收受财物和行贿人的请托事项转告国家工作人员而未有其他行为的，这种帮助非常容易发生，不宜作为犯罪处理；家属诱导、劝说、帮助国家工作人员收受财物的，可以构成教唆犯与帮助犯。

4. 国家工作人员与公司、企业人员的共同受贿如何定性

2000 年 6 月 30 日，最高人民法院发布的《关于审理贪污、职务侵占案件如何认定共同犯罪几个问题的解释》第 3 条规定："公司、企业或者其他单位中，不具有国家工作人员身份的人与国家工作人员勾结，分别利用各自的职务便利，共同将本单位财物非法占为己有的，按照主犯的犯罪性质定罪。"对于此解释，有不少学者认为不妥，因为行为人在共同犯罪中所起的作用大小是确定共同犯罪人种类的依据，而不是定罪的依据。共同犯罪的基本特征是由实行犯决定的，应以实行犯的性质来定性。宜以"分别定罪说"和"从一重处断说"来解决。

（三）巨额财产来源不明罪

1. 立法价值评价

有的学者认为：该罪是一个补漏性条款。它能严密法网，堵塞漏洞，使犯罪分子受到应得的处罚；同时也可以减轻司法机关的证明责任。因为贪污贿赂犯罪隐蔽性极强，犯罪分子对抗侦查能力也强，司法机关在有限的期限内收集贪污贿赂的确凿证据非常困难。对此类情形，司法机关若用贪污贿赂罪定性可能违背"罪刑法定"和"疑罪从无"原则，若不以犯罪处理又会放纵犯罪分子，立法另辟蹊径，设立本罪解决了这个难题。由于本罪的着眼点主要在犯罪嫌疑人对其说明义务的违反，而不在于非法财产的状况或非法取得行为，对本罪设定 5 年以下有期徒刑是罚当其罪的。但也有学者认为，本罪的设立有消极作用，它使司法机关怠于取证，一遇到取证有困难，为图省事，就笼统地以巨额财产来源不明罪定罪了事；也可能在更大的层面上放纵

腐败犯罪，如有的犯罪分子贪污贿赂数额特别巨大，但采用“死不承认”办法，造成原本有可能被处以极刑的犯罪只能被处以5年以下有期徒刑。

2. 构成要件理解

（1）客体。有的学者认为，本罪的客体是国家机关的正常活动。但也有学者认为，本罪的客体是国家工作人员的财产申报制度。另有学者则将该罪的客体理解为双重客体，即国家工作人员职务行为的廉洁性和公私财产所有权。

（2）客观方面。首先，关于本罪的行为方式是持有还是不作为，有截然不同的看法。有的学者认为，本罪的行为方式是持有，其危害性在于国家工作人员拥有了来源不明的巨额财产。但另有学者认为：本罪的行为方式是不作为，因为国家工作人员在受到司法机关的责令时，有义务说明巨额财产的来源而不予说明，是一种不作为。法律所处罚的是国家工作人员的不说明行为，而主要不是拥有不明财产行为。在后一种意见中，对不作为义务的来源内部也有分歧：有认为来源于司法机关的责令的，也有认为来源于国家工作人员先行获取非法财物的。

其次，对于“不能说明其来源是合法的”条文的理解。其一，从构成要件意义上讲，有的学者认为它不是犯罪构成要件。因为《刑法》第395条第1款中使用“可以责令说明来源”一语，在司法机关没有责令说明来源的场合，就不存在“不能说明”的问题；“不能说明”行为只是扰乱了司法机关正常工作的顺利开展而已，它并没有真正侵犯国家工作人员职务行为的廉洁性；从本罪所涉及举证责任问题可看出，“不能说明”只是一种程序性的规定。其二，从“不能说明”的含义上讲，有的学者认为，包括四种情况：一是行为人对财产来源完全不作说明；二是行为人表示本人不知道财产的来源，无法说明；三是行为人不能作出具体、明确的说明，从而使司法机关无从核实；四是行为人说明的财产来源经查证为不属实的。其三，从立法本意上讲，有的学者认为：法条使用“不能说明其来源是合法的”是有缺陷的。因为实际上并不是只要行为人找不到取得财产的合法根据就构成本罪，遵照立法本意，行为人能够说明其财产的违法来源同样不构成本罪。因此确切地说，法条应使用“不能说明其来源是真实的”，或“不能说明其来源的”的表述。

3. 既判后发现新事实的处理

有的学者认为：对于本罪的判决生效后发现新的事实，如果查明财产来源合法的，不影响判决的既判力；若查明财产系其他犯罪所得，且未过追诉时效，原判尚未执行完毕，应当根据《刑法》第70条的规定，对原罪和新查出的罪实行并罚，原判刑罚已执行完毕，只对新查出的罪定罪量刑。但也有学者则认为，在本罪判决后，如果又查明了行为人贪污、受贿的犯罪事实，可以撤销原判罪，重新定罪量刑。

4. 立法建议

有许多学者认为，本罪的法定最高刑过低，建议本罪设立两个量刑幅度："数额巨大的，处……""数额特别巨大的，处……"由于法条中的"可以说明来源"语义模糊，认为此语宜改为"应当说明来源"，并希望立法机关尽快颁布"公职人员财产申报法"。

（四）挪用公款罪

1. 公款的具体用途与犯罪的客观构成要件

我国《刑法》第384条就挪用公款归个人使用规定了三种具体的用途，即营利活动、非法活动及其他用途。针对这三种用途，分别规定不同的数额和期限要求。有的学者认为：这样的规定不妥。首先，公款的用途只是挪用公款的动机行为，不是目的行为，动机行为对犯罪的成立不发生影响；其次，对挪用公款行为的社会危害性起着根本性作用的是挪用公款的数额和时间，具体用途只有量的影响，无质的决定作用；再次，行为人贪污公款后也可能进行营利和非法活动，但刑法并没有对用途作出特别规定；最后，在司法实务中，有时对何谓"营利活动"，何谓"非法活动"难以区分。因此建议：取消挪用公款后归个人使用的三种具体用途的规定，只要挪用公款数额较大，时间较长，无论用于何处均应成立挪用公款罪。有持同样观点者，对"挪而未用"的性质作了分析，认为，行为人只要将公款挪出，就直接侵害了公款的使用权，即使"挪而未用"，同样造成了挪用公款罪客体的实际损害，发生了法定的危害结果，不影响犯罪既遂的成立。但有学者认为，公款的具体用途反映了行为的社会危害性程度，根据用途的不同配以数额和时间的差异是合理的。

2. “归个人使用”的理解

自 1998 年 5 月 9 日起施行的最高人民法院《关于审理挪用公款案件具体应用法律若干问题的解释》第 1 条规定：“刑法第三百八十四条规定的‘挪用公款归个人使用’，包括挪用者本人使用或者给他人使用。挪用公款给私有公司、私有企业使用的，属于挪用公款归个人使用。”对于此解释的合理性问题，会上引起广泛的争论。有的学者认为：它与 1999 年 6 月 18 日最高人民法院《关于审理单位犯罪案件具体应用法律有关问题的解释》将具有法人资格的私营公司、企业、事业单位包括在单位中的规定相矛盾，因为根据后一解释，最高人民法院明显地将私营公司、企业、事业单位看成单位，而不是个人。如果将挪用公款归私有单位使用作为犯罪，实质上使私有公司、企业和国有单位享受不同的待遇，有违市场经济主体地位平等的原则。为体现私有单位和国有单位的平等性，有的学者建议：取消挪用公款给私有单位和国有单位区别对待的做法，明确规定挪用公款给单位使用的均构成犯罪。但也有学者认为：对挪用公款给私有公司、企业使用能否构成挪用公款罪，不能一概而论。将公款给法人型的私有公司、企业使用，均不构成挪用公款罪。将公款给非法人型的私营企业使用，应该构成挪用公款罪。因为非法人型私营企业，其单位利益和个人利益、个人行为与单位行为融为一体，自然人人格就是企业的人格，从民事责任的归责看，也是由开办者个人承担无限责任的，符合“归个人使用”的实质。

3. 挪用公款与非法借贷的区别

有的学者认为：区别挪用与借贷的关键在于是单位行为还是个人行为。首先，看公款的所有权单位的意思表示。于前者，违背单位的意思表示；于后者，出借单位是自愿的。其次，于前者，行为人擅自做主，未经合法的批准；于后者，往往经单位领导的批准，办理了正常的借款手续。但也有学者认为，有些单位的领导人，尤其是有权支配、使用公款的领导人，可以合法批准挪用公款的行为，以程序合法的形式掩盖挪用的非法目的，因此，“未经合法批准”，并不是构成挪用公款罪的必备要件，认定的关键是看是否违反了财经管理制度，是否非法地改变了公款的用途。

4. 以公款为他人提供担保的定性

行为人将公款为他人贷款等提供担保是否构成挪用公款罪，也是本次会议讨论较多的问题。有的学者认为，担保的特点是公款只处于一种可能抵偿的风险之中，事实上公款仍掌握在担保人手中，不能以挪用公款罪论；因为仅仅是担保不能认为行为人已实施了挪用公款的行为；从主观上讲，行为人没有挪用公款的直接故意。也有的学者认为，应具体分析：到期能按时归还贷款的，因公款没有被划拨，不能作为挪用公款罪；到期不能按时归还贷款的，公款的所有权受到实际侵害，应以挪用公款罪论。也有的学者区分公款担保的具体情形，认为：以公款为他人提供保证的，不构成挪用公款罪；以公款为他人作抵押或质押的，因公款的所有权受到限制，故可以构成挪用公款罪。

5. 挪用非特定公物的定性

刑法对挪用特定款物作了明确规定，但对挪用非特定公物未作规定，事实上有的挪用公物的行为所造成的危害未必就轻于挪用公款的，故有不少学者建议刑法增设挪用公物罪，可将《刑法》第 384 条第 2 款挪用特定款物，作为挪用公物罪的加重情节。也有学者认为：就现行刑法而言，挪用非特定公物是否构成犯罪，应根据对象而定。凡挪用公物用于自己日常消费，不宜按挪用公款罪定罪处罚，可由主管部门按政纪进行处理。凡挪用公物进行商业活动，则可将公物折价，以公款论，可按挪用公款罪定罪处罚。因为此时行为人追求的不是公物的使用价值，是规避法律的变相挪用公款行为。

［刘宪权、励进；载《法学》，2001（11）］

第五十章

2002年全国刑法学术年会综述

一、前　言

中国法学会刑法学研究会2002年学术研讨会，于2002年10月17日至19日在古城西安隆重举行。本次年会由中国法学会刑法学研究会主办，西北政法学院承办。来自全国各地的刑法学者共三百余人出席了会议，盛况空前。本次年会共收到论文241篇，主要围绕本次会议既定的三大议题进行了探讨。现将会议论文的主要观点综述如下。

二、犯罪构成与犯罪成立基本理论问题研究

犯罪构成与犯罪成立基本理论，是刑法学中非常重要的课题，也是我国刑法学者十分关注的热点问题。

（一）犯罪构成与犯罪成立的关系

1. 对传统犯罪构成理论的评价

多数论者认为传统犯罪构成理论存在缺陷，归纳起来，主要有以下几种观点：（1）传统犯罪构成理论结构上有同义反复的错误，犯罪构成与社会危害性到底谁是决定性的，谁是被决定的，无法明确。（2）正当行为游离于犯罪构成体系之外，对两者的关系难以科学解释。究其原因，有论者认为，传

统犯罪构成理论坚持犯罪构成是实质与形式的统一，因而无法解释正当行为的地位；有论者认为，传统的犯罪构成四要件只是成立犯罪的积极要件，成立犯罪还应具备消极要件。(3) 司法实践中存在行为符合犯罪构成但不成立犯罪的情况，通说无法解释这种现象，这也正说明通说存在缺陷。

2. 对传统犯罪构成理论的改造

对于传统犯罪构成理论存在的上述缺陷，多数论者认为应对其进行改造，并提出了一些改造方案。有论者认为：犯罪构成只具有形式的意义，只是犯罪成立的积极条件。成立犯罪，除了应具备积极条件外，还应具备消极条件，即行为不是正当行为。这就是对称式的犯罪成立条件理论。该论者论述了该理论的理论根据、法律根据和实践根据。有论者通过厘清犯罪特征，指出应当对犯罪构成要素重新分配，重构犯罪构成体系。这种观点认为，犯罪构成包括刑事违法性要件，即主观方面和客观方面；社会危害性要件，即客体、情节及其他正当化事由；应受刑罚惩罚性要件，即对主体责任状况的审查。有论者认为可仿效大陆法系犯罪成立理论的评判方法，在评判犯罪是否成立时，除了以犯罪构成为其首要的依据外，还应再进行现实的社会危害性评价。

也有论者论述了传统犯罪构成理论的合理性。该论者认为：近几年来提出的对犯罪构成进行改造的方案并不合理。传统犯罪构成理论将一个完整的犯罪构成模型分割成四大要件，适合我国国情，并无重建的必要。

3. 其他有关问题

有论者提出，在研究犯罪构成时，切忌将视角选错或将不同视角混淆，这些不同的视角有立法与司法、定罪与量刑、法律与事实、可能与现实、客观与主观、事前与事后、静态与动态等。有论者从犯罪构成的意义上论述了身份与共同犯罪的关系。有论者通过分析论证，认为修正的犯罪构成理论是科学的。还有论者论述了我国犯罪构成要件之间的关系。

（二）犯罪成立条件理论比较研究

1. 不同法系犯罪成立条件理论的比较

有论者认为，不同法系的犯罪成立条件理论存在若干具体差异，包括价值观上的差异、方法论和认识论上的差异、犯罪成立要件的内容及地位上的差异。有论者对不同法系的犯罪构成概念及要件等基本理论进行了比较。有论者将大陆法系与英美法系犯罪成立体系中的核心概念的差异进行了比较。还有论者对中俄犯罪构成理论进行了比较。

2. 通过比较对我国犯罪构成体系的评价

通过对不同法系犯罪构成理论的比较，有论者对我国的犯罪构成理论进行了反思，认为我国的犯罪构成理论存在以下不足之处：(1) 犯罪成立体系中的价值判断过于前置；(2) 价值评价无层次性；(3) 犯罪构成只有入罪功能而没有出罪功能，只反映定罪结论，而不反映定罪过程；(4) 正当行为被排斥于犯罪构成体系之外，使其结构不够完整；(5) 犯罪概念与犯罪成立体系完全脱节，只是空洞的宣言式概念。

3. 通过比较对我国犯罪论体系的重构与改造

有论者认为：应当在结构上将犯罪构成与犯罪概念相融合，将积极要件与消极要件相结合；阻却违法性事由应独立加以规定，并同样移植于犯罪概念之中；取消犯罪客体要件，并按主体、主观方面、客观方面的顺序进行排列。有论者认为，应该以刑法谦抑精神为载体，犯罪构成要件应采取“客观要件——客体要件——主体要件——主观要件”的排列顺序，客体要件不含实质意义和价值因素，对客体要件的评价应成为犯罪构成评价的先决环节，使具备客观要件的正当行为在客体要件中得到评价，意外事件、不可抗力等则在主观要件中加以研究。有论者对中俄犯罪构成理论的发展走向提出了设想：第一层次为阻却刑法责任事由的预先审查，第二层次为犯罪构成要件的充足，第三层次为可量化的刑事责任及其实现。有论者从事实与价值的关系的角度，寻找改革我国犯罪构成体系的思路。

(三) 社会危害性与刑事违法性的关系

部分论者认为，从犯罪成立的角度看，社会危害性与刑事违法性是统一的，这种统一是实然状态的统一，两者是对应而非对立的关系，与罪刑法定原则并无冲突。部分论者认为，社会危害性与刑事违法性之间存在着冲突与矛盾；并提出了相应的解决方法。如有论者认为，在刑法理论层面、刑事立法层面、刑事司法层面上两者都存在冲突；并提出了解决冲突的方案。有论者认为，社会危害性与刑事违法性存在着双面冲突，即行为具有社会危害性但不具有刑事违法性，行为形式上触犯刑法法规但不具有社会危害性；并提出该冲突的救济机制，即先形式审查后实质审查的双层次审查机制。但也有论者认为，在上述第二种冲突的情况下，行为其实并不具有刑事违法性。

（四）犯罪客体与法益

1. 对犯罪客体理论的评价

传统刑法理论认为犯罪客体是一种社会关系。有论者认为，这种观点存在以下缺陷：（1）理论上不能自圆其说，概念上不贴切、不准确；（2）苏联犯罪客体理论以经典作家的片断论述为根据来论证这种观点，其结论是不恰当的；（3）社会关系是一个政治概念、理论概念，而非法律概念，且其内涵抽象，难于理解；（4）传统理论中的犯罪客体身兼数职，事实评价与价值评价相混淆，立法功能与司法功能相混同。

2. 应当将犯罪客体的内容界定为法益

有论者认为，将法益作为犯罪客体的内容有许多优势：（1）法益论符合经典作家对法律与利益关系的阐述；（2）法益一词具有高度的抽象性和涵盖性，适应我国国情，符合我国刑法规定；（3）有助于消除目前犯罪客体理论上存在的混乱，从而完善我国犯罪构成理论；（4）深刻揭示了犯罪的实质，在理论逻辑上避免了“社会关系论”外延过宽的错误；（5）适应了现代民主政治和人权观念的新发展；（6）利益具有客观性，避免了因价值观的差异而对社会关系有不同理解的缺陷。

3. 犯罪客体的地位

有论者认为，犯罪客体是犯罪成立模型的模块之一，对于成立犯罪不可缺少，并具有重要的实践意义。有论者认为，以犯罪客体要件为核心的犯罪构成理论是立法意义上的“犯罪构成”，而不包含犯罪客体的三要件说是司法意义上的犯罪构成。

（五）违法性认识在犯罪成立中的地位

1. 关于违法性认识的界定

对于违法性认识，有论者认为，是指对自己的行为为法规或法秩序所不容许的认识；也有论者认为，是指行为人已认识到行为具有违法性，是对罪过形式的故意之认识因素的规范评价的表现。

2. 关于违法性认识的内容、范围

有论者主张采取刑事违法性认识说，也有论者主张法律不允许说。

3. 关于违法性认识与犯罪故意的关系

有论者从危害性认识、社会危害性认识与违法性认识的关系、罪刑法定原则和刑事归责原则三个方面进行了阐述，认为违法性认识是犯罪故意的认识内容，是犯罪成立不可缺少的条件，社会危害性认识不是犯罪故意的要素。也有论者从犯罪成立角度论证了违法性认识并非故意成立的要素，认为社会危害性认识才是故意的内容。

4. 关于违法性认识地位的界定

有论者认为，在一般意义上，缺乏违法性认识不影响犯罪故意，但在违法性认识是社会危害性认识的前提情况下，则可以阻却故意的成立。有论者认为："不知法律不为罪"的格言不能绝对化。在行为人不知法律的情况下，应依主、客观相统一的归责原则，实事求是地认定"不知法律"对刑事责任的影响。

（六）期待可能性理论研究

关于期待可能性理论，有关论文除对其含义、渊源给予界说或探讨外，主要围绕期待可能性的性质、地位、判定标准、理论基础及对我国刑法理论的借鉴意义等方面进行研究。

1. 关于期待可能性的性质

对于期待可能性属于责任构成要素的问题，论者已达成共识，但对期待可能性之缺乏，有论者认为是法定的责任阻却事由，有论者认为是超法规的责任阻却事由。还有论者认为在确认责任有无阶段，以期待不可能而阻却责任时，应以刑法规定为依据；在确认责任程度阶段，则应主要考虑是否存在超法规的责任阻却事由。

2. 关于期待可能性在犯罪论中的地位

论文中的主要观点有阻却责任说、第三责任要素说、构成要素说、综合评判与综合状态说等。如有论者认为，期待可能性是作为实体理性对形式理性的矫正而出现的，不能完全形式理性化，阻却责任说较好地处理了实体理性与形式理性的关系，较公平地分配了控辩双方的证明责任。也有论者认为，构成要素说更为符合我国刑法的理论特点，并使无期待可能性时不负刑事责任的观点有了法律依据。还有论者认为，大陆法系刑法理论中的责任与我国刑法理论中的“责任”的内涵存在区别，所以，构成要素说具有合理性。另有论者认为，上述两种观点分别存在用责任能力和故意、过失取代期待可能性、将是否存在期待可能性与有没有罪过混为一谈的缺陷，故而支持第三责任要素说。

有论者不同意上述三种观点，认为期待可能性是在责任能力、罪过之后进行的第三层次的评价，是对行为人行为时所有主客观条件的整体性评价。

3. 关于期待可能性的判定标准

论者主要是在对德日刑法理论中既有的行为人标准说、平均人标准说、国家或法规范标准说三种学说进行评析的基础上，阐述了自己的观点。有论者认为，从期待可能性理论本来的追求看，行为人标准说是妥当的。有论者认为，判断期待可能性的有无时，应完全排除国家或法律标准说，期待可能性之有无，应采“主、客观标准”，辅之以与行为人个人状况相当的社会平均人标准。有论者主张应当把行为人标准和平均人标准结合起来，但在个别情况下应参照国家标准。

4. 关于期待可能性的理论基础

有论者从哲理、伦理和法理等方面多角度论述了期待可能性，认为该理论是“决定的同时也是被决定”的相对自由意志论的要求和体现，是对人性脆弱面的深刻体察和对人性的深切关怀，是刑法谦抑精神的表现，期待可能性理论符合刑罚的威慑、教育和改造功能。

5. 关于期待可能性理论对我国刑法理论的借鉴意义

有论者认为，实行严格责任的英美法系也并不承认期待可能性，我国刑法关于紧急避险、不可抗力、无责任能力人、限制责任能力人的规定，已经包含或体现了期待可能性的思想，因而不主张移植。有论者认为，应将该理论置于故意和过失之中，并有必要扩大该理论在刑事立法和司法中的运用。有论者认为，该理论具有丰富的解释论资源，能更合理地为中国的刑事立法及刑事司法之现存难题提供理论诠释和理论支持，并进而引起我国犯罪论体系的深层触动。

6. **其他方面**

有论者从刑法社会学的视角论述了期待可能性，指出该理论在思维进路上的特点是将犯罪构成与社会现状予以联网，从而限制了犯罪成立的范围，使犯罪构成要件受到敛缩。有论者认为：期待可能性减弱或丢失的条件应从事实要件与价值要件两方面认定。其中，事实要件包括客观情况的非正常性、主观选择的受影响性；价值要件指刑法上是否值得宽宥。这两个要件之间是渐进排除的关系，价值要件处于核心地位。有论者对研究期待可能性理论过程中的一些误解进行了评析；有论者建议将期待可能性更名为“迫不得已”，并指出了该问题与紧急避险中的“不得已”的差异。

（七）刑法中的正当行为

这方面的论文主要涉及正当行为的含义、种类以及与其相关问题的研究。

1. **关于正当行为的含义**

论者多在对刑法理论中现存的几种主要观点进行评析的基础上提出自己的观点，也有论者从犯罪构成理论角度来阐释其概念。

2. **关于具体正当行为的研究**

涉及被害人承诺、“警察圈套”、自助行为、依法令或命令的行为等问题。对于被害人承诺的行为，有论者探讨了其成立要件、被害人承诺中发生的认识错误的种类、性质及法律后果。对于“警察圈套”，一些论者对其条件、价值、种类、法律后果、正当化的根据及立法完善等问题进行了阐述。对于自助行为，一些论者对其概念、性质、成立条件、非法自助时的责任等问题进行了探讨。对于依法令的行为、执行命令的行为的正当性或正当化的标准的问题，也有论者进行了理性思考和深入探讨。

3. **与正当行为相关问题的研究**

主要涉及正当行为与犯罪构成的关系、过当犯的概念、特征、构成条件、正当防卫的价值思考、正当防卫与刑罚的区别、防卫过当以及假想防卫等。也有论者专门对丹麦刑法中正当行为的种类、内容进行了评介。

三、保障社会稳定方面的刑法热点问题研究

（一）整顿市场经济秩序与我国刑法新课题

有论者指出，在市场经济条件下，信用既是基本道德规范，也应成为法律规范。所以，应增设和修订诸如危害信用、违背信任、对国家不实报告、欺诈消费者等6个具体的信用犯罪。对操纵证券交易价格罪，有论者分析了该罪的价值取向，认为在立法中无须将“获得不正当利益或转嫁风险”作为其成立条件之一，在本罪的法定刑中规定倍比罚金制时，应以操纵价格所投入的资金为基础，而不应以违法所得为基础。有论者指出，刑法未对金融工作人员仿造、变造货币及走私、出售、运输、持有、使用假币的行为作出特别规定，致使对于这些行为的打击不力；建议立法上将相关犯罪改为特殊主体。有论者建议设立网络信用卡诈骗罪，认为电子资金也属于财物，也可以成为信用卡诈骗罪的犯罪对象。有论者指出，单位实施贷款诈骗犯罪的情况普遍存在，贷款诈骗罪的主体除自然人之外，还应增设单位主体。有论者认为，在我国加入WTO后应将反向假冒商标行为、擅自在同种商品上使用与他人注册商标相似的商标或者在类似的商品上使用与他人注册商标相同乃至相似的商标的行为，列入刑法保护的范围，并将商标种类扩大至服务商标。有论者指出，严重的低价倾销行为，具有严重的社会危害性；建议我国刑法中增设实施掠夺性价格罪。有论者指出，我国刑法对税收犯罪的规定太简略，在加入WTO之后，应重新构建和完善相关税收犯罪的规范体系，将跨国公司、三资企业滥用转移定价、恶意逃避税收的行为，以及技术含量高且危害严重的非实害危险行为予以犯罪化。有论者指出，垄断行为具有严重危害，应将滥用支配地位限制竞争、滥用行政权限制竞争、滥用协议限制竞争的行为予以犯罪化。有论者建议应在保护商业秘密的基础上增设经济间谍罪。

（二）经济管理机关、执法部门中的职务犯罪研究

有论者指出：提高犯罪成本的关键在于刑罚的确定性，应当使预期的刑

罚成本大于预期的犯罪效益。目前经济管理机关的职务经济犯罪呈上升态势的重要原因之一，就在于这类犯罪的预期刑罚成本过低。因此，应当通过增强刑罚确定性、提高犯罪成本，来有效预防经济管理机关中的职务经济犯罪。此外，有不少论者对边境管理人员、海关工作人员、司法工作人员、审判人员等渎职犯罪进行了研究，提出了一些有益于实践的见解。

（三）中介组织犯罪问题研究

不少论者指出，中介组织在我国市场经济中的作用越来越大，但一些中介组织为追求经济利益而不顾职业道德，我国中介市场规范也存在某些缺失，致使中介组织实施的各种违法犯罪行为时有发生。有论者认为，中介组织及其人员的违法犯罪行为有以下几个类型：（1）合法型的违法犯罪；（2）主角型的违法犯罪；（3）贿赂型的违法犯罪；（4）先进手段型的违法犯罪。

对于中介组织犯罪的主体，有论者认为应包括自然人和单位。有论者认为仅限于有市场准入资格并担当相应法定职责的中介组织。有论者认为应包括具有“提供服务、确保运作”的特点的各类中介组织，诸如行业协会、咨询机构、律师事务所等。有论者认为只应包括公证型中介组织。关于中介组织犯罪的罪名问题，有论者认为只包括提供虚假证明文件罪和出具重大失实文件罪，也有论者认为还应包括内幕交易、泄露内幕信息罪和隐匿、销毁会计资料的犯罪等。关于中介组织及其人员犯罪的立法缺陷及完善问题，有论者建议应增设专属性的类罪名，即破坏中介市场罪，并设立若干具体罪名，如中介牟取不法利益罪、中介过失造成他人重大利益损失罪等。还有论者建议增加公证型中介组织及其工作人员隐匿或故意销毁证明文件罪。

（四）国际经济交往中的腐败犯罪

有论者指出，在国际经济交往中腐败犯罪集中表现为贿赂犯罪，主要包括通过行贿手段，获取对外贸易配额或有关审批文件、获取货物贸易、服务贸易的优先权和代理权等七个方面的内容。

至于如何预防国际经济交往中的腐败犯罪，有论者提出如下建议：（1）我国刑法将公司、企业人员的受贿行为根据其身份的不同而区别对待，违反了国际交往中的平等原则，应予取消；（2）成立受贿罪无须具备“为他人谋取利益”的要件；（3）增设与外国公职人员和国际公务员相关的贿赂犯罪，即外国公职人员和国际公务员受贿罪、向外国公职人员和国际公务员行贿罪和介绍国际贿赂罪。有论者从国际合作机制方面对反腐败问题进行了研究。有论者对信用证、信用卡诈骗罪这种跨国性犯罪作了进一步研究，并提出了救济与防范的措施。有论者对我国四大法域间的洗钱犯罪和国际洗钱犯罪进行了研究，并提出了反洗钱合作的策略和完善立法的建议。

（五）邪教组织犯罪

1. 邪教的定义

有论者认为，邪教特指一类邪恶的宗教，并以此组织发展起来的邪恶势力；有论者认为，是指冒用宗教、气功或其他名义，神化首要分子，利用制造、散布迷信邪说等手段蛊惑他人，发展、控制成员，危害社会的非法组织；有论者认为，邪教是指具有严重危害性的，打着宗教幌子的非法组织，它并不是真正的宗教；还有论者认为，邪教是假借宗教名义，神化教主，并以荒诞不经的教义和严厉的组织手段对教徒进行精神控制和物质控制，毒化心灵、聚敛钱财、残害生命、危害社会的反人性、反社会的邪恶宗教组织。

2. 邪教组织的特征

论者们较为一致的看法是：邪教组织具有冒用宗教、气功名义，搞教主崇拜，内部组织严密，并具有强烈的政治性和反政府性。有论者认为，邪教组织还有非法敛财、欺骗群众、反人类、反社会、反理性的特征。有论者认为邪教组织具有宣传末日论、神秘主义和神灵疗法的特征。

3. 邪教组织涉及的罪名和学理分类

有论者认为，邪教犯罪共涉及21个罪名，这些法定罪名基本涵盖了现阶段的邪教犯罪行为；有论者对此21个法定罪名作了进一步的分类。

4. 邪教现象产生的心理文化原因

有论者剖析了邪教现象产生的心理文化原因，认为：从价值取向上看，邪教具有功利主义的倾向；从思维方式上看，具有绝对主义的倾向；从情感方式上看，邪教所反映的是一种弱势群体的心理。

5. 预防、处理、根治邪教犯罪的策略

与会论者均认为，对于邪教组织成员应实行区别对待，坚持惩办和宽大相结合、打击少数、教育感化挽救多数的刑事政策；在司法实践中应区分首要分子、主犯和积极参加者；正确认定、处理对待邪教犯罪中的牵连犯、竞合犯的情况；对于自首、立功者要给予宽大或奖励。在具体操作上，有论者针对邪教组织成员有精神异常的现象，提出应以司法精神病鉴定结论为标准，区分精神病性精神障碍和非精神病性精神障碍，从而为认定刑事责任能力提供依据；有论者提出应着重加强马克思主义犯罪理论的教育，并将反邪教斗争纳入综合治理的轨道；有论者针对国外邪教组织和人员向我国渗透的情况，建议建立并完善预防邪教犯罪的专门机构。

6. 邪教犯罪的构成要件

与会论者均认为该罪在客观方面表现为利用邪教组织严重危害社会的行为，主体是组织和利用邪教组织罪的组织者、策划者、指挥者和骨干分子；主观方面是故意，但利用、组织邪教组织致人死亡罪的主观方面是过失。还有论者对组织、利用邪教破坏法律实施罪的犯罪构成作了探讨。对于邪教犯罪中存在的自杀和杀人现象，与会论者均认为，对蒙骗、帮助、教唆他人实施自杀和杀人的行为应认定为故意杀人罪。

（六）黑社会性质组织的犯罪

1. 黑社会性质组织的定义

多数论者认同刑法规定的定义，但也有论者认为，该定义过于通俗化，法律专业色彩太少，黑社会性质组织应为在一定地域内从事违法犯罪活动的，控制一定区域的，形成与主流社会相对抗的，具有自己独立的文化制度的地域组织。有论者从犯罪学的角度对黑社会性质组织作了定义。有论者认为，黑社会性质组织是对社会进行非法控制的组织。另有论者认为，黑社会性质组织有独特的文化观念与意识形态，有特定的内部结构、生产、生活方式和防护体系，是利用政府管理上的失误，在一定领域内确立了自己垄断势力的地下组织。

2. 黑社会性质组织犯罪的本质

与会论者均认为黑社会性质组织犯罪就是通过非法手段控制社会，在一定的地域或行业形成非法的垄断或控制，从而事实上取代合法政府，成为某种非法秩序的控制者和维护者。

3. 黑社会性质组织犯罪的特征

与会论者均认为其外在特征表现为：组织严密，人数众多，以黑护商，以商养黑，寻求各种形式保护伞，与官府勾结，危害一方平安，犯罪手段残忍等。但也有论者认为，黑社会性质组织犯罪初期表现为犯罪手段残忍，后期势力大后，则想成为绅士名流。有论者认为，中国现阶段黑社会组织犯罪的特点表现为组织化明显，但层次不强，经济目的明显，但政治目的不突出，具有较强的本土性，暴力性和脆弱性并存。有论者指出这类犯罪还具有政治化、经济化、国际化并存的特征。

4. 黑社会性质组织犯罪的成因

与会论者在以下五个方面达成共识：(1) 经济发展的非均衡化与财富分配的非合理化是产生黑社会性质组织犯罪的根本原因；(2) 不良需求导致犯罪市场的存在，犯罪成本的加大促使犯罪向规模化发展，这是诱发黑社会性质组织犯罪的决定性原因；(3) 社会控制弱化和非法控制力量的兴起是黑社会性质组织犯罪产生的外部原因；(4) 畸变的价值观是产生黑社会性质组织犯罪的内驱力；(5) 腐败特别是司法腐败现象的存在是黑社会性质组织能够生存的催化剂。此外，还有论者认为立法滞后、司法空白是黑社会性质犯罪存在的法制因素；有论者认为境外黑社会势力的渗透，中国数千年的封建行帮意识和宗族、宗派意识根深蒂固也是产生黑社会性质组织的犯罪的重要因素。

5. 惩治、预防黑社会性质组织犯罪的刑事政策

对于惩治、预防黑社会性质组织犯罪的刑事政策方面，与会论者均建议：(1) 建立打击黑社会性质组织犯罪的专门机构；(2) 加强惩治腐败犯罪力度，打破各种黑势力的保护伞；(3) 加强打黑领域的多边和双边的国际刑事司法合作；(4) 最重要的是实现经济的有序化，缓解贫富过分悬殊的现象，同时倡导正确的价值观、人生观，将反黑纳入综合治理的轨道。

还有论者从不同角度提出了建议，有论者建议应完善惩治黑社会性质组织犯罪的刑事立法和诉讼规则，如建立污点证人和卧底证人制度，允许使用特殊的技术手段对黑社会组织成员进行侦查，某些诉讼行为不公开等；有论者主张在具体确定刑事责任时，应将组织者、领导者与一般成员加以区分，同时应加大对这类犯罪的打击力度；有论者主张应加强对重点人群的监控和

对特种行业、特种物品的管理，努力消除以暴力、色情为内容的不良文化的影响等。

四、西部地区犯罪问题研究

（一）恐怖主义犯罪与西部地区恐怖犯罪

1. 恐怖主义犯罪的概念、特征

有论者对国际社会界定恐怖主义犯罪的概念时存在的争议进行了探讨，指出争议主要在于该罪的目的、动机和主体。关于目的、动机的争论主要涉及以下两个方面。(1) 认定恐怖主义犯罪是否要求具有政治目的。对此，有三种代表性观点：一是强调政治目的；二是淡化政治目的，这种观点是国际社会认同的主流观点；三是不限于政治目的。(2) 出于“正当目的、合理动机”而实施的暴力行为是否构成恐怖主义犯罪。发展中国家和多数发达国家对该问题的观点截然相反。也有折中的观点认为，动机正当并不说明行为方式正当，但动机目的合理且方式得当的，不构成恐怖主义犯罪。关于恐怖主义犯罪的主体问题，国际社会对于个人和组织可以成为恐怖主义犯罪主体已基本达成共识，但其主体是否包括国家，则仍在争论之中。

有论者认为，恐怖主义犯罪是指个人或团体有计划地使用暴力或非法使用高科技手段，或威胁使用上述手段，扰乱公共秩序，恐吓、要挟社会的行为。关于恐怖主义犯罪的特征，论者多认为，恐怖主义犯罪具有犯罪目的、动机的政治性，侵害对象的广泛性、不确定性犯罪行为的暴力性且暴力行为具有企图对政府、国际组织等施加影响等特征。也有论者对“暴力性”提出质疑，认为随着网络恐怖主义犯罪、电磁恐怖主义犯罪的出现，恐怖主义犯罪的手段和方式已经发生了重大变化，对“暴力性”的理解也应当随之改变，所以，应当以“暴力或非法利用高科技手段”的提法代替“暴力性”的提法。

2. 恐怖活动犯罪与我国刑法

有论者研究了如何认定我国刑法中“恐怖活动犯罪”的问题，提出先要将社会政治意义上的“恐怖主义”转变为刑法意义上的“恐怖活动犯罪”，

认为“制造社会恐怖”是恐怖活动犯罪特有的犯罪目的，也是认定恐怖活动犯罪的基础。关于恐怖活动犯罪特定的犯罪目的的认定，有论者从支配行为人实施恐怖活动犯罪的罪过结构、恐怖活动犯罪对象的典型特征、恐怖活动犯罪客观方面的典型特征三个方面作了深入的分析和说明。一些论者试图对刑法中的“恐怖组织”的概念作出界定。有论者以天津的“扎针事件”为例对“投放虚假危险物质罪”作了探讨。

大多数论者认为，我国刑事立法和反恐怖的司法实践、国际反恐怖主义公约的要求差距太远，应当加强和完善我国反恐怖主义犯罪的刑事立法。有论者主张修订、完善刑法，设立系统的、全面的反恐怖主义犯罪的条款。也有论者提出应专门制定一部反恐怖主义犯罪的特别刑事法。

3. 新疆地区的恐怖犯罪

新疆地区的“三股势力”即民族分裂势力、暴力恐怖势力、宗教极端势力在境内外实施了一系列恐怖破坏活动，严重威胁着国家安全和各族人民的生命财产安全，打击“三股势力”是我国当前反恐斗争的重要任务。有论者指出“三股势力”的本质就是恐怖主义，并提出了打击“三股势力”活动的对策。也有论者从分析“东突”恐怖组织产生的原因入手，提出了相应的打击对策。有论者指出了新疆地区“东突”势力的特征：（1）以“独立论”迷惑群众；（2）以宗教为手段实施恐怖行为；（3）境外指挥，境内活动，内外勾结；（4）文武兼施，以文为主；（5）策略灵活多变；（6）分裂主义、极端主义、恐怖主义紧密结合，其本质是恐怖主义。

有论者从国际合作的角度，探讨了运用普遍管辖权惩治恐怖主义犯罪的问题，如恐怖主义犯罪责任最大化、豁免最小化的普遍管辖，普遍管辖中的豁免排除，政治犯不引渡原则的排除，以及无时效限制、管辖权竞合等。有论者着重研究了打击恐怖活动犯罪的国际合作中我国法律制度的应对措施，认为这种措施包括对外通过外交途径为打击恐怖犯罪的国际合作创造条件，对内完善国内立法两个方面。也有论者论述了网络领域打击恐怖犯罪的国际合作问题。

（二）关于危害国家安全犯罪方面

关于叛逃罪，与会论者主要探讨了对该罪客观要件的理解。有论者探讨了“在履行公务期间”“危害中华人民共和国国家安全”的含义，认为立法中应删除“在履行公务期间”这一要件，相应增加“在保密期间”这一限制条件。关于“危害中华人民共和国国家安全行为”的性质，有论者认为是一种抽象的危险，并进而指出叛逃罪主观方面并非仅限于直接故意。

另有论者认为，从宪法和刑法根据上看，存在着单位危害国家安全罪累犯；并对单位危害国家安全罪累犯的刑法适用作了说明。

（三）民族自治地方的刑法适用

有论者以藏区部落习惯对我国西部地区的刑事执法的影响为例，阐述了我国民族自治地方执法的理论和实践。该论者认为：我国藏区部落习惯法发生的时间和空间范围与藏民族形成的目前所聚居的范围并不一致，它是一种不分民刑、不分实体程序的混沌之法，表现形式零散、简单，其内容整整落后了两个社会发展阶段；在并不规范的“立法”过程中传统的经验重于理性的思考；从历史事实看，民主改革前藏区部落习惯法无论在内部还是在势力范围上，均未受近代法的影响，作为处理案件的方式，此时的习惯法大多数是成文形式的，多少具有“公权”的性质；民主改革后习惯法有所回潮，这种回潮对于现代法律并无多少意义。该论者并提出了解决部落习惯法回潮的六项法则。

有论者对我国民族自治地方对刑法的变通补充权进行了论述，认为在立法过程中必须既强调全国法制的统一性，又不能忽视少数民族地区的特殊情况；民族自治地方的刑法变通补充权既有事实基础又有法律根据，应全方位多角度地把握对民族自治地方刑法的变通补充权的理解和适用，应充分认识赋予民族自治地方刑法变通补充权的意义。

（四）西部大开发中保护生态环境的刑法对策

1. 环境犯罪的定义

有论者从国内外学者对环境犯罪概念的比较当中得出“环境犯罪”的定义，认为环境犯罪是指自然人或单位违反环境保护法律，破坏或污染环境，故意或过失造成或可能造成公私财产重大损失或人身伤亡的严重后果，触犯刑法，构成犯罪的行为。

2. 环境犯罪的立法思想

有论者认为，环境刑法仅具有相对的而非绝对的行政从属性；作为维护人类生态系统平衡的环境刑法，它的机能应是三元的，即保障人权、保护社会、维护生态平衡，且三者应相互支持；在环境刑事立法中应以生态利益中心主义的刑法理念作为指导思想。有论者提倡兼顾人本主义与自然本位主义的环境理念，认为应充分考虑危险犯、行为犯在环境刑事立法中的地位；应完善环境刑法的犯罪圈，堵塞其中的疏漏之处；应引入“环境容量”的概念，并以此为基础科学地衡量污染行为的社会危害性大小，准确地界定罪与非罪等。

3. 环境犯罪构成要件和立法对策

关于环境犯罪的客体，有论者认为应是环境权而非其他各种社会关系；有论者认为重大环境污染事故罪的客体是复杂客体，即生活环境、生态环境的安全利益和国家环境保护管理秩序。有论者从保护环境并实现社会防卫的目的出发，认为刑法应将破坏环境的犯罪规定为危险犯，其主观方面除过失外还应包括故意，适当时应作出采用因果关系的推定原则的司法解释，等等。对于重大环境污染事故罪，有论者建议应取消关于本罪是结果犯的规定，将其变更为危险犯；并指出“危险”是指对生活环境和生态环境安全的严重威胁。

还有论者建议增设噪声污染罪，并对噪声污染罪的相关问题作了探讨。有论者认为应增设“非法占用、毁坏草原罪”。有论者根据西部生态环境的现状，认为刑法典对环境犯罪的规定存在许多疏漏，并对刑法的改革完善提出了建议。

[陈明华、宣炳昭、王正勋、龙洋、王昌学、舒洪水等；载赵秉志主编：《刑法评论》，第 2 卷，北京，法律出版社，2003]

第五十一章

2003年全国刑法学术年会综述

一、前　言

2003年10月9日至13日，中国法学会刑法学研究会2003年学术研讨会在长沙隆重举行。来自全国各地的刑法理论与实务界共二百多位专家、学者出席了此次学术盛会。

此次会议的理论类议题“刑法解释问题研究”是一个极具研究价值的基础性重大理论课题，而侵犯知识产权犯罪、金融诈骗犯罪与合同诈骗犯罪、妨害公共卫生犯罪、非公有制经济刑法平等保护、刑事政策问题这5个实务类议题均为当前刑法界广泛关注且颇具重大现实意义的热点问题。与会专家、学者们济济一堂，就预定议题分单元进行了热烈而深入的研讨。

与往届不同的是，本次年会论文集《中国刑法学年会文集（2003年度）》在研讨会召开之前即已由中国人民公安大学出版社出版。刑法学研究会这项论文集出版制度的改革设想，得到了中国法学会领导的赞同和大力支持。会前出版论文集，不仅便于与会代表研讨和交流，节省经费与节约资源，同时也可以更为及时地将研讨会的学术成果推向社会，便于理论界与实务界及时参考借鉴。文集共分为两卷，其中第1卷为《刑法解释问题研究》，第2卷为《刑法实务问题研究》（上下册），共收入文章200篇，总计230万字。在会议召开期间，还收到与会议议题相关的论文二十余篇。为了使大家对于此次会议的学术研讨有总体上的把握，现将提交会议的论文所涉及的观点综述如下。

二、刑法解释问题研究

刑法解释问题是刑法学基础理论的重要组成部分，在近年来的刑法学术研究中，对该领域的研究有逐渐升温的趋势。尤其是刑法立法解释和司法解释的不断出台，已经引起刑法学界的广泛反思。有鉴于此，本次年会学术研讨会将该问题作为研讨论题，以期深化刑法解释问题研究，推动对刑法学基础理论的整体反思。研讨会共收到研究该论题的论文 74 篇，涉及的问题及主要观点概述如下。

（一）刑法解释的基础理论

关于刑法解释的基础理论的研究，主要集中于从对刑法解释观的阐述及选择，刑法解释的原则、方法，刑法有权解释等具体问题展开。对刑法解释的基本问题，诸多论者已经超越了刑法学的视野，从法哲学、宪法学的视角进行分析；对刑法解释权的分析，一些论者试图以权力分析的角度提出了对现行刑法解释体制的改革方向。

1. 刑法解释观及选择

法律解释理论历来有主观说、客观说和折中说三种。在研讨文章中，这三种观点都有所反映。

有论者指出：总的来看，我国目前的司法解释实践还是确立了主观解释论的绝对优势地位，而且 1997 年刑法施行后的立法解释也显现出这一点，对刑法的“超越”主要是通过刑法的补充规定——修正案的形式来实现的。刑法解释实践中的这种事实上的选择绝非偶然，而是建设法治国家内在需要的当然反映，这种需要既源于国家法律制度安排的取向，也源于民众对于法律价值的取向。有论者提出：主观解释论其实是不能说明什么问题的——它谈的实际上并非刑法的“解释”问题而是刑法的直接适用问题，归根到底——刑法是不能被解释的，而只能是被动地接受它所传递的“本来的意义”。主观解释论几乎不能解决司法寄望于“刑法解释”所需要解决的任何问题，而客观解释论才客观、有效、较全面地揭示了刑法解释之真义。有论者认为，分析中国司法解释的情况，客观说符合罪刑法定这一刑法基本原则的要求和体现，代表着刑法的价值取向；从利益衡量的角度看，客观说实现了刑法安全价值与公平价值的协调统一。有论者提出：中国刑事司法解释现代化的目标选择应当是客观解释而不是主观解释，与之相适应，刑法之解释也应是以广义解释为主，辅之以狭义解释，实现广义解释与狭义解释的有机统一。有论者则认为，主观说与客观说都是一种极端的片面，主观说可以说是一种遥不可及的美好幻想，而客观说则是一种完全抛弃立法精神的学说，因而其赞同折中说。在法律解释（刑法解释）的目的性学说上选择折中说，就意味着需要从两个不同的角度去看待法律解释与罪刑法定的问题——冲突与契合，两者在价值层面、法律范式、司法层面、刑法机能、思维维度上存在冲突；两者的契合要求法律解释要规范化、灵活地坚持罪刑法定原则以及提高司法人员素质。有论者提出，单一地采用某种解释论并不合适，不能无视立法原意和客观含义的存在，根本的问题在于二者的调和。这一观点应归属于折中论的立场。有论者从社会文化分析的视角出发，指出：与“主观解释论”原理相关的是刑事古典学派，而“客观解释论”却为刑事实证学派所主张；社会文化立场的易位导致了刑法解释原理的深刻嬗变，社会文化对刑法解释具有深刻的影响。

有论者还简要回顾了严格规则主义时期的刑法解释观和刑法自由解释观的形成，认为两种刑法解释观的对立是旧派与新派两个刑法学派之间对立的体现，并认为两种刑法解释观的对立在现在也明显地存在着。

2. 刑法解释的必要性和基本特征

关于刑法解释的必要性，有学者将各种理由进行了必要的归纳：（1）刑法是普遍性的法律规范，刑法规范的这一特性决定了其必然只能以抽象标准的形式出现；（2）刑法的表述形式是语言，当人们以语言作为刑法的表述形式时，就无法避免字面含义与实质含义的冲突；（3）填补立法漏洞；（4）符合时代的变化要求。有论者提出：只有对刑法进行解释，才能更好地规范指导刑事司法，弥补刑法之立法缺陷，促进立法完善，繁荣刑法理论，促进刑法的发展。从这一角度分析，刑法解释的必要性乃在于其功能。有论者将刑法解释的基本特征归纳为解释主体的广泛性、对象的特定性和解释性质的从属性。

3. 刑法解释的原则

有论者指出，刑法的解释就是正义理念、刑法规范与生活事实的相互对应；作为解释者，心中当永远充满正义，目光得不断往返于规范与事实之间，唯此才能实现刑法的正义性、安定性与合目的性；解释者心中必须始终怀有一部自然法，以追求正义、追求法律真理的良心解释法律文本。有学者认为，刑法解释应遵循合法性原则、准确性原则和合理性原则；针对有权解释主体，还应遵循正当性原则和及时性原则。有论者指出，刑法解释必须坚持罪刑法定原则，在对刑法作全面理解的基础之上，透过刑法条文词句术语的表面差异，抓住词句术语的表面差异，抓住词句术语承载的刑法规范的实质内容和精神要义，综合运用科学的方法对刑法加以解释与适用。无视罪刑法定的要求，任意的刑法解释只能导致司法的滥用；而无视社会发展的需要，否定刑法解释的价值只会导致司法的僵化与刻板。有论者具体探讨了刑法解释的谦抑性原则，并认为现有刑法解释（主要是刑法司法解释）在一定程度上背离了谦抑的宗旨，具体呈现出侵越立法权、违反立法目的、结论不合理等情形。有论者区分了刑法解释的目标上的原则和方法上的原则，前者主要包括合法性原则、立法意愿与社会现实相统一的原则、刑法解释与刑法理论相结合的原则，后者则包括明确、具体原则，方法上的合法性原则，整体性原则以及各解释方法的顺序性原则。有论者则提出，刑法解释应坚持三项原则：（1）罪刑法定原则；（2）人权保障原则；（3）体系解释原则。有论者试图借助辩证法来归纳刑法解释的基本原则，认为基于形式逻辑思维与辩证逻辑思维的统一，结合刑法文本的特性及解释目标，刑法解释应当遵循下列形式逻辑与辩证逻辑规则：（1）同一律规则；（2）排他律规则；（3）只含同类规则；（4）严格解释规则；（5）正确解释规则；（6）生活逻辑规则。关于法律解释中是否应坚持有利于被告原则的问题，有论者认为，法律解释时应坚持有利于被告原则的立场，这是罪刑法定原则的要求，而且应当结合刑事诉讼法的具体规定来理解实体法上的“有利于被告”。有论者认为，罪刑法定原则包含了存疑有利于被告的思想，在运用论理解释这种解释方法时要进行严格的限制，有利于被告人的应当扩张解释，不利于被告人的应当限制解释，有疑问时应朝好的方向解释。

4. 刑法解释的方法

有论者先区分了方法和方法论，指出方法论属于意识和意志的范畴，具体研究方法属于技术范畴；刑法解释方法是多样的，任何解释方法的应用，要受到文本、目的、原则和立场等方面的制约。有论者提出，解释者为了追求正义理念、实现刑法目的，必须敢于尝试罪刑法定原则所允许的各种解释方法。

关于刑法解释的具体方法的争论主要集中于对扩张解释的态度。有论者坚决反对扩张解释，并认为其明显与罪刑法定原则不一致，也与法律的指引功能相悖反。而有论者则认为，扩张解释不仅对弥补刑法的缺陷、实现刑法的功能具有重要意义，而且也是正确适用刑法、维护刑法稳定的需要。至于如何适用扩张解释应符合特定条件，应当第一，对刑法条文作扩张解释必须符合立法精神意图；第二，对于刑法条文的解释不能超出条文所“可能具有的含义”。有论者认为：刑法解释只能在确切的刑法含义范围内进行解释，而不能超出刑法含义容量的最大界限。刑法解释的功能在于使刑法原有的、应当有的或可能有的含义明确化、具体化，而不是增加刑法未能包括的内容；限制解释也应有所限制，必须不违背法制原则和罪刑法定原则。有论者也指出：如何把握扩张解释的限度是刑法解释中尤其值得关注的问题，而对于扩张解释，一般主张以预测可能性原则作为限度，并认为扩张解释虽然已经超越了刑法文本的立法原意，但这种超越是法律文本生命的延续，它不仅没有破坏刑法的安定性从而违反罪刑法定原则，相反，它保证了刑法的稳定性，使刑法不会随着社会生活的变化而朝令夕改。扩张解释和限缩解释涉及刑法解释的限度问题，扩张或限缩解释应以不违背立法基本精神（合法限度）和字义所能扩张或限缩的合理程度作为限度，凡超出刑法立法基本精神和字义所能扩张的合理程度的扩张或限缩解释就属于违背了罪刑法定；而不违背刑法基本精神和不超出字义所能扩张或限缩的限度扩张或者限缩解释则符合罪刑法定。因此，确定扩张或限缩解释限度，应该具备合法限度标准和合理限度标准。有论者提出：判断刑法解释是否科学、合理，刑法解释的限度就应是符合刑法的三个基本原则。

刑法的文义解释也是研讨的重点，有论者提出：寻求刑法解释客观性的方法是刑法解释方法论的核心课题。就刑法解释方法而言，文义解释方法是最主要的解释方法，是诸种解释方法的基石；但文义解释方法却不是唯一的方法，当文义解释方法不能得出合理的结论来，解释的结果明显背离社会公平正义的价值观念时，就必须以目的论解释为最高准则。

有论者认为，我国刑法解释方法的运用应遵循以下原则：(1) 刑法解释方法的运用应该兼顾合目的和合立法原意两个方面。解释的终极目标是结论的合目的性，但解释方法的选择应该遵循从严格解释到自由解释的顺序。(2) 应该先运用探求立法原意的解释方法进行解释，如果结论合理或者基本合理，就可采用该结论；如果该结论极端违背现在的社会生活的常理和目的，则应该采用目的解释的方法进行解释。(3) 运用探求立法原意的解释方法时，应该遵循先文义解释方法、后法意解释方法的顺序。(4) 在运用目的解释方法时，解释的自由度以不超过语词所可能包含的最宽的意义范围为限度。有论者也提出，罪刑法定原则要求，司法解释在解释方法上先进行文理解释，只有当文理解释不能得出合理结论时，才能进行论理解释。

有论者区分了刑法立法解释与刑法司法解释应采用不同的方法：刑事立法解释先应使用论理解释的方法，应当根据有关刑事政策、刑法的制定理由和任务、刑法的目的和功能、刑法的基本原则、基本原理等，从逻辑上而不仅仅是从文理上阐明刑法规定的含义；而司法解释的方法应该受到严格限制，司法解释先应采用文理解释的方法，而立法解释的方法则不应受到过多限制，立法解释经常采用的方法是论理解释。针对刑法司法解释，有论者指出，由于刑法的内容涉及直接保护或剥夺公民的生命、人身自由、财产等最基本的权利，相对其他法律的解释而言，刑法的解释不能不具有一定的特殊性，这主要表现在三个方面：(1) 对刑法规范只能作字面解释，不能超越法律条文的语言原意；(2) 对刑法规范只能作有利于被告的限制解释，不能作不利于被告的扩张解释；(3) 只能作扩张解释，不能作类推解释。

还有论者对法国刑法中的严格解释及其价值取向进行了介绍。

5. 关于立法原意

刑法理论上对于刑法解释中立法原意的探求存在主观说和客观说两种，前者承认立法原意的存在，而后者采取否认的态度。对此，有论者提出：立法原意是客观存在的，否认一部法律存在立法原意，是过于夸大人的认识能力的局限性，使法律成为一种玄学，变得无从知晓。从罪刑法定原则出发，立法者在制定刑法时对于将哪些行为规定为犯罪，对哪些行为不作为犯罪处理，是有一定的倾向的。探寻立法原意是司法人员适用法律的首要考虑。但刑法解释的对象毕竟是刑法规范，因而有学者对刑事立法的语言选择问题进行了研究，认为针对我国目前刑事立法中专业化不够的问题，有学者主张大量地使用专家话语，有一定的合理性，但对使用大量的专家话语的弊端要有清醒的认识，刑事立法的语言应是精英的，更应是大众的。

6. 刑法有权解释的主体

关于刑法法定解释权的主体，学界存在立法机关主体说、审判机关及法官主体说、二元说（全国人大常委会和最高人民法院）、三元说（全国人大常委会、审判机关和检察机关）和多元说。有论者认为法定解释主体为全国人大常委会，而最高人民法院和最高人民检察院是授权解释主体，称此为"一主两翼"的刑法解释格局，并提出坚持、改善和加强"一主两翼"的刑法解释格局，主要有四点理由：（1）"一主两翼"的解释格局符合宪法和法律的规定；（2）"一主两翼"的解释格局具有实践基础；（3）"一主两翼"的解释格局是我国宪法体制的要求；（4）"一主两翼"的解释格局为我国国情所需。

关于法官是否为刑法有权解释主体的问题，是研讨中的一个热点。有论者将审判领域内的刑法解释分为法院规范解释和法官适用解释。前者指依据法律授权的最高人民法院在审判工作中就适用法律普遍存在的问题作出的抽象性、规范性解释；后者指普通审判人员（法官）将一般法律规定和法院规范解释适用于具体案件时所作的解释，因而又可称为刑法适用解释。该论者认为，刑法适用解释主体应当是法官，其根据有三：（1）我国的政治体制和刑法适用的特点决定了刑法解释的主体是法官；（2）刑法解释基本思想的客观说呼唤法官解释刑法；（3）社会发展变化和成文法相对稳定之间的矛盾也呼唤法官解释刑法。有论者提出，司法解释就是法官或审判组织在具体适用法律时所做的对法律的解释，而不是其他任何机关或个人对法律的解释，因而司法解释的主体是人民法院和法官；根据解释的主体和效力，司法解释可以分为规范性解释和个案解释。有论者认为，刑法中存在"瑕疵"刑法规范；适用"瑕疵"刑法规范，就必须对其进行解释，使之明确化，以便法官对个案适用。关于如何确立适用"瑕疵"刑法规范的刑法解释体制，该论者提出设想，即直接受理案件的法官解释，是正确适用"瑕疵"刑法规范的根本途径；应当慎用立法解释；应当避免司法解释（特指最高人民法院、最高人民检察院的解释），而应该公布司法判例（最高人民法院颁布）来指导“瑕疵”刑法规范。法官在解释刑法规范时，应分为两个步骤：一是探询立法原意；二是在无法认知立法原意的情况下，必须作出目的解释。同时，该论者也指出，对法官解释权也应从立法、司法、观念以及监督四方面予以规制。有论者提出，刑法规范的抽象、单一特征，在法官的解释下才能变得充满人性化和富有价值意义。有学者提出，应把个案解释权“还给”法官，认为个案解释与司法解释并不能等同，法官进行个案解释应坚持遵守具体案件就案解释的原则、严格解释的原则、个案解释权必须接受监督原则。有论者则认为，法官解释刑法的现象是存在的，而且是大量的，但不能由此导致法官具有刑法司法解释权的结论。

刑法司法解释主体问题是多年来理论界讨论的焦点问题，主要是关于检察机关应否成为刑法司法解释的主体以及地方法院是否有权解释刑法。关于检察机关的刑法司法解释权历来存在肯定说和否定说。有论者提出取消最高人民检察院刑法司法解释权的理由有三：（1）检察院行使的检察权的性质不是司法权；（2）检察机关行使刑法司法解释权，有破坏司法公正之嫌；（3）检察机关与审判机关共享刑法司法解释权有破坏法制统一的危险。有论者则认为，刑法司法解释的主体是法院，但仅为最高人民法院和高级人民法院，人民检察院和中级人民法院、基层人民法院不能为司法解释的主体，学界所说的“法官的适用解释”也不属于刑法司法解释的一部分，而是连接立法、立法解释、司法解释和具体案件的司法操作活动。

有论者认为，目前刑法有效解释主体方面存在诸多问题：（1）解释主体混乱；（2）立法解释权长期虚置或实际旁落；（3）立法解释主体与司法解释主体权限不明；（4）法检解释冲突；（5）缺少必要的监督。关于如何设置刑法有效解释主体，该论者认为应考虑四个方面：（1）取消刑法立法解释；（2）取消刑法检察解释；（3）赋予地方各级人民法院和法官以刑法解释权；（4）建立刑法有效解释监督机制。有论者提出，对规范性刑法解释的体制应当予以重构，即首先，刑法立法解释由“裁断解释”到逐步消除；其次，刑法司法解释由二元主体到一元主体。

7. 刑法解释权配置的现状与重构

关于刑法立法解释权的配置状况，有论者认为，目前存在两个方面的问题：一是刑法立法解释权对立法权的侵入，二是刑法立法解释权实际旁落于全国人大常委会的法制工作委员会。对于刑法司法解释权配置状况，该论者则提出目前存在四个方面的问题：一是刑法司法解释权对刑法立法权的侵入，二是刑法司法解释权与刑法立法解释权的界限不明确，三是最高人民检察院拥有刑法司法解释权有损司法公正和法制统一，四是最高司法机关垄断刑法司法解释权，否认地方各级司法机关和法官的刑法司法解释权。有论者也认为目前存在着最高司法机关垄断刑法司法解释权的现象。有论者对现行刑法解释体制提出三点质疑：(1) 有权制定法律，就有权解释法律？(2) 检察机关是司法机关，当然享有司法解释权？(3) 为维护刑法的统一实施，只能由最高司法机关统一行使刑法解释权？通过对这三点质疑的追问，该论者提出，在新的刑法解释体制下，立法解释不复存在，刑法解释均是司法解释，而其主体仅限于最高人民法院和法官。

有论者对我国刑法解释权的配置提出设想：建立一种以罪刑法定原则为指导的，以全国人大常委会的刑法立法解释为核心和灵魂的，以各级人民法院和法官的刑法司法解释权为基础和主体的刑法解释权制度。

有论者将我国有权刑法司法解释模式归纳为二元一级抽象式刑法司法解释，并认为这一模式的基础表现在两个方面。(1) 法律基础：立法对刑法司法解释的规定；(2) 制度基础：中国的司法体制。该论者指出，研究我国刑法司法解释改变的前提，是重构我国刑法司法解释体制的前提，而这一前提包括以下内容。(1) 制度调整：确定只有法院是具有司法解释权的司法机关；(2) 审判模式：确立法官独立审判的模式；(3) 消解限制：取消错案追究制。关于刑法司法解释权的重构问题，该论者提出应该设立"一元个体判例式"刑法司法解释的模式，司法解释就是法官就个案作出的解释而只对当案有效，对个案解释的借鉴形成的司法常例可以达成全国范围内的司法平衡。

有论者提出，应取消最高人民检察院的刑法司法解释权，调整最高人民法院刑法司法解释权，并确立各级法院法官的刑法司法解释权。该论者认为，否定最高人民检察院的刑法司法解释权的根据主要有三点：(1) 从刑法解释的效力看，检察机关单独对刑法规范所作的解释对法院的裁判无约束力。(2) 从刑法解释的主体看，检察机关属于公诉机关，与被告人处于对立地位，其对刑法解释权的行使不利于对被告人合法权益的保护。(3) 从刑法解释的后果看，检察机关行使刑法解释权有损司法公正，不利于法制统一。有论者认为，现有二元一级司法解释体制应当改变，而确立由最高人民法院独家行使刑事司法解释权的一元一级司法解释体制，如此有利于法制规范统一，有利于司法平衡公正，有益于落实“罪刑法定”。

有论者则提出建立一元二级司法解释体制，即由最高人民法院、高级人民法院行使刑法司法解释权，其理由有四：(1) 一元二级刑法司法解释体制符合我国国情；(2) 一元二级刑法司法解释体制有利于维护我国法制的统一，实现刑法的机能；(3) 我国的司法体制也对构建一元二级刑法司法解释体制有一定影响；(4) 实行一元二级刑法司法解释体制具有法律上的依据。

有论者对于完善我国刑法司法解释机制提出两点建议：(1) 逐步建立以法官适用解释为主体的刑法解释机制；(2) 提升判例在刑法解释中的地位和作用。

有论者提出，刑法适用解释机制的建立和完善寻求刑事司法中的创新要素时，应当着重在以下三个方面进行具有突破意义的改革：(1) 真正建立法官责任机制，使法官成为刑法适用解释的主体；(2) 突出程序活动的重要地位，强化程序的对抗性；(3) 建立刑事判例制度，发展刑法适用解释技术。

有论者认为，现行刑法司法解释权应重新调整与配置，具体方案为：(1) 加强立法解释，完善立法解释制度；(2) 修订立法法，进一步制定“司法解释法”，规范刑法司法解释，重新配置我国的刑法司法解释权。

有论者提出：刑法解释中应加入公民诉求的成分。所谓公民诉求，指应当给予公民在司法解释过程中说话的权利，使他们在选择规范的过程中有参与的权利。关于如何实现公民诉求的有效介入，该论者提出四点：(1) 建立以法官为主体的“刑法适用解释”；(2) 改变现有的法律解释思路；(3) 完善人民陪审员制度；(4) 正视律师的意见。

8. 刑事政策与刑法有权解释

有论者认为：刑法有权解释是刑事政策在刑事立法（广义的）和刑事司法中发挥功能的一种具体表现形式；就刑法立法解释而言，其所起到的扩张或者缩小犯罪圈的作用，明确甚至调整了国家刑罚权调控的广度和力度，而其背后恰恰是国家刑事政策促进了这一变动；就规范性司法解释而言，其制定是依据一定的价值判断标准对刑法规范的含义和范围所进行的阐述；其所依据的价值判断标准主要的就是一定时期内制定的刑事政策；就法官解释而言，法官解释法律应遵循基本的刑事政策则是必需的，其作出的解释结论也应以一定时期的刑事政策内容作为价值选择标准；法官可以有自己的价值判断标准，但是如果与已经明确的刑事政策相违背，则应当放弃自己的价值选择，而遵从贯彻一定的刑事政策所得出的解释结论。

9. **越权刑法解释**

有论者认为：越权刑法解释应有广义和狭义之分，前者指“越其实有职权”，后者指“越解释权”。而如何判断刑法解释是否越权，主要看四个方面：(1) 解释主体是否有解释权；(2) 是否超出了其职能活动范围；(3) 是否违反了刑法基本原则；(4) 是否突破了原有的刑法规范。该论者将越权刑法解释分为越权刑法立法解释和越权刑法司法解释。关于越权刑法解释的原因，该论者指出，越权刑法解释存在的主要原因表现在：(1) 立法的抽象性和司法的具体性之间的矛盾无法彻底解决；(2) 立法的稳定性和社会的易变性之间的矛盾无法彻底解决；(3) 对刑法解释权缺乏应有的制约。针对越权刑法解释，该论者提出六个方面的对策：(1) 坚持细密刑法立法观和超前立法观；(2) 及时行使刑法修改权；(3) 最高司法机关及时行使司法解释权；(4) 保证司法机关独立行使司法解释权；(5) 以法律的形式对刑法解释的制定程序进行规定；(6) 建立完善的刑法解释撤销机制。

有论者就司法解释越权问题进行了探讨，认为司法解释越权的表现形式主要包括三种情形：(1) 司法解释侵犯立法权；(2) 检察解释侵犯审判权；(3) 审判解释侵犯下级法院审判权。就司法解释越权问题的解决途径，该论者提出三点：(1) 强化罪刑法定的价值观；(2) 建立一元司法解释体制；(3) 遵循科学的司法解释方法。

10. **刑法解释的时间效力问题**

有论者认为，刑法解释的生效时间一般都应该“自解释确定之日起施行”。关于刑法解释对其施行以前司法机关已经办结的案件是否有效，该论者认为，原则上讲，刑法解释对其施行以前司法机关已经办结的案件也仍然具有效力，当然在处理时，还应当结合有利于被告人的原则来解决问题；对于前后内容不一致的刑法解释的效力问题，应坚持“从旧兼从轻原则”的精神。针对刑法立法解释的时间效力问题，有论者认为刑法立法解释的生效时间应为公布之日或解释中规定的生效时间，就现有6个刑法立法解释，其生效时间都应为其公布之日；刑法立法解释的溯及力从属于刑法溯及力的一般原则，即刑法立法解释的溯及力适用“从旧兼从轻”原则；刑法立法解释的失效只能与其所解释的具体对象保持一致而不等同于刑法典的失效。

11. 刑法学理解释

有论者对刑法学理解释的基本问题进行了阐述。关于刑法学理解释的对象，该论者认为，应是刑法条文，而非刑法规范、刑事法律或刑法规定；关于刑法学理解释的地位，该论者认为，其是高于国家有权解释、当事人无权解释的学术性阐释活动，为后两者提供基本的认识资源，并不具备参与具体社会生活的主导性作用。该论者认为，刑法学理解释应坚持四个原则：（1）罪刑法定原则；（2）社会相当性原则；（3）客观性原则；（4）规范主义原则。

（二）刑法立法解释

关于刑法立法解释的探讨，主要集中在刑法立法解释的法理基础、原则以及如何完善现行刑法立法解释机制等问题。个别论者提出应取消刑法立法解释这种解释模式，这在关于完善刑法解释机制的探讨中有所涉及。

1. 刑法立法解释的法理基础及必要性

关于刑法立法解释的法理基础问题，有论者认为主要有三点：（1）成文法不能自足；（2）立法语言的模糊性和成文法结构的空缺性；（3）有比较明确的法律根据。有论者指出，刑法立法解释作为刑法改进与刑法司法解释的中间物，具有其独特的价值：明确概念、澄清争议、统一司法。有论者将现有立法解释归纳为三种情形：（1）进一步明确刑法条文本身含义；（2）解决对刑法条文理解和解释的原则分歧；（3）修改补充刑法条文的原有规定。有论者将刑法立法解释的特征归纳为四点：（1）解释主体的专属性；（2）解释对象的特定性；（3）解释行为的创造性；（4）解释效力的权威性。

针对立法解释存废问题，有论者认为，在我国目前的体制下，立法解释有其存在的相对合理性，即基于我国的历史传统、现实国情、政治制度等本土资源性因素的影响，在现阶段，刑法立法解释的存在是必要的、合理的。同时，该论者也强调，考虑我国正在进行的政治、经济体制改革，结合法治建设的进步，我国刑法解释体制的构建应分为两个阶段来进行：第一个阶段，保留立法解释，构建立法解释、司法解释并存的二元机制，但是一种以立法解释为主导，以司法解释（包括法官解释）为主体，立法解释监督、指导、协调司法解释的刑法解释体制；第二个阶段，废弃立法解释，提升司法解释的地位，将司法解释权归于法院和法官，而将检察院排除在外，构建以法院和法官的解释为主体，司法解释与行政解释并存，司法、行政互相监督、制约（即赋予司法机关司法审查权）的法律解释体制。

就刑法立法解释的形式，有论者认为全国人大常委会对刑法的专门性解释是唯一形式，而刑法条文中的解释性规定和全国人大常委会在“刑法草案说明”中所作的与通过后的刑法规定相一致的具有解释性的内容则不属于刑法立法解释。

2. 刑法立法解释的原则

有论者认为，刑法立法解释的原则包括：(1) 合法性原则；(2) 合理性原则；(3) 体现政策原则；(4) 规范性原则。有论者认为，主要包括尊重立法原则、合理与必要原则、法制统一原则和具体明确、全面系统原则。有论者提出，刑法立法解释应坚持合目的性原则，就是根据刑法立法目的，即根据保护法益，阐明刑法规范真实含义时应当遵循的基本准则；并认为我国到目前为止所出台的4项刑法的立法解释，基本上是在合目的性原则指导下所进行的符合法条文义射程的解释。有论者还提出，刑法立法解释之于刑法而言，只具有“附属性”，这是理解刑法立法解释的关键。

3. 刑法立法解释的完善

对于如何完善刑法立法解释工作，有论者提出应在三个方面加以改进：(1) 提高对刑法立法解释重要性的认识，加强刑法立法解释机构建设；(2) 加强立法解释技术；(3) 积极进行刑法立法解释，树立立法权威，努力改变司法解释越权的现状。该论者还提出，应由刑法立法解释来确定罪名。

（三）刑法司法解释

关于刑法司法解释的探讨，在刑法解释问题的研讨中显得尤为瞩目，尤其是对现行刑法解释现状及完善问题的分析已经十分深入。有论者提出应开创刑法司法解释学，认为其内容应包括：(1) 制定和发布司法解释的主体；

（2）司法解释的基本原则；（3）司法解释批准的程序；（4）司法解释的法律效力；（5）司法解释的立项、起草以及协调和管理方式；（6）司法解释发布的载体；（7）司法解释的体例；（8）司法解释的生效时间；（9）司法解释的清理与编纂工作；（10）对司法解释实施情况的监督。

1. 刑法司法解释的必要性及特点

有论者认为，司法解释的必要性体现于五个方面：（1）法律规范本身的抽象性、概括性的规定，而现实生活中的事和人则是具体的；（2）法律一经制定就具有稳定性，而现实生活和人们的认识却不断发展变化；（3）司法解释是对法官自由裁量的合理限制，也是保障公正裁判的重要内容；（4）加强司法解释是法律不断完善的途径；（5）弥补了立法的不足。

有论者认为，刑法司法解释的意义主要表现在三个方面：（1）司法解释可以弥补刑法典的某些缺陷；（2）司法解释可以保障法律的统一实施；（3）司法解释可以促进刑法的发展与完善。

有论者认为，我国的司法解释之所以发达，与以下三个因素相关：（1）法律规定之粗疏；（2）法官能力之不足；（3）判例制度之缺位。

有论者认为，在我国，刑法司法解释具有四个特点：（1）统一性；（2）指导性；（3）公开性；（4）具体性。

2. 刑法司法解释的原则

有论者提出，刑法司法解释应遵循4项原则：（1）依照法律规定原则；（2）司法需要原则；（3）法定程序原则；（4）解释文本规范化原则。

有论者还提出，应确立不与宪法或国际公约相抵触的原则。有论者则认为刑法司法解释应坚持4项基本准则：（1）忠实法典原则；（2）合乎理论原则；（3）具体明辨原则；（4）和谐一致原则。

有论者则提出，刑法解释应坚持8项原则：（1）必要性原则；（2）合法性原则；（3）合理性原则；（4）解释权专属原则；（5）公开性原则；（6）程序性原则；（7）形式规范化原则；（8）以政策为指导原则。

有论者则提出，刑法司法解释应坚持6项原则：（1）不超越立法的原则；（2）最高人民法院、最高人民检察院独有的原则；（3）普遍约束力的原则；（4）公开的原则；（5）明确、具体的原则；（6）立即生效的原则。

3. 刑法司法解释的现状

有论者将现有刑法司法解释归纳为三种情形：（1）阐明刑法条文含义，

将类型化事实与刑法规范耦合，统一执法尺度。这类数目占刑法司法解释总数的大部分。(2) 对刑法进行“价值补充”，弥补法律的不确定性，解释概括性条款。大量刑法司法解释中均有此项内容。(3) 对刑法进行“漏洞补充”，急立法之所急，将立法原意进行适当扩大。

有论者认为，从总体上讲，已有刑法司法解释较好地适应了我国经济、政治和社会治安形势发展变化的需要，在社会主义法制建设中发挥了重要作用，但少数司法解释也存在许多缺陷和不足：(1) 少数司法解释无论是在内容上还是在形式上，尚存在许多缺陷和不足；(2) 个别司法解释超越了刑法的立法意图或违背立法原意；(3) 越权解释；(4) 违背宪法、法律或国际公约。

有论者提出，目前刑法司法解释存在解释权力的异化（即具备法律规范的全部特征）、解释主体的泛化（即行政部门和其他社会团体参与司法解释的制定）、解释内容的分散化、解释效力的分散化等问题。该论者还分析了这一现状的成因，认为目前刑法司法解释的存在和特质植根于我国悠久的司法解释的传统，而刑法自身的不完备性是刑法司法解释存在的现实原因。

有论者提出，目前司法解释有随意性的倾向，主要表现在：(1) 司法解释违背立法原意；(2) 检察解释、司法解释存在冲突；(3) 司法解释立法化问题严重。

有论者提出现行刑法司法解释体制存在的问题主要表现在：(1) 侵入了刑法立法领域；(2) 部分刑法司法解释违反罪刑法定原则；(3) 解释主体混乱；(4) 最高人民法院、最高人民检察院各自所作的刑法司法解释相冲突；(5) 法律适用中各行其是；(6) 名称不统一；(7) 违背法律规范应公之于众的法制要求。

有论者认为，刑法司法解释存在的不足与我国刑法解释理论在主流上采取主观解释论应该说具有相当的关系。但是该论者对客观解释论也采取否定态度。

有论者提出，判断刑法司法解释存在瑕疵的标准有：(1) 罪刑法定原则；(2) 合理性、明确性原则。结合这两个标准，该论者对现有刑法司法解释存在的问题进行了批判性分析。

4. 完善刑法司法解释的设想

关于如何完善刑法司法解释，有论者提出四点设想：(1) 明确司法解释的权限；（2）确定司法解释应遵循的原则；（3）最高司法机关应采用多种方法，提高司法解释的质量；（4）建立与完善司法解释的监督机制。

关于司法解释的改进，有论者提出五点改善意见。（1）改善主动解释：增强司法解释的概括性，运用开放解释；（2）改善被动解释：注重司法解释的示范性，创造个案解释；（3）改善解释内容：减少不必要的司法解释，提高法官能力；（4）改善解释主体：实行解释主体单一化或现有主体联席化；（5）改善司法观念：强调刑法法条的效力优于司法解释的效力。

有论者提出了完善我国刑法司法解释地位的三个方面的建议：（1）明确司法解释主体的范围；（2）明确法律解释主体的解释权限范围；（3）强化法官裁量解释在司法解释中的地位与作用。

有论者提出应从七个方面着手完善我国的司法解释工作：（1）尽快出台一部有关司法解释的法律；（2）正确界定司法解释的权限；（3）加强全国人大常委会对司法解释的监督、协调力度；（4）司法解释的内容应当明确、具体，富有操作性；（5）司法解释的形式应当规范、一致；（6）完善司法解释的公开制度；（7）加强立法、立法解释工作；（8）做好司法解释的汇编工作。

5. 刑法司法解释的实证分析

针对个别学者和舆论对最高人民法院《关于行为人不明知是不满十四周岁的幼女，双方自愿发生性关系是否构成强奸罪问题的批复》的批评，有论者进行批驳，认为：根据现行刑法理论与有关司法解释，该批复的结论有其必然性，不是法学家或者法官们刻意上下其手的结果；在我国刑法中，严格责任没有存身的余地，对奸淫幼女实行严格责任的主张难以成立；该批复不会造成“不可欲的社会后果”，权势者明知是幼女而与其发生性关系的，难逃法网。

有论者指出，在无罪过的情况下追究行为人的刑事责任，对于被追究的人是一种不公正，因而在奸淫幼女构成犯罪的问题上同样应当坚持罪过原则。有论者针对该批复提出建言：（1）保留该批复的前半句；（2）对该批复的后半句加以修改；（3）增加由于年龄关系等情况不认为是犯罪的内容；（4）增加对“从重处罚”的解释。

有论者也反对奸淫幼女型强奸属于严格责任的观点，同时指出我国刑法在保护幼女的问题上还存在不少缺陷，并提出了4点完善意见：（1）奸淫幼女型强奸实行过错推定，即将主观方面的全部或部分举证责任由控方转移给被告方；(2) 设立过失奸淫幼女罪；(3) 完善现有的奸淫幼女罪条款；(4) 健全相关刑事立法。

有论者结合《刑法》第267条第2款“携带凶器抢夺”探讨了刑法与学理解释的协调问题。

还有论者对环境犯罪司法解释基本问题进行了专题探讨。

(四) 刑法立法解释与刑法司法解释的协调问题

有论者认为，目前刑法司法解释与刑法立法解释存在冲突，在理论、内容、溯及力、适用等方面都有所表现。关于如何解决这一问题，该论者提出：(1) 加强立法和立法解释工作；(2) 厘定刑法司法解释与刑法立法解释的界限；(3) 规制刑法立法解释的立法权与刑法司法解释的司法权的竞合；(4) 加强对刑法立法解释和刑法司法解释的监督；(5) 严格刑法司法解释权主体，保障刑法司法解释权的独立行使。有论者将刑法适用过程中立法解释与司法解释并存的现象称为刑法解释的二元体制，并认为在这一体制内部存在刑法立法解释、刑法司法解释对刑事立法的突破，刑法立法解释与刑法司法解释的冲突等问题。对于刑法解释二元体制中的冲突的协调，该论者认为应当重新定位法律解释，重构刑法解释体制，即站在司法中心主义立场上，主张司法者本人对法律的创造性理解，强调要重视和发挥司法者的主观能动性；同时刑事立法、刑事司法在法律活动中要明确权力分工，建立起权力间的制约机制，从而更有效地发挥各权力的效能。

有论者提出：要彻底解决刑法立法解释与司法解释不协调、解释之间互相矛盾冲突的问题，就必须实现刑法解释主体的法定化、司法解释的规范化以及立法解释的经常化。而要实现“三化”，最根本的措施则是要完善制度、加强协调、强化监督，即从完善刑法解释的立法规范、健全刑法解释的形成机制、加强刑法解释的监督制约等方面入手，逐步实现刑法解释的制度化、法律化。

三、侵犯知识产权犯罪研究

随着知识经济时代的来临，侵犯知识产权违法犯罪也愈加突出。作为各种社会关系法律保护的最后屏障，刑法在知识产权法律保护体系中无疑起着举足轻重的作用。深入研究侵犯知识产权犯罪，不断完善侵犯知识产权犯罪之刑事立法，已日益成为刑法学界在新时期所面临的重要课题。此次会议共收到关于侵犯知识产权罪的论文19篇，其中，从总体上研究此类犯罪的论文有2篇，研究商标犯罪的论文有6篇，研究假冒专利犯罪的论文有2篇，研究侵犯著作权犯罪的论文有5篇，另有4篇专门研究了侵犯商业秘密罪。

（一）侵犯知识产权犯罪宏观问题探究

有学者从总体上论述了侵犯知识产权罪的概念与特征，认为：侵犯知识产权罪所包括的七个具体罪名或者以“情节严重”为要件，或者以“违法所得数额较大”为要件，或者以“造成重大损失”为要件；如果情节不严重，或者违法所得数额不大，或者没有造成重大损失的，就不构成犯罪。

有论者则从不同角度分析了知识产权刑法保护的价值取向：从经济学角度分析，刑法对知识产权的保护为知识资产的生产和利用提供了有效保护屏障，从而也间接促进了经济的增长。从知识产权制度利益平衡原则角度分析，知识产权刑法保护的价值取向无外乎为了保护个人利益和社会公益（包括国家利益）。从刑事立法角度分析，我国刑法将知识产权罪置于破坏市场经济秩序罪中，表明立法者更加强调从市场经济管理制度的层面认识知识产权的刑法保护。从犯罪构成理论角度分析，侵犯知识产权罪作为一个类罪名，都侵犯了一个共同客体即他人的知识产权。

（二）关于商标犯罪

1. 商标犯罪的立法完善

关于驰名商标的保护问题，有文章认为，针对驰名商标的“淡化行为”尽管属于商标侵权行为，但显然不符合刑法所规定的假冒注册商标犯罪的客观方面的特征，根据刑法罪刑法定原则的要求，该行为不得以犯罪论处，只能以民事侵权行为论处。有学者则进一步建议，《刑法》第213条应增加一款，明确将驰名商标纳入刑法保护的范围。

关于服务商标的问题，有学者认为，由于我国现行刑法并未将假冒他人注册服务商标规定为犯罪，所以这种行为还不宜被认定为犯罪。但该论者建议我国刑法应明文规定假冒注册服务商标行为为犯罪。另有学者则建议，在以后的刑法修正案明确规定，对于假冒他人注册服务商标或者非法制造、销售非法制造的服务商标标识，情节严重构成犯罪的，应按假冒注册商标罪定罪量刑。

2. TRIPs与商标犯罪问题

有文章专门研究了WTO框架下的TRIPs对商标犯罪的影响。其论者指出，我国已基本达到了TRIPs的最低要求，初步建立了商标权保护的刑事法律体系。但为了有效控制、预防商标犯罪，仍需对商标犯罪的现行刑法规定进一步加以完善。

3. 假冒注册商标罪

有论者简要述及假冒注册商标罪的构成特征，认为假冒注册商标罪一般都以营利或获取非法利益为目的，但营利目的不是其主观方面的必要要件。有学者则以比较研究为视角，专门论述了假冒注册商标罪客观行为特征。该论者认为，由于没有为我国《刑法》第213条所明确规定，因而将与他人注册商标相同的文字作为同类产品的商品名称的行为，以及影射商标的行为，在我国不能以假冒注册商标罪追究行为人的刑事责任。鉴于我国刑法关于假冒注册商标罪客观行为样态规定的狭窄，有论者建议将我国商标法所规定，但尚未在刑法中予以反映的其他形式的情节严重的商标侵权行为，规定为假冒注册商标罪的行为形式。

4. 销售假冒注册商标的商品罪

有学者认为：商品促销中搭送假冒注册商标的商品的行为以及用假冒注册商标的商品支付债务的行为，都应属于销售行为。销售者与购买者达成商品购销的合意之时，才能认定其销售行为已经着手。销售行为的完成是行为人已经将假冒注册商标的商品销售出去，而且实际所获的销售金额达到法律规定的数额较大的程度。关于本罪的未遂形态，有论者认为，应当承认销售未遂的行为可以构成犯罪，但应正视销售假冒注册商标的商品罪属于轻罪、销售未遂的危害程度多属轻微的客观事实，在司法实务中，宜紧缩销售未遂成立犯罪的范围。

5. 非法制造、销售非法制造的注册商标标识罪

有论者认为：所谓非法制造、销售非法制造的注册商标标识罪，是指以行使为目的，伪造、擅自制造他人注册商标标识或者销售伪造、擅自制造的注册商标标识，情节严重的行为。本罪中的“伪造”应为有形伪造，即指无注册商标制造权的人，以他人名义制造注册商标；“擅自制造”是有注册商标制作权的人，以自己名义，制成虚假“注册商标”，即“无形伪造”；“销售”是指明知是伪造、擅自制造的注册商标标识而仍然将其作价有偿转让给他人的行为。

（三）关于假冒专利罪

有学者指出：假冒专利罪的犯罪对象是取得专利的发明创造，且在我国还进一步被限定为有效的专利，这与英、美、法等国有所区别。假冒他人外国专利的行为，应当予以相应的经济或者行政制裁，但不能构成假冒专利罪。至于假冒授权的植物新品种的行为，虽然在法国、美国、德国等国家均可以假冒专利罪论处，但由于我国专利法并未明确将植物新品种权规定为专利的一种类型，因而在我国还不能以假冒专利罪予以刑事制裁。

有论者主张增设侵犯专利权罪，对于故意侵犯他人专利权，情节特别严重的，依法追究刑事责任；同时，建议将《刑法》第216条所规定的“假冒他人专利”修改为“假冒专利”，使“假冒专利罪”适用于“假冒他人专利”和“冒充专利”两种行为。

（四）关于侵犯著作权犯罪

1. 关于侵犯著作权罪

有文章专门论述了侵犯著作权罪的概念和特征，认为侵犯著作权罪是指以营利为目的，违反著作权管理法规，侵犯他人著作权，违法所得数额较大或者有其他严重情节的行为。

有学者认为，侵犯著作权罪四种法定的行为方式本质上都是“盗版”行为。对侵犯著作权罪中的“复制发行”，应当理解为“既复制又发行”。有论者认为，虽然《著作权法》第47条第1、3、4、6、7项都有侵犯他人著作权要承担法律责任的规定，但根据罪刑法定原则，由于侵犯著作权罪只包括法定的四种行为，而不包括其他行为，故对于那些未经著作权人许可，表演、放映、广播、摄制、改编、汇编、通过信息网络传播其作品，情节严重的行为，无法追究其刑事责任。当然，从应然的角度讲，完全可以采取增加概括式规定，通过开放式的罪状设计，在已有的 4 种情形以外，增加第五种行为方式，即“以其他方法侵犯他人著作权的”。

有学者主张：应当将著作权法新增加规定的“杂技艺术作品”列入侵犯著作权罪所指“其他作品”的范畴，这符合刑法立法的本意。但由于现行著作权法已明确将“建筑作品”排除在“美术作品”之外，因而刑法中所指“美术作品”不应再包括“建筑作品”。

有论者认为，在侵犯著作权罪危害的具体计算方法上，不应当以侵权行为人“违法所得”来衡量，而应以其“非法销售金额”来衡量。

2. 关于销售侵权复制品罪

有论者揭示了司法实践中对销售大量侵权复制品的行为人很难适用销售侵权复制品罪追究刑事责任的原因：(1) 司法解释规定的销售侵权复制品罪的追刑起点较高；(2) 违法所得数额和侵权复制品的性质难以取证和认定；(3) 对销售侵权复制品行为适用非法经营罪而不是销售侵权复制品罪，这也是由非法经营罪的构成要件不明确所决定的。有论者认为，尽管对销售侵权复制品行为以非法经营罪量刑，能够使犯罪人受到更为严厉的刑事处罚，但也存在不符合版权保护的要求乃至不符合国际惯例的法律瑕疵。以此为基础，该论者提出如下建议：(1) 修改销售侵权复制品罪的追刑标准；(2) 由销售侵权复制品人承担证明复制品合法来源的责任；(3) 司法实践中，在判处刑罚时应当注意适用罚金刑。

3. 关于网络环境下著作权的刑法保护

有论者专门论述了网络环境下著作权的刑法保护问题，认为运用网络侵犯著作权犯罪的社会危害性更大，而刑法对于网络环境下著作权的保护则呈现出诸多缺陷：(1) 刑法对著作权的保护范围规定得过窄，使许多严重侵犯著作权的行为得不到刑法的保护；(2) 我国刑法对侵犯著作权的刑罚手段规定得不够全面，也不便操作；(3) 著作权人和普通公民对著作权的刑法保护意识淡薄，公共知识产权观念落后。该论者借鉴外国立法例，提出了网络环境下著作权保护的具体措施：(1) 扩展新刑法对著作权的保护范围；(2) 丰富刑事救济手段，加强刑罚惩治力度；(3) 健全法规法制，加强法律意识。

4. 关于侵犯著作权犯罪之立法完善

有学者在分析现行侵犯著作权犯罪立法缺陷的基础上，提出了诸多立法建言：（1）立法模式应采用分散型方式，而不应采用法典方式。（2）应当将侵犯著作权犯罪预备行为法定化为一种独立的犯罪行为加以刑罚处罚。（3）在主观要件上，不应强调以营利为目的，只要行为人以故意的具有商业规模的行为实施侵权，即可作为犯罪处理；在量刑方面应考虑采用以被侵权人实际受损标准替代原来的侵权人非法所得标准。（4）刑罚适用上应强调罚金刑的适用，弱化自由刑的运用。（5）加强对于著作权犯罪被害人权益的保护立法。

有论者认为：《刑法》第 217 条对侵犯著作权罪要求“以营利为目的”是没有根据的。对基于其他复杂动机或目的而侵犯著作权，情节严重的行为，也应当规定为犯罪。因此，建议取消“以营利为目的”，而改为“违反著作权法的规定”。也有学者认为：“以营利为目的”只能说明侵权行为人的特定目的，并不直接反映出所侵害的客体，也不能集中反映该行为的社会危害性，因而并不能对侵犯著作权罪与非罪的界定起决定作用，也就不能作为侵犯著作权犯罪的主观归责条件。刑法这一规定不仅偏离了设立该罪的立法目的，而且在司法实践中还具有难以操作和不利于打击犯罪的弊端。该论者建议参照德国著作权法的规定，不将“以营利为目的”作为侵犯著作权犯罪的主观构成要件，只是作为加重处罚的条件。

有学者则认为：我国刑法对侵犯著作权罪的法定刑设计当以 5 年有期徒刑并处罚金作为法定最高刑。同时，还可以在侵犯著作权罪的刑事责任中，直接列入对犯罪人并处一定时期禁止从事相关职业的内容，即规定“资格刑”，以剥夺其再犯可能性。

（五）关于侵犯商业秘密罪

1. 侵犯商业秘密罪的构成

有学者认为：侵犯商业秘密罪的客体应为复杂客体，即既侵犯了公平竞争的市场秩序，也侵犯了商业秘密权利人的所有权、使用权。从本质上来看，其主体仍然是一般主体。针对本罪在罪过形式上存在的诸多争议，有学者认为，对于直接侵犯商业秘密的行为，其主观方面只能是出于故意；对于间接侵犯商业秘密的行为，其主观方面则可以是故意，也可以是过失。有论者建议对过失侵犯商业秘密的行为，应当单独设立过失侵犯商业秘密罪，以准确对该种行为进行惩处。但也有论者认为，对于“应知”行为，应当通过经济的、行政的手段予以补救，而无须动用刑罚这一最后的手段。

有学者认为，侵犯商业秘密犯罪的实行行为，可以概括为四种行为类型：一是采用非法手段获取商业秘密，既可能是采用不正当手段直接从权利人手中获取，也可能是从侵权行为人那里获取；二是非法披露商业秘密，既可能是采用不正当手段或从非法途径获取者披露，也可能是合法知悉者违反保密义务而披露；三是非法使用商业秘密，既可能是采用不正当手段获取者直接使用，也可能是合法知悉者不经权利人许可而使用；四是非法允许他人使用商业秘密。

2. 关于犯罪结果

大部分学者认为侵犯商业秘密罪是结果犯，无论是故意形式的还是过失形式的侵犯商业秘密行为，“给商业秘密的权利人造成重大损失”都应当是犯罪成立的条件。而且，此处给权利人造成经济损失仅限于直接损失，而不包括间接损失；而直接损失只能是指实际损失，不包括可能的损失。但也有论者认为，此处造成的损失不仅限于量的减损即直接的利益减损，同时还应包括一种“无形减损”，即权利人因商业秘密被侵犯而遭受的竞争优势和竞争能力的丧失。关于损失的计算方法，不少论者指出，将商业秘密自身价值作为侵犯商业秘密给权利人造成的损失是不准确的。有学者认为，对于给权利人造成损失数额的认定，在能够计算权利人损失数额的场合，应当计算权利人的损失数额；在权利人的损失数额难以计算时，以侵权人在侵权期间因侵犯商业秘密所获得的实际利润计算权利人的损失数额。

3. 关于犯罪对象

有学者认为：本罪侵害的对象是商业秘密，即不为公众所知悉，能为权利人带来经济利益，具有实用性并经权利人采取保密措施的技术信息和经营信息。它必须具备以下特征：（1）新颖性，即不为公众所知悉。这里的“公众”，一般是指有可能从该商业秘密的利用中取得经济利益的同业竞争者，而不是泛指所有的自然人。（2）实用性，即其必须能够用于生产、贸易或管理活动，并能产生积极的效益。（3）价值性，即技术信息或经营信息具有可确定的应用性，能够为权利人带来经济利益和竞争优势。（4）保密性，即权利人对商业秘密采取保密措施。有论者认为，商业秘密除了具有上述四个法定特征以外，还派生出可转让性与非排他性特征以及合法性特征。

四、金融诈骗罪与合同诈骗罪研究

金融诈骗、合同诈骗犯罪是近年来刑法理论持续研究的热点问题。此次会议共收到关于金融诈骗罪的论文 23 篇，关于合同诈骗罪的论文有 20 篇，另有 2 篇则同时涉及金融诈骗罪与合同诈骗罪这两种新型诈骗犯罪。在金融诈骗罪部分，从总体上研究金融诈骗罪的论文有 4 篇，关于贷款诈骗罪的有 6 篇，关于票据诈骗罪的有 2 篇，关于信用卡诈骗罪的有 3 篇，关于保险诈骗罪的有 5 篇，关于集资诈骗罪、金融凭证诈骗罪以及期货诈骗犯罪的各有 1 篇。

（一）关于金融诈骗罪

1. 关于金融诈骗罪的宏观研究

有论者从立法逻辑角度阐述金融诈骗罪设立的必要性，认为金融诈骗罪的设立突出了同类客体，体现了各罪的特征，有助于与外国立法例接轨。

有论者认为，刑法分则专节规定“金融诈骗罪”，从体例上来说与其他章节不够协调；而且，其在刑法理论与刑事司法实践的适应性方面、在刑事立法的价值取向与刑法历史发展趋势的趋同性方面、在刑事立法形式与刑法基本原则的一致性方面等均存在商榷的余地。有论者认为，金融诈骗就是普通诈骗罪的具体化，没有单独的立法价值。对于金融诈骗罪适用死刑，缺乏正当根据，应当对其广泛适用包括没收财产、罚金以及剥夺资格刑在内的各种经济制裁手段。为此，该论者建议在立法上作出如下修改：（1）取消刑法第三章第五节的规定，对其所属 8 种犯罪形式仍然归并入诈骗罪的范畴，但在立法技术上可考虑采用较为灵活的方式。（2）完善诈骗罪的犯罪构成与刑罚设计，将各种金融诈骗犯罪及合同诈骗罪予以包容规定，摒弃重刑思想，废除金融诈骗犯罪中的死刑刑种，仍依《刑法》第 266 条的规定确定诈骗罪的刑罚幅度，同时，增设单位诈骗罪的规定。

有论者认为，我国现行金融诈骗犯罪的立法模式采用的仍然是传统诈骗犯罪的目的犯模式，不利于防范和制裁金融领域的各种虚假陈述的欺诈犯罪，因此，有必要架构起目的犯加行为犯的双重模式，实现对金融资金与金融秩序和信用的一体保护，更好地维护金融安全。

有论者建议：应尽快出台规制基金、信托领域的刑事立法。而且，金融新工具的涌现，已超出了金融凭证、有价证券所能涵盖的范围，因此，在立法上或司法解释中对其性质归类作出明确的界定十分必要。有论者则基于我国金融诈骗罪的立法未能涉及以金融衍生工具为工具或对象的诈骗犯罪，主张在金融诈骗罪中增设计算机金融资产诈骗罪，并将信用卡诈骗罪修改成为电磁卡诈骗罪。

有论者专门就金融诈骗罪设置死刑条款存在的诸多问题，进行了分析探讨。该论者认为，金融诈骗罪设置死刑条款不符合国际刑事立法潮流，违背罪刑相适应刑法原则，而且在司法实践中也没有存在的必要。因此，建议取消《刑法》第199条规定的四种金融诈骗罪中适用死刑的条件，使之与其他诈骗罪一样，最高刑为无期徒刑。

2. 关于集资诈骗罪

有论者认为，在具体认定集资诈骗罪时，要在对集资诈骗行为和非法占有目的作出正确判断的基础上，即客观方面符合“非法集资”“使用诈骗方法”和主观方面存在“非法占有”目的，结合犯罪数额、犯罪情节、犯罪主体和犯罪客体等进行全面、客观的综合考量。有论者研究了集资诈骗罪停止形态，认为本罪属于结果犯，区分既遂与未遂的主要标志是看行为人是否在实际上非法占有了集资款。

3. 关于贷款诈骗罪

有论者对房地产开发商“假按揭”贷款欺诈行为的刑法规制问题作了探讨，认为该行为既构不成贷款诈骗罪，亦构不成合同诈骗罪，而只能以普通诈骗罪追究其刑事责任。鉴于此，该论者建议增设“虚假陈述骗取贷款罪”，并将“贷款诈骗罪”的犯罪主体扩大至单位。但另有论者认为，对于单位十分明显地以非法占有为目的，利用签订、履行借款合同诈骗银行或其他金融机构贷款，符合合同诈骗罪构成要件的，应当以合同诈骗罪定罪处罚。但对为了实施诈骗犯罪而成立房地产开发公司，利用虚假楼宇按揭来骗取银行的贷款，则应该作为个人犯罪，以贷款诈骗罪追究行为人的刑事责任。

有论者认为：尽管贷款诈骗罪与合同诈骗罪分属不同类型的犯罪，但两者不仅在行为方式上，而且在犯罪的目的上存在竞合之处。在司法实践中，对贷款诈骗犯罪中的单位贷款诈骗和取得贷款之后产生非法占有目的的行为，如果运用合同诈骗罪处理，就能解决其中的棘手问题。

对于银行工作人员与外部人员联手从事贷款诈骗的案件，有学者认为，以共同犯罪所体现出来的基本特征来认定共同犯罪的罪名，既符合罪刑相适应的原则，防止特殊主体介入造成罪名变轻的不合理现象，又不至于机械套用，以某种共同犯罪人的分类作为整体认定标准。有论者则认为，金融机构工作人员与金融机构以外的人员相互串通，共同勾结，采取冒名贷款手段骗取贷款的，应共同构成贷款诈骗罪，以共犯论处。

有论者则就如何惩治金融领域债务人从立法、政策、措施上提出一些设想，主张建立债务人惩治制度，完善贷款诈骗罪立法。有论者建议全国人大尽快作出修改现行刑法，严厉打击债务人逃避债务犯罪的决定，甚至主张有选择地适用死刑。

4. 关于金融凭证诈骗罪

有学者指出：由于伪造、变造汇票、本票、支票进行诈骗的行为构成票据诈骗罪，故金融凭证诈骗罪中的金融凭证排除了汇票、本票、支票。至于拨款凭证、银行进账单等则都属于金融凭证。金融凭证诈骗罪在主观上必须具有非法占有的目的。对于使用作废的银行结算凭证或冒用他人的结算凭证进行诈骗的行为，目前只能依照普通诈骗罪进行处罚，而不能构成金融凭证诈骗罪。

5. 关于票据诈骗罪

有论者认为：票据诈骗罪是目的犯，非法占有目的是必备构成要件。其所谓明知只能是行为人“已经知道”；就“明知”的程度而言，不仅包括确切知道，还包括具有明知可能性。冒用他人票据之所谓票据是否真实有效，不影响行为人主观恶性本质的评价。对于“连续诈骗行为同时涉及票据诈骗与其他诈骗罪名”的情况，有论者认为，应严格依照数个行为符合的数个不同犯罪构成，进行数罪并罚。有论者认为，票据诈骗罪是结果犯，其既遂与未遂的标准应当是行为人是否实际取得财物。

6. 关于信用卡诈骗罪

有学者认为：所谓信用卡诈骗罪，是指以非法占有为目的，捏造或者隐瞒与信用卡相关的事实或者真相，数额较大的行为。本罪的客体是信用卡管理制度和公私财产所有权。行为人所使用的伪造的信用卡，既可以是他人伪造的，也可以是自己伪造的；所使用的作废的信用卡，既可以是自己持有的作废信用卡，也可以是他人持有的作废信用卡。冒用他人的信用卡的成立，通常不受信用卡来源的限制。但是，抢劫信用卡而使用的，应按抢劫罪与信用卡诈骗罪的牵连犯，适用“从一重罪处断”的原则定罪处罚。

有学者对“盗窃信用卡并使用的”以盗窃罪定罪处罚的规定提出质疑，认为该条款的规定不具有科学性。有论者认为：盗窃信用卡后不是用于取现、购物和享受服务，而是用它作为一种资信证明、抵押物来骗取他人的信任从事经济活动，则不应按盗窃罪定罪处罚。此处的使用应包括出售，即盗窃信用卡后出售给他人的行为也应按盗窃罪定罪处罚。此外，盗窃并使用信用卡并不包括盗窃伪造的信用卡、作废的信用卡而使用的情况。有学者指出，盗窃信用卡并使用的，只有使用信用卡取得了他人财物（或用来支付了费用），才能构成犯罪既遂。

7. 关于保险诈骗罪

有论者认为，保险诈骗罪是指以非法占有为目的，以各种不法手段，使与其保险交易的相对方陷于认识错误或持续陷于认识错误，诈骗较大数额保险金或保险费，从而主要侵犯了国家保险制度和保险公司财产所有权的行为。保险诈骗罪应以非法占有为目的，这为大多数学者所赞同。

有论者详细分析了我国刑法中保险诈骗罪的客观表现形式，并在此基础上建议在现行《刑法》第 198 条第 1 款中增加以下几项：（1）恶意重复保险，骗取保险金；（2）被保险人自伤、自残、自杀，骗取保险金；（3）行为人以不作为的方式，放任保险事故发生，骗取保险金；（4）保险方诈骗投保方保险费。有学者认为，对于“虚构保险标的”应该有正确的理解。超额投保、事后投保可以视为“虚构保险标的”，但隐瞒保险危险、恶意重复投保等情形，则不属于“虚构保险标的”。因此，建议在《刑法》第 198 条第 1 款增加这两种情形。至于以非保险标的冒充保险标的的行为，应按照第 198 条第 1 款第 3 项处理。

有论者认为：我国刑法中的保险诈骗罪为结果犯，即行为人实施了保险诈骗行为，骗到了保险金的构成既遂，没有骗到保险金的为未遂。保险诈骗罪中的着手应以行为人向保险人申请给付保险金为开始。对于已经着手向保险人申请给付保险金，由于意志以外的原因，犯罪未能得逞的，是保险诈骗罪的未遂。保险诈骗未遂，情节严重的，才应依法追究刑事责任。

有学者认为，将投保人视为保险诈骗罪主体之一，不甚妥当，不符合保险诈骗罪的特点；而且，单位其实只能构成第 198 条第 1 款规定的前三种情形的保险诈骗罪。

对于内外勾结骗取保险金行为，有论者认为，若投保人、被保险人或受益人勾结保方人员共同编造未曾发生的保险事故，再由保方人员利用职务便利，进行虚假理赔，骗取保险金，共同分赃的，应定贪污罪或职务侵占罪。但若双方共同虚构保险标的、对发生的保险事故编造虚假原因或夸大损失，骗取保险金，即使保方人员利用了职务便利，其行为也不能定贪污罪或职务侵占罪，而应按保险诈骗罪的共犯处理。也有论者主张：保险合同当事人与保险公司工作人员内外勾结共同骗取保险金的行为符合刑法理论中想象竞合犯的原理，当有身份者利用职务之便的行为构成贪污罪时，实际上其行为也同时触犯了保险诈骗罪，属于保险诈骗罪的共同犯罪人，而贪污罪的量刑明显重于保险诈骗罪的，所以对整个共同犯罪应定贪污罪。但当有身份者利用职务之便的行为构成职务侵占罪时，由于其行为也同时触犯了保险诈骗罪，依照想象竞合犯从一重处断的原则，对整个共同犯罪应以保险诈骗罪定罪处罚。

8. 关于期货诈骗犯罪

有论者指出，因期货诈骗犯罪在现行刑法中缺乏明文规定，故对其只能根据诈骗的犯罪属性以一般诈骗罪处理。但基于期货诈骗犯罪所具有的特性，该论者建议立法机关创设期货诈骗罪，并将之置于金融诈骗罪中。有论者认为，所谓期货诈骗罪，是指行为人以非法占有为目的，在期货活动中采用吃点、利用代理之机，赚取差价、人为延缓成交时间，乘机从中牟利和伪造、篡改、买卖各种交易凭证和文件等欺骗客户手法，使客户遭受数额较大损失并严重影响期货市场正常秩序的行为。

（二）关于合同诈骗罪

1. 关于本罪的客体

关于合同诈骗罪侵犯的客体，理论界众说纷纭。大多数论者认为，本罪既侵犯了对方当事人的财产权，又侵犯了合同的管理秩序，其中，合同管理制度是主要客体，而对方当事人的财产权是次要客体。但也有论者认为，本罪侵犯的客体是正常的社会主义市场经济秩序以及国家、集体、个人合法的财产权益。有论者专门研究了合同诈骗罪的对象，认为作为合同诈骗罪对象的财物可以包括不动产、违禁品、非法活动所得的财物，但不包括专有技术。

2. 关于本罪的客观特征

有论者认为，行为人利用合同从事诈骗犯罪，收受对方财物后即使不逃匿亦有可能成立合同诈骗罪。

有学者认为，本罪之所谓“其他方法”应以“利用合同”进行诈骗为前提。有学者则认为，这里“其他方法”必须符合刑法所限定的构成合同诈骗罪的基本特征，司法实践中合同诈骗的“其他方法”有：(1) 伪造虚假的合同标的；(2) 蒙蔽对方错误签署文件；(3) 利用合同制裁条款骗取定金、违约金；(4) 在货物运输或仓储保管合同中，诈骗者利用运输方式或保管方管理制度不严的漏洞，通过偷盗或者涂改提单，冒充收货人或仓储人骗取货物。

也有学者主张从以下方面界定“其他方法”：(1) 收受对方当事人给付的货物、货款、预付款或担保财产后，无正当理由拒不履行合同义务又拒绝退还，或者没有用作履行合同而无法返还；(2) 利用合同骗取财物用于抵偿债务，而没有实际履约；(3) 利用合同骗取财物进行挥霍，致使无法返还；(4) 虚构不存在的标的，签订空头合同，骗取对方当事人财物；(5) 利用虚假的广告和信息，骗取对方当事人中介费、培训费等相关费用；(6) 利用伪造、变造的合同骗取对方当事人及其代理人或权利、义务继受人的财物；(7) 假冒联合经商、投资、合作协作名义，签订、履行合同骗取对方当事人财物。

有论者则认为“其他方法”还应包括：(1) 设置合同陷阱条款；(2) 使用对方当事人交付的货物、货款、预付款或者定金、保证金等担保合同履行的财产，进行违法犯罪活动，致使上述款物无法返还的；(3) 隐匿合同货物、货款、预付款或者定金、保证金等担保合同履行的财产，拒不返还的。但也有学者认为，对依据“合同陷阱”条款追究对方当事人违约责任而骗取对方当事人财物的行为，因其是以合法形式实现了非法目的，其占有对方财物的行为因对方的承诺而正当化，因此，对此类行为不宜按犯罪追究刑事责任，可通过民事诉讼的途径解决。

3. 关于本罪的主体

多数学者认为，所有制形式不能作为单位犯罪主体的标准，无论是何种类型所有制的单位，都能成为合同诈骗罪的主体。有论者则进一步指出，个人独资企业已被个人独资企业法明确规定为新的企业类型，既然刑法并未对成立单位犯罪主体的企业作任何限制，那么就没有任何理由将个人独资企业排除在单位犯罪的主体之外，个人独资企业也可以构成合同诈骗罪。

4. 关于本罪的主观方面

绝大多数学者都认为，合同诈骗罪主观方面表现为直接故意，以“非法占有”为目的，而不可能对诈骗的结果持放任的态度。

但关于如何理解“非法占有”的含义，理论上却存在诸多争议：有的学者认为，非法占有目的是指明知是公共的或他人的财物，而意图将其非法转归自己或者第三者占有。有的学者则认为，非法占有目的是指非法掌握控制财物的目的。有的学者认为，非法占有目的不仅包括行为人意图“非法所有”他人财产，还包括行为人无非法所有意图，而仅是打算在占用较长时间后予以归还的情形。概言之，合同诈骗罪的非法占有包括“非法所有”和“非法占用”，“非法占用”也属于非法占有。有学者指出，我国刑法把“非法占有”作为合同诈骗罪中的主观目的，并不是简单地理解为该罪只对财产占有权进行了侵犯，而是应当理解为对财产所有权的侵犯。刑法理论中的“非法占有”与“非法占用”是有区别的。合同诈骗罪所谓“以非法占有为目的”就是指犯罪行为人具有将骗取的对方财物据为己有不予返还的目的。

关于非法占有的产生时间，有学者提出在以下三种形式下，均可构成非法占有：(1) 在签订合同之前行为人就打算通过合同骗取他人财产；(2) 在签订合同之时行为人是打算履行合同还是骗取他人财物处于不确定的朦胧状态，结果取得他人财产后没有履行合同义务，应认定行为人有非法占有他人财产的目的；(3) 行为人一开始希望通过正常履行合同实现合同利益，在履行合同过程中主、客观条件发生了变化，行为人由没有非法占有他人财产的目的转变为有非法占有他人财产的目的。也有学者将之概括为两种情况，即签订合同时就有非法占有目的，以及签订合同后由于情况变化行为人产生了非法占有目的。有学者认为，合同诈骗是目的型犯罪，其非法占用形式只能是在签订合同之前行为人就打算通过合同骗取他人财物。

5. 关于合同的范围与形式

有论者主张，应将“合同”限定为经济合同。有些论者认为，合同诈骗罪并不只限于经济合同范畴，利用劳动合同、行政合同以及保管合同、运输合同等进行诈骗犯罪的，也应构成合同诈骗罪。大部分与会论者则认为：合同诈骗罪中的“合同”，应当包括所有经济合同、民事合同，其中民事合同既包括债权合同，也包括抵押合同、质押合同、土地使用权转让等物权合同、合伙合同、联营合同、承包合同。但是，其他有关身份关系的协议，赠与、委托等单务的、无偿的合同以及行政法上的行政合同、劳务合同等不属于合同诈骗罪中的“合同”。

司法实践中，对于利用口头合同形式或者其他合同形式进行诈骗犯罪的是否按合同诈骗罪论处，有不同的观点。有部分论者认为，合同诈骗罪的认定不是以合同形式为标准的，不应当受到合同形式的限制。但也有不少论者主张，合同诈骗罪中“合同”的形式应限定为书面合同。有学者则认为，从证据的客观可见性要求来说，口头形式的合同举证困难，不应成为合同诈骗罪中的“合同”。

6. 本罪与民事欺诈、合同纠纷行为的界限

与会论者普遍认为：区分合同诈骗罪与民事欺诈关键是看行为人主观上是否有非法占有的目的。至于对非法占有目的的判断，往往涉及司法推定的问题。正如有论者指出的，非法占有目的是一种主观心理态度，除其本人外，外人不能确知，故在行为人否认具有非法占有目的时，只能依据行为人外在的客观行为，结合审判实践经验，由法官进行分析、推断后，最终形成内心确信。

关于合同诈骗罪与合同纠纷的界限，与会学者一致认为：应从客观上看行为人有无履行合同的实际能力或担保，从主观上看行为人是否具有非法占有他人财物的目的。在考察一种行为是合同诈骗还是合同纠纷时，应从下述几个方面综合分析，判断行为人主观上是否具有非法占有的目的：（1）行为人有无实际履行合同的能力；（2）行为人是否采取了欺骗手段；（3）行为人是否有履行合同的实际行为；（4）标的物的处置情况；（5）行为人在违约后有无承担责任的实际行动；（6）行为人未履行合同的原因。只要坚持主、客观相统一原则，牢牢把握合同诈骗罪的基本特征，综合分析案件中的各种事实，就可以划清两者的界限。

7. 关于本罪的数额与犯罪停止形态

有部分论者认为，认定本罪数额应当区别情况，具体分析：在既遂的情况下，应以受骗者因被骗而实际交付诈骗分子的合同预付款数额为“诈骗数额”；在犯罪未遂的情况下，则应以诈骗分子行骗的合同标的数额作为诈骗数额。也有部分论者主张：应以受骗损失数额作为合同诈骗罪的定罪数额。受骗损失有直接损失与间接损失之分，作为合同诈骗定罪数额的只能是受害方的直接损失数额，而间接损失数额只能作为重要的量刑情节予以考虑。

有论者主张，对合同诈骗罪的犯罪预备通常不予定罪处罚；合同诈骗犯罪未遂，情节严重的，应当定罪处罚；利用合同形式实施诈骗犯罪，只有在实际控制或者取得了数额较大的财物时，才构成合同诈骗罪的既遂。

此外，在共同合同诈骗中，如何确定各共同犯罪人的诈骗数额和刑事责任，也是一个争议较大的问题。有论者主张，在确定各共同合同诈骗犯罪人诈骗数额和刑事责任时，应适用犯罪总额说。也有论者进一步认为，对共同犯罪的定罪应坚持“犯罪总额说”，而量刑则应根据各个共同犯罪人在共同犯罪中的不同地位和作用，兼顾“分赃数额说”和“参与数额说”。

8. 一罪与数罪的认定

有论者认为：连续诈骗行为同时涉及数种诈骗罪名，属于犯罪方法各异、触犯罪名不同、相互独立的连续诈骗犯罪，应实行数罪并罚。在连续诈骗行为中，当各种特殊诈骗行为及普通诈骗行为，各自涉案数额达不到定罪标准、不构成犯罪，而其诈骗总数额按照任何一种诈骗犯罪的定罪标准都可达到定罪标准的，这种情况不能分别处理，而应当把这些诈骗行为作为有机整体看待，以《刑法》第 266 条为基准，进行罪与非罪的评判；构成犯罪的，依照普通诈骗犯罪定罪处罚。

9. 合同诈骗罪的立法完善

有学者提出了完善合同诈骗罪的立法建议：（1）适当扩大合同诈骗罪的犯罪对象的范围，把“财产性利益”也纳入规范体系；（2）完善“以非法占有为目的”的规定，把“非法占有为目的”，改为“以非法取得他人财物或其他财产性的利益为目的”；(3) 使合同诈骗罪中的“其他方法”相对具体。

五、妨害公共卫生犯罪相关问题研究

2003年4月至6月，“非典”疫情肆虐华夏大地，疫情提醒我们，对于公共卫生不容忽视，刑法亦应担负起相应之责任，对妨害公共卫生犯罪相关问题的研究应予以相当关注。本次年会有25篇论文对此一论题进行了较深入的探讨，以全面检讨我国现行的妨害公共卫生犯罪的立法规定与司法实践，为完善刑法正确应对突发公共卫生事件提出理论建议。具体而言，主要集中在以下几个方面。

(一) 妨害公共卫生犯罪宏观问题

1. 妨害公共卫生犯罪涉及的刑法基本理论问题

(1) 疫学的因果关系理论。有论者认为：由于传染病犯罪是以传染病的传播作为其因果环节，其因果关系具有复杂性，传统的因果关系理论已难以胜任该类因果关系的认定，因而必须借鉴德日刑法中的疫学因果关系理论。对被害人为不特定多数的案件，应根据“疫学五要素”来认定因果关系；对被害人为特定的案件，应根据“密室犯罪原理”来认定因果关系。也有论者认为，可以将疫学方法论应用于某些医疗事故犯罪因果关系的认定。同时，有论者对该理论的运用持谨慎的态度，认为疫学方法论应当是医疗事故犯罪因果关系认定中的最后手段，应主要用于因果关系的消极排除，而不能一概地应用于积极证明因果关系的存在。

(2) 刑罚理念问题。有学者认为：犯罪是刑罚的前提和基础，罪刑法定和罪刑均衡的观念应贯穿刑法始终，无论是平日还是特殊时期。突发传染病疫情所造成的特殊情势尚不足以撼动罪刑法定主义和罪刑均衡原则。但基于规范违反说的立场，对非常时期的犯罪行为适用较重的法定刑是顺理成章的事。非常时期的刑事政策理应注重它的灵活实用，但罪刑法定主义和罪刑均衡原则丝毫不可动摇。对“非典”犯罪依法从重处罚，是在上述大前提之下、符合社会伦理情感和近代刑法学派的刑法观的。

2. 关于完善我国现行妨害公共卫生犯罪的思考

（1）对现行有关妨害公共卫生犯罪立法的评价。有学者认为，现行刑法不但与传染病防治法不对接，而且缺少紧急状态下传染病防治危机时期治罪“应急”条款（在平常为备用），加之上述传染病罪刑条款规制本身的缺陷、漏洞和局限性，使其缺乏“应急”之活力。有论者进一步指出，我国刑法在妨害公共卫生犯罪立法方面存在着以下几个偏差：一方面，在宏观上，立法重点发生偏差，没有将直接关乎公民与公众生命健康的公共卫生犯罪置于类罪、章罪地位，强调人权与公益，而其立法重点仍然是社会管理秩序和政治秩序，这与我国建立市场经济制度之后由“政治立法”向“市民立法”过渡或转变的历史趋势不吻合，落后于时代精神之发展。尤其把传播性病罪置于有伤社会风化的“卖淫罪”一节，对该罪的社会政治评价与立法价值取向更加不当。另一方面，在微观上，《刑法》第330条规制的是违反传染病防治法引起甲类传染病传播或有传播危险的犯罪，未及引起其他传染病传播或有传播之危险而构成犯罪的情形，形成了立法空当或漏洞；《刑法》第331条规制的是传染病菌种、毒种扩散罪，虽然未限于甲类传染病菌种、毒种的扩散，但却将犯罪主体锁定为特殊主体，而未及一般主体，等等。

为了适应抗击“非典”这一突发事件，弥补现行立法的不足，最高人民法院和最高人民检察院联合颁布了《关于办理妨害预防、控制突发传染病疫情等灾害的刑事案件具体应用法律若干问题的解释》。有学者认为，由于该解释没有考虑与行政法与其他刑法条文的衔接和协调，出现了顾此失彼的现象。有鉴于此，另有论者一针见血地指出：一个规模巨大的法治社会，如果仅仅靠一两个部门的急功近利的“司法解释”来维护社会的长治久安，来应对一切可能发生的事件，显然是不理性的，其后果不堪设想，因此，有必要对现行有关妨害公共卫生犯罪立法进行完善，以应对可能突发的公共卫生危机。

（2）关于立法体例。在有关妨害公共卫生犯罪刑事立法理念上，有学者认为，突发性公共卫生事件是一种公共紧急状态，公共紧急状态时期的社会特征及犯罪特征明显地不同于平常时期，许多国家都备有“紧急状态下的反应”或“应急”法律规范，以防止灾害的扩大或绵延，因此，我国也有必要设立单独的刑事法律制度，专门应付包括突发性公共卫生事件的公共紧急状态。该论者根据突发性公共卫生事件下的犯罪所具有的特征，提出了突发性公共卫生事件下刑事法律制度的特征。

对于妨害公共卫生犯罪在刑法规范中的地位，有论者认为，应当将现在规定于刑法分则第三章中的生产、销售假药罪，生产、销售劣药罪，生产、销售不符合卫生标准的食品罪，生产、销售有毒、有害食品罪，生产、销售不符合标准的医用器材罪，生产、销售不符合卫生标准的化妆品罪，以及现在规定于刑法分则第六章第八节中的传播性病罪，改为规定于“危害公共卫生罪”一节之中。其理由是对于上面所列几种生产、销售特殊伪劣商品的犯罪，不应将其主要侵害客体视为产品质量管理秩序问题或市场经济秩序问题，而应看到它们先是公共卫生问题，而传播性病罪的实质无非是一个危害公共卫生的问题。另有学者更进一步指出，宜将妨害公共卫生的犯罪和破坏环境保护的犯罪，从刑法分则第六章“妨害社会管理秩序罪”中分离出来，使其独立成罪，立足于类罪之“林”，去其原节罪地位，以示立法对人文的关怀与珍重。

（3）具体罪名的完善和增减。关于妨害传染病防治罪的完善，多数学者都认为，我国刑法中的妨害传染病防治罪涵盖面过窄，该罪的追究范围锁定为法定甲类传染病的传播或有传播危险的行为，突出了惩治的重点，这无疑是正确的，但在重点追究之下，也应顾及其他法定（乙类和丙类）传染病的传播或有传播危险的行为。因此，有学者认为：可以在《刑法》第330条规定的妨害传染病防治罪后面增加一款，对此进行规制，并同时规定，单位犯本罪，实行两罚制。传染病防治失职罪，罪状可考虑改变原情节犯的设置模式，而设置成基本构成＋加重构成模式，相应地把法定刑也设定成两个档次。另有学者认为，针对妨害传染病防治罪在立法上的缺陷与不足，一是在立法上对《刑法》第330条进行修改，适当增加传染病的类型和范围。二是出现传染病突发事件，由国务院及时作出规定，将甲类传染病范围扩大。这种做法灵活、机动，且不用修改法律，在现阶段较为可行。

关于妨害公共卫生犯罪新罪名的设立，有学者认为，应增设歧视罪，确保传染病病人、传染病疑似病人及其亲属子女的平等权利；增设隐瞒、缓报、谎报信息罪，抵御疫情灾情侵害和危机，确保公民权益；增设猎野、养野、售野、食野传播病菌、病毒罪，保护生态环境，确保公民卫生生活和生命质量。亦有学者认为，应当在“危害公共卫生罪”一节中增设“非法隐瞒重大公共卫生信息罪”，相关犯罪行为不再按照《刑法》第409条规定的传染病防治失职罪论处，但仍保留该罪名。又有学者认为，由于2003年4月～6月“非典”肆虐，并可能卷土重来，我国现行刑法不能有效应对和惩处故意传播“非典”病毒的行为，因此，可考虑增设故意传播“非典”病毒罪，增加规定“故意传播突发性传染病与严重传染病罪”与“过失传播突发性传染病与严重传染病罪”。

（二）妨害公共卫生犯罪具体罪名的研究

1. 妨害传染病防治罪

（1）本罪的客体问题。对本罪的客体，学者之间存在着争议。有论者认为，本罪的客体是简单客体，即国家对传染病防治的有关管理制度。多数学者认为本罪的客体是复杂客体，但对于何者为主要客体存有不同看法：一种观点认为本罪的复杂客体包括公共卫生和对国家关于传染病防治的管理制度，主要客体是公共卫生，其次要客体是国家关于传染病防治的管理制度；另一种观点认为后者是本罪的主要客体，前者是次要客体。

（2）妨害传染病防治罪的客观要件问题。对于《刑法》第330条第4项的规定——“拒绝执行卫生防疫机构依照传染病防治法提出的预防、控制措施的”，有学者认为，这一概括性的规定，应当理解为前3项规定之外的所有违反卫生防疫机构依法提出的对甲类传染病预防和控制措施的各种情况。

对于“甲类传染病传播的实害结果”，有论者所持的观点是，“应当是指不特定多数人的健康人群实际受到感染的实事，如果只是小范围的人群受到感染，采取措施就能够有效控制传播的，不宜视为已经发生实害结果”。

关于如何认定“引起甲类传染病传播严重危险”，有学者指出，应当是以本罪犯罪构成的要求来考虑，对危险性的判断应当在行为结束之后。另有学者进一步提出，认定妨害传染病防治罪中要求的危险状态是否存在是一个专业性很强的问题，在司法实践中通过传染病技术鉴定组织进行技术鉴定，将使危险状态的判断更为客观科学。

学者一致认为，妨害传染病防治罪在客观方面表现为具有引起甲类传染病传播或者有传播严重危险的四种行为，在国务院没有增加甲类传染病病种、把"非典"确定为甲类传染病的情况下，对妨害传染病防治罪客观行为特征不能作扩大解释，因此，对于"非典"病人传播"非典"病情的行为，不能适用妨害传染病防治罪来追究刑事责任。

（3）本罪的主体方面的问题。对于本罪的主体，学者们普遍认为是一般主体，但由于其具体行为不同，相应的主体也不同。

对于本罪中的"供水单位"，有学者认为，应从形式和实质相结合的角度来理解，即具有合法的供水资质，取得供水许可，实际上提供了饮用水。

还有论者探讨了本罪中如何区分自然人犯罪与单位犯罪的问题，主张借鉴目前理论上主张的"行为是否体现单位意志"来衡量。

（4）本罪的主观方面的问题。在这一问题上，学者们一致的看法是，只有"行为人对其行为所造成的引起甲类传染病传播或者有传播严重危险的危害结果"所持的心理态度，才是判断的依据，因此，本罪的主观罪过只能是过失，即本罪主体对其违法行为所造成的引起甲类传染病传播或有传播严重危险这一危害结果所持的心理态度为过失。而对违反传染病防治法规定的行为本身，少数学者认为行为人对于违反传染病防治法规定的行为是故意，多数学者的观点是通常表现为故意，但也可能为过失。

（5）妨害传染病防治罪与过失以危险方法危害公共安全罪的界限。有学者认为，两罪除主观特征都是过失外，主体特征、客体特征和客观特征均有不同之处；此外，过失以危险方法危害公共安全罪为结果犯，其行为必须造成人身伤亡或者公私财产重大损失的严重后果的，才构成犯罪。

另有论者指出，如果对于违反传染病防治法的规定，引起甲类传染病以外的（如乙类传染病等）传染病传播严重危险的，均不符合妨害传染病防治罪和过失以危险方法危害公共安全罪的构成要件，不能定妨害传染病防治罪和过失以危险方法危害公共安全罪。

2. 非法行医罪

对于该罪的探讨主要集中在以下两个问题。

（1）本罪的客观方面问题。对于非法进行医疗美容的行为，有些学者认为，未取得"医疗机构执业许可证"的机构擅自开展医疗美容活动的，亦属非法行医，情节严重的，应以非法行医罪追究行为人刑事责任。

对于非法进行胎儿性别鉴定的行为，有论者建议，由最高司法机关对非法行医罪作扩大解释，将擅自作胎儿性别鉴定列为非法行医的表现；另有学者则认为，从长远计，有必要设置专门的非法进行胎儿性别罪，不管行为人是否具有合法医务人员资格，不管其主观上出于牟利还是其他动机，只要实施了非法进行胎儿性别鉴定行为且情节严重的，均应当治罪。

（2）非法行医罪的主体问题。其一，本罪是否是一般主体。有论者认为，本罪的主体应归入特殊主体，因为，如果不考虑主体条件本身内容的肯定或否定，将其作为一个整体看待，无疑，“未取得医生执业资格”是刑法所要求的法定身份，具备这一身份才成立本罪，与常见的特殊主体并无二致。

其二，对未取得医生执业资格如何理解。有学者认为：医生执业资格是“医师资格”和“执业资格”的统一，既包括取得执业医师资格证书又包括取得执业注册证书。执业医师资格证书的取得，只表明行为人具备了从事医疗业务的最基本的知识，并不代表行为人因此可以从事诊疗业务。取得执业医师资格只是取得医生执业资格的前提条件之一，不能将执业医师法中的“执业医师资格”与刑法中的“医生执业资格”画等号。

其三，对“医生执业资格”应进行实质审查还是形式审查。大多学者认为，采取非法手段获取的行医资格及行医执照在法律上是无效的，不能改变其行医活动的非法性质。还有学者指出，应分别按不同情形进行处理。一是对自认为符合行医条件，纯粹因卫生行政部门的工作失误或偏差领取到了执业证，而本人在此之后又基于取得证书后能够合法从事医疗活动的确信行医的，该行为人不能成为非法行医罪的主体。二是对明知自己不符合行医条件，但采取非法手段取得执业证的人，可以按以下情形分别认定：如果卫生行政部门确认该行政行为无效，则行为人自始不具有医生执业资格，能够成为非法行医罪的主体；如果卫生行政部门认为行为人过错程度较轻，而对该行政行为作出撤销决定，则人民法院可以视该行政行为的效力自撤销之日起失效，故其不能成为非法行医罪的主体。

其四，单位能否构成非法行医罪。学者一致认为，刑法没有规定该罪的单位犯罪，因此现行刑法否定了单位成立非法行医罪的可能。但多数学者建议：出于对公共卫生保护的进一步需要，有必要将医疗机构的非法行医行为予以犯罪化处理。可以考虑今后通过立法增设单位犯罪，采取双罚制，以加大对此类非法行医行为的惩处力度。

3. 其他妨害公共卫生犯罪及相关犯罪研究

少数论文分别对逃避动植物检疫罪、妨害国境卫生检疫罪、传染病防治失职罪的概念、构成特征、司法认定进行分析进行了探讨。

六、非公有制经济刑法平等保护研究

党的十六大报告提出，要“依法加强监督和管理，促进非公有制经济健康发展。完善保护私人财产的法律制度”。我国目前仍处在社会主义市场经济建设的初期，关于非公有制经济的刑法保护问题在立法、司法上虽有所进步但仍有较大差距。本次年会有 11 篇论文围绕“公有、非公有经济刑法平等保护研究”这一议题展开论述，为解决非公有制刑法保护的问题出谋划策。

（一）非公有制经济刑法保护的现状及原因

对于我国当前非公有制经济刑法保护的现状，有学者认为，与 1979 年《刑法》相比，1997 年《刑法》在吸纳了有关对非公有制经济进行保护的司法解释和特别刑法的基础上，进一步强化了对非公有制经济的保护，主要表现在以下几点：首先，1997 年《刑法》在第 2 条把公民的私有财产纳入了保护范围；其次，《刑法》第三章从多个角度对非公有制经济进行了保护，除直接规定了公司、企业人员受贿罪外，还对私有经济的商标权、商业秘密等知识产权进行了全面保护；最后，《刑法》第四章用了一个整章的篇幅规定了侵犯财产的犯罪，形成了一个较为严密的保护私有经济的法网，进一步缩小了同公有制经济的刑法保护力度上的差距。不过该学者指出，由于计划经济的立法观念仍居主导地位，同时 1997 年《刑法》仍旧采用了“身份立法”这一具有明显计划经济时代的立法方式，对非公有制经济的刑法保护难言平等。

这些不平等主要表现在如下几个方面。

1. 在刑事政策方面，有学者认为当前还存在如下三种阻碍贯彻落实公有、非公有经济刑法平等保护刑事政策的偏向：（1）轻“私”；（2）袒

“私”；（3）误“公”。

2. 在刑事立法方面，在宏观上，有学者认为，刑法将许多侵犯非公有制经济犯罪行为放在分则第四章，表明对这些犯罪的社会危害性之立法评价还仅仅局限于财产权范围之内，从而与“非公有制经济是社会主义市场经济的重要组成部分”的宪法规定不符。实际上，危害非公有制经济的犯罪也应属于“破坏社会主义市场经济秩序犯罪”范畴。

3. 在微观上，多数学者指出，在我国刑法中，在罪名的设立上，在罪刑关系的设置上，也侧重于保护公有制经济，现行刑法“厚公薄私”的立法状况突出：因侵犯客体所有制不同，同质的行为定罪量刑标准不同；因侵犯客体所有制不同，同质的行为有罪与非罪之分。

对于造成此种状况的原因，多数学者认为，非公有制经济在我国并未得到刑法的平等保护，与以下两点有着密切的关系：制度上，非公有制经济在我国经济体制中的地位在新中国成立后经历了几个不同的阶段，而今计划经济体制的残余在一定程度上仍旧存在；思想上，人们对社会主义本质的正确认识和对马克思关于经济基础的论断的准确理解需要一个过程，观念的转变更是一个长期的过程。

（二）非公有制经济刑法平等保护的必要性

有学者认为，给予非公经济平等刑法保护是一次势在必行的法律变革，刑法对市场经济主体平等保护的意义体现在如下几个方面：其一，市场经济要求对市场经济主体予以平等对待；其二，对不同市场经济主体的平等保护是刑法价值的重要体现；其三，刑法是保障市场经济主体平等地位的重要保障。

也有论者指出，对非公有制经济刑法平等保护有如下几点意义：（1）是社会主义法治统一性的必然要求。因为宪法修正案已确立了非公有制经济“是社会主义市场经济的重要组成部分”地位，刑法需要进行回应。（2）是社会主义市场经济健康发展的内在、客观需要。公平正当的自由竞争是市场经济的本质特征，只有对市场主体进行包括刑法在内的平等保护，才能进行公平正当的自由竞争。（3）是实现我国全面建设小康社会奋斗目标的必要条件。（4）是法律本质的、内在要求。（5）是刑法基本原则——适用法律一律平等原则的要求。(6)是我国兑现加入世界贸易组织承诺，积极应对国际竞争，以最终跻身于强国之林的起码条件。

另有学者则从非公有制经济本身的特点来论述对非公有制经济进行刑法平等保护的必要性，“非公有制经济是社会主义市场经济的重要补充部分”，但由于其先天不足的特点和它在市场竞争中的弱势地位，相对公有制经济是更高风险的经营活动，因而需要对其平等保护。

(三)关于实现非公有制经济刑法平等保护的思考

有关学者在研讨刑法对非公有制经济保护的现状、原因以及必要性的基础上，进一步从以下几个方面提出了实现非公有制经济刑法平等保护的建议和构想。

1. 观念转变

有学者认为：必须树立社会主义法治观念，崇尚宪法的权威。同时，树立市场经济观念，实现刑法观念的更新：由产品经济刑法观向市场经济刑法观的转变、由执行政治功能的刑法观向执行经济功能的刑法观转变；注重层次、级别的刑法观向平等、自愿、互惠的刑法观转变；由“个人刑罚观”向“个人与法人相并重的刑罚观”转变，尤其是要树立刑法的平等观念，以求得刑法经济功能、刑法保护功能和保障功能的充分发挥，最终完成由“政治刑法”到“市民刑法”、由“身份刑法”到“契约刑法”的递进。

有论者则指出：我们需要树立这样一个观念，即在任何社会和任何历史时期，财产归属，即所有权都是核心权利类型，是一个决定社会秩序形成与确立的关键因素。加大对私有财产所有权的刑事立法保护力度，使之与公有财产处于同等地位，使财产关系特定化、稳定化，已显得刻不容缓。

2. 完善相关私有经济立法

刑法是保障法，具有补充性，要实现对非公有制经济刑法平等保护在制度层面上并不是仅靠刑事立法的改变就能达到，因此有学者认为，我国可参考日本相关法律，制定“私营企业保护法”，对其设立、经营、对外投资、税收和政策优惠等各方面作出详细规定，这样既规范了私营企业本身的行为，又明确了法律保护的范围，加大了保护力度。对严重违反“私营企业保护法”的行为依法追究刑事责任。

3. **刑事立法完善**

（1）刑事立法的原则。加强对非公有制经济刑法平等保护刑事立法，有学者认为要注意以下几个原则：第一，刑事立法尤其要遵循协调原则。首先，是与宪法的协调；其次，是与经济法和民商法的协调；最后，是新的经济刑法规范与既有刑法规范的协调。第二，由于社会主义市场经济是一个不可分割的整体，非公有制经济是其中的“重要组成部分”，因而对公有经济和非公有经济的刑法保护不应当再有明显区别。

（2）现有罪名的修正完善。大多数学者认为，为彻底体现刑法对市场经济主体的平等保护，需修正刑法相关罪名的犯罪构成。具体而言包括：第一，将贪污罪、受贿罪、挪用公款罪中的国有公司、企业人员以及受国有公司、企业委派到非国有公司、企业人员从贪污罪、受贿罪、挪用公款罪剥离出来，相应地并入职务侵占罪，公司、企业人员受贿罪与挪用资金罪，考虑适当提高这三个罪的法定最高刑；同时取消刑法对职务侵占罪，公司、企业人员受贿罪与挪用资金罪第2款的规定。第二，取消《刑法》第165条“非法经营同类营业罪”、第166条“为亲友非法牟利罪”、第167条“签订履行合同失职被骗罪”、第168条“国有公司、企业、事业单位人员失职罪”和“国有公司、企业、事业单位人员滥用职权罪”以及第169条“徇私舞弊低价折股、出售国有资产罪”对犯罪主体的限定，将《刑法》第165条规定的国有公司、企业的董事、经理修订为公司、企业的董事、经理，将《刑法》第166条、第167条、第168条、第169条的犯罪主体由国有公司、企业人员修订为公司、企业人员，同时将《刑法》第166条、第167条、第168条、第169条的犯罪客观方面中的国家利益修订为企业利益，将《刑法》第168条和第169条的罪名分别变更为“公司、企业、事业单位人员失职罪”，“滥用职权罪”和“徇私舞弊低价折股、出售公司、企业资产罪”。

（3）市场经济中新型危害行为的规制。除了对现有罪名的完善外，为严密刑事法网，扩大刑法对侵犯非公有制经济的危害社会行为的调控范围，有学者提出应对以下几种行为在刑法上进行规制：第一，对情节严重的背信行为应犯罪化。第二，对情节严重的逃债行为应犯罪化。第三，对情节严重的暴利行为应犯罪化。第四，对情节严重的垄断行为应犯罪化。

七、1983 年以来我国刑事法治与刑事政策的回顾与研究

本次年会有关此论题的论文共有 24 篇，既有从宏观上高屋建瓴地回顾和研究 1983 年以来的刑事法治和刑事政策者，也有从具体的某一刑事法治和刑事政策出发，进行细微入理的分析，为刑事法治的完善和制订更为科学的刑事政策提供建言者。

（一）20 年里我国刑事法治与刑事政策的发展及存在的问题

1. 20 年里我国刑事法治与刑事政策的发展

1983 年以来，我国刑事政策的发展经历了一个变革的过程。这种变革以理顺刑事政策与刑事实定法的关系为基本线索。刑事法律应当作为刑事政策得以贯彻的具体标准——刑事政策的目的实现必须依据刑法的有效实施——在 20 年的立法过程中得以切实体现。

有学者指出，在社会转型时期，社会体制和社会政策的变迁引发了刑事政策的变迁，而刑事政策的变革以下列三个特征为脉络：第一，刑事政策由政治主导向经济主导变革。第二，刑事政策更为注重权力的监督和制约。刑事政策作为国家刑权力的现实化途径，将刑权力分立行使，以杜绝权力的个性化和绝对化。第三，刑事政策的人道主义内涵日益丰富。

有学者认为，20 年里我国刑事政策的变迁主要表现在如下几个方面：其一，从单纯的“严打”政策向多元化的综合治理政策转变；其二，从具有浓厚政治色彩的政府行为向司法机关的正常司法活动转变；其三，从突破法律规定的“从重从快”惩治犯罪逐步向严格依法惩治犯罪转变。

2. 我国刑事法治与刑事政策存在的问题

20 年里，我国刑事法治得到长足的进步，刑事政策的制定更为科学，但学者们一致认为，我国当前的刑事法治和刑事政策上存在着诸多问题。

有学者认为，我国刑事政策存在的问题主要体现在：其一，缺乏坚实的理论体系；其二，缺乏稳定性与连续性；其三，缺乏科学性与法制性；其四，过多使用了刑罚手段；其五，刑事政策关系没有理顺；其六，“严打”出现诸多弊端。

另有学者通过对 20 年里我国刑事政策的制定、执行的全过程进行反思，认为有几个方面必须进一步地检讨：第一，内涵界定不清——刑事政策宏观层面的检讨；第二，启动依据单薄——刑事政策中观层面的检讨；第三，执行存在误区——刑事政策微观层面的检讨。

（二）当前我国刑事法治与刑事政策宏观问题研究

1. 现代刑事法治理念的确立

有学者认为，现代刑事法治理念应包含以下几个：第一，规范宪制主义的理念；第二，实质理性与形式理性并重的理念；第三，实体正义与程序正义并重的理念。

有学者认为：法治原则是刑事法治的一个最重要的原则。在我国，法治原则必须予以坚持。首先，它要求在制定、实施和解释刑事政策时必须遵守宪法和宪法性法律规定的有关原则；其次，它要求刑事政策的制定与执行必须遵守刑事法律规定的有关原则。

2. 刑事政策观念的转变

有学者认为，体现现代犯罪防控理念，兼顾社会防卫与人权保障的多元化刑事政策是我们应有的选择。

有论者对此加以具体论述：首先，我们应努力实现刑事政策从狭义到广义的转变。其次，我们应努力实现刑事政策从传统到现代的转变。刑事政策作为指导犯罪防控的总体指导思想，应与时俱进，即要随着客观情势的变化而适时调整价值观。作为现代国家的刑事政策，不能无视人权保护的需要。因此，刑事政策必须摆脱传统的以社会为本位的桎梏，体现时代的要求，同时将人权保护作为其价值目标。

3. 刑事法治与刑事政策的关系

对于两者的关系，有学者认为：第一，刑事政策的实现必须以刑事法律的适用作为途径。第二，刑事政策是宏观标准指南，带有全局性、根本性特征，是法律实践活动最深层次的理论渊源，更多地表现为对实质性的确定，而不能过多地成为具体适用的依据。其形式必须是通过法律的途径达到最终目的。第三，在社会发展阶段性的成熟时期，刑事政策的稳定性与刑事法律的稳定性具有较为统一的基础，因而二者之间的关系相对较为协调。刑事政策的推行使刑事法律较多地带有应世性色彩。而刑事法律的适用既为设定刑事政策提供了依据，又为刑事政策的贯彻奠定了法律前提。

4. 现代刑事政策内容的构建

有学者认为，刑事政策的目标应当明确，但是目标明确并不等于就有可操作性，它还必须满足政策在内容设计上的要求，即合理的目标需要合理的内容设计来保障。

对于我国现代刑事政策内容的构建，有论者认为应包括以下几个方面：第一，刑事政策的启动上，应提倡决策的科学化、民主化；第二，刑事政策的观念上，应着眼于及时揭露和制止犯罪与重视基本人权保障的统一；第三，刑事政策的内容上，应注重犯罪原因的研究，有针对性地采取不同的应对措施；第四，刑事政策的执行上，应充分关注执法队伍的情感因素。

有论者认为，我们对传统的犯罪抗制机制进行反思，确立一种更加科学的与犯罪作斗争的政策思想，在这一点上我们可以借鉴“新社会防卫论”的理论，即“合理地组织对犯罪的反应”。另有论者认为，我国应实行两极化刑事政策，以应对犯罪。

（三）当前我国刑事法治与刑事政策具体问题研究

1. “严打”政策研究

回顾过去20年的司法实践，“严打”刑事政策始终占主流地位。多位论者认为，历次“严打”斗争，总体上体现了法治的精神，切实贯彻了依法从重从快打击的“严打”方针，基本保证了“严打”在法治的轨道上进行。三次“严打”一次比一次更理性，一次比一次更趋向于法治化。另有论者认为，“严打”就是在贯彻惩办与宽大相结合的刑事政策，“严打”与罪刑法定原则是相一致的，“严打”与罪责刑相适应原则并不矛盾，而且从快与程序公正也并不矛盾。

但也有学者从宏观上指出，“严打”政策由于对改革开放后刑事犯罪的复杂性和长期性缺乏科学的认识，在政策目标的制定上过于理想化，导致刑事政策注定不可能着眼于预防和长期斗争。正因为上述原因，有学者认为“严打”政策存在着诸多问题：其一，不符合经济原则；其二，不利于人权保障；其三，有失司法公正；其四，不利于犯罪的预防。

虽然“严打”政策存在不足，但有学者认为，目前须坚持以依法“严打”为重要内容的刑事政策，原因是：第一，稳定的社会政治需要；第二，传统的价值观念影响；第三，现实的民众接受程度；第四，长期的打击成效激励。

对于将来“严打”政策的走向，有学者认为，随着我国刑事政策更加理性化、人性化、国际一体化，“严打”这一刑事政策将不再为人们所适用。另有论者具体认为，这一时期的到来须将下列问题尽快解决：其一，理论研究的成熟，包括刑事政策的研究、刑罚功能的研究、犯罪现象的研究；其二，司法实践的成熟；其三，社会稳定、平和的心态的存在。

2. 死刑政策研究

（1）死刑与刑事政策的关系。有学者认为，死刑的设定与适用，要受一定理念的支撑与引领，即为一定的刑事政策所指导。事实上，死刑观念的形成、死刑在不同国家的存废以及死刑适用情况的变化，无一不是刑事政策影响的结果。另有论者则认为，两者是相互作用的关系：刑事政策对死刑的作用体现在刑事政策对死刑设定与否以及死刑的实际适用的影响，死刑对刑事政策的作用体现在死刑的具体效用促使决策机关对刑事政策的内容进行反思。

（2）我国的死刑政策及其变化。有学者认为，通过对我国死刑立法变迁的考察，保留死刑、不废除死刑是我国迄今为止死刑政策的基点，或者说是我国在死刑问题上的基本立场。对于我国死刑政策的演进，有论者认为，我国的死刑政策正处于调整期，面临着重大抉择：一方面，我国认同、接受现有的死刑状况；另一方面又表现出力图回归严格限制死刑政策的倾向。对于如何限制乃至废除死刑，有学者认为，刑事政策更新是限制和废除死刑的前提。另有学者则具体指出，我国死刑政策的变化是一系列因素制约的结果：第一，国内因素与我国的死刑政策，包括经济发展与死刑政策、政治文明与死刑政策、人权意识与死刑政策、法律文化的发展与死刑政策、报应、民愤、民意与死刑政策；第二，国际因素与我国的死刑政策，包括废除死刑的国际潮流与死刑政策、《公民权利和政治权利国际公约》与死刑政策。对于我国走向最终废除死刑的路径，有学者提出了几条建议：第一，大幅度削减死刑罪名；第二，用死缓替代死刑执行；第三，最高人民法院收回已经下放的死刑核准权；第四，“由点到面”地废除死刑。

3. 社会治安综合治理政策研究

对于社会治安综合治理政策，有学者认为，该政策的提出，反映出我们对刑事犯罪的原因、刑法的作用以及防止犯罪的手段有了较为深刻的认识，体现出了从单一的突出打击到打防并重、综合为治、标本兼治的治安治理思想的转变。

但对于目前该政策研究现状，有学者认为，从当前的关于“综合治理”的理论研究成果来看，从整体而言仍然属于政治学、政策学和决策学的范畴，尚未达到犯罪学理念的高度。其理由是：首先，“综合治理”是作为一种政治方针与策略而提出的；其次，“综合治理”理论只是一种经验式的自然反应，而缺乏犯罪学理念的支撑。

对于加强社会治安综合治理，有学者从犯罪学的角度提出几点建议：第一，加强犯罪学基础理论的研究以及加强跨学科的应用犯罪学研究；第二，加强犯罪学者参与“综合治理”的活动。

另有学者对于当前社会治安综合治理提出具体建议，认为面对当前的犯罪潮，在重视司法预防和社会预防的同时，更应加强情景预防。

［赵秉志、时延安、阴建峰、廖万里；载赵秉志主编：《刑法评论》，第 4 卷，北京，法律出版社，2004］

第五十二章

2004年全国刑法学术年会综述

一、前　言

中国法学会刑法学研究会2004年学术研讨会，于2004年9月10日至11日在北京召开，本年度也是中国法学会刑法学研究会成立20周年。本次年会坚持一贯的理论与实践相结合原则，拟定了理论界和实务界共同关注的热点议题，包括1个理论专题——死刑制度的改革与完善，5个实务专题——腐败犯罪、侵犯知识产权犯罪、网络犯罪、未成年人犯罪和拐卖妇女儿童犯罪。特别值得一提的是，为了与本次年会之后在北京召开的国际刑法学协会第17届大会相衔接，本年度年会这些议题中都涉及了国际刑法方面的内容，如国际反腐败问题、国际反网络犯罪、国际反贩卖妇女/儿童犯罪等。本次年会盛况空前，有三百余名全国各地的专家、学者出席了大会，共提交论文近三百篇，与会代表结合刑法理论和立法、司法实践对各个议题进行了颇具深度和创意的理论分析，反映了我国刑法理论界和实务界在这些领域的最新学术研究成果，这些研讨成果必将为立法与司法实践提供重要的理论指导和参考价值。

现将本次年会论文和会议讨论中的主要观点综述如下。

二、死刑问题研究

在本次年会论题中死刑问题尤其受到关注，提交的论文中，有一半论文专门论述了死刑问题，其他论文也不同程度地涉及死刑问题。死刑问题是刑法理论中极为重要的基本问题，是刑法实务中亟待解决的实践问题，也是社会大众广为关注的热点问题。这是因为在尊重和保障人权的理论日益深入人心的今天，没有比生命权更需要受到尊重和保障的人权；在所有的司法裁量权中，没有比死刑的裁量权更重要的司法权。在这一时代背景下，从学理上对死刑问题进行深入研究，进一步促进死刑制度的改革与完善，既是刑法学者义不容辞的历史使命，也是刑事领域实现法治文明的重要任务。今年刑法学年会将死刑制度的改革与完善作为理论议题，充分体现了我国刑事法学界对死刑问题的高度关注。论者们从不同角度对死刑制度作了深刻的分析和探讨，体现了我国在死刑问题上取得的前沿性研究成果，对我国死刑制度的改革与完善将起到重要的指导、借鉴作用。

本次年会关于死刑问题的讨论主要可以分为死刑的基本理论问题研究、死刑的立法与司法限制、死刑的程序完善、具体犯罪类型与死刑存废和死刑研究的国际视野共5个研究领域。

（一）死刑的基本理论问题研究

从社会层面来看，死刑与每个公民休戚相关。虽然限制死刑、减少死刑适用的观点在学术界已达成基本共识，但在当前中国社会，死刑的限制和最终废止，仍然需要一个过程。本次会议上，有众多学者对限制、废除死刑的基本理论和理由进行了更进一步的探讨，展现出多维的论证思路。

1. 马克思的死刑观

社会主义中国一贯坚持马克思主义，在死刑问题上也应如此。有论者以马克思的著作为研究文本，认为马克思是一个彻底的死刑废除论者，马克思的死刑思想是一个完整的体系。在该体系中社会是基础；死刑是不公正、不适宜的刑罚，是延续古代报复刑的残酷刑罚。论者的观点尽管针对的是资本主义，但同样应该适用于包括社会主义社会在内的文明社会。

2. 毛泽东的死刑观

有论者通过对毛泽东经典文本的研究，阐释了毛泽东“不废除，但要少杀、慎杀”“主张死刑适用必须遵循一定的程序规定”“创立死缓制度”等死刑思想，认为我国当前和今后相当一段时期，不能也不应废除死刑，但要逐步限制和减少死刑适用的罪名，进一步完善限制死刑适用的规定。还有论者从死刑的利弊来分析毛泽东的死刑观，认为死刑在客观上的确存在利弊两方面，毛泽东从死刑是一种有效的革命方法和满足人民群众报应犯罪的正义要求这一“利”出发，主张不应废除死刑；同时他也清楚地认识到死刑的弊端，始终主张应当坚持“少杀、慎杀”。

3. 死刑制度的历史演变与文化考察

有论者对中国古代死刑制度的历史演变进行了系统的梳理，结合法制史论述了中国死刑种类的历史演变、古代的死刑复核复奏和秋冬奏决死刑制度及古代死刑制度的特点。有论者论述了死刑由兴到衰的演进过程，认为其经历了报复、威慑、等价、矫正、折中时代，并阐释了其演进的根本动因在于经济的渐进性发展。有论者则对我国古代的死刑规范进行文化层面的考察，指出古代的死刑历史中存在着否定性的因素。还有论者通过比较不同时期古典学派、新派、准人格刑法学等各刑法学学派出于各自的价值取向对于死刑的不同基本立场，提出教育刑下的死刑否定论。

4. 从功利主义的视野评价死刑

有论者认为当今中国死刑存废的关键在于决策者的政治抉择，中国的决策者就不能简单地顺从“杀人偿命”的民意，而应从尊重人权和社会利益最大化的功利主义观念出发，认真审视中国的死刑政策，反映与引导民意。有论者认为死刑不仅不能有效地威慑犯罪，而且还可能成为邪恶与非正义产生的土壤。死刑最大的现实功能是满足大众的毫无理性的疯狂的报复欲望，同时还能助长人的残忍心理。我们不能坐等死刑慢慢消亡，有必要让死刑在文明的国度里非自然终结。有论者则认为死刑价值的正、负面同时存在，利弊兼有，所以评判其应否存废的标准应该是能否推动生产力发展，即是否能为经济增长创造良好法律环境。

5. 从人道、宽容的视角评价死刑

有论者以通信的形式展现了法学学者与普通公民在死刑问题上的对话和交流，提出死刑的真正废除有赖于政治家的决策，而政治家的决策又常常受民意掣肘，因此需要通过宣扬与培育社会宽容心理和人道主义精神来淡化乃至祛除死刑存在的社会心理基础，即一般民众的复仇心理。应该说，这种别出心裁的书信体的写作形式本身就是一种启蒙民众淡化死刑报应观的有益探索。

有论者认为在我国目前情况下，赞成废止和保留死刑都是基于人权保护的需要，反映保护人权的要求；死刑消亡是历史的必然，但不同国家废止死刑的进程会呈现不同的形态，并非在任何条件下主张废止或保留死刑，都会在实际上产生保障人权的客观效果，在一个刑罚还是预防犯罪最主要手段的国家中，要求立即废止死刑的主张反而有可能在实际上产生侵犯全体公民基本人权的客观效果。

有论者提出国外死刑的存废论始终在坚持人道主义的背景下进行，而从人道主义角度立论，又可以得出或废或存两个完全相反的结论。

有论者提出超越功利与公正的人道视角，认为功利和公正都不能完全证明死刑的存废，只有人道是死刑的致命弱点，能将死刑废止，人道能够赋予个人对抗政府的力量，使政府也许符合功利但并不正当的手段得以被禁止。

6. 从公正的视野评价死刑

基于公正考虑的报应刑论是死刑保留的一个主要论据。但也有论者指出，随着人类从野蛮走向文明，公正的内涵和表现形式也在不断发生变化，社会应该对个人的犯罪行为承担不可推卸之责任，因此，对罪犯判处死刑等于将所有责任完全加之于罪犯，实际上是一种不公正的表现。

7. 从权力的角度评价死刑的实质

有论者指出，死刑的镇压职能能够满足社会对立的需要，而死刑的法律性质又为镇压的铁链绣上了美丽的花朵，因而近现代国家死刑的存在、废除、恢复、再废除历程基本上与战争、革命、权力等政治因素联系在一起。死刑的本质是国家的权柄，死刑的广泛存在就是积极政治观的体现。

8. 大众媒体、公众情感与死刑存废的关系

社会公众舆论与权力评价、专业团体评价是三个相互独立的评价主体。死刑适用权作为国家权力最为强烈和极端的表达方式，作为一种对公民生存权本身的否定，无时无刻不受到来自社会公众和大众媒体等方方面面的社会评价，而这些评价都在一定程度上影响着一国的死刑存废决策。与会论者从不同的角度阐释了这些评价因素对死刑适用的影响力。

有论者认为，社会公众舆论一方面对适用死刑的国家权力施加了极大的压力，同时又为死刑的适用提供了表面合理化的理由，使死刑依旧存续下去。死刑是专业团体与社会公众舆论之间的分歧以及专业团体与国家刑权力体系之间的分歧的汇合点。

有论者认为，公众对罪犯的愤怒情感是死刑得以存在的道德基础和社会基础。公众情感一般比被害人情感更具理智性，在决定适用死刑时应更多考虑公众情感。不同阶层的公众在死刑问题上会形成不同的公众情感，其中中产阶级对死刑的价值观念应该作为全社会阶层都接受的主流情感观念。而国家的责任则在于寻求死刑方面全社会公众情感的一致性。

有论者认为，在中国废除死刑的问题上，法学家、执政者、普通民众和司法者应该有不同的观念准备：法学家——废除死刑将经历一个长期过程，执政者——废除死刑必须从实际减少死刑开始，民众——废除死刑有赖于重新构建报应论，司法者——废除死刑先需要正确适用死刑。

有论者则分析了如何从程序上对死刑案件中的民意影响进行合理制约。

9. 死刑研究方法上的新趋向

有别于研究者普遍从理论或立法和司法的实践层面对死刑展开研讨，有些论者对于死刑的研究，已经在方法论上出现了新的趋向，即从抽象的理论思辨向具体的实证分析转变。有论者分析了国内外死刑实证分析的现状，借助官方数字和民意调查对死刑的威慑力和民众的态度作出了分析，并对这种实证分析进行了评价和展望。有论者按照社会学的研究模式，以个案为视角，对可能影响死刑量刑的律师、民意、媒体等各种因素进行了全面的分析。这些另辟蹊径的研究方法是值得肯定的。

（二）死刑的立法与司法限制

从限制与减少死刑的基本理论到如何从立法与司法上对死刑进行限制，是死刑研究的逻辑延伸。与会论者就死缓制度和死刑适用的条件与对象等几个方面对死刑的立法与司法限制进行了深入的探讨。

1. 死刑的立法与司法限制的总体评述

有论者对刑法学者应如何为削减死刑作出贡献进行了论述，认为：在现行刑法之内，刑法学者首要做的是将削减死刑的刑法理念落实于具体的解释结论，从而使削减死刑的理念得以实现；在刑法之外，应向民众宣传死刑的弊害，使民众不再迷信死刑；还应向决策者证实死刑的弊害，使决策者不再继续相信死刑是维护社会治安的有效手段。

有论者对我国改革开放以来的死刑立法变化进行了初步梳理，认为可分为三个阶段，即 1979 年刑法后的死刑从严控制阶段，1979 年刑法后单行刑法的死刑大量控制阶段和以 1997 年刑法为标志的死刑扩张遏制阶段；并评析了各自的利弊。

还有论者立足于中国国情和国际潮流对中国死刑控制提出了系统设计的十大论纲：走出“严打”的政策迷信，重新回归基本死刑政策；确立死刑作为“最后适用的非常刑罚方法”的定位，推动刑罚结构趋轻；确立死刑的刚性标准；限制死刑罪名；规定具有操作性的死刑案件量刑指南等。

2. 死刑适用规定的解释与完善

死刑适用规定的解释与完善也是刑法理论和实务界关注的焦点之一。在司法实践中处理死刑案件时，因 1997 年《刑法》第 48 条和第 49 条引起了不少争议。与会论者就这一问题进行了探讨，有部分论者建议在现有法律规定的框架内作有利于限制死刑的解释，有部分论者建议从立法上修改完善，论者们从不同角度就死刑适用规定进行了广泛研讨。

（1）关于 1997 年《刑法》第 48 条规定的“罪行极其严重”这一死刑适用条件。

论者们在尽可能严格解释该条款方面基本达成共识。

有论者基于解释论的新视角对死刑限制进行了思考认为，对作为死刑适用一般条件的“罪行极其严重”，应该作最大限度的谦抑解释，也就是通过解释，使其适用范围尽可能地小，只有这样，才能在保留死刑的情况下真正贯彻“少杀”的政策。因此，“罪行极其严重”是指犯罪的性质极其严重和犯罪的情节极其严重的统一。缺少二者中的任何一者，都不能视为罪行极其严重，从而不能适用死刑。

有论者认为，应从三个方面界定“罪行极其严重”：一是从刑法所保护的法益的角度，只有侵犯公民生命的暴力犯罪才符合；二是从主观的对立态度，行为人对刑法所保护的利益的对立态度达到了极端的程度；三是从社会危险性上，已经实施了严重危及人身安全的暴力犯罪行为并具有再度实施类似犯罪的现实可能性。

有论者认为，“罪行极其严重”应当包括客观行为及其实害，也应当包括行为人的主观恶性；但同时指出这样解释仍然比较笼统，不具有可操作性并导致死刑适用的标准降低；建议通过立法解释或者司法解释的方式，明确“罪行极其严重”的标准及具体罪的界限，明确规定对哪些具体的罪可以适用死刑。

有论者认为，对于“罪行极其严重”可以从两方面去认定：一是所谓“罪”极其严重，即刑法中规定可以判处死刑的罪名以及出现了可以判处死刑的危害结果；二是所谓“行”极其严重，是指犯罪危害结果以外的犯罪情节极其严重或者犯罪情节特别恶劣。“罪行极其严重”是“危害特别严重”的结果和“情节特别恶劣”的情形的统一，两者缺一不可，强调或者忽视任何一方都是有失偏颇的。

还有论者认为，应该对死刑适用条件作出全面、明确和严格的一般规定，建议将死刑适用条件界定为“死刑只适用于罪行极其严重、主观恶性特别巨大并且故意导致致命性后果或者相当后果的犯罪分子”，对于非暴力的犯罪、没有造成致命性后果或者相当后果的犯罪，一律不得适用死刑。

(2) 关于1997年《刑法》第49条规定的死刑适用对象。

多数论者均认为，应进一步缩小我国对适用死刑的对象范围，对不适用死刑的规定尽量扩大解释。

有论者认为，对1997年《刑法》第49条关于不适用死刑的规定，应该尽量地作出扩大其适用范围的解释。由于对“犯罪时不满十八周岁的人”没有进行弹性解释的余地，所以，扩大1997年《刑法》第49条的适用范围，实际上就是尽可能地扩大“审判时怀孕的妇女”的适用范围。

有论者提出，首先，应明确规定“对犯罪时不满十八周岁的人和判决时已满七十五周岁的人，不适用死刑”。其次，应对“审判的时候怀孕的妇女”作出明确的扩大解释。

有论者认为，比照限制和废除死刑的国际潮流，我国的死刑适用对象仍有进一步缩减的空间，应对70岁以上的老人和正在哺乳的母亲禁止适用死刑。

有论者认为，1997年《刑法》中绝对确定的死刑条款与1997年《刑法》第49条对于未成年人和怀孕的妇女不适用死刑的规定存在一定的冲突，因此需要死刑的替代和变易措施；建议将第49条修改为：“犯罪的时候不满十八周岁或者怀孕的妇女不适用死刑，如果法定刑为死刑的，处无期徒刑或者十五年以上有期徒刑。”

3. **死缓制度研究**

死缓是我国独创的一项刑罚执行制度，也是我们国家贯彻“少杀”政策的一项重要举措。大多数与会论者呼吁扩大死缓制度的适用范围，充分发挥死缓在死刑废除过程中的过渡作用。同时，论者们也都指出这一制度在实践中存在的诸多亟待改革的问题。

（1）死缓制度的意义。有论者总结了死缓制度的意义：扩张了死刑的概念内涵；有利于缓和死刑存废争论的两极性；既体现了报应刑思想，又体现了教育刑思想，具有实现双重刑罚目的的作用等。

（2）死缓制度存在的问题。有论者从个案出发引出对死缓制度的刑事政策意义的探讨，指出：死缓制度的最大意义在于限制死刑，而目前的实际效果并不理想。原因主要有：我国刑事立法先是将“死刑只适用于罪行极其严重的犯罪的分子”作为通例，而将死缓作为在“不是必须立即执行”时的特例；判处死刑的实质条件——“罪行极其严重”过于宽泛；我国刑事立法中存在扩张死刑适用的客观趋势；刑事司法中存在适用死刑的简单化倾向等。相应的改革建议有：通过明示的列举式即限定式规定死刑“必须立即执行”的情形，尽可能使死刑的执行成为例外，而使死缓成为通例；规定所有判处死刑的均附设缓刑考验期，同时在考验期内设定正向和反向两类激励。

（3）死缓制度的重新定位。有论者提出：应当重新定位死缓制度，并以此作为我国现阶段限制死刑的合理性选择。死刑立即执行的适用范围应仅仅局限于严重危害国家安全的暴力犯罪、严重危害公共安全的暴力犯罪和严重的侵害人身的暴力犯罪。对于其他应当判处死刑的犯罪，将死刑缓期执行作为判处死刑的必经程序。这样不仅可以大大限制死刑的实际适用，而且可以充分发挥刑罚教育和预防的功能。

（4）死缓的适用条件。有论者认为由于死缓适用标准的模糊性，死缓制度在实践中的具体应用逐渐偏离了最初的设置目的，异化为一种死刑扩张的借口，使死刑裁量的不平衡更为突出。相应地，多数论者认为：需要对“应当判处死刑”和“不是必须立即执行”作出比较明确的立法规定和司法解释。在现有法律尚不完善的情况下，应按照我国刑法主、客观相统一的原则，既考察犯罪人的主观恶性，也考察犯罪行为的客观危害，同时考虑长期积累的一些司法经验来综合判断。有论者提出应注重从犯罪人的主观恶性来区别死刑立即执行与死缓；也有论者提出，可以在刑法分则中根据不同的犯罪种类——暴力犯罪与非暴力犯罪来划定死刑立即执行与死缓适用的区别。

（5）死缓的法律后果。有论者认为可以根据死缓犯在缓刑期间故意犯罪的情节不同，将缓期执行期限分为3年、4年和6年三个档次，这样有利于控制执行死刑的人数。有论者认为，应对作为将死缓变更为死刑的实质条件的故意犯罪从立法上予以限制，具体建议为：将故意犯罪限定为实施了刑法规定的最低刑为3年以上有期徒刑的犯罪，即判处死缓的罪犯，在死刑缓期执行期间，如果实施了刑法分则某个条文中规定的与罪刑轻重相应的法定刑幅度的最低刑为3年以上有期徒刑的犯罪，查证属实的，则由最高人民法院核准，执行死刑。有论者认为，刑法规定的由死缓变更为死刑的条件，不分情节轻重，将所有的故意犯罪都包括于其中，范围非常广泛，因而有可能扩大对死缓犯实际执行死刑的范围。因为它对某些故意犯罪主观恶性并不很大的死缓犯执行死刑是与我国区别对待、坚持少杀的死刑政策相悖的，也不利于实现死缓制度的目的。

4. 死刑立法与司法限制的其他建议

有部分论者提出了在我国建立死刑赦免制度的构想，认为建立赦免制度具有必要性，有利于完善刑诉制度，有利于贯彻少杀、慎杀的死刑政策，有利于最大限度地避免错杀，有利于更好地履行国际义务。有论者认为应明确赋予被判处死刑者赦免申请权，同时可以借鉴其他国家的经验，将赦免申请权授予检察机关，将因普通刑事犯罪被判处死刑的人纳入赦免范围。有论者建议制定专门的赦免法，以及时弥补我国赦免制度的立法空白，缓和静态与刚性刑法规则和动态与柔性的生活逻辑的张力。

有论者对死刑的执行方法进行了论述，认为注射是更加人道的执行方法，而在同一国家领域内对不同的死刑被执行人实行注射和枪决两种不同的方法，有违刑法面前人人平等原则，所以应当明确被执行人具有执行方法的选择权和决定权，并确定死刑执行方法的具体程序。

还有论者提出：应当从刑罚结构的调整角度限制死刑的适用。现在的刑罚配置存在结构性缺陷，生、死刑之间的跨度过大，有期徒刑刑期过短。因此建议提高有期徒刑的上限，并让无期徒刑名副其实。如此就可以提高整个刑罚的威慑力，而不必过多依赖死刑。

（三）死刑的程序完善

要限制并逐步废除死刑，不仅应当对相关立法和司法等实体性规定进行修改或完善，对于死刑的复核制度、证据审查和二审程序等程序性问题的解决与完善，也应给予足够的重视。与会论者特别是实务部门的工作人员对这些问题进行了深入探讨。

1. 死刑复核制度研究

死刑复核制度是我国坚持少杀、防止错杀的重要制度，体现了“慎用死刑”的基本理念，在限制死刑方面发挥了重要作用。然而在我国当前的立法和司法实践中，死刑复核制度还存在相当多的问题，使这一制度所具有的限制死刑的作用不能充分发挥。死刑复核制度的完善受到了刑事法界的广泛关注，有不少论者从各方面对死刑复核问题进行了研究。

（1）死刑复核制度之回顾。有论者从古至今系统地回顾了我国死刑复核制度的历史。有论者分析了死刑复核权下放的历史、原因与弊端，进而得出死刑核准权由“下放”到“回归”是死刑核准权的必要选择。还有部分论者对死刑复核的概念、属性和死刑复核的价值体系等进行了论述。

（2）死刑复核权统一收归最高人民法院行使的意义。与会论者普遍赞同将死刑复核权统一收归最高人民法院行使，归纳其意义，主要有：有利于保证死刑的正确、公正的适用；有利于对被判决死刑（立即执行）的人的权利进行救济，是一种人道主义的表现；有利于在全国范围内统一死刑的适用标准；有利于最大限度地贯彻“少杀、慎杀”的死刑刑事政策等。有论者建议在死刑复核权尚未收归最高人民法院行使以前，应采取有力措施，切实解决好二审程序与死刑复核权合二为一的问题。

（3）二元死刑复核体制的改革。论者们认为现行二元死刑复核体制的弊端主要有：死刑核准权的下放缺乏法律依据，合法性不足；在相当程度上破坏了法制统一，适用标准不一；最终决定公民生死的最重要的权力没有掌握在最高司法机关手中，有损法律权威，甚至导致司法权的滥用；程序虚置，死刑核准权的下放导致复核程序与二审程序合二为一，使复核程序名存实亡；死刑核准权的下放导致公正和效率两大价值相冲突；与国际公约相违背等。论者们普遍认为，死刑复核程序存在的问题，致使死刑适用程序上的救济制度严重缺失，在一定程度上增加了死刑的适用。论者们就如何改革现行二元死刑复核体制，提出的具体方案和建议主要有以下几种：不对应交叉复核模式，即各省（市、区）之间依次交叉复核；对那些特别严重或社会影响特别巨大的案件实行三审终审制；在全国范围内划分若干司法区，由最高人民法院在每个区设立巡回法庭，对所辖区域死刑案件进行复核；在全国设立若干最高人民法院分院，负责死刑复核；在最高人民法院内部设立多个刑事审判庭，专门负责死刑复核案件的审理。

（4）如何完善死刑复核制度的具体规范。有论者阐释了死刑及其复核价值体系完善的理念问题、原则问题、社会问题和法律问题。关于死刑复核制度具体规范的完善，论者们的建议主要有：改革死刑复核程序，强化人权保障观念；在审判委员会内设立专门的死刑委员会讨论决定死刑，严格审判委员会的运作机制；变书面审为有条件的“面审”；强化被宣告死刑人在死刑复核程序中的辩护权；完善报请复核程序；明确死刑复核程序的审限，死刑复核程序的审理期限应相对长一些，以保证案件的审理质量。

2. 死刑案件的证据审查

有论者认为，死刑案件的证据审查有以下问题：证据的不合法，既有证据采集的手段不合法，也包括证据的形式不合法；司法实践中，侦查、公诉机关对死刑案件，过于强调对有罪和罪重证据的取证与举证，对证明行为人无罪或罪轻的证据重视不够；缺乏严格的证据标准，刑事诉讼法规定的“充分、确实”比较概括和抽象，司法实践中认识不一，容易导致死刑适用上的不确定；庭前证据展示制度的缺失，使被告人的辩护权得不到充分保障。

有些论者总结了几种主要证据审查时应注意的问题：死刑案件应建立彻底的非法证据排除规则，坚持更加严格的证明标准，必须做到合法、确凿、充分和排疑；口供不能作为“证据之王”，应破除对口供的迷信；被害人的陈述只能用以证明其受侵害的事实；充分考虑主、客观因素，判断证人证言的可靠性；采信视听资料要十分谨慎；笔录记载的内容应十分准确；应将物证与其他证据结合使用等。

3. 死刑案件二审程序

有论者认为为了保证死刑案件的质量应解决二审程序的虚置化问题，包括形式虚置化（即二审法院应开庭而不开庭）和实质虚置化（即二审法院提前介入案件一审程序）。有论者指出：某些死刑错案凸显了死刑案件二审公开审判的必要性，二审死刑案件的普遍实现公开审判具有重要意义，不仅有利于实现司法公正，而且在限制死刑的适用和保障人权方面，也具有不可低估的作用，而且开庭审理是公开审判最基本的要求。目前司法实践以《刑事诉讼法》第187条作为法律依据，对死刑二审案件实行所谓的“书面审理”的做法，是对该法律规定的误解和滥用，也是对该授权的滥用。另有论者认为因为《刑事诉讼法》第187条“可以不开庭审理”的例外情形属于授权的任意性规定，所以二审死刑案件实行公开审理的举措仅依司法权就可以实现，而无须启动立法程序。

4. 死刑案件的其他程序问题

（1）死刑案件的请示制度。有论者认为死刑案件的请示制度存在问题，实践中上级法院只是以听取下级法院甚至审阅卷宗的方式作出对死刑案件的处理意见，剥夺了被告人的申辩权，也使上级法院的审判监督职能难以真正实现。

（2）审判委员会的运作。有论者认为死刑案件的审判委员会运作存在审判委员会非专业化、审判委员会的召开非制度化等问题。

（四）具体犯罪类型与死刑存废

不少论者将刑法分则中规定的各种具体犯罪划分为暴力犯罪与非暴力犯罪，对具体犯罪的死刑控制进行了立法和司法层面上的探讨。暴力犯罪被认为是死刑保留论的最后底线；非暴力犯罪包括各种经济犯罪、妨害社会管理秩序的犯罪以及行政犯罪等，被认为是死刑限制和废除的主要类罪领域。本次会议有不少论者从各方面论及这个主题，并取得了较为丰硕的研究成果。

1. 暴力犯罪的死刑限制

（1）宏观层面。对带有伤亡结果的暴力犯罪判处死刑，在传统观念中似乎是天经地义，但有与会论者从理论基础和立法、司法层面对此提出了质疑与挑战。

有论者选择了杀害、伤害、抢劫的实行行为对死刑的影响，以及行为与死伤结果间的因果关系等少数问题为切入点，就限制相应犯罪的死刑司法适用问题加以分析，使司法实务走出“人死必偿命”的习惯性误区，同时展示一种在现行刑法规定趋重的情况下具体降低死刑适用可能性的务实态度。

有论者认为，“杀人偿命”的观念渗透到立法和司法的各个层面，对于立法者制定法律和司法者解释以及适用法律都有着深深的影响；进而提出对于杀死一人的杀人、抢劫、强奸等严重暴力犯罪和过失致一人死亡的罪犯原则上不判处死刑的建议。

有论者从法哲学的角度对“杀人偿命”的古老观念进行了追问，认为“杀人偿命”是一种过时的等害报应，反映了一种虚幻的价值均衡；并提出“人道高于公正”的价值标准。

另有不少论者立足于刑法，建议在司法层面通过解释论达到限制和控制暴力犯罪死刑适用的目的。

(2) 微观层面。在目前的司法实务中，死刑适用率最高的罪名当数故意杀人罪、故意伤害罪与抢劫罪这三种暴力犯罪，只要这些罪名的死刑适用率在一定程度上降低，限制死刑适用的目标就有可能实现。因此有不少论者围绕这三种罪名的死刑限制展开了探讨。

1) 故意杀人罪。故意杀人罪是我国当前适用死刑最多的犯罪，论者们认为其原因在于：一是故意杀人罪侵犯的是人的生命权，而“杀人偿命”的观念在我国群众中根深蒂固，在审判中不得不在某种程度上迎合这种传统观念；二是 1997 年《刑法》第 232 条关于故意杀人罪的规定有一定的误导作用，将死刑规定在最前面给人的印象是先要考虑适用死刑，且未对适用死刑的条件作出明确规定。针对上述特点，有论者提出，从解释论上为了减少故意杀人罪死刑的适用，要做到：第一，要消除误解，即不能因为死刑规定在故意杀人罪法定刑的最前面，就得出对实施了故意杀人罪的犯罪分子先要考虑适用死刑的解释性结论。只能根据案件的具体情况来确定是否适用死刑，而不能根据刑种的排列顺序来选择死刑，选择死刑在任何情况下都应当是不得已而为之。第二，在 1997 年《刑法》第 232 条没有规定故意杀人罪适用死刑的具体条件的情况下，应该基于对 1997 年《刑法》第 48 条所规定的“罪行极其严重”的理解，在解释论上确定该罪适用死刑的具体条件。有论者认为，因婚姻家庭纠纷、邻里纠纷或者被害人有严重过错等民间矛盾激化引发的故意杀人案件，虽然都造成了被害人死亡的严重后果，但是，由于案件的起因不同，犯罪动机的卑劣程度以及犯罪人的主观恶性的大小不一样，对社会治安的危害程度并不完全相同，与严重危害社会治安的其他故意杀人案件是有所区别的，所以，在适用刑罚时就同样应当有所区别，特别是适用死刑一定要慎重。这是因为行为人实施故意杀人罪事出有因、情有可原，所以一般不适用死刑，但在手段残忍等特殊情况下可以适用死刑。有论者认为对于故意杀人的犯罪人是否适用死刑，不能单纯从是否造成被害人死亡的结果上考虑，还要综合考虑案件的全部情况。有论者认为直接故意杀人罪与间接故意杀人罪这两类故意杀人罪适用死刑应有所区别。

2）故意伤害罪。故意伤害罪在两种情况下可以适用死刑：一是故意伤害致人死亡，二是以特别残忍手段致人重伤、造成严重残疾。有论者认为“手段特别残忍”是指犯罪人使用的伤害手段特别残酷，具有虐待性，令人难以忍受，且故意伤害罪致人重伤、造成严重残疾的死刑适用条件应比故意伤害致人死亡的死刑适用条件更高。有论者认为应当将手段特别残忍、致人重伤和造成严重残疾三者联系起来，只有在同时具备这三种情形时，才能对故意伤害罪的行为人“处十年以上有期徒刑、无期徒刑或者死刑”，否则将会扩大打击面。

3）抢劫罪。由于有刑法和一系列司法解释的规定，抢劫犯罪适用死刑的标准较为明确。但有论者提出行为人抢劫犯罪情节严重时也不能一律适用死刑，在审判中要具体案件具体分析，只有对罪行极其严重的犯罪人才适用死刑。有论者认为抢劫致人重伤、死亡既包括了抢劫而故意重伤或杀害被害人，也包括过失致人重伤、死亡，对这两种行为我们应该确定不同的死刑适用标准。有论者还对刑法关于故意伤害罪和抢劫罪等暴力性犯罪的规定作出了有利于限制死刑适用的解释。

此外，对于绑架罪，有论者认为应取消因致使被绑架人死亡而被判处死刑的规定，保留因杀害被绑架人而被判处死刑的规定，这样既能避免过度刑罚，又不影响对罪行极其严重的绑架行为的严惩。

2. 非暴力犯罪的死刑限制

（1）宏观层面。有不少论者从总体上把握我国整个非暴力犯罪死刑控制态势，在大幅度削减非暴力犯罪死刑方面达成基本共识。

有论者系统梳理了我国非暴力犯罪的死刑立法，论证了逐步废止非暴力犯罪死刑的可行性，并提出了具体的步骤设计，认为应分为四种情形逐步进行：对于侵犯个人法益的侵犯财产性非暴力犯罪以及无具体被害人的侵犯社会法益型犯罪，应从立法上及时、全面地废止其死刑规定；对于贪污贿赂型犯罪，可考虑目前先提高其死刑适用的条件，再逐步过渡到废除死刑；对于侵犯社会法益型的危害公共安全型非暴力犯罪，在条件成熟时废除其死刑规定；对于侵犯国家法益的危害国家安全等非暴力犯罪，在社会文明和法治发展到相当发达程度时，废止这类犯罪死刑适用。

有论者认为非暴力犯罪的死刑废止可以分三步走：第一步，废除那些备而无用之罪名，如战时军事犯罪的死刑；第二步，可废除司法实务中极少判处死刑和不属于“罪行极其严重”之列的犯罪的死刑，前者如传授犯罪方法罪，后者如组织卖淫罪；第三步，废除绝大部分贪利性犯罪的死刑。

有不少论者讨论了经济犯罪死刑的限制甚至废除的问题。有论者对我国经济犯罪适用死刑立法进行了回顾与评价，从价值层面对于对经济犯罪适用死刑进行公正性、效益性和人道性的考察；有论者提出鉴于目前的社会物质条件和社会意识因素都还不够成熟，对经济犯罪的死刑设置适当保留是现实的路径选择；有论者比较了国外及我国台湾地区关于经济犯罪死刑废除的立法概况，从社会危害性、经济犯罪原因以及国际公约等方面论述了经济犯罪废除死刑的理论依据；还有论者从刑事政策的角度对经济犯罪的死刑立法进行了深入的探讨。

（2）微观层面。有不少论者则对一些非暴力犯罪具体罪名的死刑控制进行了探究。

关于毒品犯罪的死刑限制，有论者认为，对于毒品犯罪不能过分依赖死刑，调动社会各方面的积极性，采取“综合治理”的方式，提高民众拒绝毒品以及同毒品犯罪作斗争的自觉性，才是彻底根除毒品犯罪之良策；有论者提出，对于间接故意的毒品犯罪，以及推定被告人明知的毒品犯罪，在适用死刑时应该慎之又慎，原则上不适用死刑立即执行；但也有论者认为，毒品犯罪不但破坏社会管理秩序，危害国民身心健康，且可能动摇一国的经济根基，危害甚大，故应保留其死刑予以惩治和防止。

关于贪污、贿赂犯罪的死刑限制，有论者回顾了贪污、贿赂犯罪死刑适用的立法沿革，对贪污、贿赂犯罪适用死刑废止的可行性进行了详尽的分析，并认为贪污、贿赂犯罪适用死刑缺少报应和功利两方面的根据，而且背离刑法的发展趋势；有论者基于数据统计的结果，主张废除贪污、贿赂犯罪中的死刑设置，认为在贪污、贿赂犯罪中设置死刑对“反腐”并无有效的威慑力，难以达到刑罚的目的，并提出了在民法中建立反贪污、贿赂犯罪的赔偿机制的新思路；有论者认为受贿罪与贪污罪适用死刑标准不能等同，应废除普通受贿罪死刑，并从立法上限制受贿罪死刑适用；另有论者认为，贪污、贿赂犯罪属于贪利性犯罪，虽不直接危及国家的存立根本，但是从现阶段我国的实际情况和国民对此类犯罪的痛恨心理而言，适用死刑是暂时不可以废除的。

关于拐卖妇女、儿童罪、传授犯罪方法罪等犯罪，不少论者认为：与故意杀人罪相比，其并非“罪行极其严重”的刑事犯罪。从各国立法情况看，对这些犯罪适用死刑也非常罕见。在一部刑法典中，罪行、情节显然不同，却都以死刑来评价，就很难做到罪刑等价。建议废除这些死刑罪名。

还有些论者分别对侵害国有资产犯罪、妨害社会管理秩序罪和行政犯罪的死刑控制进行了较为系统和全面的表述，从立法和司法角度提出了具体的建议。

（五）死刑研究的国际视野

死刑问题是一个关系人权保障的跨国命题，也是受到普遍关注的国际问题，需要从国际的视野加以研究。本次会议的不少论文从国际视角对死刑问题进行了论述，论者们对我国刑法和外国刑法或国际公约中的死刑政策与规定进行了比较研究。

有论者通过考察美国宪法第八修正案对其死刑适用限制的功能，来反思和检讨我国的死刑制度，认为我国死刑罪名过宽泛，并未形成严格的死刑裁量程序，存在强制性的死刑适用情况等，必须借鉴美国，树立一种刑法应当有其宪法基础、必须受到宪法限制的理念。

有论者从立法和司法现状、存废之争的背景和理由以及死刑的替代措施等方面，对于日本的死刑制度进行了全面的介绍，为我国死刑制度的改革提供了有益的借鉴。

有论者对过去22年世界各国的死刑废除情况进行了统计和分析认为，

死刑之所以被各国普遍废除，根本的原因在于世界人权运动的蓬勃发展。许多废除死刑的国家都以人权作为其政策根据，我国应走一条严格限制直至最后废除死刑的道路。

有论者认为应依国际公约处理我国死刑立法国际化，当前我国死刑立法必须走国际化与本土化结合的道路，逐步实现废除死刑的国际目标。

有论者通过分析《公民权利和政治权利国际公约》与其他相关国际公约中对于死刑的限制性规定，呼吁结合国际人权公约标准，限制我国死刑的立法。

有论者回顾、展现了与死刑相关的各项国际公约中死刑的规定由无视、放任到密切关注，再到严格控制，继而最终废除的历史进程；认为死刑的发展趋势与人类文明进步同步，死刑最终废止是不可逆转的历史潮流。

三、腐败犯罪问题研究

（一）腐败犯罪的个罪研析

1. 贿赂型犯罪

有论者结合《联合国打击跨国有组织犯罪公约》和《联合国反腐败公约》的相关规定，从管辖权、犯罪构成、刑事责任三方面对我国贿赂犯罪立法完善提出了建议。该论者认为，在管辖权方面，应在我国刑法中确立“普遍管辖权”原则，并认为其同样适用于在我国领域内有惯常居所的无国籍人；在犯罪构成要件方面，应增设“贿赂外国公职人员、国际组织官员罪”，增设贿赂犯罪为洗钱罪的上游犯罪，适当扩大“贿赂”的法定含义，取消“为他人谋取利益”“为他人谋取不正当利益”作为构成要件的规定，降低贿赂犯罪的定罪量刑的数额标准；在刑事责任方面，应废除对本类犯罪的死刑，增设资格刑、罚金刑，并扩大没收财产的范围。但也有论者认为，“为他人谋取利益”是受贿罪必要的构成要件，这不仅符合法律规定，也反映了该罪本质，还是区分其与贪污罪等其他职务犯罪的重要因素，若舍此，将导致刑事司法资源无法满足司法需要的恶性循环。

有论者运用案例分析法，对合理报酬、借贷、馈赠、职务行为等受贿犯罪的违法性阻却事由进行了分析，并对上述各受贿犯罪违法性阻却事由的特征进行了归纳、总结。

有论者认为应删除行贿罪中“为谋取不正当利益”的要件，但对一些正当化情形予以非刑事化处理，在理论上则可以采取社会相当性或期待可能性加以解决。

介绍贿赂犯罪也是论者关注的重点：有论者对其犯罪构成、既遂与未遂、具体认定、刑事责任等问题进行了研究。有论者则从共同犯罪角度检视了本罪的法定刑设置问题，认为与同样是帮助犯的行贿罪或受贿罪共犯相比，其量刑显然偏低，这有悖于共同犯罪的处断原则。因此该论者建议将介绍贿赂行为作为行贿罪或受贿罪的共犯对待。但有论者对此表示反对，认为本罪有别于受贿罪、行贿罪共犯。其立论依据是贿赂罪的帮助犯在主观上仅有单纯的帮助贿赂实行犯的意思，而本罪主体不仅有帮助贿赂实行犯的意思，而且是出于介绍贿赂的故意。

有论者对“家庭型”共同受贿案件进行了类型化分析，认为国家工作人员家属代国家工作人员收受贿赂不应以共同受贿论处，因为其缺乏利用国家工作人员职务之便为他人谋利益的共谋及意思联络的故意。除此之外，该论者还具体分析了合作型共同受贿性质与利用型共同受贿性质的认定问题。

另外，有论者对性服务式、有偿新闻式、休闲娱乐式等12种贿赂行为的特殊表现形式进行了专门分析。

2. 巨额财产来源不明罪

有论者认为：本罪是持有型犯罪，其持有特征是初始取得非法财产的作为行为与后续的控制非法财产的不作为行为的结合。在其共犯认定问题上，应重视身份的因素，无身份者与有身份者之间在立案侦查前的教唆、帮助行为可成立共犯，而在立案侦查后只能以窝藏罪或包庇罪单独定罪量刑。该论者还认为本罪不存在一般形式的自首，但可以成立特殊形式的自首。此外，对本罪的追诉时效问题也有论及。

有论者在分析本罪的立法完善方式的不同建议后，主张将本罪条文修改为：“国家工作人员的财产收入与支出，应当依照国家有关规定进行财产申报。财产或者支出明显超过合法收入，差额巨大的，应当说明来源。本人拒不说明或作虚假说明的，差额部分以非法所得论，处五年以下有期徒刑或拘役，并处罚金。”

3. 挪用公款罪

有论者认为 1997 年刑法对本罪的客观要件规定存在诸多瑕疵，如“利用职务上的便利”并非构成本罪的必要条件，无法起到区分罪与非罪、此罪与彼罪的限定功能，将“挪用公款归个人使用”作为本罪的动机有软化打击挪用公款给单位使用的打击力度之嫌，等等；主张将本罪的客观要件进行重新设定，改为“国家工作人员挪用公款数额较大、超过三个月的，是挪用公款罪”。

有论者则专门解析了“挪用公款归个人使用”的问题，认为应当取消“使用”作为犯罪的成立条件，呼吁立法机关将本罪的实行行为从“挪用”限缩为“挪”，避免“归个人使用”这一客观危害要素过分限制刑法的保护范围。此外，该论者还认为本罪侵犯的是复杂客体，即国家对公有资产的所有权关系和国家工作人员职务的廉洁性，前者是主要客体，后者是次要客体。

4. 私分国有资产罪

有论者认为本罪是个人犯罪而非单位犯罪，其犯罪主体是特殊主体，限于国家机关、国有公司、企业、事业单位、人民团体中直接负责的主管人员和其他直接责任人员；并从刑法基本理论、罪责自负原则、罪名所属章节、犯罪客观表现、刑事诉讼程序等方面加以论证。

有论者认为本罪的犯罪对象——国有资产不同于国家财产，其仅指“国家依法取得和认定的，国家以各种形式对国有公司、企业投资和投资收益，国家向行政机关、事业单位、人民团体拨款等形成的资产，其包括固定资产、流动资产及金融性资产”。也有论者认为行政事业单位创收活动所取得的收益是否属于国有资产，应当根据行政事业所兴办的经济实体是否具有法人资格和自己是否参加经营、提供劳务加以确认：若其所兴办的经济实体具有企业法人资格，其自身在从事创收活动时并不参与经营和提供劳务，其收入应作为国有资产的孳息和衍生物处理，应当视为国有资产；反之，其取得的收益既有国有资产性质，也有非国有资产性质。而对于国有企业的营业收入，不能笼统地视为国有资产，其中既有体现为投资者收益的国有资产成分，也有体现为经营者收益的非国有资产成分。此外，对于私分混合性资产

(俗称“小金库”)能否成为构成本罪的问题，应当根据其中国有资产所占的比重来确定。

(二)反腐败犯罪的机制构建

有论者在比较研究的基础上，将国外反腐败的制度设计总结为“四个结合”，即“反腐败主体多元性与专门机构相结合、全面反腐败与重点反腐败相结合、预防腐败与惩治腐败相结合、体制内反腐败与外界监督相结合”；认为这对我国反腐败犯罪的机制构建具有启示作用。

有论者运用权力悖逆的原理对腐败犯罪的本质进行了全新解读，提出：在中国反腐败斗争中应考虑引入权力悖逆制约机制，其主要内容涵盖完善的监督体系、有效的法律平衡机制、广泛的个人自我约束机制、普遍的群众约束机制、通畅的国际合作机制。

有论者提出建立一体化刑事反腐机制的设想，主张建立直接向全国人大常委会负责的、实行垂直领导的独立刑事反腐机构系统，赋予其特殊侦查权力，变单纯的侦查职能为反腐预防控制职能。有论者则以“权力寻租”为分析工具从经济学角度探讨了反腐制度的建构及对其绩效的考察。此外，还有论者提出建立预防性反腐败机制、高薪养廉等配套制度。

(三)腐败犯罪的实务研究

有论者提出在对腐败犯罪的司法把握方面，应当注意以下三大操作原则：一是对直接性腐败犯罪的惩治要讲究力度，二是以间接性腐败犯罪为处罚直接性腐败犯罪的客观依据，三是强调刑法对腐败犯罪进行调整的刑事政策的原则。

有论者则重点关注了国有企业改制过程中的职务犯罪认定问题，对将原国有企业的国有资产变为私人所有等具体现象中涉及的罪与非罪、此罪与彼罪等问题进行了详细分析。也有论者提出认定企业是否属于国有企业的标准是企业的所有制形式，认为国有独资企业和国有全资企业是国有企业，而将国有参股企业和国有控股企业排除在外。也有论者从法条的设置与完善、刑罚的配置、原告及被害人的确定、证据的获取和损失的挽回等方面提出了国有企业改制中对腐败犯罪的治理对策。

此外，还有论者具体分析了挪用公款罪、私分国有资产罪等个罪的司法实务问题，对具体的司法疑难情形如何认定进行了探讨。

（四）腐败犯罪的国际视野

不少与会论者就《联合国反腐败公约》与我国刑法关于腐败犯罪规定的衔接、其对我国遏抑腐败犯罪的借鉴作用等问题进行了探讨。有论者认为在惩治腐败犯罪的全球化背景下，应借鉴《联合国反腐败公约》增设贿赂外国公职人员或国际公共组织官员罪，以“国家公职人员”取代“国家工作人员”，扩大现有刑法中“贿赂”的内涵，加强反洗钱等配套措施建设，争取与更多国家在引渡腐败犯罪案犯等方面取得进一步合作。

有论者从类罪角度提出了“国际贿赂犯罪”的概念，并对其确立标准、特征、种类等问题进行了全面介绍。而有论者则从个罪角度出发，专门探讨了《联合国反腐败公约》与我国洗钱罪的犯罪构成问题。

有论者在分析《联合国反腐败公约》与我国国内法的衔接问题后，主张建立一部融组织法、刑事实体法、刑事程序法、行政法等于一体的反贪污贿赂法。

还有论者指出应重视国际社会在反腐败斗争中所倡导的一体化战略，并由此提出：应确定反腐败犯罪的一体化刑事政策思想，建立一套以刑法为核心，综合民事、行政、经济等各方面措施的，预防和惩治相结合的全面的一体化刑事政策。

也有论者认为《联合国反腐败公约》体现出的刑事政策导向主要包括贯彻“轻轻重重”的政策、限制假释的适用、注重资格刑的运用、强调非法资产的处置以及否定腐败派生行为的效力。

四、侵犯知识产权犯罪问题研究

（一）侵犯知识产权犯罪的构成与证明问题

有论者对此问题从宏观与微观两个层面进行了分析。从宏观层面来讲，该论者提出：本类罪的犯罪主体可由自然人和单位构成；犯罪主观方面为故意；在犯罪客体方面表现为侵犯了知识产权或涉及侵犯知识产权；犯罪客观方面具有侵犯知识产权的行为，且情节严重，或销售金额较大，或违法所得数额巨大等后果；在案件诉讼方面与证据采信方面对采取公诉的案件有特定标准与规则。从微观层面来讲，该论者对侵犯知识产权犯罪7种具体犯罪的构成与证明进行了十分全面、细致的阐述。

（二）侵犯知识产权犯罪的司法解释问题

有论者以1997年刑法颁行前后两个阶段为时间维度，系统梳理了我国知识产权司法解释的历史演变，并对现有司法解释进行了简要评述，对其中的定量因素（犯罪数额和情节标准）进行了深入分析。在如何认定犯罪数额的问题上，该论者主张："销售金额"既是指犯罪既遂的包括成本在内的销售全部收入，也指犯罪未完成形态下已经销售出去的收入额和尚未售出的价值额的总和；"违法所得数额"是指获利的数额，即销售金额减去投入的成本之差；"非法经营数额"是指定价数额与商品数量的乘积；对"直接经济损失数额"的认定不能简单参照《商标法》所规定的"侵权人在侵权期间因侵权所获得的利益，或者被侵权人在被侵权期间因被侵权所受到的损失"这一推定计算方法，而是应该包括积极损失和消极损失。而在定罪量刑情节标准问题上，该论者结合现有相关解释对假冒注册商标罪，销售假冒注册商标罪，非法制造、销售非法制造的注册商标标识罪，侵犯著作权罪，销售侵权复制品罪，假冒专利罪，侵犯商业秘密罪进行了详细阐述。

此外，该论者还对侵犯知识产权犯罪司法解释中涉及的罪数问题、共犯问题、单位犯罪问题进行了研究。在生产、销售伪劣产品犯罪与侵犯注册商标犯罪的罪数关系问题上，该论者认为，对于既生产伪劣商品又假冒注册商标的行为，由于二者之间是目的行为与手段行为的关系，故应按照牵连犯处理。对于销售假冒他人注册商标的伪劣产品的行为，应根据不同情况作不同的处理：对于明知该伪劣产品系假冒他人注册商标仍执意销售的，按照想象竞合犯处理；对于在购进伪劣产品后再假冒他人注册商品予以销售的，按照牵连犯处理。其与假冒专利/著作权犯罪之间的罪数关系都可以参照此办法解决，即按照牵连犯处理。而在侵犯著作权罪与销售侵权复制品罪之间的罪数问题关系上，应视实施两罪主体之间的关系而定：若两罪主体为同一关系，即行为人实施侵犯著作权后将其实施侵犯著作权获得的复制品予以销售的，应按照吸收犯处理，以侵犯著作权罪定罪处罚；若两罪主体为相异关系，即行为人销售的侵权复制品系他人侵犯著作权所生之物，则应按照侵犯著作权罪与销售侵权复制品罪数罪并罚。在共犯问题上，该论者认为“事先与实行犯同谋按照共犯论处”的处理原则同样适用于侵犯知识产权犯罪领域。在单位犯罪问题上，该论者根据我国刑法单位犯罪基本原理对侵犯知识产权犯罪主体进行了界定。

除了上述侵犯知识产权犯罪司法中的实体法问题，该论者还对知识产权的刑事诉讼保护模式、刑事附带民事诉讼等程序法问题进行了简要探讨。

另外，该论者主张在坚持效率优先、强化保护力度、增强可操作性、立足中国国情等原则的指定下，对现有司法解释存在的起刑点过高、单位犯罪与自然人犯罪追诉标准悬殊、相关重要术语（如对“相同的商标”的理解）界定模糊等不足进行完善。

（三）销售侵权复制品罪的问题

有论者主张：在研究销售侵权复制品罪（派生罪）时应注重其和侵犯著作权罪（原生罪）之间的派生罪与原生罪关系。由于本罪所依赖的原生罪之相关法律已经随着时代进步多有修改，由此回溯考量会发现侵犯著作权罪的范围存在过于狭窄之弊端，难以有效满足打击此类犯罪的需要，因此需与现行著作权法律、国际公约规定接轨，扩大行为种类范围，构建配套性立法。

关于非法出租侵权复制品行为的定性问题，有论者认为，从实然角度讲，宜将其作为一般的违反著作权行为处理，而从应然角度讲，可对相当于销售侵权复制品的行为增设罪名进行定罪处罚。

关于构成本罪是否需要以营利为目的的问题，有论者主张维持现行刑法的立场，即保留“以营利为目的”这一主观要件，以此践行刑法的谦抑性要求，强化对经济违法行为与犯罪行为的并行打击，杜绝将知识产权违法行为全盘犯罪化的盲目跟风之举，也避免将取证难作为取消该目的要件的开脱之辞。另外，论者认为对销售的物品为侵权复制品的这一事实明知有前后之分，在量刑过程应将“事先明知”视为酌定从重处罚情节。

关于本罪的客观要件问题，有论者对相关修改意见进行评析后，认为应改现有刑法的“违法所得数额”为“销售侵权复制品数额”，这才是真正契合本罪侵权行为方式实质的可取之举。

此外，有论者还对本罪的诉讼模式设置提出了自己的见解，认为应将本罪直接设立为可以自诉的案件，并不排除在必要条件下由国家公权力保障其权利救济，这样更有利于知识产权的保护。

（四）著作权刑法保护的横向比较研究

有论者在将我国著作权刑法保护与 TRIPs 保护进行比较研究后，认为我国著作权刑法保护存在罪名设计不科学、罪名数量偏少、主观要件过严、保护客体不均、追诉标准欠妥等不足，提出分列侵犯邻接权罪、增设其他新罪名、取消以营利为目的、扩大著作权保护范围、在犯罪构成要件中综合考量侵权规模大小与数量多寡、降低起刑点、缩小个人与单位起刑点差距等完善措施，以期更好地与国际要求相协调，更好地推动中国著作权保护事业发展。

五、网络犯罪问题研究

（一）网络犯罪共性问题研究

1. 网络犯罪概念之争

有论者提出在研究网络犯罪概念时应注意其与计算机犯罪概念之间的关系，并对其理论定位（犯罪学概念、刑法学概念、理论概念、法定概念）问题进行了简要介绍。

有论者指出，现有网络犯罪概念力图以网络犯罪囊括所有犯罪类型的一劳永逸式做法不可取，正确的做法是抓住其侵害的终极对象以及行为人怀有的终极性目的；并认为，网络犯罪是指单位或个人以侵害计算机内部存储数据为目的，故意实施的危害计算机内部数据安全，并造成严重后果的行为。但也有论者持不同意见，认为仅从对象与目的出发不足以科学界定网络犯罪这一概念，主张以工具和对象为标准进行界定。

也有论者认为，当前关于网络犯罪定义的通行观点的缺陷在于受计算机犯罪定义的影响，仅将网络视为一个技术上的概念，而非社会概念。网络犯罪的概念应该是指发生于网络空间的犯罪的总称，包括犯罪行为发生于网络空间的犯罪和犯罪结果发生于网络空间的犯罪。

2. 网络犯罪特征描述

对于网络犯罪具有何种特征这一问题，与会论者就智能性、隐蔽性、广域性、连续性、低风险性、高社会危害性等达成了共识。此外，有论者还着重关注了网络犯罪的技术依赖性，并从犯罪构成四要件方面逐一进行解读，清晰、完整地勾勒出网络犯罪的技术特征，以期对正确深入认识网络犯罪有所裨益。也有论者指出网络犯罪低龄化的趋势，并将其视为网络犯罪的特征之一。

3. 网络犯罪的犯罪构成

有论者认为网络犯罪侵犯的客体是单一客体，即网络安全和数据安全。但也有论者认为，网络犯罪侵犯的是复杂客体，既包括网络安全和数据安全，又包括基于使用网络借以实现的各种人身权利和民主权利。有论者认为网络犯罪的客观方面既包括破坏网络安全行为，又包括利用网络实施其他犯罪行为，对此，应以想象竞合犯从一重罪处断。但有论者对此提出质疑，主张对后者直接以其涉及的具体罪名论处。

4. 网络犯罪类型问题

有论者将计算机网络犯罪分为三类：侵害计算机系统的犯罪、侵害和计算机相关的财产的犯罪及以计算机网络为手段的其他犯罪。也有论者认为网络犯罪主要是指以网络为对象的犯罪和以网络为工具的犯罪，并就后者的类别与司法适用进行了深入研究。该论者将工具型网络犯罪又细分为“预备性”工具型网络犯罪与“实行性”工具型网络犯罪，其中“实行性”工具型网络犯罪又包括经济类工具型网络犯罪、传播有害信息类工具型网络犯罪、非法占有信息型工具型网络犯罪、知识产权型工具型网络犯罪、更改信息类型工具型网络犯罪五类。

此外，有论者还对网络犯罪的刑事管辖权、刑事立法完善等其他共性问题进行了研究。

（二）网络犯罪的比较研究

有论者以《网络犯罪公约》为参照平台，对其出台背景、基本内容、不足之处进行了详细介绍，并主张在我国刑事实体法与刑事程序法中借鉴、吸收该公约的有关恰当规定，提出明确界定网络犯罪概念、圈定网络犯罪的适当空间、完善电子证据调查制度、加强打击网络犯罪的国际合作等建议。也有论者以《网络犯罪公约》为视角，分别从立法层面、司法层面、技术层面提出遏制网络犯罪的建议。该论者认为，在立法层面，应重新界定管辖原则、增加电子证据种类、增设法人犯罪主体、增设财产刑与资格刑；在司法层面，应加大网络犯罪的打击力度、注意遏制网络犯罪的低龄化趋势；在技术层面，应该建立严密的网络安全防范机制。

有论者在网络越轨行为犯罪化的必要性这一问题上主张借鉴法国刑事司法与人权委员会提出的“一组两次多重三指标九标准”的判断指标体系，以严重性和效用性等原则作为实践评判的核心标准，在社会危害性方面而非法益方面寻求网络越轨行为犯罪化的正当性依据。

此外，还有论者对计算机诈骗这一问题和德、日两国对此的应对与规制之道进行了比较研究，主张我国可以增设计算机诈骗罪的规定，将其与诈骗罪并列，置于侵犯财产犯罪一章之下，并赋予更具弹性的量刑幅度。

（三）网络犯罪的时代挑战

与会论者主要讨论了网络犯罪对传统刑法理论中的犯罪主体理论、犯罪主观方面理论、犯罪行为理论、刑事管辖理论及其他法学理论的挑战与应对问题。

（1）对犯罪主体理论的挑战。有论者认为网络犯罪主体的低龄化趋势，对现有刑事责任年龄划分标准提出了挑战；此外，我国刑法网络犯罪的单位主体资格缺失，也与单位网络犯罪现实产生冲突，对此，刑法不应坐视不管。

（2）对犯罪主观方面理论的挑战。有论者认为网络犯罪存在着故意与过失混合且主观心理状态不易证明的特点，其行为心理要素难以把握，对此，应引进严格责任加以解决。

（3）对犯罪行为理论的挑战。有论者认为网络犯罪行为的身体要素特征不明显，给对犯罪行为的认定、侦查、取证、证据采信均带来不少困难。

（4）对刑事管辖理论的挑战。有论者认为网络犯罪所依附的虚拟空间让行为发生地与行为结果地都很难确定，很难适用传统刑法理论的管辖原则。在评析诸种观点之后，该论者主张应该以传统的刑事管辖权理论为基点，以有限保护原则为补充，并依靠国际合作。也有论者分别就立案管辖、级别管辖、地域管辖等具体问题给出了解决方案。

（5）对其他法学理论的挑战。有论者提出在网络犯罪的刑法规制过程中，需要处理好其与刑法谦抑性原则、刑法功能有限性、个人隐私权保护、言论自由保护等范畴之间的关系。

此外，一些论者还对网络无卡方式信用卡诈骗、黑客犯罪、侵犯虚拟财产、网络钓鱼等新型犯罪现象进行了深入解读。

六、未成年人犯罪问题研究

（一）未成年人犯罪的刑事责任范围问题

1. 罪名与行为之争

对此，主要集中于对 1997 年《刑法》第 17 条第 2 款所指的 8 种特定犯罪究竟是罪名还是行为的讨论。有论者认为虽然现行刑法解释性文件对此持行为说，但从条文语义、国外立法、限制惩治范围等角度来讲，都应将其解读为罪名。但有论者认为将此理解为犯罪行为为宜，并主张以修正案的形式将全国人大常委会法工委的答复纳入第 17 条第 2 款，即将“……罪的，应当负刑事责任”改为“……行为，应当负刑事责任”。也有论者认为在对答复的理解上应立足于现行刑法理论，实务界所持的限于在 8 种罪名之内定罪量刑的观点不足取，提出：在具体追究刑事责任之时不应限于 8 种具体罪名，至于具体以何种罪名追究刑事责任应当区分情况分别处理。

2. 具体条文分析

有论者对未成年人相对负刑事责任的范围进行了全景式扫描，对其中所涉及的 8 种具体犯罪逐一进行了研析。如在对“故意杀人、故意伤害致人重伤或者死亡”的理解上，论者主张对于在实施其他犯罪过程中又有故意杀人、故意伤害致人重伤或者死亡的行为并依法应当依照故意杀人罪、故意伤害罪定罪处罚（包括从重处罚）的一些犯罪，以及犯其他罪同时兼有故意杀人、故意伤害致人重伤或者死亡的行为，并与这两个罪并罚的一些犯罪，都应当按照故意杀人罪或者故意伤害罪定罪量刑。该论者还认为对此 8 种具体犯罪不应限定为情节特别严重的情形，应严格按照罪刑法定原则的要求，不能另行增加限制性条件。

有论者则着重研究了已满 14 周岁不满 16 周岁的未成年人实施绑架并杀害被绑架人的行为定性、以危险方法杀人的行为定性及强奸罪是否包括奸淫幼女罪等具体问题。

3. 立法完善建议

不少论者认为现行未成年人负相对刑事责任的列举规定存在范围过于狭窄之弊，有些危害性与法定的 8 种具体犯罪相当或甚于后者的严重犯罪被剔除在外，这无疑是对罪责刑相适应原则的背离。于是有论者主张增加绑架罪、决水罪，有论者主张增加抢劫枪支、弹药、爆炸物罪，有论者主张增加走私、运输、制造毒品罪，等等。当然，增加新罪的总体标准应是与 8 种特定故意犯罪性质相同或社会危害性程度相类似。

有论者提出应明确未满 14 周岁的未成年人不构成犯罪，但也有论者认为对年满 12 周岁不满 14 周岁的未成年人犯罪应有限度地规定刑事责任。

此外，还有诸多论者对 1997 年《刑法》第 17 条第 2 款条文的重新设计各抒己见。

（二）未成年人犯罪的刑事政策问题

有论者在分析未成年人犯罪的特点与原因后指出，未成年人犯罪刑事政策涵盖的对象不仅包括犯罪行为，还应包括违法行为和其他不良行为；进而要求丰富和发展我国现有的未成年人犯罪刑事政策，主要路径选择有家庭、学校、社会多管齐下，设立未成年人法院、扩大不起诉适用范围、坚持贯彻刑法从宽原则等。

有论者就未成年人犯罪的刑事政策进行了比较研究，提倡实现未成年人犯罪的三层次防治，加强家庭、学校、社会、司法各领域的合作，将对未成年人犯罪与违法行为的保护处分作为刑事政策的重中之重。

有论者提出单纯适用刑罚惩治或非刑罚处遇刑事政策都有些片面，主张采取非刑罚化与刑罚严厉化并行不悖的两极化刑事政策，并在此刑事政策的价值导向下对未成年人进行区别对待，即犯罪较轻的未成年人，更多地适用非监禁刑或者不起诉、免除处罚，以体现“教育为主、惩罚为辅”的政策；而对于危害严重的青少年犯罪，则应加大惩处力度，以发挥刑罚的威慑效应。

（三）未成年人犯罪的处遇问题

1. 刑罚制度的完善

有论者指出对未成年人犯罪适用的刑罚应当以预防为主，以轻缓为导向，同时兼顾报应，即在刑罚适用选择、刑罚适用程序和刑罚执行方面实行“双向保护原则”。

有论者提出对未成年犯在刑种选择上应作出相应限定，对未成年人不应适用无期徒刑、剥夺政治权利、罚金、没收财产等刑种，放宽未成年人犯罪的缓刑适用条件，增设暂缓判决、观护帮教等刑罚缓科制度。但也有论者持不同意见，认为可以对未成年犯罪适用罚金刑，因为它并不违背罪刑法定原则，有利于贯彻对未成年犯罪人“惩罚为辅、教育为主”的方针，并有利于保护未成年犯罪人的合法权益。

有论者认为对未成年人犯罪适用减轻处罚不必限于一次减轻一个刑种，而应当根据未成年人犯罪的具体情节加以确定，既不跳过法定刑幅度，也不减至免除处罚。

有论者认为未成年人犯罪人不应构成累犯，因为根据其生理和心理特点，一般没有特别大的人身危险性，构成特殊累犯的概率也比较小，同时有外国立法先例可循。

有论者则专门论述增设社区服务刑的可取之处，认为其是一种能够提高改造效果与创造社会效益的“双效”刑罚措施，并对相关具体内容进行了详尽设计。

此外，还有论者从社会学角度对未成年人刑事前科消灭制度进行了剖析，深入挖掘了前科消灭制度对未成年人再社会化的积极作用，建议在我国实行未成年人刑事前科消灭制度。

2. 非刑罚处罚研究

有论者认为我国现行刑法规定的非刑罚处置措施存在形式单一、效果不佳、执行失范等缺陷，主张在完善现有非刑罚处置措施种类的同时增设其他非刑罚处置措施。

有论者论证了对未成年人犯罪实行非刑罚处罚的合理性与必要性，制定了清晰、明确的未成年人非刑罚处罚适用条件，提出了合理构建我国的非刑罚处置措施的设想。

还有部分论者提出了对未成年人犯罪的社区控制模式构想，并对其理论根基、实证依据、内容与特点等基本要素进行了分析，在非正式控制层面与正式控制层面提出了具体的操作措施。

（四）未成年人犯罪的实证研究

有论者对未成年罪犯的量刑情况进行了实证分析，在总结特点的基础上分析了相关原因，提出了相应的解决对策。

有论者将统计学方法引入未成年人犯罪研究，通过实证分析发现未成年人犯罪具有犯罪总数逐年增加、犯罪率稳中有升、犯重罪比率高及未成年犯占罪犯总人数比重大等特点，提出未成年人犯罪的致罪内因与矫正标的是其临时犯罪人格，主张以犯罪人格矫正为主线，推广人格调查制度、刑事污点消除制度、社区矫正制度；并对完善未成年人法律体系提出构想。

还有论者就特定地域的未成年人犯罪情况、流动人口中未成年人犯罪情况、青少年健康危害行为影响机制等进行了实证分析。

（五）未成年人犯罪的成因探源

有论者在分析调查问卷的基础上，探讨了教育缺失与未成年人犯罪的关系，并认为家庭教育失当、学校教育失衡、社会教育失控三方面因素与未成年人犯罪密不可分，主张从家庭、学校、社会等多种渠道出发，整合各方面的力量与资源，发挥教育在预防与减少未成年人犯罪中的积极效用。

有论者则着重分析了青少年犯罪中的家庭因素，并分别就结构异常家庭、教育异常家庭、环境异常家庭对未成年人犯罪的影响等问题进行了论述，提出预防未成年人犯罪要从家庭做起，呼吁提高家长素质、优化家教内容、家庭社会共同努力。此外，还有论者运用社会控制理论对未成年人犯罪的家庭因素进行了阐述。

有论者从网络不良文化对未成年人犯罪的影响入手，探讨了网络条件下防范与控制未成年人犯罪的有效途径，主张通过构建中国未成年人网络保护法、加强政府对网络的监管力度、重视对未成年网民的网德教育等方式予以应对。

有论者以转型社会为时代背景分析了未成年人犯罪的诸多成因，并提出了相应的防范对策。

此外，还有论者从刑事诉讼法、比较法、区际刑法等角度对此问题进行了探讨。

七、拐卖人口犯罪问题研究

（一）拐卖人口犯罪的立法评析

有论者从横向角度（地域）与纵向角度（时间）对拐卖人口犯罪的立法情况作了详尽梳理，认为我国现行刑法对“儿童”的概念界定模糊，将犯罪对象局限于妇女、儿童，不对旨在卖淫的贩卖人口罪单独立法等做法不尽合理，提出将“儿童”规定为18周岁以下的任何人，将本罪对象扩至妇女、儿童以外的人，将旨在卖淫的贩卖人口罪作为风化犯罪单独处理等完善建议。但也有论者认为，在目前中国拐卖犯罪的立法模式中，拐卖成年男子不宜按本罪处断，但情节严重者可以非法拘禁罪定罪量刑。

（二）拐卖人口犯罪的司法认定

有论者提出本罪的司法认定总原则是主、客观要件相统一原则，并区分了其与介绍婚姻、收养索取财物行为、绑架罪、拐骗儿童罪、诈骗罪的界限。还有论者进而区分了其与非法拘禁罪的界限，认为拐卖妇女、儿童并剥夺其人身自由的情况不可以事后不可罚行为从一罪处罚，因为其侵犯的法益不同并且两罪之间具有牵连关系，应当按照牵连犯相关原则定罪量刑。而对于行为人为了收买，教唆或者帮助他人拐卖妇女、儿童的行为如何定性这一问题，该论者持以拐卖妇女、儿童罪和收买被拐卖的妇女、儿童罪数罪并罚的观点，主要理由在于教唆、帮助行为与收买行为是两种性质截然不同的行为。

此外，还有论者对拐卖妇女、儿童关联职务犯罪的认定问题进行了剖析，有助于清楚认识阻碍解救被拐卖、绑架妇女、儿童罪与聚众阻碍解救被拐卖、绑架妇女、儿童罪，妨碍公务罪，帮助犯罪分子逃避处罚罪等相关犯罪的区别。

对于被害人的同意是否可以阻却行为人行为的违法性这一问题，有论者持肯定观点，但只将阻却违法性主体限定于妇女，不具有民事行为能力的儿童与精神病被害人的同意不得作为行为人行为的违法阻却事由。但也有论者表示反对，认为人格尊严的不可放弃性决定了被害人的同意不能阻却行为人行为的违法性。

（三）拐卖人口犯罪的犯罪构成

1. 犯罪主体

有论者认为被拐卖人的亲属可以成为本罪的主体，即行为人与被害人之间的亲属关系不能阻却行为人的刑事责任。关于阻碍解救被拐卖、绑架妇女、儿童罪的主体认定，有论者认为1997年刑法典中规定的“对被拐卖、绑架的妇女、儿童负有解救职责的国家机关工作人员”利用职务实施的阻碍解救行为与其担负的解救职务相关，因此，只要其担负解救职务，即便不是解救工作的负责人，只要利用其职责阻碍解救工作，即可构成本罪；另外，对已满14周岁不满16周岁的人拐卖妇女、儿童而故意造成被拐卖妇女、儿童重伤或死亡的行为，依据刑法应追究其刑事责任。

2. 犯罪主观方面

对此，主要集中于如何理解“以出卖为目的”。有论者认为以出卖为目的的主观故意直接决定了拐卖妇女、儿童罪的成立，但目的是否实现并不影响本罪的成立与既遂。有论者认为在“收买”行为中“以出卖为目的”包括收买之前即存在出卖目的的情况，也包括行为人收买被拐卖的妇女、儿童后产生出卖的意图并出卖妇女、儿童的情况。

3. 犯罪客观方面

有论者详细对拐骗、绑架、收买、贩卖、接送等具体行为方式进行了语义分析。有论者着重论述了收买行为非犯罪化的必要性，认为其符合刑法谦抑性的价值要求和主、客观相统一的原则，可以保护被拐卖妇女、儿童的权益免受再次侵害。另外，还有部分论者对拐卖两性人的问题存有不同看法。有论者认为两性人的性别取决于其本人的自我认同，如果自我认同为女性，则按照拐卖妇女、儿童罪，反之则不构成本罪。当然，也有论者主张以行为人的社会性别来判断，即以社会一般人的认识为标准。但有论者认为，对于行为人明知是年满 14 周岁的两性人而以出卖为目的的行为，根据罪刑法定原则，不能以拐卖妇女罪定罪处罚，但行为人因对犯罪对象的认识错误，属于刑法理论上的对象不能犯未遂。

（四）拐卖人口犯罪的犯罪形态

有论者在分析了拐卖妇女、儿童罪既遂与未遂诸种观点后，提出应将研究视角拉回本罪是行为犯的本质上，并认为此举符合我国刑法立法原意，符合我国刑法基本理论，也符合适用刑罚的目的。该论者主张以行为人是否实施完毕法律规定的实行方式之一为标准，唯可因实施阶段不同而行为既遂、未遂的具体标准不同而已。在单独犯罪与简单共同犯罪中，实施手段行为的，只要将被害人置于行为人控制之下即达到既遂；结果行为应以行为人将被害人贩卖出手、转移给收买人为既遂。在复杂的共同犯罪中，则应以被害人被实际控制，也即手段行为的实际完成为标准，至于接送等中间行为，由于其自身具有非实行性而无所谓既遂、未遂。

此外，还有论者从刑事政策角度对拐卖妇女、儿童罪进行了解读，提出“惩”“导”结合的综合治理方针，在坚持对本罪的刑法规制之外寻求更多的刑事政策选择。

[林燕、刘炯；本文为首次刊载]

第五十三章

2005年全国刑法学术年会综述

一、前　言

中国法学会刑法学研究会2005年年会，于2005年10月28日至30日在湖北省武汉市武汉大学法学楼隆重召开。与会者围绕本届年会事先拟定的三大方面的议题，即刑罚的裁量制度研究、渎职犯罪研究以及《刑法修正案(五)》的有关问题，联系我国现阶段创建和谐社会的现实需要，进行了广泛、深入的探讨。大会共收到论文324篇，是迄今为止历届年会提交论文最多的一次。现将与会论文以及研讨的主要观点综述如下。

二、刑罚裁量制度研究

（一）累犯制度研究

累犯是刑罚裁量中从重处罚的刑罚制度。对累犯制度的研讨主要集中在普通累犯成立条件中主体条件的问题、累犯的处罚原则问题以及累犯制度完善问题。

1. 关于普通累犯成立条件中的主体条件问题

关于主体条件的问题，主要探讨的是累犯的主体是否包括未成年人以及单位的问题。

绝大多数论者认为未成年人不适用累犯规定的条款。也有论者认为，累犯的主体应包括未成年人。关于单位累犯的问题，有论者在主体问题中论及，有论者在立法建议中论及，有论者则是作了专题论述。主要问题集中在刑法中应不应该设立单位累犯制度。肯定说的主张者认为：对单位犯罪明确承认和规定累犯制度符合适用刑法平等原则；单位再次犯罪的大量事实是刑法确立单位累犯制度的现实基础，增设单位累犯制度具有现实意义；预防单位再次犯罪，保障市场经济健康发展需要刑法确立单位累犯制度。而否定说的主张者有的认为，单位犯罪的种种特殊性决定了其不符合累犯制度的立法意图。也有论者认为，从累犯制度设立及从严处罚的理论根据上看，刑法不应规定单位累犯；从单位累犯的立法建构上看，设立单位累犯存在立法困境；从司法实践上看，犯罪单位能够轻易逃避单位累犯制度，从而免受从重处罚；从国外立法例看，我国不宜规定单位累犯。本届年会上单位累犯问题是争议较大的问题之一。

2. 关于累犯的处罚原则

关于累犯的处罚原则之争，主要集中在累犯的从重处罚依据。有论者认为，累犯从重处罚的依据只能是行为人的人身危险性，而不是其他。有论者认为应从累犯的主观恶性和人身危险性来论证累犯从重的刑事责任根据。有论者认为累犯从重处罚的根据，就在于累犯的人身危险性、主观恶性和其他犯罪行为所综合反映的社会危害性，比初犯的更大。也有论者认为累犯从重处罚的根据主要在于其本身所具有的相对于初犯而言更为严重的主观恶性和人身危险性，同时，相对于初犯而言的更为严重的社会危害性，也是从严处罚累犯的辅助性原因。还有论者从责任主义的刑罚观出发，认为人格责任论所主张的累犯对其犯罪人格的形成所承担的人格形成责任，正是对累犯从重处罚的根据所在。

3. 关于累犯制度的完善

有关累犯罪数规定的完善，有论者认为我国1997年刑法典中所规定的累犯制度在罪数条件的设置上采取的是：两次以上犯罪就构成累犯。但是，根据我国的法律文化以及累犯制度的设立初衷来看，有必要以三次犯罪作为普通累犯构成条件的罪数条件，并设立再犯的概念，把再犯（两次犯罪）从累犯制度中分离出来，区别对待。

对于主观条件的完善，有论者认为我国现行的累犯制度，不应建立在“行为中心论”的基础之上，建议采用主观的累犯概念，即在刑法规定中增加“人身危险性条件”的规定。

关于主体条件的完善，有论者建议增设未成年人不构成累犯的例外性规定以及增设单位成为普通累犯主体的规定，并应增加提示性规定。

而有论者以法律后果为视角认为，我国刑法对累犯从重处罚的规定过于简单，不利于司法实践中的操作；建议对累犯处罚的原则作进一步具体的规定。

（二）自首与立功制度研究

1. 自首制度研究

关于自首制度的研讨，主要集中在自首从宽处罚原则的根据问题、自首认定中的疑难问题以及自首制度的完善问题。

（1）关于自首从宽处罚原则的根据问题。关于自首从宽处罚原则的根据问题，有论者提出，应从自首的本质上去认识自首从宽处罚的根据，认为根据在于犯罪人犯罪后自动归案，自己把自己交付国家追诉。有论者认为自首从宽处罚只能从犯罪人人身危险性的减轻中得以说明。也有论者认为自首从宽处罚的根据可归纳为两点：其一，基于人身危险性的减轻，实现刑罚目的的需要。其二，基于司法成本的经济性，实现功利目的的需要。还有论者认为，关于自首从宽处罚的根据应从三个方面来理解，即法律根据、政策根据和法理根据：法律根据即《刑法》第67条之规定。惩办与宽大相结合的基本刑事政策是自首得以从宽处罚的政策根据。自首犯从宽处罚的法理根据，应当从主、客观相统一的刑事责任原则上来考量，而重点在于自首行为所反映的自首犯人身危险性的降低。

（2）关于自首认定中的疑难问题。关于自首认定中的疑难问题的研讨比较分散，相对集中的问题包括：对一般自首成立条件中的“自动投案”的认定问题、共同犯罪的自首认定问题以及数罪自首的认定问题。关于“自动投案”的认定，有论者认为，因将“犯罪之后”理解为不仅是犯罪既遂之后而投案，犯罪预备、未遂或中止后而投案的，同样可以成立自动投案。“形迹可疑”的问题是目前司法实践中认定自首时较为棘手的问题之一，有论者认为罪行尚未被司法机关发觉，仅因形迹可疑被有关部门查询、教育后，主动交代犯罪事实的，应视为归案之前的情况对待。关于共同犯罪自首的认定，争议的焦点是共同犯罪人在投案后，交代了哪些罪行才算如实供述了自己的罪行。对此，有论者认为在共同犯罪中，共犯自首时要供述的“自己的罪行”，除了自己实施的那一部分外，还包括其确实知道、与自己实施的犯罪密不可分的其他共同犯罪人实施的罪行。至于其揭发同案犯共同犯罪以外的其他犯罪，则超越了自首的范围，应当被认定为立功；并分别就主犯、从犯以及胁从犯的“自己罪行”的认定作了具体的分析。数罪自首的认定，主要争议是，一人犯了数罪，主动投案时仅交代了一罪，或者虽然交代了几罪，但仍有罪行未交代而在追诉或者服刑过程中被查出，对于余罪是否能成立自首的问题。大多数论者认为，犯罪人犯有数罪而自首的，对于自首的罪行，按照自首来处理，其效力不及于没有自首的罪行。有论者认为，对异种数罪的自首，只对如实供述的部分犯罪成立自首，之后再与其他犯罪并罚；对于同种数罪的自首，则区分并罚的同种数罪与按一罪处断的同种数罪分别处理。

（3）关于自首制度的完善问题。大多数论者对自首制度的完善提出了以下建议：其一，明确规定单位自首。单位自首是客观存在的，如果承认单位具有犯罪能力，那么基于完全相同的道理，也应当认同单位在犯罪后具有自首的能力。其二，修正准自首的成立条件。应将准自首的成立条件规定为：“被关押的人员，如实供述司法机关还未掌握的本人罪行，并接受审查和裁判的……”其三，增设首服制度。因为“首服”和“告诉才处理的犯罪”是一对孪生兄弟，只要一部刑法在规定了自首制度的同时，还规定有“告诉才处理的犯罪”，那么无论该刑法是否明确规定“首服”的制度，“首服”制度都是该刑法的必然伴随物。其四，完善特别自首制度。我国既然已经采取混合式的立法模式，就应对一般自首、准自首和特别自首予以明确规定和界定。但是也有论者对上述建议提出了异议。还有论者对最高人民法院发布的《关于处理自首和立功具体应用法律若干问题的解释》中蕴含有违“人性”的思想提出了质疑。

2. 立功制度研究

（1）关于立功制度的价值。多数论者认为，我国立功制度的设计，在价值取向上存在着偏重于功利性的倾向，造成了立法的瑕疵和司法的尴尬；认为立功制度既应具有公正的属性，也应具有功利的属性。有论者进一步认为，应在正义的基础上运用功利主义，这样一来，立功制度就不仅关注行为对社会的有益性，而且同时也关注犯罪人的悔罪意识和主观恶性的强弱。

(2) 关于立功的成立条件。有论者根据1997年《刑法》第68条的规定或（及）《关于处理自首和立功具体应用法律若干问题的解释》的规定，对立功的成立条件进行了重构，认为：作为立功成立前提条件的主体的“犯罪分子”，应为诉讼法意义上的犯罪嫌疑人、被告人，而不能是罪犯。而“实施了犯罪行为”，是指实施了刑法分则规定的犯罪行为。如果在实施刑法分则规定的犯罪行为过程中出现了犯罪的预备形态、未遂形态、中止形态，依法需要追究刑事责任的，也视为“实施了犯罪行为”。对于时间条件应界定为“从犯罪成立之后至判决、裁定生效前”的时间段是合适的。对于行为条件，可以概括为是犯罪分子实施了对国家和社会有益的行为。该论者认为没有必要将主观方面单列为立功的成立条件。

(3) 关于立功制度的立法完善。有论者认为关于立功制度应从以下方面进行完善：应纠正功利主义的偏向；明确立功表现；填补处理空档以及合理排列规范。有论者认为，应当完善关于假检举揭发、提供假线索的处罚规定以及关于查证不力甚至不查证的规定；还认为刑法关于自首并有重大立功表现的应当减轻或者免除处罚的规定过于绝对，解决问题的办法只能是修改第63条第1款和第68条第2款。有的论者对单位立功的问题作了较为全面、深入的探讨。

(三) 数罪并罚制度研究

关于数罪并罚制度，既涉及宏观问题，又涉及微观问题。

1. 关于数罪并罚制度的宏观问题

有论者提出，中国刑法学说中的罪数论体系及概念主要源于外国刑法学说，明显不适应中国的数罪并罚体制，因此有必要考虑中国刑法和司法习惯不喜好数罪并罚的特点，建立适合这种特点的罪数论体系。还有论者认为，限制加重原则的正确适用正在引起日益增多的人的反思，而技术层面的问题最终又受观念方面的深度制约，因此从基础观念层面对数罪并罚的限制加重原则予以研究，并从数罪并罚原则与刑罚公正思想、限制加重原则与罪刑相适应原则的关系等方面展开论述。还有论者对数罪并罚成立范围之立法进行检讨，认为关于数罪并罚的成立范围，我国应当摒弃现行的刑罚未执行完毕主义而采裁判确定主义。另有学者就数罪并罚的四种原则（并科原则、吸收原则、限制加重原则和折中原则）之特点、利弊加以评析，并就各刑种并罚应适用的原则及在适用中出现的问题进行了分析。

2. 关于数罪并罚制度的微观问题

诸多学者讨论的一个焦点问题是对牵连犯的处罚是否适用数罪并罚论。持肯定论的学者认为：为了解决理论冲突、立法矛盾和实践困惑，应当对牵连犯实行数罪并罚。其理由主要有：(1) 就牵连犯的罪质而言，牵连犯是由数个行为构成的；(2) 就牵连犯的社会危害性而言，我们很难主观地断定牵连数罪与普通数罪的客观危害性究竟孰大孰小；(3) 就刑罚目的而言，能更好地发挥刑法功能；(4) 就发展方向而言，对牵连犯实行数罪并罚，既是我国刑事立法的发展趋势，也是世界各国的呼声。持否定论的学者认为，“数罪并罚论”作为具有独立关系的牵连犯的处罚原则是合理的，但如果把它当作所有牵连犯的处断原则，则有违双重评价禁止原则和充分评价原则。另外，还有学者围绕如何界定数罪并罚制度中之“数罪”“法定的时间界限之内”、同种数罪的并罚问题等展开具体的研讨。

（四）缓刑制度研究

关于缓刑制度的研讨，涉及的主要内容是缓刑制度的完善问题和缓刑制度的比较研究问题。

1. 关于缓刑制度的完善问题

有论者认为：量刑与行刑是罪刑关系运动的两个阶段，从时间上来说，缓刑发生在量刑阶段，将其归于量刑制度似乎并无不可，但缓刑是在刑罚量定的基础上，对其执行方法的确认；它不涉及刑罚之量定的问题，而只与刑罚的执行有关，在逻辑上应当将其归于行刑制度。还有的学者认为，我国现行立法所规定的缓刑制度还过于简单、笼统，存在诸多方面的不足，如适用条件、考察制度等，在实际的适用过程中，还存在许多不尽如人意之处；并从缓刑考察制度所存在的一些问题入手，提出一些具体建议。还有的学者从行刑社会化的视角探讨了我国缓刑监督考察制度的完善问题。还有的学者从公正和功利的角度出发，认为要想充分发挥缓刑的功能，同时又防止缓刑的适用过于随意以致丧失公正性，缓刑制度的立法完善与司法改进势在必行；并且在考察了缓刑立法存在的缺陷和司法适用中存在的问题后，提出了具体的建议。还有的学者以对某区人民法院自2001年以来的有关缓刑适用情况的调查数据为依据，并以这种典型调查为基础归纳出当前司法实践中缓刑适用的主要特点和主要问题，在此基础上提出完善缓刑问题的若干建议。还有的学者从理解“原判刑罚就不再执行”含义角度出发，进一步探讨了缓刑执行的完善问题。还有的学者认为为了正确适用缓刑，应以我国刑法的规定为基础，结合司法实践，对我国的缓刑制度适用中的疑难问题从刑法完善角度进行探索。

2. 关于缓刑制度的比较研究问题

有学者依据2005年1月7日通过的我国台湾地区“刑法”部分条文修正案，对修正幅度较大的缓刑制度进行了详细介绍，并且发表了自己的评论。还有学者结合世界各国对于缓刑制度的立法规定和理论研究成果，对缓刑的种类、缓刑的适用条件、缓刑的考验期及考察机关、缓刑的撤销等问题进行了详尽的比较研究，以此来进一步推动我国缓刑制度的研究。

三、关于渎职罪的基本问题

（一）渎职罪的主体

自1997年刑法颁行之日起，对国家机关工作人员本质与范围的理解争议不断，主要有“身份说”（具有国家干部身份的人）、“公务说”（也称“职能论”，是否从事公务）、“身份与公务兼具说”、三位一体的“新公务论”等不同观点。有论者认为，中国共产党、政协组织不属于国家机关。但多数论者认为将中国共产党、政协组织等都排斥在外，显然与我国实际情况不相符合。不少学者认为，国家机关工作人员具体包括：（1）在国家机关中从事公务的人员；（2）经合法授权而从事公务的人员；（3）受国家机关委托从事公务的人员。

（二）渎职罪的客体以及渎职罪的前提或原案问题

有论者认为：渎职罪的犯罪客体应是国家机关工作人员应正确履行自己

相应职责的义务；客体要件是国家机关工作人员不正确履行自己职责时所指向的具体的人或物的存在状态，它反映了国家机关工作人员应尽职履行自己职责的义务的客体。此外，有论者认为，渎职罪本案的构成，须以前提罪在实质上确定或者原案在实质上成立为基础，即根据司法机关掌握的证据，行为人实质上涉嫌构成相关的原罪，就可以相应渎职罪立案。

（三）渎职罪的数罪问题

有论者认为，故意罪过的渎职罪特别是有徇私动机的渎职犯罪，往往与受贿行为交织。传统刑法理论认为属于牵连犯形态，应当实行从一重处。但是晚近以来，我国刑事立法和司法解释对于牵连犯的处罚，既有从一重罪的，也有实行数罪并罚的，如果考察的“牵连犯”中的数个犯罪构成之间不符合想象竞合犯或吸收犯的特征，则对行为人应当实行数罪并罚。

（四）渎职罪的立法缺陷与完善

有论者认为，我国渎职罪的立法缺陷主要表现在以下方面。一是列举式立法模式的局限性。二是犯罪主体的立法缺陷。主张借鉴《联合国反腐败公约》将渎职罪的主体由“国家机关工作人员”修改为“国家公职人员”或“公务员”。三是法定刑的缺陷：渎职犯罪涉及的35个罪名无一适用资格刑的规定。四是同类型故意犯罪与过失犯罪法定刑同一的缺陷。故意犯罪比过失犯罪的社会危害性大，应当规定相应较高的法定刑。还有论者对于跨越《刑法修正案》的渎职行为如何适用法律，“重大损失”“特别重大损失”如何把握等难点问题提出了各自的观点。

四、关于滥用职权罪与玩忽职守罪

（一）滥用职权罪

1. 罪过形态

关于滥用职权罪的主观罪过形式有6种不同的观点：一是过失说，二是间接故意或过失说，三是间接故意说，四是直接故意说，五是复合罪过说

(间接故意加过于自信的过失)，六是故意说。有论者着重指出，1997 年刑法新增滥用职权罪的本意是便于区别原玩忽职守罪，而且从我国刑法与《联合国反腐败公约》相协调的角度看，应采取“故意说”。

2. 行为方式

关于滥用职权罪的行为构成的分歧，集中体现在不作为能否成为该罪的行为方式。对此有肯定说与否定说。

肯定说的主要理由是：首先，与不作为之理论通说相符；其次，《联合国反腐败公约》也包括作为与不作为两种滥用职权，为与此协调，滥用职权应当包括不作为。否定说的理由有以下几点：其一，文义上“滥用”是“胡乱地或过度地使用”，有权“不”用谈不上“滥用”。其二，滥用职权罪的行为是复式的结构，各种具体行为只是表象的、下位的行为，滥用职权才是上位的、总括性的行为；具体行为可以是不作为，但总括性行为不可能由不作为构成。其三，对于滥用职权罪的“放弃职责，故意不履行职务”，放弃职“责”并不是放弃职“权”；故意不履行职“务”，恰恰是通过故意滥用职“权”才得以实现。还有的论者认为，如果是纯粹放弃职责应该做而不做，则不再属于滥用职权而属于玩忽职守。另有论者认为，滥用职权的客观行为表现从规范意义上看，是不作为；从事实层面上看，既包括作为，又包括不作为。

3. “重大损失”在本罪中的性质

学界有学者认为“重大损失”只是客观处罚条件，另有论者认为属“客观超过要素”。有论者认为，重大损失应是本罪的必要构成要件，而非客观超过要素或客观处罚条件。

还有论者论及我国 1997 年《刑法》第 397 条第 1 款中的“重大损失”与“情节特别严重”的关系，认为：“重大损失”为本罪的结果要件，而“情节特别严重”为本罪加重处罚要件。在滥用职权罪中这种不同类型标准被混同使用，相应就出现了规范性断层。所以，滥用职权罪中结果要件的“重大损失”应修改为“情节严重”。

4. 滥用职权罪的立法完善

有论者建议：将滥用职权与玩忽职守罪的条文分立；将行政执法人员滥用职权作为特定条款统一规定；将该罪分解为故意犯罪和过失犯罪；客观方

面的规定采用叙明罪状；刑罚方面增加附加刑。另有人主张，在犯罪模型上将所有故意的一般性渎职行为统一拟制为滥用职权罪，将所有过失的一般性渎职行为统一拟制为玩忽职守罪。

针对目前惩治“瞒报谎报”于法无据的弊端，即对于那些不涉及严重刑事犯罪或者司法工作人员以外的国家机关工作人员的瞒报谎报行为，要追究其刑事责任却于法无据的现状，有论者建议对严重“瞒报谎报”行为予以刑法惩治。

（二）玩忽职守罪

1. 主观方面

传统观点认为，玩忽职守罪在主观方面只能是过失。但有论者认为，玩忽职守罪不仅包括过失，而且包括间接故意。还有极少部分学者主张，玩忽职守罪的罪过形式不仅是过失和间接故意，也应该包括直接故意。

2. 客观方面

对于玩忽职守罪的行为方式，普遍认为是典型的不作为，表现为消极懈怠，不履行或放弃履行自身职责的行为。关于如何认定玩忽职守行为造成重大损失的截止期限，主要有三种观点：第一种观点认为应在人民检察院立案侦查时；第二种观点认为应在案件起诉后法院开庭审理前；第三种观点认为，行为人的行为造成了危害结果，在采取了一切手段仍无法挽回经济损失的情况下即可认定。

3. 玩忽职守罪的立法完善

有论者认为，为有效遏制玩忽职守犯罪，促使公职人员恪尽职守，依法履行自己的职责，应规定玩忽职守犯罪的危险犯。还有论者认为，应根据实际情况，合理加重对特定岗位的公职人员的玩忽职守罪这类重过失犯罪的处罚。

五、徇私枉法罪问题研究

（一）关于徇私舞弊

关于徇私舞弊的研究，主要集中于徇私舞弊的地位、性质、内涵、罪数判断等问题。不少学者立足于现行立法，从字义、论理的规范角度进行了分析；还有学者从应然的视角对其去留进行了考量。

1. 徇私舞弊的地位

关于徇私舞弊在徇私舞弊型犯罪中的地位，多数学者认为它是必须具备的构成要件；有学者肯定其在刑法解释角度上的构成要件地位，但主张应"将多余的解释去掉"；有学者则认为徇私舞弊不是这类犯罪的构成要件，并主张修改现行法条，删除"徇私""舞弊"的规定。关于它是主观的构成要件，还是客观的构成要件，多数学者认为应区别对待，即"徇私"属主观的构成要件，"舞弊"属客观的构成要件。

2. 徇私舞弊的性质

关于徇私的性质，刑法学界历来有"犯罪动机说""犯罪目的说"两种观点。众多学者对此进行了细致的研究，肯定徇私是动机。同时，有学者还就此指出，刑法理论研究不能习惯于用各种既定的理论命题判断刑事立法合理与否，归纳方法更有利于刑法理论的创新与发展。

3. 徇私舞弊的内涵

学者都肯定徇私包含徇情之义，但对于"私"的理解仍不尽相同。有些学者认为徇私包括徇个人之私和徇单位、集体之私。有学者认为徇私不限于徇自己之利益，也包括徇行为人之外的第三者的利益，第三者可以是小团体、小集体，但不宜包括单位。有学者认为对"徇私"的"私"应作引申理解，如果行为人并非为了单位利益，而是为了所谓"小集体""小团体"的特定的单位成员的私情、私利的，可以认定为"徇私"。还有学者则从国家公权力的视角，认为刑法意义上的徇私是基于行为人具有某种公权力但因徇私而渎职的行为。所谓徇私，既指徇私利，又指徇私情；既指徇个人之私，又包含徇单位之私、徇小团体之私。

4. 徇私舞弊的罪数判断

这方面讨论集中于行为人因受贿而徇私舞弊犯罪的，应如何定罪处罚。刑法理论中历来存在牵连犯、想象竞合犯、法条竞合犯等不同的观点，对此，众多学者详细梳理、评析了以往的观点。有学者认为应成立法条竞合关系，不应实行数罪并罚。有学者认为应具体情况具体分析：如果行为人因收受他人财物而实施渎职行为，应构成徇私舞弊型渎职个罪与受贿罪的法条竞合犯形态；如果行为人因索取他人财物而实施渎职行为，则构成徇私舞弊型渎职个罪与受贿罪的牵连犯形态，无论属于上述哪种犯罪形态，均应以一罪认定处罚。有学者认为在“牵连犯形态说”和“两罪并实行数罪并罚说”之间进行取舍是比较合理的，且两种说法的共同存在并没有矛盾。有学者则认为应严格遵循罪刑法定原则，在现行刑法规定下，对于司法工作人员收受贿赂，有徇私枉法等渎职行为的，不能再以数罪并罚处理，其罪数形态应属于想象竞合犯。

（二）关于徇私枉法罪的司法及刑法理论

1. 徇私枉法罪的司法

有学者从具体案例出发，对当前徇私枉法案件的特点及原因进行了深入的探讨，并提出了相应的解决对策；有学者则结合典型的案例，阐述了有关该罪的司法认定问题。

2. 徇私枉法罪的刑法理论

对徇私枉法罪的刑法理论研究，主要集中于该罪的犯罪主体（司法工作人员）的范围认定及对有罪的人的判断、对枉法追诉的理解等方面。关于犯罪主体，众多学者对司法工作人员是否包括司法机关内部的专职鉴定人、记录人员、鉴定人员、人民陪审员、内勤人员、受司法机关委托从事司法工作的人员等，以及这些人员在何种情形下可成为徇私枉法的主体进行了细致的界定。有学者还建议刑法应将人民监督员列为本罪主体。有些学者还认为单位可以成为本罪的主体。关于如何判断有罪的人，刑法理论上历来存在“法院宣告有罪说”“批捕说”“涉嫌犯罪说”三种观点。有学者指出有罪的人不完全是指法院判决确定有罪的人，同时在各个阶段上所确认的犯罪嫌疑人和被告人也包括在内。有学者认为我国现行刑法中“有罪的人”的规定不够科学，应改为“犯罪嫌疑人、被告人”。有些学者认同“涉嫌犯罪说”的观点，主张前案嫌疑人是否属于“有罪的人”，主要是看“当时”的证据材料，而不是嫌疑人实际上是否犯罪，以及是否为法院最终判决所确认。有些学者则主张从实质上来认定和把握“有罪的人”，客观上实施了犯罪行为，有犯罪事实的人都是“有罪的人”。关于枉法追诉，有学者认为包括在没有立案的情况下，徇情枉法、徇私枉法所采取的强制措施，不受追诉的内容应当包括定罪与量刑两方面的内容。有学者认为本罪中的“追诉”只应包括立案、侦查、采取强制措施、起诉活动。此外，还有学者对“利用职务上的便利”、徇私枉法罪的罪数形态、徇私枉法罪的共同犯罪等问题进行了研究。

(三) 关于民事、行政枉法裁判罪及其他犯罪

有学者以类型思维为视角，对民事、行政枉法裁判罪客观方面的几个问题进行了探讨。有学者则研究了该罪的存在范围、共同犯罪及罪数形态。此外，有学者还对法官渎职犯罪、税收渎职犯罪及徇私舞弊低价折股、出售国有资产罪进行了研究。

六、《刑法修正案（五）》有关问题研究

(一) 关于信用卡犯罪

有些学者研究了《刑法修正案（五）》对信用卡犯罪的修正问题，认为窃取、收买或者非法提供他人信用卡信息资料的行为应为妨害信用卡管理罪，没有必要单独设定罪名；并详细论述了妨害信用卡管理罪的构成特征、司法认定及刑事责任问题。有学者研究了修正案中的“使用以虚假的身份证明骗领的信用卡的”行为，认为对这种行为应按妨害信用卡管理罪定罪处罚，此外，盗窃并使用以虚假身份骗领的信用卡的行为不能按盗窃罪定罪处罚。有学者认为使用以虚假身份骗领的信用卡的行为构成信用卡诈骗罪，如果行为人又使用了该骗取所得信用卡的，则实际上实施了两个犯罪行为，分别触犯了两个罪名，即妨害信用卡管理罪和信用卡诈骗罪。还有学者认为，不仅盗窃信用卡的先行行为不构成盗窃罪，盗窃信用卡并使用的行为亦不成立盗窃罪；主张“使用”不包括出售行为。有学者详细归纳了《刑法修正案（五）》对信用卡犯罪的修正之处，并对这些修正进行了深入的阐述。有学者则从应然的角度对《刑法修正案（五）》关于信用卡犯罪的立法进行了一系列的审视，指出其不足，并提出了完善的建议。此外，有学者还对《刑法修正案（五）》的立法背景进行了思考，有学者则将目光延伸至网络信用卡诈

骗。这些都表现了我国学者对信用卡犯罪的研究正日益深入。

（二）关于过失损坏军事通信罪

有论者根据《刑法修正案（五）》，对过失损坏军事通信罪的立法与理论进行了研究，详细论述了该罪的构成特征及司法认定问题。

[李希慧、陈家林、郭泽强、蒋羽扬、徐立；载赵秉志主编：《刑法评论》，第9卷，北京，法律出版社，2006]

第五十四章

2006年全国刑法学术年会综述

一、前　言

中国法学会刑法学研究会结合我国当前刑事法治建设的实际情况，将当前急需解决的如下三个方面的问题确定为2006年学术年会的议题：(1) 宽严相济刑事政策与刑罚的完善；(2) 商业贿赂犯罪研究；(3) 刑法对非公有制经济的平等保护。刑法理论界和实务界的专家、学者给予了极大的支持，围绕上述三个方面的议题向年会提交了245篇学术论文，对相关问题进行了比较深入、细致且具有一定新意的探讨。以下对专家/学者提交的年会论文研究的主要内容进行综述。

二、宽严相济刑事政策与刑罚的完善

宽严相济是我国在维护社会治安的长期实践中形成的基本刑事政策，这一政策体现了以人为本、公平正义的理念和罪刑法定原则、罪责刑相适应原则的精神，对于我国有效地打击犯罪和保障人权具有重要的意义。本次年会有128篇论文对和谐社会刑事法治的宏观问题与宽严相济的刑事政策的内涵、根基、作用、实现途径以及刑罚改革问题进行了深入、细致研讨。

（一）有关刑事法治的宏观问题

1. 和谐社会刑事法治的基础、价值与刑法的机能

有论者指出：平等、人道、宽容是现代社会制度的立足点，也是刑事法治的基础。刑事法治的运作过程中所展现的刑事法律关系间的人性化、宽容性和妥协性，是刑事法治的和谐精神所在。

关于刑法的价值追求，有论者提出，和谐社会是刑法的价值追求。

关于刑法的机能，有论者指出：和谐社会的刑事法治应该建立在和谐的刑法机能、刑法原则与和谐的国家和个人关系之上。和谐社会需要刑法充分发挥维持社会秩序机能，但当维持社会秩序机能与保障自由机能发生冲突的时候，从和谐社会“以人为本，保障人权”的终极目标出发，应当优先选择保障自由机能。

2. 和谐社会中的刑事法律体系

不少学者指出，我国当前的刑事法体系存在不足。有的学者认为，刑法在构建和谐劳动关系中应有所为，有必要扩大刑法调整劳动关系的范围，将恶意拖欠打工者的工资、虚假招工与拖欠职工养老保险基金、医疗保险基金、职工失业保险基金的缴纳等具有严重社会危害性的行为予以犯罪化。有的学者认为，刑法在分则的具体规定中，应当凸显保护弱势群体利益的原则，应当更加突出地体现保护环境的思想。有的学者认为，鉴于我国当前网络迅猛普及发展、破坏市场经济犯罪手段翻新等情况，我国刑法应当完善打击网络犯罪的规定，严密保护市场经济的刑法网。有的学者认为，为了保证刑事司法效率，刑法应尽量减少犯罪构成中的主观目的要件的规定。

3. 和谐社会的刑事司法

有论者探讨了刑事司法的衡平观念，指出在刑事司法中引入“衡平理念”，对于实现刑事司法形式正义和实质正义的统一、法律效果与社会效果的统一具有特殊的意义。该论者提出，刑事司法衡平标准是定罪的准确与量刑的适当，定罪与量刑结果能够使犯罪人认罪伏法，能够为社会所理解认同。为了贯彻刑事司法衡平标准，该论者认为，需要坚持刑事程序公正与实体公正统一的理念，刑事普遍正义与个案正义并重的理念，服从刑法、兼顾情理的理念以及尊重证据、考虑民愤的理念。

有论者探讨了和谐社会刑事审判的原则，指出：我国当前的刑事审判必须坚持依法惩治各类犯罪，全力维护社会稳定；必须坚守民主法治原则，确保刑事审判公正；必须正确处理政策与法律的关系，努力实现法律效果和社会效果的统一；必须更新刑事司法理念，努力实现法律价值的平衡；必须深化刑事审判方式改革，推动刑事审判机制和制度的创新。

有论者探讨了当前刑事司法中重刑化倾向的控制对策，指出：当前控制刑事司法中重刑化的倾向，要从控制经济犯罪及侵财型犯罪的死刑适用入手，降低死刑适用率；提高对缓刑、管制刑和罚金刑等非监禁刑的适用率；加强量刑指导、加强对自由裁量权的合理规制。

4. 和谐社会刑事法治的构建途径

关于和谐社会刑事法治的构建途径，论者们提出的措施有：第一，培植现代刑事法理念，合理设定刑法圈；第二，科学配置刑罚量，建立理性犯罪防控体系；第三，重新审视现代刑事政策的价值；第四，重视现代刑事政策的谦抑、宽容理念；第五，在司法实践中密切关注犯罪个案；第六，重视规范意识的培养，强调刑法公正；第七，科学认识打击犯罪与保障人权的关系以及惩罚犯罪与预防犯罪的关系。

（二）宽严相济刑事政策问题

宽严相济是我国现阶段惩治与预防犯罪必须坚持的刑事政策。有51篇论文研讨了宽严相济刑事政策的内涵、宽严相济刑事政策确立的根基与作用、宽严相济刑事政策的实现途径、宽严相济刑事政策与我国刑法的完善、和谐社会与“严打”等问题。

1. 宽严相济刑事政策的内涵

关于宽严相济刑事政策的含义，论者们进行了丰富的探讨。有的论者认为，宽严相济刑事政策的主要内容在于惩办严重犯罪人，宽大轻微犯罪及偶发犯罪人。有的论者认为，宽严相济刑事政策的基本精神应当被理解为在刑事立法和刑事司法过程中根据刑罚的世轻世重的要求，将一些犯罪行为非犯罪化、非刑罚化、非监禁化，而对某些重罪行为或危险犯罪人则要从重处罚。有的论者将宽严相济刑事政策的含义概括为两个方面：（1）根据犯罪的严重程度和犯罪人的人身危险性大小，实行区别对待、有宽有严，反对搞

“一刀切”；（2）宽中有严，严中有宽，宽严适度互济，既反对一味严厉到顶，也反对宽大无边。还有论者将宽严相济刑事政策归纳为四个方面的内容：（1）对严重刑事犯罪，依法从严惩处；（2）严重犯罪，有法定或酌定从轻、减轻处罚情节的，应予以从宽判处；（3）对罪行较轻，犯罪人主观恶性较小的，依法从宽处罚，直至免予处罚；（4）罪行较轻，但有法定从重处罚情节的，应依法从重处罚。

还有论者将宽严相济刑事政策和我国惩办与宽大相结合的刑事政策及西方国家“轻轻重重”刑事政策进行了比较。

2. 宽严相济刑事政策确立的根基与作用

关于宽严相济刑事政策确立的根基，有论者认为，我国当前人权保障理念的确立是宽严相济刑事政策的理论依据。有论者指出，教育刑的反思和威慑刑论的重新抬头、重大犯罪尤其是有组织犯罪问题突出是我国坚持严格刑事政策的理论依据；而犯罪原因认识的深化、刑法谦抑思想以及刑罚目的中的教育、矫治观念则是宽松刑事政策的理论依据。

对于宽严相济刑事政策的作用，学者们提出：（1）政策定位准确，符合建设和谐社会的要求；（2）有利于营造宽容的社会氛围，符合建设和谐社会的要求；（3）有利于消除社会总体系统中的功能性障碍，符合建设和谐社会的要求；（4）有利于构建和谐的刑事政策体系；（5）有利于构建和谐的刑事裁量和执行体系；（6）有利于刑法作用的全面实现。

3. 宽严相济刑事政策的实现途径

关于宽严相济刑事政策的实现途径，学者们强调需要在观念、立法、司法、刑罚的执行等多方面开展工作：（1）在观念上，需要强调罪刑法定原则对刑事政策的指导作用，发挥刑法的人权保障功能；需要坚持谦抑主义的刑事政策原理，维护刑法内敛性特征；应当科学理解正义观，注重犯罪的预防思想；应当确立公众的规范忠诚意识。（2）在立法方面，要适时通过刑事立法的途径实现“严以济宽”，确立宽严相济刑事政策适用范围和条件；需要加大对严重犯罪的打击力度。（3）在司法上，要通过事实上的非犯罪化，增加出罪途径。如可通过不予刑事追究的方式，对一些轻微犯罪作出处理；对一些法定犯或过失犯罪，可实行非犯罪化或非刑罚化。（4）在刑罚适用与执行上，需要区分重罪轻罪，进行“重重轻轻”的处罚；需要限制死刑的适用；对于轻微犯罪通过社区服务、公益劳动等方式予以考察、矫正；需要综合运用多种刑罚手段降低犯罪的损害程度、挽回犯罪的损失和影响；需要合理适用赦免、减刑、假释。

4. 宽严相济刑事政策与我国刑法的完善

（1）关于经济犯罪的完善。有论者对我国经济犯罪的类型进行区分，指出：第一，对于以占有财产或营利为目的、违反市场活动基本流转规则的行为，刑法应当坚决地予以犯罪化。第二，对于以占有财产或营利为目的、违反国家有关经济管制和调控法律法规的行为，刑法应当慎重犯罪化。第三，对于只是违反国家有关经济管制和调控法律、法规，不具有占有财产或营利目的的行为，原则上应当尽量排除刑法的适用。针对食品卫生安全方面的犯罪，有学者提出，要改变现行刑法入罪过高的门槛，将其规定为行为犯，设立严格责任。针对伪造货币罪与伪造、出售伪造的增值税专用发票罪，有论者提出，应当立即废除死刑。针对税收犯罪，有论者提出了要建立附属刑法式的税收犯罪立法模式，加强税收犯罪立法的超前性；要注重税收犯罪法网的严密性，贯彻税收犯罪刑罚轻缓化原则。

（2）关于家庭暴力犯罪的完善。有论者指出，对于常见多发型家庭暴力犯罪，我国刑法存在明显的“宽”“严”倒错问题。我国立法应加大对虐待罪、伤害罪的刑法干预力度，而对走投无路、求告无门状态下“以暴抗暴”的杀人行为要充分体现刑法的人文关怀。

（3）关于妨害社会管理秩序罪的完善。针对邪教犯罪，有论者指出，需要清理1997年《刑法》第300条的配套解释，还其以“兜底”条款的本来面目；要适当增设以“组织、利用邪教组织破坏法律实施罪”为中心的相关罪名。针对破坏环境资源保护罪，有论者强调，要加重处罚。针对走私、贩卖、运输、制造毒品罪，有论者建议将其法定刑档次由原来的从重到轻改为从轻到重。针对组织、强迫、引诱、容留、介绍卖淫罪，有论者指出，需要进行轻刑化改革，特别是应当废除组织卖淫罪的死刑规定。

（4）关于职务犯罪的完善。有论者结合《联合国反腐败公约》提出，我国刑法应当将贿赂范围扩大至一切不正当利益，应取消受贿罪“为他人谋取利益”的构成要件，有必要增设外国公职人员或者国际公共组织人员受贿罪、对外国公职人员或者国际公共组织人员行贿罪。还有论者专门针对我国职务犯罪的法定性设置问题提出了完善意见，指出：我国职务犯罪，需要设置更为严格的死刑量刑标准，需要调整财产刑、资格刑设置。

5. 和谐社会与“严打”

有论者指出，“严打”政策违背了罪责刑相适应的原则，不利于人权保障。但多数论者认为，“严打”仍然是建立法治国家所必需的手段。关于“严打”的原则，论者们指出：第一，要变“严打”的政治性发动为法律性启动；第二，要变“严打”的全社会参与为专业化行动；第三，变“严打”的戏剧化表现为实用性措施。关于“严打”的内容，有论者认为，在有限的时空集中有限资源打击某些严重犯罪，是未来“严打”的基本内容，从重从快应逐渐淡出。

（三）刑罚改革问题

如何建立科学、合理的刑罚制度是我国当前刑罚改革中面临的重大现实问题。有五十余篇论文对宽严相济刑事政策与刑罚轻缓化，宽严相济刑事政策与我国刑罚结构、种类的调整与完善，宽严相济刑事政策与我国刑罚裁量制度等问题展开了深入研讨。

1. 宽严相济刑事政策与刑罚轻缓化

有学者论述了刑罚轻缓化的根据，指出：人道主义是刑罚轻缓化的哲学基础；刑法的谦抑性是刑罚轻缓化的价值底蕴；刑法一般预防目的意识的弱化，是刑罚轻缓化的理论导因；刑罚功能有限性是坚持刑罚轻缓化的必然选择。

有学者论述了刑罚轻缓化的价值，认为：刑罚轻缓化有利于实现刑法的人权保障机能，有利于实现刑法保护机能，有利于实现刑法的谦抑价值，有利于节约司法资源。

有学者论述了刑罚轻缓化的措施：第一，在观念上，要重新审视重刑主义的危害，树立科学的刑罚观；第二，在立法上，要建立轻缓化的刑罚结构；第三，在司法上，要转变司法理念和积极推行司法改革。

2. 宽严相济刑事政策与我国刑罚结构、种类的调整与完善

（1）我国刑罚结构的现状与缺陷。不少论者认为我国当前的刑罚结构存在问题。有的论者指出：立法上，我国死刑罪名偏多，长期自由刑在刑罚结构中地位突出；实践中，死刑适用过滥，长期自由刑适用比例过大。有的学者指出，我国刑种及其内容单调落后，量刑制度僵化，无法体现“宽严相济”的刑事政策。还有学者将我国刑罚制度存在的缺陷归纳为：刑罚的种类不足，刑罚结构的协调性不够，刑罚的规定方式不科学。

（2）死刑的改革与完善。在死刑政策的调整方面，论者们认为，调整死刑政策是我国人权保障、转变犯罪控制对策的需要，是顺应世界废除死刑潮流、树立大国形象的需要。

在立法方面，论者们都强调修订死刑立法，贯彻宽严相济的刑事政策。关于完善措施，有论者提出，第一，减少对具体犯罪规定的死刑，对有关死刑犯罪的规定加以删减；第二，修改绝对死刑的规定。有论者指出，现阶段立法应当将可判死刑的罪种限制在危害国家安全罪、危害公共安全罪、暴力性犯罪、违反军人职责罪。还有的论者指出，我国立法应当对最严重的罪行进行明确规定。

在司法控制方面，有论者认为：要充分认识死刑的司法控制价值，明确司法在死刑控制中的作用；要强化死刑适用的罪种限制标准，冻结非暴力犯罪的死刑；要注重考察犯罪动机和犯罪原因，准确把握死刑适用的实体标准。有论者认为，暴力犯罪被判处死刑的数量占我国死刑总数的比例很大，减少暴力犯罪的死刑适用对于我国控制死刑具有重要意义。有论者强调扩大死缓适用范围以减少死刑的适用。

（3）自由刑的改革与完善。关于有期徒刑和无期徒刑的完善，有论者建议将有期徒刑的最高期限提高到30年，数罪并罚时最高不超过40年。有论者建议，我国有期徒刑的上限，目前暂时可以提高至20年，数罪并罚不超过25年。还有论者提出，无期徒刑至少在关押20年以后才可假释，减刑后关押期限也不应少于20年。有论者提出，减刑前无期徒刑的服刑期限应提升到10年，假释前的实际执行期限应增加到15年。

关于拘役刑，有论者建议将拘役的刑期从“1个月以上6个月以下”，改为“1个月以上1年以下”，“一人犯数罪判处拘役的，数罪并罚最高不能超过2年”。对于拘役的执行方式，有论者建议将现行刑法修改为：“被判处拘役的犯罪分子，一般可以在社区、乡村设立的服务、矫正的专门机构执行；具有特殊情节非关押不可的，由公安机关就近执行。”

对于管制刑的改革，有论者建议：增加管制刑的执行主体，具体规定和落实管制期间的义务，规定不遵守管制的不利后果。有的论者认为，需要扩大管制刑的适用范围，适当扩大管制的内涵和外延。也有学者指出，应当废除管制刑，通过缓刑来弥补。

（4）财产刑的改革与完善。论者们主要关注的是罚金刑的完善问题。有论者认为，我国的罚金刑适用范围应进一步扩大，适用方式应进一步改变，数额规定应进一步明确，执行方式应进一步拓展。有论者认为：完善罚金刑，需要将罚金规定为主刑，提高罚金刑的刑罚地位；需要扩大罚金刑的适用范围；需要完善罚金刑的处罚原则和数额的规定；规定罚金易科制度。还有论者分别从罚金刑适用方式和罚金刑数额立法模式两个方面提出了完善建议。

（5）资格刑的改革与完善。有论者认为，我国当前资格刑比较单一，需要将资格刑这一称谓在我国的刑罚体系中予以明确规范，规定既可以作为主刑独立适用，又可以作为附加刑适用。有论者指出，“剥夺政治权利”是一种具有政治色彩的刑罚，应当取消；要充实、完善资格刑的内容。还有论者认为，完善我国资格刑，需要将“剥夺政治权利”改造为“剥夺公权”，需要增设剥夺从事特定职业的资格，需要增设剥夺从事特定活动的资格。

3. 宽严相济刑事政策与刑罚裁量制度

（1）关于累犯。有论者重新界定了一般与特殊累犯的界限，提出：对于一般累犯，不应该采取加长刑期的方法体现对他们的从严处罚，而应该通过采取与初犯不同的刑罚执行方式来体现对他们的从严处罚。

（2）关于缓刑制度的完善。关于缓刑，有的论者建议：应增设罚金刑缓刑制度；对1997年《刑法》第72条关于适用缓刑的实质性要件进行必要修正；建立缓刑前调查报告制度、缓刑量刑建议制度、缓刑听证制度。对于缓刑的执行，有论者建议：将缓刑的执行机关由公安机关改为司法行政机关；建立缓刑保证金制度，完善缓刑犯管理制度；加强对缓刑犯的日常考察工作；健全缓刑生效及撤销宣告制度。还有论者认为，需要将宣告的权力进行重新配置；扩大检察机关与公安机关的发言权；增加社会参与权；对缓刑宣告的程序予以公开化；要对缓刑考察配合权予以改进。

4. 其他问题

除上述问题外，学者们还对宽严相济刑事政策与量刑、宽严相济刑事政策与我国的社区矫正制度、自由刑执行等问题进行了探讨。

三、商业贿赂犯罪研究

近年来，商业贿赂在一些行业和领域滋生蔓延，毒害政风、行风和社会风气，已成为我国市场经济发展中的一个毒瘤。2006年1月6日，中国共产党中纪委第六次全会指出，认真开展治理商业贿赂专项工作，坚决纠正不正当交易行为，依法查处商业贿赂案件。2月24日，国务院第四次廉政工作会议强调，通过专项治理，坚决遏制商业贿赂蔓延的势头，进一步规范市场秩序、企业行为和行政权力，加快建立防治商业贿赂的有效机制。中国法学会刑法学研究会根据这一重大战略部署，将商业贿赂犯罪研究确定为2006年年会重要议题之一。对商业贿赂犯罪的概念与构成特征，商业贿赂犯罪的原因、危害、特点与防控对策，商业贿赂犯罪的认定与处罚，商业贿赂犯罪的立法现状与完善等问题，年会论文作者进行了全面、细致的分析与探讨。

（一）商业贿赂犯罪的概念与构成特征

1. 商业贿赂犯罪的概念

大多数论者从广义上来界定，认为商业贿赂犯罪是指经营者在市场交易过程中，通过给付财物或采取其他利益手段，收买、利诱对交易有决定权或决定性影响的单位或个人，以获取交易机会或竞争优势，情节恶劣或危害后果严重的行为，以及交易相关方的单位和个人收受财物或其他利益，为经营者谋取利益，情节恶劣、后果严重的行为。有论者则认为，商业贿赂犯罪只是犯罪学意义上的某类犯罪概念，并非刑法上独立的犯罪概念，从刑法学意义上下定义，既困难，亦无必要。

2. 商业贿赂犯罪的构成特征

（1）有论者从总体上区分了商业贿赂犯罪不同于一般贿赂犯罪的特征：在客体上侵害的是市场的正常竞争秩序；在客观方面，通常表现为违反《反不正当竞争法》等经济法规，在账外暗中给予相关单位和个人各种名义的回扣或手续费，包括非财物的其他利益；主体是“经营者”及对经营有影响力者；在主观方面，是为了排挤竞争对手，销售或购买商品，以赚取商业利润。

（2）部分论者集中研究了商业受贿罪（或公司、企业人员受贿罪）的构成特征。关于本罪的客体，有论者认为是复杂客体，即公平的市场竞争秩序和其他竞争者的利益。有论者则认为应区分收受型受贿罪与索贿型受贿罪：前者侵犯的是单一客体，即公司、企业或者其他单位职务行为的不可收买性；后者侵犯的是复杂客体，除了职务行为的不可收买性外，“公、私财产权”应是其次要客体。关于客观方面，总体表述基本一致，即在商务活动中，行为人利用职务上的便利，索取他人财物或非法收受他人财物，为他人谋取利益，数额较大的行为；或者在经济往来中，违反国家规定，收受各种名义的回扣、手续费归个人所有，数额较大的行为。但对一些具体问题，如“利用职务上的便利”“为他人谋取利益”等争议较大。关于主体，有论者认为，本罪是特殊主体，即“非国家工作人员”；也有论者认为，把本罪主体界定为特殊主体没有必要。

（二）商业贿赂犯罪的原因、危害、特点与防控对策

该领域的研究是本次年会论文的一个亮点，共有17篇论文对商业贿赂犯罪的原因、危害及对策等问题进行了多视角且深入的探讨。

1. 原因、危害、特点

有论者基于狭义商业贿赂的概念分析其原因：一是市场经济监督者的缺位，二是商业受贿者的贪婪，三是商业行贿者的产业化，四是消费者的无奈，五是立法者的保守。有论者则进行多维解读，认为公权力与私权利的错位是其社会原因，法治文化与乡土文化的纠葛是其文化原因。

有论者认为其危害主要有：一是严重破坏了社会主义市场经济，二是严重毒害了社会主义精神文明，三是与社会主义法制相抵制。

有论者通过实证数据分析了其特点：一是商业贿赂犯罪发案范围广泛，几乎存在于国民经济每个行业之中；二是商业贿赂犯罪案件占刑事案件收案数的比例较低，与现实生活中商业贿赂活动频发形成强烈反差；三是国家工作人员参与商业贿赂犯罪案件占收案数的比例较高，公司、企业人员参与商业贿赂犯罪收案数比例较低；四是商业贿赂行为与一般贿赂行为交织在一起。

2. 防控对策

有论者从文化的视角探讨了遏制商业贿赂现象的对策；有论者以越轨社

会学理论为分析视角，研究社会组织之商业贿赂行为的社会控制；有些论者从综合治理的角度进行了探讨。在刑事政策的选择上，有论者指出：首先，要从严惩处，即实体上，降低构罪标准，采取定性不定量的立法模式；程序上，采取特殊侦查手段，或者降低证明要求，实施有限度的举证责任倒置；加大财产刑的处罚力度等。其次，要宽严相济、区别对待。

（三）商业贿赂犯罪的认定与处罚

1. 侦查管辖与证据效力

我国对商业贿赂犯罪实行的是侦查管辖分立制度，有论者认为：如果侦查中发现不属于自己管辖或者管辖不当的，应当移送主管机关。在证据认定上，检察机关在对公安机关业已获取的证据进行合法性审查后，可作为指控犯罪的依据。

2. 商业贿赂中的财物流向与定罪量刑

有论者认为，商业贿赂案件中的财物流向，原则上不应对行为性质及具体犯罪数额的认定产生影响，只有当行为人有足够的证据证明其确实用于正当业务活动等合理支出时，才能作为酌定量刑情节予以考虑。

3. 专门领域商业贿赂的研究

论者们对专门领域商业贿赂的研究基本集中在医药领域。有论者认为，国有医院的医务人员不是国家工作人员，对其在诊疗活动中收取“红包”“药扣”的行为，难以按受贿罪论处。有论者则认为，国有医院临床医生应当认定为从事公务的国家工作人员，其在医务活动中利用开处方的便利，索取药品回扣，或者非法收受药品回扣，为他人谋取利益的，属于刑法中“利用职务上的便利”，属于《刑法》第385条规定的受贿行为。在医疗领域商业贿赂的防治上，有论者提出，需要实体法与程序法、立法与司法、公权力与公众的协调并进。有论者主张对于“药红包”，应主要采用刑罚手段；对于“医红包”，应主要运用行政处罚措施。

4. 对行贿人刑罚规制研究

有论者认为，在商业贿赂犯罪中，受贿人和行贿人的刑事责任应具有同一性，故应取消有关行贿人有别于受贿人的刑事责任的特殊规定。有论者认为，行贿者在整个商业贿赂行为中居主导地位，其社会危害性大于受贿者的社会危害性，因而刑法对商业受贿罪的处罚在整体上重于商业行贿罪的处罚，这是不合理的，须适当加重商业行贿罪的法定刑。

（四）商业贿赂犯罪的立法现状与立法完善

1. 立法现状

学者们普遍认为，商业贿赂犯罪的立法存在不足，主要有：一是商业贿赂犯罪的主体范围过窄，尽管《刑法修正案（六）》以下简称《修正案（六）》对主体进行了扩充，但仍显不够；二是立法上忽视对非公有制经济的保护；三是“贿赂”内容仅限于财物，过于单一；四是附加刑的设置存在缺陷。还有论者从刑事一体化角度，认为立法缺陷有三：一是管辖机关分立，不利于对贿赂犯罪的惩治；二是缺乏污点证人制度，不利于侦查工作的开展；三是国际司法合作不畅。

2. 立法完善

（1）立法模式的选择。对此分歧很大，主要有四种观点：一是制定统一的“反商业贿赂法”。二是在刑法典中集中规定商业贿赂犯罪。三是在刑法典中分别设立商业受贿罪和商业行贿罪，置于分则第三章第八节“扰乱市场秩序罪”中。四是在刑法典中单独设立商业贿赂罪一个罪名即可，置于分则第三章第八节“扰乱市场秩序罪”中。

（2）罪名体系的完善。论者们对此着墨较多，包括对罪名的取消、改造、增加三方面。如论者们建议取消公司、企业人员受贿罪，对公司、企业人员行贿罪，单位受贿罪，单位行贿罪，对单位行贿罪；建议改造、细化受贿罪——将受贿犯罪分为公务受贿罪、行业受贿罪、商业受贿罪；建议增加非营利性组织、中介组织人员受贿罪，对外国公职人员、国际公共组织官员行贿罪，外国公职人员、国际公共组织官员受贿罪，影响力交易罪。

（3）构成要件的完善。在犯罪主体上，建议将公司、企业人员受贿罪的主体扩大到其他未从事公务的人员，增加外国公职人员及单位作为商业受贿罪的主体。在主观方面，有论者建议，收受贿赂型犯罪中的“为他人谋取利益”应被规定为主观要件；有论者则建议取消“为他人谋取利益”“为谋取不正当利益”的要件。在犯罪客观方面，大多数人认为应将贿赂的内容扩大至非物质性利益，扩展商业贿赂的行为类型；建议将行贿行为按照《联合国反腐败公约》表述为“许诺给予、提议给予或者实际给予”，也有论者认为对此值得再研究；将数额犯修改为情节犯。

（4）刑罚制度的完善。1）调整自由刑。有论者认为，对于商业贿赂犯罪的惩罚应体现非罪化、轻刑化的司法理念，对于情节较轻的可以不追究刑事责任，情节严重的也应取消无期徒刑。也有论者建议提高其法定刑，以与公务贿赂犯罪相适应。2）充实资格刑。对商业贿赂犯罪适用资格刑，论者们的认识基本一致，但对应设置哪些资格刑则有不同的理解：有的论者认为，应增设限制犯罪单位和自然人的营利活动，包括禁止其参与政府采购、限制其注册相关行业的企业或者提高资本金等；有的论者认为，应增设针对犯罪单位的资格刑作为主刑，包括刑事破产、停业整顿、限制从事业务活动等。3）对商业贿赂犯罪要扩大没收财产刑和罚金刑的适用范围。

（5）程序上的完善。考虑设置反商业贿赂的专门机构；对商业贿赂犯罪的刑事管辖权重新加以界定，由检察机关管辖；建立污点证人制度；加强反商业贿赂的国际刑事司法合作或协助。

四、刑法对非公有制经济的平等保护问题研究

保护非公有制经济的合法的权利和利益，不仅是我国宪法的明确规定，也已是社会各界的共识。在刑法领域，实现对非公有制经济和公有制经济的平等保护基本上成为刑法理论与实务界的不争之论。但对如何实现平等保护，目前理论上的研讨并不深入和充分。因此，一直都非常重视组织对刑事法治中重要现实问题着力进行研究的中国法学会刑法学研究会，将“非公有制经济的刑法保护”确定为2006年刑法学年会的主题之一，希望以此推动对此问题的研究走向深入，从而为刑法立法与司法改革乃至市场经济法治环境的营造提供理论的支持和保障。本次年会论文作者对刑法平等保护非公有制经济的根据、基本原则、必要性与对平等保护的理解以及刑法保护的不足与完善等问题进行了细致且富有新意的研究。

（一）刑法平等保护非公有制经济的根据、原则、必要性

1. 根据

刑法平等保护非公有制经济的根据包括：（1）宪法与法律根据。1982

年宪法确立了对非公有制经济的保护，后历经1988年、1993年、1999年、2004年宪法修正案的修改，逐步扩大了对非公有制经济保护的范围。其他法律如合伙企业法、外资企业法也相应地作出了规定。（2）实践根据。非公有制经济已是国家建设的主力军和命脉。（3）国际环境根据。加入世界贸易组织后，我国有责任对国内外的非公有制经济给予和公有制经济同等的法律地位，实行同等的刑法保护。

2. 原则

刑法平等保护非公有制经济的原则为：（1）公共利益维护原则；（2）禁止差别对待原则；（3）刑罚适度原则。

3. 必要性

刑法平等保护非公有制经济的必要性在于：（1）是社会主义市场经济的基本要求；（2）是刑法平等观的内在要求；（3）是适应我国加入世界贸易组织的需要；（4）是保护非公有制经济经营管理者合法权益的需要；（5）是构建和谐社会的必要保障和基础。

（二）对非公有制经济刑法保护现状的评价

论者们认为，立法上，非公有制经济刑法主体地位模糊，不具有独立的刑法客体地位，罪刑设置体现了对公有制经济的重视和对非公有制经济的歧视。主要体现在以下方面。

1. 刑法规定的缺失

《刑法》第2条“刑法的任务”中没有明确对所有非国有企业权益的保护，《刑法》第13条“犯罪”定义无法规制所有严重侵犯非国有企业权益的行为。

2. “罪”与“刑”的不平等

贪污罪与职务侵占罪，受贿罪与公司、企业人员受贿罪，挪用公款罪和挪用资金罪等，都存在“罪”与“刑”的不平等。

3. 条款相对较少

刑法典先后经过6次修正，但对非公有制经济保护的修正内容几乎没有。

4. 刑事司法对非公有制经济缺乏平等保护意识

关于专门保护非公有制经济的司法解释极少，管辖权上的“重权属轻实效”等痼疾尚待解决。

（三）对非公有制经济平等保护的理解

有论者从探讨刑法面前人人平等原则的内涵出发，认为刑法对非公有制经济的差异保护符合平等原则，平等保护并不等于没有任何差别的保护。

1. 对非公有制经济的刑法平等保护只能是相对平等

那种在刑法上要求非公有制经济与公有制经济无差别待遇的观点，实质上是极端的“平等”，是“平均主义”的一种体现。

2. 对非公有制经济的刑法保护是形式平等与实质平等的相对统一

公有制经济对国民经济的发展起着决定性的支配作用，对于重大的法益，刑法给予格外的关注，配置更为严厉的刑罚，以区别于对非公有制经济的刑法保护措施。这是以实质的平等取代形式上的平等。刑法对私有资产的刑法保护轻于对国有资产的刑法保护，符合一体刑的平等观，是一种比例的平等，并不违反刑法平等原则。

（四）非公有制经济刑法保护之完善

1. 完善刑事立法

（1）改变立法指导思想。建立市场经济主体平等化思想，树立全方位保护的观念。

（2）完善刑法的相关规定。其一，取消《刑法》第93条第2款中“国家工作人员论”的规定；取消《刑法》第91条、第92条关于财产的解释性规定；取消“公款”等用词；取消《刑法》第165条至第169条中对犯罪主体的限制，去“国有”一词，同时，将第166条至第169条规定的“国家利益”修改为“企业利益”或者“社会利益”。其二，完善“刑法的任务”，将非公有制经济的保护明确写入；扩大单位犯罪主体范围，在《刑法》第30条中增加非公有制经济形式的单位；完善罪名体系，设立单位挪用资金罪、背信罪、垄断罪、倾销罪等；完善刑罚制度，增设剥夺从事特定职业资格的规定等。

2. 完善刑事司法

（1）树立平等司法的观念。（2）坚持“实体”与“程序”并重的司法理念和“以人为本”的执法理念。(3) 对非公有制经济的刑法保护作出与时俱进、富有针对性的规范解释。(4) 对侵犯非公有制经济的犯罪行为予以及时的刑法公力救济。

在大多数论者主张刑法对非公有制经济与公有制经济应实行平等保护的同时，也有个别论者认为，在现阶段刑法给予二者差别保护具有合理性。

［赵秉志、李希慧、何荣功、彭凤莲；载赵秉志主编：《刑法评论》，第12卷，北京，法律出版社，2007］

第五十五章

2007 年全国刑法学术年会综述

一、前　言

2007 年 9 月 19 日至 23 日，中国法学会刑法学研究会 2007 年年会在吉林省长春市吉林大学隆重召开。本届年会的主题是“和谐社会的刑法现实问题”，下设三个议题，分别为“单位犯罪基本理论研究”“死刑的司法限制适用问题研究”“《刑法修正案（六）》的理论与实务问题研究”。会议共收到符合要求的论文 237 篇。与会者围绕本届年会确定的主题，结合自己的研究专长与兴趣，对上述三个议题展开了全面而系统的研讨，气氛热烈，讨论深入。现将会议论文中研讨的主要问题及观点综述如下。

二、单位犯罪基本理论研究[①]

1997 年刑法典是在单位能否构成犯罪尚有争议、单位犯罪基本理论研究不够成熟的情况下，将单位确立为犯罪主体的。之后经过 10 年的实践，单位犯罪立法和司法中存在的问题逐渐暴露，亟须加强有关基本理论的研究。因此，在 1997 年刑法典实施 10 周年之际，本届年会把“单位犯罪基本

---

① 本部分引注均来自李洁等主编：《和谐社会的刑法现实问题》，上卷 · 单位犯罪基本理论研究，北京，中国人民公安大学出版社，2007。以下注释仅注明在该书中的页码。

理论研究”确立为研讨议题之一，希望通过研讨，使单位犯罪理论中存在的问题得到合理阐释，为立法完善与司法适用提供有益的指导和借鉴。会议共收到符合要求的相关论文77篇。综合来看，关于单位犯罪基本理论的研究主要集中在以下几个方面。

（一）单位犯罪的主体问题

对于单位犯罪主体的研讨，主要集中在国家机关能否成为单位犯罪的主体以及《公司法》修订之后“一人公司”的刑法地位问题。

1. 单位犯罪主体是否包括国家机关的问题

我国《刑法》第30条明确规定：“公司、企业、事业单位、机关、团体实施的危害社会的行为，法律规定为单位犯罪的，应当负刑事责任。”该条对机关作为单位犯罪主体没有作任何的限定，因此，国家机关作为单位犯罪的主体没有任何法律障碍。目前刑法学界关于此问题的争议主要是国家机关作为单位犯罪主体的合理性问题。对此问题，多数论者持否定说，理由主要是：（1）将代表国家行使特定职权的国家机关作为单位犯罪主体于情理、逻辑上均难以自圆其说，且不利于确立国家机关的权威，不利于国家机关开展职能活动。（2）根据刑法的相关规定，对国家机关的惩处只有罚金一种方法。如果对国家机关判处罚金，国家机关只能用国家的财政拨款来缴纳罚金。这实质上等于国家的自我惩罚，将国家的金钱从一个口袋掏出来放进另一个口袋。再者，国家机关一旦缴纳过多罚金，又势必影响其正常运作，这对国家职能的实现和社会经济生活的正常进行都是极其不利的。（3）司法实务实际上否定了国家机关作为单位犯罪主体承担刑事责任的规定。①

不过，也有论者提出，针对目前我国还存在政企不分、国家机关直接介入经济活动的实际情况，法律将国家机关作为单位犯罪主体加以规定无疑具有现实意义，不能无视法律的规定，片面加以否定。②

2. 一人公司的犯罪主体地位问题

2005年《公司法》认可了“一人公司”的法律地位，随之而来的问题

---

① 参见马克昌：《“机关”不宜规定为单位犯罪的主体》，13～15页；夏勇：《法院犯罪与单位主体》，24～32页，载李洁等主编：《和谐社会的刑法现实问题》，上卷·单位犯罪基本理论研究；等等。

② 参见郭泽强：《单位犯罪主体类型研究》，载李洁等主编：《和谐社会的刑法现实问题》，上卷·单位犯罪基本理论研究，43页。

是如何看待一人公司在刑法中的地位。对此问题，参加本届年会的绝大多数论者认为，单位犯罪的本质特征在于其“独立人格”，当单位主体本身具有与自然人一样的“独立人格”时，其可以独立地承担法律责任，理所当然能够成为单位犯罪主体。新《公司法》之所以确立一人公司的法律地位，正是认为一人公司在依法成立的前提下，由于公司承担有限责任，法人人格与自然人人格（单一股东人格）相分离，从而符合单位犯罪主体资格的本质条件。因此，当一人公司具备合法性、财产独立性、独立名义性等符合公司“人格独立”的要素时，可以认定其为单位犯罪主体。

同时，依据“公司人格否认制度”的原理，应否定以下情形的“一人公司”的单位犯罪主体资格：（1）“实质一人公司”；（2）采用虚假出资或者抽逃注册资本的手段成立的“空壳公司”；（3）相关司法解释提到的，个人为进行违法活动而设立的一人公司以及设立一人公司之后，以实施犯罪为主要活动的；（4）自然人盗用一人公司名义实施犯罪，违法所得归自然人所有的。[①]对于上述情形中的“一人公司”，构成犯罪的，按照相应的自然人犯罪处理。

（二）单位犯罪的刑事责任问题

1. 单位犯罪的刑事责任根据

对于单位犯罪的刑事责任根据，论者们争议较大。有的论者提出，应采纳“法人实在说”确立法人犯罪的刑事责任，确认法人作为社会组织体承担刑事责任的独立性，确认法人与其内部自然人之间的相融性和独立性。独立性的存在意味着罪责自负而不应转嫁，意味着罪责自负而不应替代，而只应由法人自身来承担。法人只要其行为构成犯罪，不应只处罚法人内部的自然人，更应处罚法人自身，即实行双罚制。单罚制作为一种替代责任，恰恰不符合罪责自负原则。[②] 有论者提出新“法人拟制说”来解释单位犯罪的刑事责任根据，即法人刑事责任的根据就是法人实施的客观危害和主观责任相统一的犯罪事实。因此，在法人刑事责任的认定中，应当从我国现行刑法的规定及犯罪构成体系

① 参见阎二鹏：《单位犯罪主体资格刍议——以新公司法中的“一人公司”为视角》，载李洁等主编：《和谐社会的刑法现实问题》，上卷·单位犯罪基本理论研究，189～195页。

② 参见徐岱：《单位犯罪刑事责任实现的困境及出路》，载李洁等主编：《和谐社会的刑法现实问题》，上卷·单位犯罪基本理论研究，225～228页。

出发，坚持主、客观相统一的原则，从客观上法人是否实施了犯罪行为及主观上是否具有罪过两个方面去进行考察。[①] 还有论者提出一种新的单位犯罪刑事责任理论——“整体多元罪责结构”，即单位犯罪的行为人既包括单位整体，又包括单位的责任人员，单位整体与单位的责任人员在单位犯罪中是单位整体的多个元素，单位整体与责任人员均是单位犯罪的刑事责任承担者；单位犯罪的主体是单位，这个主体既包括单位整体，又包括有关责任人员。[②]

2. 单位犯罪的处罚

多数论者认为，我国现行刑法对单位犯罪的处罚规定存在罚金刑的数额、限度没有统一的标准以及刑罚种类单一等缺陷。针对上述问题，有论者提出，刑法对单位犯罪中的犯罪单位只规定了罚金刑，且大多为无限额罚金制，很容易导致量刑畸轻畸重，同罪不同罚，因此，建议对犯罪单位的罚金数额予以明确化，具体可以采用倍比罚金制、限额罚金制等。[③] 有论者提出，应增设对与单位犯罪罪行有关的业务活动进行限制或者剥夺的资格刑以限制单位再犯的能力，对犯有严重罪行或以犯罪为主要活动的单位可以规定予以强制解散，对犯罪情节轻微的单位可以适用训诫、停业整顿等多种刑罚方式；在多样化的刑罚方式的基础上，应当将罚金、剥夺或限制权利刑和强制解散设立为主刑，由此组成轻刑、重刑有序，主刑、附加刑相辅的单位刑罚体系，从而最佳地发挥刑罚对犯罪单位的惩罚、威慑和改造作用。[④]

不过，也有论者提出：目前还是不宜对单位扩大罚金刑以外的刑罚手段；弥补罚金刑过于单一的弊端，应该在刑法领域之外寻求途径。针对当前违法方式与手段增多的现象，可以通过规制单位内部的制度、完善其他行政处罚或是经济处罚措施等防范犯罪。[⑤]

---

① 参见游伟、尚爱国：《论法人（单位）犯罪的刑事责任问题——新法人拟制说的探讨》，载李洁等主编：《和谐社会的刑法现实问题》，上卷·单位犯罪基本理论研究，239～242页。

② 参见陈朝晖：《单位犯罪的“整体多元罪责结构”理论及其应用》，载李洁等主编：《和谐社会的刑法现实问题》，上卷·单位犯罪基本理论研究，243～245页。

③ 参见卢建平、邢冰：《新公司法背景下单位犯罪刑罚制度的完善》，载李洁等主编：《和谐社会的刑法现实问题》，上卷·单位犯罪基本理论研究，307～310页。

④ 参见王瑞祥：《单位犯罪刑罚种类之完善》，载李洁等主编：《和谐社会的刑法现实问题》，上卷·单位犯罪基本理论研究，323～326页。

⑤ 参见王卫星：《行政刑法视域下我国单位犯罪处罚制度之完善》，载李洁等主编：《和谐社会的刑法现实问题》，上卷·单位犯罪基本理论研究，331～335页。

3. 单位犯罪的刑罚裁量制度

（1）单位犯罪的自首问题。研讨中，论者们普遍认为，我国《刑法》第67条关于自首虽然使用了“犯罪分子”“犯罪嫌疑人”“被告人”“罪犯”等表述，但并未明确排除自首适用于单位的可能性。从刑法将单位规定为犯罪主体这一点来分析，应当可以对第67条中规定的“人”进行适当的扩张解释，将自然人和单位同时包括在内。① 在承认单位可以成立自首的前提下，论者们进一步提出了单位成立自首需要具备的条件：其一，单位自首的主体应当是实施了危害行为，依法应当负刑事责任的公司、企业、事业单位、机关、团体；其二，单位自首必须是在单位意志支配下实施的；其三，单位自首在客观方面必须表现为自动投案和如实供述本单位的罪行。②

（2）单位犯罪的立功问题。论者们主要研讨了单位犯罪能否适用立功制度、单位立功的条件以及单位立功的范围等争议问题。

对于单位犯罪能否适用立功制度的问题，论者们基于罪刑相适应原则、惩治单位犯罪的实践需要等理由，均认为确立犯罪单位立功制度具有合理性。

对于犯罪单位成立立功的条件，论者们普遍认为，单位立功与自然人立功有相同及相似之处，但也有明显的不同，如对单位立功起始时间（“到案”）的具体把握上，只能以有关机关对犯罪嫌疑单位采取一些相应的经济性的或行政性的强制措施为标志。③

对于单位立功的成立范围，论者们争议较大。多数论者认为，单位立功既包括刑罚裁量阶段的立功（《刑法》第68条第1款），也包括刑罚执行阶段的立功（《刑法》第78条）。④ 但也有论者明确提出：单位只可能成立刑罚裁量阶段的立功，而不可能成立其他类型的立功。理由是：一旦单位及其直

---

① 参见黄明儒、孙珺涛：《论单位犯罪成立自首的依据》，载李洁等主编：《和谐社会的刑法现实问题》，上卷·单位犯罪基本理论研究，410～416页；王勇、李晓欧：《试论单位犯罪自首的认定与处罚》，载李洁等主编：《和谐社会的刑法现实问题》，上卷·单位犯罪基本理论研究，433～436页。

② 参见张雯：《论单位自首制度的立法完善》，载李洁等主编：《和谐社会的刑法现实问题》，上卷·单位犯罪基本理论研究，430～431页。

③ 参见龙洋：《单位立功的若干问题探析》，载李洁等主编：《和谐社会的刑法现实问题》，上卷·单位犯罪基本理论研究，461～466页。

④ 参见段启俊、罗希：《犯罪单位立功新论》，载李洁等主编：《和谐社会的刑法现实问题》，上卷·单位犯罪基本理论研究，456～457页；孙国祥：《单位立功问题研究》，载李洁等主编：《和谐社会的刑法现实问题》，上卷·单位犯罪基本理论研究，472～473页。

接责任人员被法院认定构成犯罪并被判处刑罚，则直接责任人员与单位之间的劳动合同关系通常会被解除，双方之间的依附与被依附关系将不再存在，直接责任人员今后实施的任何行为都将不可能再上升为单位的整体行为。基于此，在刑罚执行阶段，直接责任人员实施的行为，无论是犯罪行为，还是立功行为，只能是纯粹的个人行为，而不可能是单位行为。[①]

（3）单位犯罪的累犯问题。关于我国刑法典中规定的累犯制度是否适用于单位犯罪，素有争议。多数论者认为，单位不可能承担有期徒刑以上刑罚，因此，不可能符合成立累犯所要求的刑度的前提条件，依据现行刑法，单位不能构成累犯。但也有论者认为，我国现行刑法中的累犯制度可以适用于单位犯罪，在正确理解罪刑法定原则，合理运用系统解释方法的前提下，可以在实然层面上承认单位累犯。[②]

主张依据现行刑法单位不能构成累犯的论者们均认为，在应然层面上，刑法应增加单位累犯的规定，并提出了单位累犯的具体成立条件。其中，在单位累犯的成立条件中，如何确认刑度条件在论者中间尚存在争议。有论者认为，单位累犯中，前罪与后罪的刑度条件为单位被判处50万元以上罚金，或者单位直接负责人或责任人员中至少一人被判处有期徒刑以上刑罚。[③] 还有论者认为，在双罚制场合，单位直接责任人员前后之罪都应判处有期徒刑以上刑罚，并且犯罪的单位应被判处一定数额的罚金，才构成累犯；而在单罚制场合，或者前后两罪分别为单罚制与双罚制场合，只要前后两罪都被判处某种自由刑以上刑罚，即可构成累犯。[④]

（三）单位犯罪的立法完善问题

1. 单位犯罪总则性规定的立法完善

有的论者指出：单位犯罪的现有规定与单位犯罪的立法宗旨严重脱节。

---

① 参见叶良芳：《试论单位立功》，载李洁等主编：《和谐社会的刑法现实问题》，上卷·单位犯罪基本理论研究，478页。

② 参见杨凯：《单位累犯否定论的理性检讨》，载李洁等主编：《和谐社会的刑法现实问题》，上卷·单位犯罪基本理论研究，520～522页。

③ 参见刘良：《关于单位累犯构成要件的探讨》，载李洁等主编：《和谐社会的刑法现实问题》，上卷·单位犯罪基本理论研究，487～490页。

④ 参见冯殿美、祝圣武：《单位累犯制度的理论探讨及立法构建》，载李洁等主编：《和谐社会的刑法现实问题》，上卷·单位犯罪基本理论研究，500页。

立法者在注意完善刑法分则的单位犯罪罪名体系的同时，却忽视了单位犯罪作为一项刑法制度在整体上的构建。刑法虽然明文规定了单位犯罪，但整个刑法典仍然是以自然人犯罪为中心构建起来的，最明显的表现是，刑法总则仅用两个条文规定了单位犯罪的一般问题。这与单位犯罪所具有的同自然人犯罪相并列的重要犯罪类型的地位显然是不相称的。因此，就应然角度而言，无论是在立法层面还是在理论层面，均应当改变目前单位犯罪附属于自然人犯罪的现状，建立起自然人犯罪与单位犯罪并行的二元体系，这样方能凸显单位犯罪的独立价值和重要意义。①

2. 单位犯罪分则性规定的立法完善

有论者依据我国已批准的《联合国反腐败公约》的规定，在对我国单位腐败犯罪立法缺陷进行分析的基础上，提出了相应的完善建议：（1）取消国家机关作为单位腐败犯罪主体的规定，取消“公司”作为单位犯罪主体与“企业”并存的规定，将“公司”融入“企业”之中，使之一体化。将“企业、事业单位、团体”的分支机构明文规定为单位腐败犯罪主体。（2）合理设置单位腐败犯罪的罪种。（3）统一采取双罚制处罚原则。（4）平衡单位犯罪中直接负责的主管人员和其他直接责任人员的刑罚与自然人犯同种犯罪的刑罚，增设对犯罪单位的处罚方法等。②

三、死刑的司法限制适用问题研究③

当今世界，已经有相对多数的国家和地区从法律上或在事实上废除了死刑。基于我国的国情，我国现阶段尚不能废除死刑，但是应当限制死刑的适用。这已经成为我国决策层和学术界的共识。当前，我国正处于一个深刻的社会转型与变革时期，如何限制死刑，特别是以2007年最高人民法院收回死刑核准权为契机对死刑进行司法限制，已成为现阶段我国构建和谐社会进

① 参见王志祥、姚兵：《单位犯罪立法与理论的双重偏差——兼论二元模式之提倡》，载李洁等主编：《和谐社会的刑法现实问题》，上卷·单位犯罪基本理论研究，393～400页。

② 参见刘科、梁枫：《中国单位腐败犯罪立法之缺陷与完善——以“联合国反腐败公约”为视角》，载李洁等主编：《和谐社会的刑法现实问题》，上卷·单位犯罪基本理论研究，385～392页。

③ 本部分引注均来自李洁等主编：《和谐社会的刑法现实问题》，中卷·死刑的司法限制适用问题研究，北京，中国人民公安大学出版社，2007。以下注释仅注明在该书中的页码。

程中一个重要的理论与实践课题。基于此，本届年会把“死刑的司法限制适用问题研究”确立为议题之一，收到相关论文 86 篇。论者们分别从死刑司法控制原则，死刑观念与死刑的司法控制，刑法解释与死刑的司法控制，死刑的裁量情节与标准，民间纠纷、家庭纠纷所致暴力犯罪之死刑的司法控制，与死刑（立即执行）制度相关的刑罚制度问题，死刑司法限制的域外视角等几个方面，对死刑的司法限制适用问题进行了阐述。

（一）死刑司法控制原则

死刑司法控制原则是在死刑政策的指导下，在司法实践中对犯罪分子适用死刑应当遵循的基本准则，它对于保证依法严格控制死刑的司法适用具有更为直接的意义。

1. 死刑司法控制原则的概念及内涵

关于死刑司法控制原则的概念，有论者提出，死刑的司法控制，是指在司法过程中对适用死刑的控制，在一般意义上主要是指审判机关在死刑的裁量过程中对适用死刑的控制。由于严格限制死刑政策对死刑裁量具有指导意义，死刑的司法控制基本上是通过死刑裁量的途径来实现的，在这种意义上，死刑司法控制原则与死刑裁量原则可以作等同的解释。① 有论者认为，所谓死刑司法控制原则，是指指导死刑司法控制的准则、规则。②

关于死刑司法控制原则的内涵，论者的讨论主要集中在两个问题上：其一，死刑政策的作用及与死刑司法控制原则的关系；其二，死刑司法控制原则确立的标准问题。

（1）关于死刑政策的作用及与死刑司法控制原则的关系，有论者认为，死刑政策是从宏观上、整体上指导死刑的立法和死刑的司法适用，即与死刑有关的环节都离不开死刑政策的指导。而在死刑政策指导下确立的死刑司法控制原则，即裁量死刑应当遵循的基本准则，对于死刑的司法适用无疑起着直接的指导作用。死刑政策与死刑司法控制的原则并非相同层次的概念，因

① 参见马松建：《论死刑司法控制的原则》，载李洁等主编：《和谐社会的刑法现实问题》，中卷·死刑的司法限制适用问题研究，677 页。

② 参见王利宾：《略论死刑的司法控制》，载李洁等主编：《和谐社会的刑法现实问题》，中卷·死刑的司法限制适用问题研究，712 页。

此，不能把限制死刑的政策等同于死刑司法控制原则，限制死刑的政策包括限制死刑的基本政策以及专门的死刑政策。[①]

（2）关于死刑司法控制原则确立的标准问题，有论者认为，应将刑罚裁量的一般原则与死刑司法控制中的具体原则区分开来，不能把刑罚裁量的一般原则当作死刑司法控制中的具体原则；同时，死刑司法控制中的具体原则应具有必要性和合理性。[②]

2. 死刑司法控制原则的具体内容

对于死刑司法控制原则的具体内容，由于分析问题的角度不同，与会论者也有不同看法。有论者认为，死刑司法控制原则包括法定性原则、谦抑性原则、目的性原则、公正性原则[③]；有论者认为，死刑司法控制原则应包括依法适用死刑原则、适用死刑标准统一原则、慎重适用死刑原则、适用死刑宽严相济原则、司法机关互相制约原则、准确适用死刑确保案件质量原则[④]；还有论者认为其应当包括罪刑均衡原则、谦抑性原则、人道主义原则。[⑤]

（二）死刑观念与死刑的司法控制

1. 死刑观念对控制死刑的作用

关于死刑观念对控制死刑的作用，学界探讨的主要是在死刑存废之争以及现阶段立法、司法上控制死刑的过程中，死刑观念对死刑控制是否有相当的作用，是否应对其进行足够的重视。有论者认为，限制死刑是中国死刑废止的必经之路，而大幅度地限制死刑，在我国必须经过必要的观念转变与制度调整，这是中国从限制到废止死刑的必经之路。[⑥] 有论者认为：对法律的

① 参见马松建：《论死刑司法控制的原则》，载李洁等主编：《和谐社会的刑法现实问题》，中卷·死刑的司法限制适用问题研究，678～679页。

② 参见马松建：《论死刑司法控制的原则》，载李洁等主编：《和谐社会的刑法现实问题》，中卷·死刑的司法限制适用问题研究，678～679页。

③ 参见周其华：《略论死刑的控制原则》，载李洁等主编：《和谐社会的刑法现实问题》，中卷·死刑的司法限制适用问题研究，708～709页。

④ 参见周其华：《死刑的司法控制原则》，载李洁等主编：《和谐社会的刑法现实问题》，中卷·死刑的司法限制适用问题研究，627～632页。

⑤ 参见王利宾：《略论死刑的司法控制》，载李洁等主编：《和谐社会的刑法现实问题》，中卷·死刑的司法限制适用问题研究，714页。

⑥ 参见李洁：《死刑限制：中国必需的观念转变与制度调整论纲》，载李洁等主编：《和谐社会的刑法现实问题》，中卷·死刑的司法限制适用问题研究，746页。

探究、理解和贯彻不能脱离社会，不能离开对社会观念的考察。就刑法而言，长期以来各国在死刑立场上的不断变化以及学界相持不下的争论，无数次地印证了死刑观念在死刑控制中的重要作用：一个国家死刑观念的具体情况，往往是决策者确定其在死刑问题上的立场时所要考虑的基本内容。显然，我国死刑立场之贯彻、死刑司法控制之具体实现也离不开对死刑观念的关注与考察。① 有论者认为，在讨论死刑限制或存废的问题上，先须正视的就是一国特有的国情与民意，一种刑罚制度要在生活中良好运行，就必须反映公共意志与民众的普遍诉求。②

2. 我国传统死刑观的消极作用

我国传统死刑观以报应思想为基础，过分看重死刑的威慑作用，对死刑的司法控制有消极影响。对此，与会论者有比较一致的看法。有论者认为，我国传统死刑观主要有三方面的特征：一是极力追求死刑的威慑效果；二是为了追求死刑的威慑效果，可以不顾死刑适用的合理限度，三是放纵死刑带来的报复满足感和精神刺激。这种死刑观非常不利于对死刑的司法控制。③有论者指出：中国历来就是一个重刑主义传统根深蒂固的国家，对生命的漠视使“杀人者死”的直观报应方式根植于人心；历代统治者大多推行严刑酷罚，更催生和巩固了国民崇尚死刑的心态。即使在经济发展、文明进步的当代中国，期望通过严刑峻法，特别是使用作为“最有效手段”的死刑来打击和控制犯罪的观念，仍然是社会的主流民意。这种死刑观一方面成为一些立法者和司法者重用死刑的正当性依据，另一方面也自然成为限制或废弃死刑的最强大的阻力。④

3. 对民意的理性引导

民众的死刑观不是一成不变的，对其进行合理的引导，使之更为理性，

---

① 参见李希慧、王宏伟：《论死刑的司法控制——以死刑观念为视角》，载李洁等主编：《和谐社会的刑法现实问题》，中卷・死刑的司法限制适用问题研究，757～758页。

② 参见冯亚东、周雪梅：《死刑限制的民意引导》，载李洁等主编：《和谐社会的刑法现实问题》，中卷・死刑的司法限制适用问题研究，766页。

③ 参见左坚卫：《论传统死刑观对我国死刑司法控制的消极影响》，载李洁等主编：《和谐社会的刑法现实问题》，中卷・死刑的司法限制适用问题研究，841页。

④ 参见冯亚东、周雪梅：《死刑限制的民意引导》，载李洁等主编：《和谐社会的刑法现实问题》，中卷・死刑的司法限制适用问题研究，766页。

对死刑的司法控制具有积极意义。对此，有论者认为，我国民众中根深蒂固的死刑威慑观念并非完全是国民的理性不足造成的，国家对民众观念的导向也有偏差之处，如立法者和司法者对死刑的过分倚重、国家对死刑宣传的不当导向等，都对民众的传统死刑观有强化作用。今后，国家有关机关和学者应当致力于宣传新型死刑观，破除对死刑的迷信。① 有论者认为，刑事法学者往往是最先进的刑罚理念的发现者和提出者，其有责任、有能力在死刑司法控制进程中承担起以科学理念引导民众死刑观念的历史使命。② 还有论者认为，民众对死刑的理性认识是引导民意的方向，也是我国死刑制度改革的路径和基础，因此，应多角度展示死刑制度，增强民众对死刑制度的反面认识，并充分利用社会中的群体规范作用来引导人们对死刑的认识。③

4. 刑事法官的死刑观念与死刑的司法控制

徒法不足以自行，法律的执行要靠法官的具体工作，在没有绝对确定的死刑情况下，法官的裁量对死刑的司法控制具有重要作用。对此，有论者认为，刑事法官死刑观念是死刑司法控制的基础，体现了刑事司法人员的价值取向，正确、先进的刑事司法观念对于保障刑事司法正义起着至关重要的作用，有什么样的刑事司法观念，就有什么样的刑事司法行为和效果，因此，在一定程度上，我国的死刑控制效果取决于法官的死刑观念。④

（三）刑法解释与死刑的司法控制

在从立法上限制或者废除死刑有较大难度的情况下，从实际出发，通过严格法律解释的方法来最大限度地限制死刑的司法适用，对于我国现阶段死刑的控制具有积极意义。在年会研讨中，论者们分别从实质解释、系统解释等角度，对死刑的司法控制问题进行了研究。

---

① 参见李洁：《死刑限制：中国必需的观念转变与制度调整论纲》，载李洁等主编：《和谐社会的刑法现实问题》，中卷·死刑的司法限制适用问题研究，747页。

② 参见李希慧、王宏伟：《论死刑的司法控制——以死刑观念为视角》，载李洁等主编：《和谐社会的刑法现实问题》，中卷·死刑的司法限制适用问题研究，763页。

③ 参见袁彬：《论民意与死刑改革的路径选择》，载李洁等主编：《和谐社会的刑法现实问题》，中卷·死刑的司法限制适用问题研究，893页。

④ 参见徐松林、焦守林：《死刑的司法控制——以刑事法官的死刑观念为视角》，载李洁等主编：《和谐社会的刑法现实问题》，中卷·死刑的司法限制适用问题研究，851页。

1. 实质的刑法解释与死刑的司法控制

有论者提出，实质的刑法解释对死刑的司法控制具有积极意义：首先，利用实质的刑法解释控制死刑适用，可以避开敏感的政治因素，使死刑得以公正、合理地适用；其次，利用实质的刑法解释控制死刑适用，可以避免受一些不成熟的国民感情干扰。① 有论者对罪刑法定原则与实质的刑法解释的关系进行了研究，认为两者并不冲突：罪刑法定原则在刑法解释方面主要是理念上的指导，并不具有很强的操作性。刑法解释立场的确定只能为死刑规定的解释提供一定的理论指导，而真正达到在司法中限制死刑的目的要靠解释方法的运用。只要解释方法运用得当，使解释既符合刑法正义的理念，又不超出刑法用语可能具有的含义范围，就可以彻底贯彻罪刑法定原则，达到刑法保障人权功能和保护法益功能的统一。② 还有论者具体运用实质的刑法解释原理，对罪行极其严重、故意杀人或者严重损害他人身体健康之情节、审判的时候怀孕的妇女等的死刑司法适用问题作了具体分析。③

2. 体系解释的方法与死刑的司法控制

有论者认为：在死刑的司法控制过程中，解释死刑条款的法律适用时，应兼顾总则性规定与分则性规定。总则与分则的规定大体上是一般与特殊、抽象与具体的关系，总则对分则具有指导性的作用。在适用刑法分则的过程中，总则的指导、制约作用应贯穿始终，这样才能使整个刑法典呈现为内在协调的体系。因此，在对刑法分则中配置死刑的条款进行解释时，不可避免地要将刑法总则中规定的死刑适用条件贯穿其中，以达到死刑的司法控制目的。④

（四）死刑的裁量情节与标准

1. 死刑的裁量情节

量刑情节是反映犯罪行为的社会危害性及行为人的人身危险性程度，从

---

① 参见莫洪宪：《实质的刑法解释论与死刑的司法控制》，载李洁等主编：《和谐社会的刑法现实问题》，中卷·死刑的司法限制适用问题研究，936～937 页。

② 参见李凡、刘晓莉：《刑法解释论与死刑的司法控制》，载李洁等主编：《和谐社会的刑法现实问题》，中卷·死刑的司法限制适用问题研究，972 页。

③ 参见曾粤兴：《死刑条款的体系解释》，载李洁等主编：《和谐社会的刑法现实问题》，中卷·死刑的司法限制适用问题研究，941～947 页。

④ 参见曾粤兴：《死刑条款的体系解释》，载李洁等主编：《和谐社会的刑法现实问题》，中卷·死刑的司法限制适用问题研究，941 页。

而影响刑罚轻重的各种主、客观情况，是选择法定刑与决定宣告刑的依据。当法定最高刑是死刑时，仅仅确定犯罪性质是远远不够的，必须进一步研究各种犯罪情节，才能确定是否应该判处死刑。本年度研讨中，学术界对死刑的裁量情节进行了比较深入的研究和讨论，取得了一定的成果，具体有以下几点。

（1）我国死刑裁量情节规定的缺陷及其完善。死刑裁量情节起着限制、减少死刑的作用。我国刑法分则对各死刑罪名规定了数量众多而又差别较大的死刑裁量情节。对此，有论者指出，我国的死刑裁量情节存在不少问题：其一，死刑裁量情节的规定过于笼统，缺乏明确性；其二，刑法分则对部分死刑裁量情节的规定不符合总则规定的死刑适用标准，影响了死刑适用标准的统一性；其三，部分死刑裁量情节的规定与国际条约规定的死刑适用标准不协调。

针对死刑裁量情节设置上的缺陷，该论者提出了相应的对策：首先，进一步加强司法解释，将死刑裁量情节的内容明确化、具体化，以统一死刑适用标准，从司法上充分发挥死刑裁量情节限制死刑的功能。其次，应当以刑法修正案的形式对一些不合时宜的死刑立法进行修改，严格部分犯罪的死刑适用条件，从根本上解决问题。最后，应当将刑法对死刑裁量情节在程度上的要求统一起来，一律规定只有“情节特别恶劣”的，才可以判处死刑。①

（2）民愤与死刑裁量。对于如何正确处理民愤在死刑适用中的地位，我国学界素有争议。年会研讨中，论者普遍认为，在死刑裁量中应严格限制甚至完全不考虑民愤的因素。例如，有论者认为，民愤反映的是普通民众对案件事实的心理评价，往往具有非理性因素，因而对社会舆论的压力不能盲从。该论者进一步指出，民愤不但不宜作为量刑情节，而且也不应作为死刑裁量中考虑的因素。这是因为：第一，法律没有将“民愤极大”作为判决死刑的法定理由；第二，“民愤极大”带有感情色彩，不好把握，缺乏可操作性。②

① 参见邹湘高：《论死刑裁量情节》，载李洁等主编：《和谐社会的刑法现实问题》，中卷·死刑的司法限制适用问题研究，1022～1024页。

② 参见赖早兴、洪细根：《民愤与死刑裁量》，载李洁等主编：《和谐社会的刑法现实问题》，中卷·死刑的司法限制适用问题研究，1012～1018页。

（3）被害人过错与死刑适用。在我国，被害人过错是故意杀人罪死刑裁量中的酌定从轻处罚情节。然而，在司法实践中，由于种种原因，司法部门对此情节往往重视不够。对此，有论者在考察世界各国立法例的基础上指出，在被害人具有过错的情况下减轻犯罪人的刑罚是世界各国刑法中的通例。目前，被害人过错在我国仅是酌定的从轻情节，不利于其在司法实践中的运用。因此，我国有必要借鉴国外立法实践，将被害人有过错这一酌定从轻情节法定化。①

2. 死刑适用的标准

（1）死刑适用的实体标准。根据我国刑法规定，"罪行极其严重"是适用死刑的总标准，也是死刑裁判的一般条件。但是，我国刑法并没有对什么是"极其严重的罪行"作进一步的明确解释，其确切的含义需要理论界和司法实务界进一步加以探讨。年会期间，学界对此进行了深入的研讨。有论者认为，"罪行极其严重"是客观危害极其严重和主观恶性极其严重的统一，二者是一个有机整体，缺一不可，即使犯罪行为的客观社会危害极其严重，但只要主观恶性不是极大的，或者虽然犯罪分子主观恶性极大，但只要所犯罪行的客观社会危害不算极其严重，就不应适用死刑，尤其是不应判处死刑立即执行。②

（2）死刑适用的证据标准。在最高人民法院统一行使死刑核准权的背景下，提高死刑案件的证明标准为各界所关注。对此，论者普遍认为，对死刑案件适用更高的证明标准是必要的，死刑案件应达到"事实清楚、证据确实充分，排除一切合理怀疑"的证明标准。有论者进一步指出，死刑案件的证据标准应分为定罪的证据标准和判处死刑的证据标准，具体来说，死刑案件定罪的证明标准应是"排除合理怀疑"，而判处死刑的证明标准应是"排除一切怀疑"③。

---

① 参见卢建平：《被害人过错与死刑适用之探讨——以故意杀人罪为例》，载李洁等主编：《和谐社会的刑法现实问题》，中卷·死刑的司法限制适用问题研究，1034～1035页。

② 参见田立文、司建军：《试论我国死刑的裁量情节与标准》，载李洁等主编：《和谐社会的刑法现实问题》，中卷·死刑的司法限制适用问题研究，1022页。

③ 李少平：《死刑案件证明标准新探》，载李洁等主编：《和谐社会的刑法现实问题》，中卷·死刑的司法限制适用问题研究，986～992页。

（五）民间纠纷、家庭纠纷所致暴力犯罪之死刑的司法控制

民间纠纷致人死亡案件是指亲友、邻居、同事等存在某种社会关系的人之间发生冲突时，行为人行凶致人死亡的暴力案件，其中包括素无社会联系的群众之间因某种临时的民间活动或行为发生争执和纠纷时发生的致人死亡的案件。探讨民间纠纷、家庭纠纷所致暴力犯罪之死刑的司法控制，就是探讨能否以及如何在某些暴力犯罪领域限制死刑适用。有论者分析了该类犯罪的特点，认为该类犯罪的产生一般是教育发展不均衡、民间纠纷解决机制不健全等造成的，因此，对此类暴力犯罪之死刑适用应该坚持慎重原则，严格限制死刑的适用。① 有论者认为，严格控制民间纠纷、家庭纠纷所致暴力犯罪的死刑适用有相当好处：一是有利于实现"情"与"法"的统一，二是有利于局部实现恢复性司法目的。② 还有论者提出：现行《刑法》第48条所规定的"死刑只适用于罪行极其严重的犯罪分子"，体现了我国一贯倡导的"少杀、慎杀"死刑政策。在保留死刑的现行法制下，只有综合考虑行为人犯罪的性质、动机、形态，特别是杀人手段的性质、犯罪结果，尤其是被伤害、杀害的被害人或遗属的感情，社会的影响，犯罪人的年龄、前科、犯罪后的表现等各种情节，并对这些情节的精神实质进行理性把握，才能对民间纠纷、家庭纠纷所致暴力犯罪死刑的适用形成强有力的制约和控制。③

（六）与死刑制度相关的刑罚制度问题

关于与死刑制度相关的刑罚制度问题，论者们主要从死缓制度、无期徒刑的完善等方面进行了探讨。

1. 死缓的适用与死刑（立即执行）的控制

死缓是我国独创的一种死刑执行制度。正确适用死缓，对于减少死刑立即执行的司法适用，具有积极意义。研讨中，有论者对死缓的意义及具体应

① 参见隋光伟、许文：《民间纠纷致人死亡案件特点及死刑适用情况研究》，载李洁等主编：《和谐社会的刑法现实问题》，中卷·死刑的司法限制适用问题研究，1041～1042页。

② 参见李克勤、卢金有：《民间纠纷、家庭纠纷所致暴力犯罪之死刑司法控制》，载李洁等主编：《和谐社会的刑法现实问题》，中卷·死刑的司法限制适用问题研究，1048页。

③ 参见崔胜实、张金叶：《民间纠纷、家庭纠纷导致的暴力犯罪之死刑司法控制》，载李洁等主编：《和谐社会的刑法现实问题》，中卷·死刑的司法限制适用问题研究，1057页。

用等问题进行了深入分析。例如，有论者提出，扩大死缓的适用是向废除死刑目标迈进的现实切入点，是履行国际人权公约的务实举措，是充分发挥死缓功能的需要。有论者指出，以下案件不判处或者一般不判处死刑立即执行，视其具体情况可以适用死缓：一是被害人有重大过错的一律不予判处死刑立即执行，二是被害人有轻微过错的一般不予判处死刑立即执行，三是罪犯有自首加立功表现的一律不予判处死刑立即执行，四是非暴力犯罪一般不予判处死刑立即执行。① 还有论者从实体和程序的角度，对于将死缓变更为死刑立即执行的实体条件限制和程序条件限制进行了研讨。②

2. 无期徒刑的完善与死刑的司法控制

无期徒刑作为死刑的重要替代措施之一，对于死刑的司法控制具有积极意义。然而，我国无期徒刑的立法与司法均存在一定的问题，影响了控制死刑适用的效果。研讨中，论者们围绕着无期徒刑的缺陷进行了深入研究，并提出了具体的完善建议。

论者们概括的我国无期徒刑的缺陷主要有：(1) 缺乏应有的严厉性。无期徒刑的罪犯经过减刑，相当于执行有期徒刑10年以上22年以下；或者服刑10年后，如果不再犯罪，就有假释的机会，大大降低了无期徒刑应有的威慑力。(2) 缺乏应有的平等性。在现有无期徒刑制度下，贪污贿赂型犯罪分子相对于杀人、爆炸、放火等普通暴力型犯罪分子更容易取得减刑、假释的机会，从而产生无期徒刑执行上的“贫富差距”。

论者们提出的完善我国无期徒刑的建议主要有：(1) 设置先予关押期。犯罪人被判处无期徒刑以后，先予关押一段时间（比如先予关押10年），在这个期限内，罪犯一律不得被减刑或假释。关押期届满后，可以根据罪犯的悔罪、立功情况和人身危险性强弱等因素，综合考虑是否给予减刑、假释。(2) 延长无期徒刑罪犯适用减刑、假释实际执行的期限，以此增加无期徒刑的严厉性。③

① 参见胡云腾、刘晓虎：《“死刑不予立即执行”的适用案件类型标准》，载李洁等主编：《和谐社会的刑法现实问题》，中卷·死刑的司法限制适用问题研究，1110～1113页。

② 参见马长生、黄谷会：《“严格限制死刑”政策视野下的死缓适用扩大论》，载李洁等主编：《和谐社会的刑法现实问题》，中卷·死刑的司法限制适用问题研究，1116～1117页。

③ 参见楼伯坤：《死刑司法控制的制度设计——以完善无期徒刑为视角》，载李洁等主编：《和谐社会的刑法现实问题》，中卷·死刑的司法限制适用问题研究，1181～1184页。

（七）死刑司法限制的域外视角

1. 美国死刑相关制度及借鉴

有论者对美国的死刑限制措施进行了介述。该论者指出，虽然美国至今仍没有废除死刑，但死刑的罪名越来越少，同时美国也在逐步减少强制性死刑条款。在死刑适用对象方面，美国对妇女、未成年人采取的态度是相对限制死刑适用，并非绝对不适用。在死刑替代措施问题上，保证其严厉性程度尽量与死刑匹配，使普通民众易于接受。①

有论者介绍了美国加利福尼亚州死刑适用中的程序规则。该论者指出，从总体上看，加利福尼亚州对死刑案件规定了严格的起诉、审理程序，设立了完备的定罪后救济程序。②

也有论者介绍了美国的死刑案件刑事和解制度。美国死刑案件刑事和解制度适用范围较广，既可以在案件审判过程中进行和解，也可在死刑裁量后进行和解，这对于构建符合我国国情的刑事和解制度有一定的借鉴意义。③

2. 日本死刑的相关制度

有论者对日本学界关于死刑替代措施的研究进行了介绍。日本是发达国家中为数不多的仍保留死刑的国家之一，上百年来，日本学术界围绕死刑的存废问题展开了激烈的争论，这一争论的结果虽然是日本在第二次世界大战后成长起来的刑法论者和司法工作者彻底抛弃了“杀人偿命”这种报应主义思想，不再有人真诚地赞成死刑，但却并未使死刑立即废止论成为通说。在这种背景下，为了逐步改变民意，日本学术界一部分学者展开了对死刑替代措施的研究，希望通过提出替代死刑的刑罚，来消除民众对于死刑废止的恐惧，最终达到废除死刑的目的。对于死刑替代措施的具体建构，日本学术界提出了多种方案，例如，绝对的无期刑、相对的无期刑、不定期刑、有期刑、死刑执行延期制度，等等。日本学术界关于死刑替代措施的研究，对于

---

① 参见赵秉志、郑延谱：《美国刑法中的死刑限制措施探析——兼及其对我国的借鉴意义》，载李洁等主编：《和谐社会的刑法现实问题》，中卷·死刑的司法限制适用问题研究，1156～1159页。

② 参见唐世月：《美国死刑适用中的程序规则——以加利福尼亚州为例》，载李洁等主编：《和谐社会的刑法现实问题》，中卷·死刑的司法限制适用问题研究，1283～1287页。

③ 参见陈京春：《死刑案件的刑事和解——以中美死刑比较为视角》，载李洁等主编：《和谐社会的刑法现实问题》，中卷·死刑的司法限制适用问题研究，1309～1313页。

我国现阶段既不废除死刑，又要限制死刑适用的政策具有积极的借鉴意义。①

3. 国外和有关国际公约中的刑事证明标准

有论者对国外刑事证明标准及其对中国的借鉴意义进行了分析。该论者认为，无论是英美法系“排除合理怀疑”的证明标准，还是大陆法系“必然的确实心证”的证明标准，抑或是联合国1984年《关于保护死刑犯权利的保障措施》确定的“明确而令人信服的，对事实没有其他解释余地的”证明标准，都比我国刑事案件的证明标准严格。死刑案件作为可以决定被告人生死的刑事案件，理应确定更加严格的证明标准。因此，该论者提出，借鉴国外和有关国际公约的做法，我国应将“排除合理怀疑”作为死刑案件的证明标准。该论者还对死刑案件中“排除合理怀疑”证明标准的运用进行了探讨。②

四、《修正案（六）》的理论与实务问题研究③

2006年6月29日第十届全国人大常委会第二十二次会议通过了《刑法修正案（六）》[以下简称《修正案（六）》]，共有21条，对1997年《刑法》分则部分中的危害公共安全罪，破坏社会主义市场经济秩序罪，侵犯公民人身权利、民主权利罪，妨害社会管理秩序罪，渎职罪五章的12个条文进行了修改和完善，同时又增设了8个条文，是自1997年刑法颁布以来规模最大的一次立法修改和补充。《修正案（六）》颁布后立即引起了刑法理论界与实务界的高度关注。本届年会研讨中共收到相关论文74篇，对其作了全面、细致的分析与探讨。

（一）《修正案（六）》的立法价值

研讨中，论者们普遍认为，《修正案（六）》的出台对于严密刑事法网、

① 参见陈家林：《日本对死刑替代刑罚的研究及对我国的启示》，载李洁等主编：《和谐社会的刑法现实问题》，中卷·死刑的司法限制适用问题研究，1264～1271页。

② 参见张远煌：《国外刑事证明标准对我国死刑司法控制的启示》，载李洁等主编：《和谐社会的刑法现实问题》，中卷·死刑的司法限制适用问题研究，1242～1250页。

③ 本部分引注均来自李洁等主编：《和谐社会的刑法现实问题》，下卷·《刑法修正案（六）》理论与实务问题研究，北京，中国人民公安大学出版社，2007。以下注释仅注明在该书中的页码。

加大对犯罪的打击力度具有一定的积极意义。但是，论者们对《修正案（六）》是否违背刑法的谦抑性存在一些争议。有论者认为，刑法谦抑性具有限制刑法的处罚范围和处罚程度的双重含义，而《修正案（六）》对行为的刑事处罚提前化、扩大犯罪圈和提高法定刑，显然与刑法的谦抑性相违背。① 也有论者从现代法治角度，提出现代刑法必然要以对个人自由的保障作为优先的选择，尽可能多地保留公民的个人自由领域，《修正案（六）》仅考虑入罪要素、刑罚的加重和犯罪化，而忽视出罪要素、刑罚的减轻和非犯罪化，不符合现代刑法的发展方向。② 在讨论中，也有论者持折中观点，认为尽管《修正案（六）》扩大了刑法对民事关系的干预范围，在一定程度上违反了刑法立法的谦抑性特征，但可以通过强调司法的谦抑性予以平衡。③

（二）不报、谎报安全事故罪

1. 不报、谎报安全事故罪的主观方面

在不报、谎报安全事故罪的主观方面，研讨中主要有“过失说”“故意说”两种观点。也有论者在“故意说”基础上，借鉴大陆法系刑法上的“客观的超过要素”理论，提出不报、谎报安全事故罪的主观方面只要求行为人对不报、谎报行为有故意，而对危害结果具有认识的可能性即可，不要求持有希望或者放任的心理态度。④

2. 不报、谎报安全事故罪的客观方面

在该罪的客观方面，有论者认为本罪的“安全事故”不包括交通运输安全和教育设施安全⑤；但也有论者从犯罪主体和对象角度出发，认为在特定

---

① 参见王军明：《论刑法修正与刑法谦抑原则——以〈刑法修正案（六）〉为视角的展开》，载李洁等主编：《和谐社会的刑法现实问题》，下卷·《刑法修正案（六）》理论与实务问题研究，1364～1367页。

② 参见刘学峰：《〈刑法修正案（六）〉价值诉求批判》，载李洁等主编：《和谐社会的刑法现实问题》，下卷·《刑法修正案（六）》理论与实务问题研究，1370～1373页。

③ 参见周玉华、秦秀春：《谦抑原则与经济刑法司法论纲——以〈刑法修正案（六）〉为视角》，载李洁等主编：《和谐社会的刑法现实问题》，下卷·《刑法修正案（六）》理论与实务问题研究，1343～1345页。

④ 参见卢勤忠、高强：《论不报、谎报安全事故罪的认定及处罚》，载李洁等主编：《和谐社会的刑法现实问题》，下卷·《刑法修正案（六）》理论与实务问题研究，1380～1381页。

⑤ 参见刘雪梅：《解读不报、谎报安全事故罪》，载李洁等主编：《和谐社会的刑法现实问题》，下卷·《刑法修正案（六）》理论与实务问题研究，1415页。

条件下的交通运输安全和教育设施安全也应属于“安全事故”的范畴。[①]

此外，有论者认为该罪在刑事责任上未规定并处罚金或者没收财产，是立法上的疏漏，需进一步完善。[②]

（三）虚假破产罪

1. 虚假破产罪的客体

研讨中一般认为，虚假破产罪侵犯的客体为复杂客体，既包括国家对企业破产的管理秩序，也包括债权人和其他人的合法权益。有论者进一步提出，该罪的主要客体是债权人或其他人的合法权益[③]；还有论者认为，其他人的合法权益应包括虚假破产企业的财产所有权。[④]

2. 虚假破产行为的发生时间

研讨中多数论者认为，虚假破产行为的发生时间是区别虚假破产罪和妨害清算罪的关键，但在虚假破产行为发生的具体时间点上，论者们有不同认识：有论者认为，虚假破产行为必须发生在破产程序开始前[⑤]；有论者认为，虚假破产行为必须发生在破产宣告之日前[⑥]；还有部分论者提出，立法上未规定虚假破产行为的实施期间，因此，只要发生在破产程序终结前都可以以本罪论处。[⑦]

3. 虚假破产罪的主体

根据《修正案（六）》的规定，虚假破产罪是单位犯罪，采用的是代

---

① 参见刘志伟：《不报、谎报安全事故罪若干问题研讨》，载李洁等主编：《和谐社会的刑法现实问题》，下卷·《刑法修正案（六）》理论与实务问题研究，1387页。

② 参见卢勤忠、高强：《论不报、谎报安全事故罪的认定及处罚》，载李洁等主编：《和谐社会的刑法现实问题》，下卷·《刑法修正案（六）》理论与实务问题研究，1382页。

③ 参见肖本山、刘丁炳：《虚假破产罪若干问题探讨》，载李洁等主编：《和谐社会的刑法现实问题》，下卷·《刑法修正案（六）》理论与实务问题研究，1451页。

④ 参见张旭：《论破产欺诈罪——以〈刑法修正案（六）〉和〈破产法〉为视角的研究》，载李洁等主编：《和谐社会的刑法现实问题》，下卷·《刑法修正案（六）》理论与实务问题研究，1422页。

⑤ 参见肖本山、刘丁炳：《虚假破产罪若干问题探讨》，载李洁等主编：《和谐社会的刑法现实问题》，下卷·《刑法修正案（六）》理论与实务问题研究，1452页。

⑥ 参见何荣功：《虚假破产罪的理解与适用》，载李洁等主编：《和谐社会的刑法现实问题》，下卷·《刑法修正案（六）》理论与实务问题研究，1437页。

⑦ 参见向朝阳、吴笛：《破产欺诈罪研究》，载李洁等主编：《和谐社会的刑法现实问题》，下卷·《刑法修正案（六）》理论与实务问题研究，1432页。

罚制，只处罚直接负责的主管人员和其他直接责任人员。有部分论者从实用性角度提出，规定本罪由单位构成的现实意义不大，应规定为自然人犯罪。①

4. 虚假破产罪的主观方面

学界一般认为虚假破产犯罪的主观方面为直接故意。研讨中有少数论者提出：虚假破产罪的主观方面除包括直接故意以外，也应包括间接故意。实践中有些行为人明知自己的行为会发生损害债权人和其他人利益的危害结果，而有意放任这种结果发生（如浪费、赌博、投机等行为）。这类以间接故意心态实施的行为同样符合客观方面对企业财产的非法转移、处分的规定，也可按本罪论处。②

5. 虚假破产罪的刑罚设置

有论者提出：虚假破产本质上属于广义上的诈骗范畴，而与其他类型的诈骗罪相比，虚假破产罪自由刑的刑期过短和罚金的数额过低，似与整个诈骗罪的刑罚设置不协调。理想的做法是，适当提高虚假破产罪的自由刑的刑期和财产刑的数额，使之与诈骗罪的刑罚设置相差不过于悬殊，也使整个刑罚体系保持协调性。③

也有论者提出，由于虚假破产是假破产，公司、企业的财产仍然客观存在，所以应实行双罚制。④

（四）洗钱罪

1. 洗钱罪的客体

研讨中论者普遍认为该罪客体为复杂客体，即国家的金融管理制度和司法机关的正常活动。有论者提出，应从实然与应然角度区分犯罪客体，国家

---

① 参见张旭：《论破产欺诈罪——以〈刑法修正案（六）〉和〈破产法〉为视角的研究》，载李洁等主编：《和谐社会的刑法现实问题》，下卷·《刑法修正案（六）》理论与实务问题研究，1424页。

② 参见向朝阳、吴笛：《破产欺诈罪研究》，载李洁等主编：《和谐社会的刑法现实问题》，下卷·《刑法修正案（六）》理论与实务问题研究，1434页。

③ 参见张旭：《论破产欺诈罪——以〈刑法修正案（六）〉和〈破产法〉为视角的研究》，载李洁等主编：《和谐社会的刑法现实问题》，下卷·《刑法修正案（六）》理论与实务问题研究，1425页。

④ 参见肖本山、刘丁炳：《虚假破产罪若干问题探讨》，载李洁等主编：《和谐社会的刑法现实问题》，下卷·《刑法修正案（六）》理论与实务问题研究，1455页。

金融管理制度是实然客体，司法机关的正常活动是应然客体。[①] 在复杂客体的内部关系上，有论者提出，打击洗钱是打击上游犯罪的需要，因而主要客体是司法管理秩序。[②]

2. 洗钱罪的共犯问题

基于事后不可罚理论，学界一般认为上游犯罪的犯罪人不能构成洗钱罪的主体，也不能构成洗钱罪的教唆犯、帮助犯。但是，研讨中有论者提出，不应笼统地根据事后不可罚行为理论忽略事后行为的构成要件该当性，而应该结合罪数形态理论解决其定罪问题，尤其要考虑到罪刑的均衡和法益侵害的异质性。对上游罪犯教唆他人为其洗钱的场合，应当认为构成上游犯罪和洗钱罪的教唆，实行数罪并罚；而上游罪犯（无论是本犯实行犯还是共犯）所实施的洗钱行为，均可独立构成洗钱罪而与上游犯罪并罚。此外，在与上游罪犯事前通谋、事后为其洗钱的场合，对洗钱的实行犯应当以上游犯罪的共犯与洗钱罪的想象竞合犯论处，从一重罪处断。[③]

3. 洗钱犯罪的罪名体系

有论者对掩饰、隐瞒犯罪所得、犯罪所得收益罪和洗钱罪进行了比较研究，认为掩饰、隐瞒犯罪所得、犯罪所得收益罪是现代洗钱犯罪的一种，并与《刑法》第191条“洗钱罪”形成了紧密的互补和衔接关系，前者属于广义的洗钱犯罪的范畴，后者属于狭义的洗钱罪。[④] 也有论者提出，洗钱犯罪的罪名体系由掩饰、隐瞒犯罪所得及其收益罪，洗钱罪以及转移、隐瞒毒赃罪所构成，前者是由洗钱行为的堵截性犯罪构成，而后面两罪都是特别法条规定的犯罪。[⑤]

---

① 参见牛忠志：《洗钱罪构成要件理解与立法完善构想》，载李洁等主编：《和谐社会的刑法现实问题》，下卷·《刑法修正案（六）》理论与实务问题研究，1561页。

② 参见胡陆生：《洗钱犯罪立法特点的分析——以掩饰、隐瞒犯罪所得及其收益罪为重点》，载李洁等主编：《和谐社会的刑法现实问题》，下卷·《刑法修正案（六）》理论与实务问题研究，1558页。

③ 参见林维：《洗钱罪共犯问题研究——兼论事后不可罚行为的处罚》，载李洁等主编：《和谐社会的刑法现实问题》，下卷·《刑法修正案（六）》理论与实务问题研究，1547～1552页。

④ 参见黄华生、喻晓玲：《论掩饰、隐瞒犯罪所得、犯罪所得收益罪与洗钱罪的关系》，载李洁等主编：《和谐社会的刑法现实问题》，下卷·《刑法修正案（六）》理论与实务问题研究，1717～1719页。

⑤ 参见胡陆生：《洗钱犯罪立法特点的分析——以掩饰、隐瞒犯罪所得及其收益罪为重点》，载李洁等主编：《和谐社会的刑法现实问题》，下卷·《刑法修正案（六）》理论与实务问题研究，1555～1556页。

4. 洗钱罪的立法完善

有论者就《联合国反腐败公约》《联合国打击跨国有组织犯罪公约》等国际条约以及 1986 年《美国洗钱控制法案》中的洗钱罪与我国刑法中的洗钱罪进行比较后认为，目前我国洗钱罪上游犯罪的范围过于狭窄、洗钱罪的构成要件设计不科学、对洗钱罪的惩处力度不足，需要通过立法进一步进行完善。[①]

（五）掩饰、隐瞒犯罪所得、犯罪所得收益罪

1. 掩饰、隐瞒犯罪所得、犯罪所得收益罪的客体

学界一般认为该罪的客体属于复合客体。有论者在此基础上进一步分析后认为，根据行为方式的不同，该罪部分行为侵犯的客体为司法机关的正常活动，部分行为侵犯的客体为司法机关的正常活动和金融管理秩序。[②]

2. 法条竞合问题

有论者认为，掩饰、隐瞒犯罪所得、犯罪所得收益罪是普通法条，洗钱罪是特别法条，属于包容与被包容的关系，在竞合时按照特别法优于普通法的原则处理。[③] 也有论者认为本罪与隐瞒毒赃罪之间是完全的包容与被包容关系，而本罪与洗钱罪之间是交叉的竞合关系。[④]

3. 立法完善

有论者认为，我国刑法对于掩饰、隐瞒犯罪所得及其收益行为的“二元化”立法模式，造成了相关规定的内容重叠过多，却不能相互补漏，既不便于执法，又有可能放纵部分应当追究的犯罪行为，因此，应当对掩饰、隐瞒犯罪所得及其收益行为作出“一元化”的统一规定，由本罪吸纳《刑法》第 191 条中“以其他方法掩饰、隐瞒”的内容，作统一的一罪处理。[⑤]

---

① 参见李佳欣：《洗钱罪立法空间论——以美国法为蓝本的比较》，载李洁等主编：《和谐社会的刑法现实问题》，下卷·《刑法修正案（六）》理论与实务问题研究，1580～1582 页。

② 参见刘斯凡：《掩饰、隐瞒犯罪所得、犯罪所得收益罪新论》，载李洁等主编：《和谐社会的刑法现实问题》，下卷·《刑法修正案（六）》理论与实务问题研究，1732 页。

③ 参见黄华生、喻晓玲：《论掩饰、隐瞒犯罪所得、犯罪所得收益罪与洗钱罪的关系》，载李洁等主编：《和谐社会的刑法现实问题》，下卷·《刑法修正案（六）》理论与实务问题研究，1719～1721 页。

④ 参见高秀东：《掩饰、隐瞒犯罪所得、犯罪所得收益罪修正及疑难问题探析》，载李洁等主编：《和谐社会的刑法现实问题》，下卷·《刑法修正案（六）》理论与实务问题研究，1730 页。

⑤ 参见杨建民、桑涛：《掩饰、隐瞒犯罪所得及其收益行为定罪研究》，载李洁等主编：《和谐社会的刑法现实问题》，下卷·《刑法修正案（六）》理论与实务问题研究，1745 页。

（六）赌博罪和开设赌场罪

1. 犯罪客体

学界一般认为赌博罪（包括开设赌场罪）侵害的客体是社会公共利益。研讨中有论者提出，无论是在公开允许赌博的国家，还是在设有赌博罪的国家，绝对的合法化与绝对的禁赌都是不存在的，都是在政府的控制下允许一定范围内的赌博，因此，赌博罪（包括开设赌场罪）的犯罪客体应为国家对博彩业的专营权。[①]

2. 赌博罪中的营利目的

“以营利为目的”是赌博罪的构成条件。有论者提出，在聚众赌博中，如果组织者没有抽头行为，就无法认定组织者的非法营利目的；而对于赌博形成瘾癖者，刑法惩罚的着眼点在于其恶习，而不应关心其营利能力如何，因此，营利目的这一构成要件应当取消。[②]

3. 开设赌场罪的共同犯罪

有论者提出，赌场受雇人员不能单独成为开设赌场罪的主体，但完全符合开设赌场罪共犯的特征，由于他们的人身危险性、所造成后果的严重性较赌场业主而言都较小，故对这些受雇人员的处罚可相对较轻。[③] 也有论者认为，对受雇人员不能一律按开设赌场犯罪的共犯论处，而应该根据其身份和地位的不同区别对待。[④]

4. 赌博犯罪化与非犯罪化问题

普通赌博行为目前属于《治安管理处罚法》调整的范围。有论者提出，考虑到赌博具有一定的社会危害性，可将数额特别巨大或者具有其他严重情

---

① 参见曹菲：《赌博罪保护法益新探与罪名重构》，载李洁等主编：《和谐社会的刑法现实问题》，下卷·《刑法修正案（六）》理论与实务问题研究，1699页。

② 参见陈山：《论赌博罪中的“以营利为目的”》，载李洁等主编：《和谐社会的刑法现实问题》，下卷·《刑法修正案（六）》理论与实务问题研究，1663页。

③ 参见彭辅顺、孙钰：《开设赌场罪的若干问题》，载李洁等主编：《和谐社会的刑法现实问题》，下卷·《刑法修正案（六）》理论与实务问题研究，1644页。

④ 参见徐逸仁、周咸立：《赌博罪若干问题探析》，载李洁等主编：《和谐社会的刑法现实问题》，下卷·《刑法修正案（六）》理论与实务问题研究，1622页。

节的普通赌博行为纳入刑法调整的范围。[①] 对此，有论者持不同观点，认为普通赌博是没有被害人的犯罪，属于一般违法行为，强行将其规定为犯罪，是对刑法资源的浪费。[②] 也有论者认为，按照宽严相济的刑事立法政策理念，对严重的赌博行为，刑法的立法选择应当坚持犯罪化，但必须严格控制犯罪圈。[③]

5. 立法完善

针对我国赌博犯罪在立法设置上的缺陷，有论者提出，单位开设赌场的行为具有更加严重的社会危害性，应将单位增设为开设赌场罪的犯罪主体，并将以赌博为业和聚众赌博分设为两个独立的罪名，并明确罚金刑的比例和标准，加大罚金刑的应用。[④] 也有论者认为，应增设非法发行、销售彩票罪，以完善赌博罪的罪名体系。[⑤]

（七）枉法仲裁罪

枉法仲裁罪是《修正案（六）》新增设的罪名，关于该罪的犯罪构成存在一定的争议。

1. 侵犯的客体

有论者提出，本罪侵犯的客体是仲裁人员的职务廉洁性和仲裁制度的公信力[⑥]；有论者认为，本罪侵犯的客体是正常的仲裁秩序和仲裁机构的威信[⑦]；还有论者提出，本罪侵犯的犯罪客体不仅是仲裁秩序、仲裁人员的不

---

① 参见徐逸仁、周咸立：《赌博罪若干问题探析》，载李洁等主编：《和谐社会的刑法现实问题》，下卷·《刑法修正案（六）》理论与实务问题研究，1623页。

② 参见赵香如：《赌博罪的犯罪化与非犯罪化之三论》，载李洁等主编：《和谐社会的刑法现实问题》，下卷·《刑法修正案（六）》理论与实务问题研究，1652页。

③ 参见吴大华、王飞：《论赌博罪的立法选择与司法惩治——基于宽严相济刑事政策的审视》，载李洁等主编：《和谐社会的刑法现实问题》，下卷·《刑法修正案（六）》理论与实务问题研究，1626页。

④ 参见周长军、王兴龙：《关于完善赌博犯罪立法的思考——以〈刑法修正案（六）〉为基础》，载李洁等主编：《和谐社会的刑法现实问题》，下卷·《刑法修正案（六）》理论与实务问题研究，1616页。

⑤ 参见陆珉、张海峰：《赌博罪的刑罚适用研究》，载李洁等主编：《和谐社会的刑法现实问题》，下卷·《刑法修正案（六）》理论与实务问题研究，1694页。

⑥ 参见陈志军：《论枉法仲裁罪》，载李洁等主编：《和谐社会的刑法现实问题》，下卷·《刑法修正案（六）》理论与实务问题研究，1771页。

⑦ 参见樊凤林、刘东根：《试论枉法仲裁罪的构成要件》，载李洁等主编：《和谐社会的刑法现实问题》，下卷·《刑法修正案（六）》理论与实务问题研究，1763页。

可收买性与仲裁活动的公信力，还包括当事人或者利害关系人的财产权益。[①]

2. 犯罪主体

有论者认为，本罪的主体主要是普通商事仲裁中的仲裁人员，除此之外，还包括在其他类型的特殊仲裁中依法承担仲裁职责的人员。[②] 但也有论者持不同看法，认为，本罪的主体只能是《仲裁法》规定的依法承担仲裁职责的人员，劳动仲裁、行政仲裁等其他特殊仲裁的主体不能构成本罪。[③]

关于主体的确定标准，学界一般认为承担仲裁职责是确定本罪的主体的标准。但也有个别论者提出，依法承担仲裁职责的人员范围仍然过大，对此应进行限缩解释，只有其中能对仲裁结果有直接支配力或影响力的人员才能成为本罪的主体。[④]

3. 客观方面

关于本罪中的“枉法”，有论者提出，根据仲裁本身的特性，将“枉法”界定为“违反事实或法律”似有不妥，而采用“为有利于一方当事人或不利于一方当事人而枉法”的措辞更为妥当。[⑤] 有论者认为，单纯程序违法的仲裁裁决不宜认定为枉法仲裁裁决，否则打击面过宽，不符合刑法谦抑的精神。[⑥] 也有论者区分不同类型的仲裁而提出了不同的枉法标准。[⑦]

关于本罪中的“情节严重”，有论者认为，在没有有效的司法解释以前，可参照《人民检察院直接受理立案侦查的渎职侵权重特大案件标准（试行）》

---

① 参见陈凤超、黄国华：《枉法裁决罪若干问题研究》，载李洁等主编：《和谐社会的刑法现实问题》，下卷·《刑法修正案（六）》理论与实务问题研究，1783页。

② 参见樊凤林、刘东根：《试论枉法仲裁罪的构成要件》，载李洁等主编：《和谐社会的刑法现实问题》，下卷·《刑法修正案（六）》理论与实务问题研究，1765～1768页。

③ 参见黄伯青、林永鹏：《枉法仲裁罪若干问题的解读》，载李洁等主编：《和谐社会的刑法现实问题》，下卷·《刑法修正案（六）》理论与实务问题研究，1811页。

④ 参见陈珊珊：《评〈刑法修正案（六）〉之枉法仲裁罪》，载李洁等主编：《和谐社会的刑法现实问题》，下卷·《刑法修正案（六）》理论与实务问题研究，1795页。

⑤ 参见陈珊珊：《评〈刑法修正案（六）〉之枉法仲裁罪》，载李洁等主编：《和谐社会的刑法现实问题》，下卷·《刑法修正案（六）》理论与实务问题研究，1798页。

⑥ 参见陈志军：《论枉法仲裁罪》，载李洁等主编：《和谐社会的刑法现实问题》，下卷·《刑法修正案（六）》理论与实务问题研究，1772页。

⑦ 参见陈凤超、黄国华：《枉法裁决罪若干问题研究》，载李洁等主编：《和谐社会的刑法现实问题》，下卷·《刑法修正案（六）》理论与实务问题研究，1783～1785页。

中所列的“重大案件”的情形进行认定。[①] 也有论者提出，考虑到仲裁的性质，枉法仲裁罪的立案标准应比民事、行政枉法裁判罪更为宽松。[②]

4. 罪数问题

在实践中，枉法仲裁行为与受贿行为往往同时发生。对此，有论者认为，上述两种行为之间存在目的行为和手段行为的关系，可以成立牵连犯，从一重罪论处。[③] 也有论者赞成两者成立牵连犯的见解，但主张以枉法仲裁罪和受贿罪进行并罚。[④]

（八）背信侵犯上市公司利益罪

1. 犯罪主体

根据刑法典的规定，“背信侵犯上市公司利益罪”的主体是上市公司的董事、监事、高级管理人员、控股股东和实际控制人。有论者提出，事实上能够实施上述背信侵犯公司利益的行为只有前三种主体，而后两种主体是公司的所有者，只能通过“指使”前三种主体直接实施犯罪行为的方式间接侵害上市公司的利益，立法将后两种主体也规定为犯罪主体，是将狭义的共犯行为“实行行为化”的结果。[⑤] 也有论者认为，本罪的实行主体只能由掌握上市公司经营决策权的董事和高级管理人员构成，而公司的监事、独立董事、控股股东和实际控制人不能构成本罪的实行主体，只能成立共犯，而控股股东和实际控制人往往构成共同犯罪的主犯。[⑥]

2. 立法完善

有论者提出，本罪的主体范围过窄，对非上市公司中所存在的内部控制

---

① 参见宣炳昭、周志彬：《枉法仲裁的入罪正当性分析》，载李洁等主编：《和谐社会的刑法现实问题》，下卷·《刑法修正案（六）》理论与实务问题研究，1761页。

② 参见樊凤林、刘东根：《试论枉法仲裁罪的构成要件》，载李洁等主编：《和谐社会的刑法现实问题》，下卷·《刑法修正案（六）》理论与实务问题研究，1765页。

③ 参见陈璇：《枉法仲裁罪司法适用问题初探》，载李洁等主编：《和谐社会的刑法现实问题》，下卷·《刑法修正案（六）》理论与实务问题研究，1805页。

④ 参见陈志军：《论枉法仲裁罪》，载李洁等主编：《和谐社会的刑法现实问题》，下卷·《刑法修正案（六）》理论与实务问题研究，1776页。

⑤ 参见张森、黄旭巍：《背信侵犯上市公司利益犯罪的比较性分析》，载李洁等主编：《和谐社会的刑法现实问题》，下卷·《刑法修正案（六）》理论与实务问题研究，1849页。

⑥ 参见郑飞、贾楠：《〈刑法修正案（六）〉第九条若干问题研究》，载李洁等主编：《和谐社会的刑法现实问题》，下卷·《刑法修正案（六）》理论与实务问题研究，1844页。

人通过不正当关联交易损害公司利益的行为无法处置。[①] 也有论者从国外立法经验和国内立法体系的角度提出，我国刑法只设立具体背信犯罪而欠缺普通背信罪的立法方式，难以适应维护市场经济健康、有序运行的客观需要，因而有必要在我国刑法中增设普通背信罪。[②]

（九）组织残疾人、儿童乞讨罪

1. 行为方式

一般认为，本罪是复合行为犯，手段行为是暴力、胁迫，目的行为是组织，两者缺一不可。有论者进一步提出，本罪是不典型的复合行为犯，在多数情况下，本罪属于复合行为犯，但在以暴力或者威胁的方法非法拘禁或暴力强迫乞讨导致“被害人刑事伤害”的情况下，行为人独立构成故意伤害罪或者非法拘禁罪，这属于复合行为犯的例外情形。[③]

2. 立法完善

有论者认为：本罪的对象、手段行为范围过窄且犯罪构成要件设置不科学，因此，有必要借鉴国外立法规定，设置更为具体的乞讨罪体系，具体可以包括以下罪名：（1）常习乞讨罪。该罪是指以乞讨为业，或者多次采用反复纠缠、强行讨要及其他滋扰他人方式乞讨，以及受《治安管理处罚法》3 次处罚后又乞讨的行为。（2）组织、强迫、诱骗乞讨罪。该罪是指组织他人乞讨或者强迫他人乞讨或者诱骗他人乞讨，扰乱社会秩序，情节严重的。犯组织、强迫、诱骗乞讨罪又对乞讨人有故意杀害、故意伤害、非法拘禁、虐待、侮辱、拐卖等犯罪行为，依照数罪并罚的规定处罚。[④]

［赵秉志、刘科、阎二鹏、张道许、钱小平，本文系首次刊载］

---

① 参见王立志：《侵犯上市公司利益犯罪之刑法治理》，载李洁等主编：《和谐社会的刑法现实问题》，下卷·《刑法修正案（六）》理论与实务问题研究，1858 页。

② 参见阴建峰、张勇：《背信操纵上市公司罪实务问题研究》，载李洁等主编：《和谐社会的刑法现实问题》，下卷·《刑法修正案（六）》理论与实务问题研究，1823 页。

③ 参见屈学武：《强迫组织残疾人、儿童乞讨罪若干问题研讨》，载李洁等主编：《和谐社会的刑法现实问题》，下卷·《刑法修正案（六）》理论与实务问题研究，1866～1867 页。

④ 参见柳忠卫、秦瑞东：《对我国〈刑法修正案（六）〉第 17 条的法理评析》，载李洁等主编：《和谐社会的刑法现实问题》，下卷·《刑法修正案（六）》理论与实务问题研究，1884～1888 页。

第五十六章

2008年全国刑法学术年会综述

一、前　言

中国法学会刑法学研究会2008年学术研讨会于2008年10月13日至15日在江苏省南京市隆重召开。本届年会共收到符合要求的论文232篇。论者们围绕本届年会事先拟定的三大方面的议题，即“改革开放30年刑事法治建设的回顾与展望”、“量刑规范化问题研究”和“责任事故犯罪问题研究”，联系我国现阶段创建和谐社会的现实需要进行了广泛而深入的研讨。现将年会论文中的主要观点综述如下。

二、改革开放30年刑事法治建设的回顾与展望①

2008年是我国改革开放30周年。30年来，伴随着国家的昌盛、民族的振兴，我国的刑事法治事业取得了辉煌的成就，并在建立、塑造现代法治社会的过程中扮演了十分重要的角色。回顾30年来我国刑事法治演进之历程，梳理和展示30年来刑事法治建设之成就，总结和汲取其经验和教训，展望和探索未来的发展，对于认识、巩固和促进我国的刑事法治事业，进而更好

---

① 本部分引注均来自郎胜等主编：《中国刑法学年会文集》(2008年度)，上卷·改革开放30年刑事法治研究，北京，中国人民公安大学出版社，2008。以下注释仅注明在该书中的页码。

地服务于国家现代法治建设的大业，具有重要意义。因此，年会把“改革开放 30 年刑事法治建设的回顾与展望”确定为研讨主题之一，并收到有关会议论文 95 篇。论者们紧紧围绕“改革开放 30 年刑事法治建设”这个主题，对 30 年来我国刑事法治建设事业取得的成就、存在的问题以及未来的发展趋向等作了深入的研讨。

（一）国家政治决策与刑法的变革

刑法既是国家政治决策的重要载体，也是党和政府实现国家政治决策的重要工具，国家政治决策的每次重大变化，都会引起刑法内容作出相应的或多或少的变革。对国家政治决策与刑法变革的关系的研讨，主要集中在改革开放 30 年来我国在处理二者关系上所取得的成就、存在的问题以及对二者未来关系的期盼三个方面。

1. 取得的成就

论者主要从宏观层面上研讨我国在处理国家政治决策和刑法变革的关系中所取得的成就。其中，有论者认为，我国在处理国家政治决策和刑法变革的关系中，所取得的成就有 3 点：（1）从类推制度到罪刑法定原则的转变；（2）从部分死刑核准权下放到收归最高人民法院统一行使；（3）刑事政策从惩办与宽大相结合到宽严相济。①

另有论者认为，我国刑事法治建设所取得的成就包括 5 点：（1）颁行新中国成立以来第一部刑法典；（2）保障人权的观念逐步确立；（3）刑罚制度改革逐渐与国际化趋势相协调；（4）刑法修正案成为主要的修法模式；（5）刑法立法解释作为刑法的渊源开始受到重视。②

还有论者从刑法立法角度分析，认为我国刑事法治建设取得的成就有以下 6 点：（1）确立了罪刑法定、罪责刑相适应、平等适用刑法三大基本原则，取消了与罪刑法定相冲突的类推适用制度；（2）独创了管制刑和死缓制度，具有超前性；（3）确立了普遍管辖原则，打破了 1979 年刑法典自我封

---

① 参见马克昌：《刑法三十年反思》，载郎胜等主编：《中国刑法学年会文集》（2008 年度），上卷·改革开放 30 年刑事法治研究，11～12 页。

② 参见赵秉志、王俊平：《改革开放三十年的我国刑法立法》，载郎胜等主编：《中国刑法学年会文集》（2008 年度），上卷·改革开放 30 年刑事法治研究，23～28 页。

闭的状态，对于我国参与维护国际社会共同利益，促进国际社会共同交往具有积极意义；（4）禁止对犯罪的未成年人以及孕妇适用死刑，体现了《公民权利和政治权利国际公约》的要求，符合"人道主义"这一政治伦理和社会伦理；（5）确立了单位犯罪制度，不仅丰富了犯罪主体制度和理论，而且发挥了一定的刑法功能；（6）取消了反革命罪，淡化了刑法的政治色彩，使追诉犯罪的国家职能进入法治化轨道，等等。①

2. 存在的问题

多数论者从宏观层面上研讨我国在处理国家政治决策与刑法变革的关系中所存在的问题，其中，有论者认为：（1）国家政治决策的科学化、民主化需进一步加强；（2）刑法立法与刑事司法尚需进一步完善和改进；（3）国家政治决策推动刑法变革的主动性需进一步增强。② 另有论者认为存在的问题主要有：（1）罪刑法定原则贯彻得不够严格；（2）死刑的立法和司法不够科学；（3）宽严相济的刑事政策没有得到全面贯彻。③

少数论者从微观层面上研讨我国在处理国家政治决策和刑法变革的关系中所存在的问题。例如，有论者从立法技术角度分析，认为我国刑法中存在的问题主要有：（1）制定法律的超前性不足，导致1997年修法工作刚刚结束，立法机关紧接着就在次年制定了《关于惩治骗购外汇、逃汇和非法买卖外汇犯罪的决定》，之后又连续出台6个刑法修正案；（2）术语使用不当；（3）法定刑幅度过大，导致不适当地赋予了法官太多的自由裁量权；（4）死刑配置过多，且出现多个绝对死刑条款，等等。④

3. 对二者未来关系的期盼

对于未来如何科学处理国家政治决策与刑法变革之间的关系问题，有关论者提出了不同观点。有论者认为，应从以下三个方面着手，以实现国家政

① 参见曾粤兴：《刑法典立法得失谈——以立法技术为视角》，载郎胜等主编：《中国刑法学年会文集》（2008年度），上卷·改革开放30年刑事法治研究，55～59页。

② 参见高铭暄、孙晓：《国家政治决策与刑法的变革》，载郎胜等主编：《中国刑法学年会文集》（2008年度），上卷·改革开放30年刑事法治研究，4～5页。

③ 参见马克昌：《刑法三十年反思》，载郎胜等主编：《中国刑法学年会文集》（2008年度），上卷·改革开放30年刑事法治研究，13～15页。

④ 参见曾粤兴：《刑法典立法得失谈——以立法技术为视角》，载郎胜等主编：《中国刑法学年会文集》（2008年度），上卷·改革开放30年刑事法治研究，60～62页。

治决策与刑法变革之间的良性互动：（1）国家政治决策要实现科学化、民主化；（2）要在国家政治决策的推动下，实现刑法变革的科学化、和谐化和人本化；（3）要保证刑法既符合中国国情，又能走向世界。[①] 有论者认为，我国未来刑法立法的发展，尤其需要着重研究和解决好以下三个方面的问题：（1）明确刑法的改革方向，要以有助于构建和谐社会与强化人权保障，有助于贯彻宽严相济的基本刑事政策为未来刑法的发展方向；（2）认清刑法的改革重点，要以死刑制度的改革、加强人权保障方面的改革和实现刑法的与时俱进、与世界接轨为刑法改革的重点；（3）完善刑法的改革方式。[②]

（二）刑法与人权保障

人权的改善和进步需要多层次、全方位的保障，法律保障是其中重要的方面。而在人权的法律保障中，刑法由于其所保护利益的广泛性、重要性及对违法制裁的特殊严厉性，故而对人权的全面保障具有特别重要的意义。可以说，人权保障是当代刑法的鲜明主题之一。关于刑法与人权保障问题的研讨，主要集中在以下几个方面。

1. 刑法立法与人权保障

（1）取得的成就。论者们普遍认为，人权保障理念在我国刑法立法中已经得到了较好的贯彻。有论者指出，1997年刑法典不仅在刑法的任务、刑法基本原则等总则中的一系列规定里贯彻了刑法保障人权的理念，而且在刑法分则对具体犯罪的罪状设计上也贯彻了人权保护的理念，使人权理念在刑法中得以贯穿始终。[③]

（2）存在的问题。有论者指出，刑法的人权保障机能在我国现行刑法中体现得还不到位，与国际社会对刑法保障人权的要求还存在一定的差距，具体体现在：A. 人权保障机能在我国现行刑法中的地位不够突出；B. 我国的死刑制度与现代刑法应有的人权保障机能的要求相比尚存差距；C. 我国刑

---

① 参见高铭暄、孙晓：《国家政治决策与刑法的变革》，载郎胜等主编：《中国刑法学年会文集》（2008年度），上卷·改革开放30年刑事法治研究，4～5页。

② 参见赵秉志、王俊平：《改革开放三十年的我国刑法立法》，载郎胜等主编：《中国刑法学年会文集》（2008年度），上卷·改革开放30年刑事法治研究，28～30页。

③ 参见刘莉芬：《刑法改革与人权保障》，载郎胜等主编：《中国刑法学年会文集》（2008年度），上卷·改革开放30年刑事法治研究，191～195页。

法的若干人权保障法条有虚置现象。[①] 另有论者指出，我国刑法在人权保障方面还有一些不足之处，有待进一步完善，具体而言：A. 刑法用语不够明确、具体，导致罪刑法定原则难以得到切实贯彻；B. 刑法虽然在有关条文中规定了对未成年人犯罪的特殊处遇之内容，但受到个别条文之规范方式的限制，其应有的内容还很不完整；C. 刑法中关于特殊防卫权的规定，忽视了对侵害人权益的保护。[②]

（3）如何完善的建议。概括来说，论者提出的加强刑法人权保障机能的建议主要包括：A. 修改《刑法》第1、2、4条的规定，使此3条之规定能更全面地贯彻刑法的人权保障机能；B. 应当逐步削减我国刑法的死刑条款，切实限制死刑；C. 在刑法的基本原则中增加刑法人道主义原则；D. 明确规定对70周岁以上老人不适用死刑，对未成年人不适用无期徒刑、剥夺政治权利和财产刑；E. 适当允许亲属相隐和免除作证义务；F. 应当确立符合现代法治精神的保安处分制度；G. 适当调整刑法典分则体系，以突出刑法对公民权益的重点保护。[③]

2. 刑法司法与人权保障

有论者指出，应当从以下几个方面加强刑法司法过程中的人权保障：（1）酌定量刑情节应体现人权保障；（2）大幅度减少死刑的适用；（3）改变把程序处置措施当作处罚手段的做法。[④]

（三）刑事政策的演进与贯彻

1. 我国刑事政策的演进

有论者认为，改革开放30年来，我国刑事政策的基本脉络就是一个从“惩办与宽大相结合”到“宽严相济”的发展过程。[⑤] 另有论者认为，改革开

---

① 参见马长生、刘志英：《论我国刑法的人权保障机能》，载郎胜等主编：《中国刑法学年会文集》（2008年度），上卷·改革开放30年刑事法治研究，155～157页。

② 参见刘莉芬：《刑法改革与人权保障》，载郎胜等主编：《中国刑法学年会文集》（2008年度），上卷·改革开放30年刑事法治研究，195～197页。

③ 参见马长生、刘志英：《论我国刑法的人权保障机能》，载郎胜等主编：《中国刑法学年会文集》（2008年度），上卷·改革开放30年刑事法治研究，157～162页。

④ 参见贾凌：《刑法与人权保障》，载郎胜等主编：《中国刑法学年会文集》（2008年度），上卷·改革开放30年刑事法治研究，181～182页。

⑤ 参见刘远：《对我国刑事政策实践的一点反思与前瞻》，载郎胜等主编：《中国刑法学年会文集》（2008年度），上卷·改革开放30年刑事法治研究，302～309页。

放以来，我国基本刑事政策的发展变迁主要经过三个阶段：惩办与宽大相结合的刑事政策、“严打”刑事政策（该政策应属具体刑事政策，但在现实社会生活中却异变为基本刑事政策）、宽严相济的刑事政策。该论者进一步指出，惩办与宽大相结合的刑事政策主要适用于1979年至1983年。1983年作为权宜之计的“严打”刑事政策后来上升为刑事政策的主要载体。2005年以后，随着宽严相济刑事政策的提出，“严打”刑事政策才逐步回归到应有的位置。①

2. 刑事政策变迁的经验

有论者指出，改革开放以来，刑事政策几经变迁，折射出国家预防和惩治犯罪的思维模式、观念以及方法上的转变，为我国今后刑事政策的制定积累了极具价值的经验。这些经验包括：（1）针对社会现实，与时俱进，适时调整、改革刑事政策，充分发挥其功能与实效；（2）调整落伍的陈旧观念，改变依赖惩治的策略，多管齐下地防治犯罪，真正落实社会治安综合治理；（3）重视民意，坚持将刑事政策制度化、法治化置于核心地位，避免其人治化。②

3. 宽严相济刑事政策的贯彻

有论者认为，如何更有效地贯彻宽严相济的刑事政策，并不是一个孤立的问题，必须从刑事权力的规律性入手，通过研究刑事政策问题才能找到答案。③ 有论者认为，要在立法和司法两个层面上切实贯彻宽严相济的刑事政策：在立法上，通过缩小死刑适用范围、科学规定犯罪和刑罚种类等手段实现宽严相济、“重重轻轻”；在司法上，通过区别对待犯罪、扩大相对不起诉范围等手段实现轻重相宜。④

4. 宽严相济刑事政策在未成年人犯罪中的贯彻

有论者指出：对未成年人犯罪应以宽缓的刑事政策为基调。这既是由未成年人犯罪自身的特点所决定的，也是刑法人道主义的必然要求。但近年

---

① 参见莫洪宪：《改革开放以来我国刑事政策的总体评估及其启示》，载郎胜等主编：《中国刑法学年会文集》（2008年度），上卷·改革开放30年刑事法治研究，276～280页。

② 参见莫洪宪：《改革开放以来我国刑事政策的总体评估及其启示》，载郎胜等主编：《中国刑法学年会文集》（2008年度），上卷·改革开放30年刑事法治研究，285～289页。

③ 参见刘远：《对我国刑事政策实践的一点反思与前瞻》，载郎胜等主编：《中国刑法学年会文集》（2008年度），上卷·改革开放30年刑事法治研究，304～309页。

④ 参见王婕：《我国刑事政策的演进及贯彻》，载郎胜等主编：《中国刑法学年会文集》（2008年度），上卷·改革开放30年刑事法治研究，322～325页。

来，未成年人的犯罪总量不断攀升，未成年人的犯罪性质日益恶化，使我们不得不思考如何在未成年人犯罪中科学贯彻宽严相济刑事政策的问题。该论者进一步指出，在宽严相济政策的视野下，对以下几类未成年人犯罪应当适用严厉的刑事政策：(1) 实施严重暴力犯罪、造成重大人员伤亡，同时手段残忍狡猾，带有明显成人化色彩的未成年犯罪者；(2) 未成年人团伙犯罪中的组织者、指挥者；(3) 常习性的未成年惯犯、累犯。[①]

(四) 刑法修正案问题研究

1. 刑法修正案的特点

有论者指出，我国 1997 年刑法典实施以来颁行的刑法修正案有两个基本特点：一是范围明确、重点突出；二是主体特定、效力等同、修改必要、技术成熟。该论者进一步指出，修正案的范围明确、重点突出体现在以下四个方面：(1) 修正案的全部内容只涉及刑法分则，没有涉及刑法总则；(2) 修正案的修改重点是经济犯罪，兼顾其他犯罪；(3) 修正案涉及的犯罪坚持犯罪主体的二元性，大部分犯罪同时可以由单位构成；(4) 修正案的条文结构主要表现为罪刑规范，技术性规定等内容很少。修正案的主体特定、效力等同、修改必要、技术成熟的特点体现在以下四个方面：(1) 全国人大常委会是刑法修正案的唯一修订主体；(2) 修正案是刑法典的组成部分，与刑法典具有同等效力；(3) 修正案对刑法的修改坚持了必要性原则；(4) 修正案的立法技术进一步完善。[②]

另有论者指出，修正案的基本特点包括以下四个方面：(1) 活跃、及时、广泛；(2) 趋于严密；(3) 趋于严厉；(4) 立法质量日益提高。[③]

2. 刑法修正案的缺陷与完善

有论者指出，现有刑法修正案的缺陷主要体现在：(1) 刑法修正案由全国人大常委会作出，立法主体不妥；(2) 修正案未能对刑法总则内容进行修

---

① 参见张远煌、姚兵：《论宽严相济刑事政策在未成年人犯罪中的全面贯彻》，载郎胜等主编：《中国刑法学年会文集》(2008 年度)，上卷·改革开放 30 年刑事法治研究，340～349 页。

② 参见高铭暄、吕华红：《论刑法修正案对刑法典的修订》，载郎胜等主编：《中国刑法学年会文集》(2008 年度)，上卷·改革开放 30 年刑事法治研究，440～443 页。

③ 参见潘家永：《论我国刑法修正的模式、特点及问题》，载郎胜等主编：《中国刑法学年会文集》(2008 年度)，上卷·改革开放 30 年刑事法治研究，487～491 页。

改；（3）未能真正区分“部分修改权”与“立法解释权”；（4）刑法典全文没有重新公布。鉴于这些缺陷，该论者从以下几个方面提出了完善建议：（1）由全国人大制定刑法修正案，全国人大常委会主要负责对刑法规范进行立法解释；（2）适时对刑法总则的内容进行修改；（3）进一步明确刑法条文含义的内容应由立法解释来完成。[①]

有论者认为，现有刑法修正案的缺陷主要体现在：（1）有的修正案修补内容过多，影响了刑法典修补的严肃性；（2）刑法典修补文件出台过于频繁，影响了刑法典的权威性；（3）刑法修正案增多后，在短时间内难以弄清有多少罪种被增加、废除或修改。鉴于这些缺陷，该论者认为应从以下两个方面完善修正案：（1）构建刑法“修补编”，在刑法典总则编和分则编之后增加一编“修补编”，将修正案各刑法条文按其属性纳入“修补编”，并形成自成体系的刑法条文体系。（2）编纂刑法典，立法机关在一定期间之后将刑法典“修补编”的条文内容系统地移入刑法典。[②]

（五）刑法立法解释问题研究

1. 刑法立法解释的存废问题

在刑法立法解释的存废问题上，绝大多数论者对刑法立法解释持肯定与限制论，即肯定刑法立法解释的必要性，并在此前提下限制其发展；极少论者持废止论，即认为应当废止刑法立法解释。

持肯定与限制论者的立论依据有：（1）刑法立法解释的存在有其必要性。废止论的观点是对刑法立法解释性质的误解；刑法立法解释虽然在某些方面与刑法立法相同或相似，但这并不表明刑法立法解释就是刑法立法；刑法立法解释仍然属于刑法解释的范畴。（2）虽然说立法解释权具有正当性，但由于这种权力本身带有权威主义倾向，所以立法机关不适宜过多行使此项权力，而应当慎重行使。[③]

---

① 参见高铭暄、吕华红：《论刑法修正案对刑法典的修订》，载郎胜等主编：《中国刑法学年会文集》（2008年度），上卷·改革开放30年刑事法治研究，443～446页。

② 参见欧锦雄：《论刑法典的修补技术》，载郎胜等主编：《中国刑法学年会文集》（2008年度），上卷·改革开放30年刑事法治研究，479～485页。

③ 参见刘艳红：《刑法立法解释若干问题新析》，载郎胜等主编：《中国刑法学年会文集》（2008年度），上卷·改革开放30年刑事法治研究，553～555页。

持废止论者的立论依据有：（1）《立法法》赋予全国人大常委会补充与修改刑法的权力，但并不意味着赋予其解释刑法的权力。在将立法解释界定为有权解释的情况下，全国人大常委会的解释主体资格确实值得反思。[①]（2）刑法本身具有不确定性，这种不确定性的存在是必然的，无法用立法解释加以弥补。[②]

2. 刑法立法解释的形式

有论者认为，刑法立法解释的形式专指全国人大常委会颁布的特别标明解释刑法条文的规范性文件，易言之，是根据《立法法》规定的解释程序，采用“全国人大常委会关于××××的解释”这种专门形式进行的刑法解释。[③] 另有论者认为，目前的刑法立法解释的文本一律采取了“关于〈中华人民共和国刑法〉×××的解释”的形式，这样明示的做法也未尝不可；除此形式之外，还可以采取刑法修正案的技术和体例，即直接将有关的解释条文纳入刑法典，使立法机关对刑法典（包括刑法修正案）中的文字含义的解释成为刑法典的内容，重要的立法解释尤其应该如此。[④]

3. 刑法立法解释的制定程序

有论者认为，刑法立法解释的过程和其他种类的立法解释一样，大致包括立法解释的准备阶段、从提出立法解释法案到公布规范性立法解释文件的阶段和立法解释的完善阶段。该论者进一步指出，参照《立法法》的相关规定，刑法立法解释的具体程序应当包括以下几个步骤：（1）提出刑法解释议案。由享有立法解释提案权的机关或机构及其人员按照一定的程序，向全国人大常委会提出关于解释某项或某些刑法规范的动议。（2）拟定刑法立法解释草案。全国人大常委会工作机构研究拟订，并由委员长会议决定列入常务委员会会议议程。（3）审议刑法立法解释草案。由立法解释审议权的主体对

---

① 参见李凤梅：《刑法立法解释质疑》，载郎胜等主编：《中国刑法学年会文集》（2008年度），上卷·改革开放30年刑事法治研究，592～598页。

② 参见刘秀：《论刑法立法解释的不必要——以法律的不确定性为视角》，载郎胜等主编：《中国刑法学年会文集》（2008年度），上卷·改革开放30年刑事法治研究，602～606页。

③ 参见刘艳红：《刑法立法解释若干问题新析》，载郎胜等主编：《中国刑法学年会文集》（2008年度），上卷·改革开放30年刑事法治研究，549～551页。

④ 参见张波：《关于刑法立法解释的若干问题》，载郎胜等主编：《中国刑法学年会文集》（2008年度），上卷·改革开放30年刑事法治研究，575～576页。

所提出的刑法解释议案进行审查议论，决定其是否应当列入议事日程，是否需要进入解释的实质性阶段的程序。(4) 通过刑法立法解释草案。全国人大常委会全体组成人员过半数赞成，刑法立法解释始得通过。(5) 公布刑法立法解释文件。由法定的公布主体，在特定时间内采用特定方式将刑法立法解释的最后文本公之于众。①

（六）中国现代刑事法治视野中的死刑问题

对中国现代刑事法治视野中的死刑问题的研讨，主要集中在死刑的立法限制与司法限制这两个问题上。

1. 死刑的立法限制

对于死刑的立法限制，有论者提出：(1) 应大幅度地削减死刑罪名，将“罪行极其严重”限定在致人死亡的故意犯罪的范围内，减少非暴力犯罪的死刑。(2) 进一步缩小死刑适用对象的范围，将1979年《刑法》第49条修改为：“犯罪的时候不满十八周岁的人，不得判处死刑；怀孕的妇女、新生婴儿的母亲、七十周岁以上的老人，不得执行死刑。”② (3) 完善刑罚体系，将有期徒刑数罪并罚的最高限制提高为25年或30年，对无期徒刑规定必须服刑满25年或30年才能假释，对死刑缓期两年执行只能减为终身不得假释的无期徒刑，死刑立即执行保持不变。这样一来，从死刑立即执行、死刑缓期两年执行、无期徒刑到有期徒刑数罪并罚的最高刑期，刑罚就有了梯次。(4) 健全死刑复核制度。③

2. 死刑的司法限制

对于死刑的司法限制，有论者提出：(1) 严格区别量刑等级。在死刑罪名的法定刑立法形式上，现行刑法不仅增设了绝对法定刑形式，对相对法定刑的幅度也作了一定调整，主要有“可判处死刑”、“处死刑”、“处无期徒刑

---

① 参见刘艳红：《刑法立法解释若干问题新析》，载郎胜等主编：《中国刑法学年会文集》(2008年度)，上卷·改革开放30年刑事法治研究，551～553页。

② 叶良芳：《国际人权宪章对我国死刑立法的制约——以〈公民权利和政治权利国际公约〉为切入点》，载郎胜等主编：《中国刑法学年会文集》(2008年度)，上卷·改革开放30年刑事法治研究，629～632页。

③ 参见刘仁琦：《中国现代刑事法治视野中的死刑问题——以限制死刑适用为视角的研究》，载郎胜等主编：《中国刑法学年会文集》(2008年度)，上卷·改革开放30年刑事法治研究，633～636页。

或者死刑”、“处十五年有期徒刑、无期徒刑或者死刑”和“处十年以上有期徒刑、无期徒刑或者死刑”或“处死刑、无期徒刑或十年以上有期徒刑”等多种形式。据此，在司法实践中，应准确认定犯罪性质和情节，认真区分量刑等级，正确适用死刑。(2) 科学适用死缓制度。死缓是死刑的一种执行制度，不必立即执行死刑是此制度的实质条件，但法律并未规定出“不需立即执行”的尺度，这就要求我们在具体司法实践中，对犯罪情节、性质、手段、社会危害程度、人身危险性、主观恶性程度等进行全面衡量，从而对可杀可不杀的犯罪分子适用缓刑。(3) 二审开庭审理。[①]

(七) 反腐败刑事法治的建构

1. 反腐败的刑事立法完善

对于反腐败的刑事立法，有论者指出应从以下几个方面进行完善：(1) 扩大“财物”的范围，将其扩大到财物以外的其他经济利益或实惠型贿赂。其中，财物以外的利益可包括：安排其本人或亲友免费出国旅游；为其提供有限责任公司或者股份有限公司的干股；提供无偿使用有关服务（包括性服务）的免费消费卡；等等。(2) 按照《联合国反腐败公约》第15条的规定，凡“公职人员为其本人或者其他人员或实体直接或间接索取或者收受不正当好处，以作为其在执行公务时作为或者不作为的条件”，都应当被设定为刑事犯罪行为。(3) 适度修改现行刑法，使其在腐败行为及其主体的界定上与国际规则接轨，并适应我国“入世”后的新形势。[②]

2. 反腐败的刑事司法完善

对于反腐败的刑事司法，有论者指出应从以下几个方面进行完善：(1) 健全惩处腐败犯罪机构的协调机制。(2) 提高惩处腐败犯罪的办案质量。(3) 发挥惩处腐败犯罪的综合效应。(4) 强化对惩治腐败犯罪的监督。[③]

---

① 参见刘仁琦：《中国现代刑事法治视野中的死刑问题——以限制死刑适用为视角的研究》，载郎胜等主编：《中国刑法学年会文集》(2008年度)，上卷·改革开放30年刑事法治研究，636～639页。

② 参见屈学武：《刑事廉政法治机理探析》，载郎胜等主编：《中国刑法学年会文集》(2008年度)，上卷·改革开放30年刑事法治研究，692页。

③ 参见周其华：《反腐败刑事法治的建构》，载郎胜等主编：《中国刑法学年会文集》(2008年度)，上卷·改革开放30年刑事法治研究，724～726页。

三、量刑规范化问题研究[①]

量刑规范化问题是学术界和实务界都非常关注的热点问题之一。本届年会共收到相关论文71篇。在年会论文和年会研讨中，论者们主要围绕刑罚目的与量刑的关系、定罪和量刑的关系、量刑原则、量刑基准、量型失衡及其解决办法、量刑情节、数罪并罚等量刑规范化中重要而基本的问题，进行了广泛而深入的研讨。

（一）刑罚目的与量刑的关系问题

刑罚目的的实现与量刑有着密切的联系。在刑罚目的与量刑问题上，论者们主要集中探讨了如何界定刑罚的目的，以及刑罚目的的实现与量刑的关系。

1. 刑罚目的的界定

论者们大多主张界定刑罚目的应贯穿于立法机关制定刑罚、司法机关适用刑罚以及执行机关执行刑罚的全过程中，刑罚目的应是国家制定、适用、执行刑罚所希望取得的效果。但对于刑罚目的的具体内容，论者们的认识则存在着较大分歧：有的论者主张刑罚目的的内容是特殊预防与一般预防的统一[②]；有论者则认为刑罚的目的就是报应，刑罚报应目的是刑罚属性的内在要求，是刑法基本原则的题中之意[③]；还有论者认为刑罚目的的内容应包括惩罚犯罪、预防犯罪、保护社会价值等三方面内容。[④]

在预防犯罪和报应二者是否能够统一问题上，论者也存在不同的看法：有论者认为刑罚目的应该是预防和报应的统一，但在刑事活动的不同阶段，

---

① 本部分脚注均来自郎胜等主编：《中国刑法学年会文集》（2008年度），下卷·刑法实践热点问题探索，北京，中国人民公安大学出版社，2008。以下注释仅注明在该书中的页码。

② 参见李希慧：《论刑罚目的的实现与量刑适当》，载郎胜等主编：《中国刑法学年会文集》（2008年度），下卷·刑法实践热点问题探索，7页。

③ 参见王志祥、马聪：《刑罚报应目的之正当性及其实现》，载郎胜等主编：《中国刑法学年会文集》（2008年度），下卷·刑法实践热点问题探索，27页。

④ 参见李京生、王吉春：《论刑罚目的与量刑》，载郎胜等主编：《中国刑法学年会文集》（2008年度），下卷·刑法实践热点问题探索，11页。

侧重点应该有差异①；有论者则主张，报应和预防是不能兼容在刑罚目的之中的，这是由正义的不可分性决定的，特殊预防说和一般预防说相结合的综合理论是确定刑罚目的的恰当理论。②

2. 刑罚目的的实现与量刑的关系

论者们普遍认为，刑罚目的对量刑有决定性意义，但量刑对刑罚目的的实现也有着重要的作用，量刑适当与否，决定着刑罚目的能否有效地实现。有论者分析了不同的刑罚目的观对量刑的影响，认为报应主义要求量刑时刑罚的严厉程度要同犯罪的严重程度相适应，在罪刑之间实现对应平衡；而预防主义的一般预防则强调量刑必须快而准确，从而体现法律对破坏社会行为惩罚的必要性和现实性，特殊预防则要求注意犯罪人之间的差异性，针对不同的犯罪人的人身特殊性确定其刑事责任并采用不同的刑罚对策。③

（二）定罪和量刑的关系问题

重定罪、轻量刑是我国刑法理论和司法实务的传统思维。“许霆案”的发生引起论者对定罪与量刑在审判过程中的定位和意义的重新审视。有论者提出了“科学定罪与艺术量刑”的论断，将定罪视为“科学”，而将量刑视为“艺术”，在具体适用刑罚时应结合案件的特殊性及相关酌定因素综合评判，均衡量刑，这不仅是准确适用自由裁量权的问题，而且也是一种量刑艺术问题。④ 也有论者认为当前的定罪优于量刑的刑法思维已偏离了民众思维，因此主张：无须虔诚对待定罪，犯罪构成并非不可逾越的禁区；量刑才是刑法的重心，定罪应为量刑公正让路；量刑公正才代表刑法正义，预设的罪名应为准确量刑让路。⑤

---

① 参见许青松：《刑罚目的与量刑》，载郎胜等主编：《中国刑法学年会文集》（2008年度），下卷·刑法实践热点问题探索，20页。

② 参见林卫星、倪娜：《刑罚目的间的冲突与选择》，载郎胜等主编：《中国刑法学年会文集》（2008年度），下卷·刑法实践热点问题探索，54页。

③ 参见李川：《简论刑罚目的对量刑的决定性要求》，载郎胜等主编：《中国刑法学年会文集》（2008年度），下卷·刑法实践热点问题探索，37～41页。

④ 参见王秀梅、杜澎：《科学定罪与艺术量刑——许霆案折射的刑法问题》，载郎胜等主编：《中国刑法学年会文集》（2008年度），下卷·刑法实践热点问题探索，56页。

⑤ 参见高艳东：《量刑优于定罪：从形式公正到实质公正的转变》，载郎胜等主编：《中国刑法学年会文集》（2008年度），下卷·刑法实践热点问题探索，79～83页。

（三）量刑原则问题

有论者对量刑原则的概念和特征及我国刑法的量刑原则进行了探讨，认为：量刑原则应该是指决定法官在司法审判过程中是否适用刑罚以及如何适用刑罚的基本原则和准则，量刑原则的选择必须同时符合以下三个条件：具有特定性；具有针对性和指导性；具有发展性。①

关于我国刑法量刑原则的具体内容，论者们的理解并不一致：有论者认为我国刑法的量刑原则应为依法量刑原则、罪责相当原则、量刑平衡原则。有论者则认为我国刑法的量刑原则只有罪刑均衡原则、量刑经济原则。②

也有论者分析了我国量刑原则贯彻实施中存在的问题，并提出了一些完善建议。有论者以美国的《量刑指南》为视角，主张我国应该制定比较明确的量刑规则，并明确量刑规则的一些例外情形。③

（四）量刑基准问题

量刑基准是量刑规范化中的重要内容，引起了不少论者的关注。此次年会不少论者对量刑基准的概念、法律特征及在我国刑法中确立的重要性进行了论述，并对量刑基准的确定提出了种种构想。

关于量刑基准的概念，论者的认识并不完全一致。有论者对此进行了总结，认为量刑基准概念分歧的焦点在于是在广义还是狭义的程度上理解量刑基准，量刑基准立足的点是什么属性以及量刑基准是一个点还是一个幅度，并由此概括出量刑基准的概念应当是指对已确定适用一定幅度法定刑的抽象个罪，在不考虑任何量刑情节的情况下，仅就其构成事实所应当确立的基本刑罚量。④

---

① 参见马秀娟：《量刑原则与量刑规范》，载郎胜等主编：《中国刑法学年会文集》（2008年度），下卷·刑法实践热点问题探索，66页。

② 参见孙立红：《浅议在刑罚目的指导下的量刑基本原则》，载郎胜等主编：《中国刑法学年会文集》（2008年度），下卷·刑法实践热点问题探索，76页。

③ 参见王文华：《论我国量刑制度的完善——以美国联邦〈量刑指南〉为视角》，载郎胜等主编：《中国刑法学年会文集》（2008年度），下卷·刑法实践热点问题探索，73～76页。

④ 参见林亚刚、邹佳铭：《关于量刑基准的几个基本问题》，载郎胜等主编：《中国刑法学年会文集》（2008年度），下卷·刑法实践热点问题探索，93页。

关于量刑基准之法律特性，有论者把它归纳为三个方面：量刑基准是对应于抽象个罪事实的基准刑；量刑基准既可以是一个“点”，也可以是一个幅度；一个罪名包含有一个或多个量刑基准；量刑基准是相对的，而不是绝对确定的。①

关于量刑基准是否应该规范化，论者们的认识有较大的分歧。论者们普遍对 2004 年 1 月山东省淄博市淄川区法院出台的《量刑规范化细则》，2004 年 5 月江苏省高级人民法院通过的《量刑指导规则（试行）》给予了重点关注，但对之的态度却迥然不同。赞成者认为法院以颁布量刑基准的方式削减法官自由裁量权，实现了量刑的合理统一，并进一步主张，我国最高人民法院应参照美国《量刑指南》，制定全国统一的“量刑细则”，各省级人民法院可以根据不同情况作变通性规定，上报审批或备案。② 反对者则认为量刑基准是身处司法活动的法官“想象性”或观念性的东西，将量刑基准规范化是缘木求鱼，不具有现实可能性，而应该培养法官对量刑基准的认同感。要培养法官对量刑基准的认同感，首先要正确对待法官自由裁量权；其次，可以通过最高人民法院颁布典型案例的方式引导法官量刑基准意识的形成；最后，提高法官的素养也是培养法官量刑基准认同感的有效途径。③

（五）量刑失衡及其解决办法问题

我国刑事司法实践中量刑失衡的现象比较普遍，严重影响了量刑公正与刑罚目的的实现。为了解决这一问题，研讨中不少论者对量刑失衡的原因进行了剖析。有论者认为，实践中的量刑失衡现象主要是由我国法官在量刑过程中的随意性较大造成的，而这种随意性大多数情况下是由我国量刑规范和量刑程序的缺陷造成的：量刑规范缺陷扩大了法官量刑的随意性空间，量刑

---

① 参见林亚刚、邹佳铭：《关于量刑基准的几个基本问题》，载郎胜等主编：《中国刑法学年会文集》（2008 年度），下卷·刑法实践热点问题探索，94～95 页。

② 参见王文华：《论我国量刑制度的完善——以美国联邦〈量刑指南〉为视角》，载郎胜等主编：《中国刑法学年会文集》（2008 年度），下卷·刑法实践热点问题探索，73 页。

③ 参见柳忠卫、葛进：《量刑基准的存在根据与形式——兼论法官量刑基准意识的养成》，载郎胜等主编：《中国刑法学年会文集》（2008 年度），下卷·刑法实践热点问题探索，103～105 页。

程序缺陷增加了法官量刑的随意度。[①] 有论者把我国目前存在的量刑失衡现象的原因归纳为以下几个方面：传统刑罚目的观是孕育量刑失衡的温床；立法失当埋下了量刑失衡的隐患；法官没有竖起防止量刑失衡的最后屏障；权力的不当干预加剧了量刑失衡现象。[②] 有论者从刑事量刑自由裁量权的角度对量刑失衡的原因进行了探讨，认为：刑事量刑自由裁量权既有其存在的价值和积极的意义，也有消极的一面——在刑事司法过程中容易造成同罪不同罚，使刑事判决失之公正。影响刑事量刑自由裁量权合理行使的原因中，既有内在因素，也有外在因素。内在因素主要是指裁判刑事个案法官的人格因素，主要包括喜爱和厌恶、偏好与偏见、本能与情感、习性与信念、职业道德、政治素养、法律业务水平等。外在因素是指内在因素以外的，能够影响法官合理行使自由裁量权的各种外界因素，主要有以下方面：刑事立法本身不完善，立法技术落后；判例制度缺位，司法解释滞后；无统一的量刑评价体系和考评制度等。[③]

针对我国量刑制度中存在的问题，论者们纷纷提出自己的完善建议。有论者以美国的《量刑指南》为视角，认为我国在量刑制度方面应该进行以下方面的改革：由最高人民法院牵头制定全国统一的“量刑细则”，各省级人民法院可以根据不同情况作变通性规定，上报审批或备案；在量刑方法上，我国可以并且完全有必要借助于电脑、网络、数据库等技术手段，量化量刑的诸多因素；在量刑程序上，量刑应当公开化，重大疑难案件的量刑应当作为专门的庭审阶段单独进行。[④] 有论者则从规范法官自由裁量权角度，提出以下方面的改革建议：完善我国的刑事立法和刑事司法解释；制定并出台统一的量刑基准或量刑指南；刑事判例的制度化；法官量刑理由展示的制度

① 参见高小勇：《量刑均衡命题辨析》，载郎胜等主编：《中国刑法学年会文集》（2008年度），下卷·刑法实践热点问题探索，208页。

② 参见左坚卫、王磊：《我国量刑失衡原因探寻》，载郎胜等主编：《中国刑法学年会文集》（2008年度），下卷·刑法实践热点问题探索，210～215页。

③ 参见李晓明：《刑事量刑自由裁量权及其规范方法》，载郎胜等主编：《中国刑法学年会文集》（2008年度），下卷·刑法实践热点问题探索，174页。

④ 参见王文华：《论我国量刑制度的完善——以美国联邦〈量刑指南〉为视角》，载郎胜等主编：《中国刑法学年会文集》（2008年度），下卷·刑法实践热点问题探索，76页。

化；法院应逐步建立量刑评价体系和完善法官考评制度。[①] 还有论者认为，在构建中国控辩协商制度的法治视野中，必须对检察官的求刑权予以扩张和规制，设立与现代刑事诉讼相适应的检察官量刑建议权；并对检察机关量刑建议制度的建立模式提出了构想。[②]

（六）量刑情节问题

量刑情节是影响量刑轻重的一个重要因素。受“许霆案”的影响，年会研讨中，论者对量刑情节尤其是对酌定量刑情节给予了较多的关注。涉及的主要问题如下。

1. 酌定量刑情节是否有明确的法律依据

肯定者认为，酌定量刑情节虽在现行刑法中难以找到明确的措辞，但并不能由此得出酌定量刑情节没有法律依据的结论。我国《刑法》第13条犯罪概念的界定、第37条关于免于刑罚处罚的情形、第52条关于罚金数额、第61条规定的量刑原则以及第63条第2款关于减轻量刑等规定中都含有“情节显著轻微”、“犯罪情节”、“情节”或者“特殊情况”等类似措辞，这些措辞中暗含、包括或者就是指酌定量刑情节。[③]

否定者认为，酌定情节在我国刑法中没有明确的法律依据，它是根据刑事立法精神和司法实践概括出来的，在量刑时需要予以酌情考虑的情节。非法定性是酌定情节的本质特征。

2. 酌定量刑情节与罪刑法定原则是否有冲突

有论者认为酌定情节具有法定性，与罪刑法定原则不相冲突；但也有论者认为，酌定量刑情节内容的非法定性与罪刑法定原则的要求不相符，因此，部分酌定量刑情节应当法定化，以满足罪刑法定原则的要求。[④]

---

① 参见李晓明：《刑事量刑自由裁量权及其规范方法》，载郎胜等主编：《中国刑法学年会文集》（2008年度），下卷·刑法实践热点问题探索，175～177页。

② 参见杨辉忠、王铁军：《论检察机关量刑建议制度的建立模式》，载郎胜等主编：《中国刑法学年会文集》（2008年度），下卷·刑法实践热点问题探索，452～457页。

③ 参见林亚刚、袁雪：《酌定量刑情节若干问题研究——由许霆案引发的思考》，载郎胜等主编：《中国刑法学年会文集》（2008年度），下卷·刑法实践热点问题探索，253页。

④ 参见李立众：《略论酌定减轻处罚的几个问题》，载郎胜等主编：《中国刑法学年会文集》（2008年度），下卷·刑法实践热点问题探索，322页。

3. 酌定量刑情节是否应该法定化

对此问题，多数论者认为，随着立法理念、立法技术的不断更新，对于实践中经常使用的、在影响犯罪人的罪责上具有共性的、能够法定化的酌定量刑情节，应当通过立法程序确立为法定量刑情节。①

4. 对酌定减轻处罚情节中减轻幅度是否应有限制

论者们以“许霆案”为例，对酌定减轻处罚是否应有一个幅度上的限制意见不一，多数论者主张对减轻处罚特别是基于酌定情节而减轻处罚的具体幅度应作合理限定。②

5. 酌定减轻处罚的程序问题

有论者认为，现行刑法保留了酌定减轻制度，但将核准权授予最高人民法院，使酌定减轻制度名存实亡。应通过最高人民法院授权的方式，迅速改变酌定减轻处罚案件的核准程序，使《刑法》第63条第2款发挥更大作用。③ 有论者则认为，《刑法》第63条第2款的适用存在日益增多的趋势，带来或者反映了以下困境：加重最高人民法院负担；影响案件及时审结；不符合立法者的初衷。该规定针对特殊情况且由最高人民法院核准，表明在刑法规定之外适用酌定减轻情节是得到严格控制的，而该规定的大量适用显然有悖于此。为了解决此困境，有论者主张建立一种机制，即需要酌定减轻处罚的同类案件遵循先例直接作出判决，无须核准的机制。④

6. 量刑情节并存问题

量刑情节并存问题，是目前我国刑法学界、刑事立法以及审判实践中未能很好研究和解决的问题。有论者在对量刑情节并存问题进行分析的基础上，总结出量刑情节并存适用应该遵循的原则和操作方法。该论者认为，在多种量刑情节并存时，量刑必须遵循以下原则：注重酌定情节对法定情节的

---

① 参见林亚刚、袁雪：《酌定量刑情节若干问题研究——由许霆案引发的思考》，载郎胜等主编：《中国刑法学年会文集》（2008年度），下卷·刑法实践热点问题探索，256页。

② 参见林亚刚、袁雪：《酌定量刑情节若干问题研究——由许霆案引发的思考》，载郎胜等主编：《中国刑法学年会文集》（2008年度），下卷·刑法实践热点问题探索，257页。

③ 参见李立众：《略论酌定减轻处罚的几个问题》，载郎胜等主编：《中国刑法学年会文集》（2008年度），下卷·刑法实践热点问题探索，325～326页。

④ 参见夏勇、江澍：《刑法典第63条第2款之改进——许霆案引出的话题》，载郎胜等主编：《中国刑法学年会文集》（2008年度），下卷·刑法实践热点问题探索，476～477页。

调节作用；在多功能情节确定化的过程中，法官应当运用系统的观点，通观全部量刑情节以及各量刑情节之间的可能联系，作出判断。同时，应当防止出现极端状况，如同时存在从轻、减轻、免除处罚的量刑情节与从重的量刑情节，最终的宣告刑一般不宜作免除刑罚的处理，减轻处罚的适用同样需要谨慎。①

7. 未成年人犯罪的量刑问题

保护儿童的“最大利益原则”，已被确认为保护儿童权利的一项国际性指导原则，得到了国际社会的普遍接受。有论者认为，作为刑事司法的重要环节之一，对于未成年犯罪人的量刑同样应坚持儿童最大利益原则。量刑目的、量刑原则的确立，对具体量刑情节的把握，都应体现儿童最大利益原则。在量刑目的上，不应再将惩罚、剥夺再犯能力视为对未成年犯罪人量刑之目的，对未成年犯罪人量刑的目的应在于教育和矫正；在量刑原则上，基于儿童最大利益原则的要求，我国刑法典应以关涉未成年人刑事责任的现行规范为基础确立如下量刑原则：从宽处罚原则、相称原则、未成年犯罪人利益优先原则；对具体量刑情节的把握上，对于未成年犯罪人究竟是从轻还是减轻处罚以及从轻或者减轻处罚的幅度如何，均应以是否“有利于未成年罪犯的改造自新和健康成长”为标准加以衡量。应该建立刑罚裁量情节的审前调查制度；在量刑制度中也应该贯彻儿童最大利益原则，废除未成年人累犯，进一步完善未成年犯罪人缓刑适用，确立未成年犯罪人暂缓判决制度。②

（七）数罪并罚问题

数罪并罚是我国量刑中的一项重要制度。有论者选取了数罪并罚在司法实践的运用中存在的疑难且争议较大的问题，以刑法规定为基础并结合司法实践，对现行理论界的各种观点进行了利弊分析，并提出了自己的主张：对于同种数罪应否并罚问题，只要是判决宣告以前一人犯数罪的，就应当实行数罪并罚，不对同种数罪实行并罚，没有法律根据；对犯数罪被判处的数个

① 参见阮方民、方勇：《我国刑事判决量刑规则构建浅探》，载郎胜等主编：《中国刑法学年会文集》（2008年度），下卷·刑法实践热点问题探索，184页。

② 参见阴建峰、王玉涛：《论未成年人犯罪量刑的基本问题——以“儿童最大利益原则”的贯彻为中心》，载郎胜等主编：《中国刑法学年会文集》（2008年度），下卷·刑法实践热点问题探索，268～275页。

无期徒刑并罚时能否升格为执行死刑的问题，认为只执行一个无期徒刑确实会存在处罚偏轻的问题，只可能通过修改刑法加强对无期徒刑的执行（如推迟无期徒刑的减刑时间、严格无期徒刑的假释条件）来解决，在目前的条件下，不能单纯为了贯彻罪责刑相适应原则而将数个无期徒刑升格为执行死刑；在所犯数罪被分别判处不同的有期自由刑时如何并罚的问题上，应一律采取将较轻的刑种折算为较重的刑种；在并罚时如何酌情决定执行的刑期的问题上，酌情决定执行的刑期时，不应再考虑各罪之法定或酌定的量刑情节，但应考虑犯罪的数量、数罪中罪过的类型及数量比较情况、根据各个犯罪的严重程度所宣告的刑罚的轻重比较情况；在数罪并罚后刑罚执行完毕前发现犯罪分子在判决宣告前有一罪没有判决的如何并罚的问题上，应当将对漏罪所判处的刑罚与原判决对数罪并罚后决定执行的刑罚，依照相应原则决定执行的刑罚；在犯一罪被判处刑罚后刑罚执行完毕前发现犯罪分子在判决宣告前有数罪没有判决的如何并罚问题上，先应当对数个漏判之罪分别定罪量刑，然后将判决所宣告的数个刑罚即宣告刑与原判之罪的刑罚进行合并处罚，并决定执行的刑罚；在前罪被判刑后在刑罚执行完毕以前既发现有漏罪又犯新罪如何并罚问题上，采取分别判决、顺序并罚的并罚方法；至于再犯之罪被先行发现并已并罚后，才发现漏罪的条件下，只能在承认已有判决及并罚结果的基础上，将漏罪的刑罚与已有判决决定执行的刑罚并罚，决定最后应予执行的刑罚。①

此外，还有论者特别注意到发现于服刑期间、有罪判决形成于刑满释放后的情况，并将它命名为数罪并罚中的“时间差”现象。有论者对现行实践中通行的两种做法从法律角度进行了批判，并提出了解决问题的措施——引入刑事诉讼中的强制措施。②

除上述几个问题以外，论者还探讨了量刑规范化中存在的其他问题。例如，有论者对判处管制附加剥夺政治权利规定的合理性提出了质疑，认为，从刑罚的内容上审视，剥夺政治权利的内容基本上包含于管制之中；从刑罚

---

① 参见刘志伟：《数罪并罚制度司法适用中若干疑难问题探究》，载郎胜等主编：《中国刑法学年会文集》（2008年度），下卷·刑法实践热点问题探索，478～486页。

② 参见于志刚：《论数罪并罚中的“时间差”及其解决模式》，载郎胜等主编：《中国刑法学年会文集》（2008年度），下卷·刑法实践热点问题探索，501页。

的对象上审视，管制可附加剥夺政治权利的适用范围十分狭窄；从刑罚的适用上审视，管制附加剥夺政治权利带来操作上的诸多麻烦。[①] 也有论者指出，我国现行刑法中资格刑的配置存在诸多的缺陷和不足，有必要从资格刑的定位、立法模式以及资格刑的具体内容等方面加以完善。

四、责任事故犯罪问题研究[②]

最近几年，我国重大责任事故犯罪频发，给国家和人民的生命、财产造成了巨大的损失，引起了立法机关、司法机关和学术界的高度关注。为进一步加强安全事故犯罪领域的学术研究，促进安全事故犯罪的立法完善和司法适用，本届年会把“责任事故犯罪研究”作为研讨议题之一。围绕该议题，刑法学界提交了66篇文章，分别对责任事故犯罪中的基本理论以及立法、司法适用中的重大、疑难问题进行了深入、细致的探讨。

（一）责任事故犯罪中的一般理论问题

1. 业务过失犯罪问题

业务过失犯罪是指行为人在从事业务活动的过程中，因违反业务上必要的注意义务而导致严重危害结果的行为。有论者对国内外刑法中有关业务过失犯罪的立法规定进行了比较：在刑罚轻重上，多数国家采用业务过失犯罪的法定刑重于普通过失犯罪的立法例，而我国刑法整体上对业务过失犯罪的处罚要轻于普通过失犯罪；在法定刑的刑种设置方面，国外刑法中，自由刑和罚金刑是其对付业务过失犯罪的两种重要手段，而我国刑法对众多的业务过失犯罪配置的刑种大多为封闭式的自由刑；在业务过失危险犯的规定方面，多数国家在刑法典中均规定了不少种业务过失危险犯，而我国现行刑法只对妨害国境卫生检疫罪和妨害传染病防治罪作出了业务过失危险犯的规定。与上述中外刑法关于业务过失犯罪规定的差异相对

---

① 参见吴平：《管制附加剥夺政治权利的合理性质疑》，载郎胜等主编：《中国刑法学年会文集》（2008年度），下卷·刑法实践热点问题探索，527～531页。

② 本部分引注均来自郎胜等主编：《中国刑法学年会文集》（2008年度），下卷·刑法实践热点问题探索，北京，中国人民公安大学出版社，2008。以下注释仅注明在该书中的页码。

应，我国理论界对业务过失犯罪的争议也主要集中在业务过失犯罪的刑罚强度、刑种的配置和危险犯的设立三个方面。在对上述几种观点的争议进行评说的基础上，该论者提出了以下完善我国业务过失犯罪的立法建议：加重我国刑法对业务过失犯罪的处罚；增设罚金刑和资格刑；适当增加业务过失危险犯。[①]

2. 信赖原则问题

有论者对交通肇事罪认定中的信赖原则的适用问题进行了探讨，认为信赖原则虽然在限制过失犯罪成立和促进社会发展等方面有着重要作用，但其毕竟是对危险和利益进行权衡、比较之后作出的选择，对其适用必须限制在一定的条件之内，以免导致利益失衡，成为某些危险业务从业者逃避法律惩罚的借口。结合我国目前的交通条件，论者认为应该在交通事故处理实践中有限度地、慎重地适用信赖原则。[②]

有论者对信赖原则在医疗事故中的适用问题进行了研究。对于信赖原则是否能适用于医疗事故领域的过失犯罪以排除其过失责任，在我国理论界存在分歧：否定者认为，交通运输事业中适用信赖原则，是针对交通事故的特性而形成的，其历经了长期理论与判例的发展与演进。而医疗事故与交通事故之间存在本质上的区别，因此，不能将普遍适用于交通运输事业发展所形成的信赖原则简单地适用于医疗事故领域。肯定者则认为，药品、医疗等与交通在性质上同属为改善民众生活、提高生活条件所必需之设施或行为，在交通事故上既已广泛适用信赖原则，那么在发生食品、药品公害或医疗事故时，无排除适用信赖原则之理由。该论者在对上述肯定说和否定说的合理性进行评析之后指出，信赖原则应不限于交通运输之领域，还应包括医疗事业、食品卫生质量监督领域等。该论者进一步概括了医疗事故中信赖原则适用的条件及种类。信赖原则适用的主观条件是行为人遵守了医学的规则，信赖的存在，信赖的相当性；客观条件是医疗设备的合格、完备，医疗人员及患者的医学教育知识之普及，及时而适当医治的必要性。根据医疗共同行为

---

① 参见赵秉志、李慧织：《业务过失犯罪处罚问题新探》，载郎胜等主编：《中国刑法学年会文集》（2008年度），下卷·刑法实践热点问题探索，559～569页。

② 参见樊凤林、刘东根：《简论信赖原则与交通肇事罪的认定》，载郎胜等主编：《中国刑法学年会文集》（2008年度），下卷·刑法实践热点问题探索，575页。

参与者的角色不同，可以将医疗上的信赖原则分为医疗行为中医护人员之间的信赖原则以及医护人员与患者之间的信赖原则两种情形。①

3. 监督过失问题

有论者以安全责任事故犯罪为视角，对监督过失在职务关系中是否有适用空间以及如何适用的问题进行了探讨。该论者认为，无论从法理上看，还是从立法、司法实践上看，监督过失都应当适用于职务关系之中。②

4. 我国全国性刑法与澳门地区刑法中过失犯罪的比较研究

有论者对我国全国性刑法与澳门地区刑法中过失犯罪的立法进行了比较。从过失犯罪罪名的规定来看，两者主要不同之处有：(1) 立法表现形式差别较大。我国全国性刑法的罪名基本上都规定在刑法典分则之中，而澳门地区的过失犯罪罪名大多规定在特别刑法中。(2) 罪名涉及领域差别较大。在业务过失犯罪上，我国全国性刑法形成了一个系统而庞大的业务过失犯罪立法网，而澳门地区刑法的业务过失犯罪，只涉及建筑、传染病预防、交通运输、环境污染等领域的数个业务过失犯罪；在一般过失犯罪方面，我国全国性刑法显得比较宽松，而澳门地区的一般过失犯罪则涉及毒品领域、公共卫生及经济领域。两者理论和立法在过失犯罪有没有危险犯的问题上，也存在着较大的差别：我国全国性刑法关于过失犯罪有无危险犯的问题，无论是理论还是立法，都显得比较模糊；而澳门地区刑法在理论和立法上，都对过失犯罪存在危险犯持肯定态度。在澳门地区的法律中，不仅存在着由过失构成的“行政犯”，而且该由过失构成的“行政犯”同普通的过失犯罪是不同的，因而也不能同我国全国性刑法的过失“行政犯”相提并论。③

5. 公共安全视阈下的刑法对策研究

关注公共安全，防范和化解社会风险，已经成为我国社会转型期的重要议题。有论者对公共安全视阈下的刑法对策进行了研究，并提出以下观点：

---

① 参见贾宇、舒洪水：《信赖原则在医疗事故中的适用》，载郎胜等主编：《中国刑法学年会文集》(2008年度)，下卷·刑法实践热点问题探索，577页。

② 参见冯殿美、曹廷生：《论职务关系中监督过失之适用——以安全责任事故犯罪为视角》，载郎胜等主编：《中国刑法学年会文集》(2008年度)，下卷·刑法实践热点问题探索，777页。

③ 参见赵国强：《中国内地与澳门刑法中过失犯罪比较研究》，载郎胜等主编：《中国刑法学年会文集》(2008年度)，下卷·刑法实践热点问题探索，587～592页。

在量刑情节的适用上，应该从法定量刑情节与酌定量刑情节两个层面入手，对一些危害社会公共安全的犯罪适用较重刑罚；在责任范围上，应将其扩张，追究监督过失的刑事责任；在责任构成上，应该实行严格责任；应该扩大共同犯罪的范围，承认过失共同犯罪。[①]

（二）交通肇事罪

交通肇事罪是常见、多发的犯罪，也是一种典型的过失犯罪。对该罪进行理论研究的范围之广、争论之激烈堪称个罪之最。本次年会也不例外。在研讨中，论者对该罪的探讨主要集中在以下几个方面。

1. 交通肇事罪的存在范围

在研讨中，论者主要提出以下几种观点：（1）交通肇事罪的存在范围，只能是水路交通和陆路交通，而不包括铁路交通和航空交通。（2）交通肇事罪中的交通运输，主要是指公路、水路和城市机动车辆的交通运输。（3）包括公路、水路和城市交通领域，也包括铁路和航空交通领域。[②]

2. 交通肇事罪的主体范围

论者的争议主要集中在交通肇事罪的主体是一般主体，还是特殊主体。多数论者认为本罪为一般主体，凡是达到刑事责任年龄、具备刑事责任能力的自然人，均可成为该罪的犯罪主体，包括交通运输人员和非交通运输人员。[③] 但是，论者在非交通运输人员的界定上存在一定的争议：一种观点认为，非交通运输人员，是指没有合法手续却从事正常交通运输的人员；另一种观点认为，非交通运输人员，是指交通运输人员以外的一切人员。[④] 少数论者认为本罪的主体是特殊主体，只能是驾驶机动车（船）的自然人，非机动车驾驶人员和行人不是交通肇事罪的犯罪主体，非直接驾驶

① 参见游伟、赵运锋：《公共安全视域下的刑法对策思考》，载郎胜等主编：《中国刑法学年会文集》（2008年度），下卷·刑法实践热点问题探索，600～604页。

② 参见宣炳昭、王远伟：《交通肇事罪若干问题研究》，载郎胜等主编：《中国刑法学年会文集》（2008年度），下卷·刑法实践热点问题探索，621页。

③ 参见田立文：《交通肇事罪几个疑难问题探讨》，载郎胜等主编：《中国刑法学年会文集》（2008年度），下卷·刑法实践热点问题探索，636页。

④ 参见罗猛：《交通肇事罪若干疑难问题研究》，载郎胜等主编：《中国刑法学年会文集》（2008年度），下卷·刑法实践热点问题探索，629～630页。

机动车的单位主管人员、机动车辆所有人或承包人不能成为交通肇事罪的主体。[①]

3. “交通肇事逃逸”问题

对该问题，论者的研讨主要集中在两个方面。

(1) 关于“交通肇事逃逸”的含义。根据最高人民法院《关于审理交通肇事刑事案件具体应用法律若干问题的解释》(以下简称《交通肇事司法解释》) 的规定，“交通肇事逃逸”是指在发生交通事故后，为逃避法律追究而逃跑的行为，其主观目的是“逃避法律的追究”。研讨中，不少论者对此解释的合理性提出了质疑，认为“交通肇事逃逸”应该包括“逃离事故现场，不积极履行救助义务”与“为逃避法律追究而逃跑”两种情形，行为人只要具有以上行为之一就可以构成“交通肇事逃逸”[②]。

(2) 关于“逃逸”在交通肇事罪法定情节中的定位问题。有论者提出，《交通肇事司法解释》将1997年刑法典所确定的仅具量刑情节身份的“逃逸”，提升为兼具定罪情节与量刑情节两重身份，在交通肇事罪的构成要件上突破了刑法典的规定，实属越权解释，容易引起实践中不必要的争议。[③]

4. “因逃逸致人死亡”的认定问题

对该问题，尽管《交通肇事司法解释》作了一定的解释，但并没有完全解决理论上的分歧。研讨中，论者对“因逃逸致人死亡”仍存在以下几点争议。

(1)“因逃逸致人死亡”中“人”的含义。对此，论者之间主要有以下两种观点：第一种观点认为，这里的“人”既包括先前肇事中的被撞伤者，也包括肇事者逃逸过程中致死的其他人[④]；第二种观点认为，这里的“人”是指已经发生的交通事故中的被害人，而不包括行为人在交通事故发生之

① 参见楼伯坤：《论交通肇事罪司法认定中的几个难点问题》，载郎胜等主编：《中国刑法学年会文集》(2008年度)，下卷·刑法实践热点问题探索，662页。

② 罗猛：《交通肇事罪若干疑难问题研究》，载郎胜等主编：《中国刑法学年会文集》(2008年度)，下卷·刑法实践热点问题探索，632页。

③ 参见朱本欣、梁健：《论交通肇事罪中逃逸的角色定位》，载郎胜等主编：《中国刑法学年会文集》(2008年度)，下卷·刑法实践热点问题探索，708页。

④ 参见郭泽强：《交通肇事逃逸致人死亡问题中基本范畴的界定》，载郎胜等主编：《中国刑法学年会文集》(2008年度)，下卷·刑法实践热点问题探索，724页。

后，逃逸过程中再次发生的交通事故的被害人。[①]

（2）“因逃逸致人死亡”的罪过形式。在该问题上，有观点主张过失说，认为交通肇事罪中“因逃逸致人死亡”只能出于过失的心态[②]；另有观点认为，“因逃逸致人死亡”作为客观上的处罚条件，只涉及行为人“逃逸”行为的直接后果，只要“因逃逸”而造成“致人死亡”的结果，就符合法律规定的处罚条件，虽然其主观罪过形式和内容对刑罚轻重有影响，但其主观罪过的形式和内容对适用该规定并不发生影响，因此，其主观罪过可能包含故意或过失的各种情形；也有观点认为，“因逃逸致人死亡”仅限于间接故意的情形；还有观点认为“因逃逸致人死亡”包含了过失以及间接故意的罪过形式。[③]

（3）“因逃逸致人死亡”的定性。有论者认为该情形具有独立的犯罪构成，应该认定为以不纯正的不作为的方式实施的故意杀人行为。[④] 也有论者认为，“因逃逸致人死亡”的行为，应脱离交通肇事罪的犯罪构成，实现独立犯罪化，在刑法中增设交通肇事逃逸罪。但是，也有论者主张，交通肇事逃逸致人死亡的行为不能构成（间接）故意杀人罪，也无必要单独设立交通肇事逃逸罪，按照交通肇事罪定罪处罚完全可以实现罪责刑相适应。[⑤]

5. 交通肇事逃逸的共犯问题

《交通肇事司法解释》第5条第2款规定：“交通肇事后，单位主管人员、机动车辆所有人、承包人或者乘车人指使肇事人逃逸，致使被害人因得不到救助而死亡的，以交通肇事罪的共犯论处。”关于该解释是否已承认过失共同犯罪，以及如何评价该规定，我国学术界历来分歧较大。本次年会研讨期间，不少论者对此进行了热烈的讨论，但仍有不同见解。有论者认为，《交通肇事司法解释》关于共犯的解释，不是确立了共同过失犯罪，而是迫

---

① 参见楼伯坤：《论交通肇事罪司法认定中的几个难点问题》，载郎胜等主编：《中国刑法学年会文集》（2008年度），下卷·刑法实践热点问题探索，668页。

② 参见杨凯：《交通肇事罪中因逃逸致人死亡的罪过形式检讨》，载郎胜等主编：《中国刑法学年会文集》（2008年度），下卷·刑法实践热点问题探索，748页。

③ 参见楼伯坤：《论交通肇事罪司法认定中的几个难点问题》，载郎胜等主编：《中国刑法学年会文集》（2008年度），下卷·刑法实践热点问题探索，668页。

④ 参见罗猛：《交通肇事罪若干疑难问题研究》，载郎胜等主编：《中国刑法学年会文集》（2008年度），下卷·刑法实践热点问题探索，631页。

⑤ 参见韩美秀：《交通肇事后逃逸的立法解读和法理分析》，载郎胜等主编：《中国刑法学年会文集》（2008年度），下卷·刑法实践热点问题探索，754页。

于现代社会交通肇事犯罪频发、社会危害性大的现实，通过立法手段强行扩张责任主体的无奈之举而形成的立法瑕疵。[①] 有论者认为，《交通肇事司法解释》虽然是为了解决实践中大量存在的其他人指使肇事人肇事后逃逸的问题，但与刑法总则和刑法理论存在着严重的冲突。[②] 也有论者认为：《交通肇事司法解释》第 5 条第 2 款明确提出了交通肇事罪共犯的概念，而该解释第 7 条虽然没有明确提出共犯的概念，但它隐含了共犯的实质内涵，因此，有必要承认交通肇事共同犯罪形态，刑法应当全面确立交通肇事共同过失犯罪。但是，对于《交通肇事司法解释》规定的指使逃逸型交通肇事的共同过失犯罪形态应该予以检讨，取消共犯的规定，对肇事者和指使者根据各自行为的性质及相关法律规定分别定罪处罚。[③]

（三）“重大责任事故罪”和“强令违章冒险作业罪”相关问题研究

《修正案（六）》对 1997 年刑法典中的重大责任事故罪作了修正，将其分解为“重大责任事故罪”和“强令违章冒险作业罪”两个罪名。研讨中，不少论者对修正后的“重大责任事故罪”和“强令违章冒险作业罪”进行了深入的分析，研讨重点主要在以下几个方面。

1. 重大责任事故罪的犯罪主体

论者们大多认为，《修正案（六）》取消了重大责任事故罪的犯罪主体身份限制之后，“在生产、作业中”的任何人，都有可能成为该罪的犯罪主体。但对“生产、作业”的理解，论者的观点产生了分歧：有论者认为，“生产、作业”并不一定要求是具有营利性质的生产、作业活动，也不要求是经过批准的合法的“生产、作业”活动，只要是在社会生活上反复实施的，具有威胁他人生命、身体性质的事务就足够了。[④] 有论者则认为，从字面上理解，“生产、作业”应该

---

① 参见周海洋：《简评交通肇事罪共犯》，载郎胜等主编：《中国刑法学年会文集》（2008 年度），下卷・刑法实践热点问题探索，697 页。

② 参见田立文：《交通肇事罪几个疑难问题探讨》，载郎胜等主编：《中国刑法学年会文集》（2008 年度），下卷・刑法实践热点问题探索，641 页。

③ 参见张利兆：《交通肇事共同过失犯罪的两个争议问题研究》，载郎胜等主编：《中国刑法学年会文集》（2008 年度），下卷・刑法实践热点问题探索，644 页。

④ 参见黎宏：《重大责任事故罪相关问题探析》，载郎胜等主编：《中国刑法学年会文集》（2008 年度），下卷・刑法实践热点问题探索，772 页。

是指第一产业、第二产业中的制造、加工活动，并不包括第三产业的经营服务活动，因此建议应该把“在生产、作业中”修改为“在生产、经营中”[①]。

2. “强令”的含义

有论者认为，“强令”不仅是命令，而且必须含有强迫、威胁的成分，如果只是一般的劝说、命令，没有强迫、威胁的内容，则不构成强令。[②] 但是，有论者认为，“强令”应包含有身份者的一般性命令，这些命令不以具有强迫、威胁内容为必要。[③]

3. “重大责任事故罪”和“强令违章冒险作业罪”的关系

此前，该问题尚未引起学术界的关注。研讨中有论者提出，《刑法》第 134 条第 1 款“重大责任事故罪”是一般规定，而第 2 款“强令违章冒险作业罪”是特殊规定或者说是注意规定。[④]

4. 重大责任事故罪的立法完善

有论者认为，应该将重大责任事故罪的发生场合——“在生产、作业中”修改为“在生产、经营中”，以限制该罪的适用范围。有论者提出，“强令违章冒险作业罪”独立成罪并不具有必要性，相关的犯罪行为完全可以依据重大责任事故罪以及其他犯罪处理。[⑤]

（四）不报、谎报安全事故罪研究

不报、谎报安全事故罪是《修正案（六）》第 4 条新增设的犯罪。研讨中，论者主要对该罪的行为方式、罪过形式以及罪数界定等疑难问题进行了探讨。

---

① 谢治东：《〈刑法修正案（六）〉中重大责任事故犯罪立法探析》，载郎胜等主编：《中国刑法学年会文集》（2008 年度），下卷・刑法实践热点问题探索，786 页。

② 参见周铭川：《强令违章冒险作业罪初探》，载郎胜等主编：《中国刑法学年会文集》（2008 年度），下卷・刑法实践热点问题探索，803 页。

③ 参见傅跃建、翁跃强、胡晓景：《强令违章冒险作业罪理解与适用之我见》，载郎胜等主编：《中国刑法学年会文集》（2008 年度），下卷・刑法实践热点问题探索，810 页。

④ 参见黎宏：《重大责任事故罪相关问题探析》，载郎胜等主编：《中国刑法学年会文集》（2008 年度），下卷・刑法实践热点问题探索，771 页。

⑤ 参见谢治东：《〈刑法修正案（六）〉中重大责任事故犯罪立法探析》，载郎胜等主编：《中国刑法学年会文集》（2008 年度），下卷・刑法实践热点问题探索，792 页。

1. 不报、谎报安全事故罪的行为方式

研讨中，有论者认为该罪是典型的不作为犯罪，因为不论是不报还是谎报，其实质都是不履行其对安全事故的报告职责。① 有论者则认为，该罪是作为与不作为相结合的犯罪："不报"是不作为，即行为人负有报告事故情况的义务，但行为人在能够报告的情况下却选择不去报告；"谎报"则是作为，即行为人负有报告义务，行为人也确实向上级领导或主管部门作了报告，但这种报告描述的事故情况并不真实，一般都隐瞒了事故的严重性或者谎报了事故发生的原因等。②

2. 不报、谎报安全事故罪的罪过形式

关于不报、谎报安全事故罪的罪过形式问题，主要有以下几种观点：(1) 故意说，认为本罪的罪过形式是故意，即责任事故发生后，负有报告责任的人员明知应该向有关单位报告而不报告，或者是编造虚假事实，谎报事故真相，企图隐瞒或推卸责任。行为人不报或者谎报事故的动机可能多种多样，有的是为了防止上级监管机关知悉，有的是为了减轻自己的法律责任，有的是为了阻碍事故的处理，等等。(2) 过失说，认为本罪的罪过形式是过失。本罪过失可以是疏忽大意，也可以是过于自信。这里的过失是指对其行为所造成的贻误事故抢救且情节严重的心理态度，即应当预见自己不报或者谎报事故情况的行为可能造成贻误事故抢救，因为疏忽大意而没有预见或者已经预见而轻信可以避免。不报或者谎报事故情况的行为一般是明知故犯。(3) 复合罪过说，认为本罪的罪过形式既可以是过失，又可以是间接故意，甚至可以是直接故意，是一种极其复杂的罪过形式。③

3. 不报、谎报安全事故罪与安全事故类犯罪的罪数问题

刑法典分则第二章"危害公共安全罪"中规定的安全事故类犯罪共有10种，即重大飞行事故罪、铁路运营安全事故罪、交通肇事罪、重大责任事故罪、重大劳动安全事故罪、大型群众性活动重大安全事故罪、危险物品

---

① 参见廖梅、袁剑湘：《不报、谎报安全事故罪若干问题探讨》，载郎胜等主编：《中国刑法学年会文集》(2008年度)，下卷·刑法实践热点问题探索，927页。

② 参见孟庆华：《不报、谎报安全事故罪若干疑难问题探讨》，载郎胜等主编：《中国刑法学年会文集》(2008年度)，下卷·刑法实践热点问题探索，918页。

③ 参见孟庆华：《不报、谎报安全事故罪若干疑难问题探讨》，载郎胜等主编：《中国刑法学年会文集》(2008年度)，下卷·刑法实践热点问题探索，919页。

肇事罪、工程重大安全事故罪、教育设施重大安全事故罪、消防责任事故罪。除交通肇事罪外，上述安全事故类犯罪都可以成为不报、谎报安全事故罪的“上游犯罪”。上述安全事故犯罪发生后，本应承担刑事责任的行为人不报或者谎报事故情况的应如何处理，即应定这些安全事故类犯罪中的一罪，还是将这些安全事故类犯罪中的一罪与不报、谎报安全事故罪按数罪并罚原则来处理？对此，论者有以下两种意见：（1）一罪处罚说。该说认为，行为人先实施了重大责任事故罪或其他安全事故犯罪行为，造成了严重的安全事故，在该行为实施完毕之后，通常对公共安全法益的侵害仍处于持续状态（即状态犯），行为人在该违法状态中实施了不报、谎报安全事故的行为，并没有造成新的法益侵害，不报、谎报安全事故的行为属于事后的不可罚行为，因而对行为人应该以重大责任事故罪或其他安全事故犯罪论处，对事后的不报、谎报安全事故的行为不再另行评价，但可以在量刑时将其考虑为一个从重处罚的情节。（2）数罪并罚说。该说认为，行为人不报或者谎报事故情况的行为贻误事故抢救，情节严重的，对该行为人应以原事故罪与不报、谎报事故罪两罪并罚。因为这种行为不同于盗窃犯盗窃后又销赃的行为，它不是一种事后不可罚的行为。该行为人本身有报告的义务，其不报或者谎报事故情况的行为，使本来就严重的事故继续恶化，所以该行为人的行为应被认定为两种不同的行为，应当并罚。①

（五）其他责任事故犯罪

除上述几种安全事故犯罪以外，论者也对重大劳动安全事故罪、大型群众性活动重大安全事故罪、工程重大安全事故罪、消防责任事故罪等犯罪中的相关疑难问题进行了探讨。

1. 犯罪主体问题

关于重大劳动安全事故罪的犯罪主体，多数论者认为修改后的犯罪主体应该是自然人而不是单位，少数论者认为该罪的主体是自然人。关于大型活动重大安全事故罪的犯罪主体，有论者认为，犯罪主体只能是单位或者组织，不包括自然人；有论者则认为犯罪主体不仅可以包括单位，还包括自然

① 参见孟庆华：《不报、谎报安全事故罪若干疑难问题探讨》，载郎胜等主编：《中国刑法学年会文集》（2008 年度），下卷·刑法实践热点问题探索，923 页。

人，但只追究直接负责的主管人员和其他直接责任人员的刑事责任。① 关于工程重大安全事故罪的犯罪主体，论者一般都认可该罪的主体仅限于单位，但也有论者认为刑法典在条文中所列举的单位不能包括所有从事工程建设的单位，并且犯罪主体局限于单位也不符合客观实际，因此，建议修改本罪主体，将其扩大为涵盖一切从事工程建设的单位和个人。② 关于消防责任事故罪的犯罪主体问题，一种观点认为，本罪的主体为特殊主体，是指负有防火安全职责的人；另一种观点认为，本罪的主体是一般主体，即凡是达到刑事责任年龄、具备刑事责任能力的自然人均可成为本罪的犯罪主体。③

2. 主观方面的问题

关于重大劳动安全事故罪的主观方面，有论者认为是过失，既包括过于自信的过失，也包括疏忽大意的过失；有论者认为是复合罪过形式，行为人的主观心理态度既可能为间接故意，也可能为过失，但不能是直接故意。关于工程重大安全事故罪的罪过形式，有论者认为主要是过失，在少数情况下也可以由间接故意构成；有论者则认为只能是过失，既可以是疏忽大意的过失，也可以是过于自信的过失。④

［赵秉志、李希慧、刘科、谢治东、林卫星；载赵秉志主编：《刑法评论》，2009年第1卷，北京，法律出版社，2009］

① 参见彭新林：《大型群众性活动重大安全事故罪主体疑难问题探讨》，载郎胜等主编：《中国刑法学年会文集》（2008年度），下卷·刑法实践热点问题探索，839页。

② 参见张兆松：《工程重大安全事故罪立法重构》，载郎胜等主编：《中国刑法学年会文集》（2008年度），下卷·刑法实践热点问题探索，846页。

③ 参见林亚刚、任彦君：《消防责任事故罪的若干问题》，载郎胜等主编：《中国刑法学年会文集》（2008年度），下卷·刑法实践热点问题探索，874～875页。

④ 参见邓小刚：《重大劳动安全事故罪疑难问题探析》，载郎胜等主编：《中国刑法学年会文集》（2008年度），下卷·刑法实践热点问题探索，820页。

第五十七章

2009年全国刑法学术年会综述

一、前　言

2009年全国刑法学术年会于2009年8月18日至21日在云南省昆明市举行。今年正值新中国成立60周年，回顾新中国刑法学60年的发展过程，有利于我们更深入地了解我国刑事法治建设和刑法学的发展道路，从而不断地为我国刑事法治建设和刑法学发展积累经验。为此，中国法学会刑法学研究会将本届刑法学术年会的总议题确定为“新中国刑法建设60年”，下设两个子议题，分别为“新中国刑法建设60年：回顾与展望”和“新中国刑法建设60年：研讨与适用”，其中，“新中国刑法建设60年：研讨与适用”子议题中又分设3个具体议题，包括“死缓制度适用与完善研究”、“刑事和解制度的刑法学研讨”和“《刑法修正案（七）》的理解与适用”。本届年会共收到符合要求的论文202篇，这些论文围绕年会议题，全面而深入地研讨了年会议题所涉及的几乎所有理论和实务问题，反映了我国刑法理论界和实务界在这些领域的最新学术研究成果。这些研讨成果必将为我国刑法立法发展和司法实践完善提供重要的理论指导与参考价值。

二、新中国刑法建设60年：回顾与展望

今年是新中国成立60周年。为了纪念新中国成立60年来我国刑事法治

和刑法学研究所取得的辉煌成就，同时也为了促进刑法学的进一步繁荣和发展，在本届刑法学术年会，学者们对新中国成立60年来刑法理论与实践的发展进行了回顾和反思。

（一）关于刑法学的整体发展

有学者回顾了新中国成立60年来刑法学研究的发展历程，认为大致可分为三个时期：1949年10月至1957年上半年为我国刑法学研究的创立和初步发展时期，1957年下半年至1976年10月为我国刑法学研究的萧条与停滞时期，1976年10月至今为我国刑法学研究的复苏与繁荣时期。该学者认为，60年来，中国刑法学研究取得了长足的进步，主要表现在：学术研究的量与质的巨大飞跃；研究成果百花齐放；突破"左"的束缚不断解放思想。但刑法学的研究也还存在某些不足，为此应当努力构建以人为本的刑法理论，科学开展刑法学体系的研究，加强对西方刑法理论的分析。

也有学者指出：刑法学研究60年里取得了丰硕的成果。从具体的学术研究角度来说，这些学术成果的取得主要是外部影响因素和内部影响因素的综合作用。不过，中国刑法学60年的发展在学科、地域和理论与实践层面还存在一些不足之处，需要在三个层面上搭建学术交流的平台：在学科层面上搭建刑法学与其他学科之间交流的平台，在地域层面上搭建交流的平台，在理论和实践的层面上搭建交流的平台。

（二）关于刑事立法的发展

有学者以影响刑法立法发展的客观范畴为视角，剖析了刑法立法与社会的发展、政策的更替、司法的需求、国际的影响等客观范畴之间的内在紧密关联，进而指出：我国刑法立法60年的发展历程表明，国家和社会政治与经济的发展状况决定着刑法立法的走向，基本刑事政策的演进影响着刑法立法的发展，而且刑法立法还始终与刑事司法相互影响，并广泛借鉴、移植国际规范。

也有学者对新中国刑法的立法解释进行了历史回顾，指出21世纪我国刑法的立法解释的一些明显特征包括：主要是关于刑法分则具体犯罪成立条件的解释；主要是关于新型犯罪和新问题所涉及问题的解释；主要是从论理解释的角度进行扩大解释；都是关于一类或具体危害行为定罪条件的规定，不涉及法定刑问题的解释；立法解释的名称统一，解释的时间比较集中。未来刑法立法解释应当继续保留全国人大常委会的刑法立法解释权，适当限制刑法立法解释权；立法解释的内容不应仅限于定罪，也应当涉及量刑；立法解释的名称应统一，生效时间应明确。

（三）关于刑事政策的发展

有学者研究了新中国成立 60 年里刑事政策精神的演进特征，认为其发展经历了 4 个阶段：一是法治择向——刑事政策逐步扩张阶段，主要解决的是法制继承问题，包括新中国的刑事法制与革命根据地时期的刑事法制承继关系和对苏联刑法的学习、移植。二是法治尽毁——刑事政策对于刑事法制的全面超越阶段，这个阶段的刑事政策缺少法制约束，导致了一些恶果，包括行政权力扩张对公民基本权利的粗暴干涉、认为如实表达思想是一种犯罪行为、针对权力的监督行为被异化为敌我矛盾以及政策不具稳定性和可预见性。三是法制建构——刑事政策与刑事法治的互补协调阶段，包括纠正冤、假、错案以及刑事政策由“变法”过渡为“依法”。四是法制权威树立——宽严相济刑事司法政策的提出与实践阶段。

也有学者研究了新中国成立 60 年里刑事政策的发展，指出随着经济社会的发展，情势的变迁，刑事政策及其精神亦审时而变，大致经历了由“镇压与宽大相结合”至“惩办与宽大相结合”，再至“宽严相济”的演进历程。三种基本刑事政策精神的演进都是由经济社会的发展所决定的。有学者进而指出，新中国成立 60 年里刑事政策精神的演进体现了从打击犯罪到坚持打击犯罪与保障人权的有机统一，从实体公正到坚持程序公正与实体公正的有机统一，从遏制犯罪到坚持遏制犯罪与促进社会发展的有机统一，从惩治犯罪到坚持惩治犯罪与恢复社会秩序的有机统一，从注重效果到坚持依法办案与注重效果的有机统一。

还有学者研究了刑事政策对刑法解释的影响，指出刑事政策的引领性功能体现在刑法解释对定罪和量刑的直接影响。刑法解释的拘束力、制约力和普适力，使它同刑法典一样，担任起刑事政策推行与外化的职能。而刑事政策的导向性，则体现在刑法解释的内容上。刑法解释的功能之一是区分罪与非罪、此罪与彼罪、重罪与轻罪，因此，刑法解释在某种意义上，也可作为刑事政策的表象之一。同时，作为一经颁布便具有一体遵行效力的刑法解释，它在司法过程中所起的作用非常大，不可避免地会成为刑事政策推行的载体，并体现刑事政策的引领性功能。

（四）关于犯罪构成理论的发展

有学者对新中国犯罪构成理论的发展进行了回顾和展望，指出：自新中国推翻旧中国的法统以来，德日犯罪成立理论逐渐销声匿迹，新中国刑法学转而引进了苏联犯罪构成理论。60 年里，中国传统犯罪构成理论已得到了长足的发展，在传统犯罪构成理论的指导下，刑法学的其他相关理论也得到较快发展，从而为中国刑法学科的发展作出了重大贡献。传统犯罪构成理论强调犯罪构成是刑法规定的，行为要完全符合这四个要件才能定罪，其犯罪界限较为明确，符合罪刑法定原则的要求。与此同时，其将行为是否符合犯罪构成四个要件的证明责任交给控诉方，体现了人权保障优先的理念。将来，传统犯罪构成理论应继续成为我国的主流犯罪构成理论，我国法律实务教育应树立主流犯罪构成理论的权威。

也有学者研究了新中国犯罪构成理论的演进，指出：理论的发展离不开学术的争鸣，从微观到宏观，从肯定到否定，从坚持到重构等多角度、多方位对犯罪构成理论进行的任何研究都是有益的，对此我们应该保持一种必要的学术宽容，允许乃至鼓励多种犯罪构成理论体系的存在。在将来的对犯罪构成理论研究中，需要着重研究处理好形式与实质、事实与价值、规范与事实、主观与客观、定性与定量等关系问题。

还有学者对新中国成立 60 年里我国犯罪构成理论的基本经验进行了总结，指出：立足本民族文化思维模式是构建犯罪论体系的前提和基础，辩证地扬弃其他国家、民族的成果是构建犯罪论体系的保证，吸收其他学科的营养成分是构建科学的犯罪论体系的必要补充。全球化时代的我国犯罪构成本土化的重点应当是如何将违法性纳入犯罪构成要件体系，并对罪量要件加以适当归类，以真正确立犯罪构成作为犯罪认定唯一标准的至尊地位。

（五）关于刑罚的发展

有学者对新中国成立 60 年里死刑制度的发展进行了回顾，认为：该 60

年里我国死刑的发展先后经历了 5 个阶段。其中，第一个阶段（1949—1979 年）的特点是死刑罪名较少，但法治状况混乱；第二个阶段（1980—1982 年）的特点是死刑较为谦抑；第三个阶段（1983—1996 年）的特点是死刑膨胀；第四个阶段（1998—2006 年）的特点是死刑略有限缩；第五个阶段（2007 年至今）的特点是死刑制度改革的飞跃。

也有学者总结了我国量刑原则的变迁，指出我国量刑原则的变迁先后经历了 4 个阶段，即零星的量刑原则（1949—1953 年）、随意的量刑原则（1954—1977 年）、过渡的量刑原则（1978—1996 年）和沿袭的量刑原则（1997 年刑法颁布至今）。该学者进而指出：现代中国量刑理念应定位于法定化、标准化和规范化。其中，法定化是量刑理念与量刑制度的基础，标准化是量刑理念与量刑制度的技术支撑，规范化是现代量刑制度体系的理想目标。未来我国量刑原则发展应当坚持量刑原则与理念的独立、量刑原则与理念的均衡和量刑方法与技术的科学性。

（六）关于具体犯罪

在具体犯罪方面，学者们重点研究了新中国成立 60 年里危害国家安全罪、偷税罪、金融犯罪、贪污贿赂犯罪等犯罪的发展与演变。

有学者从危害国家安全罪的角度，分析和总结了新中国成立 60 年里刑法立法的基本经验，指出：新中国成立伊始，为了维护和巩固新生的革命政权，持续开展了大规模的镇压反革命运动。在刑事立法上，从 1979 年刑法的反革命罪到 1997 年刑法的危害国家安全罪的变迁，折射出我国刑法立法的进步性与更加规范性。应当继续坚守 1997 年刑法危害国家安全罪的立法主旨，贯彻罪刑法定的刑法基本原则，准确地定罪量刑。

有学者以偷税罪为视角初步总结了新中国成立 60 年里经济刑法的立法经验，指出：偷税罪的犯罪化是依据税收法益并随之变化而调整的。逃税行为的非犯罪化也如此。以法益或经济管理秩序作为犯罪化或非犯罪化的依据，虽然对于适时保护我国经济秩序有很大的意义，但是考虑到其不确定性和多变性，仅仅依赖这一标准，很难保障经济刑法立法的稳定和科学。新中国成立 60 年里，我国刑法关于偷税罪的规定修改了 4 次，其不稳定性可见一斑。不过，从偷税罪的修改可以发现，我国经济刑法越来越重视法益保护，规范也更具独立品格，经济刑法网更多地受到了刑事政策的影响。

也有学者对我国金融犯罪刑事立法的演进与完善进行了思考，指出：我国金融犯罪刑事立法经历了萌芽期（1979—1994年）、成长期（1995—1998年）和繁荣期（1999年至今）三个不同时期，并且从1997年刑法典颁布实施到现在，我国先后出台了1个单行刑法和5个刑法修正案对金融刑事立法进行补充和完善。这些金融刑事立法通过采用弹性构成要件、增补新罪、降低入罪门槛等方法，实现了严密刑事法网的目标，总体上是合理的，但也存在立法缺乏超前性、修改过于频繁和刑罚设置有加重趋势、有违罪刑均衡等方面的不足。

还有学者对我国惩治贪污贿赂犯罪的立法进行了回顾，认为：我国的贪污贿赂犯罪立法总体上经历了一个"特别法——一般法—特别法——一般法"的过程，立法模式呈现多层次、多体系的特点。在罪名、罪状、法定刑设置等方面都有阶段性。未来惩治贪污贿赂犯罪的立法，在立法模式上，应采取专门的综合性立法模式；在罪状设置上，应注重解决当前存在的主要问题；在法定刑的配置上，应增加罚金刑和资格刑的选用。

三、死缓制度适用与完善研究

死缓是我国独创的一项刑罚执行制度。本届年会围绕死缓制度的基本理论问题、死缓与刑事政策的关系、死缓的适用条件、死缓的法律后果、死缓适用中的特殊问题、死缓与徒刑的冲突与衔接等问题展开了深入论述。

（一）死缓制度的基本理论问题

1. 死缓制度的理论根基

有学者指出，我国死缓制度的理论根基包括了三个层次：（1）死缓的哲学根据，即量变质变规律。我国的死刑系统是一个双层结构，其中"死刑立即执行"质的规定性由"社会危害性"决定。而"死缓"处于量变的活跃期，其中"人身危险性"直接决定着"死缓"的最终发展。（2）死缓的刑法文化根据，即德治刑法文化的历史传统。德治刑法文化的历史传统可以追溯到西周时期提出的"明德慎罚"原则；唐代又在汉代的基础之上提出了德主刑辅；而清代的监候制度，实际上是现代“死缓”制度的肇始。(3) 死缓的刑罚理论根据，即刑罚个别化。死刑的适用与否要和犯罪人的人身危险性相适应。也有学者指出，死缓制度的根基在于人性论、功利观和罪刑均衡原则。

2. 死缓的地位

死缓是否属于一种独立的刑种？多数学者认为，死缓制度是我国独创的刑罚执行制度，不是独立的刑种。但也有学者持不同观点，认为：现行刑法的规定与死缓制度在司法实践中的应用矛盾。根据现行刑法的规定，死缓只是死刑的一种执行方式；而从司法实践来看，死缓的执行却有着与死刑立即执行明显不同的结果。死缓不是一种缓刑，也不是死刑的一种执行方式，而应该是独立的刑种。其主要理由有：(1) 死缓有自身的适用条件，可以作为主刑独立适用；(2) 死缓与死刑立即执行有着本质上的不同，独立之后有利于对于二者的区分，有利于解决刑事立法与司法实践的矛盾；(3) 死缓独立既有利于发挥死刑之利，又可以限制死刑之弊；(4) 有助于完善刑罚体系，体现罪责刑相适应原则；(5) 有助于刑罚目的的实现。

3. 死缓的悖论

有学者认为死缓本身是一个悖论，死缓是死刑的一种执行方式，不是独立刑种，判处死缓就是判处死刑，但从司法实践来看，判处死缓就是获得新生，所以，死缓与死刑立即执行有着本质上的不同，死缓不是，也不应当是死刑的执行方式。也有学者指出：死缓的扩大适用与死刑的限制适用之间存在矛盾。死缓在性质上并不具有独立的地位，仅是死刑的一种执行方式而已，因此，从表面上看，适用死缓即适用死刑，扩大适用死缓即扩大适用死刑。如此推论，死缓的扩大适用与死刑的严格限制之间是一个悖论。

（二）死缓与刑事政策的关系

有学者从刑事政策的视角认为：死缓实质上是一项具有浓重刑事政策色彩的法律制度：死缓制度能够满足刑事政策的目的性需要，适应刑事政策的灵活性需要，符合刑事政策的效率性需要，符合刑事政策的折中调和性需要，体现刑事政策的自我修正性需要。所以，基于现实的考虑，死缓的存在在刑事政策上具有相当合理性。但是，死缓只是现阶段重刑主义之下的权宜措施，作为极其严重的刑罚，它与现代文明格格不入。随着刑罚的发展，死缓制度将会最终消亡。

也有学者以宽严相济刑事政策为视角探讨了死缓制度的完善，认为我国死缓制度的健全和完善应当坚持以宽严相济的刑事政策为主线，以宽为主，严者愈严，扩大死缓的适用范围：(1) 扩大死缓的适用范围。从观念上改变社会和司法人员本身的重刑理念；改否定式立法为肯定式立法，明确死缓的适用对象为非暴力犯罪或存在减轻情节，或者删除“不是必须立即执行”的规定；对“不是必须立即执行”的情形，在原有以人身危险性作为判断标准的同时，增加客观的侵害结果或犯罪性质作为类型标准之一。(2) 完善死缓执行期间关于故意犯罪的规定。行为人“立功”的，应当以宽为主，体现刑罚的宽仁，促进犯罪人积极改造的实现；故意犯罪的范围应当严格限制；故意犯罪对死缓变更的影响应当以“宽和”为基调，辅之以严。(3) 延长死缓变更为自由刑之后的实际执行时间。

(三) 死缓的适用条件

死缓适用的条件包括“应当判处死刑”和“不是必须立即执行”。本年度刑法学术年会文集中，学者们对这两个条件的判断标准提出了不同看法。

1. 关于“应当判处死刑”的理解

有学者指出：我国立法将“应当判处死刑”表述为死缓的前提条件，混淆了死刑刑种选择的前提条件与从属于死刑的死缓制度的前提条件，忽略了死缓制度产生的先死刑再死缓的基本程序。为此，应当在逻辑上将“因为应当处死……所以可以选择死缓”的思维轨迹，转换成“因为应当处死……所以可选择死刑……因为选择死刑……所以可选择死缓”。然后，将现行《刑法》第48条规定的“对于应当判处死刑的犯罪分子……”中的“应当”修改为“已经”，或者直接将“应当”删除。

关于如何理解“应当判处死刑”中的“罪行极其严重”，多数学者赞同从主、客观两方面进行判断。如有学者在对我国学界以往的“客观说”“侧重客观说”“主客观应然并重说”“主客观实然并重说”进行评价的基础上指出：“罪行”意指甚至就是社会生活中实际发生的、业经刑事诉讼程序查证属实的作为事实的犯罪，是犯罪构成的主观方面要件与客观方面要件有机组成的统一体。对“罪行极其严重”必须从犯罪构成的主观方面与客观方面进行理解，不能理解为只包括其中一个方面。也有学者提出对“罪行极其严重”的理解和把握还应结合相关国际公约的规定。

但也有学者指出，判断是否“罪行极其严重”的，除了考虑犯罪分子所犯罪行是否极其严重之外，还应考虑其在共同犯罪中的作用、平常的一贯表现、被害人有无过错等。仅以犯罪分子所犯罪行是否极其严重作为死缓的适用条件，不仅在逻辑上具有循环论证的嫌疑，而且也违反了刑法禁止重复评价的原则，容易导致“应当判处死刑”和“不是必须立即执行”的要件在内容上混为一谈，无法区分。

2. 关于“不是必须立即执行”的理解

有学者认为：“不是必须立即执行”应理解为，犯罪分子在具备“应当判处死刑”的前提条件下，在案件中存在着影响死缓适用的消极量刑情节，既有法定从宽处罚的，也有酌定从宽处罚的，还有影响量刑的案外因素。实践中，土地、山林、草场、水源等边界纠纷，或民族、宗教、宗派斗争导致犯罪的情况适用死缓，具有一定合理性，但于社会危害不是十分严重、犯罪分子属于限制责任能力以及根据民愤而判处死缓的情形，难以保障死缓适用的正当性。

也有学者结合司法实践提出了适用死缓的主要考量情节：具有自首、立功等法定从轻处罚情节；被害人存在明显过错；被告人人身危险性较小，属于初犯、偶犯或激情犯；犯罪动机单纯，主观恶性不深；被告人真诚悔过且与被害人或其家属达成和解；共同犯罪无法认定主犯的；等等。

（四）死缓的法律后果

1. 如何理解“故意犯罪”

故意犯罪是对死缓犯执行死刑的条件。关于如何理解“故意犯罪”的范围，有学者赞同以往学界的通说，认为“故意犯罪”是指刑法分则当中所规定的全部故意犯罪，只要犯罪分子在2年内实施了故意犯罪，不论是何种故意犯罪，都不影响死刑的核准执行。

有学者持不同意见，认为应当将“故意犯罪”限定为法定刑为3年以上有期徒刑、无期徒刑或者死刑的故意犯罪。其理由在于：死缓犯在服刑期间又犯罪的情况比较复杂，只犯较轻的故意犯罪不能说明罪犯十恶不赦。而且将“故意犯罪”限定为法定刑为3年以上有期徒刑、无期徒刑或者死刑的故意犯罪，也基本可以避免死缓犯在死缓期间实施告诉才处理的犯罪时所面临的程序困境。

也有学者指出，对于《刑法》第50条规定的“故意犯罪”，在决定对死缓犯执行死刑时应衡量其犯罪是否达到一定的严重程度，并考虑故意犯罪的停止阶段和受害人的过错等情况：(1) 从犯罪的严重程度上看，死缓犯所犯之罪应达到一定的严重程度；(2) 从犯罪的类型上看，死缓犯所犯之罪应不属于刑法规定的“告诉才处理”的犯罪；(3) 从犯罪停止形态上看，犯罪预备、犯罪中止或犯罪未遂形态是影响对死缓犯执行死刑的重要因素；(4) 考虑被害人的过错程度。

还有学者从刑法解释的视角对“故意犯罪”进行了研究，进而指出：根据体系解释的方法，“故意犯罪”应是指暴力侵犯公民重要人身权利的故意犯罪；根据限制解释的方法，“故意犯罪”应指可能被判处5年以上有期徒刑的故意犯罪；根据沿革解释的方法，“故意犯罪”应是指表明犯罪人抗拒改造、情节恶劣的故意犯罪。综合三个视角，“故意犯罪”应是暴力侵犯公民人身权利的，应被判处5年以上有期徒刑且抗拒改造、情节恶劣的故意犯罪。

2. 对立功的死缓犯的处理

(1) 对既有故意犯罪又有重大立功表现的死缓犯的处理。对于既有故意犯罪又有重大立功表现的死缓犯，有学者认为应综合考虑此逆向情节各自的作用，对故意犯罪的社会危害程度和重大立功表现的不同情况作出定量分析，然后确定对死缓犯是执行死刑还是对其进行减刑。如果故意犯罪的法定刑在3年以下，并有重大立功表现的，2年期满以后，应减为18年以上20年以下有期徒刑；如果故意犯罪的法定刑在3年以上，虽有重大立功表现，但仍应在依法判决确认后，由高级人民法院报请最高人民法院核准，执行死刑。

也有学者根据重大立功和故意犯罪的先后顺序区分了三种情况：一是先有重大立功表现，后有较严重故意犯罪；二是重大立功表现与较严重故意犯罪同时出现；三是先有较严重故意犯罪，后有重大立功表现。第一种和第二种情况都属于两种逆向情节并存，都不能核准执行死刑，只能等考验期满后减为无期徒刑。第三种情况是较严重的故意犯罪在先，只要在 2 年考验期内，都可以成为核准执行死刑的理由，而且也没有必要等到 2 年期满之后。

还有学者认为：既有故意犯罪又有重大立功的死缓犯本身就是个假问题。因为，死缓犯在死缓期间，不被执行死刑的唯一条件，就是“没有故意犯罪”。既然其在考验期内又故意犯罪，则不被执行死刑的前提条件不复存在。即便在此期间有其他重大立功表现，也不可能恢复到“没有故意犯罪”的状态。

（2）对无故意犯罪且有一般立功表现的死缓犯的处理。有学者指出：现行刑法将无故意犯罪且有一般立功表现的情形，与无故意犯罪也无一般立功表现的情形不加区分，都减为无期徒刑，不甚合理，对有一般立功表现者不公平，不利于罪犯改造。基于此，应当对死缓期间没有故意犯罪且有一般立功表现的情形作出补充规定，规定在 2 年考验期满后，减为 18 年以上 20 年以下有期徒刑。而对没有故意犯罪且有重大立功表现的，规定在 2 年考验期满后，减为 15 年以上 18 年以下有期徒刑。也有学者认为，为了鼓励犯罪分子改造，对于在死刑缓期执行期间有悔改表现又有立功行为的死缓犯，可以考虑将其减为 20 年有期徒刑。

（3）对既有故意犯罪又有一般立功表现的死缓犯的处理。对于既有故意犯罪又有一般立功表现的死缓犯的处理，有学者提出，如果故意犯罪的法定刑在 3 年以下，不论死缓犯有无一般立功表现，2 年期满以后，均减为无期徒刑；如果故意犯罪的法定刑在 3 年以上，不论死缓犯有无一般立功表现，均应在依法判决确认后，由高级人民法院报请最高人民法院核准，执行死刑。

3. 死缓变更处理的时间

（1）关于减刑的时间。根据刑法的规定，死缓执行期间，如果没有故意犯罪，2 年期满以后减为无期徒刑；如果有重大立功表现，2 年期满以后减为 15 年以上 20 年以下有期徒刑。关于减刑的时间，有学者认为，既然死缓犯的考验期是 2 年，2 年期满的第二天法院就应当对之减刑（如果符合减刑条件），但由于减刑本身也是一个程序问题，需要一个过程，具体期限以考验期满后 1 个月为佳。

（2）关于执行死刑的时间。死缓执行期间，如果故意犯罪并查证属实，经最高人民法院核准后要执行死刑。但是否要等到死刑缓期2年期满以后再执行死刑，学者们有不同认识。

有学者对我国刑法学界主张故意犯罪2年期满以后再执行死刑的观点进行批判，认为这种观点是对《刑法》第50条过于技巧化的解读。《刑法》第50条中的“没有故意犯罪”是已经宣告的死刑不再执行的必要且充分条件。如果死缓犯在死缓执行期间故意犯罪，则先前的“没有故意犯罪”的状态就告消失，对死缓犯减为无期徒刑或者有期徒刑的条件也不复存在，对死缓犯变更执行死刑就在所难免。这种情况下，一定要等到2年之后再核准执行死刑，并无实际意义。死缓犯只要有故意犯罪行为，随时可以裁定、核准执行死刑，而不必等2年期满以后。

也有学者提出：理论界之所以对死缓执行期间故意犯罪“查证属实的，由最高人民法院核准，执行死刑”是否要等到2年期满以后众说纷纭，原因就在于刑法、刑事诉讼法对“查证属实”的规定容易产生误解，以为只要查证属实而不需要审判就可以报请最高人民法院核准死刑。但实际上，根据最高人民法院《关于执行〈中华人民共和国刑事诉讼法〉若干问题的解释》第339条之规定，“查证属实”也需履行侦查、审查起诉与审判程序，而这一系列程序履行完毕需要多长时间往往因案而异。由此，何时执行死刑实际上与死缓的2年期间已经无太大关系，什么时候核准死刑并签发了死刑执行命令，什么时候就执行死刑。为此，应当将《刑法》第50条的相关规定修改为“如果故意犯罪，经依法判决确认的，由高级人民法院报请最高人民法院核准，执行死刑”，同时将《刑事诉讼法》第210条的相关规定修改为“如果故意犯罪，经依法判决确认的，应当执行死刑，由高级人民法院报请最高人民法院核准”。

4. 死缓执行发现漏罪处理

关于在死缓执行期间发现了判决前没有发现的罪行该如何处理，我国刑法没有明确规定。有学者针对在死刑缓期执行期间发现漏罪应当执行死刑的观点进行了批判，指出从刑法的规定本身来看，死缓期间故意犯罪是引起对犯罪人核准执行死刑的唯一条件，不能随意扩大对死刑的适用；从刑法所规定的死缓法律后果来看，立法机关更倾向于对判处死缓的犯罪人不适用死刑，不能对死缓后执行死刑的条件随意扩大解释；在缓刑期间发现漏罪的不同于在缓刑期间又实施了新罪，不能够同等对待，所以，在缓期执行期间发现判决前没有发现的罪行的，无论是故意犯罪还是过失犯罪，都不应当直接核准对犯罪人执行死刑。

（五）死缓适用中的特殊问题

1. 共同犯罪中死缓的适用

有学者认为：在共同犯罪中扩大死缓适用具有重要意义，它顺应了国际社会限制和废止死刑的趋势，有利于限制我国死刑的执行；符合宽严相济的刑事政策，体现了对共犯人区别对待的原则；有利于缓冲普遍的报应观念，实现刑罚的社会效果。对于共同犯罪案件中“罪行极其严重”的认定，应以团体责任为基础，以个人责任为限制。而对于“不是必须立即执行”的把握，应以基于共同责任和个别责任评价的“罪行极其严重”为前提，以社会危害性为标准，同时注重共同犯罪案件中消极情节在死缓适用中的作用。

2. 具体犯罪中死缓的适用

（1）故意杀人罪与死缓的适用。作为剥夺生命的犯罪，故意杀人罪的死刑问题尤其引人注目。有学者以故意杀人罪为视角，对死缓制度的适用与执行标准进行了探讨，指出在故意杀人罪中，“罪行极其严重”应当是指犯罪分子所实施的犯罪行为极其严重，而不应过多考虑其犯罪后的认罪、悔罪表现，同时“不是必须立即执行”也应当从严掌握。该学者进而认为，我国死缓适用存在三大误区：对罪该处死的犯罪分子具有法定从轻处罚情节的，一律应判处死缓；对罪该处死的犯罪分子具有酌定从轻处罚情节的，一般应判处死缓；以及对罪该处死的犯罪分子具有法定或者酌定从轻处罚情节，不判处死缓。这些都与我国刑事政策矛盾。死缓的适用应符合法律和政策规定标准，适合国情和民意标准，体现刑罚个别化标准。

（2）运输毒品罪与死缓的适用。有学者结合具体案件探讨了运输毒品罪中的死缓适用，指出：实践中应当准确把握运输毒品犯罪适用死刑的合法性，同时严格控制运输毒品犯罪的死刑适用。对于存在下列酌定量刑情节的，可以考虑适用死缓而不是死刑立即执行：侦查瑕疵和证据瑕疵；受人指使的“马仔”；运输毒品犯罪主体特殊；犯罪原因特殊等。运输毒品犯罪的社会危害性较之于走私，制造、贩卖毒品犯罪的要轻，难以相提并论。对运输毒品犯罪大量科处死刑立即执行，从报应角度来看，与罪刑法定原则所要求的刑罚的均衡性和实质的正当性不符；从威慑角度来看，无助于控制和减少毒品犯罪的发生。

（六）死缓与徒刑的冲突与衔接

在我国严格限制死刑的大背景之下，死缓与无期徒刑的适用必将增加。但死缓与无期徒刑均可减为有期徒刑，而我国有期徒刑的上限仅为 15 年（数罪并罚时为 20 年），这就导致死缓与徒刑之间的断层与冲突。对此，有学者指出：死缓减刑后的实际执行最低期限可为 14 年，无期徒刑减刑后再获假释的实际执行最低期限可为 12 年，二者实际上已被“有期徒刑化”。而且，死缓与无期徒刑的最低执行期限差别偏小，二者减刑后实际执行的最低期限均低于有期徒刑的上限，三者之间过分接近，反映出我国刑罚阶梯的不合理性。对此，应提高有期徒刑上限，将我国刑法中单罪的有期徒刑上限提高至 20 年，数罪并罚时判处有期徒刑的上限提高至 30 年，并对我国刑法有关条文进行相应修改。

也有学者提出：对于死缓和有期徒刑的衔接，可以借鉴其他国家的经验，在其他刑种保持不变的情况下，将无期徒刑分为绝对无期徒刑（不能减刑或假释的无期徒刑）和相对无期徒刑（执行一定期限后可以被减刑或假释的无期徒刑）。对于死缓考验期内没有较严重故意犯罪的（包括较轻故意犯罪或过失犯罪在内），2 年期满后，可以减为绝对无期徒刑。对于相对无期徒刑，在执行一定期限之后，可考虑减为 25～30 年的有期徒刑。有期徒刑数罪并罚合并执行刑期的年限也应相应提高，以 25～30 年为宜。

四、刑事和解制度的刑法学研讨

20 世纪 70 年代以后，尤其是近十余年，刑事和解制度和理念在西方各国引起了广大学者与实务界人士的关注和研究，并产生了多种实践模式。在此背景之下，我国刑事法学者和立法、司法机关开始广泛关注刑事和解制度。本次刑法学年会，学者们也对刑事和解问题进行了深入探讨。

（一）刑事和解的起源和根据

关于刑事和解制度的起源，多数学者认为这是从西方传入中国的恢复性司法影响下的产物；也有学者认为刑事和解是我国正式刑事司法程序在自我完善过程中遭遇西方恢复性司法思潮时，借以指代我国刑事司法在轻微案件处理方式的改革探索上的实践；还有学者认为刑事和解的案例在我国自古存在并有深厚的文化底蕴，只是在形成制度性司法实践上晚于西方国家。

关于刑事和解的根据，有学者认为，刑事和解实体法上的根据主要包括非犯罪化政策、刑罚个别化原则和宽严相济刑事政策。也有学者认为适用刑事和解的社会文化条件包括以下几方面：第一，“以和为贵”的传统文化是刑事和解制度的文化土壤；第二，“宽严相济”的刑事政策是刑事和解制度的政策依据；第三，社区矫正的行刑方式是刑事和解制度的实践依据。还有学者认为，刑事和解的基础是民事契约，和解协议在本质上是一种民事契约。其理由有三点：第一，和解协议的契约当事人是刑事案件中的加害人与被害人，二者是平等的法律主体。第二，从和解协议的内容来看，其调整的是民事权利义务关系。第三，刑事和解协议虽然涉及刑事处罚权的重新“分配”，是私法主体对专属于国家的刑罚权的干预，但是该特殊性并不足以在本质上否定刑事和解协议的民事契约属性。

（二）刑事和解的主体和适用范围

1. 刑事和解的主体

关于刑事和解的主体，有学者认为其应当具有广泛性，具体包括被害人、加害人、调解人、辩护人与诉讼代理人、司法工作者。其中的被害人，是指因犯罪行为而直接遭受损失或损害的自然人、法人或其他组织，在直接被害人死亡或者丧失行为能力时，与直接被害人具有血亲或姻亲关系而间接受害的近亲属可以成为刑事和解中的被害人。也有学者认为刑事和解的主体包括被害人、加害人、调解人、司法机关和被害单位。还有学者认为仅仅包括被害人、加害人和检察院。

2. 刑事和解的适用范围

关于刑事和解的适用范围，有学者认为，刑事和解应主要适用于犯罪人是初犯、偶犯、过失犯、中止犯、胁从犯、激情犯罪等主观恶性较小的案件，对于侵害国家和社会权益的案件，原则上不适用刑事和解。也有学者认为，能够适用刑事和解的案件主要有以下几类：轻伤害案件；过失犯罪案件；轻微犯罪刑事案件；未成年犯罪案件；依法判处3年以下有期徒刑、拘役、管制或者单处罚金的案件和重罪案件（包括死刑案件）。还有学者提出，对于日益增多的老年人犯罪也应该广泛适用刑事和解。此外，有学者就国际犯罪和少数民族犯罪适用刑事和解的问题进行了分析。

3. 刑事和解的适用条件与阶段

关于适用刑事和解的条件，有学者认为刑事和解的适用条件主要包括：第一，刑事和解应以案件事实清楚，证据确实、充分为客观前提；第二，应以犯罪人的有罪答辩为基本条件；第三，应当得到被害人的真实同意；第四，应以犯罪人人身危险性较小或者没有人身危险性为实质条件。而关于刑事和解的适用阶段，有学者认为应该在审前阶段适用；也有学者认为无论是判决前的刑事案件还是判决后的执行案件，只要是有被害人的案件，均有可能和解。

（三）刑事和解与恢复性司法的关系

关于刑事和解与恢复性司法的关系，有学者认为二者是一个问题的不同称谓，其实质都是一样的。有学者认为：刑事和解与恢复性司法并不是在同一层面上的范畴。刑事和解应当是恢复性的。在传统的报应性司法模式之下，犯罪是一种对刑法规则的背离，是对国家的侵害，通过国家刑法规定来定罪，由国家决定谴责和惩罚。相反地，在恢复性司法模式之下，犯罪是对作为个人的被害人的侵害，司法包含了加害人、受害人和社区，以寻求能修复、调解和恢复信心的解决途径为目的，而刑事和解恰恰是恢复性司法模式下的一种解决机制。也有学者认为，刑事和解应以修复社会关系为着眼点，以快速解决矛盾纠纷为切入点，以有效教育、挽救被告人为落脚点，重视维护被害人的合法权益，关注刑事被告人的矫正与回归，更加强调当事人之间的沟通、交流与对话，更加注重处理突发事件的机制和方式的平缓与效率，更加注重社会矛盾的化解和社会关系的和谐；而恢复性司法模式则以公法私法化为触角，以社会的和谐为目标，把着力点转向对犯罪损害的修复，而不是单纯强调对犯罪的惩罚和打击，重视当事人和社区的参与，强调社区关系、人际关系的和谐。还有学者认为，在理念的层面上，刑事和解是恢复性司法理念的具体制度化，即刑事和解是在恢复性司法理念，尤其是在恢复正义理念指导下的一种司法模式；从制度的层面考察，刑事和解和恢复性司法都是一种“私力合作”的司法模式，即刑事和解是恢复性司法的具体内容。

（四）刑事和解与刑法基本原则的关系

1. 刑事和解与罪刑法定原则

有学者认为：根据刑法规定，我国的罪刑法定原则是发动刑罚权与约束刑罚权的统一，有罪必罚、有罪必究是其当然之意。按照三段论的基本模式，如果发生了符合犯罪构成的案件事实，则一定会得出有罪的结论。因此，从逻辑上看，如果加害人与被害人达成和解协议之后，对实施了犯罪行为的加害人不按照法律规定追究刑事责任，而是为了追求社会和谐而对加害人予以法外施恩的，就违反了积极的罪刑法定原则。我国在没有成文刑事和解法律规范的情况下，突破现有法律界限，对加害人作出不起诉决定，或者予以从轻、减轻或者免除处罚判决，对于建设法治国而言，是有一定危险的。

也有学者认为，罪刑法定原则并不排斥刑法规范具有一定的弹性，其确定性也是相对的，这是法律文本的静止性与社会现实的变动不居性之间的矛盾决定的，因此，刑事和解针对具体情形给司法实践预留了一定空间，这并不违反罪刑法定原则。

2. 刑事和解与适用刑法平等原则

有学者认为：刑事和解与适用刑法平等原则之间存在冲突。刑事和解并不决定加害人的行为是否成立犯罪，它最多能作为一个量刑情节出现。对于相同的事实情形，达成刑事和解的，不定罪处刑；没有达成协议的，则定罪处刑。一方面，这种做法本身就侵害了朴素的平等观念；如果将加害人能否履行赔偿协议作为罪与非罪、罪轻与罪重的标准，更是侵害了平等的正义观。另一方面，被害人对刑事和解的主导作用还进一步扩大了刑法适用上的不平等。也有学者认为，刑事和解与平等原则的冲突主要是因为在刑事和解中，被害人意志决定着司法机关是否追究加害人的刑事责任或是否减轻加害人的刑事责任，从而对其适用较轻的刑罚。

但也有学者认为，刑事和解与适用刑法平等原则并不冲突。其理由主要有：第一，刑事和解并不等同于经济赔偿，虽然说现实生活中经济赔偿是刑事和解的主要内容，但它还是不能取代其他内容，如对话交流、真诚悔悟、赔礼道歉等。第二，刑事和解作为一种制度的设计，更多的是追求由分配规则所决定的机会上的平等，而非分配规则上的平等。第三，加害人与被害人是否能通过刑事和解解决纠纷，并不是以其财力状况为决定因素。

3. 刑事和解与罪责刑相适应原则

有学者认为，实践中刑事和解的最终处理结果背离了罪责刑相适应原则，这突出表现在人民检察院将犯罪后是否赔偿作为提起公诉的决定性标准，人民法院将犯罪后是否赔偿作为裁量刑罚的重要依据。但也有学者认为：刑事和解作为一个从宽的情节或制度，与刑法的总体精神和原则要求不相冲突。刑事和解由于充分考虑加害人对被害人采取的有效补救、补偿措施及悔罪表现，从而不追究其刑事责任或从轻、减轻处罚，有利于社会的稳定，也有利于鼓励犯罪嫌疑人改过自新。从这个意义上来说，刑事和解恰恰是罪责刑相适应原则的实现而不是违背。即使从实质正义的角度考察，刑事和解也不与罪责刑相适应原则相违背，因为刑事和解的公正性价值是恢复正义，即由加害人、被害人和社会（调停）共同组成的三方互动的结构模式。

（五）对严重暴力犯罪是否适用刑事和解

有学者认为，我国对严重暴力犯罪存在适用刑事和解的可能性。其理由主要有：第一，符合刑事责任承担中合作性的一面，有利于在刑事案件的处理中反映被害人的意见。第二，不违背公平、正义的要求，司法实践中可以最大限度地避免“赔钱减刑”“花钱买命”等弊端的出现。第三，符合宽严相济刑事政策的要求，是贯彻“少杀、慎杀”死刑政策的重要措施。第四，对严重暴力犯罪适用刑事和解具有法律依据，罪后情节也应当成为对犯罪嫌疑人裁量刑罚的依据之一。第五，有利于维护被害人及其亲属的利益，一定程度上能够避免因犯罪引发的后续社会问题。

也有学者认为，刑事和解作为一项重要的刑事司法制度，在司法实践中的存在有其正当性；并从理论基础、现实因素、法律依据、国内政策、国际经验等角度分别予以阐释：第一，构建社会主义和谐社会理论是重罪案件中适用刑事和解正当性的理论基础。第二，我国宽严相济的刑事政策是重罪案件中适用刑事和解正当性的政策基础。第三，司法实践的客观需要是重罪案件中适用刑事和解正当性的现实基础。该学者进而对重罪案件中适用刑事和解进行了制度设计和程序设计，认为适用刑事和解的前提和条件是被告人的认罪以及双方的自愿，除了犯罪性质、犯罪情节严重的犯罪人以及犯罪集团的首要分子之外，对于其他的重罪案件的犯罪人，只要符合和解的条件，都可以考虑适用刑事和解。

五、《刑法修正案（七）》的理解与适用

2009年2月28日通过的《刑法修正案（七）》，是我国的又一项重要刑事立法，也是本届刑法年会预定的议题之一。众多学者围绕《刑法修正案（七）》的宏观问题和具体犯罪，展开了深入研讨。

（一）《刑法修正案（七）》的宏观问题

关于《刑法修正案（七）》的宏观问题，学者们研究的热点主要集中在立法技术、特点以及价值三个方面。

1.《刑法修正案（七）》的立法技术

有学者指出：罪名理解的不统一和罪名确定、使用上的混乱引发了一个尴尬问题，即“罪名滞后”。《刑法修正案（七）》从立法技术上看也存在“罪名滞后”的问题。而解决刑法修正案“罪名滞后”问题的最佳方案，是在刑法修正案中直接标注罪名，同时应采取立法解释的方式对既有的全部司法罪名加以重新确认、修改和立法转换。

也有学者认为：《刑法修正案（七）》的立法技术存在很多优点，主要表现为：运用了开放性的规定方式，扩大了单位犯罪的种类以及增加了部分犯罪的过失危险犯。不足的地方则表现在：条款项表述欠清晰，遗漏部分犯罪行为，罚金刑没有数额限制。

2.《刑法修正案（七）》的特点

有学者对《刑法修正案（七）》的特点进行了概括总结，认为《刑法修

正案（七）》的特点主要体现在三个方面：修订内容涉及面广，特别重视对破坏市场经济秩序犯罪的修订；刑法修订的内容仍然体现了“犯罪化”“重罚化”的特点；有部分修订内容体现了“处罚从宽”的精神。

也有学者结合《刑法修正案（七）》的个罪，从整体上进行归纳，指出《刑法修正案（七）》打破了以往刑法修正过于强调扩大犯罪圈和提高法定刑的立法惯例，注意入罪与出罪相结合、从严与从宽相协调，较好地体现了宽严相济的刑事政策。

3.《刑法修正案（七）》的价值

有学者认为：《刑法修正案（七）》不仅首次出现了法定刑由重而轻的修订，而且对社会反响强烈的非法传销、“老鼠仓”、“关系密切的人”等内容及时作出了立法反应。结合1997年刑法典修订以来的其他6个修正案，刑事实体法的反应速度之快以及满足公共刑事利益需求的属性相当突出。

也有学者对《刑法修正案（七）》进行价值考察，认为：《刑法修正案（七）》对分则罪刑结构的调整，总体上是符合公正、谦抑、人道三大价值目标的，在多个方面体现了立法理念、立法技术的进步，但也存在些许不足。在今后的刑事立法活动中，应进一步摆脱被动应对的经验主义立法模式，在弥补刑法漏洞的同时，注重对原刑法罪刑结构不协调的地方进行修正，在符合社会需求的价值观念和刑法理论的指导下，主动追求刑法结构的合理。

还有学者从宽严相济刑事政策对《刑法修正案（七）》的适用及前景进行了分析，并指出：本次修正案既体现尊崇原则性的刑法理念，又蕴含丰富的人文关怀；既充分体现刑法保障人权的机能，又全面展露刑法保护社会的机能；既平衡公平与效率，又协调秩序与自由；既有科学完整的结构，又有合理完善的内容；既突出手段，又体现自由；既适应本国国情，又符合国际潮流。

（二）《刑法修正案（七）》个罪的理解与适用

1. 侵犯证券、期货交易信息犯罪

（1）罪名的确定。关于《刑法修正案（七）》第2条第2款的罪名，有学者认为：“利用非公开信息交易罪”准确地反映了该犯罪的基本特征。这样确立罪名能做到与《刑法》180条第1款规定的罪名相协调，并能很好地区分两种犯罪行为：第1款规定的是内幕交易、泄露内幕信息罪，第2款规定的是内幕信息以外的其他非公开信息。第1款的内幕交易、泄露内幕信息罪的犯罪主体在该罪名没有反映，但“内幕交易”罪名足以反映该罪状的罪质。作为同一法条下的新增一款规定，犯罪主体没有出现在罪名中，并不影响对该罪罪质的准确把握。

（2）基金“老鼠仓”犯罪。有学者认为，基金“老鼠仓”是指证券交易所、证券公司、基金管理公司、商业银行等金融机构的从业人员以及有关监管部门或者行业协会的工作人员，利用因职务便利获取的内幕信息以外的其他未公开信息，违反规定，从事与该信息相关的证券、期货交易活动，或者明示、暗示他人从事相关交易活动，情节严重的行为。

也有学者认为，“老鼠仓”具有以下特点：行为主体都是基金的管理人员，此管理人员不仅指基金经理，也包括基金公司的其他相关人员，如总经理、研究员、投资总监、交易员等高管人员；行为人买入的股票都是基金将要拉升的股票，并且信息是利用其管理基金职位上的便利获得的；其匿名低价买入股票，因法律规定基金从业人员不得买卖各种证券品种，故行为人只能借用或虚拟他人名义从事买入股票行为；待公有资金将股价拉升后适时抛出，其所获得的高额利润来源于买入和卖出时的价格差；后果是使其他的普通基民买入价位虚高的股票无法顺利脱手，进而被套牢。

（3）侵犯的客体。关于侵犯证券、期货交易信息犯罪的客体，有学者认为，本罪中的基金“老鼠仓”犯罪侵犯的客体是基金管理秩序、基金投资者的合法利益、基金行业信誉以及基金从业人员所在单位的利益；也有学者认为，本罪侵犯的主要客体是证券、期货市场的正常管理秩序，侵犯的次要客体是公众投资者的合法利益，而不是其他投资者的合法利益。

2. 逃税罪

（1）罪名争议。关于《刑法修正案（七）》第3条的罪名，有学者认为，根据《刑法修正案（七）》第3条的规定，使用“逃避缴纳税款罪”的罪名再恰当不过。其理由有三：第一，符合立法的原有表述和含义；第二，符合立法的基本精神和原意；第三，有利于同抗税罪的客观行为相区别。

也有学者认为，宜将该条涉及的罪名由原来的“偷税罪”修改为“逃税罪”。主要理由有：首先，从词语内涵方面来看，使用“偷税罪”的名称，不符合罪名确定的科学性的要求；其次，从条文罪状用语方面看，该条犯罪的核心内容是“逃避缴纳税款”；再次，从概括性的罪名确定原则方面看，“逃避缴纳税款”是“逃税”的全称，两者的含义完全相同；最后，从世界其他国家和地区的刑事立法看，将纳税人没有依法纳税的行为定性为“偷”的很少，一般都称之为“逃税罪”。

还有学者认为，仍应采“偷税罪”的表述。其理由是：首先，“逃避缴纳税款罪”本身表述有欠准确；其次，“偷税罪”已经约定俗成；最后，在确定具体犯罪的构成要件时，应以刑法分则明文规定的罪状、总则的相关规定及其他相关条文的内容为依据，而不能直接以罪名为依据确定具体构成要件。维持“偷税罪”罪名不会给司法实务带来障碍。

（2）立法反思及建议。对《刑法修正案（七）》第 3 条的立法完善，有学者认为，应该将修改后的《刑法》第 201 条“逃避缴纳税款罪”的罪名直接确立为“逃税罪”，并将《刑法》第 203 条“逃避追缴欠税罪”的内容全部纳入“逃税罪”的罪名与条款之中，从而组成更大范围上的统一的“逃税罪”的新罪名。也有学者认为，应从以下方面对《刑法修正案（七）》第 3 条的规定进行完善：第一，在犯罪主体上增加“税务代理人”，去掉“扣缴义务人”；第二，在罪征上选用“采用欺骗、隐瞒等手段逃避缴纳税款”和“转移、隐匿财产等手段致使税务机关无法追缴欠缴税款”；第三，在数额上采用的是“数额较大”，而取消一切“比例”；第四，关于罚金倍数，除继续沿用 1 倍以上 5 倍以下外，对于涉税累犯增加规定 5 倍以上 10 倍以下的罚金倍比。同时将“不履行扣缴义务罪”作为《刑法》第 203 条新增加的一个罪名。

3. 组织、领导传销活动罪

（1）组织、领导者的身份。有学者认为：传销活动的组织者可以分为不同层次，包括处于传销组织塔尖的核心人物和处于较低层级的组织者。同时，认定较低层级的组织者时，应遵循主、客观相统一原则。有学者认为，“组织、领导”身份的认定标准需要从以下方面进行：层级是否达到中层及以上；在传销组织中的地位和作用。

（2）传销行为。有学者认为，可以在组织领导传销罪的条文中适用空白条款，即援引《禁止传销条例》中关于传销行为的规定。有学者认为，《刑法修正案（七）》所规定的“传销”与《禁止传销条例》规定的“传销”不同，仅包括“收取入门费”和“拉人头”，不包括“团队计酬”。也有学者认为，和原《刑法修正案（七）（草案）》关于“传销行为依照法律、行政法规的规定确定”的规定不同，《刑法修正案（七）》第4条详细地对“传销行为”进行了界定，具体要件包括：以经营活动为名；必须有“入门费”；有层级制度；“多层人头计酬”；引诱、胁迫成员继续“拉人头”，骗取财物。

4. 绑架罪

(1) 绑架罪的主观目的。有学者认为，虽然立法上没有直接规定人质型绑架的目的，但考虑到绑架罪的起刑点仍然较高，为避免激化社会矛盾，从《刑法修正案（七）》中所体现出的宽缓化立法政策角度出发，对人质型绑架中的犯罪目的应采用“非法目的说”；在绑架罪的目的程度上不应有限制，只要具有勒索他人财物或者满足其他不法要求的目的即可。

也有学者认为：行为人主观上是否具有勒索财物以及其他不正当利益的目的，对行为是否属于绑架行为不具有决定性作用，而只是危害程度上的不同。从我国刑法规定来看，虽然在勒索型绑架罪中规定了行为人必须具有勒索财物的目的，但在绑架人质型的绑架罪中对行为人的犯罪目的并未加以任何限制。

(2) 单一行为与复合行为之争。绑架罪的实行行为是单一行为还是复合行为？对此有两种不同的观点。有学者认为，绑架罪的客观行为为单一行为，其保护的客体为被绑架人的人身自由。其主要理由有：单一行为说并不会导致对行为人主动释放被绑架人的行为不能从宽处罚；持单一行为说同样可以解决复合行为说所提出的共同犯罪问题；《刑法》第239条中的“以勒索财物为目的绑架他人的，或者绑架他人作为人质的”属于主观的构成要件要素，并不需要有客观的行为或结果与之对应；国外的刑事立法与刑法理论基本上也是持单一行为说的立场，认为只要控制了人质，犯罪即告既遂。

也有学者认为：就绑架罪而言，其严重的社会危害性不仅体现在对人质的人身安全侵害，更重要的是行为人往往以加害人质相威胁，向其他个人或者组织提出重大要求，从而造成其他人心理上的恐慌，侵犯了第三人的自治权。因此，根据绑架罪的罪质特征，绑架罪的实行行为无疑应是一种复合行为：其一为绑架行为，使用暴力、胁迫、麻醉等方法将他人控制在自己的实力支配之下；其二为以加害人质相威胁，向第三方提出作为或不作为的胁迫要求的行为。

（3）绑架罪的主体。有学者认为：刑法将绑架罪的犯罪主体限定为已满16周岁、完全负刑事责任的人，其立法的正当性值得商榷。首先，从社会危害性角度看，绑架犯罪与《刑法》第17条第2款规定的8种犯罪的社会危害性相当，立法将绑架犯罪排除在8种犯罪之外，其合理性值得质疑。其次，从刑事责任能力角度看，已满14周岁、未满16周岁的未成年人的犯罪能力和刑罚适应能力虽然不及成年人，但已具备了一定的辨别大是大非和控制自己重大行为的能力。再次，从罪刑关系上看，尽管《刑法修正案（七）》将绑架罪的法定最低刑降至5年有期徒刑，但仍要高于故意杀人罪3年有期徒刑的法定最低刑；在已满14周岁、不满16周岁的人负刑事责任的特定犯罪范围上，忽视各罪之间的罪刑逻辑关系，是立法的一大缺陷。最后，在刑法理论上也会产生难以克服的障碍。也有学者认为，已满14周岁、不满16周岁的人实施的绑架案件时有发生，绝非个别现象，有的地方形势非常严峻。而从绑架罪的行为方式来看，已满14周岁、不满16周岁的人完全可能实施绑架犯罪。因此，应将已满14周岁、不满16周岁的人作为绑架罪的主体。

（4）立法缺陷及其完善。关于绑架罪的立法缺陷，有学者认为，这主要体现在：绑架罪绝对确定死刑有悖科学；两种加重结果未作区分；法定起刑点仍然偏高；罪刑单位的排序关系有待调整。也有学者认为：绑架罪的法定刑应进一步调整。首先，刑法不区分致使被绑架人死亡或者杀害被绑架人的情形，一律规定绝对的死刑，违背了罪刑相适应原则；其次，刑法规定绑架情节较轻时应处5年以上有期徒刑，亦违背了罪刑相适应原则；最后，刑法规定对绑架罪一律判处罚金刑并不合理。还有学者认为，绑架罪起刑点的降低并未明确在规范层面上指向绑架后释放人质的情形，有给犯罪分子释放错误信号、给司法实践带来隐患之虞；而且起刑点降低至5年有期徒刑同样不能适应纷繁复杂的现实生活。因此，降低绑架罪法定刑的效果如何，还有待检验。

5. 侵犯公民个人信息罪

（1）罪名问题。对于《刑法修正案（七）》关于侵犯公民个人信息罪的罪名设置，有学者认为，可以将《刑法修正案（七）》第7条中针对个人信息的犯罪概括为这样两个具体罪名：出售、非法提供个人信息罪，非法获取个人信息罪。也有学者直接将该罪称为“侵犯个人信息罪”。还有学者认为，《刑法修正案（七）》第7条（《刑法》第253条之一）规定有3个罪名：第1款罪名为“出售、非法提供个人信息罪”（不包括单位犯罪），第2款罪名为“非法获取个人信息罪”（包括单位犯罪），第3款罪名为“单位出售、非法提供个人信息罪”。

（2）个人信息的范围。《刑法修正案（七）》未对“个人信息”范围进行确定，学者们对此众说纷纭。有学者认为：立足于刑法的最后保障法性质，应当按民法的规定来限定本罪中个人信息的范围。根据民法通则等相关规定，在我国与身份信息有关的公民人身权利一般包括姓名权、肖像权、名誉权、荣誉权、隐私权等，因此，围绕这些权利而展开的具有一定物质载体形式的身份信息应成为法律保护的客体，包括个人姓名、指纹、声音、视网膜图像、虹膜图像、DNA档案、职业、职务、年龄、婚姻状况、种族、学历、学位、专业资格、工作经历、住址、电话号码、书面签名、电子签名、数字签名、社会保障卡号、信用卡号、网上登录密码等身份信息，都应当成为身份信息犯罪的对象。

有学者以“个人信息保护法”（专家建议稿）为依据，认为除了个人姓名、住址、出生日期、身份证号码、医疗记录、人事记录、照片外，个人信息还包括个人的血型、指纹、声纹、电话号码，以及与商业活动有关的资料如收入状况、银行账户、信用卡号、保险情况等。

也有学者认为，所有能够为他人所收集、存储、加工、识别及传播、利用的个人信息都可包括在内，从尊重人、保护人的角度出发，除非存在法律的明确限制，无论何种个人信息实际上都存在一个权利主体自主支配的问题，而不会因信息类型的不同有所区别。

还有学者认为，“个人信息”是指以任何形式存在的、与特定个人的存在和身份识别相关联的、个人不愿透露的或者不应该由别人控制的信息或信息组合，它可以分为个人的生理信息和社会信息。

（3）犯罪主体问题。有学者认为，《刑法修正案（七）》第7条的犯罪主体，应当理解为一般主体，立法只是采用列举的方法将常见的主体加以明示，以利于对法律条文的理解，便于司法机关实务操作。

有学者认为，就《刑法修正案（七）》第7条第1款而言，其犯罪主体只限于国家机关或者金融、电信、交通、教育、医疗等单位的工作人员，即虽然规定为个人犯罪，但是必须是这些特定单位的工作人员，非这些特定单位的工作人员则不能构成该罪。

（4）犯罪客体问题。有学者认为，本罪的侵犯的客体是公民的信息隐私权。有学者认为，刑法在这里确立了一种新类型的人身权利——个人信息自主权，即依照法律自主决定个人信息的收集、存储、加工、识别及传播、利用的权利，非经法律许可或信息权利人允许，不得收集、存储、加工、识别及传播、利用个人信息。也有学者认为，本罪侵犯的客体是"个人信息控制权"，这不仅符合现代隐私权的发展方向，而且可以更好地保障公民个人信息。还有学者认为，出售、非法提供个人信息罪侵犯的客体是公民的个人信息所有权和使用权。非法获取个人信息罪侵犯的客体应当是复杂客体，既侵犯了公民的个人信息所有权和使用权，同时也损害了国家机关或者金融、电信、交通、教育、医疗等单位的正常工作秩序。本罪的对象是特定的公民个人信息。还有学者认为，本罪侵犯的客体应当是复杂客体，既侵犯了公民的个人信息所有权和使用权，同时也损害了国家机关或者金融、电信、交通、教育、医疗等单位的正常工作秩序。

（5）情节严重。有学者认为：本罪的"情节严重"具体情形包括：其一，为牟利的目的出售信息，牟利数额巨大的；其二，出售、非法提供和非法获取的具有重大影响身份信息的；其三，多次实施的；其四，因为身份信息被泄露而对权利人产生重大影响的；其五，身份信息被用于其他严重犯罪，造成严重后果的。当然，"情节严重"的具体情形可以根据司法实践，通过法律解释的方式不断完善。

也有学者认为：本罪侵犯的客体是公民信息自主权，其核心是未经授权（包括法律的授权和权利人的授权）而非法获取或不法披露公民个人信息，因此，情节严重与否主要应当看这些行为的具体样态对公民信息自主权的危害程度，而不应当单纯看行为人目的或获利情况。具体来说，可以从以下几个方面进行判断：非法获取或不法披露公民个人信息行为所涉及的规模与程度；非法获取或不法披露行为对权利主体所造成的客观损失；个人信息享有者的具体身份。

还有学者认为，“情节严重”主要可以从以下几个方面认定：一是所侵犯的信息数量；二是行为人实施此种行为的次数，次数的多少直接决定了行为人的人身危险性大小，数次行为中并不要求每一次行为都构成犯罪，可以是其中一次或几次构成了犯罪但未受到追诉，也可以是每次行为都未构成犯罪但累计起来情节严重；三是给被害人人身或财产造成严重损害；四是行为人是否放任他人利用其所侵犯的个人信息实施其他犯罪。

还有学者认为，可以考虑从侵犯个人信息行为的“量”和“质”两个方面来把握情节严重。情节严重的“量”，顾名思义，具体指对泄露公民个人信息行为造成损害的横向考察，即侵害广度、人群范围和获利情况；情节严重的“质”，具体指对泄露公民个人信息行为造成损害的纵深考察，即个体在个人信息受非法披露后受到损害的程度。

（6）立法缺陷与建议。有学者认为，在《刑法》第253条之一的基础上，有必要将现实中发生的一些严重侵犯隐私权的行为犯罪化。其理由有：首先，第253条之一仅对部分单位中的人员出售或者非法提供公民个人信息的行为作出了规定，但对于个人或个体工商户实施同样行为的却并无规定，而当此类主体并未通过非法手段获取信息时，其出售或者非法提供公民个人信息的行为便无从规制。其次，实践中已出现以公民个人信息为主要诈骗手段的团伙。最后，第253条之一所规制的是出售、非法提供和非法获取“他人”隐私的行为，而对于“传播”他人隐私的行为并无涉及，但传播隐私也是会对公民的隐私权造成危害的行为。

有学者认为，本罪应该在以下几个方面加以完善：通过立法完善有关ISP对在提供服务过程中获取的公民个人信息负有不得滥用和保密的义务；通过立法方式明确规定ISP的有关片面共犯的规定；通过司法解释明确“公民个人信息”的内涵。

也有学者认为，可以借鉴大陆法国家的做法，进一步解释并扩大《刑法修正案（七）》第7条侵犯个人信息犯罪的主体范围，增加客观方面中侵犯公民个人信息的行为方式，使第7条成为惩治侵犯“数据库”中个人信息犯罪的利剑；同时将保护个人信息同保护个人隐私、职业秘密的刑事立法相结合，在刑法中增加“泄露职业秘密罪”，从而对公民个人信息予以全面、有效的刑法保护。

还有学者认为，就修正案第7条的规定情况看，还存在一些可以进一步完善的地方，主要存在于以下两个方面：其一，出售、非法提供公民个人信息罪的主体范围偏窄，不利于对公民个人信息的切实保护。其二，关于侵犯公民个人信息犯罪的行为方式似有遗漏。

6. 组织未成年人进行违反治安管理活动罪

（1）犯罪客体。关于本罪的客体，有学者认为，本罪侵犯的客体有两个：一是未成年人的人身权利，二是社会正常的治安管理秩序。其中，未成年人的人身权利是被犯罪行为侵犯的、刑法重点保护的社会关系，是本罪的主要客体，具体包括人身自由权利和身心健康权利；社会正常的治安管理秩序是本罪的次要客体。有学者认为：从本罪的立法背景及《刑法修正案（七）》第8条对本罪构成要件的设置来分析，本罪保护的法益应当是一种社会法益，即社会管理秩序，而非公民人身权利。在立法设计上，将其归属于刑法分则第四章的“侵犯公民人身权利、民主权利罪”，是极不妥当的。因此，无论是从本罪的立法背景还是从本罪的构成要件设置，无论是着重于正常社会秩序的维持还是未成年合法权益的保障，在刑法分则的类罪归属上，本罪均应纳入“妨害社会管理秩序罪”中。

（2）对“盗窃、诈骗、抢夺、敲诈勒索等违反治安管理活动”的理解。有学者认为：对该处的“违反治安管理活动”宜作符合罪刑法定原则和立法意图的限制性解释，即将其限定为组织“盗窃、诈骗、抢夺、敲诈勒索”4种突出的侵财行为。至于组织未成年人实施其他违反治安管理活动的行为，或者通过刑法其他相关规定去调整，或者必要时通过立法解释的方式将其纳入该罪的调整范围。

也有学者认为，基于刑法的谦抑性原则及立法意图的限制，对此处的“违反治安管理活动”应作限制性解释，即行为人组织未成年人所实施的其他违反治安管理活动，至少与盗窃、诈骗、抢夺、敲诈勒索活动在对社会秩序的破坏程度上大体相当。

还有学者认为，此处的“违反治安管理活动”不应限定为组织“盗窃、诈骗、抢夺、敲诈勒索”4种突出的侵财行为，而应包括治安管理处罚法规定的全部238种违反治安管理行为。其理由是：《刑法修正案（七）》第8条所列举的“盗窃、诈骗、抢夺、敲诈勒索”4 种“违反治安管理活动”行为，与除此之外的其他“违反治安管理活动”行为性质相同，均属治安管理处罚法规定的“违反治安管理活动”行为。由于刑法条款的简练与概括性要求，不可能在一个条文中列举详尽的性质相同的诸种行为方式，事实上也是不必要的，而在列举“盗窃、诈骗、抢夺、敲诈勒索”几种行为之后，其余适用“等”字加以概括或省略即足矣。由此可见，“盗窃、诈骗、抢夺、敲诈勒索”之后的“等违反治安管理活动”绝不意味着“列举后收尾”，而是对更多的“违反治安管理活动”的抽象与概括。

（3）立法缺陷及其完善。有学者认为，该罪的行为对象不全面，仅仅只针对未成年人，而没有包括残疾人，未免有失偏颇；该罪的罪状表述不够明确，本罪罪状应当尽量具体、明确地规定行为人组织未成年人进行违反治安管理活动的范围，而不应模糊不清，以免产生歧义，从而导致对行为人定罪的混乱。为此，建议将本罪的罪刑规定修改为：组织残疾人、未成年人进行盗窃、诈骗、哄抢、抢夺、敲诈勒索、故意毁坏公私财物 6 种违反治安管理活动的，处 3 年以下有期徒刑或者拘役，并处罚金；情节严重的，处 3 年以上 7 年以下有期徒刑，并处罚金。

也有学者指出，通过本罪的适用，能够发现刑法在罪名设置存在一定的问题，即片面强调对未成年人的特殊保护，反而忽视了对社会治安管理秩序的维护。治安管理处罚法规定的行政违法类型与刑法规定的犯罪类型并不是完全契合的，从而形成了刑法规制的“盲区”：第一，某些违反治安管理活动并无专门的罪名相对应。第二，某些违反治安管理活动与相关罪名并不完全对应。

还有学者认为：鉴于本罪法定刑偏低有悖罪刑均衡原则，在以后的修法中应予以适当提高，可改为“五年以下有期徒刑或拘役，并处罚金”和“五年以上有期徒刑，并处罚金”。在现行刑法未作修正的情况下，在司法裁量中应重点分析组织行为的方式、被组织者的年龄、被组织者实施的行为内容等，把握好本罪“情节严重的”司法评价，通过裁量权的行使，尽可能地实现本罪的罪刑均衡。

7. 利用影响力受贿罪

（1）罪名。关于《刑法修正案（七）》第 13 条罪名确定问题，有学者首先批判了“特定关系人受贿罪”和“影响力交易罪”这两种罪名表述方式，而认为应定为“非国家工作人员斡旋受贿罪”，理由是该表述同我国已有的“非国家工作人员受贿罪”相对应，有助于保持我国受贿犯罪罪名体系的整体性，该命名亦与我国职务犯罪整体立法模式相适应。也有学者认为《刑法修正案（七）》第13条规定的罪名沿用“受贿罪”为宜，在当前的刑法体系下，沿用“受贿罪”比用其他罪名更能体现科学性和合理性。其理由是：第一，用“斡旋受贿罪”不能反映该罪客观方面的特征；第二，用“影响力交易罪”不能反映该罪的本质特征；第三，用“利用影响力受贿罪”或“非国家工作人员斡旋受贿罪”不符合当前我国受贿犯罪的罪名体系；第四，用“特定关系人受贿罪”主体范围限定过窄；第五，使我国刑法更加简洁明了；第六，采用“受贿罪”以外的其他罪名容易造成认定上的混乱。还有学者认为应将《刑法》第388条从普通受贿罪罪名中分离出来，将其和《刑法修正案（七）》第13条统一确定为“影响力交易罪”。

（2）“关系密切的人”的范围界定。有学者认为：“关系”是否“密切”，主要应看双方平时的关系如何。认定双方平时关系如何，可以从以下几个方面入手：第一，看行贿人。行贿人是否认为影响力交易罪的主体与国家工作人员的关系密切，如是否是该国家工作人员的“情人”“亲戚”或者是关系密切的同学、战友、老乡、师生等。第二，看国家工作人员。国家工作人员对与关系密切的人之间的关系是否认可，比如相互往来的时间、交往的次数等。第三，看关系密切人。行为人对于其与国家工作人员的关系应有足够的认识。

也有学者认为，“关系密切”应该体现在两个方面：（1）行为人确实与国家工作人员或者离职国家工作人员存在某种关系，不仅包括国家工作人员或者离职国家工作人员的近亲属、情妇（夫）和与其有共同利益的人，而且包括存在其他关系的人，如前述的同学、老乡、同事、战友、朋友等；（2）“关系密切”的实质在于，行为人基于与国家工作人员的这种关系，能够或者足以影响该国家工作人员或者其他国家工作人员，进而通过该国家工作人员或者其他国家工作人员职务上的行为，为请托人谋取利益，实现与请托人之间的权钱交易行为。对“关系密切”的判断，应当结合具体的案情，充分考虑行为人与国家工作人员或离职国家工作人员的平时交往情况，看这种交往是否频繁、持续时间有多久、公开程度、在其他国家工作人员中的影响等。

还有学者指出，在不可能有明确的量化标准的情况下，应从以下几个方面考察：第一，当事人的身份；第二，国家工作人员与当事人之间的关系的表现；第三，为请托人谋取不正当利益的情况。

此外，在对“离职的国家工作人员或者其近亲属”的理解上，有学者认为：此款条文在性质上不是新的犯罪，而是一种提示性规定。根据《刑法》第388条之一条的规定，处罚离职的国家工作人员应当没有任何障碍，但是为防止司法实践中的错误理解，《刑法修正案（七）》特意专款进行了强调性提示。

（3）立法缺陷与建议。有学者指出，《刑法修正案（七）》第13条的规定虽然解决了司法实践中存在的一些问题，有利于惩治和预防腐败，但也存在一些问题，主要表现在：首先，没有对相应的行贿行为进行规范，刑法规制对象不平衡；其次，“关系密切的人”弹性空间过大，容易出入人罪；最后，以“为请托人谋取不正当利益”为构成要件，受贿成立标准不统一。

有学者认为，《刑法修正案（七）》第13条的规定存在以下几个方面的缺陷：第一，主体边界不明，本条规定的“与该国家工作人员关系密切的人”将造成实务认定的难题；第二，举证困难，贿赂与职务行为之间关联性的证明难度加大；第三，本条的既、未遂形态认定存在困难。《刑法修正案（七）》的这一立法不仅在技术上存在不足，而且在犯罪原因上也是治标不治本的。

也有学者指出，尽管贿赂犯罪法律规则的修改完善工作不断向纵深推进，反腐败的法网日趋严密，但从有效规制贿赂犯罪的现实需要来看，仍有一些不足之处：犯罪构成限制多，有些贿赂行为无法入罪；贿赂犯罪内在体系不协调；有的规定表述不明确、不合理；法定刑设置存在严重缺陷，不利于充分发挥刑罚的功能。为了不断健全、完善贿赂犯罪的法律体系，有效控制和预防贿赂犯罪，应当合理划定犯罪圈和刑罚圈。

还有学者提出，为了严密斡旋受贿的刑事法网，严厉打击贿赂犯罪，顺应国际社会受贿立法的主流趋势，实现我国斡旋受贿立法与国际接轨，建议从斡旋受贿的客观要件方面进行立法完善：第一，应该借鉴《联合国反腐败公约》的规定，将“利用本人职权或地位形成的便利条件”要件改为“利用本人的影响力”。第二，借鉴《联合国反腐败公约》第18条“影响力交易罪”的规定，将“为请托人谋取不正当利益”要件改为“为请托人谋取利益”，把“为请托人谋取不正当利益”作为量刑加重情节。

8. 巨额财产来源不明罪

关于巨额财产来源不明罪，学者们重点研讨了其立法的完善问题。有学者认为：应该将罪名修改为“拒不说明巨额财产来源罪”；建立完善的国家工作人员财产申报制度，明确该罪的不作为义务来源；建立和完善金融监管制度，包括实行个人存款实名制，确定现任官员家庭人员、财产申报范围以及惩治措施，仿照意大利的做法，实施个人税号，设置个人税号不仅程序简单，而且便于操作。

也有学者指出，针对当前巨额财产来源不明罪的现状，应当从制度上加大建设的步伐，使之从多方面对贪污腐败现象加以遏止和有效打击。第一，建立完备的财产申报和离任审计制度，并使之成为查处巨额财产来源不明的前置制度；第二，加大金融监管制度建设；第三，在党的领导下，坚持党的监督、群众监督和舆论监督多管齐下的策略；第四，改革现行反腐机制。

还有学者指出：首先，法定刑的上限仍存不足，主张在现有社会情势下，把巨额财产来源不明罪的最高刑提高到无期徒刑；其次，应当对行为人并处罚金刑，即应将罚金加入该罪法条之中，从而更好地发挥罚金刑的作用，较好地惩治这类贪利性犯罪；最后，“财产的差额部分予以追缴”的规定纯属多余。

此外，对于《刑法修正案（七）》，有学者以立法技术为视角，对《刑法修正案（七）》第1条进行了立法评析。也有学者以刑法《刑法修正案（七）》第9条规定为背景展开论述新增计算机信息犯罪的司法认定问题。还有学者从修法背景、内涵解读、司法适用以及立法缺憾与改进建言这4个方面，研究了《刑法修正案（七）》第12条第1款“非法生产、买卖武装部队制式服装罪”的相关问题。

［赵秉志、袁彬、张磊、徐光华、王燕玲首次刊载］

第五十八章

2010 年全国刑法学术年会综述

一、前　言

2010 年 9 月 10 日至 13 日，中国法学会刑法学研究会 2010 年年会在甘肃兰州举行。本届年会立足于当前我国刑法理论与实务的热点问题，确定了“社会危害性理论问题研究”、“刑罚结构的调整与相关制度问题研究”、“死刑立法控制问题研究”、“黑社会性质组织犯罪问题研究”和“毒品犯罪问题研究”等五个议题。在这些议题中，社会危害性理论是我国刑法学的重要理论问题，也是本届年会唯一的理论议题；刑罚结构调整与相关制度完善、死刑立法控制是当前我国刑罚改革的热点问题，加强这两个问题的研究对于促进我国刑罚结构完善和刑罚功能发挥具有重要作用；黑社会性质组织犯罪和毒品犯罪是当前影响我国社会稳定、经济发展和民众健康的重要不良因素，也是我国刑事司法实践中的热点和难点问题。围绕这五个议题，本届年会共收到符合要求的论文 204 篇。这些论文全面而深入地研讨了年会议题所涉及的几乎所有理论和实务问题，反映了我国刑法理论界和实务界在这些领域的最新学术研究成果，必将为立法和司法实践提供重要的理论指导和参考。

二、社会危害性理论问题研究

作为犯罪的基本特征，社会危害性是我国刑法学中的重要基本概念，也是我国刑法学中争议颇多的理论问题。本届年会共收录社会危害性理论方面的研究论文35篇。这些论文围绕社会危害性理论的内涵、地位、价值以及其与刑事违法性等其他相关概念的关系问题展开了深入研究。

（一）社会危害性的内涵与解释问题

有论者认为，社会危害性是一个主客观相统一的范畴，而法益侵害则仅仅是社会危害性的客观方面，是社会危害性的下位概念。社会危害性具有刑事立法和刑事司法两个层次的规范性。对社会危害性概念的解释须面对犯罪事实，尽量朝着合目的性的方向进行。①

有论者认为，尽管我国刑法学的通说坚持了客观主义刑法观，但对很多问题采取了根据行为人的主观意图来认定行为人的行为是否具有社会危害性以及是否构成犯罪的主观主义刑法观。这是由于现行通说将作为行为属性的社会危害性和作为犯罪本质的值得处罚的社会危害性两个概念相混淆造成的。社会危害性是行为对刑法所保护的社会关系或者合法权益所造成的实际危害或者现实威胁，其评价不应当为行为人的主观内容所左右。②

也有论者认为，社会危害性是客观事实与主观事实的统一。其中，客观事实包括行为事实和危害事实；主观事实则包括罪过种类和罪过程度。考察社会危害性既要注重客观事实，也要注重主观事实。人身危险性是与社会危害性相对应的范畴，因此应将反映人身危险性的因素排除在社会危害性之外。唯其如此，才能清晰地界定社会危害性的内涵。③

还有论者认为，社会危害性理论具有强大的解释功能，而且这种解释功能不是表面的、形式化的，而是深刻的、实质性的。社会危害性理论由于具有更多的超规范色彩，当其用作入罪解释根据时，人权遭受侵害的风险更大；但当其作为出罪解释根据时，则具有强大的人权保障功能。④

---

① 参见高铭暄、陈璐：《社会危害性概念解释论》，载陈泽宪、贾宇、曲新久主编：《刑法理论与实务热点聚焦》，北京，中国人民公安大学出版社，2010。考虑到本章其他引注中所引论文均出自本注中陈泽宪、贾宇、曲新久主编的《刑法理论与实务热点聚焦》一书，为了节省篇幅，本章其他引注中对论文的出处均不再注明。特此说明。

② 参见黎宏：《浅论社会危害性的基本内容》。

③ 参见利子平、石聚航：《社会危害性的内涵及其考察》。

④ 参见魏东：《论社会危害性理论与实质刑法观的关联关系与风险防范》。

（二）社会危害性理论的价值问题

有论者从本体、存废以及与罪刑法定原则的关系这三个方面对理论上关于社会危害性的有关争议进行了梳理，进而认为，社会危害性在刑法理论中具有特别重要的地位。它是刑事违法性形成的根据和存在的基础，彼此之间不存在根本性的冲突，因而能够并行不悖。社会危害性是评价罪行严重程度的综合指数，是对犯罪分子裁量刑罚的重要根据。对社会危害性的评价是犯罪构成的重要补充。①

也有论者通过分析社会危害性在刑法理论中的价值，认为社会危害性在立法上是行为犯罪化的根据，而在司法上则只是认定犯罪成立并反映其性质严重性的一种犯罪构成要件的载体。在出罪方面，社会危害性借助“但书”的规定使司法者在刑事诉讼的过程中通过对行为的定量分析，以行为“情节显著轻微危害不大”作为“不认为是犯罪”的辩护。②

还有论者认为，将社会危害性完全“妖魔化”是当前国家刑事法治进程中的全部症结所在。对社会危害性的刑法地位作全面否定，不但没有对当代中国刑事法治进行有效的病理诊断，而且无限夸大了社会危害性作为犯罪评价标准的先天不足。社会危害性在刑事立法阶段揭示了行为被纳入犯罪评价视野的内在正当性；在刑事司法阶段补充了刑事违法性出罪功能不足以及主导刑罚的二次分配。而国家刑事政策的制定与运用，同样离不开对犯罪社会危害性分析与判断。③

（三）社会危害性理论与相关概念的关系问题

1. 与犯罪概念的关系

对于社会危害性与犯罪概念的关系问题，有论者认为，若“将社会危害性的概念逐出注释刑法学领域”，受其影响最大的还是犯罪概念类型的变动，即需要将犯罪的混合概念转化成犯罪的形式概念。而从犯罪的混合概念返回

---

① 参见张智辉、陈伟强：《社会危害性的刑法价值》。

② 参见黄华平、张伟珂：《社会危害性理论价值的辩证分析》。

③ 参见孙国祥：《社会危害性与刑事违法性的冲突及其解决》。

犯罪的形式概念，则可谓是刑法理论的退化、刑法学者认识水平的萎缩。[①]

2. 与刑事违法性的关系

社会危害性与刑事违法性到底关系如何？对此，有论者认为，社会危害性是政策历史性的体现，刑事违法性是制度现实的结果；社会危害性是事实学意义上的概念，刑事违法性是规范学意义上的概念；社会危害性更多地体现为立法标准，刑事违法性主要体现为法律的适用标准；社会危害性是柔性的、主观性的标准，刑事违法性是刚性的、客观性的标准。司法的过程实际上就是在将刑事违法性与社会危害性结合的过程。刑事违法性是一个不能撼动的标准，社会危害性是司法过程中对于刑事违法性的补充，是刑事违法性与社会现实的调和。[②]

也有论者认为，社会危害性是刑事违法性表现形式的内容，而刑事违法性则是社会危害性实质内容的表现形式。社会危害性（内容）决定刑事违法性（形式），而刑事违法性（形式）则不能决定社会危害性（内容）。社会危害性不可能既是刑事违法性的内容又是刑事违法性的形式，而刑事违法性也不可能既是社会危害性的形式又是社会危害性的内容。两者不可避免地存在矛盾和冲突，其最根本的解决方式就是尽快修订刑法，将“不具有社会危害性的行为”及时调出刑法典，使刑法中的行为既具有刑事违法性又具有社会危害性。[③]

3. 与人身危险性的关系

有论者认为，在我国的刑事法治实践中已经融入了大量的人身危险性理论的内容，仅凭社会危害性理论并不足以指导和解释当下刑法中的重大理论问题。社会危害性存在理论上的难以自洽之处，同时在刑事法治实践中也可能导致弊端，如立法出现空白、不利于预防犯罪，机械司法、侵害人权，行刑个别化不足、凝固行刑，不利于罪犯改造。该论者进而提出，为了保持当下刑法理论的解释逻辑，有效指导刑事司法实践，满足刑事政策要求，应当在刑法中加强对人身危险性的重视，确立人身危险性在刑法中更为重要的

---

① 参见储槐植、孟庆华：《社会危害性理论研究中的若干争议问题梳理》。

② 参见苏惠渔、孙万怀：《社会危害性特征在罪刑法定理念下的位移》。

③ 参见储槐植、孟庆华：《社会危害性理论研究中的若干争议问题梳理》。

地位。[①]

也有论者认为，社会危害性与人身危险性在根本性质上存在着不同。社会危害性是犯罪的根本特征，针对的是行为人的行为，其具体组成要素是认定犯罪的基础；而人身危险性是在行为人构成犯罪的基础上再次犯罪的可能性，针对的是行为人，充其量是在具体运用刑罚时针对特殊预防需要所考虑的因素。但是，这并不意味着社会危害性与人身危险性不存在任何联系。犯罪的社会危害性是犯罪人人身危险性的最直接、最明显的判断根据。社会危害性在定罪、量刑及行刑过程中均发挥基础性作用，而人身危险性只在量刑与行刑过程中发生作用。[②]

4. 社会危害性理论的联系性

有论者认为，社会危害性理论不是孤立的，它同刑法的其他原则，如罪刑法定原则、刑法面前人人平等原则、罪责刑相适应原则，都是互相联系、互相渗透的，构成了互相依赖、互相补充、互相制约、对立统一的刑法原则整体，共同对分则起着制约与指导作用。具体而言，社会危害性是罪刑之法定的基础和前提，罪刑之法定则是社会危害性原则的条理化、规范化、法律化；社会危害性同刑事法治环境也有着密切的关系，刑事法治环境越好，社会危害性原则和刑法其他原则就越能够得到良好的执行，反之亦然。[③]

5. 与犯罪构成体系的关系

有论者认为，平面四要件犯罪构成体系中难有社会危害性（实质违法性）理论的藏身之处，只有采纳了阶层式的犯罪论体系，将实质违法性作为行为该当于形式上的犯罪构成要件之后的实质的判断标准，才能从根本上解决社会危害性与犯罪构成之间的紧张关系。[④]

（四）社会危害性理论的调整与完善问题

有论者认为，社会危害性不能完全决定是否犯罪，难以完整揭示犯罪的本质，但犯罪又离不开社会危害性，因此对将社会危害性作为犯罪的本质在

① 参见向朝阳、贺洪：《社会危害性理论的局限分析——重视人身危险性在刑法中的地位》。

② 参见王志祥、敦宁：《社会危害性视野下的定罪标准问题》。

③ 参见马长生：《浅论社会危害性理论的联系性》。

④ 参见付立庆：《凌驾于犯罪构成之上的社会危害性理论及其出路》。

理论上受到了一定的质疑。基于此，该论者提出了“犯罪本质是以社会危害性为中心的矛盾结构”的观点，以社会危害性和非社会危害性因素作为犯罪本质的两个侧面。其中，社会危害性居于主导或支配的地位，它是某种行为需要被规定为刑法上犯罪的直接根据，从正面决定着犯罪的存在；非社会危害性因素则从不同方向向内收缩限制犯罪圈，这些因素本身并不成其为某种行为在刑法上被规定为犯罪的正面根据或理由，它们是犯罪化的限定因素。①

也有论者认为，以法益侵害说取代社会危害性理论是没有必要的。虽然现行的社会危害性理论具有不科学的地方，但是只要能够科学地解释我国刑法中的社会危害性，建构成科学的社会危害性理论，以法益侵害说取代社会危害性理论并不必要。事实上，我国刑法中的社会危害性是可以得到科学解释的，因而科学的社会危害性理论相应地也可以得以建构。例如，对罪刑法定原则进行适当地实质化理解，同时对社会危害性加以适当的形式化解释。②

还有论者认为，受社会危害性概念制约，我国现行的犯罪构成理论整体上呈现为一种类型（形式）判断和价值（实质）判断同一、价值判断内部又无层级区分的平面体系。为此，应当以《刑法》第 13 条为法律依据，以现行的犯罪构成为理论前提，将社会危害性从犯罪构成中分离出来，从而使犯罪构成成为类型化的形式判断，社会危害性成为具体的和个别的实质判断，同时社会危害性判断又进一步分为违法阻却判断和责任阻却判断。③

（五）以社会危害性理论为视角的研究

有论者以社会危害性理论为视角，对正当行为在犯罪构成系统中的地位作了分析。该论者认为，在社会危害性视角下，四要件犯罪构成理论可以在四要件体系内阐明正当行为是不成立犯罪的。但是，在犯罪构成四要件体系下，由于正当行为属于排除犯罪的社会危害性行为，它与四要件犯罪构成具有结构性的排斥关系，因而，正当行为没有必要纳入犯罪构成四要件体系之内，而应当在犯罪构成之外，作为独立的部分专门研究。四要件犯罪构成和

---

① 参见夏勇：《犯罪本质是以社会危害性为中心的矛盾结构》。

② 参见杨凯：《社会危害性理论否定论与法益侵害说的规范检讨》。

③ 参见李邦友、张理恒、黄悦：《论犯罪构成视野中社会危害性的重构》。

德日犯罪三阶层论的理论体系有较大区别，不能因为德日犯罪三阶层论将正当行为纳入犯罪成立体系中了，四要件犯罪构成体系也必须将正当行为镶嵌到其体系中。[①]

也有论者以社会危害性为中心，对危害行为进行了研究。该论者认为，对危害行为的多重评价因社会危害性程度以及表现的复杂性而可能产生各种矛盾，如犯罪的社会政治评价与法律评价的矛盾、犯罪的综合性评价与层次性评价的矛盾、犯罪的质的评价与量的评价的矛盾、犯罪的立法性评价与司法性评价的矛盾。行为的社会危害性本身也是评价的结果，即行为究竟是具有危险性还是具有实害性以及具体程度如何，都是通过社会评价得出的。评价本身的复杂性导致了对危害行为之不同评价的矛盾。[②]

三、刑罚结构的调整与相关制度问题

刑罚结构及相关制度是我国刑法的重要组成部分。本届年会共收录刑罚结构的调整与相关制度论文 59 篇。这些论文围绕我国刑罚结构调整与完善的宏观问题、具体刑种的改革与完善问题以及刑罚裁量和刑罚执行制度等相关问题展开了深入研究。

（一）刑罚结构调整与完善的宏观问题

有论者立足于刑罚的理念与立法，认为刑罚制度的完善需要从社会伦理角度进行分析，因为这有利于寻求刑罚总量的下降，有利于降低刑罚的严厉程度。唯有如此，罪责刑均衡原则才会被赋予新的精神内涵，刑罚制度的完善才能在理性的价值目标指引下得以实现。我国刑罚的目的应当是以功利制约报应，即在报应与功利之间，功利是基础和根本，报应应当受到功利的制约。我国刑罚观念中重刑主义色彩极其浓厚，其实质是报应主义的底蕴太过于深厚，需要在功利主义刑罚观的制约下朝轻缓方向引导。[③]

也有论者认为，虽然我国现在的刑罚结构有向自由刑和罚金占主导的轻

---

① 参见欧锦雄：《也论正当行为在四要件犯罪构成中的缺失——以社会危害性为视角》。

② 参见黄晓亮、陈艳：《危害行为的多重评价及其矛盾——以社会危害性为中心的分析》。

③ 参见高铭暄、曾粤兴：《刑罚体现社会伦理的基本途径——刑罚制度的完善》。

刑刑罚结构转变的迹象，但仍然属于重刑结构。这主要表现为死刑和监禁在刑罚方法中占主导地位。我国刑罚结构改革的重点应当从刑罚种类的多样化和刑罚方法的结构性重组两大方面入手。前者要求构建和完善我国的保安处分制度、增加新的资格刑。后者则要求完善管制刑，扩大管制刑的适用范围；完善拘役刑的宣判及执行制度；提升罚金刑在刑罚结构中的地位，并提高其实际适用率。①

还有论者从立法的角度探讨了我国刑罚制度的完善问题，认为我国重刑体系结构存在着很大的缺陷，包括死刑立即执行与死缓、无期徒刑之衔接脱节；生刑过轻、死刑过重。对此，应从立法上调整我国的重刑体系，包括死刑执行方式的立法调整、无期徒刑的立法完善、提高有期徒刑的上限等。②刑罚制度完善的基本思路，应坚持以国情为基础，批判继承、吸收借鉴国内外立法的有益经验；正确定位公平和效率的关系，实现人道性和功利性的辩证统一；重视非刑罚化的价值、实现刑罚与罪行的同质对应性。③

（二）具体刑种的改革与完善问题

有论者从法定刑设置方式的历史演变、罪刑法定主义刑之法定、刑罚个别化、刑法立法的实际情况四个角度，对绝对确定法定刑的利弊进行了分析，认为我国绝对确定法定刑的设置方式弊大于利，过于严苛，不应采取。在现行刑法未废除死刑的前提下，对绝对确定法定刑最经济、可行的替代措施是在原有立法的基础上增加配置相应的可供选择适用的刑罚，即对原有基本刑的规定不做变动，在相应的绝对确定的无期徒刑或者死刑规定中，增加无期徒刑或者死刑降格后的刑罚与无期徒刑或者死刑并列作为可供选择适用的刑罚，使法定刑具有相对确定的意义。④

也有论者认为，在死刑废止的视角下，自由刑体系调整应遵循轻重有序、罪责刑相适应原则和合理配置、考虑刑罚效益原则。对自由刑体系，应设置不可减刑或假释的终身徒刑、提高有期徒刑上限、设置开放的自由刑。

---

① 参见卢建平、田兴洪：《论我国刑罚结构的缺陷及其完善》。

② 参见焦治：《刑罚结构立法调整之研究——以我国重刑体系为视角》。

③ 参见刘志高、王利宾：《论现行刑罚制度立法上的完善》。

④ 参见李希慧、董文辉：《论我国刑法中的绝对确定法定刑及其替代措施》。

同时，应调整减刑和假释制度、确立和完善社会矫正制度、建立短期自由刑与财产刑易科制度，以与自由刑相配套。[①] 关于有期徒刑和无期徒刑，有论者认为，我国现行的有期徒刑制度存在诸多缺陷，为此应提高有期徒刑最高刑期上限、明确与拘役并罚的方法、有期徒刑的等级划分和刑格设定等。[②] 我国死缓与无期徒刑之间存在一定的冲突、无期徒刑与有期徒刑之间也存在着一定的冲突，但不应引进绝对终身刑制度，当前我国应当设立两套不同的相对终身刑制度，如在无期徒刑之外增设一种严格的无期徒刑。[③]

还有论者研究了罚金、剥夺政治权利和没收财产等附加刑，认为我国应将罚金刑提升为主刑，同时保留罚金刑作为法定刑适用，应规定罚金刑易科制度，对未成年人可以适用罚金刑，对被判处罚金刑的犯罪人不宜适用缓刑，设定合理的罚金数额计算方式[④]；应把“剥夺政治权利”改为“剥夺公权利”，将《刑法》第58条“附加剥夺政治权利的刑期，从徒刑、拘役执行完毕之日或者从假释之日起计算；剥夺政治权利的效力当然施用于主刑执行期间”修改为“附加剥夺政治权利的刑期从判决生效之日起计算”，剥夺政治权利的独立适用应该采用复合模式，既可以选科也可以并科等[⑤]；可以考虑取消现行刑法中的没收财产刑，这是因为罚金刑已经具有替代没收财产刑的可能性和必要性，罚金刑能够实现没收财产刑的剥夺犯罪人全部（或者一部分）再犯罪经济能力的目的，而且还有利于解决没收财产的执行难问题。[⑥]

（三）刑罚裁量和刑罚执行制度相关问题

有论者对酌定免予刑事处罚的法律根据进行了研究，认为酌定免予刑事处罚符合刑法谦抑精神、符合宽严相济刑事政策的要求、符合罪责刑相适应原则、符合罪刑法定原则的当代精神，并且可以弥补我国刑事立法的不足。[⑦] 与之相关联，有论者对酌定减轻处罚制度的完善提出了自己的建议，

---

① 参见郭理蓉：《死刑废止视角下的“生刑”体系重构》。

② 参见朱祖洋：《论我国有期徒刑制度之缺陷与完善》。

③ 参见王志祥、何恒攀：《论我国终身自由刑制度的改革》。

④ 参见王建明、于波、张君：《论罚金刑的改革与完善》。

⑤ 参见吴丹、吴云：《剥夺政治权利之立法完善》。

⑥ 参见周振晓：《浅谈我国刑法中的没收财产和没收》。

⑦ 参见刘志洪、吴郊光：《试论酌定免予刑事处罚及其完善》。

认为应当对“案件的特殊情况”进行明确化、具体化；应考虑取消酌定减轻处罚的严格程序限制，适时修改酌定减轻一律由最高人民法院核准的规定，将核准权下放到各省、自治区、直辖市的高级人民法院行使；应明确酌定减轻处罚的限度与幅度。①

也有论者对数罪并罚制度进行了研究，认为并科、吸收、限制加重既是数罪并罚的原则也是数罪并罚的方法。② 也有学者对中国内地与澳门地区刑法的数罪并罚制度进行了比较研究，认为内地和澳门两地在数罪认定的标准上是大同小异，内地采取的是犯罪构成标准说，而澳门则采取的是构成要件标准说或罪状标准说，并以想象竞合犯、包括犯和连续犯这三种罪数形态的数罪并罚原则为例，对内地和澳门地区的相关规定进行了对比研究。③

还有论者对我国刑法中的缓刑和假释制度进行了研究，认为对于缓刑制度首先应确立对是否适用缓刑的实质条件的判断基准设置量化标准，其次应设立专门的缓刑机构，最后应取消缓刑适用对象的限制性规定；而对于假释制度，应首先设立专门的假释监督机构，其次应完善假释本质条件的规定，最后应取消假释限制条件的规定。④ 不过，也有论者认为，我国应当建立区别于普通假释制度的未成年人假释制度，对未成年人假释从宽。为此，首先应当明确未成年人假释制度中“未成年人”的界限，其次应放宽对未成年人假释的时间条件，再次应完善未成年人假释程序，最后应完善对未成年人假释的监督考验制度。⑤

四、死刑立法控制问题研究

死刑的立法控制是本年度刑法学研究的热点问题，也是本届年会的重要议题之一，共收录论文27篇。学者们围绕死刑政策的立法调整、死刑立法控制的宏观问题、死刑的适用标准问题、死缓制度的改革与完善问题、个罪

① 参见彭新林、江波：《完善酌定减轻处罚制度的几点思考》。

② 参见吴平：《并科、吸收、限制加重：原则抑或方法》。

③ 参见赵国强：《中国内地与澳门数罪并罚制度比较研究》。

④ 参见韩轶、唐大森：《我国缓刑与假释制度立法完善之探研》。

⑤ 参见胡春莉：《未成年人假释制度及其完善》。

死刑的立法控制问题等，进行了全面而细致的研讨。

（一）死刑政策的立法调整问题

有论者通过对各个时期死刑政策演变的梳理发现，我国现行死刑政策的表述具有一定的过渡性特点。该论者认为，从我国死刑政策的内在逻辑看，现在“保留死刑，严格控制和慎用死刑”的提法显然是不完整的，现行死刑政策应该加上废除死刑的目标。为避免强化死刑的使用，不宜用“保留死刑”，应表述为：“严格限制死刑，逐步减少直至废除死刑”①。

（二）死刑立法控制的宏观问题

1. 死刑控制的方略

有论者认为，控制死刑的步骤，应当是司法先行、立法缓行，即通过（法院）司法逐步减少乃至不适用或不执行死刑，使死刑达到名存实亡的程度，再从立法上废除死刑。而司法先行控制死刑的核心环节有两个：一是统一死刑的适用标准；二是以“死缓”逐渐取代死刑的执行。该论者还认为，中国刑法“生刑过轻”说的论据尚不充分，立法“加重生刑”应当谨慎。②

2. 死刑立法控制的路径选择

有论者认为，死刑的渐进废止与经济社会的发展密切相关，与民主法制化进程密切相关，与公民对死刑的法律认知密切相关，与国际社会死刑运动密切相关。该论者进而提出以下控制死刑的路径：通过减少死刑罪名控制死刑、通过缩小适用对象控制死刑、通过完善量刑情节控制死刑、通过完善诉讼程序控制死刑、通过严密刑罚体系控制死刑。③

3. 死刑替代措施的立法选择

有论者认为，死刑替代措施是刑法规定的在功能上能够代替死刑并能避免死刑诟病的刑法分则关于具体犯罪所没有规定的刑罚方法。以此为基础，死刑替代措施必须具有严厉性，同时还具有死刑所没有的人道性，是严厉性与人道性的理性平衡。该论者进而认为，对于死刑的替代措施，能选择的只

---

① 卢建平、刘春花：《死刑政策的应然表达及其对立法变革的影响》。
② 参见阮齐林：《中国控制死刑的方略》。
③ 参见徐汉明：《死刑立法控制的路径选择》。

有无期徒刑。而论者倾向于采用绝对的无期徒刑，即将不得减刑、假释的无期徒刑作为死刑的替代措施。[①]

4. 死刑控制的主导者

有论者认为，就未来趋势而言，中国死刑制度改革必然是一个政府责任主导的过程，这就既应从责任视角理性思考政府责任的定位及其方式，也应以政府为视角合理界定责任政府的内涵及政府要承担起慎用死刑之重任、要引导一种科学的死刑观、要勇担被害人的救助责任、要积极贯彻落实民主制度。[②]

5. 死刑立法技术问题

有论者认为，我国死刑的立法技术是从实质上扩张死刑，从形式上隐藏死刑。这是立法者误解刑罚效益规律而产生“重刑化”冲动但又迫于“轻刑化”外围压力的反映。这两种自相矛盾的死刑立法技术表明，立法者既想顺应时代趋势“限制死刑”，又对刑罚效益规律存在误解，在高犯罪率下不得不扩大死刑。该论者认为，出路在于正确认识死刑功能发挥机制，遵循刑罚效益原则，防止通过立法技术抵消“限制死刑”的努力。[③]

（三）死刑的适用标准问题

有论者认为，在适用死刑的标准方面，我们除了要严格执行刑法总则的立法规定外，还应当遵守以下几个方面的具体标准：死刑应只限于故意犯罪，只限于严重暴力犯罪，只限于对人身以及与人身有关的犯罪，只限于与生命具有等价性的犯罪，只限于被害人无过错的犯罪。而其中，“罪大”就是死刑适用的犯罪性质只限于严重暴力犯罪、侵害的对象是人身以及与人身有关的犯罪、剥夺的法益必须是与生命权利具有等价性的犯罪。“恶极”就是死刑只限于故意犯罪、被害人无过错的犯罪。只有将以上两个方面的总体标准有机地结合在一起，才能对死刑的适用有一个正确的界定，努力避免死刑的错误适用。[④]

---

① 参见袁彬：《死刑替代措施的模式及其立法选择》。

② 参见姜涛：《死刑制度改革与政府责任主导》。

③ 参见潘星丞：《限制死刑，还是扩张死刑？——我国死刑立法技术实证研究》。

④ 参见李永升：《关于死刑适用的具体标准再探讨》。

（四）死缓制度的改革与完善问题

有论者认为，作为具中国特色的刑事执行制度，死缓及死刑立即执行制度不被规定在刑事执行法典中而是被规定在刑法典中，这是“独树一帜”的，具有极大的应时性与不当性。就实践而论，它也并未因此特性而成为医治死刑弊病的良方，反因不当设置而导致刑法的诸多缺陷。因此，将死刑缓期执行及死刑立即执行的规定从刑法中去除，加快刑事执行立法规范化、系统化，将死刑执行的基本原则、程序与方法在执行立法规范中予以明确，同时启用刑法中的特赦制度，对可予宽大处理的被判处死刑人员予以宽免应当是正确适用死刑的妥当路径。①

也有论者认为，死缓制度虽然具有一定的存在价值，但其本身在法理逻辑等方面的制度缺陷却日益凸显。例如，适用死缓的前提条件不明确；死缓的性质不明确；死缓执行期间的规定存在严重缺陷，给死缓执行带来障碍；较死刑立即执行而言，死缓已丧失原有之预防犯罪功能；司法程序中，死缓已经成为死刑与无期徒刑、有期徒刑之间的过渡产物。基于此，该论者建议应当稳妥、科学考量我国现有的刑罚制度，对死缓制度进行深入地批判，在必要时让死缓制度退出中国的历史舞台。②

还有论者认为，现行刑法关于死缓之“应当判处死刑”前提条件的立法表述意义不大，其结果只能是徒增理论纷争，导致死缓的不正确适用，因而建议将其删除。而“不是必须立即执行”的实质性条件，尽管具有一定的合理性，但同时也有明显的不周延性。因此，在立法上明确规定死缓的条件，取代含义过于概括模糊的“不是必须立即执行”，已成为当务之急。而为了充分发挥死缓的刑事政策意义，最大限度地减少死刑立即执行的适用，死缓适用的条件应当尽可能放宽。③

（五）个罪死刑的立法控制问题

1. 抢劫罪死刑的立法控制

有论者分析了抢劫罪适用死刑的现状，认为在政策把握上，对抢劫罪适

① 参见赵路：《死刑改革进向的几步路径——以死缓与死刑立即执行及特设为切入》。

② 参见陈洁、肖俊鹏：《我国死缓制度的现实尴尬——关于死缓制度的存废考量》。

③ 参见马松建：《试论死缓适用条件的立法完善》。

用死刑基本上贯彻了慎用死刑和宽严相济的刑事政策。但是修订后的刑法对八种情节加重或者结果加重的抢劫设置了相同的法定刑。在严格控制和慎重适用死刑的大背景下，抢劫罪配置死刑条款的立法完善应坚持循序渐进、逐步缩小死刑适用范围的原则，在遵循罪刑均衡的报应基础上追求刑罚的一般预防功能，并保持与其他罪名法定刑幅度相协调。当前，先应通过刑法修正案的方式，逐步缩小抢劫罪适用死刑的情形。①

2. 故意杀人罪死刑的立法控制

有论者提出，考虑到中国的现实国情民意与死刑的具体运作情况，对故意杀人罪的死刑限制与逐步废止也应从立法上分阶段地逐步进行。首先，应在现阶段调整现行故意杀人罪的立法模式，为死刑适用确立科学、合理、明确的标准和条件；其次，应在条件成熟时，将大部分原本属于故意致命性的普通暴力犯罪，通过立法技术的调整，将其转以故意杀人罪论处，从而从立法技术的角度废止绝大多数死刑罪名；最后，在社会的发展和法治的完善达到相当程度时，考虑最终废止故意杀人罪的死刑，从而完成死刑废止之漫漫征途。②

五、黑社会性质组织犯罪问题研究

黑社会性质组织犯罪问题是当前我国刑事司法实践中的热点问题，近年来受到了刑法理论界和实务界的广泛关注。本届年会共收录黑社会性质组织犯罪研究论文45篇，学者们就黑社会性质组织犯罪的认定、黑社会性质组织犯罪的罪数形态、黑社会性质组织犯罪的比较研究、黑社会性质组织犯罪的刑事法律完善等问题展开了深入研讨。

（一）黑社会性质组织犯罪的认定问题

1. 黑社会性质组织的界定

（1）“保护伞”问题

有论者批驳了典型保护伞和非典型保护伞的区分观点，认为“保护伞”

① 参见张向东、冯卫国：《抢劫罪适用死刑的现状及立法完善》。

② 参见阴建峰：《论故意杀人罪死刑的立法控制》。

的范围不能随意扩大化，应当限制为握有实权并对违法犯罪活动具有直接影响的国家机关工作人员，黑社会性质组织中头领个人获得的某种社会地位、身份等，也不应当认定为“保护伞”。成为“保护伞”必须具备两个条件，主体必须是国家机关工作人员；作为“保护伞”的主体必须在主观上对黑社会性质组织及其犯罪具有庇护意识，同时客观上具有为黑社会组织提供保护的行为。[①] 有论者分析了黑社会性质组织的“保护伞”的三种形式——“请人打伞”“自己打伞”“安排打伞”，及其相应的罪数形态。该论者认为，向政治领域渗透，寻求政治保护的行为，不能作为黑社会性质组织的构成特征。全国人大常委会2002年的立法解释与最高人民法院2000年《关于审理黑社会性质组织犯罪的案件具体应用法律若干问题的解释》在“保护伞”及“组织纪律”方面相比有了新的调整，不再把“保护伞”及“严格的组织纪律”作为必不可少的要件，这是充分考虑到各地的具体实际，在符合立法原意的基础上作出的新解释，打消了司法机关在办理该类案件中的疑虑，给实际办案提供了现实可行的依据。[②] 也有论者在肯定立法解释将“保护伞”从“必备”要件调整到“择一”要件之余，仍然强调应充分认识保护伞在许多黑社会性质组织的形成、发展以及各种违法犯罪活动中起到不可估量的作用，必须给予更多关注，在依法打击各种黑恶势力的同时，注意深挖黑恶势力背后的保护伞。[③]

（2）黑社会性质组织的性质定位

关于黑社会性质组织是否是黑社会组织的问题，学者争议很大，主要有两种不同的观点。

有论者主张，从组织样态和行为特征看，黑社会组织是一种独立的存在形式，在组织形式的表现上并不存在所谓的黑社会性质组织。黑社会性质组织既然具有黑社会性质，就是黑社会组织。然而，从法律评价的角度看，黑社会性质组织只是一个提示，告知司法人员不要以认识国外黑社会组织的观点和典型黑社会的标准来理解立法条文。如此可以把尚未形成规模的黑社会组织作为刑法规制的对象，以便把黑恶势力消灭在萌芽状态。根据《刑法》

---

① 参见莫洪宪：《关于黑社会性质组织认定相关问题探讨》。

② 参见田立文：《关于黑社会性质组织犯罪认定中的几个问题》。

③ 参见吴允锋：《黑社会性质组织犯罪中的保护伞问题研究》。

第294条第1款规定的罪状，所能够抽象、概括出来的罪名应当是“黑社会组织（性质）罪”，其实质就是指黑社会组织罪。立法之所以要带上“性质”两字，只是为了降低黑社会组织入罪的门槛。[①]

也有论者坚持认为，社会性质组织和黑社会在本质上“涉黑”问题上确实具有质的同一性，但黑社会性质组织并不等同于黑社会。理由是：第一，在现实依据方面，目前我国大陆黑社会性质组织，在组织规模、控制范围和经济实力等方面都与典型的黑社会组织相去甚远。第二，在法律依据方面，1997年《刑法》第294条的法条措辞表明，“黑社会性质的组织”和“黑社会组织”是两个并立的刑法概念，被赋予了不同内涵并区分使用的。第三，在国情依据方面，意大利、德国和法国对黑社会性质组织的立法界定都不同，我国立法者立足于我国涉黑组织尚处幼稚阶段的现实，将黑社会组织的认定关注涉黑组织的发展阶段，依时依势提出“黑社会性质组织”这一法律概念，也同样是符合我国国情的明智之举。[②] 刑法学上的概念应当以犯罪学的理论分析为基础，当前我国还没有成熟的黑社会犯罪组织，而只是黑社会性质组织，因而不应将其改为“黑社会组织”[③]。

（3）黑社会性质组织的特征

有论者对有关黑社会性质组织的特征的各种观点进行梳理后认为，理论上关于黑社会性质组织特征的认识基本趋于统一，即以组织结构特征、经济实力特征、行为特征和非法控制特征。但从应然层面上讲，除了“保护伞”特征作为选择性特征外，经济实力特征也不宜作为黑社会性质组织所必须具备的特征。这是因为，获取经济利益并非黑社会性质组织犯罪所特有，通过违法犯罪获取经济利益是绝大多数刑事犯罪所追求的目的，以此不足以将黑社会性质组织犯罪和其他犯罪相区分。[④]

也有论者认为，经济实力应当是我国黑社会性质组织的必备特征。通过这一特征，可以区分黑社会性质组织与恐怖组织、普通犯罪集团。因为后两者虽然属于有组织犯罪，但犯罪目的并不是追求某种经济利益。恐怖组织即

---

① 参见楼伯坤：《黑社会性质组织罪的名与实》。

② 参见朱本欣、梁健：《论黑社会性质组织的界定》。

③ 梅传强、胡江：《惩治黑社会性质组织犯罪的刑法完善》。

④ 参见朱本欣、梁健：《论黑社会性质组织的界定》。

使具有一定的经济实力，也是为实现其政治目的服务的；普通犯罪集团即使通过犯罪活动获得了一定的经济利益，但这种非法所得并不成为该犯罪集团持续存在和不断壮大的经济基础。对此，应修改《刑法》第 294 条第 1 款，以使其经济实力特征的认定和处罚措施更加法定化。①

还有论者认为，立法应当突出黑社会犯罪的有组织性、暴力性、非法控制性、行业性、地域性以及目的性特征。有组织性特征，不必要求必须具有高度的组织性，也无须非得以公司化、企业化的经营方式，才能达到高度的有组织性。暴力性，应当包括以暴力相威胁而对被害人产生精神强制作用在内，而不必非得要求给被害人产生轻伤以上的后果。非法控制性，在这里是指对外部的控制，即黑社会组织对某一地域或者行业的非法控制，不包括该组织对其成员的内部控制，也不包括对非法行业的控制。②

2. 黑社会性质组织犯罪的司法认定

有论者分别从虚与实、宽与窄、内与外展现黑社会性质组织犯罪的概念、外延与内涵三个基本维度，认为组织、领导与参加黑社会性质组织罪只是一个虚像，这一组织及其成员实施的具体犯罪才是实像，只有后者才能体现黑社会性质犯罪反社会的本质；从比较法的角度，我国对黑社会性质组织的限定是比较严格的，它缩小了组织、领导、参加黑社会性质组织罪的存在范围；组织、领导、参加黑社会性质罪，本身并不包容聚众斗殴、寻衅滋事、敲诈勒索和故意伤害（轻伤）等行为。③

也有论者通过“解剖麻雀”的个案法对认定黑社会性质组织犯罪的必备特征或要件进行探讨，认为我国当前绝大多数黑社会性质组织的共性即属于有组织犯罪的低端形态，如果把刑法规定以外的黑社会组织的特征混同于刑法规定的黑社会性质组织的特征，在司法上以典型的黑社会组织的特征如有组织名号、有组织、领导、参加的实体、有严格的组织纪律等，作为认定黑社会性质组织的基本特征是错误的。④

---

① 参见刘德法、孔德琴：《论黑社会性质组织的经济实力特征》。

② 参见宣炳昭、于涛：《论我国黑社会犯罪的立法缺陷与完善》。

③ 参见姜涛：《论黑社会性质组织犯罪的概念范畴与法律应对》。

④ 参见石经海：《组织、领导、参加黑社会性质组织行为的罪与非罪——以杨天庆等人涉黑案为例》。

还有论者研究了黑社会性质组织犯罪认定中的三个有争议的关系：第一，企业中工作人员受命实施犯罪与执行黑社会性质犯罪组织首要分子犯罪指令的关系。对此，应当根据企业工作人员受命实施违法犯罪活动的不同发展阶段，审慎地准确地区分企业人员犯罪中的一般共同犯罪、犯罪集团与黑社会性质组织这三者之间的界限。当企业老板指使下属企业工作人员出于非法控制社会的犯罪意图而有计划、有预谋、有组织地实施多元化的违法犯罪活动的，并且对社会、经济正常生活造成严重危害的，应当按照黑社会性质组织来认定。第二，一般犯罪集团与黑社会性质组织的关系。如果犯罪组织自始就有明确的名称、章程（或计划、方案）、纪律等，只要抓住这些客观事实因素就可以认定为黑社会性质组织。如果犯罪分子事先并无明确成立非法组织的想法，而是通过经常不断地共同实施多元化的犯罪逐渐地形成了结构较为严密的犯罪组织。只能通过综合全案的违法犯罪活动事实来进行判定，特别要注意这类犯罪组织从一般的共同犯罪发展演变到犯罪集团（包括黑社会性质组织）的转折点，并作区别处理。第三，黑社会性质组织犯罪与单位犯罪的关系。两者可能并立，但只有对于在黑社会性质组织形成之后，利用之前依法设立的公司、企业主要进行犯罪活动的，才不应当认定为单位犯罪而应当认定为自然人犯罪。[①]

（二）黑社会性质组织犯罪的罪数形态问题

1. 组织、领导、参加黑社会性质组织行为的罪数形态

关于组织、领导、参加黑社会性质组织罪又有其他犯罪行为的，有论者认为，对其实行数罪并罚的规定完全符合刑法基本原理，且能够适应司法实践中打击犯罪的需要，有其必要性与合理性。同时，《刑法》第294条第3款规定中的“其他犯罪行为”不应排除敲诈勒索罪等四种犯罪，对犯组织、领导、参加黑社会性质组织罪又有除本罪之外的任何犯罪，均应实行数罪并罚。[②] 也有论者认为，“组织、领导、参加黑社会性质组织罪”是方法行为，而“有其他犯罪行为的”则是目的行为，因而构成方法行为与目的行为的牵连犯。尽管依照传统观点对牵连犯实行“从一重处断”，但是立法机关却对

① 参见阮方民：《黑社会性质组织罪司法认定的几个关系》。

② 参见刘宪权、郭大磊：《黑社会性质组织犯罪罪数形态问题研究》。

此种“组织、领导、参加黑社会性质组织罪又有其他犯罪行为的”牵连犯采取了“数罪并罚”的例外规定，这样更能体现刑罚的公正与合理，也便于司法人员具体操作运用。①

2. 入境发展黑社会组织行为的罪数形态

对于境外黑社会组织成员既入境发展黑社会组织，又进而在我国境内组织、领导该黑社会组织的行为，有论者主张以入境发展黑社会组织罪与组织、领导黑社会性质组织罪实行并罚，因为从形式逻辑上看，“黑社会性质组织”是非典型的“黑社会组织”，它当然包含着典型的“黑社会组织”的性质与内容。② 但有论者不以为然，认为应当以入境发展黑社会组织罪和其他犯罪进行数罪并罚，因为《刑法》第 294 条第 1 款和第 2 款有关“黑社会性质的组织”和“黑社会组织”的不同提法，明显是为了区分不同社会制度及不同社会环境下所出现的两种不同的犯罪组织形式。如果将“黑社会组织”归入“黑社会性质组织”概念之内，显然有违背罪刑法定原则之嫌。另外，将组织、领导黑社会组织的行为认定为组织、领导黑社会性质组织罪，不符合境外黑社会组织在我国的发展现状，后者明显受到我国与境外不同的社会制度及文化环境的限制而影响不大。③

3. 包庇、纵容黑社会性质组织罪的罪数形态

有论者认为，当包庇、纵容黑社会性质组织罪主体的“国家机关工作人员”同时是黑社会性质组织的成员时，不能将其实施的包庇、纵容行为独立认定为包庇、纵容黑社会性质组织罪，而应根据《刑法》第 294 条第 3 款的规定，以组织、领导、参加黑社会性质组织罪与其所包庇、纵容的其他犯罪实行数罪并罚。因为其所实施的包庇、纵容行为实际上具有双重性质，既是其组织、领导、参加黑社会性质组织行为的表现方式，又构成该黑社会性质组织所实施的具体犯罪的共同犯罪。④

关于包庇、纵容黑社会性质组织罪与徇私枉法罪的罪数形态问题，有论

---

① 参见孟庆华：《黑社会性质组织犯罪罪数形态问题探讨》。

② 参见孟庆华：《黑社会性质组织犯罪罪数形态问题探讨》；王剑波、景景：《入境发展黑社会组织罪的司法认定》。

③ 参见刘宪权、郭大磊：《黑社会性质组织犯罪罪数形态问题研究》。

④ 参见刘宪权、郭大磊：《黑社会性质组织犯罪罪数形态问题研究》。

者认为，将司法工作人员在刑事司法活动中故意包庇黑社会性质组织的成员使其不受追诉，或者违背事实和法律作枉法裁判而包庇黑社会性质组织的，确定为包庇、纵容黑社会性质组织罪更符合立法意图，同时也符合“法条竞合”的适用原则。该论者同时还认为，一行为同时触犯包庇黑社会性质组织罪与包庇罪两罪，应按法条竞合处理，而非按想象竞合犯处理。①

（三）黑社会性质组织犯罪的比较研究问题

有论者比较了我国与意大利的黑社会（性质）组织犯罪立法，认为两国立法存在相似点，其一，对犯罪所主要侵犯和影响的利益认定相同，都认为黑社会（性质）组织的违法犯罪行为在根本上是对国家利益和社会利益的违反，之后才指向具体行为的直接受害人；其二，关于黑社会（性质）组织的构成标准相似，都是必须具备一定的人数基础、组织的稳固性及认定犯罪集团所追求的经济利益。而相异之处是，意大利刑法并没有类似于我国刑法中“保护伞”的相关规定。值得我国借鉴的是，意大利政府设立了专门打击黑手党型犯罪集团的特殊系统，它由反黑手党型犯罪集团国家检察局、警察局，及专门的议会组织组成，通过完整的系统整合，集中资源优势和信息的统一，对所有涉及黑手党型犯罪集团的案件信息都进行统一侦查和调查，以达到遏制和打击黑手党型犯罪集团的作用。②

也有论者比较分析了内地、香港、澳门三地的反黑刑事法规，并对内地提高打击黑社会（性质）犯罪水平提出了六点借鉴建议：其一，在法律条文的地位上，应当逐步深化反黑认识，及时完善并制定专门的反黑法律。其二，在有组织犯罪（黑社会犯罪）的定义上，有必要也完全应该重新认识和定义黑社会组织，无须叠床架屋地加上“性质”二字，并且要进一步细化黑社会（性质）组织的构成条件，既明确罪状，又限制范围，防止歧义。其三，在罪名方面，应当完善现有罪名，预计未来发展，增设相关新罪名，严密刑事法网。其四，在罪行方面，应以修改立法或者司法解释的方式进一步细化，采用详尽列举而非模糊概括的方式，防止随意扩大化。其五，在诉讼程序方面，可建立污点证人和卧底证人制度，加强对证人的保护等。其六，

---

① 参见孟庆华：《黑社会性质组织犯罪罪数形态问题探讨》。

② 参见黄风、杨超：《中国与意大利反黑社会（性质）组织犯罪比较研究》。

在刑罚种类及幅度方面，应增设财产刑，并通过提高自由刑期、特殊累犯、加重处罚等途径严厉打击有组织犯罪（黑社会犯罪）。[①]

（四）黑社会性质组织犯罪的刑事法律完善问题

1. 立法模式

有论者批评我国所采用的单一法典式刑法立法模式不能适应快速变化的有组织犯罪态势，不能适应刑事政策变化的要求，也不能满足不同类型的犯罪对刑事立法模式的不同要求。以刑法典为主体、刑法修正案为补充的模式其实与单一刑法典模式没有大的区别，无法充分发挥单行刑法和附属刑法立法模式的刑事政策功能，对有组织犯罪宜采用单行刑法的立法模式，以利于彰显有组织犯罪法益侵害的严重性和复杂性，及时应对有组织犯罪情势的变化，充分发挥刑法立法模式的刑事政策功能。[②]

也有论者不同意制定单行刑法的专门立法模式，认为综合式立法模式具有更大的合理性，理由是对于黑社会性质组织犯罪这样一种严重的刑事犯罪，企图通过一部立法而达致有效的预防控制是不现实的，那些主张制定专门立法的学者可能在无意间放大了立法对于惩治和防控黑社会性质组织犯罪的作用。为了有效预防和控制黑社会性质组织犯罪，必须从实体法和程序法两方面同时着手，既需要对刑法的规定予以完善，又需要对刑事诉讼法的规定加以修改。考虑到立法传统和成本，相较于制定一部单独的“反黑社会性质组织犯罪法”或“反有组织犯罪法”，以“修正案”的形式完善现有法律更具有可操作性。[③]

还有论者考察世界其他地区的反黑社会性质组织犯罪立法发现，多元立体的立法组织体系作为各国在长期同黑社会性质组织犯罪斗争的过程中所形成的经验，值得我国借鉴，即不仅在刑法上对黑社会性质组织犯罪行为进行一般性规定，而且采用一般立法与特别立法相结合、本罪立法与上下游行为立法相结合、实体法与程序法相结合以及自由刑与财产刑立法相结合的多元体系性规定来构建惩罚和预防有组织犯罪的有针对性的严密法律体系，对黑

① 参见黄立：《“三地”反黑法律比较分析》。
② 参见柳忠卫：《论有组织犯罪刑法立法改革》。
③ 参见梅传强、胡江：《惩治黑社会性质组织犯罪的刑法完善》。

社会性质组织犯罪进行全面复合性打击。①

2. 犯罪构成模式

有论者指出，刑法理论认为组织、领导、参加黑社会性质组织罪的犯罪构成模式属于即成式的犯罪构成模式，而刑事立法将其规定为纵深式犯罪构成模式，二者出现了结构性矛盾。这就使刑法介入组织、领导、参加黑社会性质组织行为界点大大后移，即许多黑社会性质组织在实施了大量严重犯罪后才受到打击，这样不但使法益遭受了严重损害，而且增加了打击的难度，也难以取得理想的预防效果。因此，对有组织犯罪宜采用企行式犯罪构成模式，即将法益保护的界点提前，规定即使尚未直接侵害法益的行为也构成犯罪的犯罪构成模式。②

3. 修法内容

有论者指出，我国当前黑社会性质组织犯罪存在多方面的立法缺陷：罪状表述缺乏准确性；罪名设置缺乏完备性；刑罚设置缺乏有力性；惩治机制缺乏配套性。为此，应当完善其罪状表述方式，消除黑社会性质组织犯罪构成要件的描述中在内涵和外延方面都不清晰确定的法条用语，进一步明确黑社会性质组织犯罪的构成要件；科学设置罪名，增加参加境外黑社会组织罪，包庇、纵容境外黑社会组织罪，介绍、教唆、胁迫他人参加黑社会组织罪等；增加刑罚的处罚力，提高量刑幅度，增加财产刑，对首要分子禁止适用假释、累犯，并从严适用减刑；完善相应的惩治机制，健全反洗钱法律体系，健全反黑刑事诉讼规则，加强国际合作。③

也有论者指出，我国黑社会性质组织犯罪财产刑的缺失不利于保护市场经济秩序益、不利于摧毁黑社会性质组织的再生基础、不利于对黑社会性质组织的非法财产予以处置，增设财产刑可以更好地实现刑罚的正当性、可以更好地实现刑罚的特殊预防和一般预防。借鉴国外先进立法经验，应确立得科罚金制的罚金刑适用方式，增设抽象罚金制，并合理确定数额标准，增设没收财产刑，并加以完善，增设财产刑单向易科自由刑制度。④ 我国现行立

① 参见李川：《我国黑社会性质组织犯罪立法的比较与完善》。

② 参见柳忠卫：《论有组织犯罪刑法立法改革》。

③ 参见王鹏祥：《论我国黑社会性质组织犯罪的立法完善》。

④ 参见莫晓宇、刘畅：《黑社会性质组织犯罪之财产刑增设初探》。

法没有体现对国家工作人员从重处罚的精神，应提高包庇、纵容黑社会性质组织罪的法定刑，将《刑法》第 294 条第 4 款包庇、纵容黑社会性质组织罪的法定刑设置为两档：一般情节的，处三年以上七年以下有期徒刑；情节严重的，处七年以上有期徒刑。同时，借鉴毒品犯罪特别再犯的规定，增设黑社会性质组织犯罪的特别再犯制度。①

还有论者从刑事政策角度提出严密法网和适当地严厉刑度。其中，“严密法网”不仅意味着要借鉴国外有组织犯罪的立法，降低《刑法》第 294 条规定的“黑社会性质组织”成立的门槛，将在相对固定的区域或行业内，形成违法犯罪势力大肆实施多种违法犯罪活动的“恶势力”纳入黑社会性质犯罪处罚的范畴。而“适当地严厉刑度”则不仅意味着应该在黑社会性质组织犯罪中设立特别累犯制度，而且意味着要适当地提高《刑法》第 294 条规定的组织、领导和参加黑社会性质组织罪及其关联犯罪的法定刑，实现“打黑”与“反腐”的有效结合，赋予打黑除恶以更有力的法律武器，包括完善证人保护制度、建立详细的犯罪记录和建立卧底侦查制度。②

六、毒品犯罪问题研究

毒品犯罪是当前影响我国社会问题和人民群众身心健康的一类严重犯罪，也是我国刑法重点惩治的对象。本届年会共收录毒品犯罪问题研究论文 38 篇，学者们围绕毒品犯罪的死刑问题、毒品犯罪的刑事政策问题、运输毒品罪等毒品犯罪的个罪问题以及毒品犯罪的司法认定问题展开了深入研究。

（一）毒品犯罪的死刑问题

有论者结合毒品犯罪多为共同犯罪这一特点探讨了其死刑限制问题，认为在具体行为定性与死刑限制方面应注意以下三个小问题：一是单纯运输毒品的行为只能构成非法持有毒品罪或者走私、贩卖、制造毒品罪的共犯，司法机关对此类案件只有在深入调查毒品运输者的主观意图，查明毒品来源后

① 参见梅传强、胡江：《惩治黑社会性质组织犯罪的刑法完善》。

② 参见姜涛：《论黑社会性质组织犯罪的概念范畴与法律应对》。

方可适用死刑；二是居间介绍买卖毒品的行为，无论是否牟利均构成贩卖毒品罪的共犯，但若居间介绍买卖毒品者既非毒品的所有者又无贩毒品实行行为，应视其为单纯帮助犯而不得适用死刑；三是为他人代购毒品的行为应定性为非法持有毒品罪，对其显然也不应适用死刑。为避免在毒品共同犯罪中发生对多名主犯适用死刑的泛化局面，只能对存在具有优势支配性的主犯适用死刑。[①]

也有论者主张，应加强和完善既有相关刑事司法制度，努力发挥刑事司法能动性来限制毒品犯罪死刑的适用。其中尤其应该重视司法机关在毒品犯罪死刑限制中的作用，即通过适时出台相关司法解释、纪要、量刑指导意见、发布毒品犯罪死刑适用的典型案例，着力规范和逐步统一毒品犯罪死刑适用标准等方式来限制毒品犯罪死刑的适用。[②] 对从法律解释角度寻求对死刑的限制，比单纯从立法完善的角度出发更为切实可行，必须重视区别对待毒品犯罪人，不能一概“一杀了之”，为此不仅要关注主体的职业与身份，而且要结合犯罪人对毒品犯罪的认知、犯罪动机及在犯罪中所起的作用等情节进行综合考虑。[③]

还有论者认为，对毒品犯罪适用死刑不具有正当性，其原因在于：第一，不符合刑罚报应的要求，即无论是等量报应论，还是等价报应论，都难以对毒品犯罪适用死刑进行合理解释；第二，不符合刑罚功利的要求，即对毒品犯罪适用死刑的一般预防功效微乎其微；第三，不符合刑罚人道的要求，即毒品犯罪死刑的大量适用与人道主义所要求的基本精神背道而驰。当前，之所以会对毒品犯罪适用死刑，主要是在社会控制模式选择上存在认识偏差，即对刑罚威吓模式的迷信和对社会防卫模式的忽略。而这不仅导致其在刑法理论中存在总论与分则的相互冲突，而且在司法实践中也易产生诸多谬误。[④]

（二）毒品犯罪的刑事政策问题

有论者详细梳理了自中华人民共和国成立以来我国的毒品犯罪刑事政

---

① 参见赵秉志、李运才：《毒品共同犯罪与死刑限制》。

② 参见陈世伟：《我国毒品犯罪配置死刑的基本逻辑及其限制死刑的路径研究》。

③ 参见吴立志、罗开卷：《宽严相济刑事政策与死刑的适用限制——一种宏观路径的考察》。

④ 参见王开武：《毒品犯罪适用死刑的非正当性研究》。

策，进而提倡在未来毒品犯罪刑事政策的制定与运用中应注重防控毒品的理念。在定罪刑事政策方面，应增设毒品居间交易罪、容留他人买卖毒品罪等罪名以严密毒品犯罪圈；对可能判处死刑、无期徒刑或十年以上有期徒刑的毒品犯罪案件、可能被认定有罪的毒品案件，其毒品鉴定结论中应有含量鉴定的结论；应适当考虑毒品犯罪主观要件认定中严格责任限制问题，建议在刑法分则中有关毒品犯罪一节中明文规定行为人主观认定中的"明知"、"推定明知"与"应当知道"的含义。在量刑刑事政策方面，应为毒品犯罪死刑的酌定不适用留下政策空间；对于特殊人群（如孕妇、外国人等）毒品犯罪的死刑适用，既要坚持从宽处遇刑事政策，又要考虑从根本上截断特殊人群被利用的机会；对毒品犯罪予以严厉惩治并在较长时间内保持较高的重刑率仍是最优选择。①

也有论者认为，我国在对毒品犯罪的具体危害性认识上存在非理性的一面，有泛道德化与情绪化作祟之嫌，由此也导致了我国在毒品犯罪定罪量刑方面具有严苛性。这主要体现在以下四方面：一是在定罪起点上采取"零容忍"态度；二是对贩卖毒品行为进行扩大解释；三是对毒品犯罪设置死刑并大量适用；四是提前认定毒品犯罪的犯罪形态。为此，应摒弃情绪化的禁毒刑事政策，回归对待毒品犯罪的理性态度，重视禁毒刑事政策的正当性依据，以期真正达到遏制毒品犯罪的蔓延和保障个体权利的目的。②

（三）毒品犯罪的个罪问题

1. 运输毒品罪

（1）关于运输毒品罪的存废问题

有论者认为，在我国刑法理论中根本没有运输毒品罪的存在空间，因为对于行为人明知（包括明确性认识和盖然性认识）他人是走私、贩卖、制造毒品者而实施运输毒品的行为，完全可以运用走私、贩卖、制造毒品罪的共同犯罪加以解释和处理。③ 但也有论者认为，运输毒品罪仍然有其存在的价

---

① 参见严励、卫磊：《毒品犯罪刑事政策探析》。

② 参见陈云东、高巍：《我国禁毒刑事政策的正当性危机》。

③ 参见李运才、魏昌东：《论走私、贩卖、运输、制造毒品罪之罪名调整——兼议毒品犯罪死刑的立法控制》。

值，但是应将本罪的适用范围控制在无证据证实运输者本人是走私、贩卖、制造毒品者或者窝藏、转移、隐瞒毒品者的范围内为宜。[①]

（2）运输毒品罪的犯罪构成要件

有论者认为，刑法理论通说将“明知”作为运输毒品罪的主观方面要件，并非意味着其不要求意志因素，而是不宜将这种意志因素限定为何种具体目的，换言之，目的的行为在本罪中可以没有相应的客观行为，否则就应构成其他相应的毒品犯罪而非本罪。因此，基于某种非法意图而运输的目的在本罪中应属于超过的主观要素的内容，既不需要以是否为赚取佣金为必要条件，又不受必须查清具体为何种目的才能定罪。[②]

也有论者在对本罪的客观要件方面（即运输行为）进行类型化分析后认为，为了解决目前我国司法中存在的对运输毒品罪行为选择性独立评价却又不数罪并罚的悖论，应通过逻辑解释的方式将其纳入分化到贩卖、制造等毒品犯罪当中去，并将其作为后者的从犯予以定罪量刑。[③]

（3）运输毒品罪的既遂标准

有论者认为，鉴于运输毒品罪的犯罪既遂类型为举动犯，其既遂、未遂标准界定宜采取“起运说”。只要毒品一旦起运，无论运输距离远近，就已经在客观上侵害了国家对毒品的管制权，应以运输毒品罪既遂论处。至于毒品运输方式的不同则在所不问。[④]

也有论者对此持不同看法，认为在运输毒品罪为行为犯的前提下，运输毒品行为实行的程度，只能依赖于司法人员依据个案的具体证据所反映的事实，作出符合社会常理的判断，并逐渐根据司法实践的经验得出相关界定标准。[⑤] 应根据运输毒品罪是行为犯的特点并结合运输工具的特征、运输距离的远近、法益所受到现实侵害的程度来对运输毒品是否达到一定程度综合加以认定。[⑥]

---

① 参见林志刚、黄志瑾：《运输毒品罪的若干问题》。

② 参见林志刚、黄志瑾：《运输毒品罪的若干问题》。

③ 参见张阳：《毒品运输行为解析——兼论运输毒品罪的悖论》。

④ 参见王治建、夏强：《运输毒品罪的若干问题探讨》。

⑤ 参见林志刚、黄志瑾：《运输毒品罪的若干问题》。

⑥ 参见屈钰、钱小平：《运输毒品罪法律适用问题探究》。

2. 走私毒品罪

有论者提出，应区分应然意义和现实意义上的走私毒品，《刑法》第 155 条关于“准走私行为”的规定不能扩张适用于走私毒品罪。这是因为：一方面，从刑法条文的效力视之，分则条文的效力不具有普适性，即分则条文只能适用于其所在章节和法条明示的范围。而走私罪与走私毒品罪分属刑法条文不同的章节，故不能想当然地由此及彼。另一方面，走私罪与走私毒品罪不属于同一犯罪构成要件的行为，前者的客体主要关注进出口管理秩序，而后者的客体更为强调公民身体健康，故也不能将其扩张适用。①

3. 容留他人吸毒罪

有论者认为，对容留他人吸毒罪的“场所”要求应作广义理解，使其涵盖行为人取得临时使用权或支配权的旅馆房间、办公室、娱乐场所的包厢等临时性场所。过于强调行为人对所提供场所的“完全支配”而置此类临时性场所于不顾有放纵犯罪之嫌。② 但也有论者对此持不同看法，认为根据“容留”的字面意思解释，就是要求行为人自己对场所具有所有权、较为固定的使用与管理权。此外，该论者还将本罪与容留卖淫罪进行比较，认为应对本罪的“场所”予以限定。③

4. 非法持有毒品罪

有论者认为，风险社会中的非法持有毒品行为，其持续性毒品控制状态对社会利益具有本质意义上的重大法益侵害危险，因此其具有刑事可罚性。在肯定其可罚性的基础上，对其法定刑设置也必须考虑到其与相邻犯罪的衔接与协调问题。但目前我国刑法对此的规定不尽合理，如窝藏毒品罪的法定最高刑仅为十年，但非法持有毒品罪的法定最高刑却高至无期，而前者的社会危害性显然较之后者更高。因此，亟待改进这种补漏型犯罪与相邻犯罪法定刑差距过大的现象。④

① 参见高艳东：《走私毒品罪的难点研究》。
② 参见杨国章：《容留他人吸毒罪的法律适用问题思考》。
③ 参见余知越：《论容留他人吸毒罪》。
④ 参见周娅：《论风险社会中的非法持有毒品罪——基于犯罪构成的政策分析》。

（四）毒品犯罪的司法认定问题

1. 涉毒行为的定性问题

（1）互易毒品的行为

关于互易毒品行为的性质，理论上存在“绝对说”与“相对说”之争。绝对说是指只要是互易毒品的行为，主张一律不作为犯罪处理或一律作为犯罪处理。而相对说是指对互易毒品行为的刑法定性应依据不同情况而具体区分为作为犯罪处理和不作为犯罪处理。对此，有论者认为，“绝对说”在方法论上存在“一刀切”的错误，在实践中又不符罪刑法定原则，故难以得到认同。而“相对说”则充分考虑了刑法干预的适度性和正当性，是认定本行为所应采取的正确立场。因为其既在行为本身的定性上合理考虑了毒品的数量与纯度，同时又将处罚范围限制在合理范围内，如此一来，既能贯彻刑法打击涉毒犯罪的意图，发挥刑法的社会保护机能，又可顾及刑法干涉的正当性，突出刑法的人权保障机能。①

（2）以贩养吸者存储毒品的行为

有论者认为，目前以行为人存储毒品的数量大小来推定行为人是否构成贩卖毒品等罪的做法存在明显缺陷，即违背了推定的基本规则，违背了我国刑法的立法原意，也违背了惩治毒品犯罪的司法原则。据此，该论者认为，我国规定，对于吸毒者在存储毒品过程中被查获，且没有证据证明其实施了其他毒品犯罪，但查获的毒品数量达到较大以上的，以其实际实施的毒品犯罪行为定罪处罚，这样的指导意见是不科学的，应在日后通过立法或颁布新的司法解释等方式加以修正。②

（3）非法买卖含毒品成分药品的行为

有论者认为，非法买卖含毒品成分药品的行为使药品中所含的毒品成分通过非法渠道流入社会，其造成的社会危害性不亚于直接贩毒行为的社会危害性。但以非法经营罪对该类行为进行刑事制裁又存在诸多弊端，故建议增设“非法买卖含毒品成分的药品罪”，仅限于指违反国家对含有鸦片、海洛因、甲基苯丙胺、吗啡、大麻、可卡因以及国家规定管制的其他能够使人形

① 参见刘艳红、梁云宝：《互易毒品行为的刑法处遇》。

② 参见高珊崎：《以贩养吸者存储毒品定性之相关问题探析》。

成瘾癖的麻醉药品和精神药品成分的药品的管制规定，非法买卖该类药品，情节严重的行为。其起刑点设置为十年以上有期徒刑为宜。①

2. 毒品犯罪的认定规则

（1）毒品犯罪的再犯和累犯

有论者认为，目前我国对于特殊毒品累犯只适用再犯的规定存在以下多方面的弊端：一是会导致对属于特殊毒品累犯的犯罪人适用缓刑；二是导致对特殊毒品累犯的犯罪人适用假释；三是会导致不同情形的毒品犯罪再犯不同的法律后果。相对于《刑法》第356条的规定，刑法总则中关于对累犯的处理规定，既是特殊法条，又是重法条，没有禁止适用的规定。因此，当毒品犯罪的再犯与累犯竞合时，应以累犯处理。②

也有论者认为，我国对毒品再犯规定违反了禁止重复评价原则，严重干扰了再次犯罪评价体系，因此应对其加以修正，应对“被判过刑”进行重新解释，将其限制于只有在刑罚执行完毕之后的情况。此外，对于司法解释将刑法确定的从重处罚原则变相为加重处罚的做法也应加以禁止。③

（2）毒品犯罪的数量与纯度

有论者认为，毒品数量不以纯度折算这一做法造成了概念混淆与执法尴尬，既不符合以事实为根据的司法原则，又有悖于罪责刑相适应原则。毒品犯罪的危害程度并不仅仅体现于数量上，同时也体现于纯度上。若折算后的毒品数量极少，说明其社会危害性也很少，不将其作为犯罪处理或者不适用刑罚也并无不妥。④

3. 具体个罪的司法认定

有论者认为，在运输毒品罪的“运输”认定上，应结合毒品的法律性质进行分析。只有毒品空间的位移具有实现和促进商品流通的意义时，才能认定为运输。而从法律性质上来说，毒品是违禁品。故在实践中为了节省成本和规避风险，无论是毒品的生产者、消费者，还是毒品交易中间任何环节的

① 参见贾楠、吴波：《非法买卖含毒品成分药品行为的认定——以非法买卖“联邦止咳露”现象为视角》。

② 参见朱建华：《毒品犯罪再犯与累犯竞合时应以累犯论》。

③ 参见李怀胜：《对司法解释中毒品再犯规则的批判性思考——以刑法中的再次犯罪评价体系为视角》。

④ 参见段启俊、潘建：《毒品数量不以纯度折算的反思》。

行为人，都会尽量减少其流通交易环节，尽可能避免将毒品带入流通领域。故当毒品一旦在空间上进入流通领域，比如毒品被携带入机场、高速公路等时，一般即可推论其具有流通意义，属于毒品的运输行为。而只有相反的证据能够证明其确实不具有流通意义的，才应被认定为属于非法持有。[1]

［赵秉志、陈泽宪、袁彬、刘春花、翁小平、刘炯、蔡雅奇；载赵秉志主编：《刑法评论》，第 19 卷，北京，法律出版社，2011］

① 参见何荣功：《运输毒品认定中的疑难问题研究》。

第五十九章

2011年全国刑法学术年会综述[①]

2011年全国刑法学术年会于10月21日至23日在美丽的山城重庆隆重召开。在会议召开前，研究会秘书处编辑了论文集，并由中国人民公安大学出版社出版。年会的分组讨论和大会发言讨论在主题上与刑法年会论文集基本上保持了一致。在此，我们根据年会论文集以及年会讨论情况进行如下综述。

一、关于社会管理创新与刑法理念革新

在此主题之下，年会论文集收录论文35篇，各位作者从社会管理创新的角度对犯罪统计、刑法理念、犯罪观、刑罚观、刑事政策、刑事司法理念、刑事和解等问题进行了全面和较为深入的研讨，在当前的社会背景之下颇有开拓意义。

（一）刑法理念内容的发展

有论者指出，作为对社会管理创新模式的回应，有必要对传统刑法观进行反思，进而转变认识：（1）从万能主义的刑法到辅助治理手段的刑法；（2）从国家专政的刑法到民权主义刑法；（3）从严打犯罪的刑法到预防优先

① 除特别说明，本章注释均出自朱孝清、莫洪宪、黄京平主编：《社会管理创新与刑法变革》（上、下卷），中国人民公安大学出版社2011年版。

的刑法；(4) 从刑法的公法化到刑法私法化。[①] 另有论者同样认为刑法理念的转型是我国刑法从政治刑法（国权主义刑法）向市民刑法（民权主义刑法）的功能性转换。[②] 还有论者提出了刑法社会化的理念，刑法社会化契合了社会管理创新的多元、互动、有效的治理理念。[③] 有论者认为刑法理念的革新还应包括死刑文化的转变、刑事立法模式的合理选取以及对犯罪论体系的改造。[④] 对于刑法理念的发展内容，还有论者认为应当包括但是不限于以下几个方面 (1) 刑法的处罚范围适当；(2)"维稳"与"维权"并重；(3) 刑事立法、司法理念的国际化。[⑤] 有会议代表认为，在刑法领域贯彻社会管理创新，要注意刑法介入的适度，既不能过度，又不能不足，注意刑事法律与道德的关系，改变惩治贪污贿赂犯罪中的"放大抓小"现象；刑法介入的适度性与国民的安全感紧密相关；立法罪名过多过快，会导致罪名的虚置，破坏人人平等原则；要彻底改变刑法万能的错误观念。

（二）社会管理创新与犯罪观的发展

1. 新视野下对犯罪观的解读

关于犯罪观的发展问题，论者从宏观和微观两个角度进行了新的解读。从宏观方面，有论者提出犯罪本质观、犯罪关系观以及犯罪治理观三者共同构建了一种科学犯罪观。[⑥] 还有论者针对社会契约论提出一种新的社会观——社会强迫论，并以此为基础提出了一种现代犯罪观——自然权利背后的优势补偿。[⑦] 从微观方面，有论者探讨了社会管理创新与性犯罪观的发展与完善。[⑧]

2. 犯罪确立的影响因素及原则

在社会管理创新背景下，论者对如何划定犯罪圈的问题进行了探讨。我

---

① 参见李希慧、焦阳：《论刑法观的革新对社会管理创新的回应》。
② 参见李邦友、娄永涛、张理恒：《论社会管理创新视域下刑法理念的革新》。
③ 参见利子平、石聚航：《社会管理创新与刑法社会化》。
④ 参见李邦友、娄永涛、张理恒：《论社会管理创新视域下刑法理念的革新》。
⑤ 参见王文华：《社会冲突、社会管理与刑法理念的发展》。
⑥ 参见单勇、于世忠：《解读犯罪观》。
⑦ 参见高艳东：《现代犯罪观：自然权利背后的优势补偿》。
⑧ 参见彭文华：《社会管理创新与性犯罪观的发展》。

国处在社会转型的特殊时期，解决划定犯罪圈的任务尤其艰巨。[①] 有论者提出，刑事犯罪确立的影响因素有很多，如刑事立法的世界潮流、刑法的机能等，并分析了刑事犯罪确立之谦抑性原则和犯罪的补充性原则。[②] 有论者探讨了“最后手段原则”，与前面的论者不同，其认为谦抑性就是补充性，并且认为“最后手段”原则存在问题面临挑战，我国立法者一方面应坚守原则，保留例外；另一方面应立足本土，灵活运用。

（三）社会管理创新与刑罚观的发展

1. 对传统社会管理模式下的刑罚观的反思

有论者指出，传统社会管理模式下的功利刑罚观包括万能刑罚观和重刑刑罚观，面对新的社会形势，难以有效地指导刑罚的创制和运行。[③] 有论者同样指出了正视刑罚功能的局限性，主张摒弃重刑主义思想。[④] 有论者提出，就我国的现实要反省重刑主义的观点和做法。[⑤]

2. 现代刑罚观的树立和发展

有论者提出现代刑罚观是和谐刑罚观、理性刑罚观、人本刑罚观、公正刑罚观和效益刑罚观的有机统一。[⑥] 还有论者提出确立以社会学为视角的社会学刑罚观。[⑦] 对于现代刑罚观的发展，多位论者提出了不同的思路，但主要内容大体一致。有论者主张，从立法层面、刑罚观念、刑罚适用过程中的参与、刑罚执行方式以及从刑罚执行后的帮教措施等几方面推动刑罚观的发展。[⑧] 有论者也同样提出刑罚观中的公众认同、公众参与应该引起足够的重视。[⑨]

3. 关于死刑的适用问题

对于死刑的适用问题，论者都提出了特殊背景下应更注意死刑适用的社

---

① 参见王文华：《社会冲突、社会管理创新与刑法理念的发展》。
② 参见杨辉忠：《试论刑事犯罪确立的影响因素及其原则》。
③ 参见邓小刚：《从功利刑罚观到现代刑罚观——社会管理创新视野下刑罚观的发展》。
④ 参见于雪婷：《论和谐社会视野下的中国当代刑罚观》。
⑤ 参见徐安住：《社会管理创新语境下刑罚的公众认同——基于禁止令实践的考察》。
⑥ 参见邓小刚：《从功利刑罚观到现代刑罚观——社会管理创新视野下刑罚观的发展》。
⑦ 参见于雪婷：《论和谐社会视野下的中国当代刑罚观》。
⑧ 参见田向红、马驰：《社会管理创新语境下的刑罚观发展》。
⑨ 参见徐安住：《社会管理创新语境下刑罚的公众认同——基于禁止令实践的考察》。

会效果。但论者从不同角度探讨了死刑适用问题。有论者提出应合理地确立当前的死刑政策，在创新社会管理背景下分析了“慎用死刑”政策。[①] 另有论者以具体案例为参照，分析了暴力犯罪死刑案件量刑情节适用问题。[②]

（四）社会管理创新与刑事司法理念的发展

1. 现代刑事司法理念的发展

有论者提出，为适应新形势新要求，刑事司法需切实更新理念，坚持社会主义法治理念、树立宽严相济刑事司法理念、强化司法为民理念、更新被害人权益保障理念等。[③] 另有论者认为，要构建先进的刑事司法制度，应着力建立和强化以下理念：公正优先、刑法谦抑、司法高效、司法民主、恢复性司法、刑罚轻缓的理念。[④] 有会议代表指出了当前对贪污腐败犯罪惩治中存在的“放大抓小”现象，并认为对此应该予以改观。

2. 关于现代司法理念的贯彻途径

有论者提出刑事审判中的能动性理念，认为在社会管理创新下刑事审判能动性对于抑制刑法工具主义、打破刑法自身的体系封闭具有重要意义。[⑤]

还有论者提出了量刑中的沟通理念，包括与被告人、被害人在诉讼程序内、诉讼程序外的沟通，同时也指出量刑是一个能动过程，需要法官的经验判断和主观能动性的发挥。[⑥]

二、关于《刑法修正案（八）》对刑法总则的修正

论文集“《刑法修正案（八）》关于刑法总则修正之研究”编，收录论文48 篇，涉及特殊人群从宽处罚、刑罚结构的调整、禁止令、社区矫正、死刑制度改革、数罪并罚、缓刑、减刑、假释等刑法总则的内容。年会代表对

---

① 参见黄晓亮：《论社会管理创新视野下的死刑适用慎重性问题》。

② 参见陈艳、徐啸宇：《社会管理创新思维下的暴力犯罪死刑案件量刑情节适用——以药家鑫与侯钦志案为参照》。

③ 参见胡云腾、喻海松：《社会管理创新与刑事司法理念的发展》。

④ 参见赵宏斌、金石：《刍议社会管理创新与刑事司法理念的发展》。

⑤ 参见蔡道通、马荣春：《能动性——社会管理创新下的刑事审判新理念》。

⑥ 参见田鹏辉：《社会管理创新与量刑中的沟通理念》。

此方面也进行了比较深入和全面的研讨。

（一）刑罚裁量制度

1. 特殊群体从宽处罚制度

关于从宽处罚时间点的认定，有论者认为将“已满七十五周岁”理解为“审判的时候已满七十五周岁”较为妥当。① 有论者对完善老年人犯罪从宽处理问题提出建议，包括建立办理老年人刑事犯罪案件特殊查办机制、特殊诉讼机制、特殊审理机制、特殊执行机制以及探索老年人承担刑事责任的多样化途径。②

2. 减轻处罚制度

《刑法修正案（八）》规定的限制减刑没有明确“没有下一个量刑幅度”时怎么处理。有论者提出“增补量刑幅度”的措施。③ 有论者提出对没有下一个量刑幅度的犯罪，并不禁止可以在下一格内判处刑罚。④ 有论者提出，修正案对减轻处罚的幅度应该进一步明确。⑤

3. 累犯制度

关于死缓累犯的限制减刑，有论者认为累犯的限制减刑体现了宽严相济刑事政策中严的一面。⑥ 还有论者认为从整个刑法体系看，这项规定客观上产生两面性的效果，一方面体现了罪责相适应和刑罚个别化，但另一方面，在一定程度上不利于对犯罪人的改造和实现特殊预防目的。该论者还指出，普通死缓犯和被限制减刑的死缓累犯的最低刑期差距过大，有违司法公正。⑦ 有论者建议合理规定累犯假释条件和累犯人身危险性因素的规定。⑧

关于未成年人不构成累犯，有论者认为明确规定未成年人不能构成累犯，一方面是为了进一步加强对未成年人的特殊保护，另一方面是为了适应

---

① 参见刘宪权、周舟：《特殊群体从宽处罚若干疑难问题研究》。

② 参见余有前：《浅论老年人犯罪从宽处理——以〈刑法修正案（八）〉为背景》。

③ 参见王志祥、袁宏山：《减轻处罚制度的修订与完善——以〈刑法修正案（八）〉为视角的思考》。

④ 参见张兆松：《减轻处罚探究——以刑法修正案（八）为视角》。

⑤ 参见王志祥、袁宏山：《减轻处罚制度的修订与完善——以〈刑法修正案（八）〉为视角的思考》。

⑥ 参见行江、陈结淼：《宽严相济刑事政策下我国累犯制度之完善》。

⑦ 参见董文辉：《累犯制度修正辩证考》。

⑧ 参见行江、陈结淼：《宽严相济刑事政策下我国累犯制度之完善》。

轻刑化的趋势。[①] 但也有论者认为该规定将未成年人一概排除一般累犯的成立范围也有不妥。[②]

对于“不满十八周岁”论者有不同观点，有论者认为不论前罪、后罪，只要实施其中一个犯罪行为时不满十八周岁，就不构成累犯。[③] 但有论者认为应以实施后罪时的年龄作为排除累犯的时间标准。[④]

关于累犯制度再完善，有论者认为，应废除毒品再犯制度，将其统一到特别累犯中去，形成统一的累犯制度。[⑤] 其他论者也有相同观点。还有会议代表认为，过失犯罪、缓刑犯也应该构成累犯。

4. 坦白制度

关于坦白制度法定化，有论者认为，“坦白从宽”是落实宽严相济刑事政策的应有之义，是司法公正与效率的呼唤，应使其走出司法尴尬境地。[⑥] 另外有论者认为还有符合权利的保护原则、刑法正义原则。[⑦]

关于坦白制度具体内容，多数论者认为，坦白的主体应扩大到被告人，可以在任何阶段坦白。此外，论者还对坦白成立条件涉及的问题作了分析。有论者认为，坦白是“可以型”量刑情节，应将“可以”理解为“一般应当”。该论者认为对修正案规定的“避免特别严重的后果法生”应理解为只要能够认定犯罪嫌疑人如实交代自己的罪行后，通过侦查机关、司法机关采取果断措施，避免了特别严重后果发生的就可以对犯罪人减轻处罚。[⑧] 还有论者指出，“以司法机关是否掌握犯罪事实”这一标准来判断是否构成坦白是在法律之外认为缩小了坦白的范围，“避免特别严重的后果发生”的情形应该细化。[⑨]

5. 数罪并罚制度

关于非同种自由刑的并罚。对于非同种自由刑如何数罪并罚，有论者认

---

① 参见刘宪权、周舟：《特殊群体从宽处罚若干疑难问题研究》。

② 参见董文辉：《累犯制度修正辩证考》。

③ 参见行江、陈结淼：《宽严相济刑事政策下我国累犯制度之完善》。

④ 参见刘宪权、周舟：《特殊群体从宽处罚若干疑难问题研究》。

⑤ 参见董文辉：《累犯制度修正辩证考》。

⑥ 参见段启俊：《〈刑法修正案（八）〉新增坦白制度的理解与适用》。

⑦ 参见段凰：《对〈刑法修正案（八）〉第八条的思考》。

⑧ 参见段启俊：《〈刑法修正案（八）〉新增坦白制度的理解与适用》。

⑨ 参见段凰：《对〈刑法修正案（八）〉第八条的思考》。

为，司法审判工作应该采用“分别执行说”[①]。但是有论者不赞成分别执行说，而主张折算说。[②]

关于附加刑的并罚，有论者认为对于剥夺政治权利的并罚应采取“限制加重说”，并提出应该设置剥夺政治权利的最高期限，其认为10年是合理的。[③] 有论者的观点与此观点大致相同，该论者还认为在谈附加刑的并罚时将罚金刑与没收财产作为财产刑这一大类进行讨论，是较为现实可行的，且存在吸收、并科和限制加重三种情况。[④]

关于同种数罪的并罚，有论者认为对判决宣告以前的同种数罪应该并罚，这符合罪刑关系原理、刑事责任理论、罪刑相适应原则和量刑规范化的要求，应当采取“原则上并罚，但法律另有特别规定除外”的原则。[⑤]

6. 缓刑制度

关于考察内容，有论者认为我国缓刑考察内容以标准条件作为一般性义务，以“禁止令”为表现形式的附加条件作为补充性义务，并认为禁止令的增设使缓刑考察内容更为科学。关于考察机构，该论者认为社区矫正使缓刑考察方式发生根本变化，并指出刑法修正案增设专业缓刑考察主体，有效规避了公安机关作为考察主体的弊端并且增强了社会观护机制。[⑥]

另有论者对缓刑实质条件进行了分析，认为缓刑实质条件内部结构可分为一般要件和特殊要件，并指出，对于特殊要件的评价对象主要是与犯罪有关的主客观情节，不应过度扩大；在缓刑实质条件判断中应禁止重复评价，包括定罪情节与量刑情节以及量刑情节内部的重复评价。[⑦]

（二）死刑制度

1. 老年人死刑规定

关于“审判的时候”时间点的确定，有论者认为，“审判的时候”应理

---

① 黄伯青：《进一步完善非同种自由刑数罪并罚的立法思考——〈刑法修正案（八）〉为基础》。

② 参见吴菊萍：《我国刑法中数罪并罚制度的若干问题探讨——兼评〈刑法修正案（八）〉第十条》。

③ 参见吴平：《剥夺政治权利的并罚问题研究》。

④ 参见吴菊萍：《我国刑法中数罪并罚制度的若干问题探讨——兼评〈刑法修正案（八）〉第十条》。

⑤ 参见陈娥：《论同种数罪应当并罚——兼论刑法修正案（八）对数罪并罚制度修改的短视》。

⑥ 参见贾楠：《〈刑法修正案（八）〉之缓刑考察的解析与思考》。

⑦ 参见张守良、鞠佳佳：《关于缓刑实质条件的体系性思考——〈刑法修正案（八）〉的颁行为视角》。

解为“一审判决确定时”这一时间点。[①] 还有论者认为，“审判的时候已满75周岁”指行为人在一审、二审和死刑复核期间已满75周岁。但是其还指出，为了堵塞有可能为司法腐败留下的空间，建议将“审判的时候”改为“犯罪的时候”[②]。另有论者认为“审判时”应理解为“判决之日”[③]。

关于“以特别残忍的手段致人死亡”这一例外情节，有论者认为，只有行为人故意实施特别残忍手段的行为，并且故意致人死亡的危害结果已经发生，才有可能对75周岁以上的人适用死刑。[④] 有论者认为“但以特别残忍手段致人死亡的除外”漏洞重重，宜改为“情节特别严重的除外”[⑤]。但有会议代表仍认同“手段残忍”的规定。

2. 死缓制度

有论者认为，对有重大立功的死缓犯一律“减为二十五年有期徒刑”存在着不合理之处，在形式公正下偏离了实质意义上的公正，偏离了罪责刑相适应原则以及缺乏灵活性。[⑥] 有论者则认为，最低服刑期限二十五年或二十年的规定过于机械，限制死刑的规定也应当细化，目前的死缓执行期限设置为二年至五年比较合理。[⑦]

（三）刑罚执行制度

1. 社区矫正制度

关于法律性质，有论者认为，应定位为对犯罪人的观护措施。[⑧]

关于法律依据，有论者指出，社区矫正的内容规定分散，缺乏统一，法律对相同问题规定得不协调、不一致，禁止令适用的相关规定也不明确，因此，其建议有关法律修订应同步协调，以及制定“社区矫正法”或是制定一

---

① 参见刘宪权、周舟：《特殊群体从宽处罚若干疑难问题研究》。

② 徐留成：《老年人死刑规定的理解与适用》。

③ 卢勤忠、卢晨：《老年人犯罪死刑立法的理性思考》。

④ 参见徐留成：《老年人死刑规定的理解与适用》。

⑤ 卢勤忠、卢晨：《老年人犯罪死刑立法的理性思考》。

⑥ 参见高珊琪、曹玉江：《对死缓变更死刑立即执行条件的解读》。

⑦ 参见余知越：《浅论死缓制度的改革》。

⑧ 参见王莉：《社区矫正的性质之反思与合理定位》。

部统一的“刑罚执行法”[1]。

关于适用范围，有论者指出，《刑法修正案（八）》将在社会上执行剥夺政治权利的犯罪人排除在社区矫正的对象以外，不仅与现实不符，还与社区矫正的性质不符，建议将剥夺政治权利作为社区矫正的犯罪对象予以法定化。[2]

关于执行主体，有论者提出《刑法修正案（八）》规定对管制、缓刑、假释实行社区矫正，不再由公安机关负责，2003年以来实施的社区矫正按司法文件规定由“司法机关具体实施”，但在有关法律中仍然存在公安机关也有权执行的规定，出现矫正机关不统一的情况。因此，建议有关法律修订应同步协调，制定社区矫正法进行统一规定。[3] 还有论者建议赋予司法行政机关执法权。[4]

关于监督制度，有论者认为，社区矫正检察监督的现实困境主要包括社区矫正工作立法滞后，检察监督缺乏必要的法律支撑；介入机制缺乏，监督职能履行缺乏程序保障等。该论者提出了完善的措施，即尽快制定和完善社区矫正的立法；加强程序保障，明确检察机关的知情权和随时介入权等。[5]

2. 禁止令制度

禁止令作为《刑法修正案（八）》新规定的刑罚执行制度，引起了大家的关注，不少论者从不同方面探讨对该制度作了探讨。

（1）禁止令的性质和功能

关于禁止令的性质，有论者认为，禁止令是对管制犯、缓刑犯具体执行监管措施的革新。[6] 有论者认为，禁止令是保安处分的配套措施，是保安处分制度与我国刑法的新结合。[7] 但是，也有论者认为禁止令具有保安处分的

---

① 戴勇才：《社区矫正适用冲突问题探究——以〈刑法修正案（八）〉为视角》；付其运：《当前社区矫正面临的法律问题及完善对策——基于〈刑法修正案（八）〉的视角》。

② 参见戴勇才：《社区矫正适用冲突问题探究——以〈刑法修正案（八）〉为视角》。

③ 参见戴勇才：《社区矫正适用冲突问题探究——以〈刑法修正案（八）〉为视角》。

④ 参见付其运：《当前社区矫正面临的法律问题及完善对策——基于〈刑法修正案（八）〉的视角》。

⑤ 参见徐君强：《试论我国社区矫正检察监督制度及其完善——以〈刑法修正案（八）〉及刑诉法再修改为背景》。

⑥ 参见李晓明、杨平：《论〈刑法修正案（八）〉中禁止令的性质及其适用的控制》。

⑦ 参见贺志伟：《论禁止令的司法适用》。

性质。[①] 有论者指出，禁止令是一种兼顾刑罚和非刑罚的综合性处遇措施。[②] 另有论者指出，从刑法修正案的规定看，禁止令是一种附随缓刑、管制执行的强制性措施，是判决裁明对特定的缓刑犯、管制犯所增加的补强性强制措施，是法律对特殊缓刑犯、管制犯规定必须履行的特定义务，不同于西方国家对有实施犯罪可能性的人所采取的保安处分。[③] 还有论者认为，禁止令是一种配合刑罚起辅助预防作用的强制性约束措施。[④]

关于禁止令的功能，有论者指出禁止令的直接法律功能是“管制执行”的绳索与“缓刑考验”的规则，其间接法律功能是刑罚执行或者缓刑考验期间的资格禁止。[⑤] 还有论者认为，禁止令具有善行保证和安抚民心的作用或功能。[⑥]

（2）禁止令的司法适用

关于适用原则，有论者指出主要有必要性原则、关联性原则、处分均衡原则以及刑法个别化原则。[⑦] 有论者认为，还有可行性原则。[⑧] 另有论者认为，禁止令的基本原则包括法定性原则、必要性原则、相当性原则。其还指出，从法定性原则可进一步衍生出适用处分明确性原则和相对不定期原则。[⑨] 有会议代表指出，法律对禁止令的内容没有明确规定，导致当前司法适用五花八门，不利于司法统一。

在具体适用方面，有论者指出禁止令的适用应当是行为人刑法之展开。[⑩] 还有论者认为，禁止令适用的整个过程应包括三个基本阶段法官评估、社区矫正机构执行、执行结束。[⑪] 还有论者提出，禁止令的适用，应当全面把握“犯罪情况”，科学理解适用“接触”的意义，完善配套监督机制

---

① 参见张勇：《禁止令：保安处分刑法化的试金石》。

② 参见李怀胜：《禁止令的法律性质及其改革方向》。

③ 参见刘德法、孔德琴：《论我国刑法中的禁止令》。

④ 参见孙建保：《刑法“禁止令”：超越中的困惑》。

⑤ 参见李怀胜：《禁止令的法律性质及其改革方向》。

⑥ 参见刘德法、孔德琴：《论我国刑法中的禁止令》。

⑦ 参见贺志伟：《论禁止令的司法适用》。

⑧ 参见刘德法、孔德琴：《论我国刑法中的禁止令》。

⑨ 参见张勇：《禁止令：保安处分刑法化的试金石》。

⑩ 参见李晓明、杨平：《论〈刑法修正案（八）〉中禁止令的性质及其适用控制》。

⑪ 参见邹湘高：《试析〈刑法修正案（八）〉中的禁止令》。

等。[①] 还有论者提出对禁止令的具体内容应当进行限缩解释。[②]

（3）存在的问题及解决建议

有论者认为禁止令的出现催生了一系列难以消解的困惑，既让刑法的二元化机能人为失衡，又让审判权着眼已然、被动判断的属性发生裂变；既冲击了刑法的三大基本原则，又存在内在的自相抵牾之处；因而建议将社区矫治法作为禁止令的“栖身之所”[③]。有论者认为对假释犯以及对被暂予监外执行的罪犯也有必要适用禁止令。[④] 还有论者提出，增设假释考验期的禁止令作为短期改革方向，将禁止令独立为真正的资格刑作为远期的改革方向。[⑤] 有论者认为，禁止令只是我国保安处分刑法化的开端，可考虑制定单行刑法或出台新的刑法修正案，系统包括禁止令在内的保安处分制度，在此基础上形成刑罚与保安处分并存的刑法结构体系。[⑥] 有论者指出《刑法修正案（八）》对单位犯罪没有规定禁止令，不能不说是一种遗憾。[⑦]

3. 减刑与假释制度

（1）减刑制度存在的问题及解决建议

有论者认为，现行减刑制度（减刑裁判一经生效就永不失效）会产生为减刑不择手段的恶性连锁负效应，以及减刑后不求改造、又犯罪的负效应，因而建议：增补减刑撤销或称减刑撤销建议的法律规定，减刑撤销建议权由监狱行使。[⑧]

有论者指出，未成年人减刑制度存在着减刑的最低限度，没有体现从宽原则；减刑的起始、间隔时间以及减刑幅度缺乏明确的标准等问题。此论者建议：在刑法中应当专门规定未成年人减刑制度；另行规定未成年人减刑后的最低刑期；明确未成年人减刑的起始、间隔时间以及减刑幅度；完善未成年人减刑程序等。[⑨]

---

① 参见贺志伟：《论禁止令的司法适用》。
② 参见李晓明、杨平：《论〈刑法修正案（八）〉中禁止令的性质及其适用的控制》。
③ 孙建保：《刑法“禁止令”：超越中的困惑》。
④ 参见邹湘高：《试析〈刑法修正案（八）〉中的禁止令》。
⑤ 参见李怀胜：《禁止令的法律性质及其改革方向》。
⑥ 参见张勇：《禁止令：保安处分刑法化的试金石》。
⑦ 参见贺志伟：《论禁止令的司法适用》。
⑧ 参见王志亮：《减刑制度的负效应及其堵截》。
⑨ 参见胡春莉：《论未成年人减刑制度的立法完善》。

有论者认为，我国当前的减刑程序虽然带有一定的司法属性，但实质上是行政性质，其缺少了司法程序所必需的参与性、对抗性等本质特征，建议借鉴法国信用减刑制度。①

（2）假释制度存在的问题及解决建议

有论者指出，关于《刑法修正案（八）》对假释制度的修改，对其积极意义无疑应予肯定，但其还存在着不足：适用条件没有考虑犯罪人类型的不同，不利于行刑个别化的实现；累犯和暴力性犯罪分子一律不得假释的规定，不利于激励犯罪改造等。因而，应单独规定未成年罪犯和老年罪犯假释的刑期条件；修改累犯和严重暴力性犯罪“不得假释”的立法规定等。②

（3）减刑假释制度共存的问题及解决建议

有论者从我国现行刑法中减刑假释二者的悖论关系进行探讨，认为目前的问题是：从减刑、假释两种奖励措施标准来看，假释的标准高于减刑，但从罪犯的角度而言，减刑出狱的好处自然大于假释的，这样的规定构成了逻辑上的悖论；《刑法修正案（八）》未能解决以上悖论，应适当降低假释的标准，适当提高减刑的标准。③

另外，有论者认为，减刑假释程序存在的主要问题有：法院裁定减刑、假释的方式不合理；当事人无权参与减刑、假释程序之作法存在不当之处等。鉴于此，该论者建议：构建减刑、假释案件的审理程序；设置专门的减刑、假释法庭；设立减刑、假释的预审程序等。④

也有会议代表指出，当前的规定使罪犯不能假释，反而可以减刑，减刑适用得多，就造成了混乱。

三、关于拒不支付劳动者报酬罪

论文集收录了11篇讨论拒不支付劳动者报酬罪的论文。在这些论文中，

① 参见张亚平：《以实体程序变革促程序公正——我国减刑程序改革的另一条路径》。

② 参见彭新林、商浩文：《完善我国假释制度立法的若干思考——以〈刑法修正案（八）〉的有关修改为背景》；张淼、刘红英：《假释的法律地位与立法完善——以〈刑法修正案（八）〉为视角的展开》。

③ 参见刘强：《刑法关于减刑假释规定的悖论及完善探讨——兼对〈刑法修正案（八）〉相关规定的评价》。

④ 参见桑俪：《完善减刑假释程序的思考》。

有论者指出，增设本罪是立法机关将劳资双方合意所确立的支付劳动报酬的义务上升到刑法保护层面的集中体现，是公法对现代劳工保护制度突破传统民事领域意思自治的有力回应。劳动关系的界定是理解支付劳动报酬义务的基础，也是解读本罪的逻辑起点。拒不支付劳动报酬所依存的劳动关系，不是劳动法所规定的形式化的劳动合同关系，又不是一般意义上以劳务为内容的法律关系，而是一种实质层面上的劳动关系，既包括劳动合同关系，又包括事实劳动关系。劳动报酬的确定也应以劳动关系的存在为基础，主要涵盖工资、奖金、津贴、补贴等劳动收入。支付劳动报酬义务应当来源于法律的明文规定，而支付劳动报酬的能力的判断则应坚持客观立场。而在确定支付能力的时间判断条件上，则需注意区分劳动关系正常存续期间或劳动关系解除或者终止这两种不同情况。

上述论者还认为，劳动行政部门作出的要求用人单位履行义务的处理决定，是司法机关追诉和定罪的前提条件。[①] 但有论者认为，是否将劳动争议仲裁程序作为追诉本罪必经的前置程序不可一概而论。若拒不支付的事实清楚且无根本分歧，则不必将其作为启动刑事追诉的前置程序，以免不必要地加大被害人的权利救济成本和拉长寻求救济的期间，但若行为人和劳动者之间针对劳动合同的履行状况（如工程质量等）存在严重分歧，行为人以劳动者未能适当履行劳动合同为由拒绝支付工资（包括扣减工资）的，侦查机关经初步调查认为属实的，应当建议劳动者先提起劳动争议仲裁程序。[②]

有论者强调，在主观方面，本罪的故意应局限于恶意，主要有两层含义：一是以非法占有为目的，即雇佣者意图侵占劳动者的应有劳动报酬；二是经政府有关部门责令支付后，在法定期限内仍不支付或全部支付劳动报酬。其中，对于“是否具有非法占有目的”，主要考察雇佣者是否在具有支付能力的前提下，拒不支付或者转移、隐匿自己的财产，以躲避支付劳动报酬的义务。[③] 有论者则认为，鉴于本罪系隐形的目的犯，其行为也较为隐蔽，故有必要研究本罪的证明责任分配问题。进而主张，在下列两种情况中，应当要求被告人承当一定的证明责任：一是在被告人以转移财产、逃匿

---

① 参见赵秉志、张伟珂：《试论拒不支付劳动报酬罪》。

② 参见陈志军：《拒不支付劳动报酬罪研究》。

③ 参见融鹏、任卫鹏：《从司法实践中透视拒不支付劳动报酬罪》。

等方法逃避支付劳动报酬时；二是被告人有能力支付而不支付时。[①]

关于“政府有关部门责令支付后仍不支付”（客观处罚条件），论者认为，次数应限定为一次，方式必须以政府有关部门正式的书面公文为依据。而在客观方面将本罪定位于结果犯的做法不妥，而应转采情节犯的立法模式。此外，在本罪中设置客观处罚条件易生弊端，建议舍此而采用二元化的犯罪模式，即先认定拒不支付劳动报酬行为在符合法定实体要素的情况下不构成犯罪，如果欠缺这一实体要素，或者在有其他的实体要素的情况下，则犯罪得以成立。[②] 但也有论者，认为“政府部门的责令形式，不应该做太强要求，不一定要完全符合行政行为的有效要件规定，也不应该要求以书面形式为主”[③]。

四、关于危险驾驶罪

论文集收录了此方面的论文 49 篇，是本论文集中论文最多、篇幅最大的一编，对危险驾驶罪的立法合理性问题、司法认定和适用、飙车犯罪问题、醉酒驾驶犯罪问题进行了全方位的研讨。在年会上，会议代表对此方面的问题也进行了非常热烈的探讨。

（一）醉酒驾驶入罪是否需要考虑情节

多数论者和会议代表持肯定观点，认为醉酒驾驶是否入罪，要受《刑法》总则第 13 条规定的约束，如果“情节显著轻微危害不大的”，不宜作为犯罪处理。有论者认为，对于飙车行为而言，只有在“情节恶劣”的情况下，才能构成危险驾驶罪；而对于醉驾行为而言，构成危险驾驶罪并没有“情节恶劣”的限制。这无疑表明了立法者对醉驾行为更为严厉的追究刑事责任的立场。不管是从立法原意上看，还是从《刑法》总则第 13 条“但书”的规定权衡，醉驾行为都不宜一律入罪，实践中可能会出现按照我国《刑法》第 13 条但书之规定——“情节显著轻微危害不大的，不认为是犯罪”

① 参见何柏松：《拒不支付劳动报酬罪司法适用问题初探——以恪守刑法谦抑性为基点》。

② 参见姜涛：《拒不支付劳动报酬罪若干问题探究》。

③ 融鹏、任卫鹏：《从司法实践中透视拒不支付劳动报酬罪》。

的醉驾行为。[1] 还有论者指出，对于形式上符合了危险驾驶罪的构成要件行为，但如果行为人有充分的证据证明行为在实质上并不具有危害交通安全的危险性或者危险性极低的，应否定危险驾驶罪的成立。[2] 有的论者指出，立法机关在醉驾入刑问题上似乎并没有考虑情节问题。将情节轻重作为醉驾是否入刑的考量因素既符合罪刑法定原则，又符合不得已原则，是与刑法的诸多理论相契合的，也是人权保障的应有之义。[3] 有会议代表认为，当前关于危险驾驶罪的规定在刑罚上缺乏充分的可选择性，因而有必要从情节上予以适当的考虑。还有会议代表则认为，危险驾驶罪是结果犯，必须考虑情节的问题。

少数论者认为，醉驾应一律追究刑事责任，而不应再根据《刑法》第 13 条的规定区分情节。有论者指出，立法已经将情节问题排除在外，如果再来研究情节轻微是否入罪，显然是违反了立法本意。[4] 还有论者指出，醉酒驾驶的个案情况也会各有不同，影响着危害程度的微妙区别，但这已经是在犯罪基准之上的区别，只能影响量刑，可以作为酌定量刑情节加以考虑，却不是能适用《刑法》总则第 13 条规定的概括性定罪情节。[5] 有论者从司法的角度指出，在选择性执法并不鲜见甚至较为常见的中国现阶段，对于达到醉酒标准的驾车行为，倘若容许司法工作人员在不具有违法或者责任阻却事由的前提下，以“情节显著轻微危害不大”为由而将之排除在犯罪之外，就其社会效果而言，是对立法的伤害！[6] 有会议代表认为，危险驾驶罪属于举动犯，不必考虑具体情节。但也有会议代表认为，危险驾驶罪属于抽象的危险犯，因而应一概定罪。

（二）关于危险驾驶罪的罪过形式

关于本罪的罪过形式，论者们的观点并不一致，部分论者认为，本罪的罪过形式为过失。如有论者指出，以飙车和醉驾为内容的危险驾驶行为在主

---

① 参见赵秉志、赵远：《危险驾驶罪论要》。
② 参见钱叶六：《危险驾驶罪的构成要件及其与相关犯罪的界限》。
③ 参见李永升、李涛：《生命的守护还是疏离——评醉驾入刑的情节》。
④ 参见高松林、钟文化、王远伟：《危险驾驶罪的理解与适用》。
⑤ 参见夏勇：《作为情节犯的“醉酒驾驶”犯罪》。
⑥ 参见胡东飞：《醉驾标准与危险驾驶罪》。

观上主要表现为过失的心理状态。[①] 有论者指出，危险驾驶罪是过失犯罪、率性犯罪。[②] 有会议代表也持该观点。

多数论者认为，本罪的主观要件为故意，且一般为直接故意，当然也不排除间接故意。[③] 有论者指出，那种认为危险驾驶罪主观方面为过失的观点，是对危险驾驶罪性质的误解，是对法益保护前置化的误读。危险驾驶罪的社会危害性来自危险驾驶行为本身，行为人的主观故意的内容在于该种客观的危险驾驶行为，而非在于危险驾驶行为可能造成的实害后果。[④] 有论者认为，危险驾驶罪、以危险方法危害公共安全罪是故意犯罪，交通肇事罪是过失犯罪，这三种犯罪之间可以转换。[⑤] 有论者认为，危险驾驶罪的主观方面为故意，且为间接故意。[⑥]

（三）关于醉酒的标准问题

同样是达到 80mg/100ml，酒量大小不同的人，醉酒状态是不同的。是采取统一的客观标准，还是应该因人而异、采取主观标准，对此存在不同的认识。多数论者认为，不应区分个体差异，而应采取统一的标准[⑦]；有论者进一步指出，“醉酒”的司法认定上应当坚持单一的量化标准。因为醉酒驾驶机动成立危险驾驶罪，在法理上是一种行政犯、行为犯，因而行为人违反行政法规定并且实施一定行为，达到刑法所规定的条件，就应当依法认定为本罪；每个人的身体抵抗能力和其他条件，是一个难于测试的问题，不应成为风险刑法适用中的一个变量。[⑧] 有论者则提出反对意见[⑨]，由于每个人的酒量不同，即使是醉酒状态，各人的辨认、控制能力也有差异。还有论者指出，以酒精含量作为醉酒与否判断的唯一标准的做法，是不符合刑法谦抑精

① 参见苏雄华：《危险驾驶罪之罪过探究》。

② 参见温建辉、郭焕云：《危险驾驶罪的认定》。

③ 参见如李邦友、黄悦、黄雨翼：《危险驾驶罪的相关法律问题分析》。

④ 参见宣炳昭、酆士维：《危险驾驶罪法律适用研究》。

⑤ 参见杜文俊：《危险驾驶罪法律适用探析》。

⑥ 参见郭泽强、郭志璐：《危险驾驶罪的理解与适用》。

⑦ 参见黄华平、孔飞：《论危险驾驶罪》；钱叶六：《危险驾驶罪的构成要件及其与相关犯罪的界限》。

⑧ 参见魏东：《危险驾驶罪的理解与适用》。

⑨ 参见詹红星：《危险驾驶罪的立法解读与反思》。

神及刑法的实质解释原理的。[①] 有会议代表提到警察现场酒精检测结果可能面临被告人翻供而被否定的问题。

有论者进一步指出，有必要将确定饮酒驾车、醉酒驾车的标准在法律中予以宣布，这样不但可以提升该标准的法律效力，还可以有效地指导司法部门在实践中的操作，并且对醉酒驾车行为起到有效的威慑作用。[②] 还有会议代表认为，该标准只是国务院有关部门的规章确定的，并不必然成为司法适用标准，司法适用标准可以根据现实情况来确定。

（四）如何理解追逐竞驶行为

围绕着如何理解追逐竞驶行为，对于如何认定追逐竞驶行为达到“情节恶劣”标准，存在不同的观点。有论者指出，对此需要考虑多方面的因素，如行为发生的时间和地点、行为人是否超速及超速程度如何。[③] 有论者提出了具体的标准：追逐竞驶的速度超过限速标准50％以上，并具有在上下班高峰或车流量较大的路段追逐竞驶等情节的，可以认定为“情节恶劣”[④]。

一般而言，追逐竞驶主要是超速、高速行驶，但是否以“高速”行驶为必要，存在不同的观点。有论者指出，追逐竞驶不要求必须是高速行驶。因为在一定的交通环境中，未超过规定限速时也可能破坏交通秩序，构成危险驾驶罪。[⑤] 还有论者提出了相同的观点。[⑥] 有的论者则提出了反对意见，认为如果没有加速度的超车、追车行为，也不符合罪状要求。[⑦] 也有论者认为，追逐竞驶即意味着车辆是处于高速或者超速的状态下，低速行驶不具有构成犯罪所需要的危险状态。[⑧]

（五）危险驾驶行为是否应该入罪

虽然《刑法修正案（八）》已经将危险驾驶行为入罪，但对于危险驾驶

---

① 参见黄丽勤：《醉驾型危险驾驶罪司法适用问题研究》。

② 参见孙平：《危险驾驶罪的理解与适用》。

③ 参见赵秉志、赵远：《危险驾驶罪论要》；黄华平、孔飞：《论危险驾驶罪》。

④ 任海天、侯天柱：《危险驾驶罪司法适用研究》。

⑤ 参见李军、孔文思《危险驾驶罪述要》。

⑥ 参见王强军、张心向：《危险驾驶罪的行为特征及刑罚适用》。

⑦ 参见向朝阳、高小青：《危险驾驶罪司法认定问题研究》。

⑧ 参见梁文彩：《危险驾驶罪的理解与适用》。

行为应否入罪，其入罪是否具有合理性，仍然存在争议。多数论者持肯定观点，并从不同的角度展开了论述，主要认识有：（1）从预防刑法的角度指出，现代刑法是预防刑法，对于那些威胁重大法益的行为，刑法不是等到出现危害结果后再介入，而是法益面临危险时就介入。[①]（2）符合我国当前社会形势，符合社会安全需要。[②]（3）危险驾驶罪的设立增大了对醉酒驾驶行为的威慑力，在一定程度上减少了醉酒驾驶行为。[③]（4）“危险驾驶”的及时入罪理当成为我们不得已的选择方式。[④]（5）现行立法对交通肇事行为的防控存在不足，交通运输管理法规和《刑法》第133条对于现行交通肇事行为的规制并没有达到期望的效果，交通运输安全日趋恶化使人看不到有效治理的前景，交通运输领域法律治理手段缺失、乏力。[⑤]（6）拘留和罚款等处罚方法使危险驾驶者的违法成本较低，使法律的规定无法达到预期的效果，人民的生命和财产安全也无法得到有效的保障，而入罪化改变了这种情形。[⑥]

有论者则对危险驾驶入罪持反对意见，认为目前在我国不宜将危险驾驶行为入罪，应在维持现有刑法的框架下，努力寻找其他路径来有效预防此类危险行为的发生。[⑦] 有的论者则对《刑法修正案（八）》的这一规定从立法论上提出了不同意见，认为立法没有解决逻辑关系混乱的问题，即《刑法》第115条第1款和《刑法》第114条属于同一罪名体系的实害犯和危险犯的关系，何以在醉酒驾驶的场合，不出现危害结果则属于危险驾驶罪（而非《刑法》第114条的以危险方法危害公共安全罪），而在出现了危害结果时则一跃而成为《刑法》第115条所规定的以危险方法危害公共安全罪？[⑧] 有会议代表对此问题也作了阐述，认为现在危险驾驶罪与《刑法》第14、15、16条存在矛盾和冲突，对第13条的适用也造成了冲击和困惑。

---

① 参见柳忠卫：《论危险驾驶行为入罪的正当性》。

② 参见孙平：《危险驾驶罪的理解与适用》。

③ 参见柴建桢、牛文欢：《危险驾驶罪的法律适用》。

④ 参见陈伟：《“危险驾驶罪”的立法解读及其完善》。

⑤ 参见姜敏、曹忠鲁：《危险驾驶罪理性分析》。

⑥ 参见詹红星：《危险驾驶罪的立法解读与反思》。

⑦ 参见胡成胜：《对危险驾驶入罪的质疑》。

⑧ 参见付立庆：《〈刑法修正案（八）〉中的浪漫主义思维》。

（六）关于危险驾驶罪的刑罚适用问题

从司法实践的做法来看，对危险驾驶罪没有适用缓刑。有论者对此持肯定意见，认为对危险驾驶罪应当慎用缓刑。[①] 有论者对实践中危险驾驶罪没有适用缓刑提出了不同意见，指出在危险驾驶罪和缓刑之间就呈现出二律背反的现象。[②] 有论者则指出，危险驾驶罪如果符合一定的条件，甚至可以考虑定罪免刑。[③]

有论者指出，在司法实践当中，危险驾驶行为的入罪和广泛执行势必会导致短期自由刑的增多，在社会中会导致短期自由刑弊端的凸显。[④] 还有论者从立法论上对本罪的法定刑提出了立法建议，认为本罪的法定刑过轻。此次增设的危险驾驶罪，其法定刑是“拘役并处罚金”，处刑过于轻缓，无法与危险驾驶罪的严重社会危害性相适应，无法对其起到威慑作用。[⑤] 还有论者指出，在区别情节轻重的前提下，提高现有法定刑的幅度，增加有期徒刑的刑罚种类。[⑥] 有论者对域外的相关法定刑进行了比较，通过比较研究发现，各国对危险驾驶罪的处罚较之我国拘役、罚金的处罚要重得多。[⑦] 有会议代表也提到国外对危险驾驶之刑事处罚之外的其他民商事惩罚的情形。

五、关于食品安全犯罪的立法完善

（一）食品安全犯罪修正总体评价

有论者提出，《刑法修正案（八）》关于惩治食品安全犯罪的规定，充分体现了我国目前的刑法立法的两个发展趋向，即刑法保护的早期化和刑罚处罚的重罚化。对此情况，应辩证看待并加以警醒，尤其是后者，虽然其承载

---

① 参见如黄杰、李莉：《关于“危险驾驶罪”的法律思考》。

② 参见王强军、张心向：《危险驾驶罪的行为特征及刑罚适用》。

③ 参见张健、朱建华：《危险驾驶罪法律适用问题研究》。

④ 参见柴建桢、牛文欢：《危险驾驶罪的法律适用》。

⑤ 参见黄华平、孔飞在《论危险驾驶罪》。

⑥ 参见陈伟：《“危险驾驶罪”的立法解读及其完善》。

⑦ 参见王成全、黄媛媛：《“飙车”入罪的比较研究》。

了社会的关注与公众期待，但这并不意味着对此类犯罪可以不加区别地全部科以重刑，因为在具体的司法裁判中，刑法的规制仍然保留对符合条件给予从轻处罚，从而贯彻宽严相济刑事政策的操作空间。故在食品安全犯罪领域，仍需保留判处较低刑罚和宣告缓刑的可能。①

有论者则认为，当前食品安全犯罪的立法理念存在以下缺陷：一是未能反映风险社会食品安全犯罪的特征；二是不注重个体安全的预防。②

有论者提出，目前我国食品安全犯罪之立法还存在以下不足：一是生产、销售有毒、有害食品罪调整对象过窄（如不包括食用农产品）；二是现有“掺入”行为的表述无法包涵具有同样危害的渗透、浸泡、洗涤、涂抹等行为；三是缺乏对食品流通环节的刑法规制；四是缺少对食品包装材料、容器等行为的刑法规制。对此，应拓宽生产、销售有毒、有害食品罪的调整对象，增设生产、销售有毒、有害食品器具罪以及增加运输、持有型犯罪和过失犯罪。③ 也有论者提出相似看法，主张增设生产、经营不符合食品安全标准的相关产品罪。④

（二）食品监管渎职罪研析

有论者指出，不单纯的渎职责任是监督过失理论适用于渎职罪的法理基础。在判断本罪的监管者与最终危害结果之间的因果关系时，需注意结合被监督者行为的不同情形作不同认定：若被监督者行为为意外事件，其因果关系无从维系，自然也不应对监管者施以刑罚，但若被监督者存在故意或过失，情况则有所不同。具体而言，被监管者的过失行为并不中断监管者与最终危害结果直接的因果关系，但在故意场合不宜一概而论，需具体分析。若被监管者的行为旨在刻意规避监管因素的因果联系，对此应肯定其因果关系的中断，而如果被监管者故意采取的行为需要借力于监管者的过错行为，监管者则仍需承担相应责任。⑤

---

① 参见李少平、董照南：《危害食品安全犯罪刑法之规制研究》。

② 参见盛宏文、张一薇：《食品安全犯罪立法完善研究》。

③ 参见梅传强、杜伟：《食品安全犯罪的立法再完善》。

④ 参见陈靖：《论食品安全犯罪的立法完善——以〈刑法修正案（八）〉为视角》。

⑤ 参见高铭暄、陈冉：《监督过失理论在食品监管渎职罪中的理解与适用》。

有论者认为，目前学界对于监督过失理论存在立法论与司法论上的误解，将该理论视为“监督人过失责任”的简称，从根本上颠倒了监督过失论与过失认定的因果关系。对此，应从以下三个方面加以厘清：第一，应以“公共安全”这一因素来限制食品监管刑事责任之行为；第二，应结合“法人实在说”确定食品监管刑事责任之主体；第三，不能以“中断论”限制食品监管刑事责任之客体。① 有会议代表特别讨论了此方面犯罪注意义务的来源和确定标准问题。

有论者认为，虽然从本罪的罪状表述来看，其罪过形式既可以是故意也可以是过失，但这既不是对传统的罪过形式理论的突破，亦非“复合罪过形式”理论的复归，而只是立法者基于立法技术所作的一种设计而已。故本罪的罪过形式仍是单一的罪过（即故意或者过失），在具体处理案件时也应结合其实行行为加以确定。② 但有会议代表否认此种看法，认为确定罪名的司法解释对刑法条文的规定存在误解。

（三）食品安全犯罪的完善

有论者认为，制定食品安全管理制度的目的在于保障食品安全，保障广大群众的身体健康和生命安全；将食品安全相关的罪名归入危害公共安全类犯罪，是符合食品安全管理的目的的。③ 有论者持相同主张，认为这既是基于危害食品安全犯罪与我国刑法规定的危害公共安全犯罪之间的逻辑关系考量，也是为了突显危害食品安全犯罪的社会危害性之严重程度，最终提高刑法对于危害食品安全犯罪的惩罚力度。④

有论者建议，应将生产、销售不符合食品安全标准的食品罪由具体危险犯改为行为犯，理由在于：一是可以避免司法实践中取证等操作困难；二是符合时下整顿食品安全严峻形势的需要，以及保持打击食品安全犯罪高压态势的刑事政策的需要；三是使食品安全犯罪的法网更加严密，符合刑法科学

① 参见潘星丞：《论食品安全监管的刑事责任——监督过失理论的借鉴及本土化》。

② 参见肖本山、吴情：《食品监管渎职罪之解读》。

③ 参见刘伟：《危害食品安全犯罪的刑事立法完善研究》。

④ 参见刘冀民：《论我国食品安全犯罪的立法完善》；刘良、刘鹏：《论食品安全犯罪刑法规制的完善》。

性的要求。[①]

有论者认为，将持有危险食品规定为犯罪，极为有利于杜绝危险食品流向市场。故应在风险社会语境下的安全刑法框架下，借鉴国外立法体例，增设“持有危险食品罪”[②]。

有论者认为，拒不召回不安全食品的行为违反了食品生产者（经营者）应及时召回不安全食品的法定义务，具有严重的社会危害性，符合不作为犯罪的本质特征，需要刑法加以规制；现有的“非法经营罪”难以有效规制经营食品类许可证合法取得者出租、出借其许可证的行为，也有必要在刑法上予以考虑。[③]

六、关于黑社会性质组织犯罪

本次年会共收录此方面的论文17篇，围绕《刑法修正案（八）》修改的不足、有组织犯罪的事实特征、黑社会性质组织行为特征、法律特征、黑社会性质组织犯罪刑事责任的认定、立法完善、重复评价等问题，论者们进行了广泛的探讨。

（一）立法上的调整与完善

1.《刑法修正案（八）》关于涉黑犯罪的局限性

有论者认为《刑法修正案（八）》对黑社会性质组织犯罪的修正仅限于刑罚方面，而对于罪名和罪状存在的问题则只字未改。我国刑法中针对黑社会性质组织犯罪的规定仍然存在以下问题，如罪名缺乏一致性、罪名缺失、罪状缺陷、刑罚缺陷等问题。[④]

2. 立法模式

有论者对中外黑社会犯罪的立法模式进行了比较、分析，进而提出世界

---

① 参见彭凤莲、江澜：《食品安全行政犯罪探析》。

② 刘伟：《危害食品安全犯罪的刑事立法完善研究》；盛宏文、张一薇：《食品安全犯罪立法完善研究》。

③ 参见杨秀英、王东方：《生产经营类食品犯罪的解读与反思——以食品安全法为视角》。

④ 参见宣炳昭、于涛：《论〈刑法修正案（八）〉关于黑社会性质组织犯罪的修改》。

上大部分国家都采用了刑法典与单行刑法相结合的立法模式来构建惩治黑社会犯罪的刑事法律体系，并且都取得了显著的反黑成效。借鉴遏制黑社会犯罪的刑法典与单行刑法相结合的立法模式，对于解决我国采用的单一刑法典立法模式的困境问题具有很大裨益。①

3. 特殊累犯适用问题

有论者认为，在对黑社会性质组织犯罪适用特别累犯规定时，需要注意以下几个问题：一是前后两罪不要求在罪质上的完全一致，只要前后两罪都属于《刑法》第 66 条规定的三类犯罪范围即构成特殊累犯；二是仅对黑社会性质组织犯罪的组织、领导者和积极参加者作为特殊累犯加重处罚；三是在对于初次犯此罪时是未成年人，就不应以累犯对待。②

4. 财产刑问题

有论者强调《刑法修正案（八）》对组织、领导、参加黑社会性质组织罪增设财产刑有利于打击日益严重的黑社会性质的组织犯罪，但对组织者和领导者一律适用没收财产刑不符合宽严相济的刑事政策和区别对待的处理原则，应对不同的犯罪成员予以轻重不同的惩罚。同时，可以在一定条件下确定比例罚金制，并在刑法中增加关于单纯参加黑社会性质的组织者自动退出的处理规定，以从内部瓦解黑恶势力。③

还有论者认为从目前刑法理论的研究现状来看，对财产刑的适用问题研究比较冷淡，这与财产刑的重要地位和作用极不相称，财产刑在黑社会性质组织犯罪的理论及司法实践中存在许多亟须解决的问题。进而该论者提出了自己的主张：对黑社会性质组织犯罪统一增设财产刑，立法应明确界定非法所得产生的“收益”之性质，完善没收财产和罚金刑的适用标准。④

5. 与国际公约的衔接

有论者在分析了我国与《联合国打击跨国有组织犯罪公约》相关规定的差异后，建议在法条中以“黑社会组织”替代“黑社会性质的组织”，增设

① 参见屈耀伦：《我国惩治黑社会性质组织犯罪立法模式的比较与选择》。

② 参见张阳：《论黑社会性质组织犯罪的立法完善——基于〈刑法修正案（八）〉的特殊累犯规定》。

③ 参见张志富、康闫妍：《组织、领导、参加黑社会性质组织罪增设财产刑研究》。

④ 参见莫晓宇、刘畅：《刍议黑社会性质组织犯罪财产刑之适用》。

“促使黑社会活动罪”，修改“入境发展黑社会组织罪”的罪状，规定特殊的减轻、免除处罚事由等。[①]

（二）特征的界定与分析

1. 有组织犯罪的事实特征

有论者指出，我国现行刑法没有使用国际上比较通用的有组织犯罪概念，不仅造成了理论研究上的混乱，而且难以达成有效地遏制有组织犯罪的立法预期。该论者认为就有组织犯罪而言，其由低级形态到中级形态再到成熟形态的演进，总是随着目的要素、组织结构要素、暴力要素和非法影响要素的变化和组合而完成的，从静态分析来看，存在着萌芽、中级和高级三个形态。运用刑事手段遏制有组织犯罪现象，在策略构想上必须对有组织犯罪进行整体性考虑，并且在具体制度设计上要充分体现“打早打小”的政策精神。[②]

2. 黑社会性质组织的行为特征

有论者认为，虽然《刑法修正案（八）》第43条对于黑社会性质组织犯罪的立法修正，提高了法律适用的权威性，增进了黑社会性质组织犯罪法定刑配置的协调性，从整体上看是合理可取的，但其第5款对于黑社会性质组织行为特征的界定却未能弥补原条款固有瑕疵。其实，黑社会性质组织的行为特征只需体现为“以暴力、胁迫或者其他手段，有组织地进行犯罪活动”[③]。

3. 黑社会性质组织的认定标准

有论者提出为了防止解释违背立法初衷，明确并相对统一黑社会性质组织的认定标准非常必要，简化黑社会性质组织的法定标准是统一司法的路径之一。该论者认为黑社会性质组织实质是具有“非法控制”特征的犯罪集团。因此，将黑社会性质组织直接界定为“具有非法控制特征”的犯罪集团似乎更具可操作性，简化了司法实践中对于组织特征、经济特征以及行为特

---

① 参见马长生、彭颖、伍志坚：《黑社会性质组织犯罪的立法完善研究——以〈联合国打击跨国有组织犯罪公约〉为视角》。

② 参见张远煌、林德核：《有组织犯罪事实特征之分析》。

③ 阴建峰、万育：《黑社会性质组织行为特征研析——兼评〈刑法修正案（八）〉的相关条款》。

征的认定。[①] 还有论者提出如下标准：（1）形成较稳定的犯罪组织，人数较多，有明确的组织者、领导者，骨干成员基本固定；（2）有组织地通过违法犯罪活动获取经济利益；（3）有组织地多次进行违法犯罪活动，或者利用国家工作人员的包庇或者纵容，在一定区域或者行业内，形成非法控制，严重破坏经济、社会生活秩序。[②]

（三）重复评价问题

有论者认为我国刑法中的黑社会性质犯罪并罚规定不会由于违背禁止重复评价原则而失却其正当性；黑社会性质组织罪中的并罚规定不是“二次评价”，而是不同层面的“两类递进评价”，并罚规定中的“其他犯罪行为”不应否排除某些类型的犯罪。[③]

有论者认为，组织、领导黑社会性质组织罪与该组织实施的其他犯罪之间是否存在重复评价，需要根据组织、领导和其他犯罪的关系，进行具体分析；在重复评价问题上，需将积极参加和一般参加行为分开讨论；纵观《刑法修正案（八）》对黑社会性质组织罪的修订，数罪并罚覆盖了从组织、领导到一般参加者，而且对有组织犯罪的犯罪人，不仅克减了对其在减刑、假释方面的权益，而且其有组织犯罪记录将成为其永久性标签，有待成为该行为人下一次同类犯罪评价时的量刑情节，这失之过严，将致罪刑失调，偏离公正。[④]

七、关于《刑法修正案（八）》的其他规定

除了上述的问题外，年会论文作者以及会议代表还对有关经济犯罪、侵犯人身犯罪、环境犯罪、财产犯罪进行了较为深入的研究。这里择要介述。

（一）有关经济犯罪

有论者提出，“持有伪造的发票罪”中“发票”应包括增值税专用发票，

---

① 参见陈世伟：《探寻法律文本中黑社会性质组织的本相》。

② 参见曾粤兴、贾凌：《罪刑法定视野中的黑社会性质组织》。

③ 参见贺志军：《关于黑社会性质组织犯罪并罚规定的思考》。

④ 参见梁利波：《黑社会性质组织犯罪中的重复评价问题研究》。

用于骗取出口退税、抵扣税款的其他发票以及普通发票三种。对其规制应采取区别规制的立法模式，故应针对不同发票的特点制定不同的追诉标准（发票份数与发票面额相结合），并应注意与相关妨害发票管理的犯罪的合理衔接。[①] 但也有论者持不同意见，认为在不必要时，也不另行将增值税专用发票和普通发票分开单独设罪，并建议根据《发票管理办法》中发票的“印制—领购—使用—保管”环节将发票犯罪分为以下四类：(1) 非法制造发票方面的犯罪；(2) 非法出售发票方面的犯罪；(3) 非法购买发票方面的犯罪；(4) 非法使用发票方面的犯罪。[②]

有论者指出，修改前的《刑法》第141条的天然缺陷在于其定罪与量刑标准中的“因果关系”无法得到有效判定，这也折射出我国刑法立法标准的抽象化与司法标准的具体化的冲突与错位，以至于严重弱化了对生产、销售假药行为的刑事制裁力度。《刑法修正案（八）》关于本条的修正采取了行为犯的立法模式，彻底走出了“因果关系”的认定迷局，并通过在量刑幅度适用条件方面增设“情节犯”的补充规定有效避免了以往将假药等同于一般伪劣产品同质化处罚的弊端。[③]

（二）关于器官犯罪

有论者提出，对于只从事或者参与从事一次人体器官买卖活动的人，在不符合构成故意杀人罪、故意伤害罪或者侮辱尸体罪的前提下，是不符合本罪要求“组织出卖人体器官”行为要件的。故对实施出卖人体器官的“偶犯”不应以本罪论处，只对其加以行政处罚即可。此外，目前有不少观点认为本罪的犯罪主体也应包括单位犯罪。对此，该论者指出，鉴于我国现有的器官移植机构均是在具有一定规模的医疗单位、机构中的一个非独立单位，如何正确判定其在犯罪成立要件上所具备的“单位意志”时存在相当的困难，因此不宜突破现有立法关于本罪关于自然人的规定。[④]

有论者认为，《刑法修正案（八）》第37条第2款貌似“注意规定”，但

---

① 参见李翔：《持有伪造的发票罪司法适用疑难问题解析》。

② 参见张书琴：《发票犯罪的立法完善探究》。

③ 参见于志刚：《〈刑法修正案（八）〉中生产、销售假药罪的修正思路》。

④ 参见林亚刚：《组织出卖人体器官罪的解析及司法适用研讨》。

实则“法律拟制”。原因在于：一方面，摘取人体器官的行为并不必然导致伤害或者死亡的结果，另一方面，摘取行为的直接意图并非伤害或杀死被摘取人，而是追求对其器官的非法摘取，故就该款所欲保护的法益而言，不仅仅是健康权或生命权，更在于器官移植秩序。[①] 也有论者提出，非法摘取人体器官的规定，属于法律拟制；而非法摘取尸体器官的，则属于注意规定。[②]

有论者提出，《刑法修正案（八）》第 37 条第 2 款规定的“强迫、欺骗他人捐献器官”在司法认定中完全可以被“未经本人同意摘取其器官”所包容，立法上无须规定，因而“强迫、欺骗他人捐献器官”实为画蛇添足之举。[③]

（三）关于环境犯罪

有学者指出，“污染环境罪”的主观罪过不应限于“过失”，也应包括“放任性”的间接故意在内，其具体罪名的修改（如删除强调过失的“事故”二字）也多少体现了本罪在主观方面的细微变化。此外，晚近的司法实践中在对本罪罪过的认定方面也并不排斥间接故意。[④] 对此，也有论者表示赞同，认为借鉴国外环境刑法同时规定故意和过失的主观心理态度，是解决我国环境刑法立法冲突和矛盾的必由之路。[⑤]

有学者提出，环境犯罪现有的法定最高刑为七年，这显然与其所造成的危害性不相适应，也无法起到应有的刑罚威慑作用，故应将其法定最高刑提至无期徒刑。此外，在法定刑的设置上，应考虑根据罪行危害所呈现的不同阶段（分为危险犯、实害犯和加重实害犯）而设置不同的刑档。[⑥]

（四）关于贿赂犯罪

《刑法修正案（八）》新增了“对外国公职人员、国际公共组织官员行贿

---

① 参见熊永明：《〈刑法修正案（八）〉第 37 条的理解与适用》。

② 参见王君、孙道萃：《“组织型”与“摘取型”人体器官犯罪疑难问题探析》。

③ 参见胡昂：《摘取人体器官犯罪研究——以〈刑法修正案（八）〉第 37 条第 2 款为视角》。

④ 参见孟庆华：《污染环境罪主观构成要件问题探讨》。

⑤ 参见周娅、曾姝：《污染环境罪的现代刑事政策选择——兼论〈刑法修正案（八）〉的相关变更》。

⑥ 参见张建、俞小海：《关于环境犯罪刑法调控的评说——以〈刑法修正案（八）〉对环境犯罪的修改为线索》。

罪”。对于本罪中“国际公共组织”的认定，一般多认为应将非政府间国际组织包括在内。但也有学者主张，“国际公共组织官员”不应包括非政府间国际组织中的工作人员或经其授权行事的人员。①

针对本罪在我国刑事司法系统可能招致的程序性运行障碍，有学者提出，应改变旧有的取证方法，按照刑事诉讼法的规定以及证据规则，只要行贿人的行贿行为有证据予以互相印证，则不论是否调取受贿人的供述，均不影响对行贿罪的认定。此外，还应走出“行/受贿犯罪是对合犯罪必须相互依存”的误区，加强行政执法与刑事司法之间的有效衔接，并在国家层面积极与其他国家协商建立联合侦查、引渡、追赃等方面的合作机制。②

[莫洪宪、黄晓亮、徐光华、刘炯、翁小平；载赵秉志主编：《刑法评论》，第21卷，北京，法律出版社，2012]

① 参见严庚申：《对外国公职人员、国际公共组织官员行贿罪研究》。

② 参见罗猛、王波峰：《刑事一体化视野下的对外国公职人员、国际公共组织官员行贿罪》。

第六十章

2012年全国刑法学术年会综述[①]

一、前　言

2012年9月25日至27日，由中国刑法学研究会主办，河南省高级人民法院、河南省人民检察院、郑州大学法学院和河南财经政法大学法学院共同承办的2012年全国刑法学术年会在河南省郑州市隆重举行。本届年会立足我国社会发展和刑法理论研究的热点问题，选择了“当代中国刑法与宪法协调发展”和“民生安全的刑法保护问题研究”两大主题，共收录论文194篇。其中，“当代中国刑法与宪法协调发展”是为纪念我国1982年宪法颁行30周年而专门设定的理论议题；“民生安全的刑法保护问题研究”则是近年来我国社会发展中的刑法实务热点问题。本届年会期间，与会学者围绕这两大年会主题展开了深入研讨，进一步丰富了刑法相关问题的研究，同时也有利于进一步推动我国刑法立法和刑事司法的发展。

二、当代中国刑法与宪法协调发展

今年是我国1982年宪法颁行30周年。30年来，我国宪法在指导思想、

① 除特别说明，本章的注释出处均来自赵秉志、张军主编：《刑法与宪法之协调发展》，北京，中国人民公安大学出版社，2012。

基本理念和制度建设方面都取得了重大进展，推动了包括刑事法治在内的社会主义法治建设的发展。以纪念我国1982年宪法颁行30周年为背景，本届年会共收录此方面的论文50余篇。这些论文围绕宪法与刑法的关系、宪法发展与刑法理念更新、宪法发展与刑法制度完善以及宪法发展与刑法适用进步等问题展开了深入研讨。

（一）宪法与刑法的关系问题

关于宪法与刑法的关系，本届年会主要集中探讨了宪法与刑法的宏观关系和刑法的合宪性问题。

1. 宪法与刑法的宏观关系问题

关于宪法与刑法的宏观关系，有论者认为，宪法与刑法的关系应该采取"宪法依据说"，其依据既包括宪法的形式依据，又包括宪法的实质依据。该论者认为，"宪法依据说"强调刑法对宪法的服从，同时也赋予了刑法立法的自由空间。宪法发展与刑法进步具有互动关系。其中，宪法规范对刑法规范的制定和适用具有强制作用，并能引导刑法立法与司法的发展；刑法对宪法的发展也具有一定的影响作用，刑法立法、司法理念的转变会促进宪法观念的革新，部分刑法规范甚至也可以上升为宪法规范。①

也有论者就宪法与刑法的关系强调了统合的宪制模式，认为无论是自上而下的宪制建设模式，还是自下而上的宪制建设模式，都具有思维的单向性。相反，统合模式通过建构互动的宪制法律关系来整合宪制建设的资源，具有积极意义。当前，我国在应对社会转型过程中出现的诸多疑难刑事问题过程中，应从理念和实践两个层面不断推进刑法社会化进程，改单核犯罪治理模式为多方共同参与的多核犯罪治理模式，同时重新检视理性视角下的刑法立法偏差，合理对待经验法则的价值和意义，进一步深化刑法的制度信任和权威。②

还有论者在宪法与刑法关系的基础上提出了刑法基本原则的宪法化问题，认为从根本上说，刑法宪法化就是要确立宪法性刑法，以宪法的精神来审视和衡量刑法，实现国权刑法向民权刑法的转变，充分发挥刑法保障人权

---

① 参见赵秉志、袁彬：《论宪法发展与刑法进步》。

② 参见利子平、石聚航：《统合宪政模式与刑法社会化的实践阐释》。

的良好机能。其具体做法是将刑法基本原则写入宪法，建立刑事合宪性审查制度。[①]

2. **刑法的合宪性问题**

关于刑法的合宪性，有论者认为，刑法立法必须接受合宪性审查与裁决。为了使立法特别是刑法立法的合宪审查或者合宪裁决能够被发展起来，我国应当建立像意大利、美国等国家那样的宪法法院制度，并在实践中运转起来。[②]

也有论者认为，刑事立法权的行使必须符合宪法的精神和内容，宪法对刑事立法权的限制主要是刑事立法主体的限制、刑事立法目的的限制、刑事立法数量的限制和刑事立法条件的限制。要想使刑事立法权的宪法规制得以实现，应当让全国人大积极行使刑事立法权、建立刑事立法的合宪性审查机制，并构建民主的刑法立法程序。[③]

还有论者认为，在实践中，全国人大常委会成了刑事立法的常态化主体。这导致了刑法正当合法性的削弱和刑法权威性的损害。为此，我国应对全国人大常委会的刑法立法权进行宪法限制，在涉及基本法律修改的法律草案说明中，全国人大常委会应当加上对自身修改基本法律权力正当性的说明，说明对基本法律的修改是否属于“部分补充和修改”，是否属于“不得违反法律的基本原则”[④]。

（二）宪法发展与刑法理念更新问题

关于宪法发展与刑法理念更新问题，有论者认为，自我国 1982 年宪法制定以来，宪法所确立的法治原则、基本人权原则、权力制约原则等对我国刑法制度产生了深远影响，刑法理念发生了深刻变化。从内容上看，在宪法指导下，新的刑法理念主要包括罪刑法定的理念、适度犯罪化的理念、保障人权的理念和注重刑罚效果的理念。[⑤]

---

① 参见傅跃建、周国连：《论刑法原则的宪法化》。

② 参见马荣春：《论刑法的“合宪性”》。

③ 参见詹红星：《刑事立法权的宪法规制》。

④ 李怀胜：《全国人大常委会刑事立法权的宪法限制》。

⑤ 参见赵秉志、王鹏祥：《论我国宪法指导下刑法理念的更新》。

与此类似，有论者认为，在宪法发展背景下我国刑法理念的更新主要体现在人权保障前提下的秩序维持、公正理念下平等保护各类经济主体的法益、谦抑观念下的适度犯罪化。[①]

也有论者分别从实然和应然的视角梳理了我国宪法发展与刑法理念更新的关系，认为从实然的角度看，我国宪法发展与刑法变迁存在法律文本和价值理念的互动；从应然的角度看，我国刑法理念与宪法精神尚待“协调”，应逐步树立刑法的宪法制约理念和罪刑法定入宪理念，强化刑法司法解释合宪性理念。[②]

还有论者以宪法视野下的比例原则作为切入点，认为比例原则是刑法的根本原则，此原则要求在刑法立法、司法活动中转变以控制犯罪为主的观念，树立保障人权和控制犯罪并重、以保障人权为主的刑法观，强调从国权刑法走向民权刑法，从制裁刑法走向自治刑法，从形式刑法走向综合刑法。[③]

（三）宪法发展与刑法制度完善问题

关于宪法发展与刑法制度完善问题，本届年会，学者们重点探讨了以下两个方面的问题。

1. 宪法发展与犯罪制度的完善

有论者认为，目前我国犯罪构成立法的不明确性有违宪法的法治理念、平等理念和人权保障理念。犯罪构成立法的明确化是我国刑法立法追求的一个基本目标。在犯罪构成立法中，既要明确犯罪构成体系，也要明确犯罪认定体系。犯罪构成制度的建构应当使犯罪构成概念、犯罪构成体系和犯罪认定规则体系在立法上得以明确化和科学化。[④]

也有论者认为，现代刑法法益已非完全抽象、精神化的概念，宪法是刑法法益的基本实证法依据。从宪法的角度分析我国刑法法益的范围，可以为我国刑事立法提供基本的理论和法律依据，也可为刑法的发展方向提供新的

① 参见肖中华、孙利国：《当代中国宪法的发展与刑法理念的更新》。

② 参见康均心、杨尚文：《互动与协调：当代中国宪法与刑法理念的演变分析——以实然和应然为视角》。

③ 参见彭文华：《当代中国宪法的发展与刑法理念的更新——立足于宪政视野下的比例原则所作的分析》。

④ 参见欧锦雄：《犯罪构成立法化研究——宪法理念下犯罪构成制度的建构》。

视角和思路。我国宪法发展导向与法益的基本精神相契合，为此我国应摒弃传统的“定性＋定量”的犯罪概念模式，刑事立法应将部分行为非犯罪化，同时扩张轻罪的范围。①

还有论者认为，刑法关于正当防卫的规定反映了立法者在保障机能和保护机能上的选择。正当防卫制度设立的前提是对被害人以及善良公民人权的保障。“逆防卫”的提法不科学，因为从“保障犯罪人人权”的角度，支持逆防卫是不恰当的；逆防卫之设置，违背时代发展趋势；而且从逻辑上来讲，也不应主张逆防卫的提法。②

2. 宪法发展与刑罚制度的调整

有论者认为，2004年宪法修正案最大的亮点是将“国家尊重和保障人权”正式写入宪法。2011年2月25日通过的《刑法修正案（八）》遵循尊重和保障人权的原则，对我国刑罚结构进行了调整，标志着我国在人权保障方面迈出了重要一步。其中，死刑制度改革是人权保障原则破冰之作，特殊群体从宽处罚制度的完善是人权保障原则应有之义，社区矫正入刑则是人权保障原则的价值选择。这些刑罚结构的调整在彰显宪法尊重和保障人权方面有着重要的里程碑意义。③

也有论者认为，纵观当前中国刑罚之弊端，结合当代刑事政策发展趋向，我国刑罚观应当朝着理性的方向发展，并以此指导我国刑事政策的建构。为契合尊重与保障人权的宪法价值，理性刑罚观应当包含以下具体要素：惩罚犯罪与保障人权相协调的观念，预防为主、打击为辅的观念以及惩罚犯罪与保护被害人并重的观念。④

还有论者提出，死刑制度改革的目的是贯彻宪法规定的人权保障原则，进一步限制和减少死刑的适用。《刑法修正案（八）》首次取消了13个非暴力、经济性犯罪的死刑，是立法上的重大突破，充分体现了严格控制和慎重适用死刑的刑事政策和宪法规定的人权保障原则。未来，我国应大力贯彻人权保障原则，在立法上进一步限制和减少死刑的适用，同时正确理解并严格

---

① 参见苏青：《刑法法益之宪法之维——兼论我国刑事立法的方向》。

② 参见郭泽强：《人权保障视野下的正当防卫——以宪法中的人权为起点》。

③ 参见储槐植、闫雨：《论刑罚结构的调整对宪法尊重保障人权原则的回应》。

④ 参见刘沛谞、吴卓师：《“人权入宪”与中国刑罚观之重构》。

掌握死刑适用标准，严格控制死刑的司法适用。[①]

（四）宪法发展与刑法适用进步问题

在刑法适用方面，本届年会主要探讨了宪法视角下的刑法解释和剥夺政治权利制度的适用问题。

1. 宪法发展与刑法解释的进步

有论者认为，在我国现有的法制框架内，应将合宪性解释视为解释方法的一种，在解释过程中将宪法精神贯穿于解释方法之中。在具体应用上，若法律条文规定得十分明确，则不应适用法律的合宪性解释；若法律条文在现实适用中出现模糊的情况，则应遵循刑法条文本身的目的，只有当解释之后仍然模糊或明显不合理时，才应当引入合宪性精神，进行合宪性解释。[②]

有论者进一步认为，所谓刑法的合宪性解释，是指对刑法应当作出符合罪刑法定原则的解释。合宪性解释不应当是一种具体的刑法解释方法，而是一种解释理由。在处理目的解释与合宪性解释的关系上，应当把目的解释限制在合宪性解释的框架内：当把目的解释理解为解释理由时，它必须受到合宪性解释的限制；当把目的解释理解为一种解释方法时，它必须受到文义解释的制约，必须通过文义解释对其进行“是否超出刑法用语的可能含义范围”的检验。[③]

也有论者从宪法角度分析了形式解释与实质解释，认为在保障机能的意义上，形式解释相对于实质解释的优势是一目了然的，但对宪法意义上的人权保障，形式解释并没有给予充分的关注；形式解释对刑法保障机能的强调也是有失偏颇的。实质解释所追求的妥当的处罚范围相对于形式解释的限制的处罚范围，在解释的效果上更能实现宪法意义上保护人权的目的。不过，实质解释所主张的妥当的处罚范围与罪刑法定原则之间存在冲突。[④]

还有论者认为，人权保障理念包括刑事法治理念和刑法谦抑性理念。它们主要应通过刑法解释和刑法适用加以实现，并进而表现为刑法解释范式的

① 参见周道鸾：《人权入宪与死刑限制》。
② 参见左坚卫、王帅：《试论合宪性解释在我国刑法解释中的应用》。
③ 参见苏永生、宋伟卫：《刑法合宪性解释的含义及具体运用》。
④ 参见冯殿美、王越：《刑法解释的立场与人权保障》。

转变：一方面，刑法解释的本体应实现从主观主义向客观主义的转变；另一方面，刑法解释的方法论出现了从旧实质主义解释论向形式主义解释论和新实质主义解释论的转变。解释范式变迁的正当性基础主要来自宪法。[①]

2. 宪法发展与剥夺政治权利制度的适用

有论者提出，对于中国1982年宪法中的“政治权利”应从广义上进行理解，可将其界定为“宪法规定的、公民所享有的决定政治事项、参与政治活动并知悉政治信息的各种与政治有关的权利”。不过，对刑法中的政治权利则应作限制性解释，应当将刑法中的政治权利界定为“行为人所享有的选举权和被选举权，公开的、政治性言论、出版、集会、结社、游行、示威自由的权利，担任国家机关中从事公务活动的职务的权利以及担任国有公司、企业、事业单位和人民团体领导职务的权利”[②]。

也有论者认为，剥夺政治权利刑中的“政治权利”必须源于宪法上的“政治权利”，而不是其他的法律。刑法中规定的“政治权利”的范围，不得超出宪法上的“政治权利”的范围。刑法中的“言论自由”的范围取决于宪法中“言论自由”的属性。同理，剥夺政治权利刑中可以剥夺的“出版、集会、结社、游行、示威的自由”也只能是宪法文本中具有“政治权利”属性的“出版、集会、结社、游行、示威的自由”。《刑法》第54条第2项的规定应当得到合乎宪法的理解，即剥夺“政治权利”是剥夺属于宪法上“政治权利”的“言论、出版、集会、结社、游行、示威自由的权利”[③]。

三、环境资源犯罪的刑法立法问题研究

环境资源与环境犯罪是当前我国刑法理论和实践的热点问题，也是本届年会关注的重点议题之一，共收录相关论文30余篇，着重探讨了环境刑法理念、环境犯罪的立法模式、环境犯罪保护法益、环境犯罪的危险犯、环境犯罪的归责以及环境犯罪的个罪等问题。

---

① 参见于改之、蒋太珂：《刑法理念和刑法解释范式的变迁》。

② 王志祥、韩雪：《论政治权利在宪法学和刑法学上的界定》。

③ 董文辉：《对剥夺政治权利刑中“六大自由”的宪法审视》。

（一）环境刑法理念问题

有论者认为，在可持续发展的语境下，全社会应牢固树立生态文明的科学发展观，重新审视人与自然的关系，环境犯罪应摒弃传统的人本主义法律观，倡导生态本位主义的立法理念。该论者认为，人类在求得自身生存与发展的同时，应当尊重自然并与其他生命物种共同拥有地球；人类作为地球生态系统中富有智慧和知识的一员，只是自然界的一部分，人类与其他物种应当共享自然资源和生态利益。①

也有论者认为，环境伦理经历了传统人类中心主义的环境伦理观、自然中心主义的环境伦理观和现代人类中心主义的环境伦理观的发展历程。传统的人类中心主义与自然中心主义的伦理观已经不适应我国环境刑法的发展，局限性也日益暴露出来；现代人类中心主义环境伦理观应成为当代环境刑法的伦理支撑。②

还有论者认为，刑法理论上不应再纠缠于环境刑法理念之争，传统的人类中心主义立法理念早应退出历史舞台，生态中心主义被引入刑事法域作为与人类中心主义相对立的立法观，其目的是纠偏，而并非指导环境刑事立法的科学理念。环境刑事立法理念已经逐渐演进为人与自然和谐相处的科学理念，其本质上依然是以人为中心，出发点也非生态中心主义或者生态本位主义。③

（二）环境犯罪的立法模式问题

有论者批评我国环境犯罪的单一刑法典模式，认为这一模式不能涵盖风险社会里的所有环境问题。我国应在刑法典之外构建附属刑法，即将大量新型犯罪直接规定于《环境保护法》《水污染防治法》等非刑事法律中，并列明其罪状与法定刑，而行为方式相对稳定且典型的常见环境犯罪则规定于刑法典之中。刑法典与附属刑法结合的模式既能在一定程度上保证法律的稳定

---

① 参见杨辉忠：《“可持续发展”语境下的环境犯罪立法》。

② 参见李建岗、朱建华：《现代人类中心主义视野下我国环境刑法的完善》。

③ 参见张远煌、徐苗：《环境刑事立法科学化探析》。

性，又可以很好地应对形式多样的环境犯罪，及时扩大刑法惩治的范围。①

但也有论者反对附属刑法的立法方式，认为将环境犯罪作为一类特殊的犯罪类型，与刑法分则的其他十类犯罪并列更为合适，进而建议将环境犯罪安排在危害公共安全罪之后予以规定，认为这样既可以体现环境犯罪的社会危害性程度，又可以体现我国刑事立法对环境价值的重视。②

（三）环境犯罪的保护法益问题

有论者认为，环境犯罪所侵害的法益是独立的环境法益，即每个人的环境权，包括全体社会成员所享有的在适宜的环境中生活和工作、合理利用环境资源、实现人类社会可持续发展等三项权利，个人法益和生态法益都应该排除在环境犯罪的法益之外。③

也有论者认为，刑法应当根据生态安全为法益来设立环境犯罪，环境犯罪应该以生态利益作为其保护的必要客体，但可同时将人的人身利益和财产利益作为选择客体予以保护。④

还有论者认为，在人与自然和谐相处的立法理念下，应以环境法益而非外延更广的生态法益作为环境犯罪的保护法益。环境法益一方面彰显出人对环境的依赖，体现了人的生活利益；另一方面环境法益以环境科学为基础，有选择地承认环境自身固有的价值，相比生态法益概念，环境法益能够更好地实现人的利益与环境价值的平衡。⑤

（四）环境犯罪的危险犯问题

有论者认为，从风险社会的角度看，刑事立法的目标是尽力降低犯罪风险，环境犯罪应当增加危险犯的设置，将犯罪控制在危险状态刚刚出现之时。⑥ 环境犯罪的危险犯包括故意危险犯和过失危险犯，其中尤其要突出过

① 参见吴大华、邓琳君：《风险社会视角下我国环境犯罪刑事立法的完善》。
② 参见冯军：《通过刑法的环境污染治理：理念与路径》。
③ 参见周玉华、贾配龙：《环境犯罪的法益重构与立法完善》。
④ 参见杨辉忠：《“可持续发展”语境下的环境犯罪立法》。
⑤ 参见张远煌、徐苗：《环境刑事立法科学化探析》。
⑥ 参见吴大华、邓琳君：《风险社会视角下我国环境犯罪刑事立法的完善》。

失危险犯的价值，增加对抽象危险犯的处罚。[①]

也有论者极力主张在环境犯罪中设立过失危险犯，但同时指出应对其立法范围作严格限制，即只能在公害环境犯罪中设立过失危险犯，对于破坏自然资源的环境犯罪则不应设置过失危险犯。[②]

还有论者认为，在环境刑法中设立危险犯、行为犯是科学立法的发展方向，符合风险社会提前保护法益的需要，但现阶段设立环境犯罪的危险犯、行为犯尚缺乏科学的论证。在环境法益的限定下，我国必须明确“危险”的判断基准。未来需进一步增设的环境犯罪危险犯应当是有严重污染或破坏环境资源危险的行为，而非对人的生命、健康、财产的直接威胁。[③]

（五）环境犯罪的归责问题

关于环境犯罪归责的严格责任问题，有论者认为，传统刑法归责制度不能有效应对环境犯罪，我国应当借鉴英美法系国家的成功经验，在环境犯罪中引入严格责任，这不仅是应对环境犯罪的特殊需要，也是风险社会防范风险的要求，更是福利社会促进社会福利的需要。[④] 但也有论者认为，在罪刑法定原则的指导下，行为入罪的条件应当是明确的并且是能够被认识和控制的。在我国刑法典总则对刑事犯罪采取故意和过失的罪过心理要求下，环境犯罪的认定不宜实行严格责任原则。[⑤] 还有论者认为，刑法应当保持谦抑性。在环境法律制度中，刑法只是辅助法和最后保障法。无论是从国外立法趋势、我国法制环境还是从公平正义的角度看，我国都不应当移植严格责任制度。[⑥]

关于环境犯罪的刑罚完善，有论者认为，《刑法》第338条的污染环境罪规定了自由刑和罚金，刑种单一，应该在完善罚金刑的基础上增设资格刑，对实施污染环境并造成特别严重后果的单位，可以吊销营业执照。[⑦] 也

---

① 参见周玉华、贾配龙：《环境犯罪的法益重构与立法完善》。

② 参见杨辉忠：《“可持续发展”语境下的环境犯罪立法》。

③ 参见张远煌、徐苗：《环境刑事立法科学化探析》。

④ 参见魏汉涛：《环境公害犯罪归责原则之反思——来自英美法系严格责任的启示》。

⑤ 参见楼伯坤：《关于环境刑法的几个基本问题》。

⑥ 参见田向红、解辉：《论刑法谦抑性在环境犯罪处置中的坚守——从对严格责任的批判谈起》。

⑦ 参见朱凯亚、罗明华：《污染环境罪的适用问题研究》。

有论者主张建立以罚金刑为主体的多元化环境刑事责任体系，进一步明确罚金刑，完善资格刑，积极运用责令限期治理，责令补救或恢复环境等非刑罚处罚方式。[①]

（六）环境犯罪的个罪问题

在环境犯罪的个罪方面，本届年会中，学者们重点探讨了污染环境罪和非法采矿罪的司法适用问题。

1. 污染环境罪问题

本届年会对污染环境罪的探讨主要集中在污染环境罪的客观行为、主观心态及其与其他犯罪的关系。

关于污染环境罪的客观行为，有论者认为，污染环境罪的实行行为是具有“环境危险”的排污行为，“致人死伤”结果已不再包含在作为构成要素的“污染环境”之中。正确理解该罪的关键是准确把握“有害物质”和“严重污染环境”两个概念的内涵。[②] 其中，“有害物质”是一个生活概念，需要法官根据生活经验进行判断，包括生活垃圾在内的一切对人体健康或者其他生物机能产生不良影响的普通废物和危险废物都可以称为“有害物质”。而对于“严重污染环境”，则需要尽快出台相关司法解释，明确其定罪标准。[③]

关于污染环境罪的主观心态，有论者认为，污染环境罪的立法目的在于禁止“排放、倾倒或者处置”有害物质，其罪过形式应为故意，即明知是有害物质但仍“排放、倾倒或者处置”[④]。但也有论者认为，该罪只能是过失犯罪，这是因为，一个犯罪只能有一种罪过形式，加之该罪的法定最高刑为7年有期徒刑，如为故意犯罪会导致罪刑失衡。[⑤] 还有论者认为，从现有的法律条文及其立法原意分析，污染环境罪主观罪过既包括故意又包括过失。[⑥]

关于污染环境犯罪与其他犯罪的关系，有论者认为，污染环境罪与投放危险物质罪有较大的关联性，但两罪在客体、主体和主观上存在差异，投放

① 参见李松、李雪梅：《我国环境犯罪刑事责任的立法困境及其重构思路》。
② 参见胡剑波 、吴之欧：《论污染环境罪的客观要件》。
③ 参见朱凯亚、罗明华：《污染环境罪的适用问题研究》。
④ 赵维加：《污染环境犯罪与刑法保护》。
⑤ 参见朱凯亚、罗明华：《污染环境罪的适用问题研究》。
⑥ 参见王玉珏、黄枭燕：《污染环境罪主观要件探析》。

危险物质罪的客体是公共安全，而环境污染罪的客体是环境生态安全，且人身权和财产权不是该罪的必要客体；投放危险物质罪属故意犯罪，而污染环境罪属过失犯罪；投放危险物质罪的犯罪主体为自然人，而污染环境罪的犯罪主体包括自然人和单位。[①]

2. 非法采矿罪问题

有论者认为，《刑法修正案（八）》废除了非法采矿罪的“经责令停止开采后拒不停止开采”的前置性条件以及“造成矿产资源严重破坏”的结果性要件，将该罪由结果犯变为情节犯，降低了入罪门槛，增强了可操作性。今后，矿产资源犯罪立法需要提高与行政法规的协调性，加大对矿产资源犯罪的惩处力度，进一步完善立法。[②]

四、药品安全犯罪的刑法立法问题研究

药品安全犯罪是当前我国社会影响较大，且与人民群众身心健康息息相关的热点犯罪问题，受到了我国刑法立法和刑法理论研究的重点关注。本届年会共收录了有关药品安全犯罪问题的论文近20篇，集中探讨了药品安全犯罪的刑事政策问题、药品安全犯罪的司法适用和药品安全犯罪的立法完善问题。

（一）药品安全犯罪的刑事政策问题

有论者结合风险刑法理论，认为风险刑法是风险法律体系的组成部分，对社会风险的刑法调控要置身于法律体系之中，而不能寄予其“一步到位”和“包治百病”的过高期望。刑法作为保障法，应当让非刑事法律优先发挥作用，只有在非刑事法律干预失效的情况下刑法才能介入。对药品安全的刑法保护，同样要坚持法律体系的整体思维，系统考虑刑法与药品管理行政法律法规的功能协调问题，充分合理地利用行政法资源，实行多层次、等级化的安全法益保护，将大部分药品安全违法行为堵截在刑罚之外进行处置。只有这样才能避免刑法的过度干预和刑罚的滥用。[③]

① 参见朱凯亚、罗明华：《污染环境罪的适用问题研究》。

② 参见张霞：《对矿产资源犯罪立法的评析》。

③ 参见刘爱军、张君：《试论销售假药罪“明知”的认定与适用——以风险刑罚观为视角》。

也有论者主张，应建立一个完整的系统化的法律保护体系。目前我国刑法对药品安全的保护还有待于进一步完善，如果能有一部系统规定药品安全的法律法规，对药品的概念、特征，药品安全的标准、检验以及药品经营的保护和监管等方面加以明确，相信对改善我国药品安全的整体状况、提高药品安全的整体水平，打击药品犯罪的力度都会产生极大的作用。①

（二）药品安全犯罪的司法适用问题

有论者探讨了警示缺陷药品生产者的刑事责任，认为药品对公众生命安全具有重要意义，警示缺陷药品的生产者应当承担生产劣药罪的刑事责任，但是这种责任在归责上具有特殊性。在追责的过程中一方面要保障公众生命健康，另一方面也要促进技术革新发展。在这一博弈中，鉴于药品公害的特殊性，传统刑法理论归责存在一定的障碍，而分解出药品生产者的警示义务对生产者责任的认定具有重要意义，具体而言，要从警示义务的内容、履行程度、履行时间以及履行对象等方面进行具体的责任判断。②

也有论者详细梳理了生产、销售假药罪的入罪标准和犯罪形态，认为从条文沿革情况看，刑法正逐步降低生产、销售假药罪的入罪门槛，1997年刑法删除“以营利为目的”的限制条件，《刑法修正案（八）》删除“足以严重危害人体健康”的抽象危险状态，规定生产、销售假药行为可直接入罪。从危险犯向行为犯的转变，体现出我国刑法关注保护民生权利的价值理念。③

还有不少论者结合前段时间的“毒胶囊”事件，探讨“毒胶囊”的定性问题。有论者认为，“毒胶囊”在法律上既不是有毒、有害食品，也不是假药或者劣药，更不是不符合标准的医用卫生材料，因此，胶囊生产企业不能单独成立生产、销售有毒、有害食品罪，生产、销售假药罪，生产、销售劣药罪，以及生产、销售不符合标准的医用器材罪。同时，“毒胶囊”与《刑法》第114条所规定的“毒害性物质”也不具有相当性，也不能以投放危险物质罪论处。“毒胶囊”在本质上可归属于伪劣产品，胶囊生产企业可构成

① 参见李军、孔思文：《论药品安全的刑法保护》。

② 参见高铭暄、陈冉：《论警示缺陷药品生产者的刑事责任》。

③ 参见刘娟娟：《从过程行为犯平息生产、销售假药罪的如醉标准和犯罪形态》。

生产、销售伪劣产品罪；而胶囊生产企业向药品生产企业提供“有毒空心胶囊”的行为，在本质上是药品生产企业制售假药的帮助行为，所以，在特定情形下，胶囊生产企业可构成药品生产企业生产、销售假药罪的共犯。[①] 也有论者以“毒胶囊”事件为着眼点，针对我国药品安全风险及其法律监管存在的现实问题，提出了完善药品安全保护的立法和司法建议。[②]

（三）药品安全犯罪的立法完善问题

有论者认为不宜对生产、销售假药罪罚金刑数额的上限作出限定，因为《刑法修正案（八）》取消生产、销售假药罪罚金刑的数额幅度，其意图正是从罚金刑的层面加大对生产、销售假药罪的惩处力度，如果在此情形下再对本罪的罚金刑数额设置上限，则既有违《刑法修正案（八）》的立法原意，也会使这一修法失去应有的价值。[③]

也有论者认为，我国刑法对于药品安全保护还存在保护范围比较狭窄等一些不足，有必要加强对药品安全的刑法保护，为此应适当扩大药品安全刑法保护的范围，将有关非法制造、贩卖、运输麻醉药品、精神药品都纳入刑法规制的范围；调整药品安全犯罪的在刑法典中的归属，将药品安全犯罪从现有的“破坏社会主义市场经济秩序罪”一章中调整到“危害公共安全罪”一章中，以强调对生命的尊重，对生命健康权的保护；在生产、销售假药和生产、销售劣药罪中，如果生产、销售的假药、劣药是处方药的，应将其作为加重情形，配置较重的刑罚；在药品安全犯罪的刑罚中增设资格刑；明确明星代言的共犯责任。[④]

五、食品安全犯罪的刑法立法问题研究

食品安全问题与民众的生活息息相关，是当前我国民众最为关心的民生问题，也是近年来我国刑法立法和司法改革的重点，受到刑法理论的重点关

① 参见童伟华、吴良军：《“毒胶囊”实践中胶囊生产企业该当何罪——罪刑法定框架下的行为定性》。
② 参见张勇：《药品安全风险的刑法调控——“毒胶囊”事件的启示》。
③ 参见刘宪权、周舟：《生产、销售假药罪立法修正及司法适用分析》。
④ 参见彭凤莲、崔月梅：《论药品安全的刑法保护》。

注。本届年会共收录食品安全犯罪相关论文60余篇，几乎涉及食品安全刑法保护的各个方面。

（一）食品安全犯罪的刑事政策问题

有论者认为，食品安全犯罪的刑事政策具有“优先保障人的生命权、健康权”和“偏重防患于未然”的特殊价值。我国当前对食品安全犯罪的惩治是“厉而不严”。其中，“厉”是指过分夸大了刑罚严苛对治理食品安全犯罪的效果；“不严”是指构筑的食品安全刑事法网不严密，打击的范围过于狭窄。食品安全犯罪的治理是一项全方位的系统工程，需要树立国家和社会双本位的犯罪控制理念，同时确立复合化的食品安全犯罪刑事政策，坚持严厉打击食品安全犯罪与食品安全犯罪的综合治理对策相结合、严厉打击食品安全犯罪与保障食品产业良性发展相结合。[①]

也有论者认为，我国刑法之所以对食品安全犯罪严惩，主要是因为食品安全事件严重危害了人民的生命健康，应加强刑法对食品安全犯罪者的抑制力。从现实的角度看，严惩食品安全犯罪是有着深刻的政治和经济背景的。[②] 事实上，当前我国食品安全犯罪积重难返，短期内必须适用严厉的刑事政策。为此，有论证建议对极端严重的食品安全犯罪适用死刑，增设对食品安全犯罪主体从事食品及相关行业的资格剥夺刑，并进一步拓展食品安全领域渎职犯罪的主体范围。[③]

（二）食品安全犯罪的司法适用问题

在食品安全犯罪的司法适用方面，本届年会重点探讨了普通食品安全犯罪的司法适用、地沟油的司法定性和食品渎职犯罪的司法适用问题。

1. 普通食品安全犯罪的司法适用

有论者探讨了食品安全犯罪的“足以造成严重食物中毒事故或者其他严重食源性疾病”内涵，认为这是判定《刑法》第143条规定的生产、销售不符合安全标准的食品罪之罪与非罪的界限。要准确判定“足以造成”，应以

---

① 参见储槐植、李莎莎：《我国食品安全犯罪刑事政策之思考》。

② 参见周振杰：《中国对食品安全相关犯罪的严罚化》。

③ 参见叶文胜、邓洪涛：《论食品安全刑法保护的完善》。

客观存在的事实而非行为人的主观认识为判定基础，采用事前判断和事后判断有机结合的“瞻前顾后”的判断方法，并以科学法则为标准；同时还应注意生产、销售不符合安全标准的食品行为的属性、实行程度，以及该行为所可能导致的实害结果发生的实在可能性。①

有论者讨论了食品与药品的区别标准问题，认为在规范层面，是否“以治疗为目的”是区分食品和药品的唯一标准。具体而言，食品的主要特性在于治疗，其本身的性质具有独立治疗的功能，治疗系通过药理作用而实现。实践中常见的空心胶囊不符合“以治疗为目的”，应认定为食品。对于生产、销售空心“毒胶囊”、为他人提供空心“毒胶囊”生产原料以及药品生产企业使用空心“毒胶囊”的行为，应分别认定为生产、销售有毒、有害食品罪、生产劣药罪或生产、销售伪劣产品罪。②

也有论者认为，涉及食品安全犯罪的罪名在类型上可归纳为非法经营类犯罪、生产经营类犯罪、食品安全监管类犯罪以及危害公共安全类犯罪等。但我国司法实践中存在对同一性质的犯罪行为，罪名适用不统一；以“口袋罪”方式确定罪名；食品监管渎职类罪名适用较少等缺陷。同时，食品安全犯罪领域容易出现民意或者是社会效果绑架法意的情况，导致司法的专业性和独立性丧失，出现为平怒而释法尤其是为结果而释法、为重刑而定罪的情形。③

还有论者认为，只有超标准的有害细菌或者其他污染物，才能足以造成严重食物中毒事故或者其他食源性疾病。但对婴幼儿的主食食品应作例外规定，对专供婴幼儿食用特别是作为主食的食品不需要作这一限制。对婴幼儿的辅食食品，构成犯罪仍应采用“含有超标准的有害细菌或者其他污染物”的要求。④

2. “地沟油”的司法定性

“地沟油”是当前我国食品安全司法在实践中面临的一个重要现实问题。

---

① 参见李振林：《论危害食品安全犯罪之“足以造成”》。

② 参见张建、俞小海：《食品、药品安全刑法调整中的对象问题——兼及“毒胶囊”事件的刑法定性》。

③ 参见陈结淼、李德友：《我国危害食品安全犯罪罪名适用分析》。

④ 参见朱建华：《〈刑法〉第143条规定的罪状解释问题探讨——从阜阳大头娃娃奶粉案件说起》。

本届年会，有论者认为，“地沟油”犯罪必须是将“地沟油”作为“食用油”予以生产、销售，“地沟油”来源于“餐厨垃圾、废弃油脂、各类肉及肉制品加工废弃物”等三类非食品原料。关于“地沟油”犯罪的罪过，在生产环节，其明知的内容包括：明知油品来源为“地沟油”和明知油品被生产为“食用油”。在销售环节，要求行为人对于“食用油”是否属于“地沟油”必须存在主观上的概然性故意，即明知可能是正常油、地沟油、劣质油以及变质油等而放任、允许。①

也有论者认为，对“地沟油”的鉴定和判断不应以是否具备相应鉴定报告为标准，而应当结合有关材料来源、加工工艺和加工过程等证据材料对是否是“地沟油”进行综合判断。对于“地沟油”犯罪案件的处理要充分利用已形成的生产、销售有毒、有害食品刑罚体系进行惩处。②

3. 食品渎职犯罪的司法适用

有论者认为，最高人民法院、最高人民检察院将第 408 条之一的罪名确定为“食品监管渎职罪”并不科学，将该条的罪名确立为“食品监管玩忽职守罪”与“食品监管滥用职权罪”更为合理，也更加符合依据罪状确定罪名的基本要求。在司法适用上，从食品监管渎职罪的起源及其与玩忽职守罪、滥用职权罪的密切联系看，不应否定食品监管渎职罪与玩忽职守罪、滥用职权罪的法条竞合关系，对此应依据特别法条优先适用原则处理。在追诉标准上，对食品监管渎职罪可参照滥用职权罪与玩忽职守罪的立案标准追诉。③

也有论者认为，食品监管渎职罪的罪过形式以过失说的见解更为妥当，也更能与传统刑法理论协调。但对滥用职权型食品监管渎职行为所造成的危害结果持希望或放任的心态的，可以按照危害公共安全的犯罪或其他故意犯罪定罪处罚，从而不会造成处罚上的空当；对于数人共同实施滥用职权型食品监管渎职行为的，可按食品监管渎职罪分别定罪处罚。④

（三）食品安全犯罪的立法完善问题

在食品安全犯罪的刑法完善方面，本届年会中，学者们重点探讨了食品

① 参见卢勤忠、黄敏：《“地沟油”犯罪中的若干问题探讨》。

② 参见孟庆平、宋鹏：《“地沟油”犯罪案件中的疑难问题研究》。

③ 参见孟庆华、梁柱：《食品监管渎职罪的几个适用问题探析》。

④ 参见袁雪：《从选择的犯罪构成的角度解读食品监管渎职罪的罪过形式》。

安全犯罪的刑法规制理念、食品安全犯罪制度完善和食品安全犯罪的刑罚完善。

1. 食品安全犯罪的刑法规制理念

关于食品安全犯罪的刑法规制理念，有论者认为，中国食品安全的刑事立法经历了一个漫长的发展过程。中国晚近的食品安全刑事立法具有刑法介入时间呈提前之势、刑法介入范围呈扩展之势和刑法介入力度呈趋严之势的特点。改进中国食品安全的刑事立法，应当注意法益保护与人权保障的平衡，从“厉而不严”走向“严而不厉”，同时反思立法技术并注重司法解释，实行真正的附属刑法与刑法典相结合的立法模式。①

也有论者认为，我国关于食品安全犯罪的立法规定较之于其他国家和地区，法网还不够严密，不能完全适应我国预防和打击食品安全犯罪的需求，包括刑法保护范围过窄，犯罪主体、犯罪对象过于单一，主观方面只限于故意；刑罚设置不合理，罚金刑规定缺乏可操作性，没有设置资格刑，应用“生产、经营”代替“生产、销售”，增设食品安全犯罪过失犯，完善罚金刑，增设资格刑。②

还有论者认为，我国食品安全犯罪立法应树立贯彻以人为本的社会理念、加强立法的拟制性、扩大食品犯罪打击的范围的理念。具体而言，应将生产、销售不安全食品罪由具体危险犯修改为抽象危险犯；修改生产、销售有毒、有害食品罪的犯罪构成要件；将违法生产、销售不安全食品、有毒、有害食品提供帮助的行为规定为犯罪；增设持有型犯罪；完善食品监管渎职罪。③

2. 食品安全犯罪制度的完善

有论者认为，我国食品安全的刑法保护存在刑法保护滞后、即成式犯罪构成模式被其他犯罪构成模式代替和遗漏了对运输、储藏等预备行为处罚等缺陷。为此，我国刑法应加强以下三个方面的完善：（1）在涉及重大法益（如食品安全问题）时，应设置过失危险犯；（2）为满足犯罪认定的需要，应当将生产、销售不符合食品安全的食品罪改为抽象危险犯，以即成式犯罪

① 参见刘仁文：《中国食品安全的刑法规制》。

② 参见黄华平、夏梦：《试论我国食品安全的刑法保护》。

③ 参见盛宏文、张一薇：《食品安全立法保护完善研究》。

构成模式进行规制；（3）在生产、销售有毒、有害食品罪中增设企行式犯罪构成模式。①

有论者认为，危害食品安全的行为主要出现在生产、加工、储存、销售、餐饮服务等环节。现行刑法规制食品链的刑事法网基本形成，各个食品犯罪的环节中均存在相应的罪名。但立足于食品犯罪的实际以及遏制食品犯罪刑事政策的需要，我国刑法对食品链的规制仍存在一定局限，应从以下三个方面加以完善。（1）加强刑法与《食品安全法》的衔接，积极贯彻、落实《食品安全法》。（2）调整危害食品安全犯罪客体的立法，将其规定于"危害公共安全罪"一章。（3）拓展危害食品安全犯罪的行为范围：一是行为形式的拓展，将非法存储、持有有毒、有害的非食品原料、食品添加剂和食品的行为纳入刑法的规制范围；二是行为类型的拓展，将生产、销售毒害的非食品原料和食品添加剂的行为增设为专门的罪名。此外，也应将用于食品的包装材料、容器，用于食品生产经营的工具、设备等工具纳入食品安全犯罪的范围。②

也有论者认为，现行刑法有关食品安全犯罪的规定存在犯罪归属体系分类不当，危害食品安全犯罪的主要客体是危害公共安全犯罪，应将生产、销售不符合安全标准的食品罪和生产、销售有毒、有害食品罪从刑法典分则第三章调至第二章；主观罪过范围较小，应增设食品安全犯罪的过失类型；同时，应协调刑法与《食品安全法》之间关系，扩大食品安全犯罪调整范围。③

还有论者认为，从刑法基本理论和司法实践的角度看，将食品安全犯罪的相关帮助行为实行行为化大有裨益。这是风险刑法理论法益保护前置化的内在要求，彰显了二元的行为无价值论的基本理念，符合宽严相济刑事政策的基本精神，是刑法条文可操作性的迫切需求。在具体操作上，以生产、销售有毒、有害食品罪为例，可以比照协助组织卖淫罪的模式，在《刑法》第144条之后增加一款，规定协助生产、销售有毒、有害食品罪。④

① 参见柳忠卫、常德宝：《论食品安全犯罪犯罪构成模式的理性建构》。
② 参见夏勇、江澍：《食品链的刑法规制》。
③ 参见王瑞祥：《食品安全刑法保护的缺陷与完善》。
④ 参见姜敏：《我国食品安全犯罪领域帮助行为实行化研究》。

3. **食品安全犯罪的刑罚完善**

有论者认为，我国刑法对食品安全犯罪的设置还存在一定的缺陷，主要表现为罚金刑设置不合理，罚金数额不确定，未区分自然人和单位犯罪的罚金幅度；资格刑的缺失。为此，我国应适当调整罚金刑的数额与范围，对犯罪情节较轻的自然人犯罪并处货值金额一倍以上两倍以下罚金，对犯罪情节较轻的单位犯罪并处货值金额三倍以上五倍以下罚金；对犯罪情节严重的自然人犯罪并处货值金额两倍以上五倍以下罚金，对犯罪情节严重的单位犯罪并处货值金额五倍以上十倍以下罚金。同时，我国应当对食品安全犯罪引入资格刑，并增设违反缺陷食品召回制度的刑法规制制度。①

也有论者认为，废除死刑是各国刑法发展的趋势。对生产、销售有毒、有害食品罪适用死刑既不符合现代社会的价值观念，也有悖于罪责刑相适应原则，更不利于刑罚目的的实现，为此应取消危害食品安全犯罪的死刑。②

六、民生问题刑法保护之其他相关研究

本届年会共收录药品安全、环境安全、食品安全之外的其他民生问题研究论文近30篇，涉及民生刑法的概念，青少年权益保护，安全事故问题和土地、资源开发利用等具体问题。

（一）民生刑法的概念问题

有论者认为，民生安全并非一个严格刑法意义上的概念，在性质上，其关涉公民生命权、健康权乃至生存权和发展权；在范围上，其又进入公共安全的领域，体现在与人们息息相关的日常生活中。当前社会条件下，安全问题的产生，虽然有自然的因素，但更有人为的因素以及社会的因素，主要涉及生产安全事故、公共卫生事件、食品安全和环境安全等方面。尽管民生安全不是一个纯粹的刑法概念，但并不意味着与刑事政策没有关联。恰恰相反，民生安全问题的日益突出，势必带来刑事政策的调整。③

---

① 参见龙洋、丁冉：《食品安全的刑法保护》。

② 参见曹化：《试论我国食品安全刑法规制的立法完善》。

③ 参见苏惠渔、孙万怀：《刑事政策与民生安全的关系定位》。

也有论者认为，民生刑法是指在主权在民的原则指导下，以保障人民权利为出发点和归宿的应然刑法，即保障民生的刑法。“民生”之“民”，不仅包括作为整体的国民，也包括作为个体的公民；“民生”既包括全体国民的权利和生计，也包括个人的自由与人权，“民生”是这些权利、自由的总称。传统刑法理论认为刑法机能主要包括社会保护机能和人权保障机能。不过，社会保护和人权保障的最终目的还在于保障人民的权利和自由，因此民生刑法的概念反映了刑法的本质。①

（二）其他领域的民生问题

有论者针对未成年人的刑法保护问题，提出在面临是否选择把某类行为入罪化或者出罪化时，要透过现象看本质。刑法既然对犯了罪的未成年人都要加强保护，显然对受害的和守法的未成年人更应该特别保护。因此，进一步加大对侵害未成年人的犯罪行为的惩罚力度，应当是我国进一步完善刑法的大势所趋。②

安全生产问题也本届年会讨论的一个重要问题。对此，有论者认为，为进一步完善安全生产领域，我国应适当加大刑法强度，增加资格刑和罚金刑，并在危害矿山生产安全犯罪中增设危险犯。③ 也有论者认为，对生产安全领域的渎职犯罪，在多因一果、存在介入因素的情况下，司法人员应以“政策说”作为参考，对原因的选择妥当性进行检验，也要根据罪责刑相适应原则，从系统的高度把握事物之间的复杂联系，分析每个危害行为在事物发展过程中所起的作用，并区分原因的主次、大小，全面、客观地认定刑法意义上的因果关系，并依此审慎追究相关责任人的刑事责任。④ 还有论者对民生安全犯罪适用以危险方法危害公共安全罪的情况进行了实证分析，认为在民生安全犯罪方面的刑事审判应当理性回归，坚持把握好刑事审判的自适性、刑事法治的基本原则和刑法教义学的准确定性，并将刑事审判与其他治

① 参见车明珠：《民生刑法初论》。

② 参见梅传强、杜伟：《论未成年人权利的刑法保护——以〈刑法修正案（八）〉为视角》。

③ 参见南德杭、黄旭卉：《安全生产事故的认识及其思考——以煤炭生产领域为例》。

④ 参见陈新生、金石：《生产安全领域渎职犯罪因果关系的特点及认定方法》。

理手段有机结合。[①]

最后，有部分论者探讨了农用地的刑法保护问题。如有论者认为，《刑法》第 342 条制止非法占用农用地犯罪的作用并未能得到充分发挥，建议将该罪的基本犯罪规定为数额犯，并将毁坏结果作为结果加重犯，同时提高该罪的最高法定刑，使其与其他破坏自然资源犯罪的法定刑相协调。[②] 也有论者认为，应当将合法占有农用地而改变用途的情形纳入该罪的范畴，并完善数额，同时增加破坏农用地罪，完善退耕还林制度。[③]

七、结　语

以当前我国刑法理论与实务中的热点问题为视角，契合我国 1982 年宪法颁行 30 周年的时代背景，本届年会对“当代中国刑法与宪法协调发展”和“民生安全的刑法保护问题研究”这两大议题展开广泛而深入的研讨，对我们进一步加强刑法与宪法关系的理论研究，推动民生问题刑法治理的立法和司法发展，促进我国刑事法治建设的进一步提升，具有积极意义。我们刑法学人也要以此为基础，进一步加强对刑法理论与实务相关问题的研究，努力拓展学术研究视野，为促进我国刑法学术研究事业和刑事法治建设的发展积极贡献力量。

[赵秉志、张军、袁彬、孙道萃、焦阳、王静思、徐苗；载赵秉志主编：《刑法评论》，第 23 卷，北京，法律出版社，2013]

① 参见肖先华、赵佳：《民生安全犯罪适用以危险方法危害公共安全罪分析——基于 174 份判决书的实证分析》。

② 参见刘德法、孔德勤：《非法占用农用地罪若干问题研究》。

③ 参见蒋继彦、戴勇才：《农用地刑法保护研究》。

第六十一章

2013 年全国刑法学术年会综述[①]

2013 年全国刑法学术年会于 10 月 19 日至 21 日在美丽的海滨城市天津隆重召开。在会议召开前，研究会秘书处编辑了论文集，并由中国人民公安大学出版社出版。年会的分组讨论和大会发言讨论在主题上与刑法年会论文集基本上保持了一致。在此，我们根据年会论文集以及年会讨论情况进行如下综述。

一、刑法与相关部门法的协调发展

（一）刑法与相关部门法衔接、协调的基本问题

刑法与其他部门法都是我国中国特色社会主义法律体系的有机组成部分，但是刑法与其他部门法相比有其特殊性，刑法与相关部门法如何界分以及衔接、协调一直是理论和实践探讨的热点问题。在此主题之下，年会论文集收录论文 11 篇，各位作者从宏观角度论述了刑法与其他部门法关系基本理论，在一定程度上对刑法与其他部门法的关系进行了厘清，对于深化刑法与部门法关系颇具理论和实务意义。

1. 刑法与其他部门法的界分

在年会论文集中，有论者基于法理学关于法律部门划分的一般标准，认

① 除特别说明，本章注释均出自陈泽宪、李少平、黄京平主编：《当代中国社会转型与刑法调整》（上、下卷），北京，中国人民公安大学出版社，2013。

为对于刑法与相关部门法之间的区分应当确立实质标准和形式标准，划分的实质标准是其法律调整对象，划分的形式标准是其法律调整方法。① 也有论者在对刑法的谦抑性进行考察的基础上，认为刑法谦抑原则可能导致刑法与其他部门法界限模糊，指出界分的基本原则是刑法不得已性，认为刑法不得已性既能决定“犯罪圈”的宽窄，也能决定“刑罚量”的大小，确定“犯罪圈”宽窄是处理刑法与其他部门法关系的根本准则。②

2. 刑法与其他部门法的衔接

有论者认为，刑法与相关部门法的良好衔接，在静态的法律规范上主要体现在行为模式和法律后果方面；在法律调整范围的动态关系上主要体现在一般违法行为的入罪化、犯罪行为的出罪化等两个方面。同时指出这种衔接存在刑法的前提性规范欠缺、法律制裁的衔接不合理、刑法的入罪根基不牢固等三个缺陷。③ 另有论者从刑法的谦抑性、经济性和动态开放性出发，认为刑法在部门法协调上存在过于强调国家本位、忽视规制手段的综合性、立法过度与立法不足同在等三个问题，未来的刑法改革应当调整经济犯罪的构成、建构复合性刑事责任体系以及明确部门法界限，实现法律规范独立性和互动性的统一。④ 还有论者基于刑法的独立性，认为处理刑事法律和非刑事法律冲突应当遵守法治原则及有利于公民、法人和其他组织的原则，并提出了法律规范之间存在冲突的解决路径。⑤ 也有论者指出，刑事司法中存在法律交叉适用的现象，需要引用行政、民事法律法规来确定犯罪的构成。但是，作为判决直接依据的，仍然是刑法中的相应条款，而不是相关的行政、民事法律法规。⑥

3. 刑法与其他部门法关系的协调发展

有论者认为，我国应当从静态和动态两个方面，加强刑法与相关部门法

① 参见赵秉志、袁彬：《刑法与相关部门法关系论要》。

② 参见茹士春：《论刑法不得已性——刑法与其他部门法协调适用的准则》；梅象华：《刑法不得已原则——刑事不法与民事、行政不法界分的基本原则》。

③ 参见赵秉志、袁彬：《刑法与相关部门法关系论要》。

④ 参见王利宾：《部门法衔接视角下的刑法问题研究》。

⑤ 参见吴林生：《刑事法律与非刑事法律冲突及解决刍议》。

⑥ 参见邓楚开、于世忠：《论刑事司法中的法律交叉适用》。

规范的衔接，合理平衡刑法与相关部门法的调整范围。[①] 也有论者从刑法社会保护的功能考量，认为应当从控制刑法保护尺度、加大相关部门法保护力度、建立协调统一的法律保护体系、构造“严而不厉”的合理刑罚结构等方面来加强刑法的社会保护，以促进刑法与相关部门法的协调衔接。[②] 另有论者基于整体刑法学和刑事一体化的启示，提出了“立体刑法学”的概念，认为这既涉及刑法学研究的方法革命，也涉及刑法学研究的内容革新。[③]

（二）刑法与刑事诉讼法的衔接、协调问题

刑法和刑事诉讼法之间具有内在联系，处理好二者关系对于刑事法治的发展具有重大意义。在2013年全国刑法年会论文集中，有9篇论文涉及刑法与刑事诉讼法的关系问题，相关论文论述了刑法与诉讼法的基本关系；并且结合刑法与刑事诉讼法的相关规定以及具体制度，从微观层面对刑法与刑事诉讼法衔接、协调的具体问题进行了较为深入的探讨。

1. 刑法与刑事诉讼法的基本关系

有论者认为，作为实体法的刑法和作为程序法的刑事诉讼法具有共同的价值，两者相互依存，不存在孰主孰从的问题。刑法典与刑事诉讼法典分离式的立法模式以及理论上长期对刑法与刑事诉讼法进行分离式的研究造成了刑法与刑事诉讼法的疏离，因而必须加强两者的沟通与互动。提倡以“刑事一体化”为理论支撑，立足于刑法与刑事诉讼法独立存在的基础之上，加强两者的融合与贯通，以实现刑法与刑事诉讼法的静态平衡和动态平衡。[④] 另有论者认为，刑法与刑事诉讼法的衔接具有重大的理论和实践意义，但是我国刑法与刑事诉讼法在立法模式、制度设计等方面还存在着协调性不够的问题，需要在立法理念、制度设计等方面相互协调，确保全面发展、顺畅协调、稳步改革。[⑤]

2. 刑法与刑事诉讼法衔接、协调的具体问题

（1）社会危险性。有论者从刑法和刑事诉讼法理论与实践中均涉及的社

---

① 参见赵秉志、袁彬：《刑法与相关部门法关系论要》。

② 参见李少平：《论刑法的社会保护功能——兼论刑法与相关部门法的衔接协调》。

③ 参见刘仁文：《立体刑法学论纲》。

④ 参见童伟华、武良军：《刑事一体化视域下刑法与刑事诉讼法的互动》。

⑤ 参见张倩：《论刑事诉讼法与刑法的衔接》。

会危险性概念出发，刑法中的社会危害性对社会危险性判断的影响主要体现在基于尚未确定的特定犯罪的推定、基于已经认定的已然不法的推定等两方面。但是，这种推定不利于保障被追诉人的合法权益。认为出于对刑事诉讼立法严肃性以及当前减少审前羁押的刑事政策的双重考量，应当在立法层面上废弃社会危险性概念。①

（2）刑法与证据法之间的关系。有论者认为，在刑事立法方面，将行为拟确定为犯罪行为前，不仅要考虑该行为对法益侵害的严重程度，更要注重从获得此类犯罪的证据所采取的手段是否会损害更高的利益以及这种犯罪是否易于被证明这两方面来进行论证。故而刑事立法中需要注意法律穷尽原则、证明效应原则、风险控制原则，并且认为犯罪构成体系影响证明责任的分配。② 另有论者认为非法证据排除的范围应当结合实体法与程序法两个层面进行界定，确定证据采用标准。应当从刑法的客观主义立场出发，对非法言词证据要采取绝对排除政策；对非法实物证据要区分其瑕疵点的位置，区别对待。③

（3）刑法适用中的刑事诉讼法问题。有论者以刑法与刑事诉讼法的协调发展为进路，认为刑讯逼供和暴力取证需要从刑事实体和刑事程序上进行双重遏制。从实体上加强刑讯逼供罪和暴力取证罪的刑事责任追究；从程序上对非法言词证据要绝对排除。刑法与刑事诉讼法应保持一定的联动性。在司法上，应当先解决“非法言词证据”的证据能力问题，然后再解决刑讯逼供罪或暴力取证罪的刑事责任问题。④

另有论者认为，新修订的《刑事诉讼法》对证据制度、辩护制度等方面的修改，直接影响现行刑法辩护人伪证罪一些犯罪成立条件的变化，因而需要从犯罪的行为方式、犯罪主体、罪名界定以及罪与非罪界限等方面进行重新审视和完善，以达到程序法与实体法的完满衔接。⑤

---

① 参见卢建平、赵康：《社会危险性概念之反思——基于刑事程序法和实体法的双重视角》。

② 参见汪长青、田申：《刑法与刑事程序法的往返顾盼——论证据法与刑事实体法之间的相互影响》。

③ 参见郭立军、王冬：《从刑法的基本立场确定非法证据排除的范围——从证据问题看刑法与刑诉法的协调发展》。

④ 参见肖本山：《论刑讯逼供、暴力取证的双重遏制——以刑法与刑事诉讼法的协调发展为进路》。

⑤ 参见刘德法：《论新刑诉法视野下的辩护人伪证罪》。

也有论者结合刑法与刑事诉讼法文本的具体规定，指出刑法与刑事诉讼法中关于“尊重和保障人权”“司法机关”“社区矫正的范围”“刑期的计算”“恐怖活动犯罪、特别重大贿赂犯罪”的范围规定不一致，应当加以协调。①

（三）刑法与民法的衔接、协调问题

在此主题之下，年会论文集共收录论文21篇，各位作者从刑法与民法间的关系出发，不仅从宏观上研究了刑法与民法的区分与融合，还对刑民交叉案件的处理、民事赔偿对刑事责任的影响进行了较为深入的探讨，在当前的社会背景之下颇有开拓意义。

1. 刑法与民法的区分

有论者从宏观层面入手，对刑法与民法的性质归属作出分析，认为刑法针对的是危害社会的行为，民法针对的是个体之间的损害行为，二者性质不同，对于民事违法行为同时危害了社会的情况，首选的公法调整是行政法而不是刑法。②

有论者从犯罪与民事侵权的区别入手，认为两者的违法性在范围、本质及程度上都不相同。实践中区分犯罪与民事侵权行为，应当依照刑法规定，具体考察行为人的行为的违法程度是否达到应追究刑事责任的程度。③ 也有论者从法律解释的角度入手，认为刑法与民法在进行解释时也存在明显差异，并主要表现在解释理念层面，以及由于不同解释理念支配而出现的具体解释方法选择与运用之不同。④ 还有论者以民事合法与刑事违法的冲突为视角，指出在欺诈或者胁迫行为的效力中，两者的冲突突出体现为变更后的欺诈或者胁迫行为的合法性判断上，并从政策、立法和司法三个方面为民事合法与刑事违法冲突提出一定的解决径路。⑤

2. 刑法与民法的融合

关于宏观层面的融合，有论者认为，近现代的刑法理念与民法理念在权

---

① 参见尹吉：《新刑事诉讼法的刑法适用热点研究》。

② 参见夏勇：《刑法与民法——截然不同的法律类型》。

③ 参见兰迪：《犯罪与民事侵权行为比较研究——以违法性为切入点》。

④ 参见王海桥：《法律概念视域中刑法与民法之解释差异分析》。

⑤ 参见陈志军：《民事合法与刑事违法冲突之解决——以欺诈或者胁迫行为的效力为视角》。

利保障上都有契合，并具体表现为：刑法谦抑观和刑法人道观、罪刑法定主义、犯罪成立理论、刑罚的正当性理论、恢复性司法的兴起、刑事自诉制度的扩大适用和民事优先原则的确立。[①]

而关于民事责任与刑事责任的融合，有论者认为，两者之间的联系日趋紧密，并在刑事司法理念和刑事立法上都有所体现；完善我国的非刑罚性处置措施、社区矫正、刑事被害人补偿制度，是刑民责任关系新发展的必然要求。[②]

然而，也有论者指出刑法中的民事责任与刑事责任的民事化存在着质的差别，不能混同适用，并认为刑事责任实现方式民事化，不仅是市民刑法在我国构建进程中的必要之举，而且对于情节轻微的犯罪行为实现“非刑罚化”也具有十分重要的意义。[③]

3. 刑法中的附带民事调解和诉权

有论者以分析刑事附带民事调解过程中双方当事人的博弈心理活动为切入点，引入博弈均衡的相关理念，对刑事附带民事调解工作中存在的问题进行了分析与思考。[④] 也有论者以财产犯罪中受害人的附带民事权利为视角，在分析现行立法与司法的矛盾之后，指出确立财产犯罪的附带民事诉讼制度是完全必要且可行的，应在刑事活动中将“民事赔偿优先”原则的应用提高到一定的执法高度。[⑤]

4. 刑民交叉案件的处理

（1）刑民交叉案件的表现及处理原则。关于刑民交叉案件的表现方式，论者们提出了不同的看法，有论者根据刑法与民事法律各自调整领域的重叠关系，认为刑民交错一般表现为以下三种情形：犯罪行为与民事侵权的交错；犯罪行为与民事违约、欺诈、胁迫等行为的交错；犯罪行为与无因管理、不当得利的交错。[⑥] 也有论者认为刑民间的交叉关系表现为：刑法和民

---

① 参见吴轩：《发展与变革：民法理念影响下的现代刑法》。

② 参见向朝阳、蒋晓艳：《试论刑民责任关系之新发展》。

③ 参见马鄢君、刘志伟：《刑事责任实现方式的民事初探》。

④ 参见辛传斌：《在调解与量刑之间——博弈心理下的刑事附带民事调解研究》。

⑤ 参见韩轶、唐大森：《论财产犯罪受害人的附带民事诉权》。

⑥ 参见楼伯坤、满涛：《论刑民法律规制的交错与协调——以集资诈骗罪与民间借贷的区分为视角》。

法在各自调整对象领域的交叉；刑法和民法因价值判断对同一行为的不同评价；行为在刑法和民法各自领域的交叉。[①]

关于刑民交叉案件的处理原则，论者们也有各自的观点，有论者认为协调刑民法律规制的原则包括罪刑法定原则、刑法的谦抑性原则和民事关系的前置选择原则。[②] 也有论者提出平衡刑民交叉关系应遵循的原则是保护被害人权益原则、刑法谦抑性原则、刑民关联思维原则和公民朴素正义观原则。[③]

（2）刑民交叉案件的类型化分析。有一些论者对刑民交叉案件进行类型化分析并进而提出相应的解决办法，如有论者将刑民交叉案件分为三类，并提出相应的解决办法。[④] 也有论者仅就刑民交叉中的刑民法律关系和刑民法律概念两种类型进行分析，认为在处理刑民法律关系交叉类型案件时应区分不同性质作不同处理。[⑤]

（3）对个罪或一类案件中刑民交叉问题的分析。除了在宏观层面进行研究，论者们还针对一些个罪或者一类案件的刑民交叉关系展开探讨。如有论者以集资诈骗罪为视角，指出区分民间借贷纠纷与诈骗罪不应只注重某一方面，而应该用全面的观点看待案情。[⑥] 也有论者以恶意透支信用卡罪为视角，认为如果某“民转刑”个案在是否应予入罪时出现分歧和界限模糊，则不应作犯罪处理；对信用卡消费者入罪时要慎重。[⑦]

还有论者针对某一类案件的刑民交叉问题进行探讨，如有论者以无罪判决为视角，认为刑事司法在参与对社会经济风险的化解时，需要强调刑法的谦抑性。[⑧] 也有论者以“宣告死亡”问题为视角，认为将民事宣告死亡直接用于刑事裁判，会引起二者适用标准不统一的质疑与争论，应通过提升宣告死亡标准的思路解决。[⑨]

---

① 参见章惠萍、夏燕：《论刑民间的交叉关系及司法处理的平衡路径》。

② 参见楼伯坤、满涛：《论刑民法律规制的交错与协调——以集资诈骗罪与民间借贷的区分为视角》。

③ 参见章惠萍、夏燕：《论刑民间的交叉关系及司法处理的平衡路径》。

④ 参见杨兴培：《刑民交杂案件的类型分析和破解方法》。

⑤ 参见刘沛谞、蒋继彦：《刑民实体交叉类型化初探》。

⑥ 参见陈伟强、陈雪：《刑法与民法的协调、衔接——以民间借贷纠纷为例》。

⑦ 参见刘仁海：《恶意透支信用卡入罪须考量的民法原理》。

⑧ 参见王潮：《刑民衔接中的秩序考量：基于无罪判决实例的展开》。

⑨ 参见王立争、刘嫒嫒：《民刑交叉视野下的“宣告死亡”》。

5. 民事赔偿对刑事责任的影响

围绕民事赔偿影响刑事责任的正当性依据，不少论者都进行了一定的研讨。有论者从赔偿影响刑事责任的现实合理性、赔偿影响刑事责任的理论、政策依据和赔偿影响刑事责任的法律依据三个方面进行论证。[①] 也有论者认为损害赔偿的惩罚功能是实现民刑责任转换并影响量刑的关键。[②] 还有论者指出刑事法治理念革新为民事赔偿影响刑事责任提供了契机，责任功能趋同为民事赔偿影响刑事责任奠定了基础。[③]

有论者认为能否“赔偿从宽”应考虑犯罪行为侵犯的法益的性质。赔偿损失情节不仅可以适用于轻罪案件，也可以有条件地适用于重罪乃至可能判处死刑的案件。[④] 也有论者认为民事赔偿影响刑事责任的适用范围应同时满足下述三方面的要求：此类犯罪所侵害之法益必须包括个人法益；必须以人身伤害或财产损失为内容；排除纯粹针对国家法益的犯罪。[⑤]

有论者认为民法中不同种类的损害赔偿，在量刑中也是有必要加以区分的，对于没有造成人身损害、以“和平”的方式非法取财的非暴力犯罪在赔偿了损失、取得了被害人谅解的情况下，其从宽幅度应该有别于侵犯人身权利的犯罪。[⑥]

（四）刑法与行政法的衔接、协调问题

行政法与刑法尽管属于不同的法律部门，但是二者在规范内容、调整对象以及适用程序等方面存在诸多相互交叉的容。因而研究二者之间的衔接、协调和互动关系具有非常重要的现实意义。本次年会论文集在本专题内收录了 39 篇有关文章，既从立法、司法角度，又从宏观、微观层面，对刑法与行政法的基本关系及其衔接、协调问题进行了深入探讨。

1. 刑法与行政法的关系问题

有论者通过对刑法典与行政法衔接的立法考察，认为我国当前的行政法

① 参见高铭暄、张海梅：《论赔偿损失对刑事责任的影响》。

② 参见白云飞：《量刑中损害赔偿问题研究》。

③ 参见张伟：《民事赔偿对刑事责任的影响研究》。

④ 参见高铭暄、张海梅：《论赔偿损失对刑事责任的影响》。

⑤ 参见张伟：《民事赔偿对刑事责任的影响研究》。

⑥ 参见王文华：《“赔偿损失”对刑事责任影响的类型化研究——以涉众型经济犯罪为视角》。

与刑法典衔接中还存在不协调的缺陷，应遵循明确性原则和协调性原则，立法宜保持刑法典的模式，但是对于某些特殊领域，在条件成熟时，可以形成单独型的刑法规范。[①] 也有论者从行政刑法的角度提出了“实用主义的行政刑法”的概念，认为通过制定与刑法相衔接的“行政性刑事违法行为”的具体操作标准来实现行政处罚的司法化和行政执法与刑事司法的有效衔接。[②] 另有论者认为，在规范内容上，行政法规范和行政行为均可以成为认定犯罪的前提，行政违法与刑事犯罪可以相互转化。[③] 还有论者认为我国法律中的“构成犯罪的，依法追究刑事责任”的立法规定没有确定的刑法指向，使相关法律法规中的责任条款与刑法典之间不协调、不衔接。[④] 更有论者从单处罚金刑的废止角度考量，认为应确立“以刑定罪”的新观念，提高犯罪的门槛，将分流出去的各种危害行为归进不同领域的行政法规中加以处置，对于严重危害行为则始终只应保持一种较为单一的身体刑的格局，财产刑只应作为附加刑使用，从而提高刑法适用的及时性和高效性。[⑤]

2. 刑法与行政法的司法衔接问题

有论者分析了行政执法与刑事司法衔接的内涵和外延，指出行刑衔接在现实中存在的问题及其原因，认为应当从完善相关立法、建立健全衔接工作机制以及行刑衔接的检察监督制度来完善我国司法中的行刑衔接机制。[⑥]

也有论者以行政犯罪为视角分析了刑法与行政法的司法衔接问题，认为行政犯罪具有行政违法和刑事违法的双重属性，决定其责任实现需坚持双重责任原则和处罚折抵原则，指出在责任实现时坚持行政优于刑事的程序，并具体分析了“行刑衔接”中的主体衔接问题。[⑦] 但有论者持相反观点，认为行政处罚与刑事司法的交叉时，应当坚持刑事优先的原则，但是对于一些行

① 参见王春丽：《刑法与行政法衔接的问题与对策研究》。

② 参见李晓明：《刑法与行政法的衔接与协调：行政刑法的再思考》。

③ 参见张冬霞：《行政法与刑法协调机制研究》。

④ 参见于冲：《论“行刑衔接”的立法形式完善——从“构成犯罪的，依法追究刑事责任”谈起》。

⑤ 参见饶璟：《论单处罚金刑的废止——“以刑定罪”视野下刑法与行政法的衔接》。

⑥ 参见孙春雨：《行政执法与刑事司法衔接机制相关问题研究》；宣炳昭、张晰：《行政执法与刑事司法的协调与衔接》；沈其宏、马屹、吴婷婷：《行政执法与刑事司法有效衔接机制的建立与完善》；李松：《行政执法与刑事司法衔接机制的思考》。

⑦ 参见刁小清、李菲：《行政犯罪视野下行刑衔接问题三论》。

政处罚中特有的资格罚手段，可以不受刑事优先的限制。[①] 另有论者认为，在司法权与行政权尚未达到完全平衡的背景下，行刑交叉处理模式其实是没有单一固定模式可循的，立法者对于行刑交叉案件的处理，应当为不同模式规定不同的适用条件。[②]

3. 刑法与行政法关系的具体问题

（1）违法行为与犯罪行为的区分。有论者参照外国以及我国理论上关于刑事不法与行政不法之间的区分标准，认为“法益根据说”在我国应当居于主导性地位。从犯罪本质的角度界分两者时，需要关注侵害法益的种类和程度、社会伦理道德的非难性程度高低以及行政违法行为的社会危险性和发生频率的高低、数量的大小。[③] 另有论者认为立法对犯罪概念采用的“定罪加定量”模式以及司法机关对定量解释的概括性导致行政违法行为与犯罪行为难以界分，进而提出了建立轻罪制度来确立犯罪边界的设想。[④] 另有论者认为，质量的差异理论为行政违法与刑事犯罪的区分提供了理论上的标准，刑法上犯罪概念中的“但书”规定、犯罪构成中的定量因素、行为主体上的身份状况以及其他相关情节则为行政违法与刑事犯罪的区分提供了规范标准。[⑤]

还有论者对行政行为中除行政处罚外的其他行政行为对犯罪认定的影响给予关注，并对其构造、特征、认定等问题进行讨论。认为这些行政行为对于犯罪的成立有着显著的影响，有的体现为法定的出罪事由，有的则属于超法规事由，在实现了行政法和刑法之间互动的同时，也丰富了我国出罪事由的理论体系，具有重大意义。[⑥]

（2）刑事处罚与行政处罚的关系。有论者认为，行政处罚与刑罚处罚在实践中具体适用时衔接不畅，对于行政处罚与刑罚处罚衔接的处理，原则上

① 参见张勇、贺鑫：《行政处罚与刑事司法的交叉及衔接适用规则》。

② 参见申飞飞、车明珠：《论行刑交叉案件的处理模式》；张爱晓：《行政处罚与刑罚竞合的相关问题研究——立足于实体与程序的双重考量》。

③ 参见熊永明：《行政犯罪与行政违法行为界分标准研究》。

④ 参见方洁、李玉磊：《论犯罪行为与行政违法行为的界限》。

⑤ 参见刘中发：《行政违法与刑事犯罪的调控边界》。

⑥ 参见何柏松：《论行政行为对犯罪认定的反向影响》；关振海：《论行政命令的出罪功能——以行政犯罪的认定为视角》；刘夏：《从属于行政命令的犯罪研究》。

采“合并适用”，只是依据法律的规定或实践中具体情况，将择一适用作为例外和补充。[①] 也有论者持相同观点，但是认为应当区分处罚的性质和种类，具有同质性和相同功能性的处罚不再重复适用。[②] 另有论者认为，行政处罚和刑罚的竞合以行为的双重违法性为前提，行政处罚与刑罚的功能、目的有交叉重叠之处，行政处罚和刑事处罚交叉时，司法机关和行政机关应遵循折抵规则、同种罚不再罚规则、异种罚可再罚规则。[③]

4. 刑法与劳动教养制度的关系

有论者认为，劳动教养制度涉及犯罪定义问题、刑法结构问题、效率与公平问题、司法权力配置等四个实质性问题，劳动教养制度改革应当坚持行政机关未经司法程序不得长时间剥夺人身自由这个底线，劳动教养制度的改革应当以刑法与行政法既区隔又衔接的方法，将现行劳动教养适用的对象予以归类处理，分别纳入行政法和刑事法体系。[④] 也有论者通过对劳动教养事由进行类型化研究，认为通过分流处理，使之各有所归，缩小劳动教养的范围，加快制定和出台“违法行为教育矫正法”，同时废止劳动教养方面的法规、规章，彻底改造现有劳动教养制度。并且认为劳动教养制度具有轻缓化、司法化和法定化发展趋势。[⑤] 另有论者认为，在劳教改革的诸多路径中，不断降低刑法的起刑点，使劳动教养措施具有刑罚属性，从而将劳动教养司法化是符合理论和现实需要的正确路径。[⑥] 也有论者持不同观点，认为劳动教养制度的适用对象均属于违法行为的范畴，因而不能把劳动教养制度刑法化，而只能将其消解在行政性处罚措施之中，即将其融入《治安管理处罚法》和行政性保安处分制度之中，实现对劳动教养制度的替代。[⑦]

5. 刑法与治安管理处罚法的关系

有论者分析了《刑法》和《治安管理处罚法》规定的相同行为，认为促

---

① 参见涂龙科：《行政处罚与刑罚处罚衔接的处理原则研究》；莫开勤、刘轩、李扬：《论刑事处罚与行政处罚竞合之处理》；袁宏山：《危险驾驶行为的行政法规制与刑法规制之衔接问题研究》。

② 参见张勇、贺鑫：《行政处罚与刑事司法的交叉及衔接适用规则》。

③ 参见张爱晓：《行政处罚与刑罚竞合的相关问题研究——立足于实体与程序的双重考量》。

④ 参见陈泽宪、刘瑞平：《论刑法与行政法的衔接——以劳动教养制度改革为切入点》。

⑤ 参见莫洪宪、王登辉：《刑法与行政法的协调、衔接——对我国劳动教养制度的反思与重构》。

⑥ 参见马聪：《刑法起刑点的发展方向与劳动教养制度改革》。

⑦ 参见任娇娇：《行为与犯罪行为的界分——以劳动教养制度为观照》。

进治安管理处罚法与刑法的衔接，除了对具体案件要考察社会危害性程度以外，长远之计还在于明确立法规定，或学习西方国家的违警罪立法模式，建立“严而不厉”的刑法制裁体系。① 有论者认为，《刑法》和《治安管理处罚法》存在不少冲突之处，应当有机衔接、协调，在应然层面上应当修改现行刑法相关规定，在实然层面上加强司法解释与明确立案标准。② 也有论者以刑罚和行政处罚中的驱逐出境为视角，探讨了刑罚和行政处罚二元制裁体系下的冲突与调整。③ 还有论者分析了行政拘留制度在理论和实践中存在的诸多问题，提出了行政拘留制度刑事司法化改革的具体建议。④

6. 刑法与交通法的关系

有论者以危险驾驶罪为分析视角，认为刑法和《道路交通安全法》在适用关系上应具有平衡性，规定惩处犯罪的刑法必须以规定管理道路交通安全的《道路交通安全法》的内容为基本依据。刑法与《道路交通安全法》《公路法》需要在立法、司法、执法上进一步衔接。⑤

还有论者认为以刑法和行政法并用的方式规制驾车追逐竞驶和醉酒驾车的危险驾驶行为具有一定的意义，但是应当进一步完善行政法规中针对危险驾驶犯罪行为的行政处罚措施，并在实践中理顺公安机关与司法机关之间的关系，加强行政处罚与刑罚处罚之间关系的协调和衔接，以实现对危险驾驶违法犯罪行为的综合治理。⑥

7. 刑法与行政法内部其他行政法律的关系

关于刑法与民族法的关系上，有论者认为我国先后颁布的两部刑法典都充分考虑了民族自治地方犯罪治理的特殊性，是民族自治权在刑法上的充分表达，但是事实上，《民族区域自治法》的基本要求未能在刑法上得以表现，认为在刑法学研究中应当坚持文化人类学的视角，为民族自治权在刑法中的

---

① 参见焦阳、谷芳卿：《论〈刑法〉和〈治安管理处罚法〉的协调——以两部法律规定的相同行为为视角》。

② 参见邹易材：《我国刑法与治安管理处罚法冲突解决研究——从应然与实然层面进行考量》。

③ 参见田刚：《刑罚和行政处罚二元制裁体系下的冲突与调整——以刑罚和行政处罚中的驱逐出境为视角》。

④ 参见马志萍：《论行政拘留制度的刑事司法化改革》。

⑤ 参见齐文远、邓红梅：《刑法与〈道路交通安全法〉〈公路法〉的协调与衔接》；孟庆华、赵东：《危险驾驶罪的刑法与交通法规协调、衔接问题探析》。

⑥ 参见袁宏山：《危险驾驶行为的行政法规制与刑法规制之衔接问题研究》。

实现提供坚实的理论基础。[①] 也有论者分析了少数民族习惯法与刑法的冲突缘由，认为协调适用少数民族习惯法与刑法是一个渐进的过程，只有把握好刑事法治统一原则，尊重少数民族的风俗习惯与生产、生活方式的原则及民族团结、确实必要等原则，发掘少数民族习惯法的法理因素，才能促进刑法和少数民族习惯法的良性互动。[②]

另有论者认为安全生产法未将“非单位生产作业”纳入行政管理，认为立法上的完善可以使安全生产法与刑事法律协调、衔接，也保障了行政执法与刑事司法办案的衔接配合。[③]

有论者认为，警察使用武器制度的法律规范具有双重性、边缘性、结合性特征，提倡“公法一体化”研究路径。[④]

（五）刑法与经济法等其他相关部门法的衔接、协调问题

论文集收录了此方面的论文 24 篇，对刑法与经济法、知识产权法、公司法、金融法、环境法、食品安全法等部门法的衔接、协调问题进行了全方位的研讨。在年会上，会议代表对此方面的问题也进行了非常热烈的探讨。

1. 刑法与经济法衔接的宏观探讨

关于经济犯罪与一般经济违法行为的界限，有论者从经济犯罪的法益出发，认为经济刑法的法益是市场平等主体的经济自由以及与此联系的市场经济条件下社会、国家公共利益。对于只是单纯违反了基于国家命令而形成的经济行政秩序的行为，应属于经济行政法调整的范围。[⑤] 也有论者认为经济违法行为和经济犯罪只是度的区别，由于过了一定的度，行为才发生了质变，而对于“度”的把握，其核心和关键是对社会危害程度的判断。[⑥]

关于刑法与经济犯罪衔接上存在的问题，有论者认为主要包括经济法规

---

① 参见马德：《论刑法与民族区域自治法的协调——一个法学方法论的反思》。

② 参见武晓红、陈秀秀：《论刑法与少数民族习惯法的协调适用》。

③ 参见刘程：《安全生产法与刑事法律协调、衔接问题研究——对“非单位生产作业”脱管现象的问题分析与完善建议》。

④ 参见金翼翔：《刑事法与行政法交汇下的警察使用武器制度》。

⑤ 参见何荣功：《经济犯罪的法益与经济刑法的范围——论经济犯罪与一般经济违法（行政不法）的“应然”界限》。

⑥ 参见黄晓亮、胡健：《论刑法与经济法的衔接与协调问题》。

范中的一些刑事责任落空；经济犯罪的犯罪黑数很大；刑事司法过度介入经济纠纷。关于刑法与经济法的协调，该论者指出这种协调既包括立法上的严密衔接，又包括司法实践中对案件的准确定性。①

2. 刑法与知识产权法的协调

刑法与知识产权法的协调是论者们较为关注的一个问题，有论者认为刑法对知识产权的保护是一种有限制的保护，既包括知识产权刑法保护的立法限制，又包括知识产权刑法保护的司法限制。② 有论者从检察监督视野出发，认为知识产权行政执法与刑事司法衔接中存在一定的问题，并提出相应的完善措施。③ 也有论者对商标权刑法保护进行司法审视，并针对实践中存在的一些疑难问题，提出商标权刑法保护的完善建议，例如适当扩大驰名商标的保护范围；适时增加反向假冒商标罪；适度调整法定刑配置。④

3. 刑法与公司法、金融法等的协调

不少论者以经济法中的公司法、垄断法、金融法、证券法、税法为对象，重点探讨其与刑法间的衔接问题，如有论者以公司资本制度的重大调整为视角，提出重构我国公司资本制度犯罪圈的具体设想。⑤ 有论者对垄断行为犯罪化问题进行研究，认为垄断行为犯罪化具有必要性，并通过垄断行为犯罪化立法趋势之考察，对垄断行为犯罪化的范围提出建议。⑥

也有论者以刑法与证券法的关系为题，以新近司法解释为研究视角，认为这一司法解释有利于刑法与证券法的衔接。⑦ 还有论者从税收犯罪罚金刑的配置与税法中罚款的衔接入手，在分析了税收犯罪中罚金刑配置的原则与现状之后，提出了一定的完善意见，如以将走私普通货物、物品罪中“偷逃应缴税额一倍以上五倍以下罚金”的“五倍”修改为“三倍”为宜。⑧

4. 刑法与环境法的衔接与协调

有论者认为环境刑法具有明显的行政从属性特征，使环境行政法的调

① 参见黄晓亮、胡健：《论刑法与经济法的衔接与协调问题》。
② 参见贾学胜、郑泳彬：《知识产权刑法保护的限制》。
③ 参见李雪梅、张晋霞：《检察监督视野下知识产权行政执法与刑事司法衔接中的问题及其完善》。
④ 参见黄曙、陈艳：《商标权刑法保护的司法审视》。
⑤ 参见王志祥、韩雪：《论公司资本制度犯罪圈的重构——以公司资本制度的重大调整为视角》。
⑥ 参见江献军：《垄断行为犯罪化问题研究——以经济法和刑法衔接为视角》。
⑦ 参见张淼、刘红英：《论刑法与证券法的衔接——以新近司法解释为视角的研究》。
⑧ 参见何恒攀：《论税收犯罪中罚金刑的配置——兼论其与税法中罚款的衔接》。

整范围与执行效果影响环境刑法规制的范围及执行效果；而环境刑法的有效适用又能促进环境行政法的执行效果。[①] 但是，也有论者指出环境刑法行政从属性的危害在于，容易形成环境行政法强势，环境刑法式微的窘境，应尽可能弱化行政从属性产生的负效应，以有效发挥环境刑法的独立、自主功能。[②] 还有论者认为环境刑法从属性既具有正向价值，又具有负向价值。[③]

有论者指出刑法与环境法的衔接应该从环境刑法与环境行政法、环境行政执法与环境刑事司法的协调与衔接两个方面入手。[④] 也有论者认为环境法与环境刑法之衔接应考虑在社会各方面落实绿色 GDP 的观念；积极推进环境违法行为的犯罪化进程；积极改进环境犯罪的刑罚体系等。[⑤]

有论者认为前置性行政规范变动对环境犯罪的影响，实质就是环境刑法与环境行政法的协调与统一问题。前置性行政规范变动的处理原则包括：坚持环境刑法独立判断的原则；坚持合法行为不为罪的原则。[⑥]

5. 刑法与食品安全法的衔接

有论者指出我国刑法与《食品安全法》严重脱节，食品安全法网“厉而不严”，不能全面有效地打击食品安全犯罪，建议引入双轨制刑法立法模式，将食品安全法刑法以附属刑法的形式纳入《食品安全法》。[⑦] 有论者认为我国目前有关食品安全刑事法和行政法的衔接，在行政违法与刑事犯罪、行政责任与刑事责任以及行政执法程序与刑事司法程序三个方面均存在一定问题，并就上述三个方面提出完善的建议。[⑧] 也有论者以《刑法修正案（八）》为视角，认为其加强了刑法与《食品安全法》的衔接与协调，但是，还是存在一些衔接不够而导致二者不协调的情形，例如：刑法的现有规定在适用上仍有可商榷之处；刑法在食品安全上没有体现出预防为主的方针；处罚范围

---

① 参见曾粤兴、张勇：《论我国环境刑法与环境行政法的协调与衔接》。

② 参见张远煌、徐苗：《论环境刑法行政从属性之遵循与突破》。

③ 参见董邦俊：《环境法与环境刑法衔接问题思考》。

④ 参见曾粤兴、张勇：《论我国环境刑法与环境行政法的协调与衔接》。

⑤ 参见董邦俊：《环境法与环境刑法衔接问题思考》。

⑥ 参见杜琪：《环境刑法对前置性行政规范变动的依附性》。

⑦ 参见贾凌、王炳钧：《论我国食品安全刑法体系缺陷与完善》。

⑧ 参见郑丽萍、阴丽霞：《食品安全问题中刑事法与行政法的衔接》。

过窄，与《食品安全法》所涉及的范围存在一定的差距。[①]

二、当代中国腐败犯罪的防制对策研究

（一）当代中国防制腐败犯罪的刑事政策问题

1. “零容忍”与“有限容忍”

有论者认为“零容忍”是反腐败犯罪的基本思路，应在正确领会“老虎苍蝇一起打”策略的基础上，认真贯彻执行宽严相济刑事政策，对“特别重大贿赂犯罪案件”进行适当的政策性限缩解释，促进我国反腐败犯罪的法治回归。[②] 有论者认为反腐败的刑事政策应定位于“零容忍”，但是“零容忍”政策不等于贪污犯罪的“重刑化”道路，要提倡适度的轻缓化以服务于一般预防，更好地养成一种反腐“零容忍”政策之下的宽宥文化。[③] 有论者认为职务犯罪现象猖獗、查处力度非常有限与法律的宽容态度有关，要从严编织刑事法网、对腐败性职务犯罪采取“零容忍”的处罚态度，立法上加大惩罚力度，司法上采取有效措施严惩。[④] 但也有论者认为中国尚未形成“零容忍”的社会氛围、现有司法资源无法支持“零容忍”、中国特色的多元规制体系可以应对轻微腐败，“零容忍”在我国缺乏现实可能性。刑事司法应摒弃“抓大放小”的思维，积极贯彻落实“老虎苍蝇一起打”的政策精神。[⑤] 有论者认为对腐败犯罪“零容忍”的高压态势是一个良好的态度而非理性的认识，可以持“有限容忍”的刑事政策，容忍对严重的腐败犯罪不适用死刑、对轻微的腐败行为不适用刑罚处罚措施。[⑥]

2. 刑事政策的“宽”、“严”与“厉”

有论者认为我国反腐败刑事政策由于刑法依赖、“抓大放小”和重惩轻

---

① 参见邓小刚：《浅析刑法与食品安全法的协调与衔接》。

② 参见魏东：《对腐败犯罪“老虎苍蝇一起打”的刑事政策考量——兼议“特别重大贿赂犯罪案件”的政策性限缩解释》。

③ 参见孙道萃：《“零容忍”反腐败刑事政策之思考》。

④ 参见张绍谦：《论职务犯罪从严惩处的刑事政策》。

⑤ 参见孙国祥：《反腐败刑事政策若干思考》。

⑥ 参见赵亮：《当代中国防治腐败犯罪刑事政策新论——有限容忍之提倡》。

防的思想，存在惩罚不力、顾此失彼、预防不够的现状，应坚持刑法谦抑、宽严相济和预防为先的理念。[①] 有论者认为在治理策略上，“抓大放小”中的“放小”模糊了腐败犯罪的概念，错失了将腐败犯罪扼杀在摇篮里的时机；“厉而不严”中的“不严”导致犯罪成本低下，犯罪黑数畸高。应落实“严而不厉”、做到宽严相济。[②] 有论者认为我国防制腐败犯罪应坚持宽严相济、规避选择性执法和地方保护主义，更新法治理念、严密法网、及时补充反腐败犯罪立法，降低刑度、调节反腐败犯罪的防卫强度。[③] 有论者认为要将宽严相济刑事政策的指导精神具体化到惩治受贿犯罪的刑事司法活动中，使之成为可操作性强且相对统一的规则。[④] 有论者认为国企人员职务犯罪日益严峻，要在宽严相济刑事政策的引领下和罪责刑相适应的限度下，坚持“严”为核心、“宽”为辅助，打防并举、强化预防、突出重点，用好刑罚、积极探索非刑罚手段。[⑤] 有论者认为在面对新形势下腐败所呈现出的新特点，采用“又严又厉”的刑事政策和“惩防并举、预防为主”的方针可以为大力、有效反腐提供一个很好的切入点和契机。[⑥] 有论者认为防制腐败犯罪刑事政策在立法层面体现为“厉而不严”、在司法层面体现为“不严不厉”，应构建“严而不厉”的刑事法网，体现区别对待，坚持司法独立、提高司法执行力。[⑦] 有论者认为职务犯罪的司法控制应坚持从严，注重刑法预防犯罪机能的发挥。在司法过程中应坚持严厉、追求严密、彰显公正。[⑧] 有论者考察了越南反腐败法的立法背景和立法特征，认为越南反腐败法中公共事务公开透明机制、公务员财产申报制度以及国家、社会、个人、新闻媒体的监督机制对加强我国防制腐败犯罪刑事政策中的预防机制建设具有借鉴意义。[⑨] 还有论者认为在反腐败刑事政策制定中要及时发现民意、合理疏导民意、真

① 参见喻晓玲、陈晶：《论当代中国法治理念下反腐败刑事政策之转变》。

② 参见姜涛、刘博涵：《腐败犯罪治理的刑事政策选择》。

③ 参见秦冠英：《刑事政策的密与疏：论我国反腐败犯罪的刑罚规制》。

④ 参见于雪婷：《受贿犯罪惩治中的宽严相济刑事政策运用问题研究》。

⑤ 参见操宏均：《国企人员职务犯罪透视反腐刑事政策亟待调整》。

⑥ 参见龙洋、赵天水：《我国防治腐败犯罪刑事政策研究》。

⑦ 参见吴郯光、曾磊：《防制腐败犯罪刑事政策之适用完善》。

⑧ 参见黄明刚、于耀辉：《职务犯罪司法控制之政策坚持与实现——以严密和严厉为方向》。

⑨ 参见孙平：《试论我国防制腐败犯罪刑事政策中预防机制的加强——以越南〈反腐败法〉为视角》。

诚吸纳民意。①

（二）当代中国防制腐败犯罪的司法新问题研究

第三编是“当代中国防制腐败犯罪的司法新问题”，收录论文 45 篇，对腐败犯罪司法认定的总体疑难问题、贪污犯罪、贿赂犯罪、挪用公款与巨额财产来源不明犯罪、渎职类犯罪以及特定类型人员职务犯罪等问题进行了深入和全面的分析研究，提出了相关的司法建议。

1. 总体疑难问题

有论者认为，反腐败工作还需要从立法、司法以及领导体制和工作机制上入手进一步完善。就立法来看，首先，贪污罪和受贿罪的法定刑幅度的设置应当上下衔接，彼此协调；其次，对斡旋受贿、利用影响力受贿罪以及行贿罪中的“谋取不正当利益”的规定应当删除；最后，对党政纪律中规制利用职权谋取商业机会行为的条款也要考虑上升到法律层面。就法律的有效执行来看，首先，要加强对贪污礼品行为的打击力度；其次，要建立健全国家工作人员财产申报制度，从而避免隐瞒境外存款罪成为“沉睡条款”；最后，要考虑经济发展的现状和各地的具体情况，对贪污罪和受贿罪的入罪标准问题进一步地研究论证。就反腐败领导机制和工作机制的完善来看，我国通过实践中的探索已经形成了党委统一领导、党政齐抓共管、纪委组织协调、部门各负其责、依靠群众支持和参与的具有中国特色的反腐败领导体制和工作机制。接下来需要进一步完善纪委、检察机关的办案能力，并坚持依靠群众支持和参与，调动和规范群众举报腐败犯罪积极性。② 有论者总结了 2007 年至 2012 年腐败犯罪司法解释的概况和特点，指出了司法解释工作的重大进展，并对接下来反腐败司法解释工作的开展提出了展望。③ 在腐败犯罪的司法认定上，有论者以非国家工作人员为线索，对贪污贿赂犯罪的共犯演变进行了总结和反思，提出应当借鉴共犯从属性理论解决非国家工作人员在此类犯罪中的共同犯罪问题。④

① 参见彭凤莲、张露：《反腐败刑事政策制定中的民意考量》。

② 参见韩耀元、吴峤滨：《惩治腐败犯罪法律适用问题研究》。

③ 参见张兆松：《晚近腐败犯罪司法解释述评》。

④ 参见张建、俞小海：《贪污贿赂犯罪共犯之演变与优化》。

在腐败犯罪的刑罚制度上，有论者认为，虽然学界有论者在借鉴香港经验的基础上，提出了腐败存量特赦理论，但这一理论无法与我国特赦制度对接，逻辑上亦存在悖论。在打击腐败的工作上，我们虽然可以吸收该理论的部分合理内容，但是坚持宽严相济的刑事政策才是破题的关键。[①] 也有论者以贪污罪为中心，对腐败犯罪的量刑基准问题进行了研究，对腐败犯罪指南式量刑基准的增设进行了初步的架构。[②]

在反腐败工作的开展中，刑事司法制度需要与其他法律制度协调统一，就与刑事诉讼法制度的协调来看，对腐败犯罪中存在的另案处理不当问题进行了反思，并提出了改革方案。[③] 也有论者对异地审判的问题进行了探讨。[④] 就与刑事法律以外的制度的协调来看，有论者认为从事先预防来看，需要建立财产申报制度。[⑤] 也有论者指出，在我国反腐败追赃中应当建立有效的违法所得没收制度。[⑥]

2. 贪污罪的有关问题

在今年的年会论文中，论者主要针对贪污罪的数额问题展开了论述。如有论者指出，贪污罪的数额界定只能包括数额而不能包括数量，而在共犯责任的认定中，主张在定罪时参考总则的相关规定，量刑时考虑已分赃数额、拟分赃数额或其他情节。[⑦] 在贪污受贿罪的入罪数额问题上，有论者认为我国贪污罪是有数额起点的，并且应当维持现行规定，但是，就立法模式来看，应当在条件成熟时改为“概括数额加其他犯罪情节”的模式。[⑧] 也有论者认为应当根据具体情况来确定贪污罪的最低数额，可以由有关部门根据各地情况确定一个符合本地的数额标准。[⑨] 在贪污贿赂罪的数额认定上，有论者对长期以来司法实践中采用的“扣除法”进行了检讨，并对赃款去向的证

---

① 参见莫洪宪、罗钢：《腐败存量特赦的理性思考》。
② 参见李冠煜：《腐败犯罪的量刑基准研究——以贪污罪为中心》。
③ 参见田鹏辉：《腐败犯罪中的另案处理问题》。
④ 参见彭新林：《腐败犯罪异地审判问题研究》。
⑤ 参见张曙光：《反腐视角下我国财产申报制度与刑法制度的衔接》。
⑥ 参见王怀安、刘瑜：《我国反腐败追赃中的违法所得没收制度评析》。
⑦ 参见高铭暄、范连玉：《略析贪污罪中贪污数额起点与共犯责任》。
⑧ 参见陈家林：《论贪污受贿罪的入罪数额》。
⑨ 参见李风林：《论我国贪污受贿犯罪的起刑数额》。

明责任分配进行了重构。[①]

对于近年来司法实践中的一些新情况，也有论者进行了探讨，如有论者就对公车私用的情况进行了探讨，并对刑法上的定性提出了自己的见解。[②]

3. 贿赂犯罪的有关问题

有论者对贿赂犯罪的防控问题展开了讨论。如有论者主张改变我国当前对受贿犯罪步步紧逼的步骤，建立退赃制度作为贿赂犯罪的出罪化事由。[③]也有论者以情景预防理论为指导，对建设项目招投标领域的贿赂犯罪防控提出了自己的看法。[④]

就受贿罪司法认定的疑难问题而言，有不少论者展开了研究。如有论者对非国家工作人员是否可以成立受贿罪共同正犯的问题进行了探讨，认为一般情况下不能构成，但是在非国家工作人员在实施共犯行为之前，具有能够对国家工作人员的职务行为产生实质性影响的场合，可以例外地成立受贿罪的共同正犯。[⑤] 有论者就受贿罪与其他犯罪的竞合问题展开了思考，认为被动型渎职受贿罪是复行为犯，对于行为人既成立渎职犯罪，又成立受贿罪的情况下，应当是想象竞合形态，要坚持从一从重处罚的原则。[⑥] 还有论者对三方关系贿赂犯罪的定性问题展开了研究，认为定性的关键在于区别行为人利用了什么关系促使其他国家工作人员为请托人谋取利益，从而可能分别构成受贿罪的共犯、斡旋受贿或者利用影响力受贿罪。[⑦] 在“事后受财”行为的定性上，有论者从其本质特征入手进行了法律分析，并参考域外考察，认为此类行为也应当构成受贿罪。[⑧] 在利用影响力受贿罪的认定问题上，有论者展开了全面的思考，对该罪主体的认定、“影响力”的判断、“为请托人谋取不正当利益”的理解、犯罪形态、与受贿罪的关系以及“中间人”行为应当如何认定的问题都进行了探讨。[⑨]

---

① 参见徐维忠、金石：《赃款去向与贪污贿赂犯罪的认定及处理》。

② 参见许健：《公车私用定性之刑法思考》。

③ 参见白晓东：《受贿罪防控的另一种思路：退赃制度的贯彻》。

④ 参见李凯、胡海：《建设项目招投标领域贿赂犯罪的防控》。

⑤ 参见陈结淼、刘洋：《非国家工作人员成立受贿罪共同正犯问题研究》。

⑥ 参见赵丙贵：《被动型渎职受贿的竞合形态及处罚原则探析》。

⑦ 参见张守良、鞠佳佳：《三方关系下贿赂犯罪的定性分析》。

⑧ 参见孙运梁、王珑瑛：《论“事后受财”行为的法律性质》。

⑨ 参见刘津慧、张庆宇：《关于利用影响力受贿罪相关问题的法律探讨》。

在介绍贿赂罪的适用上，有论者从立法逻辑的分析入手，对该罪的犯罪构成进行了分析，并对其罪与非罪、此罪彼罪的问题提出了看法。[①]

在行贿罪的相关问题上论者们也展开了研究。不少论者对行贿罪入罪率较低的问题展开了批判，并就问题的对策提出了自己的看法。[②] 还有论者针对《刑法修正案（八）》通过的对外国公职人员、国际公共组织官员行贿罪的司法认定问题进行了探讨，对“不正当商业利益”、“外国公职人员、国际公共组织官员”以及“给予外国公职人员或者国际公共组织官员以财物”的认定问题都提供了有建设性的意见。[③]

4. 挪用公款与巨额财产来源不明犯罪的有关问题

在挪用公款罪的认定问题上，有论者就“挪而未用”的情况展开了论述，认为就犯罪形态的问题而言应当区分非法活动型、营利活动型和普通使用型的情况具体对待。[④] 有论者从挪用公款罪中的“归个人使用”展开，认为该罪的客体是国家工作人员职务行为的廉洁性和国家的相关财经制度，进而对涉及单位的挪用公款犯罪问题的定性提出了自己的见解。[⑤]

在巨额财产来源不明罪的问题上，有论者认为当前该罪在惩治贪腐犯罪的功能发挥上还有不足，应当取消该罪，将其内容纳入受贿罪的条文中，并且增设“拒不申报财产罪”[⑥]。

5. 渎职类犯罪的有关问题

有论者对徇私枉法罪的司法认定问题展开了研究，认为“徇私枉法”“殉情枉法”可以被解释为“犯罪目的”。同时，就徇私枉法罪共犯的认定而言，无身份者参与徇私枉法行为的，不能以共同犯罪承担刑事责任。在徇私枉法罪共犯的处理上，对于内外勾结型的案件，无论司法人员的表现方式如何，都应当视为起主要作用。对于相伴共同犯罪的案件，如果司法人员有非法利益所

---

① 参见董文辉：《介绍贿赂罪的立法逻辑与正确适用》。

② 参见燕海雷、张繁荣：《论加强惩治行贿犯罪的对策》；叶良芳：《行贿犯罪查处率低的两大原因》；桂杨：《行贿行为入罪难的成因及对策分析》。

③ 参见刘宪权、李振林：《对外国公职人员、国际公共组织官员行贿罪的司法困境及出路》。

④ 参见皮勇、王刚：《挪用公款罪中“挪而未用”行为之定性》。

⑤ 参见刘宪一：《论挪用公款罪的法律问题——从“归个人使用”展开》。

⑥ 田肇树：《巨额财产来源不明罪立法的惩腐防腐功能研究》。

得，应当以其所实施的共同犯罪追究刑事责任，否则可以考虑数罪并罚。[①]

6. 特定类型人员职务犯罪的有关问题

有论者针对司法实践中一些特殊类型人员的职务犯罪问题进行了研究。如有论者对国有控股、参股公司人员是否可以构成职务犯罪主体进行了探讨[②]，也有论者对国家出资企业中国家工作人员应当如何认定提出了自己的看法。[③] 在医疗领域的职务犯罪问题上，有论者对近年来辖区内此类犯罪的特点和成因进行了分析，并提出了对策建议。[④] 也有论者对国有医院工作人员“拉统方”收受财物的行为进行了分析，并对其定性提出了看法。[⑤] 近年来农村职务犯罪日益高发，这也引起了学界的重视。有论者就对征地补偿款诱发的职务犯罪问题进行了实证分析，并提出了对策和建议。还有不少论者对农村基层组织工作人员职务犯罪的原因进行了研究，并就防范和治理提出了建议。也有论者针对村书记受贿问题的司法认定展开了研究，就村书记身份和“协助人民政府从事的其他行政管理工作”的认定提出了自己的看法，并就村书记收受贿赂的定性问题提出了自己的看法。[⑥]

（三）当代中国防制腐败犯罪的立法完善问题

第四编是“当代中国腐败犯罪的立法完善问题”，收录论文29篇，各位作者对防制腐败犯罪之刑事立法存在的问题及完善、具体腐败犯罪之刑罚种类的完善、性贿赂的入罪化问题等进行了广泛的讨论，提出了相关的立法建议。

1. 防制腐败犯罪之刑事立法存在的问题及完善

针对我国防制腐败犯罪的立法完善问题，有不少论者立足实践，从不同角度出发提出了自己的看法。如有论者从刑事一体化的角度出发，指出我国当前腐败犯罪还存在“厉而不严”的问题，在接下来的立法模式上应当采用“严而不厉”的模式，并对具体的改革方向进行了展望。[⑦] 有论者认为在贿

① 参见林亚刚：《徇私枉法罪主观要件及共犯》。
② 参见唐世峰：《职务犯罪主体认定分析——以国有控股、参股公司人员为视角》。
③ 参见黄福涛：《国家出资企业中国家工作人员的司法认定》。
④ 参见郭淑丽、安婧婧：《预防医院领域职务犯罪对策研究——以S市检察院办案情况为标本》。
⑤ 参见黄伯青、张杰：《国有医院工作人员“拉统方”收受财物之刑法定性》。
⑥ 参见卢勤忠、胡增瑞：《村书记受贿犯罪的认定》。
⑦ 参见闫雨：《刑事一体化视域下我国腐败犯罪之立法完善》。

赂犯罪上我国应当采用对称性的刑事政策，改变当前重受贿轻行贿的现实，实行同罪同罚，既要严密法网，也要平衡刑罚。[①] 有论者认为，我国当前贪污贿赂犯罪所采用的二元制罪名体系已经导致了一系列的问题，需要摈弃主体身份和财产性质的差异，仅以犯罪行为本身作为定罪处罚的依据，实现对同质法益的保护，将二元制罪名体系修改为一元制罪名体系。[②] 还有论者采用比较的研究方法，在借鉴香港地区惩治贿赂犯罪相关经验的基础上，对内地的立法模式、罪名设置和刑罚配置的改革方向提出了自己的建议。[③]

就腐败犯罪的罪名完善问题而言，有论者以《联合国反腐败公约》为视角，对行贿犯罪的构成要件、刑罚配置和量刑情节的完善问题提出了自己的建议。[④] 也有论者从“关系刑法论”的视角对我国刑法中受贿罪的主体完善进行了研究，认为应当以“公务论”作为认定犯罪主体本质特征的指导理论，并将表述方式由“国家工作人员”修改为“公职人员”[⑤]。还有论者就我国私分国有资产犯罪当前存在的问题进行了分析，并提出了立法完善的建议。[⑥]

在特殊主体的罪名完善上，有论者针对村委会选举中贿选的问题，认为应当扩大破坏选举罪的适用范围，并增设贿选罪。[⑦] 也有论者针对我国刑法中的“国有公司、企业”的立法完善提出了自己的建议。[⑧] 还有论者针对单位挪用公款行为的社会危害性进行了探讨，认为单位挪用公款行为应当犯罪化，并提出了具体的立法建议。[⑨]

在渎职罪的立法完善问题上，有论者就其罪名完善和刑罚配置问题提出了自己的修改意见[⑩]，也有论者就徇私枉法罪、食品监管渎职罪的完善和增

---

① 参见张宝来、李润华：《刑事政策视域下我国贿赂犯罪的立法重构》。
② 参见刘科：《贪污贿赂犯罪二元制罪名体系存在的问题及解决思路》。
③ 参见敦宁：《香港贿赂犯罪立法之借鉴——以立法模式、罪名设置和刑罚配置为核心》。
④ 参见李希慧、宋久华：《我国行贿犯罪的立法完善——以〈联合国反腐败公约〉为视角》。
⑤ 刘晓山、吴洪江：《“关系刑法论”视域下的受贿罪主体之重构》。
⑥ 参见王建平、张君：《试论私分国有资产罪的立法完善》。
⑦ 参见杜澎、李想：《当代中国惩治腐败犯罪的立法完善问题》。
⑧ 参见程乐：《我国刑法中的“国有公司、企业”及立法完善》。
⑨ 参见汪维才：《单位挪用公款行为的犯罪化之分析及立法建议》。
⑩ 参见谢治东：《渎职立法缺陷及完善探讨》。

设考试舞弊罪都提出的自己的建议。[①]

2. 具体腐败犯罪之刑罚种类的完善

在刑罚制度完善上，有论者认为，以《联合国反腐败公约》为参照，首先，我国当前公职人员贿赂犯罪刑罚配置中所采用的以数额为中心的“计赃量刑”模式存在弊端，应当建构以“犯罪情节”为中心的刑罚配置模式。其次，财产刑的适用上也有问题，应当扩大财产刑的适用，并增设罚金刑。再次，应当扩大资格刑的适用，完善其内容。最后，对于受贿罪配置死刑还有欠正当，应当逐步废止。[②] 也有论者对我国当前腐败犯罪的立法进行了系统思考，认为其刑罚体系还有结构性缺陷，需要以宽严相济的刑事政策作为指导，对刑罚结构进行调整。[③] 还有论者认为当前我国贪贿犯罪的司法困境的存在与立法不无关系，为了更加有效地打击腐败犯罪，应当在立法上对刑罚的体系和适用进行重构。[④] 在非自由刑的完善上，有论者主张扩展自然人资格刑的种类，完善其内容；增设专门适用于单位的资格刑；在适用上应当采用选择剥夺制的模式。[⑤] 也有论者指出，我国当前腐败犯罪的财产刑适用还有缺陷，应当扩大罚金刑的适用范围，调整财产刑的适用方式，进一步明确罚金刑的适用条件。[⑥]

在职务犯罪和腐败犯罪的死刑废除问题上，有论者认为，废除我国职务犯罪的死刑具有理论和现实的正当性，但是也应当看到短期内废除还存有现实上的障碍，因此应当坚持完善“死刑适用法律标准”与推行“典型案例指导制度”相结合；坚持完善“死刑缓期执行制度”与建立“死刑赦免制度”相结合；坚持提高“生刑实际执行刑期”与调整“刑罚附加刑制度”相结合。[⑦] 也有论者从民意的角度对死刑废止进行了思考，并对腐败犯罪死刑废

① 参见徐留成：《徇私枉法罪的立法缺陷及修改建议》；陈伟、李文军：《论食品监管渎职罪的立法缺陷与完善》；周振晓：《建议增设考试舞弊罪》。

② 参见阴建峰：《公职人员贿赂犯罪刑罚配置的缺陷及其完善——以〈联合国反腐败公约〉为参照》。

③ 参见杨彩霞：《我国腐败犯罪刑罚结构调整的系统思考》。

④ 参见莫晓宇、杨颖：《当前贪贿犯罪的司法困境与立法重构》。

⑤ 参见武珊珊、董海峰：《腐败犯罪资格性的审视与重构》。

⑥ 参见高珊琦、曹玉江：《贪污贿赂犯罪财产刑设置刍论》。

⑦ 参见孙长柱、张云霄：《关于废除我国有关职务犯罪死刑的思考——兼议〈中华人民共和国刑法修正案（八）〉》。

止的民意变革之路进行了探索。[①]

3. **性贿赂的入罪化问题**

在性贿赂是否要入罪的问题上，论者们展开了比较激烈的讨论。总的来看有支持和反对两派。

在支持者一派中，有论者认为一切可以收买国家机关工作人员职务行为的“物品”都应当成为受贿罪的对象，性贿赂也不例外。同时也应当区分应然与实然层面。从应然层面来看，性贿赂入罪是必然的，但从实然层面来看，当前受贿罪中仅仅是非财产利益的情况较少，因此可以将非财产性利益仅仅作为量刑情节考虑。[②] 也有论者对性贿赂入罪否定论的观点进行了整理总结，并逐一展开了批判，同时认为，在我国当前的形势下，性贿赂犯罪化的立法条件已经完全具备。[③] 还有论者在认为性贿赂应当入罪的基础上，指出性贿赂的立法应当采取增设条款的方式，单独设置“性贿赂罪”。同时，对入罪后可能面临的认定标准和量刑难的问题也进行了分析。[④]

在反对者一派中，有论者认为，我国贿赂犯罪范围的确定取决于以下要求：贿赂形式多样性、履行国际公约义务的要求以及贿赂犯罪中“财物”还有待明确解释的要求。综合考量之下，“性贿赂”在当前的实践中还存有难以认定和操作的问题，因此不应入罪。[⑤]

［赵秉志、商浩文、徐文文、潘文博、王帅；载赵秉志主编：
《刑法评论》，第25卷，北京，法律出版社，2014］

① 参见张伟珂：《腐败犯罪死刑废止的民意思考》。

② 参见马松建、李琪：《受贿罪中贿赂范围新探——由刘志军案引发的思考》。

③ 参见彭文华：《性贿赂犯罪化的理性分析》。

④ 参见李克勤、朱剑冰：《性贿赂入罪若干问题探析——以重庆北碚区原区委书记雷政富受贿案为例》。

⑤ 参见高铭暄、张慧：《论贿赂犯罪贿赂“范围”的完善》。

第六十二章

2014 年全国刑法学术年会综述[①]

中国刑法学研究会成立 30 周年纪念大会暨 2014 年全国刑法学术年会于 2014 年 9 月 27 日至 28 日在北京隆重举行。此次会议由中国刑法学研究会主办，北京师范大学刑事法律科学研究院承办，来自全国刑法理论界和实务界的 400 余名代表出席会议，盛况空前。大会共收到论文 260 余篇，在会议召开前，研究会秘书处编辑了论文集，并由中国人民公安大学出版社出版。年会的大会发言讨论在主题上与刑法年会论文集基本上保持了一致。在此，我们根据年会论文集以及年会讨论情况进行如下综述。

一、中国刑法学研究的回顾与前瞻

（一）我国刑法理念研究的回顾与前瞻

1. 我国刑法理念基础理论

对于什么是刑法理念，学界历来众说纷纭，观点不一。对此有论者提出了自己的看法，即刑法理念是指人们制定、解释、适用刑法，贯穿刑事立法、刑法解释、刑事司法、刑事政策等多个环节、多方面体现和彰显的，对于刑法内涵、性质、机能等刑法根本问题的基本认识、基本观点、基本看法

---

① 除特别说明，本章注释均出自赵秉志、张军、郎胜主编：《现代刑法学的使命》（上、下卷），北京，中国人民公安大学出版社，2014。

和基本立场的思想凝结。[①]

有论者认为，当代中国刑法理念发轫于20世纪80年代晚期，是在反思近代刑法学忽视刑法理念研究的基础之上，受益于刑法哲学的深入探讨而与中国当代经济社会发展相契合的过程中逐渐形成并更新的。自清末以来，我国刑事法治的建构大抵依赖于对外国刑事法治经验的借鉴，然而这种借鉴疏漏了对刑法理念的培植，在20世纪80年代经济体制改革中有学者提出应树立与市场经济相适应的刑法理念，意味着当代中国刑法理念的初步形成，随着改革的深化和社会的转型，刑法理念也在不断实现自我更新与完善中日臻成熟。[②]

2. 我国刑法理念研究的现实问题

有论者梳理新中国成立以来刑法理念研究内容和发展脉络，总结出我国刑法理念研究经历了从无到有、从初生到繁荣；逐渐反思和批判刑法万能主义，树立和恪守刑法谦抑理念；由重刑主义思想向表征人道主义、以人为本核心理念到非犯罪化、非刑罚化、宽缓化刑法立场转变等一系列变化。[③] 在此次刑法年会论文集中有论者从犯罪治理角度论述了面对犯罪治理日益复杂的当代社会，犯罪现象本身在不断发展变化，治理犯罪行动过程与方法的应用也将由更多的学科来支撑，有必要对犯罪治理的理念进行革新。[④] 有论者认为刑法的基本理念与立场是刑法理论最基本之问题，而刑法基本原则的“绝对与相对”之争则是其具体体现，通过考察和探究我国刑法基本原则之相对性试图从实质意义上明确我国刑法之基本理念与立场，最终助益于人权保障的提升。[⑤]

3. 刑法理念发展展望

对于当代中国刑法理念的研究深化，有论者认为应致力于增强研究的自觉性，强化研究者的主体性意识，要着力发掘刑法理念传统资源，彻底清算传统刑法落后观念，审慎对待域外新兴刑法理念，积极落实当代中国刑法理

---

① 参见苏惠渔、闻志强：《我国刑法理念研究的回顾与展望》。

② 参见高铭暄、曹波：《中国刑法理念的当代展开》。

③ 参见苏惠渔、闻志强：《我国刑法理念研究的回顾与展望》。

④ 参见卢建平、姜瀛：《论犯罪治理对理念革新》。

⑤ 参见白星星、马荣春：《刑法基本理念与立场的再探究——从刑法基本原则相对性梳理的角度》。

念。[①] 有论者认为十八届三中全会创新社会治理观念的提出以及法治中国建设的布局，对刑事法治理念提出论新的要求与期盼。在考虑经济改革、社会变革以及刑法独立品格与价值的基础上，刑法理念应该对传统刑法理念有所超越，具体来说，有限刑法理念、人权保障理念和形式实质相统一理念对发展，是未来我国刑法理念着重发展的方向。[②] 也有论者认为，国家治理体系和治理能力现代化概念的提出，为刑法现代化特别是刑法理念现代化科学界定和更新提供了难得的机遇，在推进国家治理体系和治理能力现代化的历史进程中，刑法理念的现代化既要立足国情，又要吸收西方发达国家的经验，以创造性地实现刑法的现代化发展与完善。[③]

（二）刑法研究方法的回顾与前瞻

有论者经过对近十年国内刑法学研究现状进行梳理，总结出我国刑法研究方法的发展呈现稳步推进的趋势，不仅传统的刑法方法备受重视，而且对当代解释方法的研究也逐渐增多，面对我国法学偏重学习和借鉴西方法律制度和理论的追访型进路，应运用新的方法使其转向以适应国情、解决中国实际问题的自主型进路。[④] 中国刑法学的理论和实践发展持续地受到大陆法系与英美法系的影响，面对此问题，有论者指出我们在创建自身刑法学理论的过程中应该有所选择、有所侧重地借鉴和吸收两大法系的精髓与营养成分，具体而言应在刑法理念上进行更新和转向，对刑法理论进行批判和创造，在刑法研究范式上进行兼容与突破。[⑤] 也有论者对刑法注释方法的研究进行了回顾，认为我国刑法学界对其研究和关注还远远不够，主要表现在对刑法注释方法含义、分类、种类理解上的混乱，以及对刑法注释方法使用时位阶关系的学理争论。对于今后刑法注释方法的研究应注重刑法注释方法与价值意义上的刑法解释方法的衔接运用，协调运用不同类型的刑法注释方法以及关注将刑法注释方法的运用过程展现于刑事判决书中的研究。[⑥]

---

① 参见高铭暄、曹波：《中国刑法理念的当代展开》。

② 参见张慧：《创新社会治理语境下刑法理念的发展——以十八届三中全会深化改革为背景》。

③ 参见邢冰：《刑法理念之现代化展望——以推进国家治理体系和治理能力现代化为背景》。

④ 参见曾粤兴、陈雪：《刑法研究方法研讨之回顾与前瞻》。

⑤ 参见杨兴培、郑旭江：《两大法系刑法学之差异对中国对影响及我们的发展取向》。

⑥ 参见常秀娇、孙本雄：《刑法注释方法研究的回顾与前瞻》。

（三）犯罪论研究的回顾与前瞻

1. 犯罪论体系研究

有论者回顾了新中国成立以来我国犯罪论研究的历史沿革，认为我国犯罪构成理论研究可以划分为四个阶段，即萌芽期（1949—1957）、停顿期（1957—1976）、发展期（1976—2000）、和繁荣期（2000至今）。现在我国犯罪论体系之争主要是对传统犯罪论体系的改良以及对德日犯罪论体系的移植，两者归根到底是平面犯罪论体系与阶层犯罪论体系之争。① 有论者对犯罪论体系与刑法学科构建进行了反思，认为虽然阶层犯罪论体系作为一个外来的知识谱系已经在中国刑法学术研究中登堂入室，但是其在中国的引进和建构仍然任重而道远，需要反思的问题主要有阶层犯罪论体系参考模型失焦，学者学习、教育与知识背景制约下进行选择性借鉴，学者个人价值选择与治学理念制约下的个性化构建，对德国、日本刑法理论缺乏全面透彻的把握以及阶层犯罪论体系的本土化关照不够。②

有论者讨论了我国犯罪补救体系的构建，认为我国的犯罪补救，迄今未见一个明晰的概念，更遑论一套完整的理论体系，以边沁的犯罪补救思想为参照系检视自身，可以理出我国犯罪补救的真实状态是犯罪补救碎片化、预防方法空心化、补偿方法片面化以及刑法方法符号化。如果借鉴、改造边沁的犯罪补救理论，使之符合自身的文化传统、法治习惯和社会现实，那么，搭建我国相对成熟的犯罪体系就是可能的。③

2. 犯罪论理论研究

有论者梳理了1979年以来中国刑法学界关于犯罪本质理论的研究概况，认为1979年至1997年犯罪的本质在于其阶级本质，而1997年以来犯罪的本质在于法益侵害性，作者认为社会危害性理论因其不精致而逐渐没落，法益说因其理论基础错位而将逐渐淡出人们的视线。④ 也有论者对犯罪对象的研讨进行了梳理，认为现行的犯罪对象理论在犯罪构成内部存在着逻辑上的

---

① 参见彭文华：《犯罪论研究的回顾与前瞻》。

② 参见梁根林：《犯罪论体系与刑法学科建构的若干反思》。

③ 参见吴美满：《试论我国犯罪补救体系的构建——基于边沁犯罪补救思想的检讨、借鉴和发展》。

④ 参见牛忠志、门洪训：《犯罪本质理论研究的回顾与前瞻》。

矛盾、概念上的歧义、认定上的混乱，使犯罪对象的传统理论难以自圆其说，也充满争论和非议。在犯罪构成体系的宏观争论上，也应注重微观技术的完善。[①]

也有论者对客观归责理论的中国化进行了梳理，认为客观归责理论进入中国已经20年，对其研究有了长足进步，但是仍存在着研究拘泥于总体大致框架，对细节归责的内容的了解还不够全面深入，以及在我国现有的犯罪论体系之下客观归责理论无容身之处的问题。[②] 还有论者对共同过失犯罪争议问题进行了梳理，最高人民法院《交通肇事司法解释》的颁布为共同过失犯罪的研究提供了绝佳的契机。理论界与实务界对此问题争论的实质主要是理论上对"共同过失犯罪"这一概念的理解不同，实务中则对共同过失犯罪是否应当按共犯处理缺乏统一意见。[③]

（四）刑法解释研究的回顾与前瞻

刑法解释是规范性法学中最基础和最根本的问题之一，当前刑法解释学在中国得到了极大的关注，本次年会即有论者从不同角度对其进行了广泛而深入的讨论。有论者回顾了我国刑法解释立场研究的进程，认为关于刑法解释立场的研究，我国大致经历了从早期的主观说一枝独秀，到中期的客观说异军突起，最后是折中说一统天下的阶段，面对学界对于刑法解释立场问题上众说纷纭争论不断的局面，在今后刑法解释立场的研究中，应立足我国国情，考虑我国传统现状和法治状况，以及国家法律制度的安排。[④] 有论者认为当前刑法解释研究焦点在罪刑法定与刑法解释的关系、形式解释与实质解释、刑事政策与刑法解释的关系等诸多问题。论者认为中国并没有彻底的形式解释或者实质解释，二者均是一种以形式或实质为主的修正观点。在涉及刑法机能的根本性冲突时，则要以人权保障技能为优先，坚持对犯罪构成要件进行形式理解。[⑤]

---

① 参见杜国伟、姜金良：《犯罪对象的研讨梳理与理论重构》。

② 参见陈珊珊：《客观归责理论中国化巡视》。

③ 参见陈志文：《我国共同过失犯罪争议问题的梳理》。

④ 参见利子平：《刑法解释立场研究之回顾与前瞻》。

⑤ 参见王海桥：《处以变迁中的中国刑法解释》。

对于刑法形式解释与实质解释，有论者在我国当下的刑法解释研究中，往往将形式解释与实质解释视为彼此的对立面，片面提倡刑法形式解释或实质解释。有论者指出形式解释与实质解释分类实不足取，片面的刑法形式解释论与实质解释论更不宜提倡，生硬地将刑法条文内容的形式与实质予以分离，并创造出形式解释与实质解释的立场，并不具有科学性与合理性。[①] 也有论者以功能视角提出的“刑法解释机制开放与否、如何开放”问题为主线，将刑法解释的目标、立场、权力配置、刑法司法解释立法化问题、以刑制罪问题、以罚代刑以及民刑交叉中的刑法解释等问题都涵盖了进来，并对这条主线的解释力加以论证，认为采用功能视角对刑法解释的问题加以认识，是有意义的。[②]

针对刑法解释的具体问题如解释对象，有论者认为，刑法立法解释、司法解释直接指向的具体对象只能是刑法条文，司法人员对立法解释或司法解释的再解释，本质上是对作为该解释对象的刑法条文的解释，因此刑法解释的对象最终都体现为刑法条文。而刑法解释的“其他对象”要么最终需要转化为刑法条文，要么无须解释，所以刑法条文是刑法解释的最终对象。[③] 而关于目的解释，也有论者认为，立法者目的与法条目的在多数情况下是不矛盾的。不同解释论的价值取向在逐步趋同，二者的相互兼顾是基本共识，只是在侧重上有所不同。在刑法目的解释的适用上，二者可以作为“目的”之维度进行适用。当二者出现矛盾时，应先考量立法者目的，当通过立法者目的而展开的目的解释无法得出公正、合理的结果时，应当在不违反罪刑法定底线的前提下适用法条目的论进行解释。[④] 还有论者对刑法体系解释的研讨进行了回顾，认为刑法体系解释是对刑法条文的解释，不仅必须根据该条文在整个刑法（典）中的地位，联系相关法条的含义，阐明该条文的规范意指；而且应当考虑该条文以及刑法（典）与其他法律的协调，不得作出与民法、行政法、宪法等法律相冲突的解释结论，体系协调是检验对刑法条文目

① 参见李运才：《片面的刑法形式解释论与实质解释论之纠偏》。

② 参见王帅：《探求近年来刑法解释争议背后的主线——一个功能视角的实践》。

③ 参见茹士春：《刑法解释对象的研讨总结与界定》。

④ 参见田维：《刑罚目的解释的研讨梳理与二维解析》。

的之界定是否合理的标准。[①]

（五）刑罚论研究的回顾与前瞻

有论者对刑罚总论的研究进行了回顾，总结了刑罚总论研究简史、刑罚总论研究的共识、差异以及缺陷，即研究宗旨上，批判太多，建构太少，在内容上评论过多，充实过少，研究方法上思辨过多，实证过少。[②] 有论者总结与分析了刑罚论在刑法理论体系中的地位，作者针对刑法体系的理解提出采取“刑罚本位观”的立场，认为应当放弃传统理论将犯罪作为刑法体系“中心”范畴的认识和做法，论证了将刑罚作为刑法产生的起始范畴、基础范畴和核心范畴的合理性。[③]

也有论者对刑罚研究中的具体问题进行了梳理与回顾，有论者对一般累犯理论研究与司法实践进行了总结与反思，作者认为累犯司法实践之中出现的诸多问题根源在于累犯理论研究上存在着不同见解，解决方法只能回到基础范畴之上，从最基本的一般累犯的结构和亚结构的要素之间的关系进行展开。[④] 也有论者在借鉴大陆法系刑法量刑基准研究成果的基础上，以完善《量刑指导意见》为视角，探讨了我国刑法量刑基准理论的未来发展路径。[⑤] 有论者对量刑中定量方法的应用进行了回顾，认为近年来量刑改革引入了定量方法，取得了成功经验，也有一些问题，在新一轮的量刑规范改革中，要把定性方法和定量方法结合起来，使定量分析服从于定性分析，实现数学形式和社会内容的统一。[⑥] 还有论者对犯罪数额规定方式的问题与完善进行了讨论，认为近年来犯罪数额标准司法适用名不副实的现象愈加明显和普遍，主要原因是数目型的犯罪数额规定方式不能适时地反映犯罪数额所体现的社会危害性的变化，与经济发展的区域差异性也不相适应，不能全面实现罪刑设置的体系协调。[⑦]

---

① 参见胡东飞：《刑罚体系解释的研讨回顾与规范展开》。
② 参见金翼翔：《刑罚总论研究回顾》。
③ 参见张曙光：《刑罚论在刑法理论体系中地位的总结与分析》。
④ 参见张淼、刘红英：《一般累犯理论研究与司法实践的总结与反思》。
⑤ 参见李冠煜：《量刑基准研究的现状与本土化展开》。
⑥ 参见张苏：《量刑中定量方法应用的回顾与前瞻》。
⑦ 参见单民、陈磊：《司法偏差与立法矫正：犯罪数额规定方式的问题与完善》。

（六）罪刑各论研究的回顾与前瞻

有论者对民间融资刑法规制问题的理论研究进行了回顾与梳理，认为民间融资活动所赖以存在的社会背景虽已被学界所关注，但研究还远远不够深入，未来研究应将民间融资刑法规制问题置入现代金融体系的语境下进行研究并且要对其研究内容进行细化。[①] 也有论者对集资诈骗罪的研究进行了回顾，涉及本罪的犯罪对象、客观方面、主观方面、死刑问题以及立法完善的问题，认为本罪的研究方向主要还是集中在“社会公众”的理解与认定、“非法集资”和“数额较大”、“以非法占有为目的”这三个分歧上。[②] 有论者对知识产权犯罪学术研究进行了回顾，总结了侵犯知识产权犯罪的研究概况以及侵犯知识产权犯罪研究中存在的主要问题，未来对其研究应拓宽研究视野、改革研究方法、加强基础理论研究以及加强对新型犯罪的研究以实现我国知识产权刑法保护的科学化、现代化和国际化。[③]

有论者总结了我国器官移植刑法问题研究现状，认为我国对器官移植刑法问题的研究状况，呈现出研究前冷后热、研究态势快速发展、有力度的研究成果相对匮乏、研究空间期待提升、研究视角有待进行新的调整以及研究队伍存在不足的特点，并给出了进一步努力的方向。[④] 也有论者讨论了“多次抢劫”的犯罪形态问题，尤其是“多次抢劫”中“抢劫”的具体形态问题所面临的争议。作者认为我国刑法中的“多次抢劫”应当是指至少有三次既遂，而非每次也都要既遂。[⑤] 还有论者以刑法学术年会的研究为参照，讨论了流氓罪的地位演变问题。作者总结 1984 年刑法学会成都学术年会及 1996 年四川学术年会都对流氓罪的相关问题进行了探讨，刑法学者直接推动了流氓罪的废止和分解，这是我国刑事法治进步的一大标志。[⑥]

有论者对寻衅滋事罪的立法嬗变及司法趋势进行了总结，并讨论了新司法解释即《关于办理寻衅滋事刑事案件适用法律若干问题的解释》及最高人

① 参见刘媛媛：《民间融资刑法规制问题研究的理论回顾与前瞻》。

② 参见董文辉：《集资诈骗罪研究的回顾与前瞻》。

③ 参见刘科、刘妍妍：《侵犯知识产权犯罪学术研究的回顾与展望》。

④ 参见熊永明：《我国器官移植刑法问题研究现状及评介》。

⑤ 参见卢建平、赵康：《“多次抢劫”犯罪形态的理论梳理与展开》。

⑥ 参见焦阳：《论流氓罪的地位演变——以刑法学术年会的研究为参照》。

民法院、最高人民检察院《关于办理利用信息网络实施诽谤等刑事案件法律适用若干问题的解释》出台后对此罪的影响。[①] 也有论者总结了我国生态犯罪刑罚体系存在的问题，即人类中心主义价值理念的延续、生态犯罪刑罚种类偏少以及罚金刑没有起到应有的作用，对其刑罚应加强自由刑、生命刑、罚金刑、资格刑、生态犯罪的行为刑的运用。[②] 还有论者对我国理论与实务界关于贩卖、运输毒品罪的研究方法、范围与观点进行梳理与展望，总结出我国今后对贩卖、运输毒品罪的研究趋势，即研究视角将更加广阔、研究方法将更为多样、研究内容将更为精细。[③]

二、惩治危害国家安全犯罪暨恐怖活动犯罪的刑法对策研究

(一) 惩治危害国家安全犯罪相关问题研究

国家安全一般包括国防军事、外交、政治、经济、文化、社会等方面的国家安全，但是随着社会的发展，国家的利益范围不断拓展，“国家安全”的内涵也在不断拓展。国家安全是一国最根本的利益。我国刑法高度重视维护国家安全，在刑法立法中多角度、多层次的维护国家安全。在本次年会上，有4篇文章论及国家安全的刑法保护问题，对危害国家安全犯罪的立法完善与司法适用进行了一定的探讨。

1. 关于澳门特别行政区《维护国家安全法》的有关探讨

有论者认为，《维护国家安全法》的制定与颁布，是澳门特别行政区政府坚决贯彻、落实《中华人民共和国澳门特别行政区基本法》的一项重要举措，反映了绝大多数澳门民众的民意。该论者就《维护国家安全法》中的叛国罪、分裂国家罪、颠覆中央人民政府罪、煽动叛乱罪以及窃取国家机密罪等5个罪名的构成要件和司法适用进行了较为深入的探讨。同时该论者就

---

① 参见李翔：《论寻衅滋事罪“口袋”的扩张与坚守——兼评“两高”［2013］18、21号司法解释》。

② 参见张波：《生态犯罪刑罚体系的回顾与前瞻》。

③ 参见刘夏：《我国贩卖、运输毒品罪研究的回顾与前瞻》。

《维护国家安全法》中的法人犯罪中的一般法人与特殊法人、特殊法人的立法依据以及法人犯罪的处罚进行了详细介绍。①

2. 危害国家安全犯罪的立法与司法探讨

有论者就新时期刑法中的武装叛、暴乱罪和叛逃罪以及为境外窃取、刺探、收买、非法提供国家秘密、情报罪中的主观、客观要件的立法、司法认定进行了具体分析。② 也有论者基于国家安全委员会设立背景下的总体国家安全观，认为《国家安全法》中相关规定概念模糊、《国家安全法》与《刑法》规定不相协调以及《刑法》规定不够系统、较为分散，不具有足够的威慑力。应当修订《国家安全法》，并将其作为维护国家安全的基本法；重新整合《刑法》分则“危害国家安全罪”一章的内容，增设内乱罪、外患罪和组织、领导、参加极端主义团体活动罪以及妨害国交罪。③ 还有论者从政策和文化角度切入，认为反革命罪是国家政治昌明、法治文明的风向标，从口袋罪名向类罪名的演化过程反映出法律从服务政治目的的工具价值向保障人权的独立价值的演变。④

（二）恐怖活动犯罪相关问题研究

恐怖活动犯罪是当下中国的重大现实问题。为了集中对恐怖活动犯罪的刑事立法、司法等问题进行探讨，以期促进反恐刑事法治的发展，本次刑法学年会将恐怖活动犯罪作为年会主题之一。年会论文中共有34篇论文围绕此主题进行了较为深入的探讨。

1. 惩治恐怖活动犯罪的刑事政策探讨

有论者分析了我国恐怖主义的特点、原因和趋势，认为应当遵循“宽猛并济、多措并举”的思路，以“宽”治恐怖主义之本，以“刚”治恐怖主义之标。⑤ 也有论者认为，应当将从严刑事政策运用于恐怖活动犯罪防治，在刑事立法上通过增设罪名、完善罪状、调整刑罚结构、规范刑罚裁量、执行

---

① 参见赵国强：《“一国两制”框架下的〈维护国家安全法〉》。

② 参见林亚刚：《危害国家安全罪若干罪名的认识及立法检讨》。

③ 参见马章民：《危害国家安全犯罪及立法完善》。

④ 参见邵栋豪：《政策和文化视野中危害国家安全罪的生发流变》。

⑤ 参见莫洪宪：《宽猛并济：反恐怖主义的治本与治标》。

制度与刑事追诉程序以实现对恐怖活动犯罪的从严惩处；在刑事司法中对恐怖活动犯罪的侦查、审判、执行工作应当依法从快、从重处理。[①] 还有论者认为，“敌人刑法”是惩治恐怖犯罪的理论基础，需要处理好“双严”政策与“宽严相济”“两少一宽”刑事政策的关系。[②] 但同时，也有论者指出，敌人刑法理论得到了很多学者的追捧并在美国、以色列的反恐实践中得到运用，但是其在实践过程中所导致的不注重程序保障、侵犯人权等问题引起越来越多的人的关注，论者从基础理论、正当性、现实操作、潜在威胁四个方面对敌人刑法进行了批判，积极倡导回归市民刑法理论。[③]

也有论者认为，应对恐怖活动犯罪最直接的应当是宽严相济的刑事政策，国际协同共同应对恐怖活动犯罪的外交政策和消除犯罪成因的社会政策。[④] 还有论者提出，恐怖主义犯罪决定了惩治恐怖主义犯罪的具体刑事政策应当是“严打”，但是同时必须进行合理的限制。[⑤]

还有论者从恐怖活动犯罪的量刑政策着手，认为量刑政策应合理定位在：刑罚治标、重在治本、宽严相济，“严打”可能在一定时期取得积极的效果，但是长远看还靠综合治理、积极预防，政府有必要引导民意，将民意导向对“理性反恐、依法办事、积极预警”的认同。[⑥] 也有论者对美国以中心城市为重点的反恐怖主义的相关政策和实践做深入的分析和探究，认为我国应加强各部门的协作配合，尽快制定统一的反恐怖法。[⑦]

2. 惩治恐怖活动犯罪的刑法立法问题探讨

（1）恐怖活动犯罪的立法理念与模式

有论者在分析我国恐怖活动犯罪趋势的基础上，认为涉恐犯罪立法要严格遵循预防至上、依法从严、权利克减原则，兼顾立法普遍性和特殊性。完善宪法和其他部门法，强化单行条例、自治条例在反恐怖斗争中的作用。在

---

① 参见黄明儒、向夏厅：《论从严刑事政策在防治恐怖活动犯罪中的运用》。

② 参见江献军、周瑞霞：《惩治恐怖活动犯罪视野下的刑事政策之检讨》；罗钢：《敌人刑法抗制恐怖活动犯罪的本土化叙事》。

③ 参见傅强、贾配龙：《敌人刑法与市民刑法理论的辨析——以惩治恐怖主义犯罪为视角》；赵天水：《反恐斗争中自由与秩序的博弈》。

④ 参见郭泽强、潘超：《刑事政策视野下恐怖活动犯罪之应对》。

⑤ 参见杨彩霞、孟傲：《我国反恐怖主义犯罪刑事政策的选择——“理性严打”之提倡》。

⑥ 参见刘春花：《网络时代恐怖活动犯罪的量刑政策与民意引导》。

⑦ 参见潘新睿：《城市恐怖主义防范的刑法学思考——以美国的政策和实践为参考》。

刑法中准确界定恐怖活动犯罪的概念和犯罪构成，重构刑事责任体系。[①] 还有论者指出，我国恐怖主义犯罪立法应当选择复合式的立法模式，明确恐怖主义犯罪的概念，增设恐怖主义犯罪的财产刑，明确恐怖主义犯罪的客体。[②] 还有论者将恐怖主义犯罪划分为恐怖主义预备罪、恐怖主义行为罪、恐怖主义关联罪，认为刑法思维应当向预防性刑法转变，运用替代性措施和犯罪学的横向抑制策略。[③]

（2）惩治恐怖活动犯罪刑法立法完善

有论者结合当下我国恐怖活动犯罪刑法制裁的特点，指出应进一步完善我国刑法中有关恐怖活动犯罪的罪名体系，增设独立的“恐怖行为罪”，并适时依据有关国际公约增设相关特别恐怖活动罪名；在反恐怖法即将出台的背景下，尤其需要协调刑法与反恐怖法的关系。[④] 也有论者指出，我国现行反恐怖主义的立法在恐怖主义犯罪认定方面、刑事责任确定等方面存在一定问题，在恐怖主义犯罪死刑适用上应当考量相关因素，增设罚金刑和没收财产刑的相关规定。[⑤]

还有论者认为，应当在刑法典中增加“恐怖活动犯罪”的专章，等实践中立法规范发展成熟后，形成《恐怖活动犯罪》专门法；在实体法上细化“恐怖活动”认定标准，增设与国际衔接的罪名，完善刑罚种类。此外在程序法上也需相关制度跟进。[⑥] 有论者认为，应将恐怖活动犯罪划分为恐怖活动组织罪、恐怖活动实施罪、恐怖活动关联罪。[⑦] 也有论者认为，应当借鉴德国刑法典对恐怖组织犯罪的规定，在我国反恐怖主义立法中规定恐怖组织犯罪，同时将其规定直接在刑法典引用。[⑧] 还有论者认为，应当适时增设利用计算机系统进行恐怖活动的犯罪、利用网络实施的恐怖主义预备罪、非法邮寄危险物质罪、规定恐怖主义犯罪的从轻与减轻情节、扩大财产刑的适用

① 参见王利宾、赵新彬：《恐怖活动犯罪立法完善研究》。
② 参见宋建强、白莹莹：《我国恐怖主义犯罪立法完善路径》。
③ 参见阎二鹏、张凯：《我国反恐怖主义犯罪刑事立法新探》。
④ 参见赵秉志、商浩文：《论我国恐怖活动犯罪刑法制裁体系及其完善》。
⑤ 参见齐文远：《当前恐怖主义犯罪的立法及司法对策》。
⑥ 参见吴邲光、李婷婷：《我国恐怖活动犯罪刑事规制之完善》。
⑦ 参见龙洋、周洪太：《论我国刑法中恐怖活动犯罪的界定》。
⑧ 参见行江：《德国刑法中的建立恐怖组织罪初论》。

范围等。①

也有论者以仇恨犯罪为视角，认为在刑事立法方面要完善“煽动民族仇恨、民族歧视罪”的规定。② 还有论者认为，应当具体规定恐怖活动犯罪的量刑情节，设立恐怖活动犯罪追诉时效特别延长制度。③

（3）新形式恐怖活动犯罪的刑法规制

有论者认为，网络恐怖主义是恐怖主义的一种，网络恐怖主义主要体现为：以网络作为媒介传播恐怖活动信息、收集信息、接收获取信息；以网络为袭击目标实施网络恐怖袭击；以网络为基地联络招募恐怖成员。除了依靠国际公约来打击网络恐怖犯罪以外，还要通过调整国内刑法来预防和打击网络恐怖犯罪。我国应出台专门的“反恐法”，进一步修改刑法以及充分利用其他规范的配合，刑罚与非刑罚综合作用，从而更好地有力打击网络恐怖主义行为。④

有论者认为，海上恐怖活动犯罪是恐怖活动犯罪在海上的延伸。我国刑法中应当明确海上恐怖活动犯罪的定义，明确恐怖活动犯罪适用于海域，将包括海上恐怖活动犯罪在内的恐怖活动犯罪作为次类罪加以规定，增设海上恐怖活动犯罪罪名，明确对海上恐怖活动犯罪情节的特别规定，对海上恐怖活动犯罪广泛适用没收财产刑、罚金刑和剥夺政治权利，构建海上反恐特殊刑事程序和制度，加强海上反恐国际刑事司法合作。⑤

（三）恐怖活动犯罪的司法适用

有论者结合分析司法实践的经验，对在我国刑法体系下恐怖主义犯罪的概念和性质进行了深入探讨，分析了恐怖主义犯罪的构成要件，认为恐怖主义犯罪的主观要件应该是以制造“社会恐怖（气氛）”为犯罪目的；恐怖主义犯罪的同类客体为公共安全，次同类客体是民众的安全心理及政府或者国际组织的管制能力，恐怖主义犯罪的对象应当是特定的；恐怖主义犯罪的主

---

① 参见阎二鹏、张凯：《我国反恐怖主义犯罪刑事立法新探》。

② 参见王文华：《论恐怖活动犯罪的惩治与防范——以仇恨犯罪为视角》。

③ 参见郭洁、张磊：《恐怖活动犯罪的立法完善》。

④ 参见高铭暄、李梅容：《试论网络恐怖主义行为——基本内涵、行为特征与规范应对》。

⑤ 参见赵桂民：《海上恐怖活动犯罪刑事立法规制研究》。

体应当包括个人；恐怖主义犯罪的手段应当不限于暴力，恐怖主义犯罪的危害结果是指恐怖主义犯罪实施后所引起的恐怖气氛和社会的不安与恐惧的后果。[①] 也有论者指出，全国人大常委会通过的《关于加强反恐怖工作有关问题的决定》规定的关于恐怖活动的三种目的并非恐怖活动所独有，不足以用来区别恐怖活动犯罪与其他犯罪，不能区分恐怖活动和普通的危害公共安全的行为，认为"为了实现极端思想目标"是恐怖活动犯罪的主观要件要素。[②]

有论者认为，在刑事司法上应准确界定"恐怖活动犯罪"，慎重把握"参加恐怖组织罪"，将"仇恨"动机量刑情节法定化，并且合理组织刑事政策对恐怖活动犯罪的反应。[③] 还有论者认为，我国对恐怖组织的认定应采用行政认定模式，对恐怖主义活动的预防和打击需要行政、金融、刑事等多方合作。[④]

（四）恐怖活动犯罪的金融制裁

有论者分析了我国恐怖活动组织的融资方式，认为我国关于反恐怖融资的刑事立法技术存在较大缺憾，应该从立法层面上进行修改。将"资助"改成"为恐怖活动组织或者实施恐怖活动的个人筹集、提供的"；提高资助恐怖主义活动罪的刑罚力度，提高刑罚的配置；进一步完善恐怖主义资产的冻结程序和没收制度。[⑤] 还有论者对照安理会反恐金融制裁决议要求，认为国内立法还存在一定不足，有必要以国际化的视角，借鉴国外立法经验，借"反恐怖主义法"制定之机，完善安理会反恐金融制裁在我国的实施，明确安理会恐怖制裁名单的国内转化程序，对安理会恐怖制裁名单设定不同于我国国内制裁名单的除名和豁免程序，扩大金融制裁义务主体和内容以及增设拒绝提供恐怖活动信息罪和金融机构、特定非金融机构怠于报告恐怖活动信息罪。[⑥] 也论者认为，有将金融反恐合作纳入国际法和国际反恐公约的框架内，坚持尊重国家主权和保障基本人权两大国际法基本原则，才能最大限度

① 参见肖洪、张缤予：《恐怖主义犯罪的构成要件分析》。
② 参见皮勇、张启飞：《论我国刑法中恐怖活动犯罪的主观要件》。
③ 参见王文华：《论恐怖活动犯罪的惩治与防范——以仇恨犯罪为视角》。
④ 参见李婕：《恐怖主义犯罪的认定及防治》。
⑤ 参见孙平、黄贵：《恐怖主义融资与我国刑法规制的完善》。
⑥ 参见齐建萍：《安理会反恐金融制裁国内实施问题研究》。

地平衡各国在金融反恐合作问题上的分歧，更好地发挥金融合作反恐的效用。①

（五）惩治恐怖活动犯罪的区域与国际合作

有论者认为，针对恐怖主义犯罪应适用国际刑法或国内刑法，而不应选择适用战争法或武装冲突法。我国应积极承担起国际条约中应予履行的国际义务，及时将国际罪行转化为刑法分则中的罪名，在合法性原则的指引下打击国际国内恐怖势力。只有在国际刑事法院这类国际组织/公约的框架下应对恐怖主义犯罪，才能获得多数国家的认同和支持。② 还有论者认为，上海合作组织为世界其他国家提供了一个成功的区域反恐合作范例，并且为各国的国际反恐怖主义创造了一种区域性法律框架，即“区域主义”。东北亚各国应尽快签署并批准《东北亚地区打击恐怖主义公约》、尽快建立联合反恐机构、注重反恐怖主义立法保护的早期化，构建东北亚地区联合反恐合作机制。③

（六）惩治恐怖活动犯罪的其他问题

有论者认为，应当有限运用敌人刑法理论。传播暴恐音视频等行为是实质预备犯，应当以刑法加以规制。④ 也有论者分析了暴恐音视频非法传播的现实危害，从刑法角度出发提出强化刑法前置的遏制理念，重视综合治理的刑事政策，深化网络监管的国际合作。⑤ 还有论者结合相关具体案例，就编造、故意传播虚假恐怖信息罪中虚假恐怖信息、编造与传播行为认定以及与投放虚假危险物质罪的区分进行了深入探讨。⑥

也有论者认为，恐怖活动犯罪惩治过程中，被害人仍处“漠视”地位，恐怖活动犯罪被害人补偿制度之构建具有理论依据和现实需求，应针对恐怖

① 参见景景、王剑波：《论国际金融反恐合作的基本法律原则》。

② 参见夏凉：《恐怖主义犯罪的刑事法制治理——由美军利比亚突袭行动说开去》。

③ 参见于阳、郝晓敏：《东北亚地区联合反恐合作之基础思考》。

④ 参见张守良、王新：《刑事规制恐怖活动犯罪的理论选择——兼论传播暴恐音视频等的刑事规制》。

⑤ 参见刘炯：《遏制暴恐音视频非法传播的刑法思考》。

⑥ 参见黄旭巍：《编造、故意传播虚假恐怖信息罪疑难问题实证研究》。

活动罪犯特征，创造性地引入专项奖励机制以及快速补偿机制。[①]

三、贪污贿赂犯罪的刑法治理问题研究

（一）腐败犯罪理论问题研究

有论者审视了我国“零容忍”政策下腐败犯罪的立法模式，认为应当采取“严格执法意义”上的“零容忍”，即应充分发挥我国刑法、行政法律法规、党纪、行政纪律等各种规制手段的作用，形成多层次立体式的腐败犯罪防治体系，由于当前腐败犯罪问题频发是执法不严导致的，因而应当采取“严而不厉”的立法模式，完善刑事法网并采用轻缓化的刑罚。[②] 有论者界定了反腐败模式的概念，认为反腐败模式转变的理念基础在于正义，同时也是当下社会治理腐败的需要，传统的政治运动型反腐是我国在缺乏一系列规范法律制度供给情况下的特殊产物，制度性反腐虽然在打击腐败、构建腐败预防体系发挥了相当重要的作用，但是也存在诸多问题，这就要求从传统的权治反腐与人治反腐向现代的法治反腐模式转变。[③] 有论者从刑法学的角度分析了社会中介组织腐败行为类型的法律性质，界定了社会中介组织腐败的内涵，认为此类犯罪的犯罪主体具有复合性、权威性、专业性，犯罪对象具有广泛性，犯罪行为与公权力、市场相关，并具有多样的表现形式，相关罪名涉及贿赂犯罪、洗钱犯罪、妨害司法犯罪、招投标与评估领域犯罪等诸多罪名。[④] 有论者对贿赂犯罪的刑事责任体系进行了反思，认为在贿赂犯罪内部的刑事责任分配上，不同的受贿行为应受到不同的处罚，对行贿受贿的处罚应当相同而不能“厚此薄彼”，贿赂犯罪要形成科学量刑档次；在贿赂犯罪与贪污犯罪的比较上，二者不能适用同一法定刑，且犯罪数额标准忽略了受贿罪中为他人谋取利益的社会危害性。[⑤] 有论者提出了从源头遏制腐败的

---

① 参见贾凌、王炳钧：《我国恐怖活动犯罪被害人补偿制度之构建》。

② 参见黄云波、吕哲如：《论“零容忍”政策下的腐败犯罪立法模式》。

③ 参见李梁、尹安德：《当代中国反腐败模式的转换》。

④ 参见张勇：《社会中介组织腐败行为类型及刑法定性》。

⑤ 参见刘伟：《贿赂犯罪刑事责任体系的反思与重构》。

刑法对策，认为应当实现对公私部门的平等保护，营造遏制腐败的良好社会环境，加大对行贿犯罪的惩治力度，消除腐败现象的外部诱因，为权力监督制约机制提供保障，确保权力依法规范运行。[①] 有论者分析了国有控股、参股公司中国家工作人员的认定问题，认为需要从“从事公务”与“委派”两个方面进行界定，并探讨了从事公务的概念与判断方式，并对国企改制后留任的领导、管理人员的身份认定问题以及二次委派或者多次委派人员是否属于国家工作人员的问题进行了分析。[②]

（二）腐败犯罪数额标准问题研究

有论者梳理了对贪污贿赂犯罪数额标准产生影响的法律规定，指出了立法规定量刑数额标准在司法实践中造成的困难，认为应当改变我国刑法规定的有关有期徒刑法定最高刑期的规定以及数罪并罚的上限规定，或者在有关假释、减刑的规定中考虑原贪污受贿犯罪的数额可能判处的有期徒刑期限。[③] 有论者重新审视了贪污受贿犯罪的数额标准，认为犯罪数额是贪污受贿罪定罪的质的标准，犯罪数额在贪污罪与受贿罪中作用并不一样，所以犯罪数额这一标准应当保留，同时贪污受贿罪中的犯罪数额标准应有所提高，并应当单独制定受贿罪的犯罪数额标准。[④] 有论者认为，明确规定数额与贪污罪的本质不符，且不能满足司法实践的需求，模糊数额也不违背罪刑法定原则的要求，考虑到GDP及其他经济指标的增长以及刑事政策和刑罚目的要求，应使贪污罪的量刑数额拉开距离，一方面降低起刑点数额，另一方面较大幅度提高量刑数额。[⑤] 有论者分析了现行贪贿犯罪数额立法的缺陷，指出其背离了刑法适用人人平等与罪责刑统一的刑法原则，并使司法裁量权过于自由，应当小幅度提高贪贿犯罪的数额标准，确立“概括数额＋其他犯罪情节”的立法模式，实现立法定性、司法定量的通例。[⑥] 有论者梳理了贪污罪数额标准的变化历程，提出了修改贪污罪数额标准的现实依据与法学依

① 参见张朝霞、杜邈：《从源头上遏制腐败的刑法对策》。
② 参见温登平：《国有控股、参股公司中国家工作人员的认定》。
③ 参见朱建华：《贪污受贿犯罪数额与量刑关系困局研究》。
④ 参见高珊琦、曹玉江：《对贪污受贿犯罪数额标准的重新审视》。
⑤ 参见张亚平、皇甫忠：《贪污罪数额标准的修改》。
⑥ 参见张兆松：《再论贪污受贿罪定罪处罚数额标准的立法完善》。

据，从纵向对比与横向对比两方面提出了对数额标准的修改建议。①

有论者认为，应当将两罪法定刑档次的具体数额标准修改成“数额较大”“数额巨大”“数额特别巨大”，建议将贪污“救灾、抢险、防汛、优抚、扶贫、移民、救济款物等特定款物”规定为法定从重情节，对贪污受贿达不到数额较大的犯罪分子并处罚金，将贿赂犯罪中的“财物”改为“不正当利益”，增设“外国公职人员或者国际公共组织官员受贿罪”②。有论者分析了贪污贿赂犯罪数额标准的争议，认为数额标准要重新设计，应采用概括数额加情节解释的方式，借鉴《俄罗斯联邦刑法典》对某些犯罪规定数额较大、数额巨大、数额特别巨大等数额等级，并在附注中对数额较大、数额巨大、数额特别巨大、较重情节、严重情节、特别严重情节作出规定的模式。③ 有论者认为，贪污受贿犯罪的数额起点不应过度依赖具体数额，应以一种或多种能够适应社会变化的指标为标准，并与其他侵财类犯罪的数额起点相协调，要细化犯罪数额等级，将数额与情节相结合，并区分贪污罪与受贿罪的量刑数额标准。④ 有论者认为，犯罪数额是贪污受贿犯罪量刑的关键性依据，但量刑规定过于笼统，导致犯罪数额与处罚结果不相适应，死刑判断相对随意，并提出了细化贪污受贿犯罪处罚刑档的初步设想。⑤

（三）贪污犯罪问题研究

有论者探讨了内外勾结骗取补偿款物与共同贪污犯罪的问题，认为无论从行为本质还是法益侵害的性质上，行为人利用职务之便为骗取征地拆迁补偿款提供帮助的行为，符合贪污罪的特征，而对于国家工作人员参与骗取征地拆迁补偿款的，在缺乏犯意沟通而故意为他人骗取拆迁补偿款提供帮助时构成滥用职权罪，其他情况则构成贪污罪。⑥ 有论者分析了不当套取国家科研经费的行为，认为其不具备贪污罪的成立要件，而应当区分具体情况以诈骗罪、侵占罪或者贪污罪的共犯来定罪处罚，同时通过在相关规范性文件中

① 参见田旭：《论贪污罪数额标准的修改完善》。
② 徐留成：《简论贪污罪和受贿罪的立法完善》。
③ 参见申飞飞：《论贪污贿赂犯罪数额标准的修改与完善》。
④ 参见刘敬新、郭赛：《贪污罪与受贿罪数额标准的修改完善》。
⑤ 参见李红钊、张建华：《细化量刑标准是惩治贪污受贿犯罪的有效途径》。
⑥ 参见孙国祥：《内外勾结骗取补偿款物与共同贪污犯罪研究》。

强调科研人员遵守法律、法规和合同约定的重要性，完善项目经费预算决算制度，拓展项目经费开支范围等方法对其进行规制。[①] 有论者从实际案例角度分析了贪污罪中的“利用职务便利”与“公共财物”的具体含义，并探讨了明知上级命令违法但仍予以执行的行为定性以及宅基地使用权能否成为贪污罪的犯罪对象等问题。[②] 有论者对贪污罪的历史发展进行了回顾和展望，梳理了贪污罪法律规定及相关研究的历史轨迹，概述了贪污罪的犯罪对象、对利用职务便利的理解、贪污罪主体的认定、企业改制中贪污罪的认定以及贪污罪与近似职务犯罪的界限等问题，并对贪污罪的研究进行了评价和展望。[③] 有论者建议提高贪污罪的犯罪数额起点标准，并采取行政手段打击被排除在外的贪污行为，在贪污罪仍保留有死刑的情形下，对犯罪数额采用可反映社会经济发展变化的标准，设置多档次的刑度。[④]

（四）受贿罪问题研究

有论者对房产交易型受贿行为进行了探讨，提出了对低价购买新商品房受贿行为、低价购买二手房受贿行为、低价购买特殊房产受贿行为中市场价格的认定方式，并对房产交易型受贿行为中“明显”的标准与犯罪数额计算基准的时间标准进行了合理解析。[⑤] 有论者从罪刑关系的合理性角度对受贿罪罪刑关系立法的完善提出了建议，认为现行受贿罪的量刑标准存在缺陷，应当构建受贿罪的独立法定刑，增设罚金刑，并严格限制受贿罪死刑的适用。[⑥] 有论者认为受贿罪的定罪起点数额和量刑数额确立的依据应是“最低劳动报酬倍数”，并分析了五种特别型受贿罪的数额起点问题与情节对犯罪数额的排斥问题，建议将罚金刑作为受贿罪重要刑种，在低层次法定刑中增加管制与拘役。[⑦] 有论者建议增设非谋利性的“非法收受财物罪”，分析了

---

① 参见肖中华：《不当套取国家科研经费的行为不应认定为贪污罪》。

② 参见叶良芳、施丁屹岑：《土地拆迁补偿过程中贪污行为的司法认定——最高人民法院第11号指导案例之评析》。

③ 参见谢治东：《贪污罪研究的回顾与前瞻》。

④ 参见赵天红：《贪污数额与贪污罪法定刑及量刑问题研究》。

⑤ 参见刘宪权：《受贿犯罪新型司法疑难问题研究——房产交易型受贿的行为表征与刑法解释》。

⑥ 参见韩轶、唐大森：《论罪刑关系的合理性与受贿罪罪刑关系立法的完善》。

⑦ 参见欧锦雄：《受贿罪的定罪起点数额研究》。

增设该罪的社会意义、讨论了该罪的犯罪构成要件，提出了该罪的法条设计。[①] 有论者简要评析了受贿与其他渎职犯罪并发时罪数问题的讼争，认为因受贿（包括索贿）而实施特定渎职犯罪的，应从一重罪并从重或加重处罚，但先渎职后受贿的应数罪并罚；受贿并实施其他渎职犯罪的，应当数罪并罚，但渎职犯罪的结果和情节不能作为受贿罪的从重或加重处罚情节。[②] 有论者从指导性案例入手，深入分析了合办公司名义的受贿行为、对“为他人谋取利益的”理解、以交易形式收受贿赂问题以及收受财物后退还或上交的认定等司法认定中的疑难问题。[③]

有论者对中日韩三国受贿罪法定刑的立法内容进行了评述，并对三个国家受贿罪的罪名、法定刑及其设定依据、刑种与量刑情节进行了比较，认为应以受贿行为程度为基础划分基本罪刑阶段，保留“情节严重”和“情节特别严重”之规定，并将受贿数额作为该内容之一。[④] 有论者以职后受贿行为为例，认为在受贿罪的刑事规制的选择上，应采用能动为主谦抑为辅的刑事规制，在理论建构和司法运用上，应建立系统的一体化评价体系。[⑤] 有论者从司法实务角度探讨了国家出资企业的党委或党政联席会性质、赌博型受贿与“及时退还或上交，不是受贿”等司法认定中存在的疑难问题，着重分析了不同赌博型受贿犯罪数额的认定，赌博型受贿与赌博、娱乐活动的界限，以及“及时”“不是受贿”的判断依据。[⑥] 有论者检讨了受贿罪量刑规则在实践中存在的突出问题，分析了受贿罪的基本犯罪构成事实及其对应法定刑幅度的设置，认为受贿罪量刑规则的建立须以数额为基础标准，可参酌盗窃罪或者诈骗罪的立法例，以数额较大、数额巨大、数额特别巨大确定其法定刑幅度最低刑，辅以加重情节。[⑦] 有论者则对仲裁员收受贿赂行为的刑法适用问题进行了研究，认为仲裁员收受贿赂行为应构成非国家工作人员受贿

---

① 参见周振晓、孟薇：《建议增设非谋利性的“非法收受财物罪”》。

② 参见吴林生：《受贿罪与渎职犯罪并发时的罪数问题新论》。

③ 参见张道许、冯江菊：《新型受贿司法疑难问题探析——以指导性案例为切入点》。

④ 参见于雪婷：《中日韩受贿犯罪法定刑设置之比较研究》。

⑤ 参见王成全：《正确把握受贿罪“权钱交易”的本质特征——从一起职后受贿案例谈起》。

⑥ 参见况安全、汪维良、王远伟：《贪污贿赂犯罪新型司法若干疑难问题研究》。

⑦ 参见刘冀民：《受贿罪量刑规则的检讨与重构》。

罪，对于仲裁员既收受贿赂又枉法仲裁的情形应当数罪并罚。[①]

有论者认为，受贿罪定罪数额标准应该从贪污罪标准中独立出来，受贿犯罪交易量应该从确定数额向幅度转变，在对受贿犯罪的基础刑进行确定时，不能完全以数额作为衡量的主导标准，应该综合考虑影响犯罪的责任刑情节。[②] 有论者对欠缺具体请托时受贿罪是否有成立的空间，利用有职务制约关系的平级或上级职权能否算是"利用职务上的便利"，行贿受贿犯罪中居间行为如何认定，以及代理人超越受贿人指示额外索贿并侵吞的行为如何定性等司法疑难问题进行了深入分析并提出了解决的方法。[③] 有论者分析了受贿罪中退交收受财物的行为，认为其只能限定于不构成受贿罪的行为，并说明了该行为的成立条件，从阻却事由的真实性、合理性来认定是否阻却受贿故意，并探讨了退交的方式与退交部分财物的司法认定。[④] 有论者讨论了斡旋受贿的基本内涵与犯罪构成要件，肯定了斡旋受贿独立成罪的必要性，并通过对国内外立法的比较，对我国刑法中受贿罪体系的完善以及斡旋受贿的司法疑难问题提出了建议。[⑤]

（五）利用影响力受贿问题研究

有论者审视了当前我国对利用影响力受贿行为的刑法规制，指出了当前利用影响力受贿罪的立法缺陷，以及司法实践中的困惑与学理上的争议，主张对利用影响力受贿罪在立法模式、犯罪基本构造以及刑事责任等方面作进一步的完善。[⑥] 有论者对利用影响力受贿罪主体问题进行了深入分析，认为本罪只能由非国家工作人员构成的通说观点值得商榷，并对利用影响力受贿罪主体要件中的"近亲属""离职的国家工作人员"的界定提出了自己的看法。[⑦] 有论者认为，本罪偏重于对受贿行为主体的扩充，未将现实中其他社会危害性相当甚或更加严重的受贿行为纳入刑法规制的范畴，产生了"罚轻

---

① 参见张利兆：《关于仲裁员收受贿赂行为刑法适用的两个疑难问题》。

② 参见蒋星伟、柴建桢：《受贿罪数额标准之完善》。

③ 参见张理恒：《受贿罪若干新型司法疑难问题研究》。

④ 参见陈洁、肖艳芳：《受贿罪中退交收受财物的法理解读和司法认定》。

⑤ 参见刘仁海、周光营：《斡旋受贿独立成罪问题探究》。

⑥ 参见喻晓玲、陈晶：《论利用影响力受贿罪对向行为的刑法规制》。

⑦ 参见闫雨、王鹏祥：《利用影响力受贿罪主体问题研析》。

不罚重”或“同行不罚”等不合理现象，并针对三种情况下法律阙如的问题提出了立法建议。①

（六）行贿罪问题研究

有论者认为应当坚持行贿罪中“谋取不正当利益”的构成要件，认为此为客观条件，行贿罪不存在未遂形态，并分析了“不正当利益”的具体含义以及追究行贿罪的政策选择。② 有论者从比较法的角度介绍了英国的预防行贿失职罪，叙述了充分程序抗辩事由、构建充分程序的六项原则，并指出了对我国治理商业贿赂的程序性的借鉴意义。③ 有论者探析了刑事政策视野下治理贿赂犯罪的事前预防制度，认为应当以经济人为考虑对象，为处在权威命令压迫下的人提供救济手段，并消除权力行使过程中的“匿名”现象，让监督发挥实效。④ 有论者用实证研究的方式寻找当前行贿罪治理困境的出路，指出了行贿罪高发的制度性诱因，从法治理念更新、立法科学性以及司法公正等方面评析了行贿犯罪刑事治理的应然路径。⑤ 有论者从完善行贿罪罪名的角度处罚，认为应将行贿罪、单位行贿罪、对单位行贿罪合并为一个罪名，提高并平衡行贿犯罪各罪名的法定刑幅度，统一定罪量刑标准。⑥ 有论者认为行贿罪规定在立法与司法上存在严重问题，应当通过立法对行贿罪的主观方面、主体、客观方面与刑事处罚等进行完善，在司法上完备侦查制度和预防机制、完善法律责任的衔接并加强国际合作。⑦ 有论者讨论了我国公职人员财产申报制度，对其做了规范性评价，分析了财产申报制度中的价值冲突及其整合，通过对该制度运行的实证分析，找出了其中存在的问题并提出了建议。⑧

---

① 参见康相鹏、李振林：《利用影响力受贿罪的现实困境及出路》。

② 参见刘德法：《论行贿罪中的“谋取不正当利益”》。

③ 参见印波：《英国预防行贿失职罪的充分程序抗辩研究》。

④ 参见朱贺：《刑事政策视野下治理贿赂犯罪的事前预防制度》。

⑤ 参见操宏均：《行贿犯罪的治理困境与出路》。

⑥ 参见韩耀元、王文利、吴峤滨：《完善行贿犯罪罪名的思考》。

⑦ 参见吴喆、任文松：《行贿罪的问题解析及完善建议》。

⑧ 参见董邦俊、刘杰：《我国公职人员财产申报制度新思考》。

（七）腐败犯罪的刑罚执行问题

有论者指出了我国当前职务犯罪罪犯假释的尴尬处境，从错位的权力配置、假释适用条件的模糊性与欠操作性以及案件审理的非透明性三个方面分析了职务犯罪罪犯假释公信力危机的形成原因，并提出了矫正职务犯罪假释公信力危机的具体路径。[①]

四、网络犯罪新问题研究

伴随着我国网络发展而来的是网络犯罪的急速增长，而作为维护社会秩序的刑法，应当对此有所反应。然而，脱胎于信息社会的网络犯罪带有许多新的特征，这些新特性给传统的刑法规制手段带来了不少问题。面对网络犯罪的冲击，传统刑法应当何去何从，成为今年刑法学年会中论者讨论的一个重要主题。论者们主要围绕危害网络安全活动的刑法治理、过失性网络危害行为的刑法规制等问题进行了探讨。同时，围绕2013年9月6日公布的最高人民法院、最高人民检察院《关于办理利用信息网络实施诽谤等刑事案件适用法律若干问题的解释》（以下简称《网络诽谤等解释》）中的相关内容，论者们对网络传播有害信息的刑法规制、网络诽谤、寻衅滋事等犯罪的研究问题进行了讨论。除此之外，有论者对近年来网络犯罪的典型案例进行了分析，亦有论者对互联网金融犯罪的刑法规制问题进行了探讨。

（一）危害网络安全活动的刑法治理

面对网络犯罪的冲击，传统刑法规制手段必须进行自我完善才能发挥其功能。就今年年会而言，论者们主要围绕传统刑法面临的冲击、刑事立法手段、司法手段、刑法理念和刑法理论上应当如何回应的问题进行了讨论。

就传统刑法面临的挑战而言，有论者指出包括以下几个方面：首先，是对传统刑法观念的挑战。比如虚拟空间是不是刑法中规定的“公共场所”，虚拟财产是不是刑法保护的财产，非法取得的数据、控制权是不是“犯罪所

① 参见李志雄、孙静：《“问题化”之后的忧思——职务犯罪假释公信力危机与进路选择》。

得”等；其次，是社会危害性评价面临的挑战。比如在认定诽谤犯罪时“点击率”的争论、认定犯罪故意时关于“放任”的争议等；最后，是共同犯罪理论面临的挑战。比如在网络犯罪中，明知他人利用互联网实施犯罪行为而积极主动地参与其中，甚至相互之间形成一种“利益链”的，是否构成共同犯罪的问题。面对网络犯罪新情况的挑战，我们既要坚守刑法的基本原理，又要面对网络社会发展的实际，及时调整刑法的应对措施，使传统刑法跟上时代发展的步伐。①

在刑法理念的更新与完善问题上，有论者指出，网络犯罪经过了三个发展阶段：由最初的将计算机作为犯罪对象，到后来的网络作为犯罪工具，再到如今的网络作为犯罪空间。这样的基本态势就要求刑法研究在定性和定量规则上面对转型，而研究的实体结果最终都需要落实于某种立法、司法、理论的平台与形式。② 也有论者指出，面对网络犯罪，应当树立理性观、机能观、作用观和刑罚观四个方面的内容。具体而言，理性观，即要坚持立法为本，强调解释；机能观，即宽严相济、保障人权；作用观，即多元治理，适度入刑；刑罚观，即罪刑均衡，罚当其罪。③

在刑法立法和司法完善的问题上，有论者指出，就司法回应而言，司法解释的出台往往针对着上述网络犯罪发展的三个阶段面临的问题，而从未来来看，还要考虑“顶层设计”的问题；就立法回应而言，从近期来看，应当在刑法分则中设置独立的“计算机和网络犯罪”章节。从长远来看，可以考虑制定独立的“反网络犯罪法”④。也有论者对我国网络安全立法思路进行了尝试性思考。论者指出，从范畴上来看，要注重区别“网络安全”与“信息安全”；在立法理念上，要注意统筹网络秩序与权利的关系；在立法策略上，要注意统筹前瞻性与稳健性之间的关系；在立法模式上，不妨采用多元化的模式，制定一部综合性的网络安全法律。⑤

也有论者从理论回应的角度对刑法完善进行探讨。有论者指出，理论的

---

① 参见张智辉：《网络犯罪：传统刑法面临的挑战》。

② 参见于志刚：《网络刑法研究的当前方向》。

③ 参见钟凯：《网络犯罪的刑法应对——析应然层面下刑法理念的建构》。

④ 于志刚：《网络刑法研究的当前方向》。

⑤ 参见李怀胜：《关于我国网络安全立法思路的尝试性思考》。

完善主要体现在扩张解释方法的运用上。[1] 也有论者以网络空间的“公共秩序”为视角，探讨了刑法对虚拟空间的法益保护问题。论者指出，“公共秩序”是不同于“公共场所秩序”的概念，由此，用寻衅滋事罪来规制虚拟空间中扰乱公共秩序行为并不合适，应当具体分析不同的情况，以侮辱罪、诽谤罪、损害商业信誉罪和聚众扰乱公共秩序罪等个罪定罪处罚，或者通过立法扩充编造、故意传播虚假恐怖信息罪来加以完善。[2]

还有论者以网络版权技术措施的刑法保护为视角，探讨了网络时代背景下犯罪的更新与刑法的扩容问题。论者指出，在侵害技术措施行为的危害性上，帮助行为要比实行行为更大。而对网络版权技术措施的刑法保护上，既要考虑刑法的谦抑性，也要考量国家的知识产权战略。具体而言，首先要通过针对侵害技术措施帮助行为进行立法完善，修正犯罪构成下刑事制裁的无力；其次也要将网络版权技术措施等时代发展产生的全新法益，纳入刑法的保护范围。[3] 也有论者探讨了网络空间刑法禁止令的适用。论者从地点、人物和事件要素上对禁止令的适用进行了研究。就地点要素而言，应当规定禁止进入特定的网络平台；就人物要素而言，应当禁止进行特定的网络接触；就事件要素而言，应当禁止从事特定的网络服务。基于网络时代的特殊性，该论者对所谓的“特定”所涵盖的内容进行了分析。[4]

（二）过失性网络危害行为的刑法规制

针对故意性网络危害行为，国内外已经积累了较多的经验，相应的刑法规制也比较完善。然而，随着社会的发展，一些过失性网络危害行为也造成了严重的危害结果，这就引发了一系列的法律问题。在本届年会上，论者们针对这一问题进行了研究。

有论者对网络过失危害行为的犯罪化进行了研究，指出在原则上，要坚持惩罚为主，预防为辅；在根据上，在于网络过失人的犯罪心理，包括因其

---

① 参见于志刚：《网络刑法研究的当前方向》。

② 参见侯帅：《论刑法对虚拟空间的法益保护——以网络空间的“公共秩序”为视角》。

③ 参见田刚：《网络时代背景下犯罪的更新和刑法的扩容——以网络版权技术措施的刑法保护为视角》。

④ 参见郭旨龙：《论网络空间刑法禁止令的适用》。

行为的动机和肯定结果的罪过两个部分；在标准上，要从重要性、必要性和可行性三个方面入手；在范围上，包括结果犯和危险犯两种。结果犯包括攻击网络服务器的行为、网络侮辱诽谤等侵权行为致人伤亡的以及国家机关工作人员签订、履行合同失职被骗；危险犯包括轻率转载不良信息行为、网络过失泄露国家秘密行为和盗窃信息存储设备行为。①

（三）网络传播有害信息的刑法规制

2013年9月6日，最高人民法院、最高人民检察院公布了《网络诽谤等解释》，其中针对有害信息的传播问题进行了一系列的规定。论者们围绕该司法解释进行了探讨和评析，并对如何更加有效地对利用网络传播有害信息的犯罪进行规制进行了讨论。

有论者分析了对有害信息进行刑法规制的指导思路，如有论者指出，合理规制网络犯罪具有正当性，也并不会因此损害言论自由。但该论者也进行了一系列的反思，指出规制网络言论犯罪时也应当符合罪刑法定基本原则，应当注重自诉案件与公诉案件之间的平衡，国家应当保障正常言论自由，允许民众对政府的行为进行网络言论监督，同时，还要从严制裁有组织的集团化诽谤行为。② 亦有论者认为，规制网络传播有害信息应当坚持“严密法网”和“入罪慎行”的基本思路。③

就立法规制手段的完善而言，论者们也提出了自己的见解。如有论者指出，我国当前已经形成了较为完备的治理体系。但从当前的规定来看，《网络诽谤等解释》中就寻衅滋事罪的规定并不妥当，因此应当将其从治理体系中予以剥离。④ 也有论者从罪名、犯罪构成、刑罚设置的完善上提出了一系列立法建议。⑤ 还有论者指出，加大刑事规制的力度是必要的。具体而言，需要在定罪量刑上区别对待谣言制造者和传播者，也需要加大对国际上“不怀好意者”的规制力度。⑥

---

① 参见温建辉：《网络过失危害行为的犯罪化分析》。

② 参见马松建、李琪：《自由的边界——双层社会中言论犯罪的刑法规制》。

③ 参见郑丽萍、宁势强：《网络传播有害信息行为刑法规制之基本思路与构想》。

④ 参见程红、李恒虎：《供给与剥离：刑法治理网络谣言的取舍之道》。

⑤ 参见彭凤莲、崔月梅：《论网络传播有害信息的刑法规制》。

⑥ 参见武晓红、洪昊：《网络谣言的刑事立法研究》。

就司法规制而言，有论者从刑法解释的角度对该问题进行了探讨。论者指出，《网络诽谤等解释》中关于寻衅滋事罪的解释与立法本意不符，存在一定的合法性和正当性问题。从立法本意上来看，网络造谣涵盖了民事责任、行政责任和刑事责任，由此只能将具有严重社会危害性的网络造谣入罪，增设“组织编造、传播虚假信息罪”[①]。也有论者在司法认定上进行了探讨。论者指出，网络传播有害信息的主体包括三类：传播者、内容服务提供者和网络服务提供者、点击者或下载者。并且针对三类主体具体的刑事责任进行了探讨。[②]

还有论者指出，网络传播有害信息刑法规制的对象选择原则应当坚持严重的社会危害性原则、刑法的谦抑性原则和遏制犯罪与保障言论自由均衡原则。同时还要坚持实质的判断标准。具体而言，刑法规制的范围大致可以包括以下几类：煽动性信息、恐怖和恐吓信息、网络谣言、网络诽谤信息、淫秽色情信息、传授犯罪方法的信息和网络诈骗信息。[③]

（四）网络诽谤犯罪研究

论者们主要围绕《网络诽谤等解释》中的内容进行了评析，并对司法中如何认定和如何进行更加有效的规制提出了自己的见解。

有论者在对《网络诽谤等解释》的内容进行了评析，并从构成要件的角度对网络诽谤行为构成诽谤罪的情况进行了研究。如有论者指出，从客观方面而言，不应该将单独散布行为入罪。在诽谤对象为机关或官员时也应当慎重对待，在情节严重的认定上，以信息被点击、浏览及转发作为标准之一是合理合法的；在主体方面，司法解释将散布者纳入规制范围，是合理的；从主观方面而言，诽谤罪也包括间接故意，同时应当增加“意图散布于众”的要件。[④] 也有论者指出，在主体上，应当参考英美法系的“真正恶意原则”，对发布者、传播者、网络管理者和新闻媒体的刑事责任加以具体分析；在对

① 魏东：《网络造谣入罪问题的法理检讨——兼议增设“组织编造、传播虚假信息罪”》。

② 参见张宝来、鞠佳佳：《网络传播有害信息的刑法规制》。

③ 参见楼伯坤、王静：《网络传播有害信息刑法规制的范围研究》。

④ 参见高铭暄、张海梅：《网络诽谤构成诽谤罪之要件——兼评“两高”关于利用信息网络诽谤的解释》。

象上，也应当结合政府机关、公职人员及公众人物、法人或单位的不同特点加以区别对待。[①] 也有论者对网络诽谤的行为范围、主体范围和“情节严重”的理解进行了分析。[②] 就《网络诽谤等解释》的意义而言，有论者认为其在于进一步明确入罪门槛，便于司法操作；规定犯罪新形式，扩大刑法保护范围；明确了公诉与自诉的界限，更有利于保障人权。同时，针对司法解释引发的争议，论者认为其并未侵犯人权，入罪门槛合情合理，将诽谤行为去罪化也并不符合现阶段国情。[③]

也有论者分析了言论自由与网络诽谤的界分，指出必须遵守言论自由的“不伤害他人”原则，否则就有可能构成犯罪。而从内容分阶上来看，政治性言论应当被宽容对待，真实的言论也可以阻却网络诽谤罪的成立。从主观方面而言，针对公共事务的诽谤罪只能由直接故意构成，而针对私人事务的诽谤罪则可以由直接故意和间接故意构成。[④] 也有论者在研究了具体案例的基础上，指出在区分二者时，要考虑行为的目的、对象、后果的因素。[⑤]

就如何进一步有效规制而言，有论者以2004年到2013年的100个具有轰动效应的网络诽谤案例为样本和视角，对网络诽谤犯罪高发的背景和现实动因进行了分析，并对实践中的现状和特征进行了总结。在借鉴域外经验的基础上，论者指出，首先，在刑法的规制上，要坚持名誉权与表达自由的合理衡平；其次，在着力点上，要从严制裁集团化的诽谤行为，而针对政府机关及其公职人员的案件则要避免过多干涉；最后，刑法规制的关键应当是严格把握定罪量刑的标准。[⑥]

还有论者从证据法角度解析了诽谤罪名的成立，如有论者探讨了自诉程序中犯罪证据的获取问题。[⑦] 亦有论者对证明责任的问题进行了研究。[⑧]

---

① 参见宣炳昭、张晰：《网络诽谤犯罪问题研究》。
② 参见徐宏、万善德：《网络诽谤犯罪若干问题研究》。
③ 参见邵超：《略论“网络诽谤”司法解释》。
④ 参见姜涛、王晓丽：《言论自由与网络诽谤罪界分的法理》。
⑤ 参见宣炳昭、张晰：《网络诽谤犯罪问题研究》。
⑥ 参见于冲：《网络诽谤犯罪的实证考察与刑法应对思路》。
⑦ 参见段启俊、郑洋：《网络诽谤犯罪若干问题研究》。
⑧ 参见孙颖菲、陈斐斐：《试论对网络诽谤的刑法治理》。

（五）网络寻衅滋事犯罪研究

针对新出台的《网络诽谤等解释》，论者们投入了较大的研究热情，有论者对其中关于寻衅滋事罪条款的理解和适用问题进行了研究。① 也有论者认为该司法解释具有积极意义。② 如有论者指出，“网络型寻衅滋事罪”的产生，不仅是应对当前犯罪的应景之作，更是保护信息网络和“网络社会”的重要法治力量，还体现着刑事司法紧跟网络犯罪的新趋势。③ 还有论者对接下来需要注意的问题进行了探讨。如有论者指出，司法解释的出台是规范社会公共秩序的需要，但在接下来还需要合理限定“公共场所”的含义，明确定罪量刑的具体标准，限制寻衅滋事罪的“口袋化”④。还有论者将司法解释中的网络空间寻衅滋事行为归纳为辱骂恐吓他人和编造散布虚假信息两种类型。并从法益专有性、入罪标准、罪状掌握、刑法谦抑性和与舆论监督区别的角度进一步进行了探讨。⑤

在网络寻衅滋事罪的成立问题上，论者们普遍关注“公共场所秩序”的认定上，以及网络空间是否可以被认定为“公共场所”。有论者持否定意见。其中有论者在对典型案件进行梳理之后，认为在网络寻衅滋事的处理上，行政处罚和刑事处罚的边界不明，对“公共秩序”的理解也存在混乱。该论者进一步指出，寻衅滋事罪中的“公共秩序”不应当包括道德秩序、网络空间秩序。公共秩序应当指的是现实空间的公共场所秩序。⑥ 有论者认为，对于行为实施与结果发生的“公共场所”的理解，应当保持空间上的同一性。对于在网络空间的公共场所和非公共场所造谣传谣，间接引起现实空间的公共场所和非公共场所混乱的情形，也不能认定为犯罪，而只能进行行政处罚。⑦ 亦

---

① 参见孟庆华：《网络寻衅滋事行为的理解适用问题探析》；杜澎、江星苒：《网络背景下的寻衅滋事罪研究》；陈兴华、赵中华：《网络寻衅滋事问题研究》。

② 参见孙道萃：《网络型寻衅滋事罪探析》；陈兴华、赵中华：《网络寻衅滋事问题研究》；郭立军、王冬：《网络寻衅滋事行为的入罪化分析》。

③ 参见孙道萃：《网络型寻衅滋事罪探析》。

④ 陈结森、陈丹：《论寻衅滋事罪的网络空间适用》。

⑤ 参见莫晓宇、杨颖：《网络空间寻衅滋事行为之刑法规制研究》。

⑥ 参见陈家林、姜子倩：《网络寻衅滋事罪“公共秩序严重混乱”的解读》。

⑦ 参见夏勇、杨新绿：《何种网络谣言行为能构成寻衅滋事罪？——对〈刑法〉第 293 条第（四）项及相关司法解释的解读》。

有论者持肯定意见。[①] 如有论者指出，将网络空间纳入公共场所范畴，会更好地规制社会公共秩序，是符合立法原意和罪刑法定原则的扩张解释的。

（六）网络犯罪典型案件研究

有论者针对“秦火火案”，对网络诽谤中的法理问题进行了探析。对网络诽谤罪的故意认定、捏造事实的行为认定、《网络诽谤等解释》的适用和网络诽谤公诉化建议等问题进行了研究。[②] 也有论者以淘宝网店售假案为例，具体分析了网络知识产权犯罪的定罪规则，对销售金额的认定规则、犯罪数额辩解的应对规则、电子数据的审查运用规则等问题进行了探讨。[③] 还有论者针对“万家购物网案”，对网络空间组织领导传销犯罪立法存在的问题进行了分析，并认为此类犯罪的本质特征是诈骗犯罪的特殊形式。[④]

（七）网络金融犯罪及其他犯罪

有论者探讨了互联网金融的刑事政策问题，具体分析了 P2P 网贷以及众筹的刑法问题。并指出，互联网金融的刑事政策调整，首先要符合金融改革的方向，其次也要为金融创新与竞争留出必要的制度空间，再次还要坚持刑法的谦抑性，最后要区分金融创新和以金融创新名义进行的集资诈骗行为。[⑤] 也有论者评估了互联网金融的风险，并对互联网金融对刑法理念、刑事司法政策的冲击，以及刑法的反应进行了阐述，之后指出，对互联网金融的刑法调整应当坚持肯定创新、慎重用刑；及时介入、适度用刑；非刑为先，刑法救济的原则。[⑥] 还有论者对当前的立法体系进行了研究，指出就当前而言，相关规定侧重于计算机信息系统的保护，犯罪主体局限于自然人，量刑过于单一，金融诈骗的刑法规制也不周延，所有的这些都影响到了对互

① 参见陈结淼、陈丹：《论寻衅滋事罪的网络空间适用》；黄华生、李文吉：《论网络寻衅滋事言论入罪的正当性》；杜澎、江星苒：《网络背景下的寻衅滋事罪研究》。

② 参见赵远：《“秦火火”案件中网络诽谤问题法理研究》。

③ 参见胡晓景、傅翔宇：《论网络知识产权犯罪的定罪规则——以李某等人开设淘宝网店售假案为例》。

④ 参见李克勤、朱剑冰：《新型网络传销犯罪典型案例研究》。

⑤ 参见陈泽宪、刘瑞平：《论互联网金融的刑事政策》。

⑥ 参见张建、俞小海：《互联网金融的风险评估与刑法适用思考》。

联网金融犯罪的打击。该论者进而从指导理念和路径分析角度对立法完善进行了探讨。[①] 也有论者从司法认定的角度，对非法侵入金融计算机信息系统的犯罪、破坏金融计算机信息系统的犯罪、金融计算机财产型犯罪的认定进行了探讨。[②]

还有论者针对《网络诽谤等解释》中非法经营罪的条款进行了分析，以保护法益为切入点对司法解释的内容进行了评析。[③] 亦有论者立足“大数据”时代的背景，对当前个人信息安全面临的刑事风险与立法缺陷进行了分析，并对个人信息刑法保护机制的完善进行了探讨。[④] 还有论者针对近年来越来越严重的“网络黑社会”的现象进行了研究，并在刑事司法视角下提出了一系列的惩防对策。[⑤]

[赵秉志、黄晓亮、商浩文、王帅、田旭；载赵秉志主编：
《刑法评论》，第 27 卷，北京，法律出版社，2015]

① 参见傅跃建、傅俊梅：《互联网金融犯罪及刑事救济路径》。

② 参见张建兵、张涛：《浅析网络金融中违法犯罪行为的司法认定》。

③ 参见王志祥、柯明：《网络非法经营犯罪规定的合理性评析——以非法经营罪的保护法益为切入点的思考》。

④ 参见黄晓亮、万方：《“大数据”时代个人信息安全刑法保护的再思考》。

⑤ 参见李存海、宋鹏：《刑事司法视角下“网络黑社会”的惩防》。

第六十三章

2015年全国刑法学术年会综述①

2015年10月18—19日，中国刑法学研究会2015年学术年会在河北保定举行。本届全国刑法学术年会由中国法学会指导，中国刑法学研究会主办，河北省高级人民法院、河北省人民检察院和河北大学承办，来自中央政法委、全国人大常委会、最高人民法院、最高人民检察院、河北省政法委、河北省高级人民法院、河北省人民检察院等中央和地方政法机关的专家型领导以及来自全国刑法理论与实务界的300余位专家学者参会。本届全国刑法学术年会的主题是“法治中国与刑法发展”，包括“法治中国与刑法理念变革”和“治理腐败的刑事政策与刑法立法”两个子议题，可以说都是我国当前刑法理论与实务关注的热点问题。本届全国刑法学术年会围绕会议议题共收录论文161篇。这些论文全面深入地研讨了年会议题所涉及的几乎所有理论和实务问题，反映了我国刑法理论界和实务界在这些领域的最新学术研究成果，必将为立法和司法实践提供重要的理论指导和参考。

一、法治中国与刑法理念变革问题

本届全国刑法学术年会上，与会专家学者围绕法治中国与刑法理念变革问题进行了深入研讨。其中，研讨较为集中的是法治中国与刑法的观念更

① 除特别说明，本章注释均出自李少平、朱孝清、卢建平主编：《法治中国与刑法发展》，北京，中国人民公安大学出版社，2015。

新、机能协调、价值目标、体系完善、基本模式等具体问题。

(一) 法治中国与刑法的观念更新

法治中国建设对刑法观念的更新提出了新的具体的要求。本届全国刑法学术年会上，论者们主要从刑法观念更新的宏观问题和具体问题两个方面进行了研讨。

1. 刑法观念更新的宏观问题

有论者从法治中国建设的视角，提出传统的刑法观念已经不能支撑起刑法对于法治中国建设的使命，必须要予以反思和变更。这具体包括：(1) 破除刑法万能观，树立刑法谦抑观；(2) 扬弃刑法工具观，树立刑法的人权保障观；(3) 破除重刑主义观，树立宽严相济观；(4) 摒弃片面的形式刑法观，树立形式和实质统一的刑法观。只有这样才能促进法治中国的建设。①

也有论者从恐怖活动治理的角度，认为敌人刑法应当作为一种例外刑法、特别刑法和应急刑法在我国刑法体系中存在，理由主要是：(1) 在实务上，敌人刑法能够提供更有效的刑事司法资源用于治理恐怖活动犯罪；(2) 在理论上，市民刑法与敌人刑法之分界、论争和并存能够推动刑法学研究的进一步深化，促使实践问题的再省思、引致刑法启蒙的再出发、构建刑法生态的再平衡。②

还有论者从刑法的现代化转型角度，认为当代刑法观念存在三个问题：(1) 刑事法治目标的主观设计与刑法观念内在生成规律之间的脱节和冲突；(2) 当前传统刑法观念中的国家本位主义、工具主义、万能主义等思维至今仍然影响着人们的行为；(3) 受整体法治建设的阶段性特征所决定，刑法观念的进步也是曲线式的、波浪式的、渐进式的，呈现出明显的阶段性和不平衡性。我国刑法观念更新应当从四个方面入手：(1) 从单一的国家刑法转向社会刑法、治理刑法；(2) 从单纯的法律之治转向良法善治；(3) 从过度的刑事政策思维转向法治优先思维；(4) 从片面的工具刑法走向价值刑法、目的刑法。③

---

① 参见彭凤莲、徐子盼：《论法治中国视域下刑法观念的更新》，22～30页。

② 参见罗钢：《敌人刑法与中国刑法范式转型》，153～160页。

③ 参见王秀梅、任成玺：《法治中国与刑法观念的更新》，12～21页。

2. 刑法观念更新的具体问题

关于刑法观念更新的具体问题，论者们重点探讨了法治中国背景下的轻罪概念、刑法谦抑观念等问题。

有论者探讨了法治中国背景下的轻罪概念问题，认为近年来对轻罪的研究颇盛，但人们仍局限于刑法的框架内，从刑法规范的角度来审视轻罪概念，忽略了轻罪的实质概念，进而导致了刑法发展的滞后。因此，有必要从轻罪实质概念和规范概念融合的立场，对当下的轻罪概念作出反思。该论者主张将我国轻罪概念界定为：具有较大的社会危害性，应当按照刑事司法程序处理，可能受到3年以下有期徒刑刑罚处罚或较长人身自由限制的那些行为。具体包括三类罪：刑事类轻罪、行政类轻罪和民事类轻罪。①

也有论者探讨了法治中国背景下的刑法谦抑观念问题，认为刑法的谦抑性作为刑法理念的重要组成部分，在面对新的时代环境之下，应当被赋予新的内涵，否则刑法将不足以应对新出现的犯罪现象。这具体包括：面对猖獗的网络犯罪，刑法谦抑性可允许立法上犯罪圈的适度扩张；为满足法治反腐的要求，刑法谦抑性可进行司法上的扩大解释；欲防控风险，刑法的谦抑性可与民生型刑事政策共融。② 但有论者认为，坚持和恪守谦抑性是保持刑法稳定性和权威性的一个重要基础，也是慎刑思想的集中体现，在刑事立法上要强调刑法对其他前置部门法的补足而非引领；必须重视发挥前置法的过滤作用，在没有有效发挥民法、行政法等前置法之作用的时候就一味地诉诸刑法，是违背刑法谦抑性理念的。强调刑事立法民主化、公开化，保持刑法对于社会发展变化的适应性的同时也应关注和保持刑法应有的张力，因为立法的选择和判断必须是在对急剧变化社会现实的理性考量和积累沉淀过程中作出的谨慎回应和反映。置于这种背景下的社情民意与立法公意之博弈与坚守的艰难取舍过程中，过分回应民意并不值得提倡。③

（二）法治中国与刑法的机能协调

关于刑法机能，论者们主要探讨了刑法机能的新分类、刑法机能的实现

---

① 参见张鑫、陈小炜：《略论我国轻罪概念之反思》，210～217页。

② 参见郭泽强、王丹：《法治中国视角下刑法谦抑观之重读》，31～40页。

③ 参见苏惠渔、闻志强：《法治中国视野下的刑事立法理念审思》，3～11页。

与发挥、刑法机能的困局与破解方法以及刑法机能的协调等问题。

有论者认为，刑法除了存在规范性机能、保障性机能、预防性机能之外，还存在两个附属机能：(1) 刑法的政治性机能，即为了保障各项政治政策的落实，社会管理者自觉主动地运用刑法，将其作为挖掘增长潜力实现政治政策的手段所发挥的作用。(2) 刑法的经济性机能，即为了保障各项经济政策的落实，社会管理者自觉主动地运用刑法，将其作为发掘经济增长潜力、实现经济政策的手段所发挥的作用。①

有论者从刑法规范属性的角度对刑法机能的实现问题进行了考察，认为行为规制机能证明刑法具有行为规范性，法益保护机能必须通过行为规范的作用来发挥，人权保障机能最终也只能以行为规范的形式实现，即刑法的三种机能最终都要通过行为规范的形式实现，刑法规范应当成为一般人的行为规范。② 刑法机能的发挥，应当坚守刑法的保障法地位，公正司法，保障合法权益，破除刑法迷信，探求多元治理。③

也有论者认为，刑法机能的困局主要有：(1) 程序、轻刑优位的态势愈发明显，有矫枉过正之嫌，实体刑法本质机能的发挥因此受限；(2) 大量的立法解释、司法解释以及其他一些文件充斥其间、横行其道，使刑法机能在司法实践领域进一步退却；(3) 部分学说有意无意地削弱刑法的影响及其存在的意义，以行政法模糊、淡化刑法界限，以民法蚕食刑法的领域，以教育替代刑罚，使刑法的刚性元素不断消弭；(4) 作为副机能的人权保障大有取代打击犯罪这一主力机能的态势。对于以上困境，我国需要重构刑法机能的体系，为适应当前法治中国社会治理的需要，在新的刑法机能的体系中融入新的刑法机能构成元素：(1) 从刑法机能的认识论层面来看，应坚持刑法机能二元论的立场，即刑法机能可以分为本质机能和引申机能；(2) 从刑法机能的本体论层面来看，应坚持刑法机能一元论的立场，即仅有刑法的形式机能。④

① 参见莫开勤、黄伟亚：《刑法机能新论》，79～87页。

② 参见茹士春：《刑法机能的实现方式——以刑法规范属性为视角》，88～96页。

③ 参见董邦俊：《法治中国视野下刑法教义学与刑法机能之实现》，59～67页。

④ 参见夏凉：《刑法机能的困局及其破解——兼论社会治理对刑法机能构成元素的要求》，97～105页。

还有论者认为，刑法应当坚守其最后性，与其他部门法共担时代的重任，在刑法机能的协调上应当坚持有所为有所不为。刑法与其他部门法一样，有通过评价功能塑造社会公众行为模式的价值功用，但是对于刑法的机能不能过于苛刻，不能强迫刑法去超越法律功能的范围履行使命，一味地苛求刑法保护社会的机能可能导致刑法正当性和威慑性的减损。因此，刑法本身所具有的功能局限性，使它成为维护社会秩序、保护社会所不得已采取的必要手段，除此之外，对于刑法功能的寄托都是过度的执迷。[①]

（三）法治中国与刑法的价值目标

刑法价值事关社会和人们的需要、刑法的属性与刑法功能。有论者认为，在刑法所追求的价值中，最根本的是“秩序”、“安全”与“自由”。同时，刑法的价值还意味着社会及其成员的需要，效益应当据此成为刑法基本价值的内容。该论者认为，自由是刑法的基本价值目标。与公正价值一样，自由价值对刑法来说是内在的，也是灵魂，刑事立法和刑事司法活动应当追求自由价值目标的实现。国家对刑罚目的内容的设定应当有利于保障更多人的更多自由。刑法效益与刑罚效益在内容上具有同一性，刑罚效益是国家制刑、量刑和行刑所产生的符合立法者、司法者主观预期的客观效果和收益。刑法效益主要包括公正惩罚犯罪、有效预防犯罪以及最大限度地实现刑法的任务。[②]

也有论者认为，我国应当继承和发扬刑事立法和谐理念，刑事立法应该在传统“和谐”理念继承的基础上做到情法两尽，并认为良法是善治的前提和基础，努力实现刑事立法兼顾社会共情，做到情法两尽、情法两依的情法交融。充分考虑社会共情的刑事立法才能成为善治的良法，刑事司法才能回应新时期司法改革所迫切渴求的司法公正、提高司法公信力的期待。[③]

还有论者认为，刑事司法政策应当体现人道主义。其主要路径包括：（1）刑事立法应该在传统“和谐”理念继承的基础上做到情法两尽；（2）要

① 参见于冲：《法治建设背景下刑法发展脉络的梳理性反思——兼论刑法的理性与机能协调》，106～112页。

② 参见韩轶、唐大森：《刑法的自由与效益价值之研析》，132～140页。

③ 参见许健：《我国刑事立法传统和谐理念的继承与发扬》，50～58页。

树立人道主义在我国刑事司法政策当中的绝对不可动摇的地位；（3）要认真看待我国长期以来以严刑峻法来制裁犯罪的政策传统，要认识到严刑峻法并不能换来长治久安，反而容易养成一种暴戾的社会风气，人心刚硬，以暴易暴。①

（四）法治中国与刑法的体系完善

随着刑法的不断修订，我国刑法的体系也日臻完善，但仍然存在着许多的问题。本届刑法学术年会上，论者们主要从宏观和微观两个方面对这些问题进行了研讨。

1. 刑法体系完善的宏观问题

有论者认为，以往的行为中心论、行为人中心论、社会防卫中心论、社会危害性中心论等刑法学体系的类型有其科学合理之处，但也有许多弊病与欠缺。该论者主张以罪责关系为中心建立新的学科体系，这种体系是建立在以往的刑法学科体系之上的一种探索性实验。具体而言，这种学科体系是以“罪责及其辩证关系”为研究主线，以“法益侵害论”作为基础理论，以辩证唯物主义和历史唯物主义为主要研究方法的一种更加科学的模式。②

也有论者认为，在建设法治中国的时代背景下，构建回应型刑法的条件已经完全成熟。回应型刑法主要包括两个方面：一是处罚必要与规范治理并重。坚持实质合理并非排除形式合理，坚持处罚必要也并非排斥规范治理，否则法律与司法就成为无意义的摆设，这不利于实现实质合理和处罚必要。二是强化刑法的开放性与灵活性。回应型刑法应当力求做到处罚必要与规范治理并重，使刑法规范、刑事司法体现更大的能动性与灵活性，以便最大限度地实现公平与正义。③

还有论者认为，我国刑法应当走向国际化，以国际公约、国际惯例的规则、精神、原理为参照，通过完善我国立法，促进刑法与国际接轨，使刑法反映人类法律文明；通过司法相互协调与改革，促进刑法间的协同与融合。这具体体现在对网络犯罪、恐怖主义犯罪、环境犯罪、危害人类与灭绝种族

① 参见杨方泉：《从人道主义看中国的刑事司法政策》，121～125页。

② 参见李晓明：《法治中国进程中刑法学科体系的梳理与重构》，68～78页。

③ 参见彭文华：《法治中国与回应型刑法的构建》，141～152页。

罪以及其他一些侵害人类利益犯罪的治理完善方面。[①]

2. 刑法体系完善的微观问题

有论者认为，职业禁止完全符合保安处分的特征，但是我国刑法典中并未规定保安处分，这就导致职业禁止的地位非常尴尬，关于其性质也招致颇多争议，应当将保安处分写入刑法。[②] 关于保安处分，有论者提出应当实现保安处分的刑事法律化，并对保安处分的具体措施及其适用对象、保安处分的适用程序和适用原则以及保安处分的执行制度等作出合理、明确的规定。[③] 同时有论者认为，预防性措施入刑将对我国刑法造成两方面的结构性冲突：一是对犯罪基础结构的冲击。预防性措施入刑要求犯罪的立法概念中必须包含“危险性”的内容，否则将导致预防性措施入刑的根基缺失，并导致预防性措施被边缘化。而预防性措施入刑所导致的“危险性”要素进入犯罪结构，将导致“客观危害”和“主观恶性”的犯罪结构地位下降。二是对刑罚基本结构的冲击。预防性措施入刑将导致刑事制裁体系的结构性失衡，形成刑罚、非刑罚性措施和禁止令措施（即预防性措施）并立之格局，同时将导致管制刑被虚置，进而导致我国主刑体系中限制自由刑的结构性缺失。作为一种介于刑罚与非刑罚性措施之间的预防性措施，将其纳入附加刑的范畴并加以完善，更符合当前我国刑法改革的发展方向。[④]

也有论者针对财产刑结构的优化提出了自己的建议，认为没收财产和罚金同质同效，功能重叠。刑法同时规定罚金和没收财产是一种立法上的浪费，也导致了没收财产刑的司法适用率低下。两者应合二为一，以罚金取代没收财产。财产刑的优化并不只在于没收财产的存废问题，而在于如何设计合理的财产刑制度以实现刑罚的目的、实现罪责刑相适应原则、实现犯罪人的再社会化、实现刑罚的有效执行。[⑤]

还有论者认为，刑法对一般人权的保障机能和对犯罪人特别人权的保障机能不可偏废。就近年来的情势看，我国应该在特定领域强化一般人权保障

① 参见焦阳：《中国刑法的国际化论纲》，161～167页。

② 参见宋九华：《论〈刑法修正案（九）〉中的职业禁止》，274～282页。

③ 参见冯军、敦宁：《法治推进与保安处分制度的建构》，252～259页。

④ 参见袁彬：《刑法功能转型下的预防性措施入刑探讨》，260～273页。

⑤ 参见单民、陈磊：《法治中国与财产刑结构优化》，245～251页。

机能，有选择地加大对犯罪人特别人权的保障力度。具体而言，在一般人权保障领域，对于涉恐涉暴犯罪及黑社会性质的犯罪、涉毒涉嫖涉淫犯罪、涉及伪劣有毒有害产品类的犯罪、涉及民主法制与政治制度建设的犯罪、违背诚信风尚的犯罪、买卖妇女儿童犯罪等加大处罚力度。在犯罪人特别人权保障领域，应当降低侵犯犯罪嫌疑人、被告人合法权益类犯罪的入罪门槛，提高其刑度，增设妨害律师履行职责罪，赋予犯罪嫌疑人、被告人之父母、子女、配偶、亲生兄弟姊妹在非国家安全领域罪案和非公共安全领域罪案中免予作证的权利，进一步缩小死刑适用的范围。①

（五）法治中国与刑法的基本模式

关于刑法的基本模式，论者们主要探讨了刑法的边界、危险犯的心理联结模式等方面的问题。

有论者认为，基于全球化和城市化所带来的风险和威胁在不断凸显，在反恐领域对法律尤其是刑事法律规范所带来的挑战和冲击空前严峻。刑法应当在充满政治性的反恐氛围中保持相对的中立和公正。虽然安全在不断地被强调，但刑法边界的划定还是应当坚守法治。公开和责任是法治的核心。草率地赋予公务人员更广泛的权力，在巨大的灾难性风险面前看似必要，但反恐立法却制造了大量的法律真空。反恐立法中模糊的规定，加诸不受限制的权力适用，会导致权力的干涉与寻求的目标严重失衡，会严重悖逆刑事司法谦抑原则的精神。②

有论者对危险犯的心理联结模式进行了分析，认为危险犯“明知”的危害结果是法定的危险状态。由于危险状态的进一步发展的危害结果是实害结果，在危险犯实施时，行为人对实害结果是否预见以及持何种态度会影响对行为的定性。心理联结模式主要有以下种类：(1)“故意—过失”模式。这种模式是指对危险状态持故意心态而对可能实害结果持过失的心理联结模式。(2)“故意—故意或过失”模式。这种模式是指对危险状态持故意心态而对可能的实害结果持故意或过失的心态联结模式。(3)“过失—过失”模式。这种模式是指对危险状态持过失而对可能的实害结果也持过失的心理联

① 参见范祥：《对我国刑法人权保障制度的梳理与建议》，113～120页。

② 参见胡霞：《法治中国视域下刑法的边界——以反恐为背景》，327～335页。

结模式。准确把握这些危险犯的心理联结模式，能够对犯罪的认定起到重要作用。[①]

也有论者认为，我国刑事立法有着过度犯罪化的倾向，治安违法行为的犯罪化、风险刑法理论的部分不合理主张以及公众的非理性诉求是造成当前我国刑事立法过度犯罪化倾向的主要原因，刑罚是最严厉的处罚措施，不当的犯罪化会对公民的财产、自由乃至生命造成巨大的侵害，因此需要对这种立法模式进行预防。对此主要应当坚持以下两个原则：一是只有违反规范并且侵害法益的行为才能犯罪化；二是犯罪化必须符合谦抑原则的要求。[②]

还有论者对刑法解释的基本立场进行了批判，认为客观解释并不“客观”，主观解释论难以保证客观、准确地获取“立法意图”。因此，解释者在进行法律解释时应当进行主体间性的判断，即多元解释者之间就法律类型进行交流、对谈形成的共识。无论是客观解释论者还是主观解释论者，都只是其中的解释者之一，其各自的结论都不具有终局性，因而彼此之间应当平等相待。而正确的解释方法应当是将各自的解释结论所产生的效果进行呈现，并置于一定的原则之下进行平等比较、“对谈”从而达成共识。[③]

二、治理腐败的刑事政策问题

作为本届学术年会的重要议题，论者们对腐败犯罪治理的刑事政策问题进行了研讨，并着重探讨了反腐刑事政策与宽严相济刑事政策的关系、反腐刑事政策的体系与内容以及党的十八大以来我国反腐败刑事政策及其贯彻等问题。

（一）反腐刑事政策与宽严相济刑事政策的关系

有论者提出，反腐刑事政策应坚持科学体系化，必须全面考量国家刑事政策体系，必须服从、服务于依法治国大局，必须同“宽严相济刑事政策”协调一致，必须科学考量国家刑事政策体系的功能限缩性，必须全面权衡现

① 参见欧锦雄：《中国危险犯的心理联结模式及其罪过形式》，233～244页。
② 参见陈家林、刘洋：《论我国刑事立法过度犯罪化的倾向及预防》，173～182页。
③ 参见莫洪宪、周天泓：《法治中国语境下提高刑法解释客观性的路径考察》，183～190页。

代刑事政策的价值理念。“零容忍”“老虎苍蝇一起打”“行贿受贿一起抓”是我国反腐败的重要策略措施，但不能解读为反腐败犯罪在刑事政策上放弃了依法治国大局和宽严相济刑事政策而回到了“严打”老路。“宽严相济刑事政策”必须坚持，这是我国的基本刑事政策，是刑事法治的基本要求。[①]据此，对于情节显著轻微危害不大的，不应认定为犯罪；对于符合法定或酌定从轻、减轻或免除责任情节的，应依法从宽或免除处罚；对于构成犯罪的或具有从重情节的，应依法严厉惩处。

也有论者认为，宽严相济的刑事政策是我国基本的刑事政策。在基本刑事政策之下，对各种类型的具体犯罪采取什么样的具体刑事政策，仍需审慎的选择，应根据各类犯罪的具体情况，实行区别对待、该严则严、当宽则宽、宽严适度、宽严结合的具体刑事政策。高压反腐应看作是惩治腐败犯罪的具体刑事政策，在当前腐败犯罪呈“塌陷式腐败”的严峻形势下，对腐败犯罪实施高压反腐的具体刑事政策是符合反腐败犯罪斗争需要的。保持惩治腐败的高压态势，是指在总体上司法机关在惩处各类犯罪时，将查处腐败案件作为工作重点，投入更多的司法资源，查处一批有影响力的案件，振奋民心，形成对腐败犯罪的震慑氛围。至于个案的查处上则应当严则严，该轻则轻。[②]

还有论者认为在宽严相济刑事政策的指引下，反腐刑事政策包括了“零容忍”“老虎苍蝇一起打”“行贿受贿一起抓”等内容，并应坚持科学体系化。[③] 以零容忍态度惩治腐败，就要坚持惩治这一手不放松，始终保持惩治腐败的高压态势，反腐不留死角。[④] 有论者认为，反腐刑事政策的具体措施包括“反腐倡廉常抓不懈”，“坚持老虎、苍蝇一起打”以及反腐败“零容忍”[⑤]。还有论者指出，由于我国在惩治贿赂犯罪上重受贿犯罪而轻行贿犯罪，逐渐形成了一种“不对称”的差异化刑事政策。在这种刑事政策的指导

① 参见魏东：《我国当下反腐政策及其贯彻——兼议〈刑法修正案（九）（草案）〉相关内容的修改完善》，424～432页。

② 参见杨曙光：《“高压反腐”刑事政策的理解与贯彻》，433～440页。

③ 参见魏东：《我国当下反腐政策及其贯彻——兼议〈刑法修正案（九）（草案）〉相关内容的修改完善》，424～432页。

④ 参见赵秉志、彭新林：《习近平反腐倡廉思想论纲》，366页。

⑤ 杨曙光：《“高压反腐”刑事政策的理解与贯彻》，433～440页。

下，行贿犯罪的立法和理论都存在缺陷，应当从立法层面和司法层面强化对行贿犯罪的惩治。①

（二）反腐败刑事政策的体系与内容

关于我国反腐败刑事政策的体系与内容，在本届刑法学术年会上，论者们主要从宏观和微观两个角度进行了论述。

在宏观方面，多数论者强调反腐败刑事政策应注重宽严的协调统一。有论者认为，对贿赂犯罪的刑事政策应全面关注“严厉”与“宽缓”这两个刑事处罚的侧面，寻求严厉与宽缓两者的协调统一。在当前贿赂犯罪形势严峻的情况下适当从严，主要指刑事法网严密，对需要科处刑罚的贿赂行为，无论在立法上还是司法上都要追究其刑事责任，但不能背离刑法对被告人从严、从重进行处罚；同时也应保持必要的宽缓，对有从轻、减轻处罚或者免除处罚情节的贿赂犯罪行为人进行妥当的处理，充分维护刑事司法的公平正义，并充分考虑预防和打击贿赂犯罪的实际效果。② 但我国当前贿赂犯罪刑事政策存在片面“严打”倾向，对贿赂犯罪的行为人处以可能本不应当由其承担的重判重罚，刑事政策应当具有全面性和辩证性。将“严厉”与“宽缓”并存于贿赂犯罪的处置思维范畴之中并根据实际情况进行抉择，才能称之为真正具有理性的贿赂犯罪刑事政策。③ 不过，也有论者认为基于对我国职务犯罪形势的基本判断，在相当长的时期内对职务犯罪的刑事司法政策应“以严为主，辅之以宽”。“以严为主”是指在刑事司法的各个阶段必须严格适用和执行刑事实体法和程序法，不枉不纵，使职务犯罪得到依法及时的追处。当前我国职务犯罪正处于高发期且存在较高的犯罪黑数、危害后果严重是“以严为主”主张的基本考量。对职务犯罪的侦查、起诉和审判“以严为主”主要体现为严肃公正执法，严格依法办案，严厉惩处腐败，同时要避免从严过度和不依法从严两种错误倾向。基于对刑罚有限性、刑法经济性、刑法宽容性的认识，职务犯罪中刑事司法政策应当“辅之以宽”，但对于无节制擅法宽大倾向须引起警惕，有些地方对职务犯罪存在“查大放小”的趋

① 参见孙道萃：《惩治行贿犯罪的政策演变与立法完善》，495～505 页。

② 参见童伟华、徐海波：《严厉与宽缓之间：我国贿赂犯罪的刑事政策分析》，387～396 页。

③ 参见童伟华、徐海波：《严厉与宽缓之间：我国贿赂犯罪的刑事政策分析》，387～396 页。

势，职务犯罪非监禁刑判处率过高，造成犯罪成本过低。[①] 此外，还有论者对反腐败刑事政策与罪刑法定原则的关系问题进行了分析，认为贿赂犯罪刑事政策与罪刑法定存在紧张关系，贿赂犯罪刑事政策存在理性缺失以及适用偏差。具体而言，刑事政策相较于刑法规范更具有动态性和灵活性，刑事政策逸脱法律规范在现实上也确有发生，应通过刑事政策的法治化来解决。[②]

在微观方面，论者们对我国反腐败刑事政策在立法、司法中的具体适用问题进行了分析。有论者认为，贿赂犯罪的立法完善应重视“严而不厉”的思想；对行贿罪不宜过分宽纵，有必要对现行行贿罪的立法与司法解释进一步完善，对于主动行贿、多次行贿、行贿数额巨大以及长期“围猎”干部的行贿犯罪要进行严厉惩处；在同等情节下对公务受贿犯罪的处罚原则上应重于商业受贿犯罪，因为公务受贿犯罪和商业受贿犯罪侵犯的法益，前者较为严重。我国刑事司法实务对贿赂犯罪刑事政策的适用存在“狠抓大要案”“轻纵小案”与处置上违背罪责刑相适应原则的偏差而陷入了困境，应绝不姑息放纵任何贿赂犯罪，对构成犯罪的行为人均应依法定罪量刑，但是在定罪量刑过程中，当严则严，该宽则宽。[③]

（三）党的十八大以来我国反腐败刑事政策及其贯彻

对于党的十八大以来我国反腐败刑事政策，论者们从“全面从严”和“法治反腐”两个角度进行论述。有论者认为，考察中华人民共和国成立后我国在治理腐败犯罪方面的刑事政策，总体上看，其越来越趋于严厉，尤其是党的十八大以来，我国的反腐败刑事政策进入“全面从严”的新时期，反腐败越来越强调预防犯罪、反腐败越来越重视制度化。从形成治理腐败犯罪长效机制来看，需从政策、立法、司法三个层面多管齐下，努力完善，实现反腐败机制的法制化。[④] 也有论者认为，党的十八届四中全会为法治反腐的刑事政策指明了方向，明确了思路。全面贯彻宽严相济的刑事政策是法治反腐的治理理念；“零容忍”刑事政策之提倡是法治反腐的治理目标，应该坚

---

① 参见诸葛旸、陈丽玲、唐晓萍：《关于查办职务犯罪中的刑事司法政策之我见》，483～494页。

② 参见童伟华、徐海波：《严厉与宽缓之间：我国贿赂犯罪的刑事政策分析》，387～396页。

③ 参见童伟华、徐海波：《严厉与宽缓之间：我国贿赂犯罪的刑事政策分析》，387～396页。

④ 参见马章民：《新形势下治理腐败犯罪刑事政策及其贯彻》，397～404页。

持当前的反腐态势，摒弃“抓大放小”的反腐败思维模式，积极贯彻落实“老虎苍蝇一起打”政策精神。在定罪上，只要严格按照刑法的规定认定腐败犯罪，而不是自定标准、法外施恩，坚持“老虎苍蝇一起打”的政策，“零容忍”刑事政策目标也就不难实现。①

三、贪污贿赂犯罪治理的刑法协调问题

在贪污贿赂犯罪的治理上，本届刑法学术年会重点探讨了贪污贿赂犯罪的罪名体系、定罪量刑数额标准、数额与其他情节关系、贪污罪与受贿罪定罚量刑标准合并模式、量刑情节和刑罚协调等重要问题。

（一）贪污贿赂犯罪的罪名体系完善问题

关于贪污贿赂犯罪的罪名体系，论者们重点对我国现行贿赂犯罪罪名体系的不足与完善进行了论述。

1. 我国现行贿赂犯罪罪名体系存在的不足

关于我国现行贿赂犯罪罪名体系存在的不足，有论者认为我国目前贿赂犯罪的立法方式存在明显缺陷，包括严重失衡的法定刑设置违背罪责刑相适应原则、不符合我国刑法的罪名设置通例、行贿罪的有关规定是否可以比照适用于单位行贿罪或者对单位行贿罪存在争议、不符合当今世界各国和地区通行的行贿犯罪立法模式、徒增司法实务区分此罪与彼罪界限的困扰；受贿犯罪现有的罪名设置方式也存在诸如严重失衡的法定刑设置、违背罪责刑相适应原则、不符合我国刑法的罪名设置通例、自然人和单位共同犯受贿罪将出现司法认定难题等缺陷。② 我国贿赂犯罪罪名体系呈现出“身份—行为”的双层次立法规制体系，其不足表现在：（1）分类标准不统一，类别不清；（2）引入了“单位”次级身份标准，从而使罪名体系变得混乱无章、前后矛盾；（3）不能客观体现贿赂犯罪的社会危害性本质。③

也有论者认为，我国贪污贿赂犯罪实行的是二元制罪名体系，即国家工

① 参见李梁、夏萌：《党的十八大以来我国反腐败刑事政策评析与思考》，415～423页。

② 参见陈志军：《中国贿赂犯罪罪名体系之完善建议》，879～887页。

③ 参见陆旭：《我国贿赂犯罪罪名体系的省思与重构》，888～896页。

作人员构成贪污罪、受贿罪和挪用公款罪，而非国家工作人员对应的罪名是职务侵占罪、非国家工作人员受贿罪和挪用资金罪。从司法实践看，这种二元制罪名体系立法给反腐败带来严重影响，对其科学性和合理性需要重新检讨。这主要表现为：贪污贿赂犯罪主体混乱，执法不统一；非国家工作人员贪贿犯罪刑罚偏轻；农村基层组织人员贪贿犯罪认定难；贪污贿赂犯罪罪名不统一，严重影响刑事诉讼。该论者建议取消现行刑法关于贪污贿赂犯罪二元制罪名体系，即取消职务侵占罪、挪用资金罪、非国家工作人员受贿罪三个罪名，将其内容统一纳入贪污贿赂犯罪一章中。①

还有论者认为，单位贿赂型犯罪独立设罪欠缺必要性和正当性，其犯罪构成要件不具有独特性。单位受贿罪、单位行贿罪和对单位行贿罪应当被废止，并将其纳入受贿罪和行贿罪中。理由包括：（1）世界各国都不存在对单位贿赂独立设罪的立法例。（2）单位贿赂犯罪与自然人贿赂犯罪在罪质上无本质的区别。（3）独立设罪容易造成整个刑法体系上的逻辑冲突和内在矛盾。（4）会造成只突出“单位”的主体地位，否定自然人在犯罪中的独立行为主体地位。（5）对单位贿赂犯罪的直接责任人配置较轻的法定刑不具有合理性。②

2. 我国现行贿赂犯罪罪名体系的完善

针对我国现行贿赂犯罪罪名体系存在的不足，论者们主要提出了以下完善建言：第一，取消独立的单位贿赂犯罪罪名，改设单位犯罪主体条款③；应当将行贿罪、单位行贿罪和对单位行贿罪合并为行贿罪，自然人和单位均可以构成。应当将受贿罪和单位受贿罪合并为受贿罪，自然人和单位均可以构成④；应当为利用影响力受贿罪增设单位犯罪主体。⑤ 第二，将斡旋受贿独立成罪。⑥第三，弥补贿赂犯罪“对向罪名阙如”漏洞。具体包括：补充非国家工作人员斡旋受贿罪、补充对具有影响力人员行贿罪、补充外国公职人

① 参见张兆松：《贪污贿赂犯罪的罪名：从分立走向统一》，626～634页。

② 参见谢治东：《论单位贿赂型犯罪独立设罪之废止——兼论单位犯罪的立法完善》，933～940页。

③ 参见陆旭：《我国贿赂犯罪罪名体系的省思与重构》，888～896页。

④ 参见陈志军：《中国贿赂犯罪罪名体系之完善建议》，879～887页。

⑤ 参见刘夏：《利用影响力受贿罪的立法完善建议》，997～1004页。

⑥ 参见陆旭：《我国贿赂犯罪罪名体系的省思与重构》，888～896页。

员和国际公共组织官员受贿罪。[①] 基于构建和完善追赃追逃的刑事司法协助体系的考虑，应该处理好国内法与国际法的关系，重视国内法与国际公约的衔接。[②] 第四，废除介绍贿赂罪，明确介绍贿赂以行贿罪或者受贿罪的共犯论处。主要理由是：介绍贿赂罪和行贿犯罪、受贿犯罪之间的法定刑严重失衡，与我国刑法对介绍行为的定性通例不符，不应片面借鉴境外肯定介绍贿赂罪的立法例。[③] 第五，将刑法分则第三章中的贿赂犯罪纳入第八章贪污贿赂罪之中，完善利用影响力受贿罪和对有影响力人行贿罪这一对合犯。[④]

（二）贪污罪受贿罪定罪量刑数额标准的问题及完善

贪污罪受贿罪的定罪量刑是当前我国刑事立法和司法的热点问题，也是本届刑法学术年会研讨的重点问题。对此，论者们主要从以下两个方面进行了探讨。

1. 贪污罪受贿罪定罪量刑数额标准存在的问题

论者们对于贪污罪受贿罪定罪量刑数额标准存在的问题主要从起刑点数额绝对确定化、各量刑等级数额与刑罚量设置不合理、唯数额论的弊端等方面展开。

有论者认为，以明确数额规定贪污罪和受贿罪的起刑点及处罚幅度缺乏适应性。一方面，法律的稳定性要求立法语言具有抽象性；另一方面，惩处贪污罪受贿罪的司法现实，已经凸显了确定数额规定的定罪标准和量刑标准存在的巨大缺陷。[⑤]

有论者对现行贪污罪数额进行了两方面的反思：第一，起点数额反思。起点数额绝对确定化导致漏罪；起点数额静态化导致适用结果与社会实践脱节。第二，各量刑等级数额反思。贪污罪的阶梯式量刑规定至少存在以下两个方面缺陷：一是形式缺陷，各量刑等级内的单位数额对应的刑罚量失衡；

---

① 参见陆旭：《我国贿赂犯罪罪名体系的省思与重构》；刘夏：《利用影响力受贿罪的立法完善建议》，888～896页。

② 参见陈泽宪、周维明：《追赃追逃与刑事司法协助体系构建》，595～604页。

③ 参见陈志军：《中国贿赂犯罪罪名体系之完善建议》，879～887页。

④ 参见陈志军：《中国贿赂犯罪罪名体系之完善建议》，879～887页。

⑤ 参见黄伟明、陈昌林：《贪污受贿犯罪量刑标准的立法完善》，759～766页。

二是实质缺陷，基本型设置的非衔接性导致量刑有失公平正义。[①]

也有论者总结了我国贪污罪受贿罪的定罪量刑标准争议，认为其主要存在以下几个方面：一是起刑点对应的贪污数额较低；二是贪污数额并不能完全反映行为社会危害性严重与否；三是贪污数额难以实现一些案件的公平正义。[②]

还有论者认为，我国现行刑法关于贪污受贿犯罪定罪量刑标准规定之不足之处主要体现在：一是难以全面反映个罪的社会危害性；二是难以体现罪责刑相适应原则；三是不利于刑法目的的实现。[③]

2. 贪污罪受贿罪定罪量刑数额标准之完善建议

针对我国贪污罪受贿罪定罪量刑数额标准存在的问题，论者们主要从以下几个方面提出了完善建议。

第一，完善贪污罪受贿罪的起刑点数额标准。总体上看，论者们对于起刑点数额标准设定提出了多种方案，主要争论在于起刑点数额设定的参照标准和起刑点数额的升降两个方面。对于起刑点数额设定的参照标准，主要有比照盗窃罪数额、参照上年度全国城镇居民人均可支配收入、综合我国GDP近年来发展水平及实际地区差异、参照公务员的平均收入标准等观点。有论者认为，现行刑法采取的是定额数额标准，而《刑法修正案九（草案）》采取的是概括数额标准。比照盗窃罪设置贪污罪的概括数额标准更具有合理性和可操作性，且贪污罪比盗窃罪的社会危害性更大，其犯罪人更应当严惩，因此，贪污罪的数额标准应比照盗窃罪的减半设置。[④] 有论者认为，基于贪污受贿犯罪所侵犯的法益的特殊性，具体标准的确定宜采取犯罪时上年度的全国城镇居民人均可支配收入为主要基准，确定超过相应的倍数，即可构成犯罪。[⑤] 有论者认为，在贪污罪起刑点数额标准的具体化设定上，立法仅仅描述“数额较大”，司法具体量化则应当以一定经济周期内的经济指数为参照加以确定，不同经济发展周期内贪污罪数额的起刑点应当作相应调整。贪污罪数额标准的设定应当以城镇居民人均可支配收入为主要基准，以

① 参见徐宏、万善德：《贪污罪数额若干问题研究》，801～808页。

② 参见王海桥、曹红坤：《我国贪污罪定罪量刑立法标准研究》，809～816页。

③ 参见闫雨：《我国贪污受贿犯罪定罪量刑标准刑法完善前瞻》，817～823页。

④ 参见皮勇、王肃之：《论贪污罪的数额与情节要件——兼评〈刑法修正案（九）（草案）〉相关立法条款》，749～758页。

⑤ 参见闫雨：《我国贪污受贿犯罪定罪量刑标准刑法完善前瞻》，817～823页。

此为基础，建议司法解释将贪污罪起刑点调整为 3 万元。[①] 也有论者认为，《刑法修正案九（草案）》对于贪污罪定罪量刑标准的修改是值得肯定的，刑法规范对于贪污罪规定了数额较大、数额巨大、数额特别巨大，对此三类的具体数额，应当由司法解释进行规定且应当考虑实际地区差异。综合我国 GDP 近年来发展水平及各地司法实践，对于东部地区而言，数额较大指 3 万元～20 万元，数额巨大指 20 万元～100 万元，数额特别巨大指 100 万元以上；对于中部地区而言，数额较大指 1 万元～10 万元，数额巨大指 10 万元～50 万元，数额特别巨大指 50 万元以上；对于西部地区而言，由于其经济水平发展相对较低，适用现在的定罪量刑标准比较合适，不宜作出修改。[②] 还有论者认为应采用参照国民收入的标准，合理确定量刑幅度的数额标准。考虑到贪污犯罪和受贿犯罪都是国家工作人员的犯罪，所以，应当参照公务员的平均收入标准来确定量刑的基本数额。[③] 具体数额可以全国城镇居民人均可支配收入为主要基准，并在依照社会发展水平、居民消费指数、通货膨胀等因素的基础上作出适当的调整。[④] 此外，有论者认为惩治贪污贿赂犯罪，应转变观念，贯彻“零容忍”，采用“虽严不厉”的模式，即扩大处罚范围，但在司法上可以适当宽松。将贪污贿赂犯罪起刑点降为零，有利于将腐败犯罪扼杀于摇篮之中，符合刑法预防犯罪的目的，进而形成全民反腐败的氛围，肃清腐败犯罪。[⑤]

第二，完善贪污罪受贿罪的量刑等级。有论者认为，在量刑等级完善方面，除了在数额标准具体化设定上参考一定经济周期内的经济指数外，还应把握以下三个原则：一是各刑档单位数额对应刑罚量的相对均衡性；二是同一刑档内应保持规范完整性；三是避免交叉刑，确保刑罚的衔接性。数额的无限性和刑罚处罚力度有限性矛盾无可避免，构建绝对正比例关系的刑罚等级不现实，但仍需结合罪刑相均衡原则与刑事政策设立相对正比例关系的刑法等级。建议司法解释当以 10 万元、50 万元和 100 万元为数额临界点进行

---

① 参见徐宏、万善德：《贪污罪数额若干问题研究》，801～808 页。
② 参见王海桥、曹红坤：《我国贪污罪定罪量刑立法标准研究》，809～816 页。
③ 参见黄伟明、陈昌林：《贪污受贿犯罪量刑标准的立法完善》，759～766 页。
④ 参见熊永明、钟学友：《贪污罪具体数额标准应该废除》，785～792 页。
⑤ 参见张爱艳、何峰：《全球化背景下的反腐败问题探究》，605～613 页。

刑罚等级构建。[①]

第三，避免唯数额论的立法倾向。在本届刑法学术年会上，多数论者赞同贪污罪受贿罪应坚持“数额 ＋ 情节”的定罪量刑标准。[②] 也有论者认为我国现行刑法关于贪污罪的认定通过“不满五千元＋情节严重”的模式能够实现腐败犯罪入罪的无数额门槛，契合当前“腐败零容忍”的政策需求。《刑法修正案（九）（草案）》以“数额较大＋情节严重”为起刑点，实质上是为了提高贪污受贿罪的起刑数额，不具有充分的理由。经济的发展、人民币购买力的变化，根本不能为腐败犯罪的入罪标准提高任何根据。腐败犯罪大案要案众多，吸引反腐办案力量，这不能为“抓大放小”的司法政策提供任何犯罪形势上的根据。当前反腐败司法实践的主要问题在于，现行刑法所提供的“不满五千元＋情节较重”的零容忍模式根本没有被启用。反腐败法治的重心不在于改变贪污受贿罪的起刑数额，而在于以量刑规范化破解贪污受贿罪量刑畸轻的罪刑失衡格局。[③]

第四，注重定罪量刑数额标准的具体化。对此，论者们主要提出了立法具体化与司法具体化两种见解。有论者认为，贪污受贿犯罪的数额标准宜直接规定在刑法条文中。具体而言，可考虑借鉴《刑法》第 367 条关于淫秽物品界定的规定，将贪污受贿犯罪概括数额的具体标准直接规定在贪污贿赂犯罪一章之后。[④] 也有论者认为，贪污罪数额标准应选择“立法概括式定量，司法解释具体定量”的模式。为了维护贪污罪立法的稳定性，同时，使贪污罪定罪量刑更具科学性和可操作性，应由最高人民法院和最高人民检察院联合发布贪污罪的“数额较大”、“数额巨大”、“数额特别巨大”以及“使国家和人民利益遭受特别重大损失的”的认定标准，以统一某一地区司法机关侦查、起诉和审判贪污犯罪的数额标准。[⑤]

---

① 参见徐宏、万善德：《贪污罪数额若干问题研究》，801～808 页。

② 参见王海桥、曹红坤：《我国贪污罪定罪量刑立法标准研究》，809～816 页；闫雨：《我国贪污受贿犯罪定罪量刑标准刑法完善前瞻》，817～823 页。

③ 参见冀洋：《腐败零容忍政策与贪污受贿罪起刑数额的设定——以〈刑法修正案九（草案）〉的反思为中心》，457～463 页。

④ 参见闫雨：《我国贪污受贿犯罪定罪量刑标准刑法完善前瞻》，817～823 页。

⑤ 参见皮勇、王肃之：《论贪污罪的数额与情节要件——兼评〈刑法修正案（九）（草案）〉相关立法条款》，749～758 页。

（三）贪污罪受贿罪的数额与其他情节关系问题

关于贪污罪受贿罪的数额与其他情节关系，论者之间主要存在是否应该将“数额”与“情节”并重的争论。其中，主张二者并重论者认为，贪污情节在贪污罪定罪量刑中的地位应当提升。对于贪污犯罪案件而言，“数额”这一定罪量刑标准只是操作性更强，但是对于行为人的社会危害性并不能给予较准确、公正的客观评价。综合考虑情节要素能更好地评价行为人的社会危害性，因此，建议在对于贪污罪进行定罪量刑时应当进一步提高情节的地位，将情节与数额并重，使之在贪污受贿犯罪的定罪量刑中都发挥决定性的作用。具体来讲，对于贪污行为的定罪而言，以数额为主情节为辅。在对贪污行为进行量刑时，应当将“数额”与“情节”并重。①

反对二者并重论者认为，现行刑法对于其他情节的地位，采取的是加重处罚情节的立场，即将贪污数额作为选择法定刑档次的基本情节，将其他情节作为一定范围内的加重处罚情节；而《刑法修正案（九）（草案）》则将其他情节与贪污数额情节并列，取消了其他情节的加重处罚情节的地位。该论者认为这种修改违反了罪刑相适应原则。理由有三点：一是犯罪数额与法定刑的区间成正比例关系是数额犯的典型特点，将其他情节限于从重处罚情节，不能反映兼有贪污数额和其他情节情形的罪责实际情况；二是取消贪污数额在决定刑罚的基本情节地位，不利于正确选择法定刑档次；三是其他犯罪情节应当是补充贪污犯罪的罪责的非基础情节。②

（四）贪污罪与受贿罪定罪量刑标准合并模式改革

关于贪污罪与受贿罪的定罪量刑标准是否应当合并，有不少论者重点探讨了贪污罪与受贿罪定罪量刑标准分别设置的主张和具体建议。

1. 贪污罪与受贿罪定罪量刑标准分别设置的主张

在本届刑法学术年会上，许多论者认为贪污罪与受贿罪定罪量刑标准合并模式存在弊端，应当分别设置。具体理由主要如下。

---

① 参见王海桥、曹红坤：《我国贪污罪定罪量刑立法标准研究》，817～823 页。

② 参见皮勇、王肃之：《论贪污罪的数额与情节要件——兼评〈刑法修正案（九）（草案）〉相关立法条款》，749～758 页。

第一，贪污罪与受贿罪的区别。有论者认为，贪污罪和受贿罪具有不同的罪质，不具有适用同一刑罚规定的实质性基础。[①] 由于受贿罪与贪污罪侵犯的法益不同、数额在两罪的社会危害性程度评价体系中所起作用不同、犯罪黑数不同，应该分别确立受贿罪与贪污罪的定罪量刑标准。[②] 受贿罪与贪污罪客体有别、主体范围不同、行为表现有所差异、社会危害性程度不同。[③] 基于贪污罪与受贿罪本质以及犯罪模式的不同，其对国家工作人员所从事公务的要求也不相同，导致两罪中国家工作人员的内涵存在差异；根据法条的表述，贪污罪和受贿罪都体现了行为人利用职务之便，两罪中所谓的利用职务之便同样具有差异性；《刑法修正案（九）（草案）》没有对受贿罪增设独立的法定刑，是一大疏漏。贪污罪与受贿罪相比存在法益侵害等方面的诸多不同，不宜对贪污罪与受贿罪适用同样的法定刑和量刑规则。[④] 受贿罪并非简单的贪利性犯罪，其侵害的法益不同于贪污罪，社会危害性程度有时根据受贿数额难以反应，因此受贿罪的处罚标准不能参照贪污罪的，应设立独立的处罚标准。[⑤] 受贿罪与贪污罪在犯罪性质、侵犯客体及社会危害性等方面存在明显区别。贪污罪的犯罪性质为贪利性的犯罪，其行为对象为公共财物，侵犯的客体系双重客体即公共财物的所有权以及职务行为廉洁性。受贿罪的犯罪性质则侧重为渎职性的犯罪，其法益是职务行为的不可出卖性，侵犯的客体为职务行为的廉洁性。可见，现行刑法完全援引贪污罪的法定刑来处理受贿罪的立法设计显系不当，因此刑法应对受贿罪的法定刑进行单独设置。[⑥]

第二，合并模式的弊端。有论者指出，受贿罪与贪污罪适用同一量刑标准的弊端表现为违反罪责刑相适应原则、不利于法官适当量刑、减轻处罚或免予处罚的标准不够明晰、与刑法分则条文的整体构造不相协调。[⑦] 贪污罪受贿罪立法表述并不简捷，缺乏同一的适用的实用基础；对贪污罪和受贿罪

① 参见黄伟明、陈昌林：《贪污受贿犯罪量刑标准的立法完善》，759～766页。

② 参见闫雨：《我国贪污受贿犯罪定罪量刑标准刑法完善前瞻》，817～823页。

③ 参见王建新、杨代英：《受贿罪应有独立的量刑标准》，984～989页。

④ 参见姜涛、余晓杰：《贪污罪与受贿罪界分的三个新维度》，824～834页。

⑤ 参见张爱艳、何峰：《全球化背景下的反腐败问题探究》，605～613页。

⑥ 参见吴喆、任文松：《受贿罪的立法完善建议——以〈联合国反腐败公约〉为视角》，862～868页。

⑦ 参见王建新、杨代英：《受贿罪应有独立的量刑标准》，984～989页。

适用同一量刑标准，有违罪刑法定原则和罪刑相适应原则。[①] 而且，从法律制度比较上来看，国外刑法少见贪污罪罪名，多数国家是将其作为侵犯财产犯罪来对待的，从犯罪构成以及犯罪分类上看，财产犯罪和渎职犯罪当然是明显不同的犯罪。[②]

2. 贪污罪与受贿罪定罪量刑标准分别设置的具体建议

对贪污罪与受贿罪定罪量刑标准分别设置的具体方式，论者们提出了多种不同的建议。有论者认为，受贿的入罪标准要比贪污罪的低，而其法定刑应比贪污罪的要高。[③] 受贿罪的处罚标准应以数额为主，兼采情节。[④] 对受贿罪应该设置比贪污罪更为严格的定罪量刑标准。[⑤] 宜从以下三个方面重构受贿罪的量刑标准：第一，完善量刑情节，不以数额作为唯一的量刑依据。在规定受贿罪的量刑标准时，应该综合考虑行为的社会危害性轻重和行为人的人身危险性大小，适当降低数额在量刑情节中所占的比重，仅将其作为诸多情节之一。这样一来，受贿罪的量刑依据就是以情节为基础，兼顾数额。另外，单独设置法定刑的含义不仅局限于单独处罚犯罪，还表现在单独设置减轻或免除处罚的情形。受贿罪的减轻处罚或免除处罚不能再依赖于贪污罪的标准，即以数额较小、认真悔改、积极退赃为依据，而是应该综合考虑受贿的数额、行为的方式和对他人的影响等情节，对于有坦白、自首或立功表现的，直接根据刑法总则予以宽大处理即可。因为受贿之后积极退赃已经不能有效减少损害，所以不能减轻或免除处罚。第二，以各地经济发展状况为依据计算受贿数额，确定量刑起点幅度。第三，增设资格刑和罚金刑，进一步完善受贿罪的刑罚体系。[⑥] 受贿数额并非受贿犯罪危害性的唯一表现，数额不应该是决定贿赂行为危害性程度的唯一决定因素。因此，应对现行刑法关于受贿罪数额评价体系进行彻底改造，改变以往单一的“计赃论罪”的数额模式，建立以数额与情节并重的双重评价体系。建议借鉴利用影响力受贿

---

① 参见黄伟明、陈昌林：《贪污受贿犯罪量刑标准的立法完善》，817～823 页。

② 参见黄伟明、陈昌林：《贪污受贿犯罪量刑标准的立法完善》，817～823 页。

③ 参见姜涛、余晓杰：《贪污罪与受贿罪界分的三个新维度》，824～834 页。

④ 参见张爱艳、何峰：《全球化背景下的反腐败问题探究》，605～613 页。

⑤ 参见张淑芬、王展：《完善我国腐败犯罪法律规定的若干思考——以〈刑法修正案（九）草案〉有关修改为视点》，620～625 页。

⑥ 参见王建新、杨代英：《受贿罪应有独立的量刑标准》，984～989 页。

罪的量刑模式，在法律条文中规定“数额较大或者有其他严重情节的”“数额巨大或者有其他严重情节的”“数额特别巨大或者有其他特别严重情节的”等三个既考虑数额又考虑情节的量刑档次。①

（五）贪污罪受贿罪的量刑情节

对于《刑法修正案（九）（草案）》对贪污罪采取的数额加情节立法模式，有论者提出，要正确处理好情节与数额的辩证关系，真正确立概括数额和情节并重的弹性标准模式，改变情节的附属地位，提升情节因素的区分对定罪和量刑的升降格作用。由于犯罪情节的复杂多变性和不可预测性，最高司法机关在对“情节较重”“情节严重”“情节特别严重”等情节作司法解释时，可以以情节所折射出的社会危害性和人身危险性为标准，从犯罪特征、刑罚目的以及社会心理的角度来考虑，并遵循粗疏与细密相结合的原则。②

《刑法修正案（九）（草案）》对于悔罪退赃影响贪污罪量刑作出了修改。对此，有论者认为，这一修改扩大了悔罪退赃影响贪污罪量刑的范围；根据犯罪数额和情节的不同，在量刑从宽的程度上进行更为细致的区分；对悔罪退赃的内涵作进一步细化。在此基础上，该论者进一步提出，“如实供述罪行”“真诚悔罪”“积极退赃”“避免、减少损害结果发生”地位是不同的，在量刑从宽的力度上，呈现逐步递减的趋势。而且，从对行为人获取量刑从宽的能力要求上看，这四个要素呈现递增的趋势。③

（六）贪污贿赂犯罪的刑罚协调问题

贪污贿赂犯罪刑罚的配置影响着刑法预防和打击贪腐犯罪的效果，1997 年刑法关于贪污贿赂犯罪的刑罚配置缺乏科学性和合理性。在本届刑法学术年会上，论者们着重探讨了贪污贿赂犯罪的刑罚协调问题。

1. 贪污贿赂犯罪刑罚配置存在的问题

有论者认为，目前我国刑法对贪污贿赂犯罪在刑量、刑种和刑度的配置

---

① 参见吴喆、任文松：《受贿罪的立法完善建议——以〈联合国反腐败公约〉为视角》，862～868 页。

② 参见熊永明、钟学友：《贪污罪具体数额标准应该废除》，785～792 页。

③ 参见卢建平、赵康：《论悔罪退赃对贪污犯罪量刑的影响——兼评〈刑法修正案（九）（草案）〉对贪污罪量刑条款的修改》，741～748 页。

上均存在诸多问题：（1）就刑罚总量的配备而言，存在部分犯罪刑量配置过重和异罪同配的问题。（2）对于刑量有重大影响的数额因素，在条文设置中存在规定过于刚性和规定不足的问题。（3）罚金刑配置体系混乱、配置不协调。（4）资格刑的适用范围过于狭窄。（5）量刑档次之间的梯度衔接存在交叉。（6）量刑档次之间的梯度缺乏层次。[①]

有论者认为腐败犯罪的资格刑存在以下问题：（1）不区分单位犯罪和自然人犯罪。（2）剥夺政治权利中被剥夺的四项权利并没有区分情况分别适用，会出现“刑罚配置过剩”与“刑罚配置不足”的问题。（3）资格刑的种类不够全面，缺乏针对性。（4）资格刑的配置比较混乱、随意性较强。[②]

有论者认为我国贿赂类犯罪刑罚配置存在问题，包括行贿犯罪与受贿犯罪的刑罚配置失衡、非国家工作人员贿赂犯罪与国家工作人员贿赂犯罪刑罚配置失衡、单位类贿赂犯罪与普通贿赂犯罪刑罚配置失衡。从犯罪的社会危害性角度讲，行贿犯罪和受贿犯罪没有本质区别，都是对国家公共权力的不可收买性的侵害，应该在立法的刑罚配置上和司法的刑罚裁量上一视同仁；我国对涉及公共权力的行、受贿犯罪配置比私营领域同类犯罪的明显较重的刑罚无可厚非。但是过犹不及，对在社会中违反公平竞争的商业贿赂等行为也应该进行严厉打击；单单基于贿赂款物的不同归属和不同的支配对象，立法者就降低了对单位受贿罪行为人社会危害性和人身危险性的否定性评价，就降低了对该罪行为人进行非难的严厉程度，值得商榷。[③]

2. 贪污贿赂犯罪刑罚的立法完善

关于贪污贿赂犯罪的刑罚完善，有论者从宏观上进行了探讨，认为应当从以下五个方面对贪污贿赂犯罪的刑罚配置进行完善：（1）对于贪污贿赂犯罪这一罪群，均采用概括数额加情节标准，作为刑量配置的依据。（2）合理考察受贿罪刑量，单独配置刑罚。受贿罪刑量配置应比贪污罪的更轻。由于受贿罪与行贿罪属于对合性犯罪，受贿罪的刑量配置可以与行贿罪的相当。（3）全面配置罚金刑，完善配置方式，不应局限于并科方法，也可以单独适用。（4）对国家工作人员犯贪污贿赂犯罪，单独增设剥夺政治权利的资格刑。（5）条件

① 参见卢勤忠、周立波：《论贪污贿赂犯罪的刑罚配置与完善》，651～658 页。

② 参见罗猛：《论我国贪污贿赂犯罪资格刑与财产刑的完善》，698～707 页。

③ 参见柴建桢、安文录：《贿赂类犯罪的刑罚协调分析研究》，732～740 页。

成熟时废除死刑的配置。[①]

也有论者具体探讨了贪污贿赂犯罪的死刑、自由刑和附加刑的完善问题，包括应增设罚金刑和资格刑，应当对废除贿赂犯罪的死刑进行认真审视，调整自由刑的规定方式和幅度，并有必要在无期徒刑的执行上严格限制减刑和假释。[②] 具体而言，关于死刑问题，有论者从事实依据和理论依据两方面明确提出应当废除贪污贿赂犯罪的死刑。理由有：(1) 死刑规定并未有效遏制腐败犯罪。(2) 死刑规定导致反腐国际合作受限。(3) 死刑适用情况导致刑法权威受损。(4) 贪污贿赂犯罪的实质属于贪利性犯罪。(5) 死刑对贪污贿赂犯罪的预防作用有限。(6) 死刑有违贪污贿赂犯罪的发生规律。在废除贪污贿赂犯罪死刑的具体构想上，可以先在司法上停止贪污贿赂犯罪的死刑适用，为立法上的最终废除奠定基础，同时完善废除贪污贿赂犯罪死刑的配套机制。[③]

关于自由刑的配置，有论者提出，应当参照抢劫罪、强奸罪的立法例，同时借鉴德国关于受贿罪的法定刑配置经验，规定受贿数额较大的，处3年以下有期徒刑或者拘役，并处罚金；数额巨大的，处3年以上10年以下有期徒刑，并处罚金或者没收财产；有下列情形之一的，处10年以上有期徒刑、无期徒刑或者死刑，并处没收财产：(1) 多次接受贿赂或接受多人贿赂的；(2) 受贿数额特别巨大的；(3) 索取贿赂的；(4) 为他人谋取非法利益的；(5) 为他人成功谋取利益的；(6) 收受外国公职人员、国际公共组织官员贿赂的；(7) 造成国家利益、社会利益特别重大损失的。[④]

关于附加刑的配置，有论者提出对于贪污贿赂犯罪的财产刑应做以下修改：(1) 将罚金刑与没收财产刑合并为罚金刑。(2) 将我国刑法中的没收与追缴合并为《联合国反腐败公约》中的没收，并规定为附加刑。(3) 对单位犯罪中应该负刑事责任的自然人配置罚金刑。(4) 对挪用公款罪、(个人) 对单位行贿罪、介绍贿赂罪、巨额财产来源不明罪、隐瞒境外存款罪附加适用罚金刑。[⑤] 也有论者认为，鉴于我国目前家庭财产所有权状况不明晰，犯

---

① 参见卢勤忠、周立波：《论贪污贿赂犯罪的刑罚配置与完善》，651～658页。

② 参见张森、刘红英：《贿赂犯罪的刑罚合理性反思》，990～996页。

③ 参见胡江：《贪污贿赂犯罪死刑废除论》，680～687页。

④ 参见王恩海：《浅析受贿罪的法定刑模式——以〈刑法修正案（九）（草案）〉第39条为视角》，976～983页。

⑤ 参见罗猛：《论我国贪污贿赂犯罪资格刑与财产刑的完善》，698～707页。

罪分子贪污的财物，尤其是赃款并不以个人名义掌握，在没收财产时会产生许多麻烦，罚金刑则可以避免没收财产刑的执行中的缺陷，对贪污贿赂犯罪应增设罚金刑；对于贪污犯罪而言，除判处死刑、无期徒刑的以外，没有规定附加适用剥夺政治权利，即犯罪分子仍然拥有从事公职的权利，这对于预防贪污犯罪是不合理的，应增设资格刑，如可以增加一款规定，凡犯贪污罪，从判决生效之日起，终身丧失担任国家公职的权利；我国刑罚体系中除了死刑立即执行以外的刑罚过于轻缓，不足以保持对于犯罪的威慑力，应适当延长自由刑；应逐步适时废除死刑。[①]

四、受贿犯罪的立法完善问题

受贿罪是反腐败犯罪的重要类型。本届刑法学术年会围绕受贿犯罪的主体、利用职务便利要素、受贿犯罪行为方式、为他人谋取利益要素等问题进行了深入研讨。

（一）受贿犯罪主体问题

有论者认为，我国已经加入《联合国反腐败公约》，应当在国内法上与其保持一致，将外国公职人员和国际公共组织官员纳入受贿犯罪的主体范围。具体而言，我国刑法将受贿罪主体严格界定为国家工作人员这一范畴，无法将新出现的提供公共服务的人员包含在内。从刑事立法的国际视野考察，除我国目前使用“国家工作人员”外，其他国家鲜有使用这一用语。《联合国反腐败公约》中关于受贿罪主体的规定，均一致使用“公职人员”一词。“国家工作人员”与“公职人员”相比较而言，后者的涵盖范围更广、更准确，能更好地符合受贿犯罪本质特征的要求。用公职人员替代国家工作人员更符合受贿犯罪刑法规制的国际化、现代化趋势。[②]

也有论者认为，我国刑法关于贪污贿赂犯罪的主体及其表述较为繁杂，在相当程度上造成了理解上的混乱，更造成了司法实践中对惩治腐败犯罪法

---

① 参见尹安德、曾涛：《试论贪污贿赂犯罪的刑罚立法与完善》，665～672 页。

② 参见吴喆、任文松：《受贿罪的立法完善建议——以〈联合国反腐败公约〉为视角》，862～868 页。

条适用的混乱。在将来的立法中，可将其“国家工作人员”表述为“公职人员”。当然“公职人员”的表述还可以进一步斟酌，其也可以表述为“公务人员”“公权力执行人员”等。①

还有论者在此基础上建议，应扩大受贿罪的主体范围，将外国公职人员和国际公共组织官员纳入受贿罪的主体范围，以打击国内涉外犯罪和国际贿赂犯罪。②

（二）“利用职务上的便利”要素之存废问题

在本届刑法学术年会上，论者们对“利用职务上的便利”这一要素的地位，总体上持赞成态度，认为将“利用职务上的便利”完全排除出受贿罪的犯罪构成要素并不可取，但对“利用职务上的便利”应该做扩大解释，即只要国家工作人员收受财物的行为与其职务有关，就应认定为“利用职务上的便利”。

有论者认为，职务要素在各国的受贿犯罪构成要件中呈淡化的趋势，《联合国反腐败公约》也没有将利用职务上的便利作为受贿犯罪的构成要件。因此，只要国家工作人员所索取或者收受的财物与其职务行为有关，就可以认定为利用了职务上的便利，因为索取或者收受与职务行为有关的财物，就意味着行为人侵害了职务行为的不可收买性。因此，在刑事立法上不应再使用“利用职务上的便利”一词，只要国家工作人员无正当理由收受他人财物或财产性利益，就应当构成受贿犯罪。③

也有论者认为，受贿犯罪属于“权钱交易”的一种职务犯罪，职务因素是受贿罪必不可少的因素，即使对将来可能的收受礼金罪而言，也不能缺少职务的要素，因为，没有职务因素就缺乏对公权力的亵渎，也不符合“权钱交易”的受贿本质。否定“利用职务上的便利”为受贿罪构成要素的观点不可取。不过，虽然职务因素对受贿罪的成立必不可少，但这并不意味着对“利用职务上的便利”表述的肯定，因为“利用职务上的便利”至少存在如下两点缺陷：一是含义模糊；二是会导致部分“感情投资”型受贿逃脱惩

---

① 参见况安全、王远伟：《我国贪污贿赂犯罪立法完善探析》，635～641页。

② 参见曾粤兴、周兆进：《受贿罪立法若干问题研究》，835～843页。

③ 参见吴喆、任文松：《受贿罪的立法完善建议——以〈联合国反腐败公约〉为视角》，862～868页。

罚，纵容“感情投资”型受贿的蔓延，不符合当前严密职务犯罪刑事法网的刑事政策。在理解受贿罪“利用职务上的便利”时，应考虑以下几个方面：第一，要以受贿罪“权钱交易”的贿赂本质为指导。只要国家工作人员收受财物与其职务有关，就应当肯定其“利用职务上的便利”。第二，为了应对当前贿赂犯罪的新情况，应当将只要国家工作人员收受财物与其职务有关，就认定为“利用职务上的便利”，而不宜将其限定为国家工作人员的职务与行贿人的利益之间有某种制约关系。第三，将“利用职务上的便利”理解为国家工作人员收受财物与其职务有关，是对“利用职务上的便利”在现有的解释基础作了进一步的扩大解释，符合司法解释逐渐扩大对“利用职务上的便利”解释的趋势，也契合当前严密职务犯罪法网，从严惩处职务犯罪的刑事政策。①

（三）受贿犯罪行为方式问题

有论者认为，应当借鉴《联合国反腐败公约》的规定，将受贿犯罪在行为进程上划分为实际取得和约定取得两种状态，以进一步昭示和彰显我国严厉打击受贿犯罪的决心和态度。理由包括：《联合国反腐败公约》在规定与受贿对应的行贿罪时，使用的词汇为“许诺给予、提议给予或者实际给予”受贿人不正当好处。由于行贿犯罪与受贿犯罪系对合性犯罪，因而可以认为受贿罪的行为方式应当包括接受收受许诺、接受收受提议、接受实际给予三种对应的方式。换言之，只要受贿者实施了这三种方式中的任何一种，都应认为是受贿罪的完成方式。这种认定受贿行为的方式在其他国家的刑事立法中也不乏先例。由于受贿罪的犯罪客体是国家工作人员职务行为的廉洁性，只要行为人实施了上述三种行为，就足以表明其职务行为的不可收买性已经受到侵害，而无须考察权钱交易行为是否已经完成。②

（四）“为他人谋取利益”要素之存废问题

关于受贿罪“为他人谋取利益”要素之存废，多数论者主张应当删除受

① 参见夏勇、刘伟琦：《受贿罪“利用职务上的便利”之规定的演变及评析》，844～852页。

② 参见吴喆、任文松：《受贿罪的立法完善建议——以〈联合国反腐败公约〉为视角》，862～868页。

贿罪中“为他人谋取利益”的要件[①]，理由主要有：（1）从“为他人谋取利益”的立法沿革过程来看，其并非一开始就作为受贿罪的构成要件之一，设立的初衷是更严厉地打击贿赂犯罪行为，但是，就其设立后在司法实践中的效果来看，却并未达到所预想的结果。（2）从受贿罪的保护客体角度来看，也没有必要将“为他人谋取利益”作为受贿罪的构成要件要素加以规定。（3）与《联合国反腐败公约》接轨的需要。（4）通过删除“为他人谋取利益”要件将非法收受礼金行为入罪是规制该类行为的最佳方案。[②] 除此之外，还有论者认为，“为他人谋取利益”要件会造成罪责刑不相适应，并且不利于预防和打击贿赂犯罪。[③] 有论者则从避免“徇私型”渎职犯罪与受贿罪重复评价的角度提出取消“为他人谋取利益”要件。[④] 也有论者认为，《联合国反腐败公约》规定的贿赂犯罪是公职人员为其本人或者其他人员或实体直接或间接索取或者收受不正当好处，以作为其在执行公务时作为或者不作为的条件，没有明确规定受贿罪必须具备“为他人谋利益”的要件。世界上许多国家的刑事立法也都未将“为他人谋取利益”作为受贿罪的成立要件。国家工作人员利用职务上的便利非法收受他人财物的行为本身，就已经侵犯了国家的廉政制度。只要国家工作人员利用职务上的便利非法收受了他人财物，不管其是否“为他人谋取利益”，就已经构成了受贿罪。当然，是否“为他人谋取利益”对于职务行为的侵害程度存在差别，因此“为他人谋取利益”不是受贿罪构成的要件，但应作为量刑的情节。[⑤]

（五）利用影响力受贿罪之“关系密切人”存废问题

有论者主张取消利用影响力受贿罪中“关系密切人”要素，认为“关系密切人”是一个非常具有弹性与模糊性的概念难以判断，在具体案件中，控

---

① 参见王志祥、柯明：《受贿罪中的“为他人谋取利益”要件应当删除——以非法收受礼金行为入罪之争为切入点的思考》；曾粤兴、周兆进：《受贿罪立法若干问题研究》；欧阳本祺、莫兰兰：《受贿罪立法的漏洞及其完善》。

② 参见王志祥、柯明：《受贿罪中的“为他人谋取利益”要件应当删除——以非法收受礼金行为入罪之争为切入点的思考》，853～861页。

③ 参见曾粤兴、周兆进：《受贿罪立法若干问题研究》，835～843页。

④ 参见高雷：《竞合条件下“徇私型”渎职罪与受贿罪并罪处罚新论》，1064～1072页。

⑤ 参见吴喆、任文松：《受贿罪的立法完善建议——以〈联合国反腐败公约〉为视角》，862～868页。

诉方对于行为人双方是否具有密切关系进行举证证明的困难极大，现实生活中也完全可能出现行为人虽与国家工作人员的关系并不密切，却能够切实影响其决策的例子。为了更好地实现罪责刑相适应原则，填补本罪可能存在的处罚漏洞，取消“关系密切人”势在必行。事实上，《联合国反腐败公约》对影响力交易罪的主体并无特殊限制，包括“公职人员或者其他任何人员”，范围十分广泛，只要行为人宣称能够对公职人员施加影响，就有资格构成本罪的主体。我国刑法也完全可以在本罪现有立法的基础上更进一步，将主体修改为一般主体，即无论任何人，只要其通过国家工作人员职务上的行为，或者利用国家工作人员职权或者地位形成的便利条件，或者利用离职的国家工作人员原职权或地位形成的便利条件，通过其他国家工作人员职务上的行为，为请托人谋取不正当利益，索取请托人财物或者收受请托人财物，数额较大或者有其他较重情节的，均应成立利用影响力受贿罪。①

五、行贿犯罪的立法完善问题

关于行贿犯罪，本届刑法学术年会重点探讨了行贿“为谋取不正当利益”要素的存废问题、贿赂的范围、行贿犯罪的行为方式、行贿犯罪的刑罚配置、行贿罪的减免处罚制度或特别自首制度等多个重要问题。

（一）“为谋取不正当利益”要素之存废问题

关于行贿罪的“为谋取不正当利益”要素，多数论者主张废除该要素，但也有个别论者认为该要素应该继续存在，还有论者认为应该分情况区别对待。

1. 主废论的观点及理由

主张废除论者认为立法应该将“为谋取不正当利益”从行贿罪中的构成要件要素中剔除出去，具体理由主要有以下几个方面：第一，“为谋取不正当利益”判定标准模糊。有论者认为应取消“谋取不正当利益”的主观要件，因为“谋取不正当利益”的判定标准过于模糊，即使当前最高人民法

① 参见刘夏：《利用影响力受贿罪的立法完善建议》，997～1004 页。

院、最高人民检察院已不厌其烦地出台了数个司法解释对“不正当利益”进行解释，但实践情况复杂，司法机关很难掌握，甚至发生了一些截然相反的判决。[①]“谋取不正当利益”的内涵具有不确定性。[②] 第二，不符合行贿罪的犯罪本质。有论者认为，就行贿罪的本质而言，行贿罪所侵犯的直接客体是国家工作人员职务行为的廉洁性和不可收买性，只要行为人实施了行贿行为，无论其主观上为谋取什么样的利益，都是对公职的收买，都构成了对国家工作人员职务行为廉洁性的侵犯。至于行贿人谋取的利益正当与否，只是反映行贿人主观恶性的大小和社会危害性程度的不同，并不影响行贿罪的本质。改革我国关于行贿罪的构成要件，取消行贿罪犯罪构成要件中“为谋取不正当利益”的限定条件，并将其作为量刑情节予以考量。[③] 谋取何种利益无关行贿罪本质，简化行贿罪构成要素切实可行，应当对行贿罪的构成要件进行调整，将“谋取不正当利益”从构成要件中剔除出去。[④] 第三，从历史沿革来看行贿罪中“为谋取不正当利益”要素要求不一；从现行规定来看，经济行贿中无“为谋取不正当利益”的要素。[⑤] 第四，现行规范的立法背景已不存在。[⑥] 20世纪80年代有关单行刑法之所以将“为谋取不正当利益”作为行贿罪的必备构成要素，是因为当时主要鼓励经济发展，不能无限制地惩治行贿行为，将“为谋取不正当利益”作为限制条件是合适的。但现在经济社会发展发生翻天覆地的变化，行贿罪构成中应取消“为谋取不正当利益”这个主观要素。无论行贿人是为谋取不正当利益还是正当利益，只要给予国家工作人员财物的，都以行贿罪论处。[⑦] 第五，基于犯罪成本收益理论为切入点进行分析，我国目前行贿犯罪成本低廉，刑事立法应当进一步强化对我国行贿犯罪的打击而非相反，应删除行贿犯罪中“为谋取不正当利益”的要件，扩大行贿犯罪入罪范围，从而增加行贿者入罪的风险成本。[⑧] 第

① 参见刘良、艾行利：《论我国行贿犯罪的立法治理》，1170～1177页。

② 参见汪维良、王远伟：《行贿罪立法完善探析》，1242～1249页。

③ 参见李军、张媛：《行贿犯罪的立法完善——以〈刑法修正案（九）（草案）〉为视角》，1225～1232页。

④ 参见张伟珂、杨朔：《论行贿罪中“为谋取不正当利益”之舍弃》，1153～1162页。

⑤ 参见汪维良、王远伟：《行贿罪立法完善探析》，1242～1249页。

⑥ 参见张伟珂、杨朔：《论行贿罪中“为谋取不正当利益”之舍弃》，1153～1162页。

⑦ 参见汪维良、王远伟：《行贿罪立法完善探析》，1242～1249页。

⑧ 参见杨彩霞、梅定珠：《法经济学视阈下行贿犯罪立法完善研究》，1217～1224页。

六，域外立法无“谋取不正当利益”之要求。考察《联合国反腐败公约》及外国刑法关于行贿罪的规定，我国现行刑法规定行贿罪构成要件中必须是“为谋取不正当利益”，这有违严密法网的要求。行贿罪中“为谋取不正当利益”要素应否取消，要从历史发展和与国际社会接轨的角度进行审视，域外无“谋取不正当利益”之借鉴。此外，主张废除论者多认为，应将“谋取不正当利益”作为量刑情节予以考量。①

2. 主存论的观点及理由

持该种观点的论者认为，“为谋取不正当利益”是体现行贿罪处罚必要性的要素，不应轻易废除，主废论的理由难以成立，原因在于：虽然行贿罪和受贿罪是对向犯，但行贿和受贿的社会危害性并不一定相同；废除“为谋取不正当利益”并不一定能从源头治理腐败；“不正当”概念可以合理界定；国外没有将“为谋取不正当利益”作为行贿罪的构成要件不能成为废除该要件的理由。理论界和实务界几乎没有争议地将“为谋取不正当利益”理解为主观要素，不当地缩小了行贿罪的范围，可能是造成行贿犯罪司法困局的原因之一。“为谋取不正当利益”既是主观要素也是客观要素。在事前行贿的情况中“为谋取不正当利益”为主观目的要素，即为谋取不正当利益而给予国家工作人员财物。在事后行贿的情况中“为谋取不正当利益”是客观要素，即由于国家工作人员为行为人谋取了不正当利益，而事后给予其财物。②

3. 区别对待论的观点

持该种观点的论者认为，结合当前我国国情，我们应当取消主动行贿中不正当利益的要件并将其作为量刑情节予以考虑，但仍应保留因索贿而行贿情形下谋取不正当利益的要件，同时还要设置必要款项区分人情送礼与为谋取正当利益而行贿的行为。③

（二）贿赂的范围问题

在本届刑法学术年会上，论者们基本赞同应该将贿赂范围扩大至财产性

① 参见李军、张媛：《行贿犯罪的立法完善——以〈刑法修正案（九）（草案）〉为视角》，1225～1232页；汪维良、王远伟：《行贿罪立法完善探析》，1242～1249页。

② 参见程红、吴荣富：《行贿罪中“为谋取不正当利益”要件的深度解读》，1090～1099页。

③ 参见陈结淼、程冉：《论行贿罪的立法完善》，1201～1208页。

利益，但对于是否应将其进一步扩大至非财产性利益，论者之间存在较大分歧。

反对将贿赂扩大至非财产性利益论者认为，应坚持并在立法上明确规定将贿赂限定为财产性利益，不应将非财产性利益纳入贿赂范围。[①] 在贿赂范围的规定上，除法国和西班牙刑法把贿赂仅限于财物之外，其他国家均扩大到财物以外的范围。《联合国反腐败公约》第15条规定受贿罪的对象为“不正当好处”。此“不正当好处”包括财物、财产性利益，也包括非财产性利益。现行刑法将贿赂的范围规定为财物，其范围过于狭窄，势必会放纵那些“利用职务上的便利”获取财物之外的财产性利益和其他利益的行为，因此，扩大贿赂的范围是必要的。虽然出于刑法国际化和与国际接轨的考量，需要对我国贿赂犯罪的贿赂范围进行调整，但是也需要在尊重我国当前国情的基础上将其转化成国内法的形式，而不是生搬硬套。因此，将财产性利益之外的其他利益一律纳入贿赂范围，将对司法实践带来难以应对的挑战。立法应当结合我国国情，借鉴《联合国反腐败公约》和国外立法例，将贿赂范围规定为“财物及财产性利益”[②]。从目前的立法来看，刑法是对财物与利益作了严格的界分的。将一切好处均归结为贿赂犯罪中所指的财物，是把现行刑法严格区分的财物与利益两个不同的术语混同理解，有违刑法体系的一致性原则。而且，将贿赂的范围扩展至一切利益，不符合刑法的谦抑性。[③]

赞同将贿赂扩大至非财产性利益论者认为，法定贿赂形式的单一性与现实生活贿赂形式的多样性、复杂性发生了尖锐的矛盾，严重制约了对贿赂犯罪的认定与惩处。将财产性利益乃至非物质性利益纳入我国“贿赂”范围，完善法网，十分必要，同时这也是对与《联合国反腐败公约》接轨、国际法国内化的要求。[④] 在行贿罪的刑事立法上，我们应该借鉴俄罗斯刑法典、我国香港地区和澳门地区法域的刑法典，扩大行贿的内容范围，将以“财物”为代表的财产利益修订为“财产利益和其他非财产性利益”[⑤]。随着我国对

---

① 参见陈结淼、程冉：《论行贿罪的立法完善》，1201～1208页。

② 吴喆、任文松：《受贿罪的立法完善建议——以〈联合国反腐败公约〉为视角》，862～868页。

③ 参见孙天乐：《论贿赂犯罪中贿赂的范围》，925～932页。

④ 参见李军、张媛：《行贿犯罪的立法完善——以〈刑法修正案（九）（草案）〉为视角》，1225～1232页。

⑤ 汪维良、王远伟：《行贿罪立法完善探析》，1242～1249页。

腐败犯罪打击力度的加大，根据现实情况，对于性贿赂的问题，应该明确立法规定此为受贿罪。[①] 我国刑法将贿赂内容的范围局限于财产性利益，与《联合国反腐败公约》的相关规定不符，也限制了我国对腐败分子的打击力度。应当借鉴《联合国反腐败公约》的规定，将贿赂的范围扩大至“不正当好处”，即不仅包括财产和财产性利益，还包括占用车辆、亲友安排工作、职务晋升、享受家政服务、享受度假、性服务等一切物质与非物质、财产与非财产利益。[②]

（三）行贿犯罪的行为方式问题

论者的主要观点在于基于严密行贿罪的刑事法网和区分行贿行为与个人间馈赠行为，以打击感情投资型行贿的目的，立法上应扩充行贿罪的行为方式。如有论者提出应增加行贿罪的行为方式，将“给予”扩大为“给予、提议给予或许诺给予”，并且将行贿罪既遂的标准提前为只要行贿人实施了上述任一行为就构成犯罪既遂。[③] 也有论者认为，我国刑事立法可借鉴我国香港地区《防止贿赂条例》公务员索取和接受利益罪中把公务员可以接受的好处分为“私交友好处”和“非知交友好处”两种类型，并在尽可能的范围内以钱款数额作为衡量罪与非罪的标准的立法模式，在刑法典中明确规定国家工作人员接受好处的最高限额。对超过最高限额的好处，结合行贿罪的犯罪构成要素认定其是否构成行贿罪。由此，可以把行贿行为和个人间的馈赠行为区分开来，进而惩治真正的行贿犯罪和预防未然的行贿行为。对行贿罪应增加“表示给予”与“许诺给予”行贿罪行为方式和“感情投资型”行贿行为。[④]

（四）行贿犯罪的刑罚配置问题

关于行贿犯罪的刑罚配置，论者们主要探讨了合理配置财产刑、增加资

---

① 参见况安全、王远伟：《我国贪污贿赂犯罪立法完善探析》，635～641页。

② 参见陈泽宪、周维明：《追赃追逃与刑事司法协助体系构建》，595～604页。

③ 参见李军、张媛：《行贿犯罪的立法完善——以〈刑法修正案（九）（草案）〉为视角》，1225～1232页。

④ 参见汪维良、王远伟：《行贿罪立法完善探析》，1242～1249页。

格刑，规范与创新非刑罚处罚措施等问题。

1. 行贿犯罪的法定刑提升问题

有论者明确提出，应当升高单位行贿罪和介绍贿赂罪法定刑。目前我国刑法规定单位行贿罪的最高法定刑为 5 年有期徒刑，单位对非国家工作人员行贿罪的最高法定刑为 10 年有期徒刑，而自然人行贿罪的最高法定刑为无期徒刑。为了实现单位行贿罪刑罚的紧密衔接，应为单位行贿罪设置 10 年以上有期徒刑的最高法定刑。介绍贿赂行为在大多数情形下，既符合行贿罪共犯的犯罪构成，也符合介绍贿赂罪的犯罪构成。如果依照罪刑法定原则，将这种行为认定为介绍贿赂罪，则要求介绍贿赂罪本身能够实现对“为行贿人介绍贿赂”行为的公正评价。因此，在不取消原有罪名前提下，应当通过法定刑的调整以实现对行为的公正评价。① 也有论者认为，同是行贿行为，在对单位犯罪的直接责任人员的处罚要远远轻于自然人触犯行贿罪的处罚，应当调整单位行贿罪的立案标准，降低入罪的门槛，修订单位行贿罪的刑事责任。②

2. 行贿犯罪的罚金刑问题

在本届刑法学术年会上，有不少论者对行贿犯罪的罚金刑问题进行了详细论述，主要焦点在于无限额罚金制是否适当以及罚金刑的适用基准问题：(1) 关于无限额罚金制是否适当的问题。赞同者认为，在我国现行的刑罚体系下无限额罚金制应当是一种比较适宜的选择，赞同对于行贿罪数额规定“无限额罚金制”，至于司法实践中关于罚金数额的具体操作可以通过司法解释给予相对明确的指引。③ 但反对者认为，《刑法修正案（九）（草案）》对无限额罚金制的规定不合理，罚金数额的规定应为倍比罚金制。无限额罚金制很容易造成司法擅断，出现量刑上的畸轻畸重，严重影响法律的权威性和统一性，无限额罚金制并不符合罪刑法定原则的基本要求。④ 为行贿犯罪确立科学的罚金刑，从经济上提高行贿犯罪的惩罚成本，使作为理性经济人的行

① 参见聂立泽、高猛：《行贿犯罪刑罚体系完善研究》，1343～1350 页。

② 参见段晓娟：《单位行贿罪立法完善的几点思考》，1266～1272 页。

③ 参见王水明、刘梦璐：《论行贿罪的刑法完善——以〈刑法修正案（九）（草案）〉为视角》，1195～1200 页。

④ 参见邵超、卓一丹：《论我国行贿犯罪罚金刑的立法完善——以〈刑法修正案（九）（草案）〉为视角》，1357～1363 页。

贿者能深刻感受到犯罪的得不偿失。采取倍比罚金制相对于无限额罚金制更为可取。我国立法机关可以以行贿数额为基准，基于立法和司法的双重考量确定罚金合理的具体倍数。[①]（2）关于罚金刑的适用基准问题。多数论者认为，罚金刑的适用应以行贿数额为基准，如罚金刑的适用应当以行贿人给予国家工作人员的财物价值为基础，确定相应的倍数作为罚金数额，即以行贿数额作为适用基准。理由包括：行贿人获取的“不正当利益”通常无法进行价值评估；对行贿人而言，他们所能承受的仅仅是给予国家工作人员财物的那部分损失，对于获得的不正当利益时所承受的风险则通常难以承受。以行贿数额作为适用基准更加具有可行性，既能够避免因罚金数额过高导致执行存在困难，又足以显示出刑罚的严厉性。[②] 采取倍比罚金制相对于无限额罚金制更为可取，我国立法机关可以以行贿数额为基准，基于立法和司法的双重考量确定罚金合理的具体倍数。[③] 司法实践中关于罚金数额的具体操作可以通过司法解释给予相对明确的指引。具体而言，首先应当坚持相关的原则以做到罪责刑相适应。其次罚金刑数额应当与自由刑向协调。根据五年以下有期徒刑或者拘役、五年以上十年以下有期徒刑、十年以上有期徒刑、无期徒刑分为四档，按照这四档数额逐次增加。最后，鉴于行贿罪司法实践操作中的特殊性，往往不法利益的数额难以获取，在此情况下以行贿数额作为参照基数更为合适。但是在行贿数额较大的情况下，往往追缴了犯罪所得之后没有多少财产可供缴纳罚金，因此，在这种情况下，以各省市的年均收入为基数就更为合适了。综上所述，罚金刑数额计算公式可以表现 P＝CV。P 指罚金刑数额，C 指四个比照自由刑的量刑幅度，V 则指具体基数即行贿数额或各省市年均收入。假设依据自由刑的量刑幅度，C 为 5、10、15、20。则罚金刑计算数额公式就为 P＝5V、P＝10V、P＝15V、P＝20V。前文也提到保障行贿数额较大的情况下，罚金刑可以执行，因此建议 P＝20V 的情况下，V 取各省市年均收入，在其他三种情况下，V 则按照行贿数额来计算。

① 参见杨彩霞、梅定珠：《法经济学视阈下行贿犯罪立法完善研究》，1217～1224 页。

② 参见邵超、卓一丹：《论我国行贿犯罪罚金刑的立法完善——以〈刑法修正案（九）（草案）〉为视角》，1357～1363 页。

③ 参见杨彩霞、梅定珠：《法经济学视阈下行贿犯罪立法完善研究》，1217～1224 页。

若P＝20V所算的数额低于P＝15V的数额，则P所取值必须大于P＝15V。[①]

3. 行贿犯罪的资格刑问题

有论者建议在行贿罪的刑罚立法中，增加资格刑的适用，以完善行贿罪的刑罚种类。其一，增加资格刑的配置内容。对自然人可以考虑增加以下内容：（1）禁止从事特定职业；（2）剥夺相关执照或者相关资格证书；（3）禁止担任特定职务。对单位犯罪责任人可以考虑暂时或者永久禁止担任同行业相关管理者职务等的资格。对单位犯罪的单位可考虑将以下几种行政性制裁上升为资格刑：（1）限制经营范围。具体内容可包括限制业务种类、限制活动区域、限制业务对象等。（2）剥夺相关资质。具体内容应限于其可能继续用于从事相关犯罪的资质，如专业鉴定资格、检验资格等。（3）强制解散。其二，优化资格刑的配置方式，将概括式配置方式修改为分立式。由于概括式配置比较笼统，无针对性且不具有操作性，因此应当根据犯罪主体的具体情况剥夺其某一或几种资格，增强资格刑的针对性和灵活性。[②]

4. 行贿犯罪的非刑罚处罚措施问题

有论者认为，刑法规定的非刑罚处罚措施在适用方式与内容上均有一定的局限性，无法结合具体行贿犯罪案件的特点与行为人人格特征进行适用，因而司法实践中在对行贿犯罪人免于刑事处罚时较少采用非刑罚处罚措施，导致行贿犯罪人虽被判定构成犯罪，但实际上未受到任何处罚和教训。因此，有必要对行贿犯罪非刑罚处罚刑事适用进行理性创新。其对现有非刑罚处罚措施在行贿犯罪案件中的规范适用进行了论述，并对行贿犯罪案件适用非刑罚处罚措施的完善与创新提出了如下建议：夯实行贿犯罪非刑罚处罚的司法基础、完善信息及时披露制度、完善相应的监督机制、创新行贿公司强制性检察监管制度和创新行贿公司强制性检察监管制度。[③]

（五）行贿罪的减免处罚制度或特别自首制度

对于现行刑法规定的行贿罪减免处罚制度或特别自首制度，论者之间主

① 参见王水明、刘梦璐：《论行贿罪的刑法完善——以〈刑法修正案（九）（草案）〉为视角》，1195～1200页。

② 参见汪维良、王远伟：《行贿罪立法完善探析》，1242～1249页。

③ 参见刘宪权、李振林：《行贿犯罪非刑罚处罚措施的规范与创新》，1073～1081页。

要存在维持论、取消论以及改良论三种不同的观点。

维持论者认为，我国现行《刑法》第 390 条第 2 款规定的行贿罪减免处罚制度本身并无修改必要，而是应予保留。原因在于：行贿人在被追诉前主动交代行贿行为，兼具自首与立功双重性质；行贿人在行贿与受贿的互动关系中处于从属和次要的一方；行贿罪的追诉数量与受贿罪的追诉数量不具有可比性；行贿罪减免处罚制度有利于解决贿赂犯罪案件侦破难的问题；行贿罪减免处罚制度有利于有效预防和公正惩罚贿赂犯罪；以减免处罚换取共犯人供述犯罪是世界各国应对侦破难问题的普遍策略；实践中过度宽宥行贿人的做法属于执法偏差而非立法缺陷。①

取消论者认为，应取消行贿罪中“污点证人豁免”制度。② 以犯罪成本收益理论为切入点进行分析，我国目前行贿犯罪成本低廉，刑事立法应当进一步强化对我国行贿犯罪的打击而非相反，鉴于行贿犯罪法定的从宽处理量刑情节以及缓刑适用的失当，有必要转变观念进一步修改完善立法以增加惩罚成本。《刑法修正案（九）（草案）》严格设定了对行贿罪从宽处罚的条件，这一修改虽然一定程度上提高了行贿犯罪的惩罚成本，但仍然存在使行贿人通过检举立功等行为规避较高的惩罚成本的可能性。刑法总则对犯罪分子从宽处罚已经规定了自首和坦白制度，在贿赂案件实际侦破过程中，完全可以根据行为人的具体表现选择适用自首或坦白的规定，而非必须单独制定例外条款对行贿人的供罪或揭发行为予以优待，这样也可避免对行贿犯罪的从宽幅度大于一般自首和坦白的不协调情形。据此，特别自首规定不宜继续纳入法定情节，以保持与一般自首从宽幅度的一致性。③

改良论者认为，特别自首制度的存在将双方置于囚徒困境当中，从而破坏行贿者与受贿罪的信任关系降低贿赂案件的侦察难度，具有一定的价值。但现行刑法针对特别自首制度当中减轻处罚免除处罚的规定太过粗糙，以至于司法操作中这一条款被无条件滥用，也扩大了司法裁量权，这在某一种程度上又导致了另一种腐败。《刑法修正案（九）（草案）》针对这一情况进行了相应的完善，将原先一律的减轻处罚或免除处罚改为从轻或减轻处罚并且

---

① 参见黄华生、李文吉：《现行行贿罪减免处罚制度应予保留》，1209～1216 页。

② 参见刘良、艾行利：《论我国行贿犯罪的立法治理》，1170～1177 页。

③ 参见杨彩霞、梅定珠：《法经济学视阈下行贿犯罪立法完善研究》，1217～1224 页。

对于免除处罚给予了严格的条件限制。这一完善对于改变当前的司法现状起到了相当积极的作用。[①]此外，有论者从对行贿人“另案处理”的角度对行贿罪减免处罚制度或特别自首制度的弊端进行了分析，认为司法实践中对行贿人“另案处理”存在以下缺陷：过度运用“从行贿突破受贿”的办案模式导致对贿赂犯罪的查处不力；容易导致司法腐败、执法不公；我国尚未真正建立起英美法系的“污点证人”以及“辩诉交易”诉讼制度，但却在司法实践中行“污点证人”之实，导致司法实践中经常有承诺无法兑现、坦白不从宽的现象出现。[②] 也有论者对改良后出现的新问题给予了关注，如应当认真评估进一步严格对行贿犯罪从宽处罚的条件对打击贿赂犯罪可能产生的实际效果问题。贿赂犯罪自身具有的隐蔽性以及主体的有限性等特点决定其往往不容易被侦查，因此缩小其免除处罚的范围之后，可能会给相关案件的办理带来新的困难，即案件的证据难以收集。[③]

［赵秉志、袁彬、李彦峰、郑祖星、贾佳；载赵秉志主编：《刑法评论》，第29卷，北京，法律出版社，2016］

① 参见王水明、刘梦璐：《论行贿罪的刑法完善——以〈刑法修正案（九）（草案）〉为视角》，1195～1200页。

② 参见行江、胡安琪：《行贿罪的理论与实践问题思考》，1257～1265页。

③ 参见张淑芬、王展：《完善我国腐败犯罪法律规定的若干思考——以〈刑法修正案（九）（草案）〉有关修改为视点》，620～625页。

第六十四章

2016年全国刑法学术年会综述[①]

2016年10月15—16日，中国刑法学研究会2016年全国学术年会在湖北武汉举行。本届全国刑法学术年会由中国刑法学研究会主办，由武汉大学法学院、武汉大学马克昌法学基金会、中南财经政法大学刑事司法学院承办，来自全国人大常委会、最高人民法院、湖北省人大常委会、湖北省高级人民法院、湖北省人民检察院、武汉市中级人民法院和武汉市人民检察院等中央和地方政法机关的专家型领导和来自全国刑法理论与实务界的420余位专家论者参会。本届年会立足于当前我国刑法理论和实务方面的热点问题，分为理论议题和实务议题：理论议题为“刑法改革中刑法与行政法的关系问题研究”，实务议题为“当前热点犯罪司法适用研究”，具体包括“信息网络犯罪的司法适用研究”、“恐怖主义犯罪的司法适用研究”和“贪污罪受贿罪的司法适用研究”。本届年会围绕会议议题共收录论文179篇，这些论文对预定议题进行了全面、深入的研讨，不仅为本届年会的顺利召开提供了重要的研讨基础，而且具有重要的理论意义和实践价值，有助于进一步推动相关刑法理论、刑事立法和刑事司法的进步与发展。

一、刑法改革中刑法与行政法的关系问题研究

本届全国刑法学术年会上，围绕刑法改革中刑法与行政法的关系问题，

① 除特别说明，本章所有注释均来自赵秉志、莫洪宪、齐文远主编：《中国刑法改革与适用研究》，北京，中国人民公安大学出版社，2016。为简便起见，下文注释均不再标明来源，仅标明作者、论文名称以及所在页码。

与会者研讨较为集中的有犯罪圈应否扩大，如何区分刑罚和行政处罚，刑罚和行政处罚竞合时的处理，以及具体犯罪中刑法与行政法的关系等问题。

（一）犯罪圈应否扩大

1. 主张应该扩大犯罪圈

有论者在分析危害社会行为二元治理体系与一元治理体系各自优劣的基础上，认为危害社会行为一元治理体系更具优势，且该体系所表现出来的缺陷也能够被弥补，故而主张我国应该改变现行危害社会行为二元治理体系的做法，构建治理危害社会行为一元治理体系，进而扩大犯罪圈。[①] 有论者虽未直接主张构建一元的危害社会行为治理体系，但是主张通过行政刑法的形式，将现行由行政法规制的具有刑法性质的行为纳入行政刑法的调控范围，以扩大犯罪圈。[②]

有论者认为，刑法的谦抑性应是刑之谦抑，而非罪之谦抑。从我国现有实际出发，为了进一步严密刑事法网，犯罪圈的扩大是历史发展的必然。[③] 有论者认为，现阶段轻微犯罪的犯罪化，行政权退出、司法权进入，是扩张司法权以使司法权限制行政权并成为主导权力的必经之路。

有论者从刑法与环境法衔接不协调的角度指出，为了协调刑法与环境法的衔接，应该扩大刑法惩治环境犯罪的犯罪圈，增设破坏环境罪、设立环境过失危险犯等，以促进实现刑法与行政法（环境法）的衔接与协调。[④]

2. 主张不应该扩大犯罪圈

有论者认为，行政违法行为犯罪化作为当今犯罪化趋势的重要表现之一，立法机关应当引起重视并给予必要的控制，否则将与刑法的谦抑性、严厉性、罪刑法定的基本原则相背离。[⑤]

有论者从是否应当构建轻罪制度的视角对犯罪圈的问题展开了讨论，该论者认为，我国主张构建轻罪制度、扩大犯罪圈的观点均站不住脚，提

---

① 参见卢建平、孙本雄：《危害社会行为治理体系二元论与一元论之比较》，14～23页。

② 参见李晓明：《刑法与行政法的缓冲与过度：“行政刑法”》，71～80页。

③ 参见谢焱：《论经济违法行为出入罪的考量》，101～108页。

④ 参见利子平、何逸轩：《刑法改革视域下环境刑法的立法完善——以刑法与环境法的关系为切入点》，292～298页。

⑤ 参见卢勤忠、钟菁：《行政违法行为犯罪化立法过热问题评析》，117～124页。

出构建轻罪制度的依据或者不具有合理性，或者会产生新的矛盾，因而不应当建立轻罪制度，更不应当进一步扩大犯罪圈。[①] 也有论者对轻罪制度提出质疑，认为构建轻罪制度，必须要与刑法体系相协调，也应与司法实践相适应。不解决这些前置问题，轻罪制度恐难实现，更难以扩大犯罪圈。[②]

有论者主张通过刑事违法评价的相对独立性的观点，从解释论的视角来限定刑法过罪化问题。该论者认为严格的违法一元与违法多元是两个方向上的极端，应当提倡缓和的违法一元论，这样既照顾到刑法的补充性，使其不至于穿越前置法径行处罚，又充分考虑到其收敛、谦抑的本性，即便他法作出否定评价也应“先思而后动”，总的基调便是尽可能限制刑法的适用空间。[③]

有论者以《刑法修正案（八）》将醉驾入罪为切入点分析了刑法与行政法的关系，他认为，危险驾驶罪的法定刑只是拘役和罚金，只相当于国外的违警罪而已，在此基础上，我们治理醉驾是否已经穷尽了行政法律手段，醉驾一律入刑是否符合刑法经济性原则和宽严相济的刑事政策，值得怀疑。[④]

（二）如何区分刑罚与行政处罚

关于刑罚和行政处罚的区分，有论者认为，应从效率与公平这一法的基本价值的角度来区分刑法与行政法：刑法侧重公平并兼顾效率，行政法侧重效率并兼顾公平。以公平为主导，意味着刑法必须慎重对待行为入罪，慎重适用刑罚，意味着有资格入罪的行为只能是社会危害严重的行为。通过限缩入罪的行为及其处罚，有助于实现刑法公平。以效率为主导，意味着在制裁行政违法行为时，应当力求简洁、及时、高效。在追求效率的同时力求公平，但不能为了公平而失去效率。[⑤]

---

① 参见张亚平：《轻罪制度质疑》，140～147 页。

② 参见张亚平：《轻罪制度质疑》，140～147 页。

③ 参见苏惠渔、崔志伟：《刑事违法评价的相对独立性——对过罪化的一种解释论限定》，3～13 页。

④ 参见陈志军：《罪刑法定与行政法治的关系协调》，132～139 页。

⑤ 参见彭文华：《论公平与效率视野下的刑行衔接》，23～38 页。

有论者认为，刑法与行政法的交叉先是一个立法问题，应该通过完善立法的形式，建构二元化犯罪模式，只有在行政手段不能解决经济冲突之时，才可以采取刑罚手段。[①]

有论者认为应该以处罚的内容作为区分标准，只要处罚的内容涉及人身自由的，则应当属于刑罚的范畴，否则即应当属于行政处罚的范畴。因为人身自由罚作为一种处罚方法，只有用于对犯罪的刑事制裁才能具有相当性和合理性。[②]

（三）刑罚与行政处罚竞合的处理原则

有论者认为，刑罚与行政处罚应排斥适用。因为对于同一行为分别处以刑罚和行政处违背“一事不再理”原则。刑法与行政法上的行为交叉，显著特征是事实属性相同，只是社会危害程度不同而导致法律属性不同而已。对于同一行为而言，合并处罚虽然在形式上（法律属性）不违背“一事不再理”原则，但在事实属性上是违背“一事不再理”原则的，若并科处罚难以让人接受。[③]

有论者认为刑罚与行政处罚应该合并适用，该论者认为合并适用意味着进行行政处罚和刑事处罚的双重处罚应当是规范的和法定的，其着眼点就是在处理行政处罚与刑事处罚的合并适用问题时，既要维护社会的整体利益，又要维护个人的合法权益，既要注意行政处罚与刑事处罚的共同点，有可以代替的一面，又要注意二者在目的、种类和适用范围等方面的不同点，有可以并列适用的一面，又不能忽视二者的共同点，有时可以代替和自然吸收的一面。[④]

有论者认为，在立法上，对某种行为的行政处罚与刑事处罚可以同时存在；在司法中，对某种行为可以先予以行政处罚后追究刑事责任。行政处罚与刑事处罚分别调整和保护不同的社会关系决定了，某种行政违法行为同时

---

① 参见姜涛：《二元化犯罪模式与刑、行交叉的立法对策》，39～46页。

② 参见敦宁：《论行政拘留的刑罚化》，175～181页；洪流：《唯有刑罚可包含人身自由罚——兼论废除行政拘留的必要性》，189～197页。

③ 参见彭文华：《论公平与效率视野下的刑行衔接》，23～38页。

④ 参见杨俊：《行政处罚与刑事处罚之关系辨析》，198～206页。

构成犯罪，行政处罚措施与刑事处罚措施在立法上完全可以并存：该行为可在保留行政处罚措施的前提下入刑，不必在立法上取消行政处罚措施（无论该处罚措施与刑罚性质是否类似）。[①]

有论者从实务的角度指出，虽然行政法律规定罚款可以抵扣罚金，但是由于行政罚款与刑事罚金的去向不同，不同机关之间对于罚款与罚金的态度有所差别，罚金的抵扣中存在诸多困难。为了避免重复处罚、一事多罚，需要进一步明确经济处罚应以行政处罚罚款为主，唯确有必要刑事惩罚时才能使用罚金刑。[②]

（四）从具体犯罪分析刑法和行政法的关系

部分论者以具体犯罪的认定来分析刑法与行政法的关系。如有论者从交通事故与交通肇事的关系，交通事故对于认定交通肇事罪的作用等方面论述了行刑关系的司法问题。[③] 有论者从酒驾与醉驾的区分来论述行政法与刑法的关系。[④] 有论者从刑法关于拒不支付劳动报酬罪的规定探讨了行政法与刑法的关系。[⑤] 有论者从逃税罪的角度探讨了行刑关系问题，认为行政处罚对于刑罚处罚具有一定的除罪功能，只是这种功能应当受到一定的限制。[⑥] 有论者围绕环境犯罪的相关问题论述了刑法与环境行政法的关系。[⑦] 还有论者通过《刑法修正案（九）》新增加的职业禁止令适用条件中“从其规定”的认定问题来探讨行刑关系的问题。[⑧]

---

① 参见茹士春：《醉驾入刑后可能出现的处罚失衡与矫正困境——兼论行政处罚与刑事处罚的关系》，242～248 页。

② 参见陈龙、于世忠：《逃税罪与行政违法的竞合、界分和衔接——基于个人所得税改革的刑行交叉研究》，266～274 页。

③ 参见刘仁文、王栋：《交通事故的行政责任认定与交通肇事罪的刑事责任认定之关系——以一起交通肇事案为例》，223～235 页。

④ 参见喻贵英：《论饮酒驾驶与醉酒驾驶的区隔》，236～241 页。

⑤ 参见苏永生：《刑法不宜过分谦抑——从拒不支付劳动报酬罪的行政附属性规定看刑法与行政法的衔接》，259～265 页。

⑥ 参见张利兆：《行政处罚在逃税罪定罪中的功能》，275～282 页。

⑦ 参见宋伟卫、冯军：《环境犯罪治理中环境刑法与环境行政法的协调》，299～306 页。

⑧ 参见周春兰、陈山：《“职业禁止”条款中“从其规定”的理解——以刑法与行政法的衔接、统一为视角》，207～213 页；彭夫：《论刑法中“从业禁止”的理解与适用》，214～222 页。

二、信息网络犯罪的司法适用研究

关于信息网络犯罪的司法适用，相关研讨主要围绕网络犯罪刑事管辖权、网络空间犯罪定量评价机制、虚拟犯罪规范、刑事司法理念、网络言论的刑法规制、互联网金融犯罪、电信诈骗犯罪、网络犯罪等问题展开。

（一）网络犯罪刑事管辖权

网络和信息技术的发展，在催生网络犯罪的同时，也带来了网络犯罪管辖权问题。对此，有论者认为，随着技术发展，网络作为犯罪空间的问题会越来越突出，而网络空间的无疆界性自然导致网络犯罪的无边界性，由此形成的对传统刑事法律的挑战首当其冲的就是刑事管辖权问题。传统的刑事司法管辖，主要是以属地管辖权为基础的，确认管辖有赖于犯罪地的确定，而网络的无边界性使确定网络犯罪的犯罪地成为一个很大的难题。与应对网络犯罪的整体思路一致，针对该问题，刑事法律的调整方向应该是对传统的管辖规则，尤其是属地管辖进行有限的扩张解释，关键是要在追诉犯罪与减少管辖权冲突之间达到平衡，而这个限度就是侵害或影响的关联性，即一行为对本国是否造成了实际侵害，是对犯罪地进行扩张的最低标准，即所谓实害联系原则。这里的“关联性”是指某一具体的犯罪行为对于本国国家或者公民已经形成实际侵害或者影响，即已经与本国国家或者公民发生了直接联系。在此基础上推动国家、地区之间的司法管辖合作机制的建立和完善。[①]

（二）网络空间犯罪定量评价机制

有论者认为，随着传统财产犯罪向网络空间的渗透和转移，网络所特有的虚拟性和技术性特点给司法实践中尤其是虚拟财产的数额认定带来了前所未有的冲击和挑战。在信息时代，传统犯罪均可披上“网络技术”的外衣在虚拟空间中肆虐泛滥，而且还可以同步实现线上线下的互动、现实空间和网络空间的自由切换。故此，犯罪的定量标准就必须同时兼顾并涵盖“双层空

---

① 参见张宝来、鞠佳佳：《网络犯罪刑事管辖权的调整》，356～363页。

间”，建立全新的定罪量刑的标准体系，使对犯罪的定量评价更加科学严密。针对双层空间下定量评价机制的逆转与重塑问题，该论者以窃取网络虚拟财产为着眼点，主要探讨思路集中于将传统犯罪定量评价机制的“数额为主、情节为辅”向“数额与情节并重”并逐步向“情节”倾斜与靠拢的新型“双层社会”定量评价机制的转移和过渡。新型定量评价机制不仅在实体上要求足以反映行为的社会危害性或法益侵害性和主观恶性；在程序上也要求能使司法实务部门在利用现有的信息技术作为取证手段时具备便捷性和可操作性，从而针对网络时代传统财产犯罪的异化和失范行为进行定罪情节和量刑机制的系统性和体系化构建。[①]

（三）虚拟犯罪规制的刑事司法理念

有论者认为，网络与生俱来有三大特性，即开放性、全球性与平等性，其本身就营造出一个无限大的虚拟世界。同时，进入虚拟世界的门槛极低，任何人都可以借助网络终端参与网络活动，从而利用自己的网络行为影响不特定的对象。相对虚拟世界的无限扩张和新型犯罪的层出不穷，传统的司法手段和司法理念的滞后性、被动性逐渐凸显。虚拟领域刑事司法应从须遵守的社会责任、职业操守、道德规范等角度进行评判，并确定应当承担的法律责任；典型案例的指导可以就特定类型的虚拟犯罪形成相对一致的法律规则或法律适用原则，使其具有普适性，最大程度实现“同案同判”的要求；虚拟犯罪因为借助网络工具，行为上并不如传统犯罪那样明显，犯罪结果也不直观，对其进行规制需要司法实践者的理性思维和对刑法原则的理解。在罪刑法定和罪刑相适应原则的指引下，运用“举轻明重”制度，将可应对新形式的虚拟领域犯罪。[②]

（四）危害计算机信息网络安全犯罪

有论者在对司法实践相关裁判文书的梳理和分析的基础上，认为破坏计算机信息系统犯罪案件在宏观上呈现出行为方式相对类型化、定性争议较大

---

① 参见郭泽强、刘静：《网络空间犯罪定量评价机制之重塑——以窃取网络虚拟财产为视角》，347～355 页。

② 参见徐凡：《虚拟空间犯罪的刑事司法探讨》，434～442 页。

的特点。在微观上，存在数罪并罚问题认定不一、类似行为评价差异较大、“后果严重”认定模糊、适用范围过度扩张的缺陷等问题，因而亟须在学理上拨乱反正，进而合理限定该罪处罚范围，提高刑法调整的精确性。针对这些问题，我们通过以下方式应对：一是总体上遵循对破坏计算机信息系统罪中“后果严重”从严把握的思路；二是破坏计算机信息系统罪中涉及的数据和应用程序，必须是核心数据和核心应用程序；三是判定破坏计算机信息系统罪的成立，要依据行为人在利用计算机实施其他犯罪过程中，删除、修改、增加计算机信息系统中的数据和应用程序的行为，是否直接导致了严重后果。①

（五）拒不履行信息网络安全管理义务罪

为构建对违法犯罪信息与行为的网络过滤与审查机制，《刑法修正案（九）》增设了《刑法》第 286 条之一，即拒不履行信息网络安全管理义务罪，在此次年会上，学者们对该罪的立法意义以及司法适用相关问题进行了集中研讨。

1. 本罪司法认定的一般原则

有论者认为，拒不履行信息网络安全管理义务罪是不作为犯罪，作为义务来源是认定该罪的关键。但目前我国网络管制法律法规严重滞后，网络规制行政法体系不健全，信息网络安全管理义务不明确，网络服务提供者处于无所适从的境地。在严厉打击网络犯罪与维护信息网络安全的形势下，往往会对该义务作扩大化解释，导致刑罚适用扩大。现有的罪刑法定原则、罪责刑相适应原则和适用刑法平等原则等虽然在观念上对防止立法、司法恣意有重要意义，但不能对立法泛滥与司法扩大处罚进行强制约束。学界所倡导的刑法的谦抑性虽然可以限制犯罪圈扩大，但也只是理论主张，并无法律上的强制约束力。面对这条追随时代步伐的罪名，应当通过合理的解释避免在适用中刑罚的不当扩张。刑法的基本原则以及谦抑性理论主要为刑事立法及司法提供价值上的指引，主观的认识对价值影响较大，在“从严治网”政策下无法有效应对该罪的扩张。比例原则能为限制公权力提供价值指引，“成为

① 参见张建、俞小海：《危害计算机信息网络安全犯罪刑法调整“进退”之维——以对破坏计算机信息系统罪的反思为视角》，545～552 页。

司法‘技术’手段应用到司法活动中”以保障私权利。作为技术手段的比例原则，在司法活动中更具有操作性。面对刑罚的扩张，需要比例原则作为“技术”指导，减少对网络服务行业造成的不良影响。① 还有论者认为，成立拒不履行网络安全管理义务罪的行为，应该是可罚性非常明显的业务行为，对于可罚性不强的中立业务行为，应尽量避免入罪，中立价值应该成为入罪的限度。②

2. 犯罪主体的认定

关于本罪的犯罪主体，有论者认为，网络服务提供者包括网络接入服务提供者、网络平台服务提供者、网络内容服务提供者、网络链接服务提供者等四类。要成为本罪主体，上述四类人员首先须具有对网络信息的控制权，其次须对信息网络安全具有管理义务。在这四类人员中，后三类网络服务提供者从技术上具备编辑和控制信息的能力，事实上也在一定范围内形成了对网络信息的实际控制，因而他们就具有管理网络信息安全的权力和职责，如果其不履行或不正确履行该职责，就可以成为本罪的行为主体。但是，网络接入服务提供者的服务出现在信息生成阶段之前，他们对网络信息的传播只是提供了一根传输管道，对信息本身无法直接接触、编辑，当然也不可能进行控制。因此，不能将网络接入服务提供者纳入本罪行为主体的范围。③ 也有论者认为，本罪的主体为特殊主体，即网络服务提供者，包括互联网接入服务提供者和互联网内容服务提供者。④

3. “经监管部门责令采取改正措施而拒不改正”的认定

“经监管部门责令采取改正措施而拒不改正”是构成拒不履行信息网络安全管理义务罪的重要条件之一。但如何认定其中的“监管部门”和“拒不改正”存在较大争议。有论者认为，此处的“监管部门”的界定标准应当与网络服务提供者所提供的具体网络信息的内容相对应。关于“拒不改正”的认定，应当从以下方面考察：一是网络服务提供者是否收到监管部门提出的

① 参见周详、高畅：《刑法中比例原则的引入——以拒不履行信息网络安全管理义务罪适用为视角》，330～339页。

② 参见陈洁、马伟：《对“拒不履行网络安全管理义务罪”的法理解读和司法认定》，578～585页。

③ 参见王政勋、邹超雅：《论拒不履行网络安全管理义务罪的构成要件》，553～560页；王清军、赵雷：《论网络服务提供者不作为犯罪》，570～577页。

④ 参见刘夏：《拒不履行网络安全管理义务罪若干疑难问题研究》，586～594页。

责令采取改正措施的要求，以及改正要求是否明确具体；二是网络服务提供者对监管部门提出的采取改正措施的要求，在主观上是否具有拖延或拒绝执行的故意；三是网络服务提供者是否具有依照监管部门提出的要求，采取相应的改正措施的能力。此外，因为信息网络传播速度快、范围广，危害性更大，所以只要一次经监管部门责令采取改正措施而不改正的，即可认定网络服务提供者属于“拒不改正”。至于立案后改正的处理，则可参照《刑法》第276条之一拒不支付劳动报酬罪的规定，如果尚未造成严重后果，在提起公诉前采取改正措施，并依法承担相应赔偿责任的，可以减轻或者免除处罚。[①]

4. “致使违法信息大量传播”的认定

构成拒不履行信息网络安全管理义务罪要求行为人的行为“致使违法信息大量传播”，这其中既包含了质的因素即“违法信息”，也包括量的因素即“大量传播”，但对于两者应当如何界定，法条当中并没有明确。有论者认为，“违法信息”中的“违法”应是广义的违法，不管是刑事违法、行政违法还是民事违法等，均属于“违法”。故而“违法信息”的范围也十分广泛，所有侵犯了法律所保护的社会关系与社会秩序，危害社会的信息，均属于“违法信息”。关于“大量传播”的界定，有论者认为，可以参照最高人民法院、最高人民检察院《关于办理利用信息网络实施诽谤等刑事案件适用法律若干问题的解释》（2013年9月6日）中有关转发、浏览、点击次数的规定来判断，即如果违法信息被点击、浏览次数达到5 000次以上，或者被转发次数达到500次以上，即可认定为“大量传播”[②]。

5. “致使用户信息泄露，造成严重后果的”的认定

有论者认为，对“致使用户信息泄露，造成严重后果的”中“用户信息”的认定，可以区分单位用户信息与个人用户信息两种情况：单位用户信息主要指单位的生产经营管理信息，包括商业秘密、内幕信息以及与单位利益密切相关的信息。个人用户信息是指一切可以识别本人信息的总和，这些信息包括了一个人在生理、心理、智力、个体、社会、经济、文化、家庭等方面的信息。[③]

---

① 参见刘宪权、李振林：《涉信息网络犯罪新罪名的理解与适用》，319～329页。

② 刘宪权、李振林：《涉信息网络犯罪新罪名的理解与适用》，319～329页。

③ 参见刘宪权、李振林：《涉信息网络犯罪新罪名的理解与适用》，319～329页。

（六）非法利用信息网络罪

为净化信息网络空间，维护正常的信息网络秩序，完善刑法有关网络犯罪的规定，进一步明确规定对为实施诈骗、销售违禁品、管制物品等违法犯罪活动而设立网站、通讯群组、发布信息的行为如何追究刑事责任，《刑法修正案（九）》增设了《刑法》第287条之一，即非法利用信息网络罪，对于该罪的研讨，主要围绕以下问题开展。

1. 对于“预备行为的实行化”的评价

有论者认为，《刑法修正案（九）》设立非法利用信息网络罪，将信息网络犯罪的预备行为实行化，是对刑法谦抑性理论的合理运用。但是，刑罚如两刃之剑，用之不得其当，则国家与个人两受其害，非法利用信息网络罪的立法表述还较为模糊，在相关的司法解释出台之前，有必要发挥刑法谦抑性的指导作用，对该罪予以合理的限制，以求在应对日益严峻的网络犯罪态势的同时，更好地保护社会公众的利益。①

2. “违禁物品”等专有名词的界定

有论者认为，本罪中的“违禁物品”是指国家规定不准私自制造、购买、使用、持有、储存、运输、进出口的物品；“管制物品”是指国家对其制造、购买、使用、持有、储存、运输、进出口有严格管控制度，需经有关部门批准、备案、检查的物品；“网站”是指在互联网上根据一定的规则，使用HTML等工具制作用于展示特定内容的相关网页的集合；“通讯群组”是指用于向多个对象同时进行传递消息、沟通联系，由这些多个对象所组成的整体，如微信群组、飞信群组、QQ群等。论者认为，行为人设立网站、通讯群组的目的在于实施诈骗、传授犯罪方法、制作或者销售违禁物品、管制物品等违法犯罪活动，发布的信息必须是有关制作或者销售毒品、枪支、淫秽物品等违禁物品、管制物品或者其他违法犯罪信息，或者发布的信息表现形式上并非违法犯罪信息，但其目的在于实施诈骗等违法犯罪活动。②

3. “其他违法犯罪”和“等违法犯罪活动”的认定

非法利用信息网络罪的三种行为方式中均包含了“其他违法犯罪”和

---

① 参见龚慧平、张勇《刑法谦抑性视角下信息网络犯罪预备行为的实行化》，40～347页。

② 参见刘宪权、李振林：《涉信息网络犯罪新罪名的理解与适用》，319～329页。

“等违法犯罪活动”，那么其中是否既包含了违法行为又包含了犯罪行为，抑或是仅能限定为犯罪行为？有论者认为，必须用同类解释的方法将“其他违法犯罪”和“等违法犯罪活动”的“违法犯罪活动”限定理解为与诈骗、传授犯罪方法、制作或者销售违禁物品等社会危害性相当以及更严重的犯罪。①

4. “情节严重”的认定

行为人利用信息网络实施上述各项行为必须达到情节严重的程度，“情节严重”是指手段恶劣或后果严重等。有论者认为，该罪的“情节严重”，也包括设立的网站浏览量、点击量较大，通讯群组中对象较多，发布违法犯罪信息数量较大，所发布的违法犯罪信息被他人用于违法犯罪行为等。②

（七）帮助信息网络犯罪活动罪

为应对近年来信息网络为实施犯罪提供技术支持与帮助的常态情况，促使网络运营服务商认真履行相关义务，并通过斩断网络运营服务商与犯罪分子的非法利益链来实现对网络犯罪的预防，《刑法修正案（九）》增设了《刑法》第287条之二，即帮助信息网络犯罪活动罪。针对该罪的研讨主要围绕以下几个方面。

1. 客观行为的认定

本罪的客观方面表现为，为信息网络犯罪提供互联网接入、服务器托管、网络存储、通讯传输等技术支持，或者提供广告推广、支付结算等帮助，情节严重的行为。有论者认为，由于该罪所帮助的对象是信息网络犯罪，为凸显帮助信息网络犯罪的特殊性，该罪中的帮助行为应指在信息网络方面所给予的帮助，而非现实生活中的帮助，所以此处的广告推广、支付结算等均应在信息网络环境下完成，即“广告推广”是指网络广告推广，“支付结算”应指网络银行转账结算。③

2. “情节严重”的认定

对于“情节严重”，有论者认为，是指行为人提供互联网接入、服务器

① 参见刘宪权、李振林：《涉信息网络犯罪新罪名的理解与适用》，319～329页。
② 参见刘宪权、李振林：《涉信息网络犯罪新罪名的理解与适用》，319～329页。
③ 参见刘宪权、李振林：《涉信息网络犯罪新罪名的理解与适用》，319～329页。

托管、网络存储、通讯传输等技术支持，或者提供广告推广、支付结算等帮助行为，手段恶劣或后果严重等情况，例如在犯罪人得以顺利实施犯罪中起到重要作用，广告推广的范围较广泛，支付结算的金额较高等。①

3. 主观方面的认定

本罪的主观方面为故意，即明知自己为他人实施的信息网络犯罪提供帮助的行为，会给国家的信息网络管理秩序造成损害，仍然希望或放任这种危害结果发生的心理态度。对此，有论者认为，法条明确规定构成该罪必须“明知他人利用信息网络实施犯罪”，所以应当对“他人利用信息网络实施犯罪”的内容进行严格解释，将其解释为他人以这种电子信息传输通道为手段所实施的犯罪行为，其中的“犯罪”应限定为符合我国刑法相应规定犯罪构成的、应当被认定为相应罪名的犯罪行为。②

4. 网络“资助”行为的刑法规制

关于网络“资助”行为的刑法规制问题，有论者认为，最高人民法院、最高人民检察院《关于办理危害计算机信息系统安全刑事案件应用法律若干问题的解释》（2011年9月）中确立的共犯处理原则，难以全面应对网络犯罪“资助”行为带来的挑战，尽管相关罪名的套用可以在某种程度上和一定范围内给予“资助”行为加以刑法评价和制裁，能够适度地抑制“资助”行为的增加泛滥速度。但是，要从根本上实现对于“资助”行为的刑法制裁，仍需另寻他径。以共犯理论适度扩张网络犯罪的打击半径为解决路径，虽然不失为一种相对简易的快捷解决模式，但是，毕竟要借助于具体的网络犯罪罪名这一“资助”行为之后的“后续性”行为才能追究责任，因此，此种解释模式仍是权宜之计。理想的立法远景是将“资助”行为单独入罪化，对于网络犯罪“资助”行为进行独立和全面的评价，增强刑法打击网络犯罪上游“资助”行为的力度。③

5. 信息网络技术帮助行为的治理模式

关于信息网络技术帮助行为的治理模式，有论者认为，“帮助犯—帮助

---

① 参见刘宪权、李振林：《涉信息网络犯罪新罪名的理解与适用》，319～329页。

② 参见刘宪权、李振林：《涉信息网络犯罪新罪名的理解与适用》，319～329页。

③ 参见于冲：《关于网络犯罪“资助”行为的刑法审视——基于共犯行为正犯化的理论视阙》，383～391页。

行为独立成罪—义务犯”的阶层治理模式是根据行为的社会危害性大小和法定刑轻重对相关罪名进行逻辑体系安排和规则建构。在司法实践中，定罪处罚还是应当受刑法谦抑和刑罚可罚性从无到有、从小到大的制约，按照“义务犯—帮助行为独立成罪—帮助犯”的阶层模式理解并适用具体罪名。尽管有论者认为，网络时代的刑法应由“限定的处罚”转向“妥当的处罚”。但无论如何，犯罪的刑法治理必须恪守阶段性和有序性等阶层模式的基本品格。[①]

（八）网络言论的刑法规制

言论自由是宪法赋予公民的重要权利，但是其行使有一定的边际和限度。网络言论不能无法无天，不能为所欲为，这就产生了网络言论的刑法规制问题。对此，有论者认为，我国有关网络言论刑法规制的法律规范数量比较可观，阵容比较庞大，但是相关条文并不能满足实际需要，相关规定比较零散、法律规范之间存在矛盾、法律规范层级较低。网络言论刑法规制需要展开一体化系统论，这意味着要注重网络言论刑法规范多个层面的沟通、联系和互动：第一个层面是立法、司法和守法；第二个层面是犯罪、刑罚和具体罪名等；第三个层面是刑法典、单行刑法和附属刑法；第四个层面是刑法规范和司法解释；第五个层面是刑法和刑事诉讼法、行政法、民法等。如果囊括了以上内容，那么网络言论刑法规制一体化就自然形成了一个较为完备的封闭圈，构成了一个自成体系的系统工程。[②]

（九）快播案的法理分析

在广受关注的快播公司传播淫秽物品牟利案中，网络信息技术对传统刑法理论提出了新的挑战。在该案中，快播公司的服务器具有缓存功能，用户下载的淫秽视频缓存于服务器中，可以被其他用户下载观看。快播公司对服务器中缓存的淫秽视频没有及时清理，造成淫秽视频的大量传播。围绕快播案，学者们进行了以下研讨。

有论者认为，不作为型网络信息犯罪，主要是指网络提供者、管理者等

---

① 参见程荣：《论信息网络技术帮助行为的刑法治理模式》，392～398页。

② 参见陈小炜、梅志军：《网络言论刑法展开问题研究》，399～406页。

不制止或删除由其管理、控制的有害或违法信息行为所构成的犯罪。与传统的不作为犯罪相比，不作为型信息网络犯罪具有结果回避需技术性、专业性以及犯罪后果表现为非重大人身伤害性两个明显特点。快播案中的不作为型网络信息犯罪的作为义务产生根据主要包括法律明文规定的义务、职务或业务上的要求以及法律行为引起的义务。成立不作为犯罪不仅要求行为人负有特定的法律上的作为义务，同时还要求行为人有履行作为义务的能力。在不作为型网络信息犯罪中，这种履行能力表现为网络责任主体对结果防范的可能性。①

也有论者认为，快播播放器使淫秽信息在不特定的快播用户之间的传递和共享变得更加方便、迅速并且广泛，符合《刑法》第 363 条罪状中的“传播”的实质含义。快播公司对快播视频播放器传播淫秽视频的事实是明知的，对其播放器推动了淫秽视频广泛传播的后果是持放任心态的，因此快播公司应当对其传播行为承担法律责任。快播公司在其服务器上缓存大量的淫秽视频并且放任其传播，其行为与直接从事传播淫秽物品牟利活动并无异处，快播公司不构成不作为方式的传播淫秽物品牟利罪。②

还有论者认为，如果传播的淫秽物品属于快播公司已经发现的淫秽视频，这些淫秽视频已经被监管部门责令整改或用户已经举报，则快播公司处置不力与该淫秽视频传播具有因果关系，快播公司对该部分视频具有法定管理义务且能够对该部分视频进行处理其仍不处理，因此，就该部分传播的淫秽视频，快播公司删除淫秽视频不力的行为构成《刑法》第 364 条的传播淫秽物品罪。如果传播的淫秽物品属于快播公司未发现的淫秽视频，这些淫秽视频监管部门未责令整改，用户未举报，虽然快播公司处置不力与该淫秽视频传播具有因果关系，但是快播公司对该部分视频不具有法定管理义务，因此，就该部分传播的淫秽视频，快播公司删除淫秽视频不力行为不构成《刑法》第 364 条的传播淫秽物品罪。根据事实存疑时有利于被告人的原则，应该推定该部分传播的淫秽视频属于未被发现的淫秽视频，所以，快播公司删

① 参见莫开勤、徐聪：《论不作为型网络信息犯罪的司法认定——以“快播案”为例》，407～415 页。

② 参见辛鹏、郭理蓉：《“快播案”相关问题的法理分析》，416～424 页。

除淫秽视频不力行为不构成《刑法》第364条的传播淫秽物品罪。[①]

（十）互联网金融犯罪

关于互联网金融平台的刑事责任，有论者认为，互联网技术与传统金融行业的结合，促进了以电子商务为代表的网络金融的蓬勃发展，传统金融正在进入信息化时代，以网络第三方支付、P2P网络借贷、股权众筹、余额宝等为代表的互联网金融创新形式逐渐被接受和认可。互联网金融在快速发展的同时，网络金融平台也面临各种风险，利用网络金融平台进行违法犯罪的行为不断增加，危害日趋严重，对网络金融的交易秩序和交易安全产生了不利的影响。利用互联网支付平台进行违法犯罪的行为日渐增多，涉嫌构成挪用资金罪或职务侵占罪、洗钱罪、信用卡诈骗罪和非法经营罪、盗窃罪和诈骗罪等犯罪。[②]

有论者针对P2P网络借贷行为的刑法规制与行政监管问题进行研究，论者认为，网络借贷活动可能产生的犯罪行为包括三类：一是互联网金融平台实施的犯罪行为，比如洗钱罪、非法吸收公众存款罪、集资诈骗罪等；二是互联网金融业参与者实施的犯罪，比如诈骗、侵犯商业秘密等；三是以互联网为对象实施的扰乱金融秩序犯罪。当下，规范P2P网络借贷平台的法律制度并不完善，致使P2P网络借贷义务生存的法制环境有限。另外，源于行政监管缺位，P2P网络借贷活动极易突破法律界限，并触碰刑事法律的高压线。不过，民间金融的发展不仅是个体与国家行动者理性行动作用下的产物，而且是源于市场需求的。在此背景下，应尽快从教义学上明确非法吸收公众存款罪、集资诈骗罪与互联网金融之间的关系。为了规范网络借贷平台的经营行为，银监会为P2P网络平台业务划出四条红线，不过，四条红线显得宏观且抽象，还需从微观层面进行细化和设计，对网络借贷行为予以行政规制和监管。[③] 还有论者针对对于“四未”P2P集资诈骗案，指出“先民后刑”是治理“四未”P2P集资案的基本思路、“行政前置”是治理“四未”P2P集资案的可行路径、“严定罪轻量刑”是追究“四未”P2P集资诈

---

① 参见董桂武：《快播案：应受惩罚的是作为抑或不作为?》，425～433页。

② 参见张启飞：《论我国互联网金融平台的刑事责任》，456～465页。

③ 参见赵运峰：《P2P网络借贷行为的刑法规制与行政监管》，614～622页。

骗刑责的司法政策，必须发挥民事手段、行政手段在犯罪治理中的作用，慎用刑法手段，在定罪量刑上必须做到排他的典型性，让“四未”P2P集资诈骗案经得起历史的考验，体现刑法权威、正义。① 也有论者以“某租宝案”为样本，从刑法介入、共犯认定、管辖及电子证据等环节剖析该类案件，以达到增强对该类犯罪打击的速度、精度和准度，应对互联网集资诈骗犯罪新态势。②

有论者认为，目前侵害金融信息安全的犯罪行为整体上可以分为前置行为、实行行为和后续行为三种类型。在面临着时代发展带来的新的法律挑战时，目前的金融信息安全刑法保护体系暴露出了法律准备的严重不足，大数据背景下金融信息范围扩张、新法益增生和传统法益弱化导致金融信息保护刑法保护滞后。完善金融信息安全犯罪刑事制裁思路应当发掘非法获取计算机信息系统数据罪潜能，基于大数据时代的要求，对于数据“量”进行保护；同时，对侵犯公民个人信息罪进行微调。③

（十一）电信诈骗犯罪

电信诈骗犯罪是利用电信技术实施的新型犯罪，其在本质上是诈骗罪。当前，电信诈骗犯罪已呈现出犯罪主体分工产业链化、犯罪对象选择发送精准化、犯罪手段多重智能化、犯罪工具有“专供”化等新动向，社会危害性越来越大。有论者认为，近年来国家对网络电信诈骗在立法和行政规制方面采取了一些措施，但是对犯罪防控的有效性还远远不够。主要存在着刑事立法滞后，行政立法欠缺以及与刑事立法的衔接不足，民事立法（责任企业和部门对受害人的民事赔偿责任）基本空白的问题。从司法的角度看，惩治犯罪主要依赖公安部门对直接诈骗分子的外部打击，对犯罪的上下游违法犯罪行为打击不足。④

还有论者在对最高人民法院发布的九起电信网络诈骗典型案例研究后，

---

① 参见常秀娇、车明珠：《“四未”P2P集资诈骗犯罪的刑事政策》，623～630页。

② 参见傅跃建、朱剑冰：《互联网集资诈骗犯罪若干法律问题——以“某租宝”集资诈骗为样本》，637～642页。

③ 参见田刚：《互联网金融信息犯罪的模式、挑战与制裁思路》，664～671页。

④ 参见李克勤、张洪峰：《论跨国网络电信诈骗的法律规制——以阻断诈骗的三个技术性环节为切入点》，475～485页。

认为“酌情从严惩处”政策已不适应电信诈骗犯罪持续高发的形势，应总结经验适时将电信诈骗犯罪的司法政策调整为“依法从严惩处”。电信诈骗行为无须改变诈骗罪的定性，对电信诈骗按照诈骗罪定性是正确的，现有的立法能够解决其定罪问题，所以当下重点关注的应该是电信诈骗犯罪的司法适用，应提高电信诈骗犯罪的立数额标准，完善电信诈骗犯罪附加刑的适用，从犯亦应适用财产刑，统一财产刑的适用标准。①

（十二）信息犯罪

1. 侵犯个人信息犯罪

为遏制侵犯公民个人信息犯罪行为，2009年《刑法修正案（七）》首次将出售、非法提供公民个人信息和非法获取公民个人信息的行为规定为犯罪，2015年《刑法修正案（九）》对侵犯公民个人信息犯罪的部分条款又进行了修改，加大了对侵犯公民个人信息犯罪的打击力度。但现有规定依然存在很多问题，学者们进行了相关探讨。

关于侵犯个人信息犯罪中的“个人信息”的界定，有论者赞同将识别说和概括列举说结合起来对个人信息进行定义，即个人信息是指个人姓名、性别、家庭地址、身份证号码、教育信息、医疗资料、财务状况等可以直接或者间接识别特定个人的信息。在司法实践中，需要的是通过主观因素和客观事实相结合去分析是否达到“情节严重”的程度。刑法作为最后保障手段，在其发挥作用之前，须穷尽民法和行政法的救济。对于一些人肉搜索的行为，其实只需要行政处罚和民事赔偿就可以解决，无须升格到刑事处罚。②

关于“情节严重”的判断，有论者认为应当从信息的内容、非法获利或者非法销售的金额、信息的数量、行为性质、危害结果、犯罪次数、犯罪主体的规模、行为人的主观心态、行为动机是否卑鄙等方面的因素来把握。③还有论者认为，解决侵犯公民个人信息罪“情节严重”标准模糊的问题，不宜通过立法的方式进行，这容易破坏法律的稳定性，而应该通过司法解释的

① 参见彭凤莲、王超：《论电信诈骗犯罪的司法适用——以最高人民法院发布的九起电信网络诈骗典型案例为例》，466～474页。

② 参见冯卫国、陈杰：《侵犯公民个人信息罪若干问题探讨》，495～503页。

③ 参见牛忠志、贾智涵：《侵犯公民个人信息罪司法适用争议问题研究》，513～521页。

方式予以解决。建议构建以“数量较大”为核心，以“违法所得数额较大”“造成其他严重后果”“造成重大经济损失、恶劣社会影响”为补充的侵犯公民个人信息罪定量评价标准。同时对于信息的“条”与“组”做好衔接，构建相对科学的公民个人信息犯罪定量标准。[①]

还有论者认为，《刑法修正案（九）》将能够“在履行职责或者提供服务过程中获得的公民个人信息”规定为从重处罚情节，只要行为人属于特定主体并利用职务行为实施犯罪，就要对其从重处罚。该规定使出售、非法提供公民个人信息犯罪中从重处罚的主体范围过大，既不符合我国刑事立法的一般规律，也不符合罪责刑相适应的基本原则。对于“违反国家有关规定”术语，如果将其解释为“违反国家规定”，则导致立法修改缺乏实质意义；如果将其解释为“违反国家规定”的上位概念，则与罪刑法定原则要求的明确性相违背，实践中会导致自由裁量权的泛滥，有损司法的统一性和权威性。因此，在没有解决“违反国家规定”固有缺陷的情况下，反而增加了新的问题和困扰，立法修改可谓得不偿失。[②]

2. 网络传播淫秽信息行为的认定

基于互联网传播迅捷、广泛的特点，网络传播淫秽信息行为的社会危害性已远远超过了传统传播淫秽物品行为的危害性。有论者认为，网络淫秽信息完全可以被解释为淫秽物品。相对于传统传播淫秽物品的行为，网络传播淫秽信息的形式更具有多样性。基于网络开放、交互等特点，传播行为不能再简单的限定为某种单一而具体的传递动作。对于网络传播淫秽信息行为的认定，应当着眼于行为是否存在使信息资源由少数独有变为多数共有的过程，也就是说如果行为本身涉及分享就应当被认定为传播。在司法实践中，机械地以传播的数量和次数来判断情节是否严重虽然不会带来审判风险，但很可能造成重案轻判或者轻案重判的情形，使罪刑不相适应。结合当前司法实践，应当从实际点击数问题认定“情节严重”标准，在拼接技术的帮助下，文件数已不能准确衡量淫秽信息含量，应当根据不同文件格式的特点，制定相应的衡量标准，重新确立传播数字视频信号类电子淫秽信息“情节严

---

① 参见王丽华、王肃之、汪恭政：《个人信息犯罪定量标准的构建——以侵犯公民个人信息罪为切入点》，530～536 页。

② 参见高贺、刘科：《侵犯公民个人信息犯罪中的三个问题》，522～529 页。

重”的判断标准。[①]

3. 编造、故意传播虚假信息罪

关于编造、故意传播虚假信息罪，有论者指出，《刑法修正案（九）》在《刑法》第 291 条之一中增加一款作为第 2 款规定了编造、故意传播虚假信息罪，而《刑法》第 291 条之一第 1 款规定的是投放虚假危险物质罪与编造、故意传播虚假恐怖信息罪。可以看出，刑法增设该罪旨在扩大对编造、传播虚假信息行为的打击范围。虚假信息相关行为为刑法所关注的一个重要的原因，便是互联网的发展与普及使虚假信息的编造、传播更为便利、影响更为广泛。除了虚假恐怖信息以外，刑法有必要对其他虚假信息的编造、传播行为进行规制。但本罪的增设并不意味着任何编造、传播虚假信息的行为都将入罪。通过对编造、故意传播行为的解释、对“虚假的险情、疫情、灾情、警情”的合理界定以及对“严重扰乱社会秩序”的限制性解释，可以明确本罪之规制范围。[②]

（十三）网络刷单行为的刑法规制

有论者针对当前新出现的网络刷单行为的刑法规制问题进行了研究，认为网络刷单行为的刑法规制必要性，主要体现在其严重的社会危害性，具体表现为损害消费者的合法权益，损害诚信经营的商户的利益，阻碍网络的正常发展，以及扰乱正常的社会秩序，所以亟须利用刑法进行规制。网络刷单行为中的声誉型刷单行为可能构成损害商业信誉、商品声誉罪、虚假广告罪和敲诈勒索罪；财产型刷单行为的认定则要明确诈骗罪与合同诈骗罪之界限。考虑到诈骗罪与合同诈骗罪具有一般与特殊的法条竞合关系，合同诈骗罪本质上也是一种具体的诈骗犯罪，我们认为，对此应当根据行为主体的不同，区分为以下两种情况来处理：其一，如果刷单人原系善意注册账号、合法经营或者运营的商户、司机，只是后来在经营或者运营中实施刷单、虚构订单事实，骗取网络平台财产的，一般应认定为合同诈骗罪。其二，如果刷单人一开始就是出于骗取财产之目的，恶意注册账号的，则构成诈骗罪。然

① 参见郑丽萍、宁势强：《网络传播淫秽信息涉罪行为研究》，504～512 页。

② 参见苏青：《编造、故意传播虚假信息罪解读》，537～544 页。

后，该论者还对于刷单行为的共同犯罪和罪数形态问题进行了研究。[①]

（十四）非法使用伪基站行为的定性

非法使用伪基站行为是近年来出现的新型信息网络犯罪形式，有论者通过对于中国裁判文书网上法律文书的研究，发现绝大多数非法使用伪基站案件均以破坏公用电信设施罪予以处罚，部分案件则将按照传统的盗窃、诈骗罪进行处罚。最高人民法院、最高人民检察院及公安部、国家安全部联合发布了《关于依法办理非法生产销售使用“伪基站”设备案件的意见》（2014 年 3 月 14 日），针对非法使用伪基站行为所规定的其他罪名则近乎被架空。论者认为，非法使用伪基站的行为没有危害公共安全、没有破坏公用电信设施、行为人没有破坏公用电信设施的故意，不应构成破坏公用电信设施罪。而该意见中所规定的如破坏计算机信息系统罪、扰乱无线电通讯管理秩序罪应当有更广的适用空间。同时，实践中部分案件针对非法使用伪基站行为获取他人财物所认定的盗窃罪、诈骗罪等也需要明确各自的适用范围。[②]

此外，有论者还对数据遗忘权的刑法保护[③]、网络传销犯罪的司法认定[④]、从辩护角度讨论信息网络犯罪中的电子证据的认定[⑤]等相关网络犯罪的问题进行了较为深入的探讨。

三、恐怖主义犯罪的司法适用研究

围绕恐怖主义犯罪司法适用问题，相关研讨主要集中于涉及反恐理念，反恐刑事政策，反恐刑事管辖权，以及具体恐怖主义犯罪等方面的问题。

（一）打击恐怖主义犯罪的宏观问题

1. 反恐理念的更新

理念影响制度的司法适用，只有更新理念，才能在正确把握刑法条文的

---

① 参见阴建峰、刘雪丹：《网络刷单行为的刑法规制研究》，643～656 页。

② 参见杨彩霞、梁琪：《论非法使用伪基站行为的定性》，605～613 页。

③ 参见孙道萃：《数据遗忘权的刑法学观察与协同保护》，443～455 页。

④ 参见邓红梅：《网络传销犯罪的司法认定：以经营性传销与诈骗性传销为视角》，486～494 页。

⑤ 参见刘丽云：《从辩护角度谈信息网络犯罪中的电子证据》，682～692 页。

基础上正确适用法律。有论者认为，当前我国反恐理念中存在以下问题：一是简单机械地将敌人刑法、风险刑法、国家刑法等一些争议的刑法思想运用到反恐立法、执法和司法中，造成反恐工作的模糊、困扰和混乱；二是过度依赖刑法，刑法万能主义、重刑主义、工具主义思想在反恐理念中仍有体现；三是片面强调严打的刑事政策思维，没有认识到打击恐怖主义犯罪的长期性、艰巨性和复杂性，导致“治标不治本”。在我国适用反恐刑法的过程中，应该树立零容忍理念，全民反恐理念，法治反恐理念，人权保障理念，综合反恐理念，源头治理理念，以及情报信息主导理念。①

2. 反恐刑事政策

关于反恐刑事政策，有论者从刑事一体化的视角进行了探讨，认为刑事一体化视野下的反恐刑事政策主要包括如下方面的内容：(1) 完善反恐法与反恐刑法，为惩治恐怖主义犯罪行为提供制度支撑。(2) 注意反恐程序性特殊，构建有区别更缓和的政策。(3) 刑事政策的制定不仅与犯罪现象、刑罚执行等有关，而且还与各种政治力量等对于犯罪、刑罚或刑事政策的态度有关，故必须积极引导和发动全社会的力量反恐才能使恐怖主义势力彻底消灭。(4) 应加强国际合作，通过接轨国际，通力合作，彻底打击跨国、跨民族、跨宗教的恐怖主义犯罪。②

有论者认为，传统反恐策略的制定者过度关注于恐怖主义的打击范围、打击力度与打击结果，未能将目光扩展至恐怖主义产生与发展背后更为广阔的社会环境，也没有将反恐策略的重心逐渐转移至如何改变有利于恐怖主义滋生的社会条件上来。我们应该采取以“去极端化”为核心的柔性反恐策略，该策略以恐怖主义赖以存在的精神条件——极端、暴力的意识形态与理论体系为切入点，提出综合运用多种社会手段而不拘泥于军事的强硬镇压的具体办法，最终使易感染者（危险分子）免于极端主义思想侵袭，使已感染者（恐怖分子）彻底放弃极端主义思想并能够顺利复归社会的全新的反恐思路。③

有论者认为，我们应该在总体安全观思想的指导下来预防和治理恐怖主

① 参见王秀梅、任成玺：《论反恐怖主义理念的时代语境与科学体系》，716～725页。

② 参见郭洁、王洋：《刑事一体化下的反恐刑事政策》，737～744页。

③ 参见兰迪：《恐怖主义犯罪刑事对策研究——以柔性反恐策略为视角》，745～756页。

义犯罪。具体而言，为了有效地应对恐怖主义犯罪，应该做到：以“一带一路”倡议为引领，从经济、文化上消除恐怖土壤；坚持沿岸沿线国家的个别化原则，使反恐合作具有针对性；以法律手段为重要后盾，严密法网。①

还有论者认为，惩治和预防恐怖主义犯罪应当注重改善敏感地区民生、促进社会公平，做好民族、宗教工作，健全反恐组织体系，提高对暴力恐怖犯罪分子的威慑力与战斗力，以实现对犯罪的预防。同时，还应当加强国际合作，提高处置恐怖主义的效率，实现刑罚的及时性。②

3. 反恐刑法的刑事管辖权问题

我国2015年12月颁布的《反恐怖主义法》第11条规定了属人管辖、保护管辖和普遍管辖，这与《刑法》关于管辖权的规定表述一致，但《反恐怖主义法》是否扩大了属人管辖和保护管辖呢？有论者从理论与实践操作的角度作了分析后，认为《反恐怖主义法》与《刑法》的属人管辖和保护管辖规定相比，虽然二者表面上有所差别，但实质上并无不同。换句话说，《反恐怖主义法》中的反恐刑法规范，作为特别法（即附属刑法），没有扩大对恐怖活动犯罪的属人管辖权和保护管辖权范围。因为《反恐怖主义法》规定的“中华人民共和国行使刑事管辖权，依法追究刑事责任”中的“依法”，在中国当今无非是三种刑法渊源：刑法典、单行刑法或附属刑法。在我国目前不存在单行的反恐刑法的情况下，其结果无非有两种情况：一是依照现行《刑法》的规定；二是依照附属反恐刑法规范的规定。如果是依照现行《刑法》的规定，即依照《刑法》第7条和第8条之刑事管辖权的规定，自然不存在扩大刑事管辖权范围之说；如果是依照附属反恐刑法规范的规定，目前中国的反恐立法仅有《反恐怖主义法》涉及管辖权的规定——就是依照《反恐怖主义法》第11条关于“中华人民共和国行使刑事管辖权”的规定。但《反恐怖主义法》第11条没有关于“中华人民共和国行使刑事管辖权”的明确、具体的关于扩大行使管辖权的规定。由此看来，《反恐怖主义法》第11条的内容，只能被解释为照应性规定，并没有创设新的法律规范以扩大我国对恐怖活动犯罪的刑事管辖权。③

① 参见焦阳：《“一带一路”战略视野下的反恐措施研究》，768～774页。

② 参见马章民：《论我国恐怖主义犯罪及其司法适用》，850～857。

③ 参见赵秉志、牛忠志：《〈反恐怖主义法〉与反恐刑法衔接不足之探讨》，693～705页。

4. 恐怖主义与恐怖主义行为（犯罪）的关系

关于恐怖主义与恐怖主义行为（犯罪）在刑法上的关系，有论者认为，恐怖主义与恐怖主义行为（犯罪）作为同一概念使用，已经约定俗成，可以不加区分的使用。恐怖主义是一种信仰或思想体系，其本身属于意识形态范畴；而恐怖主义犯罪则是在恐怖主义思想观念指导下实施的具有严重社会危害性的行为。一个是指某种思想观念指导下的客观行为，一个是指单纯的思想意识，这是恐怖主义犯罪与恐怖主义两概念间的本质差别。只不过，单纯的思想和信念没有任何危害，刑法不处罚思想已成为定律，所以这不是法律尤其是刑法所关注的对象。只有在一定思想信念支配之下的危害社会的行为，才能受到法律的评价并受到刑法规制。国际社会在使用恐怖主义这一概念的时候，事实上并不是指一种单纯的思想，而是指在恐怖主义思想支配下的危害社会的行为，基本将两种概念等同使用。该论者还认为，从司法的角度来看，要认定恐怖主义，需从如下方面进行：一是恐怖主义动机的多样性。恐怖主义犯罪的动机具有多样性。尽管传统上绝大多数的恐怖主义犯罪都是出于政治性动机，但事实上恐怖主义犯罪并非局限于政治性动机，还存在出于其他诸多动机而实施恐怖主义犯罪的案例。二是恐怖主义的目的，即制造社会恐怖。①

有论者认为，从内涵来看，主义本身就是一种思想和观念。将恐怖主义界定为特定的思想、言论并无不当，关键的问题在于严格遵循罪刑法定原则的要求，按照刑法关于具体犯罪的规定严格把握其构成要件，如果行为人只是拥有恐怖主义思想，但并未实施宣扬、传播、煽动等行为，是不能定罪处罚的。但既然只是一种思想和言论，那就不是行为。恐怖主义只应当是一种特定的思想、观念和言论，而具体实施这些思想、观念和言论的行为则是恐怖活动。所以，对恐怖主义的界定应当与对恐怖活动的界定结合起来，恐怖主义应当是指信奉、主张或意图实施恐怖活动行为的思想、观念和言论。②

还有论者认为，恐怖活动犯罪与恐怖主义具有对应关系，甚至可以视为恐怖主义在刑事立法领域的一种表现。恐怖主义犯罪是从犯罪行为的原始动力进行挖掘，比如基于恐怖主义教条、宗旨的个人、团体所实施的系统性犯罪活动。而恐怖活动犯罪是从行为特征的描述出发，侧重客观效果的恐怖

---

① 参见秦宗川：《恐怖主义、恐怖组织和恐怖主义犯罪的司法界定》，799～808 页。

② 参见胡江：《〈刑法修正案（九）〉恐怖主义犯罪规定的解读与思考》，826～835 页。

性，虽然中外法律中有关恐怖主义犯罪的规定在文字表述上存在差异，但我国恐怖活动犯罪的立法并非伴随新中国立法而产生，而是在国际社会“遏制恐怖主义”反恐合作的背景下产生的，有着特定的现实背景，因此两者在理解上不应存在太大分歧。①

（二）打击恐怖主义犯罪的具体问题

1. 恐怖主义与极端主义的关系

关于恐怖主义与极端主义的关系，有论者认为，从法教义学的角度而言，极端主义主要是一种民族分离主义、宗教极端主义和恐怖主义思想和主张的煽动、传播、灌输和蛊惑。从《反恐怖主义法》相关条文的表述来看，恐怖主义和极端主义之间的界限是非常复杂的：在有的场合二者似有区分，但在有的场合又混为一体；在有的场合二者是一体两面（极端主义侧重于思想，恐怖主义侧重于行为），但在有的场合二者又相互并立。遵循法条解释的“尽量有效原则”，考虑到政治学语境下的极端主义和恐怖主义的阐释，以及借鉴绝大多数国家立法的做法，对二者可作如下设定：极端主义主要是一种民族分离主义、宗教极端主义和恐怖主义思想和主张的煽动、传播、灌输和蛊惑，而恐怖主义主要是通过暴力方式将这些思想和主张付诸实施。从行为的内容上看，二者应是包容与被包容关系；从行为的程度上看，极端主义主要是言论犯罪，恐怖主义是实际暴力，因而后者危害程度更高。②

有论者认为，恐怖主义和极端主义二者又存在着交叉重合之处。极端主义应当是指为了特定的政治、宗教或者个人目的，而信奉、主张通过暴力或意图实施暴力等极端手段实现其非法目的的思想、观念和言论。当然，如果行为人采用极端方式实现其特定的非法目的，其行为符合恐怖活动或恐怖组织的要求时，则完全可能构成组织、领导、参加恐怖组织罪。因此，恐怖主义和极端主义二者又存在着交叉重合之处。③

2. 恐怖主义犯罪的界定

关于恐怖主义犯罪的界定，有论者认为，恐怖主义犯罪是指那些具有相

① 参见陈冉、朱南旭：《论惩治恐怖活动犯罪与人权保障的协调》，757～767页。

② 参见叶良芳、应家赟：《极端主义犯罪之“极端主义”的认定》，792～798页。

③ 参见胡江：《〈刑法修正案（九）〉恐怖主义犯罪规定的解读与思考》，826～835页。

当规模的组织和较强杀伤性的实力的团体，在极端宗教思想熏陶并伴随有一定的政治目的的支配下，所实施的造成或可能造成极其严重的危害的行为。① 也有论者认为，恐怖主义犯罪的司法概念应当界定为：个人、团体或组织以制造社会恐怖为目的，并以暴力、暴力性威胁或者其他足以引起社会大范围恐慌的方式实施的具有严重社会危害性的行为。② 还有论者认为，在恐怖主义犯罪的界定中，应当强调恐怖主义犯罪是基于系统理论和主张的内在信仰而实施的特征。恐怖主义所谓之恐怖活动是以恐怖分子的内在信仰为前提的。离开了基于系统理论和主张的内在信仰，恐怖活动便不是恐怖主义行为，恐怖活动犯罪也便不是恐怖主义犯罪。因此，我们只能说恐怖主义犯罪就是恐怖活动犯罪，反之则不能成立。③

3. 反击恐怖主义犯罪过程中的安置教育制度的适用问题

有论者对反击恐怖主义犯罪过程中的安置教育制度的适用问题做了探讨。该论者认为，安置教育是依法对被判处徒刑以上的恐怖主义罪犯和极端主义罪犯，在即将刑满释放时经评估确定仍具社会危险性的，经司法程序决定在刑罚执行完毕后继续限制其人身自由，以预防再犯的保安处分措施。要适用安置教育制度，必须对行为人的社会危险性予以评估，评估考虑的要素包括三个方面：一是犯罪性质、情节和社会危害程度，二是服刑期间的表现，三是释放后对所居住社区的影响。就适用条件来看，安置教育制度的适用需要满足如下条件：实施了恐怖主义罪犯和极端主义罪犯；具有高度的再犯可能性；安置教育的期限不能超过自由刑。④

此外，论者们还针对恐怖主义犯罪牵连、竞合问题⑤、准备实施恐怖活动罪⑥、宣扬恐怖主义、极端主义、煽动实施恐怖活动罪⑦、非法持有宣扬

---

① 参见夏凉：《恐怖主义犯罪的立法与司法分析——兼论恐怖主义犯罪的概念与特征》，784～791页。

② 参见秦宗川：《恐怖主义、恐怖组织和恐怖主义犯罪的司法界定》，799～808页。

③ 参见陈冉、朱南旭：《论惩治恐怖活动犯罪与人权保障的协调》，757～767页。

④ 参见陈泽宪、徐持：《法治反恐与安置教育》，706～715页。

⑤ 参见付一可、王建新：《恐怖主义犯罪牵连、竞合问题处理》，809～817页。

⑥ 参见王太宁、赵文金：《准备实施恐怖活动罪的司法适用》，881～888页；闫永安、唐大森：《准备实施恐怖活动罪司法适用研究》，889～897页。

⑦ 参见王政勋、王颖博：《论宣扬恐怖主义、极端主义、煽动实施恐怖活动罪的客观行为》，898～905页。

恐怖主义、极端主义物品罪①、编造虚假恐怖信息罪②、网络恐怖主义犯罪③、恐怖主义网络招募刑事立法④等相关问题进行了研讨。

四、贪污罪、受贿罪的司法适用研究

2015年《刑法修正案（九）》对于贪污贿赂犯罪进行了重大调整，2016年最高人民法院、最高人民检察院出台《关于办理贪污贿赂刑事案件适用法律若干问题的解释》（以下简称《解释》），对于贪污贿赂罪的司法适用问题作出了进一步规定。刑法典的修改与司法解释的出台为司法实践与理论研究带来了许多新课题，学者们围绕这些问题进行了深入的研讨。

（一）贪污贿赂犯罪的宏观问题

有论者对于贪污贿赂刑法修正的得与失进行了全面分析，认为《刑法修正案（九）》对于贪污贿赂犯罪的修改的主要进步表现为：适应社会发展，修正贪污贿赂犯罪的绝对数额标准；区别对待，体现宽严相济的刑事政策；调整政策，加大对行贿犯罪的惩处力度；增设财产刑，刑罚结构趋于合理。但是该修正也有明显不足：惩治腐败的力度名严实宽，引入终身监禁缺乏足够法理依据，对于贿赂犯罪罪状的缺陷视而不见等。⑤

还有论者对我国反腐败零容忍政策的刑事法实现进行了研讨，认为当前我国过分看重人情的社会氛围，多元混乱的规制体制，捉襟见肘的司法资源是我国实施零容忍政策的现实障碍。而要在我国刑事法中贯彻与体现反腐败零容忍政策，需要通过廉政文化建设、以薪养廉制度、财产申报制度和多元监督制度的构建，建设清廉社会，为零容忍政策的实行奠定基础。同时，通过严密法网、配套刑罚和完善刑事推定实行腐败零容忍政策，使有限的司法资源得到最优的配置。⑥

① 参见魏汉涛、李姗：《非法持有宣扬恐怖主义、极端主义物品罪解读》，906～914页。
② 参见李存海、宋鹏：《编造虚假恐怖信息罪实证研究》，936～944页。
③ 参见舒洪水、王刚：《网络恐怖主义犯罪的司法适用》，867～875页。
④ 参见周振杰、肖凡：《恐怖主义网络招募刑事立法比较研究》，842～849页。
⑤ 参见孙国祥：《贪污贿赂犯罪刑法修正的得与失》，973～983页。
⑥ 参见黄晓亮、肖舒婷：《腐败零容忍政策的刑事法实现问题研讨》，990～1000页。

我国反腐败零容忍政策的一个重要体现是境外追逃追赃工作的全面开展。有论者对于近年来我国境外追逃问题进行了研究，认为我国近年来反腐败境外追逃有以下特点：追逃工作组织有序、成绩突出，成功追逃的国家主要是亚非国家，所涉犯罪主要是经济犯罪。在此基础上，论者提出我国境外追逃工作的完善途径：综合运用警务合作与刑事司法协助，明确长期追逃的基本策略；遵守对方法律规则，提供符合对方要求的证据材料；以国力和外交为依托，顺势开展境外追逃；规范媒体宣传方式与措辞，避免不必要的麻烦；统一在境外追逃行动中的名称和用语；等等。只有这样，才能推动我国境外追逃的全面发展和良性循环。①

（二）贪污贿赂犯罪的定罪量刑标准问题

1. 数额问题

《解释》对于贪污贿赂犯罪的定罪量刑标准进行了调整，对此学者们多持肯定态度，如有论者认为，适当提高贪贿犯罪的起刑点具有合理性，统一数额标准不仅能够体现出司法公平性而且能够妥善解决数额标准适用时的省际冲突问题。② 还有论者认为，统一数额标准是出于便利司法实务操作的考量，将起刑点调整为3万元符合我国现实情况。③

然而，多数论者在基本肯定数额修改积极意义的同时也分析了其中的不足。如有论者认为，该修正的不足表现为以下方面：首先，贪腐犯罪定罪量刑数额的提升，难以真正契合国家一再强调的“严惩腐败”刑事政策的精神；其次，《解释》将导致贪腐犯罪与其他犯罪处罚的不协调，有违罪责刑相适应的刑法基本原则；最后，从解决问题的角度看，提高定罪量刑数额的做法，终究不是解困的长久之计。④ 也有论者认为，虽然从刑法内容上来看，定罪门槛变高了，可在实践中并非如此，和之前没有太大的变化，门槛没有真正提高，处罚范围还是比较大的。而对于量刑数额，尽管调整的幅度

---

① 参见张磊：《美国的“警告”与我国反腐败境外追逃》，1010～1022页。

② 参见莫晓宇、陈丽：《〈刑法修正案（九）〉背景下贪贿犯罪定罪量刑标准研究》，1172～1173页。

③ 参见古加锦：《〈刑法修正案（九）〉对贪污、受贿罪的修改之释解与适用》，1178页。

④ 参见何荣功：《“贪腐解释”与刑法反腐功能退化的反思》，1044～1051页。

较大，这一数额标准还是相对合理的。[①] 还有论者认为，贪污罪和受贿罪侵犯客体的重要程度、间接危害和犯罪成本均不相同，所以两罪社会危害性程度也不同，不宜适用同一数额标准。[②]

还有部分论者对于贪污贿赂犯罪数额标准的完善提出了建议，如有论者认为，刑罚分配的比例可以进一步商讨，具体数额标准不能以人的主观标准来设定，需要依据具体案件的实际情况，借助一定的数学工具得来。对于如何将犯罪三个数额档次加以划分，刑罚按何种比例较合理地配置在同一犯罪的不同层次，还需综合考虑社会发展，并借助一定数学模型来进一步分析、研究。[③] 有论者认为，在立法技术上可以考虑对数额犯规定方式予以调整，借鉴国家赔偿法的立法技术和经验，将犯罪数额规定为上年度职工年平均工资的百分比，以省级行政区划为基本单位（民族自治地方独立适用）。这是技术上解决此问题的值得借鉴的一个思路。[④] 还有论者认为，将贪污受贿犯罪标准具体量化的任务交给司法解释最为合适，这也是我国长期刑事司法实践的已有经验。既然《解释》已经给出了相对确定的数额标准，那么可以授权省级司法机关根据本地区经济发展状况，同时考虑社会治安状况，在司法解释规定的幅度内明确本地区执行的具体数额标准。[⑤]

2. 情节问题

围绕贪污贿赂犯罪定罪量刑的情节问题，有论者认为，“赃款赃物用于非法活动”、“拒不交待赃款赃物去向或者拒不配合追缴工作，致使无法追缴”、“曾因贪污、受贿、挪用公款受过党纪、行政处分”和“曾因故意犯罪受过刑事追究”等四项情节是行为人罪前、罪后表现情况，均不能反映行为人实施行为时的主观恶性或行为本身的社会危害性，以其作为能否入罪的标准，显然超出了对行为本身的评价，这四项情节均系典型的量刑情节，且一般是作为酌定量刑情节对待，《解释》将量刑情节规定为定罪情节，将非构成要件内容规定为犯罪构成要件，是否合理值得探讨。[⑥]

---

① 参见马松建、徐楠：《贪污贿赂司法解释中数额与情节问题探讨》，1086页。

② 参见单民、陈磊：《贪污罪受贿罪量刑修改后若干遗留问题解析》，1111～1112页。

③ 参见马松建、徐楠：《贪污贿赂司法解释中数额与情节问题探讨》，1086页。

④ 参见单民、陈磊：《贪污罪受贿罪量刑修改后若干遗留问题解析》，1109～1111页。

⑤ 参见高珊琦、李帅：《贪污受贿犯罪定罪量刑标准之再思考》，1121～1122页。

⑥ 参见陈国庆、郭竹梅：《贪污贿赂犯罪刑事司法若干问题探析》，947页。

还有论者认为，《解释》第 1 条至第 3 条实际上仅仅对贪污受贿犯罪的数额较大、数额巨大和数额特别巨大进行了规定。这可以分为两种类型：一是标准的数额较大、数额巨大和数额特别巨大，二是特殊情形下的数额较大、数额巨大和数额特别巨大。也就是说，《解释》对非数额情节的独立定罪量刑标准体系还没有专门的明确规定，这有待于最高司法机关进一步完善。该论者进一步指出，《解释》实际上并没有对非数额情节的定罪量刑标准进行具体化，以致缺乏可操作性。对于同时具有非数额情节与数额情节的情况，当以贪污受贿数额标准为主轴来确定法定刑时，应综合数额和非数额情节来判断整体社会危害性。当以非数额情节标准为主轴来确定法定刑时，也应综合数额和非数额情节来判断整体社会危害性，并据此来确定法定刑的层级及适用具体刑罚。①

（三）贪污贿赂犯罪的刑罚配置与适用问题

1. 终身监禁制度的适用与完善

《刑法修正案（九）》对于贪污贿赂犯罪新增了终身监禁制度，有论者对终身监禁的性质、适用对象、适用程序和时间效力进行研究，指出终身监禁在性质上不是独立的刑种，它是对罪当判处死刑立即执行的贪污受贿犯罪分子的一种不执行死刑的刑罚执行措施。从这个意义上讲，也可以说是死刑立即执行的一种替代性措施。终身监禁的适用对象应当包括两种：一种是罪当判处死刑立即执行，但基于慎用、限制死刑的刑事政策的考虑而没有判处死刑立即执行的贪污受贿犯罪分子。另一种是罪当判处死刑立即执行，只是基于贪污受贿犯罪分子具有法定从宽等情节的考虑而没有判处死刑立即执行，但仅判处死缓又显然偏轻的。在适用程序上，人民法院应当在对贪污受贿犯罪分子作出死缓裁判的同时根据其犯罪情节等情况决定对其适用终身监禁，而不是在死缓二年期满以后减刑的同时根据其死缓二年期间的表现等情况再决定对其适用终身监禁。根据从旧兼从轻的刑法溯及力原则，新增的终身监禁制度适用于 2015 年 11 月 1 日以前实施的罪当判处死刑立即执行的贪污受贿犯罪，但不适用于 2015 年 11 月 1 日以前实施的罪当判处死缓的贪污受贿

① 参见欧锦雄：《论贪污罪和受贿罪的“非数额情节”》，1103～1104 页。

犯罪。①

部分论者还指出了终身监禁制度的不足，如有论者认为终身监禁制度在司法适用中会导致贪污受贿犯罪领域死刑适用的大量减少，该制度的建立与死缓制度存在冲突。② 也有论者认为对重特大贪污受贿犯罪分子适用终身监禁有可能超越了罪责边界，并且无法体现特殊预防的刑罚目的，也会导致司法资源的不经济。③ 也有论者认为，《刑法修正案（九）》有关终身监禁的设置更多的是宣誓意义和回应群众反腐的期待，未来的发展方向应该是将其从贪污受贿罪中取消，视情况引入涉恐等严重的暴力犯罪刑罚体系。④

2. 死刑的适用问题

关于贪污贿赂犯罪的死刑适用问题，有论者认为，《解释》规定的死刑适用情节“犯罪情节特别严重、社会影响特别恶劣、给国家和人民利益造成特别重大损失的”等表述，都是非常模糊的规范性术语，容易带来适用上的争议，不过这也体现了刑事司法解释政策化的倾向。对于这些表述，我们应根据行为造成的后果、行为的手段以及当时所处的政治、经济、文化、社会发展等综合性因素加以理解。但是为了避免和之前的规定差距太大从而造成适用上的巨大鸿沟，总体上应采用“从宽性”解释，以实现“从严”惩治贪腐犯罪的刑事政策。⑤

也有论者通过对刘青山、张子善案件的分析，从政治逻辑的角度对如何把握死刑与死缓制度的界限进行了研究，论者认为死缓在本质上是一种政策意义上的宽宥机制，即对于罪该处死的犯罪分子，基于某种政策或政治考虑，可以采取暂缓2年执行的宽宥政策，这显然是有利于减少、严格限制死刑的。死缓的适用标准是弹性的、开放的，但这不意味着它可以任意使用，需要一定的政策导向，换言之，就是政治思维。⑥

① 参见古加锦：《〈刑法修正案（九）〉对贪污、受贿罪的修改之释解与适用》，1182～1183页。

② 参见高珊琦、李帅：《贪污受贿犯罪定罪量刑标准之再思考》，1116～1118页。

③ 参见刘霜：《终身监禁的立法解读及理论反思》，1216～1222页。

④ 参见张士彬：《贪污受贿犯罪新规的理解与适用》，1149页。

⑤ 参见刘胜超、杨森鑫：《对“两高”最新贪污贿赂犯罪司法解释若干规定的反思》，1063页。

⑥ 参见张曙光：《贪污贿赂犯罪死刑适用的政治逻辑——以刘青山、张子善案为例》，1201～1208页。

3. 财产刑的配置问题

《刑法修正案（九）》对贪污贿赂犯罪增设了罚金刑，有论者在整体肯定这一修正的基础上，认为在具体罚金刑的配置上仍有以下问题：第一，在同一法条中采用了两种罚金刑的配置形式，在低档主刑中适用的是具体数额的罚金刑，在中、高档主刑中采用的是具体数额加倍数的罚金刑模式，显得体系风格凌乱不统一。第二，低档主刑中并处10万元至50万元的处罚对应贪污受贿金额是3万元至20万元，罚金的数额分别是贪污受贿金额的3.3倍和2.5倍。而在中档主刑中罚金数额的起点与贪污受贿金额的起点一致，高档主刑中贪污受贿金额的起点反过来是罚金数额6倍，即贪污300万元只处50万元罚金，罚金刑的力度与犯罪程度，主刑严厉程度成反比。①

4. 受贿罪与行贿罪的处罚协调问题

有论者认为，《解释》将行贿、受贿同等数额入罪，使行贿罪刑事法网越来越紧密，但是这又带来以下问题：一是行贿罪的定罪起点和受贿罪的定罪起点相同，并不公平；二是司法实践中会出现同样犯罪数额情况下，行贿罪的量刑有可能重于受贿犯罪的现象；三是向司法人员及食品、药品、安全生产、环境保护等监督管理职责的国家工作人员行贿1万元就入罪，而受贿者需要3万元才入罪的问题，有失公平。

（四）贪污贿赂犯罪的主体问题

有论者对我国现行法律规范中的"国有事业单位中从事公务的人员"进行了研究，指出现行事业单位概念并不规范，具有"事企不分、事社不分、政事不分"的特点。我国有权机关对国有事业单位中从事公务的人员所做的解释存在两方面的问题：一是部分国有事业单位中从事公务的人员被解释为国家机关工作人员；二是最高人民法院、最高人民检察院解释将事业单位的公务作不当的限缩解释。②

最高人民法院、最高人民检察院于2010年11月26日出台了《关于办理国家出资企业中职务犯罪案件具体应用法律若干问题的意见》，有论者通过分析该意见中所增设的"代表型"国家工作人员的含义指出，对于"代表

---

① 参见陈珊珊：《对最新贪污贿赂犯罪司法解释的适用理解》，1082页。

② 参见刘志洪：《刑法中国有事业单位中从事公务的人员略论》，1247～1253页。

型”国家工作人员而言，“国家出资企业中的党委和党政联席会”不仅超越了语义的可能性而且缺乏处罚的必要性。①

有论者分析了全国人大常委会于2000年4月29日通过的《关于〈中华人民共和国刑法〉第九十三条第二款的解释》对于村基层组织人员职务犯罪主体的规定，指出该立法解释在司法实践中所暴露出的界定与适用问题，认为其原因主要源于新农村建设的影响。论者还提出了完善村干部职务犯罪主体规定的方案，具体包括：职务犯罪主体“大统一”方案、村干部职务犯罪单列方案、村干部职务犯罪主体“单一化”方案、直接修改《解释》方案与司法解释弥补方案。②

还有论者结合司法实践的案例，对受贿罪中国家工作人员的认定等问题进行了研究，认为非国家工作人员利用国家工作人员职务便利，与国家工作人员共同侵吞名义上属于国有单位的股权财产，不构成受贿罪；对于国家工作人员的认定，应当严格按照《刑法》第93条所提供的标准；因为社团法人既非公司，也非企业，所以社团法人的理事也并非公司、企业人员受贿罪的主体。而《修正案（六）》虽然对该罪的罪名和主体范围进行了修改，但是根据从旧兼从轻的刑法适用原则，对于修正案生效之前的行为应当适用修改之前的规范。③

（五）受贿犯罪的认定问题

1. 感情投资型受贿的认定

有论者通过分析《解释》中的“感情投资”的条款，指出收受感情投资财物可以认定为受贿罪，但要有以下限制：其一，必须要出现具体请托事项情形。其二，当出现具体请托事项时，受贿款的认定只可以回溯至能够涵盖该具体请托事项的职权的任职期间所收受的感情投资财物。其三，没有具体请托事项的感情投资财物，或者不能涵盖具体请托事项的职权的任职期间的感情投资财物，不能入刑认定为受贿款，应该以行政法律规范、党政纪律规范认定处理。其四，如果有为他人谋取利益的承诺、约定或默契，或者明知

① 参见张拓、朱盛远：《辨析“代表型”国家工作人员》，1254～1262页。

② 参见朱祖洋：《论新农村建设背景下村基层组织人员职务犯罪主体之界定》，1263～1270页。

③ 参见彭新林、王磊：《受贿罪中国家工作人员身份的认定》，1430～1439页。

他人有具体请托事项，不属于感情投资型受贿罪研究范畴，而是属于普通型受贿罪研究范畴，所收受的他人财物也不是感情投资。①

2. 约定受贿的认定

有论者认为，约定受贿是指国家工作人员利用职务上的便利，为请托人谋取利益过程之中、之前或者之后，约定在其离职后或者在其他某种条件下收受请托人财物的行为。约定收受但未实际收受财物的行为定性处理，一刀切地认定为构成受贿罪（未遂）或者一刀切地认定为不构成受贿罪（包括不认定为受贿罪未遂）都不恰当，其中关键点在于审查其中约定受贿人是否存在着手实施收受财物的行为：如果约定受贿人业已存在着手实施收受财物的行为，则约定受贿人依法应认定为受贿罪（未遂）；如果约定受贿人尚不存在着手实施收受财物的行为，则约定受贿人依法应认定为不构成受贿罪（包括不构成受贿罪未遂或者预备）。②

3. 欠缺具体请托型受贿的认定

有论者认为，在下列三种情况下，虽然请托人没有提出明确具体的请托事项、国家工作人员也没有作出具体承诺（仅具有抽象性承诺或推定的承诺），但国家工作人员收受请托人财物的行为仍然可以认定为受贿罪（符合“为他人谋取利益”要件）：(1) 国家工作人员在请托人提出意向性要求后给予回应并收受财物，在事后又应请托人的具体请托为其谋取利益（或者具体承诺为其谋取利益）的，可将国家工作人员前后两个行为进行整体评价，进而肯定前一个行为也可以单独成立受贿罪。(2) 国家工作人员只是在请托人提出意向性要求后给予回应并收受财物，在事后并未进一步为其谋取利益的，只要回应的内容没有超越该国家工作人员职务权限范围，就可将这一回应（抽象性承诺）视为“为他人谋取利益”的一种表现形式进而肯定该国家工作人员的行为成立受贿罪。(3) 国家工作人员在请托人没有提出具体请托，也没有提出意向性要求，只是单纯收受请托人礼金，但如果礼金数额过于巨大，已经严重超越了与当时当地经济发展水平相当的礼金的“合理”限度，即可推定该国家工作人员已经默示“有求必应”，这样就可以认定该国

---

① 参见莫洪宪、黄鹏：《感情投资型受贿犯罪司法解释的教义学分析》，1334～1342 页。

② 参见魏东：《约定受贿的刑法解释与司法适用》，1353～1362 页。

家工作人员收受礼金的行为具有“为他人谋取利益”的属性并成立受贿罪。[①]

4. **利用影响力受贿的认定**

有论者对利用影响力受贿罪中的影响力作出了界定，认为所谓影响力是指行为人凭借与国家工作人员的亲密关系，以自己的言语、行为等方式能够或者可能促使、诱发、引导国家工作人员改变其职务行为的能力。影响力可以分为直接影响力与间接影响力、形式上的影响力与实质上的影响力、职权性影响力与非职权性影响力。[②]

（六）行贿罪的立法修改问题

有论者认为《刑法修正案（九）》对于行贿罪的修改可以看出，惩治行贿罪的刑罚呈现出以预防为中心的特征，刑事政策由“重受贿轻行贿”向“行贿受贿并重处罚”转变，刑法机能上强调法益的保护，在立法技术上兼顾抽象与具体。从刑法教义学的角度来看，此次修法与刑法明确性原则相冲突并且与刑法谦抑原则相悖。[③]

也有论者指出了行贿犯罪修改后的不足，认为行贿犯罪从严与从宽惩治的逻辑悖论表现在：从立法因果论出发应当严惩行贿，而从司法效果论出发则需要宽宥行贿，若要更好地解决贿赂犯罪查处难的问题，需要调整行贿犯罪处罚结构、严密行贿犯罪打击法网以及构建腐败犯罪污点证人豁免制度。[④]

还有论者对有影响力的人行贿罪的认定问题进行了研究，认为“影响力”应该是指对国家工作人员的职务行为起支配、控制作用的力量，影响力具有非职权性、实质性和斡旋性的特点。对于“离职”的理解，该论者认为，首先，离职是一种作为从事公务行为不再也不能再继续的事实状态，这种事实状态反映国家工作人员职权的从有到无。其次，离职的事实状态在时间上应该具有延续性，不包括暂时地离职的情形。最后，离职是指本罪行为时原国家工作人员已经不再从事公务，即作为本罪行为对象的离职国家工作

---

① 参见苏云：《我国司法领域几种新类型受贿行为刑法适用研究》，1379～1384 页。

② 参见聂立泽、晏雪：《利用影响力受贿罪中影响力的界定》，1489～1496 页。

③ 参见于改之、黄辰：《行贿犯罪立法评说》，1505～1516 页。

④ 参见刘春花：《行贿罪立法新动向之思考》，1517～1530 页。

人员，在行贿行为发生时，离职状态已经开始。对于“关系密切人”的认定，该论者认为，可以从关系建立的基础与关系密切的程度两方面来考虑。[①]

还有论者指出，对有影响力的人行贿罪所侵害的法益是职务犯罪（即贿赂犯罪）的一种延伸法益，姑且可以称之为“对职权的影响力”。在当前背景下，这一法益具有独立性，应当认定为我国刑法上的独立法益。该罪的刑罚配置与行贿犯罪的刑罚和利用影响力交易罪的刑罚相比较，均存在不均衡之处。对于单位犯罪的刑罚均衡性配置，从刑罚的横向比较上看，《刑法修正案（九）》针对单位犯对有影响力的人行贿罪的这一刑罚设置具有合理性。但从纵向上看，这种合理性则值得质疑。《刑法修正案（九）》在增设对有影响力的人行贿罪时，并没有针对对有影响力的人行贿罪增设特别从宽制度，这是一个立法的缺失，应加以修正。[②]

［赵秉志、张磊、商浩文、张拓、孙本雄；载赵秉志主编：《刑法评论》，第 30 卷，北京，法律出版社，2017］

① 参见李江、齐文远：《“对有影响力的人行贿罪”对象的认定》，1531～1541 页。
② 参见徐永伟、袁彬：《论对有影响力的人行贿罪的刑罚均衡性问题》，1542～1550 页。

第六十五章

2017 年全国刑法学术年会综述[①]

2017 年 11 月 25 日至 27 日，中国刑法学研究会 2017 年全国学术年会在海南省海口市成功举行。本届全国刑法学术年会由中国刑法学研究会主办，海南大学、海南省高级人民法院、海南省人民检察院、海南省法学会联合承办。来自全国人大常委会、最高人民法院、最高人民检察院、海南省高级人民法院、海南省人民检察院等中央与地方政法机关的专家型领导和来自全国的刑法理论与实务界 350 余名专家学者参与本次年会。时值 1997 年刑法典颁行 20 周年，本次年会的主题为“时代变迁与刑法现代化”，年会讨论围绕理论研究与实务分析展开，年会的理论议题为“刑法典颁行 20 周年来刑法立法的回顾与展望”，年会的实务议题包括“金融秩序与安全的刑法保护”“公民个人信息的刑法保护”等。与会人员聚焦上述议题展开深入探讨与充分交流。本届年会共收到论文 179 篇，年会论文集最终收录其中的 80 篇，并以上下两卷出版。所收录的论文内容紧扣年会预设的议题，既是凝练本次刑法年会理论与实务探讨的学术成果，为年会提供了学术讨论的基础材料，也有助于丰富我国的相关刑法理论，推动刑事立法与刑事司法的进一步发展。

一、刑法典颁行 20 周年来刑法立法的回顾与展望

2017 年适逢 1997 年刑法典颁布 20 周年，在开幕式上高铭暄教授回顾了

① 本章所有注释均来自郎胜、朱孝清、梁根林主编：《时代变迁与刑法观现代化》，北京，中国人民公安大学出版社，2017。为简便起见，行文注释中均不再标明来源，仅标注作者、论文题目以及页码。

我国刑法20年的发展历程，充分肯定了1997年刑法的法治意义，认为其构筑了人权保障的防线，开辟了刑法理论研究的新局面，奠定了中国刑法走向世界的基础。在本届全国刑法学术年会上，以“刑法典颁行20周年来刑法立法的回顾与展望”作为理论议题，具有深刻的历史与现实意义。立足该议题，与会学者的论文主要围绕我国刑法立法模式、刑法立法及其理念发展、刑法扩张化与轻微罪入刑、刑罚结构的调整以及其他热点犯罪的立法完善等问题展开研讨。

有论者通过数据统计，根据从1997年刑法实施至今，立法机关先后出台的1部单行刑法以及9个刑法修正案来分析20年间我国刑法的发展变化。例如，刑法分则具体罪名的修正，反映了我国刑法“犯罪化”取向，同时也特别重视社会秩序维护的特点；刑法分则具体刑罚的修正，具体表现在法定刑种类的增减，格次的增减与幅度的升降；总则的修正，表现在量刑情节、数罪并罚、刑罚执行等方面，体现了我国宽严相济的刑事政策。①

（一）刑法立法模式之争

1. 主张多元化的立法模式

有论者认为，当前我国过于强调刑法典及修正案的刑事立法方式，不仅具有刑事立法单轨制的弊端，而且对我国的刑法结构及其与其他法律的衔接产生不利影响，不利于刑事立法的科学化。因此，今后的刑事立法应该坚持双轨体制，多元刑事立法应当采取渐进的方式推进，同时要突出刑法典和刑法修正案的主体地位，保证刑法典的相对统一。具体而言，可以考虑在法律规范变动频率较高的经济犯罪领域尝试性的采取附属刑法立法，一是将部分经司法实践检验比较成熟的宣示式附属刑法规范改造成创制式附属刑法规范；二是对于立法者拟新增设的法定犯，可以根据实际情况选择适用刑法修正案，或者通过修改非刑事法律制定创制式附属刑法，而非一概适用修正案。②

有论者认为，我国刑事立法模式的演变表明，我国刑法立法经历了从分散到逐步统一的模式。立法者企图通过集中的、单一的立法模式，即刑法典

① 参见夏勇、尉立坤：《刑法颁行20年间刑法修正态势概览》，35～42页。

② 参见储槐植、杨崇华：《我国刑事立法的现状及展望》，3～11页。

加修正案的方式，来加强刑法的权威，从而发挥刑法最大的预防和惩处功效。但实际上，这种立法模式并不能起到预期的效果，频繁的修改刑法条文极大地损害了刑法的稳定性和权威性，与立法者的预期相违背，同时，给普通民众以混乱的错觉，也一定程度上加大了司法机关在实践中对刑法典援引的难度，导致刑法功能的实现大打折扣。因此，应构建以刑法典为基础的分散、多元的立法模式，重构附属刑法立法结构，恢复单行刑法的立法模式，适当减少修正案的适用。①

2. 坚持统一刑法典的立法模式

有论者认为，晚近 20 年的立法实践表明，采取修正案作为唯一修正方式，统一刑法典具有不容否认的积极价值，具体体现：一是立法经验表明，由于刑法修正案的立法权与单行刑法、附属刑法一样归属于全国人大常委会，立法程序大致相同，因而刑法修正案与单行刑法一样具有灵活性等特点；二是刑法修正案方式能够有效避免新的修法与刑法典原有内容的不协调、不明确的问题，兼顾了维护刑法典的统一性与完整性的需要；三是与单行刑法与附属刑法相比，刑法修正案的最大优点是维持刑法典的集中和统一，有利于人们更好地理解掌握刑法规范的内容，促进刑法裁判功能和行为规制功能的实现，提升刑法的适用效率。②

（二）刑法立法及其理念的发展

有论者认为，1997 年全面修订刑法后，我国的刑事立法顺应经济社会的发展，适应实践的需要，不断地修改完善。全国人大常委会先后通过了 1 个单行刑法、9 个刑法修正案、13 个刑法的法律解释，20 年来刑法修改的频度和内容都表现出较为积极活跃的发展态势。我国刑事立法的指导思想不断清晰、明确，其所涉及的领域不断拓展，结构更为科学合理，适应并且将不断适应我国经济社会的发展实践。这一过程反映了我国刑事立法的追求。当然，刑法也将在实践中不断接受检验，日臻完善。③

有论者认为，过去 20 年我国刑法发展所呈现的主要特点包括：刑事政

① 参见行江、唐大森：《频繁修法下刑事立法模式的反思与重构》，130～135 页。

② 参见赵秉志：《晚近 20 年我国刑法立法发展要论》，12～22 页。

③ 参见郎胜：《从〈刑法修正案（九）〉谈我国刑法的新发展》，107～111 页。

策从“严打”转向“宽严相济”，在注重打击犯罪的同时更加注重保障人权，以社会治理为导向。20年来，我国刑法学研究在广度和深度上取得长足发展，然而这只是说我们的刑法学研究有发展、有进步，并不意味着我们的刑法学研究就已经臻于完善了，相反存在的问题还不少。具体的问题包括：对于我国刑法学发展所处的时代似乎还缺乏比较准确的认知，在引入域外知识的过程中没有很好地本土化，在研究方法上有待进一步改进。①

有论者认为，审视1997年《刑法》通过以来的刑事立法历程及其所成呈现的特征，应当重视刑事立法在调整范围上的动作，适度矫正刑事立法调整范围的发展动向，确定更为合理正确的未来发展趋势。具体可以从以下方面构建：一是合理、适度把握刑事立法回应社会现实发展与天生滞后性之间的矛盾冲突与平衡协调；二是坚持刑事立法必须与政策特别是刑事政策保持“合法且必要”的距离；三是划定刑事立法调整范围，与其他部门法做好相应的协调与衔接；四是在保持公开性、民主性和透明性的同时，注意吸收民意、舆论、网络等不同渠道的多种声音，同时保持足够理性；五是刑事立法规模应当逐步缩小。②

还有论者认为，在经济高速发展和社会转型背景下，我国的刑事立法进入“活性化”时期。关于未来我国刑法的立法方向，面对恐怖主义、信息网络等新型违法犯罪，国家着重刑法的积极预防，不失合理性，而且可以预测未来社会对刑法积极参与社会治理的诉求会愈发强烈。另一方面，从犯罪治理的策略看，预防犯罪行为的发生确实要比处罚已经发生的犯罪行为更有价值，更为重要。犯罪预防有赖于一套有针对性的社会政策与措施，将预防犯罪的手段狭窄地定位为刑法，是不正确地理解了刑法在社会治理体系中的地位。③

（三）刑法扩张化与轻微罪入刑问题

有论者认为，《刑法修正案（八）》与《刑法修正案（九）》新增了较多罪名，对于犯罪化立法的扩张应进行深刻的反思与检视。犯罪化立法的实质

① 参见刘仁文：《大变革时期的中国刑法与刑法学——纪念1997年刑法颁行20年》，23～34页。
② 参见孙万怀、闻志强：《刑事立法调整的缘由与取向》，76～82页。
③ 参见何荣功：《理性对待积极刑法立法观》，83～90页。

根据主要在于是否符合刑事不法内涵。在犯罪化立法过程中，要充分考量是否契合以法益为中心并融合了行为背德性与刑事政策的刑事不乏内涵，决不能背离刑事不法内涵，只考虑国民的安抚，将刑法过度民粹化，或者以安全之名加强对社会秩序的控制，或者针对某种社会现状进行象征性立法、情绪化立法等非理性立法。唯有谨守刑事不法内涵，才能实现犯罪化立法科学化与法治化。①

有论者认为，微罪是刑法针对不轨行为最敏感的一种反应，增设微罪是建立和保持一种便利人们相互交往和行为的秩序。微罪是保证公共秩序稳定的法治建设，能够改变人们长期存在的思维模式，强化人与社会的密切关系。刑法适当地增加罪名是现代文明社会发展的需要，犯罪罪名的多寡不是衡量文明程度的标准，罪名的增加配合刑罚总量的降低，而刑罚总量的大小相当程度上体现着文明程度。罪名的增加与刑罚的轻缓相配合是刑事立法进步的体现。②

有论者认为，在刑法中规定微罪本身并无不妥，但应当针对轻微犯罪规定一系列配套措施，这样才能够发挥其积极作用，又尽量减少其弊端。这种完善包括刑法的完善，也包括刑事诉讼法的完善。具体包括：将轻微犯罪全部纳入附条件不起诉制度的适用范围，将危险驾驶罪的刑罚修改为“拘役或者管制，并处或是单处罚金”，建立拘役易科罚金制度，建立拘役易科社区服务制度，将轻微犯罪全部纳入犯罪记录封存制度。③

也有论者认为，轻罪制度是今后法治发展的必然趋势。虽然我国目前尚不具备构建轻罪制度的条件，但这并不妨碍我们在现阶段寻求向这一目标靠拢的其他路径。在此基础上，不宜追求“一步到位”，试图短时间内构建完善的轻罪制度，而应“循序渐进”，不断朝这一目标作出有意识的努力，待时机成熟时，相信轻罪制度的建立将是水到渠成之事。④

（四）刑罚结构的调整与完善

在死刑的存废问题上，有论者认为，死刑作为最严厉的刑罚方法，在立

---

① 参见童伟华、徐海波：《犯罪化立法视阈下刑事不法内涵之解构与适用》，192～198页。

② 参见储槐植、李梦：《我国刑法微罪制度初探》，267～272页。

③ 参见陈志军：《中国轻微犯罪立法的反思与完善》，273～280页。

④ 参见李颖峰：《“后劳教时代”构建我国轻罪制度的若干反思》，311～316页。

法上应当特别慎重。从我国当前的实际情况来看，保留死刑仍具有合理性，在相当长一段时间内，死刑仍将保留，将死刑适用于极少数罪行极其严重的犯罪分子。具体到死刑的立法展望上，今后应当进一步减少死刑罪名，细化死刑罪名的分类，完善死刑的配套制度，处理好“死刑”和“生刑”的刑法衔接。①

我国《刑法修正案（九）》在分则中增加了贪污贿赂犯罪领域可以适用终身监禁的规定。有论者认为，目前《刑法修正案（九）》规定的终身监禁，是针对严重贪污受贿犯罪的刑罚执行措施而非新设刑种。针对其今后的扩大使用问题，终身监禁作为死刑的替代措施，在中国保留死刑但限制死刑的背景下，可针对所有规定死刑的法条加上终身监禁，将适用的特殊化向普遍化转变，将其作为主刑加入现有的刑罚体系，部分地替代死刑立即执行。②

也有论者认为，我国应当充分尊重现代人道主义发展理性，在既有废减死刑的道路上进一步加快废减死刑的立法步伐，同时在近期尽快启动废除终身监禁制度的立法程序，废除终身监禁的立法行动应当当机立断，不留后路。反对敌人刑法观念，仅对过度的风险刑法观，反对过度限制公民自由，应当坚定不移地废减死刑、废除终身监禁刑。③

（五）热点犯罪的立法完善与制度防范

1. 我国反恐刑事立法研究及反思

有论者认为，恐怖主义犯罪与普通刑事犯罪相比，既有共性又有特殊性，反恐怖主义的刑事立法应该反映和体现上述特点。随着全球化及风险社会的到来，世界各国出现了风险刑法、安全刑法、预防刑法等种种反恐怖主义刑事立法思潮，并在一定程度上对中国反恐怖主义刑法立法的基本原则、价值理念、发展趋势和基本走向产生了一定的影响。④

有论者认为，20年来，我国反恐刑法的条文由少到多、范围由窄到宽、处罚由轻到重。反恐刑法的演进是对恐怖活动犯罪演变的刑法反应，是反恐

① 参见鲜铁可、肖先华：《我国死刑立法改革与完善的几点思考》，347～354页。

② 参见李卫红：《刑罚体系中的终身监禁》，333～340页。

③ 参见魏东：《死刑修改的刑罚论分析》，355～361页。

④ 参见王秀梅、任成玺：《反恐怖刑法立法若干疑难问题研究》，399～409页。

刑事政策的刑法体现。反恐对策包括治标之策和治本之策，包括刑法在内的反恐法律其实是治标之策，但其仍在反恐斗争中起到不可或缺的作用。反恐刑法是保卫民族、文明的重要手段，预防性反恐刑法的存在有其合理性、合法性和可行性、有效性。①

有论者认为，展望未来恐怖主义犯罪刑法适用，应当贯彻刑法的谦抑性原理、坚持犯罪认定的适度化，坚持体系思考，明确界定恐怖主义、极端主义犯罪内涵，倡导反恐的社会整体性治理。例如，一些恐怖分子将其实施恐怖活动的行为视作正义的、高尚的，视死如归，刑罚对他们的威慑作用有限。因此，预防和控制涉恐犯罪，仅仅依靠刑法远远不够，解决恐怖主义犯罪问题需社会多方面的整体治理。②

也有论者认为，虽然我国刑事法修正加大了对恐怖主义犯罪分子的处罚力度，对权利克减作出了明确规定，但是现行刑事法在面对恐怖主义犯罪时，仍然存在许多短板。我国今后的刑事立法修正必须在坚持基本原则的基础上，贯彻区分化对待、个别化惩处的原则，对恐怖主义犯罪实施细节作出合理规定。在刑事诉讼立法上，现有规定虽然对恐怖主义犯罪的遏制需要作出积极回应，但其对于所有恐怖犯罪采用“一刀切”的程序权利克减，容易忽视部分被教唆或是仅仅实施帮助行为的恐怖犯罪行为人的法益保护。③

2. 腐败犯罪刑事法网的严密问题

有论者认为，尽管我国在逐步地、积极地完善我国反腐败刑事法网，与反腐败的现实需要和国际要求相比，其法网还不甚严密。今后应当改变过分依赖于刑法的打击和威慑的传统刑事立法理念，继续完善反腐败的刑事法网，可适时地调整腐败犯罪的法定刑，分步废止腐败犯罪的死刑。总之，反腐败刑事法律规范的调整，必须服务于刑法目的，维护公平正义的法律秩序。④

有论者认为，“严而不厉”是20年来我国腐败犯罪刑法立法的基本方向，未来我国腐败犯罪刑法立法应当继续坚持。就腐败犯罪而言，不仅要与

① 参见王政勋：《论我国反恐刑事立法的演进》，384～390页。

② 参见郭泽强、段玉英：《我国恐怖主义犯罪刑事立法之论衡》，424～432页。

③ 参见陈京春、范炯宇：《限定“敌人刑法”立场下对我国反恐刑事法的反思》，391～398页。

④ 参见曾明生：《我国反腐败刑事立法的回顾与展望（1997—2049年）》，538～547页。

其他经济性刑事犯罪刑罚的设置相适应，而且要与“标本兼治、重在治本”的腐败犯罪治理方略的实现相吻合。腐败犯罪构成的严密化和刑罚的轻缓化，犹如鸟之两翼，车之两轮，互相依存，互相联系，缺一不可。①

也有论者在监察体制改革背景下，提出了完善反腐败刑事立法的建议。该论者认为，监察体制改革是事关中国前途命运的反腐败政治制度改革，是推进全面依法治国的制度创新。现阶段除了优化制定国家监察法外，还要抓紧《宪法》《刑法》《刑事诉讼法》的修订完善工作，严密反腐败刑事法网，构建集中统一、高效权威的反腐败法治体系，依法推进国家治理体系和治理能力现代化。②

此外，论者们还对经济犯罪③、食品安全犯罪④、环境犯罪⑤、毒品犯罪⑥等领域的刑事立法进行了回顾与展望。

二、金融秩序与安全的刑法保护

近年来，随着信息网络的发展，我国金融领域的犯罪活动呈现新的发展趋势，金融犯罪也不断出现新的行为样态，需要给予重点关注。关于金融秩序与安全的刑法保护，相关研讨主要围绕金融犯罪的司法认定、立法完善、防范对策三个方面所展开。

（一）金融犯罪的司法认定

我国正处于经济转轨和社会转型期，社会大众日益增长的生活水平、复杂的经济环境以及不完善的经济体制等因素，导致我国金融犯罪的具体表现复杂多样。有论者从宏观方面指出，金融犯罪司法过程中应贯彻宽严相济的刑事政策，充分重视金融犯罪背后的社会金融生态，在防止刑事打击滞后的

---

① 参见张兆松：《20年来我国腐败犯罪刑法立法的基本走向及展望》，548～553页。

② 参见蔡春生：《检查体制改革背景下完善反腐败刑事立法的思考》，554～561页。

③ 参见孙国祥：《经济刑法20年来犯罪化趋势及检讨》，473～483页。

④ 参见张伟珂、杨朔：《回顾与展望：危害食品安全犯罪刑事立法20年》，484～492页。

⑤ 参见李梁、李文超：《污染环境罪侵害法益的规范分析——20年来中国环境犯罪刑事立法评述》，524～530页。

⑥ 参见莫洪宪、薛文超：《刑法典颁行20年来毒品犯罪的立法演进问题》，531～537页。

同时也要避免刑事干预过度。[①] 有学者提出，办理金融犯罪案件应慎重适用推定明知，且在判定“明知”过程中应坚持疑罪从无原则，不能将“应当知道”推定为“明知”[②]。

有学者结合具体犯罪的认定，主张非法吸收公众存款罪的构成应以将吸收的资金用于放贷或从事其他金融投资为必要、以欺诈手段为前提。[③] 有学者提倡以“排除意思—利用意思说”为根据，来认定集资诈骗罪之“非法占有目的”，同时提倡与正反推结合的方法论连接适用，将特殊情形纳入司法推定的考量范围，以排除合理怀疑。[④] 也有论者认为，对于行为人主观故意内容不同的非法集资共同犯罪，要基于“部分共同犯罪说”分别以集资诈骗罪与非法吸收公众存款罪定罪处罚，此外，投资者不属于刑事法典型意义上的被害人，而是“集资参与人”，并且仍然存在构成非法吸收公众存款罪共犯的可能。[⑤]

在金融诈骗罪的司法认定方面，有学者认为，只有以信用证为工具且诈骗的系信用证项下财物，才能构成信用证诈骗罪。[⑥] 还有学者主张，不以实体的电子支付卡为依托的电子支付手段越来越多，应将虚拟信用卡、支付宝等信用卡类似品纳入信用卡诈骗罪的适用范围，否则会造成司法实践中类似行为不同罪名、不同刑罚的后果。[⑦] 有学者主张，非法买卖外汇行为能否构成非法经营罪，应以是否具有非法性、经营性之本质特征为必要，对于利用银行的转账监管漏洞来完成非法外汇买卖交易，虽然其行为是在国家规定的交易场所之内实现的，但从行为人与其他外币兑换者的关系、行为对金融管理秩序和外汇管理制度的破坏上来看，这种行为具有刑事违法性。[⑧]

（二）金融犯罪的立法完善

有论者主张，应在坚持罪刑法定原则的基础上，正确处理好鼓励金融创

---

① 参见李存海、宋鹏：《宽严相济刑事政策指导下的金融犯罪治理问题研究》，545～567 页。
② 李邦友、姚树举：《金融刑法中“明知”的司法判定》，629～635 页。
③ 参见张亚平：《金融改革背景下非法吸收公众存款罪的使用标准》，765～772 页。
④ 参见张勇、赵宗涛：《集资诈骗罪“非法占有目的”的司法认定》，933～939 页。
⑤ 参见刘德法、司伟攀：《非法集资共同犯罪实务问题研究》，750～756 页。
⑥ 参见林亚刚：《信用证诈骗罪的司法适用》，946～952 页。
⑦ 参见朱建华：《信用卡类似品被冒用处理的不合理性问题》，977～980 页。
⑧ 参见叶良芳、申屠晓莉：《外汇型非法经营罪的类型分析与司法认定》，988～998 页。

新与刑法介入适度性的关系。就P2P网络金融平台而言，应坚持“民事、行政为先，刑法补充”之立场，保持刑法的适度介入。[①] 有学者认为，金融行为的入罪化应考虑立法路径的选择，防止金融机构行政权力的刑法实质化，注重刑法和金融法的有机协调。[②] 有论者主张，应取消金融诈骗罪专节之独立设置，将相关罪名归入“破坏金融管理秩序罪”中，删除“非法占有为目的”之主观要件，用抽象概括型叙明罪状替代现行的细化列举型罪状，并用与行为犯取代现行的结果犯立法模式。[③]

有论者提出，对于以互联网金融之名行资金自融之实的“伪”平台，应依据资金用途限制非法吸收公众存款罪的适用；对于违规提供担保的平台，应给予行政处罚并令其承担连带保证责任；对于违规设立资金池的平台，应视具体情形作出不同处理。[④] 还有学者认为，宜增加特殊行业犯罪的资格限制，可以从金融行业职业的禁止、职务的禁止、权利的剥夺三个方面，结合P2P模式下非法集资具体犯罪的犯罪目的、手段情节、社会影响等方面，予以法官一定的自由裁判权，同时建议通过刑法修正案或单独设立网络金融犯罪的相关罪名等方式进行完善。[⑤]

（三）金融犯罪的防范对策

有学者提出，应当构建阶梯式监管立法体系，使行业自律、政府监管、法律防控共同发力，通过“疏”“堵”结合来惩治互联网金融犯罪。[⑥] 有学者认为，网络金融平台犯罪现状主要是利用交易非面对面性与用户信息犯罪进行犯罪，针对平台协助管理义务和刑事责任规定不足的治理困境，应以注重用户信息保护和厘清网络金融平台刑事责任边界为核心，完善对网络金融平台犯罪的刑法规制。[⑦] 另有学者主张，从实体法上提高内幕交易的违法成

① 参见张建、俞小海：《金融平台的类型化及刑法调整》，636～642页。

② 参见王海桥：《我国金融行为入罪化分析》，650～656页。

③ 参见谢治东：《金融诈骗罪立法完善研究》，906～914页。

④ 参见马爱平：《互联网金融风险防范和犯罪控制》，712～731页。

⑤ 参见彭新林、胡雪：《P2P模式下非法集资行为刑事规制的难点及对策》，802～811页。

⑥ 参见董邦俊、马君子：《互联网金融犯罪之现状及其刑事规制研究》，695～703页。

⑦ 参见皮勇、汪恭政：《网络金融平台犯罪的刑法规制——以治理网络金融平台为视角》，678～687页。

本，从经济角度增加内幕交易的机会成本，在程序法上降低内幕交易的司法成本，构建内幕交易中综合防治机制。[①]

有论者认为，对于互联网金融犯罪中法定犯的处理，有必要先区分互联网金融的“创新性”与“违法性”，坚持“二次违法”判断，既包括对行为客观违反规定的合规范性判定、溯及力判定，也包括对行为人主观违法性认识的判定。[②] 有学者认为，网络金融犯罪应从行为人在网络金融交易行为中是否违背信赖准则与诚信义务且从中获利来判断行为人的行为是否构成犯罪。[③] 也有学者提到，第三方支付业务发展迅速，其面临洗钱罪、非法经营罪、挪用资金罪或职务侵占罪等刑事风险，应当及时加强监管并进行刑事规制。[④]

此外，学者们还讨论了金融反恐[⑤]、民间融资的犯罪化[⑥]、证券市场操纵犯罪[⑦]、违法发放贷款犯罪[⑧]以及银行“飞单”案[⑨]、马乐案[⑩]等典型案例中的刑法适用问题。

三、公民个人信息的刑法保护

从 2009 年的《刑法修正案（七）》到 2017 年最高人民法院、最高人民检察院发布《关于办理侵犯公民个人信息刑事案件适用法律若干问题的解释》，我国在不断加强侵犯个人信息犯罪方面的立法工作。关于公民个人信息的刑法保护，相关研讨主要围绕个人信息的立法保护、侵犯公民个人信息罪的构成要件和司法适用、网络服务提供者的刑事责任等问题展开。

---

① 参见游伟、赵运锋：《成本考量与刑事治理——以司法审判与刑法解释为视角》，851～859 页。

② 参见林静：《互联网金融犯罪的刑事司法认定——基于互联网金融创新模式探究构成要件之外的刑事认定规则》，704～711 页。

③ 参见王远伟：《网络金融犯罪的刑法规制探究》，671～677 页。

④ 参见张启飞：《论互联网金融视野下第三方支付的刑事风险》，688～694 页。

⑤ 参见焦阳：《我国参与金融反恐的现状与挑战》，643～649 页。

⑥ 参见王利宾、付传军、赵新彬：《民间融资犯罪化的价值、问题及理念转换》，664～670 页。

⑦ 参见王新：《证券市场操纵犯罪的刑事政策及司法适用问题》，886～897 页。

⑧ 参见王美鹏、李俊：《违法发放贷款犯罪问题研究》，898～905 页。

⑨ 参见谢焱：《银行“飞单”案的刑法适用逻辑》，794～801 页。

⑩ 参见商浩文：《马乐利用未公开信息交易案法理分析》，878～885 页。

（一）个人信息的立法保护

有学者提出，在大数据时代的刑事司法中主张遗忘权，有利于个人隐私权的保护和人权的保障，应在保障公众知情权、言论自由和公共安全的前提下，尽力保障个人信息的自决权，封存、删除相关信息。同时应提防激进的立法造成权利失衡和权力滥用，使对遗忘权利的保障沦为不当言论和行为的埋单工具，对于公众人物和恐怖主义犯罪、危害国家安全犯罪等特殊案件，其权利人行使被遗忘权的方式、条件、时间等作出必要限制。① 有论者认为，信息类犯罪侵犯的是多重法益，应尝试采取动态化立法思路、模块化处理方式和协调刑罚内外部体系，对公民个人信息予以全链条动态化保护。②

有论者主张强化对个人信息买卖市场的纵向控制，通过对大量侵犯个人信息犯罪的经济分析，认为治理侵犯个人信息犯罪应当：第一，增加犯罪成本，保证对违法行为的剥夺大于违法本身的收益；第二，强化个人信息买卖市场的纵向控制，从“堵源”“截流”“断需”三个方面采取针对性的措施，提高治理效率和犯罪风险。第三，将“知情同意”“可识别性”“情节严重”作为刑法介入保护个人信息安全的三个最佳嵌入点，在兼顾信息自由与信息安全的前提下划定合适的犯罪圈，控制惩罚成本。③ 还有论者主张个人信息本质上是人身权，其使用或处理原则上应取得公民个人的明确同意，法律应当重点规制个人信息的使用或处理问题，因此，应在立法上将非法收集、泄露、不当保存或者非法使用、销毁等侵犯公民个人信息的行为入罪。④ 有论者也建议，将非法使用、非法持有以及侵犯单个公民信息行为入罪，并将该罪调整至妨害社会管理秩序罪。⑤

（二）侵犯公民个人信息罪的构成要件和司法适用

学者们围绕侵犯公民个人信息罪的法益、前置规定、客观行为等入罪要

① 参见马松建、徐楠：《大数据时代公民个人信息的刑法保护——以被遗忘权为视角》，1071～1078页。

② 参见杨磊、周楚漪：《论信息安全的刑法保护》，1026～1033页。

③ 参见叶小琴、赵忠东：《刑法能否使公民的个人信息更安全——基于2014—2016年650份刑事判决书的经济学分析》，1079～1088页。

④ 参见赵香如：《个人信息权的性质及刑法规制重点》，1055～1063页。

⑤ 参见万云峰、王飞：《论侵犯公民个人信息罪的犯罪客体及立法完善》，1212～1218页。

件进行了深入的讨论，其焦点则集中于“违反国家有关规定”和公民个人信息的界定方面。

1. “违反国家有关规定”的认定

对于“违反国家有关规定”，有学者通过对侵犯公民个人信息犯罪前置条件变化的梳理与分析，认为我国最终采纳了入罪范围介于中间的“违反国家有关规定”，这种选择不仅能够有效应对侵犯公民个人信息犯罪形势的变化，也体现出了刑法的谦抑性。[①] 也有学者主张，“国家有关规定”与“国家规定”并无本质差异，仅是范围大小不同，认定时应避免与法治理论相背离，同时在《刑法》第 96 条基础之上作扩大理解，将部分实属必要的部门规章涵涉其内。[②] 不过，另有学者则认为，司法解释对“违反国家有关规定”的界定不当扩大了刑法条文的含义，应在实践中予以限缩解释。[③] 有论者认为，侵犯公民个人信息犯罪属于法定犯，法定犯的违法性属性源于刑法之外其他法律的规定，我国现有法律体系中尚无完整系统地“个人信息保护法”，导致司法实践中认定侵犯公民个人信息罪的行政前置法评价缺失，使“违法国家有关规定”的要素无法满足，建议制定一部完整的“公民个人信息保护法”[④]。

2. 公民个人信息的认定

何为公民个人信息，最高人民法院、最高人民检察院《解释》规定：《刑法》第 253 条之一规定的“公民个人信息”，是指以电子或者其他方式记录的能够单独或者与其他信息结合识别特定自然人身份或者反映特定自然人活动情况的各种信息，包括姓名、身份证件号码、通信通讯联系方式、住址、账号密码、财产状况、行踪轨迹等。对此，有学者论证了司法解释的合理性，并作了进一步阐释。有论者认为，此处的公民个人信息应具有隐私性和识别性，前者是本质性界定，后者是对刑事可罚性的限制界定。[⑤] 但是，也有学者认为，身份识别信息与特定自然人的活动情况信息完全不同，

---

① 参见赵秉志、张拓：《我国公民个人信息刑法保护前置条件之研讨》，999～1007 页。

② 参见刘昊、彭文华：《论侵犯公民个人信息罪的“违反国家有关规定”》，1131～1141 页。

③ 参见胡江：《侵犯公民个人信息罪中“违反国家有关规定”的限缩解释——兼对法释［2017］10 号司法解释第 2 条之质疑》，1148～1156 页。

④ 兰跃军、薛宽：《大数据背景下公民个人信息刑法保护的若干问题》，1018～1025 页。

⑤ 参见薛剑祥、黄志：《刑法中“非法获取公民个人信息”的认定》，1191～1199 页。

司法解释的界定与《网络安全法》不符。[①] 有论者指出，《网络安全法》中规定的个人信息范围实际上小于《解释》中规定的范围，但同时，作为单行法的《网络安全法》，其效力位阶显然高于《解释》。也有论者认为，《解释》中列举的几种公民个人信息中的行踪轨迹信息，由于不具备较强的可识别性、与公民个人法益的关联性不强、专属性较弱，不宜作为刑法中的公民个人信息。[②]

3. “出售、提供、获取”的认定

对于侵犯公民个人信息之行为，有学者认为，所谓“提供”仅包括无偿的行为，不能涵盖“出售”行为，出售是一种商业交易行为，提供只是一种无偿的给予行为。同时，基于“举轻明重”的法理，该学者认为“人肉搜索”行为中单纯公开个人隐私的散布行为，是将个人信息提供给不特定多数人，显然重于法律规定的将公民个人信息提供给特定人，因此这种行为应认定为本罪的“提供”[③]。也有论者认为，骗取、胁迫等具有非法性质的获取方式、通过破译密码就或者其他方法侵入他人账号获取公民个人信息的行为，也应认定为“非法获取”，而通过合法渠道利用公共资源进行复制、下载从而获取公民个人信息的行为，不构成侵权。[④]

（三）网络服务提供者的刑事责任

有论者认为，结合网络服务提供者的实质，以技术功能作为划分标准，网络服务提供者应当划分为网络接入服务提供者、网络信息内容提供者、网络搜索引擎服务提供者和信息存储服务提供者。同时，该学者借鉴“直接控制理论”，认为网络信息内容提供者具有全面审查义务，网络接入服务提供者一般无责、只有明知他人实施犯罪而予以技术支持是构成共犯或者帮助网络犯罪活动罪，搜索引擎服务提供者和信息存储服务提供者具有有限审查义务。[⑤]

---

① 参见刘宪权、房慧颖：《侵犯公民个人信息罪的司法认定与适用——以〈关于办理侵犯公民个人信息刑事案件适用法律若干问题的解释〉为视角》，1219～1227页。

② 参见闫雨：《侵犯公民个人信息罪中“公民个人信息”的范围认定》，1184～1190页。

③ 韩红兴、刘铭扬：《侵犯公民个人信息罪中非法“提供公民个人信息”行为的认定》，1157～1162页。

④ 参见王彦青：《非法获取公民个人信息的认定》，1200～1206页。

⑤ 参见冉翚、金朝榜：《公民个人信息保护中网络服务提供者的“罪”与“责”》，1280～1286页。

有论者认为，网络服务提供者对自己提供的内容信息，应当承担一般法律规定的责任；对他人提供的内容信息，在满足“知情”、“技术上有可能阻止”和“阻止不超过其承受能力”三项条件时，网络服务提供者有义务阻止，如果不阻止，将承担包括刑事责任的一般法律规定的责任。① 但有学者提出，现在刑法将这种网络服务者的行为单独规定，是将该行为作为构成要件行为来看待的，对它的处罚根据，可以根据接受性责任的理论进行说明：行为人在实施一个可能对法益有危害的行为时，尽管对以后损害的发生没有能力阻止，也没有主观上的罪过，但根据其自身及其行为的历史传承性以及他在社会结构、关系中的地位而接受的刑法上的不利后果。②

有论者认为，网络服务提供者拒不履行信息网络安全管理义务罪应当是不纯正的不作为犯罪，拒不履行信息网络安全管理义务的不作为行为与作为之间存在等价性，是以不作为方式实施的正犯行为。③ 还有论者认为，网络技术的不完善导致网络自身的漏洞问题是客观存在的，因此对于网络服务提供者中立的业务帮助行为应当限制处罚，主观上对“明知”进行限缩解释，客观上只在情节严重且有责任的情况下才追究。④

与会者论文中还讨论了侵犯公民个人信息罪中法益的属性⑤、入罪情节⑥，以及计算机网络犯罪行为模式类型化分析⑦等多项议题，显示出刑法学界对于互联网时代信息保护方面的关注。

［阴建峰、徐芳、张毅；载赵秉志主编：《刑法评论》，
第31卷，北京，法律出版社，2018］

---

① 参见皮勇：《论网络服务提供者的信息网络安全管理义务及刑事责任——从快播案判决及相关评论切入》，1287～1306页。

② 参见杨国举、刘梦遥：《论网络服务提供者承担刑事责任的理论根据及其性质——从拒不履行信息网络安全管理义务罪处罚》，1313～1318页。

③ 参见高珊琦、杨建超：《论公民个人信息刑法保护中网络服务提供者的不作为》，1307～1312页。

④ 参见郭洁、王洋：《论网络服务提供者侵犯公民个人信息的刑事责任》，1319～1325页。

⑤ 参见靳宁：《侵犯公民个人信息罪的法益属性辨正》，1110～1115页。

⑥ 参见袁彬、刘司墨：《侵犯公民个人信息罪的入罪情节及其模式》，1100～1109页。

⑦ 参见彭景理：《计算机网络犯罪行为模式的类型化与刑法应对——基于相关概念的分析》，1344～1351页。

第六十六章

2018年全国刑法学术年会综述[①]

2018年12月16日至17日，2018年全国刑法学术年会在广西南宁举行。本届年会由中国刑法学研究会主办，广西壮族自治区高级人民法院、广西大学和广西壮族自治区法学会承办。年会主题为“改革开放新时代刑事法治热点聚焦”，并以“十一届三中全会以来刑事法治的回顾与前瞻”为理论议题，以“企业产权保护领域刑法问题研究”、“扫黑除恶中的刑法适用问题研究”和“涉数据网络犯罪的刑法防治对策”为实务议题。来自刑法理论界和实务界的400余位专家学者参加了本届年会。本届年会文集共收录论文182篇，分四个议题。现将本届年会论文研讨的情况综述如下。

一、十一届三中全会以来刑事法治的回顾与前瞻

2018年恰逢十一届三中全会40周年，在本届全国刑法学术年会上，与会专家学者围绕十一届三中全会以来刑事法治的回顾与前瞻议题，对十一届三中全会以来刑法立法、刑事司法和刑法学研究进行了回顾与前瞻。

（一）十一届三中全会以来刑法立法的回顾与前瞻

十一届三中全会以来，我国刑法立法主要经历了1979年刑法典的制定、

---

① 本章所有注释，除特别说明，均来自赵秉志、陈泽宪、陈忠林主编：《改革开放新时代刑事法治热点聚焦》，北京，中国人民公安大学出版社，2018。

1997年刑法典的制定以及修改完善。本届全国刑法学术年会上，论者们主要从宏观层面和具体层面对十一届三中全会以来刑事立法问题进行了研讨。

1. 对刑法立法宏观层面的回顾与展望

有论者对我国刑法立法进行了回顾与展望，指出1979年刑法典的颁行无疑成为改革开放以来我国刑事法制建设的奠基之举。而1997年刑法典则是我国社会主义刑事法治建设的一座里程碑，是具有划时代意义的重大刑法立法成果，包括继承刑事法典的体例、确定罪刑法定原则并开拓科学立法时代等重大意义。1997年刑法典的颁行及其20多年的发展与完善，充分见证了我国刑事法治不断健全的进程，也是我国刑事法治成果的集中展现。而今又站在新的历史起点上，应以党的十九大会议精神为基本坐标，不断推动1997年刑法典的完善和健全，保障当代刑法充分发挥法治建设的重要作用。①

有论者探讨了刑法价值及其四十年来立法重心的变迁，认为1997年刑法的立法价值与1979年刑法有了很大不同，它兼顾了自由价值，如废止类推制度，确立罪刑法定原则，体现了刑事法治化的基本要求。但总体上看，该时期的刑法立法重心在于规范经济秩序。后法典化时期采取刑法修正案方式，积极应对了金融、经济、社会、生态、技术等复杂的社会风险。对社会的急剧变动与刑法的滞后性之间产生矛盾，面对变动的社会现实，法律都积极作出了回应。②

有论者深入分析了我国刑法立法的发展态势、问题及出路，指出刑法立法的发展态势主要表现为：立法程度从严厉苛责到宽严相济；立法范围从相对扩张到急剧扩张；立法表述从模糊化到日益明确化；立法过程从封闭化到逐渐民主化；制刑主体从全国人大到全国人大常委会；修法模式从多元化到单一化和固定化；修法内容从国内化到日趋国际化。但刑法立法存在以下几个方面的不足：刑法立法的宽厚程度依然不够；刑法的前置化、预备行为犯罪化并不完全合乎情理；立法表述依旧模糊或者过于精细；立法民主性如何真正体现是个问题；维持“大一统”的刑法典是否真的科学；国际化的程度依然不够。完善立法需要着重关注刑法修正主体、刑法立法理念、立法后评

---

① 参见高铭暄：《我国刑法立法的回顾与展望——纪念中国共产党十一届三中全会召开四十周年》。
② 参见童德华、王廷婷：《刑法价值及其四十年来立法重心的变迁》。

估和监督、合理鉴别和吸收民意等问题。①

2. 对刑法立法具体层面的回顾与展望

关于十一届三中全会以来刑法立法的具体问题，论者们重点探讨了刑法立法模式、犯罪化与非犯罪化、轻罪、出刑等问题。

有论者对改革开放以来刑法立法模式进行了反思，认为对现行单轨制立法模式的积极扬弃是改革我国刑法立法模式的必由之路，指出应当具体建构“相对稳定的刑法典＋相对灵活的特别刑法”这一刑法立法新模式，应当解决“刑法典的清理与现代化改造”、“刑法典与特别刑法的关系”和“制定特别刑法的法律部门”这三大课题，使新的二元制刑法立法模式得到具体应用。② 为适应风险社会的发展情势，刑法规制应顺着世界各国刑事立法模式的流行话语的风向扬帆前行，逐步形成以刑法典为主、以附属刑法和单行刑法为辅的刑事立法模式。③

有论者回顾了改革开放 40 年我国刑法“犯罪化”与“非犯罪化”的历程，肯定了改革开放 40 年来我国刑法“犯罪化”的基本方向，但认为未来一个阶段的“犯罪化”实践应当更为慎重、理性和配套。④ 从我国刑法犯罪化立法是应对多重社会转型的应然结果以及刑法的谦抑性两方面看，刑法晚近 20 年的犯罪化立法具有一定的合理性。⑤

也有论者对轻罪立法进行了回顾、评论与展望，肯认了轻罪立法及其推进刑法结构向“严而不厉”转向的法治意义，但也指出了轻罪立法在实践中存在如何避免刑法过度介入社会治理、在司法机关拥有强大的自由裁量权的情况下如何确保权力不被恣意使用等问题。为了避免轻罪立法导致的制度之间的不良“排异反应”，立法机关可以从增设轻微刑罚制度、构建前科消灭制度、完善司法出罪机制三方面着手，在刑事实体和程序方面进行配套制度改革完善。⑥

也有论者就刑法中出刑规定的回顾、反思与展望，认为刑法中的出刑规

---

① 参见熊永明：《我国刑法立法的发展态势、问题及出路》。

② 参见莫洪宪、杨诏斌：《改革开放以来刑法立法模式的反思与前瞻》。

③ 参见仝其宪：《晚近 40 年我国刑法立法模式之审视——以危害食品安全犯罪为例》。

④ 参见夏勇、沈振甫：《改革开放 40 年我国刑法的“犯罪化”与“非犯罪化”》。

⑤ 参见柯明：《晚近 20 年中国刑法犯罪化立法的演进及其思考》。

⑥ 参见何荣功：《我国的轻罪立法：回顾、评论与展望》。

定伴随着新中国的刑法立法而持续发展，已初成规模，且内容基本稳定。但目前刑法对出刑的规定仍然存在诸多不足：立法表述明确性不足；对被害人因素关注不足；对行为人事后行为关注度不够；立法系统性有待改善。论者从未来发展的角度，指出应当从四方面着手：明确出刑原则的相关规定；完善被害人参与定罪量刑的制度；完善行为人事后行为影响定罪量刑的制度；注重《刑法》中出刑规定的系统性。①

（二）十一届三中全会以来刑事司法的回顾与前瞻

在刑事司法方面，有论者着重就正当防卫制度进行了研讨，对正当防卫制度中“明显超过必要限度”判断标准进行了司法回顾与学理反思。通过实证考察 1997—2017 年 682 个案例样本，指出司法实践在判断必要限度时主要存在两个问题：（1）各个法院在判断防卫行为“是否明显超过必要限度”时采用的标准并不一致，“必需说”“基本相适应说”“相当说”均有相应实践，整体上更强调防卫者应将损害结果控制在最低程度；（2）司法实践在评价必要限度时，倾向于关注个别要素，欠缺整体考量和情境判断。这主要具有三个特点：重侵防主体，轻外在环境；重客观表现，轻主体能力；重防卫情况，轻侵害形势。论者指出在实际判断防卫行为是否“必需”时，应当坚持整体考量原则。以“防卫—侵害”形势为切入，以“防卫—侵害”行为的危险程度为中心，以“防卫—侵害”能力、环境等因素为辅助，同时注意轻量利益保护下致命性防卫手段、无责任、限制责任者侵害时防卫手段的限制。②

（三）十一届三中全会以来刑法学研究的回顾与前瞻

在本届全国刑法学术年会上，论者们主要从宏观层面对十一届三中全会以来刑法学研究进行了回顾与前瞻。有论者梳理了刑法学研究的发展脉络，将改革开放 40 年我国刑法学研究的发展大体分为三个阶段，即刑法学研究的恢复发展阶段、稳定推进阶段和繁荣发展阶段。其中，在应用研究方面主

---

① 参见孙本雄：《刑法中出刑规定的回顾、反思与展望》。

② 参见汪雪城：《“明显超过必要限度”判断标准的司法回顾与学理反思——基于 1997 年—2017 年 682 个样本的实证考察》。

要经历了一个从以司法为中心到以立法为中心再到立法与司法并重的过程；在理论研究方面我国创建并不断发展了刑法学的基本理论体系，深化了对诸多刑法基础理论问题的研究。①

有论者就刑法学研究的知识转型进行了探讨，认为我国刑法学研究不仅在成果数量方面有所增长，更主要的是在刑法学的研究范式、研究重心、话语体系和分析工具等方面都发生了质的飞越。这主要表现在：研究范式由平面研究到综合研究；研究重心由单一研究到多元研究；研究话语由问题导向到体系导向；研究工具由以实质为主到形式与实质并重。② 也有论者就“中国刑法知识转型”阐述了自己的观点，认为推倒“四要件犯罪构成理论”重来，并以德日犯罪构成理论的取代视为“中国刑法知识转型”的命题是不能成立的，理由是“中国刑法知识转型”命题存在着命题过宽的逻辑错误；中国刑法知识中的“四要件犯罪构成理论”经适度改良后可以较好地适应刑事法治建设；中国全面采用德日犯罪构成理论知识后并不能更好地促进刑事法治的发展。③

有论者就刑法学研究的发展方向进行了探讨，认为今后我国刑法学研究将朝着以下两个方面进一步发展：一是专门化的发展方向，刑法学研究的专门化是刑法学作为一门学科的科学性之要求；二是多元化的发展方向，多元化是社会发展到一定高级状态所必然呈现的状态。对于刑法学研究而言，这种多元化主要体现为研究理念的多元化、研究范式的多元化和研究方法的多元化。④

二、企业产权保护领域刑法问题研究

关于企业产权的刑法保护问题，论者们从多个视角进行了阐述与分析。除了对企业产权的刑法保护问题进行整体考量，还专门探讨了民营企业刑法保护的具体问题。

---

① 参见赵秉志、袁彬：《改革开放40年的刑法学研究：发展脉络与知识转型》。
② 参见赵秉志、袁彬：《改革开放40年的刑法学研究：发展脉络与知识转型》。
③ 参见欧锦雄：《晚近四十年里的沉重命题：“中国刑法知识转型”》。
④ 参见赵秉志、袁彬：《改革开放40年的刑法学研究：发展脉络与知识转型》。

（一）企业产权刑法保护的整体思考

论者们讨论了企业刑法保护的观念和原则，立法的沿革与完善、企业产权保护的困境与出路等问题。

1. 企业产权刑法保护的理念和原则

有论者认为，企业产权保护的刑法理念与其他权利保护的刑法理念，既有共同点也有不同点。因此其中存在共同的刑法理念和特有的刑法理念。在我国企业产权保护中特有的刑法理念，主要是指在刑法中产权保护条款及其法条适用中承载的理念。我国需要进一步树立和加强以下刑法理念：依法平等保护各种所有制财产权的刑法理念；依法全面保护有形和无形财产权的刑法理念；依法充分保护企业正常健康发展的刑法理念；从弱保护向强保护发展的刑法理念。贯彻落实的刑法理念，应当是占据权威地位的、经官方认可或采用的正确的刑法理念。①

也有论者认为，不同所有制企业产权所体现的公共利益的多寡是不一样的，不同所有制企业的产权价值、企业员工的义务和身份、所有者的监督能力以及侵犯不同所有制企业产权所带来的社会危害性都是不同的，因此不应该扩大《刑法》第165～169条的犯罪主体，强调通过刑法保护国有企业产权。采取区别保护的方式符合刑法谦抑性且不违背刑法平等原则。维护其他所有制企业的产权可以通过所有者监督和现代化的公司治理方式来实现，例如使用竞业禁止协议、合同分级管理制度、账目清查制度等。②

2. 企业产权刑法保护的立法问题

有论者对我国企业产权保护的刑事立法进行了回顾梳理并提出了完善建议。企业产权作为现代产权制度中的一项重要内容，对我国的经济发展起着核心作用。我国企业产权的刑法保护，自1979年刑法制定以来，经历了从无到有、不断加强的过程，现行《刑法》关于企业产权保护的规定较为分散，不同的企业产权保护程度不一，导致同一行为不同罪、不同罚的现象普遍存在。因此企业产权的刑法立法保护先必须确立平等的保护原则，同时要

---

① 参见曾明生：《我国企业产权保护的刑法理念问题新探》。

② 参见胡江、黄丽钦：《不同所有制企业产权区别保护的刑法理念研究——以〈刑法〉第165—169条为视角》。

建立统一的保护体系与定罪量刑标准，提高企业产权保护在刑法中的重要性，促进产权制度的健康有序发展。[①]

有论者则认为，非公有制经济与公有制经济的区分乃计划经济时代的产物，从财产权的属性角度分析，公有制经济与非公有制经济并不具有区别对待的意义，所有侵犯财产权且具有刑法保护必要性的行为都属于犯罪，刑法有关贪污贿赂犯罪与侵犯公司、企业财产犯罪的规定应当一一对应。国家工作人员对公有财产的侵犯与公司、企业等非国家工作人员对企业财产的侵犯在财产权保护的意义上并无区别，两者之所以在入罪标准及法定刑上有所区别，根据在于两者主体在刑法评判上的意义不同，前者会破坏民众与国家之间的信赖关系，故有加重处罚的刑事政策根据。[②]

（二）民营企业产权的平等保护

民营企业在市场经济中占据重要地位，在刑法保护方面较公有制企业稍有欠缺，论者们专门对民营企业产权的平等保护进行了探讨，主要集中在民营企业产权刑法保护的理念、原则和路径等问题。

1. 民营企业产权的刑法保护的理念和原则

有论者提出，民营企业在市场经济中的作用越来越重要，民营经济的不完善与欠发达，将严重影响到国民经济的繁荣与昌盛。因此，通过转变刑法理念来保护民营企业产权、给民营企业自由发展的空间是刑法应该解决的问题。转变“重公轻私”的立法与司法理念，树立“公、私产权平等”的观念，主动对侵犯民营企业产权的行为予以国家赔偿；让渡民间金融自由发展空间，限缩非法吸收公众存款罪适用范围，用集资用途分清罪与非罪；积极贯彻落实“行政优先，司法至后”的措施，保证民营企业市场调节与行政监管相辅相成，司法最后出手的监管顺序。[③]

有论者认为，目前民营企业产权的保护存有困顿之处，若要化解，应改善以下几个原则的贯彻：（1）平等原则。民营企业产权在刑事立法上的平等，面临的阻力主要是我国计划经济年代遗留下来的“重政府、轻市场，重

---

① 参见徐宏、武倩：《我国企业产权保护的刑事立法回顾与前瞻》。

② 参见姜涛：《企业产权的刑法平等保护》。

③ 参见邓红梅：《民营企业产权保护的刑法理念转变》。

国有，轻民营”的传统观念；民营企业产权在刑事实践上的平等，面临的阻力主要是民营经济领域的“经济刑法过度化”倾向更严重，要深入贯彻 2016 年《关于完善产权保护制度依法保护产权的意见》“废除对非公有制经济各种形式的不合理规定，消除各种隐性壁垒”的平等政策。（2）谦抑性原则。民营企业产权涉刑案件，如果在罪与非罪上存在较大争议，尽量做到、落实刑法的“迫不得已性”；减少“口袋罪”的使用频率。（3）前瞻性原则。取消虚报注册资本罪，及时更新涉民营企业产权的罪名；用法律解释预警企业产权的刑法保护；及时纠正涉民营企业产权错案。①

2. 民营企业产权刑法保护的路径

有论者对我国民营企业产权刑法保护的司法困境与出路进行了研究。长期以来，我国刑事立法和司法在对企业产权的保护上都存在不同程度的差别对待，从而导致民营企业处境艰难，但是一系列政策和判例的出现让我们看到了我国加强民营企业产权司法保护的坚强决心。在这样一种决心的鼓舞下，路径的选择就显得尤为关键和必要。而这其中的关键是立足于民营企业财产刑法保护的实质平等立场，通过实质解释论，合理调整司法权的适用范围，实现司法的实质公平公正。（1）从宽泛到严格：针对实务中对于涉民营企业产权的相关犯罪解释混乱的情况，最高人民法院有必要对一些企业常常涉及的罪名进行严格解释，以达到统一的效果；在进行刑法解释时需要参照其他相关法律法规的内容，不能对刑法条文做孤立解释。（2）从形式到实质：对国有企业与民营企业的产权平等保护，对不同的民营企业的产权平等保护。（3）从轻到从无：切实提升司法人员的证据意识，转变传统的司法观念，切实执行疑罪从无原则。②

三、扫黑除恶中的刑法适用问题研究

2018 年 1 月，中共中央、国务院发出《关于开展扫黑除恶专项斗争的通知》。为呼应扫黑除恶专项行动的开展，同时也为对扫黑除恶中的刑法适用形成正确地指引，本届年会刑法学者们围绕“扫黑除恶中的刑事政策问题

---

① 参见徐剑锋、刘静：《论民营企业产权刑法保护的基本原则》。

② 参见袁彬、张馨文：《我国民营企业产权刑法保护的司法困境与出路》。

研究”“扫黑除恶中的定罪问题研究”“扫黑除恶中的新类型问题研究”等方面进行了深入的探讨。

（一）扫黑除恶中的刑事政策问题研究

目前，我国黑社会性质犯罪的刑事政策指导基本上体现为从宏观上宽严相济的刑事政策到微观上打早打小的刑事政策的建构。

1. 宏观上宽严相济的刑事政策

有论者总结了改革开放 30 年来打黑除恶斗争的实践，指出我国打击和治理黑社会性质犯罪在贯彻宽严相济刑事政策上存在一定的错位：（1）控制犯罪与保障人权观念定位不清；（2）重打击轻预防，仍将刑罚作为处理有组织犯罪的唯一手段；（3）立法上采用狭义的犯罪概念；（4）厉而不严，未能全面犯罪化。[①] 也有论者认为对宽严相济刑事政策的贯彻不能过于强调“严”，“过去严打斗争的经验表明，一味从严惩处是对刑法的过度迷恋，不但违反了罪责刑相适应的原则，甚至还会引发不良的社会影响”[②]。在宽严相济刑事政策在扫黑除恶专项行动的贯彻上，有论者认为应当在以下几个层面予以实现：精准把握打早打小的惩治方针；深入贯彻有黑扫黑、无黑除恶、无恶治乱的策略；依法认定黑社会性质组织犯罪的组织者、领导者及参加者；合理完善黑社会性质组织犯罪的资格刑配置。[③] 也有论者针对刑事司法工作者从严惩处罪犯的刑罚适用惯性，指出目前涉黑犯罪的治理呈现出过度从严而忽视从宽的现象，对此，刑事司法工作者应当切实做到：摒弃重刑主义；不同类型的犯罪宽严不同；区别对待黑社会性质组织的未成年人等。[④]

2. 微观上打早打小的刑事政策

打早打小的刑事政策，是指各级政法机关必须依照法律规定，对有可能发展为黑社会性质组织的犯罪集团、恶势力团伙及早打击，绝不能允许其坐大成势。

---

① 参见蔡军：《我国反有组织犯罪刑事政策的反思于重构——基于〈联合国打击跨国有组织犯罪公约〉立法精神的解读》。

② 刘夏：《扫黑除恶专项斗争的法治内涵研究》。

③ 参见刘霜：《扫黑除恶专项行动仍需坚持宽严相济的刑事政策》。

④ 参见赖早兴：《惩治黑恶势力犯罪中宽严相济刑事政策之贯彻》。

就目前而言，打早打小刑事政策还存在两方面的显著问题。一方面，打早打小的刑事政策没有真正落到实处。正如论者所言："打早打小的政策多次被提及，也可能有不少恶势力被及时惩处，但从黑社会性质组织此起彼伏的现状来看，打早打小的政策落实有待加强"①。另一方面，打早打小刑事政策在具体指导惩治黑社会性质组织犯罪过程中突破了法治底线，导致对恶势力团伙的"拔高处理"。有论者指出"倘若单纯将宽泛认定黑社会性质组织以降低涉黑犯罪门槛的做法当作打早打小刑事政策中'打'的应有之义，不仅会带来关于定罪准确性的问题，亦违背了刑事政策预防性功能本身所强调的提前介入与综合治理的要求"②。还有论者指出，这样的"拔高处理"源自打早打小刑事政策在司法实践中的指导偏差，"应当以打准打实来平衡打早打小，应当根据所有犯罪事实及相关法律规定，先予准确定罪，然后再考虑打早打小刑事政策的具体要求，如果在定罪阶段便考虑该政策的运用，无疑将会影响正常的定罪逻辑"③。

（二）扫黑除恶中的定罪问题研究

扫黑除恶专项行动中的定罪问题，主要涉及组织、领导、参加黑社会性质组织罪中黑社会性质组织的认定问题，黑社会性质组织与恶势力组织的区别问题及包庇、纵容黑社会性质组织罪的定罪问题。

1. 黑社会性质组织的认定问题

黑社会性质组织的认定一直是黑恶势力犯罪治理中的焦点问题，尤其是其组织性、经济性、行为性、非法控制性的四个特征更是为学者们所热议。

有论者指出，非法控制特征是黑社会性质组织认定的核心特征，其他三个特征都具有一定的模糊性，根据这些特征对司法机关的判断会产生一定的影响，从而导致黑社会性质组织认定的扩大化。④ 也有论者指出，"黑社会性质组织并非四个特征都很明显，在具体认定时，应根据立法本意，认真审查、分析黑社会性质组织四个特征相互之间的内在联系，比如，入罪与否就

---

① 魏汉涛、张如：《扫黑除恶刑事司法政策之管见》。

② 王志祥、融昊：《涉黑犯罪"打早打小"刑事政策的批评性思考》。

③ 郭泽强、吴迪：《全面依法治国背景下"扫黑除恶"问题研究》。

④ 参见陈恺、王良顺：《黑社会性质组织的"非法控制"特征与扫黑除恶斗争》。

应当考虑行为特征与非法控制特征是否具有一致的目的性，以区别个体成员或一般共同犯罪与参见黑社会性质组织罪”①。

而针对四特征之间的内在联系，有论者认为“组织与危害性特征是黑社会性质组织的本质所在，在规范评价上具有决定性的意义，而经济与行为特征分别构成黑社会性质组织的自驱力和‘形成非法控制和重大影响’的途径，两者在事实上勾连起组织特征与危害性特征”②。以该四特征之间的逻辑联系为指引，解释黑社会性质组织的成立要素，才能以避免黑社会性质组织认定流程的拼凑现象。也有论证主张通过阶层性的方法解决上述问题，即“第一阶层：黑社会性质组织先是社会组织；第二阶层：黑社会性质组织在性质上是犯罪组织，具有犯罪的性质；第三阶层：黑社会性质组织是具有‘黑’性的犯罪组织，从而与其他类型的犯罪组织相区分。”③

2. 黑社会性质组织与恶势力组织的区别问题

黑社会性质组织与恶势力组织的区别问题，是影响黑恶势力犯罪定性的关键问题，也是司法实践中所面临的难点问题。对此，学者们从不同角度提出了解决方案。有论者指出，应当以危害性特征作为甄别黑社会性质组织与恶势力的根本标准，“组织特征、经济特征与行为特征只是构成黑社会性质组织的充分条件，危害性特征才是必要条件”④。有论者在此基础上做了进一步阐释，“黑社会性质组织与恶势力组织相区别的关键在于是否具备非法控制特征，恶势力组织并未掌握在一定区域或行业内的非法控制权或者对该区域或行业产生重大影响，也达不到破坏经济、社会生活秩序的程度”⑤。也有论者从恶势力犯罪集团的界定入手，通过反向的排除法将恶势力犯罪集团与黑社会性质组织予以界分。(1) 组织特征的界分标准：恶势力犯罪集团不宜严密的组织性为基础。(2) 经济特征的界分标准：恶势力犯罪集团不宜获取经济利益为动机。(3) 危害特征的界分标准：不以“称霸一方”为必要。⑥

① 闫永安、唐大森：《扫黑除恶中的定罪问题研究》。

② 王永浩：《论黑社会性质组织的实质认定——一个基于解释性文件的分析》。

③ 孙继科：《黑社会性质组织的阶层认定——基于阶层论体系方法上的思考》。

④ 杨俊：《黑社会性质组织与恶势力的实质甄别——兼论扫黑除恶中的定罪边界问题》。

⑤ 王鹏祥、陶旭蕾：《论黑社会性质组织的认定》。

⑥ 参见杨彩霞、苏青：《恶势力犯罪集团的认定标准，兼论与不同犯罪集团的界分》。

3. 包庇、纵容黑社会性质组织罪的定罪问题

对于包庇、纵容黑社会性质组织罪的定罪问题，有论者从犯罪构成分析的角度，提出需要对包庇、纵容主观故意中“明知包庇、纵容的对象是黑社会性质组织”这一认识因素作出新的理解。其认为对明知的理解不能机械地理解为必须以行为人主观上明确认识到其所包庇、纵容的是黑社会性质组织或黑社会性质组织的违法犯罪活动为不可缺少的条件，也不能理解为司法工作人员要确切地认识到对方属于刑法意义上的黑社会性质组织。只要理解为行为人知道对方一定是或者可能是黑社会性质组织，即意识到对方是经常性地从事违法犯罪活动或者从事严重犯罪活动的组织，仍然对该组织予以包庇、纵容，就可以成立本罪。① 这样的认定有利于明确包庇、纵容黑社会性质组织罪行为人惩处上的必要性和重要性。也有论者从立法完善的角度，提出该罪的主体仅仅概括地规定为国家工作人员，不利于目前扫黑除恶的形势，可以借鉴《刑法》第 397 条规定的玩忽职守罪、滥用职权罪主体的立法解释（《关于〈中华人民共和国刑法〉第九章渎职罪主体适用问题的解释》）予以完善。②

（三）扫黑除恶中的新类型问题研究

本次扫黑除恶行动中，出现了很多有待关注的新类型问题，比如，黑恶势力犯罪的“软暴力”问题，“网络黑社会”问题，扫黑除恶中的行刑衔接问题等。对此，学者们也展开了讨论。

1. 黑恶势力犯罪“软暴力”问题

长期以来，“软暴力”游走于法律的边缘，并且越来越趋向显著。从某种程度上说，黑恶势力犯罪正在向“软暴力”化转型。

针对“软暴力”的定性，有论者认为，黑社会性质组织中的“软暴力”与恶势力犯罪组织中的“软暴力”在定性上应当有所不同，“黑社会性质组织中的‘软暴力’只作为违法因素来评价和判断黑社会性质组织的成立，不宜作为或者多作为又构成其他犯罪行为进行数罪并罚的情况。恶势力犯罪组织中的‘软暴力’，在恶势力犯罪的判断中只有辅助功能，因此，只具有

---

① 参见肖洪：《 对包庇、纵容黑社会性质组织罪中“明知”的理解》。

② 参见何小元、徐留成：《试论包庇、纵容黑社会性质组织罪》。

'软暴力'手段而没有暴力手段的存在，或者暴力手段虽然存在但在程度上没有达到一定级别的，不宜认定为恶势力，更不宜认定为恶势力犯罪"①。

针对"软暴力"的刑法规制问题，有论者指出应当做如下应对：(1) 综合运用刑法、行政法、民法手段规制；(2) 适用刑法打击要精确制导；(3) 发挥司法能动定性，杜绝机械司法。② 也有论者认为，实践中，由于"软暴力"的表现形式复杂多变，现有刑法条文及规范性文件规定的不够具体和明确，给司法实践造成了诸多问题和困惑，因而，需要从"软暴力"的主观方面、行为方面、组织特征、精神强制特征四个标准，对"软暴力"的构成要件进行分析和构建。③

2. "网络黑社会"问题

针对新型的"网络黑社会"问题，有论者细致地分析了目前"网络黑社会"所呈现的言论操纵型、技术攻击型、帮派社团型三种类型，并有针对性的对这三种类型的"网络黑社会"进行规范评价，"对于符合黑社会性质组织法律特征的'网络黑社会'，应当一番予以认定，对于符合恶势力特征的犯罪团伙，也应依据具体情况按照具体个罪认定，以共同犯罪形态在量刑方面从严掌握，但也要防止对网络黑恶势力认定的一刀切，造成网络黑社会的扩大化"④。

也有论者认为，"网络黑社会"与传统的黑社会性质组织有不同之处，因此，不能将"网络黑社会"直接定性为黑社会性质组织，可以采用如下惩防对策：(1) 在刑法上，应当将有组织、有预谋的团体网络犯罪纳入"从重处罚"情节之中；(2) 在刑事政策上，继续贯彻"打早打小、有效打击"的刑事政策；(3) 在刑事诉讼程序上，结合新刑事诉讼法加大对"网络黑社会"犯罪的打击力度。⑤

3. 行刑衔接问题

扫黑除恶专项斗争涉及大量一般违法行为与涉嫌刑事犯罪行为的衔接问

---

① 闫永安、唐大森：《扫黑除恶中的定罪问题研究》。

② 参见薛振、李志恒：《法律规制下的软暴力问题研究——以黑恶势力犯罪为视角》。

③ 参见张素敏、焦占营：《黑恶势力"软暴力"入罪的检视由于构建——以H省Z市法院近五年来黑恶势力犯罪案件为研究样本》。

④ 詹奇玮：《"网络黑社会"的类型划分与规范评价》。

⑤ 参见孔超、宋鹏：《"网络黑社会"：概念、根源及惩防——以刑事司法为视角》。

题。对此，有论者详细分析了涉黑犯罪惩治中可能涉及的我国行刑衔接机制中存在的“立法位阶低、行政机关移送难、以罚代刑及监督机制薄弱”等固有问题。此外，国家监察体制改革对扫黑除恶的行刑衔接机制带来了直接冲击，一是监察委对扫黑除恶专项行动中公权力监督的问题；二是监察委调查权与行政执法权、刑事司法权的衔接问题。①

四、涉数据网络犯罪的刑法防治对策研究

网络犯罪治理是近年的热点研讨问题，本届刑法学年会重点关注了涉数据网络犯罪治理的刑事理念问题，涉数据网络犯罪的立法、司法防治对策问题，以及专门探讨了网络犯罪领域中出现的新问题。

（一）涉数据网络犯罪治理的刑事理念

关于涉数据网络犯罪治理的刑事理念问题，论者们较为一致地认为刑法在维护网络数据安全的同时仍应保持其自身的谦抑性。其谦抑性应主要体现在以下三方面。

第一，借用被允许的危险理论理性对待大数据技术。基于大数据技术对社会发展进步的巨大利益，我们必须在一定程度上容忍其带来的侵害隐私保护、商业秘密保护或者国家秘密等法益的危险，不可因噎废食，简单地设置各种法律樊笼予以禁锢了之。②

第二，优先运用技术手段保障数据安全。保障大数据的安全性问题固然已经迫在眉睫，但是大数据是一项系统工程，需要从大数据技术本身，以及行业规范、行政规范和刑事规范等多方面进行规制。如针对大数据的隐私保护技术多种多样，有数据扰动技术、加密技术、匿名化技术。数据的存储和管理通常适用加密和访问控制两种技术，加密算法又有对称加密算法和非对称加密算法。因此，在考虑动用刑罚之前，我们应当先行考虑以其他手段进行引导与规制，更多地从技术层面进行解决。③

---

① 参见朱贺：《扫黑除恶中的行刑衔接问题即 监察委带来的冲击》。

② 参见陈志军：《对大数据技术的合理刑法规制》。

③ 参见卢勤忠、何鑫：《大数据时代数据犯罪的刑事立法完善》。

第三，区分不同数据犯罪类型。大数据时代数据价值与风险并存，对这一时期数据犯罪的预防与惩治应当分而治之，也即应当根据不同的数据犯罪类型来区别对待，体现不同的刑法治理理念。有论者建议，对于数据收集过程中的犯罪，应当谨慎认定；对于数据存储过程中的犯罪，应当按照传统定罪量刑模式进行处理，对于数据利用过程中的犯罪，应当从严处理。[①]

（二）涉数据网络犯罪的立法防治对策研究

关于涉数据网络犯罪的立法防治对策研究，论者们重点对我国现行涉数据网络犯罪规制体系之不足与完善进行了论述。

1. 我国现行涉数据网络犯罪规制体系之不足

整体来说，我国现行涉数据网络犯罪规制体系主要存在四个问题：（1）信息数据保护不充分。较多论者提出我国的刑事法律重点突出对计算机信息系统的保护，但却忽视了对信息数据的保护。并且，目前我国关于“数据”的内涵解释不够明确，相关司法解释对计算机数据的定义也较为狭窄和滞后，有可能导致数据保护的不足或泛化。[②]（2）缺少必要的前置性数据保护立法。我国并没有专门的数据保护立法，而是采用分散式规制体系，前置性立法对数据平台的义务体系缺乏明确的规定，这就导致在适用拒不履行信息网络安全管理义务罪进行刑法规制时，对于安全管理义务的范围和内容缺乏必要的前置性规定作为参照。[③]（3）罪名规制缺乏体系性。各相关罪名分散在刑法典的不同章节，且数据保护的专有罪名与其他罪名相互交叉，缺乏衔接性。（4）刑罚配置不合理。有论者认为，非法获取计算机信息系统数据罪刑罚配置过低，难以满足大数据时代的数据保护要求。[④] 也有论者提到，故意泄露国家秘密、过失泄露国家秘密的法定最高刑是七年有期徒刑，最低是拘役，与此相比，侵犯个人信息罪的法定刑最高刑是三年有期徒刑，最低刑是罚金刑。法定刑过低，打击犯罪的力度不够，与个人信息保护的强化需求不

① 参见刘宪权、林雨佳：《大数据时代数据犯罪的类型与刑法应对》。
② 参见魏东、谢雯昕：《网络数据犯罪研究》。
③ 参见卢勤忠、何鑫：《大数据时代数据犯罪的刑事立法完善》。
④ 参见卢勤忠、何鑫：《大数据时代数据犯罪的刑事立法完善》。

相适应。[①] 此外，还有论者提到，侵犯公民个人信息罪的罚金规定不具体，导致罚金适用混乱。[②]

具体来说，在个人数据刑法保护方面，主要存在三个问题：（1）个人信息权利属性模糊，导致现如今对于个人信息解释的乏力。[③]（2）公民个人信息刑法保护缺乏体系性。各级别规范性文件各自为营，缺乏统一性与协调性。[④]（3）侵犯公民个人信息罪客观行为设置不周延，缺少对转卖谋取经济利益、恶意使用、随意篡改、非经许可等不法行为的规制。[⑤]

在数据版权的刑法保护方面，当前我国《刑法》第217条侵犯著作权罪在数据版权背景之下映照出的主要问题在于构成要件上的不足：（1）营利目的不足。当前侵犯数据版权的时代，营利目的要件被显著淡化，大量侵犯数据版权行为是基于“分享”“出风头”“好奇”等各色主观目的下的故意。营利目的从守护犯罪圈的卫士，逐渐演变成了数据版权保护的障碍。（2）数据版权在《刑法》第217条保护的对象中并没有较为确切的投射。（3）《刑法》第217条中通过信息网络传播的行为类型缺失。[⑥]

2. 我国现行涉数据网络犯罪规制体系之完善

关于我国现行涉数据网络犯罪规制体系的完善，论者多从以下五个方面进行探讨。

第一，确立数据法益。有论者认为，在面对数据网络犯罪时，我国刑法所采取的措施更像是应急措施，“数据”的外延被无限扩大，导致破坏计算机信息系统罪、非法获取计算机信息系统数据罪等罪名成为万能的“口袋罪”。基于此，我们在采取积极的立法态度对数据网络进行专门保护时，应加强对数据背后所体现的法益之考量。为避免数据网络犯罪方面相关的刑事立法散乱而仓促的问题，应以数据法益为立法基点。[⑦] 而在关于个人数据刑法保护的完善方面，有论者认为，应对公民个人信息进行重新定位，其摒弃

① 参见林滢：《釜底抽薪：阻却侵犯个人信息的“破窗效应”论个人信息刑法保护的完善》。
② 参见姚杰林：《大数据时代公民个人信息的司法适用问题探析》。
③ 参见王琪、刘鹏：《大数据时代个人数据刑法保护研究》。
④ 参见卢勤忠、何鑫：《大数据时代数据犯罪的刑事立法完善》。
⑤ 参见林滢：《釜底抽薪：阻却侵犯个人信息的“破窗效应”论个人信息刑法保护的完善》。
⑥ 参见莫洪宪、胡骞：《〈刑法〉第217条数据价值保护功能的实现路径》。
⑦ 参见魏东、谢雯昕：《网络数据犯罪研究》。

“隐私权说”“财产权说”“具体人格权说”，主张“个人信息权说”，该说兼具人格权与财产权的特性。[①] 也有论者认为，公民个人信息权在刑法的视域下对其价值进行取舍衡量之后，其具体内容实际更接近于一种信息自决权。[②] 还有论者认为，兼顾公民人身权、财产权、人格权的个人信息权更符合我国目前的实际情况。[③]

第二，建立专有数据犯罪规制体系。有论者认为，首先，应对原有专门罪名进行修改，统一计算机信息系统与计算机系统为信息系统，扩展信息系统至所有具有数据生成、采集、存储和处理功能的系统，增加非法提供的行为方式以及增加7年以上的刑罚档次。其次，增设破坏数据设备罪。目前我国对于设备的保护是通过破坏公用电信设备罪以及相应的财产犯罪予以规制的，由于规制范围以及刑罚的不匹配，在适用于数据犯罪时难免捉襟见肘，因而，有必要针对数据设备规定专门的罪名予以特别惩治。[④]

第三，规制大数据平台的行为。有论者建议适当扩张拒不履行信息网络安全管理义务罪的适用范围，将维护数据的安全、共享义务纳入网络安全管理义务中，将网络服务提供者扩张至数据的生成、采集、存储以及处理者。并且增设非法利用数据罪以对超出规定和同意范围的数据利用行为予以规制。[⑤] 也有论者认为刑法有必要去掉拒不履行信息网络安全管理义务罪的“经监管部门责令采取改正措施而拒不改正”之要件。[⑥]

第四，修正相关罪名。针对非法获取计算机信息系数据罪，有论者建议去除数据的范围限定，将该罪名修正为“非法获取网络数据罪”[⑦]。也有论者建议，将非法侵入计算机信息系统罪改为非法侵入信息系统罪，将提供侵入、非法控制计算机信息系统程序、工具罪改为非法提供侵入、非法控制信息系统罪，将非法获取计算机信息系统数据罪改为非法获取、提供信息系统数据罪。针对侵犯著作权罪，有论者建议对其构成要件进行补足，在过度强

① 参见王琪、刘鹏：《大数据时代个人数据刑法保护研究》。

② 参见曾粤兴、高正旭：《侵犯公民个人信息罪之法益研究》。

③ 参见文立彬：《涉数据网络犯罪的规制困境与完善》。

④ 参见赵香如：《个人信息立法体系下我国刑法立法的推进》。

⑤ 参见卢勤忠、何鑫：《大数据时代数据犯罪的刑事立法完善》。

⑥ 参见赵香如：《个人信息立法体系下我国刑法立法的推进》。

⑦ 那斯尔江·依布拉音：《涉数据网络犯罪的司法防范对策研究》。

调数据版权公共利益的当下，应在更大程度上转向关注数据版权的私有性，并考虑在构成要件中取消营利目的。此外，将网络传播行为设置为独立的实行行为也是实现数据版权刑法保护的应有之义。[①] 也有论者提出，适当拓宽著作权犯罪的规制范围，建议采用“正犯模式”而非“共犯模式”来处理网络著作权侵权案件。并且，应更新犯罪情节的认定标准，在现有标准上，从著作权人的角度评估危害后果，进而对危害后果展开综合评估。[②]

第五，完善刑罚配置。首先，构建“罪责刑”相适应的刑罚体系。对于非法获取数据的行为增加7年以上有期徒刑。[③] 针对实施出售、提供公民个人信息的国家机关工作人员和特殊单位的特殊主体，应当设置更重的刑罚。其次，构建侵犯国家秘密、商业秘密、个人信息相适应的刑罚标准。为了打击侵犯个人信息的犯罪行为，可参考侵犯国家秘密、商业秘密的法定刑，适当地提高侵犯个人信息罪的法定刑。再次，适用倍数罚金刑，侵犯公民个人信息罪的罚金标准应当为非法获利或者违法所得金额的2倍或以上较为合理。[④] 最后，增加从业禁止规定。即对具有特殊身份的公务员、因职务行为而获取他人信息的工作人员，若实施侵犯个人信息的犯罪行为，可以考虑剥夺其从事相关业务的资格。[⑤]

（三）涉数据网络犯罪的司法防治对策研究

就涉数据网络犯罪的司法防治对策研究，本届刑法年会论者重点探讨了涉数据网络犯罪的定罪与量刑问题。

1. 涉数据网络犯罪的定罪问题

对于涉数据网络犯罪的定罪问题，论者们主要关注了危害计算机信息系统相关罪名的认定、侵犯公民个人信息罪的认定、拒不履行信息网络安全管理义务罪的认定、非法利用信息网络罪的认定以及帮助信息网络犯罪活动罪的认定。

---

① 参见莫洪宪、胡骞：《〈刑法〉第217条数据价值保护功能的实现路径》。
② 参见文立彬：《涉数据网络犯罪的规制困境与完善》。
③ 参见卢勤忠、何鑫：《大数据时代数据犯罪的刑事立法完善》。
④ 参见姚杰林：《大数据时代公民个人信息的司法适用问题探析》。
⑤ 参见林滢：《釜底抽薪：阻却侵犯个人信息的“破窗效应”论个人信息刑法保护的完善》。

第一，关于破坏计算机信息系统罪，有论者建议对该法条针对不同对象造成的“后果严重”作规范解释。本罪以计算机信息系统安全为犯罪客体，应对《刑法》第286条第2款中的“后果严重”情形进一步限定：一是后果必须与计算机信息系统具有关联性。二是违法所得必须是基于删除、增加、修改等行为本身所产生的违法所得。三是造成的经济损失仅指该类行为给用户直接造成的经济损失，以及用户为恢复数据、功能而支出的必要费用。此外，对于计算机信息系统数据的认定，该论者认为应当区分核心数据和非核心数据，只有破坏了核心数据才属于破坏计算机信息系统罪第2款规定的情形。①

关于非法获取计算机信息系统罪，有论者认为，应当充分挖掘该罪名潜在能力。通过司法解释对“计算机系统”“数据”等概念重新作出规定，明确含义及评判标准，以及将数据同系统分割开来，作为该罪名的两个独立的评价对象，以实现对数据的全面保护。②

第二，认定侵犯公民个人信息罪时，主要涉及两方面的问题：（1）“公民个人信息”的界定范围。有论者认为应当把握好个人隐私保护与社会便利的平衡，对于“公民个人信息”的界定范围不应过于宽泛。在侵犯公民个人信息罪的司法认定中，注意行为人收集、使用公民个人信息的行为是否超出承诺的范围，以及这种收集、使用行为是否违背法律、行政法规的禁止性规定，以准确把握被害人承诺的适用条件。③ 也有论者建议将“生物识别信息”纳入公民个人信息范围。④（2）“情节严重”的认定标准。较多论者表示实践中认定侵犯公民个人信息罪“情节严重”的标准单一，欠缺合理性，应将诸如信息的属性、方式、来源、用途、获利等相关事实也纳入“情节严重”的考量之中。⑤

第三，认定拒不履行信息网络安全管理义务罪时，主要问题在于对网络服务商主观方面的认定。有论者认为，通过网络服务商客观上不履行网络管

① 参见张建、俞小海：《刑法规范视野下计算机信息系统数据司法认定的反思》。

② 参见王琪、刘鹏：《大数据时代个人数据刑法保护研究》。

③ 参见陈志军：《对大数据技术的合理刑法规制》。

④ 参见皮勇、吴勃：《利用人工智能侵犯个人信息的刑法规制》。

⑤ 参见陈伟、张学文：《网络数据背景下侵犯公民个人信息罪“情节严重”认定标准的应然转向》。

理义务，可以认定其具有间接故意。[①] 有论者认为，在该罪中的“经监管部门责令采取改正措施而拒不改正”的司法认定中，应当注意创新激励和风险治理的权衡，不应单纯从形式上看监管部门是否责令采取改正措施，还应当从实质上审查监管部门所责令采取的改正措施的合理性。[②] 前述也曾提到，有论者更进一步地认为，有必要去掉拒不履行信息网络安全管理义务罪的“经监管部门责令采取改正措施而拒不改正”之要件。[③]

第四，认定非法利用信息网络罪时，司法实践中主要存在三点困难：(1) 预备行为性质不明确，导致适用该罪存在困难。(2) 缺乏关于“情节严重”的定罪量刑标准。(3) 本罪与其他罪名的区分度不够，导致很多案件在司法实践中常常被以其他罪名认定。对此，有论者提出三点建议：1）应当以入罪的必要性和后果的相当性来约束行为的认定过程，避免刑法的过度扩张损害市场经济主体的积极性，使不具有刑事可罚性的行为被刑事制裁。2）对于“情节严重”标准须通过司法解释来明确，同时注重通过指导案例制度提供持续性的司法供给。3）充分认识该罪适用的特殊性和必要性，以提高司法机关独立适用该罪的积极性。[④]

第五，认定帮助信息网络犯罪活动罪时，主要涉及三方面的问题：(1) 主观“明知”的认定。有论者认为，认定本罪中的“明知”，客观上要求行为人实施有助于危害后果发生的行为，主观上知悉他人犯罪而有意予以助力，将帮助信息网络犯罪活动罪的规制范围应当限缩至“明知且促进型”[⑤]。也有论者认为，本罪的“明知”是一种概括性的认识，行为人所认识到的犯罪是违法意义上的犯罪，而非责任意义上的犯罪。对“明知”的认定应在基础事实和推定事实之间建立常态联系的规则，进行综合考量。[⑥] 还有论者提出，推定本罪“明知”可以借用美国《数字千年版权法》针对网络服务商的“红旗标准”和“避风港规则”，以对网络服务商的行为进行合理规制。[⑦] (2)“情节

① 参见文立彬：《涉数据网络犯罪的规制困境与完善》。
② 参见陈志军：《对大数据技术的合理刑法规制》。
③ 参见赵香如：《个人信息立法体系下我国刑法立法的推进》。
④ 参见段启俊：《论非法利用信息网络罪的适用扩张——以有效治理涉数据网络犯罪为视角》。
⑤ 文立彬：《涉数据网络犯罪的规制困境与完善》。
⑥ 参见徐洋洋、黄薇：《帮助信息网络犯罪活动罪的司法适用》。
⑦ 参见李颖宜：《网络犯罪帮助行为正犯化的理论省思与司法适用难题疏解》。

严重”的认定。关于本罪“情节严重”的判定，有论者提出可分为三步进行：1）运用解释学确定追诉标准；2）健全完善案例指导制度；3）制定新的司法解释。[①] 也有论者认为，完全依赖司法解释对“情节严重”的政策性规定以限定本罪处罚范围，实质上是创设了“风险犯”的归责模式。应当从以风险为中心回归以法益为中心，明确本罪保护的新型法益是法定主体的信息专有权，本罪所规制的，是侵犯法定主体信息专有权的预备行为，应适用抽象危险犯的正犯归责模式。[②]（3）同时构成本罪与其他罪的处理。当具有帮助的故意或共同犯罪的故意，仍可以按照《刑法》第287条之二第3款的规定区分处理：根据其在共同犯罪中所起的作用，对应的处罚较轻的，则依照该条第1款之规定，以“帮助信息网络犯罪活动罪”论处；对应的处罚较重的，则依照该条第3款的规定，以共同犯罪予以论处。[③]

2. 涉数据网络犯罪的量刑问题

针对目前我国涉数据网络犯罪的量刑，有论者认为，主要问题是以立法定量模式控制司法裁量权已不适应网络时代的犯罪类型。以立法定量模式控制司法裁量权的传统在信息网络时代将经受到严峻的挑战，我们需要重新考虑网络犯罪社会危害性的表征方式，重新审视网络犯罪定罪量刑的司法裁量空间，总体来看，为克服定量标准在表征网络犯罪危害性时的局限性，并确保问题对策具有可行性，可采取不同的阶段性选择。第一，目前保留立法定量模式，并不断丰富定量标准体系。第二，通过立法确定多种衡量网络犯罪社会危害性的定性标准，而逐步减少定量标准的强制性要求，进而扩大司法的可裁量空间。第三，最终选择立法定性与司法定量的模式，将表征网络犯罪社会危害性的要素完全交由司法判断。[④]

有论者将网络数据犯罪类型化为财产性网络数据犯罪和非财产性网络数据犯罪。针对财产性网络数据犯罪，该论者认为作为犯罪对象的“数据”应当是能够兼具网络数据安全法益和相关财产法益的法益内涵，并且为了避免对财产性网络数据犯罪行为的不完整评价，在对行为进行定性时应当结合法

---

① 参见李颖宜：《网络犯罪帮助行为正犯化的理论省思与司法适用难题疏解》。

② 参见敬力嘉、王晓晓：《网络参与行为刑事归责的“风险犯”模式及其反思》。

③ 参见李颖宜：《网络犯罪帮助行为正犯化的理论省思与司法适用难题疏解》。

④ 参见姜瀛、符敏：《信息网络时代罪量要素的司法挑战及其应对》。

益内涵考虑罪名间是否存在想象竞合的关系。此外，在对数据网络犯罪进行刑法解释和适用法律时，应当对扩张化的解释采取审慎的态度。而针对非财产性网络数据犯罪，应当更加注重数据信息自身的特性，在定罪量刑时需要突破传统的线性思维，通过对数据信息进行动态的、类型化的把握，使刑法的保护更加体系化。①

还有论者认为，司法实践中存在对侵犯公民个人信息罪的行为主体量刑畸轻的问题。在《刑法修正案（九）》对侵犯公民个人信息罪修改时，一大亮点就是将该罪法定最高刑提升至七年，但实践中对行为人判处一年以下量刑却占多数，并且适用缓刑案件比例也较高。对此，该论者建议根据现在侵犯个人信息犯罪高发的背景，群众严惩呼声高，应从重处理，打击犯罪分子的嚣张气焰，以对其他滥用个人信息的单位或个人起到警示作用。②

（四）网络犯罪领域中的新问题探讨

1. 人工智能与刑法规制

关于人工智能，本届刑法年会论者着重探讨了人工智能的犯罪主体地位问题。有论者以当前人工智能尚缺乏刑法意义上的意志自由为由否定其犯罪主体地位。人工智能自身由于缺乏伦理意识与规范意识，无法像人一样主动遵守法律，试图使其拥有像人一样的心智，尚只是一种科技畅想。人工智能是引领未来的战略性技术，作为提升国家竞争力、维护国家安全的重大战略，其关乎国家未来命运，因此在出现人工智能致损事件时，论者更倾向于在民事、行政层面解决，刑法应当保持其最大的克制。其认为当下之要务是在人工智能技术层面嵌入伦理和法律因素，以便从技术上防范人工智能风险。在出现人工智能致损事件时，及时对无辜受害者予以合理补偿，着重反思并调整技术路径，保障人类对人工智能产品的可控性，而非将精力耗费在追究算法“黑箱”的刑事责任上。③ 同样，有论者认为，刑法应保持其谦抑性，留给人工智能足够的发展空间，但人工智能的发展已势不可逆，应尽快制定“人工智能安全法”，在人工智能发展和规制间寻找平衡，避免不同部

---

① 参见魏东、谢雯昕：《网络数据犯罪研究》。

② 参见姚杰林：《大数据时代公民个人信息的司法适用问题探析》。

③ 参见阴建峰、刘雪丹：《人工智能犯罪主体地位之否定》。

门法之间因利益保护冲突而产生的立法漏洞，限制人工智能发展或导致人工智能滥用。①

也有论者在刑罚根据视域下探讨人工智能的犯罪主体地位。人工智能是工具逐渐智能化的结果，大致上遵循了“工具-自动化工具-半智能工具-人工智能工具-人工智能”这一发展历程。其认为在“人工智能”阶段，人类很可能将被取代，因此仅就其他阶段的智能工具分析是否可成为刑罚对象。最终结论为，人工智能在人工智能犯罪化中刑罚是无根据的，无法实现刑罚预防目的，无法满足报应要求；在工具化的论域中人工智能并不能成为刑罚的对象；传统刑罚的惩治方式并不能被适用到人工智能之上，也不存在有效的新的刑罚。②

此外，在人工智能的刑法规制方面，有论者认为，应当将技术规范引入人工智能的刑法规制中。多数人工智能产品后期一般会脱离技术人员的最初设定，若固守只有人类才可以成为法律规制对象的传统观点，一旦人工智能产生对人类的人身或财产的侵害，便极有可能造成对程序员等技术工作者的不当处罚，或者对人工智能机器的规制出现真空，显失公允。普通法律规范很难应对人工智能数据犯罪问题，因而应当将技术规范引入人工智能的刑法规制中，使法律规范可兼具社会规范与技术规范的特征。③

2. 网络金融犯罪与刑法规制

针对网络刷单炒信行为，有论者表示，并非所有的刷单炒信行为都侵犯了非法经营罪的法益，司法解释将以营利为目的，通过信息网络有偿提供信息删除服务，或者明知是虚假信息，通过信息网络提供有偿发布信息等服务行为以非法经营罪定罪，不适当地扩张了非法经营罪的外延，脱离了罪刑法定原则的约束，使原本就已经备受非议的“非法经营罪”这一口袋罪的适用进一步扩张和异化。为避免司法犯罪化，必须严格遵守法益解释的原则，遵循同类解释的方法，严格限制在侵犯“市场准入和特定行政许可”的范围内，以实现司法的公平正义。④

---

① 参见皮勇、吴勃：《利用人工智能侵犯个人信息的刑法规制》。

② 参见李学良：《刑罚根据论域下人工智能犯罪主体地位的检讨》。

③ 参见李晓明、蔡芸琪：《技术规范在人工智能刑法规制中的引入》。

④ 参见谢治东：《网络刷单炒信行为的刑法审视》。

针对在第三方支付，如“花呗”中的套现行为，有论者认为定性为非法经营罪仅是这类案件的规制方式之一，现实中涉及“花呗”套现的案件类型十分复杂，涉及民事、刑事中的多方面问题，一些案件中“花呗”只是与定罪无关的因素，在处理这些案例时，必须结合实际案情，具体分析“花呗”在定罪量刑中的作用。[①] 也有论者认为，从第三方支付中套现具有多种行为方式，可能成立不同的犯罪，其中帮助他人利用“花呗”套现从中赚取手续费的可成立非法经营罪，虚假交易利用“花呗”套现造成损失的可成立骗取贷款罪，以非法占有为目的利用“花呗”套现的可成立贷款诈骗罪。[②]

针对网络非法期货交易行为，有论者认为，其审查办理之要点有三：第一，在案件事实认定方面，主要注意收集固定关于平台的非法性证据、虚假宣传类证据、电子数据类证据。第二，在主观认定方面，不能片面、局部审查，而应将其专业背景、工作时间、培训内容、职责分工、工作行为、工作成果、工作聊天记录及其本人供述和辩解等证据放在案件事实的大背景下，通过深入分析证据关联性推定犯罪嫌疑人的主观故意。第三，关于代理商层面行为性质的认定，应区分代理商、代理商的业务人员、分析师三类行为主体。

［袁彬、徐永伟、刘雪丹、胡树琪、陶琳琳；本文系首次刊载］

① 参见商浩文、邢宇：《全国首例“花呗”套现案件的刑法规制分析》。

② 参见董文辉：《第三方支付中套现行为的类型、定性及治理》。

图书在版编目（CIP）数据

新中国刑法学研究70年：上下册/高铭暄，赵秉志，袁彬编著．--北京：中国人民大学出版社，2019.12

（中国特色社会主义法学理论体系丛书）

ISBN 978-7-300-27860-5

Ⅰ.①新… Ⅱ.①高… ②赵… ③袁… Ⅲ.①刑法－法的理论－中国 Ⅳ.①D924.01

中国版本图书馆CIP数据核字（2020）第002116号

“十三五”国家重点出版物出版规划项目
中国特色社会主义法学理论体系丛书
新中国刑法学研究70年（上下册）
高铭暄　赵秉志　袁　彬　编著
Xinzhongguo Xingfaxue Yanjiu 70 Nian

出版发行	中国人民大学出版社		
社　　址	北京中关村大街31号	**邮政编码**	100080
电　　话	010－62511242（总编室）		010－62511770（质管部）
	010－82501766（邮购部）		010－62514148（门市部）
	010－62515195（发行公司）		010－62515275（盗版举报）
网　　址	http://www.crup.com.cn		
经　　销	新华书店		
印　　刷	涿州市星河印刷有限公司		
规　　格	170 mm×240 mm　16开本	**版　　次**	2019年12月第1版
印　　张	85.5 插页6	**印　　次**	2019年12月第1次印刷
字　　数	1 329 000	**定　　价**	398.00元